JUS PUBLICUM

Beiträge zum Öffentlichen Recht

Band 313

Benjamin Straßburger

Herrschaft als Auftrag

Der Verfassungsbegriff des demokratischen Konstitutionalismus und seine Bedeutung für die supranationale Integration Deutschlands

Mohr Siebeck

Benjamin Straßburger, geboren 1985; Studium der Rechtswissenschaft an der Universität Mainz; 2008–12 und 2013–14 Wissenschaftlicher Mitarbeiter am Lehrstuhl für Öffentliches Recht, Europarecht, Finanz- und Steuerrecht der Universität Mainz; 2011–13 Juristischer Vorbereitungsdienst im Bezirk des OLG Koblenz; 2014–20 Akademischer Rat auf Zeit am Institut für Finanz- und Steuerrecht der Universität Heidelberg; seit 2020 Inhaber des Lehrstuhls für Öffentliches Recht, Finanz- und Steuerrecht sowie Verfassungstheorie der Universität Mannheim.

Gedruckt mit Unterstützung der Johanna und Fritz Buch Gedächtnis-Stiftung.

ISBN 978-3-16-161294-7 / eISBN 978-3-16-161295-4
DOI 10.1628/978-3-16-161295-4

ISSN 0941-0503 / eISSN 2568-8480 (Jus Publicum)

Die Deutsche Nationalbibliothek verzeichnet diese Publikation in der Deutschen Nationalbibliographie; detaillierte bibliographische Daten sind über *http://dnb.dnb.de* abrufbar.

Das Buch wurde von Gulde Druck in Tübingen aus der Stempel Garamond gesetzt, auf alterungsbeständiges Werkdruckpapier gedruckt und von der Buchbinderei Spinner in Ottersweier egebunden.

Printed in Germany.

Vorwort

Die vorliegende Arbeit analysiert die verfassungstheoretische Fundierung des Grundgesetzes und beleuchtet deren normativen Implikationen hinsichtlich der supranationalen Integration Deutschlands. Sie ist von der Juristischen Fakultät der Ruprecht-Karls-Universität Heidelberg im Wintersemester 2019/2020 als Habilitationsschrift angenommen worden. Für die Veröffentlichung wurde nachfolgende Rechtsprechung noch ausgewertet.

Die Betreuung der Arbeit übernahm *Prof. Dr. Hanno Kube, LL.M. (Cornell)*, der ihre Entstehung mit einer Fülle fachlicher Anregungen und der steten Bereitschaft zum kritisch-konstruktiven Dialog engagiert begleitete. Dafür und für die vielgestaltige Förderung, die er mir während der langjährigen Tätigkeit an seinem Lehrstuhl zuteilwerden ließ, bin ich ihm zutiefst verbunden. *Prof. Dr. Bernd Grzeszick, LL.M. (Cambridge)* danke ich herzlich für die zügige Erstattung des Zweitgutachtens. Bei *Daniel Drescher*, *Trutz Harder* und *Johannes Klamet*, die während unserer gemeinsamen Zeit am Heidelberger Institut für Finanz- und Steuerrecht zu Freunden wurden, bedanke ich mich für zahlreiche anregende Gespräche und die ebenso vertrauens- wie humorvolle Zusammenarbeit. *Daniela Taudt, LL.M. Eur.* und *Susanne Mang* bin ich für die Aufnahme des Werkes in die Reihe „Jus Publicum" und die hervorragende verlegerische Betreuung verbunden. Der Johanna und Fritz Buch Gedächtnis-Stiftung gebührt Dank für die großzügige finanzielle Unterstützung der Drucklegung. Meiner Familie danke ich für ihre stete, liebevolle Unterstützung. Ihr ist die Arbeit gewidmet.

Mainz, im November 2022 Benjamin Straßburger

Inhaltsübersicht

Inhaltsverzeichnis

Erstes Kapitel

Herrschaft in der „postnationalen Konstellation“[1]

A. Politische Macht unter Erklärungs- und Rechtfertigungsdruck

Herrschaft ist ein schillernder Begriff. Er lässt sich, wie *Reinhard Koselleck* mit Recht bemerkt, „in unterschiedlichen sozialen, politischen, rechtlichen und theologischen, einander auch überschneidenden Kontexten wiederfinden“[2]. Die vorliegende Studie nimmt die politisch-juristische Dimension von Herrschaft in den Blick. Für diesen spezifischen Kontext hat *Max Weber* den Begriff auf eine weithin akzeptierte Formel gebracht. Demnach ist Herrschaft institutionalisierte politische Macht, letztere verstanden als dauerhafte Befehls-Gehorsams-Beziehung.[3] Im Anschluss hieran definiert *Hermann Jahrreiß* Herrschaft als „das regelmäßige erfolgreiche Befehlen bestimmter Menschen über bestimmte Menschen“[4]. *Dieter Grimm* und *Udo Di Fabio* sprechen – terminologisch abweichend, aber inhaltlich deckungsgleich – von der „Herstellung kollektiv verbindlicher Entscheidungen“.[5] Aus alledem erhellt, dass Herrschaft ein *Verhältnis der Über- und Unterordnung* bezeichnet. Im herrschaftlichen Verhältnis ist der Wille des Machthabers zwingende Bestimmung der Willen der Machtunterworfenen.[6] Über viele Jahrhunderte hinweg galt diese Willensrelation als Ausdruck der göttlichen Ordnung, wurde die Ausübung von Herrschaft als christlicher Dienst interpretiert.[7] Mit dem Zerfall der

---

[1] Begriff nach *Jürgen Habermas*, Die postnationale Konstellation, 1998.

[2] *Reinhart Koselleck*, Einleitung zum Artikel „Herrschaft“, in: Otto Brunner/Werner Conze/Reinhart Koselleck (Hrsg.), Geschichtliche Grundbegriffe: Historisches Lexikon zur politisch-sozialen Sprache in Deutschland, Band 3, 1982, S. 1 (2).

[3] *Max Weber*, Wirtschaft und Gesellschaft (1921/22), Halbband I, 5. rev. Auflage 1976 (hrsg. von Johannes Winckelmann), S. 28 und 122. Dazu referierend *Otto Brunner*, Bemerkungen zu den Begriffen „Herrschaft“ und „Legitimität“, in: ders., Neue Wege der Verfassungs- und Sozialgeschichte, 2. Auflage 1968, S. 64 (65 ff.).

[4] *Hermann Jahrreiß*, Mensch und Staat: Rechtsphilosophische, staatsrechtliche und völkerrechtliche Grundlagen in unserer Zeit, 1957, S. 141.

[5] *Dieter Grimm*, Der Wandel der Staatsaufgaben und die Zukunft der Verfassung, in: ders. (Hrsg.), Staatsaufgaben, 1994, S. 613 (633); *Udo Di Fabio*, Das Recht offener Staaten: Grundlinien einer Staats- und Rechtstheorie, 1998, S. 25.

[6] So ausdrücklich *Hermann Heller*, Die Souveränität: Ein Beitrag zur Theorie des Staats- und Völkerrechts, 1927, S. 35: „Herrschaft bleibt aber immer eine Relation zwischen zwei Willen, Motivation des einen Willen durch den anderen […]“. Ähnlich *Hans Haug*, Die Schranken der Verfassungsrevision: Das Postulat der richtigen Verfassung als normative Schranke der souveränen verfassunggebenden Gewalt, 1947, S. 33.

[7] Siehe dazu *Augustinus*, De civitate Dei (Vom Gottesstaat), Buch XIX Kapitel 16. Vgl. auch *Reinhart Koselleck*, Einleitung zum Artikel „Herrschaft“, in: Otto Brunner/Werner Conze/

mittelalterlichen Glaubenseinheit verlor das religiöse Begründungsmuster jedoch seine Überzeugungskraft.[8] Ihrer transzendentalen Legitimation enthoben, gerät politische Macht im neuzeitlichen Europa auf dem Hintergrund der aufklärerischen Freiheits- und Gleichheitsprämisse verstärkt unter Erklärungs- und Rechtfertigungsdruck. Daran hat sich im Verlaufe der Moderne nichts geändert.[9] Paradigmatisch hierfür steht *Jacob Burckhardts* berühmte Sentenz, wonach „die Macht an sich böse ist"[10]. In Anbetracht dessen ist zu konstatieren, dass die Träger institutionalisierter politischer Macht, insoweit sie die Anerkennung ihrer Überordnung einfordern, einen Zustand proklamieren, der als sittlich problematisch einzustufen ist.[11] Auf das Phänomen „Herrschaft" trifft deshalb in besonderem Maße zu, was *Georg Wilhelm Friedrich Hegel* in seinen „Grundlinien der Philosophie des Rechts" als allgemeines „Princip der modernen Welt" identifiziert, nämlich „daß, was jeder anerkennen soll, sich ihm als ein Berechtigtes zeige".[12]

Um beurteilen zu können, ob etwas als berechtigt zu gelten hat, muss es jedoch zunächst einmal verstanden werden. Hier aber tut sich ein Problem auf, das mit der vorliegenden Arbeit in Angriff genommen werden soll. Denn dass die grundlegenden Strukturen von Herrschaft im Europa der Gegenwart vollends verstanden, oder genauer: von den im Herrschaftsverhältnis miteinander Verbundenen *in gleicher Weise* verstanden werden, erscheint keineswegs gesichert. Seit geraumer Zeit lässt sich beobachten, dass den politisch-juristischen Kategorien, die in den vergangenen Jahrhunderten weitgehend unangefochten als Beschreibungsraster der modernen Herrschaftsarchitektur fungierten – „Souveränität", „Staat", „Verfassung"[13] – in Bezug auf das geeinte Europa mit zunehmender Vehemenz der Er-

---

Reinhart Koselleck (Hrsg.), Geschichtliche Grundbegriffe: Historisches Lexikon zur politisch-sozialen Sprache in Deutschland, Band 3, 1982, S. 1 (3).

[8] Siehe dazu *Otto Brunner*, Vom Gottesgnadentum zum monarchischen Prinzip, in: ders., Neue Wege der Verfassungs- und Sozialgeschichte, 2. Auflage 1968, S. 160 (174 ff.).

[9] Vgl. statt vieler *Peter Koller*, Grundlagen der Legitimation und Kritik staatlicher Herrschaft, in: Dieter Grimm (Hrsg.), Staatsaufgaben, 1994, S. 739.

[10] *Jacob Burckhardt*, Weltgeschichtliche Betrachtungen, 2. Auflage 1910, S. 33.

[11] Vgl. *Hans Haug*, Die Schranken der Verfassungsrevision: Das Postulat der richtigen Verfassung als normative Schranke der souveränen verfassunggebenden Gewalt, 1947, S. 34, der unter Verweis auf *Jacob Burckhardt* konstatiert: „Die Herrschaft kann in ihrem Kampf gegen die widersetzlichen Mächte zwar Gerechtigkeit üben, sie tritt aber infolge ihres Zwang-Wesens in Gegensatz zum Gebot der Liebe. Dadurch wird Herrschaft sittlich problematisch."

[12] *Georg Wilhelm Friedrich Hegel*, Grundlinien der Philosophie des Rechts (1821), 2. Auflage 1840 (hrsg. von Eduard Gans), § 317 – Zusatz (S. 403).

[13] *Dieter Grimm*, Ursprung und Wandel der Verfassung, in: ders., Die Zukunft der Verfassung II, 2012, S. 11 differenziert zwischen der Verfassung im *normativen* Sinne, bei der es sich um ein Gesetz handele, das die Einrichtung und Ausübung der politischen Herrschaft zum Gegenstand hat und der Verfassung im *empirischen* Sinne, mit der die Beschaffenheit eines Landes bezogen auf seine politischen Verhältnisse gemeint sei. *Konrad Hesse*, Die normative Kraft der Verfassung (1959), in: Manfred Friedrich (Hrsg.), Verfassung: Beiträge zur Verfassungstheorie, 1978, S. 77 (82) unterscheidet inhaltlich deckungsgleich, aber terminologisch abweichend zwischen der „rechtlichen" und der „wirklichen" Verfassung; *Josef Isensee*, Staat und Verfassung, in: HStR, Band II, 3. Auflage 2004, § 15 Rn. 177 zwischen der „normativen" und der „realen" Verfassung; *Christian Koenig*, Ist die Europäische Union verfassungsfähig?, DÖV 1998, S. 268 (269) zwischen dem „nor-

klärungswert abgesprochen wird.[14] So zieht etwa *Erhard Denninger* den Nutzen jener Kategorien, die er als „verhärtete[ ] Traditionsbegriffe"[15] bezeichnet, nachdrücklich in Zweifel.[16] Es handele sich dabei nurmehr noch um „Begriffsschablonen, die den Blick auf die drängenden Sachaufgaben verzerren oder verstellen" und im Hinblick auf den weiteren Prozess der europäischen Integration einer „wirklichkeitszugewandten Beschreibung" weichen müssten.[17] Nicht minder eindringlich warnte *Stefan Oeter* im Jahre 1995, dass das Beharren auf den „etablierten theoretischen Kategorien" es nahezu unmöglich mache, „Gebilde wie die Europäische Gemeinschaft theoretisch zu begreifen und in die Konstruktionen der Verfassungsrechtsdogmatik zu integrieren".[18] Was speziell die Verfassung anbetrifft, bemerkt auch *Lars Viellechner*, dass sie nur noch als „Chiffre" fungiere, unter der über Recht in der Globalisierung nachgedacht wird, „bis überzeugendere Kategorien gefunden sind".[19]

---

mativen" und dem „seinswissenschaftlichen" Verfassungsbegriff. Eingehend zu den verschiedenen Sinngehalten des Begriffs „Verfassung" *Carl Schmitt*, Verfassungslehre (1928), 9. Auflage 2003, S. 3 ff.; *Horst Dreier*, Verfassung, in: ders., Idee und Gestalt des freiheitlichen Verfassungsstaates, 2014, S. 3 ff.; *Ernst-Wolfgang Böckenförde*, Verfassungsprobleme und Verfassungsbewegung des 19. Jahrhunderts, in: ders., Recht, Staat, Freiheit, 2006 (erweiterte Ausgabe), S. 244 ff. Wenn im Folgenden der Begriff „Verfassung" ohne nähere Kennzeichnung gebraucht wird, so ist stets die Verfassung im *normativen* Sinne gemeint.

[14] Vgl. dazu *Rainer Wahl*, Die zweite Phase des Öffentlichen Rechts in Deutschland: Die Europäisierung des Öffentlichen Rechts, Der Staat 38 (1999), S. 495 (503): „Jedenfalls sind die Veränderungen [...] grundlegend genug, daß ein unreflektiertes Weiterführen der traditionellen Begriffe wie Staatlichkeit und Souveränität nicht mehr angängig ist." Zur „Vagheit" des Souveränitätsbegriffs und den Streit darüber, ob dem Souveränitätsbegriff heute noch ein Erklärungswert zukommt und wenn ja, welcher *Charles Fenwick*, International Law, 3. Auflage 1952, S. 106; *Georg Schwarzenberger*, The Forms of Sovereignty, Current Legal Problems 10 (1957), S. 264 ff.; *Hans-Ulrich Scupin*, Der Begriff der Souveränität bei Johannes Althusius und bei Jean Bodin, Der Staat 4 (1965), S. 1; *Friedrich Berber*, Lehrbuch des Völkerrechts, Band I, 2. Auflage 1975, S. 121 ff.; *Manfred Baldus*, Zur Relevanz des Souveränitätsproblems für die Wissenschaft vom öffentlichen Recht, Der Staat 36 (1997), S. 381 (388); *Albrecht Randelzhofer*, Staatsgewalt und Souveränität, in: HStR, Band II, 3. Auflage 2004, § 17 Rn. 1 ff.; *Hasso Hofmann*, „Souverän ist, wer über den Ausnahmezustand entscheidet", Der Staat 44 (2005), S. 171 (174); *Dieter Grimm*, Souveränität – Herkunft und Zukunft eines Schlüsselbegriffs, 2009, S. 99 ff. Zur Unschärfe des Staatsbegriffs vgl. nur *Heinhard Steiger*, Geht das Zeitalter des souveränen Staates zu Ende?, Der Staat 41 (2002), S. 331: „Es wird aber deutlich, daß der Begriff des Staates seine Konturen, staats- wie völkerrechtlich, aber auch politologisch und politikphilosophisch verloren hat [...]". In diese Richtung auch *Michael Stolleis*, Staatsrechtslehre und Politik, 1996, S. 20 f., der den „begriffliche[n] Zerfall des Objekts ‚Staat'" konstatiert, ihm „Diffusion und Konturenlosigkeit" bescheinigt. Zur „Entleerung" des Verfassungsbegriffs *Georges Burdeau*, Zur Auflösung des Verfassungsbegriffs, Der Staat 1 (1962), S. 389 (394 ff.); *Dieter Grimm*, Entwicklung und Funktion des Verfassungsbegriffs, in: ders., Die Zukunft der Verfassung II, 2012, S. 203 ff.

[15] *Erhard Denninger*, Vom Ende nationalstaatlicher Souveränität in Europa, JZ 2000, S. 1121 (1126).

[16] *Erhard Denninger*, Vom Ende nationalstaatlicher Souveränität in Europa, JZ 2000, S. 1121 ff.

[17] *Erhard Denninger*, Vom Ende nationalstaatlicher Souveränität in Europa, JZ 2000, S. 1121 (1126).

[18] *Stefan Oeter*, Souveränität und Demokratie als Probleme in der „Verfassungsentwicklung" der Europäischen Union, ZaöRV 55 (1995), S. 659 (705 f.).

[19] *Lars Viellechner*, Verfassung als Chiffre: Zur Konvergenz von konstitutionalistischen und

Indes sind bis zum heutigen Tage keine überzeugenderen Kategorien zur Beschreibung von Herrschaft im Europa der Gegenwart erschlossen worden.[20] Ebensowenig ist es gelungen, jene Organisationsform politischer Macht, die in der Europäischen Union ihre realpolitische Verkörperung findet und von der angenommen wird, dass sie die souveräne Staatlichkeit ihrer Mitglieder gleichsam entkernt[21] und die Staatsverfassungen auf den Status von fragmentarischen Teilordnungen zurückgesetzt[22] habe, auf den Begriff zu bringen.[23] Aus dieser Verlegenheit heraus wird die Europäische Union gemeinhin als „politisches Herrschaftssystem eigener Art“[24] oder in ähnlicher Weise apostrophiert, mithin eher umschrieben denn im

pluralistischen Perspektiven auf die Globalisierung des Rechts, in: ZaöRV 75 (2015), S. 231 (258). Dezidiert gegen die Preisgabe des Verfassungsbegriffs hingegen *Georges Burdeau*, Zur Auflösung des Verfassungsbegriffs, Der Staat 1 (1962), S. 389 (390 f.): „Unter allen juristischen Begriffen, deren Verfall wir beobachten, gibt es einen, dessen Auflösung wir am wenigsten hinnehmen können, und zwar den der Verfassung. Während alles sich entwickelt und im Fluß ist, benötigen die Juristen und mit ihnen die ganze Gesellschaft eine Regel, die, wenn schon nicht in ihrem Inhalt, so doch wenigstens in ihrer Autorität fest und unveränderlich bleibt.“

[20] Dies konstatiert auch *Claudio Franzius*, Europäisches Verfassungsrechtsdenken, 2010, S. 2.

[21] Aus der mittlerweile unüberschaubaren Literatur zum Verhältnis von supranationaler Integration und souveräner Staatlichkeit vgl. etwa *Carl Friedrich Ophüls*, Staatshoheit und Gemeinschaftshoheit – Wandlungen des Souveränitätsbegriffs, in: Carl Hermann Ule u. a. (Hrsg.), Recht im Wandel: Beiträge zu Strömungen und Fragen im heutigen Recht, Festschrift 150 Jahre Carl Heymanns Verlag KG, 1965, S. 519 ff.; *Paul Kirchhof*, Deutsches Verfassungsrecht und Europäisches Gemeinschaftsrecht, EuR 1991 Beiheft 1, S. 11 ff.; *Udo Di Fabio*, Der neue Art. 23 des Grundgesetzes, Der Staat 32 (1993), S. 191 ff.; *Karl Doehring*, Staat und Verfassung in einem zusammenwachsenden Europa, ZRP 1993, S. 98 ff.; *Fritz Ossenbühl*, Maastricht und das Grundgesetz – eine verfassungsrechtliche Wende?, DVBl. 1993, S. 629 ff.; *Christian Koenig*, Ist die Europäische Union verfassungsfähig?, DÖV 1998, S. 268 ff.; *Marcel Kaufmann*, Integrierte Staatlichkeit als Staatsstrukturprinzip, JZ 1999, S. 814 ff.; *Heinhard Steiger*, Geht das Zeitalter des souveränen Staates zu Ende?, Der Staat 41 (2002), S. 331 ff.; *Hasso Hofmann*, „Souverän ist, wer über den Ausnahmezustand entscheidet“, Der Staat 44 (2005), S. 171 ff.; *Martin Nettesheim*, Ein Individualrecht auf Staatlichkeit? Die Lissabon-Entscheidung des BVerfG, NJW 2009, S. 2867 ff.

[22] Zum Problem *Peter Häberle*, Europa – eine Verfassungsgemeinschaft?, in: ders., Europäische Verfassungslehre in Einzelstudien, 1999, S. 84 (102 ff.); *Armin von Bogdandy*, Zweierlei Verfassungsrecht: Europäisierung als Gefährdung des gesellschaftlichen Grundkonsenses?, Der Staat 39 (2000), S. 163 (166 ff.); *Dieter Grimm*, Die Verfassung im Prozess der Entstaatlichung, in: ders., Die Zukunft der Verfassung II, 2012, S. 67 ff.; *Jörn Axel Kämmerer*, Verfassung im Nationalstaat: Von der Gesamtordnung zur europäischen Teilordnung?, NVwZ 2015, S. 1321 ff.; *Sebastian Unger*, Verfassung im Nationalstaat: Von der Gesamtordnung zur europäischen Teilordnung, DVBl. 2015, S. 1069 ff.; *Franz Christian Mayer*, Verfassung im Nationalstaat: Von der Gesamtordnung zur europäischen Teilordnung?, VVDStRL 75 (2016), S. 7 ff.; *Hans Michael Heinig*, Verfassung im Nationalstaat: Von der Gesamtordnung zur europäischen Teilordnung?, VVDStRL 75 (2016), S. 65 ff.

[23] *Annabelle Petschow*, Zwei Seiten einer Medaille? Europäische und nationale Identität in Deutschland, 2013, S. 14 spricht in diesem Zusammenhang vom „Unvermögen der politischen Eliten, eine Wesensbestimmung, mithin eine Identität der Europäischen Union zu fixieren“.

[24] *Horst Dreier*, Erosionsprozesse des Verfassungsstaates, in: Christof Gestrich (Hrsg.), Die herausgeforderte Demokratie, S. 54 (66). Auf die „Präzedenzlosigkeit“ des unter der Bezeichnung „Europäische Union“ firmierenden Herrschaftsgebildes verweisen auch *Dieter Grimm*, Braucht Europa eine Verfassung?, JZ 1995, S. 581 (585); *Markus Heintzen*, Gemeineuropäisches Verfassungsrecht in der Europäischen Union, EuR 1997, S. 1 (13); *Hans Michael Heinig*, Europäisches Verfassungsrecht ohne Verfassung(svertrag)?, JZ 2007, S. 905 (909).

eigentlichen Sinne beschrieben.[25] Dabei fällt ins Auge, dass der Zustand der relativen Sprachlosigkeit nun schon seit geraumer Zeit anhält. So hat *Josef Isensee* bereits vor mehr als einem Vierteljahrhundert anlässlich des Inkrafttretens des Vertrags von Maastricht darauf hingewiesen, dass die rechtliche Form des europäischen Integrationsprojekts „nicht in die hergebrachten Begriffsraster der Allgemeinen Staatslehre" passe und jeglichen juristischen Definitionsversuchen entschlüpfe.[26] Die Gemeinschaft sei „mehr Prozeß als Organisation, mehr Entwurf als Ordnung, mehr Integration als Institution, mehr Einung als Einheit"[27]. Ihre rechtlichen Formen gälten nur als Provisorien, ihre Organisation nur als Interim, ihr Endziel stehe nicht fest.[28]

Dass dieser Befund gut zweieinhalb Jahrzehnte später im Großen und Ganzen noch immer Gültigkeit besitzt, erscheint auf den ersten Blick nicht sonderlich besorgniserregend. Schließlich haben Begriffe keinen Wert an sich. Doch verfestigt sich bei genauerer Betrachtung der Eindruck, dass das Unvermögen, die rechtliche Form des geeinten Europas auf den Begriff zu bringen, nicht lediglich als ein formaljuristisches Defizit einzuordnen ist. Vielmehr erhebt sich der Verdacht, dass es sich bei der relativen Sprachlosigkeit, von der hier die Rede ist, um das Symptom einer stetig wachsenden Verunsicherung über Art und Form der politischen Integration Europas handelt. Ganz in diesem Sinne konstatiert *Jörg Philipp Terhechte* unter dem Eindruck des sog. „Brexit-Referendums" des Jahres 2016:

> „Jenseits aller politischen und wirtschaftlichen Schwierigkeiten, die mit dieser Entwicklung sicher verbunden sind, steht der Brexit dafür, dass sich im europäischen Haus etwas grundlegend verändert hat. Die Vorstellung der unverbrüchlichen Einheit, die dem europäischen Integrationsprojekt seit jeher zugrunde gelegen hat, hat einen empfindlichen Dämpfer erhalten. Die Mitgliedschaft in der EU knüpft offenbar kein untrennbares Band zwischen ihren Mitgliedstaaten (mehr), das quasi automatisch zu den Vereinigten Staaten von Europa führt, sondern ist nur dann von Dauer, wenn die Mitgliedstaaten die Vorteile, die mit der europäischen Integration verbunden sind, klar erkennen können. Ansonsten gilt offenbar ab jetzt: Exit!"[29]

Die (Wieder-)Belebung des Willens zur Einheit in Europa, dessen Zusammenwachsen mit Recht als die wohl bemerkenswerteste Errungenschaft der europäischen Nachkriegsgeschichte gilt, erweist sich vor diesem Hintergrund als eine der

---

[25] Zur Bedeutung begrifflicher Fixierung *Peter Badura*, Die Methoden der neueren Allgemeinen Staatslehre, 1. Auflage 1959, S. 15 unter Verweis auf *Georg Wilhelm Friedrich Hegel*: „Durch die begriffliche Fassung können die Vorstellungen gemäß der Natur ihrer Inhalte in festen Verhältnissen geordnet werden und dadurch unterscheidet sich subjektives Meinen von objektiver Erkenntnis. Bei jedem Bemühen um Erkenntnis kommt es daher darauf an, ‚die Anstrengung des Begriffs auf sich zu nehmen'."

[26] *Josef Isensee*, Nachwort: Europa – die politische Erfindung eines Erdteils, in: ders. (Hrsg.), Europa als politische Idee und als rechtliche Form, 1993, S. 103 (127).

[27] *Josef Isensee*, Nachwort: Europa – die politische Erfindung eines Erdteils, in: ders. (Hrsg.), Europa als politische Idee und als rechtliche Form, 1993, S. 103 (127).

[28] *Josef Isensee*, Nachwort: Europa – die politische Erfindung eines Erdteils, in: ders. (Hrsg.), Europa als politische Idee und als rechtliche Form, 1993, S. 103 (127).

[29] *Jörg Philipp Terhechte*, Elemente und Wandlungen der Mitgliedschaftsverfassung der EU – Beitritt, flexible Integration, Austritt, Ausschluss, JZ 2019, S. 105 f.

zentralen Herausforderungen unserer Zeit. Wer sie bewältigen möchte, kommt nicht umhin, sich Klarheit darüber zu verschaffen, wie die europäische Herrschafts-Doppelung der Gegenwart, d.h. „das *Zugleich von Union und Mitgliedstaaten*"[30], im Grundsätzlichen beschaffen ist.

B. Politische Macht im Spannungsfeld von souveräner Verfassungsstaatlichkeit und supranationaler Integration

Nach alledem besteht das dringende Bedürfnis, das Verhältnis von souveräner Verfassungsstaatlichkeit und supranationaler Integration sorgsam zu durchleuchten. Dies gilt umso mehr, als ungeachtet der allfälligen Tendenz, erstere als ein der „postnationalen Konstellation" vermeintlich inadäquates Herrschaftskonzept ins Reich der (Ideen-)Geschichte zu verabschieden, bis heute nicht dargetan worden ist, dass die Strukturen politischer Macht im Europa des 21. Jahrhunderts ohne Rückgriff auf die hergebrachten Kategorien „Staatlichkeit", „Souveränität" und „Verfassung" theoretisch durchdrungen und begrifflich eingefangen werden können. Die populäre These, der rechtswissenschaftliche Diskurs sei gefangen in der „‚Falle' tradierter Begriffe"[31], ist aber nicht nur mangels leistungsfähiger begrifflicher Alternativen kritisch zu hinterfragen, sondern auch deshalb, weil der (Nachkriegs-)Prozess der europäischen Integration seinen Ausgang in einem politischen und rechtlichen Denken nahm, dem die genannten Kategorien keineswegs belanglos oder gar anachronistisch erschienen. Überhaupt ist festzustellen, dass der Staat als spezifisches Herrschaftsgebilde, die Souveränität als spezifischer Herrschaftstatbestand und die moderne Verfassung als spezifisches Herrschaftsverrechtlichungsinstrument mit der Charakterisierung als bloße „Begriffsschablonen"[32] nicht recht getroffen sind. Denn hinter diesen Begriffen stehen wirkmächtige Antworten auf die alten, aber unverändert aktuellen Fragen nach der Notwendigkeit, der Anerkennungswürdigkeit, der Funktionsweise und den Grenzen politischer Macht. Die gebotene Offenheit für etwaig angezeigte Begriffsumbildungen[33] vorausgesetzt,

---

[30] *Christoph Schönberger*, Die Europäische Union zwischen „Demokratiedefizit" und Bundesstaatsverbot: Anmerkungen zum Lissabon-Urteil des Bundesverfassungsgerichts, Der Staat 48 (2009), S. 535 (543).

[31] *Erhard Denninger*, Vom Ende nationalstaatlicher Souveränität in Europa, JZ 2000, S. 1121 (1125). Vgl. auch *Jochen Abraham Frowein*, Verfassungsperspektiven der Europäischen Gemeinschaft, EuR 1992 Beiheft 1, S. 63 (67); *Stefan Oeter*, Souveränität und Demokratie als Probleme in der „Verfassungsentwicklung" der Europäischen Union, ZaöRV 55 (1995), S. 659 (704 ff.).

[32] So *Erhard Denninger*, Vom Ende nationalstaatlicher Souveränität in Europa, JZ 2000, S. 1121 (1126).

[33] Zur relativen Kontingenz des Staatsbegriffs *Josef Isensee*, Staat und Verfassung, in: HStR, Band II, 3. Auflage 2004, § 15 Rn. 46, der unter Bezugnahme auf *Adam Müller* feststellt: „Darin liegt das Dilemma der Staatsbegriffe, dass ihnen ihr Objekt immer wieder entgleitet. Es bewegt sich im Strom der Geschichte und lässt sich nicht endgültig fixieren." *Hasso Hofmann*, „Souverän ist, wer über den Ausnahmezustand entscheidet", Der Staat 44 (2005), S. 171 (177) spricht pointiert von der „nachhaltige[n] Wirkung des unbegriffenen Begriffs ‚Staat'". *Christian Seiler*, Der souve-

erscheint es deshalb statthaft und zweckmäßig, bei dem Versuch, die grundlegenden Strukturen von Herrschaft im vereinten Europa der Gegenwart theoretisch zu durchdringen, auf die hergebrachten Kategorien „Staatlichkeit", „Souveränität" und „Verfassung" zurückzugreifen. Letztere *a limine* preiszugeben, widerspräche – so ist in Anlehnung an *Albert Haenel* zu resümieren – dem „wissenschaftliche[n] Gesetz, daß das Verständnis jeder komplizierten Erscheinung bedingt ist durch die scharfe Erfassung der einfachen Erscheinungen, aus deren Modifikation oder Kombination jene hervorgegangen ist"[34].

C. Politische Macht im Spiegel der Leitidee von der rechtlich geordneten Selbstbestimmung der Freien und Gleichen

Die Analyse von Herrschaft in der „postnationalen Konstellation" hat zahlreiche Facetten. In thematischer Hinsicht dreht sich der rechtswissenschaftliche Diskurs zumeist um die Frage, wie der (mitglied-)staatliche Rechtsraum Hoheitsakte der Europäischen Union rezipiert. Es geht dann etwa um die Pflichten des nationalen Gesetzgebers im Zusammenhang mit der Umsetzung unionaler Rechtsakte in nationales Recht oder den Vollzug und die Durchsetzung von Unionsrecht durch den mitgliedstaatlichen Verwaltungsapparat bzw. die mitgliedstaatlichen Gerichte. Unter den Leitbegriffen „Europarechtsfreundlichkeit", „Integrationsoffenheit" und „Integrationsverantwortung" werden die einzelnen Modalitäten der Verzahnung von unionaler und mitgliedstaatlicher Herrschaftsausübung diskutiert.[35] Dieser Aspekt bildet aus gutem Grund einen Schwerpunkt der juristischen Reflexion des europäischen Einigungsprozesses. Denn je reibungsloser nationale und supranationale Kompetenzträger miteinander kooperieren, desto besser gelingt die ge-

räne Verfassungsstaat zwischen demokratischer Rückbindung und überstaatlicher Einbindung, 2005, S. 3, 165 ff. und 386 f. betont die „Entwicklungsoffenheit" von Staatlichkeit. Zur inhaltlichen Wandelbarkeit des Souveränitätsbegriffs siehe nur *Carl Friedrich Ophüls*, Staatshoheit und Gemeinschaftshoheit – Wandlungen des Souveränitätsbegriffs, in: Carl Hermann Ule u. a. (Hrsg.), Recht im Wandel: Beiträge zu Strömungen und Fragen im heutigen Recht, Festschrift 150 Jahre Carl Heymanns Verlag KG, 1965, S. 519 (520 ff.); *Peter Häberle*, Zur gegenwärtigen Diskussion um das Problem der Souveränität, AöR 92 (1967), S. 259 (265); *Josef Isensee*, Integrationsziel Europastaat?, in: Ole Due/Marcus Lutter/Jürgen Schwarze (Hrsg.), Festschrift für Ulrich Everling, 1995, S. 567 (576); *Albrecht Randelzhofer*, Staatsgewalt und Souveränität, in: HStR, Band II, 3. Auflage 2004, § 17 Rn. 17 ff. sowie *Nico Schrijver*, The Changing Nature of State Sovereignty, The British Yearbook of International Law 1999, S. 65 (70): „Sovereignty is thus a dynamic concept. It can have a different meaning in different historical periods although certain essential characteristics remain."

34 *Albert Haenel*, Deutsches Staatsrecht, Band I, 1892, S. 74.

35 Siehe dazu etwa *Peter Michael Huber*, Europäisches und nationales Verfassungsrecht, VVDStRL 60 (2001), S. 194 (228 ff.); *Martin Nettesheim*, „Integrationsverantwortung" – Verfassungsrechtliche Verklammerung politischer Räume, in: Matthias Pechstein (Hrsg.), Integrationsverantwortung, 2012, S. 11 ff.; *Daniel Knop*, Völker- und Europarechtsfreundlichkeit als Verfassungsgrundsätze, 2013, S. 265 ff.; *Andreas Voßkuhle*, Verfassungsgerichtsbarkeit und europäische Integration, NVwZ-Beilage 2013, S. 27 ff.

meinsame Erledigung öffentlicher Aufgaben unter dem Dach der Europäischen Union und desto klarer tritt hervor, welch immensen Beitrag das politische Zusammenwachsen Europas zur Förderung des Gemeinwohls zu leisten vermag.

Desungeachtet steht das „Wie" der Kooperation von mitgliedstaatlichen und unionalen Trägern öffentlicher Gewalt nicht im Zentrum dieser Arbeit. Das primäre Anliegen der vorliegenden Studie ist es vielmehr, hinter die Techniken der arbeitsteiligen Ausübung von Herrschaft durch nationale und supranationale Kompetenzträger zu blicken. Im Rekurs auf die klassischen Positionen der neuzeitlichen politischen Philosophie und mittels einer empirisch-historischen Rekonstruktion der Schlüsselbegriffe „Staat", „Souveränität" und „Verfassung" soll die grundsätzliche Beschaffenheit der Herrschaftsansprüche der Europäischen Union und der Bundesrepublik Deutschland herausgearbeitet werden. Sind die Baupläne beider Herrschaftsansprüche entschlüsselt, so ist der Boden für eine Befassung mit der richtungweisenden Frage bereitet, wie sie zueinander ins Verhältnis zu setzen sind, auf dass politische Macht auch unter den Bedingungen supranationaler Integration jene Legitimität bewahrt, die sie nur als ein auf den Autonomieanspruch der Machtunterworfenen hingeordnetes Verhältnis der Über- und Unterordnung haben kann. Da in der zeitgenössischen Staats- und Europawissenschaft von keiner Seite bestritten oder auch nur angezweifelt wird, dass sich politische Macht ungeachtet ihrer konkreten Organisationsform vor dem Autonomieanspruch der Herrschaftsunterworfenen zu rechtfertigen hat, ist es eben diese sozialphilosophische Prämisse, oder genauer: die aus ihr deduzierte Leitidee von der rechtlich geordneten Selbstbestimmung der Freien und Gleichen,[36] welche der vorliegenden Untersuchung Maß und Richtung geben wird.

D. Gang der Untersuchung

Die Ausbildung von Herrschaftsstrukturen ist ein prozesshafter Vorgang. Der Grund liegt darin, dass institutionalisierte politische Macht, will sie Bestand haben, den Gerechtigkeitsvorstellungen der im Herrschaftsverhältnis miteinander verbundenen Menschen Rechnung tragen muss. In den Worten *Hans Haugs*:

> „Eine Herrschaft, die zwar an die Stelle der An-Archie eine Archie, an die Stelle des Kampfes aller gegen alle eine Willenseinheit, eine Ordnung zu setzen vermag, aber eine harte, ungerechte und ungerufene Ordnung, [...] hat gegen ihre Berufung verstoßen und wird auch nicht allzu lange Herrschaft bleiben."[37]

Insofern sich die Gerechtigkeitsvorstellungen der Menschen im Laufe der Zeit wandeln,[38] wandelt sich daher über kurz oder lang auch die Komposition der institu-

---

[36] Dazu näher unten Zweites Kapitel B. I. 3.

[37] *Hans Haug*, Die Schranken der Verfassungsrevision: Das Postulat der richtigen Verfassung als normative Schranke der souveränen verfassunggebenden Gewalt, 1947, S. 35.

[38] *Josef Isensee*, Die alte Frage nach der Rechtfertigung des Staates, JZ 1999, S. 265 (270) spricht

tionalisierten politischen Macht. Wer diese in ihrer gegenwärtigen Konfiguration verstehen möchte, muss folglich die Entwicklung nachvollziehen, die sie seit Anbeginn der Neuzeit durchlaufen hat. Im *Zweiten Kapitel* der vorliegenden Arbeit wird das Phänomen „Herrschaft" deshalb in historisch-analytischer Perspektive gewürdigt. Der Fokus liegt insoweit auf der Souveränität, der (Territorial-)Staatlichkeit und der modernen Verfassung als denjenigen „Bauelementen", die der neuzeitlichen Herrschaftsarchitektur ihr wesentliches Gepräge geben. Von herausgehobenem Interesse ist dabei die „moderne Verfassung" (auch: „Verfassung des demokratischen Konstitutionalismus"). Gemeint ist jene besondere Form der Verrechtlichung politischer Macht, die im Zuge der bürgerlichen Revolutionen in Nordamerika und Frankreich theoretisch entfaltet und in Gestalt der US-amerikanischen Bundesverfassung von 1787 sowie der französischen Revolutionsverfassung von 1791 prototypisch umgesetzt worden ist. Der Grund liegt darin, dass unter den genannten Bauelementen der neuzeitlichen Herrschaftsarchitektur die moderne Verfassung dasjenige ist, dem die anspruchsvolle Aufgabe zukommt, Herrschaft mit dem Autonomieanspruch der Herrschaftsunterworfenen zu versöhnen. Da das Wesen der modernen Verfassung gerade in der Abgrenzung von alternativen Formen der Herrschaftsverrechtlichung an Klarheit und Konturenschärfe gewinnt, wird sie – nach einer Erörterung ihre Genese – an den Verfassungen des monarchischen Konstitutionalismus, wie er im Deutschland des 19. Jahrhunderts praktiziert worden ist, sowie der Weimarer Reichsverfassung gespiegelt. Die im Anschluss unternommene verfassungstheoretische Einordnung des Grundgesetzes gibt alsdann Gelegenheit, die für die moderne Verfassung konstitutiven Strukturelemente (verfassunggebende Gewalt des Volkes, Ausschluss nicht-verfasster Machtreservate, Vorrang der Verfassung) eingehend zu beleuchten und ihre wechselseitige Bedingtheit herauszuarbeiten. Daraus wird erhellen, vermöge welcher Mechanismen es der modernen Verfassung gelingt, Herrschaft dergestalt zu begründen und zu begrenzen, dass der Gegensatz zwischen dem Unterworfen-Sein unter institutionalisierte politische Macht und dem Autonomieanspruch des Individuums nachhaltig entschärft wird.

Ist die unter der Bezeichnung „souveräne Verfassungsstaatlichkeit" firmierende Herrschaftsarchitektur entstehungs- und ideengeschichtlich durchleuchtet, so kann in einem weiteren Schritt der Frage nachgegangen werden, wie der in der zweiten Hälfte des 20. Jahrhunderts einsetzende Prozess der politischen Einigung Europas auf diese Architektur eingewirkt hat und weiterhin einwirkt. Die Untersuchung richtet sich auf einen bestimmten Verfassungsstaat, die Bundesrepublik Deutschland, und einen bestimmten Einigungsprozess, nämlich jenen, welcher sich unter dem Dach des staatenintegrierenden Verbands „Europäische Union" vollzieht. Weil sich sowohl die Binnen- als auch die Außenorientierung[39] der Bundes-

in diesem Zusammenhang von „den kontingenten Bedürfnissen der Gesellschaft in ihrer raumzeitlichen Bedingtheit".

39 Zur Außenorientierung des Grundgesetzes vgl. etwa *Peter Badura*, Das Staatsziel „Europäische Integration" im Grundgesetz, in: Johannes Hengstschläger u.a. (Hrsg.), Für Staat und

republik auf der Grundlage und im Rahmen des Grundgesetzes entfalten,[40] gebührt Art. 23 und Art. 24 Abs. 1 GG besondere Aufmerksamkeit. Denn es sind eben diese grundgesetzlichen Bestimmungen, welche zwischen dem „Staat-Sein“ und dem „(EU-)Mitgliedstaat-Sein“ Deutschlands vermitteln.[41] Es wird zu zeigen sein, dass beide vorgenannten Integrationsermächtigungen nicht an den für die moderne Verfassung konstitutiven Verfassungsstrukturelementen rühren und somit die Fundamentalentscheidung des Grundgesetzgebers, die Bundesrepublik in Gemäßheit des Verfassungsbegriffs des demokratischen Konstitutionalismus zu konstituieren, unberührt lassen. Dem entspricht, dies sei als These vorweggenommen, dass ungeachtet der Einbindung Deutschlands in den europäischen Integrationsprozess sämtliche Komponenten souveräner Staatlichkeit, welche die Bundesrepublik zu einem uneingeschränkt verfassungsfähigen Herrschaftsgebilde qualifizieren, konserviert worden sind.

Jedoch ist damit keineswegs ausgemacht, dass die gesamte im Geltungsbereich des Grundgesetzes wirkende politische Macht noch immer in einer Weise verrechtlicht ist, die dem Standard des demokratischen Konstitutionalismus genügt. Immerhin hat die Übertragung von Hoheitsrechten auf die Europäische Union dazu geführt, dass nunmehr auch supranationale Kompetenzträger, die als solche nicht an die Rechtssätze des Grundgesetzes gebunden sind, öffentliche Gewalt mit unmittelbarer Wirkung im deutschen Territorium ausüben. Der einzelne Herrschaftsunterworfene sieht sich infolgedessen fortwährend mit Herrschaftsakten zweier eigenständiger Herrschaftsapparate konfrontiert. Dieser Umstand verkompliziert die Verfassungslage erheblich. Das dritte Kapitel der vorliegenden Arbeit ist daher der Frage gewidmet, ob der Zustand der normativen Verfasstheit im Sinne des demokratischen Konstitutionalismus unter den Bedingungen supranationaler Integration noch aufrechterhalten werden kann und wenn ja, wie. Abermals sei darauf hingewiesen, dass der Fokus dabei nicht auf Einzelproblemen allfälliger föderal-institutioneller Entscheidungsverschränkungen im europäischen Mehrebenensystem liegen wird. Wie die Kooperation zwischen nationalen und unionalen Kompetenzträgern im Detail funktioniert bzw. von Rechts wegen funktionieren sollte, muss an anderer Stelle untersucht werden. Hier steht die Frage im Vordergrund, welche Rollen einerseits die Staatsverfassung und andererseits das EU-Primärrecht ein-

---

Recht, Festschrift für Herbert Schambeck, 1994, S. 887 ff. sowie *Marcel Kaufmann*, Integrierte Staatlichkeit als Staatsstrukturprinzip, JZ 1999, S. 814 ff.

[40] Vgl. *Paul Kirchhof*, Deutsches Verfassungsrecht und Europäisches Gemeinschaftsrecht, EuR 1991 Beiheft 1, S. 11 (15): „Im Verfassungsstaat ist alles hoheitliche Handeln – auch die Übertragung von Hoheitsgewalt und die Mitwirkung im Rahmen einer internationalen Gemeinschaft – nur insoweit legitimiert, als es sich auf die Verfassung stützt.“ Näher zu Genese und Inhalt des materiellen Verfassungsstaatsbegriffs *Ernst-Wolfgang Böckenförde*, Begriff und Probleme des Verfassungsstaates, in: ders., Staat, Nation, Europa, 1999, S. 127 (129 ff.).

[41] Instruktiv zur „Gleichzeitigkeit“ von Staatlichkeit und Mitgliedstaatlichkeit der vom Grundgesetz verfassten politischen Entität *Rainer Wahl*, Die zweite Phase des Öffentlichen Rechts in Deutschland: Die Europäisierung des Öffentlichen Rechts, Der Staat 38 (1999), S. 495 (498 ff.); *ders.*, Internationalisierung des Staates, in: ders., Verfassungsstaat, Europäisierung, Internationalisierung, 2003, S. 17 ff.

nehmen, insofern es darum geht, die überkommenen Verfassungsfunktionen der Herrschaftsbegründung und Herrschaftsbegrenzung in die „postnationale Konstellation“ zu transponieren. Unter Auseinandersetzung mit der im wissenschaftlichen Schrifttum einflussreichen These vom europäischen Verfassungspluralismus (*constitutional pluralism*) und mittels einer Analyse der Verfassungsqualität des EU-Primärrechts wird aufgezeigt, wie das Verhältnis zwischen dem nationalen und dem supranationalen Rechtserzeugungsrecht konzeptualisiert werden muss, damit Herrschaft auch unter den Bedingungen der „Herrschafts-Doppelung“ vollumfänglich den Charakter einer Auftragsangelegenheit bewahrt.

Anschließend ist zu klären, ob die Entscheidung des Grundgesetzgebers, politische Macht in der vom demokratischen Konstitutionalismus proklamierten Art und Weise zu verrechtlichen, eine präskriptive Dimension aufweist. Im vierten Kapitel wird daher untersucht, ob diese Entscheidung dem Zugriff der verfassten (Staats-)Gewalt entzogen ist oder vielmehr zu ihrer Disposition steht. In normativer Hinsicht rückt damit Art. 79 Abs. 3 GG in den Mittelpunkt. Es wird zu zeigen sein, dass sich die dort verankerte Verfassungsidentitätsgarantie in der Tat auch auf die verfassunggebende Gewalt des Volkes, den Ausschluss nicht-verfasster Machtreservate sowie den Vorrang der Verfassung erstreckt, sodass die in der Kombination dieser drei Verfassungsstrukturelemente zum Ausdruck gelangende Fundamentalentscheidung für demokratische Konstitutionalität vom Grundgesetz unantastbar gestellt ist. Welche Konsequenzen sich daraus für die Integrationsgewalt von Bundestag und Bundesrat ergeben, soll zum Ende des Kapitels Erörterung finden.

Die Arbeit schließt mit einem fünften Kapitel, in dem die wesentlichen Erkenntnisse thesenartig zusammengefasst werden.

Zweites Kapitel

Der supranational integrierte Verfassungsstaat in entstehungs- und ideengeschichtlicher Perspektive

Staat, Souveränität und Verfassung sind seit jeher in mannigfaltiger Weise aufeinander bezogen. Der moderne Staat entstand als souveräner Herrschaftsverband,[1] die Verfassung sodann im Schutze und als Modifikation staatlicher Souveränität.[2] So ist es kein Zufall, sondern historisch bedingt, dass alle drei Begriffselemente des souveränen Verfassungsstaats eine gemeinsame Konstitutive haben: Weder Staat noch Verfassung noch Souveränität können ohne die kategoriale Unterscheidung zwischen „Innen" und „Außen" gedacht werden. Durch die Integration der Bundesrepublik in die Europäische Union wird diese Unterscheidung zwar nicht hinfällig, aber doch erheblich relativiert. Denn in dem Maße, in dem das Grundgesetz das Staatsgebiet Deutschlands für supranationale öffentliche Gewalt öffnet, verliert die einstmals klare Grenzziehung an Konturenschärfe, wird der Unterschied zwischen „Innen" und „Außen" zunehmend sublim.[3] Angesichts dessen kann souveräne Verfassungsstaatlichkeit auf dem Boden des Bonner Grundgesetzes nicht mehr das bedeuten, was sie noch vor dem Jahr 1949 bedeutete. Wie sich dieser Bedeutungswandel im Einzelnen darstellt und welche Spannungslagen er hervorruft, soll im Rahmen dieses Kapitels eingehende Erörterung finden.

A. Moderner Staat als souveräner Territorialstaat

Die Entstehung des modernen Staates und seine dogmengeschichtliche Einordnung sind im wissenschaftlichen Schrifttum vielfach ausführlich untersucht wor-

[1] Zum begrifflichen Zusammenhang von „Staat" und „Herrschaft" *Hans Kelsen*, Allgemeine Staatslehre, 1925 (Nachdruck 1966), S. 96ff.

[2] Vgl. *Dieter Grimm*, Wer ist souverän in der Europäischen Union?, in: ders., Die Zukunft der Verfassung II, 2012, S. 275 (277f.); *Christian Starck*, Vorrang der Verfassung und Verfassungsgerichtsbarkeit, in: ders., Der demokratische Verfassungsstaat: Gestalt, Grundlagen, Gefährdungen, 1995, S. 33 (37ff.).

[3] Vgl. dazu *Stephan Hobe*, Der kooperationsoffene Verfassungsstaat, Der Staat 37 (1998), S. 521 (545); *Heinhard Steiger*, Geht das Zeitalter des souveränen Staates zu Ende?, Der Staat 41 (2002), S. 331 (340): „Am weitesten ist der Prozeß der Entfunktionalisierung der Grenzen in der Europäischen Union fortgeschritten und vor allem normativ ausgestaltet und festgeschrieben. Zwar sind die staatsrechtlichen Grenzen nicht aufgehoben. Sie bleiben unangetastet und behalten auch ihre Grundfunktion der Abgrenzung staatlicher Hoheitsbereiche. [...]. Aber die wirtschaftliche, währungsrechtliche, weitgehend auch soziale, zunehmend selbst die justitielle und politische Funktion der Grenzen wird zunehmend minimiert, wenn nicht aufgehoben."

den. Auf die einschlägigen Abhandlungen[4] möge zurückgreifen, wer die Absicht hegt, souveräne Staatlichkeit in all ihren Facetten zu ergründen. Im Mittelpunkt der hiesigen Arbeit stehen indes weniger das Wesen des Staates und der Souveränität als vielmehr – erstens – jene Verfassungsfunktionen und Verfassungsstrukturelemente, die das Grundgesetz als spezifische Ausprägung des modernen westeuropäisch-nordatlantischen Verfassungsmodells ausweisen, sowie – zweitens – das Verhältnis eben dieser Funktionen und Strukturelemente zum Verfassungsauftrag „europäische Integration". An der souveränen Staatlichkeit interessiert folglich in erster Linie dasjenige, was den modernen Staat zu einem verfassungsfähigen Gebilde macht, durch die Integrationsoffenheit des Grundgesetzes jedoch potenziell in Fortfall zu geraten droht. Die eingangs hervorgehobene Unterscheidung zwischen „Innen" und „Außen" erfüllt beide Kriterien. An ihr orientiert sich deshalb die nachfolgend unternommene Staatsbetrachtung[5].

I. Staatlichkeit konstituierender Zusammenhang zwischen Territorium und Hoheitsgewalt

Der moderne Staat ist auch und insbesondere Rechtseinheit.[6] Er zeichnet sich dadurch aus, „daß sich alle auf seinem Staatsgebiet ausgeübte Hoheitsgewalt von seiner Staatsgewalt herleiten lassen kann, daß also ein integraler, die Staatlichkeit überhaupt erst konstituierender Zusammenhang zwischen Staatsgebiet und Staatsgewalt besteht"[7]. Die Begründung eines solchen Zusammenhangs ist voraussetzungsreich: Rechtseinheit im vorbezeichneten Sinne bedingt die Existenz eines geschlossenen Herrschaftsverbands, in dem alle Herrschaftsbefugnisse in einer

[4] Beispielhaft seien genannt *Carl Friedrich Wilhelm von Gerber*, Grundzüge eines Systems des deutschen Staatsrechts, 1. Auflage 1865; *Otto Friedrich von Gierke*, Das deutsche Genossenschaftsrecht, Band I: Rechtsgeschichte der deutschen Genossenschaft, 1868; *Hermann Rehm*, Allgemeine Staatslehre, 1899; *Georg Jellinek*, Allgemeine Staatslehre, 3. Auflage 1913 (Neudruck 1966); *Hans Kelsen*, Allgemeine Staatslehre, 1925 (Nachdruck 1966); *Robert M. MacIver*, The Modern State, 1926; *Hermann Heller*, Staatslehre, 1934; *Herbert Krüger*, Allgemeine Staatslehre, 2. Auflage 1966; *Otto Brunner*, Land und Herrschaft, 5. Auflage 1965; *Helmut Quaritsch*, Staat und Souveränität, 1970; *Samuel Edward Finer*, The History of Government From the Earliest Times, Band III, 1997; *Christoph Möllers*, Staat als Argument, 2000; *Martin Kriele*, Einführung in die Staatslehre, 6. Auflage 2003; *Christian Seiler*, Der souveräne Verfassungsstaat zwischen demokratischer Rückbindung und überstaatlicher Einbindung, 2005; *Ernst-Wolfgang Böckenförde*, Geschichte der Rechts- und Staatsphilosophie, 2. Auflage 2006.

[5] Die hiesige Staatsbetrachtung folgt dem „engeren Staatsbegriff", welcher den Staat als (rechtfertigungsbedürftige) Herrschaftsinstitution begreift. Diese Perspektive unterscheidet sich von jener der vormodernen Philosophie, die auf den Staat vornehmlich als Gemeinwesen blickte. Eingehend zu den unterschiedlichen Betrachtungsweisen *Josef Isensee*, Die alte Frage nach der Rechtfertigung des Staates, JZ 1999, S. 265 ff.

[6] Vgl. *Armin von Bogdandy*, Die Verfassung der europäischen Integrationsgemeinschaft als supranationale Union, in: ders. (Hrsg.), Die Europäische Option: Eine interdisziplinäre Analyse über Herkunft, Stand und Perspektiven der europäischen Integration, 1993, S. 97 (106).

[7] *Christoph Möllers*, Staat als Argument, 2000, S. 393.

Hand vereinigt und zur umfassenden, auf ein Territorium bezogenen öffentlichen Gewalt verdichtet sind.[8]

1. Machtkonzentration als Folge der Säkularisierung

Derartige politische Einheiten gibt es noch nicht allzu lange. Wenn vom „Staat der Hellenen" oder dem „Staat des Mittelalters" die Rede ist, dann sind Herrschaftsstrukturen in Bezug genommen, die sich von den Herrschaftsstrukturen des modernen Staates wesenhaft unterscheiden.[9] Die Begriffe „Staatsgewalt" und „Staatsgebiet" sind zur Beschreibung jener antiken bzw. mittelalterlichen Herrschaftsverbände nicht geeignet, denn ihnen mangelte es sowohl an der begrifflich vorausgesetzten Konzentration politischer Macht als auch am Territorialbezug derselben.[10] Herrschaftsverbände, die beide Bedingungen erfüllten, bildeten sich erst in Reaktion auf die konfessionellen Bürgerkriege des 16. und 17. Jahrhunderts heraus.[11] Die Entstehung des modernen Staates kann daher als „Vorgang der Säkularisation" gedeutet werden,[12] der in Kontinentaleuropa vor der französischen Revolution allerdings nirgends zum Abschluss kam.[13]

---

[8] *Dieter Grimm*, Ursprung und Wandel der Verfassung, in: ders., Die Zukunft der Verfassung II, 2012, S. 11 (13).

[9] Vgl. *Otto Brunner*, Land und Herrschaft, 5. Auflage 1965, S. 111 ff.; *Josef Isensee*, Die alte Frage nach der Rechtfertigung des Staates, JZ 1999, S. 265 (267); *Ernst-Wolfgang Böckenförde*, Die Entstehung des Staates als Vorgang der Säkularisation, in: ders., Recht, Staat, Freiheit, 2006 (erweiterte Ausgabe), S. 92 (92 f.); *Stephan Hobe*, Der offene Verfassungsstaat zwischen Souveränität und Interdependenz, 1998, S. 38 ff. Zu den einstmals mannigfaltigen Bedeutungsvarianten des Begriffes „Staat" *Helmut Quaritsch*, Staat und Souveränität, 1970, S. 32 ff. Zur Begriffsgeschichte siehe auch *Georg Jellinek*, Allgemeine Staatslehre, 3. Auflage 1913 (Neudruck 1966), S. 129 ff.; *Herbert Krüger*, Allgemeine Staatslehre, 2. Auflage 1966, S. 8 ff.

[10] Vgl. *Georg Jellinek*, Allgemeine Staatslehre, 3. Auflage 1913 (Neudruck 1966), S. 129; *Samuel Edward Finer*, The History of Government From the Earliest Times, Band III, 1997, S. 1266; *Christian Seiler*, Der souveräne Verfassungsstaat zwischen demokratischer Rückbindung und überstaatlicher Einbindung, 2005, S. 8 ff.

[11] *Dieter Grimm*, Die Verfassung im Prozess der Entstaatlichung, in: ders., Die Zukunft der Verfassung II, 2012,S. 67 (70) m. w. N.

[12] *Ernst-Wolfgang Böckenförde*, Die Entstehung des Staates als Vorgang der Säkularisation, in: ders., Recht, Staat, Freiheit, 2006 (erweiterte Ausgabe), S. 92; *Stefan Oeter*, Souveränität – ein überholtes Konzept?, in: Hans-Joachim Cremer/Thomas Giegerich/Dagmar Richter/Andreas Zimmermann (Hrsg.), Tradition und Weltoffenheit des Rechts, Festschrift für Helmut Steinberger, 2002, S. 259 (262). Vgl. auch *Johann Caspar Bluntschli*, Allgemeines Staatsrecht, Erster Band, 3. Auflage 1863, S. 64. *Georges Burdeau* vertritt gar die These, dass der moderne Staat Gott als Instanz des Heils des Menschen oder seiner Verdammnis ersetzt habe; *ders.*, Traité de Science Politique, Band VI, 1956, S. 50: „Pendant des millénaires l'homme s'est pensé par rapport à Dieu. Si, aujourd'hui, il se pense par rapport à l'Etat, c'est que l'Etat remplace Dieu comme instrument de son salut ou de sa condemnation."

[13] Vgl. *Dieter Grimm*, Die Verfassung im Prozess der Entstaatlichung, in: ders., Die Zukunft der Verfassung II, 2012, S. 67 (71); *Stefan Oeter*, Souveränität – ein überholtes Konzept?, in: Hans-Joachim Cremer/Thomas Giegerich/Dagmar Richter/Andreas Zimmermann (Hrsg.), Tradition und Weltoffenheit des Rechts, Festschrift für Helmut Steinberger, 2002, S. 259 (267 f.). Zur „Ungleichzeitigkeit" der Herausbildung des modernen Staates in den verschiedenen Teilen Europas *Michael Stolleis*, Die Idee des souveränen Staates, Der Staat Beiheft 11 (1996), S. 63 (66 f.). Zum

a) Herrschaftspluralität in der übergreifenden Einheit des „Corpus Christianum"

Seinen Ausgangspunkt findet dieser Prozess indes weit früher, namentlich im Investiturstreit der Jahre 1076 (Hoftag in Worms) bis 1122 (Wormser Konkordat).[14] Bis dahin war die abendländische Christenheit als religiös-politische Einheitswelt verfasst, in der das Reich „Erscheinungsform der ecclesia [war], und als solches ganz einbezogen in den Auftrag, das ‚regnum Dei' auf Erden zu verwirklichen"[15]. Dieser universalen Ordnung war die kategoriale Unterscheidung zwischen „Innen und Außen" ebenso fremd wie jene zwischen „geistlich und weltlich". Kirche und Reich waren miteinander verbunden in der übergreifenden Einheit des „Corpus Christianum", in der beide auf ihre Weise dem gemeinsamen Heilsauftrag dienten.[16] Papst und Kaiser standen zusammen innerhalb der einen „ecclesia", beide als geweihte, geheiligte Person, betraut mit verschiedenen Ämtern, jeweils empfangen aus der Hand des einen Gottes.[17] Vom Prinzip her war die hochmittelalterliche Herrschaft nicht territorial, sondern personal geprägt[18] und streng hierarchisch strukturiert, von Papst und Kaiser an der Spitze der Christenheit bis hinunter zur Familie.[19]

Als im Zuge des Investiturstreits die Träger des geistlichen Amtes jedoch begannen, alles Sakrale und Heilige unter dem Schlachtruf „libertas ecclesiae" aus der

---

Konzept des modernen Staates als einem originär europäischen Konzept, das jedoch schließlich weltweit auf Akzeptanz gestoßen ist *Josef Isensee*, Nachwort: Europa – die politische Erfindung eines Erdteils, in: ders. (Hrsg.), Europa als politische Idee und als rechtliche Form, 1993, S. 103 (116).

[14] Vgl. *Ernst Hartwig Kantorowicz*, The King's Two Bodies: A Study in Mediaeval Political Theology, 1957, S. 90ff.; *Herbert Krüger*, Allgemeine Staatslehre, 2. Auflage 1966, S. 38 m. w. N.

[15] *Ernst-Wolfgang Böckenförde*, Die Entstehung des Staates als Vorgang der Säkularisation, in: ders., Recht, Staat, Freiheit, 2006 (erweiterte Ausgabe), S. 92 (95). Vgl. auch *Helmut Quaritsch*, Staat und Souveränität, 1970, S. 53.

[16] *Josef Isensee*, Die alte Frage nach der Rechtfertigung des Staates, JZ 1999, S. 265 (269). *Ders.*, Nachwort: Europa – die politische Erfindung eines Erdteils, in: ders. (Hrsg.), Europa als politische Idee und als rechtliche Form, 1993, S. 103 (109) sieht in der Polarität von Kaiser und Papst, Reich und Kirche bereits „die Idee der Gewaltenteilung und Begrenztheit der Staatsgewalt", wie sie „später im Verfassungsstaat institutionelle Gestalt finden sollten", angelegt.

[17] *Ernst-Wolfgang Böckenförde*, Die Entstehung des Staates als Vorgang der Säkularisation, in: ders., Recht, Staat, Freiheit, 2006 (erweiterte Ausgabe), S. 92 (95). Vgl. auch *Hugo Krabbe*, Die Lehre der Rechtssouveränität, 1906, S. 130; *Robert Folz*, L'idée d'empire en occident du Ve au XIVe siècle, 1953, S. 82ff.; *Ernst Hartwig Kantorowicz*, The King's Two Bodies: A Study in Mediaeval Political Theology, 1957, S. 193; *Herbert Krüger*, Allgemeine Staatslehre, 2. Auflage 1966, S. 47; *Otto Brunner*, Vom Gottesgnadentum zum monarchischen Prinzip, in: ders., Neue Wege der Verfassungs- und Sozialgeschichte, 2. Auflage 1968, S. 160 (168); *Helmut Quaritsch*, Staat und Souveränität, 1970, S. 57f. und 62; *Jürgen Miethke*, Die Anfänge des säkularisierten Staates in der politischen Theorie des späteren Mittelalters, Der Staat Beiheft 11 (1996), S. 7 (9) sowie *Christian Seiler*, Der souveräne Verfassungsstaat zwischen demokratischer Rückbindung und überstaatlicher Einbindung, 2005, S. 12, der darauf hinweist, dass im Zusammenhang mit der „Zweischwerterlehre" umstritten war, ob der Kaiser sein Schwert unmittelbar von Gott oder aus den Händen des Papstes empfing.

[18] Eingehend zur theoretischen Begründung personal geprägter Herrschaft im Mittelalter *Hugo Krabbe*, Die Lehre der Rechtssouveränität, 1906, S. 129ff.

[19] Vgl. *Helmut Quaritsch*, Staat und Souveränität, 1970, S. 67.

umfassenden Einheit des „orbis christianus" herauszulösen, um es dem Einfluss des Kaisers zu entziehen, war damit zugleich das Ende der „civitas una", der politisch-religiösen Einheitswelt, eingeläutet.[20] Denn mit dem Kaiser wurde unweigerlich auch die politische Ordnung aus der Sphäre des Sakralen entlassen und damit aus der christlich-religiösen Universalität gehoben. Eben dieser Umstand ermöglichte es den Landesherrn, fortan auf die Unabhängigkeit ihrer Herrschaft vom Kaiser zu pochen.[21] Die gedanklich vollzogene Trennung zwischen geistlicher und weltlicher Macht bedeutete allerdings nicht, dass die politische Ordnung nunmehr vom Religiösen abgelöst gewesen wäre. Der weltliche Herrscher war Christ und hatte seine Herrschaft deshalb weiterhin in den Dienst Gottes und seiner Kirche zu stellen.[22] Dementsprechend blieb die Religion vorerst „die unbezweifelte Grundlage, der gemeinsame, die Homogenität verbürgende Boden zwischen Herrschern und Beherrschten"[23].

b) Herrschaftsexklusivität in der sektoralen Einheit des neuzeitlichen Staates

Mit der Glaubensspaltung begann dieser gemeinsame Boden jedoch zu bröckeln, bis er im Zuge der Konfessionskriege schließlich vollends zerfiel. Angesichts der Hinordnung des Politischen auf die Glaubenssätze des Christentums musste der Konflikt der Konfessionen sich zwangsläufig zu einem Konflikt zwischen und unter den Herrschern und Beherrschten auswachsen. Denn in einer Lebenswirklichkeit, in der alle Herrschaft ihrem Selbstverständnis nach im Dienst des wahren Glaubens stand, war es Aufgabe der weltlichen Macht, mit ihren Mitteln die Integrität des reinen Evangeliums gegen Häretiker und Ketzer zu verteidigen.[24] Gerade in dieser Verhältnisbestimmung von geistlicher und weltlicher Gewalt[25] manifestierte sich die vom Papsttum seit dem Investiturstreit proklamierte kirchliche Suprematie.[26] Unter den veränderten Bedingungen einer gespaltenen Christenheit trug

[20] *Ernst-Wolfgang Böckenförde*, Die Entstehung des Staates als Vorgang der Säkularisation, in: ders., Recht, Staat, Freiheit, 2006 (erweiterte Ausgabe), S. 92 (96). Vgl. auch *Jürgen Miethke*, Die Anfänge des säkularisierten Staates in der politischen Theorie des späteren Mittelalters, Der Staat Beiheft 11 (1996), S. 7 (10f.).

[21] Vgl. *Hermann Heller*, Staatslehre, 1934, S. 15.

[22] *Helmut Quaritsch*, Staat und Souveränität, 1970, S. 57 spricht in diesem Zusammenhang vom „geistlich bestimmten" Zweck weltlicher Herrschaft.

[23] *Ernst-Wolfgang Böckenförde*, Die Entstehung des Staates als Vorgang der Säkularisation, in: ders., Recht, Staat, Freiheit, 2006 (erweiterte Ausgabe), S. 92 (99).

[24] *Ernst-Wolfgang Böckenförde*, Die Entstehung des Staates als Vorgang der Säkularisation, in: ders., Recht, Staat, Freiheit, 2006 (erweiterte Ausgabe), S. 92 (100). Siehe auch *Hugo Krabbe*, Die Lehre der Rechtssouveränität, 1906, S. 129: „Der Staat war das durch den Sündenfall notwendig gewordene Übel, ohne eigenen Zweck, allein dem Zwecke der Kirche dienstbar." Vgl. ferner *Helmut Quaritsch*, Staat und Souveränität, 1970, S. 55f. m. w. N.

[25] Die Frage nach dem Verhältnis von geistlicher und weltlicher Gewalt bezeichnet *Hermann Heller*, Staatslehre, 1934, S. 14 als „das Grundthema des politischen Denkens während des gesamten Mittelalters".

[26] Siehe dazu *Helmut Quaritsch*, Staat und Souveränität, 1970, S. 54: „Der augustinische Verbandszweck und die Vorstellung über das Rangverhältnis von Leib und Seele schlossen es aus, die

die hergebrachte Verhältnisbestimmung nunmehr jedoch das permanente politische Zerwürfnis in sich.[27] Nicht enden wollende blutige Bürgerkriege, in denen sich weltliche und geistliche Macht- und Wahrheitsbehauptungen auf das Unheilvollste miteinander verbanden, waren die Folge.

Nur ein Paradigmenwechsel, dessen inhaltliche Gestalt unter dem Eindruck fortwährender gegenseitiger Vernichtung gleichsam vorgezeichnet war, konnte aus dieser verhängnisvollen Situation hinausführen: Das Primat des Religiösen musste abgestreift, weltliche Herrschaft von der umstrittenen Glaubensfrage emanzipiert werden.[28] Die Struktur weltlicher Herrschaft, bis dato gekennzeichnet von einer Vielheit wechselseitiger Treueverhältnisse,[29] die auf der lehensrechtlichen Tradition, daneben aber auch (und gerade) auf religiöser Homogenität basierten, konnte von diesem Paradigmenwechsel nicht unberührt bleiben. Wenn Herrschaft nämlich nach Grund und Ziel vom Glauben unabhängig sein sollte, weil dauerhafter Frieden nur so erreichbar schien, dann musste das insoweit zerfaserte Band zwischen Herrscher und Beherrschten neu gewoben werden. An die Stelle der Einigkeit im Glauben und die Sorge des Monarchen um das Seelenheil seiner Untertanen[30] trat nunmehr das religionsneutrale, auf das innerweltliche Wohlergehen fokussierende Versprechen des Herrschers, den Frieden (im Sinne eines „Ruhens der Waffen")[31] zu sichern.[32] Das Friedens- bzw. Sicherheitsversprechen ließ sich

kirchlichen Kompetenzen einzugrenzen oder die Wirkungen kirchlicher Entscheidungen auf einen Bereich im Geistlichen zu beschränken." Als Druckmittel gegen die Inhaber weltlicher Herrschaftsrechte dienten dem Papsttum unter anderem die Aberkennung des passiven Wahlrechts zum Fürsten oder König als Bannfolge sowie die Lösung der Vasallen vom Treueeid. Eingehend zur argumentativen und dogmatischen Fundierung des kirchlichen Suprematieanspruchs *Jürgen Miethke*, Die Anfänge des säkularisierten Staates in der politischen Theorie des späteren Mittelalters, Der Staat Beiheft 11 (1996), S. 7 (25 ff.).

27 Vgl. *Ernst-Wolfgang Böckenförde*, Die Entstehung des Staates als Vorgang der Säkularisation, in: ders., Recht, Staat, Freiheit, 2006 (erweiterte Ausgabe), S. 92 (101).

28 Vgl. *Herbert Krüger*, Allgemeine Staatslehre, 2. Auflage 1966, S. 41, der unter Bezugnahme auf den 1560 zum „Chancelier de France" ernannten *Michel de L'Hôpital* ausführt, dass unter dem Eindruck der Gräuel der Konfessionskriege in Frankreich die Überzeugung reifte, „daß einer Mehrheit von Konfessionen nur durch Toleranz Rechnung getragen, Toleranz aber nur von einem sich auf Weltlichkeit beschränkenden Staat geboten werden könne". Siehe ferner *Josef Isensee*, Staatsaufgaben, in: HStR, Band IV, 3. Auflage 2006, § 73 Rn. 60: „Die Säkularität ist geschichtliches Strukturgesetz des Staates der Neuzeit, der seinem überkommenen transzendenten Heilsauftrag hat entsagen müssen, um seinen diesseitsbezogenen Gemeinwohlauftrag erfüllen zu können […]".

29 Siehe dazu *Helmut Quaritsch*, Staat und Souveränität, 1970, S. 220 ff. und 230 ff.

30 Zur Pflicht des Herrschenden, seine Herrschaftsgewalt in den Dienst des Seelenheils seiner Untertanen zu stellen *Augustinus*, De civitate Dei (Vom Gottesstaat), Buch XIX Kapitel 16.

31 *Ernst-Wolfgang Böckenförde*, Die Entstehung des Staates als Vorgang der Säkularisation, in: ders., Recht, Staat, Freiheit, 2006 (erweiterte Ausgabe), S. 92 (102) spricht insoweit von einem „*formellen* Begriff des Friedens"; dies wohl (auch) in Abgrenzung von *Augustinus*, De civitate Dei (Vom Gottesstaat), Buch XIX Kapitel 13 f. und 17, der den Begriff des (irdischen) „Friedens" mit aus dem Glauben geronnener Gerechtigkeit im materiellen Sinne assoziiert.

32 *Josef Isensee*, Die alte Frage nach der Rechtfertigung des Staates, JZ 1999, S. 269; *Erhard Denninger*, Vom Ende nationalstaatlicher Souveränität in Europa, JZ 2000, S. 1121 (1121).

indes nur durch die Herstellung von Einheit[33] einlösen, Einheitsbildung aber erforderte vor allen Dingen Machtkonzentration:[34] Einzig eine überlegene Gewalt, die die bis dato zerstreuten Herrschaftsbefugnisse[35] in sich vereinigte, schien in der Lage, eine „neue, von der umkämpften religiösen Wahrheit unabhängige Ordnung zu stiften und durchzusetzen"[36].[37]

2. *Territoriale Anknüpfung der Hoheitsgewalt*

Das in dieser Radikalität gänzlich neuartige Postulat der Machtkonzentration verband sich in der Folge mit dem seit geraumer Zeit im Vordringen befindlichen Territorialdenken[38], welch letzteres vor allem durch die Erblichkeit der Grundherrschaft befeuert wurde.[39] Einen Meilenstein bildete die Goldene Bulle von 1356, in der die Primogenitur als maßgebliche Erbfolge in den weltlichen Kurfürstentümern des Heiligen Römischen Reiches festgeschrieben und eine erbfolgebedingte Aufteilung der Kurlande verboten wurde, um so die territoriale Einheit der kurfürstlichen Landesherrschaft dauerhaft zu gewährleisten.[40] Parallel zum Vordringen des

---

[33] *Josef Isensee*, Staat und Verfassung, in: HStR, Band II, 3. Auflage 2004, § 15 Rn. 69 weist darauf hin, dass die von der Religionsfrage emanzipierte (staatliche) Einheit eine solche ist, die die „Fragen letzter Wahrheit" ausklammert und deshalb „nur noch sektorale Einheit" sein kann.

[34] Vgl. *Georg Jellinek*, Allgemeine Staatslehre, 3. Auflage 1913 (Neudruck 1966), S. 455: „In dieser Zeit des Übergangs zum modernen Staate war Konzentration der fürstlichen Gewalt das notwendige Mittel, um die Staatseinheit herzustellen". Siehe auch *Peter Graf Kielmansegg*, Volkssouveränität: Eine Untersuchung der Bedingungen demokratischer Legitimität, 1977, S. 137.

[35] Eingehend zur mittelalterlichen Herrschaftspluralität *Helmut Quaritsch*, Staat und Souveränität, 1970, S. 178 ff. Vgl. auch *Stefan Oeter*, Souveränität – ein überholtes Konzept?, in: Hans-Joachim Cremer/Thomas Giegerich/Dagmar Richter/Andreas Zimmermann (Hrsg.), Tradition und Weltoffenheit des Rechts, Festschrift für Helmut Steinberger, 2002, S. 259 (262).

[36] *Dieter Grimm*, Die Verfassung im Prozess der Entstaatlichung, in: ders., Die Zukunft der Verfassung II, 2012, S. 67 (70).

[37] Die theoretische Grundlage der zu diesem Zweck erforderlichen Negation der gesellschaftlichen Geltung kirchlicher Normen lieferte bereits *Marsilius von Padua* durch sein 1324 veröffentlichtes Hauptwerk „Defensor Pacis"; vgl. dazu *Jürgen Miethke*, Die Anfänge des säkularisierten Staates in der politischen Theorie des späteren Mittelalters, Der Staat Beiheft 11 (1996), S. 7 (33 ff.).

[38] *Hasso Hofmann*, Zur Idee des Staatsgrundgesetzes, in: ders., Recht – Politik – Verfassung, 1986, S. 261 (270) erkennt erste Ansätze zentraleuropäischer Territorialstaatlichkeit in der kaiserlichen Verleihung von Jurisdiktions-, Zoll- und Münzrechten an die Reichsfürsten. Rechtsgrundlage hierfür waren die von Kaiser *Friedrich II.* von Hohenstaufen in der ersten Hälfte des 13. Jahrhunderts erteilten Sammelprivilegien („Confoederatio cum principibus ecclesiasticis" von 1220 und „Statutum in favorem principum" von 1231). Die Bedeutung der vorgenannten Sammelprivilegien für die Entstehung und Ausbildung der Landesherrschaft betont auch *Arno Buschmann*, Kaiser, Reich und Landesherren – Reichsrecht und Landesherrschaft im Heiligen Römischen Reich, in: Dietrich Murswiek/Ulrich Storost/Heinrich A. Wolff (Hrsg.), Staat – Souveränität – Verfassung, Festschrift für Helmut Quaritsch zum 70. Geburtstag, 2000, S. 449 (466 f.).

[39] Eingehend dazu *Johannes Kunisch*, Staatsbildung als Gesetzgebungsproblem – Zum Verfassungscharakter frühneuzeitlicher Sukzessionsordnungen, in: Der Staat Beiheft 7 (1984), S. 63 ff. Vgl. auch *Christian Seiler*, Der souveräne Verfassungsstaat zwischen demokratischer Rückbindung und überstaatlicher Einbindung, 2005, S. 18; *Hasso Hofmann*, Zur Idee des Staatsgrundgesetzes, in: ders., Recht – Politik – Verfassung, 1986, S. 261 (270).

[40] *Arno Buschmann*, Kaiser, Reich und Landesherren – Reichsrecht und Landesherrschaft im

Territorialdenkens verlor die personale Anknüpfung politischer Herrschaft infolge der Ersetzung der Ritterschaft durch Söldnerheere und dem dadurch ausgelösten Niedergang des Lehenswesens sukzessiv an Bedeutung.[41] Am Ende dieses Prozesses[42], der im Westfälischen Frieden von 1648 einen vorläufigen Höhepunkt fand,[43] aber letztlich bis zur Auflösung des Heiligen Römischen Reiches Anfang des 19. Jahrhunderts andauerte,[44] standen politische Einheiten, in denen Herrschaft nicht mehr „als Annex eines bestimmten Status als Familienoberhaupt, Standes- oder Korporationsmitglied oder Grundeigentümer"[45] auf viele verschiedene Träger verteilt und personal vermittelt,[46] sondern zur öffentlichen Gewalt im Singular verdichtet und auf ein bestimmtes Territorium bezogen war.[47]

Eben dieser spezifische Zusammenhang zwischen Territorium und Hoheitsgewalt bildete die bahnbrechende Innovation, die den neuartigen Herrschaftsverband, für den sich alsbald der Begriff „Staat"[48] einbürgerte, von allem Vorangegangenen abhob.[49] Seine augenfälligste Manifestation bildete von Beginn an die Gren-

Heiligen Römischen Reich, in: Dietrich Murswiek/Ulrich Storost/Heinrich A. Wolff (Hrsg.), Staat – Souveränität – Verfassung, Festschrift für Helmut Quaritsch zum 70. Geburtstag, 2000, S. 449 (453 f.). Vgl. auch *Johannes Kunisch*, Staatsbildung als Gesetzgebungsproblem – Zum Verfassungscharakter frühneuzeitlicher Sukzessionsordnungen, in: Der Staat Beiheft 7 (1984), S. 63 (72); *Rudolf Hoke*, Österreichische und Deutsche Rechtsgeschichte, 2. Auflage 1996, S. 71.

41 Vgl. *Christian Seiler*, Der souveräne Verfassungsstaat zwischen demokratischer Rückbindung und überstaatlicher Einbindung, 2005, S. 17 f.; *Michael Stolleis*, Die Idee des souveränen Staates, Der Staat Beiheft 11 (1996), S. 63 (75).

42 Das „Prozesshafte" betont auch *Michael Stolleis*, Die Idee des souveränen Staates, Der Staat Beiheft 11 (1996), S. 63 (68), der darauf hinweist, dass personale und territoriale Bindungen offenbar jahrhundertelang nebeneinanderher gingen.

43 In den Bestimmungen des Westfälischen Friedens wird die ungehinderte Ausübung der Landesherrschaft unter der Bezeichnung „ius territoriale" explizit bekräftigt und gegen jede Beeinträchtigung in Schutz genommen; siehe dazu *Arno Buschmann*, Kaiser, Reich und Landesherren – Reichsrecht und Landesherrschaft im Heiligen Römischen Reich, in: Dietrich Murswiek/Ulrich Storost/Heinrich A. Wolff (Hrsg.), Staat – Souveränität – Verfassung, Festschrift für Helmut Quaritsch zum 70. Geburtstag, 2000, S. 449 (458).

44 Die „Inkubationszeit" des modernen Staates ist umstritten. Siehe dazu *Josef Isensee*, Staat und Verfassung, in: HStR, Band II, 3. Auflage 2004, § 15 Rn. 64; *Albrecht Randelzhofer*, Staatsgewalt und Souveränität, in: HStR, Band II, 3. Auflage 2004, § 17 Rn. 13; *Michael Stolleis*, Die Idee des souveränen Staates, Der Staat Beiheft 11 (1996), S. 63 (79); *Wilfried Bünten*, Staatsgewalt und Gemeinschaftshoheit bei der innerstaatlichen Durchführung des Rechts der Europäischen Gemeinschaften durch die Mitgliedstaaten, 1977, S. 83.

45 *Dieter Grimm*, Ursprung und Wandel der Verfassung, in: ders., Die Zukunft der Verfassung II, 2012, S. 11 (12).

46 *Helmut Quaritsch*, Staat und Souveränität, 1970, S. 197 qualifiziert die durch die Vielheit selbständiger Herrschaftssphären bewirkte „Herrschaftsschichtung und Herrschaftsteilung" als „das große Kontinuum des mittelalterlichen Verfassungsrechts".

47 Vgl. *Samuel Edward Finer*, The History of Government From the Earliest Times, Band III, 1997, S. 1266; *Dieter Grimm*, Die Errungenschaft des Konstitutionalismus und ihre Aussichten in einer veränderten Welt, in: ders., Die Zukunft der Verfassung II, 2012, S. 315 (319 f.); *Heinhard Steiger*, Geht das Zeitalter des souveränen Staates zu Ende?, Der Staat 41 (2002), S. 331 (334). Siehe auch *Michael Stolleis*, Die Idee des souveränen Staates, Der Staat Beiheft 11 (1996), S. 63 (66 ff.).

48 Zur Etymologie des Begriffs „Staat" *Josef Isensee*, Staat und Verfassung, in: HStR, Band II, 3. Auflage 2004, § 15 Rn. 63.

49 Vgl. *Johannes Kunisch*, Staatsbildung als Gesetzgebungsproblem – Zum Verfassungscharak-

ze, die – für jedermann wahrnehmbar – das „Innere" des Herrschaftsverbands vom „Äußeren" schied.[50] Ohne diese Grenze ist der moderne Staat nicht denkbar, „weil er dann die schneidende Eindeutigkeit seines ausschließlich gedachten Herrschaftsanspruchs nicht durchhalten könnte"[51]. Nach alledem besteht das wohl hervorstechendste Merkmal der (europäischen) Machtverhältnisse der Neuzeit darin, dass die von Herrschaftspluralität gekennzeichnete mittelalterliche Einheit der „res publica christiana" in einen Zustand des Nebeneinanders zahlreicher, jeweils exklusiv gedachter Herrschaftssphären überging, in denen die Macht nicht mehr personal vermittelt, sondern auf ein Territorium bezogen war und in ihrer perspektivischen Verengung auf das Diesseits keinen gegenständlichen Beschränkungen, sondern nurmehr noch geographischen Grenzen unterlag.[52]

II. Souveränität als zentrales Attribut des modernen Staates

Die Exklusivität der territorial gebundenen Herrschaftsgewalt, d.h. das Ineinsfallen von staatlicher Hoheitsmacht und öffentlicher Gewalt auf einem abgegrenzten Gebiet, war zugleich begriffsbildend für das zentrale Attribut jenes neuartigen, unter der Bezeichnung „Staat" firmierenden Herrschaftsgebildes – die Souveränität.[53] Souveränität, verstanden als „*einzige* Gewalt in ihrem Raume"[54], gehörte von Beginn an zum modernen Staat,[55] war sie doch das Mittel zu seinem Zweck: Sollte der neuzeitliche Staat sein Sicherheits- und Friedensversprechen zuverlässig einlösen können, so durfte er weder nach außen noch im Innern einer anderen Gewalt unterstehen.

---

ter frühneuzeitlicher Sukzessionsordnungen, in: Der Staat Beiheft 7 (1984), S. 63ff. sowie *Anne Peters*, Elemente einer Theorie der Verfassung Europas, 2001, S. 111 m. w. N.

[50] Vgl. *Frank Schorkopf*, Grundgesetz und Überstaatlichkeit, 2007, S. 224: „Ein politisches Gemeinwesen existiert als Staat, weil es prinzipiell unterscheidet zwischen ‚Innen' als der Sphäre des Zugehörigen und ‚Außen' als der Sphäre des Fremden."

[51] *Udo Di Fabio*, Der Verfassungsstaat in der Weltgesellschaft, 2001, S. 52.

[52] Vgl. *Hermann Rehm*, Allgemeine Staatslehre, 1899, S. 44f.; *Hermann Heller*, Staatslehre, 1934, S. 15; *Dieter Grimm*, Die Bedeutung nationaler Verfassungen in einem vereinten Europa, in: ders., Die Zukunft der Verfassung II, 2012, S. 92 (95).

[53] Vgl. *Dieter Grimm*, Die Errungenschaft des Konstitutionalismus und ihre Aussichten in einer veränderten Welt, in: ders., Die Zukunft der Verfassung II, 2012, S. 315 (344); *Bernd Grzeszick*, Hoheitskonzept – Wettbewerbskonzept, in: HStR, Band IV, 3. Auflage 2006, § 78 Rn. 3. Siehe auch *Michael Stolleis*, Die Idee des souveränen Staates, Der Staat Beiheft 11 (1996), S. 63 (66), der die „Konzentration der Herrschaft in einer Hand" als zentrales Merkmal der „Idee des souveränen Staates" identifiziert.

[54] *Helmut Quaritsch*, Staat und Souveränität, 1970, S. 61.

[55] Vgl. *Hans-Ulrich Scupin*, Der Begriff der Souveränität bei Johannes Althusius und bei Jean Bodin, Der Staat 4 (1965), S. 1 (2): „[...] daß der Begriff der Souveränität für den werdenden modernen Staat eine zentrale Rolle gespielt, daß die Souveränität ein essentielles Kriterium jenes Staates dargestellt hat [...]". Siehe auch *Albrecht Randelzhofer*, Staatsgewalt und Souveränität, in: HStR, Band II, 3. Auflage 2004, § 17 Rn. 8: „Das bedeutet, daß der Begriff Souveränität auf das engste mit Entstehung und Bestand des modernen Staates und des zwischenstaatlichen Systems verbunden ist."

1. „Le pouvoir de donner loy" als Substanz der Souveränität

Der Jurist *Jean Bodin* gab diesem Imperativ in seinem 1576 erschienen Hauptwerk „Les six livres de la République" ein rechtliches Maß, indem er „le pouvoir de donner loy à tous en general, & à chacun en particulier"[56] als Substanz der Souveränität kennzeichnete und präzisierend hinzufügte „le Prince ou Duc qui a puissance de donner loy à tous ses sub[i]ects en general, & à chacun en particulier, n'est pas souverain, s'il la reçoit d'un plus gr[an]d, ou egal à luy"[57].[58] Souverän ist demnach derjenige, der die Fähigkeit besitzt, allgemeines Recht zu setzen und Befehl im Einzelfall zu erteilen, ohne dabei durch das Gesetz oder die Befehlsgewalt einer anderen irdischen Gewalt beschränkt zu sein.[59] In dieser besonderen Fähigkeit sieht *Jean Bodin* alle anderen königlichen Befugnisse, die er als „droits de souveraineté"[60] bezeichnet, enthalten.[61]

Bodins Souveränitätsdogma bricht zwar nicht terminologisch[62], wohl aber inhaltlich in radikaler Weise mit dem vorneuzeitlichen Herrschaftsverständnis.[63] War

---

56 *Jean Bodin*, Les six Livres de la République, 1577, Erstes Buch, Kapitel 10 (S. 163).

57 *Jean Bodin*, Les six Livres de la République, 1577, Erstes Buch, Kapitel 10 (S. 163 f.).

58 Damit wird nicht freilich in Abrede gestellt, dass der Souveränität auch eine soziologische Dimension eignet. Auf letztere verweist mit Nachdruck *Léon Duguit*, Traité de Droit Constitutionnel, Band I, 3. Auflage 1927, S. 546, der in der Souveränität gar „un simple fait et non point un droit" erblickt. Vgl. ferner *Manfred Baldus*, Zur Relevanz des Souveränitätsproblems für die Wissenschaft vom öffentlichen Recht, Der Staat 36 (1997), S. 381: „Unklarheit besteht aber schon darüber, ob es sich [bei der Souveränität] um einen Rechtsbegriff oder um eine soziologische Kategorie handelt." Siehe zum Ganzen auch *Hasso Hofmann*, „Souverän ist, wer über den Ausnahmezustand entscheidet", Der Staat 44 (2005), S. 171 (174 ff.) sowie *Hans-Ulrich Scupin*, Der Begriff der Souveränität bei Johannes Althusius und bei Jean Bodin, Der Staat 4 (1965), S. 1. *Herbert Krüger*, Allgemeine Staatslehre, 2. Auflage 1966, S. 854 merkt an, dass die Souveränität „ein Rechtsinstitut" sei, „das in besonderem Maße auf eine Entsprechung in der Welt der Tatsachen angewiesen ist".

59 Von der definitionsgemäß erforderlichen Freiheit des Souveräns vom Gesetz eines Höheren oder Gleichen ist die rechtliche Bindung des Souveräns, insbesondere an göttliches Recht und Naturrecht, zu unterscheiden. Im Konzept *Bodins* verträgt sich die Souveränität ausdrücklich nicht mit der Pflicht, dem „lex" eines Anderen zu gehorchen, wohl aber mit der rechtlichen Bindung durch ein – von der „lex" zu unterscheidendes – „ius". Siehe dazu *Helmut Quaritsch*, Staat und Souveränität, 1970, S. 252 sowie *Albrecht Randelzhofer*, Staatsgewalt und Souveränität, in: HStR, Band II, 3. Auflage 2004, § 17 Rn. 16.

60 Als solche benennt *Jean Bodin*, Les six Livres de la République, 1577, Erstes Buch, Kapitel 10 (S. 163) ausdrücklich: Entscheidung über Krieg und Frieden, Recht der letzten Instanz, Recht zur Ernennung und Absetzung der höchsten Beamten, Erhebung und Befreiung von Abgaben, Begnadigungsrecht, Münzrecht und Festsetzung des Geldwerts, Recht auf Treueide der Untertanen und Vasallen.

61 *Jean Bodin*, Les six Livres de la République, 1577, Erstes Buch, Kapitel 10 (S. 163): „Sou[...]s ce[t]te me[...]me puissance de d[on]ner, & casser la loy, sont compris tous les autres droits, & marques de souveraineté : de sorte qu'à parler propement on peut dire qu'il n'y a que ce[t]te seule marque de souveraineté, attendu que tous les autres droits sont compris en cestuy-là". Vgl. dazu *Albrecht Randelzhofer*, Staatsgewalt und Souveränität, in: HStR, Band II, 3. Auflage 2004, § 17 Rn. 19.

62 Zum Gebrauch und der Bedeutung des Souveränitätsbegriffs vor 1576 *Hermann Rehm*, Allgemeine Staatslehre, 1899, S. 40 ff.; *Georg Jellinek*, Allgemeine Staatslehre, 3. Auflage 1913 (Neudruck 1966), S. 453; *Helmut Quaritsch*, Staat und Souveränität, 1970, S. 249 ff.; *ders.*, Souveränität – Entstehung und Entwicklung des Begriffs in Frankreich und Deutschland vom 13. Jh. bis 1806, 1986, S. 13 ff.; *Dieter Grimm*, Souveränität – Herkunft und Zukunft eines Schlüsselbegriffs, 2009, S. 16 ff.

63 Siehe dazu *Stefan Oeter*, Souveränität – ein überholtes Konzept?, in: Hans-Joachim Cremer/

(weltliche) Herrschaft im Mittelalter das Ergebnis einer Zuschreibung von unverbunden existierenden Einzelrechten (Regalien[64]) an zum Zeitpunkt der Zuschreibung bereits bestehende Institutionen (weltliche und geistliche Fürsten, Könige, Kaiser),[65] so konstituiert im System *Jean Bodins* allein die Fähigkeit, Recht zu erzeugen, ohne dabei an den Willen einer anderen irdischen Autorität gebunden zu sein, ihren Inhaber als Souverän. Souveräne Herrschaft existiert somit *aus sich heraus*, d.h. kraft ihrer Struktur und Eigenart,[66] und eben darin bestand der epochale Paradigmenwechsel. Erst die Loslösung politischer Herrschaft von persönlichen Rechtstiteln, ihre Umwandlung und Verdichtung zu einer selbständigen Funktion, ermöglichte es, die gravierenden Dysfunktionalitäten, welche dem mittelalterlichen Herrschaftssystem infolge der Glaubensspaltung immanent geworden waren, zu überwinden: Wird Herrschaft durch Zuschreibung von nachweispflichtigen und nicht einseitig erweiterungsfähigen Regalien vermittelt, so ist der Herrschaftsaspirant auf den guten Willen desjenigen angewiesen, in dessen Verfügungsmacht die Zuschreibung der begehrten Regalien liegt. Kommt als Zuschreibungsadressat gemäß der tradierten Ordnung nur der Träger eines bestimmten persönlichen Rechtstitels in Betracht, so bedarf es überdies der Anerkennung des Zuschreibungsadressaten als Träger eben jenes persönlichen Rechtstitels. Der „Ordo Regum Christianorum“, ein vom päpstlichen Zeremonienmeister *Paris de Grassi* stammendes Dokument aus dem Jahre 1504, in der die dem Kaiser nachstehenden „christlichen Könige“ Europas geordnet nach dem historisch begründeten Rang aufgelistet sind, zeugt davon, dass noch im Europa des frühen 16. Jahrhunderts ein auf dem gemeinsamen Glauben gründender Konsens existierte, der das durch wechselseitige Dependenz der Fürsten und Könige, des Kaisers und des Papstes gekennzeichnete, althergebrachte Herrschaftssystem zu tragen vermochte. Infolge der Glaubensspaltung erodierte der Kanon gemeinsamer Wahrheitsannahmen jedoch und mit ihm das Fundament, auf das sich das mittelterliche System der Herrschaftszuschreibung und -vermittlung stützte. So erscheint es – jedenfalls in pragmatischer Perspektive – folgerichtig und zukunftweisend, dass *Jean Bodin* souveräne Herrschaft in seinen „Six livres de la République“ als universal offenen[67] Tatbestand[68] konstruiert, indem er sie aus jeglicher (metaphysischen) Wahrheits- und

---

Thomas Giegerich/Dagmar Richter/Andreas Zimmermann (Hrsg.), Tradition und Weltoffenheit des Rechts, Festschrift für Helmut Steinberger, 2002, S. 259 (263).

64 Zum Begriff *Hans-Wolrad Waitz*, Die Entwicklung des Begriffs der Regalien unter besonderer Berücksichtigung des Postregals vom Ende des 16. bis zur ersten Hälfte des 19. Jahrhunderts, 1939.

65 Vgl. *Helmut Quaritsch*, Staat und Souveränität, 1970, S. 258.

66 *Helmut Quaritsch*, Staat und Souveränität, 1970, S. 253. Vgl. auch *Carl Schmitt*, Verfassungslehre (1928), 9. Auflage 2003, S. 49.

67 Vgl. *Jean Bodin*, Les six Livres de la République, 1577, Erstes Buch, Kapitel 9 (S. 149): „[...] les princes de Perse, les Curdes, Tartares, Turcs, & les Sultans d'Egypte, puys les Roys de Maroc, de Fez, de Telensin, de Tunes, de Bugie, & les peuples de Zenetes, & de Luntune s'exempterent de l'obeissance des Caliphes, pour tenir leurs Royaumes en souveraineté: comme aussi sont les Roys de Tombut, de la Guynee, de Gaoga, & autres Roys d'Afrique [...]“.

68 Vgl. *Jean Bodin*, Les six Livres de la République, 1577, Erstes Buch, Kapitel 8 (S. 89): „La souveraineté est la puissance absoluë & perpetuelle d'une Republique“. Zur Bedeutung der „puissance absoluë“ siehe unten Zweites Kapitel A. II. 2. a) bb).

Wertgebundenheit löst und stattdessen zum Gegenstand „empirisch-rationaler Feststellungen und deren juristischer Subsumtion“[69] macht. Nur mittels Ablösung des überkommenen Legitimitätsdenkens durch das Kriterium der Effektivität ließ sich aus der Sicht *Bodins* der konfessionelle Bürgerkrieg überwinden, der Frankreich im 16. Jahrhundert durchzog und für dessen politische Beendigung er mit seinem Hauptwerk mutmaßlich eine theoretische Grundlage zu schaffen suchte.[70]

2. *Innere und äußere Souveränität*

Der universal offene Herrschaftstatbestand in der Konzeption des *Bodin*'schen Souveränitätsdogmas – vielfach bildhaft mit dem Begriff „Zuhöchstsein“[71] umschrieben – weist eine Innen- und eine Außendimension auf.[72] *Michael Stolleis* bringt dies pointiert zum Ausdruck, wenn er die Frage nach der Realisierung der Souveränitätsidee mit der Frage gleichsetzt, „wo die in Europa rivalisierenden und koexistierenden Herrschaftsgebilde [ ] beginnen, sich als *territorial* definierte Einheiten zu verstehen“, d.h. „wo sie so etwas wie eine völkerrechtliche und wirtschaftspolitische ‚Außenhaut‘ bilden und wo sie zugleich versuchen, auf die in ihrem Innern wohnenden Menschen zuzugreifen, eben weil diese Menschen jetzt primär territorial, nicht mehr personal erfasst werden“.[73] Die Unterscheidung zwi-

---

[69] *Helmut Quaritsch*, Staat und Souveränität, 1970, S. 253.

[70] Vgl. *Stefan Oeter*, Souveränität – ein überholtes Konzept?, in: Hans-Joachim Cremer/Thomas Giegerich/Dagmar Richter/Andreas Zimmermann (Hrsg.), Tradition und Weltoffenheit des Rechts, Festschrift für Helmut Steinberger, 2002, S. 259 (263 und 271); *Quentin Skinner*, The Foundations of Modern Political Thought, Band II, 1978, S. 284 ff.; *Hans-Ulrich Scupin*, Der Begriff der Souveränität bei Johannes Althusius und bei Jean Bodin, Der Staat 4 (1965), S. 1 (13 ff.); *Thomas Würtenberger*, Legitimationsmuster von Herrschaft im Laufe der Geschichte, JuS 1986, S. 344; *Dieter Grimm*, Souveränität – Herkunft und Zukunft eines Schlüsselbegriffs, 2009, S. 21.

[71] Vgl. nur *Georg Jellinek*, Allgemeine Staatslehre, 3. Auflage 1913 (Neudruck 1966), S. 453; *Hans Haug*, Die Schranken der Verfassungsrevision: Das Postulat der richtigen Verfassung als normative Schranke der souveränen verfassunggebenden Gewalt, 1947, S. 42; *Herbert Krüger*, Allgemeine Staatslehre, 2. Auflage 1966, S. 851 f.; *Helmut Quaritsch*, Souveränität – Entstehung und Entwicklung des Begriffs in Frankreich und Deutschland vom 13. Jh. bis 1806, 1986, S. 16; *Manfred Baldus*, Zur Relevanz des Souveränitätsproblems für die Wissenschaft vom öffentlichen Recht, Der Staat 36 (1997), S. 381; *Utz Schliesky*, Souveränität und Legitimität von Herrschaftsgewalt, 2004, S. 57.

[72] So bereits *Emer de Vattel*, Le droit des gens ou principes de la loi naturelle appliqués à la conduite & aux affaires des Nations et des Souverains, Band I, 1758, Buch I, Kapitel I, § 1 und § 4. Vgl. ferner *Hermann von Schulze-Gävernitz*, Einleitung in das deutsche Staatsrecht, 1865, S. 168; *Hermann Rehm*, Allgemeine Staatslehre, 1899, S. 44 f.; *Heinhard Steiger*, Geht das Zeitalter des souveränen Staates zu Ende?, Der Staat 41 (2002), S. 331 (335); *Stefan Oeter*, Souveränität – ein überholtes Konzept?, in: Hans-Joachim Cremer/Thomas Giegerich/Dagmar Richter/Andreas Zimmermann (Hrsg.), Tradition und Weltoffenheit des Rechts, Festschrift für Helmut Steinberger, 2002, S. 259 (265); *Dieter Grimm*, Souveränität – Herkunft und Zukunft eines Schlüsselbegriffs, 2009, S. 11 und 77 ff.

[73] *Michael Stolleis*, Die Idee des souveränen Staates, Der Staat Beiheft 11 (1996), S. 63 (67). Den Zusammenhang zwischen der Herausbildung von Souveränität im *Bodin*'schen Sinne und der Territorialisierung der Herrschaft betonen auch *Carl Friedrich Ophüls*, Staatshoheit und Gemeinschaftshoheit – Wandlungen des Souveränitätsbegriffs, in: Carl Hermann Ule u.a. (Hrsg.), Recht im Wandel: Beiträge zu Strömungen und Fragen im heutigen Recht, Festschrift 150 Jahre Carl Heymanns Verlag KG, 1965, S. 519 (522 f. und 584); *Dieter Grimm*, Souveränität – Herkunft

schen „Innen“ und „Außen“ erweist sich damit – wie bereits eingangs angedeutet – als Konstitutive (auch) des modernen Souveränitätsbegriffs.[74]

a) Souveränität nach innen

Nach innen ist der Souverän im Konzept *Bodins* insofern „zuhöchst“, als seine Herrschaftsgewalt ungeteilt und seine Entscheidung absolut ist. Dem liegt zugrunde, dass nichtsouveräne Instanzen gegen Akte souveräner Herrschaft weder eigene Herrschaftsansprüche (dazu unter aa)) noch Zustimmungsvorbehalte oder materielle Einwendungen (dazu unter bb)) mit rechtlicher Relevanz geltend machen können.

aa) Souveränität als „ungeteilte“ Herrschaft: Gewaltmonopol und Kompetenzhoheit

Die von *Bodin* unternommene Deduktion der „Souveränitätsrechte“ aus der Gesetzgebungs- und Befehlskompetenz des Souveräns lässt es nicht zu, Herrschaft (weiterhin) als eine Ansammlung von Regalien zu deuten, die in diesem oder jenem Umfang verschiedenen Herrschaftsinstitutionen zugeordnet werden können. Da alle „droits de souveraineté“ der „pouvoir de donner loy à tous en general, & à chacun en particulier“ inbegriffen sind, *Bodin* sie nach eigenem Bekunden überhaupt nur deshalb aufzählt, weil der Begriff des „Gesetzes“ zu allgemein sei,[75] ist es konzeptionell ausgeschlossen, die Souveränitätsrechte unter mehreren voneinander unabhängigen Trägern aufzuteilen.[76] Wer die allgemeine Gesetzgebungs- und Befehlskompetenz innehat, der verfügt zugleich notwendig über alle denkbaren Einzelbefugnisse. Souveräne Herrschaft im *Bodin*'schen Sinne ist also – und darin liegt der fundamentale theoretische Bruch mit dem mittelalterlichen Herrschaftsverständnis – *unteilbar*.[77] Mit dem Postulat der Unteilbarkeit souveräner Herrschaft und der daraus resultierenden potenziellen Allgewalt des Souveräns negiert *Bodin*

und Zukunft eines Schlüsselbegriffs, 2009, S. 101 und *Anne Peters*, Elemente einer Theorie der Verfassung Europas, 2001, S. 111.

[74] Zur Unterscheidung zwischen „innerer“ und „äußerer“ Souveränität vgl. etwa *Hermann Rehm*, Allgemeine Staatslehre, 1899, S. 44 f. sowie *Albrecht Randelzhofer*, Staatsgewalt und Souveränität, in: HStR, Band II, 3. Auflage 2004, § 17 Rn. 24.

[75] Vgl. *Jean Bodin*, Les six Livres de la République, 1577, Erstes Buch, Kapitel 10 (S. 164): „Mais d'aut[an]t que le mot de loy est trop general, le plus expedient est de specifier les droits de souveraineté, *compris*, comme i'ay dit, sou[...]s la loy du souverain.“ (Hervorhebung hinzugefügt).

[76] Vgl. *Helmut Quaritsch*, Staat und Souveränität, 1970, S. 260: „Einschmelzung der Einzelrechte in die ‚donner-loy‘-Kompetenz des Souveräns“.

[77] So ausdrücklich *Gaspard de Réal Curban*, La Science du gouvernement, Band 4, 1765, S. 112: „La Souveraineté n'a point de parties, elle est une, elle est indivisible.“ Siehe auch *Christian Seiler*, Der souveräne Verfassungsstaat zwischen demokratischer Rückbindung und überstaatlicher Einbindung, 2005, S. 19; *Dieter Grimm*, Souveränität – Herkunft und Zukunft eines Schlüsselbegriffs, 2009, S. 25; *Helmut Quaritsch*, Souveränität – Entstehung und Entwicklung des Begriffs in Frankreich und Deutschland vom 13. Jh. bis 1806, 1986, S. 57; *Hans-Ulrich Scupin*, Der Begriff der Souveränität bei Johannes Althusius und bei Jean Bodin, Der Staat 4 (1965), S. 1 (23 f.) sowie *Carl Schmitt*, Politische Theologie: Vier Kapitel zur Lehre von der Souveränität, 1922, S. 10: „Das war das eigentlich Imponierende seiner Definition, die die Souveränität als unteilbare Einheit auffaßte und die Frage nach der Macht im Staat endgültig entschied.“ Zur Validität der *Bodin*'schen Unteil-

alle originären – d.h. unabgeleiteten – Herrschaftsrechte von Ständen und Kirche.[78] Auch die für die Gewährleistung des inneren Friedens essenzielle Rechtsmacht, Gebote und Verbote notfalls mittels physischen Zwangs durchzusetzen, liegt exklusiv beim Souverän. Da dieser mithin über das *Monopol legitimer physischer Gewalt* verfügt, können intermediäre Gewalten keinen Bestand haben.[79]

Dies bedeutet allerdings nicht, dass im Konzept *Bodins* niemand anderes als der Souverän Herrschaft ausübt. Vielmehr kann der Souverän die Wahrnehmung einzelner Herrschaftsrechte durchaus auf außerhalb seiner selbst stehende Instanzen übertragen, ohne dass er deshalb aufhören würde, souverän zu sein.[80] Die „pouvoir de donner loy" schließt in sich nämlich die Rechtsmacht ein, „droits de souveraineté" zum Zwecke der Ausübung an „gouvernementale Instanzen" zu übertragen und wieder einzuziehen, um sie gegebenenfalls aufs Neue an eine andere Instanz auszureichen oder aber fortan selbst auszuüben. Wenn souveräne Herrschaft als „unteilbar" bezeichnet wird, muss also gedanklich differenziert werden zwischen dem Innehaben der höchsten und unabhängigen Gesetzgebungs- und Befehlsgewalt einerseits und der Ausübung einzelner, aus dieser höchsten Gewalt *abgeleiteter* Herrschaftsbefugnisse andererseits.[81] Das *Bodin*'sche Souveränitätsdogma fokussiert erstgenannten Aspekt. Der Grund liegt darin, dass die „*Dispositionsmacht* [ ] über die Subjekte und die Ausübung der öffentlichen Gewalt"[82] nicht nur notwendige, sondern auch hinreichende Bedingung ungeteilter Herrschaft ist. Denn eben diese Dispositionsmacht genügt, um „alle nichtsouveränen Instanzen mit Befehls- und Zwangsbefugnissen zu einer einzigen Einheit zusammen[zufassen]"[83] und zur öf-

barkeitsthese in Zeiten supranationaler Integration *Stephan Hobe*, Der kooperationsoffene Verfassungsstaat, Der Staat 37 (1998), S. 521 (545).

[78] *Michael Stolleis*, Die Idee des souveränen Staates, Der Staat Beiheft 11 (1996), S. 63 (70 f.). Vgl. auch *Niklas Luhmann*, Verfassung als evolutionäre Errungenschaft, Rechtshistorisches Journal 9 (1990), S. 176 (195).

[79] Vgl. *Stefan Oeter*, Souveränität – ein überholtes Konzept?, in: Hans-Joachim Cremer/Thomas Giegerich/Dagmar Richter/Andreas Zimmermann (Hrsg.), Tradition und Weltoffenheit des Rechts, Festschrift für Helmut Steinberger, 2002, S. 259 (263 ff.); *Eckart Klein*, Staatliches Gewaltmonopol, in: Otto Depenheuer/Christoph Grabenwarter (Hrsg.), Verfassungstheorie, 2010, § 19 Rn. 1 ff.; *Dieter Grimm*, Die Verfassung im Prozess der Entstaatlichung, in: ders., Die Zukunft der Verfassung II, 2012, S. 67 (71). Zur Bedeutung des Monopols legitimer physischer Gewalt für den Herrschaftstatbestand „Souveränität" und die Fähigkeit, hoheitlich zu handeln *Bernd Grzeszick*, Hoheitskonzept – Wettbewerbskonzept, in: HStR, Band IV, 3. Auflage 2006, § 78 Rn. 2 ff.

[80] So ausdrücklich *Jean Bodin*, Les six Livres de la République, 1577, Drittes Buch, Kapitel 5 (S. 323): „en ce cas ils ne sont que simples executeurs, & ministres des loix & des Princes". Vgl. auch *Pierre Bouquet*, Lettres Provinciales ou Examen Impartial De l'Origine, de la constitution, et des Révolutions de la Monarchie Française, 1772, S. 120.

[81] Vgl. *Jean Bodin*, Les six Livres de la République, 1577, Erstes Buch, Kapitel 10 (S. 167): „Nous voyons aussi que les seigneurs iusticiers, combien qu'ils tiennent la iurisdiction du Prince souverain en foy & hommage, ont neanmoins puissance d'etablir iuges, & officiers. mais cette puissance leur est baillee du Prince souverain. car il est bien certain que les Ducs, Marquis, Comtes, Barons, & Chastellains, n'estoient rien que iuges & officiers de leur premiere institution, comme nous dirons en son lieu." Zur Unterscheidung zwischen Innehabung und Ausübung der Staatsgewalt bei *Bodin* siehe *Helmut Quaritsch*, Staat und Souveränität, 1970, S. 311 ff.

[82] *Helmut Quaritsch*, Staat und Souveränität, 1970, S. 269 (Hervorhebung hinzugefügt).

[83] *Helmut Quaritsch*, Staat und Souveränität, 1970, S. 269.

fentlichen Gewalt im Singular zu verdichten.[84] In staatsrechtliche Kategorien übersetzt, geht das die Souveränität kennzeichnende Attribut der „Unteilbarkeit" somit in der sog. „Kompetenzhoheit"[85] auf: Die mit diesem Begriff bezeichnete Rechtsmacht, sowohl über die Gegenstände als auch über die Art und Weise eigenen wie fremden Tätigwerdens in jeder Hinsicht selbst zu bestimmen, konstituiert ihren Inhaber als *Ausgangs- und Zurechnungsendpunkt aller Herrschaftsakte* in einem bestimmten Gebiet und weist ihn damit als Träger der Souveränität aus.[86]

bb) Souveränität als „absolute" Herrschaft: Autonomie und Irrevisibilität

Seine ganze Gestalt und volle Wirkmacht erlangt der Herrschaftstatbestand der Souveränität jedoch erst durch ein zweites Merkmal: Souveräne Herrschaft ist nicht nur unteilbar, sondern auch „absolut". Im Kontext des *Bodin*'schen Souveränitätsdogmas meint „absolut" indes nicht die Konzentration aller Herrschaftsmacht beim Monarchen bei gleichzeitiger Abwesenheit jedweder rechtlichen Begrenzung der Machtausübung, fordert also nicht den absolutistischen Fürstenstaat.[87] Vielmehr beschreibt der Begriff einen bestimmten Entstehungs- und Geltungsmodus von Herrschaftsakten, der die Entscheidung des Souveräns unwiderstehlich macht.[88]

---

[84] Vgl. *Jean Bodin*, Les six Livres de la République, 1577, Drittes Buch, Kapitel 5 (S. 317): „Ainsi peut-on iuger qu'il y a deux sortes de commander par puissance publique: l'une en souveraineté, qui est absoluë, infinie, & par dessus les loix, les magistrats & les particuliers: l'autre est legitime, sugette aux lois & au souverain, qui est propre aux magistrats & à ceux qui ont puissance extraordinaire de commander, iusques à ce qu'ils soient revoquez, ou que leur commission soit expiree."

[85] Zum Begriff „Kompetenzhoheit" *Anne Peters*, Elemente einer Theorie der Verfassung Europas, 2001, S. 150f.; *Reinhold Zippelius*, Allgemeine Staatslehre, 17. Auflage 2017, S. 54ff. Zur Abgrenzung zwischen der verfassungsvorgängigen „Kompetenzhoheit" einerseits und dem spezifisch auf föderale Machtstrukturen zugeschnittenen, verfassungsabhängigen Institut der „Kompetenz-Kompetenz" siehe unten Zweites Kapitel C. I. 2. b) aa) sowie Zweites Kapitel C. II. 1. a).

[86] Vgl. dazu *Manfred Baldus*, Zur Relevanz des Souveränitätsproblems für die Wissenschaft vom öffentlichen Recht, Der Staat 36 (1997), S. 381 (390); *Marcel Kaufmann*, Integrierte Staatlichkeit als Staatsstrukturprinzip, JZ 1999, S. 814 (821).

[87] Vielmehr bescheinigt *Bodin* auch der in Aristokratien und Demokratien ausgeübten Herrschaft ausdrücklich die Eignung zur „puissance absoluë"; vgl. *Jean Bodin*, Les six Livres de la République, 1577, Zweites Buch, Kapitel 1 (S. 184): „Puis que nous avons di[t] de la souveraineté, & des droi[t]s & marques d'icelle, il faut voir en toute Republique, ceux qui tiennent la souveraineté gist en un seul prince, nous l'appellerons Monarchie : si tout le peuple y a part, nous dirons que l'estat est populaire : s'il n'y a que la moindre partie du peuple, nous iugerons que l'estat est Aristocratique". *Hans-Ulrich Scupin*, Der Begriff der Souveränität bei Johannes Althusius und bei Jean Bodin, Der Staat 4 (1965), S. 1 (18) betont, dass *Bodin* „ein Theoretiker der Rechtssicherheit, nicht der bloßen Macht und damit auch nicht der uneingeschränkten Fürstenmacht, des Absolutismus" gewesen sei, gleichwohl aber „für diese Art staatlicher Machthandhabung unfreiwillig ein Tor geöffnet" habe. Vgl. auch *Gerd Roellecke*, Souveränität, Staatssouveränität, Volkssouveränität, in: Dietrich Murswiek/Ulrich Storost/Heinrich A. Wolff (Hrsg.), Staat – Souveränität – Verfassung, Festschrift für Helmut Quaritsch zum 70. Geburtstag, 2000, S. 15 (16): „Die Souveränitätslehre ist auf jeden Staat anwendbar, gleichgültig, welcher politischen Form."

[88] Vgl. *Helmut Quaritsch*, Staat und Souveränität, 1970, S. 265. *Hans-Ulrich Scupin*, Der Begriff der Souveränität bei Johannes Althusius und bei Jean Bodin, Der Staat 4 (1965), S. 1 (18) expliziert die These, dass es Bodin dabei im Kern „um die Stabilisierung rechtlich geordneter Zustände" gegangen sei.

Als Kennzeichen der (inneren) Souveränität bedeutet „absolut“ namentlich „frei von Zustimmungsvorbehalten“ und „frei von Rechenschaftspflicht“.

Souveräne Herrschaft ist „frei von Zustimmungsvorbehalten“, weil der Souverän Gesetze erlassen und Befehle erteilen kann, ohne dass deren Geltung vom Einverständnis der Betroffenen oder Dritter abhinge.[89] Fehlt diese Art von Unabhängigkeit, kann sich also die höchste Gewalt bei der Ausübung ihrer Gesetzgebungs- und Befehlsmacht der Mitsprache anderer Instanzen nicht entziehen,[90] so ist ihre Herrschaft nicht souverän:

> „Et par ainsi nous conclurons que la premiere marque du Prince souverain c’est la puissance de donner loy à tous en general, & à chacun en particulier. mais ce n’est pas assez, car il faut adiouster, sans le consentement de plus grand, ny de pareil, ny de moindre que soy. car si le Prince est obligé de ne faire loy sans le consentement d’un plus grand que soy, il est vray suget: si d’un pareil, il aura compagnon: si des sugets, soit du Senat, ou du peuple, il n’est pas souverain.“[91]

Aus der Negation (nahezu[92]) jeglicher Angewiesenheit auf die Zustimmung Dritter folgt, dass die Entscheidung des Souveräns notwendig einseitig ergeht.[93] Für *Bodin* ist dieser Umstand von größter praktischer Bedeutung, denn erst die aus der Befugnis zur einseitigen Entscheidung resultierende *Autonomie* des Souveräns sichert

---

[89] Vgl. *Jean Bodin*, Les six Livres de la République, 1577, Erstes Buch, Kapitel 8 (S. 103 f.): „Par ainsi on voit que le poinct principal de la majesté souveraine, & puissance absoluë, gist principalement à donner loy aux sugets en general sans leur consentement.“ Siehe auch *Bernd Grzeszick*, Hoheitskonzept – Wettbewerbskonzept, in: HStR, Band IV, 3. Auflage 2006, § 78 Rn. 4.

[90] Die „sententia de iure statuum terrae“ aus dem Jahr 1231 – der wohl bekannteste (und folgenreichste) Reichsspruch über die Stellung der Landstände in den Territorien des Heiligen Römischen Reiches – dekretierte, dass die Landesherren Gesetze nur mit vorheriger Zustimmung der Landstände erlassen durften. Die daraus resultierende Abhängigkeit des Landesherrn vom Plazet Dritter, namentlich der Landstände, war eine tragende Säule der Herrschaftsarchitektur in den Territorien des Reiches. Aus der Warte des Reichsrechts erschien das *Bodin*’sche Postulat von der Absolutheit souveräner Herrschaft mithin als geradezu revolutionär. Eben darin, d. h. in der strukturellen Unvereinbarkeit der hergebrachten Verhältnisse im Reich mit dem Souveränitätskonzept *Bodins*, lag ein wesentlicher Grund für die zögerliche und widerspruchsvolle Rezeption jenes Konzepts in den deutschen Territorien. Näher dazu *Rudolf Hoke*, Österreichische und Deutsche Rechtsgeschichte, 2. Auflage 1996, S. 71 f.; *Helmut Quaritsch*, Souveränität – Entstehung und Entwicklung des Begriffs in Frankreich und Deutschland vom 13. Jh. bis 1806, 1986, S. 66 ff.; *Dieter Grimm*, Souveränität – Herkunft und Zukunft eines Schlüsselbegriffs, 2009, S. 29 f.

[91] *Jean Bodin*, Les six Livres de la République, 1577, Erstes Buch, Kapitel 10 (S. 161 f.).

[92] Einzig die Erhebung von Steuern stellte *Jean Bodin* grundsätzlich unter den Vorbehalt der Zustimmung des Volkes bzw. der Stände; *ders.*, Les six Livres de la République, 1577, Sechstes Buch, Kapitel 2 (S. 673). Zu den Erwägungen, die *Bodin* zu dieser Ausnahme vom Grundsatz der einseitigen Entscheidung mutmaßlich bewogen haben *Helmut Quaritsch*, Souveränität – Entstehung und Entwicklung des Begriffs in Frankreich und Deutschland vom 13. Jh. bis 1806, 1986, S. 60 ff. m. w. N. Nicht übersehen werden darf in diesem Zusammenhang, dass *Jean Bodin* für den Fall „dringender Notwendigkeit“ eine (Rück-)Ausnahme vom Zustimmungserfordernis postuliert: „[…] toutefois si la necessité est urgente, en ce cas le Prince ne doit pas attendre l’assemblee des estats, ny le consentement du peuple“; *ders.*, Les six Livres de la République, 1577, Erstes Buch, Kapitel 8 (S. 102). Vgl. dazu *Helmut Quaritsch*, Souveränität im Ausnahmezustand: Zum Souveränitätsbegriff im Werk Carl Schmitts, Der Staat 35 (1996), S. 1 (13 f.).

[93] Vgl. *Helmut Quaritsch*, Staat und Souveränität, 1970, S. 270 f.; *Carl Schmitt*, Verfassungslehre (1928), 9. Auflage 2003, S. 49.

jene Handlungsfähigkeit und -schnelligkeit, derer es zur Gewährleistung der inneren Sicherheit im bürgerkriegsgeplagten Frankreich des 16. Jahrhunderts bedurfte. Zur Veranschaulichung gebraucht *Bodin* das Bild vom Schiffskapitän, der das Schiffsruder nach seinem Ermessen bedienen können muss, weil das Schiff sänke, wenn er gehalten wäre, vorab den Rat der Passagiere einzuholen:

„Car il faut que le Prince souverain ait les loix en sa puissance pour les changer, & corriger, selon l'occurence des cas, comme disoit le Iurisconsulte Sextus Cæcilius, tout ainsi que le maistre pilote doit avoir en sa main le gouvernail, pour le tourner à sa discretion: autrem[en]t le navire seroit plustost peri, qu'on auroit pris l'advis de ceux qu'il porte."[94]

Unwiderstehlich wird die Entscheidung des Souveräns allerdings nicht schon dadurch, dass er sie autonom trifft, sondern erst dadurch, dass er sie gegenüber keiner irdischen Macht zu verantworten hat. Das Fehlen von Verantwortlichkeit bedeutet dabei nicht, dass der Souverän in einem norm- und maßstabslosen Raum agiert.[95] *Bodin* zufolge unterliegt der Souverän sehr wohl rechtlichen Bindungen, die seinen Gestaltungsraum begrenzen,[96] insbesondere dem – von *Bodin* freilich absichtsvoll „entkonfessionalisierten" – Gebot Gottes und auch dem Naturrecht,[97] welch letzteres beispielsweise die „Tötung von Unschuldigen und Kindern" sowie die „Plünderung bei armen Leuten" verbiete.[98] Jedoch hat der Souverän über die Vereinbarkeit seiner Maßnahmen mit diesen Rechtsmaßstäben keiner irdischen Macht Rechenschaft abzulegen.[99] Seine einseitige Entscheidung kann nicht überprüft oder gar umgestoßen werden – sie ist *irreversibel*.[100] Eben darin zeigt sich, dass souveräne Herrschaft nicht auf Wahrheit gründet, sondern auf Autorität.[101] Anders als im

---

[94] *Jean Bodin*, Les six Livres de la République, 1577, Erstes Buch, Kapitel 8 (S. 104).

[95] *Helmut Quaritsch*, Staat und Souveränität, 1970, S. 265.

[96] Siehe dazu *Heinhard Steiger*, Geht das Zeitalter des souveränen Staates zu Ende?, Der Staat 41 (2002), S. 331 (335); *Albrecht Randelzhofer*, Staatsgewalt und Souveränität, in: HStR, Band II, 3. Auflage 2004, § 17 Rn. 16; *Dieter Grimm*, Souveränität – Herkunft und Zukunft eines Schlüsselbegriffs, 2009, S. 25: „*Bodins* Souverän steht über dem Gesetz, nicht über dem Recht. Absolut ist er noch nicht im Sinn des Absolutismus."

[97] Vgl. *Jean Bodin*, Les six Livres de la République, 1577, Erstes Buch, Kapitel 8 (S. 97): „Mais quant aux loix divines & naturelles tous les Princes de la terre y sont sugets, & n'est pas en leur puissance d'y contrevenir [...]".

[98] Vgl. *Jean Bodin*, Les six Livres de la République, 1577, Drittes Buch, Kapitel 4 (S. 304). Zu den rechtlichen Grenzen souveräner Herrschaft im Konzept *Bodins* vgl. etwa *Helmut Quaritsch*, Souveränität – Entstehung und Entwicklung des Begriffs in Frankreich und Deutschland vom 13. Jh. bis 1806, 1986, S. 51 ff. und *Hans-Ulrich Scupin*, Der Begriff der Souveränität bei Johannes Althusius und bei Jean Bodin, Der Staat 4 (1965), S. 1 (22 ff.).

[99] Siehe dazu *Michael Stolleis*, Die Idee des souveränen Staates, Der Staat Beiheft 11 (1996), S. 63 (71): „Dies ist der eigentliche Bruch mit dem Mittelalter; die Verletzung höheren Rechts hat keine praktischen Auswirkungen mehr."

[100] Dem entspricht, dass in Frankreich vor der Rezeption der „Six livres de la République" diejenige Instanz als „souverän" bezeichnet wurde, welche die abschließende Entscheidung traf („dont on ne peut appeler"); vgl. *Helmut Quaritsch*, Souveränität – Entstehung und Entwicklung des Begriffs in Frankreich und Deutschland vom 13. Jh. bis 1806, 1986, S. 22 f., 27, 55 f. Eingehend zum Gesichtspunkt der „Irrevisibilität" *ders.*, Staat und Souveränität, 1970, S. 266.

[101] Vgl. *Michael Stolleis*, Die Idee des souveränen Staates, Der Staat Beiheft 11 (1996), S. 63 (71); *Utz Schliesky*, Souveränität und Legitimität von Herrschaftsgewalt, 2004, S. 75 Fußnote 131.

Mittelalter hat das Gesetz seinen Geltungsgrund nun nicht mehr im göttlichen Willen,[102] sondern es „ist gültig, weil der Souverän es erlassen hat"[103]: „Authoritas non Veritas facit Legem"[104]. Beruht der Geltungsanspruch des Gesetzes mithin auf der Autorität einer bestimmten irdischen Gewalt, so steht es folgerichtig im Ermessen derselben, das Gesetz nach ihrem Belieben zu ändern.[105] Im Herrschaftskonzept des *Jean Bodin* wandelt sich das Recht daher von einer statischen zu einer dynamischen Angelegenheit.[106] Den Gesetzes- bzw. Befehlsadressaten bleibt lediglich das Recht, solche Anordnungen des Souveräns, die gegen die auch für ihn unverfügbaren Rechtsschranken verstoßen, zu missachten.[107] Eine Möglichkeit, sie mit rechtlicher Relevanz anzufechten und auf diese Weise zu nullifizieren, oder gar eine Befugnis zum aktiven Widerstand existieren hingegen nicht.[108] Da die überpositiven Begrenzungen des Gesetzgebungsrechts somit nicht gegen den Willen des Souveräns durchgesetzt werden können,[109] erweist sich dessen autonome Entscheidung als unwiderstehlich.[110]

---

[102] Zur sakralen Fundierung des Rechts im Mittelalter vgl. etwa *Otto Brunner*, Vom Gottesgnadentum zum monarchischen Prinzip, in: ders., Neue Wege der Verfassungs- und Sozialgeschichte, 2. Auflage 1968, S. 160 (164).

[103] *Helmut Quaritsch*, Souveränität – Entstehung und Entwicklung des Begriffs in Frankreich und Deutschland vom 13. Jh. bis 1806, 1986, S. 55.

[104] *Thomas Hobbes*, Leviathan, sive De Materia, Forma, & Potestate Civitatis Ecclesiasticæ et civilis, 1668, S. 133.

[105] Vgl. *Gerd Roellecke*, Souveränität, Staatssouveränität, Volkssouveränität, in: Dietrich Murswiek/Ulrich Storost/Heinrich A. Wolff (Hrsg.), Staat – Souveränität – Verfassung, Festschrift für Helmut Quaritsch zum 70. Geburtstag, 2000, S. 15 (19), der „das Recht, jederzeit das Recht zu ändern" als „wichtigste Folge" der Souveränität identifiziert und darauf hinweist, dass neues Recht „durch Souveränität legitimiert [wird] und durch nichts sonst".

[106] *Dieter Grimm*, Souveränität – Herkunft und Zukunft eines Schlüsselbegriffs, 2009, S. 24 bezeichnet die von *Bodin* proklamierte „Erstreckung der Herrschaftsbefugnis auf die Rechtsetzung" treffend als „Geburtsstunde der Positivierung des Rechts". Vgl. auch *Gerd Roellecke*, Souveränität, Staatssouveränität, Volkssouveränität, in: Dietrich Murswiek/Ulrich Storost/Heinrich A. Wolff (Hrsg.), Staat – Souveränität – Verfassung, Festschrift für Helmut Quaritsch zum 70. Geburtstag, 2000, S. 15 (19).

[107] Vgl. *Jean Bodin*, Les six Livres de la République, 1577, Drittes Buch, Kapitel 4 (S. 304). Siehe dazu auch *Dieter Grimm*, Souveränität – Herkunft und Zukunft eines Schlüsselbegriffs, 2009, S. 26: „Wohl aber darf man [...] offenkundig unrechtmäßigen Gesetzen im konkreten Anwendungsfall den Gehorsam verweigern."

[108] Vgl. *Michael Stolleis*, Die Idee des souveränen Staates, Der Staat Beiheft 11 (1996), S. 63 (71); *Hans-Ulrich Scupin*, Der Begriff der Souveränität bei Johannes Althusius und bei Jean Bodin, Der Staat 4 (1965), S. 1 (24 f.) sowie *Gerd Roellecke*, Souveränität, Staatssouveränität, Volkssouveränität, in: Dietrich Murswiek/Ulrich Storost/Heinrich A. Wolff (Hrsg.), Staat – Souveränität – Verfassung, Festschrift für Helmut Quaritsch zum 70. Geburtstag, 2000, S. 15 (18): „Maßnahmen eines Tyrannen sind nie verbindlich, selbst wenn sie gut sind, Maßnahmen eines Souveräns immer, selbst wenn sie schlecht sind."

[109] *Bodin* bestritt damit bewusst und gezielt das von den Hugenotten im Kampf gegen die französische Krone ins Feld geführte Widerstandsrecht. Dieses rechtlich zu widerlegen, bildete ein wichtiges Nahziel seiner „Six Livres de la République". Siehe dazu *Dieter Grimm*, Souveränität – Herkunft und Zukunft eines Schlüsselbegriffs, 2009, S. 22, 26.

[110] So ausdrücklich *Michael Stolleis*, Die Idee des souveränen Staates, Der Staat Beiheft 11 (1996), S. 63 (71): „Es [– das Gebot des Souveräns –] gilt ‚unwiderstehlich'; ein Untertan darf sich dagegen nicht auf höheres Recht berufen, um Widerstand zu üben und so die Ordnungsleistung

b) Souveränität nach außen

Nach außen hin ist der Souverän insofern „zu höchst", als kein anderer Herrschaftsträger fähig ist, ihn – den Souverän – seinem Gesetz zu unterwerfen oder ihm Befehl zu erteilen.[111] In den Worten *Hermann Rehms*:

„Zum Wesen der Bodin'schen Souveränität gehört auch, daß [die] Herrschaft über Gebietseingesessene eine *unabhängige* Herrschaft ist, eine Herrschaft, die von keinem Höheren abhängt. Als dieser Höhere ist aber Niemand im Staate, sondern ein außerhalb des Staates Befindlicher gemeint. [...] Dieses Freisein von Unterordnung unter einen Höheren bezieht sich, um es modern auszudrücken, nicht auf das Verhältnis der Gebietsgewalt nach Innen, auf das Verhältnis zu ihren Unterthanen, es will damit nicht gesagt sein, daß die souveräne Gewalt unabhängig von ihren Unterthanen ist, sondern, was in Frage steht, ist das Verhältnis nach Außen, zu anderen Gewalten, m.a.W. der Souveränitätsbegriff Bodins ist kein staatsrechtlicher mehr, sondern ein *staats- und völkerrechtlich gemischter.*"[112]

Auch die äußere Komponente souveräner Herrschaft basiert somit auf der oben als Substanz der Souveränität identifizierten „pouvoir de donner loy à tous en general, & à chacun en particulier": Geht es nach innen hin darum, umfassend, einseitig und letztgültig rechtliche Weisung erteilen zu können, so geht es nach außen hin darum, von der rechtlichen Weisung Dritter frei zu sein.[113] *Bodin* bestimmt die „innere" und die „äußere" Souveränität nach „demselben juristischen Maß"[114] und verschmilzt beide Aspekte dergestalt zu einer definitorischen Einheit.

Über diese formale Verknüpfung hinaus bedingen innere und äußere Souveränität einander aber auch inhaltlich: Zur autonomen Entscheidung nach innen wäre der Souverän nicht in der Lage, wenn er bei der Entscheidungsfindung der „lex" einer äußeren Gewalt unterläge.[115] Umgekehrt wäre der Souverän außerstande,

des Souveräns wieder zu sprengen. Dies ist der eigentliche Bruch mit dem Mittelalter; die Verletzung höheren Rechts hat keine praktischen Auswirkungen mehr." Ähnlich *Thomas Würtenberger*, Legitimationsmuster von Herrschaft im Laufe der Geschichte, JuS 1986, S.344 (345), der die Bindungen des Souveräns als „nur moralischer Art" charakterisiert.

[111] *Hermann Rehm*, Allgemeine Staatslehre, 1899, S.44 erkennt in dieser äußeren Komponente der Souveränität „[d]ie bedeutsamste Aenderung, welche durch die Theorie Bodins an dem Souveränitätsbegriff vor sich ging [...]".

[112] *Hermann Rehm*, Allgemeine Staatslehre, 1899, S.45.

[113] Vgl. *Jean Bodin*, Les six Livres de la République, 1577, Erstes Buch, Kapitel 10 (S.163f.): „le Prince ou Duc qui a puissance de donner loy à tous ses sub[i]ects en general, & à chacun en particulier, n'est pas souverain, s'il la reçoit d'un plus gr[an]d, ou egal à luy". Siehe auch *Helmut Quaritsch*, Souveränität – Entstehung und Entwicklung des Begriffs in Frankreich und Deutschland vom 13.Jh. bis 1806, 1986, S.63; *Heinhard Steiger*, Geht das Zeitalter des souveränen Staates zu Ende?, Der Staat 41 (2002), S.331 (335); *Dieter Grimm*, Souveränität – Herkunft und Zukunft eines Schlüsselbegriffs, 2009, S.78 sowie *Stefan Oeter*, Souveränität – ein überholtes Konzept?, in: Hans-Joachim Cremer/Thomas Giegerich/Dagmar Richter/Andreas Zimmermann (Hrsg.), Tradition und Weltoffenheit des Rechts, Festschrift für Helmut Steinberger, 2002, S.259 (276): „Der ‚souveräne Staat' ist definitionsnotwendig von der ‚Befehlsmacht' eines anderen Staates unabhängig."

[114] *Helmut Quaritsch*, Souveränität – Entstehung und Entwicklung des Begriffs in Frankreich und Deutschland vom 13.Jh. bis 1806, 1986, S.62.

[115] Vgl. *Albrecht Randelzhofer*, Staatsgewalt und Souveränität, in: HStR, Band II, 3. Auflage 2004, § 17 Rn.24.

nach außen hin zurechenbar zu handeln, wenn er es nicht vermöchte, sich im Innern als Ausgangs- und Zurechnungsendpunkt sämtlicher Herrschaftsakte zu behaupten.[116] Die von *Michael Stolleis* als charakteristisch für souveräne Herrschaftsverbände identifizierte Bildung einer „völkerrechtliche[n] und wirtschaftspolitische[n] ‚Außenhaut'"[117] setzt voraus, dass der jeweilige Herrschaftsverband die Gestalt einer „organisierten Wirkungs- und Entscheidungs*einheit*"[118] angenommen hat. Solange diese – auf der Machtfülle des Souveräns gründende – Einheitlichkeit nicht hergestellt war, z. B. weil neben dem Fürsten auch die Stände befugt waren, Bündnisse mit auswärtigen Gewalten einzugehen, konnte von einer „Außenhaut" keine Rede sein.[119] Die ungeteilte und absolute Herrschaft nach innen erweist sich damit als „Bedingung für den Eintritt in den Kreis der Verbände, die sich auf der Ebene des [...] auf Vertrag und Gewohnheit beruhenden Völkerrechts begegnen"[120]. Das Völkerrecht wiederum garantiert dem Souverän (u. a.) das Recht auf Freiheit von äußerer Intervention[121] und festigt auf diese Weise die ungeteilte und absolute Herrschaft im Innern.[122] „Innere" und „äußere" Souveränität sind folglich auf das Engste miteinander verflochten, erscheinen insofern nicht als zwei verschiedene Gegenstände, sondern vielmehr als „zwei Seiten derselben Sache"[123], deren übergeordneter Zweck in der effektiven Selbstbestimmung des zur politischen Einheit verdichteten Herrschaftsverbands liegt.[124]

---

[116] Vgl. *Helmut Quaritsch*, Souveränität – Entstehung und Entwicklung des Begriffs in Frankreich und Deutschland vom 13. Jh. bis 1806, 1986, S. 64 f.; *Albrecht Randelzhofer*, Staatsgewalt und Souveränität, in: HStR, Band II, 3. Auflage 2004, § 17 Rn. 24 m. w. N.

[117] *Michael Stolleis*, Die Idee des souveränen Staates, Der Staat Beiheft 11 (1996), S. 63 (67).

[118] Zur Charakterisierung des souveränen Staates als „organisierte Entscheidungs- und Wirkungseinheit" *Hermann Heller*, Staatslehre, 1934, S. 228 ff.

[119] *Helmut Quaritsch*, Souveränität – Entstehung und Entwicklung des Begriffs in Frankreich und Deutschland vom 13. Jh. bis 1806, 1986, S. 65; *Stefan Oeter*, Souveränität – ein überholtes Konzept?, in: Hans-Joachim Cremer/Thomas Giegerich/Dagmar Richter/Andreas Zimmermann (Hrsg.), Tradition und Weltoffenheit des Rechts, Festschrift für Helmut Steinberger, 2002, S. 259 (264).

[120] *Helmut Quaritsch*, Staat und Souveränität, 1970, S. 254. Vgl. auch *Marcel Kaufmann*, Integrierte Staatlichkeit als Staatsstrukturprinzip, JZ 1999, S. 814 (821).

[121] Vgl. *Albrecht Randelzhofer*, Staatsgewalt und Souveränität, in: HStR, Band II, 3. Auflage 2004, § 17 Rn. 28.

[122] Vgl. *Dieter Grimm*, Souveränität – Herkunft und Zukunft eines Schlüsselbegriffs, 2009, S. 80: „Das klassische Völkerrecht war geradezu von der inneren Souveränität her gedacht und zog einen Schutzwall um sie." Siehe ferner *Stefan Oeter*, Souveränität – ein überholtes Konzept?, in: Hans-Joachim Cremer/Thomas Giegerich/Dagmar Richter/Andreas Zimmermann (Hrsg.), Tradition und Weltoffenheit des Rechts, Festschrift für Helmut Steinberger, 2002, S. 259 (278 ff.) und *Heinhard Steiger*, Geht das Zeitalter des souveränen Staates zu Ende?, Der Staat 41 (2002), S. 331 (335).

[123] *Helmut Quaritsch*, Souveränität – Entstehung und Entwicklung des Begriffs in Frankreich und Deutschland vom 13. Jh. bis 1806, 1986, S. 64 m. w. N. Ähnlich *Albrecht Randelzhofer*, Staatsgewalt und Souveränität, in: HStR, Band II, 3. Auflage 2004, § 17 Rn. 24: „Wenn in der modernen Rechtswissenschaft allgemein zwischen äußerer und innerer Souveränität unterschieden wird, so muß man sich darüber im klaren [sic] sein, daß diese Unterscheidung zwar begrifflich möglich und angezeigt ist, daß damit aber nur zwei Aspekte einer Sache angesprochen sind, die unlöslich miteinander verknüpft sind."

[124] So auch *Joseph Held*, System des Verfassungsrechts der monarchischen Staaten Deutsch-

B. Moderner Staat als Verfassungsstaat

Als Herrschaftsgebilde von außerordentlicher Komplexität ist der moderne Staat in besonderem Maße auf das Recht als Ordnungsinstrument angewiesen. Eingedenk dessen erscheint es nur folgerichtig, dass *Jean Bodin* die Befugnis zur Gesetzgebung als „poinct principal de la majesté souveraine“[125], d.h. als „zentrales Mittel souveräner Herrschaft“, identifizierte. Die ungeteilte Rechtsetzungsmacht des Souveräns war dasjenige Instrument, von dem sich der Verfasser der „Six Livres de la République“ eine nachhaltige Stabilisierung der Lage in dem aus politisch-religiösen Gründen massiv zerrütteten Frankreich des 16. Jahrhunderts versprach.[126] Da *Bodin* aber auch die Gesetzgebungs- und Befehlsgewalt des Souveräns als rechtlich eingehegt verstand, namentlich durch überpositive Gebote und Verbote,[127] gehen Herrschaft und Recht im neuzeitlichen Staat eine geradezu symbiotische Beziehung ein.[128] Die politische Macht wird zum Geltungsgrund des Rechts und nimmt dasselbe für ihre Zwecke in Dienst, muss sich dabei jedoch ihrerseits vor dem Forum des Rechts und der Sittlichkeit rechtfertigen, will sie Legitimität erringen und sich auf Dauer erhalten. Aus dieser spannungsgeladenen Symbiose geht im letzten Viertel des 18. Jahrhunderts die moderne Verfassung als spezifische Form der Verrechtlichung politischer Macht hervor. Genese und Struktur jener Errungenschaft, die in der zweiten Hälfte des 20. Jahrhunderts schließlich universale Anerkennung fand,[129] werden im Folgenden näher betrachtet.

---

lands mit besonderer Rücksicht auf den Constitutionalismus, Band 1, 1856, S. 236: „Die Souveränität ist rechtlich jene Eigenschaft eines Gemeinwesens, vermöge welcher dasselbe als solches nach Aussen wie in seinen innern Angelegenheiten von keinem andern gleichen oder höhern Rechtssubjekte rechtlich abhängig ist.“ Ähnlich *Heinhard Steiger*, Geht das Zeitalter des souveränen Staates zu Ende?, Der Staat 41 (2002), S. 331 (335); *Stefan Oeter*, Souveränität – ein überholtes Konzept?, in: Hans-Joachim Cremer/Thomas Giegerich/Dagmar Richter/Andreas Zimmermann (Hrsg.), Tradition und Weltoffenheit des Rechts, Festschrift für Helmut Steinberger, 2002, S. 259 (281, 283, 286) sowie *Dieter Grimm*, Souveränität – Herkunft und Zukunft eines Schlüsselbegriffs, 2009, S. 11: „Die Souveränität gewann […] eine Innen- und eine Außendimension, die sich aber im Recht auf Selbstbestimmung trafen.“

125 *Jean Bodin*, Les six Livres de la République, 1577, Erstes Buch, Kapitel 8 (S. 103).

126 Vgl. *Reinhold Zippelius*, Allgemeine Staatslehre, 17. Auflage 2017, S. 52; *Albrecht Randelzhofer*, Staatsgewalt und Souveränität, in: HStR, Band II, 3. Auflage 2004, § 17 Rn. 17; *Hans-Ulrich Scupin*, Der Begriff der Souveränität bei Johannes Althusius und bei Jean Bodin, Der Staat 4 (1965), S. 1 (18) m. w. N.

127 Siehe dazu *Otto Brunner*, Vom Gottesgnadentum zum monarchischen Prinzip, in: ders., Neue Wege der Verfassungs- und Sozialgeschichte, 2. Auflage 1968, S. 160 (163) sowie oben Zweites Kapitel A. II. 2. a) bb).

128 Vgl. *Thomas Würtenberger*, Legitimationsmuster von Herrschaft im Laufe der Geschichte, JuS 1986, S. 344 (345): „Durch die Bindung des legitimen Monarchen an ein höheres natürliches Recht und der Bürger an die vom Monarchen erlassenen Gesetze gibt *Bodin* dem Staat eine juristische Grundlage.“

129 *Dieter Grimm*, Die Errungenschaft des Konstitutionalismus und ihre Aussichten in einer veränderten Welt, in: ders., Die Zukunft der Verfassung II, 2012, S. 315.

I. Die Entstehung der Verfassung als Staatsverfassung

Die Verfassung im normativen Sinne entstand als Staatsverfassung,[130] d.h. als Statut eines souveränen Herrschaftsverbands, in dem sämtliche Hoheitsbefugnisse zur öffentlichen Gewalt im Singular verdichtet und auf ein bestimmtes Territorium bezogen waren. Dies ist keineswegs ein historischer Zufall, sondern Folge des Umstands, dass derart beschaffene politische Einheiten optimale Voraussetzungen für die Verwirklichung der Funktionen normativer Verfassungen bieten.[131] Mit anderen Worten: Der souveräne Territorialstaat ist der Prototyp des konstitutionsfähigen Gebildes,[132] der Gegenstand also, der überhaupt erst „nach Art einer Verfassung regelbar war"[133], weil erst „die ‚aus einem Punkt' entwickelte Staatsgewalt"[134] verfassungstypischen Bindungen unterworfen werden konnte.[135]

1. Staat ohne Verfassung: Der absolutistische Fürstenstaat

Damit soll jedoch keineswegs behauptet sein, dass der neuzeitliche Staat nicht ohne normative Verfassung gedacht werden kann. Die Geschichte belegt vielmehr das Gegenteil. Der souveräne Territorialstaat entstand – über die von *Bodin* in seinen „Six Livres de la République" dem Souverän gezogenen Grenzen hinwegschreitend[136] – als absolutistischer Fürstenstaat, in dem der Monarch alle Machtbefugnisse aus eigenem Recht beanspruchte und sich bei ihrer Ausübung keinerlei verfassungsrechtlichen Beschränkungen unterworfen sah.[137] Begünstigt und befeuert wurde diese Entwicklung durch den Umstand, dass die Machtvollkommenheit des

130 *Dieter Grimm*, Ursprung und Wandel der Verfassung, in: ders., Die Zukunft der Verfassung II, 2012, S. 11 (54); *Uwe Volkmann*, Grundzüge einer Verfassungslehre der Bundesrepublik Deutschland, 2013, S. 31 f.

131 Vgl. *Uwe Volkmann*, Grundzüge einer Verfassungslehre der Bundesrepublik Deutschland, 2013, S. 31 f.

132 So ausdrücklich *Josef Isensee*, Die Staatlichkeit der Verfassung, in: Otto Depenheuer/Christoph Grabenwarter (Hrsg.), Verfassungstheorie, 2010, § 6 Rn. 6.

133 *Dieter Grimm*, Die Errungenschaft des Konstitutionalismus und ihre Aussichten in einer veränderten Welt, in: ders., Die Zukunft der Verfassung II, 2012, S. 315 (327).

134 *Michael Stolleis*, Die Idee des souveränen Staates, Der Staat Beiheft 11 (1996), S. 63 (83).

135 In diesem Sinne konstatiert *Paul Kirchhof*, Die Identität der Verfassung, in: HStR, Band II, 3. Auflage 2004, § 21 Rn. 25: „Das Verfassungsgesetz setzt den Staat voraus und gestaltet ihn um."

136 Vgl. *Hans-Ulrich Scupin*, Der Begriff der Souveränität bei Johannes Althusius und bei Jean Bodin, Der Staat 4 (1965), S. 1 (25): „Die Entwicklung zur völlig absoluten Monarchie, wie schon Richelieu und noch entschiedener Ludwig XIV. sie deuteten, ist über [*Bodins*] Lehren hinweggeschritten". Ähnlich *Albrecht Randelzhofer*, Staatsgewalt und Souveränität, in: HStR, Band II, 3. Auflage 2004, § 17 Rn. 5 und 22. Indes darf in diesem Zusammenhang nicht unerwähnt bleiben, dass selbst der französischen Absolutismus stets darauf beharrte, keine *monarchie arbitraire*, kein Willkürregiment zu sein, sondern im Einklang mit dem „Jus", d.h. den unvordenklichen Grundsätzen des Rechts und den hinter ihnen stehenden sittlichen Überzeugungen, zu herrschen. Siehe dazu *Otto Brunner*, Vom Gottesgnadentum zum monarchischen Prinzip, in: ders., Neue Wege der Verfassungs- und Sozialgeschichte, 2. Auflage 1968, S. 160 (171).

137 *Dieter Grimm*, Ursprung und Wandel der Verfassung, in: ders., Die Zukunft der Verfassung II, 2012, S. 11 (14); *ders.*, Die Errungenschaft des Konstitutionalismus und ihre Aussichten in einer veränderten Welt, in: ders., Die Zukunft der Verfassung II, 2012, S. 315 (328). Vgl. auch *Josef*

Fürsten unter dem Eindruck der Konfessionskriege des 16. und 17. Jahrhunderts als unabdingbare Voraussetzung für die Erfüllung des Versprechens auf inneren Frieden und Einheit erschien:[138] Der Staat würde den grassierenden Antagonismen – so die weithin konsentierte Leitvorstellung – nur dann Einhalt gebieten können, wenn sein Haupt, der Fürst, im Besitz schrankenloser Allgewalt ist.[139]

Die unter den Zeitgenossen vorherrschende sozialphilosophische Anschauung, am prominentesten vertreten von *Thomas Hobbes*, stützte diesen Befund. In der Perspektive *Hobbes*' rechtfertigte sich die Allgewalt des Herrschers aus der fundamentalen Unsicherheit des Menschen im Naturzustand, denn eben diese lasse es dem Einzelnen als ein Gebot der Vernunft erscheinen, seine vorstaatliche Freiheit vollumfänglich preiszugeben, um im Gegenzug in den Genuss der von der Obrigkeit geschuldeten Sicherheit zu gelangen.[140] Der durch Vertragsschluss zwischen den vormals Freien errichtete Staat[141] erweist sich in *Hobbes*' Konzept als Übel, denn er nötigt dem Untertan die uneingeschränkte Verpflichtung zum Gehorsam ab. Doch stellt sich der Staat als das geringere Übel im Vergleich zu seiner Alternative dar, der lebensbedrohlichen Anarchie.[142] So ist es der defätistische Blick auf den Naturzustand, der die Vertreter der frühneuzeitlichen Vertragstheorien dazu veranlasste, die absolutistische Herrschaft zu proklamieren:[143] „Der Staat, den *Hobbes* entwirft, ist die institutionelle Überwindung des Bürgerkrieges“[144]; fürstliche Allmacht das zentrale Mittel zu eben diesem Zweck.[145] Im Erfahrungshorizont der Konfessionskriege, dem politischen Grundtrauma der frühen Neuzeit, konnte der auf Herrschaftsbegrenzung zielende Verfassungsgedanke daher noch nicht Platz greifen.[146]

Isensee, Die alte Frage nach der Rechtfertigung des Staates, JZ 1999, S. 265 (271); *Uwe Volkmann*, Grundzüge einer Verfassungslehre der Bundesrepublik Deutschland, 2013, S. 31 f.

[138] Vgl. *Dieter Grimm*, Deutsche Verfassungsgeschichte 1776–1866, 1988, S. 17 f.

[139] Siehe dazu *Stefan Oeter*, Souveränität – ein überholtes Konzept?, in: Hans-Joachim Cremer/Thomas Giegerich/Dagmar Richter/Andreas Zimmermann (Hrsg.), Tradition und Weltoffenheit des Rechts, Festschrift für Helmut Steinberger, 2002, S. 259 (263).

[140] Näher zu *Hobbes*' Konzeption des Naturzustands *Günther Maluschke*, Philosophische Grundlagen des demokratischen Verfassungsstaates, 1982, S. 23 ff.; *Christian-Friedrich Menger*, Deutsche Verfassungsgeschichte der Neuzeit, 8. Auflage 1993, Rn. 127 kleidet *Hobbes* Kerngedanken in folgende Worte: „Um der Sicherheit willen wird alle Freiheit vernichtet. Im Namen der Vernunft wird die bedingungslose Unterwerfung unter den Staat, d. h. aber den souveränen Herrscher, verlangt.“ Vgl. ferner *Josef Isensee*, Staat und Verfassung, in: HStR, Band II, 3. Auflage 2004, § 15 Rn. 66; *Dieter Grimm*, Ursprung und Wandel der Verfassung, in: ders., Die Zukunft der Verfassung II, 2012, S. 11 (19).

[141] Zum „kontraktualistischen Etatismus“ des *Thomas Hobbes* vgl. die eingehende Analyse von *Wolfgang Kersting*, Die politische Philosophie des Gesellschaftsvertrags, 1994, S. 59 ff.

[142] *Josef Isensee*, Die alte Frage nach der Rechtfertigung des Staates, JZ 1999, S. 265 (270). Vgl. auch *Christian-Friedrich Menger*, Deutsche Verfassungsgeschichte der Neuzeit, 8. Auflage 1993, Rn. 129.

[143] Vgl. *Dieter Grimm*, Ursprung und Wandel der Verfassung, in: ders., Die Zukunft der Verfassung II, 2012, S. 11 (18).

[144] *Josef Isensee*, Die alte Frage nach der Rechtfertigung des Staates, JZ 1999, S. 265 (271). Ganz ähnlich *Christian-Friedrich Menger*, Deutsche Verfassungsgeschichte der Neuzeit, 8. Auflage 1993, Rn. 126.

[145] Vgl. *Hugo Krabbe*, Die Lehre der Rechtssouveränität, 1906, S. 133 f.

[146] Vgl. *Stefan Oeter*, Souveränität – ein überholtes Konzept?, in: Hans-Joachim Cremer/

Wenn die Herrschaftsgewalt des Fürsten gleichwohl auch in der Epoche des Absolutismus rechtlichen Beschränkungen unterlag, dann nicht in einer Weise, die es rechtfertigen würde, von Verfassungen im modernen Sinne zu sprechen.[147] Zwar gab es Regelwerke kontraktueller Art, die den Monarchen verpflichteten, zugunsten einzelner Personengruppen auf bestimmte Herrschaftsrechte zu verzichten.[148] Diese „leges fundamentales“[149], „Herrschaftsverträge“[150] und „Regierungsformen“[151] konnten aufgrund ihres vertraglichen Charakters nicht einseitig vom Monarchen aufgekündigt werden (*pacta sunt servanda*[152]). Insofern gingen sie dem von ihm einseitig gesetzten Recht im Rang vor.[153] Doch bildeten jene Regelwerke, von denen die

---

Thomas Giegerich/Dagmar Richter/Andreas Zimmermann (Hrsg.), Tradition und Weltoffenheit des Rechts, Festschrift für Helmut Steinberger, 2002, S. 259 (263) sowie *Ernst-Wolfgang Böckenförde*, Die verfassunggebende Gewalt des Volkes – Ein Grenzbegriff des Verfassungsrechts, in: ders., Wissenschaft, Politik, Verfassungsgericht, 2011, S. 97 (114): „Absolute Macht, die absolut bleiben will, läßt sich nicht in Verfassung bringen.“

147 Ebenso *Dieter Grimm*, Ursprung und Wandel der Verfassung, in: ders., Die Zukunft der Verfassung II, 2012, S. 11 (14 f.).

148 Vgl. *Hasso Hofmann*, Zur Idee des Staatsgrundgesetzes, in: ders., Recht – Politik – Verfassung, 1986, S. 261 (269 ff.); *Dieter Grimm*, Ursprung und Wandel der Verfassung, in: ders., Die Zukunft der Verfassung II, 2012, S. 11 (15).

149 Als zentrale „leges fundamentales“ des Heiligen Römischen Reiches gelten u. a. die „Goldene Bulle“ von 1356, der „Augsburger Reichsabschied“ von 1555 sowie der „Westfälische Friede“ von 1648. Allen drei vorgenannten Regelwerken ist gemein, dass sie (u. a.) Art und Inhalt der Landesherrschaft in den einzelnen Territorien des Reiches zum Gegenstand haben; siehe dazu *Arno Buschmann*, Kaiser, Reich und Landesherren – Reichsrecht und Landesherrschaft im Heiligen Römischen Reich, in: Dietrich Murswiek/Ulrich Storost/Heinrich A. Wolff (Hrsg.), Staat – Souveränität – Verfassung, Festschrift für Helmut Quaritsch zum 70. Geburtstag, 2000, S. 449 (453 ff.). Allgemein zu den „leges fundamentales“ *Georg Jellinek*, Allgemeine Staatslehre, 3. Auflage 1913 (Neudruck 1966), S. 508 ff.; *Rolf Grawert*, Artikel „Gesetz“, in: Otto Brunner/Werner Conze/Reinhart Koselleck (Hrsg.), Geschichtliche Grundbegriffe, Band 2, 1975, S. 863 (887 ff.); *John M. J. Rogister*, The crisis of 1753–4 in France and the Debate on the Nature of the Monarchy and of the Fundamental Laws, in: Rudolf Vierhaus (Hrsg.), Herrschaftsverträge, Wahlkapitulationen, Fundamentalgesetze, 1977, S. 105 ff.; *Gerald Stourzh*, Staatsformenlehre und Fundamentalgesetze in England und Nordamerika im 17. und 18. Jahrhundert – Zur Genese des modernen Verfassungsbegriffs, in: Rudolf Vierhaus (Hrsg.), Herrschaftsverträge, Wahlkapitulationen, Fundamentalgesetze, 1977, S. 294 ff.; *Hasso Hofmann*, Zur Idee des Staatsgrundgesetzes, in: ders., Recht – Politik – Verfassung, 1986, S. 261 (275 ff.); *Christian Winterhoff*, Verfassung – Verfassunggebung – Verfassungsänderung, 2007, S. 15 f. m. w. N.

150 Siehe dazu *Gerhard Oestreich*, Vom Herrschaftsvertrag zur Verfassungsurkunde – Die „Regierungsformen“ des 17. Jahrhunderts als konstitutionelle Instrumente, in: Rudolf Vierhaus (Hrsg.), Herrschaftsverträge, Wahlkapitulationen, Fundamentalgesetze, 1977, S. 45 ff.

151 Siehe dazu *Gerhard Oestreich*, Vom Herrschaftsvertrag zur Verfassungsurkunde – Die „Regierungsformen“ des 17. Jahrhunderts als konstitutionelle Instrumente, in: Rudolf Vierhaus (Hrsg.), Herrschaftsverträge, Wahlkapitulationen, Fundamentalgesetze, 1977, S. 45 (50 ff.).

152 Zur Begründung des Vorrangs der Fundamentalgesetze mit der naturrechtlichen Norm *pacta sunt servanda* vgl. *Christian Starck*, Vorrang der Verfassung und Verfassungsgerichtsbarkeit, in: ders., Der demokratische Verfassungsstaat: Gestalt, Grundlagen, Gefährdungen, 1995, S. 33 (38) m. w. N.

153 Vgl. *Georg Jellinek*, Allgemeine Staatslehre, 3. Auflage 1913 (Neudruck 1966), S. 508; *Hasso Hofmann*, Zur Idee des Staatsgrundgesetzes, in: ders., Recht – Politik – Verfassung, 1986, S. 261 (277); *Dieter Grimm*, Ursprung und Wandel der Verfassung, in: ders., Die Zukunft der Verfassung II, 2012, S. 11 (15).

„Magna Carta Libertatum"[154] von 1215 das bekannteste ist, weder die Legitimationsgrundlage der fürstlichen Herrschaft noch wirkten die von ihnen ausgehenden Bindungen zugunsten aller Herrschaftsunterworfenen.[155] Ihr primäres Regelungsanliegen bestand vielmehr in der Abgrenzung der Herrschaftsbefugnisse eines vorgeordneten Herrschaftsträgers (Landesherr, König, Kaiser als Reichsoberhaupt) von den Herrschaftsbefugnissen nachgeordneter Herrschaftsträger (Adel, Grundherren, freie Städte).[156] Es handelte sich also durchaus um Formen der Verrechtlichung von Herrschaft, aber eben nicht um jene spezifische Art von Gesamtregelung, welche als normative Verfassung im modernen Sinne bezeichnet wird:[157] Die bloße „Hierarchisierung von Rechtsnormen ergibt noch keine Konstitutionalisierung"[158].

2. Das konstitutionelle Programm der nordamerikanischen und französischen Revolution

Moderne normative Verfassungen im Vollsinne der Errungenschaft traten erst im Zuge der epochalen Umbrüche in Nordamerika und Frankreich Ende des 18. Jahrhunderts in die Welt.[159] Aus staatsrechtlicher Perspektive zeichnen sich beide Revolutionen vor allem dadurch aus, dass sie sich gerade nicht in der Ersetzung des alten Machthabers durch einen neuen erschöpften.[160] Vielmehr stand sowohl den Protagonisten der nordamerikanischen Unabhängigkeitsbewegung der Jahre 1774 bis 1783 als auch jenen revolutionären Kräften, die am 14. Juli 1789 in Paris zum Sturm auf die Bastille riefen, die Etablierung eines gänzlich neuartigen Herrschaftsmo-

---

154 Instruktiv zur „Magna Carta Libertatum" *Gerhard Oestreich*, Die Entwicklung der Menschenrechte und Grundfreiheiten, in: Karl August Bettermann/Franz Leopold Neumann/Hans Carl Nipperdey (Hrsg.), Die Grundrechte: Handbuch der Theorie und Praxis der Grundrechte, Band I (1. Halbband), 1966, S. 1 (18f.).

155 Vgl. *Dieter Grimm*, Deutsche Verfassungsgeschichte 1776–1866, 1988, S. 12; *ders.*, Die Verfassung im Prozess der Entstaatlichung, in: ders., Die Zukunft der Verfassung II, 2012, S. 67 (72).

156 *Ernst-Wolfgang Böckenförde*, Geschichtliche Entwicklung und Bedeutungswandel der Verfassung, in: ders., Staat, Verfassung, Demokratie, 1991, S. 29 (30). Vgl. auch *Gerhard Oestreich*, Die Entwicklung der Menschenrechte und Grundfreiheiten, in: Karl August Bettermann/Franz Leopold Neumann/Hans Carl Nipperdey (Hrsg.), Die Grundrechte: Handbuch der Theorie und Praxis der Grundrechte, Band I (1. Halbband), 1966, S. 1 (18f.).

157 Vgl. *Rainer Wahl*, Die Entwicklung des deutschen Verfassungsstaates bis 1866, in: ders., Verfassungsstaat, Europäisierung, Internationalisierung, 2003, S. 277 (292f.); *Ernst-Wolfgang Böckenförde*, Geschichtliche Entwicklung und Bedeutungswandel der Verfassung, in: ders., Staat, Verfassung, Demokratie, 1991, S. 29 (31f.); *Christian Starck*, Vorrang der Verfassung und Verfassungsgerichtsbarkeit, in: ders., Der demokratische Verfassungsstaat: Gestalt, Grundlagen, Gefährdungen, 1995, S. 33ff.

158 *Dieter Grimm*, Ursprung und Wandel der Verfassung, in: ders., Die Zukunft der Verfassung II, 2012, S. 11 (15). Vgl. auch *Christian Starck*, Vorrang der Verfassung und Verfassungsgerichtsbarkeit, in: ders., Der demokratische Verfassungsstaat: Gestalt, Grundlagen, Gefährdungen, 1995, S. 33.

159 Vgl. *Rainer Wahl*, Die Entwicklung des deutschen Verfassungsstaates bis 1866, in: ders., Verfassungsstaat, Europäisierung, Internationalisierung, 2003, S. 277 (278); *Horst Dreier*, Verfassung, in: ders., Idee und Gestalt des freiheitlichen Verfassungsstaates, 2014, S. 3 (5f.).

160 Vgl. *Dieter Grimm*, Deutsche Verfassungsgeschichte 1776–1866, 1988, S. 10.

dells vor Augen.[161] Seine theoretischen Grundlagen fand dieses Herrschaftsmodell in den von *John Locke* und *Jean Jacques Rousseau* neu ausgerichteten und um *Montesqieus* Überlegungen zur Gewaltentrennung ergänzten Staatsvertragslehren:[162] Waren die Vertragstheorien in ihrer frühneuzeitlichen Form noch zur Rechtfertigung der absoluten Herrschaft gelangt,[163] so verlor die Vorstellung, der Einzelne müsse um seiner Sicherheit willen sämtliche natürlichen Rechte an den Staat abtreten, mit zunehmender zeitlicher Distanz zur erfolgreichen Beendigung der Konfessionskriege an Plausibilität.[164] Die ehedem als zur Überwindung des Bürgerkriegs unabdingbar aufgefasste Schrankenlosigkeit staatlicher Herrschaft erschien nach dem Erreichen ihres Primärzwecks nicht mehr vernunftgeboten. Mit der Einsicht, dass derjenige, der die Macht besitzt, alle zu schützen, auch die Macht besitzt, alle zu unterdrücken,[165] erhob sich „das Bedürfnis des Bürgers nach Sicherheit vor dem Hüter seiner Sicherheit, damit das Bedürfnis nach Wahrung der Freiheit vor dem Eingriff des Staates“[166]. Das sozialphilosophische Vorstellungsbild von einem zustimmungsfähigen Herrschaftssystem erfuhr entsprechende Modifikationen: Der Einzelne begibt sich in den bürgerlichen Zustand, um Freiheit und Eigentum, die durch den Hang der Menschen zum Eigennutz latent gefährdet sind, besser erhalten zu können, nicht aber, um beides restlos preiszugeben.[167] Die Individualfreiheit anzutasten ist dem Staat daher nur gestattet, wenn und soweit dies zur Verteidigung ihrer Voraussetzungen erforderlich ist. Als rechtsetzende und rechtsdurchsetzende Instanz obliegt ihm die gegenseitige Abgrenzung und Koordinierung der in ihrer Freiheit gleichen Individualwillen:[168] Der Staat erhebt sich über den Einzel-

---

[161] *Rainer Wahl*, Die Entwicklung des deutschen Verfassungsstaates bis 1866, in: ders., Verfassungsstaat, Europäisierung, Internationalisierung, 2003, S. 277 (279); *Dieter Grimm*, Ursprung und Wandel der Verfassung, in: ders., Die Zukunft der Verfassung II, 2012, S. 11 (16). Vgl. auch *Peter Unruh*, Der Verfassungsbegriff des Grundgesetzes, 2002, S. 77: Der „Ausbruch aus dem seit der Antike prognostizierten Kreislauf der Staatsformen [kann] als (verfassungs-) politisches Grundanliegen der Verfassungsbewegung von 1787 bezeichnet werden“.

[162] Vgl. *Christian-Friedrich Menger*, Deutsche Verfassungsgeschichte der Neuzeit, 8. Auflage 1993, Rn. 180 ff. und 198 f.; *Dieter Grimm*, Die Verfassung im Prozess der Entstaatlichung, in: ders., Die Zukunft der Verfassung II, 2012, S. 67 (73 f.). Freilich trug auch die Moralphilosophie *Immanuel Kants*, insbesondere die *Kant*'sche Entfaltung des Freiheitsgedankens, zum theoretischen Fundament des von den Protagonisten der bürgerlichen Revolutionen avisierten Herrschaftsmodells bei; siehe dazu *Otfried Höffe*, Wofür braucht das positive Recht ein Naturrecht?, Der Staat 58 (2019), S. 275 (284 ff.).

[163] Siehe oben Zweites Kapitel B. I. 1.

[164] Vgl. *Dieter Grimm*, Ursprung und Wandel der Verfassung, in: ders., Die Zukunft der Verfassung II, 2012, S. 11 (18); *ders. Dieter Grimm*, Die Verfassung im Prozess der Entstaatlichung, in: ders., Die Zukunft der Verfassung II, 2012, S. 67 (73).

[165] *Josef Isensee*, Die alte Frage nach der Rechtfertigung des Staates, JZ 1999, S. 265 (271) unter Verweis auf *Thomas Hobbes*.

[166] *Josef Isensee*, Die alte Frage nach der Rechtfertigung des Staates, JZ 1999, S. 265 (271).

[167] Vgl. *Josef Isensee*, Die alte Frage nach der Rechtfertigung des Staates, JZ 1999, S. 265 (271) sowie *Christian-Friedrich Menger*, Deutsche Verfassungsgeschichte der Neuzeit, 8. Auflage 1993, Rn. 154, jeweils unter Bezugnahme auf *John Locke*. Siehe ferner *Dieter Grimm*, Deutsche Verfassungsgeschichte 1776–1866, 1988, S. 18.

[168] Vgl. *Dieter Grimm*, Deutsche Verfassungsgeschichte 1776–1866, 1988, S. 28.

nen und die Gesellschaft „als die notwendige einheitliche und allgemeine Ordnungsgewalt, bleibt dabei [aber] funktional auf die einzelnen und die Gesellschaft bezogen“[169]. Sicherheit als Staatszweck rechtfertigt in diesem Konzept nicht mehr die vollständige Aufgabe der natürlichen Freiheit des Individuums, sondern nurmehr noch ihre Beschränkung im Rahmen des Verhältnismäßigen.[170] Der Zugriff des Staates unterliegt nun Schranken und nur in diesen Schranken ist er legitim.[171]

Die Revolutionäre in Nordamerika und Frankreich unternahmen es, die Ordnungsideale der modifizierten Staatsvertragslehre, welche bis dato lediglich als regulative Ideen fungiert hatten,[172] in die Wirklichkeit zu übersetzen.[173] Was zuvor nur ein gedanklicher Maßstab gewesen war, der Herrschaft in theoretischer Abstraktion zur Rechtfertigung vor der Vernunft nötigte,[174] erlangte im Zuge der revolutionären Umstürze reale Wirkung in der neuen politischen Praxis der Verfassunggebung: Dem Gottesgnadentum als traditionellem Legitimationsmuster monarchischer Allgewalt entsagend, erstarkte die Annahme der Staatsvertragslehre, legitime Herrschaft könne nur aus einer Übereinkunft aller mit allen hervorgehen,[175] in Nordamerika und Frankreich zur Realbedingung staatlicher Macht.[176] Der freie Mensch würde sich nur noch solcher Herrschaft zu beugen haben, an der er gleichen Anteil hat. Fürderhin musste deshalb alle institutionalisierte politische Macht dem Willen des durch freiwillige Vereinigung der Freien und Gleichen gebildeten, in Nordamerika unter der Bezeichnung *„people“*, in Frankreich unter der Bezeichnung *„nation“*[177] firmierenden Kollektivs entspringen.[178] Seine Manifesta-

---

169 *Ernst-Wolfgang Böckenförde*, Verfassungsprobleme und Verfassungsbewegung des 19. Jahrhunderts, in: ders., Recht, Staat, Freiheit, 2006 (erweiterte Ausgabe), S. 244 (246).

170 *Josef Isensee*, Die alte Frage nach der Rechtfertigung des Staates, JZ 1999, S. 265 (271).

171 Siehe nur *Karl Loewenstein*, Verfassungslehre, 2. Auflage 1969, S. 127 ff.

172 Vgl. *Dieter Grimm*, Deutsche Verfassungsgeschichte 1776–1866, 1988, S. 19; *ders.*, Souveränität – Herkunft und Zukunft eines Schlüsselbegriffs, 2009, S. 35.

173 Vgl. *Horst Dreier*, Verfassung, in: ders., Idee und Gestalt des freiheitlichen Verfassungsstaates, 2014, S. 3 (6); *Dieter Grimm*, Souveränität – Herkunft und Zukunft eines Schlüsselbegriffs, 2009, S. 42. Siehe auch *Josef Isensee*, Die alte Frage nach der Rechtfertigung des Staates, JZ 1999, S. 265 (267), der Bezug nehmend auf die französische Revolution feststellt: „In diesem politischen Schlüsselereignis der Neuzeit schreitet die Philosophie unmittelbar zur Tat und sucht den Staat nach ihrem Bilde neu zu schaffen.“

174 Vgl. *Dieter Grimm*, Die Errungenschaft des Konstitutionalismus und ihre Aussichten in einer veränderten Welt, in: ders., Die Zukunft der Verfassung II, 2012, S. 315 (322); *ders.*, Ursprung und Wandel der Verfassung, in: ders., Die Zukunft der Verfassung II, 2012, S. 11 (20).

175 Zur Konzeption der Volkssouveränität als „bewußte Antithese“ zum Gottesgnadentum *Christian Seiler*, Der souveräne Verfassungsstaat zwischen demokratischer Rückbindung und überstaatlicher Einbindung, 2005, S. 30 ff. Vgl. auch *Christian Waldhoff*, Entstehung des Verfassungsgesetzes, in: Otto Depenheuer/Christoph Grabenwarter (Hrsg.), Verfassungstheorie, 2010, § 8 Rn. 13 m. w. N.

176 Vgl. *Christian Waldhoff*, Entstehung des Verfassungsgesetzes, in: Otto Depenheuer/Christoph Grabenwarter (Hrsg.), Verfassungstheorie, 2010, § 8 Rn. 10.

177 Zum Begriff „Nation“ und seiner Bedeutung in den französischen Revolutionsverfassungen *Peter Unruh*, Der Verfassungsbegriff des Grundgesetzes, 2002, S. 149 ff.

178 Vgl. *Christoph Möllers*, Staat und Verfassung im Kontext der Europäisierung, in: Christian Calliess (Hrsg.), Verfassungswandel im europäischen Staaten- und Verfassungsverbund, 2007, S. 9 (10 ff.).

tion würde dieser Wille in einem Inbegriff von Normen finden, der legitime staatlich-institutionelle Macht überhaupt erst hervorbringt und einrichtet, mithin „konstituiert“.[179] Dabei galt es, die dergestalt begründete Herrschaft im gleichen Atemzug zugunsten der individuellen Freiheit *aller* Herrschaftsunterworfenen zu begrenzen.[180] Denn dem handlungsleitenden sozialphilosophischen Vorstellungsbild zufolge bezog der Staat seine Daseinsberechtigung gerade aus dem Schutz der Freiheit, die der Einzelne – zumindest in ihrem als unveräußerlich aufgefassten Kern – bei seinem Übertritt in den bürgerlichen Zustand mitnimmt.[181] Das zweite zentrale Anliegen des Verfassungsstrebens der nordamerikanischen und französischen Revolutionäre bestand deshalb in der rechtlichen Domestizierung der neu konstituierten Staatsmacht.[182] Eine gewaltenteilige Organisation der Herrschaftsausübung und die Garantie individueller Freiheitsrechte sollten Gewähr dafür bieten, dass der Staat die bei ihm konzentrierten Machtmittel zum Schutze der Autonomie des Einzelnen und der Gesellschaft einsetzen und nicht im Interesse eigener, vom Volkswillen losgelöster Steuerungsambitionen missbrauchen würde.[183] Mit diesem anspruchsvollen Programm setzte der Konstitutionalismus der nordamerikanischen und französischen Revolution den Standard, an dem bis heute alle rechtlichen Grundordnungen politischer Herrschaftsverbände gemessen werden.[184]

---

[179] Eingehend dazu *Peter Unruh*, Der Verfassungsbegriff des Grundgesetzes, 2002, S. 77 ff., 153 f. Vgl. ferner *Dieter Grimm*, Deutsche Verfassungsgeschichte 1776–1866, 1988, S. 24 f.; *Christian Waldhoff*, Entstehung des Verfassungsgesetzes, in: Otto Depenheuer/Christoph Grabenwarter (Hrsg.), Verfassungstheorie, 2010, § 8 Rn. 26 sowie *Christoph Möllers*, Verfassunggebende Gewalt – Verfassung – Konstitutionalisierung, in: Armin von Bogdandy/Jürgen Bast (Hrsg.), Europäisches Verfassungsrecht, 2. Auflage 2009, S. 227 (230): „Die neuen Verfassungen haben durchaus im doppelten Sinn des Wortes die Funktion, Herrschaft neu zu begründen, also gerade nicht, bereits bestehende Herrschaft zu begrenzen.“

[180] Vgl. *Christoph Möllers*, Verfassunggebende Gewalt – Verfassung – Konstitutionalisierung, in: Armin von Bogdandy/Jürgen Bast (Hrsg.), Europäisches Verfassungsrecht, 2. Auflage 2009, S. 227 (232); *Christian Waldhoff*, Entstehung des Verfassungsgesetzes, in: Otto Depenheuer/Christoph Grabenwarter (Hrsg.), Verfassungstheorie, 2010, § 8 Rn. 61: „Demokratische Verfassunggebung dient zugleich der Begründung wie der Begrenzung von Staatsgewalt.“

[181] Zur Rezeption dieses Dogmas der *Locke*'schen Vertragstheorie in der nordamerikanischen und französischen Verfassunggebung Ende des 18. Jahrhunderts *Christian-Friedrich Menger*, Deutsche Verfassungsgeschichte der Neuzeit, 8. Auflage 1993, Rn. 186 ff. und 198.

[182] Vgl. *Josef Isensee*, Die alte Frage nach der Rechtfertigung des Staates, JZ 1999, S. 265 (271).

[183] Vgl. *Karl Loewenstein*, Verfassungslehre, 2. Auflage 1969, S. 131; *Dieter Grimm*, Deutsche Verfassungsgeschichte 1776–1866, 1988, S. 28 ff.; *Christian Winterhoff*, Verfassung – Verfassunggebung – Verfassungsänderung, 2007, S. 49.

[184] *Dieter Grimm*, Souveränität – Herkunft und Zukunft eines Schlüsselbegriffs, 2009, S. 69. Vgl. auch *Hasso Hofmann*, Zur Idee des Staatsgrundgesetzes, in: ders., Recht – Politik – Verfassung, 1986, S. 261 (264); *Josef Isensee*, Staat und Verfassung, in: HStR, Band II, 3. Auflage 2004, § 15 Rn. 168; *ders.*, Die Staatlichkeit der Verfassung, in: Otto Depenheuer/Christoph Grabenwarter (Hrsg.), Verfassungstheorie, 2010, § 6 Rn. 7; *Christian Waldhoff*, Entstehung des Verfassungsgesetzes, in: Otto Depenheuer/Christoph Grabenwarter (Hrsg.), Verfassungstheorie, 2010, § 8 Rn. 24.

3. Die Indienstnahme des Rechts für die Anliegen der Revolution: Die moderne Verfassung als Mittel zur rechtlichen Fixierung der neuen politischen Ordnung

Wenngleich die *idée directrice* des modernen westeuropäisch-nordatlantischen Verfassungsmodells bereits in groben Zügen umrissen worden ist, soll sie aufgrund ihrer zentralen Bedeutung für den weiteren Fortgang dieser Arbeit sogleich noch einmal scharf herausgearbeitet und ideengeschichtlich eingeordnet werden: Den Anstoß für die Herausbildung des demokratischen Konstitutionalismus gab, dies klang bereits an, die Allgegenwart von Fremdbestimmung und Willkür im Zeitalter des Absolutismus.[185] Zwar vermochte weder das eine noch das andere an der Überzeugung zu rütteln, dass Herrschaft unentbehrlich ist, namentlich, um „die gegensätzlichen Interessen durch ihren bestimmenden Willen auszugleichen und die Überwältigung des Schwachen durch den Starken zu verunmöglichen"[186]. Doch weckten Fremdbestimmung und Willkür das immer dringlicher werdende Bedürfnis, der institutionalisierten politischen Macht ihren absolutistischen Schrecken zu nehmen. In Ansehung der Unzulänglichkeiten des überkommenen politischen Systems galt es, Mittel und Wege zu ersinnen, um die Notwendigkeit von Herrschaft, mit der im Verlaufe der Aufklärung zwar gedanklich zum Durchbruch gelangten, in der politischen Realität bis dato aber weitgehend ignorierten Idee von der Autonomie des vernunftbegabten Individuums zu versöhnen.

a) Der demokratische und konstitutionalistische Imperativ als Ausfluss des Autonomieanspruchs des vernunftbegabten Individuums

Zweierlei identifizierten die Theoretiker der bürgerlichen Revolutionen in Nordamerika und Frankreich in diesem Zusammenhang als essenziell. Das erste ist die Einsicht, dass der Wille der im Gemeinwesen miteinander verbundenen Individuen zum Letztgrund aller institutionalisierten politischen Macht erhoben werden muss, die Herrschaftsunterworfenen also in die Erzeugung und Einrichtung von Herrschaft einzubeziehen sind, da das Moment der Fremdbestimmung – wiewohl niemals vollends aus dem staatlichen Herrschaftsanspruch tilgbar – nur auf diese Weise so weit als möglich zugunsten der Selbstbestimmung des Einzelnen zurückgedrängt werden kann.[187] An diese Erkenntnis schließt die weitere Einsicht an, dass das gemeinschaftsgebundene Individuum selbst bei einer durchgreifenden Demo-

---

185 Vgl. *Klaus Stern*, Das Staatsrecht der Bundesrepublik Deutschland, Band I, 2. Auflage, 1984, S. 93: „Der Verfassungsstaat ist aus der Auseinandersetzung mit dem absoluten Staat entstanden."

186 *Hans Haug*, Die Schranken der Verfassungsrevision: Das Postulat der richtigen Verfassung als normative Schranke der souveränen verfassunggebenden Gewalt, 1947, S. 34. Zur Angewiesenheit des Individuums auf Herrschaft vgl. auch *Peter Graf Kielmansegg*, Volkssouveränität: Eine Untersuchung der Bedingungen demokratischer Legitimität, 1977, S. 263.

187 Vgl. *Werner Maihofer*, Prinzipien freiheitlicher Demokratie, in: Ernst Benda/Werner Maihofer/Hans-Jochen Vogel (Hrsg.), Handbuch des Verfassungsrechts der Bundesrepublik Deutschland, 2. Auflage 1994, § 12 Rn. 18 f.; *Reinhold Zippelius*, Allgemeine Staatslehre, 17. Auflage 2017, S. 116 f.

kratisierung von Herrschaft immer auch Objekt derselben bleibt:[188] Sogar dann, wenn die zum Volk geeinten Individuen in Gemäßheit des demokratischen Prinzips als Ausgangs- und Zurechnungsendpunkt aller institutionalisierten politischen Macht figurieren, bleibt letztere „jene überindividuelle Erscheinung, die als ein Starres, Fremdes und deshalb Zwingendes" an den Menschen „und seine intimsten Lebenskreise herantritt".[189] Verbindet sich das indispensable Moment des Zwangs mit der menschlichem Herrschaftswillen latent innewohnenden Tendenz zum Erratischen und Willkürlichen, so wird Herrschaft ungeachtet ihrer demokratischen Fundierung unerträglich.[190] Um dies zu verhindern, formulierten die Protagonisten der Revolutionen in Nordamerika und Frankreich einen zweiten Imperativ. Demnach sollte Herrschaft nicht nur an den Willen der zum Volk geeinten Herrschaftsunterworfenen rückgebunden, sondern zugleich auch in eine verlässliche Ordnung hineingestellt werden, damit Berechenbarkeit und Kontinuität Platz greifen, wo andernfalls Gestalt- und Maßlosigkeit drohte.[191] Beide vorstehend beschriebenen, in der Vorstellung von der Autonomie des vernunftbegabten Individuums wurzelnden Imperative sind im Verlaufe der vergangenen knapp 250 Jahre zu unhintergehbaren Bedingungen legitimer politischer Herrschaft in Europa erstarkt.

b) Rechtliche Ausformung des demokratischen und konstitutionalistischen Imperativs in der modernen Verfassung

Sowohl der demokratische als auch der konstitutionalistische Imperativ drängten auf eine Indienstnahme des Rechts. Der demokratische Imperativ insofern, als nur das Recht jenem ursprünglichen Konsens der Herrschaftsunterworfenen, der die Grundlage aller institutionalisierten politischen Macht bilden sollte,[192] vom historischen Moment ablösen und zeitliche Dauer verleihen konnte.[193] Klarer noch lagen die Dinge mit Blick auf das antiabsolutistische Ordnungs- und Mäßigungsanliegen:

---

188 So zutreffend *Peter Graf Kielmansegg*, Volkssouveränität: Eine Untersuchung der Bedingungen demokratischer Legitimität, 1977, S. 262.

189 *Hans Haug*, Die Schranken der Verfassungsrevision: Das Postulat der richtigen Verfassung als normative Schranke der souveränen verfassunggebenden Gewalt, 1947, S. 62.

190 Vgl. nur *Ruppert Stettner*, Grundfragen einer Kompetenzlehre, 1983, S. 51: „Die Abwehrkomponente der Grundrechte spiegelt den empirisch zu belegenden Erfahrungssatz wider, daß auch demokratisch konstituierte Staatsgewalt disponiert ist, die Freiheitssphäre des einzelnen zu verletzen."

191 Vgl. *Peter Saladin*, Verantwortung als Staatsprinzip: Ein neuer Schlüssel zur Lehre vom modernen Rechtsstaat, 1984, S. 91: „Daß *politische Macht* zu verantworten sei, ist *Grund-Prinzip des modernen Rechtsstaats.*"

192 *Horst Dreier*, Grenzen demokratischer Freiheit im Verfassungsstaat, in: ders., Idee und Gestalt des freiheitlichen Verfassungsstaates, 2014, S. 249 (271) spricht insoweit vom „punktuellen Urakt des pouvoir constituant".

193 *Dieter Grimm*, Braucht Europa eine Verfassung?, JZ 1995, S. 581 (583); *ders.*, Die Errungenschaft des Konstitutionalismus und ihre Aussichten in einer veränderten Welt, in: ders., Die Zukunft der Verfassung II, 2012, S. 315 (323). Vgl. auch *Werner Kägi*, Die Verfassung als rechtliche Grundordnung des Staates (1945), 1971, S. 52.

Gerade im Bewirken einer Ordnung, in der Organisation und Grenzziehung, erweist sich das Recht dank seiner Normativität als äußerst effektiv, eben hier liegt seine wesensmäßige Bestimmung.[194] Für die Revolutionäre in Nordamerika und Frankreich verstand es sich daher gewissermaßen von selbst, das neue Herrschaftsmodell rechtlich in Geltung zu setzen.[195] Normeninbegriffe, die die beiden für das neue Herrschaftsmodell konstitutiven Imperative – den demokratischen und den konstitutionalistischen – aufeinander beziehen und miteinander verbinden, d.h. den Anspruch erheben, Herrschaft nach Maßgabe des Willens der zum Volk geeinten Individuen zu begründen und zu begrenzen, firmieren seither unter der Bezeichnung „Verfassung".[196]

In der konkreten Umsetzung erwies sich das Unterfangen, jenen doppelten Anspruch in Rechtsform zu gießen, indes als äußerst herausfordernd. Vor die historische Aufgabe gestellt, das avisierte Herrschaftsmodell rechtlich zu fixieren, sahen sich die Autoren der nordamerikanischen Bundesverfassung von 1787 bzw. der französischen Revolutionsverfassung von 1791 genötigt, neuartige Denk- und Rechtsfiguren zu ersinnen, die durch ihr Zusammenspiel überhaupt erst die theoretisch-konstruktiven Voraussetzungen dafür schufen, dass die Verfassung ihre Herrschaftsbegründungs- und Herrschaftsbegrenzungsfunktion in Gemäßheit des demokratischen und des konstitutionalistischen Imperativs erfüllen konnte. Diese Denk- und Rechtsfiguren werden an späterer Stelle noch ausführliche Erörterung finden, namentlich im Kontext der verfassungstheoretischen Einordnung des Grundgesetzes für die Bundesrepublik Deutschland.[197] Da sie jedoch bereits von den Verfassungstheoretikern der nordamerikanischen und französischen Revolution im letzten Viertel des 18. Jahrhunderts entwickelt worden sind[198] und in ihrer Eigenart und Kombination den Verfassungsbegriff des demokratischen Konstitutionalismus von allen vormodernen Formen der Herrschaftsverrechtlichung abheben, sollen sie bereits an dieser Stelle benannt und schlaglichtartig beleuchtet werden.

---

[194] Vgl. *Dieter Grimm*, Ursprung und Wandel der Verfassung, in: ders., Die Zukunft der Verfassung II, 2012, S. 11 (23); *Stephan Meyer*, Juristische Geltung als Verbindlichkeit, 2011, S. 93f.

[195] *Dieter Grimm*, Braucht Europa eine Verfassung?, JZ 1995, S. 581 (583).

[196] Siehe dazu *Christian Winterhoff*, Verfassung – Verfassunggebung – Verfassungsänderung, 2007, S. 49; *Horst Dreier*, Verfassung, in: ders., Idee und Gestalt des freiheitlichen Verfassungsstaates, 2014, S. 3 (7).

[197] Vgl. unten Zweites Kapitel B. III.

[198] Auf den prototypischen Charakter der US-amerikanischen Bundesverfassung von 1787 und der französischen Revolutionsverfassung von 1791 verweist auch *Josef Isensee*, Das Volk als Grund der Verfassung – Mythos und Relevanz der Lehre von der verfassunggebenden Gewalt –, 1995, S. 57: „Die Verfassungsgesetze des Verfassungsstaates des 20. Jahrhunderts sind mehr oder weniger Maßkonfektion nach den amerikanischen und französischen Mustern des 18. Jahrhunderts." Vgl. ferner *Rainer Wahl*, Der Vorrang der Verfassung, Der Staat 20 (1981), S. 485 (488): „Es ist bemerkenswert, daß schon am Beginn des modernen Verfassungsstaats in der nordamerikanischen Verfassungsentwicklung im letzten Viertel des 18. Jh.s sozusagen ein perfektes Modell einer vorrangigen und maßstäblichen Verfassung ausgebildet worden ist."

Hervorzuheben ist insoweit zunächst die *Lehre von der verfassunggebenden Gewalt des Volkes.*[199] Sie ist die Antwort auf die Frage, wie der zur Grundlage aller Herrschaft erkorene Konsens der Herrschaftsunterworfenen über Inhalt und Form ihrer politischen Einheit dem Recht anverwandelt werden kann. Der Lösungsansatz der nordamerikanischen und französischen Verfassungstheoretiker bestand darin, jenem Konsens von vornherein eine Wendung ins Normative zu geben, indem man ihn kurzerhand an den (betätigten) Willen zur Herrschaftsverrechtlichung band: Der auf Herrschaftsbegründung gerichtete Konsens der zum Volk geeinten Freien und Gleichen wird gemäß der Lehre von der verfassunggebenden Gewalt des Volkes überhaupt nur dann als existent (an-)erkannt, wenn er sich in einem die Bedingungen der Herrschaftsausübung festlegenden Rechtstext manifestiert. Herrschaftsbegründung und Herrschaftsbegrenzung wurden auf diese Weise vollends an das Medium „Recht" gekoppelt und dabei zugleich in spezifischer Weise miteinander verknüpft.

Doch sahen sich die Verfassungstheoretiker der ersten Stunde unter dem Gesichtspunkt „Herrschaftsbegrenzung durch Recht" sogleich mit der nächsten Herausforderung konfrontiert. Das Problem bestand insoweit darin, dass das Recht zwischenzeitlich eine durchgreifende Positivierung erfahren hatte, mithin zu einer grundsätzlich dynamischen Angelegenheit geworden war.[200] Infolge des Siegeszugs des *Bodin*'schen Souveränitätsdogmas gründete es nicht mehr auf der unveränderlichen, aller Zeit enthobenen göttlichen Wahrheit, sondern bildete nunmehr ein veränderliches Produkt der institutionalisierten politischen Macht. Wie aber sollte letztere durch das Recht gebunden und domestiziert werden, wenn das Recht doch zu ihrem eigenen Erzeugnis geworden war? Die Rechtsfigur, welche die Theoretiker der Revolutionen zur Bewältigung dieses Problems ersannen, firmiert heute unter der Bezeichnung *Vorrang der Verfassung.*[201] In der Sache verweist diese Rechtsfigur auf eine Aufspaltung des positiven Rechts in zwei Normengruppen und die hierarchische Überordnung der einen gegenüber der anderen. Indem die institutionalisierte politische Macht auf der einen und der ihr zugrunde liegende

[199] Grundlegend *Emmanuel Joseph Sieyès*, Qu'est-ce que le Tiers-État?, 3. Auflage 1789. Aus der nordamerikanischen Verfassungsdiskussion vgl. *James Wilson*, Rede vom 26. November 1787 auf der „Convention of the State of Pennsylvania on the Adoption of the Federal Constitution", abgedruckt in: Frank Moore (Hrsg.), American Eloquence: A Collection of Speeches and Addresses by the most eminent Orators of America, Band 1, 1858, S. 74 ff. Aus der deutschen staatsrechtlichen Literatur vgl. die klassische Darstellung von *Egon Zweig*, Die Lehre vom Pouvoir Constituant: Ein Beitrag zum Staatsrecht der französischen Revolution, 1909.

[200] Dazu und zum Folgenden *Dieter Grimm*, Braucht Europa eine Verfassung?, JZ 1995, S. 581 (583 f.); *ders.*, Die Errungenschaft des Konstitutionalismus und ihre Aussichten in einer veränderten Welt, in: ders., Die Zukunft der Verfassung II, 2012, S. 315 (323 f.).

[201] Ausführlich zur Ausbildung der Vorstellung vom Vorrang der Verfassung im (vor-)revolutionären Nordamerika *Gerald Stourzh*, Vom Widerstandsrecht zur Verfassungsgerichtsbarkeit: Zum Problem der Verfassungswidrigkeit im 18. Jahrhundert, 1974, S. 15 ff. Aus der Diskussion um die US-amerikanische Bundesverfassung von 1787 vgl. insbesondere *James Madison*, Federalist No. 53 (1788), abgedruckt in: Ian Shapiro (Hrsg.), The Federalist Papers: Alexander Hamilton, James Madison, John Jay, 2009, S. 272 ff.

Konsens der Herrschaftsunterworfenen auf der anderen Seite einander als kategorial differente Rechtsquellen gegenübergestellt wurden, erfuhr das positive Recht eine Zweiteilung: Die aus dem Konsens der Herrschaftsunterworfenen hervorgegangenen Normen wurden dem Zugriff der institutionalisierten politischen Macht prinzipiell entzogen und den von ihr erzeugten Normen übergeordnet. Kraft eben dieser Suprematie konnte die erstgenannte Normengruppe jene Statik erlangen, derer es bedurfte, um die Ausübung von Herrschaft verlässlich zu ordnen und zu bändigen. Ohne den Vorrang der Verfassung wäre ein „government of laws and not of men“[202] nicht denkbar.

Indes musste noch ein weiteres Element hinzutreten, welches sich für die Verfassungstheoretiker in Nordamerika und Frankreich unter dem Eindruck der revolutionären Situation zwar gleichsam von selbst verstand, ob seiner essenziellen Bedeutung aber nichtsdestoweniger der ausdrücklichen Erwähnung bedarf. Gemeint ist der *Ausschluss nicht-verfasster Machtreservate*, d.h. der Anspruch der Verfassung, dass in ihrem räumlichen Geltungsbereich nur solche politische Macht obwaltet, die durch den betätigten Normwillen des Volkes begründet und begrenzt worden ist. Fehlt es an diesem Anspruch, toleriert die Verfassung in ihrem räumlichen Geltungsbereich also auch Herrschaft, die der *Fundierung* im und der *Begrenzung* durch den betätigten Normwillen des Volkes entbehrt, so werden in dem Maße, in dem sich nicht-verfasste Machtreservate ausbilden, sowohl der demokratische als auch der konstitutionalistische Imperativ der bürgerlichen Revolutionen verfehlt. Finden hingegen alle drei Elemente zusammen, namentlich die Lehre von der verfassunggebenden Gewalt des Volkes, der Vorrang der Verfassung sowie der Ausschluss nicht-verfasster Machtreservate, so befindet sich die politische Gemeinschaft in einem Zustand, in dem sämtliche Entscheidungen von kollektiver Verbindlichkeit am Maßstab eines Normeninbegriffs verantwortet werden, als deren Urheber die zum Volk geeinten Individuen figurieren. Dank der Verfassung gleicht Herrschaft nun einem Auftragsverhältnis, in dem die Herrschaftsunterworfenen die Rolle des Auftraggebers, die Herrschenden die Rolle des Beauftragten einnehmen.[203]

---

[202] U.S. Supreme Court, Marbury v. Madison, 5 U.S. (1 Cranch) 137, 163 (1803).

[203] Zum Auftragscharakter der Verfassung *Alexander Hamilton*, Federalist No. 78 (1788), abgedruckt in: Ian Shapiro (Hrsg.), The Federalist Papers: Alexander Hamilton, James Madison, John Jay, 2009, S. 391 ff. Vgl. auch *Emmanuel Joseph Sieyès*, Qu'est-ce que le Tiers-État?, 3. Auflage 1789, S. 107 f.: „Les associés sont trop nombreux et répandus sur une surface trop étendue, pour exercer facilement eux-mêmes leur volonté commune. Que font-ils? Ils en détachent tout ce qui est nécessaire, pour veiller et pourvoir [sic] aux soins publics; et cette portion de volonté nationale et par conséquent de pouvoir, ils en confient l'exercice à quelques-uns d'entre eux. Nous voici à la troisième époque, c'est-à-dire à celle d'un *gouvernement exercé par procuration*. Remarquons sur cela plusieurs vérités: 1°. La communauté ne se dépouille point du droit de vouloir: c'est sa propriété inaliénable; elle ne peut qu'en commettre l'exercice. Ce principe est développé ailleurs. 2°. Le corps des délégués ne peut pas même avoir la plénitude de cet exercice. La communauté n'a pu lui confier, de son pouvoir total, que cette portion qui est nécessaire pour maintenir le bon ordre. On ne donne point du superflu en ce genre. 3°. Il n'appartient donc pas au corps des délégués de déran-

II. Zögerliche Adaption des neuzeitlichen Verfassungsdenkens in Deutschland: Vom monarchischen Konstitutionalismus zur Weimarer Reichsverfassung

Die Umbrüche in Nordamerika und insbesondere dem Nachbarland Frankreich mussten angesichts ihrer enormen Tragweite zwangsläufig Auswirkungen auf die politisch-soziale Ordnung in Deutschland haben. Entsprechend skizziert *Ernst-Wolfgang Böckenförde* die hiesige konstitutionelle Ausgangslage zu Beginn des 19. Jahrhunderts mit der Feststellung, dass das Feld der politischen Auseinandersetzung schon bald nicht mehr dadurch bestimmt gewesen sei, ob die „politisch-soziale Zielvorstellung [der französischen Revolution] überhaupt, sondern ob sie ganz bzw. in welchem Umfang sie akzeptiert und verwirklicht werden solle".[204] Für die Verfassungsentwicklung in Deutschland sei daher „nicht allein die Vollendung und der Ausbau der staatlichen Ordnung in Fortführung des bisher Gewordenen als Aufgabe gestellt [gewesen], sondern zugleich auch deren prinzipieller Umbau"[205]. Desungeachtet war die Rezeption der nordamerikanischen und französischen Verfassungsprojekte im Deutschland des 19. Jahrhunderts – wie *Hasso Hofmann* betont – mit einer „postrevolutionären Aktivierung vorrevolutionärer Traditionen" verbunden.[206] *Rainer Wahl* spricht in diesem Zusammenhang von „dominanter Diskontinuität und gewichtigen, aber nachrangigen Elementen der Kontinuität" aus denen „ein eigener Entwicklungsstrang", „ein deutscher Sonderweg neben den Sonderwegen der anderen Staaten" entstanden sei.[207]

Die von *Böckenförde*, *Hofmann* und *Wahl* in Bezug genommenen, durchaus widerspruchsvollen Tendenzen zeugen davon, dass zum Ende des Heiligen Römischen Reiches in der Mitte Europas eine von vielfältigen Ambivalenzen geprägte,

---

ger les limites du pouvoir qui lui a été confié. On conçoit que cette faculté serait contradictoire à elle-même."

[204] *Ernst-Wolfgang Böckenförde*, Verfassungsprobleme und Verfassungsbewegung des 19. Jahrhunderts, in: ders., Recht, Staat, Freiheit, 2006 (erweiterte Ausgabe), S. 244 (247). Ähnlich *Rainer Wahl*, Die Entwicklung des deutschen Verfassungsstaates bis 1866, in: ders., Verfassungsstaat, Europäisierung, Internationalisierung, 2003, S. 277 (278 ff.).

[205] *Ernst-Wolfgang Böckenförde*, Verfassungsprobleme und Verfassungsbewegung des 19. Jahrhunderts, in: ders., Recht, Staat, Freiheit, 2006 (erweiterte Ausgabe), S. 244 (247). Vgl. auch *Carl Friedrich Wilhelm von Gerber*, Ueber öffentliche Rechte, 1852, S. 26: „Als das Kaiserthum zusammenbrach, mußte freilich in den meisten Territorien ein gänzlicher Neubau vorgenommen werden". Zur Rezeption speziell der verfassungstheoretischen Ideen der französischen Revolution *Christian Starck*, Die Französische Revolution und das deutsche Staatsrecht, in: ders., Der demokratische Verfassungsstaat: Gestalt, Grundlagen, Gefährdungen, 1995, S. 380 (389 ff.).

[206] *Hasso Hofmann*, Zur Idee des Staatsgrundgesetzes, in: ders., Recht – Politik – Verfassung, 1986, S. 261 (265).

[207] *Rainer Wahl*, Die Entwicklung des deutschen Verfassungsstaates bis 1866, in: ders., Verfassungsstaat, Europäisierung, Internationalisierung, 2003, S. 277 (282). *Fritz Hartung*, Deutsche Verfassungsgeschichte – vom 15. Jahrhundert bis zur Gegenwart, 9. Auflage 1969, S. 201 f. weist darauf hin, dass sogar *innerhalb* der liberalen Bewegung Süddeutschlands ein sonderliches Neben-, Mit- und Gegeneinander von „alten" und „neuen" Legitimitätsbehauptungen zu verarbeiten war. *Ernst Rudolf Huber*, Das Kaiserreich als Epoche verfassungsstaatlicher Entwicklung, in: HStR, Band I, 3. Auflage 2003, § 4 Rn. 6 charakterisiert das Ringen um konkrete Verfassungen und ihre Fortentwicklung ganz allgemein als „permanenten Kampf zwischen Tradition und Evolution".

ganz und gar eigentümliche staatsphilosophisch-ideengeschichtliche Gemengelage herrschte. Das Verfassungsgeschehen in den deutschen Landen konnte davon nicht unbeeinflusst bleiben.[208] Wer dieses Geschehen in seiner Eigentümlichkeit und Komplexität überblicken möchte, hat zu gewärtigen, dass das Ringen um die Konstitutionalisierung der monarchischen Herrschaft im Deutschland des 19. Jahrhunderts auf das Engste mit der Frage nach der nationalen Einigung sowie der Frage nach der (richtigen) sozialen Bauform einer sich grundlegend wandelnden Gesellschaft verflochten war.[209] Für die Zwecke der vorliegenden Arbeit genügt es indes, herauszuarbeiten, welche (juristischen) Kernelemente des Konstitutionalismus der nordamerikanischen und französischen Revolution im Zuge der einzelnen Etappen der verfassungsstaatlichen Entwicklung in Deutschland aufgegriffen worden sind und nunmehr durch den europäischen Einigungsprozess herausgefordert werden. Im Vordergrund stehen deshalb das Problem der Herrschaftslegitimation sowie die Frage, ob bzw. inwiefern Herrschaft in eine ihre Ausübung disziplinierende und Verantwortlichkeit erzeugende Ordnung „hineingestellt" wird.[210] Besonderes Augenmerk gilt dementsprechend jenen Verfassungsstrukturelementen, derer sich das moderne westeuropäisch-nordatlantische Verfassungsmodell bedient, um die beiden vorbezeichneten (Verfassungs-)Probleme zu bewältigen. Aspekte der nationalen und der sozialen Frage werden dabei nur insoweit in die Betrachtung einbezogen, als dies unerlässlich ist, um den juristischen Bedeutungsgehalt der jeweils in Rede stehenden konstitutionellen Maßnahme zu erfassen.[211]

---

208 Vgl. nur *Carl Friedrich Wilhelm von Gerber*, Ueber öffentliche Rechte, 1852, S. 26.

209 Dazu eingehend *Ernst-Wolfgang Böckenförde*, Verfassungsprobleme und Verfassungsbewegung des 19. Jahrhunderts, in: ders., Recht, Staat, Freiheit, 2006 (erweiterte Ausgabe), S. 244 ff. Vgl. ferner *Wolfgang Mager*, Das Problem der Landständischen Verfassungen auf dem Wiener Kongress 1814/1815, HZ 217 (1973), S. 296 (298 f., 305); *Rainer Wahl*, Der preußische Verfassungskonflikt und das konstitutionelle System des Kaiserreichs, in: Ernst-Wolfgang Böckenförde (Hrsg.), Moderne deutsche Verfassungsgeschichte (1815–1914), 2. Auflage 1981, S. 208 (210); *Ernst Rudolf Huber*, Deutsche Verfassungsgeschichte seit 1789, Band II, 3. Auflage 1988, S. 315 ff.

210 Den Zusammenhang zwischen Legitimität und Verantwortlichkeit hebt *Peter Saladin*, Verantwortung als Staatsprinzip: Ein neuer Schlüssel zur Lehre vom modernen Rechtsstaat, 1984, S. 94 treffend ins Licht, wenn er feststellt, dass „*Staatsmacht Legitimität* nur zu gewinnen und zu bewahren [vermag], wenn sie sich *mit Verantwortung verklammert*".

211 Dass die konstitutionellen Maßnahmen des 19. Jahrhunderts ohne Bezugnahmen auf die nationale und die soziale Frage nicht sinnvoll erörtert werden können, konstatiert auch *Rainer Wahl*, Der preußische Verfassungskonflikt und das konstitutionelle System des Kaiserreichs, in: Ernst-Wolfgang Böckenförde (Hrsg.), Moderne deutsche Verfassungsgeschichte (1815–1914), 2. Auflage 1981, S. 208 (225), wenn er darauf hinweist, „daß die historisch wirksamen Kräfte des 19. Jahrhunderts, das Königtum und das Bürgertum, nicht fähig waren bzw. nicht die adäquate Form des Zusammenwirkens fanden, um die zugespitzte Konstellation von Problemen in ihrem Zusammenhang zu erkennen und alle zugleich zu lösen: nämlich sowohl die konstitutionelle als auch die nationale und die soziale Frage."

1. Der Frühkonstitutionalismus (1814–1824)

Einen ersten wichtigen Meilenstein der Konstitutionalisierung von Herrschaft in Deutschland bildeten die Verfassungen von Bayern (1818)[212], Baden (1818)[213] und Württemberg (1819)[214],[215] die sich allesamt am Vorbild der französischen „Charte Constitutionelle" vom 4. Juni 1814 orientierten.[216]

a) Die Anordnung „landständischer Verfassungen" in Art. 13 der Deutschen Bundesakte

Als Mitglieder des Deutschen Bundes waren die drei vorgenannten süddeutschen Mittelstaaten an Art. 13 der im Rahmen des Wiener Kongresses verabschiedeten „Deutschen Bundesakte" vom 8. Juni 1815[217] gebunden, der Folgendes anordnete: „In allen Bundesstaaten wird eine landständische Verfassung stattfinden." Was unter „landständisch" zu verstehen sein sollte,[218] war in der Bundesakte indes nicht

---

[212] Zur Genese der bayerischen Verfassung von 1818 *Ernst Rudolf Huber*, Deutsche Verfassungsgeschichte seit 1789, Band I, 2. Auflage 1967 (Nachdruck 1975), S. 319 ff.

[213] Zur Genese der badischen Verfassung von 1818 *Ernst Rudolf Huber*, Deutsche Verfassungsgeschichte seit 1789, Band I, 2. Auflage 1967 (Nachdruck 1975), S. 323 ff.

[214] Zur Genese der württembergischen Verfassung von 1819 *Ernst Rudolf Huber*, Deutsche Verfassungsgeschichte seit 1789, Band I, 2. Auflage 1967 (Nachdruck 1975), S. 329 ff.; *Fritz Hartung*, Deutsche Verfassungsgeschichte – vom 15. Jahrhundert bis zur Gegenwart, 9. Auflage 1969, S. 199 f.

[215] Den Konstitutionen von Bayern, Baden und Württemberg war bereits eine Reihe von Verfassungen in anderen deutschen Staaten vorausgegangen. Allerdings handelte es sich hierbei durchweg um weniger bedeutende Kleinstaaten (Nassau, Schwarzburg-Rudolstadt, Schaumburg-Lippe, Waldeck, Sachsen-Weimar, Sachsen-Hildburghausen), deren Verfassungen zudem größtenteils altständisch konzipiert waren; siehe dazu *Dieter Grimm*, Deutsche Verfassungsgeschichte 1776–1866, 1988, S. 72; *Werner Frotscher/Bodo Pieroth*, Verfassungsgeschichte, 17. Auflage 2018, Rn. 282.

[216] Zur Vorbildwirkung der „Charte Constitutionelle" vom 4. Juni 1814 *Hermann Rehm*, Allgemeine Staatslehre, 1899, S. 349; *Ulrich Scheuner*, Verfassung (1963), in; Joseph Listl/Wolfgang Rüfner (Hrsg.), Ulrich Scheuner: Staatstheorie und Staatsrecht – Gesammelte Schriften, 1978, S. 171 (174); *Ernst Rudolf Huber*, Deutsche Verfassungsgeschichte seit 1789, Band I, 2. Auflage 1967 (Nachdruck 1975), S. 317; *Fritz Hartung*, Deutsche Verfassungsgeschichte – vom 15. Jahrhundert bis zur Gegenwart, 9. Auflage 1969, S. 198; *Ernst Forsthoff*, Deutsche Verfassungsgeschichte der Neuzeit, 4. Auflage 1972, S. 108; *Herbert Obenaus*, Finanzkrise und Verfassunggebung, in: Barbara Vogel (Hrsg.), Preußische Reformen 1807–1820, 1980, S. 244 (248); *Martin Borowski*, Die Glaubens- und Gewissensfreiheit des Grundgesetzes, 2006, S. 27 f.; *Christian Winterhoff*, Verfassung – Verfassunggebung – Verfassungsänderung, 2007, S. 33. Zum Einfluss der nordamerikanischen Verfassungsentwicklung auf den (süd-)deutschen Frühkonstitutionalismus siehe *Erich Angermann*, Der Deutsche Frühkonstitutionalismus und das amerikanische Vorbild, HZ 219 (1974), S. 1 ff.

[217] Eine ausführliche Darstellung und eingehende Auseinandersetzung mit der Entstehungsgeschichte des Art. 13 der Deutschen Bundesakte findet sich bei *Wolfgang Mager*, Das Problem der Landständischen Verfassungen auf dem Wiener Kongress 1814/1815, HZ 217 (1973), S. 296 ff. Allgemein zum rechtlichen Hintergrund der Bundesgründung *Bernd Grzeszick*, Vom Reich zur Bundesstaatsidee – Zur Herausbildung der Föderalismusidee als Element des modernen deutschen Staatsrechts, 1996, S. 227 ff.

[218] Denkbar erschien sowohl eine altständische Strukturierung der einzelstaatlichen Verfas-

näher erläutert worden und auch eine Frist, innerhalb derer die Verfassungen in den Bundesstaaten „stattzufinden" hatten, suchte man in dem Regelwerk vergebens.[219] Diese kalkulierte Vagheit[220] zeugt vom Kompromisscharakter der Vorschrift und lässt erkennen, dass Art. 13 der Bundesakte keineswegs einem allgemeinen, aus innerer Überzeugung geborenen Verfassungsstreben der am Vertragsschluss beteiligten Fürsten und Könige entsprang. Handlungsleitend waren vielmehr handfeste machtpolitische Erwägungen und Absichten, deren Ausgangspunkt die unter den Regenten der deutschen Länder mehr und mehr um sich greifende Erkenntnis bildete, dass die überkommenen Legitimitätsbehauptungen auch in den von ihnen beherrschten Territorien zunehmend in Frage gestellt wurden.[221] Als Folge dessen und aufgrund der Tatsache, dass die Rückständigkeit Deutschlands in Wirtschaft, Recht, Justiz und Verwaltung im Zuge der napoleonischen Expansionspolitik immer klarer zu Tage trat, entstand ein auf Modernisierung drängender Außendruck,[222] den die im Deutschen Bund assoziierten Monarchen nicht gänzlich ignorieren konnten, wollten sie nicht der Gefahr Vorschub leisten, mittelfristig selbst von einer Revolution erfasst zu werden.[223] Die avisierte Konstitutionalisierung der

sungen als auch eine Ausrichtung am modernen Repräsentationsgedanken sowie eine Kombination der jeweils typusprägenden Merkmale; vgl. *Peter Unruh*, Der Verfassungsbegriff des Grundgesetzes, 2002, S. 206 m. w. N. Zu dem im Jahre 1819 bundespolitisch virulent gewordenen Streit um die Vereinbarkeit des Begriffs „Landständische Verfassung" im Sinne von Art. 13 der Bundesakte mit der Einrichtung von – das Volks*ganze* vertretenden – Repräsentativ-Körperschaften *Ernst Rudolf Huber*, Deutsche Verfassungsgeschichte seit 1789, Band I, 2. Auflage 1967 (Nachdruck 1975), S. 643 ff.; *Dieter Grimm*, Deutsche Verfassungsgeschichte 1776–1866, 1988, S. 147 f. Ausführlich zur zeitgenössischen Debatte um die zutreffende Auslegung des Art. 13 der Bundesakte *Hartwig Brandt*, Landständische Repräsentation im deutschen Vormärz, 1968, S. 51 ff.

219 Vgl. *Ernst Rudolf Huber*, Deutsche Verfassungsgeschichte seit 1789, Band I, 2. Auflage 1967 (Nachdruck 1975), S. 640; *Wolfgang Mager*, Das Problem der Landständischen Verfassungen auf dem Wiener Kongress 1814/1815, HZ 217 (1973), S. 296 f.

220 Offen blieb insbesondere, wie die Vertretung der Landstände zusammengesetzt werden sollte und mit welchen Befugnissen diese auszustatten sei; vgl. *Ernst Rudolf Huber*, Deutsche Verfassungsgeschichte seit 1789, Band I, 2. Auflage 1967 (Nachdruck 1975), S. 640; *Dieter Grimm*, Deutsche Verfassungsgeschichte 1776–1866, 1988, S. 71, 115, 147.

221 Vgl. *Dieter Grimm*, Die Bedeutung der Weimarer Verfassung in der deutschen Verfassungsgeschichte, 1990, S. 5: „Es handelte sich bei der deutschen Verfassungsbewegung vielmehr um den Versuch, die monarchische Gewalt unter den veränderten Bedingungen, die durch die Französische Revolution geschaffen worden waren, zu erhalten und zu stabilisieren." Instruktiv zum Problem der Legitimität monarchischer Herrschaft nach den bürgerlichen Revolutionen im letzten Viertel des 18. Jahrhunderts *Otto Brunner*, Vom Gottesgnadentum zum monarchischen Prinzip, in: ders., Neue Wege der Verfassungs- und Sozialgeschichte, 2. Auflage 1968, S. 160 (180 ff.).

222 Vgl. *Dieter Grimm*, Deutsche Verfassungsgeschichte 1776–1866, 1988, S. 77 f., der Bezug nehmend auf die Niederlage der preußischen Armee gegen die französischen Truppen bei Jena und Auerstadt im Jahre 1806 feststellt: „Die Entwicklungskluft zu Frankreich, welche die verlorene Schlacht aufgedeckt hatte, schien ihnen [– den Reformern in der preußischen Beamtenschaft –] nur dann überbrückbar, wenn die bislang verschütteten Kräfte des Volkes freigesetzt und dem Staat zugeführt wurden."

223 *Rainer Wahl*, Die Entwicklung des deutschen Verfassungsstaates bis 1866, in: ders., Verfassungsstaat, Europäisierung, Internationalisierung, 2003, S. 277 (280 ff.). Vgl. ferner *Peter Unruh*, Der Verfassungsbegriff des Grundgesetzes, 2002, S. 207.

fürstlichen Herrschaft in den deutschen Einzelstaaten versprach, dieses Risiko erheblich zu verringern.[224]

Dass eine entsprechende Verpflichtung ausgerechnet in der Bundesakte normiert wurde, muss auf den ersten Blick jedoch verwundern. Denn im Organisationsstatut eines *völkerrechtlichen* Bundes[225] erscheint ein Eingriff in die Verfassungsautonomie der souveränen Bundesglieder als Systembruch.[226] Erklärbar wird dieser Systembruch erst, wenn man die machtpolitischen Interessen Preußens und Österreichs, namentlich ihr Hegemonialstreben, in die Betrachtung einbezieht: Beide deutschen Großstaaten sannen darauf, die von ihnen als Nutznießer landständischer Verfassungen ausersehenen, durch Mediatisierung und bürokratischen Absolutismus in ihrer politischen und wirtschaftlichen Stellung massiv bedrohten, (ehemaligen) adligen Führungsschichten[227] gegen die Souveräne des sog. „Dritten Deutschlands“ zu mobilisieren.[228] Auf diese Weise sollten Gegenkräfte im Innern der kleinen und mittelgroßen deutschen Staaten erzeugt werden, die – so das Kalkül der an der Erarbeitung der Bundesakte federführend[229] beteiligten Regierungen Preußens und Österreichs – die Landesherren des übrigen Deutschlands, insbesondere jene der Rheinbund-Staaten[230], in ihre schützenden Arme treiben und dadurch die Vormachtstellung der beiden deutschen Großstaaten zementieren würden.[231] *Wolfgang Mager* ist daher beizupflichten, wenn er den Deutschen Bund

224 Erschwert wurde die politisch-konstitutionelle Modernisierung (auch) der süddeutschen Staaten allerdings dadurch, dass es weithin an einer gesamtgesellschaftlichen Dynamik fehlte, die sie hätte abstützen können; vgl. dazu *Dieter Grimm*, Deutsche Verfassungsgeschichte 1776–1866, 1988, S. 106.

225 Vgl. Art. 1 der „Wiener Schlussakte“ vom 15. Mai 1820: „Der deutsche Bund ist ein völkerrechtlicher Verein der deutschen souverainen Fürsten und freien Städte, zur Bewahrung der Unabhängigkeit und Unverletzbarkeit ihrer im Bunde begriffenen Staaten, und zur Erhaltung der innern und äußern Sicherheit Deutschlands.“

226 *Wolfgang Mager*, Das Problem der Landständischen Verfassungen auf dem Wiener Kongress 1814/1815, HZ 217 (1973), S. 296 (297); *Dieter Grimm*, Deutsche Verfassungsgeschichte 1776–1866, 1988, S. 69. Vgl. auch *Ernst Rudolf Huber*, Deutsche Verfassungsgeschichte seit 1789, Band I, 2. Auflage 1967 (Nachdruck 1975), S. 641, der darauf hinweist, dass der bundesrechtliche „Eingriff in den ‚pouvoir constituant‘ der Einzelstaaten“ durch die „unbestimmte Fassung des Art. 13“ auf ein Minimum begrenzt worden sei.

227 *Herbert Obenaus*, Finanzkrise und Verfassunggebung, in: Barbara Vogel (Hrsg.), Preußische Reformen 1807–1820, 1980, S. 244 (250) spricht in diesem Zusammenhang von einer durch *Napoleon* forcierten „Ausschaltung der ständischen Zwischengewalten“.

228 Vgl. *Erich Angermann*, Der Deutsche Frühkonstitutionalismus und das amerikanische Vorbild, HZ 219 (1974), S. 1 (14 f.); *Dieter Grimm*, Deutsche Verfassungsgeschichte 1776–1866, 1988, S. 69 f.

229 Vgl. *Wolfgang Mager*, Das Problem der Landständischen Verfassungen auf dem Wiener Kongress 1814/1815, HZ 217 (1973), S. 296 (300 ff.); *Dieter Grimm*, Deutsche Verfassungsgeschichte 1776–1866, 1988, S. 69; *Bernd Grzeszick*, Vom Reich zur Bundesstaatsidee – Zur Herausbildung der Föderalismusidee als Element des modernen deutschen Staatsrechts, 1996, S. 197 ff.

230 Eingehend zu den politischen und verfassungsrechtlichen Grundlagen des Rheinbunds *Bernd Grzeszick*, Vom Reich zur Bundesstaatsidee – Zur Herausbildung der Föderalismusidee als Element des modernen deutschen Staatsrechts, 1996, S. 139 ff.

231 *Wolfgang Mager*, Das Problem der Landständischen Verfassungen auf dem Wiener Kongress 1814/1815, HZ 217 (1973), S. 296 (319 ff.) m. w. N.

als ein Herrschafts- und Verfassungssystem charakterisiert, „welches auf der Allianz von Preußen und Österreich mit den Opfern der Reichsauflösung angelegt war“[232] bzw. als „Koalition der deutschen Vormächte und der Entrechteten“[233].

b) *Die Vorreiter-Rolle der süddeutschen Staaten*

Desungeachtet hatten weder Art. 13 der Bundesakte noch die äußeren Umstände eine Situation herbeigeführt, in der die Monarchen der süddeutschen Länder sich dem Erlass von Konstitutionen schlechterdings nicht hätten entziehen können.[234] Dass im Süden Deutschlands vergleichsweise früh Verfassungen „stattfanden“, war vielmehr einem Motivbündel geschuldet, welches allenfalls in Teilen offen zu Tage lag und aufgrund seiner Mehrdimensionalität nicht leicht zu fassen ist. *Dieter Grimm* führt die Vorreiterrolle der süddeutschen Länder zum einen auf das Ansinnen der hohen Beamtenschaft zurück, die dort unter französischem Einfluss erreichte Rationalisierung von Regierung und Verwaltung gegen restaurative Tendenzen abzusichern, zum anderen auf das vitale Interesse der süddeutschen Regenten, einer bundesrechtlich verbindlich gestellten, restaurativ gewendeten Interpretation des Art. 13 der Bundesakte,[235] die auf eine Wiedereinführung der während der Rheinbundzeit überwundenen altständischen Verhältnisse hinausgelaufen wäre, zuvorzukommen.[236] Indessen verweist *Herbert Obenaus* auf die mit dem sukzessiven Übergang von der ständisch-feudalen Ordnung zu einem liberaleren Wirtschaftssystem verbundene Neuausrichtung der Staatsfinanzierung, die nunmehr vornehmlich auf Steuern und Krediten basierte und den Staat damit in eine stetig zunehmende finanzielle Abhängigkeit vom Bürgertum gebracht hatte.[237] Die dergestalt begründete bzw. gesteigerte Angewiesenheit des Monarchen auf die Ko-

---

232 *Wolfgang Mager*, Das Problem der Landständischen Verfassungen auf dem Wiener Kongress 1814/1815, HZ 217 (1973), S. 296 (324). Vgl. auch *Erich Angermann*, Der Deutsche Frühkonstitutionalismus und das amerikanische Vorbild, HZ 219 (1974), S. 1 (14 f.).

233 *Wolfgang Mager*, Das Problem der Landständischen Verfassungen auf dem Wiener Kongress 1814/1815, HZ 217 (1973), S. 296 (324).

234 Für die Verpflichtung aus Art. 13 der Bundesakte ergibt sich dies nicht nur aus ihrer höchst unbestimmten Formulierung, sondern auch aus dem Umstand, dass ihre Verletzung *de facto* keine Sanktion auslöste; vgl. *Dieter Grimm*, Deutsche Verfassungsgeschichte 1776–1866, 1988, S. 71. Siehe auch *Fritz Hartung*, Deutsche Verfassungsgeschichte – vom 15. Jahrhundert bis zur Gegenwart, 9. Auflage 1969, S. 197 f.

235 Zu den dahingehenden Bestrebungen des Fürsten *Metternich* siehe nur *Peter Badura*, Die parlamentarische Demokratie, in: HStR, Band II, 3. Auflage 2004, § 25 Rn. 25 f.

236 *Dieter Grimm*, Deutsche Verfassungsgeschichte 1776–1866, 1988, S. 72 ff., 144 f., 148. Zu der von *Napoleon* im ersten Jahrzehnt des 19. Jahrhunderts veranlassten Aufhebung von altständischen Verfassungen in zahlreichen Rheinbundstaaten *Herbert Obenaus*, Finanzkrise und Verfassunggebung, in: Barbara Vogel (Hrsg.), Preußische Reformen 1807–1820, 1980, S. 244 (249).

237 *Herbert Obenaus*, Finanzkrise und Verfassunggebung, in: Barbara Vogel (Hrsg.), Preußische Reformen 1807–1820, 1980, S. 244 (250 ff.). Siehe auch *Rainer Wahl*, Die Entwicklung des deutschen Verfassungsstaates bis 1866, in: ders., Verfassungsstaat, Europäisierung, Internationalisierung, 2003, S. 277 (299); *Dieter Grimm*, Deutsche Verfassungsgeschichte 1776–1866, 1988, S. 73 f.; *Hanno Kube*, Finanzgewalt in der Kompetenzordnung, 2004, S. 43.

operation der besitzenden Schichten habe einen erhöhten Bedarf an Vermittlung zwischen Regierenden und Regierten erzeugt, den Bayern, Baden und Württemberg durch die verfassungsmäßige Einrichtung von Volksvertretungen zu decken gesucht hätten.[238] *Fritz Hartung* und *Ernst Rudolf Huber* rücken demgegenüber das Bestreben der Landesherren in den Vordergrund, durch die Anteilnahme der Untertanen am Staatsleben das Staatsbewusstsein zu kräftigen.[239] In Bayern und Baden hätten die Verfassungen gar als „Waffen in dem Kampf um das Erbrecht an der seit 1803 badischen, nunmehr aber seit dem Aussterben der vollebenbürtigen badischen Linie von Bayern beanspruchten Pfalz" gedient.[240] Ihr Zweck sei es gewesen, die „Anziehungskraft des bayerischen" bzw. die „Festigkeit des badischen Staates" zu erhöhen.[241] Unbeschadet all dessen sprach für einen frühzeitigen Vollzug der Verpflichtung aus Art. 13 der Bundesakte (jedenfalls) die Überlegung, dass das „In-Geltung-Setzen" einer Konstitution zu einem Zeitpunkt, in dem (noch) kein unwiderstehlicher Druck aus dem Innern des Herrschaftsverbands zu einer solchen Maßnahme nötigte, als freiwilliges Zugeständnis erschien. All jene Monarchen, die sich zur Verfassunggebung bereitfanden, versetzte dies in die Lage, die Rechte der Untertanen wie auch die Befugnisse der Volksvertretung zu dosieren und auf dem Legitimationsmuster des Gottesgnadentums zu beharren.[242]

c) Das monarchische Prinzip

Beredtes Zeugnis hierfür legt die konstitutionelle Verankerung des sog. „monarchischen Prinzips"[243] ab, welch letzteres die Grundlage sämtlicher einzelstaatlicher Verfassungen im Deutschland des 19. Jahrhunderts bildete. Anknüpfend an die

---

238 Vgl. *Peter Unruh*, Der Verfassungsbegriff des Grundgesetzes, 2002, S. 207.

239 *Fritz Hartung*, Deutsche Verfassungsgeschichte – vom 15. Jahrhundert bis zur Gegenwart, 9. Auflage 1969, S. 198; *Ernst Rudolf Huber*, Deutsche Verfassungsgeschichte seit 1789, Band I, 2. Auflage 1967 (Nachdruck 1975), S. 317. Vgl. auch *Werner Frotscher/Bodo Pieroth*, Verfassungsgeschichte, 17. Auflage 2018, Rn. 284: „Also wollte *Friedrich* [*II.*] die Integrationswirkung einer Verfassung, und zwar einer Repräsentativverfassung, nutzen, um die staatliche Einheit des ‚neuen Württemberg' zu festigen."

240 *Fritz Hartung*, Deutsche Verfassungsgeschichte – vom 15. Jahrhundert bis zur Gegenwart, 9. Auflage 1969, S. 198. Ähnlich *Ernst Rudolf Huber*, Deutsche Verfassungsgeschichte seit 1789, Band I, 2. Auflage 1967 (Nachdruck 1975), S. 317: „*Der Übergang zur Repräsentativverfassung war für die süddeutschen Herrscher ein Gebot der dynastischen Selbstbehauptung wie der Staatsraison*. Es gab kein wirksameres Mittel als die Bildung einer volksgewählten Vertretungskörperschaft, um in jedem der aus zahllosen Gebietsteilen neugeschaffenen Länder den gemeinsamen Staatssinn zu wecken und zu einem politischen Gesamtwillen zu formen."

241 *Fritz Hartung*, Deutsche Verfassungsgeschichte – vom 15. Jahrhundert bis zur Gegenwart, 9. Auflage 1969, S. 198. Vgl. ferner *Wolfgang Böckenförde*, Verfassungsprobleme und Verfassungsbewegung des 19. Jahrhunderts, in: ders., Recht, Staat, Freiheit, 2006 (erweiterte Ausgabe), S. 244 (255).

242 Vgl. *Fritz Hartung*, Deutsche Verfassungsgeschichte – vom 15. Jahrhundert bis zur Gegenwart, 9. Auflage 1969, S. 198; *Dieter Grimm*, Deutsche Verfassungsgeschichte 1776–1866, 1988, S. 113; *Rainer Wahl*, Die Entwicklung des deutschen Verfassungsstaates bis 1866, in: ders., Verfassungsstaat, Europäisierung, Internationalisierung, 2003, S. 277 (299 f.).

243 Grundlegend zum monarchischen Prinzip *Friedrich Julius Stahl*, Das monarchische Prinzip, 1845; *Erich Kaufmann*, Studien zur Staatslehre des monarchischen Prinzips, 1906. Vgl. ferner

französische „Charte Constitutionelle“ vom 4. Juni 1814[244] definierte § 1 des zweiten Titels der Verfassungsurkunde für das Königreich Bayern vom 26. Mai 1818 dieses Prinzip – gleichsam prototypisch – wie folgt: „Der König ist das Oberhaupt des Staats, vereiniget in sich alle Rechte der Staatsgewalt, und übt sie unter den von Ihm gegebenen in der gegenwärtigen Verfassungs-Urkunde festgesetzten Bestimmungen aus.“ Die Differenzierung zwischen der Substanz der Staatsgewalt einerseits, welche ohne jede Einschränkung beim König von Bayern verbleibe, und der Ausübung der Staatsgewalt andererseits, die den alleinigen Gegenstand des Verfassungszugriffs bilde, unterschied die Verfassungen der ersten Phase des deutschen Frühkonstitutionalismus[245] wesenhaft von der US-amerikanischen Bundesverfassung des Jahres 1787 sowie der französischen Revolutionsverfassung von 1791.[246] Denn während die letztgenannten, aus Revolutionen hervorgegangenen Konstitutionen den Anspruch erhoben, Herrschaft unter Überwindung aller vorfindlichen politischen Macht gänzlich neu zu begründen,[247] wirkten die nach dem monarchischen Prinzip konzipierten Verfassungen der süddeutschen Staaten von 1818 und 1819 lediglich herrschaftsmodifizierend.[248] Die in der Person des Monarchen verkörperte staatliche Entscheidungsgewalt wurde von jenen Verfassungen vorausgesetzt und durch selbige „bloß“ reorganisiert und begrenzt.[249] Dementsprechend

Otto Brunner, Vom Gottesgnadentum zum monarchischen Prinzip, in: ders., Neue Wege der Verfassungs- und Sozialgeschichte, 2. Auflage 1968, S. 160ff.

[244] Zur Grundlegung des sog. „monarchischen Prinzips“ in der französischen „Charte Constitutionelle“ vom 4. Juni 1814 *Friedrich Julius Stahl*, Das monarchische Prinzip, 1845, S. 1; *Otto Brunner*, Vom Gottesgnadentum zum monarchischen Prinzip, in: ders., Neue Wege der Verfassungs- und Sozialgeschichte, 2. Auflage 1968, S. 160 (182); *Dieter Grimm*, Deutsche Verfassungsgeschichte 1776–1866, 1988, S. 114.

[245] In der Verfassungsurkunde für das Großherzogtum Baden vom 22. August 1818 ist das monarchische Prinzip in § 5 niedergelegt: „Der Großherzog vereinigt in sich alle Rechte der Staatsgewalt, und übt sie unter den in dieser Verfassungsurkunde festgesetzten Bestimmungen aus.“ In der Verfassungsurkunde für das Königreich Württemberg vom 25. September 1819 ist es in § 4 normiert: „Der König ist das Haupt des Staates, vereinigt in sich alle Rechte der Staatsgewalt und übt sie unter den durch die Verfassung festgesetzten Bestimmungen aus.“

[246] Vgl. *Dieter Grimm*, Deutsche Verfassungsgeschichte 1776–1866, 1988, S. 113; *Ernst-Wolfgang Böckenförde*, Der deutsche Typ der konstitutionellen Monarchie im 19. Jahrhundert, in: ders., Recht, Staat, Freiheit, 2006 (erweiterte Ausgabe), S. 273 (278).

[247] Vgl. nur *Christian Waldhoff*, Entstehung des Verfassungsgesetzes, in: Otto Depenheuer/Christoph Grabenwarter (Hrsg.), Verfassungstheorie, 2010, § 8 Rn. 26.

[248] Vgl. *Hartwig Brandt*, Landständische Repräsentation im deutschen Vormärz, 1968, S. 45f.; *Dieter Grimm*, Deutsche Verfassungsgeschichte 1776–1866, 1988, S. 111; *Peter Unruh*, Der Verfassungsbegriff des Grundgesetzes, 2002, S. 211; *Christian Starck*, Vorrang der Verfassung und Verfassungsgerichtsbarkeit, in: ders., Der demokratische Verfassungsstaat: Gestalt, Grundlagen, Gefährdungen, 1995, S. 33 (49); *Christian Waldhoff*, Entstehung des Verfassungsgesetzes, in: Otto Depenheuer/Christoph Grabenwarter (Hrsg.), Verfassungstheorie, 2010, § 8 Rn. 32f.

[249] Vgl. *Karl Heinrich Friauf*, Der Staatshaushaltsplan im Spannungsfeld zwischen Parlament und Regierung, 1968, S. 202; *Hartwig Brandt*, Landständische Repräsentation im deutschen Vormärz, 1968, S. 45f.; *Ernst-Wolfgang Böckenförde*, Geschichtliche Entwicklung und Bedeutungswandel der Verfassung, in: ders., Staat, Verfassung, Demokratie, 1991, S. 29 (43f.); *ders.*, Der deutsche Typ der konstitutionellen Monarchie im 19. Jahrhundert, in: ders., Recht, Staat, Freiheit, 2006 (erweiterte Ausgabe), S. 273 (278): „Verfassungsrechtlich besagte [das monarchische Prinzip], daß Träger der Staatsgewalt nicht die souveräne Nation, auch nicht König und Volk gemeinschaft-

erkannten die Konstitutionen von Bayern, Baden und Württemberg das Volk zwar als selbständige politische Größe an, jedoch ausdrücklich nicht – wie es der Idee von der Volkssouveränität entsprochen hätte – als die allein maßgebliche oder auch nur als eine neben dem Monarchen gleichberechtigte.[250] In Art. 57 der Wiener Schlussakte vom 15. Mai 1820[251] positiviert[252] und als „unübersteigbare Schranke bundesrechtlich zulässiger Verfassungen“[253] für sämtliche Mitgliedstaaten des Deutschen Bundes verbindlich gestellt, garantierte das monarchische Prinzip vielmehr eine strukturelle Machtasymmetrie zugunsten des Monarchen.[254]

d) Die Etablierung eines „hinkenden Dualismus“

Kompetenzrechtlich manifestierte sich diese Machtasymmetrie, die *Rainer Wahl* in dem Begriff des „‚hinkenden‘ Dualismus“[255] einzufangen sucht, in einer überaus ungleichen Verteilung der Hoheitsbefugnisse[256] zwischen dem Monarchen, der wei-

lich seien, sondern der König allein. Die Verfassung stellt sich dar als eine – allerdings verbindliche – Selbstbeschränkung der monarchischen Gewalt, sie ist Begrenzung, nicht Grundlage der monarchischen Herrschaft.“

250 *Fritz Hartung*, Deutsche Verfassungsgeschichte – vom 15. Jahrhundert bis zur Gegenwart, 9. Auflage 1969, S. 198, spricht in diesem Zusammenhang von einem „Übergewicht der Monarchie“. Vgl. auch *Peter Unruh*, Der Verfassungsbegriff des Grundgesetzes, 2002, S. 209 ff.

251 Die Wiener Schlussakte wurde von den Mitgliedstaaten des Deutschen Bundes als Ergänzung und authentische Interpretation der unter dem Druck der Umstände des Jahres 1815 eilig verabschiedeten Bundesakte vereinbart.

252 Art. 57 der Wiener Schlussakte hat folgenden Wortlaut: „Da der deutsche Bund, mit Ausnahme der freien Städte, aus souverainen Fürsten besteht, so muß dem hierdurch gegebenen Grundbegriffe zufolge die gesammte Staats-Gewalt in dem Oberhaupte des Staats vereinigt bleiben, und der Souverain kann durch eine landständische Verfassung nur in der Ausübung bestimmter Rechte an die Mitwirkung der Stände gebunden werden.“ Allgemein zur Bedeutung des Art. 57 der Wiener Schlussakte für die verfassungsstaatliche Entwicklung in den Territorien des Deutschen Bundes *Ernst Rudolf Huber*, Deutsche Verfassungsgeschichte seit 1789, Band I, 2. Auflage 1967 (Nachdruck 1975), S. 651 ff.

253 *Dieter Grimm*, Deutsche Verfassungsgeschichte 1776–1866, 1988, S. 115.

254 Vgl. *Friedrich Julius Stahl*, Das monarchische Prinzip, 1845, S. 12: „Im Unterschiede [zum parlamentarischen Prinzip] werden wir daher das monarchische Princip darin finden müssen, daß die fürstliche Gewalt dem Rechte nach undurchdrungen über der Volksvertretung stehe, und daß der Fürst thatsächlich den Schwerpunkt der Verfassung, die positiv gestaltende Macht im Staate, der Führer der Entwicklung bleibe.“ Zur Frage, ob es sich bei dem in Art. 57 der Wiener Schlussakte bundesrechtlich verankerten monarchischen Prinzip angesichts der Säkularisierung des Staates nurmehr noch um eine politische Funktion handelte, namentlich im Sinne einer Stabilisierung der überkommenen Machtlage, oder aber (nach wie vor) um ein Legitimität stiftendes, auf dem Gottesgnadentum basierendes politisches Formprinzip *Otto Brunner*, Vom Gottesgnadentum zum monarchischen Prinzip, in: ders., Neue Wege der Verfassungs- und Sozialgeschichte, 2. Auflage 1968, S. 160 (179 ff.); *Ernst-Wolfgang Böckenförde*, Der deutsche Typ der konstitutionellen Monarchie im 19. Jahrhundert, in: ders., Recht, Staat, Freiheit, 2006 (erweiterte Ausgabe), S. 273 (301 ff.); *Joseph Peine*, Normenkontrolle und konstitutionelles System, Der Staat 22 (1983), S. 521 (539); *Dieter Grimm*, Deutsche Verfassungsgeschichte 1776–1866, 1988, S. 115; *Peter Unruh*, Der Verfassungsbegriff des Grundgesetzes, 2002, S. 210 m. w. N.

255 *Rainer Wahl*, Die Entwicklung des deutschen Verfassungsstaates bis 1866, in: ders., Verfassungsstaat, Europäisierung, Internationalisierung, 2003, S. 277 (302).

256 Einen ebenso dichten wie aufschlussreichen Überblick über das kompetenzrechtliche Fun-

terhin das Gemeinwohlmonopol für sich beanspruchte, einerseits, und der Repräsentativkörperschaft, die lediglich die Partikularinteressen der Gesellschaft beim Staat vertrat, andererseits,[257] sowie in einer allgemeinen Zuständigkeitsvermutung zugunsten des ersteren[258]. Der im „monarchischen Prinzip" vorausgesetzten Präponderanz des Monarchen entsprach die Tatsache, dass dem maßgeblichen Einfluss, den sich die süddeutschen Fürsten im Bereich der Legislative vorbehalten hatten,[259] keinerlei Mitwirkungsmöglichkeiten der Volksvertretungen im Bereich der Exekutive korrespondierten.[260] Das Regierungs- und Verwaltungshandeln unterlag weiterhin der ausschließlichen Bestimmungsmacht des Regenten.[261] Und auch in organisationsrechtlicher Hinsicht trafen die süddeutschen Konstitutionen Vorkehrungen, die die dominante Stellung des Monarchen verlässlich absicherten. So waren die gewählten Volksvertreter in ein Zweikammersystem eingebunden,[262] dessen Erste Kammer vornehmlich mit Angehörigen des regierenden fürstlichen Hauses sowie den Häuptern der standesherrlichen Familien besetzt war.[263] Wiewohl auch die Erste Kammer – ungeachtet der Berufung ihrer Mitglieder kraft Erbrechts bzw. monarchischer Ernennung – dem institutionellen Sinne nach keineswegs als „Korporation zur Wahrung aristokratischer Standesinteressen, sondern [als] eine das Ganze repräsentierende Einrichtung wie die Zweite Kammer"[264] fungieren sollte (sog. „Grundsatz der Doppel-Repräsentation"; kein „imperatives Mandat"), hatte

dament des „hinkenden Dualismus" gibt *Dieter Grimm*, Deutsche Verfassungsgeschichte 1776–1866, 1988, S. 122, 138 ff.

257 Zum „Gemeinwohlmonopol" der Krone und der Charakterisierung der Repräsentativkörperschaft als Vertretung gesellschaftlicher Partikularinteressen beim Staat *Karl Heinrich Friauf*, Der Staatshaushaltsplan im Spannungsfeld zwischen Parlament und Regierung, 1968, S. 203.

258 Zu dieser Zuständigkeitsvermutung als Ausfluss des monarchischen Prinzips *Ernst Rudolf Huber*, Deutsche Verfassungsgeschichte seit 1789, Band I, 2. Auflage 1967 (Nachdruck 1975), S. 654; *Karl Heinrich Friauf*, Der Staatshaushaltsplan im Spannungsfeld zwischen Parlament und Regierung, 1968, S. 243 f.; *Rainer Wahl*, Der preußische Verfassungskonflikt und das konstitutionelle System des Kaiserreichs, in: Ernst-Wolfgang Böckenförde (Hrsg.), Moderne deutsche Verfassungsgeschichte (1815–1914), 2. Auflage 1981, S. 208 (211); *Ernst-Wolfgang Böckenförde*, Der deutsche Typ der konstitutionellen Monarchie im 19. Jahrhundert, in: ders., Recht, Staat, Freiheit, 2006 (erweiterte Ausgabe), S. 273 (278); *Dieter Grimm*, Deutsche Verfassungsgeschichte 1776–1866, 1988, S. 116, 140 f.

259 Vgl. dazu *Dieter Grimm*, Deutsche Verfassungsgeschichte 1776–1866, 1988, S. 116 ff.

260 Vgl. *Dieter Grimm*, Deutsche Verfassungsgeschichte 1776–1866, 1988, S. 117.

261 Vgl. *Otto Brunner*, Vom Gottesgnadentum zum monarchischen Prinzip, in: ders., Neue Wege der Verfassungs- und Sozialgeschichte, 2. Auflage 1968, S. 160 (183); *Dieter Grimm*, Deutsche Verfassungsgeschichte 1776–1866, 1988, S. 119 ff.

262 Zum Bikameralismus des süddeutschen Frühkonstitutionalismus *Ernst Forsthoff*, Deutsche Verfassungsgeschichte der Neuzeit, 4. Auflage 1972, S. 108 f.; *Fritz Hartung*, Deutsche Verfassungsgeschichte – vom 15. Jahrhundert bis zur Gegenwart, 9. Auflage 1969, S. 199; *Dieter Grimm*, Deutsche Verfassungsgeschichte 1776–1866, 1988, S. 123 ff.

263 Zur Ausgestaltung der Ersten Kammern vgl. Titel VI § 2 der Verfassungsurkunde für das Königreich Bayern vom 26. Mai 1818, § 27 der Verfassungsurkunde für das Großherzogtum Baden vom 22. August 1818, § 129 der Verfassungsurkunde für das Königreich Württemberg vom 25. September 1819.

264 *Ernst Rudolf Huber*, Deutsche Verfassungsgeschichte seit 1789, Band I, 2. Auflage 1967 (Nachdruck 1975), S. 341.

diese Art und Weise der Zusammensetzung der Repräsentativkörperschaft zur Folge, dass das Volk dem regierenden Fürsten *de facto* nicht als einheitliche Staatsbürgergesellschaft gegenübertrat, sondern gegliedert und fragmentiert nach Klassenzugehörigkeit.[265] Die „Schlagkraft" der Untertanenrepräsentation war infolgedessen empfindlich geschmälert, zumal ohne die Initiative und Zustimmung des Landesherrn kein Gesetz zustande kommen konnte[266]. Hinzu kam, dass der Volksvertretung das Recht der Selbstversammlung fehlte, sie also überhaupt nur auf Einberufung des Monarchen hin zusammentreten durfte[267]. Im Ergebnis war damit sichergestellt, dass die Träger der vorkonstitutionellen sozialen Ordnung auch unter Geltung der nunmehr verabschiedeten Verfassungen als relevante politische Kräfte erhalten blieben,[268] ohne dabei aber eine (alt-)ständische Gegengewalt auszubilden, die mit jener des Landesherrn in Konkurrenz hätte treten können.[269]

Dass die frühen Konstitutionen von Bayern, Baden und Württemberg trotz alldem auf Akzeptanz in den jeweiligen Bevölkerungen hoffen konnten, war nicht zuletzt der rechtsstaatlichen Fortschrittlichkeit des aufgeklärten Absolutismus geschuldet.[270] Denn die vergleichsweise hohe Reformfähigkeit, die die Regenten und ihre Beamtenschaft im Deutschland des 18. Jahrhunderts bewiesen hatten,[271] schlug sich in einer lange nachwirkenden Anerkennung für die monarchische Regierungs-

[265] *Werner Frotscher/Bodo Pieroth*, Verfassungsgeschichte, 17. Auflage 2018, Rn. 290 weisen am Beispiel der Verfassung Württembergs von 1819 darauf hin, dass vielfach auch die Zweite Kammer nur partiell aus gewählten Abgeordneten bestand, wobei im Falle Württembergs das aktive Wahlrecht den „besteuerten Bürgern" vorbehalten war, sodass im Ergebnis ca. 80 Prozent des württembergischen Volkes keinerlei Einfluss auf die Zusammensetzung der Ständeversammlung hatten. *Ernst Rudolf Huber*, Deutsche Verfassungsgeschichte seit 1789, Band I, 2. Auflage 1967 (Nachdruck 1975), S. 642 hebt hervor, dass die in Ausführung des Art. 13 der Bundesakte eingerichteten landständischen Vertretungskörperschaften von der öffentlichen Meinung ungeachtet der Einschränkungen der Wahlgleichheit und des Bestehens einer ersten aristokratischen Kammer als „eine echte Repräsentation des Volksganzen" gesehen worden sei.

[266] Vgl. Titel VII § 30 der Verfassungsurkunde für das Königreich Bayern vom 26. Mai 1818; § 66 der Verfassungsurkunde für das Großherzogtum Baden vom 22. August 1818; §§ 88, 124, 172 der Verfassungsurkunde für das Königreich Württemberg.

[267] Vgl. Titel VII §§ 22, 23, 31 der Verfassungsurkunde für das Königreich Bayern vom 26. Mai 1818; §§ 42, 52 der Verfassungsurkunde für das Großherzogtum Baden vom 22. August 1818; §§ 127, 186 der Verfassungsurkunde für das Königreich Württemberg.

[268] Vgl. *Rainer Wahl*, Die Entwicklung des deutschen Verfassungsstaates bis 1866, in: ders., Verfassungsstaat, Europäisierung, Internationalisierung, 2003, S. 277 (302 f.).

[269] Entsprechend sollte die Funktion der durch die bayerische Verfassung von 1818 eingerichteten „Stände-Versammlung" ausweislich des Verfassungsvorspruchs darin bestehen, „die Weisheit der Beratung zu verstärken *ohne die Kraft der Regierung zu schwächen*" (Hervorhebung hinzugefügt). Vgl. auch *Dieter Grimm*, Deutsche Verfassungsgeschichte 1776–1866, 1988, S. 73: „Gleichzeitig bot [der Erlass einer modernen Reprsäentativverfassung] aber auch die Möglichkeit, die mediatisierten aristokratischen Führungsschichten, die nach den Befreiungskriegen wieder erstarkt waren und in Art. 14 der Bundesakte eine Privilegiengarantie erhalten hatten, in Schranken zu weisen, indem sie ihre politischen Rechte mit den Vertretern des ‚Dritten Standes' teilen mussten."

[270] Vgl. *Peter Unruh*, Der Verfassungsbegriff des Grundgesetzes, 2002, S. 204.

[271] Siehe dazu *Rainer Wahl*, Die Entwicklung des deutschen Verfassungsstaates bis 1866, in: ders., Verfassungsstaat, Europäisierung, Internationalisierung, 2003, S. 277 (288); *Ernst-Wolfgang Böckenförde*, Der deutsche Typ der konstitutionellen Monarchie im 19. Jahrhundert, in: ders., Recht, Staat, Freiheit, 2006 (erweiterte Ausgabe), S. 273 (279 f.).

form nieder,[272] auf die auch die Könige von Bayern und Württemberg sowie der Großherzog zu Baden im Zusammenhang mit der Konstitutionalisierung ihrer Herrschaft bauen konnten. Begünstigt wurde die Anerkennung der konstitutionellen Verankerung monarchischer Präponderanz ferner durch den Umstand, dass gerade in den süddeutschen Territorien nicht nur die politisch-sozialen Leitideen der französischen Revolution von 1789 rezipiert, sondern auch die Gewaltexzesse der ersten französischen Republik und der Terror der sog. „Jakobinerherrschaft“ mit Entsetzen beobachtet worden waren.[273] Vor dem Hintergrund dieser Ereignisse erschien die monarchische Regierung als unverzichtbares Korrektiv und stabilisierender Faktor angesichts der befürchteten Unberechenbarkeit des Volkes und der (vermeintlichen) Unstetigkeit seiner Vertretung.[274] In breiten Schichten der Bevölkerung, insbesondere dem Bürgertum, bestand daher ein ausgeprägter Wille zur Verbindung und einem Ausgleich mit den traditionellen Eliten, allen voran mit dem Monarchen selbst, der als Garant für Kontinuität und Nachhaltigkeit galt.[275]

Unter diesen Voraussetzungen konnte der Konstitutionalismus in den Mitgliedstaaten des Deutschen Bundes nicht jene Progressivität und Radikalität annehmen, die er in den ehemaligen britischen Kolonien in Nordamerika und insbesondere in Frankreich gewonnen hatte. Auf der politischen Agenda stand nicht der totale Bruch mit der tradierten und die Begründung einer gänzlich neuen Ordnung, sondern das Anliegen, die Rechtsgebundenheit der überkommenen Herrschaft zu intensivieren und um Elemente der Machtteilung zu ergänzen.[276] Dass der Monarch die rechtlichen Bindungen, welche die Verfassung ihm auferlegte, nicht einseitig aufzuheben oder zu modifizieren vermochte, gilt dementsprechend als bedeutendste Errungenschaft des deutschen Frühkonstitutionalismus neben der Einrichtung von Volksvertretungen:[277] Einmal in Kraft getreten, konnten die Verfassungen nur

---

[272] *Rainer Wahl*, Die Entwicklung des deutschen Verfassungsstaates bis 1866, in: ders., Verfassungsstaat, Europäisierung, Internationalisierung, 2003, S. 277 (288) m. w. N. Vgl. auch *Ernst-Wolfgang Böckenförde*, Verfassungsprobleme und Verfassungsbewegung des 19. Jahrhunderts, in: ders., Recht, Staat, Freiheit, 2006 (erweiterte Ausgabe), S. 244 (253).

[273] Vgl. *Golo Mann*, Deutsche Geschichte des 19. und 20. Jahrhunderts, 1958, S. 57 ff.; *Dieter Grimm*, Deutsche Verfassungsgeschichte 1776–1866, 1988, S. 52 f.

[274] Mit ähnlichen Erwägungen wurde auch ein allgemeines und gleiches Wahlrecht abgelehnt bzw. die Begrenzung desselben auf die gebildeten und besitzenden Schichten gerechtfertigt; vgl. *Ernst Rudolf Huber*, Deutsche Verfassungsgeschichte seit 1789, Band I, 2. Auflage 1967 (Nachdruck 1975), S. 345.

[275] Vgl. *Rainer Wahl*, Die Entwicklung des deutschen Verfassungsstaates bis 1866, in: ders., Verfassungsstaat, Europäisierung, Internationalisierung, 2003, S. 277 (290 f.); *Dieter Grimm*, Deutsche Verfassungsgeschichte 1776–1866, 1988, S. 53.

[276] Vgl. *Rainer Wahl*, Die Entwicklung des deutschen Verfassungsstaates bis 1866, in: ders., Verfassungsstaat, Europäisierung, Internationalisierung, 2003, S. 277 (291 f.); *Werner Frotscher/Bodo Pieroth*, Verfassungsgeschichte, 17. Auflage 2018, Rn. 281; *Ernst-Wolfgang Böckenförde*, Verfassungsprobleme und Verfassungsbewegung des 19. Jahrhunderts, in: ders., Recht, Staat, Freiheit, 2006 (erweiterte Ausgabe), S. 244 (254).

[277] Vgl. *Ernst-Wolfgang Böckenförde*, Geschichtliche Entwicklung und Bedeutungswandel der Verfassung, in: ders., Staat, Verfassung, Demokratie, 1991, S. 29 (33 ff.); *Dieter Grimm*, Deutsche Verfassungsgeschichte 1776–1866, 1988, S. 112 f.

noch im Einvernehmen mit der Repräsentativkörperschaft geändert werden[278] und zwar unabhängig davon, ob es sich um eine vom Regenten *oktroyierte*[279] oder – wie im Falle Württembergs – mit den Ständen *paktierte*[280] Verfassung handelte.[281] Die herrschaftsbegrenzende Rechtsgebundenheit des Monarchen hatte damit nicht nur eine neue Quantität erreicht, sondern darüber hinaus auch eine in Deutschland bis dahin ungekannte Qualität.[282] Wiewohl der Fürst – als Staatsoberhaupt von Gottes Gnaden – die Souveränität gemäß dem monarchischen Prinzip uneingeschränkt für sich reklamierte, war er mit dem Inkrafttreten der Verfassung doch endgültig „im Dualismus gefangen und verfangen“[283]. Denn soweit die Befugnisse der Volksvertretungen reichten, hatten diese nunmehr – wenn auch nur in Form einer „Negativkompetenz in begrenzten Bereichen“[284] – an der Staatsgewalt teil, ohne dass diese Teilhabe zur Disposition des Fürsten gestanden hätte.[285]

---

[278] Vgl. *Ernst Rudolf Huber*, Deutsche Verfassungsgeschichte seit 1789, Band I, 2. Auflage 1967 (Nachdruck 1975), S. 318, 642; *Ernst-Wolfgang Böckenförde*, Der deutsche Typ der konstitutionellen Monarchie im 19. Jahrhundert, in: ders., Recht, Staat, Freiheit, 2006 (erweiterte Ausgabe), S. 273 (281 f.); *ders.*, Geschichtliche Entwicklung und Bedeutungswandel der Verfassung, in: ders., Staat, Verfassung, Demokratie, 1991, S. 29 (34); *Rainer Wahl*, Die Entwicklung des deutschen Verfassungsstaates bis 1866, in: ders., Verfassungsstaat, Europäisierung, Internationalisierung, 2003, S. 277 (301)

[279] Zum Typ „oktroyierte Verfassung“ *Ernst Rudolf Huber*, Deutsche Verfassungsgeschichte seit 1789, Band I, 2. Auflage 1967 (Nachdruck 1975), S. 642; *Ernst-Wolfgang Böckenförde*, Der deutsche Typ der konstitutionellen Monarchie im 19. Jahrhundert, in: ders., Recht, Staat, Freiheit, 2006 (erweiterte Ausgabe), S. 273 (280 ff.); *Werner Frotscher/Bodo Pieroth*, Verfassungsgeschichte, 17. Auflage 2018, Rn. 287; *Dieter Grimm*, Konstitution, Grundgesetz(e) von der Aufklärung bis zur Gegenwart, in: Heinz Mohnhaupt/Dieter Grimm (Hrsg.), Verfassung: Zur Geschichte des Begriffs von der Antike bis zur Gegenwart, 2. Auflage 2002, S. 100 (123 f.).

[280] Eingehend zum Typ „paktierte Verfassung“ *Ernst-Wolfgang Böckenförde*, Geschichtliche Entwicklung und Bedeutungswandel der Verfassung, in: ders., Staat, Verfassung, Demokratie, 1991, S. 29 (36 ff.) m. w. N. Vgl. auch *Carl Schmitt*, Verfassungslehre (1928), 9. Auflage 2003, S. 63 f.; *Ernst Rudolf Huber*, Deutsche Verfassungsgeschichte seit 1789, Band I, 2. Auflage 1967 (Nachdruck 1975), S. 642.

[281] Für die paktierten Verfassungen ergab sich dies bereits aus der Art und Weise ihres Zustandekommens, für die oktroyierten Verfassungen (erst) aus den in ihnen enthaltenen Regelungen; siehe dazu *Ernst-Wolfgang Böckenförde*, Geschichtliche Entwicklung und Bedeutungswandel der Verfassung, in: ders., Staat, Verfassung, Demokratie, 1991, S. 29 (34, 36 f.); *Christian Winterhoff*, Verfassung – Verfassunggebung – Verfassungsänderung, 2007, S. 32 ff. m. w. N.

[282] Vgl. *Dieter Grimm*, Deutsche Verfassungsgeschichte 1776–1866, 1988, S. 112.

[283] *Rainer Wahl*, Die Entwicklung des deutschen Verfassungsstaates bis 1866, in: ders., Verfassungsstaat, Europäisierung, Internationalisierung, 2003, S. 277 (301). Vgl. auch *Ernst-Wolfgang Böckenförde*, Geschichtliche Entwicklung und Bedeutungswandel der Verfassung, in: ders., Staat, Verfassung, Demokratie, 1991, S. 29 (34).

[284] *Dieter Grimm*, Die Bedeutung der Weimarer Verfassung in der deutschen Verfassungsgeschichte, 1990, S. 8. Vgl. auch *Karl Heinrich Friauf*, Der Staatshaushaltsplan im Spannungsfeld zwischen Parlament und Regierung, 1968, S. 204 f.

[285] Vgl. *Dieter Grimm*, Deutsche Verfassungsgeschichte 1776–1866, 1988, S. 113, 141; *Ernst-Wolfgang Böckenförde*, Der deutsche Typ der konstitutionellen Monarchie im 19. Jahrhundert, in: ders., Recht, Staat, Freiheit, 2006 (erweiterte Ausgabe), S. 273 (281 f.); *Joseph Peine*, Normenkontrolle und konstitutionelles System, Der Staat 22 (1983), S. 521 (539 und 542 f.); *Hartmut Maurer*, Entstehung und Grundlagen der Reichsverfassung von 1871, in: Joachim Burmeister (Hrsg.), Verfassungsstaatlichkeit, Festschrift für Klaus Stern zum 65. Geburtstag, 1997, S. 29 (30 f.); *Peter Un-*

e) Fazit

Nach alledem ist festzuhalten, dass die frühen süddeutschen Verfassungen klar hinter dem Standard des Konstitutionalismus der nordamerikanischen und französischen Revolution zurückblieben. Im Unterschied zur US-amerikanischen Bundesverfassung von 1787 und der französischen Revolutionsverfassung von 1791 waren sie nicht als ein auf Herrschaftsbegründung gerichteter Akt kollektiver Selbstbestimmung der Freien und Gleichen konzipiert. Den demokratischen Imperativ, dem zufolge legitime politische Macht aufgrund des Autonomieanspruchs der gemeinschaftsgebundenen Individuen nur aus einem Konsens derselben betreffend Art und Form ihrer politischen Einheit hervorgehen kann, wiesen sie entschieden zurück. Die Stoßrichtung der frühen süddeutschen Verfassungen bestand allein darin, der überkommenen Herrschaft eine modifizierte Form zu geben. Unter Indienstnahme des Rechts sollte die Ausübung der politischen Macht im Grundsätzlichen geordnet werden, ohne aber ihren Bestand und das ihr zugrunde liegende Legitimationsmuster anzutasten. Allein in diesem Punkt, d.h. in dem Anliegen, den staatlichen Zugriff vorhersehbar und berechenbar zu machen, stimmten die Verfassungen des süddeutschen Frühkonstitutionalismus mit jenen des demokratischen Konstitutionalismus der nordamerikanischen und französischen Revolution überein.

2. Verfassungen des Vormärz (1830–1848)

Eine zweite große Welle der Verfassunggebung im Deutschen Bund, die allerdings wiederum nicht die beiden Hegemonialmächte Preußen und Österreich zu erfassen vermochte,[286] fand ihren Anstoß in der französischen Julirevolution[287] des Jahres 1830 (sog. „mitteldeutscher Konstitutionalismus"). Nachdem die Pariser Bevölkerung König *Karl X.* aus dem Hause der Bourbonen, der Frankreich seit seiner Thronbesteigung im Jahre 1824 zunehmend restaurativ regierte, in Reaktion auf dessen sog. „Juliordonnanzen" mit drei Tage andauernden Barrikadenkämpfen zur Abdankung und Flucht nach England veranlasst hatte, brachen in zahlreichen deutschen Ländern heftige politische Unruhen aus. Die Protagonisten dieser Unruhen erhoben – motiviert durch die Ereignisse in Frankreich – vehement Forderungen nach einer (teilweisen) Demokratisierung der politischen Macht, vor allen Dingen aber nach Konstitutionalisierung.[288] Dort, wo Verfassungen bislang versagt

---

ruh, Der Verfassungsbegriff des Grundgesetzes, 2002, S. 210f.; *Christian Waldhoff*, Entstehung des Verfassungsgesetzes, in: Otto Depenheuer/Christoph Grabenwarter (Hrsg.), Verfassungstheorie, 2010, § 8 Rn. 33.

[286] Eingehend zu den Gründen und den Folgen des „Verfassungsvakuums" in Preußen *Dieter Grimm*, Deutsche Verfassungsgeschichte 1776–1866, 1988, S. 76ff.

[287] Zu den Hintergründen der Julirevolution in Frankreich vgl. *Ernst Rudolf Huber*, Nationalstaat und Verfassungsstaat, 1965, S. 71ff.

[288] Vgl. *Ernst Rudolf Huber*, Deutsche Verfassungsgeschichte seit 1789, Band II, 3. Auflage 1988, S. 31. *Dieter Grimm*, Deutsche Verfassungsgeschichte 1776–1866, 1988, S. 160 weist darauf

worden waren, mündeten die Unruhen schlussendlich vielfach in der Erfüllung des in Art. 13 der Bundesakte kodifizierten Verfassungsversprechens.[289] In jenen deutschen Staaten, in denen die monarchische Herrschaft zum Zeitpunkt der Julirevolution bereits konstitutionalisiert worden war, kam es vereinzelt zur Ablösung der bis dato geltenden Konstitution durch eine neue, die Macht des Regenten stärker beschränkende (Reform-)Verfassung.[290] Inhaltlich hatten die Verfassungen des mitteldeutschen Konstitutionalismus keine grundsätzlich anders geartete Ausrichtung als jene des süddeutschen Frühkonstitutionalismus.[291] Auch sie waren nicht als normative Grundlage der politisch-sozialen Gesamtordnung des Gemeinwesens konzipiert, sondern setzten eine solche als bereits bestehend voraus und fungierten im Rahmen dieser Ordnung als ein die Ausübung der überkommenen Herrschaft strukturierendes Element.[292] Nichtsdestoweniger lassen sich bei genauer Betrachtung durchaus beachtliche Akzentverschiebungen hin zu einem größeren politischen Gewicht des Volkes bzw. seiner Vertretung feststellen.

a) Verfassungspakt statt Verfassungsoktroi

Richtet man den Blick zunächst auf die Umstände der Verfassungsentstehung, so fällt ins Auge, dass die im Gefolge der französischen Julirevolution in den deutschen Staaten in Kraft getretenen Konstitutionen allesamt als Pakt zwischen dem jeweiligen Landesherrn und den Landständen zustande kamen[293] und sich größtenteils auch ausdrücklich als zweiseitige Vereinbarung auswiesen[294]. Im Frühkonsti-

---

hin, dass die „Verfassungen, auf die die Revolutionäre drangen", auch „als Instrument zur Überwindung der ständisch-feudalen Gesellschaftsordnung" angesehen wurden.

[289] Vgl. *Ernst Rudolf Huber*, Deutsche Verfassungsgeschichte seit 1789, Band II, 3. Auflage 1988, S. 31.

[290] So namentlich in *Braunschweig*, wo die Verfassung vom 25. April 1820 durch die „Neue Landschaftsordnung für das Herzogtum Braunschweig" vom 12. Oktober 1832 abgelöst wurde sowie im *Königreich Hannover*, wo das „Patent, die Verfassung der allgemeinen Ständeversammlung des Königreichs Hannover betreffend" vom 7. Dezember 1819 durch das „Grundgesetz des Königreiches Hannover" vom 26. September 1833 Ersetzung fand. In beiden Fällen handelte es sich bei den außer Kraft gesetzten Konstitutionen um solche, die dem altständischen Typ näherstanden als der modernen Repräsentativverfassung.

[291] Vgl. *Dieter Grimm*, Deutsche Verfassungsgeschichte 1776–1866, 1988, S. 161 f.; *Werner Frotscher/Bodo Pieroth*, Verfassungsgeschichte, 17. Auflage 2018, Rn. 283; *Peter Unruh*, Der Verfassungsbegriff des Grundgesetzes, 2002, S. 207.

[292] Vgl. *Ernst-Wolfgang Böckenförde*, Geschichtliche Entwicklung und Bedeutungswandel der Verfassung, in: ders., Staat, Verfassung, Demokratie, 1991, S. 29 (36); *Rainer Wahl*, Verfassungsstaatlichkeit im Konstitutionalismus und in der Weimarer Zeit, in: ders., Verfassungsstaat, Europäisierung, Internationalisierung, 2003, S. 320; *Thorsten Kingreen*, Vorrang und Vorbehalt der Verfassung, in: HStR, Band XII, 3. Auflage 2014, § 263 Rn. 9.

[293] Vgl. *Dieter Grimm*, Deutsche Verfassungsgeschichte 1776–1866, 1988, S. 161; *Werner Frotscher/Bodo Pieroth*, Verfassungsgeschichte, 17. Auflage 2018, Rn. 283.

[294] So etwa die „Verfassungsurkunde für das Kurfürstentum Hessen" vom 5. Januar 1831, das „Grundgesetz des Herzogtums Sachsen-Altenburg" vom 29. April 1831, die „Verfassungsurkunde für das Königreich Sachsen" vom 4. September 1831, die „Neue Landschaftsordnung für das Herzogtum Braunschweig" vom 12. Oktober 1832 sowie die „Verfassungsurkunde für das Fürstentum Hohenzollern-Sigmaringen" vom 11. Juli 1833.

tutionalismus war diese Art und Weise der Verfassungsentstehung kaum vorgekommen. Von den 15 landständischen Verfassungen, die zwischen 1814 und 1824 in Erfüllung der Pflicht aus Art. 13 der Bundesakte „stattgefunden" hatten, waren nur zwei mit den Landständen vereinbart[295], die übrigen 13 hingegen vom Landesherrn als Akt fürstlicher Machtvollkommenheit gewährt worden. Weil auch die vom Monarchen einseitig auferlegten Verfassungen nur im Einvernehmen mit der jeweiligen landständischen Repräsentativkörperschaft geändert werden konnten, ist im wissenschaftlichen Schrifttum angemerkt worden, dass der rechtliche Bedeutungsgehalt der unterschiedlichen Entstehungsweisen – Verfassungsoktroyierung einerseits, Verfassungsvereinbarung andererseits – nicht überschätzt werden dürfe.[296] Diese These verdient Zustimmung, insofern sie auf den Verfassungsalltag bezogen ist: Solange zwischen Regent und Volksvertretung Einigkeit darüber bestand, welche Anordnung der Verfassung mit Blick auf eine bestimmte staatsrechtliche Fragestellung zu entnehmen war, spielte es keine Rolle, auf wen die Anordnung zurückging, d.h. wie die jeweilige Verfassung zustande gekommen war. Für den Fall eines Verfassungskonflikts lässt sich dies jedoch nicht behaupten. Im Konfliktfall bedeutet es vielmehr einen erheblichen Unterschied, ob jenes Ensemble von Rechtsnormen, dessen Inhalt in Streit steht, auf der Machtvollkommenheit einer der beiden Konfliktparteien beruht oder aber als Pakt zweier selbständiger, in Bezug auf den Gegenstand der Vereinbarung gleichberechtigter politischer Größen Rechtsgeltung erlangt hat. In der ersten Alternative indiziert die Art und Weise des Zustandekommens ein Primat der Rechtsauslegung und -fortbildung zugunsten derjenigen Konfliktpartei, auf deren Machtvollkommenheit die Geltung des betreffenden Normeninbegriffs beruht.[297] Seine Grenze findet dieses Primat (erst) dort, wo der Verfassungstext selbst diese Grenze zieht, im deutschen Typ der konstitutionellen Monarchie des 19. Jahrhunderts mithin an der Schwelle zur Verfassungsänderung, die kraft ausdrücklicher verfassungsrechtlicher Anordnung an die Zustimmung der Volksvertretung gebunden war. In der zweiten Alternative existiert hingegen kein Primat der Verfassungsauslegung und -fortbildung. Da die Rechtsgeltung der paktierten Konstitution auf dem Umstand gründet, dass sie von beiden Seiten übereinstimmend gewollt ist, kann keine der an der Vereinbarung beteiligten poli-

---

[295] Als vereinbarte Verfassungen kennzeichneten sich namentlich das „Grundgesetz über die Landständische Verfassung des Großherzogtums Sachsen-Weimar-Eisenach" vom 5. Mai 1816 sowie die „Verfassungsurkunde für das Königreich Württemberg" vom 25. September 1819.

[296] So etwa *Ernst-Wolfgang Böckenförde*, Geschichtliche Entwicklung und Bedeutungswandel der Verfassung, in: ders., Staat, Verfassung, Demokratie, 1991, S. 29 (39); *ders.*, Der deutsche Typ der konstitutionellen Monarchie im 19. Jahrhundert, in: ders., Recht, Staat, Freiheit, 2006 (erweiterte Ausgabe), S. 273 (281); *Niels Petersen*, Europäische Verfassung und europäische Legitimität, ZaöRV 64 (2004), S. 429 (434). Vgl. auch *Dieter Grimm*, Deutsche Verfassungsgeschichte 1776–1866, 1988, S. 112.

[297] Im 19. Jahrhundert wurde die Befugnis zur authentischen Verfassungsinterpretation als Teil der verfassunggebenden Gewalt angesehen; vgl. dazu *Rainer Wahl/Frank Rottmann*, Die Bedeutung der Verfassung und der Verfassungsgerichtsbarkeit in der Bundesrepublik – im Vergleich zum 19. Jahrhundert und zu Weimar; in: Werner Conze/Mario Rainer Lepsius (Hrsg.), Sozialgeschichte der Bundesrepublik Deutschland, 1983, S. 339 (358).

tischen Größen plausibel behaupten, sie alleine könne die in Streit stehenden Verfassungsbestimmungen authentisch interpretieren.[298] Bei Konstitutionen, die als Vereinbarung zwischen zwei gleichberechtigt an der verfassunggebenden Gewalt partizipierenden Größen in die Welt traten, hätte ein Verfassungskonflikt zwischen den konstituierenden Gewalten daher zwangsläufig in eine staatsrechtliche Pattsituation münden müssen.

Ob es sich bei den im Vormärz in Kraft getretenen landständischen Verfassungen um Verfassungsvereinbarungen solcher Art handelte, insbesondere Monarch und Landstände gleichermaßen an der verfassunggebenden Gewalt partizipierten, erscheint angesichts der Tatsache, dass sich auch diese Verfassungen durchweg zum „monarchischen Prinzip" bekannten, fraglich. *Ernst Rudolf Huber* merkt diesbezüglich an:

> „Der Art. 57 [der Wiener Schlussakte] lehnte [...] die Lehre vom Staatsvertrag wie die vom Verfassungsvertrag in allen denkbaren Spielarten ab. Auch wo die Verfassung der Form nach als Vereinbarung erschien, war sie nach dem ‚monarchischen Prinzip' in Wahrheit kein Verfassungspakt zwischen Gleichgeordneten, sondern ein einseitiges Zugeständnis, das der Landesherr seinem Volk und seinen Ständen machte; daß man sich vorher über den Inhalt der Konzession verständigt hatte, gehörte nur zu den faktischen Begleiterscheinungen, nicht aber zu den rechtlichen Bestandteilen der Verfassunggebung."[299]

Dieser Auffassung ist zuzugeben, dass die Geltung des monarchischen Prinzips durch Art. 57 der Wiener Schlussakte bundesrechtlich vorgegeben war und nach Maßgabe jenes Prinzips die verfassunggebende Gewalt ausschließlich beim Monarchen[300] lag und liegen musste.[301] Nichtsdestotrotz sollte die Tatsache, dass die Verfassungen des mitteldeutschen Konstitutionalismus zwischen dem jeweiligen Landesherrn und den als Volksvertretung verstandenen Landständen beraten und im Wege der Vereinbarung beschlossen wurden, nicht vorschnell als bloße „faktische Begleiterscheinung" abgetan werden und zwar schon deshalb nicht, weil auch

---

[298] Zur Herausbildung dieses Rechtsgedankens im Mittelalter aus Anlass und mit Blick auf die vertraglich begründeten *leges fundamentales* vgl. *Christian Starck*, Vorrang der Verfassung und Verfassungsgerichtsbarkeit, in: ders., Der demokratische Verfassungsstaat: Gestalt, Grundlagen, Gefährdungen, 1995, S. 33 (43) m. w. N.

[299] *Ernst Rudolf Huber*, Deutsche Verfassungsgeschichte seit 1789, Band I, 2. Auflage 1967 (Nachdruck 1975), S. 653 f.

[300] Sieht man in der verfassunggebenden Gewalt mit *Carl Schmitt*, Verfassungslehre (1928), 9. Auflage 2003, S. 81 „die ganze Freiheit politischer Selbstbestimmung" inbegriffen, so erscheint fraglich, ob es in der Erbmonarchie überhaupt eine verfassunggebende Gewalt geben kann, denn die Erbmonarchie ist – wie *Schmitt* zutreffend feststellt – „eine an die Erbfolgeordnung einer Familie gebundene, in sich selbst schon formierte *Einrichtung*"; vgl. auch *Ernst-Wolfgang Böckenförde*, Die verfassunggebende Gewalt des Volkes – Ein Grenzbegriff des Verfassungsrechts, in: ders., Wissenschaft, Politik, Verfassungsgericht, 2011, S. 97 ff. (102). Wenn vorliegend von der verfassunggebenden Gewalt des Monarchen die Rede ist, ist der Begriff „verfassunggebende Gewalt" daher in einem weiteren, nicht die *ganze* Freiheit politischer Selbstbestimmung voraussetzenden Sinne zu verstehen.

[301] Vgl. *Ernst-Wolfgang Böckenförde*, Der deutsche Typ der konstitutionellen Monarchie im 19. Jahrhundert, in: ders., Recht, Staat, Freiheit, 2006 (erweiterte Ausgabe), S. 273 (278); *Peter Badura*, Die parlamentarische Demokratie, in: HStR, Band II, 3. Auflage 2004, § 25 Rn. 26.

die Inhalte der *oktroyierten* Verfassungen des Frühkonstitutionalismus bisweilen mit Vertretern der Landstände abgestimmt worden waren, dieser Umstand im Vorspruch der betreffenden Verfassungen aber gerade keine Erwähnung gefunden hatte.[302] Die Annahme, die explizite verfassungstextliche Verankerung der landständischen Mitwirkung an der Beratung und dem Beschluss der Verfassungen des Vormärz entbehre jedweder rechtlichen Bedeutung, erscheint vor diesem Hintergrund zumindest nicht unangreifbar. Dies gilt umso mehr, als in der konstitutionellen Theorie jener Zeit die Auffassung vorherrschte, dass eine authentische Auslegung von Gesetzen nur durch alle an der Gesetzgebung beteiligten Akteure gemeinsam stattfinden könne.[303] Bei Zugrundelegung dieser Auffassung ergibt sich, dass der deutsche konstitutionelle Monarch durch das Paktieren der Verfassung die Befugnis einbüßte, den Verfassungstext einseitig verbindlich zu interpretieren.[304]

b) Verfassung als „dilatorischer Formelkompromiss"

Jedenfalls ist zu konstatieren, dass die als Volksrepräsentation fungierenden Landstände im mitteldeutschen Konstitutionalismus nicht erst an der Änderung, sondern bereits an der Schöpfung der rechtlichen Grundordnung des Staates offiziell teilhatten und dieser Mitwirkung in staatsrechtlicher Perspektive (verfassungs-)legitimierende Kraft beigemessen wurde. Den vereinbarten Konstitutionen des Vormärz eignete insofern der Charakter „eines institutionalisierten politischen Kompromisses"[305] zwischen dem Fürsten auf der einen und den Landständen auf der anderen Seite, der eine Entscheidung über die Zuordnung der Souveränität zu einem der beiden Prätendenten – Monarch oder Volk – überflüssig machen sollte.[306] Indes hat auch die Tatsache, dass ein Konflikt bewusst nicht ausgetragen, sondern

---

302 So etwa die „Verfassungsurkunde für das Großherzogtum Hessen" vom 17. Dezember 1820. Siehe dazu *Ernst Rudolf Huber*, Deutsche Verfassungsgeschichte seit 1789, Band I, 2. Auflage 1967 (Nachdruck 1975), S. 335 f.; *Ernst-Wolfgang Böckenförde*, Der deutsche Typ der konstitutionellen Monarchie im 19. Jahrhundert, in: ders., Recht, Staat, Freiheit, 2006 (erweiterte Ausgabe), S. 273 (281); *Dieter Grimm*, Deutsche Verfassungsgeschichte 1776–1866, 1988, S. 74.

303 Dementsprechend wurde die authentische Verfassungsinterpretation als Teil der verfassunggebenden Gewalt aufgefasst; vgl. *Rainer Wahl*, Verfassungsstaatlichkeit im Konstitutionalismus und in der Weimarer Zeit, in: ders., Verfassungsstaat, Europäisierung, Internationalisierung, 2003, S. 320 (338); *Christian Starck*, Vorrang der Verfassung und Verfassungsgerichtsbarkeit, in: ders., Der demokratische Verfassungsstaat: Gestalt, Grundlagen, Gefährdungen, 1995, S. 33 (43).

304 So ausdrücklich *Hans Boldt*, Verfassungskonflikt und Verfassungshistorie, Der Staat Beiheft 1 (1975), S. 75 (94 f.) unter Bezugnahme auf einschlägige staatsrechtliche Abhandlungen der 1820er und 1830er Jahre.

305 *Ernst-Wolfgang Böckenförde*, Geschichtliche Entwicklung und Bedeutungswandel der Verfassung, in: ders., Staat, Verfassung, Demokratie, 1991, S. 29 (37).

306 *Ernst-Wolfgang Böckenförde*, Geschichtliche Entwicklung und Bedeutungswandel der Verfassung, in: ders., Staat, Verfassung, Demokratie, 1991, S. 29 (37). Vgl. auch *Rainer Wahl*, Verfassungsstaatlichkeit im Konstitutionalismus und in der Weimarer Zeit, in: ders., Verfassungsstaat, Europäisierung, Internationalisierung, 2003, S. 320; *Hasso Hofmann*, Zu Entstehung, Entwicklung und Krise des Verfassungsbegriffs, in: Alexander Blankenagel/Ingolf Pernice/Helmuth Schulze-Fielitz (Hrsg.), Verfassung im Diskurs der Welt, Liber Amoricum für Peter Häberle zum 70. Geburtstag, 2004, S. 157 (164); *Christian Starck*, Vorrang der Verfassung und Verfassungsge-

im Wege eines „dilatorischen Formelkompromisses“[307] überspielt wird, einen gewissen Aussagegehalt: In ihr gelangt unausgesprochen zum Ausdruck, dass keine Partei willens und in der Lage ist, den Konflikt durch einseitige Maßnahmen zu ihren Gunsten zu entscheiden.

Genau besehen war dieser Schwebezustand für die konstitutionelle Monarchie deutscher Prägung nichts Neues.[308] Auch die einseitig auferlegten Verfassungen des Frühkonstitutionalismus konnte der jeweilige Landesherr nicht unilateral zurücknehmen, ersetzen oder auch nur abändern,[309] sodass die Frage nach dem Träger der verfassunggebenden Gewalt mit dem Inkrafttreten der oktroyierten Konstitution auf dem Boden derselben nicht mehr zu beantworten gewesen war.[310] Gleichwohl bedeutet es staatstheoretisch und auch verfassungspolitisch einen Unterschied, ob konstitutionelle Beschränkungen als Akt der Machtvollkommenheit eines sich selbst bindenden Fürsten in die Welt treten oder ob der Monarch schon im Zusammenhang mit der Erzeugung einer rechtlichen Grundordnung für den von ihm regierten Staat die Beteiligung von Volksrepräsentanten für notwendig oder zumindest zweckmäßig erachtet. Letzteres zeugt von einer signifikanten Verschiebung in der staatlichen Machttektonik, deren auslösendes Moment nicht zuletzt in der sich wandelnden, das ständisch-feudale Prinzip sukzessive durch Elemente der allgemei-

---

richtsbarkeit, in: ders., Der demokratische Verfassungsstaat: Gestalt, Grundlagen, Gefährdungen, 1995, S. 33 (49 f.).

307 Vgl. *Carl Schmitt*, Verfassungslehre (1928), 9. Auflage 2003, S. 54: „Wird aus politischen Gründen die Form der Oktroyierung vermieden und die Verfassung zwischen Fürst und Volksvertretung vereinbart, so liegt ein dilatorischer Kompromiß vor, sofern nicht der Fürst ausdrücklich auf seine verfassunggebende Gewalt verzichtet und dadurch die demokratische Grundlage seiner Stellung, d. h. die verfassunggebende Gewalt des Volkes anerkennt.“ Dass es sich bei den landständischen Verfassungen der Mitgliedstaaten des Deutschen Bundes nicht um den Souveränitätskonflikt lösende Sachkompromisse, sondern „lediglich“ um dilatorische Formelkompromisse handeln konnte, ist dem Umstand geschuldet, dass das Prinzip der Volkssouveränität einerseits und das monarchische Prinzip andererseits auf miteinander unvereinbaren Letztbegründungen von Herrschaft beruhen; siehe dazu *Rainer Wahl*, Verfassungsstaatlichkeit im Konstitutionalismus und in der Weimarer Zeit, in: ders., Verfassungsstaat, Europäisierung, Internationalisierung, 2003, S. 320 f. m. w. N.

308 Bereits Mitte des 18. Jahrhunderts hatte *Emer de Vattel*, Le droit des gens ou principes de la loi naturelle appliqués à la conduite & aux affaires des Nations et des Souverains, Band I, 1758, Buch I, Kapitel IV, § 45 die These vertreten, dass der Fürst nicht eigentlich Inhaber der souveränen Gewalt sei, sondern diese ihm „lediglich“ von der Nation zum Zwecke der Ausübung anvertraut worden sei: „Le Prince tient son Autorité de la Nation; il en a précisément autant qu'elle a voulu lui en confier.“ Siehe dazu *Stefan Oeter*, Souveränität – ein überholtes Konzept?, in: Hans-Joachim Cremer/Thomas Giegerich/Dagmar Richter/Andreas Zimmermann (Hrsg.), Tradition und Weltoffenheit des Rechts, Festschrift für Helmut Steinberger, 2002, S. 259 (266).

309 Vgl. *Hasso Hofmann*, Zu Entstehung, Entwicklung und Krise des Verfassungsbegriffs, in: Alexander Blankenagel/Ingolf Pernice/Helmuth Schulze-Fielitz (Hrsg.), Verfassung im Diskurs der Welt, Liber Amoricum für Peter Häberle zum 70. Geburtstag, 2004, S. 157 (164 f.).

310 Vgl. *Ernst-Wolfgang Böckenförde*, Der deutsche Typ der konstitutionellen Monarchie im 19. Jahrhundert, in: ders., Recht, Staat, Freiheit, 2006 (erweiterte Ausgabe), S. 273 (281 f.); *Dieter Grimm*, Deutsche Verfassungsgeschichte 1776–1866, 1988, S. 112; *Hartmut Maurer*, Entstehung und Grundlagen der Reichsverfassung von 1871, in: Joachim Burmeister (Hrsg.), Verfassungsstaatlichkeit, Festschrift für Klaus Stern zum 65. Geburtstag, 1997, S. 29 (30 f.).

nen Rechtsgleichheit und Erwerbsfreiheit substituierenden Gesellschaftsordnung[311] zu suchen ist.[312] Dass die Dynamik dieser Staat und Gesellschaft umgreifenden Entwicklung sich auch verfassungsurkundlich manifestierte, klang bereits an: War der Schwebezustand der Souveränität in den von den Landesherrn gewährten Verfassungen der Jahre 1814 bis 1824 noch sorgsam verhüllt worden, insofern nämlich, als der dem Dualismus geschuldete endgültige Verlust substanzieller Bestimmungsmacht auf Seiten des Monarchen erst bei einer systematischen Zusammenschau der Bestimmungen über die Voraussetzungen der Verfassungsänderung zu Tage trat, so schimmerte die Angewiesenheit des Landesherrn auf landständische Kooperation bei der Ausgestaltung der politischen Ordnung des Staates im Falle der paktierten Konstitutionen des Vormärz bereits in der jeweiligen Präambel durch und war somit auch für den juristischen Laien auf den ersten Blick erkennbar.

c) *Einflussgewinn der Volksvertretungen*

Was die Verfassungsinhalte anbetrifft, ist festzustellen, dass sich der Bedeutungszuwachs der Landstände auf der Ebene der Verfassunggebung in einem Ausbau der Kompetenzen der landständischen Repräsentativkörperschaft auf der Ebene der Ausübung der Staatsgewalt niederschlug. Zwar blieb es beim Grundsatz der gemeinschaftlichen Ausübung der Legislativgewalt,[313] sodass Gesetze auch weiterhin nur im Einvernehmen mit dem Landesherrn erlassen werden konnten, doch wurden den Volksvertretungen, die in Kurhessen und Braunschweig gar als Einkammerparlamente konzipiert worden waren, nun tendenziell weitergehende Befugnisse im Zusammenhang mit der Gesetzesinitiative eingeräumt als vor der französischen Julirevolution üblich.[314] Der dadurch erreichte Einflussgewinn der Volksvertretung bei der Gesetzgebung wurde mittels einer Erweiterung ihres – vormals durch die „Freiheit-und-Eigentum-Formel" begrenzten – Mitwirkungsbereichs verstärkt und vermöge einer liberaleren Ausgestaltung des Zensuswahl-

---

311 Instruktiv zur vormärzlichen Gesellschaftsordnung in den Mitgliedstaaten des Deutschen Bundes *Werner Conze*, Das Spannungsfeld von Staat und Gesellschaft im Vormärz, in: ders. (Hrsg.), Staat und Gesellschaft im deutschen Vormärz 1815–1848, 1962, S. 207ff.

312 Eingehend zur Wechselbezüglichkeit von sozialer und politischer Ordnung im Blick auf die verfassungsstaatliche Entwicklung in Deutschland *Dieter Grimm*, Deutsche Verfassungsgeschichte 1776–1866, 1988, S. 105ff., 143. Allgemein zur Bedeutung des gesellschaftlichen Wandels für die Verfassungsfrage im 19. Jahrhundert *Wolfgang Böckenförde*, Verfassungsprobleme und Verfassungsbewegung des 19. Jahrhunderts, in: ders., Recht, Staat, Freiheit, 2006 (erweiterte Ausgabe), S. 244 (256ff.).

313 Siehe dazu *Dieter Grimm*, Deutsche Verfassungsgeschichte 1776–1866, 1988, S. 116ff.; *Peter Unruh*, Der Verfassungsbegriff des Grundgesetzes, 2002, S. 213 m. w. N.

314 Vgl. § 97 der „Verfassungsurkunde für das Kurfürstentum Hessen" vom 5. Januar 1831; § 85 der „Verfassungsurkunde für das Königreich Sachsen" vom 4. September 1831; § 105 der „Neuen Landschaftsordnung für das Herzogtum Braunschweig" vom 12. Oktober 1832; § 67 der „Verfassungsurkunde für das Fürstentum Hohenzollern-Sigmaringen" vom 11. Juli 1833; § 88 des „Grundgesetzes des Königreiches Hannover" vom 26. September 1833. Siehe auch *Dieter Grimm*, Deutsche Verfassungsgeschichte 1776–1866, 1988, S. 162; *Werner Frotscher/Bodo Pieroth*, Verfassungsgeschichte, 17. Auflage 2018, Rn. 283.

rechts auf eine (etwas) breitere gesellschaftliche Basis gestellt.[315] In Kurhessen gelang es sogar, den Verfassungseid für Offiziere des Heeres durchzusetzen,[316] sodass die Streitkräfte fortan aus der einseitigen Bindung an den Monarchen gelöst und in die Konstitutionalisierung der Staatsgewalt einbezogen waren.[317]

d) Fazit

Die deutschen Verfassungen des Vormärz, so ist zu resümieren, leiteten keineswegs einen Paradigmenwechsel ein. Weder waren sie darauf angelegt, an den Konstitutionalismus der nordamerikanischen und französischen Revolution anzuschließen noch negierten sie die Legitimität der überkommenen Fürstenherrschaft. Vielmehr beschränkten auch sie sich – wie zuvor bereits die einzelstaatlichen Verfassungen des frühen 19. Jahrhunderts – auf die Formung und Begrenzung der tradierten politischen Macht durch Verrechtlichung derselben. Allerdings gewann das Volk im Rahmen dieses strukturell limitierten Zugriffs spürbar an Boden gegenüber dem Monarchen. Dem größeren Einfluss der Landstände im Zusammenhang mit der Erarbeitung der Konstitution korrespondierte ein Zuwachs der Befugnisse der Repräsentativkörperschaften auf der Ebene der Ausübung der Staatsgewalt. Wenngleich die einschlägigen Modifikationen des konstitutionellen Gefüges keineswegs eine vollständige Eliminierung der Machtasymmetrie im „hinkenden Dualismus" zu bewirken vermochten, so hatten sie doch immerhin eine graduelle Einebnung des monarchischen Übergewichts zur Folge. Im Ganzen bedeutete der mitteldeutsche Konstitutionalismus somit einen weiteren Schritt auf dem langen Weg vom monarchischen Absolutismus hin zum demokratischen Konstitutionalismus.[318]

---

[315] Vgl. *Dieter Grimm*, Deutsche Verfassungsgeschichte 1776–1866, 1988, S. 161 ff.

[316] Vgl. §§ 51, 60 der „Verfassungsurkunde für das Kurfürstentum Hessen" vom 5. Januar 1831.

[317] Vgl. *Dieter Grimm*, Deutsche Verfassungsgeschichte 1776–1866, 1988, S. 164. Praktisch bedeutsam wurde die Einbeziehung der Streitkräfte in die Konstitutionalisierung der kurhessischen Staatsgewalt als der Oberbefehlshaber des Heeres, General *Bauer*, dem Landesherrn von Kurhessen, Kurfürst *Friedrich Wilhelm*, im Rahmen des sog. „kurhessischen Verfassungskonflikts" des Jahres 1850 unter Berufung auf den Verfassungseid den Gehorsam verweigerte; vgl dazu *Werner Frotscher/Bodo Pieroth*, Verfassungsgeschichte, 17. Auflage 2018, Rn. 362 ff.

[318] Ob der deutsche Typ der konstitutionellen Monarchie im 19. Jahrhundert „lediglich" als eine Ordnung des Übergangs vom monarchischen Prinzip zum demokratischen Prinzip einzuordnen oder aber als eigenständige politische Form zu begreifen ist, wird im wissenschaftlichen Schrifttum unterschiedlich beurteilt. Für typologische Eigenständigkeit plädieren *Ernst Rudolf Huber*, Die Bismarcksche Reichsverfassung im Zusammenhang der deutschen Verfassungsgeschichte, in: Ernst-Wolfgang Böckenförde (Hrsg.), Moderne deutsche Verfassungsgeschichte (1815–1914), 2. Auflage 1981, S. 171 (197 ff.); *ders.*, Deutsche Verfassungsgeschichte seit 1789, Band III, 3. Auflage 1988, S. 3 ff.; *Adolf Laufs*, Die Anfänge des deutschen Nationalstaats, JuS 1971, S. 9 (14); *Dian Schefold*, Verfassung als Kompromiß?, ZNR 3 (1981), S. 137 (154); gegen typologische Eigenständigkeit *Ernst-Wolfgang Böckenförde*, Der deutsche Typ der konstitutionellen Monarchie im 19. Jahrhundert, in: ders., Recht, Staat, Freiheit, 2006 (erweiterte Ausgabe), S. 273 ff.; *Rainer Wahl*, Der preußische Verfassungskonflikt und das konstitutionelle System des Kaiserreichs, in: Ernst-Wolfgang Böckenförde (Hrsg.), Moderne deutsche Verfassungsgeschichte (1815–1914), 2. Auflage 1981, S. 208 ff.; *ders.*, Die Entwicklung des deutschen Verfassungsstaates bis 1866, in: ders., Verfassungsstaat, Europäisierung, Internationalisierung, 2003, S. 277 (319); *ders.*, Verfassungsstaatlichkeit im

3. Paulskirchenverfassung (1849)

Einen solchen Schritt hätte auch die von der Frankfurter Nationalversammlung am 27. März 1849 beschlossene und am Folgetag im Reichsgesetzblatt verkündete „Verfassung des deutschen Reiches" (FRV) bedeutet,[319] wäre sie im „Gebiete des bisherigen deutschen Bundes", welches § 1 FRV als räumlichen Geltungsbereich der Verfassung auswies, rechtspraktisch wirksam geworden. Dass es hierzu nicht kam, hat seine tiefere Ursache im Unvermögen der gesamtdeutschen Bevölkerung, den oben beschriebenen latenten Souveränitätskonflikt entweder im Sinne der Volkssouveränität zu entscheiden oder aber zumindest den ihn überdeckenden dilatorischen Formelkompromiss nachhaltig zu Gunsten des Volkes abzuändern.[320] In der Gestalt, in der sie schlussendlich verabschiedet wurde, zielte die Paulskirchenverfassung auf letztgenannte Alternative: Ihre Stoßrichtung bestand nicht darin, den Dualismus von Monarch und Volk bei der Ausübung staatlicher Herrschaft zu überwinden, sondern darin, das staatsrechtliche Miteinander dieser beiden politischen Größen auf einem veränderten Fundament neu auszutarieren.

a) Erneuerung des Dualismus auf Grundlage der Volkssouveränität

Was die Art und Weise ihres Zustandekommens anbetrifft, bildete die Paulskirchenverfassung gleichsam den Gegenentwurf zu den oktroyierten Verfassungen des Frühkonstitutionalismus. Dies insofern, als das Verfassungsdokument der Frankfurter Nationalversammlung – ungeachtet seiner dualistischen Ausrichtung in der Frage der Herrschaftsorganisation – nicht etwa das Produkt einer zwischen dem Volk und den deutschen Monarchen getroffenen Vereinbarung war, sondern vielmehr als alleiniges Werk der in Frankfurt versammelten, aus Wahlen[321] in sämtlichen deutschen Einzelstaaten hervorgegangenen, gesamtdeutschen Volksvertretung in die Welt trat.[322] Beanspruchte die Paulskirchenverfassung demgemäß als ein

---

Konstitutionalismus und in der Weimarer Zeit, in: ders., Verfassungsstaat, Europäisierung, Internationalisierung, 2003, S. 320 (321 f.); *Dieter Grimm*, Deutsche Verfassungsgeschichte 1776–1866, 1988, S. 115; *Peter Unruh*, Der Verfassungsbegriff des Grundgesetzes, 2002, S. 218 f.

[319] *Rainer Wahl*, Die Entwicklung des deutschen Verfassungsstaates bis 1866, in: ders., Verfassungsstaat, Europäisierung, Internationalisierung, 2003, S. 277 (310) charakterisiert die Paulskirchenverfassung zusammenfassend als „ein normatives Modell, das das Prinzip einer Parität zwischen Fürst und Volk möglichst weit verwirklichen wollte und die Mitte zwischen dem vormärzlichen Vorrang des monarchischen Prinzips und der Präponderanz der Volksvertretung im ausgebildeten Parlamentarismus anstrebte." Zu der im Vergleich mit den vormärzlichen Verfassungen der deutschen Einzelstaaten stärker demokratischen Ausrichtung der Paulskirchenverfassung vgl. auch *Dieter Grimm*, Deutsche Verfassungsgeschichte 1776–1866, 1988, S. 201 ff.

[320] Zum letztlich erfolglosen Kampf um die Anerkennung und praktische Durchsetzung der Paulskirchenverfassung *Wolfram Siemann*, Die deutsche Revolution von 1848/49, 1985, S. 204 ff.; *Ernst Rudolf Huber*, Deutsche Verfassungsgeschichte seit 1789, Band II, 3. Auflage 1988, S. 851 ff.

[321] Eingehend zu den Wahlen zur Frankfurter Nationalversammlung *Theodore Hamerow*, Die Wahlen zum Frankfurter Parlament, in: Ernst-Wolfgang Böckenförde (Hrsg.), Moderne deutsche Verfassungsgeschichte (1815–1914), 2. Auflage 1981, S. 252 ff.

[322] *Ernst Rudolf Huber*, Das Kaiserreich als Epoche verfassungsstaatlicher Entwicklung, in: HStR, Band I, 3. Auflage 2003, § 4 Rn. 11 spricht von der Beanspruchung der „Alleinentscheidung

einseitiger Akt des gesamtdeutschen Volkes Rechtsgeltung, so war der darin als Reichsoberhaupt und Träger der Regierungsgewalt[323] vorgesehene „Kaiser der Deutschen"[324] notwendig ein Kaiser von Volkes Gnaden, d.h. ein Kaiser, der seine Befugnisse nicht von Gott, sondern durch die vom Volk gegebene Verfassung empfing.[325] Unter dem Gesichtspunkt der Begründung (gesamt-)staatlicher Herrschaft bekannte sich die Paulskirchenverfassung somit klar zum demokratischen Prinzip.[326] Nicht übersehen werden darf in diesem Zusammenhang allerdings, dass die dem Kaiser zukommende Würde des Reichsoberhaupts gemäß §69 FRV „erblich" war und zwar „im Hause des Fürsten, dem sie übertragen worden". Die Bestimmungsmacht des Volkes über die Person des Reichsoberhaupts endete folglich mit der Einsetzung des ersten Kaisers. Da zudem jede Änderung der Verfassung grundsätzlich die Zustimmung des Kaisers erforderte,[327] war die Frage nach der höchsten Macht im Staate – wie schon im süddeutschen Frühkonstitutionalismus – auf dem Boden der Verfassung nicht mehr eindeutig im Sinne des monarchischen oder des demokratischen Prinzips beantwortbar. Dies gilt umso mehr, als ein die Verfassung abändernder Beschluss des Reichstags der qualifizierten Mehrheit in beiden Kammern (Volkshaus und Staatenhaus) bedurfte,[328] die Zusammensetzung des Staatenhauses aber durch die fürstlich-dynastischen Regierungen der Gliedstaaten mitbestimmt wurde[329]. Auch das Verfassungswerk der Frankfurter Nationalversammlung entbehrte somit einer eindeutigen Festlegung hinsichtlich des Legitimationsprinzips staatlicher Herrschaft.[330] Allerdings war der in der Verfassung kondensierte Kompromiss diesmal – gewissermaßen „spiegelverkehrt" – „auf dem Boden der Volkssouveränität"[331] formuliert worden. Dementsprechend beschränkte er

über die Verabschiedung und Inkraftsetzung der Reichsverfassung" durch „die in der Frankfurter Nationalversammlung repräsentierte Nation". Entsprechend hieß es im Vorspruch zur Verfassung schlicht: „Die deutsche verfassunggebende Nationalversammlung hat beschlossen, und verkündigt als Reichsverfassung [...]"; vgl. dazu *Ernst Rudolf Huber*, Deutsche Verfassungsgeschichte seit 1789, Band II, 3. Auflage 1988, S. 842.

323 Vgl. §§75ff. FRV.

324 Vgl. §70 FRV.

325 Vgl. §84 FRV: „Überhaupt hat der Kaiser die Regierungsgewalt in allen Angelegenheiten des Reiches nach Maßgabe der Reichsverfassung. Ihm als Träger dieser Gewalt stehen diejenigen Rechte und Befugnisse zu, welche in der Reichsverfassung der Reichsgewalt beigelegt und dem Reichstage nicht zugewiesen sind." Siehe dazu *Rainer Wahl*, Die Entwicklung des deutschen Verfassungsstaates bis 1866, in: ders., Verfassungsstaat, Europäisierung, Internationalisierung, 2003, S. 277 (307); *Peter Unruh*, Der Verfassungsbegriff des Grundgesetzes, 2002, S. 229f.

326 Vgl. *Albrecht Weber*, Europäische Verfassungsvergleichung, 2010, 2. Kapitel Rn. 5 m.w.N.

327 Vgl. §196 FRV.

328 Vgl. §196 FRV.

329 Gemäß §88 FRV wurden die Mitglieder des Staatenhauses „zur Hälfte durch die Regierung und zur Hälfte durch die Volksvertretung der betreffenden Staaten ernannt".

330 *Dieter Grimm*, Deutsche Verfassungsgeschichte 1776–1866, 1988, S. 201. Vgl. auch *Dieter Langewiesche*, Republik, konstitutionelle Monarchie und „soziale Frage", in: ders., Die deutsche Revolution von 1848/49, 1983, S. 341 (358ff.); *Ernst Rudolf Huber*, Deutsche Verfassungsgeschichte seit 1789, Band II, 3. Auflage 1988, S. 817f.

331 *Rainer Wahl*, Die Entwicklung des deutschen Verfassungsstaates bis 1866, in: ders., Verfassungsstaat, Europäisierung, Internationalisierung, 2003, S. 277 (207).

sich nicht darauf, bereits bestehende (monarchische) Herrschaft zu modifizieren, sondern erhob den Anspruch, die (gesamt-)staatliche Hoheitsgewalt selbst hervorzubringen.[332]

b) Die soziale Frage und der Gegensatz von Monarchie und Republik

Die Notwendigkeit, bei der Ausgestaltung der Herrschaftsorganisation einen Mittelweg zwischen dem demokratisch-repräsentativen und dem monarchisch-dynastischen Prinzip einzuschlagen, ergab sich aus dem „fundamentale[n] Gegensatz zwischen Monarchie und Republik"[333], welcher die aus der Märzrevolution des Jahres 1848 hervorgegangene Frankfurter Nationalversammlung durchzog[334] und in dem ihr aufgegebenen Verfassungswerk verarbeitet werden musste.[335] Die Tragweite dieses Gegensatzes kann nur vor dem Hintergrund der „sozialen Frage" zutreffend erfasst werden, die sich im Zuge der Überwindung der ständischen Gesellschaftsordnung mehr und mehr zuspitzte. Aus ihr bezog der Gegensatz von Monarchie und Republik jene Sprengkraft, die Demokraten und Liberale mit Blick auf die Verfassungsfrage nach Herkunft und Stellung des Reichsoberhaupts sowie der Machtaufteilung zwischen ihm und der Volksvertretung voneinander schied.[336] Dies erhellt unmittelbar, wenn man sich vergegenwärtigt, dass zentrale Anliegen der republikanisch gesinnten demokratischen Linken – u. a. parlamentarische Verantwortlichkeit der Reichsregierung, kein monarchisches Veto in Gesetzgebungsangelegenheiten[337],

[332] Zur Volkssouveränität als Legitimationsbasis der Paulskirchenverfassung und deren Herrschaftsbegründungsanspruch *Peter Unruh*, Der Verfassungsbegriff des Grundgesetzes, 2002, S. 226 ff.

[333] *Dieter Grimm*, Deutsche Verfassungsgeschichte 1776–1866, 1988, S. 200. Ähnlich *Dieter Langewiesche*, Republik, konstitutionelle Monarchie und „soziale Frage", in: ders. (Hrsg.), Die deutsche Revolution von 1848/49, 1983, S. 341 (350), der den Gegensatz zwischen Monarchie und Republik als „die entscheidende politisch-gesellschaftliche Trennungslinie zwischen den politisch aktiven Gruppierungen in den Revolutionsjahren" charakterisiert. Mit dem Gegensatz zwischen Monarchie und Republik auf das Engste verbunden war die Auseinandersetzung um die föderative oder unitarische Ausgestaltung des zu schaffenden Gesamtstaats; vgl. dazu *Ernst Rudolf Huber*, Deutsche Verfassungsgeschichte seit 1789, Band II, 3. Auflage 1988, S. 792 ff.

[334] Zu den Fraktionen der Frankfurter Nationalversammlung *Wolfram Siemann*, Die deutsche Revolution von 1848/49, 1985, S. 127 ff.

[335] Dies wird besonders deutlich anhand des zwischen Angehörigen der demokratisch-republikanischen Linken und Abgeordneten der rechten Mitte im März 1849 geschlossenen Pakts, wonach erstere der verfassungsrechtlichen Festlegung auf das Erbkaisertum zustimmen und letztere im Gegenzug das demokratische Reichswahlgesetz mittragen sowie auf ein absolutes Veto des Reichsoberhaupts in Gesetzgebungsangelegenheiten verzichten würden; vgl. dazu *Fritz Hartung*, Deutsche Verfassungsgeschichte – vom 15. Jahrhundert bis zur Gegenwart, 9. Auflage 1969, S. 186; *Ernst Rudolf Huber*, Deutsche Verfassungsgeschichte seit 1789, Band II, 3. Auflage 1988, S. 787, 816 f.; *Werner Frotscher/Bodo Pieroth*, Verfassungsgeschichte, 17. Auflage 2018, Rn. 334.

[336] Vgl. *Dieter Langewiesche*, Republik, konstitutionelle Monarchie und „soziale Frage", in: ders. (Hrsg.), Die deutsche Revolution von 1848/49, 1983, S. 341 (351 ff.).

[337] Zur Auseinandersetzung der Mitglieder der Frankfurter Nationalversammlung über die Frage, ob dem Reichsoberhaupt in Gesetzgebungsangelegenheiten ein Vetorecht einzuräumen sei und ob es sich – bejahendenfalls – um ein absolutes oder ein suspensives Veto handeln sollte *Ernst Rudolf Huber*, Deutsche Verfassungsgeschichte seit 1789, Band II, 3. Auflage 1988, S. 786 f.

kein Erbkaisertum –[338] mit den sozialphilosophischen Grundüberzeugungen des politischen Liberalismus zwanglos vereinbar waren. Dass die bürgerlich-liberalen Abgeordneten sich der Verwirklichung dieser Anliegen nichtsdestotrotz mehrheitlich widersetzten, war maßgeblich der Befürchtung geschuldet, die Besitzinteressen des „Dritten Standes", der die Frankfurter Nationalversammlung personell dominierte,[339] würden gegenüber den Forderungen des auf wirtschaftliche und soziale Reformen drängenden sog. „Vierten Standes" nicht ausreichend gewahrt, wenn man einer nach allgemeinem und gleichem Wahlrecht[340] beschickten Volksvertretung kein substanzielles monarchisches Gegengewicht gegenüberstellte.[341] *Rainer Wahl* spricht in diesem Zusammenhang von einem „Zweifrontenkampf" in dem sich das Bürgertum befunden habe, nämlich „einerseits im traditionellen Gegensatz zum Adel und dessen nachwirkenden Vorrechten, andererseits in dem neu aufgebrochenen Gegensatz zu der sich formierenden Arbeiterklasse".[342] Die zur Mitte des 19. Jahrhunderts bereits offenbar gewordene soziale Kehrseite der bürgerlich-liberalen Gesellschaftsordnung unterminierte die Einheit der revolutionären Bewegung,[343] die sich in einer

[338] *Ernst Rudolf Huber*, Deutsche Verfassungsgeschichte seit 1789, Band II, 3. Auflage 1988, S. 792 fasst diese Forderungen unter dem Schlagwort „demokratische-parlamentarische Hegemonie" zusammen und grenzt selbige im Kontext der Frage, wie die Nationaleinheit im Bundesstaat am effektivsten zu bewirken sei, von der „monarchischen Hegemonie" ab.

[339] Vgl. *Wolfram Siemann*, Die deutsche Revolution von 1848/49, 1985, S. 126: „Nach der beruflichen Stellung war die Nationalversammlung ein Beamtenparlament, nach der Ausbildung ein Akademikerparlament (mehr als 600 hatten eine Universitätsausbildung erhalten), nach der *vorherrschenden* Ausbildung ein Juristenparlament [...]". Zur Sozialstruktur der Frankfurter Nationalversammlung siehe auch *Theodore Hamerow*, Die Wahlen zum Frankfurter Parlament, in: Ernst-Wolfgang Böckenförde (Hrsg.), Moderne deutsche Verfassungsgeschichte (1815–1914), 2. Auflage 1981, S. 252 (269); *Dieter Grimm*, Deutsche Verfassungsgeschichte 1776–1866, 1988, S. 186 f.; *Werner Frotscher/Bodo Pieroth*, Verfassungsgeschichte, 17. Auflage 2018, Rn. 318.

[340] Vgl. dazu das von der Frankfurter Nationalversammlung am 27. März 1849 beschlossene, vom Reichsverweser am 12. April 1849 ausgefertigte und im Reichsgesetzblatt verkündete „Reichsgesetz über die Wahlen zum Volkshause". Instruktiv zu den Wahlrechtsdebatten der Frankfurter Nationalversammlung *Ernst Rudolf Huber*, Deutsche Verfassungsgeschichte seit 1789, Band II, 3. Auflage 1988, S. 787 ff.

[341] *Dieter Grimm*, Deutsche Verfassungsgeschichte 1776–1866, 1988, S. 200. Vgl. auch *Theodore Hamerow*, Die Wahlen zum Frankfurter Parlament, in: Ernst-Wolfgang Böckenförde (Hrsg.), Moderne deutsche Verfassungsgeschichte (1815–1914), 2. Auflage 1981, S. 252 f.; *Dieter Langewiesche*, Republik, konstitutionelle Monarchie und „soziale Frage", in: ders. (Hrsg.), Die deutsche Revolution von 1848/49, 1983, S. 341 (354 und 360); *Ernst Rudolf Huber*, Deutsche Verfassungsgeschichte seit 1789, Band II, 3. Auflage 1988, S. 787 f. und 818; *Werner Frotscher/Bodo Pieroth*, Verfassungsgeschichte, 17. Auflage 2018, Rn. 328.

[342] *Rainer Wahl*, Die Entwicklung des deutschen Verfassungsstaates bis 1866, in: ders., Verfassungsstaat, Europäisierung, Internationalisierung, 2003, S. 277 (306). Ähnlich *Golo Mann*, Deutsche Geschichte des 19. und 20. Jahrhunderts, 1958, S. 209; *Ernst Rudolf Huber*, Die Bismarcksche Reichsverfassung im Zusammenhang der deutschen Verfassungsgeschichte, in: Ernst-Wolfgang Böckenförde (Hrsg.), Moderne deutsche Verfassungsgeschichte (1815–1914), 2. Auflage 1981, S. 171 (177).

[343] Vgl. *Theodore Hamerow*, Die Wahlen zum Frankfurter Parlament, in: Ernst-Wolfgang Böckenförde (Hrsg.), Moderne deutsche Verfassungsgeschichte (1815–1914), 2. Auflage 1981, S. 252 (269); *Reinhart Koselleck*, Die Auflösung der ständischen Gesellschaft und das Aufkommen neuer Klassen im preußischen Vormärz, in: Ernst-Wolfgang Böckenförde (Hrsg.), Moderne deut-

Gemengelage aus „enttäuschten Erwartungen und unerfüllten Forderungen" (nationale Einigung, preußische Verfassungsversprechen), „unterdrückten Aktionen und unterbundenem Meinungsaustausch" (Karlsbader Beschlüsse von 1819, Bundesbeschlüsse von 1832), „krasser Existenznot und wachsender Zukunftsangst" (vormärzlicher Pauperismus) herausgebildet und – angestoßen durch die französische Februarrevolution –[344] im März des Jahres 1848 endgültig Bahn gebrochen hatte.[345] Ohne revolutionäre Einheit war die Überwindung des Dualismus zugunsten des demokratisch-parlamentarischen Prinzips jedoch nicht zu erreichen, zumal erschwerend hinzukam, dass jener Staat, dessen Herrschaft es zu legitimieren galt, noch gar nicht vorhanden war und der Zuschnitt seines Territoriums hochumstritten („kleindeutsche Lösung" versus „großdeutsche Lösung").[346]

c) Zentrale Bausteine des Verfassungs-Kompromisses

Angesichts der prekären Rahmenbedingungen seines Entstehens erscheint das von der Frankfurter Nationalversammlung mühevoll erarbeitete und rund zehn Monate nach ihrer Konstituierung am 28. März 1849 schlussendlich ausgefertigte und verkündete Verfassungsdokument als ein verständiger Kompromiss, der alle wesentlichen staatsrechtlichen Fragestellungen adressierte und die dabei zutage getretenen politischen Gegensätze größtenteils konstruktiv verarbeitete.[347]

aa) Horizontale Gewaltengliederung im Bundesstaat

Auf dem Boden der Grundentscheidung für einen Bundesstaat[348] des unitarischen[349] Typus war dem mit einer echten Prärogative im Bereich der Legislative ausgestatteten Reichstag eine starke und unabhängige monarchisch-dynastische

sche Verfassungsgeschichte (1815–1914), 2. Auflage 1981, S. 419 (423); *Dieter Langewiesche*, Republik, konstitutionelle Monarchie und „soziale Frage", in: ders. (Hrsg.), Die deutsche Revolution von 1848/49, 1983, S. 341 (360f.); *Karl Griewank*, Ursachen und Folgen des Scheiterns der deutschen Revolution von 1848, in: ders. (Hrsg.), Die deutsche Revolution von 1848/49, 1983, S. 59 (68).

344 Vgl. *Ernst Forsthoff*, Deutsche Verfassungsgeschichte der Neuzeit, 4. Auflage 1972, S. 120: „Die Nachricht vom Sturz der Monarchie und der Ausrufung der Republik in Frankreich am 24. Februar 1848 wurde zum Signal der Erhebung in den deutschen Landen." Siehe auch *Christian Waldhoff*, Entstehung des Verfassungsgesetzes, in: Otto Depenheuer/Christoph Grabenwarter (Hrsg.), Verfassungstheorie, 2010, § 8 Rn. 46.

345 *Dieter Grimm*, Deutsche Verfassungsgeschichte 1776–1866, 1988, S. 178.

346 Vgl. *Rainer Wahl*, Die Entwicklung des deutschen Verfassungsstaates bis 1866, in: ders., Verfassungsstaat, Europäisierung, Internationalisierung, 2003, S. 277 (306); *Martin Kriele*, Einführung in die Staatslehre, 6. Auflage 2003, S. 283 f.

347 Ähnlich *Karl Griewank*, Ursachen und Folgen des Scheiterns der deutschen Revolution von 1848, in: ders. (Hrsg.), Die deutsche Revolution von 1848/49, 1983, S. 58 (79f.).

348 Grundlegend zur Herausbildung der Bundesstaatsidee im deutschen Staatsrecht *Bernd Grzeszick*, Vom Reich zur Bundesstaatsidee – Zur Herausbildung der Föderalismusidee als Element des modernen deutschen Staatsrechts, 1996.

349 Zur Abgrenzung des unitarischen Bundesstaats vom Einheitsstaat einerseits und vom Bundesstaat des föderativen Typus andererseits *Ernst Rudolf Huber*, Deutsche Verfassungsgeschichte seit 1789, Band II, 3. Auflage 1988, S. 792 ff.

Reichsexekutive gegenübergestellt worden; dies allerdings nicht im Sinne einer starren Gewaltentrennung, sondern in einer Weise, die eine wechselseitige Kontrolle zu ermöglichen versprach.[350] So stand der Reichsregierung mit dem Kaiser an ihrer Spitze ein aufschiebendes Veto gegen Beschlüsse des Reichstags zu,[351] ferner das Recht zur Auflösung des Reichstags,[352] das Gesetzesinitiativrecht[353] sowie die (ausschließliche) Befugnis zur Verkündung der Reichsgesetze[354] und dem Erlass der zu ihrer Vollziehung nötigen Verordnungen[355]. Umgekehrt konnte das monarchische Reichsoberhaupt die ihm übertragene Regierungsgewalt nicht in eigener Person, sondern nur durch von ihm ernannte Minister ausüben, von deren Gegenzeichnung die Gültigkeit jeglicher kaiserlichen Regierungshandlung abhing.[356] Der Reichstag wurde auf diese Weise zu einer durchaus ernstzunehmenden Kontrolle der Reichsexekutive befähigt, denn die Reichsminister waren verpflichtet, „auf Verlangen jedes der Häuser des Reichstages in demselben zu erscheinen und Auskunft zu erteilen, oder den Grund anzugeben, weshalb dieselbe nicht erteilt werden könne"[357]. Darüber hinaus war jede der beiden Kammern des Reichstags berechtigt, beim Reichsgericht Anklage gegen Reichsminister betreffend deren ministerielle Verantwortlichkeit zu erheben.[358]

bb) Vertikale Gewaltengliederung im Bundesstaat

Dieses System der horizontalen Gewaltenteilung und -verschränkung war eingebettet in eine vertikale Gewaltengliederung, die – entsprechend der Grundentscheidung für einen Bundesstaat des unitarischen Typus – darauf zielte, den Schwerpunkt der politischen Willensbildung auf der Ebene des Bundes zu verankern,[359] ohne aber die Eigenstaatlichkeit der Bundesglieder stärker zu relativieren

350 Vgl. *Ernst Rudolf Huber*, Deutsche Verfassungsgeschichte seit 1789, Band II, 3. Auflage 1988, S. 826 f.

351 Vgl. § 101 FRV.

352 Vgl. § 79 FRV.

353 Vgl. § 80 FRV.

354 Vgl. § 80 FRV.

355 Vgl. § 80 FRV.

356 Vgl. § 73 f. FRV. Zum „System der Ministerregierung" *Ernst Rudolf Huber*, Deutsche Verfassungsgeschichte seit 1789, Band II, 3. Auflage 1988, S. 827 f.

357 Vgl. § 122 FRV. Laut *Ernst Rudolf Huber*, Deutsche Verfassungsgeschichte seit 1789, Band II, 3. Auflage 1988, S. 829 legte diese Bestimmung im Zusammenwirken mit dem in § 121 FRV verbürgten Recht der Reichsminister, den Verhandlungen des Reichstags beizuwohnen und jederzeit von demselben gehört zu werden, „den Grund für das System der *parlamentarischen Diskussion*, deren Wesen darin besteht, daß sie nicht auf die Auseinandersetzung zwischen den Abgeordneten verschiedener Richtung beschränkt ist, sondern die Auseinandersetzung zwischen Regierung und Opposition umschließt".

358 Vgl. § 99 i. V. m. § 126 lit. i) FRV. Erläuternde Bestimmungen zu Art und Inhalt dieser „ministeriellen Verantwortlichkeit" enthielt die Paulskirchenverfassung indes nicht; vgl. dazu *Ernst Rudolf Huber*, Deutsche Verfassungsgeschichte seit 1789, Band II, 3. Auflage 1988, S. 828.

359 Vgl. die zahlreichen Kompetenzen, die die Vorschriften der §§ 6 ff. FRV der Reichsgewalt zuordneten, darunter die Kompetenz-Kompetenz (§ 63). Eingehend zum Umfang der Reichsgewalt *Ernst Rudolf Huber*, Deutsche Verfassungsgeschichte seit 1789, Band II, 3. Auflage 1988, S. 821 ff.

als zur Etablierung eines stabilen, führungsstarken Gesamtstaats erforderlich.[360] Das Primat der staatlichen Hoheitsgewalt sollte dem Reich dabei nicht kraft Delegation seitens der Länder, sondern auf Grund originären Erwerbs aus dem Willen des gesamtdeutschen Volkes zukommen.[361] In diesem Sinne bestimmte § 5 FRV: „Die einzelnen deutschen Staaten behalten ihre Selbstständigkeit, soweit dieselbe nicht durch die Reichsverfassung beschränkt ist; sie haben alle staatlichen Hoheiten und Rechte, soweit diese nicht der Reichsgewalt ausdrücklich übertragen sind." In institutioneller Hinsicht suchte die Paulskirchenverfassung die angestrebte Integration der deutschen Einzelstaaten in den Bundesstaat „Deutsches Reich" dadurch zu befördern, dass sie der Ersten Kammer des Reichstags eine zentrale Rolle zuwies. Als gleichberechtigter Teilhaber der Legislativgewalt bot das sog. „Staatenhaus" den Bundesgliedern die Möglichkeit, die Reichspolitik maßgeblich mitzugestalten,[362] wenngleich insoweit einschränkend anzumerken ist, dass die sechsjährige[363] Mitgliedschaft im Staatenhaus als freies Mandat ausgestaltet[364] war. Formal erschöpfte sich die Einflussnahme der gliedstaatlichen Regierungen und Volksvertretungen auf die Gesetzgebung des Reiches somit im Akt der Auswahl und Ernennung der auf den jeweiligen Einzelstaat entfallenden Mitglieder des Staatenhauses. Der Entschluss der Nationalversammlung, die Erste Kammer des Reichstags nicht als Kongress von instruktionsgebundenen Bevollmächtigten der Landesregierungen, sondern als unabhängige parlamentarische Körperschaft zu konzipieren, war maßgeblich dem Bestreben der Frankfurter Abgeordneten geschuldet, das neu begründete „Deutsche Reich" durch die Implementierung dezidiert unitarischer Elemente gegen föderalismusbedingte Fliehkräfte zu wappnen.[365] In Ergänzung der organisatorisch-institutionellen Zusammenführung der deutschen Länder vermittels des Staatenhauses enthielt die Paulskirchenverfassung ausgeprägte Ansätze eines Homogenitätspostulats hinsichtlich der grundlegenden Strukturen und Inhalte der gliedstaatlichen Verfassungen.[366] Im Zentrum standen dabei die Einrichtung von Landes-Volksvertretungen und deren Befugnisse[367] sowie die Gewährleistung von Grundrechten[368].[369]

---

360 Siehe dazu *Peter Unruh*, Der Verfassungsbegriff des Grundgesetzes, 2002, S. 247 ff. m. w. N.

361 *Ernst Rudolf Huber*, Deutsche Verfassungsgeschichte seit 1789, Band II, 3. Auflage 1988, S. 793 f.

362 Vgl. *Werner Frotscher/Bodo Pieroth*, Verfassungsgeschichte, 17. Auflage 2018, Rn. 338a.

363 Vgl. § 92 FRV: „Die Mitglieder des Staatenhauses werden auf sechs Jahre gewählt. Sie werden alle drei Jahre zur Hälfte erneuert. Auf welche Weise nach den ersten drei Jahren das Ausscheiden der einen Hälfte stattfinden soll, wird durch ein Reichsgesetz bestimmt. Die Ausscheidenden sind stets wieder wählbar. […]."

364 Vgl. § 96 FRV: „Die Mitglieder beider Häuser können durch Instruktionen nicht gebunden werden."

365 *Fritz Hartung*, Deutsche Verfassungsgeschichte – vom 15. Jahrhundert bis zur Gegenwart, 9. Auflage 1969, S. 185 erblickt in dieser „geflissentliche[n] Beiseiteschiebung der einzelstaatlichen Regierungen" einen der „Hauptmängel" des Verfassungswerks der Paulskirche.

366 Vgl. *Werner Frotscher/Bodo Pieroth*, Verfassungsgeschichte, 17. Auflage 2018, Rn. 338.

367 Vgl. § 186 f. FRV.

368 Vgl. § 130 FRV.

369 Vgl. *Werner Frotscher/Bodo Pieroth*, Verfassungsgeschichte, 17. Auflage 2018, Rn. 341.

cc) Vorrang der Verfassung und justizieller Verfassungsschutz

Hervorzuheben ist weiterhin, dass das Verfassungswerk der Paulskirche in Anknüpfung an das konstitutionelle Programm der nordamerikanischen und französischen Revolution[370] den Vorrang der Verfassung postulierte und sich damit zu einer konsequenten Aufspaltung der Rechtsordnung in zwei voneinander zu unterscheidende Rechtsschichten – Verfassungsrecht einerseits, (einfaches) Gesetzesrecht andererseits – bekannte.[371] Diese Schichtung der Rechtsordnung war notwendig, um die von der Frankfurter Nationalversammlung in Vertretung des gesamtdeutschen Volkes neu begründete und eingerichtete Staatsgewalt lückenlos, d. h. auch hinsichtlich ihrer Gesetzgebungstätigkeit, rechtlich einhegen zu können: Dem von der Staatsgewalt ausgehenden Gesetzesrecht, das den Einzelnen band, sollte fortan das Verfassungsrecht übergeordnet sein, welches die Staatsgewalt band.[372] Erst die uneingeschränkte Suprematie der Verfassung würde die limitierende Wirkung derselben verlässlich sichern, weil sie der Staatsmacht die Möglichkeit aus der Hand nahm, sich im Wege der (gewöhnlichen) Gesetzgebung ihrer konstitutionellen Kautelen zu entledigen, um Steuerungsambitionen jenseits des ihr vom Verfassunggeber erteilten Herrschaftsauftrags zu verfolgen.[373]

Doch so effektiv das Vorrangpostulat das Problem der umfassenden Rechtsbindung der Staatsgewalt zu lösen vermochte, so unvermeidlich brachte es ein neues

---

370 Vgl. *Dieter Grimm*, Ursprung und Wandel der Verfassung, in: ders., Die Zukunft der Verfassung II, 2012, S. 11 (24): „Dass der Vorrang zur Verfassung gehört, wurde schon in ihrer Geburtsstunde sowohl in Amerika wie in Frankreich vollkommen erfasst." Zur Vorbildwirkung speziell der US-amerikanischen Bundesverfassung von 1787 siehe *Jörg-Detlef Kühne*, Die Reichsverfassung der Paulskirche: Vorbild und Verwirklichung im späteren deutschen Rechtsleben, 1985, S. 186, der unter Bezugnahme auf *Hermann Bischof* konstatiert: „Mithin huldigte man 1848/49 dem [...] sog. amerikanischen System, bei dem ‚die materielle Übereinstimmung mit der Verfassung als Bedingung für Gültigkeit und Rechtsbeständigkeit des Gesetzes' erklärt wurde."

371 Obschon der Vorrang der Verfassung und dessen justizielle Absicherung bereits in der US-amerikanischen Bundesverfassung von 1787 voll entfaltet worden waren, hatte keine der einzelstaatlichen Verfassungen des Vormärz dieses Konzept aufgegriffen. Für das deutsche Staatsrecht handelte es sich mithin um ein Novum; vgl. *Rainer Wahl*, Verfassungsstaatlichkeit im Konstitutionalismus und in der Weimarer Zeit, in: ders., Verfassungsstaat, Europäisierung, Internationalisierung, 2003, S. 320 (329 ff.); *Thorsten Kingreen*, Vorrang und Vorbehalt der Verfassung, in: HStR, Band XII, 3. Auflage 2014, § 263 Rn. 22.

372 Zur Aufspaltung der Rechtsordnung als Folge des Vorrangs der Verfassung *Dieter Grimm*, Ursprung und Wandel der Verfassung, in: ders., Die Zukunft der Verfassung II, 2012, S. 11 (24). Vgl. auch *Niklas Luhmann*, Verfassung als evolutionäre Errungenschaft, Rechtshistorisches Journal 9 (1990), S. 176 (181 ff.); *Rainer Wahl*, Verfassungsstaatlichkeit im Konstitutionalismus und in der Weimarer Zeit, in: ders., Verfassungsstaat, Europäisierung, Internationalisierung, 2003, S. 320 (329); *Josef Isensee*, Die Staatlichkeit der Verfassung, in: Otto Depenheuer/Christoph Grabenwarter (Hrsg.), Verfassungstheorie, 2010, § 6 Rn. 78; *Christian Waldhoff*, Entstehung des Verfassungsgesetzes, in: Otto Depenheuer/Christoph Grabenwarter (Hrsg.), Verfassungstheorie, 2010, § 8 Rn. 61.

373 Zur Bedeutung des Verfassungsvorrangs für die Herrschaftsbegrenzungsfunktion der Verfassung *Franz-Joseph Peine*, Normenkontrolle und konstitutionelles System, Der Staat 22 (1983), S. 521 (529 ff.); *Peter Unruh*, Der Verfassungsbegriff des Grundgesetzes, 2002, S. 231; *Christian Starck*, Vorrang der Verfassung und Verfassungsgerichtsbarkeit, in: ders., Der demokratische Verfassungsstaat: Gestalt, Grundlagen, Gefährdungen, 1995, S. 33 ff.

Problem mit sich: Da die (gewöhnliche) Gesetzgebung nunmehr als Modus der Verfassungsmodifikation ausschied, zukünftige Verfassungsrevisionen angesichts der gesellschaftlichen Entwicklungsdynamik und mit Blick auf die zum Zeitpunkt der Verfassungsverabschiedung noch immer nicht endgültig geklärte Frage nach dem Gebietsumfang des Reichs[374] jedoch unausweichlich erschienen,[375] galt es, alternative Verfahrensweisen der Verfassungsänderung zu ersinnen.[376] Wollte man sich nicht auf den juristisch revolutionären Weg der Reaktivierung der verfassunggebenden Gewalt des Volkes beschränken und der Verfassungsdiskontinuität dadurch Tür und Tor öffnen, so musste zwischen den *pouvoir constituant* und die *pouvoirs constitués* eine dritte Autorität treten, die auf die Änderung der Verfassung spezialisiert war – der *pouvoir constituant constitué*.[377] Die Paulskirchenverfassung entsprach dieser Maßgabe, indem sie – als erste deutsche Konstitution überhaupt – kategorisch zwischen der einfachen Gesetzgebung einerseits und der verfassungsändernden Gesetzgebung andererseits unterschied: Den mit Legislativbefugnissen ausgestatteten Staatsorganen, namentlich dem Reichstag und dem kaiserlichen Reichsoberhaupt, wurde der Zugriff auf die vom Volk gegebene Verfassung nicht versperrt, im Vergleich mit dem Zugriff auf das einfache Gesetzesrecht aber durch besondere verfahrensrechtliche Maßgaben erheblich erschwert.[378] So

---

[374] Dass die Paulskirchenverfassung zum Zeitpunkt ihres Inkrafttretens sowohl die klein- als auch die großdeutsche Lösung offenhielt, belegt § 87 Abs. 2 FRV, der hinsichtlich der Besetzung der Ersten Kammer des Reichstags bestimmte: „So lange die deutsch-österreichischen Lande an dem Bundesstaate nicht Theil nehmen, erhalten nachfolgende Staaten eine größere Anzahl von Stimmen im Staatenhause; nämlich: [...]". Eingehend zur sog. „österreichischen Frage" *Golo Mann*, Deutsche Geschichte des 19. und 20. Jahrhunderts, 1958, S. 225 ff.; *Ernst Forsthoff*, Deutsche Verfassungsgeschichte der Neuzeit, 4. Auflage 1972, S. 122 ff.; *Ernst Rudolf Huber*, Deutsche Verfassungsgeschichte seit 1789, Band II, 3. Auflage 1988, S. 796 ff.

[375] *Ludolf Camphausen*, Bevollmächtigter Preußens bei der provisorischen Zentralgewalt in Frankfurt, vertrat gar die Auffassung, dass die Paulskirchenverfassung, da sie in § 1 den Eintritt der deutschen Teile Österreichs in das Reich voraussetze, vorerst, d. h. bis zur Zustimmung Österreichs oder einer entsprechenden Änderung des § 1, keine Verbindlichkeit beanspruchen könne; vgl. dazu *Ernst Rudolf Huber*, Deutsche Verfassungsgeschichte seit 1789, Band II, 3. Auflage 1988, S. 846.

[376] Zum Zusammenhang zwischen der Rechtsfigur des Verfassungsvorrangs einerseits und der Ausgestaltung des Verfassungsänderungsverfahrens andererseits *Christian Starck*, Vorrang der Verfassung und Verfassungsgerichtsbarkeit, in: ders., Der demokratische Verfassungsstaat: Gestalt, Grundlagen, Gefährdungen, 1995, S. 33 (43 f.).

[377] Zur verfassungstheoretischen Differenzierung zwischen der verfassunggebenden, der verfassungsändernden und der verfassten Gewalt *Horst Dreier*, Verfassung, in: ders., Idee und Gestalt des freiheitlichen Verfassungsstaates, 2014, S. 3 (11). Zur Herausbildung des *pouvoir constituant constitué* in der nordamerikanischen und französischen Verfassungsentwicklung im letzten Viertel des 18. Jahrhunderts *Christian Starck*, Vorrang der Verfassung und Verfassungsgerichtsbarkeit, in: ders., Der demokratische Verfassungsstaat: Gestalt, Grundlagen, Gefährdungen, 1995, S. 33 (43 ff.). Grundlegend zur Verfassungsänderung als eigenständiger Unterkategorie der Verfassungsrechtserzeugung *Christian Winterhoff*, Verfassung – Verfassunggebung – Verfassungsänderung, 2007, S. 166 ff.

[378] Allgemein zur „Erschwerung der Verfassungsänderung" als „Instrument" zur Sicherung des Vorrangs der Verfassung *Christian Starck*, Vorrang der Verfassung und Verfassungsgerichtsbarkeit, in: ders., Der demokratische Verfassungsstaat: Gestalt, Grundlagen, Gefährdungen, 1995, S. 33 (42). Eingehend zu den speziell in der Paulskirchenverfassung vorgesehenen Erschwe-

erforderte jede Änderung der Verfassung – im Unterschied zum Erlass einfacher Gesetze – qualifizierte Mehrheiten sowohl im Staaten- als auch im Volkshaus, die in jeweils zwei Abstimmungen mit einem Zeitabstand von wenigstens acht Tagen erreicht werden mussten, wobei an die Beschlussfähigkeit beider Kammern erhöhte Anforderungen gestellt wurden.[379] Durch eben diese funktionelle Differenzierung trat die Paulskirchenverfassung einer Superiorität des (einfachen) Gesetzgebers ähnlich entschieden entgegen wie die Verfassung der Vereinigten Staaten, die als „perfektes Modell einer vorrangigen und maßstäblichen Verfassung"[380] (auch) in diesem Zusammenhang Vorbildwirkung entfaltete.[381]

Weitere Belege für die Adaption der Rechtsfigur des Verfassungsvorrangs durch die Paulskirchenverfassung liefern die Ausgestaltung des Grundrechtskatalogs[382] sowie die Etablierung eines justiziellen Verfassungsschutzes: Obschon die in den §§ 130ff. FRV normierten gleichheits- und freiheitsrechtlichen Garantien[383], welche inhaltlich und funktional über den in den deutschen Einzelstaaten bis dahin erreichten Stand weit hinauswiesen,[384] im Unterschied zur „Déclaration des Droits de l'Homme et du Citoyen" von 1789 der naturrechtlichen Fundierung entbehrten,[385]

rungen *Ernst Rudolf Huber*, Deutsche Verfassungsgeschichte seit 1789, Band II, 3. Auflage 1988, S. 841 ff.

379 Vgl. § 196 FRV.

380 *Rainer Wahl*, Der Vorrang der Verfassung, Der Staat 20 (1981), S. 485 (488).

381 Dass der US-amerikanische Bundesgesetzgeber zu einer Änderung der Verfassung der Vereinigten Staaten vom 17. September 1787 nicht befugt ist, ergibt sich aus Art. V derselben. Zur Vorbildwirkung der US-amerikanischen Bundesverfassung hinsichtlich der Adaption der Rechtsfigur des Verfassungsvorrangs durch die Paulskirchenverfassung *Peter Unruh*, Der Verfassungsbegriff des Grundgesetzes, 2002, S. 231 f.

382 Zum Zusammenhang zwischen der Rechtsfigur des Verfassungsvorrangs und der verfassungsrechtlichen Verbürgung von Grundrechten unter dem übergreifenden Gesichtspunkt der Herrschaftsbegrenzung *Christian Starck*, Vorrang der Verfassung und Verfassungsgerichtsbarkeit, in: ders., Der demokratische Verfassungsstaat: Gestalt, Grundlagen, Gefährdungen, 1995, S. 33 (41).

383 Eingehend zur Bedeutung der von der Paulskirchenverfassung in den §§ 130ff. statuierten Grundrechten *Jörg-Detlef Kühne*, Die Reichsverfassung der Paulskirche: Vorbild und Verwirklichung im späteren deutschen Rechtsleben, 1985, S. 159ff.; *Ernst Rudolf Huber*, Deutsche Verfassungsgeschichte seit 1789, Band II, 3. Auflage 1988, S. 774ff.; *Dieter Grimm*, Deutsche Verfassungsgeschichte 1776–1866, 1988, S. 194ff.; *Peter Unruh*, Der Verfassungsbegriff des Grundgesetzes, 2002, S. 305ff.

384 *Dieter Grimm*, Deutsche Verfassungsgeschichte 1776–1866, 1988, S. 195; ähnlich *Peter Unruh*, Der Verfassungsbegriff des Grundgesetzes, 2002, S. 244ff.; *Martin Borowski*, Die Glaubens- und Gewissensfreiheit des Grundgesetzes, 2006, S. 33ff.; *Werner Frotscher/Bodo Pieroth*, Verfassungsgeschichte, 17. Auflage 2018, Rn. 332 und 342. Kritisch *Ernst Forsthoff*, Deutsche Verfassungsgeschichte der Neuzeit, 4. Auflage 1972, S. 122: „Die Nationalversammlung beschränkte sich nicht darauf, den herkömmlichen Grundrechtskatalog einfach zu übernehmen […], sondern sie vermehrte ihn noch um zahlreiche weitere Rechte und Freiheitsverbürgungen, wodurch Wesentliches mit Unwesentlichem untermischt und der Begriff und der Charakter der Grundrechte verdunkelt wurde. […] Die Zusammenstellung entbehrt eines leitenden und ordnenden Gedankens, sie ist ein buntes Bukett, in dem die Erfüllung heterogener politischer Wünsche vereinigt wurde."

385 Zu den Hintergründen vgl. *Dieter Grimm*, Deutsche Verfassungsgeschichte 1776–1866, 1988, S. 195: „Die Mehrheit der Paulskirchen-Juristen stand der Historischen Schule nahe, und die Furcht, den sozialen Ansprüchen des ‚Vierten Standes' eine naturrechtliche Plattform zu geben, unterstützte die antirationalistischen Tendenzen und die Beschränkung auf staatlich gesetztes

war ihre Bindungswirkung keineswegs auf die vollziehende Gewalt beschränkt worden. Vielmehr banden die Paulskirchen-Grundrechte kraft ausdrücklicher verfassungsrechtlicher Anordnung auch die gesetzgebende Gewalt und dies nicht nur auf der bundesstaatlichen,[386] sondern ebenso auf der einzelstaatlichen[387] Ebene.[388] Effektiviert wurden die Suprematie des Verfassungsrechts im Allgemeinen und die umfassende Grundrechtsbindung der Staatsgewalt im Besonderen durch die gemäß § 125 FRV einzurichtende obligatorische Verfassungsgerichtsbarkeit. Mit dem Ziel, die effektive Durchsetzung des Verfassungsrechts in der Staatspraxis zu gewährleisten, räumte § 126 FRV dem Reichsgericht – unter Orientierung am Vorbild des US-amerikanischen Supreme Courts –[389] weitausgreifende Rechtsprechungskompetenzen ein, darunter die Befugnis zur Entscheidung im Verfahren der Individualverfassungsbeschwerde[390].[391] Handlungsleitend war dabei das Bestreben der Verfassungsautoren, sowohl die Exekutiv- als auch die Legislativgewalt mit der Notwendigkeit zu konfrontieren, ihr Hoheitshandeln am Maßstab der Verfassung zu rechtfertigen und zwar gegebenenfalls auch vor einer zur verbindlichen Entscheidung berufenen, gerichtsförmigen Instanz.[392] Mit dem Bekenntnis zum Vorrang der Verfassung und dessen institutionalisierter justizieller Absicherung setzte das Verfassungswerk der Frankfurter Nationalversammlung neue Maßstäbe, die die weitere Verfassungsrechtsentwicklung in Deutschland bis hin zum Bonner Grundgesetz prägten.[393]

Recht." Siehe auch *Ulrich Scheuner*, Die rechtliche Tragweite der Grundrechte in der deutschen Verfassungsentwicklung des 19. Jahrhunderts, in: Ernst-Wolfgang Böckenförde (Hrsg.), Moderne deutsche Verfassungsgeschichte (1815–1914), 2. Auflage 1981, S. 319 (331); *Martin Borowski*, Die Glaubens- und Gewissensfreiheit des Grundgesetzes, 2006, S. 33 f.

386 Die Vorschrift des § 126 FRV, welche die Rechtsprechungskompetenzen des Reichsgerichts festlegte, setzte in Buchstabe a) voraus, dass die Reichsverfassung – und mithin auch jedes der darin enthaltenen Grundrechte – „durch Erlassung von Reichsgesetzen" verletzt werden konnte.

387 Vgl. § 130 FRV: „Dem deutschen Volke sollen die nachstehenden Grundrechte gewährleistet seyn. Sie sollen den Verfassungen der deutschen Einzelstaaten zur Norm dienen, und keine Verfassung oder Gesetzgebung eines deutschen Einzelstaates soll dieselben je aufheben oder beschränken können." Zur Grundrechtsbindung der Landeslegislativen vgl. auch *Jörg-Detlef Kühne*, Die Reichsverfassung der Paulskirche: Vorbild und Verwirklichung im späteren deutschen Rechtsleben, 1985, S. 186.

388 Vgl. zum Ganzen *Franz-Joseph Peine*, Normenkontrolle und konstitutionelles System, Der Staat 22 (1983), S. 521 (534 f.).

389 Vgl. *Werner Frotscher/Bodo Pieroth*, Verfassungsgeschichte, 17. Auflage 2018, Rn. 49 und 340; *Peter Unruh*, Der Verfassungsbegriff des Grundgesetzes, 2002, S. 241 m. w. N.

390 Zur Abgrenzung der sog. „Reichs-Verfassungsbeschwerde" gemäß § 126 lit. g) von den sog. „Landesverfassungsbeschwerden" gemäß § 126 lit. f) und h) siehe *Ernst Rudolf Huber*, Deutsche Verfassungsgeschichte seit 1789, Band II, 3. Auflage 1988, S. 835 f.

391 Instruktiv zu den sieben Formen des justiziellen Verfassungsschutzes *Ernst Rudolf Huber*, Deutsche Verfassungsgeschichte seit 1789, Band II, 3. Auflage 1988, S. 833 ff.

392 In diesem Sinne attestiert *Rainer Wahl*, Verfassungsstaatlichkeit im Konstitutionalismus und in der Weimarer Zeit, in: ders., Verfassungsstaat, Europäisierung, Internationalisierung, 2003, S. 320 (328) der Paulskirchenverfassung ein „ausgeprägte[s] Streben […] nach Verrechtlichung", welches gerade in der umfangreichen Zulassung von verfassungsgerichtlichen Entscheidungen unter Einschluss von Konflikten zwischen Monarch und Volksvertretung besonders deutlich zum Ausdruck gelangt sei.

393 Vgl. *Peter Unruh*, Der Verfassungsbegriff des Grundgesetzes, 2002, S. 240 ff.

d) Gründe des Scheiterns

Es klang bereits an, dass das „Wohl und Wehe" einer jeden Konstitution im Deutschland des 19. Jahrhunderts entscheidend davon abhing, inwieweit die durch sie unternommene Vermittlung zwischen dem monarchischen und dem demokratischen Prinzip den realen politischen Kräfteverhältnissen entsprach. So nimmt es nicht wunder, dass die Paulskirchenverfassung, obschon sie das Neue an das Überkommenene anzubinden suchte, an eben diesem neuralgischen Punkt scheiterte.[394] In erster Linie waren es der Unwille des von der Frankfurter Nationalversammlung als Reichsoberhaupt auserkorenen preußischen Königs *Friedrich Wilhelm IV.* als Kaiser von Volkes Gnaden zu regieren[395] sowie der Umstand, dass ihm aus der Betätigung dieses Unwillens infolge der durch innere Spannungen bedingten Schwächung der revolutionären Kräfte[396] kein Ungemach drohte, die das Schicksal der Paulskirchenverfassung besiegelten und die Idee der Volkssouveränität in der deutschen staatsrechtlichen Praxis auf Jahrzehnte hinaus diskreditierten[397]. Paradigmatisch hierfür steht ein von *Friedrich Wilhelm IV.* wenige Tage nach der Kaiserwahl der Frankfurter Nationalversammlung verfasster, an seinen langjähri-

[394] Vgl. *Martin Kriele*, Einführung in die Staatslehre, 6. Auflage 2003, S. 282: „Als man [die Revolution] schließlich wagte, führte man sie halbherzig, inkonsequent und ohne genügende Berücksichtigung der realen Machtbedingungen durch, so dass sie scheitern musste." Ähnlich *Fritz Hartung*, Deutsche Verfassungsgeschichte – vom 15. Jahrhundert bis zur Gegenwart, 9. Auflage 1969, S. 187: „Auch die Aufstände, die im Mai [1849] in Sachsen, Baden und der Pfalz ausgebrochen waren, konnten an dem Ergebnis nichts mehr ändern, daß die deutsche Nation bei ihrem Versuch, allein aus eigener Kraft sich einen Staat zu schaffen, an den realen Mächten, den Einzelstaaten, gescheitert war." Siehe ferner *Ernst Rudolf Huber*, Deutsche Verfassungsgeschichte seit 1789, Band II, 3. Auflage 1988, S. 851, der vor dem Hintergrund der Weigerung des preußischen Königs *Friedrich Wilhelm IV.*, die ihm angetragene Kaiserwürde anzunehmen, im Hinblick auf die Frage nach dem Geltungsgrund der Paulskirchenverfassung feststellt: „Es war müßig geworden, darüber zu streiten, ob nach reinen Grundsätzen des Staatsrechts für das Frankfurter Verfassungswerk das Prinzip der Vereinbarung innerhalb der Ländergesamtheit oder das Alleinentscheidungsrecht der Nationalversammlung zu gelten habe. Das Entscheidungsproblem war keine reine Rechtsfrage mehr; es war eine Machtfrage geworden. Die Nationalversammlung hatte die Zeit versäumt, in der sie die Alleinentscheidung erfolgreich hätte in Anspruch nehmen können."

[395] Zu den Hintergründen und Begleitumständen der Entscheidung *Friedrich Wilhelms IV.*, die ihm angetragene Kaiserkrone nicht anzunehmen, *Wolfram Siemann*, Die deutsche Revolution von 1848/49, 1985, S. 200 ff.; *Ernst Rudolf Huber*, Deutsche Verfassungsgeschichte seit 1789, Band II, 3. Auflage 1988, S. 846 ff.

[396] Vgl. dazu *Karl Griewank*, Ursachen und Folgen des Scheiterns der deutschen Revolution von 1848, in: ders. (Hrsg.), Die deutsche Revolution von 1848/49, 1983, S. 58 (64 ff.); *Peter Unruh*, Der Verfassungsbegriff des Grundgesetzes, 2002, S. 224.

[397] Vgl. *Ernst Rudolf Huber*, Die Bismarcksche Reichsverfassung im Zusammenhang der deutschen Verfassungsgeschichte, in: Ernst-Wolfgang Böckenförde (Hrsg.), Moderne deutsche Verfassungsgeschichte (1815–1914), 2. Auflage 1981, S. 171 (177): „Ein effektiver Anspruch der bürgerlichen Bewegung auf Teilhabe am Werk der Reichsgründung und Verfassungsgebung konnte unter den realen Umständen der zweiten Hälfte des 19. Jahrhunderts nur in der Form eines Anspruchs auf Mitentscheidung innerhalb eines Systems des strukturellen Dualismus geltend gemacht werden." Zur Nivellierung des Demokratismus und Republikanismus in Deutschland als Folge des Scheiterns der Paulskirchenverfassung vgl. ferner *Karl Griewank*, Ursachen und Folgen des Scheiterns der deutschen Revolution von 1848, in: ders. (Hrsg.), Die deutsche Revolution von 1848/49, 1983, S. 58 (84 f.).

gen Vertrauten, den preußischen Diplomaten *Christian Karl Josias von Bunsen*, adressierter Brief. Bezugnehmend auf die ihm von einer Deputation von 32 Abgeordneten am 3. April 1849 übermittelte Einladung der Nationalversammlung, die Wahl zum kaiserlichen Reichsoberhaupt anzunehmen, erklärte *Friedrich Wilhelm IV.* gegenüber seinem Vertrauten:

„Wäre es der Paulskirchlichen Majorität wirklich um die Sache zu thun gewesen, so gebot der gesunde Menschen-Verstand so gut als ein Quentchen Rechtsgefühl und ein Löthchen Glauben an die Ehrlichkeit meiner officiellen Aeußerungen diesen Patrioten, zuvor die Zustimmung der rechtmäßigen Obrigkeiten [...] einzuholen. Ich frage warum nicht? [...] Die Antwort ist mir [...] nicht zweifelhaft. – Weil diese Patrioten (!) die Revolution, die Souverainetät teutscher Nation unwiderruflich dadurch befestigen wollten, daß sie dem Narren, dem Preußenkönig ein Hundehalsband umschnallten, das ihn unauflöslich an die Volkssouverainetät fesselte, der Revolution von 48 leibeigen macht! [...] Ich und mein Ministerium brauchten so großen Machinationen gegenüber keinen Aufwand von Geist zu machen, um ihren Kern zu entdecken. Daher rührt mein Bescheid an die [...] Deputation der Paulskirche. Des Bescheides Sinn ist: ‚Ich kann Euch weder ja, noch nein antworten. Man nimmt nur an und schlägt nur aus eine Sache, die gebothen werden *kann*, – und Ihr da, habt gar nichts zu biethen: Das mach' ich mit meines Gleichen ab; jedoch zum Abschied die Wahrheit: Gegen Demokraten helfen nur Soldaten; Adieu!' Ich hoffe, dass dieser durch meine Ehre und meinen Namen, meine Stellung als ‚Fürst von Gottes Gnaden' nothwendig gebothene Bescheid das erforderliche Hof-Kleid angezogen hat. Was hinter Rock und Hemd steckt, wissen Sie so gut wie ich. Das konnt' und durft' ich nicht ändern. Und nun gehe die Sache unter Gottes Führung! Amen."[398]

Dass Preußens König jenen Kompromiss zwischen dem monarchischen und dem demokratischen Prinzip, den die auf ihn gefallene Kaiserwahl der Paulskirche der Sache nach bedeutete, zurückweisen[399] und die Berechtigung der Nationalversammlung zur Verfassunggebung rundheraus bestreiten konnte, ohne dadurch seine eigene Regentschaft zu gefährden, hatte verschiedene Gründe. Einer dieser Gründe lag in dem tiefen Misstrauen gegenüber der demokratisch begründeten Monarchie, das der vergleichsweise rasche Zusammenbruch des in Frankreich im Zuge der Julirevolution von 1830 errichteten orleanistischen Bürgerkönigtums nicht nur in den deutschen Fürstenhäusern, sondern weit darüber hinaus und insbesondere in den konservativ eingestellten Bevölkerungsteilen geschürt hatt. Die Ereignisse der französischen Februarrevolution von 1848 ließen die Befürchtung, durch eine Verbindung des Kaisertums mit der Demokratie werde die monarchische Gewalt in eine vom Volkswillen abgeleitete und der parlamentarischen Kontrolle unterworfene „pouvoir neutre et abstrait" aufgelöst, plausibel erscheinen und machten das Beharren *Friedrich Wilhelms IV.* auf dem Gottesgnadentum und der daraus folgenden Selbstverantwortlichkeit fürstlicher Regentschaft in den Augen

[398] Abgedruckt in: *Leopold von Ranke*, Aus dem Briefwechsel *Friedrich Wilhelms IV.* mit Bunsen, 1873, S. 271 f.

[399] Die endgültige Ablehnung der ihm dargebotenen Kaiserwürde erklärte *Friedrich Wilhelm IV.* durch Note vom 28. April 1849; vgl. dazu *Ernst Rudolf Huber*, Deutsche Verfassungsgeschichte seit 1789, Band II, 3. Auflage 1988, S. 851, 855; *Werner Frotscher/Bodo Pieroth*, Verfassungsgeschichte, 17. Auflage 2018, Rn. 347.

Vieler nachvollziehbar.[400] Hinzu kam, dass sich die vormals treibende Kraft der Revolution – das Bürgertum – zur Abwehr der mit zunehmender Vehemenz vorgetragenen Forderungen der Arbeiterklasse auf die Unterstützung der Fürstenhäuser angewiesen glaubte und aus Sorge um die eigenen Pfründe vor einer durchgreifenden Entmachtung der deutschen Monarchen zurückschreckte.[401] Das Erstarken der reaktionären Kräfte wurde schließlich begünstigt durch taktische Fehler der Frankfurter Nationalversammlung, die es insbesondere versäumte, die im März 1848 begonnene Revolution im Nachgang zur Verfassungsverabschiedung auch institutionell zum Abschluss zu bringen.[402]

Nachdem die Einbeziehung Österreichs in das neu zu gründende Deutsche Reich spätestens Anfang März 1849 aussichtslos geworden war, weil Kaiser *Franz Joseph* eisern auf der staatsrechtlichen Einheit der Vielvölkermonarchie beharrte,[403] fehlte es der Paulskirchenverfassung ohne die Anerkennung durch Preußen an einem konstitutionsfähigen Gebilde. Wiewohl 29 der 39 deutschen Einzelstaaten im April 1849 seine unbedingte Annahme erklärten,[404] erlangte das Verfassungswerk der Frankfurter Nationalversammlung daher zu keinem Zeitpunkt Geltung im Sinne bejahender Anwendung. Nichtsdestotrotz prägte die Paulskirchenverfassung das deutsche Staatsrecht nachhaltig.[405] Kurzfristig lag ihr Erfolg in der Vollendung des Übergangs von der ständischen zur bürgerlichen Gesellschaft[406] sowie in der weitgehenden „Schließung jener Lücken, die auf der konstitutionellen Landkarte

[400] *Ernst Rudolf Huber*, Deutsche Verfassungsgeschichte seit 1789, Band II, 3. Auflage 1988, S. 819 f.

[401] Vgl. *Reinhart Koselleck*, Die Auflösung der ständischen Gesellschaft und das Aufkommen neuer Klassen im preußischen Vormärz, in: Ernst-Wolfgang Böckenförde (Hrsg.), Moderne deutsche Verfassungsgeschichte (1815–1914), 2. Auflage 1981, S. 419 (423); *Dieter Grimm*, Deutsche Verfassungsgeschichte 1776–1866, 1988, S. 110, 191 ff., 209; *Martin Kriele*, Einführung in die Staatslehre, 6. Auflage 2003, S. 283 f.

[402] Zu diesen „taktischen Fehlern" *Ernst Rudolf Huber*, Deutsche Verfassungsgeschichte seit 1789, Band II, 3. Auflage 1988, S. 775, 842 f., 851; *Martin Kriele*, Einführung in die Staatslehre, 6. Auflage 2003, S. 282 ff.

[403] Vgl. *Ernst Rudolf Huber*, Deutsche Verfassungsgeschichte seit 1789, Band II, 3. Auflage 1988, S. 814: „Die vom 4. März 1849 datierte oktroyierte Verfassung Österreichs legte gegenüber allen Trennungsbestrebungen die staatsrechtliche Einheit der deutschen und nichtdeutschen Teile der österreichischen Gesamtmonarchie fest. Der Staatsstreich *Schwarzenbergs* machte den Eintritt Österreichs mit seinen deutschen Teilen in den deutschen Bundesstaat unmöglich. Seine unmittelbare Folge war die Sprengung der Frankfurter großdeutschen Koalition." Ähnlich *Fritz Hartung*, Deutsche Verfassungsgeschichte – vom 15. Jahrhundert bis zur Gegenwart, 9. Auflage 1969, S. 186; *Ernst Forsthoff*, Deutsche Verfassungsgeschichte der Neuzeit, 4. Auflage 1972, S. 124.

[404] Zur „Kollektivnote der 28" vom 14. April 1849 betreffend die bedingungslose Anerkennung der Paulskirchenverfassung durch 28 einzelstaatliche Regierungen und dem zehn Tage später verlautbarten Plazet des Königreichs Württemberg vgl. *Dieter Grimm*, Deutsche Verfassungsgeschichte 1776–1866, 1988, S. 205 sowie *Ernst Rudolf Huber*, Deutsche Verfassungsgeschichte seit 1789, Band II, 3. Auflage 1988, S. 852 f.

[405] *Ernst Rudolf Huber*, Deutsche Verfassungsgeschichte seit 1789, Band II, 3. Auflage 1988, S. 821.

[406] Vgl. *Rainer Wahl*, Rechtliche Wirkungen und Funktionen der Grundrechte im deutschen Konstitutionalismus des 19. Jahrhunderts, in: Ernst-Wolfgang Böckenförde (Hrsg.), Moderne deutsche Verfassungsgeschichte (1815–1914), 2. Auflage 1981, S. 346 (356); *Karl Griewank*, Ursa-

noch bestanden"[407], darunter Preußen, wo sich *Friedrich Wilhelm IV.* unter dem Eindruck der revolutionären Ereignisse im Dezember 1848 zum Erlass einer vergleichsweise liberalen (oktroyierten) Landesverfassung genötigt gesehen hatte.[408] Damit aber nicht genug: Als „erste vollentwickelte Konzeption einer deutschen Gesamtstaatsverfassung"[409] übte die Paulskirchenverfassung auf alle späteren gesamtdeutschen Konstitutionen bestimmenden Einfluss aus.[410] So diente das Verfassungswerk der Frankfurter Nationalversammlung hinsichtlich der Verbindung von nationalstaatlichen, rechtsstaatlichen und demokratischen Elementen zunächst den Autoren der Verfassung des Deutschen Kaiserreichs als Vorbild, leistete sodann aber auch der Weimarer Constituante und bei der Erarbeitung des Bonner Grundgesetzes wertvolle Orientierungshilfe.[411]

4. Der preußische Verfassungskonflikt (1862–1866)

Obschon das Verfassungswerk der Paulskirche letztlich scheiterte, führte die Revolution von 1848/49 im Ganzen doch zu einer Verfestigung des Konstitutionalismus in Deutschland, wenn auch zunächst „nur" auf Ebene der Einzelstaaten. Ein absolutistisches Regiment, und sei es auch noch so „aufgeklärt", erschien fürderhin ganz und gar unzeitgemäß.[412]

a) Ausbildung des monarchischen Konstitutionalismus in Preußen auf Grundlage der „Revidierten Verfassung" von 1850

Beredtes Zeugnis hierfür legt der Umstand ab, dass auch *Friedrich Wilhelm IV.* es nicht wagte, die von ihm unter dem Eindruck der Märzereignisse veranlasste Kon-

chen und Folgen des Scheiterns der deutschen Revolution von 1848, in: ders. (Hrsg.), Die deutsche Revolution von 1848/49, 1983, S. 58 (84).

407 *Dieter Grimm*, Deutsche Verfassungsgeschichte 1776–1866, 1988, S. 209. Siehe auch *Wolfgang Böckenförde*, Verfassungsprobleme und Verfassungsbewegung des 19. Jahrhunderts, in: ders., Recht, Staat, Freiheit, 2006 (erweiterte Ausgabe), S. 244 (255).

408 Zu den Hintergründen des Verfassungsoktrois durch *Friedrich Wilhelm IV.* am 5. Dezember 1848 *Michael Kotulla*, Das konstitutionelle Verfassungswerk Preußens (1848–1918), 2003, S. 13 ff. Vgl. auch *Martin Kriele*, Einführung in die Staatslehre, 6. Auflage 2003, S. 284 und *Werner Frotscher/Bodo Pieroth*, Verfassungsgeschichte, 17. Auflage 2018, Rn. 330.

409 *Ernst Rudolf Huber*, Deutsche Verfassungsgeschichte seit 1789, Band II, 3. Auflage 1988, S. 821.

410 Vgl. *Jörg-Detlef Kühne*, Die Reichsverfassung der Paulskirche: Vorbild und Verwirklichung im späteren deutschen Rechtsleben, 1985, S. 106 ff., 130 ff., 144 ff. Speziell zu den Verbindungslinien zwischen dem Verfassungswerk der Paulskirche und der *Bismarck*'schen Reichsverfassung von 1871 *Adolf Laufs*, Die Anfänge des deutschen Nationalstaats, JuS 1971, S. 9 (12 f.). Zum Einfluss der Paulskirchenverfassung auf die Weimarer Reichsverfassung von 1919 *Peter Unruh*, Der Verfassungsbegriff des Grundgesetzes, 2002, S. 259 und 266;

Werner Frotscher/Bodo Pieroth, Verfassungsgeschichte, 17. Auflage 2018, Rn. 335.

411 Vgl. statt vieler *Ernst Rudolf Huber*, Deutsche Verfassungsgeschichte seit 1789, Band II, 3. Auflage 1988, S. 821.

412 Einzig Mecklenburg blieb auch nach der Revolution von 1848/49 ohne moderne Konstitution; vgl. *Dieter Grimm*, Deutsche Verfassungsgeschichte 1776–1866, 1988, S. 209.

stitutionalisierung des preußischen Staates nach erfolgreichem Abschluss der Gegenrevolution rückgängig zu machen.[413] Stattdessen leitete er die Umwandlung der oktroyierten (Defensiv-)Verfassung von 1848 in eine vereinbarte Verfassung in die Wege; dies in Übereinstimmung mit Art. 112 der Verfassung von 1848, der dekretierte, dass „[d]ie gegenwärtige Verfassung [ ] sofort nach dem ersten Zusammentritt der Kammern einer Revision auf dem Wege der Gesetzgebung [...] unterworfen werden" solle.[414] Als jedoch die Zweite Kammer, auf deren Mitwirkung der König bei der Durchführung der avisierten Verfassungsrevision angewiesen war, im April 1849 die Anerkennung der Paulskirchenverfassung durch Preußen forderte, löste *Friedrich Wilhelm IV.* sie unverzüglich auf und verfügte per Notverordnung ein Dreiklassenwahlrecht[415].[416] Nachdem die gemäß der veränderten rechtlichen Vorgaben durchgeführten Neuwahlen die vom König gewünschte Zusammensetzung der Zweiten Kammer erbracht hatten, wurde die Revision der Verfassung von 1848 zeitnah vorangetrieben, sodass Anfang Februar 1850 die sog. „Revidierte Verfassung" als gemeinsames Werk von Monarch und Volksvertretung im Gesetzblatt publiziert werden konnte.[417] Ebenso wie die einzelstaatlichen Konstitutionen der ersten Jahrhunderthälfte beruhte auch Preußens Revidierte Verfassung auf dem monarchischen Prinzip[418] und ebenso wie jene versagte sie vor der Herausforderung, den Widerspruch zum demokratischen Impetus, aus dem die moderne Verfassungsidee in Nordamerika und Frankreich geboren worden war, in einem beide Prinzipien überwölbenden rechtlichen Zusammenhang aufzuheben.[419] Das formelkompromisshafte Wesen des monarchischen Konstitutionalismus offenbarte sich in aller Deutlichkeit als rund eine Dekade nach dem Inkrafttreten der Revidierten Verfassung der sog. „preußische Verfassungskonflikt" seinen Ausgang

413 An diesbezüglichen Plänen und Bestrebungen fehlte es im Umfeld des Königs freilich nicht; vgl. dazu *Ernst Forsthoff*, Deutsche Verfassungsgeschichte der Neuzeit, 4. Auflage 1972, S. 134f.; *Fritz Hartung*, Deutsche Verfassungsgeschichte – vom 15. Jahrhundert bis zur Gegenwart, 9. Auflage 1969, S. 259.

414 Vgl. dazu *Rainer Wahl*, Die Entwicklung des deutschen Verfassungsstaates bis 1866, in: ders., Verfassungsstaat, Europäisierung, Internationalisierung, 2003, S. 277 (314).

415 Instruktiv zum preußischen Dreiklassenwahlrecht *Jacques Droz*, Liberale Anschauungen zur Wahlrechtfrage und das preußische Dreiklassenwahlrecht, in: Ernst-Wolfgang Böckenförde (Hrsg.), Moderne deutsche Verfassungsgeschichte (1815–1914), 2. Auflage 1981, S. 232ff.; *Michael Kotulla*, Das konstitutionelle Verfassungswerk Preußens (1848–1918), 2003, S. 23ff.; *Werner Frotscher/Bodo Pieroth*, Verfassungsgeschichte, 17. Auflage 2018, Rn. 377ff.

416 Vgl. *Dieter Grimm*, Deutsche Verfassungsgeschichte 1776–1866, 1988, S. 214f.

417 Zum Prozedere und den wesentlichen Ergebnissen der Revisionsarbeiten *Michael Kotulla*, Das konstitutionelle Verfassungswerk Preußens (1848–1918), 2003, S. 25ff.

418 Vgl. *Dieter Grimm*, Deutsche Verfassungsgeschichte 1776–1866, 1988, S. 216; *Ernst Rudolf Huber*, Deutsche Verfassungsgeschichte seit 1789, Band III, 3. Auflage 1988, S. 343. Im Text der Revidierten Verfassung fand das monarchische Prinzip indes keine ausdrückliche Erwähnung; vgl. dazu *Hans Boldt*, Verfassungskonflikt und Verfassungshistorie, Der Staat Beiheft 1 (1975), S. 75 (77); *Werner Frotscher/Bodo Pieroth*, Verfassungsgeschichte, 17. Auflage 2018, Rn. 370.

419 Wie hier *Rainer Wahl*, Der preußische Verfassungskonflikt und das konstitutionelle System des Kaiserreichs, in: Ernst-Wolfgang Böckenförde (Hrsg.), Moderne deutsche Verfassungsgeschichte (1815–1914), 2. Auflage 1981, S. 208ff. A. A. *Ernst Rudolf Huber*, Deutsche Verfassungsgeschichte seit 1789, Band III, 3. Auflage 1988, S. 9ff.

nahm. Diese zwischen dem Abgeordnetenhaus[420] und der Krone ab dem Jahre 1860 mit stetig zunehmender Vehemenz geführte Auseinandersetzung hat die deutsche Verfassungsentwicklung intensiv geprägt.[421] Sie bewirkte, dass sich die Souveränitätsfrage in Preußen zur Entscheidungssituation zuspitzte und ließ – von der Ausnahmesituation her – die rechtliche Unentschiedenheit[422] der konstitutionellen Monarchie deutscher Fasson wie in einem Brennspiegel sichtbar werden.[423]

b) Die Heeresreform als konfliktauslösendes Moment

Den Stein des Anstoßes bildete eine Gesetzesvorlage der Regierung zur Neuorganisation des Militärs. Die Pläne von Prinz *Wilhelm*, der im Oktober 1858 von seinem Bruder *Friedrich Wilhelm IV.* die Regentschaft übernommen hatte, liefen der Sache nach auf eine Stärkung der Linientruppen und eine Zurückdrängung der tief im Bürgertum verwurzelten Landwehr hinaus. Letztere hatte seit den Befreiungskriegen gegen Napoleon als ein eigenständiger Heeresteil fungiert, in dem die noch wehrtauglichen, aber schon fest im zivilen Erwerbsleben verankerten preußischen Männer unter Führung eigener Offiziere zusammengefasst waren.[424] Den Plänen Prinz *Wilhelms* zufolge sollte künftig ein weit größerer Teil der Wehrpflichtigen den Einberufungsbefehl erhalten als bis dahin üblich und die dreijährige Dienstzeit, die während der Revolutionsphase zur Jahrhundertmitte im Verordnungswege auf zwei Jahre reduziert worden war, wieder voll ausgeschöpft werden.[425] Darüber hinaus beabsichtigte der Prinzregent, die Landwehr durch teilweise Eingliederung in die Linie signifikant zu verkleinern und im Übrigen auf den Etappen-, Festungs- und Garnisonsdienst zu beschränken.[426]

---

[420] Durch Gesetz vom 30. Mai 1855 erhielt die preußische Erste Kammer die Bezeichnung „Herrenhaus" und die preußische Zweite Kammer die Bezeichnung „Haus der Abgeordneten".

[421] Ebenso *Hans Boldt*, Verfassungskonflikt und Verfassungshistorie, Der Staat Beiheft 1 (1975), S. 75.

[422] Vgl. dazu *Rainer Wahl*, Der preußische Verfassungskonflikt und das konstitutionelle System des Kaiserreichs, in: Ernst-Wolfgang Böckenförde (Hrsg.), Moderne deutsche Verfassungsgeschichte (1815–1914), 2. Auflage 1981, S. 208 ff.; *ders.*, Die Entwicklung des deutschen Verfassungsstaates bis 1866, in: ders., Verfassungsstaat, Europäisierung, Internationalisierung, 2003, S. 277 (319).

[423] Vgl. *Ernst-Wolfgang Böckenförde*, Der deutsche Typ der konstitutionellen Monarchie im 19. Jahrhundert, in: ders., Recht, Staat, Freiheit, 2006 (erweiterte Ausgabe), S. 273 (295). Zur Bedeutung des preußischen Heeres- und Verfassungskonflikts bzw. seines Ausgangs für die nationale und die soziale Frage *Rainer Wahl*, Der preußische Verfassungskonflikt und das konstitutionelle System des Kaiserreichs, in: Ernst-Wolfgang Böckenförde (Hrsg.), Moderne deutsche Verfassungsgeschichte (1815–1914), 2. Auflage 1981, S. 208 (210).

[424] Vgl. *Ernst Rudolf Huber*, Deutsche Verfassungsgeschichte seit 1789, Band III, 3. Auflage 1988, S. 282 ff.; *Dian Schefold*, Verfassung als Kompromiß?, ZNR 3 (1981), S. 137 f.

[425] Vgl. *Ernst Forsthoff*, Deutsche Verfassungsgeschichte der Neuzeit, 4. Auflage 1972, S. 136 f.; *Dieter Grimm*, Deutsche Verfassungsgeschichte 1776–1866, 1988, S. 231 f.; *Werner Frotscher/Bodo Pieroth*, Verfassungsgeschichte, 17. Auflage 2018, Rn. 388.

[426] Vgl. *Fritz Hartung*, Deutsche Verfassungsgeschichte – vom 15. Jahrhundert bis zur Gegenwart, 9. Auflage 1969, S. 261; *Ernst Forsthoff*, Deutsche Verfassungsgeschichte der Neuzeit, 4. Auflage 1972, S. 136 f.; *Ernst Rudolf Huber*, Deutsche Verfassungsgeschichte seit 1789, Band III,

aa) Das Heer als außerkonstitutionelle Machtbasis des Monarchen

Dass jene Auseinandersetzung zwischen Monarch und Volksvertretung, welche sich schließlich zum Verfassungskonflikt steigerte, gerade die Heerespolitik betraf und nicht irgendeinen anderen Politikbereich, war keineswegs Zufall, sondern dem Umstand geschuldet, dass die deutschen Fürsten im Allgemeinen und die preußischen im Besonderen danach strebten, das Militär als die eigentliche Basis ihrer Macht[427] dem Zugriff der Verfassung möglichst umfassend zu entziehen.[428] Symptomatisch hierfür steht Art. 108 Abs. 2 der Revidierten Verfassung, der ausdrücklich anordnete: „Eine Vereidigung des Heeres auf die Verfassung findet nicht statt." Berücksichtigt man weiterhin, dass sämtliche Maßnahmen des preußischen Regenten, die dieser in Ausübung seines Oberbefehls über das Heer ergriff, kraft Gewohnheitsrecht von dem in Art. 44 festgeschriebenen Grundsatz der Ministerverantwortlichkeit ausgenommen und mithin gegenzeichnungsfrei waren,[429] so wird klar erkennbar, dass die Armee ein extrakonstitutionelles Reservat des Monarchen bildete.[430] Insofern waren *Wilhelms* Pläne zur Reorganisation des preußischen Militärs – für die Mitglieder des Abgeordnetenhauses unschwer erkennbar – von dem Willen beseelt, die *außerkonstitutionelle* Machtbasis der Krone zu stärken und zwar auch und gerade mit Blick auf den noch immer latent schwelenden, von der Verfassung lediglich umhüllten, innerstaatlichen Souveränitätskonflikt.[431] Der Sa-

3. Auflage 1988, S. 280; *Dieter Grimm*, Deutsche Verfassungsgeschichte 1776–1866, 1988, S. 231 f.; *Werner Frotscher/Bodo Pieroth*, Verfassungsgeschichte, 17. Auflage 2018, Rn. 388.

[427] Zur eminenten Bedeutung des preußischen Militärs und der Königstreue seines Offizierskorps für den Erfolg der Gegenrevolution in Preußen *Michael Kotulla*, Das konstitutionelle Verfassungswerk Preußens (1848–1918), 2003, S. 13 f. Allgemein zur Kommandogewalt als dem bedeutendsten Machtreservoir der deutschen Fürsten *Hermann Rehm*, Allgemeine Staatslehre, 1899, S. 353; *Otto Brunner*, Vom Gottesgnadentum zum monarchischen Prinzip, in: ders., Neue Wege der Verfassungs- und Sozialgeschichte, 2. Auflage 1968, S. 160 (161 und 183).

[428] Vgl. *Ernst Forsthoff*, Deutsche Verfassungsgeschichte der Neuzeit, 4. Auflage 1972, S. 135; *Dian Schefold*, Verfassung als Kompromiß?, ZNR 3 (1981), S. 137 (149 ff.); *Rainer Wahl*, Die Entwicklung des deutschen Verfassungsstaates bis 1866, in: ders., Verfassungsstaat, Europäisierung, Internationalisierung, 2003, S. 277 (314 f.); *Ernst-Wolfgang Böckenförde*, Der deutsche Typ der konstitutionellen Monarchie im 19. Jahrhundert, in: ders., Recht, Staat, Freiheit, 2006 (erweiterte Ausgabe), S. 273 (278 f.).

[429] Vgl. *Ernst Rudolf Huber*, Deutsche Verfassungsgeschichte seit 1789, Band III, 3. Auflage 1988, S. 71 und 76 f.; *Ernst-Wolfgang Böckenförde*, Der deutsche Typ der konstitutionellen Monarchie im 19. Jahrhundert, in: ders., Recht, Staat, Freiheit, 2006 (erweiterte Ausgabe), S. 273 (288).

[430] Vgl. *Ernst-Wolfgang Böckenförde*, Der deutsche Typ der konstitutionellen Monarchie im 19. Jahrhundert, in: ders., Recht, Staat, Freiheit, 2006 (erweiterte Ausgabe), S. 273 (288); *Rainer Wahl*, Der preußische Verfassungskonflikt und das konstitutionelle System des Kaiserreichs, in: Ernst-Wolfgang Böckenförde (Hrsg.), Moderne deutsche Verfassungsgeschichte (1815–1914), 2. Auflage 1981, S. 208 (211).

[431] Vgl. *Ernst Rudolf Huber*, Deutsche Verfassungsgeschichte seit 1789, Band III, 3. Auflage 1988, S. 283: „Im *Kern der Sache* stand der königliche Wille, die Armee durch die Absonderung von der bürgerlichen Gesellschaft zu einem zuverlässigen Instrument in der Hand ihres Kriegsherrn zu machen. Nur so könne die Armee im Krieg wie in inneren Konflikten die volle Funktionsfähigkeit, ungemindert durch die eigene außen- oder innenpolitische Meinungs- und Willensbildung politischer Gruppen, bewahren. Der Prinzregent wünschte ein Heer, das die Krone

che nach bedeutete der Angriff des Abgeordnetenhauses auf die Heerespläne des Prinzregenten somit einen Angriff auf das monarchische Prinzip.[432] Dass die Zweite Kammer sich zu diesem Zweck ihrer schärfsten Waffe bediente, nämlich des Budgetrechts, verdeutlicht den für beide Seiten fundamentalen Charakter des Konflikts: Unter Verweis auf das traditionsreichste und zugleich dynamischste Recht der Volksvertretung unternahm das Abgeordnetenhaus den Versuch, das bedeutsamste Machtreservat des Monarchen aus dessen exklusivem Zugriff zu lösen und in das konstitutionelle System einzubeziehen. Ob die Majorität der Zweiten Kammer in diesem Zusammenhang – wie u.a. *Ernst Rudolf Huber* meint[433] – tatsächlich darauf sann, das überkommene monarchische Prinzip sogleich durch das parlamentarische Prinzip zu ersetzen, um dergestalt den Anschluss an das westeuropäisch-nordatlantische Verfassungsmodell herzustellen, wird im wissenschaftlichen Schrifttum mit guten Gründen bezweifelt[434]. Als gesichert darf jedoch gelten, dass das Abgeordnetenhaus durch seine Haltung in der Heeresfrage der im Bürgertum verbreiteten Befürchtung Rechnung zu tragen suchte, die Krone könnte, sobald die Armee ihren Vorstellungen gemäß umstrukturiert sein würde, unter Zuhilfenahme derselben einen Verfassungsumsturz in die Wege leiten.[435]

bb) Der dynamische Charakter des parlamentarischen Budgetrechts

Historisch ging das von der Zweiten Kammer ins Feld geführte Budgetrecht des Parlaments aus dem ständischen Recht der Steuerverwilligung hervor, dessen Ursprünge in der Herrschaftsordnung des Mittelalters liegen.[436] Inhaltlich war das Recht der Steuerverwilligung ein Bewilligungs- und Ausgabenkontrollrecht der Stände hinsichtlich außerordentlicher Abgaben,[437] d.h. solcher Abgaben an den Landesherrn, „die zu dessen eigenen (ordentlichen) Einkünften aus Kammergut,

---

notfalls auch im Bürgerkrieg als *Bollwerk gegen die Revolution* einzusetzen vermöge." Vgl. auch *Martin Kriele*, Einführung in die Staatslehre, 6. Auflage 2003, S. 285.

432 Vgl. *Ernst Rudolf Huber*, Deutsche Verfassungsgeschichte seit 1789, Band III, 3. Auflage 1988, S. 282, 325.

433 *Ernst Rudolf Huber*, Deutsche Verfassungsgeschichte seit 1789, Band III, 3. Auflage 1988, S. 336f.

434 Vgl. etwa *Hans Boldt*, Verfassungskonflikt und Verfassungshistorie, Der Staat Beiheft 1 (1975), S. 75 (78): „Nach alldem, was wir an Zeugnissen besitzen, ging es dem preußischen Liberalismus im Verfassungskonflikt um die Aufrechterhaltung des verfassungsmäßigen Zustands, nicht um dessen Transzendierung, um eine ‚kalte' Revolution. Verfassungsmäßiger Zustand aber hieß für die Liberalen Respektierung des vorgegebenen dualistischen Systems, nicht prinzipielle Bevorzugung der einen oder anderen Seite."

435 Vgl. *Ernst Rudolf Huber*, Deutsche Verfassungsgeschichte seit 1789, Band III, 3. Auflage 1988, S. 283.

436 Siehe dazu *Karl Heinrich Friauf*, Der Staatshaushaltsplan im Spannungsfeld zwischen Parlament und Regierung, 1968, S. 28ff.; *Reinhard Mußgnug*, Der Haushaltsplan als Gesetz, 1976, S. 48ff.

437 Vgl. *Karl Heinrich Friauf*, Der Staatshaushaltsplan im Spannungsfeld zwischen Parlament und Regierung, 1968, S. 28ff.; *Reinhard Mußgnug*, Der Haushaltsplan als Gesetz, 1976, S. 48; *Hanno Kube*, Finanzgewalt in der Kompetenzordnung, 2004, S. 34.

Lehnsabgaben, Zöllen, Gerichtsgefällen usw. hinzutraten"[438]. Dass *Jean Bodin* das von ihm entwickelte Konzept der ungeteilten und absoluten Herrschaft ausgerechnet hinsichtlich der Abgabenerhebung relativierte, namentlich dergestalt, dass er den Souverän auf diesem Gebiet – vorbehaltlich dringender Notfälle – an die Zustimmung der Stände band[439], unterstreicht den eminenten Rang, den das Recht der Steuerverwilligung seit seiner Herausbildung in der zweiten Hälfte des 15. Jahrhunderts in der ständestaatlichen Herrschaftsordnung einnahm. Nachdem es im monarchischen Absolutismus weitgehend zurückgedrängt worden war, erstarkte dieses Recht im konstitutionellen Staat des 19. Jahrhunderts schließlich zu einem allgemeinen Bewilligungsrecht, welches in zahlreichen deutschen Fürstentümern zunächst nur die Einnahmenseite umfasste, im Nachgang der Märzrevolution von 1848 sodann aber ganz überwiegend auf die Ausgabenseite erstreckt wurde.[440] *Ernst-Wolfgang Böckenförde* ist daher beizupflichten, wenn er resümiert: „Die Volksvertretung hatte damit, budgetmäßig gesehen, statt eines begrenzten Rechts das Ganze gewonnen"[441].

Die überkommene Ordnungsvorstellung, wonach die Kammern die Gesellschaft repräsentierten, letztere verstanden als Summe partikularer Interessen, der Monarch und sein Beamtenapparat hingegen den auf das Gemeinwohl verpflichteten Staat,[442] musste unter diesen Voraussetzungen in eine Sackgasse münden. Denn eine Volksvertretung, die durch ihre weitreichenden Befugnisse betreffend die Staatsfinanzierung substanziellen Einfluss auf das gesamte Staatsleben hat, muss auch Verantwortung für das Staatsganze übernehmen, kann sich also nicht länger auf die Repräsentation von Partikularinteressen beschränken, wenn nicht einer das Staatswohl potenziell gefährdenden Dysbalance Vorschub geleistet werden soll.[443]

---

[438] *Ernst-Wolfgang Böckenförde*, Der deutsche Typ der konstitutionellen Monarchie im 19. Jahrhundert, in: ders., Recht, Staat, Freiheit, 2006 (erweiterte Ausgabe), S. 273 (293). Näher zu jenen Einnahmen, die dem Landesherrn aufgrund eigenen Rechts zustanden *Hanno Kube*, Finanzgewalt in der Kompetenzordnung, 2004, S. 31 ff. m. w. N.

[439] *Jean Bodin*, Les six Livres de la République, 1577, Sechstes Buch, Kapitel 2 (S. 673). Vgl. dazu *Michael Stolleis*, Die Idee des souveränen Staates, Der Staat Beiheft 11 (1996), S. 63 (72): „Auch die dualistischen Konsensmodelle zwischen Fürst und Ständen wurden [durch *Bodin*] nun theoretisch verabschiedet – ausgenommen bei den Steuern, sei es aus Traditionsgründen, sei es aus politischer Klugheit."

[440] Vgl. *Karl Heinrich Friauf*, Der Staatshaushaltsplan im Spannungsfeld zwischen Parlament und Regierung, 1968, S. 37 ff.; *Reinhard Mußgnug*, Der Haushaltsplan als Gesetz, 1976, S. 90 ff., 113 ff. und 125 ff.; *Hanno Kube*, Finanzgewalt in der Kompetenzordnung, 2004, S. 38 ff.

[441] *Ernst-Wolfgang Böckenförde*, Der deutsche Typ der konstitutionellen Monarchie im 19. Jahrhundert, in: ders., Recht, Staat, Freiheit, 2006 (erweiterte Ausgabe), S. 273 (293 f.).

[442] Zum Gemeinwohl als „Fundamentalprinzip der politischen Ethik und jeder möglichen staatsrechtlichen Programmatik" *Josef Isensee*, Gemeinwohl im Verfassungsstaat, in: HStR, Band IV, 3. Auflage 2006, § 71 Rn. 1 ff. Vgl. dazu auch *Johannes Messner*, Das Naturrecht, 7. Auflage 1984, S. 776: „Die staatliche Autorität besteht [...] um des Allgemeininteresses der politischen Gemeinschaft willen, nicht des Privatintersses eines Herrschers, einer herrschenden Partei oder einer herrschenden Schicht wegen. Ihr Wesen und ihre Rechtfertigung liegt darin, Dienst an der Gemeinschaft zu sein."

[443] Vgl. *Karl Heinrich Friauf*, Der Staatshaushaltsplan im Spannungsfeld zwischen Parlament und Regierung, 1968, S. 224; *Ernst-Wolfgang Böckenförde*, Der deutsche Typ der konstitutionel-

Preußens Revidierte Verfassung zog diese Konsequenz jedoch gerade nicht. Vielmehr ordnete sie einerseits an, dass sämtliche Einnahmen und Ausgaben des Staates der gesetzlichen Grundlage und mithin der Zustimmung sowohl des Monarchen als auch der beiden Kammern bedurften,[444] kannte andererseits aber keinerlei Bewilligungs*pflichten*. Somit war es der Volksvertretung möglich, aus Anlass von Meinungsverschiedenheiten in Bezug auf einzelne Haushaltstitel den Entwurf des Etat-Gesetzes, dessen jährliche Feststellung Art. 99 verpflichtend[445] vorschrieb, in Gänze scheitern zu lassen. Die hierdurch hervorgerufene Notwendigkeit eines – (verfassungs-)rechtlich nicht erzwingbaren – Kompromisses zwischen Monarch und Volksvertretung konnte mit Blick auf die sonstige Gesetzgebungstätigkeit insofern hingenommen werden, als das Nichtzustandekommen gewöhnlicher Gesetze lediglich die Beibehaltung der alten, möglicherweise unzweckmäßig gewordenen, den Staat aber jedenfalls nicht in seiner Existenz bedrohenden Rechtslage zur Konsequenz hatte.[446] Bei der Finanz- und Haushaltsgesetzgebung lagen die Dinge jedoch anders. Hier führte das Verfehlen des Kompromisses dazu, dass keine Staatsausgaben mehr getätigt werden durften und also nach kurzer Zeit gar nicht mehr regiert werden konnte. Budgetkrisen waren daher Staatskrisen.[447]

c) Der Übergang zum budgetlosen Regiment

Nachdem eine derartige Zuspitzung der Lage in den Jahren 1860 und 1861 noch vorläufig abgewendet werden konnte, indem Preußens Regierung versprach, dass sie jene Finanzmittel, deren Bewilligung sie zur Bestreitung der avisierten Heeresausgaben von den Kammern erbat, vorerst nicht für unumkehrbare militärische Reorganisationsmaßnahmen verwenden würde,[448] ließ sich die Ausweitung zur Staatskrise im Jahre 1862 nicht mehr verhindern:[449] Als das nach zwischenzeit-

len Monarchie im 19. Jahrhundert, in: ders., Recht, Staat, Freiheit, 2006 (erweiterte Ausgabe), S. 273 (293 f.). Zum Verhältnis zwischen Gemeinwohl (*bonum commune*) und Partikularwohl (*bonum particulare*) *Hans-Georg Dederer*, Korporative Staatsgewalt: Integration privat organisierter Interessen in die Ausübung von Staatsfunktionen, 2004, S. 108.

[444] Vgl. Art. 99 f. i. V. m. Art. 62 der „Verfassungsurkunde für den Preußischen Staat" vom 31. Januar 1850.

[445] Wörtlich heißt es in Art. 99 der „Verfassungsurkunde für den Preußischen Staat" vom 31. Januar 1850: „Alle Einnahmen und Ausgaben des Staats *müssen* für jedes Jahr im Voraus veranschlagt und auf den Staatshaushalts-Etat gebracht werden. Letzterer *wird* jährlich durch ein Gesetz festgestellt." (Hervorhebungen hinzugefügt).

[446] Vgl. *Rainer Wahl*, Die Entwicklung des deutschen Verfassungsstaates bis 1866, in: ders., Verfassungsstaat, Europäisierung, Internationalisierung, 2003, S. 277 (315); *Dieter Grimm*, Deutsche Verfassungsgeschichte 1776–1866, 1988, S. 234 f.

[447] *Dieter Grimm*, Deutsche Verfassungsgeschichte 1776–1866, 1988, S. 235. Vgl. auch *Hans Boldt*, Verfassungskonflikt und Verfassungshistorie, Der Staat Beiheft 1 (1975), S. 75.

[448] Zur Beteuerung des provisorischen Charakters der von der Regierung beantragten und vom Abgeordnetenhaus auf Grundlage jener Zusage schlussendlich erteilten Bewilligung eines Nachtragsetats über 9,5 Millionen Taler vgl. *Ernst Rudolf Huber*, Deutsche Verfassungsgeschichte seit 1789, Band III, 3. Auflage 1988, S. 287.

[449] Entgegen ihrer Zusage hatte die preußische Regierung zu diesem Zeitpunkt bereits endgültige Umstrukturierungen eingeleitet; siehe dazu *Ernst Forsthoff*, Deutsche Verfassungsgeschichte

licher Auflösung im Mai 1862 neu gewählte, politisch nach links gerückte Abgeordnetenhaus den Haushaltsansatz betreffend die Heeresreform in Höhe von sechs Millionen Talern vollumfänglich aus dem von der Regierung vorgelegten Etat-Entwurf strich und das der Krone nahe stehende Herrenhaus der entsprechend modifizierten Gesetzesvorlage in der Folge seine Zustimmung verweigerte, trat der budgetlose Zustand ein.[450] Am 13. Oktober 1862 erklärte die Regierung, an deren Spitze zwischenzeitlich *Otto von Bismarck* berufen worden war, dass sie beabsichtige, die Staatsgeschäfte vorläufig ohne wirksames Etat-Gesetz weiterzuführen. *Bismarck* stütze sein Vorgehen auf die bereits aus den Zeiten des Frühkonstitutionalismus bekannte[451] sog. „Lückentheorie". Laut dieser Theorie lag die Befugnis zum verbindlichen Handeln in Situationen, für die die Verfassung keine Regelung vorsah, beim (vorkonstitutionellen) Träger der Staatsgewalt.[452] Gemäß dem monarchischen Prinzip war dies im Preußen des Jahres 1862 niemand anderes als König *Wilhelm I.* Das von dessen Regierung behauptete Recht, Staatsausgaben ohne Etatgesetz bestreiten zu dürfen, begründete *Bismarck* dementsprechend wie folgt: Art. 99 der Revidierten Verfassung schreibe zwar für jedes Jahr die Feststellung des Staatshaushalts-Etats durch Gesetz vor, sehe aber keine Regelung für den Fall vor, dass die hierfür erforderliche Übereinstimmung des Königs und beider Kammern nicht zustande komme.[453] Da jedoch das „Staatsleben auch nicht einen Augenblick stillstehen"[454] könne, mithin ein unabweisbares Erfordernis zum Handeln bestehe, treffe den Monarchen, in dessen Person die gesamte Staatsgewalt ruhe, in einer derartigen Situation die Pflicht, die „Lücke in der Verfassung" zu schließen und die notwendigen Ausgaben ohne ein entsprechendes Etatgesetz zu leisten.[455]

---

der Neuzeit, 4. Auflage 1972, S. 138: „Im Sommer 1860 wurden die neuen Regimenter aufgestellt. Am 18. Januar 1861 wurden ihnen die Fahnen verliehen. Damit war ein Definitivum geschaffen." Vgl. auch *Fritz Hartung*, Deutsche Verfassungsgeschichte – vom 15. Jahrhundert bis zur Gegenwart, 9. Auflage 1969, S. 261; *Dian Schefold*, Verfassung als Kompromiß?, ZNR 3 (1981), S. 137 (138); *Ernst Rudolf Huber*, Deutsche Verfassungsgeschichte seit 1789, Band III, 3. Auflage 1988, S. 287.

450 Eingehend dazu *Reinhard Mußgnug*, Der Haushaltsplan als Gesetz, 1976, S. 160 ff. Vgl. ferner *Karl Heinrich Friauf*, Der Staatshaushaltsplan im Spannungsfeld zwischen Parlament und Regierung, 1968, S. 236; *Fritz Hartung*, Deutsche Verfassungsgeschichte – vom 15. Jahrhundert bis zur Gegenwart, 9. Auflage 1969, S. 263; *Ernst Forsthoff*, Deutsche Verfassungsgeschichte der Neuzeit, 4. Auflage 1972, S. 138 f.

451 Vgl. dazu *Ernst Rudolf Huber*, Deutsche Verfassungsgeschichte seit 1789, Band III, 3. Auflage 1988, S. 310, 334.

452 Näher dazu *Karl Heinrich Friauf*, Der Staatshaushaltsplan im Spannungsfeld zwischen Parlament und Regierung, 1968, S. 239 f.

453 Vgl. *Ernst Forsthoff*, Deutsche Verfassungsgeschichte der Neuzeit, 4. Auflage 1972, S. 140; *Ernst Rudolf Huber*, Deutsche Verfassungsgeschichte seit 1789, Band III, 3. Auflage 1988, S. 309 f.

454 So *Bismarck* wörtlich in seiner Rede vor dem preußischen Abgeordnetenhaus vom 27. Januar 1863; abgedruckt in: Fürst Bismarck's gesammelte Reden, Band I, 1894, S. 59 ff. (62).

455 Zustimmend *Ernst Forsthoff*, Deutsche Verfassungsgeschichte der Neuzeit, 4. Auflage 1972, S. 140; ablehnend *Reinhard Mußgnug*, Der Haushaltsplan als Gesetz, 1976, S. 162. *Hans Boldt*, Verfassungskonflikt und Verfassungshistorie, Der Staat Beiheft 1 (1975), S. 75 (84 f., 95) charakterisiert den Standpunkt *Bismarcks* als einen Versuch, „das budgetlose Regiment ohne Rekurs auf eine Interpretation der Verfassung zu rechtfertigen", konzediert allerding zugleich, dass man *Bis-*

Konsequent zu Ende gedacht bedeutete *Bismarcks* Argumentation die Entlarvung der konstitutionellen Monarchie als eine Art „Krypto-Absolutismus“.[456] Denn wäre die Regierung bei Misslingen einer Einigung stets befugt gewesen, sich über die fehlende Zustimmung der Zweiten Kammer hinwegzusetzen und autonom über die Verausgabung der Steuereinnahmen[457] zu entscheiden, so hätte sich die von der Verfassung angeordnete (gleichberechtigte) Teilhabe des Abgeordnetenhauses an der gesetzgebenden Gewalt als Chimäre entpuppt. Der Sache nach wäre die Volksvertretung – zumindest hinsichtlich der Haushaltsgesetzgebung – wider den Wortlaut der Verfassung auf den Status eines bloß beratenden Gremiums zurückgesetzt worden. Die Alternative erschien aus konstitutioneller Warte allerdings kaum befriedigender. Hätte sich das Abgeordnetenhaus nämlich unter Verweis auf das Erfordernis der Übereinstimmung von König und Kammern mit seiner Blockade durchsetzen können, so wäre der preußische Staat mangels finanzieller Handlungsfähigkeit in seinem Bestand gefährdet worden. Die Verfassung hätte sich, mit anderen Worten, durch das Beharren auf den Konsens als Voraussetzung jedweder Betätigung der staatlichen Finanzgewalt (potenziell) ihres eigenen Regelungsgegenstands entledigt und sich damit gleichsam selbst *ad absurdum* geführt.[458] *Gerhard Anschütz* ist deshalb beizustimmen, insoweit er die positiv-recht-

---

marcks Verweis auf die Unabweisbarkeit des Erfordernisses zum Handeln „natürlich auch eine – versteckte – Interpretation der Verfassung unter Umgehung der Zustimmung der anderen Interpretationsberechtigten nennen“ könne.

[456] So ausdrücklich *Reinhard Mußgnug*, Der Haushaltsplan als Gesetz, 1976, S. 164; *Ernst-Wolfgang Böckenförde*, Der deutsche Typ der konstitutionellen Monarchie im 19. Jahrhundert, in: ders., Recht, Staat, Freiheit, 2006 (erweiterte Ausgabe), S. 273 (296 f.); *Hans Boldt*, Verfassungskonflikt und Verfassungshistorie, Der Staat Beiheft 1 (1975), S. 75 (81). A. A. *Ernst Rudolf Huber*, Deutsche Verfassungsgeschichte seit 1789, Band III, 3. Auflage 1988, S. 345 f., der das Recht des Königs zum budgetlosen Regiment als Teil des überpositiven Staatsnotrechts begreift und die Verfassungsgebundenheit dieses Notrechts mittels der Einschränkung zu konstruieren sucht, dass besagtes Notrecht nur dann zum einseitigen Handeln berechtigt habe, wenn die betreffende Notlage von der Regierung nicht absichtlich oder mutwillig herbeigeführt worden sei: „Wie im gewöhnlichen Notstand niemand Notstandsrechte in Anspruch nehmen kann, der die eingetretene Gefahr herausgefordert hat, so durfte im Verfassungsnotstand die Regierung die Notstandskompetenz nicht an sich reißen, wenn sie schon vorher von ihrer Macht einen unverantwortlichen Gebrauch gemacht hatte, um die Verfassungsstörung und damit die Notstandskompetenz auszulösen.“ Zur Untauglichkeit des Versuchs *Hubers*, das budgetlose Regiment unter Berufung auf überpositives Recht konstitutionell anzubinden *Rainer Wahl*, Der preußische Verfassungskonflikt und das konstitutionelle System des Kaiserreichs, in: Ernst-Wolfgang Böckenförde (Hrsg.), Moderne deutsche Verfassungsgeschichte (1815–1914), 2. Auflage 1981, S. 208 (212 f.) sowie *Hans Boldt*, Verfassungskonflikt und Verfassungshistorie, Der Staat Beiheft 1 (1975), S. 75 (91).

[457] Gemäß Art. 109 Revidierte Verfassung galt das Prinzip der Permanenz der Steuer- und Abgabengesetze, d. h. das Scheitern des von Art. 99 Revidierte Verfassung vorgesehenen Etat-Gesetzes ließ die bestehenden Steuer- und Abgabengesetze unberührt. *Reinhard Mußgnug*, Der Haushaltsplan als Gesetz, 1976, S. 163 bemerkt mit Recht, dass *Bismarck* das Wagnis des (dauerhaft) budgetlosen Regiments wohl kaum eingegangen wäre, wenn das Ausgabenbewilligungsrecht des preußischen Abgeordnetenhauses mit einem periodisch auszuübenden Steuerbewilligungsrecht verkoppelt gewesen wäre.

[458] Vgl. *Gerhard Anschütz*, Lücken in den Verfassungs- und Verwaltungsgesetzen, Verwaltungsarchiv 14 (1906), S. 315 (339).

liche „Lösbarkeit" des preußischen Budgetkonflikts mit dem berühmt gewordenen Ausspruch negierte: „Das Staatsrecht hört hier auf"[459]. Das Aufeinandertreffen des parlamentarischen Budgetrechts mit dem zentralen Vorbehaltsrecht des Monarchen offenbarte in aller Deutlichkeit das Unvermögen des dualistischen Staatsgefüges, ernstliche Krisen und Konflikte in den Bahnen des Rechts zu lösen.[460] Blieb das (Verfassungs-)Recht nach alledem eine Antwort schuldig, so trat an seine Stelle das Ermessen desjenigen, der faktisch über die höchste Bestimmungsmacht im Staate verfügte.[461] *Bismarck* brachte diese Konsequenz in einer vor der preußischen Zweiten Kammer am 27. Januar 1863 gehaltenen Rede unmissverständlich zum Ausdruck:

„Die Verfassung hält das Gleichgewicht der drei gesetzgebenden Gewalten in allen Fragen, auch in der Budget-Gesetzgebung, durchaus fest; keine dieser Gewalten kann die andere zum Nachgeben zwingen; die Verfassung verweist daher auf den Weg der Kompromisse zur Verständigung. Ein konstitutionell erfahrener Staatsmann hat gesagt, daß das ganze Verfassungsleben jederzeit eine Reihe von Kompromissen sei. Wird der Kompromiß dadurch vereitelt, daß eine der beteiligten Gewalten ihre eigene Ansicht mit doktrinärem Absolutismus durchführen will, so wird die Reihe der Kompromisse durchbrochen, und an ihr Stelle treten Konflikte, und Konflikte, da das Staatsleben nicht still zu stehen vermag, werden zu Machtfragen. Wer die Macht in den Händen hat, geht dann in seinem Sinne vor […]."[462]

---

[459] *Georg Meyer/Gerhard Anschütz*, Lehrbuch des deutschen Staatsrechts, 7. Auflage 1919, S. 906. Zustimmend *Ernst-Wolfgang Böckenförde*, Der deutsche Typ der konstitutionellen Monarchie im 19. Jahrhundert, in: ders., Recht, Staat, Freiheit, 2006 (erweiterte Ausgabe), S. 273 (296); *Rainer Wahl*, Der preußische Verfassungskonflikt und das konstitutionelle System des Kaiserreichs, in: Ernst-Wolfgang Böckenförde (Hrsg.), Moderne deutsche Verfassungsgeschichte (1815–1914), 2. Auflage 1981, S. 208 (212); *ders.*, Verfassungsstaatlichkeit im Konstitutionalismus und in der Weimarer Zeit, in: ders., Verfassungsstaat, Europäisierung, Internationalisierung, 2003, S. 320 (327 f.); a. A. *Ernst Rudolf Huber*, Deutsche Verfassungsgeschichte seit 1789, Band III, 3. Auflage 1988, S. 338 ff., der argumentiert, dass der Rechts- und Verfassungsstaat gerade darauf beruhe, „daß es in ihm um der dauernden und unverbrüchlichen Geltung der Verfassung willen keine Lücken im Verfassungsrecht geben darf und daß Lücken im Verfassungsgesetz eben deshalb durch Verfassungsinterpretation zu schließen sind."

[460] Ähnlich *Ernst Forsthoff*, Deutsche Verfassungsgeschichte der Neuzeit, 4. Auflage 1972, S. 140, der unter Bezugnahme auf *Carl Schmitt* und *Kurt Kaminski* feststellt: „Der [preußische] Verfassungskonflikt bewegte sich darum außerhalb des in der Verfassung enthaltenen Rechtsrahmens." Vgl. auch *Rainer Wahl*, Der preußische Verfassungskonflikt und das konstitutionelle System des Kaiserreichs, in: Ernst-Wolfgang Böckenförde (Hrsg.), Moderne deutsche Verfassungsgeschichte (1815–1914), 2. Auflage 1981, S. 208 (211 ff., 220), der die konstitutionelle Verfassung treffend als „dualistische und im Konfliktfall offene Verfassung" charakterisiert.

[461] Ähnlich *Ernst Forsthoff*, Deutsche Verfassungsgeschichte der Neuzeit, 4. Auflage 1972, S. 135: „Die Verfassung erweist sich damit als eine Kompromißlösung, welche zwischen Krone und bürgerlicher Bewegung einen modus vivendi herstellt, aber nicht entscheidet, wer im Falle eines Konfliktes zwischen beiden den Vorrang haben solle. Mit anderen Worten: die *Souveränitätsfrage*, das heißt die Frage, wer letztlich zu verbindlichem Handeln befugt sei, war in der Schwebe geblieben. Sie war der Entscheidung durch die politische Wirklichkeit anheim gegeben."

[462] Abgedruckt in: Fürst Bismarck's gesammelte Reden, Band I, 1894, S. 59 ff. (62).

d) Die Rückkehr in konstitutionelle Bahnen vermittels des „Indemnitätsgesetzes“

Es entspricht der Funktionslogik des monarchischen Konstitutionalismus, dass die Beendigung des preußischen Heeres- und Budgetkonflikts und die Rückkehr in die Bahnen des Verfassungsrechts nach vier Jahren etatlosen Regierens mittels eines Kompromisses vollzogen wurden, der die eigentliche Streitfrage unbeantwortet ließ.[463] Den Boden für diesen Kompromiss bereiteten die militärischen Erfolge, die Preußen unter der politischen Führung seines Ministerpräsidenten zunächst im sog. „deutsch-dänischen Krieg“ und anschließend in der innerdeutschen Auseinandersetzung mit Österreich erringen konnte.[464] Die Erfüllung seiner nationalen Sehnsüchte vor Augen, drängte das Bürgertum nun auf die Aussöhnung mit *Bismarcks* Regierung. Das Abgeordnetenhaus entsprach diesem Wunsch, indem es wenige Wochen nach der Schlacht von Königgrätz mit 230 gegen 75 Stimmen der sog. „Indemnitätsvorlage“ zustimmte, die sodann am 14. September 1866 als Gesetz in Kraft trat. In seinem zweiten Artikel bestimmte das Gesetz:

> „Der Staatsregierung wird in Bezug auf die seit dem Beginn des Jahres 1862 ohne gesetzlich festgestellten Staatshaushalts-Etat geführte Verwaltung [...] Indemnität ertheilt, dergestalt, daß es rücksichtlich der Verantwortlichkeit der Staatsregierung so gehalten werden soll, wie wenn die Verwaltung in der erwähnten Zeit auf Grund gesetzlich festgestellter und rechtzeitig publizierter Staatshaushalts-Etats geführt worden wäre.“

Jenseits der Feststellung, dass das budgetlose Regiment für keinen der Beteiligten nachteilige Rechtsfolgen[465] zeitigen sollte, enthielt sich das Indemnitätsgesetz jedweder rechtlichen Bewertung des Konflikts.[466] Es blieb daher unklar und unter den Zeitgenossen umstritten, wer der Sache nach wem „Indemnität“ gewährt hatte.[467] Während die einen annahmen, *Bismarck* habe sich durch die fragliche Gesetzesvorlage der Rechtsauffassung des Abgeordnetenhauses gebeugt, behaupteten die anderen, letzteres habe der Regierung nachträglich die konstitutionelle Rechtmäßigkeit

---

[463] Vgl. *Ernst-Wolfgang Böckenförde*, Der deutsche Typ der konstitutionellen Monarchie im 19. Jahrhundert, in: ders., Recht, Staat, Freiheit, 2006 (erweiterte Ausgabe), S. 273 (297); *Rainer Wahl*, Der preußische Verfassungskonflikt und das konstitutionelle System des Kaiserreichs, in: Ernst-Wolfgang Böckenförde (Hrsg.), Moderne deutsche Verfassungsgeschichte (1815–1914), 2. Auflage 1981, S. 208; *Dian Schefold*, Verfassung als Kompromiß?, ZNR 3 (1981), S. 137 (157).

[464] Vgl. *Ernst Forsthoff*, Deutsche Verfassungsgeschichte der Neuzeit, 4. Auflage 1972, S. 140.

[465] Im Raum standen eine Strafverfolgung von Regierungsmitgliedern wegen des „Verbrechens der Verfassungsverletzung“ gemäß Art. 61 Revidierte Verfassung sowie ein staatlicher Regressanspruch gegen die in der Zeit des Konflikts als Minister tätig gewesenen Personen mit Blick auf die budgetlos getätigten Staatsausgaben; vgl. *Ernst Rudolf Huber*, Deutsche Verfassungsgeschichte seit 1789, Band III, 3. Auflage 1988, S. 362.

[466] Vgl. *Reinhard Mußgnug*, Der Haushaltsplan als Gesetz, 1976, S. 164: „Das Gesetz enthielt also weder ein Schuldbekenntnis der Regierung noch ein Beharren auf ihrem Standpunkt, sondern nur die Fiktion, es sei alles so zugegangen, wie es an sich den Regeln der Verfassung entsprochen hätte.“

[467] *Ernst-Wolfgang Böckenförde*, Der deutsche Typ der konstitutionellen Monarchie im 19. Jahrhundert, in: ders., Recht, Staat, Freiheit, 2006 (erweiterte Ausgabe), S. 273 (298 f.). Siehe auch *Ernst Forsthoff*, Deutsche Verfassungsgeschichte der Neuzeit, 4. Auflage 1972, S. 140 f.; *Ernst Rudolf Huber*, Deutsche Verfassungsgeschichte seit 1789, Band III, 3. Auflage 1988, S. 352 ff., 365 f.

ihres etatlosen Regiments attestiert.[468] Für den preußischen Ministerpräsidenten und die weitere Verfassungsentwicklung in Deutschland war jedoch ein anderer Aspekt entscheidend: Gegenüber der adlig-militärischen Reaktion hatte *Bismarck* in der Stunde des Triumphes der Krone den Konstitutionalismus verteidigt, gegenüber den progressiven Kräften die Fortgeltung des monarchischen Prinzips.[469]

e) Fazit

Der preußische Heeres-, Budget- und Verfassungskonflikt offenbart in eindrücklicher Weise, dass die normative Kraft einer die Ausübung politischer Macht organisierenden Verfassung strukturell gemindert ist, wenn sie Herrschaftspositionen bestehen lässt, die nicht im Recht verwurzelt sind, d.h. einer rechtsförmigen Begründung entbehren. Das von *Bismarck* ins Felde geführte Argument, dem Monarchen habe es als Träger der Staatsgewalt oblegen, allfällige „Lücken" in der konstitutionellen Ordnung in seinem Sinne auszufüllen, wäre als obskur zurückgewiesen worden, wenn die Revidierte Verfassung als normative Grundlage der politisch-sozialen Gesamtordnung des Gemeinwesens konzipiert gewesen wäre. Denn wie hätte es (verfassungs-)rechtlich ungeregelte Herrschaftsgewalt geben können, wenn alle Herrschaftsgewalt als aus dem Akt der Verfassunggebung hervorgegangen betrachtet worden wäre? Da die Revidierte Verfassung jedoch vom Fortbestand der überkommenen Herrschaft des königlichen preußischen Hauses ausging, bestand latent die Gefahr, dass der Monarch in Grenzsituationen die alten Traditionen, namentlich die Herleitung seiner Obrigkeit von Gott sowie – damit zusammenhängend – seine Deutungshoheit über das Gemeinwohl, gegen die konstitutionelle Ordnung ausspielen würde. Eben diese Gefahr realisierte sich im Preußen der Jahre 1862 bis 1866. Verallgemeinernd kann festgehalten werden: Der Umstand, dass die Verfassung des monarchischen Konstitutionalismus deutscher Prägung Herrschaft bestehen ließ, die nicht im Recht begründet war, beeinträchtigte ihr Ordnungsvermögen empfindlich. Letztendlich blieb sie daher nicht nur in demokratischer, sondern auch in konstitutionalistischer Perspektive hinter dem Verfassungsstandard der nordamerikanischen und französischen Revolution zurück.

5. Bismarck'sche Reichsverfassung (1871–1918)

Als die Machtfrage zwischen den beiden deutschen Hegemonialmächten in der Schlacht von Königgrätz zugunsten der Hohenzollern entschieden worden war, schien die von *Bismarck* seit langem angestrebte Gründung eines von Preußen do-

---

[468] Vgl. *Dieter Grimm*, Deutsche Verfassungsgeschichte 1776–1866, 1988, S. 240; *Fritz Hartung*, Deutsche Verfassungsgeschichte – vom 15. Jahrhundert bis zur Gegenwart, 9. Auflage 1969, S. 265.

[469] *Dieter Grimm*, Deutsche Verfassungsgeschichte 1776–1866, 1988, S. 240. Vgl. auch *Ernst Rudolf Huber*, Deutsche Verfassungsgeschichte seit 1789, Band III, 3. Auflage 1988, S. 368: „*Bismarck* verhinderte mit dem Indemnitätsgesetz die Parlamentarisierung Preußens wie den konservativen Staatsstreich."

minierten deutschen Bundesstaats und damit auch die Verabschiedung der ersten gesamtdeutschen Verfassung mit Aussicht auf praktische Wirksamkeit in greifbare Nähe gerückt.

a) Der Weg zur Bismarck'schen Reichsverfassung

aa) Der Friedensvertrag von Prag und die Gründung des Norddeutschen Bundes

So musste die Habsburger-Monarchie im Friedensvertrag von Prag (23. August 1866) auf Verlangen des siegreichen Preußens die Auflösung des Deutschen Bundes akzeptieren, einer neuen Gestaltung Deutschlands unter Ausschluss Österreichs zustimmen und versprechen, „das engere Bundes-Verhältniß anzuerkennen, welches Seine Majestät der König von Preußen nördlich von der Linie des Mains begründen wird". Seine rechtliche Grundlage fand das von Preußen avisierte „engere Bundes-Verhältniß" alsdann in der Verfassung des Norddeutschen Bundes vom 16. April 1867, unter der sich 22 deutsche Einzelstaaten zu einem Bundesstaat vereinigten[470].[471] Ihren Ausgang nahm diese Verfassung in einem maßgeblich auf *Bismarck* zurückgehenden Entwurf,[472] den die preußische Regierung am 15. Dezember 1866 einer Konferenz der einzelstaatlichen Regierungen zuleitete.[473] Nachdem die (monarchischen) Regierungen der Bundesstaaten den Entwurf unter Vornahme geringfügiger Modifikationen gebilligt hatten, wurde die redigierte Version desselben am 24. Februar 1867 dem zwischenzeitlich in Anlehnung an die Regelungen des Reichswahlgesetzes vom 12. April 1849 gewählten[474] Bundesparlament vorgelegt.[475] Mit einigen Änderungen[476], die allerdings nicht an den Grundzügen des

[470] Das Großherzogtum Hessen war nicht mit seinem gesamten Staatsgebiet, sondern „lediglich" mit der Provinz Oberhessen Teil des Norddeutschen Bundes.

[471] Zur Qualifikation des Norddeutschen Bundes als „Bundesstaat" *Ernst Forsthoff*, Deutsche Verfassungsgeschichte der Neuzeit, 4. Auflage 1972, S. 148; *Hartmut Maurer*, Entstehung und Grundlagen der Reichsverfassung von 1871, in: Joachim Burmeister (Hrsg.), Verfassungsstaatlichkeit, Festschrift für Klaus Stern zum 65. Geburtstag, 1997, S. 29 (40, 48); *Klaus Stern*, Das Staatsrecht der Bundesrepublik Deutschland, Band V, 2000, S. 295 und 298; *Christian Waldhoff*, Entstehung des Verfassungsgesetzes, in: Otto Depenheuer/Christoph Grabenwarter (Hrsg.), Verfassungstheorie, 2010, § 8 Rn. 48.

[472] Vgl. *Ernst Forsthoff*, Deutsche Verfassungsgeschichte der Neuzeit, 4. Auflage 1972, S. 147; *Christian-Friedrich Menger*, Deutsche Verfassungsgeschichte der Neuzeit, 8. Auflage 1993, Rn. 283.

[473] Zu den Hintergründen dieses Vorgehens *Hartmut Maurer*, Entstehung und Grundlagen der Reichsverfassung von 1871, in: Joachim Burmeister (Hrsg.), Verfassungsstaatlichkeit, Festschrift für Klaus Stern zum 65. Geburtstag, 1997, S. 29 (36).

[474] Da dieses Gesetz nicht unmittelbar als rechtliche Grundlage der Wahlen zum Bundesparlament herangezogen werden konnte, legten die einzelstaatlichen Regierungen ihren Landtagen jeweils einen Gesetzentwurf vor, der dem Reichswahlgesetz vom 12. April 1849 inhaltlich entsprach; vgl. dazu *Klaus Stern*, Das Staatsrecht der Bundesrepublik Deutschland, Band V, 2000, S. 293.

[475] Zu den Einzelheiten der Eröffnung des Bundesparlaments und dessen Befassung mit dem Verfassungsentwurf der Regierungskonferenz *Klaus Stern*, Das Staatsrecht der Bundesrepublik Deutschland, Band V, 2000, S. 296 f.

[476] Hervorzuheben ist in diesem Zusammenhang die auf Antrag des Abgeordneten *Bennigsen*

Bismarck'schen Entwurfs rührten[477] und ohne größere Probleme die Zustimmung der einzelstaatlichen Regierungen fanden, nahm das als „Reichstag" titulierte, aus allgemeinen und gleichen Wahlen[478] hervorgegangene Bundesparlament am 16. April 1867 mit 230 gegen 53 Stimmen die „Verfassung des Norddeutschen Bundes" an.[479] Diese trat, nachdem auch die Landtage der norddeutschen Einzelstaaten zugestimmt hatten, am 1. Juli 1867 in Kraft.[480]

bb) Militärische und wirtschaftliche Anbindung der süddeutschen Staaten

Dass *Bismarck* seine Einigungspläne vorerst auf den Norden Deutschlands beschränkte, war zum einen den Bedenken Frankreichs gegen einen großen deutschen Gesamtstaat unter Einschluss der süddeutschen Königreiche und Großherzogtümer geschuldet, zum anderen den ausgeprägten Vorbehalten, die letztere ihrerseits gegen das preußische Hegemonialstreben hegten.[481] Gleichwohl gelang es dem preußi-

---

in Art. 17 S. 2 der Verfassung des Norddeutschen Bundes vom 16. April 1867 verankerte „Verantwortlichkeit" des Bundeskanzlers für die Anordnungen und Verfügungen des Bundespräsidiums; siehe dazu *Hartmut Maurer*, Entstehung und Grundlagen der Reichsverfassung von 1871, in: Joachim Burmeister (Hrsg.), Verfassungsstaatlichkeit, Festschrift für Klaus Stern zum 65. Geburtstag, 1997, S. 29 (37); *Fritz Hartung*, Deutsche Verfassungsgeschichte – vom 15. Jahrhundert bis zur Gegenwart, 9. Auflage 1969, S. 272; *Adolf Laufs*, Die Anfänge des deutschen Nationalstaats, JuS 1971, S. 9 (12f.); *Ernst Rudolf Huber*, Die Bismarcksche Reichsverfassung im Zusammenhang der deutschen Verfassungsgeschichte, in: Ernst-Wolfgang Böckenförde (Hrsg.), Moderne deutsche Verfassungsgeschichte (1815–1914), 2. Auflage 1981, S. 171 (179); *Klaus Stern*, Das Staatsrecht der Bundesrepublik Deutschland, Band V, 2000, S. 303f.; *Christian Waldhoff*, Entstehung des Verfassungsgesetzes, in: Otto Depenheuer/Christoph Grabenwarter (Hrsg.), Verfassungstheorie, 2010, § 8 Rn. 47.

477 Vgl. *Ernst Forsthoff*, Deutsche Verfassungsgeschichte der Neuzeit, 4. Auflage 1972, S. 148; *Klaus Stern*, Das Staatsrecht der Bundesrepublik Deutschland, Band V, 2000, S. 296f.

478 Einschränkungen hinsichtlich der Allgemeinheit und Gleichheit der Wahl bestanden freilich insofern, als nur männliche Deutsche, die am Wahltag das 25. Lebensjahr vollendet hatten, als „unbescholten" galten und auch keine Armenunterstützung aus öffentlichen Mitteln bezogen, zur Teilnahme an den Wahlen zum Reichstag berechtigt waren (vgl. §§ 1 bis 3 Reichwahlgesetz 1949).

479 Zu den Beratungen des Verfassungsentwurfs der Regierungskonferenz im Norddeutschen Reichstag *Hartmut Maurer*, Entstehung und Grundlagen der Reichsverfassung von 1871, in: Joachim Burmeister (Hrsg.), Verfassungsstaatlichkeit, Festschrift für Klaus Stern zum 65. Geburtstag, 1997, S. 29 (36f.); *Fritz Hartung*, Deutsche Verfassungsgeschichte – vom 15. Jahrhundert bis zur Gegenwart, 9. Auflage 1969, S. 271f.

480 Da die Verfassung des Norddeutschen Bundes vom 16. April 1867 lediglich dreieinhalb Jahre in Kraft blieb und sie ihrem Inhalt nach mit der noch ausführlich zu erörternden Reichsverfassung von 1871 weitgehend übereinstimmte (vgl. *Christian-Friedrich Menger*, Deutsche Verfassungsgeschichte der Neuzeit, 8. Auflage 1993, Rn. 289; *Thomas Nipperdey*, Deutsche Geschichte 1866–1918, Band II, 2. Auflage 1993, S. 85; *Stefan Oeter*, Souveränität und Demokratie als Probleme in der „Verfassungsentwicklung" der Europäischen Union, ZaöRV 55 (1995), S. 659 (664); *Werner Frotscher/Bodo Pieroth*, Verfassungsgeschichte, 17. Auflage 2018, Rn. 397), wird auf eine gesonderte Analyse an dieser Stelle verzichtet. Instruktiv zum Verfassungsgefüge des Norddeutschen Bundes *Heinrich Otto Meisner*, Bundesrat, Bundeskanzler und Bundeskanzleramt (1867–1871), in: Ernst-Wolfgang Böckenförde (Hrsg.), Moderne deutsche Verfassungsgeschichte (1815–1914), 2. Auflage 1981, S. 76ff.

481 Vgl. *Hartmut Maurer*, Entstehung und Grundlagen der Reichsverfassung von 1871, in: Joachim Burmeister (Hrsg.), Verfassungsstaatlichkeit, Festschrift für Klaus Stern zum 65. Ge-

schen Ministerpräsidenten, Württemberg, Baden und Bayern, die im Deutschen Krieg an Österreichs Seite gestanden hatten, in zeitlicher Nähe zum Prager Frieden sog. „Schutz- und Trutzbündnisse" abzuringen.[482] Im Rahmen von bilateralen Vereinbarungen mit Preußen verpflichteten sich die vorgenannten Staaten, im Falle eines Krieges ihre volle Kriegsmacht unter dem Oberbefehl des preußischen Königs zusammenzuführen.[483] Im April 1867 folgte eine inhaltsgleiche vertragliche Vereinbarung zwischen Preußen und dem Großherzogtum Hessen. Die schwache Verhandlungsposition der süddeutschen Staaten resultierte dabei zum einen aus ihrer militärischen Niederlage in der innerdeutschen Auseinandersetzung des Jahres 1866, zum anderen aus dem Umstand, dass mit der Auflösung des rund ein halbes Jahrhundert zuvor gegründeten Deutschen Bundes auch die 1821 verabschiedete Bundeskriegsverfassung in Fortfall geraten war. Die von *Bismarck* angetragene militärische Beistandsvereinbarung mit der Großmacht Preußen versprach, das hierdurch entstandene sicherheitspolitische Vakuum effektiv auszufüllen. Flankiert wurde die militärische Anbindung der süddeutschen Staaten durch Integrationsmaßnahmen auf dem Gebiet der Wirtschaftspolitik. Im Zentrum stand dabei der im Juli 1867 zwischen dem Norddeutschen Bund, Bayern, Württemberg, Baden und Hessen geschlossene Zollvereinsvertrag. Indem er die süddeutschen Staaten in das einheitliche Zoll- und Handelsgebiet des Norddeutschen Bundes[484] einbezog, nahm dieser Vertrag die nationale Einigung partiell vorweg.[485]

---

burtstag, 1997, S. 29 (42 f.); *Fritz Hartung*, Deutsche Verfassungsgeschichte – vom 15. Jahrhundert bis zur Gegenwart, 9. Auflage 1969, S. 269; *Ernst Forsthoff*, Deutsche Verfassungsgeschichte der Neuzeit, 4. Auflage 1972, S. 147; *Christian-Friedrich Menger*, Deutsche Verfassungsgeschichte der Neuzeit, 8. Auflage 1993, Rn. 284; *Klaus Stern*, Das Staatsrecht der Bundesrepublik Deutschland, Band V, 2000, S. 315 f.

482 Zur Frage der Vereinbarkeit dieser militärischen Bündnisse mit dem Prager Friedensvertrag *Hartmut Maurer*, Entstehung und Grundlagen der Reichsverfassung von 1871, in: Joachim Burmeister (Hrsg.), Verfassungsstaatlichkeit, Festschrift für Klaus Stern zum 65. Geburtstag, 1997, S. 29 (41).

483 Vgl. *Ernst Forsthoff*, Deutsche Verfassungsgeschichte der Neuzeit, 4. Auflage 1972, S. 147.

484 Vgl. Art. 33 der Verfassung des Norddeutschen Bundes vom 16. April 1867: „Der Bund bildet ein Zoll- und Handelsgebiet, umgeben von gemeinschaftlicher Zollgrenze. Ausgeschlossen bleiben die wegen ihrer Lage zur Einschließung in die Zollgrenze nicht geeigneten einzelnen Gebietsteile. Alle Gegenstände, welche im freien Verkehr eines Bundesstaates befindlich sind, können in jeden anderen Bundesstaat eingeführt und dürfen in letzterem einer Abgabe nur insoweit unterworfen werden, als daselbst gleichartige inländische Erzeugnisse einer inneren Steuer unterliegen."

485 Vgl. *Christian-Friedrich Menger*, Deutsche Verfassungsgeschichte der Neuzeit, 8. Auflage 1993, Rn. 284: „[A]us einem ‚Zoll-Staatenbund' wurde […] ein ‚Zoll-Bundesstaat'." Siehe dazu auch *Fritz Hartung*, Deutsche Verfassungsgeschichte – vom 15. Jahrhundert bis zur Gegenwart, 9. Auflage 1969, S. 273; *Adolf Laufs*, Die Anfänge des deutschen Nationalstaats, JuS 1971, S. 9 (11); *Hartmut Maurer*, Entstehung und Grundlagen der Reichsverfassung von 1871, in: Joachim Burmeister (Hrsg.), Verfassungsstaatlichkeit, Festschrift für Klaus Stern zum 65. Geburtstag, 1997, S. 29 (41 f.); *Klaus Stern*, Das Staatsrecht der Bundesrepublik Deutschland, Band V, 2000, S. 313 m. w. N.

cc) Der deutsch-französische Krieg als Vehikel der nationalen Einigung

Als Frankreichs Kaiser *Napoleon III.* im Juli 1870 anlässlich der Kandidatur *Leopolds von Hohenzollern-Sigmaringen* für den vakanten spanischen Thron und in Reaktion auf die in Deutschland und Frankreich veröffentlichten, provozierenden Pressemitteilungen im Zusammenhang mit der sog. „Emser Depesche" Preußen den Krieg erklärte, ging das Kalkül *Bismarcks*, die süddeutschen Staaten vermittels eines gemeinsamen militärischen Vorgehens gegen den äußeren Feind zur nationalen Einigung zu bewegen, schließlich auf.[486] Unter dem Eindruck des raschen Sieges über die französischen Truppen und den dadurch entflammten bzw. verstärkten deutsch-nationalen Gefühlen gaben das Königreich Württemberg sowie das Großherzogtum Hessen, welch letzteres mit einem Teil seines Staatsgebiets ohnehin bereits in den Norddeutschen Bund integriert war, ihre großdeutsche Gesinnung zugunsten der kleindeutschen Lösung auf.[487] Die Rücksichtnahme auf Frankreich, die den Norddeutschen Bund bis dahin davon abgehalten hatte, Badens Wunsch nach einem Eintritt in denselben stattzugeben, war mit dem Sieg der deutschen Armeen bei Sedan obsolet geworden.[488] Was das am nachdrücklichsten auf seine Unabhängigkeit bedachte Bayern anbetraf, so vermochten die drohende Isolierung vom Rest Deutschlands, die Zusicherung diverser Reservatrechte – etwa im Bereich des Heeres-, des Post- und des Eisenbahnwesens – sowie finanzielle Zusagen zugunsten der Hofkasse von *Ludwig II.* den bayerischen König von der Zweckmäßigkeit des Eintritts in einen preußisch dominierten Bundesstaat zu überzeugen.[489]

dd) Die sog. „Novemberverträge" und das Inkrafttreten der Reichsverfassung

Vollzogen und beschlossen wurde das mit der Gründung des Norddeutschen Bundes im Jahre 1867 begonnene Einigungswerk durch den Abschluss der sog. „Novemberverträge". Den Auftakt bildete die zwischen dem Norddeutschen Bund, dem Großherzogtum Baden und dem Großherzogtum Hessen am 15. November 1870 getroffene Vereinbarung betreffend die Gründung eines „Deutschen Bundes", dessen rechtliche Grundlage die zwischen diesen Staaten ad hoc ausgehandelte „Verfassung des Deutschen Bundes" vom 15. November 1870 bilden sollte. Abgese-

---

[486] Eingehend zu den Vorgängen rund um die „Emser Depesche" *Klaus Stern*, Das Staatsrecht der Bundesrepublik Deutschland, Band V, 2000, S. 318 ff. Vgl. auch *Christian Waldhoff*, Entstehung des Verfassungsgesetzes, in: Otto Depenheuer/Christoph Grabenwarter (Hrsg.), Verfassungstheorie, 2010, § 8 Rn. 48.

[487] Vgl. *Klaus Stern*, Das Staatsrecht der Bundesrepublik Deutschland, Band V, 2000, S. 330.

[488] Vgl. *Hartmut Maurer*, Entstehung und Grundlagen der Reichsverfassung von 1871, in: Joachim Burmeister (Hrsg.), Verfassungsstaatlichkeit, Festschrift für Klaus Stern zum 65. Geburtstag, 1997, S. 29 (43): „Die ‚Lösung' brachte der deutsch-französische Krieg 1870/71. Er hatte nicht nur eine Welle nationaler Begeisterung zur Folge, die sich mit den Siegesmeldungen und der Gefangennahme Napoleons III. noch steigerte, sondern beseitigte auch die Gefahr einer Intervention Frankreichs." Siehe auch *Klaus Stern*, Das Staatsrecht der Bundesrepublik Deutschland, Band V, 2000, S. 342.

[489] Vgl. *Klaus Stern*, Das Staatsrecht der Bundesrepublik Deutschland, Band V, 2000, S. 331 f.

hen von jenen Modifikationen, die aufgrund der erhöhten Gliedstaatenzahl notwendig geworden waren, handelte es sich bei dieser Verfassung, deren Inkrafttreten für den 1. Januar 1871 avisiert worden war, praktisch um eine Kopie der Verfassung des Norddeutschen Bundes vom 16. April 1867.[490] *Hartmut Maurer* erblickt in der „Verfassung des Deutschen Bundes" vom 15. November 1870 daher „nur die geänderte und neu gefaßte Verfassung des Norddeutschen Bundes von 1867"[491]. Neben den Vertrag betreffend die Gründung des „Deutschen Bundes" trat alsdann der Vertrag des Norddeutschen Bundes mit Bayern vom 23. November 1870. Dieser bestimmte, dass das zweitgrößte deutsche Königreich dem Deutschen Bund beitreten würde und dekretierte überdies diverse Abänderungen der zuvor mit den Großherzögen von Baden und Hessen ausgehandelten Verfassung des Bundes, die allerdings in erster Linie die von Bayern ausbedungenen Reservatrechte betrafen. Mit Vertrag vom 25. November 1870 kamen schließlich Württemberg einerseits und der Norddeutsche Bund sowie die Großherzogtümer Baden und Hessen andererseits überein, dass die Geltung der zwischen den drei letztgenannten Staaten vereinbarten „Verfassung des Deutschen Bundes" unter Beachtung gewisser Maßgaben, die in Art. 2 des Vertrages einzeln aufgeführt wurden und gleichfalls auf die Einräumung bestimmter Reservatrechte hinausliefen, auf Württemberg auszudehnen sei. Anfang Dezember wurde in Berlin schließlich ein weiteres Abkommen unterzeichnet, in dem Württemberg, Baden und Hessen den zwischen dem Norddeutschen Bund und Bayern geschlossenen Vertrag vom 23. November 1870 billigten und Bayern den zwischen dem Norddeutschen Bund sowie Baden und Hessen mit Württemberg geschlossenen Vertrag vom 25. November 1870 zustimmte.[492]

Ebenfalls im Dezember 1870 ratifizierte der Reichstag des Norddeutschen Bundes sämtliche „Novemberverträge" und auch die Landtage von Baden, Hessen und Württemberg stimmten den von ihrer jeweiligen Regierung ausgehandelten (Beitritts-)Vereinbarungen zu. Der bayerische Landtag erteilte sein Plazet erst am 21. Januar 1871, dies allerdings mit Rückwirkung auf den Jahresbeginn. Die Gründung des Deutschen Reiches als dasjenige originäre Subjekt des Völkerrechts, mit dem die Bundesrepublik Deutschland sich ihrem Selbstverständnis nach identifiziert,[493] sowie das Inkrafttreten der *Bismarck*'schen Reichsverfassung datieren da-

---

490 Vgl. *Hartmut Maurer*, Entstehung und Grundlagen der Reichsverfassung von 1871, in: Joachim Burmeister (Hrsg.), Verfassungsstaatlichkeit, Festschrift für Klaus Stern zum 65. Geburtstag, 1997, S. 29 (44): „Die Verfassung des Norddeutschen Bundes blieb nicht nur in ihrer Grundstruktur und Substanz, sondern auch – von wenigen Änderungen abgesehen – bis in alle Einzelheiten erhalten und wurde durch die [„Novemberverträge"] auf die süddeutschen Länder erstreckt." Ähnlich *Martin Höner*, Die Diskussion um das richterliche Prüfungsrecht und das monarchische Verordnungsrecht als Beitrag zur Entwicklung der Rechtsstaatlichkeit im zweiten deutschen Kaiserreich, 2001, S. 26.

491 *Hartmut Maurer*, Entstehung und Grundlagen der Reichsverfassung von 1871, in: Joachim Burmeister (Hrsg.), Verfassungsstaatlichkeit, Festschrift für Klaus Stern zum 65. Geburtstag, 1997, S. 29 (47).

492 Siehe dazu *Klaus Stern*, Das Staatsrecht der Bundesrepublik Deutschland, Band V, 2000, S. 334.

493 Eingehend zur völkerrechtlichen Subjektidentität zwischen dem Deutschen Reich und der Bundesrepublik Deutschland BVerfGE 77, S. 137 (150 ff.) – Teso.

her offiziell auf den 1. Januar 1871.[494] Der auf Grundlage dieser Verfassung im März 1871 neu gewählte gesamtdeutsche Reichstag und der aus Vertretern der gliedstaatlichen Regierungen zusammengesetzte Bundesrat unternahmen es alsdann, die Regelungen der „Novemberverträge" einschließlich ihrer Schlussprotokolle sowie den zwischen dem Norddeutschen Bund im Einvernehmen mit den süddeutschen Staaten noch Ende 1870 gefassten Beschluss, den künftigen Bundesstaat nicht – wie ursprünglich vorgesehen – „Deutscher Bund", sondern „Deutsches Reich" zu nennen und seinem Oberhaupt den Titel „Deutscher Kaiser"[495] zu verleihen, in einer einheitlichen Verfassungsurkunde zusammenzuführen.[496] Umgesetzt wurde dieses Vorhaben in Gestalt des vom Bundesrat initiierten und vom Reichstag mit breiter Mehrheit angenommenen „Gesetzes betreffend die Verfassung des Deutschen Reiches". Nachdem das Gesetz von Kaiser *Wilhelm I.* am 16. April 1871 ausgefertigt und vier Tage später verkündet worden war, trat es am 4. Mai 1871 in Kraft. Der Prozess der Verfassunggebung war damit (auch) formell abgeschlossen.[497]

b) Die Bismarck'sche Reichsverfassung als herrschaftsmodifizierender Normeninbegriff

aa) Der Herrschaft reorganisierende pouvoir constituant als Kompromiss zwischen dem monarchischen und dem demokratischen Prinzip

Im wissenschaftlichen Schrifttum ist umstritten, ob die süddeutschen Staaten dem Norddeutschen Bund beigetreten sind oder vermittels der „Novemberverträge" ein neuer deutscher Gesamtstaat[498] gegründet wurde.[499] Allerdings kann diese Frage

---

[494] *Hartmut Maurer*, Entstehung und Grundlagen der Reichsverfassung von 1871, in: Joachim Burmeister (Hrsg.), Verfassungsstaatlichkeit, Festschrift für Klaus Stern zum 65. Geburtstag, 1997, S. 29 (46) stellt in diesem Zusammenhang fest, dass die „November-Verträge von 1870 Erfüllungsverträge [waren], die die verfassungsrechtlichen Regelungen und die staatsrechtlichen Veränderungen selbst herbeiführten".

[495] Zu den Hintergründen der sog. „Kaiserfrage" und den Streit um die genaue Titulierung („Deutscher Kaiser", „Kaiser von Deutschland", „Kaiser der Deutschen"), welcher im Vorfeld der Kaiserproklamation vom 18. Januar 1871 entbrannte *Hartmut Maurer*, Entstehung und Grundlagen der Reichsverfassung von 1871, in: Joachim Burmeister (Hrsg.), Verfassungsstaatlichkeit, Festschrift für Klaus Stern zum 65. Geburtstag, 1997, S. 29 (44 f.); *Ernst Forsthoff*, Deutsche Verfassungsgeschichte der Neuzeit, 4. Auflage 1972, S. 149 f.

[496] Siehe dazu *Klaus Stern*, Das Staatsrecht der Bundesrepublik Deutschland, Band V, 2000, S. 337 f.

[497] Vgl. *Adolf Laufs*, Die Anfänge des deutschen Nationalstaats, JuS 1971, S. 9 (11 f.); *Werner Frotscher/Bodo Pieroth*, Verfassungsgeschichte, 17. Auflage 2018, Rn. 416; *Christian Waldhoff*, Entstehung des Verfassungsgesetzes, in: Otto Depenheuer/Christoph Grabenwarter (Hrsg.), Verfassungstheorie, 2010, § 8 Rn. 49.

[498] Zum Staatscharakter des Reichs vgl. nur *Fritz Hartung*, Deutsche Verfassungsgeschichte – vom 15. Jahrhundert bis zur Gegenwart, 9. Auflage 1969, S. 274; *Christian-Friedrich Menger*, Deutsche Verfassungsgeschichte der Neuzeit, 8. Auflage 1993, Rn. 290; *Klaus Stern*, Das Staatsrecht der Bundesrepublik Deutschland, Band V, 2000, S. 345 f. und 352 f.

[499] Für die Deutung als Erweiterung des Norddeutschen Bunds plädieren etwa *Paul Laband*, Das Staatsrecht des Deutschen Reiches, Band I, 1. Auflage 1876, S. 43 f.; *Georg Meyer*, Lehrbuch des deutschen Staatsrechts, 1. Auflage 1878, S. 145; *ders./Gerhard Anschütz*, Lehrbuch des deut-

hier auf sich beruhen, genügt für die Zwecke der vorliegenden Arbeit doch die konsentierte Erkenntnis, dass die politische Entwicklung zum gesamtdeutschen Staat in zwei Stufen verlief – über den Norddeutschen Bund hin zum Deutschen Reich.[500] Dass sich der Norddeutsche Bund in seinem ursprünglichen Zuschnitt selbst lediglich als „Zwischenlösung“ verstand, schien in Art. 79 seiner Verfassung vom 16. April 1867 unmissverständlich durch.[501] Dort hieß es:

„Die Beziehungen des Bundes zu den Süddeutschen Staaten werden sofort nach Feststellung der Verfassung des Norddeutschen Bundes, durch besondere dem Reichstage zur Genehmigung vorzulegende Verträge, geregelt werden. Der Eintritt der Süddeutschen Staaten oder eines derselben in den Bund erfolgt auf den Vorschlag des Bundespräsidiums im Wege der Bundesgesetzgebung.“[502]

Die im Lichte dieser Regelung und in Ansehung der Art und Weise ihres jeweiligen Zustandekommens zu einer Sinneinheit[503] verschmelzenden Verfassungen des

---

schen Staatsrechts, 7. Auflage 1919, S. 207; *Fritz Hartung*, Deutsche Verfassungsgeschichte – vom 15. Jahrhundert bis zur Gegenwart, 9. Auflage 1969, S. 273; *Ernst Forsthoff*, Deutsche Verfassungsgeschichte der Neuzeit, 4. Auflage 1972, S. 149; *Hartmut Maurer*, Entstehung und Grundlagen der Reichsverfassung von 1871, in: Joachim Burmeister (Hrsg.), Verfassungsstaatlichkeit, Festschrift für Klaus Stern zum 65. Geburtstag, 1997, S. 29 (46 f.); *Klaus Stern*, Das Staatsrecht der Bundesrepublik Deutschland, Band V, 2000, S. 339 f. m. w. N.; für die Deutung als staatliche Neugründung *Ernst Rudolf Huber*, Deutsche Verfassungsgeschichte seit 1789, Band III, 3. Auflage 1988, S. 760 ff.; *Christian-Friedrich Menger*, Deutsche Verfassungsgeschichte der Neuzeit, 8. Auflage 1993, Rn. 288.

500 Zur „Zweistufigkeit“ der Reichsgründung und Reichsverfassunggebung *Hartmut Maurer*, Entstehung und Grundlagen der Reichsverfassung von 1871, in: Joachim Burmeister (Hrsg.), Verfassungsstaatlichkeit, Festschrift für Klaus Stern zum 65. Geburtstag, 1997, S. 29 (31): „Hinzu kommt, daß die Entwicklung gleichsam in zwei Stufen, nämlich über die Schaffung des Norddeutschen Bundes und seiner Verfassung lief. Daher sind auch die Vorgänge dieser ersten Stufe in die Betrachtung einzubeziehen, zumal die maßgeblichen verfassungsrechtlichen Weichenstellungen bereits damals erfolgten.“ Ähnlich *Christian-Friedrich Menger*, Deutsche Verfassungsgeschichte der Neuzeit, 8. Auflage 1993, Rn. 285; *Rainer Wahl*, Die deutsche Einigung im Spiegel historischer Parallelen, Der Staat 30 (1991), S. 181 (195).

501 Ähnlich *Klaus Stern*, Das Staatsrecht der Bundesrepublik Deutschland, Band V, 2000, S. 315: „Gleichwohl war *die Beitrittsmöglichkeit nach Art. 79 Abs. 2 NBV* von erheblichem politischen Gewicht, weil sie von Anfang an dokumentierte, daß der Bund nicht sich selbst genügen wollte, sondern auf die (klein-)deutsche Einheit gerichtet war.“ Vgl. auch *Rainer Wahl*, Die deutsche Einigung im Spiegel historischer Parallelen, Der Staat 30 (1991), S. 181 (187), der die Bestimmung des Art. 79 Abs. 2 der Verfassung des Norddeutschen Bundes als „rechtlichen Ausdruck“ des „Selbstverständnis[ses] der Unfertigkeit und Ergänzungsbedürftigkeit“ des Norddeutschen Bundes als einer „Teil-Einigung“ von provisorischem Charakter qualifiziert.

502 Zum Spannungsverhältnis zwischen der Bestimmung des Art. 79 Abs. 2 der Verfassung des Norddeutschen Bundes und den Festlegungen des Prager Friedens vom 23. August 1866 *Rainer Wahl*, Die deutsche Einigung im Spiegel historischer Parallelen, Der Staat 30 (1991), S. 181 (187 f.).

503 Vgl. *Ernst Rudolf Huber*, Die Bismarcksche Reichsverfassung im Zusammenhang der deutschen Verfassungsgeschichte, in: Ernst-Wolfgang Böckenförde (Hrsg.), Moderne deutsche Verfassungsgeschichte (1815–1914), 2. Auflage 1981, S. 171 (205, Anm. 1): „[…] bei epochaler Betrachtung muß [die Verfassung des Norddeutschen Bundes vom 16. April 1867] mit der Reichsverfassung als Einheit gesehen werden“. *Adolf Laufs*, Die Anfänge des deutschen Nationalstaats, JuS 1971, S. 9 (12) spricht gar von einem einheitlichen „Akt der Verfassunggebung 1867 und 1871“ während *Klaus Stern*, Das Staatsrecht der Bundesrepublik Deutschland, Band V, 2000, S. 340 „grundsätzliche Verfassungsidentität lediglich mit Modifikationen und Bezeichnungsänderungen“ konsta-

Norddeutschen Bundes und des Deutschen Reiches brachten – unterteilt in zwei Etappen – eine politische Entität hervor, die vor ihrem Inkrafttreten nicht existiert hatte.[504] Die Gründung der neuen politischen Entität ging indes nicht mit der Neubegründung von Herrschaft einher. In diesem Punkt blieb der Akt der Verfassunggebung von 1867 und 1871 entscheidend hinter dem konstitutionellen Vollprogramm, wie es in Nordamerika und Frankreich knapp ein Jahrhundert zuvor entwickelt und umgesetzt worden war, zurück: Die Einrichtung der Herrschaftsgewalt des Reiches war keineswegs das Resultat einer revolutionären Betätigung der verfassunggebenden Gewalt des Volkes, sondern basierte auf Übereinkünften zwischen den Regenten und Repräsentativkörperschaften der an den beiden sukzessiv vollzogenen Zusammenschlüssen (Norddeutscher Bund, Deutsches Reich) jeweils beteiligten politischen Einheiten.[505] Diese Übereinkünfte zielten auf die Zusammenführung und umfassende Reorganisation der 1867/1871 bereits existierenden einzelstaatlichen Herrschaftsgewalten, nicht aber auf deren Überwindung. Dass eine Neubegründung von Herrschaft nicht zu besorgen stand, lag angesichts der Ausgangsentscheidung gegen einen Paradigmenwechsel in der Frage der Herrschaftslegitimation auf der Hand: Die rechtliche Grundordnung des Deutschen Reichs als einen Normeninbegriff zu konzipieren, der den Anspruch erhebt, mit der tradierten politischen Macht vollends zu brechen, um sie durch gänzlich neue Herrschaftsgewalt zu ersetzen, hätte einen unauflösbaren Widerspruch zum monarchisch-dynastischen Prinzip provoziert.[506] Den demokratischen Imperativ der bürgerlichen Revolutionen zurückweisend,[507] knüpften die *Bismarck*'sche Reichsverfassung und die in ihr „gespeicherte"[508] Verfassung des Norddeutschen Bundes daher nahtlos an

---

tiert. Ähnlich *Rainer Wahl*, Die deutsche Einigung im Spiegel historischer Parallelen, Der Staat 30 (1991), S. 181 (197), der die beiden Verfassungen als „in ihrer Substanz [...] identisch" bewertet und *Christian Waldhoff*, Entstehung des Verfassungsgesetzes, in: Otto Depenheuer/Christoph Grabenwarter (Hrsg.), Verfassungstheorie, 2010, § 8 Rn. 49, der die *Bismarck*'sche Reichsverfassung als „Weiterentwicklung" der Verfassung des Norddeutschen Bundes apostrophiert.

504 Vgl. *Klaus Stern*, Das Staatsrecht der Bundesrepublik Deutschland, Band V, 2000, S. 357: „Das Deutsche Reich war also als Verfassungsstaat ins Leben getreten, gleich den Vereinigten Staaten von Amerika und den westeuropäischen Staaten, die sich bereits zu Beginn des 19. Jahrhunderts Verfassungen gegeben hatten [...]".

505 Vgl. *Joseph Peine*, Normenkontrolle und konstitutionelles System, Der Staat 22 (1983), S. 521 (541 f.); *Hartmut Maurer*, Entstehung und Grundlagen der Reichsverfassung von 1871, in: Joachim Burmeister (Hrsg.), Verfassungsstaatlichkeit, Festschrift für Klaus Stern zum 65. Geburtstag, 1997, S. 29 (38 f., 47); *Klaus Stern*, Das Staatsrecht der Bundesrepublik Deutschland, Band V, 2000, S. 301, 337.

506 Siehe dazu *Peter Unruh*, Der Verfassungsbegriff des Grundgesetzes, 2002, S. 211.

507 Vgl. *Christian-Friedrich Menger*, Deutsche Verfassungsgeschichte der Neuzeit, 8. Auflage 1993, Rn. 287: „Wie die Reichsgründung kein Werk der nationalen Volksbewegung war, so ist auch die Verfassung nicht auf der Grundlage der Volkssouveränität entstanden [...]". Ähnlich *Klaus Stern*, Das Staatsrecht der Bundesrepublik Deutschland, Band V, 2000, S. 358 f.; *Rainer Wahl*, Die deutsche Einigung im Spiegel historischer Parallelen, Der Staat 30 (1991), S. 181 (204); *Christian Waldhoff*, Entstehung des Verfassungsgesetzes, in: Otto Depenheuer/Christoph Grabenwarter (Hrsg.), Verfassungstheorie, 2010, § 8 Rn. 35.

508 Vgl. *Hartmut Maurer*, Entstehung und Grundlagen der Reichsverfassung von 1871, in: Joachim Burmeister (Hrsg.), Verfassungsstaatlichkeit, Festschrift für Klaus Stern zum 65. Ge-

den überkommenen verfassungspolitischen Dualismus von Monarch und Volk an.[509] Auch der (vereinbarten[510]) Verfassung des Deutschen Reichs eignete infolgedessen jener formelkompromisshafte Zug, welcher die Stabilität des deutschen konstitutionellen Systems des 19. Jahrhunderts so nachhaltig unterminierte.[511]

Der vorstehend aufgestellten These, wonach sich die Reichsverfassung von 1867/1871 der Festlegung auf eines der beiden konkurrierenden Legitimationsmuster enthielt, entspricht, dass weder das monarchische Prinzip noch das Dogma von der Volkssouveränität im Verfassungstext an irgendeiner Stelle Erwähnung fanden. Das beredte Schweigen des *Bismarck*'schen Verfassungswerks in dieser sensiblen Frage darf als Indiz für das latente „Neben- und (Gegen-)einander von Volkssouveränität und ‚monarchischer Souveränität' der ‚verbündeten Fürsten'"[512] gewertet werden, wenngleich insoweit einschränkend anzumerken ist, dass der zur Zeit des Inkrafttretens der Reichsverfassung im Vordringen befindliche staatsrechtliche

---

burtstag, 1997, S. 29 (46): „Die am 1.1.1871 in Kraft getretene Reichsverfassung bestand materiell aus der Verfassung des Norddeutschen Bundes mit den durch die Novemberverträge vereinbarten Änderungen […]". Siehe auch *Klaus Stern*, Das Staatsrecht der Bundesrepublik Deutschland, Band V, 2000, S. 337.

509 Vgl. *Adolf Laufs*, Die Anfänge des deutschen Nationalstaats, JuS 1971, S. 9 (12); *Stefan Oeter*, Souveränität und Demokratie als Probleme in der „Verfassungsentwicklung" der Europäischen Union, ZaöRV 55 (1995), S. 659 (680); *Hartmut Maurer*, Entstehung und Grundlagen der Reichsverfassung von 1871, in: Joachim Burmeister (Hrsg.), Verfassungsstaatlichkeit, Festschrift für Klaus Stern zum 65. Geburtstag, 1997, S. 29 (31, 39 f.); *Ernst Rudolf Huber*, Das Kaiserreich als Epoche verfassungsstaatlicher Entwicklung, in: HStR, Band I, 3. Auflage 2003, § 4 Rn. 10 f.

510 Zur typologischen Einordnung der *Bismarck*'schen Reichsverfassung als „vereinbarte Verfassung" *Ernst Rudolf Huber*, Die Bismarcksche Reichsverfassung im Zusammenhang der deutschen Verfassungsgeschichte, in: Ernst-Wolfgang Böckenförde (Hrsg.), Moderne deutsche Verfassungsgeschichte (1815–1914), 2. Auflage 1981, S. 171 (176 f., 180); *Hartmut Maurer*, Entstehung und Grundlagen der Reichsverfassung von 1871, in: Joachim Burmeister (Hrsg.), Verfassungsstaatlichkeit, Festschrift für Klaus Stern zum 65. Geburtstag, 1997, S. 29 (38 f., 46 f.).

511 Ebenso *Ernst Forsthoff*, Deutsche Verfassungsgeschichte der Neuzeit, 4. Auflage 1972, S. 154 f.; *Wolfgang Justin Mommsen*, Das Deutsche Kaiserreich als System umgangener Entscheidungen, in: Wolfgang Berding u. a. (Hrsg.), Vom Staat des Ancien régime zum modernen Parteienstaat, Festschrift für Theodor Schieder zu seinem 70. Geburtstag, 1978, S. 239 (260 f.); *Rainer Wahl*, Der preußische Verfassungskonflikt und das konstitutionelle System des Kaiserreichs, in: Ernst-Wolfgang Böckenförde (Hrsg.), Moderne deutsche Verfassungsgeschichte (1815–1914), 2. Auflage 1981, S. 208 (211); *Thomas Nipperdey*, Deutsche Geschichte 1866–1918, Band II, 2. Auflage 1993, S. 85; *Stefan Oeter*, Souveränität – ein überholtes Konzept?, in: Hans-Joachim Cremer/Thomas Giegerich/Dagmar Richter/Andreas Zimmermann (Hrsg.), Tradition und Weltoffenheit des Rechts, Festschrift für Helmut Steinberger, 2002, S. 259 (268 f.); *Utz Schliesky*, Souveränität und Legitimität von Herrschaftsgewalt, 2004, S. 224. A. A. *Ernst Rudolf Huber*, Die Bismarcksche Reichsverfassung im Zusammenhang der deutschen Verfassungsgeschichte, in: Ernst-Wolfgang Böckenförde (Hrsg.), Moderne deutsche Verfassungsgeschichte (1815–1914), 2. Auflage 1981, S. 171: „Die Idee der Verfassungsvereinbarung, die […] sich auch im Verfassungswerk von 1871 durchsetzte, war nicht das Ergebnis eines ‚dilatorischen Formelkompromisses' […]. Sie war vielmehr die sachgerechte Basis eines Verfassungssystems, das Einheit und Freiheit zu verbinden suchte und das die dazu erforderliche Gewaltenteilung nur gewinnen konnte, wenn schon im Akt der Verfassunggebung zwei selbständige voneinander unabhängige Gewalten zusammenwirkten, die sich gegenseitig als gleichberechtigte Faktoren eines echten Kompromisses anerkannten."

512 *Stefan Oeter*, Souveränität und Demokratie als Probleme in der „Verfassungsentwicklung" der Europäischen Union, ZaöRV 55 (1995), S. 659 (680).

Positivismus[513] das Bedürfnis nach einer Festlegung auf ein bestimmtes Muster der Herrschaftslegitimation entschieden negierte.[514] Die Frage, ob legitime Herrschaft auf göttliche Einsetzung zurückgeht oder aber einen Konsens der Herrschaftsunterworfenen zur Voraussetzung hat, betraf vom Standpunkt des staatsrechtlichen Positivismus aus „lediglich" den Aspekt der (Verfassungs-)Norm*begründung*,[515] nicht hingegen den hiervon nunmehr streng unterschiedenen Aspekt der (Verfassung-)Norm*geltung*. Rechtsgeltung kam der Reichsverfassung gemäß der herrschend gewordenen staatsrechtlichen Methodik vielmehr schon deshalb zu, weil sie als Produkt menschlichen Handelns aus einem als Rechtsetzungsverfahren anerkannten[516] Entscheidungsverfahren hervorgegangen war.[517]

bb) Die pouvoirs constitués als Kompromiss zwischen dem monarchischen und dem demokratischen Prinzip

Möchte man die *Bismarck*'sche Reichsverfassung desungeachtet verfassungstheoretisch verorten, d.h. insbesondere ihr Verhältnis zum monarchischen bzw. zum

---

[513] Zum „Aufblühen" des staatsrechtlichen Positivismus in der zweiten Hälfte des 19. Jahrhunderts *Michael Stolleis*, Geschichte des öffentlichen Rechts in Deutschland, Band II, 1992, S. 337 ff.; *Gerhard Robbers*, Die Staatslehre der Weimarer Republik: Eine Einführung, Jura 1993, S. 69.

[514] In diesem Sinne bemerkt *Carl Friedrich Wilhelm von Gerber*, Ueber öffentliche Rechte, 1852, S. 27 in Bezug auf die „Construction eines Verfassungszustands": „[...] wo politisches und staatsphilosophisches Raisonnement die Stelle der juristischen Construction vertreten muß, gebührt die letzte Entscheidung immer der Gewalt, der Zufall mag sie von dieser oder von jener Seite kommen lassen". Zur Negation des Legitimitätsproblems durch den staatsrechtlichen Positivismus siehe ferner *Otto Brunner*, Vom Gottesgnadentum zum monarchischen Prinzip, in: ders., Neue Wege der Verfassungs- und Sozialgeschichte, 2. Auflage 1968, S. 160 (184) sowie *Utz Schliesky*, Souveränität und Legitimität von Herrschaftsgewalt, 2004, S. 224: „Während unmittelbar vor der Reichsgründung in der Staatsrechtslehre noch die verschiedenen Rechtsgründe des Staates erörtert werden und eine Rechtfertigung des Staates aus der ‚Vernunftnothwendigkeit' versucht wird, endet diese Verbindung mit staatsphilosophischen und historischen Erörterungen im herrschend werdenden staatsrechtlichen Positivismus."

[515] Genau besehen betraf die Frage nach der Legitimationsquelle der durch die *Bismarck*'sche Reichsverfassung eingerichteten Herrschaft einen bestimmten Teilaspekt der Normbegründung, namentlich das Problem der Begründung einer allgemeinen Pflicht zur Anerkennung der *Bismarck*'schen Reichsverfassung; zu den verschiedenen Teilaspekten der Normbegründung und ihrem Verhältnis zum Problem der Normgeltung *Christoph Gusy*, Staatsrechtlicher Positivismus, JZ 1989, S. 505 f.

[516] Zur allgemeinen Anerkennung des „Vereinbarungsprinzips" als Modus der Verfassunggebung im Deutschland des 19. Jahrhunderts *Ernst Rudolf Huber*, Die Bismarcksche Reichsverfassung im Zusammenhang der deutschen Verfassungsgeschichte, in: Ernst-Wolfgang Böckenförde (Hrsg.), Moderne deutsche Verfassungsgeschichte (1815–1914), 2. Auflage 1981, S. 171 (176 ff.); *ders.*, Das Kaiserreich als Epoche verfassungsstaatlicher Entwicklung, in: HStR, Band I, 3. Auflage 2003, § 4 Rn. 11 ff.

[517] Instruktiv zum Rechtsnormbegriff des staatsrechtlichen Positivismus *Christoph Gusy*, Staatsrechtlicher Positivismus, JZ 1989, S. 505 (507 f.). Vgl. auch *Ulrich Karpen*, Die verfassungsrechtliche Grundordnung des Staates – Grundzüge der Verfassungstheorie und Politischen Philosophie, JZ 1987, S. 431 (440): „Der Rechtspositivismus, vorwiegend als Begriffsjurisprudenz (*Puchta*, *Gerber*, *Laband*), betont die Sollensseite, den Geltungsbefehl, ohne der Rechtslehre die Möglichkeit einzuräumen, das Gesetz kritisch zu hinterfragen."

demokratischen Prinzip bestimmen, so ist das Augenmerk auf die organisatorische Ausgestaltung der durch sie eingerichteten Reichsgewalt zu richten.[518] Geboten ist, mit anderen Worten, eine Analyse der Reichsorgane und ihrer Stellung im Verfassungssystem. Dabei ist zu gewärtigen, dass die den konstitutionellen Dualismus seit jeher prägende Notwendigkeit, zwischen dem monarchischen und dem demokratischen Prinzip zu vermitteln, im Kontext der Reichsgründung – nach 1848/49 zum zweiten Mal in der deutschen Verfassungsgeschichte – auf das Engste mit dem nicht minder diffizilen Problem verbunden war, die unitarischen Anforderungen des neu zu schaffenden gesamtstaatlichen Gebildes mit den traditionell stark ausgeprägten Herrschaftsambitionen der einzelstaatlichen Regenten in Einklang zu bringen.[519]

(1) Der Bundesrat als monarchisch-föderatives Element

Sensibilisiert durch das Schicksal der Paulskirchenverfassung, die nicht zuletzt am Widerstand der sich in ihrem politischen Einfluss nivelliert wähnenden Landesfürsten gescheitert war,[520] stellte *Bismarck* im Rahmen der Verfassunggebung von 1867/1871 weder das kaiserliche *Bundespräsidium* noch den *Reichstag* ins Zentrum der Bildung und Ausübung des neuen politischen Gesamtwillens, sondern den als Ländervertretung konzipierten *Bundesrat*.[521] Die funktionale Ausrichtung des Bundesrates ähnelte dabei jener, welche die Frankfurter Nationalversammlung in ihrem Verfassungswerk von 1849 dem sog. „Staatenhaus" zugedacht hatte: Im bundesstaatlichen Gesamtgefüge sollte der Bundesrat die Integration der Einzelstaaten in den Gesamtstaat „Deutsches Reich" gewährleisten.[522] Während die Mitgliedschaft im Staatenhaus jedoch als freies Mandat konzipiert worden war und die Landesfürsten die Befugnis zur Auswahl der auf „ihren" Einzelstaat entfallenden Mandatsträger mit dem jeweiligen Landtag teilen mussten, wurden die Mitglieder des Bundesrats ausschließlich von den (größtenteils) monarchischen Regierungen der Einzelstaaten ernannt, an deren Instruktionen sie zudem – nach Art diplomatischer

---

518 Ebenso *Werner Frotscher/Bodo Pieroth*, Verfassungsgeschichte, 17. Auflage 2018, Rn. 444.

519 Ähnlich *Ernst Forsthoff*, Deutsche Verfassungsgeschichte der Neuzeit, 4. Auflage 1972, S. 150.

520 *Ernst Rudolf Huber*, Die Bismarcksche Reichsverfassung im Zusammenhang der deutschen Verfassungsgeschichte, in: Ernst-Wolfgang Böckenförde (Hrsg.), Moderne deutsche Verfassungsgeschichte (1815–1914), 2. Auflage 1981, S. 171 (174); *Karl Griewank*, Ursachen und Folgen des Scheiterns der deutschen Revolution von 1848, in: ders. (Hrsg.), Die deutsche Revolution von 1848/49, 1983, S. 58 (82).

521 Vgl. *Christian-Friedrich Menger*, Deutsche Verfassungsgeschichte der Neuzeit, 8. Auflage 1993, Rn. 293: „[Der] *Bundesrat* war das *oberste Organ des Reiches*." Siehe auch *Georg Meyer*, Lehrbuch des deutschen Staatsrechts, 1. Auflage 1878, S. 313; *Stefan Oeter*, Souveränität und Demokratie als Probleme in der „Verfassungsentwicklung" der Europäischen Union, ZaöRV 55 (1995), S. 659 (679 f.); *Klaus Stern*, Das Staatsrecht der Bundesrepublik Deutschland, Band V, 2000, S. 368.

522 Vgl. *Adolf Laufs*, Die Anfänge des deutschen Nationalstaats, JuS 1971, S. 9 (13); *Ernst Rudolf Huber*, Die Bismarcksche Reichsverfassung im Zusammenhang der deutschen Verfassungsgeschichte, in: Ernst-Wolfgang Böckenförde (Hrsg.), Moderne deutsche Verfassungsgeschichte (1815–1914), 2. Auflage 1981, S. 171 (188).

Vertreter[523] – uneingeschränkt gebunden[524] waren.[525] Schon in binnenorganisatorischer Hinsicht entsprach der *Bismarck*'sche Bundesrat den Interessen der deutschen Fürsten daher sehr viel eher als ehedem das Staatenhaus der Paulskirchenverfassung.[526] Maßgeblichen Einfluss auf den politischen Gesamtwillen des Reiches – und darauf kam es letztlich an – vermochte der Bundesrat den Regenten der Einzelstaaten jedoch nur deshalb zu sichern, weil ihn die Reichsverfassung mit weitreichenden Zuständigkeiten ausstattete.[527] So war die Ländervertretung nicht nur gleichberechtigte Teilhaberin der Legislativgewalt des Reiches,[528] sondern partizipierte überdies an der Ausübung der Reichsexekutivgewalt. Hervorzuheben sind insoweit das Veto-Recht des Bundesrats bei der Erklärung des Krieges im Namen des Reiches,[529] die Zuständigkeit zur Beschlussfassung über die Reichsexekution gegen pflichtvergessene Gliedstaaten,[530] die Kompetenz zum Erlass der zur Ausführung der Reichsgesetze erforderlichen allgemeinen Verwaltungsvorschriften[531] sowie die Befugnis, im Einvernehmen mit dem Kaiser den Reichstag aufzulösen[532]. Darüber hinaus fungierte der Bundesrat als Organ der verfassungsrechtlichen Streitentscheidung, nahm also neben seinen Legislativ- und Exekutivfunktionen auch judikative Aufgaben wahr.[533]

(2) Die kaiserliche Reichsleitung als monarchisch-unitarisches Element

War der Bundesrat als monarchisch-föderatives Element konzipiert, so verkörperte der König von Preußen in seiner Eigenschaft als Deutscher Kaiser und Inhaber des „Präsidiums des Bundes" das monarchisch-unitarische Moment.[534] Gemeinsam

---

[523] Vgl. Art. 10 der „Verfassung des Deutschen Reiches" von 1871 (RV).

[524] Nicht instruierte Stimmen wurden gemäß Art. 7 Abs. 3 RV nicht gezählt. Näher zum Ganzen *Georg Meyer*, Lehrbuch des deutschen Staatsrechts, 1. Auflage 1878, S. 318.

[525] *Christian-Friedrich Menger*, Deutsche Verfassungsgeschichte der Neuzeit, 8. Auflage 1993, Rn. 293 sowie *Klaus Stern*, Das Staatsrecht der Bundesrepublik Deutschland, Band V, 2000, S. 371 charakterisieren den *Bismarck*'schen Bundesrat mit Blick auf die strikte Bindung seiner Mitglieder an den politischen Willen der entsendenden Landesregierungen als „Gesandtenkongreß".

[526] *Willibalt Apelt*, Betrachtungen zum Bonner Grundgesetz, NJW 1949, S. 481 (483) bemerkt in diesem Zusammenhang treffend, dass die Regierungen der gliedstaatlichen Fürsten „im Bundesrat das monarchische Prinzip vertraten".

[527] Vgl. *Ernst Forsthoff*, Deutsche Verfassungsgeschichte der Neuzeit, 4. Auflage 1972, S. 153; *Christian-Friedrich Menger*, Deutsche Verfassungsgeschichte der Neuzeit, 8. Auflage 1993, Rn. 293.

[528] Vgl. Art. 5 RV.

[529] Vgl. Art. 11 Abs. 2 RV.

[530] Vgl. Art. 19 RV.

[531] Vgl. Art. 7 Abs. 1 Nr. 2 RV.

[532] Vgl. Art. 24 S. 2 RV.

[533] Vgl. Art. 76, 77 RV.

[534] *Ernst Rudolf Huber*, Die Bismarcksche Reichsverfassung im Zusammenhang der deutschen Verfassungsgeschichte, in: Ernst-Wolfgang Böckenförde (Hrsg.), Moderne deutsche Verfassungsgeschichte (1815–1914), 2. Auflage 1981, S. 171 (202); *ders.*, Das Kaiserreich als Epoche verfassungsstaatlicher Entwicklung, in: HStR, Band I, 3. Auflage 2003, § 4 Rn. 14, 60ff. Zur prononciert unitarischen Interpretation des Kaiseramts im Deutschen Reich vgl. *Hermann Rehm*, Allgemeine Staatslehre, 1899, S. 177 sowie *Fritz Hartung*, Deutsche Verfassungsgeschichte – vom 15. Jahrhun-

mit dem Reichskanzler[535] war dem Kaiser die Regierungsgewalt des Reiches überantwortet.[536] Zu den Prärogativen des Deutschen Kaisers zählten insbesondere die auswärtige Gewalt unter Einschluss des Rechts zur Entscheidung über Krieg und Frieden[537] sowie der Oberbefehl über das Heer[538] und die Kriegsmarine[539]. Abgerundet wurde die Bestimmungsmacht des Bundespräsidiums im existenziellen Ausnahmefall durch die kaiserliche Zuständigkeit für die Vollstreckung der – vom Bundesrat zu beschließenden – Reichsexekution[540] und die Verhängung des Belagerungszustands[541]. Des Weiteren standen dem Kaiser die Verwaltungshoheit auf den Gebieten der unmittelbaren Reichsverwaltung[542] sowie das Recht zur Ernennung und Entlassung der Reichsbeamten[543] zu. Im Bereich der Gesetzgebung verfügte er – anders als noch im Verfassungswerk der Frankfurter Nationalversammlung vorgesehen – weder über ein allgemeines Veto- noch über ein Notverordnungsrecht. Vielmehr beschränkten sich seine Befugnisse im Wesentlichen auf das Ausfertigen und Verkünden der Reichsgesetze[544] sowie die Berufung, Eröffnung, Vertagung und Schließung von Bundesrat und Reichstag[545]. Lediglich Gesetzesnovellierungen im Bereich des Militärwesens bzw. der Kriegsmarine sowie Änderungsgesetze betreffend die in Art. 35 RV bezeichneten Abgaben (u. a. Zölle, Bier-, Branntwein- und Tabaksteuer) vermochte der Kaiser zu verhindern. Der Grund liegt darin, dass diesbezügliche Meinungsverschiedenheiten im Bundesrat gemäß Art. 5 Abs. 2 RV durch „die Stimme des Präsidiums" entschieden wurden, sofern dieses „sich für die Aufrechterhaltung der bestehenden Einrichtungen" aussprach.[546] Im Einvernehmen mit dem Bundesrat konnte der Kaiser den Reichstag auflösen.[547] Eine Auflö-

dert bis zur Gegenwart, 9. Auflage 1969, S. 277: „Die Einheit des Reiches wurde lebendig verkörpert im Kaiser [...]".

535 Ausführlich zur Stellung des Reichskanzlers Näher zum Gegenzeichnungserfordernis *Georg Meyer*, Lehrbuch des deutschen Staatsrechts, 1. Auflage 1878, S. 337 ff.

536 Dazu und zum Folgenden *Georg Meyer*, Lehrbuch des deutschen Staatsrechts, 1. Auflage 1878, S. 313 und 323 ff.; *Fritz Hartung*, Deutsche Verfassungsgeschichte – vom 15. Jahrhundert bis zur Gegenwart, 9. Auflage 1969, S. 282; *Werner Frotscher/Bodo Pieroth*, Verfassungsgeschichte, 17. Auflage 2018, Rn. 431. Zur sukzessiven Ausgliederung verschiedener sog. „Reichsämter" (Auswärtiges Amt, Reichsmarineamt, Reichskolonialamt, Reichspostamt, Reichsamt des Innern, Reichsjustizamt, Reichsschatzamt, Reichseisenbahnamt, Reichsernährungsamt) aus der Reichskanzlei und dem Verhältnis jener Reichsämter zur Reichskanzlei *Christian-Friedrich Menger*, Deutsche Verfassungsgeschichte der Neuzeit, 8. Auflage 1993, Rn. 307; *Klaus Stern*, Das Staatsrecht der Bundesrepublik Deutschland, Band V, 2000, S. 377 f. und 402 f.

537 Vgl. Art. 11 RV.

538 Vgl. Art. 63 f. RV.

539 Vgl. Art. 53 Abs. 1 RV.

540 Vgl. Art. 19 RV.

541 Vgl. Art. 68 RV.

542 Vgl. Art. 17 S. 1 RV

543 Vgl. Art. 18 Abs. 1 RV.

544 Vgl. Art. 17 S. 1 RV.

545 Vgl. Art. 12 RV.

546 Siehe dazu *Fritz Hartung*, Deutsche Verfassungsgeschichte – vom 15. Jahrhundert bis zur Gegenwart, 9. Auflage 1969, S. 274, 282, 293.

547 Vgl. Art. 24 S. 2 RV.

sung des Bundesrats vermochte der Deutsche Kaiser demgegenüber nicht zu erwirken, noch nicht einmal im Zusammenwirken mit dem Reichstag. Abgesehen von Akten der Kommandogewalt[548] bedurften sämtliche Anordnungen und Verfügungen des Kaisers der Gegenzeichnung des Reichskanzlers,[549] dem die Leitung der gesamten Regierungsgeschäfte übertragen war und der überdies – hierin lag ein folgenreiches gewaltenverschränkendes Moment – den Vorsitz im Bundesrat führte[550].[551] Angewiesen auf das Vertrauen des Kaisers, der ihn nach seiner freien Entscheidung ernennen und entlassen konnte,[552] hatte der Reichskanzler dessen politischen Willen bei seiner Amtsführung zu beachten.[553] In Kombination mit dem in Art. 17 S. 2 RV normierten Gegenzeichnungserfordernis, das ein „persönliches Regiment" des Kaisers formal ausschloss,[554] ergab sich eine derart enge wechselseitige Abhängigkeit zwischen dem Inhaber der Bundespräsidialgewalt und dem von ihm ins Amt berufenen Reichskanzler, dass die Handlungsfähigkeit der exekutiven Zentralgewalt letztlich von einem fortwährenden Konsens zwischen diesem und jenem abhing. Im Ganzen besehen stellte sich die Reichsleitung somit als gemeinsame Aufgabe von Kaiser und Kanzler dar.[555]

(3) Der Reichstag als demokratisch-unitarisches Element

Das demokratisch-unitarische Gegengewicht zu den monarchisch geprägten Reichsorganen „Bundesrat" und „Bundespräsidium" bildete der aus „allgemeinen und direkten Wahlen mit geheimer Abstimmung"[556] hervorgehende Reichstag.[557] Seine

[548] Akte der Kommandogewalt waren gewohnheitsrechtlich von der Gegenzeichnungspflicht ausgenommen; siehe dazu *Christian-Friedrich Menger*, Deutsche Verfassungsgeschichte der Neuzeit, 8. Auflage 1993, Rn. 306; *Klaus Stern*, Das Staatsrecht der Bundesrepublik Deutschland, Band V, 2000, S. 374 f. m. w. N.

[549] Vgl. Art. 17 S. 2 RV. Näher zum Gegenzeichnungserfordernis *Georg Meyer*, Lehrbuch des deutschen Staatsrechts, 1. Auflage 1878, S. 325.

[550] Vgl. Art. 15 Abs. 1 Hs. 1 RV.

[551] Instruktiv zur verfassungspolitischen Bedeutung der von Art. 15 Abs. 1 Hs. 1 RV angeordneten Verknüpfung des Amts des Reichskanzlers mit dem Bundesratsvorsitz *Christian-Friedrich Menger*, Deutsche Verfassungsgeschichte der Neuzeit, 8. Auflage 1993, Rn. 301.

[552] Vgl. Art. 15 Abs. 1 Hs. 2 RV. Die Regierungs*bildung* gehörte mithin zu den Vorbehaltsrechten des Kaisers; siehe dazu *Ernst Rudolf Huber*, Die Bismarcksche Reichsverfassung im Zusammenhang der deutschen Verfassungsgeschichte, in: Ernst-Wolfgang Böckenförde (Hrsg.), Moderne deutsche Verfassungsgeschichte (1815–1914), 2. Auflage 1981, S. 171 (190).

[553] Vgl. *Werner Frotscher/Bodo Pieroth*, Verfassungsgeschichte, 17. Auflage 2018, Rn. 431.

[554] Vgl. *Klaus Stern*, Das Staatsrecht der Bundesrepublik Deutschland, Band V, 2000, S. 368.

[555] Vgl. *Werner Frotscher/Bodo Pieroth*, Verfassungsgeschichte, 17. Auflage 2018, Rn. 431.

[556] Art. 20 Abs. 1 RV.

[557] *Ernst Rudolf Huber*, Die Bismarcksche Reichsverfassung im Zusammenhang der deutschen Verfassungsgeschichte, in: Ernst-Wolfgang Böckenförde (Hrsg.), Moderne deutsche Verfassungsgeschichte (1815–1914), 2. Auflage 1981, S. 171 (185) betont, dass das Deutsche Reich sich im Jahre 1871 mit „der Einsetzung des in allgemeiner, gleicher geheimer und unmittelbarer Wahl berufenen Reichstags [...] verfassungspolitisch an die Spitze der europäischen Großmächte" gestellt habe. Die von *Christian-Friedrich Menger*, Deutsche Verfassungsgeschichte der Neuzeit, 8. Auflage 1993, Rn. 303 und *Werner Frotscher/Bodo Pieroth*, Verfassungsgeschichte, 17. Auflage 2018, Rn. 434 f. hervorgehobene wachsende Ungleichheit der Bevölkerungszahl in den einzelnen Wahl-

Mitglieder waren gemäß Art. 29 RV „Vertreter des gesammten [sic] Volkes und an Aufträge und Instruktionen nicht gebunden".[558] Als einer von zwei gleichberechtigten Gesetzgebungsfaktoren[559] hatte der Reichstag maßgeblichen Anteil an der Legislativgewalt des Reiches, die sich auf eine Fülle von bedeutenden Sachgebieten erstreckte,[560] darunter das bürgerliche Recht, das Strafrecht, das Prozessrecht sowie das Presse- und Vereinsrecht. Im Unterschied zur Paulskirchenverfassung war der Einfluss auf den politischen Gesamtwillen, der dem Reichstag durch seine Mitwirkung an der Gesetzgebung zuteilwurde, nicht durch ein kaiserliches Vetorecht in Gesetzgebungsangelegenheiten geschmälert.[561] Für das Zustandekommen eines Reichsgesetzes genügten übereinstimmende, mit einfacher Mehrheit gefasste Beschlüsse des Bundesrats und des Reichstags.[562] Umgekehrt kannte die Reichsverfassung allerdings auch kein parlamentarisches Veto bei der Ernennung des Reichskanzlers durch den Kaiser. Von der Regierungsbildung gänzlich ausgeschlossen, konnte der Reichstag allein die Befugnis zur Kontrolle der Reichsleitung für sich reklamieren.[563] Den zentralen Ansatzpunkt hierfür lieferte die Vorschrift des Art. 17 S. 2 RV, der zufolge der Reichskanzler durch die Gegenzeichnung der Anordnungen und Verfügungen des Kaisers „die Verantwortlichkeit" übernahm. Aktualisiert wurde diese „Verantwortlichkeit" durch den Reichstag, der den Kanzler und seine Stellvertreter (Staatssekretäre) im Wege der öffentlichen parlamentarischen Debatte zur Rechenschaft ziehen konnte.[564] *Paul Laband* kommentierte diesbezüglich:

---

kreisen des Reichs und die daraus resultierende eklatante Ungleichheit im Erfolgswert der Stimmen relativieren *Hubers* These freilich.

558 Zur demokratisch-unitarischen Konzeption des Reichstags vgl. etwa *Christian-Friedrich Menger*, Deutsche Verfassungsgeschichte der Neuzeit, 8. Auflage 1993, Rn. 305; *Klaus Stern*, Das Staatsrecht der Bundesrepublik Deutschland, Band V, 2000, S. 372.

559 Vgl. Art. 5 Abs. 1 RV.

560 Vgl. Art. 4 und 23 RV.

561 Auf den „hohe[n] Machtanteil", der „dem alten Reichstag vermöge seiner entscheidenden Mitwirkung an den Aufgaben der Reichsgesetzgebung zukam", verweist auch *Ernst Rudolf Huber*, Die Bismarcksche Reichsverfassung im Zusammenhang der deutschen Verfassungsgeschichte, in: Ernst-Wolfgang Böckenförde (Hrsg.), Moderne deutsche Verfassungsgeschichte (1815–1914), 2. Auflage 1981, S. 171 (189); *ders.*, Das Kaiserreich als Epoche verfassungsstaatlicher Entwicklung, in: HStR, Band I, 3. Auflage 2003, § 4 Rn. 26 und 43 ff. *Christian-Friedrich Menger*, Deutsche Verfassungsgeschichte der Neuzeit, 1. Auflage 1975, Rn. 309 konstatiert, dass die durch entsprechende verfassungsändernde Gesetze bewirkte sukzessive Erweiterung der Kompetenzen des Reiches insbesondere dem Reichstag „stärkeres Gewicht" verliehen habe, „weil die vermehrte Gesetzgebung, Steuerbewilligung und Etatbeschlußfassung in erster Linie seine Tätigkeit anwachsen ließ". Ähnlich *Peter Unruh*, Der Verfassungsbegriff des Grundgesetzes, 2002, S. 254.

562 Vgl. Art. 5 Abs. 1, 7 Abs. 3 S. 1, 28 RV.

563 Siehe dazu *Georg Meyer*, Lehrbuch des deutschen Staatsrechts, 1. Auflage 1878, S. 325.

564 Vgl. dazu *Fritz Hartung*, Deutsche Verfassungsgeschichte – vom 15. Jahrhundert bis zur Gegenwart, 9. Auflage 1969, S. 282; *Christian-Friedrich Menger*, Deutsche Verfassungsgeschichte der Neuzeit, 8. Auflage 1993, Rn. 283; *Ernst Rudolf Huber*, Die Bismarcksche Reichsverfassung im Zusammenhang der deutschen Verfassungsgeschichte, in: Ernst-Wolfgang Böckenförde (Hrsg.), Moderne deutsche Verfassungsgeschichte (1815–1914), 2. Auflage 1981, S. 171 (190); *ders.*, Das Kaiserreich als Epoche verfassungsstaatlicher Entwicklung, in: HStR, Band I, 3. Auflage

„Die Verantwortlichkeit des Reichskanzlers ist […] ein politisches Prinzip, das seiner Verwirklichung durch Rechtssätze noch harrt, welches aber doch als solches nicht wirkungslos ist, sondern die sogenannte politische oder parlamentarische Verantwortlichkeit des Reichskanzlers begründet. Die praktische Folge derselben besteht im wesentlichen darin, daß der Reichskanzler sich der politischen Notwendigkeit nicht entziehen kann, auf Angriffe gegen seine Geschäftsführung im Bundesrat und Reichstag Rede zu stehen."[565]

Ein formelles parlamentarisches Misstrauensvotum mit bindender Wirkung kannte die Reichsverfassung indes nicht.[566] Als umso bedeutender erwies sich daher jene (weitere) Kontrollbefugnis, die dem Reichstag aus seinem Budgetbewilligungsrecht erwuchs:[567] Da gemäß Art. 69 RV alle Einnahmen und Ausgaben des Reichs für jedes Jahr veranschlagt und auf den durch Gesetz festzustellenden Reichshaushalts-Etat gebracht werden mussten, „gab es keinen Bereich des staatlichen Handelns, der der Planungsmacht des [ ] Reichstags entzogen gewesen wäre"[568]. Effektiviert wurde diese Planungs- und Kontrollkompetenz des Parlaments durch Art. 72 RV, der den Reichskanzler verpflichtete, dem Bundesrat und dem Reichstag über die Verwendung aller Einnahmen jährlich Rechnung zu legen.

(4) Fazit

War die Verfassunggebung von 1867/1871 der Sache nach das Produkt von Vereinbarungen zwischen Fürsten und Repräsentativkörperschaften gewesen, so setzte sich der darin durchscheinende „fundamentale Dualismus"[569] von Monarch(en) und Volk in der verfassungsmäßigen Organisation der Reichsgewalt bruchlos fort:[570] An der Bildung des politischen Gesamtwillens auf der Reichsebene partizi-

---

2003, § 4 Rn. 15 und 45; *Peter C. Caldwell*, Popular Sovereignty and the Crisis of German Constitutional Law – The Theory & Practice of Weimar Constitutionalism, 1997, S. 22 f.

565 *Paul Laband*, Das Staatsrecht des Deutschen Reiches, Band I, 5. Auflage, 1911, S. 381 f.

566 Vgl. *Christian-Friedrich Menger*, Deutsche Verfassungsgeschichte der Neuzeit, 8. Auflage 1993, Rn. 306; *Klaus Stern*, Das Staatsrecht der Bundesrepublik Deutschland, Band V, 2000, S. 373.

567 Instruktiv zum hohen Stellenwert des parlamentarischen Budgetbewilligungsrechts und der mit diesem Recht verbundenen Kontrollbefugnis in der Staatspraxis des Deutschen Reichs *Reinhard Mußgnug*, Der Haushaltsplan als Gesetz, 1976, S. 179 ff.; *Rainer Wahl*, Der preußische Verfassungskonflikt und das konstitutionelle System des Kaiserreichs, in: Ernst-Wolfgang Böckenförde (Hrsg.), Moderne deutsche Verfassungsgeschichte (1815–1914), 2. Auflage 1981, S. 208 (214 ff.). Vgl. auch *Ernst Forsthoff*, Deutsche Verfassungsgeschichte der Neuzeit, 4. Auflage 1972, S. 153, 161 f.; *Ernst Rudolf Huber*, Das Kaiserreich als Epoche verfassungsstaatlicher Entwicklung, in: HStR, Band I, 3. Auflage 2003, § 4 Rn. 46 f.

568 *Ernst Rudolf Huber*, Die Bismarcksche Reichsverfassung im Zusammenhang der deutschen Verfassungsgeschichte, in: Ernst-Wolfgang Böckenförde (Hrsg.), Moderne deutsche Verfassungsgeschichte (1815–1914), 2. Auflage 1981, S. 171 (191).

569 Begriff nach *Ernst Rudolf Huber*, Die Bismarcksche Reichsverfassung im Zusammenhang der deutschen Verfassungsgeschichte, in: Ernst-Wolfgang Böckenförde (Hrsg.), Moderne deutsche Verfassungsgeschichte (1815–1914), 2. Auflage 1981, S. 171 (199). Vgl. auch *Adolf Laufs*, Die Anfänge des deutschen Nationalstaats, JuS 1971, S. 9 (13).

570 Ähnlich *Ernst Rudolf Huber*, Das Kaiserreich als Epoche verfassungsstaatlicher Entwicklung, in: HStR, Band I, 3. Auflage 2003, § 4 Rn. 17: „Sowohl das bei dem Verfassungswerk von

pierten die Landesfürsten über den Bundesrat (monarchisch-föderatives Element), der König von Preußen in seiner Eigenschaft als Deutscher Kaiser vermittels des ihm zustehenden Bundespräsidiums (monarchisch-unitarisches Element) sowie das Volk über den aus allgemeinen, direkten und geheimen Wahlen hervorgehenden Reichstag (demokratisch-unitarisches Element). Sowohl der Modus des Zustandekommens des *Bismarck*'schen Verfassungswerks als auch die Art und Weise, in der es den politischen Prozess organisierte, zeugen von dem Willen, monarchische und demokratische Kräfte ungeachtet ihrer gegensätzlichen Stoßrichtung zu einer Aktionseinheit zu verbinden.[571] Allerdings ist zu konstatieren, dass die monarchischen Kräfte insgesamt prävalierten.[572] Dies zeigte sich zum einen daran, dass die Kompetenzen des Bundesrats ungleich weiter bemessen waren als jene des Reichstags,[573] aber mehr noch daran, dass die beiden monarchisch geprägten Reichsorgane (Bundesrat und Bundespräsidium) die Befugnis besaßen, das einzige demokratisch geprägte Reichsorgan – den Reichstag – aufzulösen, wohingegen sie selbst in ihrem Bestand nicht angetastet werden konnten. Die durchgreifende Überführung der Reichsexekutivgewalt in eine parlamentarische Verantwortlichkeit war ob der starken Stellung des Bundesrats, der dem Reichstag im Unterschied zum Reichskanzler keine Rechenschaft schuldete, strukturell ausgeschlossen.[574]

cc) Der pouvoir constituant constitué als Kompromiss zwischen dem monarchischen und dem demokratischen Prinzip

Beruhte nach dem oben Ausgeführten bereits das Zustandekommen der Verfassung auf einer Übereinkunft zwischen den deutschen Regenten und Repräsentativkörperschaften, so nimmt es nicht wunder, dass auch das Verfahren der Verfassungsänderung als Kompromiss zwischen den beiden gegenläufigen Formprinzipien – monarchisches Prinzip einerseits, demokratisches Prinzip andererseits – konzipiert worden war. Den Vereinbarungscharakter der *Bismarck*'schen Reichsverfassung

1867 und 1871 beobachtete formelle Verfahren als auch die reale Verteilung der Verfassungsmacht rechtfertigen es somit, die Verfassung des Kaiserreichs eine ‚vereinbarte Verfassung' zu nennen."

571 Ganz ähnlich *Ernst Rudolf Huber*, Die Bismarcksche Reichsverfassung im Zusammenhang der deutschen Verfassungsgeschichte, in: Ernst-Wolfgang Böckenförde (Hrsg.), Moderne deutsche Verfassungsgeschichte (1815–1914), 2. Auflage 1981, S. 171 (196); *Adolf Laufs*, Die Anfänge des deutschen Nationalstaats, JuS 1971, S. 9 (13); *Ernst Forsthoff*, Deutsche Verfassungsgeschichte der Neuzeit, 4. Auflage 1972, S. 155 f.

572 „[U]m das Übergewicht des monarchischen über das demokratische Element zu betonen", charakterisieren *Werner Frotscher/Bodo Pieroth*, Verfassungsgeschichte, 17. Auflage 2018, Rn. 448 das Deutsche Reich als „eingeschränkte Monarchie". Ähnlich *Peter C. Caldwell*, Popular Sovereignty and the Crisis of German Constitutional Law – The Theory & Practice of Weimar Constitutionalism, 1997, S. 23: „The 1871 Constitution […] preserved the *dualistic constitutional monarchy.*" (Hervorhebung hinzugefügt). Vgl. ferner *Klaus Stern*, Das Staatsrecht der Bundesrepublik Deutschland, Band V, 2000, S. 346: „Der monarchische Charakter des Deutschen Reiches war […] unstreitig."

573 Vgl. dazu *Ernst Forsthoff*, Deutsche Verfassungsgeschichte der Neuzeit, 4. Auflage 1972, S. 153.

574 Vgl. *Thomas Nipperdey*, Deutsche Geschichte 1866–1918, Band II, 2. Auflage 1993, S. 93 f.

fortschreibend, erforderte jede Verfassungsänderung ein Zusammenwirken der monarchisch-dynastisch geprägten Reichsorgane mit dem volksgewählten Reichstag. Zwar erfolgten Änderungen der Verfassung gemäß Art. 78 S. 1 RV „im Wege der Gesetzgebung", sodass der Deutsche Kaiser formal auf die notariellen Funktionen des Ausfertigens und Verkündigens beschränkt war,[575] doch galten Verfassungsänderungen gemäß Art. 78 S. 2 RV als abgelehnt, wenn sie im Bundesrat 14 Stimmen gegen sich hatten. Da Preußen über 17 der 58 Bundesratsstimmen verfügte[576], diese Stimmen ferner an die Instruktionen der entsendenden Landesregierung gebunden waren und zwischen dem König von Preußen sowie dem Inhaber des Bundespräsidiums von Verfassungs wegen Personalunion[577] bestand, war sichergestellt, dass Revisionen der Reichsverfassung nicht gegen den Willen des Deutschen Kaisers durchgesetzt werden konnten.

Die hierfür ausschlaggebende Sperrminorität von 14 Stimmen war dabei wohlweislich so bemessen, dass neben Preußen auch die drei übrigen deutschen Königreiche, d. h. Bayern (6 Stimmen), Sachsen und Württemberg (je 4 Stimmen), verfassungsändernde Gesetze zu blockieren vermochten, sofern sie diese einhellig ablehnten.[578] Die herausgehobene Bedeutung der drei vorgenannten Königreiche als Gegengewicht zu Preußens Hegemonie im Deutschen Kaiserreich gelangt hier klar zum Ausdruck.[579] Während verfassungsändernde Beschlüsse im Bundesrat der Überwindung von Sperrminoritäten und mithin einer qualifizierten Mehrheit bedurften, genügte im Reichstag die einfache Mehrheit der abgegebenen Stimmen. Daraus ergab sich, dass eine reformfeindliche Minderheit des Bundesrats Verfassungsänderungen verhindern konnte, nicht aber eine reformfeindliche Minderheit des Reichstags.[580] *Ernst Rudolf Huber* zieht aus diesem Verfahrensmodus den verfassungspolitischen Schluss, „daß bei Verfassungsänderungen dem Bundesrat die stärkere konservierende Macht, dem Reichstag die stärkere progressive Macht zuerkannt war"[581].

---

[575] Vgl. Art. 17 S. 1 RV.

[576] Vgl. Art. 6 RV.

[577] Vgl. Art. 11 S. 1 RV. Zur Bedeutung der Personalunion von Preußischem König und Deutschem Kaiser für Preußens Führungsanspruch im Deutschen Reich *Fritz Hartung*, Deutsche Verfassungsgeschichte – vom 15. Jahrhundert bis zur Gegenwart, 9. Auflage 1969, S. 292 ff.; *Christian-Friedrich Menger*, Deutsche Verfassungsgeschichte der Neuzeit, 8. Auflage 1993, Rn. 300.

[578] Vgl. *Fritz Hartung*, Deutsche Verfassungsgeschichte – vom 15. Jahrhundert bis zur Gegenwart, 9. Auflage 1969, S. 273 f.; *Christian-Friedrich Menger*, Deutsche Verfassungsgeschichte der Neuzeit, 8. Auflage 1993, Rn. 292.

[579] Zu den verfassungsrechtlichen Manifestationen der hegemonischen Stellung Preußens im Deutschen Reich vgl. *Fritz Hartung*, Deutsche Verfassungsgeschichte – vom 15. Jahrhundert bis zur Gegenwart, 9. Auflage 1969, S. 274 f.; *Christian-Friedrich Menger*, Deutsche Verfassungsgeschichte der Neuzeit, 8. Auflage 1993, Rn. 299.

[580] Vgl. *Christian-Friedrich Menger*, Deutsche Verfassungsgeschichte der Neuzeit, 8. Auflage 1993, Rn. 304: „Hemmnisse gegen Verfassungsänderungen waren […] nur beim Bundesrat eingebaut."

[581] *Ernst Rudolf Huber*, Die Bismarcksche Reichsverfassung im Zusammenhang der deutschen Verfassungsgeschichte, in: Ernst-Wolfgang Böckenförde (Hrsg.), Moderne deutsche Verfassungsgeschichte (1815–1914), 2. Auflage 1981, S. 171 (180).

c) Die Bismarck'sche Reichsverfassung als herrschaftsbegrenzender Normeninbegriff

Was das zweite zentrale Anliegen der modernen Verfassungsidee anbetrifft, namentlich die effektive *Begrenzung* der öffentlichen Gewalt, gibt die *Bismarck*'sche Reichsverfassung ein gemischtes Bild ab. Das in ihr klar zum Ausdruck gelangende Bekenntnis zur Trennung und wechselseitigen Kontrolle der Gewalten kontrastiert mit einer unübersehbaren Skepsis gegenüber dem Konzept des Verfassungsvorrangs.

aa) Gewaltengliederung

Die praktisch bedeutsamste Vorkehrung zur Wahrung von Freiheit und Recht im Verfassungsstaat „Deutsches Reich" bestand zweifellos in der vertikalen und horizontalen Gewaltengliederung. Neben die bundesstaatstypische Aufteilung der staatlichen Befugnisse[582] zwischen den Ländern, bei denen das Schwergewicht der Verwaltung und der Rechtsprechung lag, und dem Reich, das vor allem über bedeutsame Gesetzgebungskompetenzen verfügte, trat die Trennung von Exekutive und Legislative auf der Reichsebene. Besondere Beachtung verdient der Umstand, dass *Bismarcks* Verfassungswerk die klassische Form der Gewaltengliederung um eine innere Teilung der Legislativgewalt ergänzte, indem es auf der Ebene des Gesamtstaats zwei Gesetzgebungsfaktoren zusammenspannte, von denen der eine das föderative Element verkörperte (Bundesrat), der andere das unitarische Element (Reichstag). Den bis dato üblichen Modellen einer dualistischen Ausgestaltung der Legislativgewalt (Zweikammersystem, Vetorecht des Staatsoberhaupts) setzte die Reichsverfassung somit ein auf die Kooperation von Föderativorgan und Volksvertretung ausgerichtetes Modell entgegen.[583] Mit Blick auf die spezifischen Herausforderungen der Bundesstaatlichkeit erschien diese Konzeption insofern vorzugswürdig, als sie die partikularistischen Autonomieansprüche der Einzelstaaten durch das Einräumen föderativer Mitwirkungsrechte an der Reichsgewalt zu mäßigen versprach und damit die Aussicht bot, „die Landesstaatsgewalten aus der traditionellen Tendenz zur eigennützigen Wahrung der Landesfreiheit (‚Libertät') zu lösen"[584]. Der Föderalismus – als prägendes Element der staatlichen Struktur des Deutschen Reichs – sollte auf diese Weise von einer potenziellen Bedrohung für die

---

[582] Zur föderativen Ordnung des Reiches im Allgemeinen und den gliedstaatlichen Kompetenzen im Besonderen vgl. etwa *Christian-Friedrich Menger*, Deutsche Verfassungsgeschichte der Neuzeit, 8. Auflage 1993, Rn. 290ff., 309f. Die herrschaftsbegrenzende Dimension der föderativen Aufgliederung der Staatsgewalt im Deutschen Reich betont mit Recht *Klaus Stern*, Das Staatsrecht der Bundesrepublik Deutschland, Band V, 2000, S. 345.

[583] Vgl. *Ernst Rudolf Huber*, Die Bismarcksche Reichsverfassung im Zusammenhang der deutschen Verfassungsgeschichte, in: Ernst-Wolfgang Böckenförde (Hrsg.), Moderne deutsche Verfassungsgeschichte (1815–1914), 2. Auflage 1981, S. 171 (188).

[584] *Ernst Rudolf Huber*, Die Bismarcksche Reichsverfassung im Zusammenhang der deutschen Verfassungsgeschichte, in: Ernst-Wolfgang Böckenförde (Hrsg.), Moderne deutsche Verfassungsgeschichte (1815–1914), 2. Auflage 1981, S. 171 (188).

Reichseinheit in ein „Moment gesamtstaatlicher Integration“[585] umgemünzt werden.[586] Die im Grundgesetz der Bundesrepublik Deutschland angeordnete Aufteilung der Legislativgewalt des Bundes zwischen dem Bundestag und dem – wiederum als Länderkammer konzipierten – Bundesrat zeugt von der epochenübergreifenden Vorbildwirkung[587] des *Bismarck*'schen Modells der (föderalen) Gewaltengliederung.[588]

bb) Vorrang der Verfassung

Neben einer gewaltenteiligen Organisation der Herrschaftsausübung verlangt das konstitutionelle Anliegen, Herrschaft effektiv zu begrenzen, auch und vor allem den Vorrang der Verfassung. Denn erst der Vorrang der Verfassung bietet Gewähr dafür, dass sich die *pouvoirs constitués* nicht selbst aus ihren rechtlichen Bindungen entlassen, um alsdann Steuerungsambitionen zu entfalten, die jenseits der Grenzen ihres in der Verfassung umrissenen Herrschaftsauftrags liegen.[589]

(1) Erhöhte formelle Geltungskraft der Verfassung kraft erschwerter Abänderbarkeit

Der Sache nach bedeutet „Vorrang der Verfassung“ auch und vor allem „Nachrang des Gesetzes“, in institutioneller Hinsicht also die Bindung des (einfachen) Gesetzgebers an das Verfassungsrecht und seinen Ausschluss vom Zugriff auf dasselbe.[590] Formal betrachtet erfüllte die *Bismarck*'sche Reichsverfassung dieses Kriterium, denn sie machte Verfassungsänderungen vom Erreichen einer qualifizierten Mehrheit im Bundesrat abhängig.[591] Da sich das Verfahren zur Verfassungsänderung

---

585 *Ernst Rudolf Huber*, Das Kaiserreich als Epoche verfassungsstaatlicher Entwicklung, in: HStR, Band I, 3. Auflage 2003, § 4 Rn. 36.

586 Vgl. *Rudolf Smend*, Verfassung und Verfassungsrecht, 1928, S. 125 f. und 167 ff.

587 Zur „stark[...] nachwirkende[n] Kraft“ des *Bismarck*'schen Leitbilds föderativer Gewaltenteilung *Ernst Rudolf Huber*, Das Kaiserreich als Epoche verfassungsstaatlicher Entwicklung, in: HStR, Band I, 3. Auflage 2003, § 4 Rn. 36.

588 Damit soll allerdings nicht gesagt sein, dass sich das Gleichgewichtssystem *Bismarcks* durch ein ausgewogenes, das Staatsganze nachhaltig stabilisierendes und durchgängig konstruktives Nebeneinander von Gewalten auszeichnete. Angesichts der lähmenden Dauerkonfrontation zwischen Reichstag und Reichsleitung wäre eine solche Deutung der Verhältnisse im Deutschen Reich erkennbar verfehlt; siehe dazu *Rainer Wahl*, Der preußische Verfassungskonflikt und das konstitutionelle System des Kaiserreichs, in: Ernst-Wolfgang Böckenförde (Hrsg.), Moderne deutsche Verfassungsgeschichte (1815–1914), 2. Auflage 1981, S. 208 (218 f.).

589 Vgl. oben Zweites Kapitel B. II. 3. c) cc).

590 Vgl. *Gerald Stourzh*, Vom Widerstandsrecht zur Verfassungsgerichtsbarkeit: Zum Problem der Verfassungswidrigkeit im 18. Jahrhundert, 1974, S. 15 ff.; *Rainer Wahl*, Der Vorrang der Verfassung, Der Staat 20 (1981), S. 485 (487); *Franz-Joseph Peine*, Normenkontrolle und konstitutionelles System, Der Staat 22 (1983), S. 521 (543 f.); *Samuel Edward Finer*, The History of Government From the Earliest Times, Band III, 1997, S. 1505; *Christian Winterhoff*, Verfassung – Verfassunggebung – Verfassungsänderung, 2007, S. 111; *Uwe Volkmann*, Grundzüge einer Verfassungslehre der Bundesrepublik Deutschland, 2013, S. 315; *Horst Dreier*, Grenzen demokratischer Freiheit im Verfassungsstaat, in: ders., Idee und Gestalt des freiheitlichen Verfassungsstaates, 2014, S. 249 (260).

591 Vgl. oben Zweites Kapitel B. II. 5. b) cc).

mithin vom „gewöhnlichen“ Gesetzgebungsverfahren (hier genügten übereinstimmende Mehrheitsbeschlüsse beider Versammlungen)[592] unterschied, war die für den Verfassungsvorrang konstitutive Distanz zwischen Verfassungsrecht und einfachem Gesetzesrecht dem Grunde nach hergestellt.[593] Ganz in diesem Sinne formulierte *Albert Haenel*:

„Ihnen, den Verfassungsgesetzen, steht die Summe der ‚*einfachen*‘ Gesetze gegenüber, für deren rechtsgültigen Erlaß die einfachen, die leichten und regelmäßigen Formen der Gesetzgebung genügen. Grund und Absicht dieses Unterschiedes ist es aber allein, an die Grundrichtungen des Staatslebens, die die ‚Verfassung‘ vorzeichnet, an die Grundsätze, die sie in allgemeinen Formulierungen aufstellt, nicht nur die Vollziehung, sondern auch nicht minder die Gesetzgebung selbst zu binden. Die Verfassung in diesem formellen Sinne, das Verfassungsgesetz, verhält sich daher regulativ wie zur Vollziehung, so zur einfachen Gesetzgebung.“[594]

Wie zuvor bereits die Paulskirchenverfassung, welche das Verfassungsrecht ebenfalls durch verfahrenstechnische Vorkehrungen vom einfachen Recht abgegrenzt hatte,[595] versah auch die Reichsverfassung ihre Normen mit erhöhter formeller Geltungskraft und schuf dergestalt die entscheidende konzeptionelle Voraussetzung für die Etablierung des Vorrangs der Verfassung.[596] Indes litt die rechtspraktische Operationalisierung jener Rechtsfigur, d. h. die konsequente „Vermaßstäblichung“ der Verfassung gegenüber den Rechtshandlungen der durch sie eingesetzten Autoritäten, unter erheblichen Defiziten. Der vergleichende Blick auf das Verfassungswerk der Frankfurter Nationalversammlung lässt diese Defizite klar zu Tage getreten. Er offenbart, dass die Reichsverfassung jener materiellen, formellen und justiziellen „Begleitinstitute“ ermangelte, derer es zwingend bedarf, um den Vorranganspruch der Verfassung und das ihm innewohnende Herrschaftsbegrenzungspotenzial rechtspraktisch zur Entfaltung zu bringen.

---

[592] Vgl. Art. 5 S. 2 RV.

[593] Vgl. *Christian Winterhoff*, Verfassung – Verfassunggebung – Verfassungsänderung, 2007, S. 111: „Ausprägung und Voraussetzung des Vorrangs ist [...] die erschwerte Abänderbarkeit der Verfassung, durch die der Geltungsvorrang der Verfassung auch gegenüber dem Gesetzgeber gesichert wird.“ Siehe dazu auch *Franz-Joseph Peine*, Normenkontrolle und konstitutionelles System, Der Staat 22 (1983), S. 521 (540, 543 f.).

[594] *Albert Haenel*, Deutsches Staatsrecht, Band I, 1892, S. 125 f.

[595] Vgl. oben Zweites Kapitel B. II. 3. c) cc).

[596] Zur „erschwerten Abänderbarkeit“ als einem zentralen „Charakteristikum moderner Staatsverfassungen“ siehe *Horst Dreier*, Grenzen demokratischer Freiheit im Verfassungsstaat, in: ders., Idee und Gestalt des freiheitlichen Verfassungsstaates, 2014, S. 249 (253 f. und 260 f.), der der Reichsverfassung dieses Charakteristikum – im Unterschied zu der hier vertretenen Auffassung – allerdings ausdrücklich abspricht: „Noch weniger waren Gesetzgebung und Verfassungsänderung im Zweiten Deutschen Kaiserreich von 1871 zu unterscheiden. [...] Die [...] einzige Erschwerung, nämlich die Sperrminorität von 14 Stimmen im Bundesrat, war allein föderalistisch motiviert, ohne dem Schutz der Verfassung gegenüber dem einfachen Gesetzgeber zu dienen.“ (ebenda S. 254 Fußnote 13).

(2) Keine Grundrechtsbindung des Reichsgesetzgebers

So fehlte es dem Verfassungswerk *Bismarcks* – im Unterschied zum Verfassungswerk der Frankfurter Nationalversammlung – u. a. an einem Grundrechtskatalog.[597] Was die primäre Stoßrichtung des konstitutionellen Herrschaftsbegrenzungsanliegens anbelangt, namentlich den Schutz der individuellen Freiheit vor dem Zugriff der öffentlichen Gewalt, lief der Vorrang der Reichsverfassung infolgedessen leer.[598] Denn wo eine Verfassung bewusst keine Schranken setzt, da vermag die Suprematie derselben den Aktionsradius der staatlichen Herrschaftsträger naturgemäß nicht zu limitieren. Hinsichtlich des Bedürfnisses nach rechtlicher Einhegung der *vollziehenden* Gewalt mag dieser Umstand insofern vernachlässigbar erscheinen, als das Schwergewicht der Verwaltungstätigkeit im Kaiserreich bei den Einzelstaaten lag, sodass Hoheitsakte der Exekutive größtenteils grundrechtlichen Bindungen landesverfassungsrechtlicher Provenienz unterlagen. Hinsichtlich der gesetzgebenden Gewalt ließ sich dies jedoch nicht behaupten, übertrug *Bismarcks* Verfassungswerk dem Reich doch weitausgreifende Legislativkompetenzen.[599] Die mangelnde Grundrechtsbindung der Reichsgesetzgebung schmälerte das Herrschaftsbegrenzungspotenzial der Reichsverfassung daher erheblich und hemmte die Ausbildung der Vorstellung, dass eine Verletzung der Verfassung durch den Gesetzgeber überhaupt möglich ist[600].[601] Der in der verfassungsgeschichtlichen Literatur in diesem

---

[597] Zu den Hintergründen der Entscheidung gegen die Aufnahme von Grundrechten in die Reichsverfassung und die einschlägige Debatte im Reichstag *Klaus Stern*, Das Staatsrecht der Bundesrepublik Deutschland, Band V, 2000, S. 360 ff.

[598] *Matthias Ruffert*, Vorrang der Verfassung und Eigenständigkeit des Privatrechts: Eine verfassungsrechtliche Untersuchung zur Privatrechtswirkung des Grundgesetzes, 2001, S. 32 f. spricht in Bezug auf das Kaiserreich daher mit Recht von einem „formellen" Verständnis des Verfassungsvorrangs, welches den Gesetzgeber lediglich an bestimmte Regeln des Rechtserzeugungsverfahrens gebunden sieht, nicht aber an materiell-inhaltliche Vorgaben. Zustimmend *Uwe Volkmann*, Grundzüge einer Verfassungslehre der Bundesrepublik Deutschland, 2013, S. 316 (Fußnote 112).

[599] Zum inhaltlichen und funktionellen Zusammenhang zwischen dem Postulat vom Vorrang der Verfassung und der Grundrechtsbindung des Gesetzgebers vgl. *Rainer Wahl*, Der Vorrang der Verfassung, Der Staat 20 (1981), S. 485 (490 f.); *Franz-Joseph Peine*, Normenkontrolle und konstitutionelles System, Der Staat 22 (1983), S. 521 (531); *Thorsten Kingreen*, Vorrang und Vorbehalt der Verfassung, in: HStR, Band XII, 3. Auflage 2014, § 263 Rn. 23.

[600] *Rainer Wahl*, Der Vorrang der Verfassung, Der Staat 20 (1981), S. 485 bezeichnet die Vorstellung von der Rechtswidrigkeit solchen Gesetzesrechts, das der Verfassung widerspricht, mit Recht als konstitutiv für das „spezifisch[…] dogmatische[…] Konzept des Vorrangs der Verfassung". Zum langwierigen Prozess des „Erkennen[s] und Akzeptieren[s] der Möglichkeit der Verfassungsverletzung durch das Parlament" im Deutschland des 19. Jahrhunderts *Franz-Joseph Peine*, Normenkontrolle und konstitutionelles System, Der Staat 22 (1983), S. 521 (535 ff.).

[601] In der politischen Praxis des Kaiserreichs nutzte der Reichsgesetzgeber die fehlende Bindung an Grundrechte allerdings nicht bzw. zumindest nicht durchgängig für eine Marginalisierung individueller Freiheit. Vielmehr wurden im Wege der Reichsgesetzgebung zahlreiche freiheitliche und rechtsstaatliche Garantien „einfach-rechtlich" statuiert; vgl. dazu *Georg Meyer/Gerhard Anschütz*, Lehrbuch des deutschen Staatsrechts, 7. Auflage 1919, S. 955 ff.; *Klaus Stern*, Das Staatsrecht der Bundesrepublik Deutschland, Band V, 2000, S. 362 f.; *Werner Frotscher/Bodo Pieroth*, Verfassungsgeschichte, 17. Auflage 2018, Rn. 453.

Zusammenhang mitunter erhobene Einwand, zur Zeit des Akts der Verfassunggebung von 1867/1871 sei das Bedürfnis eines Grundrechtsschutzes gegenüber der Gesetzgebung noch nicht recht erkannt worden,[602] überzeugt nicht. Denn allein schon der Umstand, dass die Frankfurter Nationalversammlung in ihrem Verfassungswerk des Jahres 1849 die Legislative explizit an die Paulskirchen-Grundrechte gebunden hatte, belegt, dass die deutsche staatsrechtliche Praxis spätestens seit Mitte des 19. Jahrhunderts für das Problem sensibilisiert war.[603]

(3) Offenheit für Verfassungsdurchbrechungen

Neben dem materiellen Defizit fehlender Grundrechtsbindung der Reichsgesetzgebung eignete der Reichsverfassung das formelle Defizit, für Verfassungsdurchbrechungen[604] offen gewesen zu sein.[605] Damit ist gemeint, dass die Reichsverfassung der herrschenden staatsrechtlichen Lehre zufolge stillschweigende Verfassungsänderungen erlaubte:[606] Erließen Reichstag und Bundesrat ein der Verfassung inhaltlich widersprechendes Gesetz, so ging dieses Gesetz den ihm widersprechenden Bestimmungen der Verfassung gemäß der allgemeinen Derogationsregel „lex posterior derogat legi priori" vor, sofern es nur die in Art. 78 RV vorausgesetzten Mehrheiten erreicht hatte.[607] *Paul Laband* rechtfertigte die Zulässigkeit stillschweigender Verfassungsänderungen mit dem Argument, dass die Verfassung keine mystische Gewalt sei, welche über dem Staat schwebe, „sondern gleich jedem anderen Gesetz ein Willensakt des Staates und mithin nach dem Willen des Staates verän-

---

[602] So ausdrücklich *Ernst Forsthoff*, Deutsche Verfassungsgeschichte der Neuzeit, 4. Auflage 1972, S. 153. Vgl. auch *Klaus Stern*, Das Staatsrecht der Bundesrepublik Deutschland, Band V, 2000, S. 362.

[603] Vgl. dazu nur *Franz-Joseph Peine*, Normenkontrolle und konstitutionelles System, Der Staat 22 (1983), S. 521 (532 f., 537).

[604] Zum Begriff „Verfassungsdurchbrechung" vgl. nur *Peter Badura*, Staatsrecht, 7. Auflage 2018, S. 752: „Unter Verfassungsdurchbrechung versteht man, daß ein mit der Verfassung nicht in Einklang stehendes Gesetz in den gesetzgebenden Körperschaften mit den für die Verfassungsänderung erforderlichen qualifizierten Mehrheiten beschlossen wird, so daß also politisch und verfahrensrechtlich die Voraussetzungen einer Verfassungsänderung erfüllt sind, dennoch aber der Wortlaut der Verfassung nicht entsprechend geändert wird." Ausführlich und grundsätzlich zum Problem *Ulrich Hufeld*, Die Verfassungsdurchbrechung: Rechtsproblem der Deutschen Einheit und der europäischen Einigung, 1997.

[605] Zur „Offenheit" der Reichsverfassung für Verfassungsdurchbrechungen *Christian-Friedrich Menger*, Deutsche Verfassungsgeschichte der Neuzeit, 8. Auflage 1993, Rn. 304; *Rainer Wahl*, Der Vorrang der Verfassung, Der Staat 20 (1981), S. 485 (492 f.).

[606] Vgl. statt vieler *Max von Seydel*, Commentar zur Verfassungs-Urkunde für das Deutsche Reich, 2. Auflage 1897, S. 418; *Georg Meyer/Gerhard Anschütz*, Lehrbuch des deutschen Staatsrechts, 7. Auflage 1919, S. 743 f.; *Paul Laband*, Das Staatsrecht des Deutschen Reiches, Band II, 5. Auflage, 1911, S. 39 f. m. w. N.

[607] So mit Nachdruck *Paul Laband*, Das Staatsrecht des Deutschen Reiches, Band II, 5. Auflage 1911, S. 40; *Georg Meyer/Gerhard Anschütz*, Lehrbuch des deutschen Staatsrechts, 7. Auflage 1919, S. 743 f.: „Weicht ein nach der Verfassung erlassenes Gesetz von ihr ab, so ist, gemäß dem Grundsatz lex posterior derogat priori, dieses Gesetz, nicht die Verfassung anzuwenden, letztere gilt insoweit als abgeändert."

derlich"[608]. Konnte das Verfassungsrecht demnach ohne Änderung des Verfassungswortlauts modifiziert werden, so waren die Verbindlichkeit und der beurkundende Charakter des Verfassungstextes zwangsläufig prekär gestellt, die Identität der geschriebenen Verfassung damit von vornherein preisgegeben.[609]

Darüber hinaus fehlte es der *Bismarck*'schen Reichsverfassung an Vorkehrungen, die sicherstellten, dass (zumindest) die gesteigerten verfahrensrechtlichen Anforderungen an eine verfassungsdurchbrechende Gesetzgebung tatsächlich eingehalten wurden. Ein richterliches Prüfungsrecht gegenüber Reichsgesetzen wurde von einflussreichen Vertretern der zeitgenössischen Staatsrechtslehre abgelehnt,[610] vom Reichsgericht praktisch nicht ausgeübt[611] und blieb innerhalb des Gerichts auch der Theorie nach umstritten[612]. Wo jedoch, so das zutreffende Urteil *Georg Jellineks*, ein richterliches Prüfungsrecht gegenüber Gesetzen nicht ausgeübt wird, da besteht auch keine Gewähr, „daß bei [ ] materiell verfassungsändernden Gesetzen die Formen der Verfassungsänderung eingehalten werden"[613].[614] Die Integrität

[608] *Paul Laband*, Das Staatsrecht des Deutschen Reiches, Band II, 5. Auflage, 1911, S. 39. Zustimmend *Georg Meyer/Gerhard Anschütz*, Lehrbuch des deutschen Staatsrechts, 7. Auflage 1919, S. 743.

[609] Vgl. *Rainer Wahl*, Der Vorrang der Verfassung, Der Staat 20 (1981), S. 485 (493). Einen Überblick über die zahlreichen stillschweigenden Verfassungsänderungen im Kaiserreich gibt *Fritz Hartung*, Deutsche Verfassungsgeschichte – vom 15. Jahrhundert bis zur Gegenwart, 9. Auflage 1969, S. 276f. Allgemein zur Bedeutung der Verurkundlichung des geltenden Verfassungsrechts für die effektive Durchsetzung des Vorrangs der Verfassung *Samuel Edward Finer*, The History of Government From the Earliest Times, Band III, 1997, S. 1504f.; *Christoph Möllers*, Verfassunggebende Gewalt – Verfassung – Konstitutionalisierung, in: Armin von Bogdandy/Jürgen Bast (Hrsg.), Europäisches Verfassungsrecht, 2. Auflage 2009, S. 227 (233): „Aber auch für den juristischen Vorrang der Verfassung ist die Schriftform von Bedeutung: Werden Änderungen der Verfassung an Änderungen des Verfassungstextes gebunden, so erhöht dies die Distanz der Verfassung von politischen Einzelproblemen und macht ihren abgehobenen Anspruch besser sichtbar."

[610] Die Existenz eines richterlichen Prüfungsrechts verneinten etwa *Georg Jellinek*, Gesetz und Verordnung, 1887, S. 402 und 405f.; *Paul Laband*, Das Staatsrecht des Deutschen Reiches, Band II, 5. Auflage, 1911, S. 44ff.; *Georg Meyer/Gerhard Anschütz*, Lehrbuch des deutschen Staatsrechts, 7. Auflage 1919, S. 744. Vgl. zum Ganzen auch *Ernst von Hippel*, Das richterliche Prüfungsrecht, in: Gerhard Anschütz/Richard Thoma (Hrsg.), Handbuch des Deutschen Staatsrechts, Zweiter Band, 1932, S. 546 (554f.).

[611] Vgl. *Peter Badura*, Richterliches Prüfungsrecht und Wirtschaftspolitik, in: Peter Oberndorfer/Herbert Schambeck (Hrsg.), Verwaltung im Dienste von Wirtschaft und Gesellschaft, Festschrift für Ludwig Fröhler zum 60. Geburtstag, 1980, S. 321 (329f.)

[612] Vgl. dazu die Rechtsprechungsanalyse von *Martin Höner*, Die Diskussion um das richterliche Prüfungsrecht und das monarchische Verordnungsrecht als Beitrag zur Entwicklung der Rechtsstaatlichkeit im zweiten deutschen Kaiserreich, 2001, S. 128ff. sowie die Ausführungen von *Franz-Joseph Peine*, Normenkontrolle und konstitutionelles System, Der Staat 22 (1983), S. 521 (544f.).

[613] *Georg Jellinek*, Allgemeine Staatslehre, 3. Auflage 1913 (Neudruck 1966), S. 538. Vgl. dazu auch *Rainer Wahl*, Der Vorrang der Verfassung, Der Staat 20 (1981), S. 485 (493).

[614] Die Bedeutung des richterlichen Prüfungsrechts betreffend die Verfassungsmäßigkeit von Gesetzen für den Schutz des Konstitutionalismus gegen absolutistische Tendenzen betont auch *Heinrich Triepel*, Der Weg der Gesetzgebung nach der neuen Reichsverfassung, AöR 39 (1920), S. 456 (537) unter Bezugnahme auf *Rudolf von Gneist*: „Es ist eine alte Wahrheit, daß der Ausschluss des richterlichen Prüfungsrechts, um mit *Gneist* zu sprechen, eine der Türen öffnet, durch die sich der Absolutismus Eingang in den Staat verschafft. Ob es monarchischer oder parlamenta-

der Reichsverfassung litt somit unter der permanenten Gefahr, dass die durch Art. 78 RV im Ausgangspunkt hergestellte Distanz zwischen Recht von Verfassungsrang einerseits und Recht von Gesetzesrang andererseits durch die gesetzgebenden Faktoren und den Kaiser, welch letzterem die herrschende staatsrechtliche Lehre ein formelles Prüfungsrecht zugestand,[615] im stillen Einvernehmen aufgehoben würde.[616]

(4) Fehlen eines justiziellen Verfassungsschutzes

Mit der Sanktionslosigkeit eines verfassungsändernden Reichsgesetzes, welches die in Art. 78 RV normierten verfahrensrechtlichen Anforderungen an eine Verfassungsänderung nicht erfüllte, ist das wohl bedeutendste (und zugleich umstrittenste) Korrelat des Vorranganspruchs bereits in Bezug genommen – der justizielle Verfassungsschutz.[617] Im Unterschied zur Paulskirchenverfassung war der Reichsverfassung auch dieses „Begleitinstitut" nicht implementiert worden.[618] Einzig der Bundesrat verfügte über (eng begrenzte) Befugnisse zur Entscheidung von verfassungsrechtlichen Streitigkeiten, namentlich im Falle von Meinungsverschiedenheiten zwischen verschiedenen Einzelstaaten.[619] Eine gegenüber den Legislativ- und

---

rischer Absolutismus ist, macht dabei wenig aus." Vgl. dazu auch *Franz-Joseph Peine*, Normenkontrolle und konstitutionelles System, Der Staat 22 (1983), S. 521 (530); *Rainer Wahl*, Verfassungsstaatlichkeit im Konstitutionalismus und in der Weimarer Zeit, in: ders., Verfassungsstaat, Europäisierung, Internationalisierung, 2003, S. 320 (335 f.).

[615] Vgl. statt vieler *Georg Jellinek*, Gesetz und Verordnung, 1887, S. 402 f. und *Paul Laband*, Das Staatsrecht des Deutschen Reiches, Band II, 5. Auflage, 1911, S. 42 ff m. w. N. Skeptisch hingegen *Ernst von Hippel*, Das richterliche Prüfungsrecht, in: Gerhard Anschütz/Richard Thoma (Hrsg.), Handbuch des Deutschen Staatsrechts, Zweiter Band, 1932, S. 546 (556).

[616] Vgl. *Rainer Wahl*, Der Vorrang der Verfassung, Der Staat 20 (1981), S. 485 (493), der in Anlehnung an *Georg Meyer/Gerhard Anschütz*, Lehrbuch des deutschen Staatsrechts, 7. Auflage 1919, S. 744 konstatiert: „Der Richter war zur Nachprüfung nicht berufen, die Einhaltung der formellen Voraussetzungen der Verfassungsänderung hatten die gesetzgebenden Faktoren unter sich auszumachen."

[617] Zur herausgehobenen Bedeutung des justiziellen Verfassungsschutzes für die rechtspraktische Wirksamkeit des Verfassungsvorrangs siehe nur *Rainer Wahl*, Der Vorrang der Verfassung, Der Staat 20 (1981), S. 485 ff.; *Anne Peters*, Elemente einer Theorie der Verfassung Europas, 2001, S. 62 f.; *Christoph Möllers*, Verfassunggebende Gewalt – Verfassung – Konstitutionalisierung, in: Armin von Bogdandy/Jürgen Bast (Hrsg.), Europäisches Verfassungsrecht, 2. Auflage 2009, S. 227 (232 f.); *Thorsten Kingreen*, Vorrang und Vorbehalt der Verfassung, in: HStR, Band XII, 3. Auflage 2014, § 263 Rn. 11 und 20. Einen bündigen Überblick über die Gefahren, die mit einer gerichtlichen Sicherung des Verfassungsvorrangs verbunden sind und seit jeher Widerspruch gegen Maßnahmen des justiziellen Verfassungsschutzes hervorrufen, gibt *Christian Starck*, Vorrang der Verfassung und Verfassungsgerichtsbarkeit, in: ders., Der demokratische Verfassungsstaat: Gestalt, Grundlagen, Gefährdungen, 1995, S. 33 (47 ff.).

[618] *Ernst Rudolf Huber*, Das Kaiserreich als Epoche verfassungsstaatlicher Entwicklung, in: HStR, Band I, 3. Auflage 2003, § 4 Rn. 38 sucht dieses „Defizit" mit dem Hinweis zu relativieren, dass „die ‚Nichtjustiziabilität' der dem staatlichen Bereich zugehörigen Regierungsakte (‚actes de gouvernement')" einem Grundsatz entsprochen habe, der den europäischen Mächten gemeinsam war.

[619] Vgl. Art. 76 Abs. 1 RV. Die dem Bundesrat in Art. 76 Abs. 2 RV eingeräumte Streitentscheidungsbefugnis betraf demgegenüber landesverfassungsrechtliche Streitigkeiten, diente also nicht

Exekutivorganen des Reiches institutionell verselbständigte Verfassungsgerichtsbarkeit mit umfassenden Rechtsprechungskompetenzen kannte das Verfassungswerk *Bismarcks* jedoch nicht.[620] Hauptursache hierfür war, dass die deutschen Monarchen nach dem Scheitern der Revolution von 1848 und der damit verbundenen Selbstbehauptung der Fürsten als eigenständige, vorkonstitutionelle Machtfaktoren nicht willens waren, ihren tradierten Vorranganspruch durch verbindliche richterliche Entscheidungen im Bereich des Staatsrechts zu gefährden.[621] So entbehrte auch und insbesondere die in Art. 17 S. 2 RV statuierte staatsrechtliche Verantwortlichkeit des Reichskanzlers für gegengezeichnete Anordnungen und Verfügungen des Kaisers der justiziellen Effektuierung.[622] *Max von Seydel* konstatierte in diesem Zusammenhang: „Artikel 17 ist lex imperfecta [...] hinsichtlich der Ministerverantwortlichkeit im Sinne des constitutionellen Staatsrechts; denn es fehlt an Vorschriften, die dem Reichstage eine Kanzleranklage ermöglichen würden."[623] Das Fehlen einer auf Verfassungsstreitigkeiten spezialisierten Gerichtsbarkeit im Allgemeinen und der Möglichkeit zur Ministeranklage im Besonderen sowie die Zurückhaltung des Reichsgerichts bei der Ausübung des von ihm nur vereinzelt reklamierten formellen Prüfungsrechts gegenüber Reichsgesetzen[624] führten letztlich dazu, dass der Vorranganspruch der Reichsverfassung gegenüber dem (einfachen) Gesetzesrecht in der Staatspraxis des Kaiserreichs kaum Aussicht auf praktische Durchsetzung besaß.

cc) Der Vereinbarungscharakter der Reichsverfassung als determinierendes Moment

Die Tatsache, dass die Reichsverfassung mit Blick auf die Verfassungsfunktion „Herrschaftsbegrenzung" erhebliche Defizite aufwies und zwar insbesondere in Gestalt der fehlenden Absicherung des Vorrangpostulats, findet ihre tiefere Ursache im verfassungspolitischen Dualismus von Monarch(en) und Volk: Die Etablie-

---

der Sicherung des Vorrangs der Verfassung des *Reiches*; vgl. dazu *Justus Bernhard Westerkamp*, Ueber die Reichsverfassung, 1873, S. 65 f.

620 Zur rigoros ablehnenden Haltung *Bismarcks* gegenüber der Einrichtung einer Verfassungsgerichtsbarkeit in Preußen und später im Reich *Rainer Wahl*, Verfassungsstaatlichkeit im Konstitutionalismus und in der Weimarer Zeit, in: ders., Verfassungsstaat, Europäisierung, Internationalisierung, 2003, S. 320 (326); *Klaus Stern*, Das Staatsrecht der Bundesrepublik Deutschland, Band V, 2000, S. 381 und 646; *Christian Starck*, Vorrang der Verfassung und Verfassungsgerichtsbarkeit, in: ders., Der demokratische Verfassungsstaat: Gestalt, Grundlagen, Gefährdungen, 1995, S. 33 (51).

621 *Rainer Wahl*, Verfassungsstaatlichkeit im Konstitutionalismus und in der Weimarer Zeit, in: ders., Verfassungsstaat, Europäisierung, Internationalisierung, 2003, S. 320 (328 und 331).

622 Vgl. *Hermann von Schulze-Gävernitz*, Lehrbuch des deutschen Staatsrechts, 2. Buch: Das deutsche Reichsstaatsrecht, 1886, S. 94; *Max von Seydel*, Commentar zur Verfassungs-Urkunde für das Deutsche Reich, 2. Auflage 1897, S. 178; *Paul Laband*, Das Staatsrecht des Deutschen Reiches, Band I, 5. Auflage, 1911, S. 381 f.

623 *Max von Seydel*, Commentar zur Verfassungs-Urkunde für das Deutsche Reich, 2. Auflage 1897, S. 178.

624 Vgl. dazu den Rechtsprechungsüberblick bei *Alexandra Maria Hornauer*, Das Reichsgericht zur Frage des richterlichen Prüfungsrechts (1919–1933), 2009, S. 43 f.

rung eines justiziellen Verfassungsschutzes hätte dem Wesen des *Bismarck*'schen Verfassungswerks widersprochen, weil eine von Grund auf dualistische und deshalb auf den Kompromiss verweisende Ordnung wie jene des Deutschen Kaiserreichs „den ihr immanenten objektiven Bedarf nach einer neutralen Instanz typischerweise, man möchte sagen: definitionsgemäß nicht befriedigen [kann]"[625]. Der Grund liegt darin, dass die richterliche Auslegung bzw. lückenfüllende Fortbildung[626] des geschriebenen Verfassungsrechts jedenfalls im Zusammenhang mit Streitigkeiten betreffend das Machtgefüge zwischen den monarchisch geprägten Reichsorganen einerseits und dem Reichstag andererseits die argumentative Einbeziehung von Legitimitätserwägungen provoziert hätte.[627] Die Implementierung eines justiziellen Verfassungsschutzes hätte folglich die „Gefahr" geborgen, dass eine gerichtliche Instanz aus Anlass von verfassungsrechtlichen Streitigkeiten auf eine Weise in den politischen Prozess eingreifen würde, durch die die neuralgische Frage nach der Letztbegründung des staatlichen Herrschaftsapparats einer verbindlichen Antwort entweder zugunsten des monarchisch-dynastischen oder aber zugunsten des demokratisch-repräsentativen Prinzips zugeführt worden wäre.[628] Indes war die Reichsverfassung konzeptionell darauf angelegt, eben diese Frage beständig offenzuhalten, da sich nur so das für den verfassungspolitischen Dualismus charakteristische Primat des Kompromisses uneingeschränkt aufrechterhalten ließ.[629] Mit anderen Worten: Wären jene Bereiche des Verfassungslebens, in denen

[625] *Rainer Wahl*, Der Vorrang der Verfassung, Der Staat 20 (1981), S. 485 (494). Vgl. auch *Ernst Rudolf Huber*, Das Kaiserreich als Epoche verfassungsstaatlicher Entwicklung, in: HStR, Band I, 3. Auflage 2003, § 4 Rn. 33: „Ein Jurisdiktionsstaat, in dem das Richtertum vermöge eines umfassenden Kontrollrechts gegenüber Exekutive und Legislative die höchste Gewalt im Staat beanspruchte, war dem [...] deutschen Konstitutionalismus durchaus fremd."

[626] *Conrad Bornhak*, Wandlungen der Reichsverfassung, AöR 26 (1910), S. 373 (400) beschreibt die in der Reichsverfassung angelegte Notwendigkeit zur Verfassungsrechtsfortbildung mit folgenden Worten: „So ist unser Verfassungsleben weit davon entfernt, einen abgeschlossenen harmonischen Bau zu bilden. Wir sehen die politischen Kräfte rechtsfortbildend bei der Arbeit, das auszugestalten und fortzuentwickeln, wozu die Reichsverfassung den Grund gelegt hat."

[627] Dies gilt vor allem für die in der Reichsverfassung nur rudimentär geregelte Kontrolle des Regierungshandelns der kaiserlichen Reichsleitung durch den Reichstag. Da der Verfassungskompromiss ausgerechnet in diesem machtpolitisch überaus sensiblen Bereich besonders schmal ausfiel, waren verfassungsrechtliche Streitigkeiten gewissermaßen programmiert; vgl. dazu *Rainer Wahl*, Der preußische Verfassungskonflikt und das konstitutionelle System des Kaiserreichs, in: Ernst-Wolfgang Böckenförde (Hrsg.), Moderne deutsche Verfassungsgeschichte (1815–1914), 2. Auflage 1981, S. 208 (217 f.) sowie *Klaus Stern*, Das Staatsrecht der Bundesrepublik Deutschland, Band V, 2000, S. 373.

[628] Vgl. *Rainer Wahl*, Verfassungsstaatlichkeit im Konstitutionalismus und in der Weimarer Zeit, in: ders., Verfassungsstaat, Europäisierung, Internationalisierung, 2003, S. 320 (324 f.): „Gerichte brauchen eine von den Streitparteien gemeinsam getragene Grundlage, genau diese war [in der dualistischen Ordnung des Kaiserreichs] nicht vorhanden, und damit fehlte auch der übergreifende Maßstab."

[629] Ähnlich *Rainer Wahl*, Der Vorrang der Verfassung, Der Staat 20 (1981), S. 485 (494): „Der Raum für das *politische* Austragen der unterschiedlichen Positionen war notwendig relativ groß und der Ort dafür war die Gesetzgebung, wo die beiden Faktoren ‚zusammengespannt' und zur politischen Entscheidungs- und Kompromißfindung ‚verurteilt' waren. Ein inhaltlicher Vorrang der Verfassung vor dem Gesetz hätte bedeutet, daß in diesen zentralen politischen (Kompromiß)

der kodifizierte Verfassungskompromiss besonders schmal ausfiel,[630] nicht dem politischen Kompromiss zwischen Bundesrat, Reichsleitung und Reichstag überantwortet, sondern der Deutungshoheit einer im Wege einseitiger Entscheidung agierenden Verfassungsgerichtsbarkeit unterstellt worden, so hätte die existenzielle Basis des konstitutionell-föderativen Systems – der Zwang zur Kooperation zwischen zwei konkurrierenden, ihre Teilhabe an der Staatsmacht auf antagonistische Legitimitätsbehauptungen stützenden politischen „Grundgewalten"[631] – substanziellen Schaden genommen.[632] *Rainer Wahl* spricht deshalb mit Recht von der „historischen ‚Unmöglichkeit' der Verfassungsgerichtsbarkeit"[633] im „fundamentalen Dualismus"[634] des Kaiserreichs.[635]

Prozeß ‚von außen' hätte interveniert werden können." In diese Richtung auch *Klaus Stern*, Das Staatsrecht der Bundesrepublik Deutschland, Band V, 2000, S. 360: „Sie [– die Reichsverfassung von 1871 –] wollte primär die politischen Kräfte wirken lassen; sie sollte dem Reich den Weg weisen". Zur eminenten Bedeutung des Kompromisses als Voraussetzung politischen Gestaltens im Deutschen Reich vgl. nur *Ernst Rudolf Huber*, Die Bismarcksche Reichsverfassung im Zusammenhang der deutschen Verfassungsgeschichte, in: Ernst-Wolfgang Böckenförde (Hrsg.), Moderne deutsche Verfassungsgeschichte (1815–1914), 2. Auflage 1981, S. 171 (199).

[630] *Klaus Stern*, Das Staatsrecht der Bundesrepublik Deutschland, Band V, 2000, S. 369 f. weist mit Recht darauf hin, dass die Reichsverfassung einen „staatsrechtliche[n] Rahmen" bildete, der mit seinen schlanken Formulierungen „vieles offenließ".

[631] Begriff nach *Ernst Rudolf Huber*, Das Kaiserreich als Epoche verfassungsstaatlicher Entwicklung, in: HStR, Band I, 3. Auflage 2003, § 4 Rn. 13.

[632] Ähnlich *Rainer Wahl*, Verfassungsstaatlichkeit im Konstitutionalismus und in der Weimarer Zeit, in: ders., Verfassungsstaat, Europäisierung, Internationalisierung, 2003, S. 320 (326), der die ablehnende Haltung der auf Grundlage der Revidierten Verfassung von 1850 amtierenden preußischen Regierung gegenüber jedweder Art von Verfassungsgerichtsbarkeit auf die – verallgemeinerungsfähige – Erwägung zurückführt, dass „jedes Gericht, das die Auseinandersetzung über das konkrete Verhältnis zwischen Krone und Parlament beurteilte, zur souveränen Macht im Staate werden würde".

[633] *Rainer Wahl*, Der Vorrang der Verfassung, Der Staat 20 (1981), S. 485 (495).

[634] Begriff nach *Ernst Rudolf Huber*, Die Bismarcksche Reichsverfassung im Zusammenhang der deutschen Verfassungsgeschichte, in: Ernst-Wolfgang Böckenförde (Hrsg.), Moderne deutsche Verfassungsgeschichte (1815–1914), 2. Auflage 1981, S. 171 (199); rezipiert z. B. von *Adolf Laufs*, Die Anfänge des deutschen Nationalstaats, JuS 1971, S. 9 (13).

[635] In diese Richtung zuvor bereits *Richard Thoma*, Diskussionsbeitrag in VVDSTRL 5 (1929), S. 104 (105): „Im Übrigen war und ist man in Deutschland bestrebt, [...] aus der Verfassungsgerichtsbarkeit das Politische herauszunehmen und den [...] Verfassungsgerichtshof zu einem rein juristisch judizierenden Gericht zu machen. Eine derartige Bestrebung kann allerdings erst voll zum Ziele führen, wenn der Machtkampf zwischen den selbständigen Trägern politischer Gewalten verfassungsrechtlich geschlichtet ist und an die Stelle des konstitutionellen Dualismus ein Monismus der Gewalt getreten ist." *Franz-Joseph Peine*, Normenkontrolle und konstitutionelles System, Der Staat 22 (1983), S. 521 (543) vertritt hingegen die Auffassung, dass die dualistische Struktur der konstitutionellen Ordnung des Kaiserreichs zumindest die Etablierung des nichtkontradiktorischen, objektiven Verfahrens der Normenkontrolle zugelassen hätte, da insoweit ein Gesetz verfahrensgegenständlich sei und mithin eine Maßnahme, die ihre Grundlage – von beiden politischen Grundgewalten unbestritten – ausschließlich in der Verfassung finde. Dem ist allerdings entgegenzuhalten, dass auch das objektive Verfahren der Normenkontrolle eine Fortbildung des Verfassungsrechts und damit den Rückgriff auf die umstrittene Legitimationsfrage hätte erfordern können. Mit *Christian Starck*, Vorrang der Verfassung und Verfassungsgerichtsbarkeit, in: ders., Der demokratische Verfassungsstaat: Gestalt, Grundlagen, Gefährdungen, 1995, S. 33 (49 f.) ist daher an der Einschätzung festzuhalten, dass das „auf Gleichgewicht und auf

d) Fazit

Im Ganzen ist festzuhalten, dass die *Bismarck*'sche Reichsverfassung nicht den Anspruch erhob, die in den deutschen Monarchien und freien Städten obwaltende Herrschaft zu überwinden. Eine vorbehaltlose Abkopplung von der vorgefundenen politischen Praxis, wie sie den Konstitutionalismus der nordamerikanischen und französischen Revolution kennzeichnete, stand im Zusammenhang mit der Ratifikation der „Novemberverträge" nicht zu besorgen. Das Verfassungswerk *Bismarcks* zielte vielmehr „lediglich" auf eine Zusammenführung und Reorganisation der in den deutschen Einzelstaaten etablierten politischen Macht unter dem Dach der zu eben diesem Zweck neu gegründeten politischen Entität „Deutsches Reich". In Fortschreibung des überkommenen verfassungspolitischen Dualismus von Monarch und Volk fungierte dabei abermals die Vereinbarung als *Modus Operandi.* Dem entsprach, dass auch die Ausübung der Reichsgewalt größtenteils dem Kompromiss zwischen den hergebrachten monarchisch-dynastischen Kräften einerseits und dem Reichstag als demokratischer Kraft andererseits überantwortet wurde. Das Primat des Kompromisses prägte jedoch nicht nur das Zustandekommen der *Bismarck*'schen Reichsverfassung und das Zusammenwirken der durch sie eingerichteten Institutionen, sondern limitierte auch ihr Potenzial, die im Deutschen Reich obwaltende Herrschaft effektiv zu begrenzen. Der Grund liegt auf der Hand: Wird die Legitimitätsfrage im Zusammenhang mit der Verfassungsschöpfung absichtsvoll offen gelassen, so kann die Vorstellung, das Verfassungsrecht genieße eine höhere Legitimität und infolgedessen auch eine größere Autorität als das Rechtshandeln derjenigen Akteure, in deren Hände die Ausübung der staatlichen Gewalt liegt, schwerlich Platz greifen.[636] Folgerichtig gelang es der *Bismarck*'schen Reichsverfassung nur eingeschränkt, sich vom politischen Prozess zu emanzipieren, ihn einzurahmen und verlässlich zu ordnen. Jenes Maß an normativer Kraft, welches der konstitutionalistische Imperativ zwecks Gewährleistung der Berechenbarkeit staatlicher Machtausübung einfordert, vermochte *Bismarcks* Verfassungswerk aufgrund seiner rechtlichen Unentschiedenheit nicht zu entfalten. Zur Formel verkürzt: Der konstitutionellen Ordnung des Deutschen Kaiserreichs lag die Leitidee von der Herrschaft des Kompromisses zwischen zwei antagonistischen Formprinzipien zugrunde, nicht aber die den Konstitutionalismus der bürgerlichen Revolutionen prägende Leitidee von der rechtlich geordneten Selbstbestimmung der Freien und Gleichen.

Vermeidung der Souveränitätsfrage aufgebaute konstitutionelle System in Deutschland [...] der gerichtlichen Normenkontrolle keine Entwicklungsmöglichkeit [bot]".

636 Entsprechend konstatiert *Christian Starck*, Maximen der Verfassungsauslegung, in: HStR, Band XII, 3. Auflage 2014, § 271 Rn. 10: „[Der] überkommene Vorranggedanke ist mit der auf der Volkssouveränität beruhenden verfassunggebenden Gewalt des Volkes verbunden."

6. *Weimarer Reichsverfassung (1919–1933)*

Nachdem sich das Kaiserreich durch einen entsprechenden Umbau der *Bismarck*'schen Reichsverfassung noch in den letzten Weltkriegstagen zur parlamentarischen Demokratie mit monarchischer Spitze gewandelt hatte,[637] brachten die Novembertage des Jahres 1918 die alte Ordnung endgültig zum Einsturz[638] und verbannten die mehr als ein Jahrhundert andauernde Verfassungsepoche des monarchischen Konstitutionalismus ins Reich der Geschichte.[639] Zugleich wurde mit der Gründung der Republik und der Verabschiedung der neuen Reichsverfassung der Übergang zum modernen westeuropäisch-nordatlantischen Verfassungsmodell eingeleitet und damit ein weiterer wichtiger Meilenstein in der deutschen Verfassungsgeschichte gesetzt.[640]

a) Die Weimarer Reichsverfassung als herrschaftsbegründender Normeninbegriff

Anders als der Akt der Verfassunggebung von 1867/1871, der in Gestalt des Deutschen Reichs einen bis dato nicht existenten Herrschaftsverband hervorgebracht hatte, war der Akt der Verfassunggebung von 1919 mit Blick auf die territorialen, bürokratischen, militärischen und parteipolitischen Strukturen des zu verfassenden politischen Gebildes von vergleichsweise hoher Kontinuität gekennzeichnet.[641]

---

[637] Instruktiv zu der kurz vor dem Ende des 1. Weltkriegs vollzogenen Revision der Reichsverfassung von 1871 *Klaus Stern*, Das Staatsrecht der Bundesrepublik Deutschland, Band V, 2000, S. 480 ff. Siehe dazu auch *Christian-Friedrich Menger*, Deutsche Verfassungsgeschichte der Neuzeit, 8. Auflage 1993, Rn. 334; *Werner Frotscher/Bodo Pieroth*, Verfassungsgeschichte, 17. Auflage 2018, Rn. 500 f.; *Christian Waldhoff*, Entstehung des Verfassungsgesetzes, in: Otto Depenheuer/Christoph Grabenwarter (Hrsg.), Verfassungstheorie, 2010, § 8 Rn. 50.

[638] Zur „Parlamentarisierung des Kaiserreichs" und den sich unmittelbar anschließenden Ereignissen der sog. „Novemberrevolution" *Christoph Gusy*, Die Weimarer Reichsverfassung, 1997, S. 5 ff.

[639] Vgl. *Dieter Grimm*, Die Bedeutung der Weimarer Verfassung in der deutschen Verfassungsgeschichte, 1990, S. 3: „Die Weimarer Verfassung schließt, rückwärts geblickt, eine etwa hundertjährige Verfassungsepoche ab: die des vordemokratischen monarchischen Konstitutionalismus."

[640] Siehe dazu *Heinrich Triepel*, Der Weg der Gesetzgebung nach der neuen Reichsverfassung, AöR 39 (1920), S. 456 f., der die in der zeitgenössischen Staatsrechtswissenschaft vorherrschende Auffassung betreffend die verfassungstheoretische und -historische Einordnung des noch jungen Weimarer Verfassungswerks mit folgenden Worten skizziert: „[…] während die Bismarcksche Verfassung den organisatorischen Aufbau der Reichsgewalt nach einem künstlichen Grundrisse durchgeführt habe, der in der Geschichte der Staatenwelt ohne Vorbild gewesen sei, habe man jetzt die bundesstaatliche Struktur des Reichs und die Organisation seiner Gewalten in viel einfacheren Bahnen gehalten. Die […] neuen demokratischen, republikanischen und parlamentarischen Einrichtungen seien fast durchweg nach bekannten westlichen Mustern gestaltet worden." Vgl. ferner *Ulrich Scheuner*, Verfassung (1963), in; Joseph Listl/Wolfgang Rüfner (Hrsg.), Ulrich Scheuner: Staatstheorie und Staatsrecht – Gesammelte Schriften, 1978, S. 171 (175): „Erst mit der Weimarer Verfassung […] wurde […] der Anschluß an das westliche demokratische Vorbild erreicht."

[641] Vgl. *Rolf Grawert*, Reich und Republik – Die Form des Staates von Weimar, Der Staat 28 (1989), S. 481 (485 und 496 f.); *Christoph Gusy*, Die Weimarer Reichsverfassung, 1997, S. 21 ff.; *Klaus Stern*, Das Staatsrecht der Bundesrepublik Deutschland, Band V, 2000, S. 554; *Peter Unruh*, Der Verfassungsbegriff des Grundgesetzes, 2002, S. 99. Speziell zum Parteiensystem des Kaiser-

Unter den Zeitgenossen herrschte daher Uneinigkeit in der Frage, ob das Kaiserreich mit der Novemberrevolution des Jahres 1918 als Rechtssubjekt untergegangen war[642] oder ob zwischen diesem und der Weimarer Republik staats- und völkerrechtliche Identität[643] bestand. Im Rahmen der vorliegenden Untersuchung braucht der Streit indes nicht entschieden zu werden, denn eine Verfassung kann – und nur auf diesen Aspekt kommt es hier an – auch dann herrschaftsbegründend wirken, wenn ihr Inkrafttreten nicht mit einer Staatsgründung zusammenfällt.[644] Dass die Weimarer Reichsverfassung (WRV) in der Tat den Anspruch erhob, Herrschaft nicht lediglich zu modifizieren, sondern neu zu begründen, erhellt aus einer Zusammenschau von Art. 178 Abs. 1 WRV, der die Verfassung des Deutschen Reichs vom 16. April 1871 ausdrücklich aufhob, und der Verfassungspräambel, welche den Willen des Deutschen Volkes proklamierte, „sein Reich in Freiheit und Gerechtigkeit zu *erneuern*“[645]. Auch ist zu berücksichtigen, dass die durch den Akt der Verfassunggebung von 1867/1871 eingerichteten Herrschaftsinstitutionen infolge der Novemberrevolution des Jahres 1918 *de facto* untergegangen waren.[646] Bereits vor

---

reichs als einem „Faktor der Kontinuität über den Einbruch der Revolution hinweg“ *Ernst-Wolfgang Böckenförde*, Der Zusammenbruch der Monarchie und die Entstehung der Weimarer Republik, in: ders., Recht, Staat, Freiheit, 2006 (erweiterte Ausgabe), S. 306 (332 f.).

642 So etwa *Fritz Stier-Somlo*, Deutsches Reichs- und Landesstaatsrecht, 1924, S. 50 ff. und 295 f.

643 Die rechtliche Identität von Kaiserreich und Weimarer Republik bejahte entschieden *Richard Thoma*, Das Reich als Bundesstaat, in: Gerhard Anschütz/Richard Thoma (Hrsg.), Handbuch des Deutschen Staatsrechts, Erster Band, 1930, S. 169: „Das Reich, das sich das deutsche Volk aus Niederlage und Umsturz heraus gerettet [...] hat, ist [...] als Nationalstaat, wie als Macht unter den Mächten der Erde dieselbe politische Individualität wie vordem.“ Zustimmend *Klaus Stern*, Das Staatsrecht der Bundesrepublik Deutschland, Band V, 2000, S. 129 und *Rolf Grawert*, Reich und Republik – Die Form des Staates von Weimar, Der Staat 28 (1989), S. 481 (496): „1918/19 findet keine Staatsneugründung statt. Der ‚alte Staat‘, dem in der Nationalversammlung mancher Abschied gilt, wird durch den ‚neuen Staat‘ nicht beendet, sondern zeitgemäß umgebildet.“

644 Ebenso *Peter Unruh*, Der Verfassungsbegriff des Grundgesetzes, 2002, S. 268: „Aus verfassungstheoretischer Sicht kann die unbestrittene territoriale Teilidentität des alten und des neuen Reiches für die Frage nach der Herrschaftskonstitution nicht ausschlaggebend sein. Die herrschaftskonstituierende Funktion der Verfassung lässt sich mit etatistischen Erwägungen nicht in Einklang bringen.“ Vgl. auch *Josef Isensee*, Das Volk als Grund der Verfassung – Mythos und Relevanz der Lehre von der verfassunggebenden Gewalt –, 1995, S. 12: „Verfassunggebung liegt in zwei idealtypischen Situationen vor: zum einen, daß ein Gemeinwesen seine erste Verfassung erhält, daß also Staatsgründung und Verfassunggebung zeitlich zusammentreffen (staatsbegründende Verfassunggebung) – historischer Leitfall ist das Zustandekommen der amerikanischen Bundesverfassung 1787; zum anderen, daß innerhalb eines bestehenden Staates die Verfassung auf revolutionärem Wege wechselt, daß also die überkommene Ordnung gestürzt und eine neue auf eigener Legitimationsgrundlage errichtet wird (revolutionäre Verfassunggebung) – den historischen Prototyp bildet die französische Revolution von 1789. Jeweils wird der Grund der Verfassung neu gelegt.“

645 Hervorhebung hinzugefügt.

646 Vgl. *Christoph Gusy*, Die Weimarer Reichsverfassung, 1997, S. 16 f.: „Unzweifelhaft fehlte es dem alten [(Verfassungs-)]Recht nach der Revolution am Adressaten: Der von ihm ‚verfaßte‘ Staat existierte nicht mehr. Seine Organe hatten aufgehört zu existieren. [...] So wurde die Reichsverfassung nach der Revolution schlicht gegenstandslos: Was sie regelte, gab es fortan nicht mehr.“ Ähnlich *Klaus Stern*, Das Staatsrecht der Bundesrepublik Deutschland, Band V, 2000, S. 554 und

dem Inkrafttreten des republikanischen Verfassungswerks von 1919 hatte die konstitutionelle Ordnung des Kaiserreichs somit „ohne Rücksicht auf ihre formelle Aufhebung ihre Anwendbarkeit [verloren], weil es für sie nichts mehr zu regeln gab“[647]. Infolgedessen traf die Weimarer Reichsverfassung auf ein veritables politisch-institutionelles Vakuum, das es dringend auszufüllen galt[648] – ein Umstand, der ihrem verfassungstextlich untermauerten Anspruch, neue politische Macht hervorzubringen, umso größere Plausibilität verlieh.[649]

aa) Der Herrschaft erzeugende pouvoir constituant: (Wieder-)Anknüpfung an die Lehre von der verfassunggebenden Gewalt des Volkes

Die mit dem Anspruch der Herrschaftsbegründung betätigte verfassunggebende Gewalt lag ausweislich der Präambel der Weimarer Reichsverfassung (WRV) exklusiv beim Volk.[650] Dort hieß es wörtlich: „Das Deutsche Volk [...] hat sich diese Verfassung gegeben“. Im Gegensatz zu 1848/1849 stellte sich die erneute Hinwendung zu der in Nordamerika und Frankreich im letzten Viertel des 18. Jahrhunderts entwickelten Lehre von der verfassunggebenden Gewalt des Volkes jedoch weniger als Erfolg einer dezidiert auf Etablierung der Volkssouveränität abzielenden Demokratiebewegung in Deutschland dar, denn als eine aus politischer Vernunft geborene Reaktion auf äußere und innere Zwänge.[651] Äußere Gegebenheiten spielten insofern eine gewichtige Rolle, als der US-amerikanische Präsident *Woodrow Wilson*, auf dessen Wohlwollen Deutschland angesichts der vollständigen militärischen Niederlage gegen die Kriegskoalition um die *Entente* dringend angewiesen war, in seiner zweiten und dritten Note vom 14. bzw. 23. Oktober 1918 die Abdankung des Kaisers und den politischen Systemwechsel mit Nachdruck eingefordert und zur Bedingung für Friedensverhandlungen gemacht hatte.[652] Retro-

---

Christian Waldhoff, Entstehung des Verfassungsgesetzes, in: Otto Depenheuer/Christoph Grabenwarter (Hrsg.), Verfassungstheorie, 2010, § 8 Rn. 50.

[647] *Christoph Gusy*, Die Weimarer Reichsverfassung, 1997, S. 17.

[648] Vgl. *Christian-Friedrich Menger*, Deutsche Verfassungsgeschichte der Neuzeit, 8. Auflage 1993, Rn. 336; *Rolf Grawert*, Reich und Republik – Die Form des Staates von Weimar, Der Staat 28 (1989), S. 481 (485).

[649] Ähnlich *Peter Unruh*, Der Verfassungsbegriff des Grundgesetzes, 2002, S. 268 f. Zum herrschaftskonstituierenden Anspruch der Weimarer Reichsverfassung siehe auch *Dieter Grimm*, Die Bedeutung der Weimarer Verfassung in der deutschen Verfassungsgeschichte, 1990, S. 15.

[650] Siehe dazu *Erwin Jacobi*, Reichsverfassungsänderung, in: Otto Schreiber (Hrsg.), Die Reichsgerichtspraxis im deutschen Rechtsleben, Band I, 1929, S. 233 (242 f.).

[651] Vgl. *Rolf Grawert*, Reich und Republik – Die Form des Staates von Weimar, Der Staat 28 (1989), S. 481 (486): „Die Republik entstammt [...] keinesfalls einer breiten, konsequenten republikanischen Bewegung, sondern dem Zusammenbruch der Monarchien.“

[652] Siehe dazu *Gerhard Besier*, Die Vereinigten Staaten und Deutschland: Über den „Zauber der Freiheit“ und die Ambiguitäten der amerikanischen Freiheits-Mission, in: ders./Katarzyna Stoklosa (Hrsg.), Lasten diktatorischer Vergangenheit – Herausforderungen demokratischer Gegenwart, 2006, S. 159 (160 f.). Vgl. auch *Christian-Friedrich Menger*, Deutsche Verfassungsgeschichte der Neuzeit, 8. Auflage 1993, Rn. 335; *Klaus Stern*, Das Staatsrecht der Bundesrepublik Deutschland, Band V, 2000, S. 487; *Werner Frotscher/Bodo Pieroth*, Verfassungsgeschichte,

spektiv betrachtet beförderte *Wilson* damit aber letztlich doch nur eine Entwicklung, deren eigentliche Ursache in den inneren Verhältnissen des Reiches zu finden ist und zwar insbesondere im Wirken *Wilhelms II.*, der das unter dem Eindruck der nationalen Bewegung sukzessiv zum Kristallisationspunkt des Staatslebens mutierte Kaisertum von innen heraus irreparabel beschädigte.[653]

(1) Fortschreitende Erosion der monarchischen Legitimität im Kaiserreich

So lag ein wesentlicher Grund für die Erosion der monarchischen Legitimität im Deutschen Kaiserreich in der sukzessiv fortschreitenden Entfremdung zwischen der Krone einerseits und der stetig wachsenden Arbeiterschaft andererseits.[654] Symbolträchtige Rechtsakte wie die sog. „Sozialistengesetze" und das bis 1918 unverändert fortgeltende preußische Dreiklassenwahlrecht brachten weite Teile der Bevölkerung gegen die herrschende Staats- und Gesellschaftsordnung auf.[655] Substanziell beschädigt wurde die emotionale Bindung der Arbeiterschaft an die gesamtdeutsche Monarchie indes auch und vor allem durch die unter *Wilhelm II.* rigoros fortgesetzte Ausgrenzung ihrer politischen Vertretung aus dem obrigkeitsstaatlichen Machtapparat und der Justiz: Richterstellen blieben den Anhängern der Sozialdemokratie ebenso verwehrt wie Beamten- und Offiziersstellen.[656] Aus dieser ausgeprägten Tendenz zur Desintegration ergab sich die für die Zukunftsfähigkeit des Kaisertums verheerende Folge, dass der sog. „Vierte Stand" – wiewohl mehrheitlich durchaus national gesinnt – die ihm zugemutete politische Diskriminierung und die als untragbar empfundenen (Besitz-)Verhältnisse der Klassengesellschaft zunehmend mit der Staats- und Regierungsform des Kaiserreichs verband[657], zumal Kaiser *Wilhelm II.* mit Nachdruck für sich in Anspruch nahm, das Reich höchstselbst zu regieren, d.h. „sein eigener Minister und Kanzler zu sein"[658].[659]

---

17. Auflage 2018, Rn. 505; *Christian Waldhoff*, Entstehung des Verfassungsgesetzes, in: Otto Depenheuer/Christoph Grabenwarter (Hrsg.), Verfassungstheorie, 2010, § 8 Rn. 50.

[653] Vgl. *Christian Waldhoff*, Entstehung des Verfassungsgesetzes, in: Otto Depenheuer/Christoph Grabenwarter (Hrsg.), Verfassungstheorie, 2010, § 8 Rn. 50.

[654] Siehe dazu *Willibalt Apelt*, Geschichte der Weimarer Verfassung, 2. Auflage 1964, S. 133 f.; *Ernst-Wolfgang Böckenförde*, Der Zusammenbruch der Monarchie und die Entstehung der Weimarer Republik, in: ders., Recht, Staat, Freiheit, 2006 (erweiterte Ausgabe), S. 306 (311 f.); *Klaus Stern*, Das Staatsrecht der Bundesrepublik Deutschland, Band V, 2000, S. 564.

[655] Vgl. *Klaus Stern*, Das Staatsrecht der Bundesrepublik Deutschland, Band V, 2000, S. 492 und 564.

[656] Siehe dazu *Ernst-Wolfgang Böckenförde*, Der Zusammenbruch der Monarchie und die Entstehung der Weimarer Republik, in: ders., Recht, Staat, Freiheit, 2006 (erweiterte Ausgabe), S. 306 (312) m. w. N.

[657] *Ernst-Wolfgang Böckenförde*, Der Zusammenbruch der Monarchie und die Entstehung der Weimarer Republik, in: ders., Recht, Staat, Freiheit, 2006 (erweiterte Ausgabe), S. 306 (313).

[658] *Ernst Rudolf Huber*, Deutsche Verfassungsgeschichte seit 1789, Band IV, 2. Auflage 1982, S. 330.

[659] Grundlegend zum sog. „persönlichen Regiment" *Wilhelms II. Erich Eyck*, Das Persönliche Regiment Wilhelms II.: Politische Geschichte des Deutschen Kaiserreichs von 1890 bis 1914, 1948; *Fritz Hartung*, Das persönliche Regiment Kaiser Wilhelms II., 1952; *John Röhl*, Kaiser, Hof und

Das vom dritten Deutschen Kaiser gut zwei Jahrzehnte gepflegte „persönliche Regiment“ kontrastierte in augenfälliger Weise mit seinem nach dem Beginn des 1. Weltkriegs immer deutlicher zu Tage tretenden Unwillen, das Reich durch die im Jahr 1914 angebrochene krisenhafte Zeit zu führen.[660] In institutioneller Hinsicht bewirkte dieser Unwille den Übergang (auch) der zivilen politischen Bestimmungsgewalt auf die Oberste Heeresleitung und damit eine „Quasi-Selbstentmachtung“ *Wilhelms II.*, die sowohl seiner persönlichen Autorität als auch jener des Kaiseramts (weiteren) Schaden zufügte.[661] Als *Wilhelm II.* am 29. Oktober 1918 unter dem Eindruck der sich ankündigenden Unruhen in Berlin und bei der Flotte die Hauptstadt verließ und sich in das als sicher geltende Große Hauptquartier in Spa begab, von wo aus er am 9. November 1918 den Verzicht auf die kaiserlichen Rechte erklärte, um nur einen Tag später – ohne weitere Verlautbarungen – Zuflucht im niederländischen Exil zu suchen, war eine Fortsetzung der Regentschaft *Wilhelms II.* schlechterdings undenkbar geworden. Für eine Neubesetzung des nunmehr vakanten kaiserlichen Throns standen die Prinzen des königlichen preußischen Hauses aus Solidarität zu ihrem von Reichskanzler *Max von Baden* sowie den Anführern der Obersten Heeresleitung (*Paul von Hindenburg* und *Wilhelm Groener*) zum Rücktritt gedrängten Familienoberhaupt nicht zur Verfügung.[662]

Somit hatte die politische Entwicklung während der Kriegsjahre zu einer Situation geführt, in der für das im Oktober 1918 zur parlamentarischen Monarchie umgewandelte gesamtstaatliche Deutschland eine Quelle authentischer monarchischer Legitimität schlichtweg nicht mehr existierte. Eine andere deutsche Dynastie als die königlich-preußische konnte die nationale Einheit, welche die eigentliche Grundlage der monarchischen Legitimität im Kaiserreich gebildet hatte,[663] nicht

---

Staat: Wilhelm II. und die deutsche Politik, 4. Auflage 1995, S. 116ff. Zu den negativen Auswirkungen des „persönlichen Regiments“ auf die Legitimität der Monarchie *Ernst-Wolfgang Böckenförde*, Der Zusammenbruch der Monarchie und die Entstehung der Weimarer Republik, in: ders., Recht, Staat, Freiheit, 2006 (erweiterte Ausgabe), S. 306 (311 f.). Zur Frage der verfassungsrechtlichen Zulässigkeit des „persönlichen Regiments“ *Werner Frotscher/Bodo Pieroth*, Verfassungsgeschichte, 17. Auflage 2018, Rn. 492. Zur Erosion des „royalistischen Kapitals“, von dem das Deutsche Kaiserreich in den ersten Jahrzehnten seines Bestehens zehrte, als Folge des persönlichen Regiments *Wilhelms II.* vgl. *Otto Brunner*, Vom Gottesgnadentum zum monarchischen Prinzip, in: ders., Neue Wege der Verfassungs- und Sozialgeschichte, 2. Auflage 1968, S. 160 (184) m. w. N.

[660] So konstatiert *John Röhl*, Kaiser, Hof und Staat: Wilhelm II. und die deutsche Politik, 4. Auflage 1995, S. 119 und S. 126 im Anschluss an *Hans-Ulrich Wehler*, dass *Wilhelm II.* während des Ersten Weltkriegs nicht viel mehr als ein „Schattenkaiser“ gewesen sei.

[661] Zum massiven Autoritätsverlust *Wilhelms II.* gerade auch in den Reihen des Reichsheers *Klaus Stern*, Das Staatsrecht der Bundesrepublik Deutschland, Band V, 2000, S. 486ff. Vgl. ferner *Robert Scheyhing*, Deutsche Verfassungsgeschichte der Neuzeit, 1968, S. 221; *Christian Waldhoff*, Entstehung des Verfassungsgesetzes, in: Otto Depenheuer/Christoph Grabenwarter (Hrsg.), Verfassungstheorie, 2010, § 8 Rn. 50.

[662] Vgl. dazu *Klaus Stern*, Das Staatsrecht der Bundesrepublik Deutschland, Band V, 2000, S. 494, der insoweit Bezug nimmt auf eine Besprechung zwischen General *Groener* und Vertretern der sozialdemokratischen Reichstagsfraktion am 6. November 1918.

[663] Vgl. *Ernst Rudolf Huber*, Die Bismarcksche Reichsverfassung im Zusammenhang der deutschen Verfassungsgeschichte, in: Ernst-Wolfgang Böckenförde (Hrsg.), Moderne deutsche Verfassungsgeschichte (1815–1914), 2. Auflage 1981, S. 171 (203): „Aus diesem seinem unitarisch-natio-

glaubwürdig verkörpern, denn die nationale Einigung war von Preußen ausgegangen und hatte das Königreich der Hohenzollern im Deutschen Reich für dasselbe eingenommen,[664] während die übrigen Einzelstaaten und mit ihnen ihre angestammten Dynastien verblasst waren[665]. Von den beiden Legitimationsquellen, aus denen sich die konstitutionelle Ordnung des Kaiserreichs gespeist hatte, stand demnach eine – die monarchische – realiter nicht mehr zur Verfügung. Nach Lage der Dinge blieb als mögliche Legitimitätsressource der neu zu errichtenden Legalitätsordnung einzig der Wille des Volkes.[666] Im Großen und Ganzen wurde das demokratische Prinzip daher *nolens volens* auch von den konservativen Kräften als exklusive Legitimationsgrundlage der zeitnah zu erarbeitenden und sodann mit Rechtskraft auszustattenden neuen Verfassung anerkannt.[667] Der insoweit zu vollziehende Bruch mit dem „deutschen Sonderweg" des 19. Jahrhunderts und die Umorientierung hin zum modernen westeuropäisch-nordatlantischen Verfassungsmodell bedingte zugleich eine grundlegend veränderte Sicht auf das Wesen des Staates: War dieser zur Zeit der absoluten Monarchie noch mit der Person des Monarchen ineinsgefallen („l'état c'est moi"), so beruhte er zur Zeit der konstitutionellen Monarchie auf zwei einander gegenüberstehenden, je eigenständigen politischen Größen – dem Monarchen einerseits und dem Volk andererseits. Auf Grundlage der nunmehr zu konzipierenden Verfassungsordnung würde der Dualismus wieder in einen Monismus übergehen, diesmal allerdings zugunsten des Volkes als der fortan allein maßgeblichen politischen Größe im Staat.

(2) Wahrnehmung der verfassunggebenden Gewalt des Volkes durch die Nationalversammlung

Entworfen und beschlossen wurde die am 11. August 1919 ausgefertigte und drei Tage später verkündete Weimarer Reichsverfassung durch die sog. „verfassunggebende Nationalversammlung". Die Wahl zu dieser Versammlung, deren rechtliche

---

nalen Verfassungsauftrag stammte die kaiserliche Autorität und Macht; aus der permanenten Erfüllung dieses Verfassungsmandats ergab sich die Legitimität des kaiserlichen Amts." Siehe auch *Ernst-Wolfgang Böckenförde*, Der Zusammenbruch der Monarchie und die Entstehung der Weimarer Republik, in: ders., Recht, Staat, Freiheit, 2006 (erweiterte Ausgabe), S. 306 (309).

[664] So auch *Ernst-Wolfgang Böckenförde*, Der Zusammenbruch der Monarchie und die Entstehung der Weimarer Republik, in: ders., Recht, Staat, Freiheit, 2006 (erweiterte Ausgabe), S. 306 (310): „Zwar waren die preußische Monarchie und die Stellung des preußischen Königs unentbehrliche Grundlage für die Stellung des Kaisers und der kaiserlichen Regierung im Reich, aber sie wurden dabei vom Reich und für das Reich verzehrt."

[665] Vgl. *Ernst-Wolfgang Böckenförde*, Der Zusammenbruch der Monarchie und die Entstehung der Weimarer Republik, in: ders., Recht, Staat, Freiheit, 2006 (erweiterte Ausgabe), S. 306 (307 f.).

[666] So auch *Friedrich Meinecke*, Die Revolution. Ursachen und Tatsachen, in: Gerhard Anschütz/Richard Thoma (Hrsg.), Handbuch des Deutschen Staatsrechts, Erster Band, 1930, S. 95 (113).

[667] *Peter Unruh*, Der Verfassungsbegriff des Grundgesetzes, 2002, S. 264 f. Ähnlich *Rolf Grawert*, Reich und Republik – Die Form des Staates von Weimar, Der Staat 28 (1989), S. 481 (486), der darauf hinweist, dass die dem rechtskonservativen Spektrum zugehörigen Mitglieder der Weimarer Nationalversammlung die Republik zwar nicht als „Selbstverständlichkeit", aber doch immerhin als „Faktum" hinzunehmen bereit waren.

Grundlage das sog. „Reichswahlgesetz“ vom 30. November 1918 bildete, fand am 19. Januar 1919 statt und markierte den Auftakt zur angestrebten Verfassungsneuordnung. Ihre Mitglieder wurden in allgemeinen, unmittelbaren und geheimen Wahlen nach den Grundsätzen der Verhältniswahl gewählt, wobei alle deutschen Frauen und Männer, die am Wahltag das 20. Lebensjahr vollendet hatten, das aktive und passive Wahlrecht besaßen.[668] Das aus den Wahlen hervorgegangene Gremium wurde nicht von einer bestimmten politischen Strömung dominiert, sondern war in seiner Zusammensetzung durch einen ausgeprägten politischen Pluralismus gekennzeichnet.[669] Als Vergegenwärtigung des deutsches Volkes wähnte sich die Versammlung befugt und dazu aufgefordert, dessen verfassunggebende Gewalt auszuüben.[670] Verfassungsgesetzlichen Niederschlag fand dieses Selbstverständnis der Nationalversammlung insbesondere in Art. 181 Abs. 1 S. 1 WRV. Dort war zu lesen: „Das deutsche Volk hat *durch seine Nationalversammlung* diese Verfassung beschlossen und verabschiedet.“[671] Hinsichtlich der Frage, wie der Anspruch der Nationalversammlung auf Wahrnehmung der verfassunggebenden Gewalt zutreffend zu begründen sei, gingen die Meinungen der Zeitgenossen zwar auseinander: Während die einen den Wahlakt als Erteilung eines Auftrags qualifizierten, der die Nationalversammlung mit der Rechtsmacht ausgestattet habe, die verfassunggebende Gewalt „im Namen und für Rechnung“ des deutschen Volkes auszuüben, verstanden andere die Weimarer Constituante als Delegatar, d. h. als eine Institution, auf die das Volk seine verfassunggebende Gewalt durch die Wahlen übertragen habe.[672] Im Tenor aber herrschte Einigkeit: Die Weimarer Reichsverfassung trat kraft ihrer Annahme durch die Nationalversammlung als Ausfluss der verfassunggebenden Gewalt des Volkes in die Welt. Ab dem Zeitpunkt ihres Inkrafttretens (14. August 1919) bildete sie die normative Grundordnung des deutschen Gesamt-

---

[668] Zu den Modalitäten der Wahl zur Weimarer Nationalversammlung *Hans Schneider*, Die Reichsverfassung vom 11. August 1919, in: HStR, Band I, 3. Auflage 2003, § 5 Rn. 7.

[669] Vgl. *Ernst-Wolfgang Böckenförde*, Der Zusammenbruch der Monarchie und die Entstehung der Weimarer Republik, in: ders., Recht, Staat, Freiheit, 2006 (erweiterte Ausgabe), S. 306 (332). Zu den einzelnen in der Nationalversammlung vertretenen Parteien *Hans Schneider*, Die Reichsverfassung vom 11. August 1919, in: HStR, Band I, 3. Auflage 2003, § 5 Rn. 7.

[670] Dazu sowie zu den unterschiedlichen Vorstellungen und Vorschlägen, die die Verfassungsberatungen der Nationalversammlung bestimmten *Rolf Grawert*, Reich und Republik – Die Form des Staates von Weimar, Der Staat 28 (1989), S. 481 (486 ff.). Nach Ansicht von *Gerd Roellecke*, Konstruktionsfehler der Weimarer Verfassung, Der Staat 35 (1996), S. 599 (604) war das Verfassungswerk der Weimarer Nationalversammlung trotz deren politisch heterogener Zusammensetzung keines, das „allen politischen Richtungen eine Chance gab“, sondern „das in Verfassungsrang erhobene Parteiprogramm der linken bürgerlichen Mitte“. Dass es der Weimarer Reichsverfassung an einem breiten Rückhalt in der Bevölkerung fehlte, betont (auch) *Kurt Sontheimer*, Antidemokratisches Denken in der Weimarer Republik, Vierteljahresschrift für Zeitgeschichte 1957, S. 42 ff.

[671] Hervorhebung hinzugefügt. Zur typologischen Unterscheidung zwischen „verfassunggebenden Versammlungen“ nach Art der Weimarer Nationalversammlung einerseits und „Verfassungskonventen“ andererseits *Christian Waldhoff*, Entstehung des Verfassungsgesetzes, in: Otto Depenheuer/Christoph Grabenwarter (Hrsg.), Verfassungstheorie, 2010, § 8 Rn. 39 ff.

[672] Siehe dazu *Christoph Gusy*, Die Weimarer Reichsverfassung, 1997, S. 85.

staats und damit zugleich die exklusive Quelle der Legitimität der gesamten öffentlichen Gewalt.[673]

bb) Die pouvoirs constitués: Demokratisierung der Staatsgewalt

Da die im Jahr 1919 unternommene Herrschaftskonstituierung qua Verfassunggebung jeglicher monarchischen Einflussnahme entbehrte und überdies eine authentische Quelle gesamtdeutscher monarchischer Legitimität auch gar nicht mehr zur Verfügung stand, nimmt es nicht wunder, dass die Einrichtung der Staatsgewalt nunmehr – anders als in den Jahren 1867/1871 und 1849 – ausschließlich dem demokratischen Prinzip folgte.[674] Art. 1 WRV kleidete diese Grundentscheidung in zwei prägnante Sätze: „Das Deutsche Reich ist eine Republik. Die Staatsgewalt geht vom Volke aus." Extrakonstitutionelle Machtreservate, wie sie für den deutschen Typ der konstitutionellen Monarchie des 19. Jahrhunderts kennzeichnend waren (z.B. im Bereich des Militärwesens), konnte es vor diesem Hintergrund nicht mehr geben.[675] Mit der Anknüpfung an die Lehre von der verfassunggebenden Gewalt des Volkes und der Proklamierung der demokratischen Republik erhob die Weimarer Reichsverfassung implizit den Anspruch, „alle Aufgaben und Befugnisse der Staatsgewalt lückenlos [zu erfassen]"[676] und die staatliche Willensbildung im Reich und seinen Ländern vollumfänglich an den Volkswillen rückzubinden.[677] Zum ersten Mal in der deutschen Verfassungsgeschichte hatte politische Herrschaft somit den vom konstitutionellen Programm der bürgerlichen Revolutionen intendierten Auftragscharakter angenommen.

---

673 Vgl. *Christoph Gusy*, Die Weimarer Reichsverfassung, 1997, S. 85; *Peter Unruh*, Der Verfassungsbegriff des Grundgesetzes, 2002, S. 265f.

674 Vgl. *Rolf Grawert*, Reich und Republik – Die Form des Staates von Weimar, Der Staat 28 (1989), S. 481 (492f.): „[...] ungeachtet dessen zeugt die Ausweitung des Demokratiebegriffes von dessen Leitfunktion für alle wesentlichen Aspekte der Neugestaltung. Im weiteren Sinne wird ‚Demokratie' auch als ein Staat und Gesellschaft durchformendes Prinzip angesehen [...]". Siehe auch *Walter Jellinek*, Verfassung und Verwaltung des Reichs und der Länder, 3. Abdruck 1927, S. 43; *Rainer Wahl*, Verfassungsstaatlichkeit im Konstitutionalismus und in der Weimarer Zeit, in: ders., Verfassungsstaat, Europäisierung, Internationalisierung, 2003, S. 320 (331).

675 Insofern erweist es sich als durchaus folgerichtig, dass – dies betont mit Recht *Hans Schneider* – die Einbeziehung der Streitkräfte in die neue verfassungsrechtliche Ordnung des Reichs „zu den ersten Aufgaben der Nationalversammlung" gehörte; *Hans Schneider*, Die Reichsverfassung vom 11. August 1919, in: HStR, Band I, 3. Auflage 2003, § 5 Rn. 29.

676 *Peter Unruh*, Der Verfassungsbegriff des Grundgesetzes, 2002, S. 273.

677 Vgl. *Dieter Grimm*, Die Bedeutung der Weimarer Verfassung in der deutschen Verfassungsgeschichte, 1990, S. 15: „Vorkonstitutionelle Herrschaftsbefugnisse, extrakonstitutionelle Staatsgewalt gab es unter Geltung der Weimarer Verfassung nicht mehr. Es existierte nur noch vom Volk abgeleitete Staatsgewalt. Alle staatlichen Institutionen mußten in der Verfassung grundgelegt oder zumindest ermöglicht sein." Ähnlich *Rainer Wahl*, Verfassungsstaatlichkeit im Konstitutionalismus und in der Weimarer Zeit, in: ders., Verfassungsstaat, Europäisierung, Internationalisierung, 2003, S. 320 (331): „Eine neue Situation trat ein mit der Weimarer Republik. Die Staatsordnung war jetzt konzipiert im Sinne einer einheitlichen demokratischen Legitimität; sie war allein durch die Verfassung konstituiert."

(1) Das Volk als verfasste Größe

In seiner Eigenschaft als verfasste[678] Größe gewann das Volk im Vergleich mit der *Bismarck*'schen Reichsverfassung erheblich an Bestimmungsmacht. So entschieden die Bürger in Form von Wahlen über die Zusammensetzung des Reichstags als dem zentralen Legislativorgan der Republik[679], daneben aber auch über die Vergabe des Amts des Reichspräsidenten und damit über die Person des Staatsoberhaupts[680]. Da dem volksgewählten Reichspräsidenten die Konstituierung der Reichsregierung oblag[681] und die Länder im Reichsrat durch Mitglieder ihrer – ebenfalls parlamentarisch verantwortlichen – Regierungen vertreten wurden[682], war die Willensbildung der institutionalisierten Staatsgewalt vermittels der periodisch durchgeführten Wahlen sowohl im Bereich der Legislative als auch im Bereich der Exekutive *durchgängig* an den Volkswillen rückgebunden. Neben die repräsentativ-demokratischen Mechanismen der Einflussnahme des Volkes auf die Willensbildung des Staates traten plebiszitäre Elemente, d.h. Regelungen, durch welche die Bürger in die Lage versetzt wurden, unmittelbar an der Ausübung der Staatsgewalt mitzuwirken, d.h. selbst Sachentscheidungen zu treffen.[683] Hervorzuheben sind in diesem Zusammenhang das Volksbegehren[684] und der Volksentscheid[685].

---

678 Zur Einordnung des Volks als Staatsorgan *Walter Jellinek*, Verfassung und Verwaltung des Reichs und der Länder, 3. Abdruck 1927, S. 43f.; *Fritz Stier-Somlo*, Deutsches Reichs- und Landesstaatsrecht, 1924, S. 524ff. *Erwin Jacobi*, Reichsverfassungsänderung, in: Otto Schreiber (Hrsg.), Die Reichsgerichtspraxis im deutschen Rechtsleben, Band I, 1929, S. 233 (254f.) mahnt in diesem Zusammenhang zur Unterscheidung zwischen den „Normalstaatsorganen" einerseits „und dem abstimmenden Volk als dem außerordentlichen Staatsorgan" andererseits, auf dass „die von der Verfassung gewollte Verschiedenheit zum Ausdruck" gebracht werde.

679 Vgl. Art. 22 WRV.

680 Vgl. Art. 41 WRV.

681 Vgl. Art. 53f. WRV.

682 Vgl. Art. 63 Abs. 1 S. 1 WRV.

683 Eingehend zu den Formen der unmittelbaren Mitwirkung des Volkes an der Ausübung der Staatsgewalt nach Maßgabe der Weimarer Reichsverfassung *Christoph Gusy*, Die Weimarer Reichsverfassung, 1997, S. 93ff. Ausgesprochen kritisch *Gerd Roellecke*, Konstruktionsfehler der Weimarer Verfassung, Der Staat 35 (1996), S. 599 (607f.), der die Zulassung der Volksgesetzgebung als einen Konstruktionsfehler der Weimarer Reichsverfassung bewertet, weil dadurch die demokratische Legitimation des Reichstags untergraben worden sei.

684 Vgl. Art. 73 Abs. 3 WRV: Herbeiführung eines Volksentscheids über einen ausgearbeiteten Gesetzentwurf durch Begehren eines Zehntels der Stimmberechtigten. Siehe dazu *Heinrich Triepel*, Der Weg der Gesetzgebung nach der neuen Reichsverfassung, AöR 39 (1920), S. 456 (492ff.) und *Werner Frotscher*, Direkte Demokratie in der Weimarer Verfassung, DVBl. 1989, S. 541 (545).

685 Vgl. Art. 73 Abs. 1 WRV: Volksentscheid auf Anordnung des Reichspräsidenten über ein vom Reichstag beschlossenes Gesetz; Art. 73 Abs. 2 WRV: Volksentscheid über ein vom Reichstag beschlossenes Gesetz, dessen Verkündung auf Antrag von mindestens einem Drittel des Reichstags ausgesetzt ist, auf Antrag eines Zwanzigstels der Stimmberechtigten; Art. 73 Abs. 3 WRV: Volksentscheid aufgrund Volksbegehrens; Art. 74 Abs. 3 WRV: Volksentscheid auf Anordnung des Reichspräsidenten bei Meinungsverschiedenheiten zwischen Reichstag und Reichsrat; Art. 76 Abs. 2 WRV: Volksentscheid auf Verlangen des Reichsrats über eine entgegen dem Einspruch des Reichsrats vom Reichstag beschlossene Verfassungsänderung. Aufschlussreich zu den unterschiedlichen Varianten der Volksbeteiligung an der Gesetzgebung *Heinrich Triepel*, Der Weg der

Der vorstehend skizzierte Zuschnitt der Befugnisse des Volkes in seiner Eigenschaft als verfasste Größe lässt klar erkennen, dass die Weimarer Reichsverfassung keines der klassischen Demokratiekonzepte in Reinform umsetzte. Stattdessen etablierte sie ein Nebeneinander von parlamentarischen, präsidialen und plebiszitären Komponenten.[686] Wollte man die durch sie verfasste Republik dennoch auf den Begriff bringen, so erschiene die Bezeichnung als repräsentative Demokratie mit plebiszitären Elementen wohl am treffendsten.[687]

(2) Der Reichstag

Auf dem Boden der Grundentscheidung für eine repräsentative Demokratie „wandelte sich die Rolle des Reichstags von einer staatsbegrenzenden Vertretung der Gesellschaft hin zu einem besonders legitimierten Staatsorgan"[688]. Folgerichtig rückte die Volksvertretung „an die Spitze der verfassungsrechtlichen Bedeutungsskala"[689]. Von allen über 20 Jahre alten Männern und Frauen in allgemeiner, gleicher, unmittelbarer und geheimer Wahl nach den Grundsätzen der (durch keine Sperrklausel modifizierten) Verhältniswahl gewählt,[690] war der Reichstag zuvörderst mit der Gesetzgebung[691] einschließlich der Haushaltsbewilligung[692] betraut. An der Ausübung der auswärtigen Gewalt hatte er insofern teil, als die Entscheidung über Krieg und Frieden gemäß Art. 45 Abs. 2 WRV durch Reichsgesetz getroffen wurde und Bündnisse und Verträge mit fremden Staaten, die sich auf Gegenstände der Reichsgesetzgebung bezogen, der Zustimmung des Reichstags bedurften. Die Bildung der Reichsregierung fiel formal betrachtet zwar in die alleinige Zuständigkeit des Reichspräsidenten,[693] doch konnte der Reichspräsident den Willen des Parlaments bei der Entscheidung, wen er zum Reichskanzler bzw. Reichsminister ernannte, nicht ohne weiteres außer Acht lassen. Ausschlaggebend hierfür war, dass sowohl der Reichskanzler als auch die Reichsminister gemäß Art. 54 S. 1 WRV zu ihrer Amtsführung des Vertrauens des Reichstags bedurften.[694] Effektiviert wurde

---

Gesetzgebung nach der neuen Reichsverfassung, AöR 39 (1920), S. 456 (498 ff.); *Werner Frotscher*, Direkte Demokratie in der Weimarer Verfassung, DVBl. 1989, S. 541 (544 ff.).

[686] Vgl. *Christoph Gusy*, Die Weimarer Reichsverfassung, 1997, S. 90 f.; *Werner Frotscher*, Direkte Demokratie in der Weimarer Verfassung, DVBl. 1989, S. 541 (542 f.).

[687] So auch *Christoph Gusy*, Die Weimarer Reichsverfassung, 1997, S. 92.

[688] *Christoph Gusy*, Die Grundrechte in der Weimarer Republik, ZNR 15 (1993), S. 163 (167). Siehe auch *Dieter Grimm*, Die Bedeutung der Weimarer Verfassung in der deutschen Verfassungsgeschichte, 1990, S. 16.

[689] *Werner Frotscher/Bodo Pieroth*, Verfassungsgeschichte, 17. Auflage 2018, Rn. 528. Vgl. auch *Christian-Friedrich Menger*, Deutsche Verfassungsgeschichte der Neuzeit, 8. Auflage 1993, Rn. 346; *Dieter Grimm*, Die Bedeutung der Weimarer Verfassung in der deutschen Verfassungsgeschichte, 1990, S. 16.

[690] Vgl. Art. 22 WRV. Eingehend zum Wahlsystem *Hans Schneider*, Die Reichsverfassung vom 11. August 1919, in: HStR, Band I, 3. Auflage 2003, § 5 Rn. 47 ff.

[691] Vgl. Art. 68 ff. WRV.

[692] Vgl. Art. 85 ff. WRV.

[693] Vgl. Art. 53 WRV.

[694] In der staatsrechtlichen Literatur und der Staatspraxis setzte sich die Auffassung durch,

die dergestalt begründete Verantwortlichkeit der Reichsregierung gegenüber dem Parlament durch die Bestimmung des Art. 54 S. 2 WRV, der zufolge jedes Regierungsmitglied zurücktreten musste, wenn der Reichstag ihm durch ausdrücklichen Beschluss das Vertrauen entzog (sog. „destruktives Misstrauensvotum"). Darüber hinaus besaß der Reichstag auch mit Blick auf das Amt des Reichspräsidenten gewisse Kontrollbefugnisse. Insbesondere war das Parlament gemäß Art. 48 Abs. 3 WRV berechtigt, vom Reichspräsidenten auf Grundlage von Art. 48 Abs. 2 WRV ergriffene sog. „Notmaßnahmen" außer Kraft zu setzen. Allerdings wurde die Wirksamkeit dieses Kontrollinstruments durch die in Art. 25 WRV statuierte, faktisch unbegrenzte Befugnis des Reichspräsidenten zur Auflösung des Reichstags empfindlich relativiert und dies umso mehr, als das Staatsoberhaupt nicht in gleichem Maße vom Parlament abhängig war.[695] Die Einflussmöglichkeiten des Reichstags auf die personelle Besetzung des Amts des Reichspräsidenten beschränkten sich vielmehr auf das Recht, vermöge eines mit qualifizierter (Zweidrittel-)Mehrheit gefassten Beschlusses eine Volksabstimmung über die Absetzung des Reichspräsidenten herbeizuführen.[696]

(3) Der Reichspräsident

Letztendlich war es auch und gerade jene asymmetrische Ausgestaltung der Abberufungsrechte, welche dazu führte, dass sich die von der verfassunggebenden Nationalversammlung angestrebte Machtbalance zwischen den beiden unmittelbar[697] demokratisch legitimierten Staatsorganen in der Verfassungswirklichkeit zugunsten des Reichspräsidenten verschob.[698] Die Grundlage für dessen ausgesprochen starke Stellung im Verfassungsgefüge der Weimarer Republik bildete zum einen die

---

dass die Reichsregierung als im Besitz des Vertrauens des Reichstags anzusehen sei, solange ihr nicht ausdrücklich das Misstrauen ausgesprochen worden war; vgl. *Gerhard Anschütz*, Die Verfassung des Deutschen Reichs vom 11. August 1919, 14. Auflage 1933, S. 319 f.; *Carl Schmitt*, Verfassungslehre (1928), 9. Auflage 2003, S. 343 ff. Eingehend zum Problem der Regierungsbildung auf dem Boden der Weimarer Reichsverfassung *Hans Schneider*, Die Reichsverfassung vom 11. August 1919, in: HStR, Band I, 3. Auflage 2003, § 5 Rn. 60 ff.; *Christoph Gusy*, Die Weimarer Reichsverfassung, 1997, S. 105 und 131 ff.; *Klaus Stern*, Das Staatsrecht der Bundesrepublik Deutschland, Band V, 2000, S. 572 ff. und 596 ff.

[695] Zur Sanktionslosigkeit eines Verstoßes gegen das in Art. 25 WRV normierte Verbot, den Reichstag mehr als einmal aus dem gleichen Anlass aufzulösen *Christoph Gusy*, Die Weimarer Reichsverfassung, 1997, S. 102 f.; *Klaus Stern*, Das Staatsrecht der Bundesrepublik Deutschland, Band V, 2000, S. 588 f. und 595 f.

[696] Vgl. Art. 43 Abs. 2 WRV.

[697] Dass neben dem Reichstag auch der Reichspräsident eine *unmittelbare* demokratische Legitimation erhalten sollte, ergab sich aus Art. 41 Abs. 1 WRV: „Der Reichspräsident wird vom ganzen deutschen Volke gewählt." Instruktiv zur Volkswahl des Reichspräsidenten in der Weimarer Republik *Werner Frotscher*, Direkte Demokratie in der Weimarer Verfassung, DVBl. 1989, S. 541 (543 f.).

[698] Dazu und zur konzeptionellen Ausrichtung des Amts des Reichspräsidenten als Gegengewicht zum Parlament *Christoph Gusy*, Die Weimarer Reichsverfassung, 1997, S. 101 ff. und 113 ff.; *Werner Frotscher/Bodo Pieroth*, Verfassungsgeschichte, 17. Auflage 2018, Rn. 532 ff.

Konzeption des Amts als Verkörperung des Staatsganzen,[699] zum anderen eine Fülle bedeutender Kompetenzen exekutiver und legislativer Art, die obendrein durch einige (allerdings weniger bedeutsame) justizielle Zuständigkeiten ergänzt wurden:[700] Als Staatsoberhaupt vertrat der Reichspräsident das Deutsche Reich völkerrechtlich,[701] ernannte die Reichsbeamten und Offiziere,[702] führte den Oberbefehl über die Reichswehr,[703] verfügte nach seinem Ermessen die Reichsexekution gegen pflichtwidrig agierende Gliedstaaten,[704] übte für das Reich das Begnadigungsrecht aus[705] und bestellte einen Teil der Richter am Wahlprüfungsgericht[706]. Auf sein Recht, den Reichskanzler und auf dessen Vorschlag die Reichsminister zu ernennen und zu entlassen[707] sowie die Befugnis, den Reichstag aufzulösen,[708] wurde bereits hingewiesen. Verfassungsmäßig zustande gekommene Gesetze, deren Ausfertigung und Verkündung ebenfalls in den Zuständigkeitsbereich des Reichspräsidenten fielen,[709] konnte selbiger vor der Verkündung zum Volksentscheid bringen, indem er dies binnen eines Monats nach dem Zustandekommen des betreffenden Gesetzes bestimmte.[710]

---

[699] Siehe dazu *Werner Frotscher*, Direkte Demokratie in der Weimarer Verfassung, DVBl. 1989, S. 541 (544); *Christoph Gusy*, Die Weimarer Reichsverfassung, 1997, S. 101; *Hans Schneider*, Die Reichsverfassung vom 11. August 1919, in: HStR, Band I, 3. Auflage 2003, § 5 Rn. 64.

[700] Eine überblicksartige Darstellung der einzelnen Befugnisse des Reichspräsidenten findet sich etwa bei *Hans Schneider*, Die Reichsverfassung vom 11. August 1919, in: HStR, Band I, 3. Auflage 2003, § 5 Rn. 65 und *Klaus Stern*, Das Staatsrecht der Bundesrepublik Deutschland, Band V, 2000, S. 594.

[701] Vgl. Art. 45 Abs. 1 WRV.

[702] Vgl. Art. 46 WRV.

[703] Vgl. Art. 47 WRV.

[704] Vgl. Art. 48 Abs. 1 WRV. Zur Anordnung der Reichsexekution gegen einzelne Länder in der Weimarer Staatspraxis vgl. *Hans Schneider*, Die Reichsverfassung vom 11. August 1919, in: HStR, Band I, 3. Auflage 2003, § 5 Rn. 71.

[705] Vgl. Art. 49 WRV.

[706] Vgl. Art. 31 Abs. 2 WRV.

[707] Vgl. Art. 53 WRV.

[708] Vgl. Art. 25 Abs. 1 WRV.

[709] Vgl. Art. 70 WRV. Zum Streit darüber, ob dem Reichspräsidenten im Rahmen seiner Ausfertigungs- und Verkündungskompetenz „lediglich" ein formelles Prüfungsrecht oder darüber hinaus auch ein materielles Prüfungsrecht zustand *Christoph Gusy*, Die Weimarer Reichsverfassung, 1997, S. 104; *Hans Schneider*, Die Reichsverfassung vom 11. August 1919, in: HStR, Band I, 3. Auflage 2003, § 5 Rn. 65. Unter den Weimarer Staatsrechtlern plädierten für die Beschränkung des Prüfungsrechts auf formelle Aspekte u. a. *Heinrich Triepel*, Der Weg der Gesetzgebung nach der neuen Reichsverfassung, AöR 39 (1920), S. 456 (536) und *Richard Grau*, Aus der Praxis des Staatsrechts: Zum Gesetzentwurf über die Prüfung der Verfassungsmäßigkeit von Reichsgesetzen u. Reichsverordnungen, AöR 50 (1926), S. 287 (310 f.); gegen eine solche Beschränkung und für ein materielles Prüfungsrecht des Reichspräsidenten hingegen *Gerhard Anschütz*, Die Verfassung des Deutschen Reichs vom 11. August 1919, 14. Auflage 1933, S. 367 f.; *Richard Thoma*, Das richterliche Prüfungsrecht, AöR 43 (1922), S. 267 (278); *Walter Jellinek*, Das einfache Reichsgesetz, in: Gerhard Anschütz/Richard Thoma (Hrsg.), Handbuch des Deutschen Staatsrechts, Zweiter Band, 1932, S. 160 (177 f.); *Heinrich Pohl*, Die Zuständigkeiten des Reichspräsidenten, in: Gerhard Anschütz/Richard Thoma (Hrsg.), Handbuch des Deutschen Staatsrechts, Erster Band, 1930, S. 482 (500 f.).

[710] Vgl. Art. 73 Abs. 1 WRV. *Werner Frotscher*, Direkte Demokratie in der Weimarer Verfas-

Als besonders „scharfes Schwert“ und für das Schicksal der Republik letztendlich verhängnisvoll erwies sich die in Art. 48 Abs. 2 WRV normierte, in der Weimarer Staatspraxis extensiv interpretierte Befugnis des Reichspräsidenten, bei erheblichen Störungen oder Gefährdungen der öffentlichen Sicherheit und Ordnung „die zur Wiederherstellung der öffentlichen Sicherheit und Ordnung nötigen Maßnahmen“ zu treffen, etwa in Gestalt von gesetzesvertretenden Verordnungen (sog. „Notverordnungen“).[711] Unter Berufung auf dieses Recht vermochte der Reichspräsident das in Art. 1 Abs. 2, 54 und 68 Abs. 2 WRV verankerte Prinzip der parlamentarischen Demokratie nachhaltig zu unterminieren, indem er die Rechtsetzung mittels Bildung sog. „Präsidialkabinette“ vom Reichstag auf die Reichsexekutive verlagerte:[712] Der verfassungsrechtliche Boden für das mit dem Begriff „Präsidialkabinett“ bezeichnete Zusammenwirken von Reichspräsident und Reichsregierung ergab sich aus dem Zusammenspiel von Art. 48 Abs. 2 WRV, der das Staatsoberhaupt zu extensiv verstandenen Notmaßnahmen unter Einschluss von Rechtsetzungsakten ermächtigte, und Art. 50 WRV, der die Gültigkeit sämtlicher Anordnungen und Verfügungen des Reichspräsidenten – mithin auch jene nach Art. 48 Abs. 2 WRV – von der Gegenzeichnung durch den Reichskanzler oder den zuständigen Reichsminister abhängig machte. Waren der Reichspräsident und die Reichsregierung nach alledem unhintergehbar aufeinander angewiesen, so vermochte das Staatsoberhaupt die Reichsregierung aber doch immerhin aus der von Art. 54 WRV begründeten Abhängigkeit vom Vertrauen des Reichstags zu lösen. Denn etwaig zu besorgenden Misstrauensvoten des Parlaments gegen Regierungsmitglieder konnte das Staatsoberhaupt durch die Ausübung des ihm in Art. 25 WRV eingeräumten Rechts zur Auflösung des Reichstags begegnen.[713] Entsprechendes galt mit Blick auf die in Art. 48 Abs. 3 WRV normierte Befugnis des Parlaments, Notmaßnahmen des Reichspräsidenten nach Art. 48 Abs. 2 WRV außer Kraft zu setzen.[714] In der Weimarer Staatspraxis wurde auf diese Weise ein „zweiter

---

sung, DVBl. 1989, S. 541 (545) weist darauf hin, dass gerade diese Befugnis des Reichspräsidenten in besonderem Maße von der Skepsis der verfassunggebenden Nationalversammlung gegenüber einem „Parlamentsabsolutismus“ zeuge. In der Staatspraxis hat der Reichspräsident allerdings niemals von seinem Recht aus Art. 73 Abs. 1 WRV Gebrauch gemacht.

[711] Zur Wandlung der Auslegung und praktischen Handhabung der Bestimmung des Art. 48 Abs. 2 WRV in den 1920er Jahren im Allgemeinen sowie dem Instrument der „Notverordnungen“ im Besonderen *Christoph Gusy*, Die Weimarer Reichsverfassung, 1997, S. 108 ff.; *Klaus Stern*, Das Staatsrecht der Bundesrepublik Deutschland, Band V, 2000, S. 598 ff.; *Hans Schneider*, Die Reichsverfassung vom 11. August 1919, in: HStR, Band I, 3. Auflage 2003, § 5 Rn. 67.

[712] Siehe dazu *Werner Frotscher/Bodo Pieroth*, Verfassungsgeschichte, 17. Auflage 2018, Rn. 561.

[713] Vgl. *Klaus Stern*, Das Staatsrecht der Bundesrepublik Deutschland, Band V, 2000, S. 573.

[714] Unter Hinweis auf die von Art. 50 WRV begründete (mittelbare) parlamentarische Verantwortlichkeit des Reichspräsidenten wurde die verfassungsrechtliche Zulässigkeit der politischen Praxis, den Reichstag aus Anlass des „Außer-Kraft-Setzens“ einer präsidentiellen Notmaßnahme aufzulösen, von einem Teil der Weimarer Staatsrechtslehre indes vehement bestritten; vgl. nur *Richard Grau*, Die Diktaturgewalt des Reichspräsidenten, in: Gerhard Anschütz/Richard Thoma (Hrsg.), Handbuch des Deutschen Staatsrechts, Zweiter Band, 1932, S. 274 (292).

Weg der Gesetzgebung"[715] etabliert, der eine Beteiligung des Reichstags entbehrlich machte und „ein Regieren ohne das Parlament und schließlich auch gegen das Parlament"[716] ermöglichte.[717] Teile des staatsrechtlichen Schrifttums sprechen vor diesem Hintergrund von einer Art „Diktaturgewalt" des als „Ersatzkaiser" apostrophierten Reichspräsidenten.[718]

(4) Die Reichsregierung

In der als Kollegium[719] ausgestalteten Reichsregierung oblag es dem Reichskanzler, die Richtlinien der Politik zu bestimmen,[720] innerhalb derer jeder Reichsminister das ihm anvertraute Ressort selbständig und unter eigener Verantwortung zu leiten hatte.[721] Durch ihre Anerkennung als eigenständiges Staatsorgan erfuhr die Reichsregierung im Vergleich mit der *Bismarck*'schen Reichsverfassung von 1871 eine beachtliche Aufwertung.[722] Im Paradigma der durch das Weimarer Verfassungswerk etablierten „gemischten Demokratie"[723] bildete sie gleichsam das Bindeglied zwischen der demokratisch-präsidialen und der demokratisch-parlamentarischen Komponente.[724] Verfassungsnormativ ergab sich die Aufgabe der Reichsregierung, die Politik der beiden volksgewählten Staatsorgane zu koordinieren, aus der Zusammenschau von Art. 50 WRV, der eine sämtliche amtliche Maßnahmen des Reichspräsidenten umgreifende Gegenzeichnungspflicht statuierte,[725] und Art. 54

---

715 *Richard Grau*, Die Diktaturgewalt des Reichspräsidenten, in: Gerhard Anschütz/Richard Thoma (Hrsg.), Handbuch des Deutschen Staatsrechts, Zweiter Band, 1932, S. 274 (276), der jenen „zweiten Weg" allerdings für verfassungswidrig befand.

716 *Christoph Gusy*, Die Weimarer Reichsverfassung, 1997, S. 108.

717 Zum extensiven Gebrauch der Möglichkeit zur exekutivischen Gesetzgebung seitens der Präsidialkabinette *Brüning* vgl. nur *Hans Schneider*, Die Reichsverfassung vom 11. August 1919, in: HStR, Band I, 3. Auflage 2003, § 5 Rn. 55 f.

718 Siehe etwa *Richard Grau*, Die Diktaturgewalt des Reichspräsidenten, in: Gerhard Anschütz/Richard Thoma (Hrsg.), Handbuch des Deutschen Staatsrechts, Zweiter Band, 1932, S. 274 ff.; *Christian-Friedrich Menger*, Deutsche Verfassungsgeschichte der Neuzeit, 8. Auflage 1993, Rn. 352; *Gerhard Robbers*, Die Staatslehre der Weimarer Republik: Eine Einführung, Jura 1993, S. 69; *Klaus Stern*, Das Staatsrecht der Bundesrepublik Deutschland, Band V, 2000, S. 600; *Werner Frotscher/Bodo Pieroth*, Verfassungsgeschichte, 17. Auflage 2018, Rn. 533 f.

719 Vgl. Art. 52 WRV: „Die Reichsregierung besteht aus dem Reichskanzler und den Reichsministern." Zu dem durch die Weimarer Reichsverfassung vollzogenen Übergang vom Kanzlerprinzip der *Bismarck*'schen Reichsverfassung zum Kabinettsprinzip vgl. *Christian-Friedrich Menger*, Deutsche Verfassungsgeschichte der Neuzeit, 8. Auflage 1993, Rn. 353; *Christoph Gusy*, Die Weimarer Reichsverfassung, 1997, S. 131 und 135.

720 Vgl. Art. 56 S. 1 WRV. Zu der durch Koalitionsvereinbarungen bedingten Überlagerung bzw. Verengung der Richtlinienkompetenz des Reichskanzlers in der Weimarer Staatspraxis *Carl Schmitt*, Verfassungslehre (1928), 9. Auflage 2003, S. 348 f.; *Klaus Stern*, Das Staatsrecht der Bundesrepublik Deutschland, Band V, 2000, S. 607.

721 Vgl. Art. 56 S. 2 WRV.

722 *Werner Frotscher/Bodo Pieroth*, Verfassungsgeschichte, 17. Auflage 2018, Rn. 535.

723 Begriff nach *Christoph Gusy*, Die Weimarer Reichsverfassung, 1997, S. 90.

724 Vgl. *Klaus Stern*, Das Staatsrecht der Bundesrepublik Deutschland, Band V, 2000, S. 746 f.

725 Zur umfassenden Gegenzeichnungspflichtigkeit präsidentieller Maßnahmen vgl. *Hans Schneider*, Die Reichsverfassung vom 11. August 1919, in: HStR, Band I, 3. Auflage 2003, § 5 Rn. 66.

WRV, welcher die zur Gegenzeichnung berechtigten Mitglieder der Reichsregierung einer umfassenden parlamentarischen Verantwortlichkeit unterwarf. *Christoph Gusy* weist zutreffend darauf hin, dass der Reichstag auf diese Weise die Möglichkeit erlangte, „zwar nicht das Staatsoberhaupt selbst, wohl aber seine Maßnahmen auf dem Umweg über die mitwirkende Reichsregierung zu kontrollieren“[726]. Die Ausgleichsfunktion der Regierungsmitglieder äußerte sich darüber hinaus in einer Art institutioneller Doppelstellung: Da der Reichskanzler und auf seinen Vorschlag die Reichsminister gemäß Art. 53 WRV vom Reichspräsidenten ernannt wurden, Kanzler und Minister gemäß Art. 54 WRV vom Reichstag aber jederzeit durch ein Misstrauensvotum zum Rücktritt gezwungen werden konnten, erwies sich die Regierungsbildung als „ein Fall notwendigen Zusammenwirkens von Präsident und Parlament“[727]. Für die Regierungsmitglieder ergab sich aus diesem Modus der Regierungsbildung und -abberufung eine doppelte Abhängigkeit – zum einen gegenüber dem Staatsoberhaupt und zum anderen gegenüber dem Parlament. Ungeachtet dieser doppelten Abhängigkeit galt formal der Grundsatz personeller Kontinuität: Weder das Ende der Amtszeit des Reichspräsidenten noch der Ablauf der Legislaturperiode des Reichstags wirkten sich unmittelbar auf die Besetzung der Reichsregierung aus.[728] In funktionaler Hinsicht rückte das Weimarer Verfassungswerk die Reichsregierung in die Nähe des Reichspräsidenten,[729] namentlich insofern, als es auch ihr sowohl Staatsleitungs- als auch Exekutivaufgaben zuwies.[730] Systematisch konsequent fasste die Reichsverfassung die Regelungen zur Stellung und den Befugnissen jener beiden Staatsorgane in einem einheitlichen Abschnitt zusammen, der mit „Der Reichspräsident und die Reichsregierung“ überschrieben war.[731] Die Geschäftsordnung der Reichsregierung trug dieser verfas-

---

[726] *Christoph Gusy*, Die Weimarer Reichsverfassung, 1997, S. 102. Eben dieser indirekten Kontrollmöglichkeit des Reichstags ist es mutmaßlich geschuldet, dass keiner der beiden Weimarer Reichspräsidenten jemals von der in Art. 73 Abs. 1 WRV geregelten Befugnis, ein vom Reichstag beschlossenes Gesetz vor seiner Verkündung zum Volksentscheid zu bringen, Gebrauch gemacht hat; vgl. dazu *Walter Jellinek*, Die Weimarer Reichsverfassung verglichen mit der Verfassung Nordamerikas und der Schweizerischen Eidgenossenschaft, in: Gerhard Anschütz u. a. (Hrsg.), Handbuch der Politik, Band III, 3. Auflage 1921, S. 10 (14): „Die Anordnung des Volksentscheids über ein gewöhnliches Gesetz durch den Reichspräsidenten gegen den Reichstag ist zwar auf dem Papiere möglich, politisch aber nahezu ausgeschlossen, da die Anordnung gegengezeichnet werden muß, der gegenzeichnende Minister aber vom Vertrauen der Reichstagsmehrheit abhängt (W. V. 50, 54).“ Dies referierend *Werner Frotscher*, Direkte Demokratie in der Weimarer Verfassung, DVBl. 1989, S. 541 (545).

[727] *Christoph Gusy*, Die Weimarer Reichsverfassung, 1997, S. 105. Vgl. auch *Gerd Roellecke*, Konstruktionsfehler der Weimarer Verfassung, Der Staat 35 (1996), S. 599 (607).

[728] Vgl. *Christoph Gusy*, Die Weimarer Reichsverfassung, 1997, S. 135.

[729] Vgl. *Christoph Gusy*, Die Weimarer Reichsverfassung, 1997, S. 136 f.

[730] Beispielhaft seien genannt: Vorsitz im Reichsrat und seinen Ausschüssen (Art. 65 WRV); Erarbeitung und Einbringung von Gesetzesvorlagen (Art. 68 Abs. 1 WRV); Erlass der zur Ausführung der Reichsgesetze erforderlichen allgemeinen Verwaltungsvorschriften (Art. 77 WRV); Aufstellung des Haushaltsplans (Art. 85 Abs. 1 WRV) und Rechnungslegung über die Verwendung aller Reichseinnahmen (Art. 86 WRV).

[731] Vgl. Art. 41 ff. WRV.

sungsrechtliche Weichenstellung Rechnung, indem sie die Zusammenarbeit der Regierungsmitglieder mit dem Staatsoberhaupt betont kooperativ organisierte.[732]

(5) Der Reichsrat

Stand der Bundesrat auf Grundlage der Reichsverfassung von 1871 als institutionelle Verkörperung der vereinigten Bundesfürsten konzeptionell noch an der Spitze der Reichsorgane, so „rutschte" die nunmehr unter der Bezeichnung „Reichsrat" firmierende, organschaftliche Vertretung der Länder in der Weimarer Republik ihrer Bedeutung nach an die letzte Stelle.[733] Abgesehen von jenen Vertretern Preußens, die von den preußischen Provinzialverwaltungen bestellt wurden,[734] setzte sich der Reichsrat aus instruierten Mitgliedern der Landesregierungen zusammen. Allerdings unterlagen diese nunmehr ebenfalls der parlamentarischen Verantwortlichkeit. Eine monarchische Regentschaft war aufgrund der Homogenitätsklausel des Art. 17 WRV, die für die Länder eine Pflicht zur „freistaatliche[n] Verfassung" statuierte[735] und ausdrücklich die Angewiesenheit der Landesregierung auf das Vertrauen der jeweiligen Volksvertretung dekretierte[736], auch in den Gliedstaaten der Republik ausgeschlossen. Mit Blick auf die Willensbildung und Entscheidungsfindung im Reichsrat ist zu beachten, dass sich die Stimmenzahl der einzelnen Länder nach der jeweiligen Einwohnerzahl richtete.[737] Zwecks Eindämmung der Hegemonie Preußens, auf dessen Gebiet ca. drei Fünftel der gesamtdeutschen Bevölkerung lebte, wurde dieser Grundsatz allerdings dahin eingeschränkt, dass „[k]ein Land [ ] durch mehr als zwei Fünftel aller Stimmen vertreten sein"[738] durfte.[739] Im Gesamtgefüge der Reichsorgane verkörperte der Reichsrat das demokratisch-föderalistische Element.[740]

Gemäß Art. 60 WRV sollte der Reichsrat als „Vertretung der deutschen Länder bei der Gesetzgebung und Verwaltung des Reichs" fungieren. Was die *Reichsgesetzgebung* anbetraf, blieben seine Kompetenzen jedoch signifikant hinter jenen des

---

[732] Näher dazu *Christoph Gusy*, Die Weimarer Reichsverfassung, 1997, S. 136.

[733] Vgl. *Gerhard Anschütz*, Die Verfassung des Deutschen Reichs vom 11. August 1919, 14. Auflage 1933, S. 336; *Christian-Friedrich Menger*, Deutsche Verfassungsgeschichte der Neuzeit, 8. Auflage 1993, Rn. 347.

[734] Für Preußen als den mit Abstand bevölkerungsreichsten Gliedstaat des Deutschen Reichs galt gemäß Art. 63 Abs. 1 S. 2 WRV eine „Sonderregelung", der zufolge die Hälfte der preußischen Stimmen nicht durch instruierte Regierungsmitglieder, sondern durch weisungsfreie Abgesandte der preußischen Provinzialverwaltungen ausgeübt wurden; siehe dazu *Hans Schneider*, Die Reichsverfassung vom 11. August 1919, in: HStR, Band I, 3. Auflage 2003, § 5 Rn. 57; *Werner Frotscher/Bodo Pieroth*, Verfassungsgeschichte, 17. Auflage 2018, Rn. 523; *Christian-Friedrich Menger*, Deutsche Verfassungsgeschichte der Neuzeit, 8. Auflage 1993, Rn. 347.

[735] Vgl. Art. 17 Abs. 1 S. 1 WRV.

[736] Vgl. Art. 17 Abs. 1 S. 3 WRV.

[737] Vgl. Art. 61 Abs. 1 S. 1 bis 3 WRV.

[738] Art. 61 Abs. 1 S. 4 WRV.

[739] Siehe dazu *Christoph Gusy*, Die Weimarer Reichsverfassung, 1997, S. 254 f.

[740] Vgl. *Hans Schneider*, Die Reichsverfassung vom 11. August 1919, in: HStR, Band I, 3. Auflage 2003, § 5 Rn. 57.

Reichstags zurück. Sie erschöpften sich im Wesentlichen in der Mitwirkung an der Gesetzesinitiative[741] und in dem Recht, gegen vom Reichstag beschlossene Gesetze Einspruch einzulegen,[742] wobei zu beachten ist, dass dieses Recht durch die Befugnis des Parlaments, den Einspruch der Ländervertretung mit Zweidrittelmehrheit zurückzuweisen,[743] relativiert wurde. Desungeachtet erwies sich die Beteiligung des Reichsrats an der Legislativgewalt als nützlich, vermochte dieser doch vielfach die Verwaltungserfahrung der Länder im Prozess der Reichsgesetzgebung fruchtbar zu machen.[744] Die Teilhabe des Reichsrats an der *exekutiven* Reichsgewalt fand eine zentrale verfassungsgesetzliche Grundlage in Art. 67 S. 1 WRV, der die Reichsministerien verpflichtete, den Reichsrat „über die Führung der Reichsgeschäfte auf dem laufenden zu halten". Zu Beratungen über wichtige Gegenstände sollten die Reichsministerien gemäß Art. 67 S. 2 WRV den jeweils zuständigen Ausschuss des Reichsrats hinzuziehen. Gemäß Art. 77 S. 2 WRV konnte die Reichsregierung allgemeine Verwaltungsvorschriften, die sich auf solche Reichsgesetze bezogen, deren Ausführung den Landesbehörden oblag, nur mit Zustimmung des Reichsrats erlassen. Gleiches galt für bestimmte Verordnungen auf dem Gebiet des Post- und Telegraphenwesens[745] sowie für bestimmte Verordnungen betreffend die Reichseisenbahnen[746]. An der *Kontrolle des Reichshaushalts* war der Reichsrat insofern beteiligt, als der Reichsfinanzminister (auch) ihm über die Verwendung aller Reicheinnahmen Rechnung zu legen hatte.[747] Weitere Kompetenzen ergaben sich aus nachkonstitutionellen Gesetzen sowie – kraft der Überleitungsbestimmung des Art. 179 S. 1 WRV – aus diversen vorkonstitutionellen Regelungen.[748] Die Stellung des Reichsrats im Gefüge der Reichsorgane wurde durch diese zusätzlichen Kompetenzen allerdings nicht wesentlich beeinflusst. *Cum grano salis* lässt sich sagen, dass die Ländervertretung in der Weimarer Republik „als beratendes Organ der

---

[741] Vgl. Art. 69 WRV. Eingehend zur Ausgestaltung der Gesetzesinitiative in der Weimarer Reichsverfassung *Heinrich Triepel*, Der Weg der Gesetzgebung nach der neuen Reichsverfassung, AöR 39 (1920), S. 456 (476 ff.).

[742] Vgl. Art. 74 Abs. 1 und 2 WRV. Eingehend zum Einspruchsrecht des Reichsrats *Heinrich Triepel*, Der Weg der Gesetzgebung nach der neuen Reichsverfassung, AöR 39 (1920), S. 456 (510 ff.).

[743] Vgl. Art. 74 Abs. 3 WRV. Fasste der Reichstag den auf Zurückweisung des Einspruchs des Reichsrats gerichteten Beschluss „lediglich" mit einfacher Mehrheit, so stand es dem Reichspräsidenten frei, das jeweilige Gesetz scheitern zu lassen oder den Volksentscheid anzuordnen. Beschloss der Reichstag hingegen mit Zweidrittelmehrheit, so konnte der Reichspräsident das Gesetz nicht scheitern lassen, sondern musste es entweder verkünden oder zum Volksentscheid stellen. Siehe zum Ganzen *Heinrich Triepel*, Der Weg der Gesetzgebung nach der neuen Reichsverfassung, AöR 39 (1920), S. 456 (461 f.); *Gerhard Anschütz*, Die Verfassung des Deutschen Reichs vom 11. August 1919, 14. Auflage 1933, S. 396; *Klaus Stern*, Das Staatsrecht der Bundesrepublik Deutschland, Band V, 2000, S. 615 f.

[744] Vgl. *Hans Schneider*, Die Reichsverfassung vom 11. August 1919, in: HStR, Band I, 3. Auflage 2003, § 5 Rn. 58; *Willibalt Apelt*, Betrachtungen zum Bonner Grundgesetz, NJW 1949, S. 481 (483).

[745] Vgl. Art. 88 Abs. 3 S. 1 WRV.

[746] Vgl. Art. 91 WRV.

[747] Vgl. Art. 86 WRV.

[748] Siehe dazu *Gerhard Anschütz*, Die Verfassung des Deutschen Reichs vom 11. August 1919, 14. Auflage 1933, S. 338; *Christoph Gusy*, Die Weimarer Reichsverfassung, 1997, S. 258.

Reichsregierung konzipiert“[749] war, d.h. „als ein Faktor, der die Tätigkeit dieser Regierung, teils helfend, teils hemmend, begleitet[e], etwa einem (mit starken beschließenden, nicht nur beratenden Zuständigkeiten ausgestatteten) Staatsrat unter anderen Verhältnissen vergleichbar“[750].

cc) Der pouvoir constituant constitué: Verfassungsänderung als besondere Form der Gesetzgebung

Wie zuvor bereits die Paulskirchenverfassung und die *Bismarck*'sche Reichsverfassung stattete auch das Weimarer Verfassungswerk – dem Vorbild der US-amerikanischen Bundesverfassung von 1787 und der französischen Revolutionsverfassung von 1791 folgend – bestimmte Staatsorgane mit der Rechtsmacht zur Verfassungsänderung aus, um dergestalt eine systemimmanente Weiterentwicklung der Verfassungsordnung zu ermöglichen.[751] Erneut erfolgte die Etablierung der verfassungsändernden Gewalt dabei auf verfahrensrechtlichem und nicht auf institutionellem Wege. Die Revision der Verfassung wurde also nicht einem eigens zu diesem Zweck eingerichteten Gremium überantwortet, sondern oblag jenen Staatsorganen, die auch zur Änderung des „gewöhnlichen“ Gesetzesrechts berufen waren.[752] Doch galten für den Zugriff auf das Verfassungsrecht gemäß Art. 76 WRV gesteigerte verfahrensrechtliche Anforderungen.[753] So erforderte ein verfassungsabändernder Beschluss des Reichstags die Anwesenheit von mindestens zwei Drittel der gesetzlichen Mitgliederzahl und die Zustimmung von wenigstens zwei Drittel der Anwesenden[754].[755] Der dem Reichsrat zustehende Einspruch galt bereits dann als eingelegt, wenn nicht mindestens zwei Drittel der im Reichsrat abgegeben Stimmen den Änderungsbeschluss des Reichstags billigten.[756] Machte der Reichsrat von seinem

---

[749] *Christian-Friedrich Menger*, Deutsche Verfassungsgeschichte der Neuzeit, 8. Auflage 1993, Rn. 347.

[750] *Gerhard Anschütz*, Die Verfassung des Deutschen Reichs vom 11. August 1919, 14. Auflage 1933, S. 336.

[751] Zur Regelung der Verfassungsänderung in der US-amerikanischen Bundesverfassung von 1787 bzw. der Französischen Verfassung von 1791 vgl. *Christian Winterhoff*, Verfassung – Verfassunggebung – Verfassungsänderung, 2007, S. 21 bzw. S. 30.

[752] Siehe dazu *Heinrich Triepel*, Der Weg der Gesetzgebung nach der neuen Reichsverfassung, AöR 39 (1920), S. 456 (543 f.); *Klaus Stern*, Das Staatsrecht der Bundesrepublik Deutschland, Band V, 2000, S. 627 f.

[753] Eine kritische Analyse dieser gesteigerten verfahrensrechtlichen Anforderungen unternimmt *Heinrich Triepel*, Der Weg der Gesetzgebung nach der neuen Reichsverfassung, AöR 39 (1920), S. 456 (544 ff.).

[754] Stimmenthaltung bei Anwesenheit wirkte der ins Auge gefassten Verfassungsänderung somit entgegen; vgl. *Heinrich Triepel*, Der Weg der Gesetzgebung nach der neuen Reichsverfassung, AöR 39 (1920), S. 456 (544 f.).

[755] Vgl. Art. 76 Abs. 1 S. 2 WRV.

[756] Vgl. Art. 76 Abs. 1 S. 3 WRV. Siehe auch *Heinrich Triepel*, Der Weg der Gesetzgebung nach der neuen Reichsverfassung, AöR 39 (1920), S. 456 (545): „[...] ist es folgerichtig, anzunehmen, daß der Beschluß, Einspruch gegen eine Verfassungsänderung zu erheben, schon dann als gefaßt zu gelten habe, wenn sich mehr als ein Drittel für die Erhebung des Einspruchs erklärt hat“. Ebenso bedurfte es gemäß Art. 76 Abs. 3 S. 3 WRV einer Mehrheit von zwei Dritteln der im Reichsrat

Recht zum Einspruch Gebrauch und wies der Reichstag diesen mit Zweidrittelmehrheit zurück, so hatte der Reichspräsident das verfassungsändernde Gesetz binnen drei Monaten in der vom Reichstag beschlossenen Fassung zu verkünden oder einen Volksentscheid anzuordnen.[757] Das Recht des Reichspräsidenten zur Anordnung des Volksentscheids wandelte sich gemäß Art. 76 Abs. 2 WRV zur Pflicht, wenn der Reichsrat binnen zwei Wochen nach Zurückweisung des Einspruchs durch den Reichstag den Volksentscheid verlangte.[758] Alternativ konnte eine Verfassungsänderung auch durch ein darauf gerichtetes Volksbegehren und anschließenden Volksentscheid herbeigeführt werden, wenn der im Wege des Volksbegehrens unterbreitete Gesetzentwurf im Reichstag nicht unverändert angenommen wurde.[759] Anders als im Falle der einfachen Gesetzgebung vermochte ein solcher Volksentscheid die avisierte Rechtsänderung aber nur dann zu bewirken, wenn die Mehrheit der Stimm*berechtigten* der betreffenden Verfassungsrevision zustimmte.[760]

b) Die Weimarer Reichsverfassung als herrschaftsbegrenzender Normeninbegriff

aa) Gewaltengliederung

(1) Vertikale Gewaltengliederung: Die Republik als unitarischer Bundesstaat

Obschon das Kaisertum in der Verfassungswirklichkeit des 1871 gegründeten Reichs als Klammer um die zusammengeschlossenen deutschen Einzelstaaten fungiert hatte, war durch den Untergang der Monarchie die nationale Einheit nicht ernsthaft in Frage gestellt worden.[761] Im Gegenteil: War dem Föderalismus im Zusammenhang mit dem Akt der Verfassunggebung von 1867/1871 noch die Bedeutung eines staatsgründenden Prinzips beigemessen worden,[762] so fungierte er unter der Reichsverfassung von 1919 „lediglich" noch als Prinzip innerstaatlicher Gliederung. Die Weimarer Republik war ein „[u]nitarischer Bundesstaat auf nicht mehr bündischer, sondern nationaler Grundlage der einheitlichen deutschen Staatsge-

---

abgegebenen Stimmen, wenn dieser gemäß Art. 69 Abs. 2 WRV selbst eine *Gesetzesvorlage* beschließen wollte, die eine Verfassungsänderung enthielt.

757 Vgl. Art. 76 Abs. 1 S. 1 i. V. m. Art. 74 Abs. 3 S. 4 WRV.

758 Siehe dazu *Heinrich Triepel*, Der Weg der Gesetzgebung nach der neuen Reichsverfassung, AöR 39 (1920), S. 456 (523 f.).

759 Vgl. Art. 76 Abs. 1 S. 1 i. V. m. Art. 73 Abs. 3 WRV.

760 Vgl. Art. 76 Abs. 1 S. 4 WRV. In der Staatspraxis wurde von dieser Möglichkeit der Verfassungsänderung nicht ein einziges Mal erfolgreich Gebrauch gemacht; siehe dazu *Hans Schneider*, Die Reichsverfassung vom 11. August 1919, in: HStR, Band I, 3. Auflage 2003, § 5 Rn. 77.

761 Zu einzelnen partikularistischen und separatistischen Bestrebungen „im Strudel der Nachkriegswirren" vgl. *Rolf Grawert*, Reich und Republik – Die Form des Staates von Weimar, Der Staat 28 (1989), S. 481 (498 f.).

762 *Ernst-Wolfgang Böckenförde*, Der Zusammenbruch der Monarchie und die Entstehung der Weimarer Republik, in: ders., Recht, Staat, Freiheit, 2006 (erweiterte Ausgabe), S. 306 (338). Vgl. auch *Christoph Gusy*, Die Weimarer Reichsverfassung, 1997, S. 226.

walt"[763]. Ein Vergleich der Präambeln beider Reichsverfassungen lässt den zwischen Reichsgründung und Weltkriegsende vollzogenen, tiefgreifenden Wandel des Föderalismusdenkens klar hervortreten. „Während dort 1871 Landesfürsten und Länder aufgeführt waren, stand am gleichen Platz 1919 der Gedanke der ‚Einigkeit' des deutschen Volkes."[764] Seine Daseinsberechtigung bezog der Föderalismus in der Weimarer Republik mithin nicht mehr aus der traditionellen Eigenständigkeit der deutschen Länder, sondern aus funktionalen Erwägungen. Die Bestimmung des Art. 18 Abs. 1 S. 1 WRV brachte dies unmissverständlich zum Ausdruck, indem sie die „wirtschaftliche[ ] und kulturelle[ ] Höchstleistung des Volkes" explizit als Zweck der Untergliederung des Reichs in Länder auswies.

Von der konzeptionellen Neuausrichtung des föderalen Prinzips konnte der Zuschnitt der vertikalen Gewaltenteilung im erneuerten Deutschen Reich nicht unberührt bleiben. So obwaltete bei der Zuordnung der staatlichen Aufgaben und Befugnisse eine klare Tendenz zur Zentralisierung, wie insbesondere die erheblich erweiterten Gesetzgebungszuständigkeiten des Reichs[765] und die in Art. 14 WRV normierte Ermächtigung zur Ausweitung der Reichsverwaltung (mit Unterbau) durch einfaches[766] Reichsgesetz[767] belegen.[768] Noch eindrücklicher lässt sich der Unitarisierungstrend an der gänzlich neu geregelten Finanzverfassung ablesen: Während die Bundesebene im Kaiserreich von den Zuweisungen der Länder abhängig gewesen war, disponierte nunmehr *de facto* das Reich über die Finanzausstattung der Gliedstaaten, denn gemäß Art. 8 WRV stand es im Ermessen des Reiches, welche Steuerquellen es für sich selbst beanspruchte und welche es den Ländern beließ.[769] Für *Richard Thoma* ergab sich aus alledem „das Gesamtbild einer singulären bundesstaatlichen Rechtsordnung des labilen Föderalismus"[770]. Demgegen-

---

[763] *Ernst-Wolfgang Böckenförde*, Der Zusammenbruch der Monarchie und die Entstehung der Weimarer Republik, in: ders., Recht, Staat, Freiheit, 2006 (erweiterte Ausgabe), S. 306 (338).

[764] *Christoph Gusy*, Die Weimarer Reichsverfassung, 1997, S. 226.

[765] Vgl. Art. 6 bis 11 WRV. Eingehend zur Verteilung der Gesetzgebungskompetenzen in der Weimarer Republik *Christoph Gusy*, Die Weimarer Reichsverfassung, 1997, S. 236 ff. Vgl. ferner *Hans Schneider*, Die Reichsverfassung vom 11. August 1919, in: HStR, Band I, 3. Auflage 2003, § 5 Rn. 25.

[766] Unter der Reichsverfassung von 1871 hatte die Ausführung der Reichsgesetze durch die Länder nach vorherrschender Auffassung einen Verfassungsgrundsatz dargestellt, von dem nur durch *verfassungsänderndes* Gesetz abgewichen werden durfte; siehe dazu *Gerhard Anschütz*, Die Verfassung des Deutschen Reichs vom 11. August 1919, 14. Auflage 1933, S. 109.

[767] Von der durch Art. 14 WRV begründeten Ermächtigung wurde bereits 1921 erstmals Gebrauch gemacht, nämlich zum Zwecke der Errichtung einer Reichsfinanzverwaltung. Siehe dazu *Klaus Stern*, Das Staatsrecht der Bundesrepublik Deutschland, Band V, 2000, S. 583 f. sowie *Hans Schneider*, Die Reichsverfassung vom 11. August 1919, in: HStR, Band I, 3. Auflage 2003, § 5 Rn. 26 m. w. N.

[768] Allgemein zur Unitarisierungstendenz bei der Zuständigkeitsverteilung zwischen dem Reich und den Ländern *Christoph Gusy*, Die Weimarer Reichsverfassung, 1997, S. 226; *Klaus Stern*, Das Staatsrecht der Bundesrepublik Deutschland, Band V, 2000, S. 581 ff.

[769] Siehe dazu *Gerhard Anschütz*, Die Verfassung des Deutschen Reichs vom 11. August 1919, 14. Auflage 1933, S. 83 f.; *Christoph Gusy*, Die Weimarer Reichsverfassung, 1997, S. 243 ff.

[770] *Richard Thoma*, Das Reich als Bundesstaat, in: Gerhard Anschütz/Richard Thoma (Hrsg.), Handbuch des Deutschen Staatsrechts, Erster Band, 1930, S. 169 (184).

über bewertet *Rolf Grawert* das in der Weimarer Republik praktizierte Modell der vertikalen Gewaltengliederung durchaus positiv:

„Der Bundesstaat, den die Weimarer Verfassung schließlich in Form bringt, ist in hohem Maße unitarisch. Aber er behält die Vielfalt seiner Zentren. Die gliedstaatlichen Republiken sind bereichsweise kompetent und autonom. Sie können durchaus ihre eigenwillige Politik entfalten. Dabei können sie sich auf eine eigene demokratische Legitimation stützen."[771]

(2) Horizontale Gewaltengliederung: „Gleichgewicht der Schwäche"[772]

Auf dem Boden der Grundentscheidung für die demokratische Republik war das überkommene Muster der horizontalen Gewaltenteilung hinfällig geworden. Die den „fundamentalen Dualismus" des Kaiserreichs kennzeichnende Aufteilung der Reichsgewalt zwischen den institutionellen Verkörperungen der beiden politischen Faktoren „Monarch(en)" und „Volk" erwies sich infolge der Eliminierung des monarchischen Elements als nicht mehr praktikabel.[773] Insbesondere die Trennung und Verschränkung von Legislative und Exekutive musste infolge der Entscheidung für die Demokratie als Regierungsform gänzlich neu organisiert werden. Die Weimarer verfassunggebende Nationalversammlung suchte diese Aufgabe zu lösen, indem sie dem politischen Dualismus der *Bismarck*'schen Reichsverfassung einen demokratischen Pluralismus im Sinne eines Neben- und Gegeneinanders repräsentativ-demokratischer, präsidial-demokratischer und plebiszitärer Elemente entgegensetzte.[774] In der Absicht, der mit der Umstellung auf den Legitimationsmonismus verbundenen Gefahr des Parlamentsabsolutismus entgegenzutreten, etablierte sie ein mehrere Staatsorgane einbeziehendes Gleichgewichtssystem.[775] Handlungsleitend war dabei das Ansinnen, in Gestalt des Reichspräsidenten ein „relativ stabiles Gegengewicht gegenüber dem Parlament" zu instituieren, „welches zugleich die Selbständigkeit der vollziehenden im Verhältnis zur gesetzgebenden Gewalt verbürgt"[776].

---

[771] *Rolf Grawert*, Reich und Republik – Die Form des Staates von Weimar, Der Staat 28 (1989), S. 481 (501).

[772] Begriff nach *Christoph Gusy*, Die Weimarer Reichsverfassung, 1997, S. 93.

[773] Vgl. *Rainer Wahl*, Verfassungsstaatlichkeit im Konstitutionalismus und in der Weimarer Zeit, in: ders., Verfassungsstaat, Europäisierung, Internationalisierung, 2003, S. 320 (333): „Mit dem Dualismus des konstitutionellen Gefüges war in Weimar eine – in unterschiedlichen Realfaktoren des politischen Lebens festgemachte – politische Balance, die zu wechselseitiger Beschränkung geführt hatte, entfallen."

[774] Vgl. *Christoph Gusy*, Die Weimarer Reichsverfassung, 1997, S. 90.

[775] *Gerd Roellecke*, Konstruktionsfehler der Weimarer Verfassung, Der Staat 35 (1996), S. 599 (607 f.) hebt in diesem Zusammenhang die Konkurrenz unter den „drei originäre[n] Gesetzgeber[n]" der Weimarer Republik – Reichstag, Reichspräsident, Volk – hervor.

[776] *Gerhard Anschütz*, Die Verfassung des Deutschen Reichs vom 11. August 1919, 14. Auflage 1933, S. 242. Vgl. auch *Carl Schmitt*, Verfassungslehre (1928), 9. Auflage 2003, S. 341 und 350; *Klaus Stern*, Das Staatsrecht der Bundesrepublik Deutschland, Band V, 2000, S. 593.

Indes erwies sich das von der Nationalversammlung intendierte Gleichgewicht im Laufe der Zeit als äußerst störungsanfällig.[777] Ursächlich hierfür war nicht zuletzt der Umstand, dass die in der Verfassung bereitgestellten Instrumente der wechselseitigen Kontrolle von Reichstag und Reichspräsident vornehmlich destruktiver Art waren. Dem Recht des Reichspräsidenten zur Auflösung des Reichstags[778] korrespondierte das Recht des Reichstags auf Beantragung der Absetzung des Reichspräsidenten durch Volksabstimmung[779]. Hinzu kam die Befugnis des Reichstags, den Reichskanzler und die Reichsminister durch destruktive Misstrauensvoten zum Rücktritt zu zwingen.[780] Letztere bewirkte, dass neben dem Parlament auch die als Bindeglied zwischen den beiden volksgewählten Staatsorganen konzipierte Reichsregierung unter großer Instabilität litt.[781] Aus Furcht vor einer Parlamentshegemonie etablierte die verfassunggebende Nationalversammlung somit ein präsidentiell-parlamentarisches Regierungssystem, „in dem das politische Schwergewicht je nach der partei-parlamentarischen Situation sowohl dem Reichstag wie dem Reichspräsidenten zufallen konnte"[782]. In einer Staatspraxis, die durch eine fortwährende, tiefgreifende Zerrissenheit des Parlaments geprägt war,[783] vermochte sich das intendierte Gleichgewicht jedoch nicht einzustellen. An seine Stelle trat letztlich ein auf der Asymmetrie der wechselseitigen Abberufungsrechte und den extensiv interpretierten Notstandsrechten des Reichspräsidenten gründendes Übergewicht des Staatsoberhaupts.[784] So war es am Ende auch und gerade das dysfunktionale Gewaltenteilungs- und Gewaltenverschränkungskonzept der Weimarer Reichsverfassung, welches das parlamentarische Regierungssystem zum Einsturz brachte und in Gestalt der Präsidialkabinette eine Basis für die Machtübernahme der Nationalsozialisten schuf.[785]

---

[777] *Christoph Gusy*, Die Weimarer Reichsverfassung, 1997, S. 92 f. spricht in diesem Zusammenhang von einem „Gleichgewicht der Schwäche". Vgl. auch *Gerd Roellecke*, Konstruktionsfehler der Weimarer Verfassung, Der Staat 35 (1996), S. 599 (609).

[778] Vgl. Art. 25 Abs. 1 WRV. Zur ausgeprägten Instabilität des Reichstags in der Weimarer Staatspraxis und die Auswirkungen dieser Instabilität auf die Art und Weise der Mandatsausübung durch die Reichstagsabgeordneten *Gerd Roellecke*, Konstruktionsfehler der Weimarer Verfassung, Der Staat 35 (1996), S. 599 (606 ff.).

[779] Vgl. Art. 43 Abs. 2 WRV.

[780] Vgl. Art. 54 WRV.

[781] Vgl. *Hans Schneider*, Die Reichsverfassung vom 11. August 1919, in: HStR, Band I, 3. Auflage 2003, § 5 Rn. 52 und 63; *Werner Frotscher/Bodo Pieroth*, Verfassungsgeschichte, 17. Auflage 2018, Rn. 529 und 572.

[782] *Ernst-Wolfgang Böckenförde*, Der Zusammenbruch der Monarchie und die Entstehung der Weimarer Republik, in: ders., Recht, Staat, Freiheit, 2006 (erweiterte Ausgabe), S. 306 (337 f.).

[783] Siehe dazu *Gerd Roellecke*, Konstruktionsfehler der Weimarer Verfassung, Der Staat 35 (1996), S. 599 (604 ff.).

[784] Vgl. die einschlägigen Analysen von *Christoph Gusy*, Die Weimarer Reichsverfassung, 1997, S. 113 ff. und *Klaus Stern*, Das Staatsrecht der Bundesrepublik Deutschland, Band V, 2000, S. 746 ff. Die eminente Bedeutung des präsidentiellen Rechts zur Parlamentsauflösung für das Machtgefüge der Weimarer Republik betont auch *Carl Schmitt*, Verfassungslehre (1928), 9. Auflage 2003, S. 353 ff.

[785] *Christoph Gusy*, Die Weimarer Reichsverfassung, 1997, S. 115. Vgl. auch *Werner Frotscher/*

bb) Vorrang der Verfassung

(1) Erhöhte formelle Geltungskraft der Verfassung kraft erschwerter Abänderbarkeit

Im Zuge der Erörterung des Verfassungswerks der Paulskirche und der *Bismarck*'schen Reichsverfassung ist bereits aufgezeigt worden, dass das Vermögen einer Verfassung, herrschaftsbegrenzend zu wirken, maßgeblich davon abhängt, inwieweit es ihr gelingt, sich von dem von der verfassten Gewalt erzeugten Recht abzuheben.[786] Ein probates Mittel zur Herstellung des vom Verfassungsvorrangkonzept geforderten Abstands zum einfachen (Gesetzes-)Recht besteht namentlich darin, den Zugriff der Staatsgewalt auf die Verfassung von der Erfüllung gesteigerter verfahrensrechtlicher Anforderungen abhängig zu machen.[787] Die Weimarer verfassunggebende Nationalversammlung machte von diesem Mittel nachdrücklich Gebrauch und zwar in Gestalt von Art. 76 WRV, der Verfassungsänderungen an das Erreichen qualifizierter Mehrheiten bei den zur Gesetzgebung berufenen Organen knüpfte.[788] Vom einfachen (Gesetzes-)Recht hob sich das Verfassungsrecht der Weimarer Republik folglich dadurch ab, dass seine Änderung die Überwindung höherer formeller Hürden erforderte.[789]

(2) Identität der Subjekte der verfassungsändernden und der gesetzgebenden Gewalt

Wenn namhafte Vertreter der Weimarer Staatsrechtswissenschaft den Vorrang der Reichsverfassung gegenüber dem (einfachen) Gesetzesrecht nichtsdestotrotz negierten, dann vor allem deshalb, weil die Weimarer Constituante es unterlassen hatte, entschiedener, d. h. über die formelle Erschwerung der Verfassungsänderung hinaus, zwischen der Erzeugung von Verfassungsrecht und der Erzeugung von einfachem Recht zu differenzieren. So hätte etwa die Möglichkeit bestanden, die Änderung des Reichsverfassungsrecht einerseits und den Erlass von einfachen Reichsgesetze andererseits in Anlehnung an die US-amerikanische Bundesverfassung verschiedenen Kompetenzträgern zuzuweisen.[790] Art. 76 WRV überantwortete die

Bodo Pieroth, Verfassungsgeschichte, 17. Auflage 2018, Rn. 572; *Klaus Stern*, Das Staatsrecht der Bundesrepublik Deutschland, Band V, 2000, S. 747.

786 Vgl. oben Zweites Kapitel B. II. 3. c) cc) bzw. Zweites Kapitel B. II. 5. c) bb) (1).

787 Vgl. nur *Joseph Peine*, Normenkontrolle und konstitutionelles System, Der Staat 22 (1983), S. 521 (530, 543 f.).

788 Vgl. oben Zweites Kapitel B. II. 6. a) cc).

789 Vgl. *Hans Schneider*, Die Reichsverfassung vom 11. August 1919, in: HStR, Band I, 3. Auflage 2003, § 5 Rn. 77; *Klaus Stern*, Das Staatsrecht der Bundesrepublik Deutschland, Band V, 2000, S. 628.

790 Vgl. Art. V der US-amerikanischen Bundesverfassung: „The Congress, whenever two thirds of both Houses shall deem it necessary, shall propose Amendments to this Constitution, or, on the Application of the Legislatures of two thirds of the several States, shall call a Convention for proposing Amendments, which, in either Case, shall be valid to all Intents and Purposes, as Part of this Constitution, when ratified by the Legislatures of three fourths of the several States, or by Conventions in three fourths thereof, as the one or the other Mode of Ratification may be proposed by the

Abänderung der Verfassung indes denselben Reichsorganen, die auch für die Gesetzgebung zuständig waren.[791] Jene Subjektidentität beförderte die Vorstellung, dass es sich beim Verfassungsgesetz und den einfachen Reichsgesetzen nicht um kategorial differente Rechtsakte handele, diese und jenes vielmehr als Emanationen ein- und desselben souveränen (Staats-)Willens aufzufassen seien, es sich bei der Änderung von Verfassungsrecht mithin „lediglich" um eine besondere Variante der Gesetzgebung handele. *Gerhard Anschütz* explizierte diese Überzeugung in seiner maßgeblichen Kommentierung der Weimarer Reichsverfassung wie folgt:

„,Die Verf kann im Wege der Gesetzgebung abgeändert werden'. Dieser Satz galt schon im aRecht (aRVerf Art. 78 Abs. 1). Er bedeutet, daß Verfassungsgesetz und einfaches Gesetz Willensäußerungen einer und derselben Gewalt, der *gesetzgebenden Gewalt*, darstellen. Der Gedanke einer besonderen, von der gesetzgebenden Gewalt verschiedenen und ihr übergeordneten *verfassunggebenden* Gewalt, ist, im Gegensatz zu Nordamerika [...], dem deutschen Staatsrecht nach wie vor fremd. Die Verfassung steht nicht über der Legislative, sondern zur Disposition derselben, mit der Maßgabe, daß die Legislative gegebenenfalls verpflichtet ist, die für die Verfassungsänderungen vorgeschriebenen besonderen Formen zu wahren. Es sind dieselben Faktoren – an der Spitze der RT –, deren Wille wie die einfachen, so die verfassungsändernden Gesetze erzeugt [...]."[792]

(3) Fehlen einer materiellen Begrenzung der Verfassungsrevisionsbefugnis

Der Akzeptanz des Verfassungsvorrangspostulats abträglich war darüber hinaus auch der Umstand, dass die Weimarer Reichsverfassung der Verfassungsänderungsbefugnis der Gesetzgebungsorgane keinerlei materiellen Schranken setzte.[793] Die Staatspraxis und die Majorität der zeitgenössischen Staatsrechtswissenschaft folgerten daraus, dass „alles, was die Verfassung selbst festgelegt und entschieden hatte, in dem Sinne vorläufig [war], daß es unter dem Vorbehalt legaler Änderung und Aufhebung bei Vorhandensein entsprechender Mehrheiten stand"[794].[795] Wie-

Congress [...]". Instruktiv zum Verfahren der Verfassungsänderung in den Vereinigten Staaten von Amerika *Peter Unruh*, Der Verfassungsbegriff des Grundgesetzes, 2002, S. 94ff.

[791] Siehe dazu *Heinrich Triepel*, Der Weg der Gesetzgebung nach der neuen Reichsverfassung, AöR 39 (1920), S. 456 (543f.); *Julius Hatschek*, Deutsches und preußisches Staatsrecht, Band I, 1. Auflage 1922, S. 24; *Klaus Stern*, Das Staatsrecht der Bundesrepublik Deutschland, Band V, 2000, S. 627f.

[792] *Gerhard Anschütz*, Die Verfassung des Deutschen Reichs vom 11. August 1919, 14. Auflage 1933, S. 401.

[793] Vgl. *Gerhard Anschütz*, Die Verfassung des Deutschen Reichs vom 11. August 1919, 14. Auflage 1933, S. 403; *Ernst-Wolfgang Böckenförde*, Der Zusammenbruch der Monarchie und die Entstehung der Weimarer Republik, in: ders., Recht, Staat, Freiheit, 2006 (erweiterte Ausgabe), S. 306 (336); *Klaus Stern*, Das Staatsrecht der Bundesrepublik Deutschland, Band V, 2000, S. 628. Zu einzelnen Stimmen im zeitgenössischen wissenschaftlichen Schrifttum, die die Revisionsbefugnis der verfassungsändernden Gewalt durch materielle Grenzen überpositiver bzw. verfassungstheoretischer Art eingeschränkt wähnten *Christoph Gusy*, Die Weimarer Reichsverfassung, 1997, S. 150f.; *Klaus Stern*, Das Staatsrecht der Bundesrepublik Deutschland, Band V, 2000, S. 628f.

[794] *Ernst-Wolfgang Böckenförde*, Der Zusammenbruch der Monarchie und die Entstehung der Weimarer Republik, in: ders., Recht, Staat, Freiheit, 2006 (erweiterte Ausgabe), S. 306 (336).

[795] Vgl. statt vieler *Gerhard Anschütz*, Die Verfassung des Deutschen Reichs vom 11. August

wohl diese Folgerung es durchaus nicht ausschloss, die Weimarer Reichsverfassung als einen für das gewöhnliche Gesetzesrecht maßstäblichen Rechtsakt zu begreifen, so nährte sie doch Zweifel an der Sinnhaftigkeit des Verfassungsvorrangkonzepts. Das Postulat, wonach einem staatlichen Legislativakt nur dann Wirksamkeit zukommt, wenn er den Maßgaben der Verfassung genügt, erschien auf dem Boden der Annahme, das Verfassungswerk der Weimarer Constituante stehe vollumfänglich zur Disposition der Gesetzgebungsorgane, eher als ein hohles theoretisches Konstrukt, denn als ein zur Anleitung der Staatspraxis geeigneter, den Aktionsradius der verfassten Gewalt effektiv begrenzender Imperativ. Paradigmatisch für diese Sicht auf das Verhältnis zwischen der Weimarer Reichsverfassung und dem von der verfassten Gewalt erzeugten Recht stehen folgende Ausführungen *Julius Hatscheks*:

„Wenn wir uns […] für die Verneinung des materiellen Prüfungsrechts von Gesetzen nach deutschem Staatsrecht aussprechen, so geschieht dies einzig aus der Überlegung heraus, daß das deutsche Staatsrecht […] die Verfassungsurkunde *nicht* als Gesetz *höheren Ranges* ansieht, sondern als eine dem einfachen Gesetz *gleichwertige* Rechtsquelle. Daß für Verfassungsänderungen eine qualifizierte Mehrheit im Parlament und evtl. beim Volksentscheid nach deutschem Recht gefordert wird, bedeutet wohl zwar eine *Erschwerung* des normalen Wegs der Gesetzgebung, verändert aber in keiner Weise den Charakter des Verfassungs*gesetzes*. Daß die qualifizierte Mehrheit für Verfassungsänderungen den Charakter der Verfassungsurkunde wesentlich erhöhen soll, diesen Gedanken wird jeder wohl aufgeben, der sich die hierbei geübte Reichstagspraxis vor Augen hält."[796]

Dass die von der verfassunggebenden Nationalversammlung gewählte Ausgestaltung der Verfassungsrevisionsbefugnis zur Selbstverteidigungsfähigkeit der demokratischen Republik beitrug, lässt sich vor diesem Hintergrund schwerlich behaupten.[797]

(4) Offenheit für Verfassungsdurchbrechungen

Das der praktischen Durchsetzung des Vorranganspruchs abträgliche Verschwimmen der Grenzlinie zwischen dem Verfassungsrecht einerseits und dem einfachen Recht andererseits wurde weiters dadurch begünstigt, dass in der Weimarer Republik – wie zuvor schon im Kaiserreich – stillschweigende Verfassungsänderungen

1919, 14. Auflage 1933, S. 403: „Die durch Art. 76 den hier bezeichneten qualifizierten Mehrheiten des RTags, des RRats und des Volkes übertragene verfassungsändernden Gewalt ist gegenständlich unbeschränkt."

[796] *Julius Hatschek*, Deutsches und preußisches Staatsrecht, Band I, 1. Auflage 1922, S. 28.

[797] Ebenso *Ernst-Wolfgang Böckenförde*, Der Zusammenbruch der Monarchie und die Entstehung der Weimarer Republik, in: ders., Recht, Staat, Freiheit, 2006 (erweiterte Ausgabe), S. 306 (336); *Klaus Stern*, Das Staatsrecht der Bundesrepublik Deutschland, Band V, 2000, S. 750 f.; *Horst Dreier*, Grenzen demokratischer Freiheit im Verfassungsstaat, in: ders., Idee und Gestalt des freiheitlichen Verfassungsstaates, 2014, S. 249 (268 f.). Vgl. ferner *Carl Schmitt*, Die legale Weltrevolution – Politischer Mehrwert als Prämie auf juristische Legalität und Superlegalität, Der Staat 17 (1978), S. 321 (332) sowie *Dieter Grimm*, Die Bedeutung der Weimarer Verfassung in der deutschen Verfassungsgeschichte, 1990, S. 20.

als zulässig galten.[798] Ganz in diesem Sinne urteilte das Reichsgericht im Jahre 1927, dass es für die Wirksamkeit einer Verfassungsänderung nicht erforderlich sei, „daß sie vom Gesetzgeber ausdrücklich als solche bezeichnet oder gar in die Verfassung als solche aufgenommen wird“[799]. *Gerhard Anschütz* kommentierte zustimmend, dass eine Verfassungsrevision

> „nicht nur [...] durch Änderung oder Ergänzung des Textes der Verf [...], sondern auch [...] in der Weise vorgenommen werden [könne], daß – unter Beachtung der durch Art. 76 angeordneten besonderen Formen – gesetzliche Vorschriften erlassen werden, die zwingenden Normen der Verfassung widersprechen, von ihnen abweichen, oder sie – ohne ihre Geltung im übrigen und im allgemeinen aufzuheben – für Einzelfälle durchbrechen (*Verfassungsdurchbrechungen*).“[800]

Auf die für den Vorrang der Verfassung so wichtige Unterscheidbarkeit des Verfassungsrechts vom einfachen Recht musste sich diese Praxis zwangsläufig negativ auswirken, konnte der jeweils aktuelle Stand des Verfassungsrechts doch fortan nur noch erfasst werden, indem „man einmal die in der Verfassungsurkunde selbst enthaltenen Normen, sodann aber auch alle anderen, außerhalb dieser Urkunde stehenden, mit verfassungsändernder Mehrheiten beschlossenen Gesetze heranzog“[801].

(5) Eingeschränkte Bindungskraft der Grundrechte gegenüber der Legislativgewalt

Es ist bereits dargetan worden, dass der Vorrang der Verfassung in institutioneller Hinsicht auch und vor allem die Bindung des (einfachen) Gesetzgebers an das Verfassungsrecht voraussetzt, wobei das herrschaftsbegrenzende Potenzial dieser Bindung maßgeblich davon abhängt, inwieweit die jeweilige Verfassung die Freiheit

---

[798] Ähnlich *Klaus Stern*, Das Staatsrecht der Bundesrepublik Deutschland, Band V, 2000, S. 630, der in Bezug auf die Weimarer Praxis der verfassungsdurchbrechenden Gesetzgebung feststellt: „Der den einfachen Gesetzgeber verpflichtende Grundsatz der Unverfügbarkeit der Verfassung kraft ihrer Ranghöhe verfiel auf diese Weise zusehends.“ Allgemein zur Zulässigkeit stillschweigender Verfassungsänderungen unter der Weimarer Reichsverfassung *Heinrich Triepel*, Der Weg der Gesetzgebung nach der neuen Reichsverfassung, AöR 39 (1920), S. 456 (543); *Julius Hatschek*, Deutsches und preußisches Staatsrecht, Band I, 1. Auflage 1922, S. 29; *Erwin Jacobi*, Reichsverfassungsänderung, in: Otto Schreiber (Hrsg.), Die Reichsgerichtspraxis im deutschen Rechtsleben, Band I, 1929, S. 233 (259 ff.); *Hans Schneider*, Die Reichsverfassung vom 11. August 1919, in: HStR, Band I, 3. Auflage 2003, § 5 Rn. 82; *Dieter Grimm*, Die Bedeutung der Weimarer Verfassung in der deutschen Verfassungsgeschichte, 1990, S. 20.

[799] RG, JW 1927, S. 2198.

[800] *Gerhard Anschütz*, Die Verfassung des Deutschen Reichs vom 11. August 1919, 14. Auflage 1933, S. 401 f. Die verfassungsrechtliche Zulässigkeit von stillschweigenden Verfassungsdurchbrechungen bejahten ferner *Heinrich Triepel*, Zulässigkeit und Form von Verfassungsänderungen ohne Änderung der Verfassungsurkunde, in: Verhandlungen des 33. Deutschen Juristentags (Heidelberg), 1925, S. 45 (47 ff.) und *Carl Schmitt*, Verfassungslehre (1928), 9. Auflage 2003, S. 108. A. A. *Hugo Preuß*, Verfassungsändernde Gesetze und Verfassungsurkunde, Deutsche Juristen-Zeitung 1924, Spalte 649 ff.; *Carl Bilfinger*, Verfassungsumgehung: Betrachtungen zur Auslegung der Weimarer Verfassung, AöR 50 (1926), S. 163 (174 f.).

[801] *Karlheinz Rode*, Die Ausfertigung der Bundesgesetze, 1968, S. 54. Vgl. auch *Hans Schneider*, Die Reichsverfassung vom 11. August 1919, in: HStR, Band I, 3. Auflage 2003, § 5 Rn. 81.

und Gleichheit der herrschaftsunterworfenen Individuen schützt.[802] Die Weimarer Reichsverfassung adressierte diesen Aspekt in ihrem mit „Grundrechte und Grundpflichten der Deutschen" überschriebenen zweiten Hauptteil. Die Vielzahl der dort statuierten individuellen Berechtigungen, objektiven Garantien und Gesetzgebungsaufträge ist im wissenschaftlichen Schrifttum ausgiebig erörtert worden.[803] Im Folgenden werden daher nur jene Gegebenheiten in den Blick genommen, die für den Vorranganspruch der Weimarer Reichsverfassung von besonderer Bedeutung sind.

Dazu gehört zunächst der Umstand, dass zahlreiche Bestimmungen des zweiten Hauptteils der Weimarer Reichsverfassung von der Rechtsprechung und der herrschenden staatsrechtlichen Lehre nicht als verbindliche Garantien, sondern als unverbindliche Programmsätze[804] bzw. als durch (Reichs-)Gesetz unbegrenzt einschränkbare Rechte[805] aufgefasst wurden.[806] Den Aktionsradius der (Reichs-)Legislativgewalt vermochten diese Bestimmungen nicht zu verengen, denn „[d]ie Erkenntnis, daß dem Gesetzesvorbehalt aus rechtsstaatlichen Gründen Schranken-Schranken zu ziehen sind, hatte sich noch nicht durchgesetzt"[807]. Die betreffenden Grundrechte galten daher nur im Rahmen der Gesetze. Dies mit der Folge, dass ihre Rechtswirksamkeit – so formuliert es *Herbert Krüger* – gleichsam „aus dem

---

802 Vgl. nur *Joseph Peine*, Normenkontrolle und konstitutionelles System, Der Staat 22 (1983), S. 521 (531).

803 Von den zahlreichen Publikationen zu den Grundrechten und Grundpflichten der Weimarer Reichsverfassung seien beispielhaft genannt *Heinrich Triepel*, Die Entwürfe zur neuen Reichsverfassung, Schmollers Jahrbuch 43 (1919), S. 459 (469 ff.); *Rudolf Smend*, Verfassung und Verfassungsrecht, 1928, S. 158 ff.; *Richard Thoma*, Die juristische Bedeutung der grundrechtlichen Sätze der deutschen Reichsverfassung im allgemeinen, in: Hans Carl Nipperdey (Hrsg.), Die Grundrechte und Grundpflichten der Reichsverfassung, Erster Band, 1929, S. 1 ff.; *Carl Schmitt*, Inhalt und Bedeutung des zweiten Hauptteils der Reichsverfassung, in: Gerhard Anschütz/Richard Thoma (Hrsg.), Handbuch des Deutschen Staatsrechts, Zweiter Band, 1932, S. 572 ff.; *ders.*, Verfassungslehre (1928), 9. Auflage 2003, S. 157 ff.; *Gerhard Anschütz*, Die Verfassung des Deutschen Reichs vom 11. August 1919, 14. Auflage 1933, S. 505; aus jüngerer Vergangenheit vgl. etwa *Jörg-Detlef Kühne*, Zum Neuerungsgehalt der Weimarer Grundrechte – Genetische Aspekte zur ihrer Platzierung und Textgestalt, in: Michael Sachs/Helmut Siekmann (Hrsg.), Der grundrechtsgeprägte Verfassungsstaat, Festschrift für Klaus Stern zum 80. Geburtstag, 2012, S. 59 ff.; *Christoph Gusy*, Die Grundrechte in der Weimarer Republik, ZNR 15 (1993), S. 163 ff.; *ders.*, Die Weimarer Reichsverfassung, 1997, S. 272 ff.

804 Z.B. Art. 121, 155, 157, 161, 164.

805 Art. 114, 115, 152 WRV (einschränkbar sowohl durch Reichs- als auch durch Landesgesetz); Art. 111, 112 Abs. 1, 117, 151 Abs. 3 (einschränkbar nur durch Reichsgesetz). *Richard Thoma*, Grundrechte und Polizeigewalt, in: Heinrich Triepel (Hrsg.), Festgabe für das Preußische OVG, 1925, S. 183 (191 ff.) spricht in diesem Zusammenhang von Grundrechten, die (lediglich) „gesetzeskräftig" seien, aber – im Unterschied z.B. zum Grundrecht auf den gesetzlichen Richter (Art. 105 S. 2 WRV) – eben nicht „verfassungskräftig".

806 Instruktiv dazu *Klaus Stern*, Das Staatsrecht der Bundesrepublik Deutschland, Band V, 2000, S. 660 ff. Vgl. auch *Dieter Grimm*, Die Bedeutung der Weimarer Verfassung in der deutschen Verfassungsgeschichte, 1990, S. 20 f.; *Gerhard Robbers*, Die Staatslehre der Weimarer Republik: Eine Einführung, Jura 1993, S. 69; *Gerd Roellecke*, Konstruktionsfehler der Weimarer Verfassung, Der Staat 35 (1996), S. 599 (610 ff.); *Werner Frotscher/Bodo Pieroth*, Verfassungsgeschichte, 17. Auflage 2018, Rn. 542.

807 *Klaus Stern*, Das Staatsrecht der Bundesrepublik Deutschland, Band V, 2000, S. 665.

Verfassungs- in das Verwaltungsrecht" verlagert wurde[808].[809] Aber auch die vorbehaltlos gewährleisteten bzw. mit einem qualifizierten Gesetzesvorbehalt versehenen Grundrechte,[810] bei denen es sich vornehmlich um abwehrrechtliche Gewährleistungen handelte, entfalteten im Hinblick auf die Gesetzgebung des Reichs nur bedingt praktische Bedeutung. Ein Grund hierfür lag darin, dass nach dem Verlust der parlamentarischen Mehrheit für die Weimarer Koalition aus SPD, Zentrum und DDP zu Beginn der 1920er Jahre nur noch vereinzelt größere Reformvorhaben zustande kamen.[811] Da mithin die Intensität der Gesetzgebungstätigkeit im Ganzen abnahm, sank auch die Zahl grundrechtssensibler Legislativakte signifikant. Vor allen Dingen aber litt die Effektivierung der Grundrechtsbindung des Gesetzgebers unter dem Umstand, dass der Weimarer Reichsverfassung keine Vorkehrungen für eine Individualverfassungsbeschwerde implementiert worden waren:[812] Die verfassunggebende Nationalversammlung hatte jedweder justiziellen Kontrolle von Maßnahmen des unmittelbar volksgewählten Reichsparlaments und also auch einer gerichtsförmigen Überprüfung der Verfassungsmäßigkeit von förmlichen Reichsgesetzen skeptisch gegenübergestanden. Die Normenkontrollbefugnis der obersten Gerichtshöfe des Reichs war deshalb auf die Prüfung der Vereinbarkeit von landesrechtlichen Vorschriften mit dem Reichsrecht beschränkt worden.[813] Zwar wies die höchstrichterliche Rechtsprechung diese Beschränkung unter Verweis auf ihre vermeintlich fortgeltende vorkonstitutionelle Befugnis zur Kontrolle (auch) von Reichsparlamentsgesetzen zurück,[814] doch blieben Reichweite und Dichte dieser Kontrollbefugnis in Bezug auf die Grundrechte ebenso unklar wie

---

808 *Herbert Krüger*, Die Einschränkung von Grundrechten nach dem Grundgesetz, DVBl. 1950, S. 625 (626).

809 Zu der besonders umstrittenen und von der Rechtsprechung letztlich offen gelassenen Frage, ob der in Art. 109 Abs. 1 WRV normierte Allgemeine Gleichheitssatz neben der Exekutive und der Judikative auch den Gesetzgeber verpflichtete *Hans Schneider*, Die Reichsverfassung vom 11. August 1919, in: HStR, Band I, 3. Auflage 2003, § 5 Rn. 36 und *Christoph Gusy*, Die Grundrechte in der Weimarer Republik, ZNR 15 (1993), S. 163 (167 f.), beide mit zahlreichen weiteren Nachweisen.

810 Zu den vorbehaltlos gewährleisteten Verbürgungen gehörten Art. 112 Abs. 3, 113, 116, 126, 136 Abs. 2 und Abs. 4, 142, 149 Abs. 2 und 159 WRV; mit einem qualifizierten Gesetzesvorbehalt waren versehen Art. 118, 123, 124 und 135 WRV.

811 Vgl. *Christoph Gusy*, Die Grundrechte in der Weimarer Republik, ZNR 15 (1993), S. 163 (173).

812 *Peter Unruh*, Der Verfassungsbegriff des Grundgesetzes, 2002, S. 310 m. w. N.

813 Vgl. Art. 13 Abs. 2 WRV. Siehe dazu auch *Dieter Grimm*, Die Bedeutung der Weimarer Verfassung in der deutschen Verfassungsgeschichte, 1990, S. 17 sowie *Christoph Gusy*, Die Grundrechte in der Weimarer Republik, ZNR 15 (1993), S. 163 (169).

814 Vgl. RGZ 111, 320 (323): „Da die Reichsverfassung selbst keine Vorschrift enthält, nach der die Entscheidung über die Verfassungsmäßigkeit der Reichsgesetze den Gerichten entzogen und einer bestimmten anderen Stelle übertragen wäre, muß das Recht und die Pflicht des Richters, die Verfassungsmäßigkeit von Reichsgesetzen zu prüfen, anerkannt werden." Tatsächlich hatte im Kaiserreich das Reichsgericht ein formelles Prüfungsrecht gegenüber Reichsgesetzen zwar gelegentlich behauptet, dieses aber letztlich nicht konsequent ausgeübt; siehe dazu *Peter Badura*, Richterliches Prüfungsrecht und Wirtschaftspolitik, in: Peter Oberndorfer/Herbert Schambeck (Hrsg.), Verwaltung im Dienste von Wirtschaft und Gesellschaft, Festschrift für Ludwig Fröhler zum 60. Geburtstag, 1980, S. 321 (329 f.) sowie oben Zweites Kapitel B. II. 5. c) bb) (4).

der prozessuale Rahmen ihrer Ausübung.[815] *Klaus Stern* erkennt hierin zutreffend eine „strukturelle[ ] Schwäche des Weimarer Grundrechtskatalogs"[816], die zur Konsequenz hatte, dass die im Grundrechtskatalog enthaltenen gleichheits- und freiheitsrechtlichen Verbürgungen den Aktionsradius der gesetzgebenden Gewalt kaum zu begrenzen vermochten.[817]

(6) Defizitärer justizieller Verfassungsschutz

Der im Zusammenhang mit dem Fehlen jeglicher verfassungsgesetzlicher Vorkehrungen für eine Individualverfassungsbeschwerde bereits angesprochene justizielle Schutz der Verfassung war in der Weimarer Republik zwar grundsätzlich existent, allerdings ebenfalls mit beträchtlichen Defiziten behaftet.[818] Was seine Organisation anbetraf, erwies sich als folgenschwer, dass die Verfassungsgerichtsbarkeit nicht bei einem Gericht konzentriert, sondern auf eine Mehrzahl von Gerichten verteilt worden war: Auf der Reichsebene waren neben den obersten Gerichtshöfen des Reichs, die gemäß Art. 13 Abs. 2 WRV über die Vereinbarkeit von Landesrecht mit dem Reichsrecht unter Einschluss des Reichsverfassungsrechts zu befinden hatten, auch das „Wahlprüfungsgericht", dessen Befugnisse sich aus Art. 31 WRV ergaben, sowie insbesondere der „Staatsgerichtshof" zur Entscheidung über verfassungsrechtliche Streitigkeiten berufen.

Art. 108 WRV schrieb die Errichtung des Staatsgerichtshofs verbindlich vor, überantwortete die Ausgestaltung desselben allerdings dem Reichsgesetzgeber. Dieser beschloss am 9. Juli 1921 ein Gesetz, durch das beim Reichsgericht ein Staatsgerichtshof eingerichtet wurde (RStGHG),[819] der unter anderem über Verfassungsstreitigkeiten zwischen Reich und Ländern,[820] Anklagen gegen Reichspräsident, Reichskanzler und Reichsminister,[821] Meinungsverschiedenheiten betreffend die Reichsaufsicht über die Ausführung von Reichsgesetzen durch Landesbehörden[822] sowie Streitigkeiten im Zusammenhang mit dem Übergang von Verkehrs-

---

[815] *Christoph Gusy*, Die Grundrechte in der Weimarer Republik, ZNR 15 (1993), S. 163 (169 und 176); *ders.*, Die Weimarer Reichsverfassung, 1997, S. 284.

[816] *Klaus Stern*, Das Staatsrecht der Bundesrepublik Deutschland, Band V, 2000, S. 666.

[817] Vgl. *Klaus Stern*, Das Staatsrecht der Bundesrepublik Deutschland, Band V, 2000, S. 129: „Letztlich wirkten daher die Grundrechte nicht gegen die gesetzgebende Gewalt." Siehe auch *Dieter Grimm*, Die Bedeutung der Weimarer Verfassung in der deutschen Verfassungsgeschichte, 1990, S. 20; *Gerd Roellecke*, Konstruktionsfehler der Weimarer Verfassung, Der Staat 35 (1996), S. 599 (610).

[818] Allgemein zum justiziellen Verfassungsschutz in der Weimarer Republik aus zeitgenössischer Sicht *Heinrich Triepel*, Wesen und Entwicklung der Staatsgerichtsbarkeit, VVDStRL 5 (1929), S. 2 ff.; *Hans Kelsen*, Wesen und Entwicklung der Staatsgerichtsbarkeit, VVDSTRL 5 (1929), S. 30 ff. Vgl. ferner *Hartmut Maurer*, Das richterliche Prüfungsrecht zur Zeit der Weimarer Verfassung, DÖV 1963, S. 683 ff.

[819] Gesetz über den Staatsgerichtshof vom 9. Juli 1921, RGBl. 1921, S. 905.

[820] Vgl. Art. 19 Abs. 1 WRV i. V. m. § 16 Nr. 3 RStGHG.

[821] Vgl. Art. 59 WRV i. V. m. § 2 RStGHG.

[822] Vgl. Art. 15 Abs. 3 WRV i. V. m. § 16 Nr. 1 RStGHG.

wegen, Post- und Eisenbahneinrichtungen auf das Reich[823] zu entscheiden hatte.[824] Ein abstraktes oder konkretes Normenkontrollverfahren sah das Gesetz über den Staatsgerichtshof jedoch nicht vor. Einem vom Reichsinnenministerium im Jahre 1926 vorgelegten Gesetzentwurf, der auf eine Konzentration der Normenkontrollbefugnis beim Staatsgerichtshof zielte, war kein Erfolg beschieden.[825] Gelegenheit zur Überprüfung formeller Reichsgesetze am Maßstab der Weimarer Reichsverfassung bot sich dem Staatsgerichtshof daher lediglich im Rahmen seiner – von ihm extensiv interpretierten – Zuständigkeit zur Entscheidung über Reich-Länder-Streitigkeiten.[826] Die verbleibende justizielle Kontrolllücke[827] vermochte das von den obersten Fachgerichten behauptete Prüfungsrecht gegenüber formellen Reichsgesetzen[828] nicht zu schließen, denn in Ermangelung einer positiv-rechtlichen Fun-

[823] Vgl. Art. 90, 170, 171 i. V. m. § 17 RStGHG.

[824] Ausführlich zur Rolle des Staatsgerichtshofs in der Weimarer Republik *Karl Zippelius*, Verfassungsrechtliche Stellung und Entwicklung der Rechtsprechung des Staatsgerichtshofs für das Deutsche Reich, 1973.

[825] Siehe dazu *Karl Zippelius*, Verfassungsrechtliche Stellung und Entwicklung der Rechtsprechung des Staatsgerichtshofs für das Deutsche Reich, 1973, S. 63 ff.; *Peter Badura*, Richterliches Prüfungsrecht und Wirtschaftspolitik, in: Peter Oberndorfer/Herbert Schambeck (Hrsg.), Verwaltung im Dienste von Wirtschaft und Gesellschaft, Festschrift für Ludwig Fröhler zum 60. Geburtstag, 1980, S. 321 (333 f.); *Christoph Gusy*, Die Weimarer Reichsverfassung, 1997, S. 218. Der betreffende Gesetzentwurf ist mit eingehender Kommentierung abgedruckt bei *Richard Grau*, Aus der Praxis des Staatsrechts: Zum Gesetzentwurf über die Prüfung der Verfassungsmäßigkeit von Reichsgesetzen u. Reichsverordnungen, AöR 50 (1926), S. 287 ff.

[826] Vgl. *Karl Zippelius*, Verfassungsrechtliche Stellung und Entwicklung der Rechtsprechung des Staatsgerichtshofs für das Deutsche Reich, 1973, S. 83 ff.; *Christoph Gusy*, Die Weimarer Reichsverfassung, 1997, S. 216.

[827] Vgl. diesbezüglich *Rainer Wahl/Frank Rottmann*, Die Bedeutung der Verfassung und der Verfassungsgerichtsbarkeit in der Bundesrepublik – im Vergleich zum 19. Jahrhundert und zu Weimar; in: Werner Conze/Mario Rainer Lepsius (Hrsg.), Sozialgeschichte der Bundesrepublik Deutschland, 1983, S. 339 (354): „Auffällig ist die deutliche Zurückhaltung der Weimarer Verfassung einmal gegenüber dem (macht)politisch zentralen Bereich der obersten *Reichs*organe und zum anderen gegenüber der Normenkontrolle."

[828] Zur Weimarer Debatte um die Befugnis der obersten Gerichtshöfe des Reichs zur Kontrolle von formellen Reichsgesetzen am Maßstab der Verfassung *Heinrich Triepel*, Der Weg der Gesetzgebung nach der neuen Reichsverfassung, AöR 39 (1920), S. 456 (536 ff.), der anmerkt, dass insbesondere ein großer Teil der Grundrechte ihres verfassungsmäßigen Schutzes beraubt würden, „wenn der deutsche Reichstag mit vollkommener Souveränität darüber entscheiden darf, ob sich seine Gesetzesbeschlüsse mit der Verfassung im Einklang befinden". Vgl. ferner die grundlegenden Ausführungen von *Richard Thoma*, Das richterliche Prüfungsrecht, AöR 43 (1922), S. 267 ff. und *Fritz Morstein Marx*, Art. 13 Abs. 2 der Reichsverfassung und der Streit um die richterliche Prüfungszuständigkeit, AöR 45 (1924), S. 218 ff. Zu jenen Staatsrechtlern, die ein richterliches Prüfungsrecht strikt ablehnten, gehörte etwa *Julius Hatschek*, Deutsches und preußisches Staatsrecht, Band I, 1. Auflage 1922, S. 29: „Besteht also kein Rangunterschied zwischen Verfassungsurkunde und einfachem Gesetz für den deutschen Richter, so muß er beide gleichwertig zur Anwendung bringen und darf dem einen nicht die Anerkennung versagen, weil es dem andern, als *Verfassungs*urkunde, zuwider läuft. Vielmehr wird er das einfache Gesetz als das jüngere unbedingt zur Anwendung bringen, selbst wenn es der Verfassungsurkunde widerspricht, und zwar nach dem Grundsatz der lex posterior." Eine retrospektive Analyse der Debatte um das richterliche Prüfungsrecht in der Weimarer Republik unternehmen etwa *Hartmut Maurer*, Das richterliche Prüfungsrecht zur Zeit der Weimarer Verfassung, DÖV 1963, S. 683 ff.; *Jörn Ipsen*, Rechtsfolgen der Verfassungswidrigkeit von Norm und Einzelakt, 1980, S. 57 ff.; *Peter Badura*, Richter-

dierung desselben[829] und infolge der daraus resultierenden Unklarheiten betreffend den prozessualen Rahmen seiner Ausübung und die gebotene Kontrolldichte machten die obersten Gerichtshöfe nur vereinzelt von dem (vermeintlichen) Prüfungsrecht Gebrauch.[830] Hinzu kam, dass Streitigkeiten zwischen Reichsorganen in Anknüpfung an die Staats- und Rechtspraxis des 19. Jahrhunderts weithin als „hochpolitisch" und einem justizförmigen Verfahren deshalb nicht oder jedenfalls nur sehr eingeschränkt zugänglich eingestuft wurden.[831] Verfassungsstreitigkeiten dieser Art blieben von der Weimarer Verfassungsgerichtsbarkeit daher gänzlich ausgeschlossen.[832] Stellt man ferner die bereits angesprochene Tatsache in Rechnung, dass für die Bürger der Republik keine Möglichkeit bestand, ihre verfassungsrechtlich garantierten Grundrechte im Wege der Individualverfassungsbeschwerde geltend zu machen, so wird offenbar, dass der justizielle Schutz der Weimarer Reichsverfassung beträchtliche Lücken aufwies. Es darf als gesichert gelten, dass eben diese Kontrolllücke die Zersetzung der verfassungsstaatlichen Strukturen der Weimarer Republik durch das nationalsozialistische Regime erheblich begünstigte.[833]

(7) Fazit

Zusammenfassend ist zunächst festzustellen, dass die Weimarer Reichsverfassung erhöhte formelle Geltungskraft besaß und somit dem Grunde nach durchaus Vorrang vor dem einfachen Gesetzesrecht beanspruchte.[834] Selbst jene zeitgenössischen

---

liches Prüfungsrecht und Wirtschaftspolitik, in: Peter Oberndorfer/Herbert Schambeck (Hrsg.), Verwaltung im Dienste von Wirtschaft und Gesellschaft, Festschrift für Ludwig Fröhler zum 60. Geburtstag, 1980, S. 321 (328 ff.) sowie *Bernd Hartmann*, Das richterliche Prüfungsrecht unter der Weimarer Reichsverfassung, Jahrbuch der Juristischen Zeitgeschichte 8 (2006/2007), S. 154 (158 ff.).

[829] Da sich die Mitglieder der Weimarer verfassunggebenden Nationalversammlung nicht darüber einigen konnten, ob ein richterliches Prüfungsrecht zu bejahen sei und der verfassungsrechtlichen Verankerung bedürfe, ließ man die Frage bewusst offen; vgl. statt vieler *Hartmut Maurer*, Das richterliche Prüfungsrecht zur Zeit der Weimarer Verfassung, DÖV 1963, S. 683 f. m. w. N.

[830] Vgl. aus zeitgenössischer Sicht *Ottmar Bühler*, Sind die ordentlichen Gerichte verpflichtet, verfassungswidrige Gesetze anzuwenden?, Deutsche Juristen-Zeitung 1921, Spalte 580 ff. Ausführlich zum Problem *Christoph Gusy*, Die Grundrechte in der Weimarer Republik, ZNR 15 (1993), S. 163 (169 f.); *ders.*, Die Weimarer Reichsverfassung, 1997, S. 217 f.; *Alexandra Maria Hornauer*, Das Reichsgericht zur Frage des richterlichen Prüfungsrechts (1919–1933), 2009, S. 35 ff. Siehe ferner *Thorsten Kingreen*, Vorrang und Vorbehalt der Verfassung, in: HStR, Band XII, 3. Auflage 2014, § 263 Rn. 23 sowie *Rainer Wahl*, Verfassungsstaatlichkeit im Konstitutionalismus und in der Weimarer Zeit, in: ders., Verfassungsstaat, Europäisierung, Internationalisierung, 2003, S. 320 (335): „Sie [– die Weimarer Gerichte –] verbanden eine entschiedene Bejahung der Grundsatzfrage mit praktischer Zurückhaltung bei der Ausübung des Prüfungsrechts […]".

[831] *Ernst Rudolf Huber*, Deutsche Verfassungsgeschichte seit 1789, Band VI, 1981, S. 543 m. w. N.

[832] *Klaus Stern*, Das Staatsrecht der Bundesrepublik Deutschland, Band V, 2000, S. 647. Vgl. auch *Rainer Wahl*, Verfassungsstaatlichkeit im Konstitutionalismus und in der Weimarer Zeit, in: ders., Verfassungsstaat, Europäisierung, Internationalisierung, 2003, S. 320 (332).

[833] Ebenso *Klaus Stern*, Das Staatsrecht der Bundesrepublik Deutschland, Band V, 2000, S. 748 und 753 f.

[834] Vgl. statt vieler *Ottmar Bühler*, Sind die ordentlichen Gerichte verpflichtet, verfassungs-

Staatsrechtslehrer, die dem Vorranganspruch der Verfassung betont skeptisch gegenüberstanden, kamen nicht umhin, die von ihnen proklamierte Superiorität der Legislativgewalt insofern zu relativieren, als die Gesetzgebungsorgane nach einhelliger Auffassung „die für die Verfassungsänderungen vorgeschriebenen besonderen Formen zu wahren“[835] hatten.[836] Der Umstand aber, dass die Gesetzgebung unstreitig auf dem Boden der Verfassung und mithin *derivativ* erfolgen musste, bedingt in normenhierarchischer Hinsicht zwangsläufig die Unterordnung des Gesetzes unter die Verfassung. *Hans Kelsen* diagnostizierte nüchtern: „Indem die Verfassung im wesentlichen bestimmt, auf welche Weise Gesetze zustande kommen, bedeutet die Gesetzgebung dieser Verfassung gegenüber Rechtsanwendung. [ ] Für den Gesetzgeber, welcher nur unter der sein Verfahren bestimmenden Verfassung steht, ist die rechtliche Gebundenheit eine verhältnismäßig geringe [ ]“[837], aber nichtsdestoweniger – so ist klarstellend hinzuzufügen – unzweifelhaft existent.

Doch hatte es die Weimarer Constituante unterlassen, den mit der erhöhten formellen Geltungskraft verbundenen Vorranganspruch der Weimarer Reichsverfassung verfassungsgesetzlich konsequent auszugestalten und abzusichern. Die Grenzlinie zwischen dem Verfassungsrecht und dem einfachen Gesetzesrecht verlor durch die Überantwortung der Verfassungsänderung an die (auch) für die einfache Gesetzgebung zuständigen Reichsorgane, die materielle Unbegrenztheit der Verfassungsrevisionsbefugnis, die Zulässigkeit von stillschweigenden Verfassungsdurchbrechungen, die nur eingeschränkte Bindungskraft der Grundrechte sowie die empfindlichen Defizite im Bereich des justiziellen Verfassungsschutzes erheblich an Konturenschärfe. Infolgedessen blieb die für den Verfassungsvorrang kon-

---

widrige Gesetze anzuwenden?, Deutsche Juristen-Zeitung 1921, Spalte 580 (581); *Albert Hensel*, Die Rangordnung der Rechtsquellen insbesondere das Verhältnis von Reichs- und Landesgesetzgebung, in: Gerhard Anschütz/Richard Thoma (Hrsg.), Handbuch des Deutschen Staatsrechts, Zweiter Band, 1932, S. 313 (315 f.); *Peter Badura*, Richterliches Prüfungsrecht und Wirtschaftspolitik, in: Peter Oberndorfer/Herbert Schambeck (Hrsg.), Verwaltung im Dienste von Wirtschaft und Gesellschaft, Festschrift für Ludwig Fröhler zum 60. Geburtstag, 1980, S. 321 (332 und 334); *Peter Unruh*, Der Verfassungsbegriff des Grundgesetzes, 2002, S. 269 ff. Zur Auseinandersetzung über die Frage des Verfassungsvorrangs in der Weimarer Republik referieren *Jörn Ipsen*, Rechtsfolgen der Verfassungswidrigkeit von Norm und Einzelakt, 1980, S. 57 ff. und *Wilhelm Henke*, Verfassung, Gesetz und Richter, Der Staat 3 (1964), S. 433 (434 ff.).

835 *Gerhard Anschütz*, Die Verfassung des Deutschen Reichs vom 11. August 1919, 14. Auflage 1933, S. 401.

836 Darauf, dass eine „echte Vermittlung der staatstheoretischen Grundaussage von der unbeschränkten normativen Souveränität der Legislative mit den Erfordernissen einer Zweidrittelmehrheit nicht ohne argumentativen Bruch zu leisten [ist]“, verweist auch *Horst Dreier*, Grenzen demokratischer Freiheit im Verfassungsstaat, in: ders., Idee und Gestalt des freiheitlichen Verfassungsstaates, 2014, S. 249 (255 f.).

837 *Hans Kelsen*, Wesen und Entwicklung der Staatsgerichtsbarkeit, VVDSTRL 5 (1929), S. 30 (32); zustimmend *Adolf Merkl*, Prolegomena einer Theorie des rechtlichen Stufenbaues, in: Alfred Verdross (Hrsg.), Gesellschaft, Staat und Recht: Untersuchungen zur reinen Rechtslehre, Festschrift für Hans Kelsen zum 50. Geburtstag, 1931, S. 252 (259 und 280 ff.); *Christian Starck*, Vorrang der Verfassung und Verfassungsgerichtsbarkeit, in: ders., Der demokratische Verfassungsstaat: Gestalt, Grundlagen, Gefährdungen, 1995, S. 33 (42); *Thorsten Kingreen*, Vorrang und Vorbehalt der Verfassung, in: HStR, Band XII, 3. Auflage 2014, § 263 Rn. 22.

stitutive Distanz zwischen Verfassungsrecht und einfachem Gesetzesrecht strukturell prekär. *Rainer Wahl* ist daher beizupflichten, wenn er konstatiert, dass die Weimarer Republik auf dem Weg zu dem vom Prinzip des Verfassungsvorrangs geprägten Verfassungsverständnis gewesen sei, aber noch nicht am Ziel.[838]

III. Das Grundgesetz als spezifische Ausprägung des modernen westeuropäisch-nordatlantischen Verfassungsmodells

Die in den beiden vorstehenden Abschnitten gewonnenen Erkenntnisse über die Genese der modernen Verfassungsidee und ihre prototypische Verwirklichung im Zuge der nordamerikanischen und französischen Revolution (Zweites Kapitel B. I.) sowie die Rezeption jener Verfassungsidee im Deutschland des 19. und frühen 20. Jahrhunderts (Zweites Kapitel B. II.) bilden die Hintergrundfolie der nun folgenden Betrachtungen, welche ein doppeltes Ziel verfolgen: Zum einen soll das Grundgesetz verfassungstheoretisch eingeordnet und insbesondere sein Verhältnis zum Verfassungsbegriff des demokratischen Konstitutionalismus bestimmt werden. Es wird zu zeigen sein, dass dem Grundgesetz eben dieser Verfassungsbegriff zugrundeliegt, es sich bei dem vom Parlamentarischen Rat 1948/49 ausgearbeiteten Verfassungswerk mithin um eine spezifische Ausprägung des modernen westeuropäisch-nordatlantischen Verfassungsmodells handelt. Zum anderen sollen die eingangs dieses Kapitels benannten,[839] für den Verfassungsbegriff des demokratischen Konstitutionalismus konstitutiven, bislang aber nur schlaglichtartig beleuchteten Denk- und Rechtfiguren (im Folgenden: „Verfassungsstrukturelemente") in Auseinandersetzung mit dem Grundgesetz näher konturiert werden. Dass eine solches Unterfangen letztlich nur auf dem Hintergrund der oben erläuterten ideengeschichtlichen und verfassungshistorischen Entwicklungspfade sinnvoll durchgeführt werden kann, ist dem Umstand geschuldet, dass Verfassungsneuschöpfungen gemeinhin auf einer Verbindung von innovativen Elementen mit traditionellen Mustern basieren.[840] *Josef Isensee* beschreibt und erklärt das Phänomen wie folgt:

---

[838] *Rainer Wahl*, Der Vorrang der Verfassung, Der Staat 20 (1981), S. 485 (498); *ders.*, Verfassungsstaatlichkeit im Konstitutionalismus und in der Weimarer Zeit, in: ders., Verfassungsstaat, Europäisierung, Internationalisierung, 2003, S. 320 (336). Vgl. auch *Thorsten Kingreen*, Vorrang und Vorbehalt der Verfassung, in: HStR, Band XII, 3. Auflage 2014, § 263 Rn. 23.

[839] Vgl. oben Zweites Kapitel B. I. 3. b).

[840] Eingehend dazu *Ernst Rudolf Huber*, Das Kaiserreich als Epoche verfassungsstaatlicher Entwicklung, in: HStR, Band I, 3. Auflage 2003, § 4 Rn. 6f. Die Tradition als Entstehungsquelle der Verfassung betont *Paul Kirchhof*, Die Identität der Verfassung, in: HStR, Band II, 3. Auflage 2004, § 21 Rn. 1 ff.; *ders.*, Entstehungsgrund des Verfassungsstaates, in: Michael Sachs/Helmut Siekmann (Hrsg.), Der grundrechtsgeprägte Verfassungsstaat, Festschrift für Klaus Stern zum 80. Geburtstag, 2012, S. 43 (50). Vgl. ferner *Ekkehart Reimer*, Verfassungspluralität als Verfassungsvoraussetzung, in: Michael Anderheiden/Rainer Keil/Stephan Kirste/Jan Philipp Schaefer (Hrsg.), Verfassungsvoraussetzungen, Gedächtnisschrift für Winfried Brugger, 2013, S. 483 (487): „Was den Staat ausmacht, welche Grenzen und Begrenzungen ihm gesetzt werden, wie seine Verfassung ausgestaltet und interpretiert wird, hängt stets von dem Abgleich mit Vorgängerstaaten

„[...] die Verfassung ist notwendig das Produkt ihrer historischen Situation und abhängig von den Gegebenheiten die sie vorfindet. Sie greift bestimmte Themen der Zeit auf und reagiert auf bestimmte Bedürfnisse der Änderung von mißbilligten und der Bewahrung von gefährdeten Zuständen. Doch sie wird immer mehr hinnehmen, als sie verändern, immer mehr voraussetzen müssen, als sie regeln kann. Verfassunggebung steht unter der Notwendigkeit, die für alles menschliche Handeln gilt: sie muß an das Gegebene anknüpfen."[841]

Sind die gedanklichen Fäden der Verfassungstheorie und der Verfassungshistorie nach alledem unauflöslich ineinander verstrickt, so erscheint es ratsam, stets beide Perspektiven im Sinn zu behalten. Dessen unbeschadet gilt das Hauptaugenmerk im Folgenden der verfassungstheoretischen Reflexion. Allerdings wird die Verfassungshistorie vielfach unterstützend in die Analyse einbezogen, namentlich dort, wo sich der Bedeutungsgehalt einer verfassungstheoretischen Weichenstellung besonders gut anhand eines Vergleichs des Grundgesetzes mit früheren deutschen Verfassungen veranschaulichen lässt. Dabei liegt der Fokus zum einen auf den *Funktionen*, die der demokratische Konstitutionalismus der Verfassung zuweist, zum anderen auf den *Verfassungsstrukturelementen*, welche die Verfassungstheoretiker des späten 18. Jahrhunderts ersannen, um die Verwirklichung der Verfassungsfunktionen rechtskonstruktiv zu ermöglichen. Was mögliche *Inhalte* der Verfassung anbetrifft, ist zu beachten, dass der demokratische Konstitutionalismus – obschon keineswegs mit jedem beliebigen Rechtsinhalt vereinbar – „für viele Arten der Organisation der öffentlichen Gewalt offen ist: monarchisch oder republikanisch, unitarisch oder föderal, parlamentarisch oder präsidentiell, uni- oder bikameral, mit oder ohne Grundrechtskatalog, mit oder ohne Verfassungsgerichtsbarkeit etc."[842] Im Folgenden werden daher nur diejenigen Bestimmungen des Grundgesetzes näher beleuchtet, in denen die für den Verfassungsbegriff des demokratischen Konstitutionalismus konstitutiven Strukturelemente Niederschlag gefunden haben.

1. Vorab: Zum Zusammenhang zwischen Verfassungsstruktur und Verfassungsfunktionalität

Im Zusammenhang mit der verfassungstheoretischen Einordnung des Grundgesetzes kann und soll der bereits angesprochene Umstand fruchtbar gemacht werden, dass die Funktionen der modernen Verfassung und ihre Strukturelemente denkbar eng aufeinander bezogen sind. Dem liegt zugrunde, dass letztere Ausfluss des (erfolgreichen) Bemühens der nordamerikanischen und französischen Verfassungstheoretiker sind, die zentralen Anliegen der bürgerlichen Revolutionen dem positi-

---

und Vorläuferverfassungen ab. Insofern verortet die Verfassung das Gemeinwesen auch in seiner eigenen Geschichte."

[841] *Josef Isensee*, Das Volk als Grund der Verfassung – Mythos und Relevanz der Lehre von der verfassunggebenden Gewalt –, 1995, S. 57.

[842] *Dieter Grimm*, Die Errungenschaft des Konstitutionalismus und ihre Aussichten in einer veränderten Welt, in: ders., Die Zukunft der Verfassung II, 2012, S. 315 (325).

ven Recht anzuverwandeln. Mit anderen Worten: Die Strukturelemente des modernen westeuropäisch-nordatlantischen Verfassungsmodells bilden die Antwort auf die Frage, vermittels welcher Rechtsfiguren die Verfassung in die Lage versetzt werden kann, die ihr von den Revolutionären zugewiesenen Funktionen zu erfüllen. Es fand bereits mehrfach Erwähnung, dass insoweit zwei Hauptfunktionen voneinander zu unterscheiden sind, nämlich die Funktion der Herrschaftsbegründung und die Funktion der Herrschaftsbegrenzung.[843] Wer das moderne westeuropäisch-nordatlantische Verfassungsmodells verstehen und sein Verhältnis zum Grundgesetz zutreffend bestimmen möchte, muss sich zunächst Klarheit über die genaue Stoßrichtung eben jener Verfassungsfunktionen verschaffen.

Die Herrschaftsbegründungsfunktion des modernen westeuropäisch-nordatlantische Verfassungsmodells verweist im Kern auf einen besonderen Modus der Hervorbringung und Einrichtung politischer Macht, welcher sich zuvörderst dadurch auszeichnet, dass er Herrschaft ihrem Erzeugungszusammenhang nach mit dem Selbstbestimmungsanspruch der Individuen versöhnt. Dahinter steht die Überzeugung, dass institutionalisierte politische Macht nur dann anerkennungswürdig ist, wenn sie ihren Ursprung im Konsens der Herrschaftsunterworfenen findet.[844] Verfassungsstrukturell manifestiert sich der auf Grundlage dieser Überzeugung entwickelte Modus der Hervorbringung und Einrichtung von Herrschaft in zwei komplementären Rechtsfiguren. Die erste jener beiden Rechtsfiguren bildet die Antwort auf die Frage, wer in dem Auftragsverhältnis, das der potenziell als „Verfassung" zu qualifizierende Normeninbegriff zu etablieren bestimmt ist, die Rolle des Auftraggebers einnehmen muss, damit die vermöge dieses Normeninbegriffs hervorgebrachte und eingerichtete Herrschaft legitim ist (*Lehre von der verfassunggebenden Gewalt des Volkes*; dazu unter Zweites Kapitel B. III. 2. a)). Besteht Klarheit in der Frage nach dem Subjekt, das zur Erteilung des Herrschaftsauftrags berufen ist, so erhebt sich die Anschlussfrage, wie sich dieser Herrschaftsauftrag zu etwaig konkurrierenden, extra-konstitutionellen Herrschaftsansprüchen verhält. Die zweite Rechtsfigur adressiert eben diesen Aspekt. Sie bildet die Antwort auf die Frage, ob ein Normeninbegriff, der dem Standard des demokratischen Konstitutionalismus genügen will, jedweden Herrschaftsanspruch, der nicht auf dem Willen der Herrschaftsunterworfenen gründet, rigoros zurückzuweisen muss, oder ob er neben der von ihm hervorgebrachten und eingerichteten Herrschaft Raum für solche Hoheitsgewalt belassen kann, die der Fundierung im Normwillen der Herrschaftsunterworfenen entbehrt (*Ausschluss nicht-verfasster Machtreservate*; dazu unter Zweites Kapitel B. III. 2. b)).

---

[843] Vgl. nur *Claudio Franzius*, Europäisches Verfassungsrechtsdenken, 2010, S. 18; *Horst Dreier*, Grenzen demokratischer Freiheit im Verfassungsstaat, in: ders., Idee und Gestalt des freiheitlichen Verfassungsstaates, 2014, S. 249 (269) sowie *Sebastian Unger*, Verfassung im Nationalstaat: Von der Gesamtordnung zur europäischen Teilordnung, DVBl. 2015, S. 1069 (1070). Siehe ferner oben Zweites Kapitel B. I. 2.

[844] Vgl. statt vieler *Dieter Grimm*, Ursprung und Wandel der Verfassung, in: ders., Die Zukunft der Verfassung II, 2012, S. 11 (25); *ders.*, Die Bedeutung nationaler Verfassungen in einem vereinten Europa, in: ders., Die Zukunft der Verfassung II, 2012, S. 92f.

Die beiden vorstehend formulierten Fragen verweisen auf Verfassungsstrukturelemente, die dem demokratischen Imperativ der bürgerlichen Revolutionen des ausgehenden 18. Jahrhunderts Rechnung tragen, den Auftragscharakter von Herrschaft für sich genommen aber nicht verlässlich zu sichern vermögen. Denn auch bei einem Machtapparat, der sich als Ausfluss eines auf die Hervorbringung und Einrichtung von Herrschaft gerichteten Konsenses der Herrschaftsunterworfenen darstellt, besteht die Gefahr, dass er sich im Laufe der Zeit verselbständigt, d.h. unter Missachtung des Freiheits- und Selbstbestimmungsinteresses der Herrschaftsunterworfenen autonome Steuerungsambitionen entfaltet. Mit dem zum Herrschaftsbegründungsanliegen hinzutretenden Herrschaftsbegrenzungsanliegen des demokratischen Konstitutionalismus wäre eine solche Entwicklung jedoch nicht zu vereinbaren. In einem dritten Schritt ist daher der Frage nachzugehen, durch welchen rechtskonstruktiven Mechanismus das moderne westeuropäisch-nordatlantische Verfassungsmodell die Ausübung politischer Macht zum Schutze der (individuellen) Freiheit und (kollektiven) Selbstbestimmung der Herrschaftsunterworfenen in den verfassungsrechtlich vorgezeichneten Bahnen zu halten sucht (*Vorrang und Maßstäblichkeit der Verfassung*; dazu unter Zweites Kapitel B. III. 3.).

2. *Das Grundgesetz unter dem Gesichtspunkt der Herrschaftsbegründung*

a) Die Lehre von der verfassunggebenden Gewalt des Volkes

Der demokratische Konstitutionalismus versteht die normative Verfassung nicht nur als Mittel zur Begrenzung von Herrschaft, sondern interpretiert sie – weit anspruchsvoller und radikaler – als einen (Rechts-)Akt, der Herrschaft zugleich neu hervorbringt und *uno actu* einrichtet. Dabei ist zu berücksichtigen, dass Verbände, die als organisierte Entscheidungs- und Wirkungseinheiten in Erscheinung treten, politische Macht notwendig durch das Medium „Recht“ ausüben,[845] d.h. im Wege der Rechtsetzung und Rechtsanwendung. Der Sache nach bedeutet Verfassunggebung somit Begründung anerkennungswürdiger Rechtserzeugungsmacht – oder anders formuliert: Bewirken legitimer Legalität.[846]

---

[845] Siehe dazu *Hans Kelsen*, Allgemeine Staatslehre, 1925 (Nachdruck 1966), S. 96ff.

[846] Auf den Umstand, dass das von den *pouvoirs constitués* erzeugte Recht nicht mehr Legitimität besitzen kann als die Verfassung hergibt, verweist mit Recht *Günther Krauss*, Die Verfassung Deutschlands 1945–1954, DÖV 1954, S. 579 (581): „Eine Verfassung kann an Legitimität nicht mehr übertragen, als sie selbst besitzt.“ Vgl. auch *Gerd Roellecke*, Souveränität, Staatssouveränität, Volkssouveränität, in: Dietrich Murswiek/Ulrich Storost/Heinrich A. Wolff (Hrsg.), Staat – Souveränität – Verfassung, Festschrift für Helmut Quaritsch zum 70. Geburtstag, 2000, S. 15 (22f.).

aa) Die Lehre von der verfassunggebenden Gewalt des Volkes als Essential des Verfassungsbegriffs des demokratischen Konstitutionalismus

Mit den Kategorien „Legitimität" und „Legalität" ist bereits das Spannungsfeld abgesteckt, welches die demokratische Verfassungstheorie vermöge der Figur der „verfassunggebenden Gewalt" aufzulösen sucht. Jene Figur erweist sich bei Lichte besehen als eine Chiffre, unter der die Anforderungen an das Bewirken legitimer Legalität verhandelt werden, d.h. sie adressiert die Frage nach dem Ursprung der Legalität. Zu dieser Frage dringt vor, wer sich vergegenwärtigt, dass allein die Geltung des von der verfassten Gewalt erzeugten Rechts rechtsordnungsimmanent erklärt werden kann. Dies namentlich unter Verweis auf die dem einfachen Recht vorgeordnete Verfassung, welche ausdrücklich anordnet, dass die Akte der durch sie eingesetzten Autoritäten als rechtsverbindlich zu gelten haben.[847] Demgegenüber ist die Geltung der Verfassung als verbindliches Recht einer rechtsordnungsimmanenten Erklärung schlechterdings unzugänglich, existiert doch gerade keine der Verfassung vorgängige Legalität, von der die Verfassung ihre Rechtsnormqualität ableiten könnte. Da die Verfassung gleichwohl für sich in Anspruch nimmt, „Rechtsnorm" zu sein, also verbindliche Sollenssätze zu statuieren, es aber „[k]ein Sollen ohne ein Wollen"[848] gibt, muss ihre Geltung logisch-notwendig auf den Willen einer außerhalb der Rechtsordnung und folglich im Bereich des Politisch-Faktischen verorteten Größe zurückgeführt werden. *Peter Badura* skizziert das Problem wie folgt:

> „Von der zu ihrem Zeitpunkt gegebenen Rechtslage aus kann die [Verfassung]gebung nicht *legal*, sie kann nur von einer bestimmten polit. Idee aus *legitim* sein […]. […] Die Frage nach der Legitimität einer [Verfassung] verweist somit auf die Sozialphilosophie, die ihrerseits wiederum mit einer bestimmten Verteilung der Herrschaft in einer Gesellschaft im Zusammenhang steht."[849]

In diesem Kontext tritt nun die verfassunggebende Gewalt auf den Plan. Zum Träger derselben qualifiziert sich diejenige verfassungsvorgängige Autorität, deren Wille die Kraft besitzt, einer politischen Entscheidung rechtliche Verbindlichkeit zu verleihen: Der „Normwille"[850] des Subjekts der verfassunggebenden Gewalt besorgt den Transfer vom politischen Postulat zum Gesetz, bildet also die Erklärung dafür, dass den Bestimmungen der Verfassung die Qualität von Rechtsnormen eignet.[851] Da die Verfassung durch das Festlegen der Regeln der Rechtserzeugung aber nicht nur Legalität stiftet, sondern zugleich auch politische Macht hervorbringt und einrichtet, ergibt es sich, dass die Geltung des positiven Rechts einerseits und

---

[847] Vgl. *Hans Kelsen*, Allgemeine Staatslehre, 1925 (Nachdruck 1966), S. 98f.

[848] *Hans Kelsen*, Die Funktion der Verfassung, in: Verhandlungen des Zweiten Österreichischen Juristentages 1964, Band II, 7. Teil, 1965, S. 65 (74).

[849] *Peter Badura*, Artikel „Verfassung", in: Evangelisches Staatslexikon, Band II, 3. Auflage 1987, Spalte 3737 (3744).

[850] Begriff nach *Martin Heckel*, Die Legitimation des Grundgesetzes durch das deutsche Volk, in: HStR, Band VIII, 1. Auflage 1995, § 197 Rn. 56ff.

[851] Vgl. *Wilhelm Henke*, Staatsrecht, Politik und verfassunggebende Gewalt, Der Staat 19 (1980), S. 181 (210).

die Legitimität institutionalisierter politischer Macht andererseits in der verfassunggebenden Gewalt ihre gemeinsame Wurzel finden. In der Verklammerung von Herrschaftslegitimation und Rechtsgeltung liegt die zentrale Funktion jener Rechtsfigur.[852]

Daraus erhellt unmittelbar, dass die Antwort auf die Frage nach dem Subjekt der verfassunggebenden Gewalt nicht anders lauten kann als die Antwort auf die bereits eingangs dieses Kapitels erörterte Frage nach derjenigen Autorität, die sich zur Quelle legitimer Herrschaft qualifiziert[853]: Ist gemäß dem demokratischen Imperativ der nordamerikanischen und französischen Revolution nur solche Herrschaft legitim, die ihren Ausgang im Konsens der Herrschaftsunterworfenen nimmt, so kommt als Subjekt der verfassunggebenden Gewalt einzig die zum Volk geeinte Gesamtheit der Herrschaftsunterworfenen in Betracht. Es ist der Normwille dieses Kollektivs, welcher die Kraft besitzt, legitime Legalität zu stiften, denn ihm – und nur ihm – eignet das besondere Vermögen, das Wirken institutionalisierter politischer Macht mit dem Autonomieanspruch des vernunftbegabten Individuums in Einklang zu bringen. Die Antwort des demokratischen Konstitutionalismus auf die erste der drei oben genannten Leitfragen ist daher wie folgt zu präzisieren: Durch einen Inbegriff von Normen hervorgebrachte und eingerichtete Herrschaft ist nur unter der Bedingung anerkennungswürdig, dass die betreffenden Normen ihren Ursprung im Volk haben.[854] Allein das Volk ist, mit anderen Worten, taugliches Referenzsubjekt der Verfassunggebung.[855] Dieses Postulat, welches gemeinhin unter der Bezeichnung „Lehre von der verfassunggebenden Gewalt des Volkes"

---

[852] Siehe dazu *Martin Heckel*, Die Legitimation des Grundgesetzes durch das deutsche Volk, in: HStR, Band VIII, 1. Auflage 1995, § 197 Rn. 47; *Christian Waldhoff*, Entstehung des Verfassungsgesetzes, in: Otto Depenheuer/Christoph Grabenwarter (Hrsg.), Verfassungstheorie, 2010, § 8 Rn. 2 und 11.

[853] Vgl. oben Zweites Kapitel B. I. 2.

[854] Vgl. *Josef Isensee*, Staat und Verfassung, in: HStR, Band II, 3. Auflage 2004, § 15 Rn. 167.

[855] Entsprechend konstatierte *Thomas Paine*, The Rights of Man (1792), Neuausgabe 1795, S. 85 bereits in der Geburtsstunde des demokratischen Konstitutionalismus: „A constitution is not the act of a government, but of a people constituting a government; and government without a constitution, is power without a right." Damit ist freilich nicht gesagt, dass tatsächlich kein anderes Subjekt als das Volk über die Fähigkeit verfügen kann, eine wirksame Legalitätsordnung zu stiften. Aus Sicht des demokratischen Konstitutionalismus handelt es sich bei einem Normeninbegriff, der seinen Ursprung nicht im Volk hat, aber begrifflich nicht um eine Verfassung, da ein solcher Normeninbegriff *per se* ungeeignet ist, *legitime* Legalität zu stiften. *Ernst-Wolfgang Böckenförde*, Die verfassunggebende Gewalt des Volkes – Ein Grenzbegriff des Verfassungsrechts, in: ders., Wissenschaft, Politik, Verfassungsgericht, 2011, S. 97 (101) nimmt dies zum Anlass, den Terminus „verfassunggebende Gewalt" exklusiv für den demokratischen Konstitutionalismus zu reservieren: „Die Frage nach dem Träger der verfassunggebenden Gewalt impliziert, daß es mehrere solcher Träger geben kann. Jedoch liegt hier bereits ein Problem. Der Begriff der verfassunggebenden Gewalt ist nach seinem Ursprung und Inhalt nämlich ein demokratischer und revolutionärer Begriff, der nur im Zusammenhang einer *demokratischen* Verfassungstheorie seinen Platz hat." Siehe dazu auch *Josef Isensee*, Die Staatlichkeit der Verfassung, in: Otto Depenheuer/Christoph Grabenwarter (Hrsg.), Verfassungstheorie, 2010, § 6 Rn. 6; *Christian Waldhoff*, Entstehung des Verfassungsgesetzes, in: Otto Depenheuer/Christoph Grabenwarter (Hrsg.), Verfassungstheorie, 2010, § 8 Rn. 13; *Dieter Grimm*, Die Errungenschaft des Konstitutionalismus und ihre Aussichten in einer veränderten Welt, in: ders., Die Zukunft der Verfassung II, 2012, S. 315 (324).

firmiert, bildet ein erstes zentrales Strukturelement des modernen westeuropäisch-nordatlantischen Verfassungsmodells.[856]

bb) Die Adaption der Lehre von der verfassunggebenden Gewalt des Volkes durch das Grundgesetz

Bevor das Grundgesetz sogleich in der Perspektive eben dieses Strukturelements gewürdigt wird, ist vorab auf Folgendes hinzuweisen: Für die verfassungstheoretische Einordnung des Grundgesetzes als spezifische Ausprägung des modernen westeuropäisch-nordatlantischen Verfassungsmodells kommt es weder darauf an, ob eine historische Rückschau ergibt, dass das deutsche Volk den mit dem Inkrafttreten des Grundgesetzes im Mai 1949 abgeschlossenen Prozess der Verfassungsschöpfung tatsächlich selbst beherrschte, noch darauf, ob bzw. inwieweit die logisch vorgelagerte Annahme, ein Volk sei als solches zumindest potenziell zur Schöpfung eines herrschaftsbegründenden Normeninbegriffs in der Lage, überhaupt plausibel ist[857].[858] Denn die Lehre von der verfassunggebenden Gewalt des Volkes zielt weder auf die Beschreibung historischer Realität noch will sie ein subsumtionsfähiger Rechtssatz sein.[859] Ihre Funktion und Eigenart besteht vielmehr darin, als verfas-

---

[856] Vgl. nur *Ernst-Wolfgang Böckenförde*, Die verfassunggebende Gewalt des Volkes – Ein Grenzbegriff des Verfassungsrechts, in: ders., Wissenschaft, Politik, Verfassungsgericht, 2011, S. 97 (101 ff.).

[857] Beides ist im wissenschaftlichen Schrifttum mit beachtlichen Argumenten angezweifelt worden: Zum „plebiszitären Defizit" des unter maßgeblicher Einflussnahme der Besatzungsmächte zustande gekommenen Grundgesetzes vgl. nur *Helmut Rumpf*, Der ideologische Gehalt des Bonner Grundgesetzes, 1958, S. 18; *Reinhard Mußgnug*, Zustandekommen des Grundgesetzes und Entstehen der Bundesrepublik Deutschland, in: HStR, Band I, 3. Auflage 2003, § 8 Rn. 96 ff.; *Hans-Peter Schneider*, Verfassunggebende Gewalt, in: HStR, Band XII, 3. Auflage 2014, § 255 Rn. 40 f. Die Plausibilität der Lehre von der verfassunggebenden Gewalt des Volkes bezweifelt etwa *Josef Isensee*, Das Volk als Grund der Verfassung – Mythos und Relevanz der Lehre von der verfassunggebenden Gewalt –, 1995, S. 68, der ihr fehlende „logische[...] Eindeutigkeit und Konsistenz" attestiert und sie als „demokratische[n] Mythos" apostrophiert. Ebenfalls kritisch *Gerd Roellecke*, Verfassungsgebende Gewalt als Ideologie, JZ 1992, S. 929 ff. Zum fiktionalen Gehalt der Lehre von der verfassunggebenden Gewalt des Volkes vgl. auch *Edmund Sears Morgan*, Inventing the People, 1988, S. 91: „But the idea of an elected convention that would express enduring popular will in fundamental constitutions superior to government was a viable way of making popular creation and limitation of government believable. It was fictional, for it ascribed to one set of elected representatives meeting in a convention a more popular character, and consequently a greater authority, than every subsequent set of representatives meeting as a legislature. But it was not too fictional to be believed and not so literal as to endanger the effectiveness of government."

[858] Was die Realität der Verfassunggebung anbetrifft, verweist *Christoph Möllers*, Verfassunggebende Gewalt – Verfassung – Konstitutionalisierung, in: Armin von Bogdandy/Jürgen Bast (Hrsg.), Europäisches Verfassungsrecht, 2. Auflage 2009, S. 227 (251) auf die empirische Beobachtung, dass „die tatsächliche Praxis der verfassunggebenden Gewalt so gut wie nie denjenigen demokratischen Prinzipien [genügt], die sich in der durch sie beschlossenen Verfassung finden." Siehe dazu auch *Jon Elster*, Deliberation and Constitution Making, in: ders. (Hrsg.), Deliberative Democracy, 1998, S. 97 ff.

[859] Siehe dazu und zum Folgenden *Christian Waldhoff*, Entstehung des Verfassungsgesetzes, in: Otto Depenheuer/Christoph Grabenwarter (Hrsg.), Verfassungstheorie, 2010, § 8 Rn. 4 und 8 f. m. w. N.

sungstheoretische Denkfigur sowohl eine Erklärung für den *„Übergang des Verfassungswerks aus dem nur politischen in den rechtlichen Zustand“*[860] als auch für die Anerkennungswürdigkeit der durch das Verfassungswerk etablierten Herrschaft zu geben. Geltung der Verfassung als verbindliches Recht und Legitimität der durch die Verfassung eingerichteten politischen Macht fallen in der Lehre von der verfassunggebenden Gewalt des Volkes zusammen.[861] Für die Bestimmung des Verhältnisses des Grundgesetzes zum Verfassungsbegriff des demokratischen Konstitutionalismus ist daher ausschlaggebend, ob es sich *seinem Inhalt nach* zu dieser Denkfigur bekennt. Dafür müsste das Grundgesetz – erstens – der Überzeugung Ausdruck verleihen, dass anerkennungswürdige Herrschaft nur durch einen auf dem Konsens der Herrschaftsunterworfenen beruhenden Normeninbegriff begründet werden kann und – zweitens – für sich selbst in Anspruch nehmen, das Produkt der Betätigung eines derartigen, auf die Hervorbringung und Einrichtung von Herrschaft gerichteten, „extralegalen“ Normwillens zu sein. Kurzum: Das Grundgesetz müsste das Volk als Referenzsubjekt seiner Schöpfung wie auch seiner fortwährenden Verbindlichkeit als Rechtsnorm ausweisen.[862]

(1) Zur Sinnhaftigkeit eines verfassungsurkundlichen Bekenntnisses zur verfassunggebenden Gewalt des Volkes

Dass insoweit ein appellativ-programmatisches Bekenntnis zur Lehre von der verfassunggebenden Gewalt des Volkes für ausreichend erachtet wird, findet seinen Grund darin, dass Verfassungen *per se* nicht das Potenzial besitzen, die verfassunggebende Gewalt im Sinne einer rechtlich verbindlichen Festlegung dem Volk zuzuordnen.[863] Wollte man den *pouvoir constituant* in dieser oder irgendeiner anderen Weise verfassungsnormativ fassen und festlegen, so müsste die betreffende Norm auf einem vom Willen des *pouvoir constituant* verschiedenen Willen beruhen, denn nur ein vom Willen des Normadressaten verschiedener Wille kann ein verbindliches „Sollen“ erzeugen.[864] Im Paradigma des demokratischen Konstitutionalis-

860 *Wilhelm Henke*, Staatsrecht, Politik und verfassunggebende Gewalt, Der Staat 19 (1980), S. 181 (210).

861 So auch *Christian Waldhoff*, Entstehung des Verfassungsgesetzes, in: Otto Depenheuer/Christoph Grabenwarter (Hrsg.), Verfassungstheorie, 2010, § 8 Rn. 61: „Die verfassunggebende Gewalt hat sich – zumindest für den demokratischen Verfassungsstaat westlicher Prägung – als die verfassungstheoretische Erklärung des Zusammenfallens von Herrschaftslegitimation und Rechtsgeltung erwiesen.“

862 Zum Volk als „Referenzsubjekt“ der freiheitlich-demokratischen Verfassung *Josef Isensee*, Das Volk als Grund der Verfassung – Mythos und Relevanz der Lehre von der verfassunggebenden Gewalt –, 1995, S. 48.

863 Vgl. *Peter Unruh*, Der Verfassungsbegriff des Grundgesetzes, 2002, S. 384; *Ernst-Wolfgang Böckenförde*, Die verfassunggebende Gewalt des Volkes – Ein Grenzbegriff des Verfassungsrechts, in: ders., Wissenschaft, Politik, Verfassungsgericht, 2011, S. 97 (105); *Christoph Möllers*, Verfassunggebende Gewalt – Verfassung – Konstitutionalisierung, in: Armin von Bogdandy/Jürgen Bast (Hrsg.), Europäisches Verfassungsrecht, 2. Auflage 2009, S. 227 (251).

864 Siehe dazu die insoweit überzeugende Argumentation von *Dietrich Murswiek*, Die verfassunggebende Gewalt nach dem Grundgesetz für die Bundesrepublik Deutschland, 1978, S. 180f.

mus existiert aber gerade kein über dem *pouvoir constituant* schwebender Wille, der in der Lage wäre, der verfassunggebenden Gewalt ein „Sollen“ aufzuerlegen.[865] Vielmehr beruhen sämtliche Verfassungsbestimmungen und also auch jene Festlegungen, die den *pouvoir constituant* selbst betreffen, ausschließlich auf dessen eigenem Willen.[866] Es zeigt sich: Verfassungsurkundliche Festlegungen, die der *pouvoir constituant* in Bezug auf die *pouvoirs constitués* trifft, haben Normqualität, denn der Wille des ersteren ist verschieden vom Willen letzterer, sodass sich die betreffenden Festlegungen als ein heteronom erzeugtes „Sollen“ darstellen. Verfassungsurkundliche Festlegungen, die der *pouvoir constituant* in Bezug auf sich selbst trifft, qualifizieren sich demgegenüber nicht zu einem „Sollen“ im Rechtssinne, denn es existiert „keine heteronome Norm, aus der die rechtliche Verbindlichkeit einer Selbstbeschränkung des Verfassunggebers folgen würde“[867]. Die verfassunggebende Gewalt steht somit unverrückbar außerhalb der Verfassung, entzieht sich deren normativem Zugriff, unterliegt (begriffsnotwendig) keinerlei verfassungsrechtlichen Bindungen und kann folglich weder in verfassungsrechtswidriger noch in verfassungsrechtmäßiger Weise agieren bzw. betätigt werden.[868] Der Versuch, die Rechtsmacht zur Verfassunggebung qua verfassungstextlicher Anordnung für das Volk zu reservieren, um auf diese Weise bestimmte Modalitäten der Betätigung des *pouvoir constituant* im Sinne einer verbindlichen Anordnung festzulegen, entpuppt sich vor diesem Hintergrund als untauglich.[869] Ein solcher Versuch ist schon aus Gründen der Rechtslogik zum Scheitern verurteilt.[870] *Paul Kirchhof* ist daher

---

m. w. N. Zustimmend *Christian Winterhoff*, Verfassung – Verfassunggebung – Verfassungsänderung, 2007, S. 236 ff.

[865] *Rainer Wahl*, Der Vorrang der Verfassung, Der Staat 20 (1981), S. 485 (515 f.) ist daher zuzustimmen, wenn er feststellt: „Das Rätsel des Anfangs und der nicht weiter ableitbaren Grundlage bleibt sowohl für die Begründung des formellen Ranges wie auch für das Inhaltlich-Materiale rechtsimmanent unerklärt und unerklärbar.“ Ähnlich *Horst Dreier*, Grenzen demokratischer Freiheit im Verfassungsstaat, in: ders., Idee und Gestalt des freiheitlichen Verfassungsstaates, 2014, S. 249 (257), der vom „ewige[n] Rätsel staatlicher Normativitätsstiftung“ spricht.

[866] Bereits *Emmanuel Joseph Sieyès*, Qu'est-ce que le Tiers-État?, 3. Auflage 1789, S. 115 hat dies klar erkannt: „Je conçois comment [la nation] peut *obliger* ses membres, ses mandataires, et tout ce qui lui appartient; mais peut-elle en aucun sens s'imposer des devoirs envers elle-même? Qu'est-ce qu'un contrat avec soi-même? Les deux termes étant la même volonté, on voit qu'elle peut toujours se dégager du prétendu engagement.“ Vgl. auch *Dietrich Murswiek*, Die verfassunggebende Gewalt nach dem Grundgesetz für die Bundesrepublik Deutschland, 1978, S. 180 f.; *Peter Unruh*, Der Verfassungsbegriff des Grundgesetzes, 2002, S. 384 f.; *Christian Winterhoff*, Verfassung – Verfassunggebung – Verfassungsänderung, 2007, S. 225 ff. und 241 f. m. w. N.

[867] *Dietrich Murswiek*, Die verfassunggebende Gewalt nach dem Grundgesetz für die Bundesrepublik Deutschland, 1978, S. 181.

[868] Vgl. statt vieler *Dietrich Murswiek*, Die verfassunggebende Gewalt nach dem Grundgesetz für die Bundesrepublik Deutschland, 1978, S. 181 ff und *Christian Waldhoff*, Entstehung des Verfassungsgesetzes, in: Otto Depenheuer/Christoph Grabenwarter (Hrsg.), Verfassungstheorie, 2010, § 8 Rn. 13, 19 ff., 61. Zur Gegenauffassung vgl. die instruktiven Ausführungen von *Christian Winterhoff*, Verfassung – Verfassunggebung – Verfassungsänderung, 2007, S. 211 ff.

[869] Vgl. *Theodor Maunz*, Die verfassunggebende Gewalt im Grundgesetz, DÖV 1953, S. 645 (646 f.).

[870] Ebenso *Peter Unruh*, Der Verfassungsbegriff des Grundgesetzes, 2002, S. 384 f.; *Christian Winterhoff*, Verfassung – Verfassunggebung – Verfassungsänderung, 2007, S. 268 f.

beizupflichten, wenn er darauf hinweist, „daß die verfassunggebende Gewalt sich nicht aus einer früheren Verfassung ableiten kann, die Gewalt zur Hervorbringung von Verfassung und verfassender Gewalt nicht normierbar ist“[871].

Allerdings ist damit keineswegs ausgemacht, dass sich die Bedeutung eines verfassungsurkundlichen Bekenntnisses zur Lehre von der verfassunggebenden Gewalt des Volkes darin erschöpft, einen Anhaltspunkt für die verfassungstheoretische Einordnung der betreffenden Verfassung zu liefern. Dies zu behaupten, hieße zu verkennen, dass eine verfassungsurkundliche „Umschreibung der Rechtserzeugungsquelle“[872] ungeachtet ihres Unvermögens, ein „Sollen“ im Rechtssinne hervorzubringen, durchaus erhebliche praktische Relevanz entfaltet. Denn eine Verfassung, die sich ausdrücklich auf die Lehre von der verfassunggebenden Gewalt des Volkes beruft, anerkennt implizit die Validität des demokratischen Imperativs der nordamerikanischen und französischen Revolution und stiftet dergestalt ein allen Staatsorganen gemeinsames legitimatorisches Fundament. Erst dieses gemeinsame legitimatorische Fundament begründet jenen einheitlichen Bezugspunkt staatlicher Herrschaft, der die Rechtsprechung in die Lage versetzt, das Verfassungsrecht fortzubilden, die Verfassung mithin auch bei solchen Streitfragen als Maßstab der Konfliktlösung zur Anwendung zu bringen, auf die sie ihrem Wortlaut nach keine Antwort bereithält, ohne dass sich die das Verfassungsrecht fortbildende Rechtsprechungsinstanz hierdurch *nolens volens* selbst souverän setzte.[873] Mit anderen Worten: Die Zuordnung der verfassunggebenden Gewalt zu einem bestimmten Subjekt erhöht das Verrechtlichungspotenzial der Verfassung in quantitativer Hinsicht, weil die Verfassung vermöge eben dieser Zuordnungsentscheidung einen „archimedischen Punkt“ findet, der das „Zu-Ende-Denken“ ihrer normativen Aussagen signifikant erleichtert.[874] Weil die Reichweite konstitutioneller Legalität auf diese Weise erheblich vergrößert werden kann, sinkt die Wahrscheinlichkeit, dass in der Staatspraxis eine Situation eintritt, in der zwar ein unabweisbares Bedürfnis zu hoheitlichem Handeln besteht, der Verfassung aber keine Aussage darüber entnommen werden kann, welcher Akteur in welchen Grenzen zum Handeln aufgefordert ist. Als Folge dessen reduziert sich das Risiko, dass einer der durch die Verfassung mit Machtmitteln ausgestatteten Kompetenzträger einen derartigen Grenzfall dazu nutzt, seine verfassungsrechtlichen Ketten unter dem Vorwand, die Ausnahmesituation entschlossen bewältigen zu müssen, dauerhaft abzulegen, um den Verfas-

---

[871] *Paul Kirchhof*, Die Identität der Verfassung, in: HStR, Band II, 3. Auflage 2004, § 21 Rn. 22.

[872] Begriff nach *Paul Kirchhof*, Die Identität der Verfassung, in: HStR, Band II, 3. Auflage 2004, § 21 Rn. 22.

[873] *Niklas Luhmann*, Verfassung als evolutionäre Errungenschaft, Rechtshistorisches Journal 9 (1990), S. 176 (215 f.) bringt das Problem – unter Bezugnahme auf *Peter Goodrich*, Reading the Law: A Critical Introduction to Legal Method and Techniques, 1986 – wie folgt auf den Punkt: „Ungeachtet der allgemeinen Probleme des Interpretierens von Rechtstexten, die so alt sind wie die schriftliche Fixierung von Recht überhaupt, gewinnen Interpretationsnotwendigkeiten im Verfassungsrecht eine besondere Zuspitzung, denn mit der Interpretation geht im Maße ihrer Freiheit die Souveränität vom Verfassungsgesetzgeber auf den Interpreten über.“

[874] Vgl. *Rainer Wahl*, Der Vorrang der Verfassung, Der Staat 20 (1981), S. 485 (494).

sungsstaat alsdann in einen Machtstaat umzuwandeln. Ungeachtet ihres „lediglich" appellativ-programmatischen Charakters ist eine aus dem Verfassungstext ersichtliche Festlegung in Bezug auf das Subjekt der verfassunggebenden Gewalt daher ein probates Mittel zur Bekräftigung des Anspruchs der Verfassung, in *allen* denkbaren Situationen Maßstab des politischen Handelns zu sein.[875]

Ein eindrückliches Beispiel dafür, dass Unentschiedenheit in der Frage nach dem Subjekt der verfassunggebenden Gewalt die Fähigkeit der Verfassung, den politischen Prozesses zu kanalisieren, empfindlich beeinträchtigt, liefert der preußische Verfassungskonflikt der Jahre 1862 bis 1866.[876] Das vielzitierte Diktum „[d]as Staatsrecht hört hier auf"[877], mit dem *Gerhard Anschütz* die Lösbarkeit des zwischen dem preußischen Abgeordnetenhaus und der preußischen Regierung entbrannten Budgetkonflikts auf Grundlage der Revidierten Verfassung von 1850 negierte, zeigt die Begrenztheit des Ordnungsvermögens von Konstitutionen auf, die sich einer eindeutigen Festlegung in der Frage nach dem Träger der verfassunggebenden Gewalt enthalten und damit auch die Frage nach dem legitimatorischen Fundament staatlicher Herrschaft unbeantwortet lassen. Ohne eine einheitliche, die gesamte institutionalisierte politische Macht umgreifende Basis orientiert sich die Lösung existenzieller politischer Konflikte eben nicht an der (lückenbehafteten) normativen Grundordnung der jeweiligen Herrschaftsorganisation, sondern am faktischen Können der mächtigsten Institutionen im Verband. Insofern ist die in Deutschland im 20. Jahrhundert vollzogene Hinwendung zur Lehre von der verfassunggebenden Gewalt des Volkes durchaus auch als Reaktion auf jene Verrechtlichungsdefizite zu begreifen, die mit der legitimatorischen Unentschiedenheit der konstitutionellen Monarchie deutscher Prägung zwangsläufig verbunden waren.

Doch erhöht der verfassungsurkundliche Ausweis des Subjekts der verfassunggebenden Gewalt das Vermögen der Verfassung, den politischen Prozess zu ordnen, nicht nur in quantitativer, sondern ebenso in qualitativer Hinsicht. Der Grund liegt darin, dass eine im Verfassungstext verankerte Bezugnahme auf die verfassunggebende Gewalt des Volkes stets auch den Umstand ins Licht hebt, dass die verfasste Gewalt nicht aus eigenem Recht herrscht, sie ihre Befugnisse vielmehr von einer vor- und übergeordneten Autorität herleitet, der sie als Folge dessen Rechenschaft schuldet. Die normative Kraft der Verfassung, ihr Selbstand gegenüber der

[875] Dabei wird nicht verkannt, dass – wie *Niklas Luhmann*, Verfassung als evolutionäre Errungenschaft, Rechtshistorisches Journal 9 (1990), S. 176 (217 ff.) mit Recht bemerkt – die Fortbildung des Verfassungsrechts „unter Rückgriff auf Politik *und* Recht transzendierende *Wertvorstellungen*" zu einem Verschwimmen von Recht und Politik beiträgt. Indes kann dieses „Verschwimmen" im Paradigma des Herrschaftskonzepts „demokratischer Konstitutionalismus" nicht ohne weiteres als Negativum gewertet werden, bildet die Politisierung des Rechts – wie oben gezeigt (Zweites Kapitel B. III. 2. a) aa)) – doch nachgerade ein Strukturmerkmal eben jenes Herrschaftskonzepts; siehe dazu auch *Wilhelm Henke*, Staatsrecht, Politik und verfassunggebende Gewalt, Der Staat 19 (1980), S. 181 (210 f.).

[876] Zu den Hintergründen des preußischen Verfassungskonflikts siehe oben Zweites Kapitel B. III. 4. b).

[877] *Georg Meyer/Gerhard Anschütz*, Lehrbuch des deutschen Staatsrechts, 7. Auflage 1919, S. 906.

Herrschaftspraxis, wird hierdurch befördert, die Verwirklichung des konstitutionalistischen Grundprinzips, wonach politische Macht verantwortlich zu halten ist,[878] begünstigt. Denn wenn offen zu Tage liegt, dass die Herrschaftsmacht der Staatsorgane Ausfluss des Normwillens des Subjekts der verfassunggebenden Gewalt ist, dann können erstere die Maßgeblichkeit dieses Normwillens – d.h. den Geltungsanspruch der von der Verfassung statuierten Sollensanforderungen sowie die Notwendigkeit, für die Verwirklichung derselben einzustehen – schwerlich missachten oder in Abrede stellen, ohne sich dadurch selbst zu delegitimieren. Positiv gewendet: Der Verweis auf die verfassunggebende Gewalt des Volkes führt sämtlichen Gemeinschaftsgliedern vor Augen, dass das Volk über die Fortgeltung der Verfassung disponiert[879] und also auch über die Fortexistenz jener Institutionen befindet, die durch die Verfassung eingerichtet worden und an ihre Sollenssätze gebunden sind. Diese stete, für jedermann einsehbare Erinnerung an den Ausgangs- und Zurechnungsendpunkt aller politischen Macht wirkt tendenziell disziplinierend. Sie steigert die Wahrscheinlichkeit, dass die Verfassung trotz ihres strukturellen Sanktionsdefizits[880] bei jenen Akteuren Beachtung findet, deren Hoheitshandeln sie anzuleiten und zu begrenzen sucht. Im Grunde genommen ist es somit ein psychologisches Moment, welches durch die verfassungstextliche Verankerung der Legitimationsformel „Lehre von der verfassunggebenden Gewalt des Volkes" aktualisiert und zum Zwecke der Stärkung der Normativität der Verfassung fruchtbar gemacht wird. *Gerd Roellecke* umschreibt dieses psychologische Moment unter der Überschrift „Selbstlegitimation des Grundgesetzes" wie folgt:

> „Die Außendarstellung wirkt aber ähnlich auf Politik und Recht zurück wie eine Einladung zur Geburtstagsfeier auf den Gastgeber. Wenn der Gastgeber seine Einladung einmal ausgesprochen hat, kann er davon nicht mehr herunter und nur noch alles nach bestem Wissen und Gewissen organisieren, weil er sich nicht blamieren will. In gleicher Weise wird die Legitimation intern zur *Selbstverpflichtung* und nach außen zur vertrauensbildenden Maßnahme […]."[881]

(2) Die Manifestation der Lehre von der verfassunggebenden Gewalt des Volkes im Grundgesetz

Das Grundgesetz rekurriert an zwei Stellen ausdrücklich auf die verfassunggebende Gewalt des (deutschen) Volkes, nämlich ganz am Anfang des Verfassungstextes, d.h. in der Präambel, und ganz am Ende, d.h. in der Schlussvorschrift des Art. 146 GG.

---

878 Zu diesem Grundprinzip *Peter Saladin*, Verantwortung als Staatsprinzip: Ein neuer Schlüssel zur Lehre vom modernen Rechtsstaat, 1984, S. 91.

879 Eingehend dazu *Martin Heckel*, Die Legitimation des Grundgesetzes durch das deutsche Volk, in: HStR, Band VIII, 1. Auflage 1995, § 197 Rn. 61 ff.

880 Dazu näher unten Drittes Kapitel C. I. 2. c) bb).

881 *Gerd Roellecke*, Die Legitimation des Grundgesetzes in der Sicht der Systemtheorie, in: Winfried Brugger (Hrsg.), Legitimation des Grundgesetzes aus Sicht von Rechtsphilosophie und Gesellschaftstheorie, 1996, S. 419 (431) (Hervorhebung hinzugefügt).

(a) Präambel

Der insoweit maßgebliche Passus der Präambel ist von der Neufassung derselben durch Art. 4 Nr. 1 des Einigungsvertrags vom 31. August 1990 unberührt geblieben. Er lautet:

„Im Bewußtsein seiner Verantwortung vor Gott und den Menschen, von dem Willen beseelt, als gleichberechtigtes Glied in einem vereinten Europa dem Frieden der Welt zu dienen, *hat sich das Deutsche Volk kraft seiner verfassungsgebenden Gewalt dieses Grundgesetz gegeben.*“[882]

Im wissenschaftlichen Schrifttum ist die in der Präambel verlautbarte Behauptung, das Grundgesetz sei das Produkt der Ausübung der verfassunggebenden Gewalt des deutschen Volkes, vielfach als historisch unrichtig beurteilt worden. Insbesondere habe das (west-)deutsche (Teil-)Volk das Grundgesetz weder beschlossen noch sei es zum Zeitpunkt des „In-Geltung-Setzens“ des Grundgesetzes überhaupt in der Lage gewesen, sich als verfassunggebende Gewalt zu betätigen.[883] Obschon der Grad der „historischen Korrektheit“ seiner Präambel für die verfassungstheoretische Einordnung des Grundgesetzes nicht ausschlaggebend ist,[884] soll die einschlägige Kritik vorliegend aufgegriffen werden. Dies deshalb, weil durch eine Auseinandersetzung mit der Entstehungsweise des Grundgesetzes der eigentliche Aussagegehalt der Präambel zu Tage gefördert wird und eben dieser Aussagegehalt die Eigenart und Funktion der verfassunggebenden Gewalt des Volkes als Kategorie der demokratischen Verfassungstheorie klar hervortreten lässt.

Richtet man den Blick auf das Verfahren der Grundgesetzschöpfung, so fällt zunächst ins Auge, dass die Verfassung der Bundesrepublik Deutschland ohne Rückgriff auf die hergebrachten Verfahren demokratischer Verfassunggebung zustande kam.[885] Obschon die deutsche Verfassungsgeschichte prominente Vorbilder hierfür bereithielt, namentlich in Gestalt der Frankfurter Nationalversammlung und der Weimarer Constituante, unterblieb die Direktwahl einer verfassunggebenden Versammlung. Ebenso wenig wurde ein Referendum über die Annahme des Grundgesetzes abgehalten. Nur der von den elf Ministerpräsidenten der deutschen Länder

---

[882] Hervorhebung hinzugefügt.

[883] Vgl. *Hans Peter Ipsen*, Über das Grundgesetz, 1950, S. 25 ff.; *Hans Nawiasky*, Die Grundgedanken des Grundgesetzes für die Bundesrepublik Deutschland, 1950, S. 79; *Udo Steiner*, Verfassunggebung und verfassunggebende Gewalt des Volkes, 1966, S. 170 ff.; *Dietrich Murswiek*, Die verfassunggebende Gewalt nach dem Grundgesetz für die Bundesrepublik Deutschland, 1978, S. 80 ff.; *Willi Geiger*, Zur Genesis der Präambel des Grundgesetzes, EuGRZ 1986, S. 121 (124).

[884] Siehe dazu oben Zweites Kapitel B. III. 2. a) bb).

[885] Vgl. nur *Brun-Otto Bryde*, Verfassungsentwicklung: Stabilität und Dynamik im Verfassungsrecht der Bundesrepublik Deutschland, 1982, S. 229 f.; *Christian Waldhoff*, Entstehung des Verfassungsgesetzes, in: Otto Depenheuer/Christoph Grabenwarter (Hrsg.), Verfassungstheorie, 2010, § 8 Rn. 55. Zu den konstruktivischen Schwachstellen des Versuchs, demokratische Entscheidungsprinzipien aus dem Raum der Verfassungsgeltung in den Vorraum der Verfassunggebung zu erstrecken *Josef Isensee*, Das Volk als Grund der Verfassung – Mythos und Relevanz der Lehre von der verfassunggebenden Gewalt –, 1995, S. 48 ff.

in den westlichen Besatzungszonen auf Anweisung Frankreichs, des Vereinigten Königreichs und der Vereinigten Staaten von Amerika eingesetzte Parlamentarische Rat sowie die Volksvertretungen jener elf deutschen Länder stimmten über die Annahme des Grundgesetzes ab.[886] Dass die einschlägigen Beschlüsse dieser Organe dem (west-)deutschen (Teil-)Volk rechtlich zugerechnet werden können, erscheint jedoch fernliegend,[887] denn es spricht wenig dafür, dass das (west-)deutsche (Teil-)Volk sich in Sachen Verfassunggebung als in den Landtagen bzw. dem Parlamentarischen Rat repräsentiert betrachtete.[888] Zwar waren die Landtage von den jeweiligen Landesvölkern direkt gewählt worden, allerdings nicht mit der Bestimmung, „sich an einer über den Landesrahmen hinausgehenden Verfassungsarbeit zu beteiligen"[889]. Dass die Landesparlamente am Prozess der Verfassungsschöpfung nichtsdestotrotz maßgeblich beteiligt sein würden, stand für die Wähler auch deshalb nicht zu erwarten, weil – erstens – zum Zeitpunkt der Landtags- und Bürgerschaftswahlen im Frühjahr 1947 eine gesamtstaatliche Verfassunggebung noch gar nicht zur Debatte stand[890] und – zweitens – demokratische Verfassunggebung traditionell auf andere Weise erfolgte, nämlich im Wege der Direktwahl einer verfassunggebenden Versammlung oder aber mittels Durchführung eines Verfassungsreferendums[891]. Hatten die Landtage und Bürgerschaften von den jeweiligen Lan-

---

[886] Zur historischen Vorbildlosigkeit des in Art. 144 f. GG geregelten Verfahrens betreffend das Inkrafttreten des Grundgesetzes *Christian Waldhoff*, Entstehung des Verfassungsgesetzes, in: Otto Depenheuer/Christoph Grabenwarter (Hrsg.), Verfassungstheorie, 2010, § 8 Rn. 55.

[887] A.A. *Wilhelm Grewe*, Die verfassungsrechtlichen Grundlagen der Bundesrepublik Deutschland – Teil II: Das Grundgesetz, DRZ 1949, S. 313 (314), der – allerdings ohne nähere Begründung – der Überzeugung Ausdruck verleiht, dass die Abgeordneten des Parlamentarischen Rats das deutsche Volk bei der Beschlussfassung über das Grundgesetz repräsentiert hätten. In diese Richtung auch *Helmut Quaritsch*, Kirchen und Staat: Verfassungs- und staatstheoretische Probleme der staatskirchenrechtlichen Lehre der Gegenwart, Der Staat 1962, S. 175 (179): „Es dürfte heute außer Zweifel stehen, daß 1919 und 1949 die deutschen verfassunggebenden Versammlungen Repräsentanten des pouvoir constituant des Volkes waren [...]".

[888] Vgl. dazu *Dietrich Murswiek*, Die verfassunggebende Gewalt nach dem Grundgesetz für die Bundesrepublik Deutschland, 1978, S. 84: „Glauben aber die Repräsentierten nicht an ihre Repräsentation im konkreten Repräsentanten und somit an den Zurechnungszusammenhang, so kann die innere Schlüssigkeit der Repräsentationsmetaphysik die Zurechnung ihnen nicht einleuchtend machen. Wenn die Betroffenen sich im Repräsentanten nicht repräsentiert sehen, bleiben die Entscheidungen des Repräsentanten für sie fremde Entscheidungen, und der Gebrauch ihres Namens durch den ‚Repräsentanten' muss ihnen als Usurpation erscheinen. Auf die Perspektive der Repräsentierten kommt es also an."

[889] *Hans Schneider*, Fünf Jahre Grundgesetz, NJW 1954, S. 937; zustimmend *Dietrich Murswiek*, Die verfassunggebende Gewalt nach dem Grundgesetz für die Bundesrepublik Deutschland, 1978, S. 85 und *Reinhard Mußgnug*, Zustandekommen des Grundgesetzes und Entstehen der Bundesrepublik Deutschland, in: HStR, Band I, 3. Auflage 2003, § 8 Rn. 99.

[890] Darauf verweist auch *Rudolf Laun*, Das Grundgesetz Westdeutschlands, 2. Auflage 1951, S. 6.

[891] Zu den hergebrachten Formen demokratischer Verfassunggebung vgl. etwa *Udo Steiner*, Verfassunggebung und verfassunggebende Gewalt des Volkes, 1966, S. 171; *Roman Herzog*, Allgemeine Staatslehre, 1971, S. 312 ff.; *Dietrich Murswiek*, Die verfassunggebende Gewalt nach dem Grundgesetz für die Bundesrepublik Deutschland, 1978, S. 85; *Martin Kriele*, Einführung in die Staatslehre, 6. Auflage 2003, S. 125; *Christian Waldhoff*, Entstehung des Verfassungsgesetzes, in: Otto Depenheuer/Christoph Grabenwarter (Hrsg.), Verfassungstheorie, 2010, § 8 Rn. 39 ff.

desvölkern folglich weder explizit noch implizit ein Mandat zur gesamtstaatlichen Verfassunggebung erhalten, so waren sie auch nicht fähig, dem Parlamentarischen Rat Rechtsmacht dieser Art zu vermitteln.[892] Für den Anspruch des Parlamentarischen Rats, bei der Beschlussfassung über das Grundgesetz das (west-)deutsche (Teil-)Volk repräsentiert zu haben, gab der Umstand, dass seine Mitglieder durch die volksgewählten Landtage und Bürgerschaften bestimmt worden waren,[893] dementsprechend nichts her. Aufgrund welcher sonstigen, von Wahlen und Kompetenzzuweisungen losgelösten Umstände das (west-)deutsche (Teil-)Volk der Überzeugung gewesen sein könnte, dass es im Parlamentarischen Rat präsent war als dieser über die künftige Verfassung (West-)Deutschlands beriet und entschied, ist nicht ersichtlich.[894] Etwas anderes ergibt sich auch nicht aus der Tatsache, dass das (west-)deutsche (Teil-)Volk die Handlungen des Parlamentarischen Rats letztlich stillschweigend hinnahm. Denn aus der bloßen Hinnahme kann allenfalls auf eine nachträgliche Zustimmung zu den betreffenden Handlungen geschlossen werden, nicht aber darauf, dass der Hinnehmende sich bei der Vornahme derselben als im handelnden Subjekt vergegenwärtigt wähnte.[895] Insofern die Präambel suggeriert, das Grundgesetz sei vom deutschen Volk beschlossen worden, verschleiert sie mithin die wahren Gegebenheiten.

Damit aber nicht genug: Die wahren Gegebenheiten vernebelt die Präambel darüber hinaus auch insofern, sie behauptet, das Grundgesetz habe kraft der verfassunggebenden Gewalt des deutschen Volkes Geltung erlangt.[896] Denn jedenfalls nach Maßgabe der demokratischen Verfassungstheorie – und nur dort hat die von der Präambel ausdrücklich in Bezug genommene Rechtsfigur der verfassunggebenden Gewalt des Volkes ihren Platz –[897] handelt es sich bei dem „In-Geltung-Setzen"

---

[892] Ebenso *Hans Nawiasky*, Die Grundgedanken des Grundgesetzes für die Bundesrepublik Deutschland, 1950, S. 79; *Hans Schneider*, Fünf Jahre Grundgesetz, NJW 1954, S. 937; *Udo Steiner*, Verfassunggebung und verfassunggebende Gewalt des Volkes, 1966, S. 171; *Dietrich Murswiek*, Die verfassunggebende Gewalt nach dem Grundgesetz für die Bundesrepublik Deutschland, 1978, S. 86f.

[893] Zur Wahl der Mitglieder des Parlamentarischen Rats durch die Landtage und Bürgerschaften *Reinhard Mußgnug*, Zustandekommen des Grundgesetzes und Entstehen der Bundesrepublik Deutschland, in: HStR, Band I, 3. Auflage 2003, § 8 Rn. 33ff.

[894] So auch *Willibalt Apelt*, Betrachtungen zum Bonner Grundgesetz, NJW 1949, S. 481: „Es bleibt aber die Tatsache bestehen, daß das Volk auch in den drei Westzonen nicht mitgesprochen hat; denn es hat weder den Parlamentarischen Rat gewählt – dieser ist von den Landtagen ernannt worden – noch hat es über das Grundgesetz abgestimmt. Es ist daher für diese Verfassung nicht unmittelbar verantwortlich."

[895] Vgl. *Dietrich Murswiek*, Die verfassunggebende Gewalt nach dem Grundgesetz für die Bundesrepublik Deutschland, 1978, S. 85.

[896] Vgl. dazu die pointierte Einschätzung von *Gerd Roellecke*, Verfassungsgebende Gewalt als Ideologie, JZ 1992, S. 929 (930): „Die geltende Präambel tischt uns ein Märchen auf. Sie suggeriert, das deutsche Volk habe das Grundgesetz, so wie es erlassen wurde, erklärtermaßen gewollt. Sie gaukelt uns eine schöne, heile Demokratie vor, die Deutschland 1949 wahrhaftig nicht war." Zurückhaltender die Formulierung von *Hans Schneider*, Fünf Jahre Grundgesetz, NJW 1954, S. 937: „Angesichts dieser Lage wirkt die Behauptung im Vorspruch des GG doch einigermaßen kühn, daß das deutsche Volk kraft *seiner* verfassunggebenden Gewalt das GG beschlossen habe."

[897] Vgl. *Ernst-Wolfgang Böckenförde*, Die verfassunggebende Gewalt des Volkes – Ein Grenz-

einer Verfassung um einen Akt kollektiver Selbstbestimmung und folglich um eine Maßnahme, die die Fähigkeit zur autonomen Entscheidung voraussetzt.[898] Dass das deutsche Volk im Jahre 1949 zur autonomen Entscheidung in Verfassungssachen fähig war, lässt sich indes schwerlich behaupten.[899] Die Verfassunggebung wurde nämlich nicht nur von den alliierten Besatzungsmächten initiiert, sondern auch unter einen umfassenden Genehmigungsvorbehalt gestellt.[900] Zudem postulierten die Militärgouverneure im ersten der sog. „Frankfurter Dokumente" vom 1. Juli 1948 richtungweisende Vorgaben für die zu erarbeitende Verfassung und griffen anschließend mehrfach in den Beratungsprozess des Parlamentarischen Rats ein.[901] Mit *Dietrich Murswiek* ist daher festzuhalten, dass die Alliierten „die Verfassunggebung angeregt, gestattet und die Grundentscheidungen getroffen [haben], die den vom Parlamentarischen Rat zu beschließenden Verfassungstyp ausmachten"[902]. Das „In-Geltung-Setzen" des Grundgesetzes beruhte nach alledem nicht auf einer autonomen Entscheidung des deutschen Volkes.[903] Zur souveränen Beschlussfassung war dieses schlicht nicht in der Lage.[904]

Doch lässt gerade die Tatsache, dass die Präambel die wahren politisch-historischen Entstehungsbedingungen des Grundgesetzes eher vernebelt denn erhellt, auf

---

begriff des Verfassungsrechts, in: ders., Wissenschaft, Politik, Verfassungsgericht, 2011, S. 97 (101 ff.).

898 Vgl. statt vieler *Udo Di Fabio*, Der Auftrag zur europäischen Integration und seine Grenzen, in: Matthias Ruffert (Hrsg.), Dynamik und Nachhaltigkeit des Öffentlichen Rechts, Festschrift für Meinhard Schröder zum 70. Geburtstag, 2012, S. 169 f. und *Günther Krauss*, Die Verfassung Deutschlands 1945–1954, DÖV 1954, S. 579 (581): „Echte Betätigung der verfassunggebenden Gewalt ist anders als in Freiheit überhaupt nicht vorstellbar." Allgemein zu den Voraussetzungen souveränen Handelns oben Zweites Kapitel A. II.

899 Vgl. *Günther Krauss*, Die Verfassung Deutschlands 1945–1954, DÖV 1954, S. 579 (580); *Christian Hillgruber*, Der Nationalstaat in der überstaatlichen Verflechtung, in: HStR, Band II, 3. Auflage 2004, § 32 Rn. 37.

900 Siehe dazu *Hans Peter Ipsen*, Über das Grundgesetz, 1950, S. 26; *Hans Schneider*, Fünf Jahre Grundgesetz, NJW 1954, S. 937; *Hasso Hofmann*, „Souverän ist, wer über den Ausnahmezustand entscheidet", Der Staat 44 (2005), S. 171 (178).

901 Eingehend zu den Frankfurter Dokumenten und der Einflussnahme der alliierten Besatzungsmächte auf die Arbeit des Parlamentarischen Rats *Reinhard Mußgnug*, Zustandekommen des Grundgesetzes und Entstehen der Bundesrepublik Deutschland, in: HStR, Band I, 3. Auflage 2003, § 8 Rn. 22 ff. und 76 ff. Vgl. auch *Wilhelm Grewe*, Die verfassungsrechtlichen Grundlagen der Bundesrepublik Deutschland – Teil II: Das Grundgesetz, DRZ 1949, S. 313 f.; *Hans Schneider*, Fünf Jahre Grundgesetz, NJW 1954, S. 937; *Christian Waldhoff*, Entstehung des Verfassungsgesetzes, in: Otto Depenheuer/Christoph Grabenwarter (Hrsg.), Verfassungstheorie, 2010, § 8 Rn. 55.

902 *Dietrich Murswiek*, Die verfassunggebende Gewalt nach dem Grundgesetz für die Bundesrepublik Deutschland, 1978, S. 94.

903 *Hans Peter Ipsen*, Über das Grundgesetz, 1950, S. 30 ist daher beizupflichten, wenn er mit Blick auf die Präambel von einer „Verfassungsfiktion der Besatzungsfreiheit" spricht.

904 Ebenso *Hans Peter Ipsen*, Über das Grundgesetz, 1950, S. 23 ff.; *Günther Krauss*, Die Verfassung Deutschlands 1945–1954, DÖV 1954, S. 579 (581 f.); *Dietrich Murswiek*, Die verfassunggebende Gewalt nach dem Grundgesetz für die Bundesrepublik Deutschland, 1978, S. 96; *Reinhard Mußgnug*, Zustandekommen des Grundgesetzes und Entstehen der Bundesrepublik Deutschland, in: HStR, Band I, 3. Auflage 2003, § 8 Rn. 99; *Hans-Peter Schneider*, Verfassunggebende Gewalt, in: HStR, Band XII, 3. Auflage 2014, § 255 Rn. 41.

die Überzeugung seiner geistigen Urheber schließen, dass eine Verfassung nur dann anerkennungswürdig ist und Rechtsgeltung beanspruchen kann, wenn sie auf dem Konsens der Herrschaftsunterworfenen beruht. Dies vorausgesetzt musste das Grundgesetz sich ungeachtet der Umstände seines Zustandekommens auf die verfassunggebende Gewalt des deutschen Volkes berufen, letzteres mithin als sein Referenzsubjekt ausweisen, wollte es sich nicht von vornherein desavouieren.[905] Das Verhältnis des Grundgesetzes zur Rechtsfigur „verfassunggebende Gewalt des Volkes" erweist sich vor diesem Hintergrund als ambivalent: Dass die Verfassung der Bundesrepublik Deutschland *ihrer Entstehung nach* den Anforderungen des demokratischen Prinzips genügt, muss nachdrücklich bezweifelt werden, dass sie sich *ihrem Inhalt nach* zum Dogma vom Volkswillen als Geltungsgrund der Verfassungsnormen und exklusiver Quelle legitimer politischer Herrschaft bekennt, steht hingegen außer Frage.[906] Im Blick auf die Unterscheidung zwischen Verfassungsgenese und Verfassungstheorie tritt somit die eigentliche Stoßrichtung der Grundgesetz-Präambel zu Tage: Dieser geht es mit der Bezugnahme auf die verfassunggebende Gewalt des deutschen Volkes nicht um eine historisch korrekte Nacherzählung der Umstände der Verfassungsentstehung, sondern um den eindeutigen Anschluss an die westliche Verfassungstradition.[907] Wie kaum eine andere Verfassung hebt das Grundgesetz damit den konstruktivistischen Charakter der Lehre von der verfassunggebenden Gewalt des Volkes ins Licht. Gerade weil seine Präambel weit davon entfernt ist, mit ihrer Bezugnahme auf eben jene Denkfigur einen plausiblen archivarisch-historiographischen Gründungsbericht zu liefern, wird deutlich, dass es sich bei der Berufung auf die Lehre von der verfassunggebenden Gewalt des Volkes um nicht mehr und nicht weniger als eine Setzung handelt. Eine Setzung, die Herrschaftslegitimation und Rechtsgeltung am Ursprung miteinander verbindet und zwar in einer Weise, die – wenn auch „nur" im konstruktivistischen Sinne – dem demokratischen Imperativ zum Durchbruch verhilft.[908]

(b) Art. 146 GG

Die in Auseinandersetzung mit der Präambel aufgestellte These, dass sich das Grundgesetz unter dem Gesichtspunkt der Herrschaftslegitimation in die Tradition des demokratischen Konstitutionalismus stellt, wird durch Art. 146 GG bestätigt.[909]

---

[905] Vgl. *Brun-Otto Bryde*, Verfassungsentwicklung: Stabilität und Dynamik im Verfassungsrecht der Bundesrepublik Deutschland, 1982, S. 229f.

[906] Vgl. nur *Udo Di Fabio*, Der Auftrag zur europäischen Integration und seine Grenzen, in: Matthias Ruffert (Hrsg.), Dynamik und Nachhaltigkeit des Öffentlichen Rechts, Festschrift für Meinhard Schröder zum 70. Geburtstag, 2012, S. 169.

[907] Ähnlich *Josef Isensee*, Staat und Verfassung, in: HStR, Band II, 3. Auflage 2004, § 15 Rn. 31; *Peter Unruh*, Der Verfassungsbegriff des Grundgesetzes, 2002, S. 382f.; *Hans-Peter Schneider*, Verfassunggebende Gewalt, in: HStR, Band XII, 3. Auflage 2014, § 255 Rn. 40.

[908] Vgl. oben Zweites Kapitel B. III. 2. a) aa).

[909] Dem entspricht, dass *Josef Isensee*, Schlußbestimmung des Grundgesetzes: Artikel 146, in: HStR, Band XII, 3. Auflage 2014, § 258 Rn. 1 die Schlussbestimmung des Grundgesetzes als „das

Seit ihrer Novellierung[910] im Zuge der deutschen Wiedervereinigung (vgl. Art. 4 Nr. 6 des Einigungsvertrags vom 31. August 1990) hat die Schlussvorschrift des Grundgesetzes folgenden Wortlaut:

„Dieses Grundgesetz, das nach Vollendung der Einheit und Freiheit Deutschlands für das gesamte deutsche Volk gilt, verliert seine Gültigkeit an dem Tage, an dem eine Verfassung in Kraft tritt, die von dem deutschen Volke in freier Entscheidung beschlossen worden ist."

Das Grundgesetz für die Bundesrepublik Deutschland stellt sich ausweislich seines Schlussartikels selbst zur Disposition, verweist den Akt der Verfassungsneuschöpfung also nicht rundweg in den Bereich des zu Missbilligenden, sondern beleuchtet den Weg zu einer aus seiner Warte legitimen (nicht: legalen[911]) Überwindung der von ihm erzeugten Legalitätsordnung. Im Zentrum steht dabei die Maßgabe, dass die neue Verfassung auf der freien Entscheidung des deutschen Volkes beruhen muss.[912] Damit anerkennt das Grundgesetz den (Norm-)Willen des deutschen Vol-

---

Gegenstück zur Präambel" charakterisiert. Ähnlich auch *Wolfgang Böckenförde*, Die verfassunggebende Gewalt des Volkes – Ein Grenzbegriff des Verfassungsrechts, in: ders., Wissenschaft, Politik, Verfassungsgericht, 2011, S. 97 (104).

[910] Zum Regelungsgehalt des Art. 146 GG in seiner Ursprungsfassung *Ulrich Scheuner*, Art. 146 GG und das Problem der verfassunggebenden Gewalt, DÖV 1953, S. 581 ff.; *Theodor Maunz*, Die verfassunggebende Gewalt im Grundgesetz, DÖV 1953, S. 645 ff.; *Brun-Otto Bryde*, Verfassungsentwicklung: Stabilität und Dynamik im Verfassungsrecht der Bundesrepublik Deutschland, 1982, S. 247 f.

[911] Da die Betätigung des *pouvoir constituant*, d. h. das Geben einer Verfassung im Vollsinne der Errungenschaft, die Begründung neuer Herrschaft und Legalität unter vollständiger Überwindung der alten zum Gegenstand hat (siehe dazu *Christoph Möllers*, Staat und Verfassung im Kontext der Europäisierung, in: Christian Calliess (Hrsg.), Verfassungswandel im europäischen Staaten- und Verfassungsverbund, 2007, S. 9 (12)), ist eine legale Verfassungsablösung aus der Warte der demokratischen Verfassungstheorie konzeptionell ausgeschlossen. Im Unterschied zur Totalrevision der Verfassung ist Verfassunggebung zwangsläufig ein außerlegaler Akt. Sie bricht, wie *Christian Waldhoff*, Entstehung des Verfassungsgesetzes, in: Otto Depenheuer/Christoph Grabenwarter (Hrsg.), Verfassungstheorie, 2010, § 8 Rn. 15 treffend feststellt, „die Brücken zum Vergangenen ab". Ebenso *Martin Heckel*, Die Legitimation des Grundgesetzes durch das deutsche Volk, in: HStR, Band VIII, 1. Auflage 1995, § 197 Rn. 47. A. A. *Matthias Herdegen*, in: Theodor Maunz/Günter Dürig (Begr.), Grundgesetz-Kommentar, Band VII, Loseblattsammlung, 86. EL Januar 2019, Lfg. 67 November 2012, Art. 146 Rn. 23 f., der „zwischen einer Verfassungsablösung mit Legalitätsbonus einerseits und revolutionärer Verfassungsneugebung andererseits" unterscheidet. Ausführlich zum Ganzen *Josef Isensee*, Schlußbestimmung des Grundgesetzes: Artikel 146, in: HStR, Band XII, 3. Auflage 2014, § 258, der seine Analyse des Problems der Verfassungsablösung im Kontext des Art. 146 GG allerdings auf dem Boden der – hier für fehlgehend befundenen – *Schmitt*'schen Gegenüberstellung von Verfassung und Verfassungsgesetz entfaltet (siehe ebenda Rn. 83).

[912] Da sich die verfassunggebende Gewalt definitionsgemäß jedweder Konstitutionalisierung entzieht, kann die in Art. 146 GG explizierte Anerkennung der Überwindbarkeit des Grundgesetzes durch Betätigung eben dieser Gewalt denknotwendig nicht konstitutiver, sondern nur deklaratorischer Natur sein (so auch *Christian Waldhoff*, Entstehung des Verfassungsgesetzes, in: Otto Depenheuer/Christoph Grabenwarter (Hrsg.), Verfassungstheorie, 2010, § 8 Rn. 45). Allerdings ergibt sich daraus nicht zwangsläufig, dass Art. 146 GG rechtlich funktionslos ist (so aber *Josef Isensee*, Schlußbestimmung des Grundgesetzes: Artikel 146, in: HStR, Band XII, 3. Auflage 2014, § 258 Rn. 110; *Bernhard Kempen*, Grundgesetz oder neue deutsche Verfassung?, NJW 1991, S. 964 (967); wohl auch *Christian Waldhoff*, Entstehung des Verfassungsgesetzes, in: Otto Depen-

kes in seiner Eigenschaft als verfassunggebende Gewalt nicht nur als Grund dafür, dass es im Mai 1949 rechtliche Geltung erlangt hat, sondern – weil jeder Wille veränderlich ist – auch als Bedingung seiner rechtlichen Geltung in der Zeit.[913] Ein eindeutigeres Bekenntnis zur Lehre von der verfassunggebenden Gewalt des Volkes und damit zum Legitimationsmuster des demokratischen Konstitutionalismus ist kaum vorstellbar.[914]

b) Der Ausschluss nicht-verfasster Machtreservate

Vor dem Hintergrund der Erkenntnis, dass im Paradigma des demokratischen Konstitutionalismus allein das Volk taugliches Subjekt der verfassunggebenden Gewalt ist,[915] drängt sich die (Anschluss-)Frage auf, ob es im freiheitlich-demokratischen Verfassungsstaat legitime Herrschaft geben kann, die der Fundierung im und der Begrenzung durch den Normwillen der Herrschaftsunterworfenen entbehrt. Folglich ist in einem weiteren Schritt zu untersuchen, ob sich ein dem Volk zuzurechnender, auf Herrschaftsbegründung und -begrenzung gerichteter Normeninbegriff auch dann zur Verfassung im Sinne des demokratischen Konstitutionalismus zu qualifizieren vermag, wenn er Residuen nicht-verfasster Hoheitsgewalt bestehen lässt.

---

heuer/Christoph Grabenwarter (Hrsg.), Verfassungstheorie, 2010, § 8 Rn. 45). Vielmehr erscheint es durchaus denkbar, dass die Bestimmung des Art. 146 GG, indem sie die Überwindung des Grundgesetzes thematisiert und dabei die Legitimität einer vom Willen des Volkes getragenen Verfassungsablösung ins Licht hebt, implizit auch die verfasste (Staats-)Gewalt adressiert. Dies namentlich im Sinne einer (rechtlich verbindlichen) Verpflichtung der staatlichen Kompetenzträger, von (Zwangs-)Maßnahmen zum Schutze des Grundgesetzes abzusehen, insofern dereinst eine Situation eintritt, in der sich das Volk in seiner Eigenschaft als Träger der verfassunggebenden Gewalt vom Grundgesetz ab- und einer neuen Verfassung zuwendet.

[913] A.A. wohl *Ewald Wiederin*, Die Verfassunggebung im wiedervereinigten Deutschland: Versuch einer dogmatischen Zwischenbilanz zu Art. 146 GG n.F., AöR 117 (1992), S. 410 (414): „Zum anderen verfolgt Art. 146 GG offenkundig auch nicht den Zweck, den pouvoir constituant ‚anzuerkennen'. Im Gegenteil: Art. 146 GG enthält gerade keine ‚Klarstellung', daß das Grundgesetz nur solange effektiv bleibt, als es nicht von einer revolutionär neu entstandenen Verfassung hinweggefegt worden ist. Eine solche vorweggenommene Kapitulation vor jeglicher in einen originären Verfassungsschöpfungsakt mündenden Wirklichkeit ist in keiner Verfassung enthalten, weil sie einer Selbstpreisgabe gleichkäme." Bei näherer Betrachtung erscheint die These, wonach in dem verfassungsurkundlich verankerten Anerkenntnis einer Verfassung, selbst zur Disposition der verfassunggebenden Gewalt des Volkes zu stehen, eine „Selbstpreisgabe" liege, jedoch keineswegs zwingend. Von einer „Selbstpreisgabe" der Verfassung könnte in diesem Zusammenhang doch wohl nur dann gesprochen werden, wenn die Verfassung ihrem Wesen nach darauf ausgerichtet wäre, das Volk unter allen Umständen daran zu hindern, seine verfassunggebende Gewalt jemals wieder zu betätigen. Zumindest im Bezugsrahmen einer Verfassungstheorie, die den Verfassungsgedanken vom Prinzip der Volkssouveränität her entfaltet, mutet diese Lesart jedoch wenig plausibel an. Wie hier *Martin Heckel*, Die Legitimation des Grundgesetzes durch das deutsche Volk, in: HStR, Band VIII, 1. Auflage 1995, § 197 Rn. 63.

[914] So im Ergebnis auch *Claudio Franzius*, Europäisches Verfassungsrechtsdenken, 2010, S. 15.

[915] Siehe dazu *Ernst-Wolfgang Böckenförde*, Die verfassunggebende Gewalt des Volkes – Ein Grenzbegriff des Verfassungsrechts, in: ders., Wissenschaft, Politik, Verfassungsgericht, 2011, S. 97 (101 ff.) sowie oben Zweites Kapitel B. III. 2. a) aa).

aa) Der Fortbestand nicht-verfasster Machtreservate im monarchischen Konstitutionalismus des 19. Jahrhunderts

Wie *Rainer Wahl* mit Recht bemerkt, bejahte der im Deutschland des 19. Jahrhunderts obwaltende monarchische Konstitutionalismus diese Frage entschieden:

„Der monarchische Staat verzichtete im Verlauf des 19. Jahrhunderts nicht auf sein ‚Erstgeburtrecht', daß er *vor* der Verfassung vorhanden war. Die Monarchie wollte nicht in eine Staatlichkeit allein von Verfassungs Gnaden aufgehen, sich nicht allein oder ausschließlich durch die Verfassung begründen. Der Titel ‚Von Gottes Gnaden' symbolisiert diesen Anspruch auf eine verfassungsrechtlich nicht voll einschmelzbare, weil aus einer vorverfassungsrechtlichen Legitimation stammenden Position."[916]

Die von Preußens König *Friedrich Wilhelm IV.* im April 1849 mit Nachdruck erklärte Weigerung, die auf ihn gefallene Wahl zum kaiserlichen Reichsoberhaupt anzunehmen[917] und das Reich fürderhin von Volkes Gnaden zu regieren – d.h. als ein Kaiser, der seine Befugnisse nicht von Gott, sondern aus der vom Volk gegebenen (Paulskirchen-)Verfassung herleitet – stützt *Wahls* These. Gleiches gilt für den Umstand, dass die deutschen Fürsten des 19. Jahrhunderts im Allgemeinen und die preußischen im Besonderen sowie später auch der Deutsche Kaiser im 1871 gegründeten Reich mit größter Sorgfalt darauf achteten, die Kommandogewalt als extrakonstitutionelles Reservat zu behaupten.[918] Da infolgedessen ein gewichtiger Teil des staatlichen Machtpotenzials der Verfassungsordnung entzogen war und weil dieses Machtpotenzial ferner genügend Substanz aufwies, um das konstitutionalisierte Staatsleben aus den Angeln zu heben oder jedenfalls durch entsprechende Drohungen zu beeinflussen, lässt sich mit Fug und Recht behaupten, dass die Vorbehaltsrechte des Monarchen „wie ein Damoklesschwert über der ordentlichen, der normativen Verfassungsordnung"[919] hingen. *Dian Schefold* spricht vor diesem Hintergrund gar von „eine[r] zweite[n] Art der Staatlichkeit", die „neben den Normenstaat" getreten sei.[920] Und auch das berühmte Diktum „[d]as Staatsrecht hört hier auf"[921], mit dem *Gerhard Anschütz* die verfassungsrechtliche Lösbarkeit des preußischen Budgetkonflikts[922] in Abrede stellte, ergab nur deshalb Sinn, weil in Preußen nach dem Inkrafttreten der Revidierten Verfassung von 1850 jenseits derselben

---

[916] *Rainer Wahl*, Verfassungsstaatlichkeit im Konstitutionalismus und in der Weimarer Zeit, in: ders., Verfassungsstaat, Europäisierung, Internationalisierung, 2003, S. 320.

[917] Dazu bereits oben Zweites Kapitel B. II. 3. d).

[918] Siehe dazu *Ernst-Wolfgang Böckenförde*, Der deutsche Typ der konstitutionellen Monarchie im 19. Jahrhundert, in: ders., Recht, Staat, Freiheit, 2006 (erweiterte Ausgabe), S. 273 (287 ff.); *Klaus Stern*, Das Staatsrecht der Bundesrepublik Deutschland, Band V, 2000, S. 356 und 386 ff.; *Otto Brunner*, Vom Gottesgnadentum zum monarchischen Prinzip, in: ders., Neue Wege der Verfassungs- und Sozialgeschichte, 2. Auflage 1968, S. 160 (161 und 183) sowie oben Zweites Kapitel B. II. 4. b) aa) bzw. Zweites Kapitel B. II. 5. b) bb) (2).

[919] *Dian Schefold*, Verfassung als Kompromiß?, ZNR 3 (1981), S. 137 (156).

[920] *Dian Schefold*, Verfassung als Kompromiß?, ZNR 3 (1981), S. 137 (156).

[921] *Georg Meyer/Gerhard Anschütz*, Lehrbuch des deutschen Staatsrechts, 7. Auflage 1919, S. 906.

[922] Dazu bereits oben Zweites Kapitel B. II. 4. c).

eine legitime Herrschaftsposition (fort-)existierte, auf die das Staatsgeschehen dort, wo das Staatsrecht eben „aufhörte" und also die Ausübung politischer Herrschaft nicht weiter anzuleiten vermochte, zurückfallen konnte. Denn andernfalls wäre das von *Anschütz* konstatierte Vorstoßen in den staatsrechtslosen Raum gleichbedeutend gewesen mit dem Übertritt in einen (partiell) herrschaftsfreien Zustand. Dass *Anschütz* mit seinem die Begrenztheit des Staats*rechts* betonenden Diktum implizit den Einzug anarchischer Verhältnisse anzukündigen beabsichtigte, erscheint indes fernliegend. Vielmehr ist davon auszugehen, dass *Anschütz* den in Preußen zur Mitte des 19. Jahrhunderts obwaltenden monarchischen Konstitutionalismus dahin verstand, dass ein Residuum (monarchischer) öffentlicher Gewalt außerhalb der durch die Revidierte Verfassung von 1850 geschaffenen konstitutionellen Ordnung fortbestand, sodass zwischen der Reichweite des Staatsrechts einerseits und der Reichweite legitimer politischer Macht andererseits gerade keine Kongruenz herrschte. Dem entspricht, dass *Anschütz* in einem im Jahre 1906 publizierten Beitrag klarstellte, dass das Ende des Staatsrechts mitnichten das Ende des Staates markiere, dieser vielmehr über jenes hinausreiche.[923]

bb) Der Ausschluss nicht-verfasster Machtreservate als Essential des Verfassungsbegriffs des demokratischen Konstitutionalismus

Demgegenüber weist der demokratische Konstitutionalismus die Möglichkeit der Existenz einer anerkennungswürdigen Herrschaftsposition jenseits des betätigten Normwillens der Herrschaftsunterworfenen rigoros zurück. Der Grund liegt darin, dass gemäß dem ihm zugrunde liegenden sozialphilosophischen Vorstellungsbild das Volk die exklusive Quelle legitimer öffentlicher Gewalt bildet, wobei die *gesamte* aus dieser Quelle entspringende politische Macht zum Zwecke des Schutzes der Freiheit jedes Einzelnen der rechtlichen Einhegung bedarf.[924] Ausgehend hiervon kann von vornherein nur solche Herrschaft legitim sein, die sich in den Bahnen demokratisch begründeten Rechts vollzieht, also für sich in Anspruch nimmt, Ausfluss der verfassunggebenden Gewalt des Volkes zu sein. *Bernhard Kempen* spricht in diesem Zusammenhang vom Anspruch der Verfassung auf „Vollständigkeit":

„Moderne Verfassungen sind vollständige Verfassungen. Sie erheben zwar nicht den Anspruch, alle Themenfelder des gesellschaftlichen Zusammenlebens abzubilden. Insoweit ist

---

[923] *Gerhard Anschütz*, Lücken in den Verfassungs- und Verwaltungsgesetzen, Verwaltungsarchiv 14 (1906), S. 315 (336): „[...] es hört zwar nicht der Staat auf, wohl aber das Staatsrecht. Wo aber das Recht aufhört, da endet auch der Beruf des Juristen: die Kunst, das Recht zu finden." *Ders.*, a. a. O., S. 339: „Das Staatsrecht hört auf, aber nicht der Staat, er ist stärker als sein Recht. Es wird weiter regiert; an die Stelle der Herrschaft des Rechtes wird zunächst die Herrschaft der Tatsachen treten. Diese Tatsachen wieder in Einklang zu bringen mit dem alten Rechte oder neues Recht entstehen zu lassen, welches sie gutheißt, das sind Aufgaben, welche jenseits des Könnens und außerhalb des Berufs der Jurisprudenz liegen; die Rechtskunst hat hier nichts mehr zu sagen, wohl aber die Staatskunst."

[924] Vgl. oben Zweites Kapitel B. I. 2.

ihr Anspruch bescheiden. Die detaillierte normative Ausgestaltung der gesellschaftlichen Themen überlässt die Verfassung eigenen Verfahren der Rechtsetzung, insbesondere der Gesetzgebung. Vollständige Verfassung ist die Verfassung aber mit dem Anspruch, alle Staatsgewalt rechtlich zu binden. Residuen nicht-verfasster Staatsgewalt sieht die Verfassung nicht vor, weiße Flecken auf der Landkarte verfasster Staatsgewalt kennt sie nicht. Eine Ebene ursprünglicher, der Verfassung vorgelagerter Staatsgewalt, die dem konstitutionellen Geltungsanspruch entzogen wäre, ist ihr fremd.«[925]

Nach alledem lautet die Antwort auf die zweite der oben formulierten Leitfragen wie folgt: Nur ein auf der verfassunggebenden Gewalt des Volkes beruhender Norminbegriff, der den Anspruch erhebt, Herrschaft unter Überwindung der überkommenen politischen Praxis neu zu begründen und dem *gesamten* Umfang nach rechtlich zu binden, vermag den Anforderungen des Verfassungsbegriffs des demokratischen Konstitutionalismus zu genügen.[926] Ein Ensemble von Normen, das daneben Raum für verfassungsvorgängige, nicht vom Volk hergeleitete politische Macht belässt, verfehlt demgegenüber den im Zuge der Revolutionen in Nordamerika und Frankreich entwickelten Konstitutionalisierungsstandard. Denn allein solche Normeninbegriffe, die sämtliche Herrschaftsansprüche, welche der Fundierung im und der Begrenzung durch den Normwillen des Volkes entbehren, als illegitim zurückweisen, korrespondieren dem Anliegen des demokratischen Konstitutionalismus, Herrschaft *vollumfänglich* in eine Auftragsangelegenheit zu verwandeln.

cc) Der Ausschluss nicht-verfasster Machtreservate unter dem Grundgesetz

Dem Grundgesetz eignet die vorstehend beschriebene Ausrichtung.[927] Es bestreitet die (Fort-)Existenz jeglicher ihm vorgelagerter und seinem Verrechtlichungsanspruch schlechthin entzogener öffentlicher Gewalt, lässt also keine verfassungsvorgängigen Herrschaftsbefugnisse bestehen.[928] Dies ergibt sich zum einen aus dem

---

[925] *Bernhard Kempen*, Verfassung und Politik, in: Otto Depenheuer/Christoph Grabenwarter (Hrsg.), Verfassungstheorie, 2010, § 27 Rn. 11. *Uwe Volkmann*, Grundzüge einer Verfassungslehre der Bundesrepublik Deutschland, 2013, S. 64 f. und *Sebastian Unger*, Verfassung im Nationalstaat: Von der Gesamtordnung zur europäischen Teilordnung, DVBl. 2015, S. 1069 (1070) sprechen mit derselben Stoßrichtung von der „Totalität" des Ordnungsanspruchs der Verfassung.

[926] *Dieter Grimm*, Braucht Europa eine Verfassung?, JZ 1995, S. 581 (584); *ders.*, Ursprung und Wandel der Verfassung, in: ders., Die Zukunft der Verfassung II, 2012, S. 11 (30 und 33). Vgl. auch *Christian Walter*, Die Folgen der Globalisierung für die europäische Verfassungsdiskussion, DVBl. 2000, S. 1 (8) sowie *Christian Starck*, Vorrang der Verfassung und Verfassungsgerichtsbarkeit, in: ders., Der demokratische Verfassungsstaat: Gestalt, Grundlagen, Gefährdungen, 1995, S. 33 (43): „Alle Tätigkeit der Staatsgewalt findet auf Grund oder im Rahmen der Verfassung statt; alles von der Staatsgewalt gesetzte Recht wird auf Grund und im Rahmen der Verfassung erzeugt."

[927] Vgl. nur *Uwe Volkmann*, Grundzüge einer Verfassungslehre der Bundesrepublik Deutschland, 2013, S. 64 f.

[928] So ausdrücklich *Peter Unruh*, Der Verfassungsbegriff des Grundgesetzes, 2002, S. 416 ff.; *Dieter Grimm*, Ursprung und Wandel der Verfassung, in: ders., Die Zukunft der Verfassung II, 2012, S. 11 (40). Implizit auch *Eberhard Menzel*, Gutachten über die Notwendigkeit eines verfassungsändernden Gesetzes zur Errichtung deutscher bewaffneter Streitkräfte im Rahmen der Europäischen Verteidigungsgemeinschaft, in: Institut für Staatslehre und Politik e.V. in Mainz (Hrsg.), Der Kampf um den Wehrbeitrag, Band II/1, 1952, S. 280 (302 ff.) sowie *Friedrich Klein*,

Bekenntnis des Grundgesetzes zur Lehre von der verfassunggebenden Gewalt des Volkes, zum anderen aber auch aus dem positiven Verfassungsrecht. Das Bekenntnis zur Lehre von der verfassunggebenden Gewalt des Volkes kann namentlich insofern fruchtbar gemacht werden, als diese Lehre nicht nur die Behauptung aufstellt, dass der (Norm-)Wille des Volkes politische Macht zu legitimieren vermag, sondern jene Behauptung um die zuspitzende These ergänzt, das Volk sei die *einzige* Quelle anerkennungswürdiger öffentlicher Gewalt.[929] Oder anders formuliert: Da es sich bei der verfassunggebenden Gewalt des Volkes um eine Erscheinungsform der Volkssouveränität handelt, ist der im Begriff der Volkssouveränität stets mitgedachte Ausschließlichkeitsanspruch auch der verfassunggebenden Gewalt des Volkes immanent.[930] Die Annahme, das Grundgesetz toleriere neben der durch es selbst begründeten Herrschaft latente Vorkommen vorkonstitutioneller Hoheitsgewalt nicht-demokratischen Ursprungs, lässt sich mit dem in der Präambel und der Schlussvorschrift des Grundgesetzes statuierten Bekenntnis zur verfassunggebenden Gewalt des Volkes daher schwerlich in Einklang bringen.

Hinzu kommt, dass auch das positive Verfassungsrecht keine Anhaltspunkte für den Fortbestand nicht-verfasster Machtreservate neben der grundgesetzlich etablierten Herrschaft enthält. Im Gegenteil: Das positive Verfassungsrecht untermauert eindringlich den bereits im Bekenntnis zur Lehre von der verfassunggebenden Gewalt des Volkes durchscheinenden Anspruch des Grundgesetzes auf umfassende Neubegründung der in seinem räumlichen Geltungsbereich obwaltenden politischen Macht. Dies gilt im Besonderen für die Vorschrift des Art. 20 Abs. 2 GG. Denn jene Vorschrift stellt ausdrücklich klar, dass nicht nur ein bestimmter Ausschnitt der Staatsgewalt, sondern *alle* Staatsgewalt vom Volke ausgeht (Art. 20 Abs. 2 S. 1 GG) und legt zudem abschließend fest, in welchen Formen sie auszuüben ist (Art. 20 Abs. 2 S. 2 GG).[931] Dem korrespondierend bezieht Art. 30 GG das *gesamte* Handeln des Staates in die Aufteilung der staatlichen Befugnisse zwischen dem Bund und den Ländern ein.[932] Dem Akt der Verfassunggebung des Jahres 1949 vorgängige Herrschaftsmacht weist die Verfassung der Bundesrepublik für ihren

---

Rechtsgutachten im Auftrage der Niedersächsischen Landesregierung vom 31. Oktober 1952, in: Institut für Staatslehre und Politik e.V. in Mainz (Hrsg.), Der Kampf um den Wehrbeitrag, Band II/2, 1953, S. 482 (491 ff.), die das Grundgesetz jeweils als „Vollverfassung" charakterisieren.

[929] Vgl. oben Zweites Kapitel B. III. 2. a) aa).

[930] Zum Ausschließlichkeitsanspruch der Volkssouveränität und der Einordnung der verfassunggebenden Gewalt des Volkes als Erscheinungsform derselben *Christian Seiler*, Der souveräne Verfassungsstaat zwischen demokratischer Rückbindung und überstaatlicher Einbindung, 2005, S. 308.

[931] Näher zum Begriff „Staatsgewalt" *Bernd Grzeszick*, in: Theodor Maunz/Günter Dürig (Begr.), Grundgesetz-Kommentar, Band III, Loseblattsammlung, 86. EL Januar 2019, Lfg. 57 Januar 2010, Art. 20 Rn. 90 ff.

[932] Vgl. *Peter Unruh*, Der Verfassungsbegriff des Grundgesetzes, 2002, S. 419: „Der Regelungsgehalt des Art. 30 GG besteht also darin, *die Gesamtheit der Staatsgewalt* einem lückenlosen System von Zuständigkeiten im Bundesstaat zu unterwerfen." (Hervorhebung hinzugefügt). Zur tatbestandlichen Reichweite des Art. 30 GG *Johannes Hellermann*, in: Volker Epping/Christian Hillgruber (Hrsg.), BeckOK Grundgesetz, 41. Edition (15.02.2019), Art. 30 Rn. 7 ff.

räumlichen Geltungsbereich nach alledem entschieden zurück.[933] Etwaige Reservate nicht-verfasster staatlicher Gewalt, deren Fortbestand die vom demokratischen Konstitutionalismus intendierte Transformation aller Herrschaft in eine Auftragsangelegenheit notwendig unterminieren würde, hat das Grundgesetz im Zuge seines Inkrafttretens rückstandslos beseitigt.[934]

dd) Ausübung der verfassten Macht durch das Volk

Der vollumfänglichen Kopplung der Erzeugung und Einrichtung von Herrschaft an den Willen des Volkes als verfassungsvorgängige Größe korrespondiert unter dem Grundgesetz die vollumfängliche Kopplung der Herrschafts*ausübung* an den Willen des Volkes als verfassungsetablierte Größe. Indem sie bestimmt, dass alle Staatsgewalt „vom Volke in Wahlen und Abstimmungen durch besondere Organe der Gesetzgebung, der vollziehenden Gewalt und der Rechtsprechung *ausgeübt*"[935] wird, gibt die Vorschrift des Art. 20 Abs. 2 S. 2 GG unmissverständlich zu erkennen, dass die Aktivbürger dazu berufen sind, sich selbst zu regieren. In diesem Punkt unterscheidet sich das Grundgesetz wesenhaft von der *Paulskirchenverfassung*. Zwar betrachtete auch das Verfassungswerk der Frankfurter Nationalversammlung die Erzeugung und Einrichtung von Herrschaft als (alleinige) Angelegenheit des Volkes, doch überantwortete es die Ausübung der staatlichen Gewalt in wesentlichen Teilen dem fürstlich-dynastischen Reichsoberhaupt.[936] Von einer Selbstregierung („self-government") der Herrschaftsunterworfenen konnte im Zusammenhang mit der Paulskirchenverfassung daher keine Rede sein. Entsprechendes gilt für die *Bismarck'sche Reichsverfassung*, die allerdings das Volk auch nicht als Ursprung der von ihr geregelten Herrschaftsmacht anerkannte, sondern – das Dogma der Volkssouveränität zurückweisend – (unausgesprochen) am monarchischen Prinzip festhielt.[937] Demgegenüber bekannte sich die *Weimarer Reichsverfassung* sowohl zum Prinzip der Volkssouveränität als auch zur Demokratie als Regierungsform. Folgerichtig fungierten die zur politischen Gemeinschaft zusammengeschlossenen Individuen nicht nur als Quelle der staatlichen Herrschaftsmacht, sondern nahmen überdies auch die zentrale Rolle im laufenden politischen Prozess ein.[938] Insofern das *Grundgesetz* den Ausschluss nicht-verfasster Machtreservate mit der Entscheidung verbindet, die verfasste Macht in die Hände des

---

[933] Dies gilt, wie noch zu zeigen sein wird, nicht nur hinsichtlich der dem Grundgesetz vorgängigen Hoheitsgewalt, sondern darüber hinaus auch – gleichsam in die Zukunft gerichtet – mit Blick auf die von supranationalen Kompetenzträgern ausgeübte Herrschaftsmacht. Siehe dazu unten Viertes Kapitel A. II.

[934] So auch *Bernhard Kempen*, Verfassung und Politik, in: Otto Depenheuer/Christoph Grabenwarter (Hrsg.), Verfassungstheorie, 2010, § 27 Rn. 11.

[935] Hervorhebung hinzugefügt.

[936] Vgl. oben Zweites Kapitel B. II. 3. a).

[937] Vgl. oben Zweites Kapitel B. II. 5. b) aa).

[938] Vgl. oben Zweites Kapitel B. II. 6. a) aa) sowie Zweites Kapitel B. II. 6. a) bb) (1).

Volkes zu legen, steht es somit in inhaltlicher Kontinuität zur Weimarer Reichsverfassung.[939]

Die Tatsache, dass beide letztgenannten Verfassungen dem Volk sowohl die verfassunggebende Gewalt zuschreiben als auch mit der Ausübung der Staatsgewalt betrauen, darf jedoch nicht zu dem Fehlschluss verleiten, demokratische Verfassunggebung laufe zwangsläufig auf demokratisches Regieren hinaus.[940] Die Annahme, dass dort, wo die beiden Verfassungsstrukturelemente „Lehre von der verfassunggebenden Gewalt des Volkes" und „Ausschluss nicht-verfasster Machtreservate" miteinander kombiniert werden, an einer Selbstregierung des Volkes kein Weg vorbeiführt, hält einer genaueren Prüfung nicht stand. Jedenfalls in theoretisch-konstruktiver Hinsicht muss ein solcher Automatismus verneint werden, wenn nicht ein eklatanter Widerspruch zum demokratischen Anliegen der bürgerlichen Revolutionen provoziert werden soll. Denn wenn das Erarbeiten und „In-Geltung-Setzen" der Verfassung als ein Akt kollektiver Selbstbestimmung der zum Volk geeinten Freien und Gleichen konstruiert wird, dann verbieten sich apriorische Festlegungen in Bezug auf das „Wie" der Herrschaftsorganisation und also auch die (Vor-)Festlegung auf eine demokratische Regierungsform. Ist der (Norm-)Wille des Volkes beispielsweise darauf gerichtet, die Regierungsgewalt einem Monarchen oder einer bestimmten Elite zu übertragen, so verlangt das demokratische Dogma nach einer entsprechenden Zuordnung der politischen Macht. Der Standard des demokratischen Konstitutionalismus bleibt gewahrt, solange es sich hierbei nicht um eine unwiderrufliche Entäußerung handelt, das Volk sich also rechtlich die Möglichkeit vorbehält, gegebenenfalls eine Neuzuordnung der Regierungsgewalt vorzunehmen.

3. Das Grundgesetz unter dem Gesichtspunkt der Herrschaftsbegrenzung

Gleichviel, welchen Institutionen das Volk politische Macht überantwortet – gemäß dem konstitutionalistischen Imperativ der nordamerikanischen und französischen Revolution ist es unerlässlich, die Ausübung von Herrschaft normativ zu ordnen und zu begrenzen. Bereits die Verfechter des demokratischen Konstitutionalismus der ersten Stunde hatten eine klare Vorstellung davon, mit welchen sachlichen Inhalten die Verfassung aufzuladen sei, auf dass sie Herrschaft effektiv mäßige und der Tendenz zur Willkür entkleide. Anknüpfend an die Lehren von *John Locke* und *Montesquieu* identifizierten sie die Aufteilung der einzelnen Funktionen der Staatsgewalt auf voneinander getrennte Herrschaftsinstitutionen sowie die

[939] Die konkrete Ausgestaltung der Demokratie als Regierungsform divergiert freilich erheblich. Verband die Weimarer Reichsverfassung den Parlamentarismus mit präsidial-demokratischen und plebiszitären Elementen (dazu näher oben Zweites Kapitel B. II. 6. a) bb)), so nimmt das Volk unter dem Grundgesetz nahezu ausschließlich über Wahlen Einfluss auf den laufenden politischen Prozess (näher dazu *Sebastian Unger*, Das Verfassungsprinzip der Demokratie: Normstruktur und Norminhalt des grundgesetzlichen Demokratieprinzips, 2008, S. 32 f.).

[940] Darauf verweist auch *Martin Kriele*, Einführung in die Staatslehre, 1. Auflage 1975, S. 227.

Gewährleistung individueller Freiheitsrechte als zentrale Instrumente zur Bändigung der staatlichen Machtausübung.[941] Die französische Nationalversammlung bekundete gar, dass eine Gesellschaft, in der die individuellen Freiheitsrechte und die Trennung der Gewalten nicht gesichert sei, überhaupt keine Verfassung habe. So heißt es in Art. XVI der am 26. August 1789 verkündeten „Déclaration des Droits de l'Homme et du Citoyen": „Toute Société dans laquelle la garantie des Droits n'est pas assurée, ni la séparation des Pouvoirs déterminée, n'a point de Constitution."

a) Der Verfassungsvorrang als Essential des Verfassungsbegriffs des demokratischen Konstitutionalismus

Aus verfassungstheoretischer Sicht ist indes entscheidend, dass jene Verfassungsinhalte, welche die staatliche Machtausübung begrenzen sollen – in erster Linie die Grundrechte sowie die Bestimmungen betreffend die (horizontale und vertikale) Gewaltenteilung – den ihnen zugewiesenen Zweck nur dann verlässlich zu erfüllen vermögen, wenn sie dem Zugriff der staatlichen Herrschaftsinstitutionen entzogen sind und sich in Bezug auf deren Handeln als Rechtmäßigkeits- und Wirksamkeitsmaßstab zu behaupten vermögen.[942] Die hierfür erforderliche Aufspaltung der Rechtsordnung in zwei Rechtsschichten, von denen die eine der Verfügungsmacht der verfassten Gewalt unterstellt ist und den Einzelnen bindet, die Erzeugung der anderen aber der verfassunggebenden Gewalt vorbehalten ist und die verfasste Gewalt bindet, bedingt den Vorrang der Verfassung. Denn nur wenn die Rechtssätze der Verfassung Vorrang vor den Rechtshandlungen der *pouvoirs constitués* genießen, ist „gewährleistet, daß die staatliche Rechtserzeugung, Rechtswahrung und Rechtsdurchsetzung ihrerseits unter der Herrschaft des Rechts steht"[943], sich also im Rahmen jenes Herrschaftsauftrags[944] bewegt, den der *pouvoir constitué* den *pouvoirs constitués* im Wege der Verfassunggebung erteilt hat.

Folglich war es die Erkenntnis, dass sich die Möglichkeiten rechtlicher Normativität steigern lassen, indem man die Rechtsordnung aufspaltet und hierarchisiert[945],

---

[941] Zu den Debatten um die Gewaltenteilung und die Garantie von Grundrechten im Prozess der nordamerikanischen und französischen Verfassunggebung in den Jahren 1787 bis 1791 *Peter Unruh*, Der Verfassungsbegriff des Grundgesetzes, 2002, S. 103 ff., 113 ff., 176 ff. und 187 ff. mit zahlreichen weiteren Nachweisen.

[942] Auf diesen Umstand verweist auch *Christian Starck*, Vorrang der Verfassung und Verfassungsgerichtsbarkeit, in: ders., Der demokratische Verfassungsstaat: Gestalt, Grundlagen, Gefährdungen, 1995, S. 33 (41 f. und 46).

[943] *Josef Isensee*, Staat und Verfassung, in: HStR, Band II, 3. Auflage 2004, § 15 Rn. 171.

[944] Zur Charakterisierung der Verfassung als Herrschaftsauftrag vgl. *Dieter Grimm*, Ursprung und Wandel der Verfassung, in: ders., Die Zukunft der Verfassung II, 2012, S. 11 (25) sowie oben Zweites Kapitel B. I. 3. b).

[945] Eine Hierarchisierung des Rechts unternimmt der Sache nach bereits *Thomas von Aquin*, insofern er postuliert, dass das menschliche Gesetz, wenn es in Widerspruch mit dem natürlichen Gesetz stehe, nicht mehr Gesetz, sondern Gesetzesverderbnis sei, nach der nicht geurteilt werden dürfe (*Thomas von Aquin*, Summa Theologiae, Prima Pars Secundae Partis, Quaestio 95 Articu-

welche den entscheidenden Anstoß für die Ausbildung der Rechtsfigur des Verfassungsvorrangs gab. Erst die Aufspaltung und Hierarchisierung der Rechtsordnung erlaubte es, Recht auf Recht anzuwenden[946] und bereitete so den gedanklich-konstruktiven Boden für die rechtspraktische Umsetzung der vielberühmten Idee vom „government of laws and not of men"[947]. Indes erweist sich die in der Rechtsfigur des Verfassungsvorrangs vorausgesetzte Differenzierung und Hierarchisierung der Normschichten ihrerseits als voraussetzungsvoll.[948] Sie erfordert eine entsprechende Unterscheidung auf vorgelagerte Ebene, verlangt also nach Differenzierung und Hierarchisierung im Blick auf die Normerzeuger. Der demokratische Konstitutionalismus trägt diesem Erfordernis Rechnung, indem er die verfassunggebende Gewalt und die verfasste Gewalt einander als kategorial differente Rechtsquellen gegenüberstellt.[949] So ergibt es sich, dass das Verfassungsvorrangpostulat auf das Engste mit der Unterscheidung zwischen dem beim Volk liegenden *pouvoir constituant* und den vom Volk eingesetzten *pouvoirs constitués* verknüpft ist. Ohne diese Unterscheidung büßte das Postulat vom Verfassungsvorrang seine Plausibilität ein und die Verfassung ihre Fähigkeit, Herrschaft durch Recht zu begrenzen.

Dass Verfassungsrecht des Vorrangs vor den (Rechts-)Handlungen der *pouvoirs constitués* bedarf, um die ihm zugewiesene Herrschaftsbegrenzungsfunktion[950] ef-

lus 2 und Quaestio 96 Articulus 4, abgedruckt in: Die deutsche Thomas-Ausgabe, Band XIII: Das Gesetz, 1977). Allerdings versteht *Thomas* die nachgeordnete Rechtsmasse (menschliches Gesetz) als „bloße" Schlussfolgerung aus der vom Menschen vorgefundenen übergeordneten Rechtsmasse (natürliches Gesetz) und das Recht im Ganzen mithin als etwas Statisches. Demgegenüber begreift der Konstitutionalismus sowohl die nachgeordnete Rechtsmasse (einfaches Recht) als auch die übergeordnete Rechtsmasse (Verfassungsrecht) als Produkt menschlicher Entscheidung, wobei die übergeordnete Rechtsmasse die Erzeugung der nachgeordneten Rechtsmasse zwar anleitet und ihr nach Art einer Rahmenordnung Grenzen zieht, diese aber keineswegs inhaltlich determiniert, sodass ihr – der nachgeordneten Rechtsmasse – eine eigenständige Autorität zukommt. Unbeschadet dieser Unterschiede ist zu konstatieren, dass die Idee des geltungstheoretischen Vorrangs bereits im Hochmittelalter klar formuliert worden ist; siehe dazu auch *Christian Starck*, Vorrang der Verfassung und Verfassungsgerichtsbarkeit, in: ders., Der demokratische Verfassungsstaat: Gestalt, Grundlagen, Gefährdungen, 1995, S. 33 (34 f.).

946 Vgl. *Niklas Luhmann*, Rechtssoziologie, Band II, 1972, S. 213 f.; *Joseph Peine*, Normenkontrolle und konstitutionelles System, Der Staat 22 (1983), S. 521 (529 und 539 ff.); *Dieter Grimm*, Ursprung und Wandel der Verfassung, in: ders., Die Zukunft der Verfassung II, 2012, S. 11 (24).

947 U.S. Supreme Court, Marbury v. Madison, 5 U.S. (1 Cranch) 137, 163 (1803).

948 Siehe dazu *Rainer Wahl*, Der Vorrang der Verfassung, Der Staat 20 (1981), S. 485 (187); *Joseph Peine*, Normenkontrolle und konstitutionelles System, Der Staat 22 (1983), S. 521 (529).

949 Ähnlich *Thorsten Kingreen*, Vorrang und Vorbehalt der Verfassung, in: HStR, Band XII, 3. Auflage 2014, § 263 Rn. 7: „Der Vorrang der Verfassung vor dem Gesetz bedingt zunächst funktionale Unterscheidbarkeit: die Verfassunggebung als Urakt des souveränen Volkes (‚pouvoir constituant') und die Gesetzgebung durch die in der Verfassung vorgesehenen besonderen Gesetzgebungsorgane (‚pouvoirs constitués')." Vgl. auch *Horst Dreier*, Grenzen demokratischer Freiheit im Verfassungsstaat, in: ders., Idee und Gestalt des freiheitlichen Verfassungsstaates, 2014, S. 249 (256 ff.).

950 Den Zusammenhang zwischen dem Vorrang der Verfassung und der Herrschaftsbegrenzungsfunktion der Verfassung bringt *Görg Haverkate*, Verfassungslehre: Verfassung als Gegenseitigkeitsordnung, 1992, S. 19 wie folgt auf den Punkt: „Die Verfassung des Verfassungsstaates trifft rechtliche Regelungen, die Vorrang vor allen anderen Rechtsbildungen genießen, Regelun-

fektiv erfüllen zu können, wurde bereits in der Geburtsstunde moderner Verfassungsstaatlichkeit im Nordamerika des ausgehenden 18. Jahrhunderts vollkommen erfasst.[951] Beredtes Zeugnis hierfür legt ein vielzitiertes Diktum *John Marshalls* ab, der in seiner Eigenschaft als *Chief Justice* des noch jungen US-Supreme Courts im Rahmen der Rechtssache „*Marbury* vs. *Madison*" im Jahre 1803 feststellte:

„Certainly all those who have framed written constitutions contemplate them as forming the fundamental and paramount law of the nation, and consequently the theory of every such government must be, that an act of the legislature, repugnant to the constitution, is void."[952]

Als der US-Supreme Court die Rechtssache „*Marbury* vs. *Madison*" entschied, konnte das von Chief Justice *Marshall* in Bezug genommene Postulat von der Maßstäblichkeit der Verfassung bereits auf eine vergleichsweise lange Tradition zurückblicken. So hieß es bereits in Kapitel 13 der „Charter or Fundamental Laws of West New Jersey" von 1676:

„That the common law or fundamental rights and privileges of West New Jersey, are individually agreed upon by the proprietors and freeholders thereof to be the foundation of the government, which is not to be altered by the legislative authority or free assembly hereafter mentioned and constituted, but that the said legislative authority is constituted, according to these fundamentals, to make such laws as agree with and maintain the said fundamentals and to make no laws that in the least contradict, differ, or vary from the said fundamentals, under what presence or allegation soever."[953]

Hätten die Verfassungstheoretiker der nordamerikanischen und französischen Revolution es unterlassen, die Lehre von der verfassunggebenden Gewalt und das Postulat vom Ausschluss nicht-verfasster Machtreservate um das Konzept vom Verfassungsvorrang zu ergänzen, so hätte die moderne Verfassung ihr Versprechen, den Autonomieanspruch des Individuums dauerhaft mit der Notwendigkeit von Herrschaft zu versöhnen, niemals einzulösen vermocht.[954] Erst durch die Verbindung der drei vorbezeichneten Rechtsfiguren gelingt es der modernen Verfassung, Herrschaft in einen Zustand zu überführen, in dem sich das „Unterworfen-Sein" unter institutionalisierte politische Macht nicht als Fremdbestimmung, sondern als kollektive Selbstbestimmung darstellt. Die spezifische Funktion des Vorrangpostulats besteht insoweit darin, den kraft Betätigung der verfassunggebenden Gewalt des Volkes eingerichteten *pouvoirs constitués* die Rechtsmacht zur Durchsetzung von auftragswidrigen, d. h. vom Konsens der herrschaftsunterworfenen Individuen betreffend die Art und Form ihrer politischen Einheit losgelös-

gen im Verhältnis Staat und Bürger ebenso wie zwischen den Staatsorganen. Dieser Vorrang verfolgt das Ziel der Machtlimitierung durch Recht."

951 Vgl. *Rainer Wahl*, Der Vorrang der Verfassung, Der Staat 20 (1981), S. 485 (488); *Dieter Grimm*, Ursprung und Wandel der Verfassung, in: ders., Die Zukunft der Verfassung II, 2012, S. 11 (24).

952 U.S. Supreme Court, Marbury v. Madison, 5 U.S. (1 Cranch) 137, 177 (1803).

953 Text abgedruckt in Jon L. Wakelyn (Hrsg.), America's Founding Charters, Band 1, 2006, S. 191.

954 Vgl. *Dieter Grimm*, Ursprung und Wandel der Verfassung, in: ders., Die Zukunft der Verfassung II, 2012, S. 11 (24 f.).

ten, Herrschaftsakten aus der Hand zu nehmen. Oder anders formuliert: Der Vorrang der Verfassung soll verhindern, dass die zur Erzeugung abgeleiteten Rechts eingesetzten Autoritäten die ihnen anvertrauten Machtmittel in einer Weise einsetzen, die dem Willen des Volkssouveräns zuwiderläuft.[955] In Ansehung eben dieses grundlegenden Sinnzusammenhangs zwischen der verfassunggebenden Gewalt des Volkes einerseits und der Suprematie des in Ausübung dieser Gewalt erzeugten Rechts andererseits qualifizierte *Alexis de Tocqueville* den Vorranganspruch ausdrücklich als unverzichtbares Merkmal des Verfassungsbegriffs. So heißt es in dem im Jahre 1835 erschienen ersten Band seines Hauptwerks „De la démocratie en Amérique“:

„En Angleterre, on reconnaît au parlement le droit de modifier la constitution. En Angleterre, la constitution peut donc changer sans cesse, *ou plutôt elle n'existe point*. Le parlement, en même temps qu'il est corps législatif, est corps constituant. En Amérique, les théories politiques sont plus simples et plus rationnelles. Une constitution américaine [...] ne saurait être modifiée par les pouvoirs ordinaires de la société, comme en Angleterre. Elle forme une œuvre à part, qui, représentant la volonté de tout le peuple, oblige les législateurs comme les simples citoyens, mais qui peut être changée par la volonté du peuple, suivant des formes qu'on a établies, et dans des cas qu'on a prévus. En Amérique, la constitution peut donc varier; mais, tant qu'elle existe, elle est l'origine de tous les pouvoirs. La force prédominante est en elle seule.“[956]

---

955 Bereits *Alexander Hamilton*, Federalist No. 78 (1788), abgedruckt in: Ian Shapiro (Hrsg.), The Federalist Papers: Alexander Hamilton, James Madison, John Jay, 2009, S. 391 (393) hat dies in aller Klarheit zum Ausdruck gebracht: „There is no position which depends on clearer principles, than that every act of a delegated authority, contrary to the tenor of the commission under which it is exercised, is void. No legislative act, therefore, contrary to the Constitution, can be valid. To deny this, would be to affirm, that the deputy is greater than his principal; that the servant is above his master; that the representatives of the people are superior to the people themselves; that men acting by virtue of powers, may do not only what their powers do not authorize, but what they forbid.“ Von *Barbara Zehnpfennig*, in: dies. (Hrsg.), Alexander Hamilton/James Madison/John Jay: Die Federalist Papers, 1993, S. 457 wie folgt ins Deutsche übersetzt: „Es gibt wohl keine Position, die auf einleuchtenderen Grundsätzen beruht als die, daß jeder Beschluß einer mit Vollmacht handelnden Autorität, der dem Inhalt des Auftrags, unter dem sie handelt, widerspricht, nichtig ist. Daher kann kein Beschluß der Legislative, der im Widerspruch zur Verfassung steht, gültig sein. Dies zu leugnen, hieße zu behaupten, der Beauftragte stünde über dem Auftraggeber, der Diener über seinem Herrn, der Vertreter des Volkes sei dem Volk selbst übergeordnet und Männer, die kraft der ihnen verliehenen Befugnisse handeln, dürfen nicht bloß tun, wozu sie ihre Befugnisse gar nicht autorisieren, sondern sogar das, was diese verbieten.“

956 *Alexis de Tocqueville*, De la Démocratie en Amérique, Band I, 1835, S. 161 f. (Hervorhebung hinzugefügt). In der ebenfalls im Jahre 1835 in London erschienenen englischsprachigen Erstübersetzung lautet die Passage wie folgt: „In England, the Parliament has an acknowledged right to modify the constitution; as, therefore, the constitution may undergo perpetual changes, *it does not in reality exist*; the Parliament is at once a legislative and a constituent assembly. The political theories of America are more simple and more rational. An American constitution is not [...] susceptible of modification by the ordinary powers of society as in England. It constitutes a detached whole, which, as it represents the determination of the whole people, is no less binding on the legislator than on the private citizen, but which may be altered by the will of the people in predetermined cases, according to established rules. In America the constitution may therefore vary, but as long as it exists, it is the origin of all authority, and the sole vehicle of the predominating force.“; *Alexis de Tocqueville*, Democracy in America, Band I, 1835, S. 139 (Hervorhebung hinzu-

Nach alledem ist die dritte der oben aufgeworfenen Leitfragen, d.h. die Frage, vermittels welchen Mechanismus es dem westeuropäisch-nordatlantische Verfassungsmodell gelingt, den Auftragscharakter von Herrschaft in der Zeit zu sichern, wie folgt zu beantworten: Dass sich der staatliche Herrschaftsapparat, nachdem er einmal ins Werk gesetzt ist, verselbständigt, d.h. Steuerungsambitionen verfolgt, die jenseits des zu Verfassungsrechtssätzen geronnenen Herrschaftsauftrags liegen, unterbindet die moderne Verfassung, indem sie das vom *pouvoir constituant* erzeugte Recht mit Vorrang gegenüber dem von den *pouvoirs constitués* erzeugten Recht ausstattet.[957]

b) Die zögerliche Rezeption der Rechtsfigur des Verfassungsvorrangs in der deutschen Verfassungsentwicklung

In der deutschen Verfassungsgeschichte fand das Herrschaftsverständnis des demokratischen Konstitutionalismus vergleichsweise früh, nämlich bereits in dem 1848/49 erarbeiteten Verfassungswerk der Frankfurter Nationalversammlung, große Beachtung.[958] Die Paulskirchenverfassung artikulierte den Vorrang der Verfassung deutlich und sicherte ihn durch eine mit weitreichenden Rechtsprechungskompetenzen ausgestattete Verfassungsgerichtsbarkeit ab.[959] Allerdings war es auch und gerade das Bestreben der Frankfurter Nationalversammlung, staatliche Herrschaft in eine Auftragsangelegenheit zu transformieren, an dem die deutschen Fürsten – allen voran Preußens König *Friedrich Wilhelm IV.* – Anstoß nahmen und dem sie sich letztlich mit Erfolg widersetzten.[960] Die deutschen Monarchen waren nicht bereit, ihren Anspruch, von Gottes Gnaden zu regieren, gegen eine Regentschaft auf der Grundlage und in den Grenzen einer volksgegebenen Verfassung einzutauschen. Insofern scheiterte mit der Paulskirchenverfassung nicht nur der Versuch, Herrschaft demokratisch zu legitimieren, sondern ebenso der Versuch, die Rechtsordnung entlang der kategorialen Unterscheidung zwischen dem *pouvoir constituant* und den *pouvoirs constitués* aufzuspalten und zu hierarchisieren. Damit aber entfiel zugleich die entscheidende gedanklich-konstruktive Voraussetzung für die von der Paulskirchenversammlung angestrebte Etablierung des Verfassungsvorrangs.

---

gefügt). Zum Vorranganspruch als Konstitutive des Verfassungsbegriffs des demokratischen Konstitutionalismus vgl. auch *Uwe Volkmann*, Grundzüge einer Verfassungslehre der Bundesrepublik Deutschland, 2013, S. 11 und 315ff.

[957] Siehe dazu *Dieter Grimm*, Ursprung und Wandel der Verfassung, in: ders., Die Zukunft der Verfassung II, 2012, S. 11 (24f.); *ders.*, Die Verfassung im Prozess der Entstaatlichung, in: ders., Die Zukunft der Verfassung II, 2012, S. 67 (76). Zum Zusammenhang zwischen dem Verfassungsvorrang und der Unterscheidung zwischen dem *pouvoir constituant* und den *pouvoirs constitués* siehe auch *Horst Dreier*, Grenzen demokratischer Freiheit im Verfassungsstaat, in: ders., Idee und Gestalt des freiheitlichen Verfassungsstaates, 2014, S. 249 (256ff.).

[958] Vgl. *Franz-Joseph Peine*, Normenkontrolle und konstitutionelles System, Der Staat 22 (1983), S. 521 (536f.).

[959] Vgl. *Thorsten Kingreen*, Vorrang und Vorbehalt der Verfassung, in: HStR, Band XII, 3. Auflage 2014, §263 Rn. 22 sowie oben Zweites Kapitel B. II. 3. c) cc).

[960] Vgl. oben Zweites Kapitel B. II. 3. d).

Hinsichtlich des Anliegens, staatliche Herrschaft zu begrenzen, galt in deutschen Landen nach 1849 daher im Wesentlichen dasselbe, was bereits vor der Märzrevolution gegolten hatte: Nicht ein hierarchisch übergeordnetes Ensemble von Rechtsnormen, sondern die bei Eingriffen in Freiheit und Eigentum bestehende Angewiesenheit des Monarchen auf die Zustimmung der Volksvertretung sollte die Untertanen vor willkürlichen Zugriffen der Staatsgewalt bewahren (Vorbehalt des Gesetzes). Vom „Hineinvermitteln" der Interessen der Gesellschaft in den staatlichen Herrschaftsapparat kraft einer mit entsprechenden Kompetenzen ausgestatteten Volksvertretung versprach man sich eine effektive Domestizierung der Obrigkeit, an deren Spitze der weiterhin aus eigenem Recht regierende Fürst stand.[961] Angesichts der Tatsache, dass bedeutende Bereiche des Staatsgeschehens wie etwa die Befehlsgewalt über die Streitkräfte dem Regelungszugriff der Konstitution entzogen waren (monarchische Prärogativen),[962] erschien es wenig zielführend, den angestrebten Schutz vor dem Missbrauch der Macht ausgerechnet im Vorrang und der Maßstäblichkeit jenes strukturell „lückenbehafteten" Rechtstextes zu suchen.[963] Dies galt umso mehr, als Verstöße gegen die Anordnungen der Verfassung nicht justiziell sanktionierbar waren, da es an einer Verfassungsgerichtsbarkeit fehlte und auch fehlen musste, wenn man bedenkt, dass die Verfassung nicht als einheitliche Legitimitätsgrundlage der gesamten öffentlichen Gewalt, sondern als Manifestation eines latent prekären, die Souveränitätsfrage bewusst in der Schwebe haltenden Ausgleichs zwischen zwei rivalisierenden Grundgewalten konzipiert war.[964] Unter diesen Umständen hätte eine gerichtliche Beilegung von Verfassungsstreitigkeiten potenziell die Notwendigkeit mit sich gebracht, einer der beiden konkurrierenden Legitimitätsbehauptungen implizit den Vorzug zu geben.[965] Als Folge dessen wäre aber die „Geschäftsgrundlage" des konstitutionellen Dualismus

[961] *Robert von Mohl*, Das Staatsrecht des Königreichs Württemberg, Band I, 1829, S. 25 expliziert diese Sichtweise wie folgt: „[…] ist erst zu zeigen, welche Rechte alle Staatsangehörige gegenüber [dem] Staate zu verlangen haben[,] ferner welche Vorzüge einzelnen besonders ausgezeichneten Classen von Bürger zustehen, endlich welche Einrichtung getroffen ist, um diese allgemeinen und besonderen Rechte gegen Vergewaltigungen von Seite des Staatsoberhaupts zu schützen, mit andern Worten, welche Rechte die Ständeversammlung hat". Vgl. ferner *Franz-Joseph Peine*, Normenkontrolle und konstitutionelles System, Der Staat 22 (1983), S. 521 (536, 538) sowie *Christian Starck*, Vorrang der Verfassung und Verfassungsgerichtsbarkeit, in: ders., Der demokratische Verfassungsstaat: Gestalt, Grundlagen, Gefährdungen, 1995, S. 33 (49): „Die Volksvertretungen wurden als befähigt angesehen, verfassungswidrige Mißbräuche zu verhindern."

[962] Vgl. oben Zweites Kapitel B. II. 4. b) aa).

[963] Anders aber *Robert von Mohl*, Staatsrecht, Völkerrecht und Politik, Band I, 1860, S. 66 ff., der in Kenntnis der amerikanischen Verfassungspraxis den Vorrang und die Maßstäblichkeit der Verfassung auch gegenüber der Gesetzgebung postulierte. Die Position *von Mohls* erläutert *Franz-Joseph Peine*, Normenkontrolle und konstitutionelles System, Der Staat 22 (1983), S. 521 (526 ff.).

[964] Siehe dazu *Rainer Wahl/Frank Rottmann*, Die Bedeutung der Verfassung und der Verfassungsgerichtsbarkeit in der Bundesrepublik – im Vergleich zum 19. Jahrhundert und zu Weimar; in: Werner Conze/Mario Rainer Lepsius (Hrsg.), Sozialgeschichte der Bundesrepublik Deutschland, 1983, S. 339 (347 ff.) sowie oben Zweites Kapitel B. II. 2. b) bzw. Zweites Kapitel B. II. 5. b) aa).

[965] Siehe dazu *Rainer Wahl/Frank Rottmann*, Die Bedeutung der Verfassung und der Verfassungsgerichtsbarkeit in der Bundesrepublik – im Vergleich zum 19. Jahrhundert und zu Weimar;

unvermeidlich entfallen, bestand diese doch gerade darin, die Frage nach der Letztbegründung staatlicher Herrschaft offenzulassen. Es ist daher festzuhalten, dass die deutsche Verfassung des 19. Jahrhunderts Herrschaft nicht als Auftragsangelegenheit verstand, sondern als einen fortwährend zu erneuernden Kompromiss zwischen zwei rivalisierenden politischen Grundgewalten, deren Gestaltungsmacht insoweit, als sie miteinander einig waren, keinerlei Beschränkungen unterlag. Unter diesen Voraussetzungen konnte die Idee vom Vorrang und der Maßstäblichkeit der Verfassung nicht zum Durchbruch gelangen.[966]

Mit dem Inkrafttreten der Weimarer Reichsverfassung änderte sich die Situation jedoch grundlegend. Als Folge der Abschaffung der Monarchie und der Gründung einer demokratischen Republik im Jahre 1919 entfiel der Dualismus der Legitimitätsbehauptungen und mit ihm das größte Hindernis für die konsequente Entfaltung des Verfassungsvorrangkonzepts. Der Boden für ein Wiederanknüpfen an die bereits rund 70 Jahre zuvor in der Paulskirchenverfassung artikulierte Idee von der Suprematie der Verfassung war folglich bereitet.[967] Und so überrascht es nicht, dass namhafte Vertreter der zeitgenössischen Staatsrechtslehre, allen voran *Heinrich Triepel*, dem Vorranganspruch der Weimarer Reichsverfassung Nachdruck verliehen, indem sie die Verfassungsbindung der gesamten Staatsgewalt propagierten und die Gerichte als befugt ansahen, auch Akte des Gesetzgebers auf ihre Verfassungsmäßigkeit hin zu überprüfen.[968] Wenn sich diese Auffassung, wiewohl sie immer mehr an Boden gewann, bis zum Ende der Republik nicht eindeutig durchzusetzen vermochte, dann deshalb, weil „die Weimarer Epoche und ihr Denken in einem ihr selbst weniger gegenwärtigen umfänglichen Sinne noch von dem Erbe der vorangehenden kaiserlichen Zeit bestimmt wurde“[969]. Stellvertretend hierfür steht die von *Gerhard Anschütz* noch im Jahre 1933 verlautbarte Ansicht, die Idee einer von der gesetzgebenden Gewalt verschiedenen und ihr übergeordneten verfassunggebenden Gewalt sei dem deutschen Staatsrecht – im Gegensatz zu Nordamerika –

---

in: Werner Conze/Mario Rainer Lepsius (Hrsg.), Sozialgeschichte der Bundesrepublik Deutschland, 1983, S. 339 (351) sowie oben Zweites Kapitel B. II. 5. c) cc).

[966] Ebenso *Rainer Wahl/Frank Rottmann*, Die Bedeutung der Verfassung und der Verfassungsgerichtsbarkeit in der Bundesrepublik – im Vergleich zum 19. Jahrhundert und zu Weimar; in: Werner Conze/Mario Rainer Lepsius (Hrsg.), Sozialgeschichte der Bundesrepublik Deutschland, 1983, S. 339 (347 ff.); *Christian Starck*, Vorrang der Verfassung und Verfassungsgerichtsbarkeit, in: ders., Der demokratische Verfassungsstaat: Gestalt, Grundlagen, Gefährdungen, 1995, S. 33 (50); *Thorsten Kingreen*, Vorrang und Vorbehalt der Verfassung, in: HStR, Band XII, 3. Auflage 2014, § 263 Rn. 21.

[967] Ebenso *Rainer Wahl/Frank Rottmann*, Die Bedeutung der Verfassung und der Verfassungsgerichtsbarkeit in der Bundesrepublik – im Vergleich zum 19. Jahrhundert und zu Weimar; in: Werner Conze/Mario Rainer Lepsius (Hrsg.), Sozialgeschichte der Bundesrepublik Deutschland, 1983, S. 339 (353); *Thorsten Kingreen*, Vorrang und Vorbehalt der Verfassung, in: HStR, Band XII, 3. Auflage 2014, § 263 Rn. 23.

[968] *Heinrich Triepel*, Der Weg der Gesetzgebung nach der neuen Reichsverfassung, AöR 39 (1920), S. 456 (534 ff.).

[969] *Ulrich Scheuner*, Die Überlieferung der deutschen Staatsgerichtsbarkeit im 19. und 20. Jahrhundert, in: Christian Starck (Hrsg.), Bundesverfassungsgericht und Grundgesetz: Festgabe aus Anlaß des 25jährigen Bestehens des Bundesverfassungsgerichts, Band 1, 1976, S. 1 (45).

„nach wie vor fremd“[970]. Hinzu kam, dass sich aufgrund der zahlreichen Staatskrisen und politischen Ausnahmesituationen, mit denen die Republik zu kämpfen hatte, das notwendige Vertrauen der Staatsorgane in die Problemlösungskapazität der Verfassung nicht oder jedenfalls nicht im erforderlichen Maße einstellen mochte. So bedurfte es des erneuten Umbruchs nach dem Zweiten Weltkrieg, um der kategorialen Unterscheidung zwischen dem *pouvoir constituant* und den *pouvoirs constitués* und dem auf dieser Unterscheidung beruhenden Verfassungsvorrangkonzept endgültig zum Durchbruch zu verhelfen.[971]

c) Das Grundgesetz als Inbegriff einer mit Vorrang ausgestatteten Verfassung

Dass der Durchbruch mit dem Grundgesetz für die Bundesrepublik Deutschland schließlich und endlich gelungen ist, tritt klar zu Tage, wenn man sich vergegenwärtigt, dass ihm praktisch sämtliche Institute zur Akzentuierung und Sicherung des Verfassungsvorrangs, welche die westliche Verfassungstradition hervorgebracht hat, implementiert worden sind.

aa) Ausdrückliche Verfassungsbindung der gesamten verfassten Gewalt

Zunächst und insbesondere erhellt der Vorranganspruch des Grundgesetzes aus dem Umstand, dass es die gesamte verfasste Gewalt normativen Bindungen unterwirft. Negativ formuliert: Unter dem Grundgesetz gibt es keinen Träger staatlicher Herrschaftsmacht, der der Notwendigkeit enthoben ist, sein Handeln am Maßstab der Sollenssätze des Grundgesetzes zu rechtfertigen. So bestimmt Art. 1 Abs. 3 GG, dass die „nachfolgenden Grundrechte“ neben der Verwaltung und der Rechtsprechung auch die Gesetzgebung „als unmittelbar geltendes Recht“ binden. Art. 20 Abs. 3 GG erstreckt die Verfassungsbindung der Legislative über den Begriff „verfassungsmäßige Ordnung“, die Verfassungsbindung der Exekutive und der Judikative über den Begriff „Gesetz und Recht“ gar auf den gesamten Normenbestand des Grundgesetzes.[972] Zugleich ergibt sich aus Art. 79 Abs. 2 GG, dass weder die vollziehende oder die rechtsprechende Gewalt noch die (einfache) gesetzgebende Gewalt Zugriff auf das Verfassungsrecht haben. Über Inhalt und Umfang ihrer Verfassungsbindung können sie nicht disponieren. Demgegenüber ist dem verfas-

---

[970] *Gerhard Anschütz*, Die Verfassung des Deutschen Reichs vom 11. August 1919, 14. Auflage 1933, S. 401.

[971] Ähnlich *Thorsten Kingreen*, Vorrang und Vorbehalt der Verfassung, in: HStR, Band XII, 3. Auflage 2014, § 263 Rn. 23.

[972] Zur unmittelbaren Verfassungsbindung der gesamten Staatsgewalt *Bernd Grzeszick*, in: Theodor Maunz/Günter Dürig (Begr.), Grundgesetz-Kommentar, Band III, Loseblattsammlung, 86. EL Januar 2019, Lfg. 57 Januar 2010, Art. 20 Rn. 17 ff. Vgl. auch *Horst Dreier*, Grenzen demokratischer Freiheit im Verfassungsstaat, in: ders., Idee und Gestalt des freiheitlichen Verfassungsstaates, 2014, S. 249 (256); *Uwe Volkmann*, Geltungsanspruch und Wirksamkeit des Grundgesetzes, in: HStR, Band XII, 3. Auflage 2014, § 256 Rn. 7; *Thorsten Kingreen*, Vorrang und Vorbehalt der Verfassung, in: HStR, Band XII, 3. Auflage 2014, § 263 Rn. 6.

sungsändernden Gesetzgeber zwar durchaus die Rechtsmacht zur Modifikation des Verfassungsrechts eingeräumt worden,[973] doch zieht das Grundgesetz auch dem verfassungsändernden Gesetzgeber unübersteigbare Schranken. Denn die Verfassungsidentitätsgarantie des Art. 79 Abs. 3 GG untersagt ausdrücklich solche Grundgesetzänderungen, „durch welche die Gliederung des Bundes in Länder, die grundsätzliche Mitwirkung der Länder bei der Gesetzgebung oder die in den Artikeln 1 und 20 niedergelegten Grundsätze berührt werden". Die dergestalt bewirkte Begrenzung der Verfassungsrevisionsbefugnis des *pouvoir constituant constitué* hat zur Konsequenz, dass im Geltungsbereich des Grundgesetzes bestimmte fundamentale Rechtssätze gelten, über die keine staatliche Autorität, d. h. noch nicht einmal der verfassungsändernde Gesetzgeber, verfügen kann.[974] Die vom Verfassungsvorrangpostulat geforderte Trennung zwischen dem vom *pouvoir constituant* erzeugten Recht einerseits und dem von den *pouvoirs constitués* erzeugten Recht andererseits hat der Parlamentarische Rat mithin konsequent vollzogen.

bb) Formelle, materielle und justizielle Effektivierung des Vorranganspruchs

In *formeller* Hinsicht wird die Trennung der Normebenen durch das in Art. 79 Abs. 1 S. 1 GG statuierte Inkorporationsgebot befördert.[975] Dieses verlangt, dass Verfassungsänderungen durch eine Modifikation des Wortlauts des Grundgesetzes kenntlich gemacht werden,[976] sichert also die „Urkundlichkeit und Einsichtbarkeit jeder Verfassungsänderung"[977]. Der aus dem Kaiserreich[978] und der Weimarer Republik[979] bekannten, für die gebotene Unterscheidbarkeit von Verfassungsrecht

---

[973] *Horst Dreier*, Grenzen demokratischer Freiheit im Verfassungsstaat, in: ders., Idee und Gestalt des freiheitlichen Verfassungsstaates, 2014, S. 249 (262) kritisiert in diesem Zusammenhang, dass das Grundgesetz die Verfassungsänderung – ebenso wie zuvor die Weimarer Reichsverfassung – denselben Institutionen überantwortet, die auch für die Änderung des einfachen Gesetzesrechts zuständig sind. Dies habe zur Folge, dass der „Gedanke einer qualitativen Differenz zwischen verfassungsändernder Gewalt und gesetzgebender Gewalt bis zur Unkenntlichkeit verschwimmt".

[974] Siehe dazu *Udo Di Fabio*, Der neue Art. 23 des Grundgesetzes, Der Staat 32 (1993), S. 191 (210 ff.); *Horst Dreier*, Grenzen demokratischer Freiheit im Verfassungsstaat, in: ders., Idee und Gestalt des freiheitlichen Verfassungsstaates, 2014, S. 249 (265 ff.) m. w. N.

[975] Vgl. *Horst Dreier*, Grenzen demokratischer Freiheit im Verfassungsstaat, in: ders., Idee und Gestalt des freiheitlichen Verfassungsstaates, 2014, S. 249 (263) m. w. N.

[976] Ausnahmen vom Inkorporationsgebot gelten für die von Art. 79 Abs. 1 S. 2 GG genannten Vorgänge (näher dazu *Matthias Herdegen*, in: Theodor Maunz/Günter Dürig (Begr.), Grundgesetz-Kommentar, Band V, Loseblattsammlung, 86. EL Januar 2019, Lfg. 72 Juli 2014, Art. 79 Rn. 35 ff.) sowie bei materiellen Verfassungsänderungen, die aus der Übertragung von Hoheitsrechten auf die Europäische Union (Art. 23 Abs. 1 GG) bzw. (sonstige) zwischenstaatliche Einrichtungen (Art. 24 Abs. 1 GG) resultieren (dazu sogleich näher im Text).

[977] So BVerfGE 9, S. 334 (336) – Finanzvertrag in Wiedergabe der Begründung des entscheidungsgegenständlichen Vorlagebeschlusses des Landgerichts Nürnberg-Fürth. *Ulrich Hufeld*, Die Verfassungsdurchbrechung: Rechtsproblem der Deutschen Einheit und der europäischen Einigung, 1997, S. 98 spricht vom „Prinzip der Urkundlichkeit".

[978] Vgl. oben Zweites Kapitel B. II. 5. c) bb) (3).

[979] Vgl. oben Zweites Kapitel B. II. 6. b) bb) (4).

und (einfachem) Gesetzesrecht so abträgliche Praxis der Verfassungsdurchbrechung ist durch Art. 79 Abs. 1 S. 1 GG somit ein Riegel vorgeschoben.[980] Allerdings ist einschränkend anzumerken, dass dieser Grundsatz im Zusammenhang mit der Einbindung Deutschlands in die Europäische Union bzw. in zwischenstaatliche Einrichtungen i. S. v. Art. 24 Abs. 1 GG eine gewichtige Ausnahme erfährt.[981] Denn Art. 23 Abs. 1 S. 3 GG bindet den Integrationsgesetzgeber in Bezug auf Legislativakte, die die Begründung der Europäischen Union oder die Änderung ihrer vertraglichen Grundlagen zum Gegenstand haben und durch die das Grundgesetz „seinem Inhalt nach geändert oder ergänzt wird oder solche Änderungen oder Ergänzungen ermöglicht werden" zwar an die von Art. 79 Abs. 2 GG dekretierten verfahrensrechtlichen Maßgaben sowie die in Art. 79 Abs. 3 GG statuierten materiellen Schranken, nicht aber an das Inkorporationsgebot des Art. 79 Abs. 1 S. 1 GG.[982] Ebenso wenig findet das Inkorporationsgebot auf materiell verfassungsändernde Hoheitsrechtsübertragungsgesetze i. S. v. Art. 24 Abs. 1 GG Anwendung.[983] Wer sich über die tatsächliche Verfassungslage des Bundes informieren will, ist daher gezwungen, neben dem Grundgesetz auch Gesetze i. S. v. Art. 23 Abs. 1 S. 3 GG und Art. 24 Abs. 1 GG zu Rate zu ziehen.

Materiell akzentuiert das Grundgesetz den Verfassungsvorrang, indem es – anders als die *Bismarck*'sche Reichsverfassung – nicht nur organisationsrechtliche, sondern daneben auch gewichtige materielle Rechtssätze statuiert (Grundrechte, Staatsstrukturprinzipien, Staatszielbestimmungen), wobei diese materiellen Rechtssätze – und darin liegt ein wesentlicher Unterschied zur Weimarer Reichsverfassung – neben der vollziehenden Gewalt und der rechtsprechenden Gewalt auch die Legislative binden, ja teilweise sogar gegenüber dem verfassungsändernden Gesetzgeber Geltung beanspruchen.[984] Die mit dem Verfassungsvorrangspostulat angestrebte Verrechtlichung staatlicher Herrschaft („government of laws and not of

---

[980] Siehe dazu *Theodor Maunz*, Die verfassunggebende Gewalt im Grundgesetz, DÖV 1953, S. 645 (647); *Ulrich Scheuner*, Art. 146 GG und das Problem der verfassunggebenden Gewalt, DÖV 1953, S. 581 (583); *ders.*, Verfassung (1963), in; Joseph Listl/Wolfgang Rüfner (Hrsg.), Ulrich Scheuner: Staatstheorie und Staatsrecht – Gesammelte Schriften, 1978, S. 171 (177); *Matthias Herdegen*, in: Theodor Maunz/Günter Dürig (Begr.), Grundgesetz-Kommentar, Band V, Loseblattsammlung, 86. EL Januar 2019, Lfg. 72 Juli 2014, Art. 79 Rn. 21 f.

[981] A. A. *Matthias Herdegen*, in: Theodor Maunz/Günter Dürig (Begr.), Grundgesetz-Kommentar, Band V, Loseblattsammlung, 86. EL Januar 2019, Lfg. 72 Juli 2014, Art. 79 Rn. 28, der sinngemäß argumentiert, dass Art. 79 Abs. 1 S. 1 GG von vornherein keine Anwendung auf „(europäische[s] oder sonstige[s]) Integrationsrecht" finden könne, da dieses „nicht Inhalt der Verfassung" werde.

[982] Kritisch dazu *Josef Isensee*, Der Selbstand der Verfassung in ihren Verweisungen und Öffnungen, AöR 138 (2013), S. 325 (354); *Matthias Jestaedt*, Selbstand und Offenheit der Verfassung gegenüber nationalem, supranationalem und internationalem Recht, in: HStR, Band XII, 3. Auflage 2014, § 264 Rn. 71.

[983] Vgl. BVerfGE 68, S. 1 (96) – Atomwaffenstationierung.

[984] Vgl. nur *Peter Badura*, Verfassung und Verfassungsgesetz, in: Horst Ehmke (Hrsg.), Festschrift für Ulrich Scheuner zum 70. Geburtstag, 1973, S. 19 (24): „Das Grundgesetz versieht den politischen Prozeß mit materiellen, wenn auch notwendigerweise auf Richtlinien beschränkten, rechtlichen Direktiven und Programmen."

men") wird hierdurch erheblich intensiviert. Denn in dem Maße, in dem die Verfassung mit materiellen Gehalten angereichert wird, verbreitert und verdichtet sich ihr Anspruch, höchste Autorität zu sein.[985] Anders gewendet: Mit der Ausdehnung ihres materiellen Regelungsgehalts steigt die Bedeutung der *vorrangigen* Verfassung im politischen Prozess, während sich der Aktionsradius der *nachrangigen* verfassten Gewalt verkürzt, allen voran jener des Gesetzgebers.

Dies gilt jedenfalls dann, wenn die Verfassung ihre Suprematie gegenüber den Rechtsakten der verfassten Gewalt justiziell absichert. Das Grundgesetz hat zu diesem Zweck eine mit weitreichenden Zuständigkeiten ausgestattete Verfassungsgerichtsbarkeit etabliert (vgl. Art. 92 bis 94 GG, Art. 100 GG), welche die justizielle Sanktionierung von Verfassungsverstößen effektiv sicherzustellen vermag.[986] Hervorzuheben ist, dass nicht allein die obersten Organe des Bundes und der Länder, sondern auch der einzelne Bürger sowie jeder Richter verfassungsgerichtliche Verfahren initiieren und damit eine justizförmige Überprüfung hoheitlicher Maßnahmen am Maßstab des Grundgesetzes herbeiführen kann. Wie *Rainer Wahl* und *Frank Rottmann* zutreffend anmerken, ist die Verfassungsgerichtsbarkeit infolgedessen *„ubiquitär"* geworden.[987] Der Rechtsprechung des Bundesverfassungsgerichts und dem wissenschaftlichen Schrifttum ist daher uneingeschränkt zuzustimmen, insofern dort der Auffassung Ausdruck verliehen wird, dass das Konzept vom Vorrang der Verfassung im Grundgesetz mit Entschiedenheit umgesetzt worden ist.[988]

---

985 Vgl. *Rainer Wahl*, Der Vorrang der Verfassung, Der Staat 20 (1981), S. 485 (487).

986 Zur Frage, inwieweit sich die umfangreichen Kontrollbefugnisse des Bundesverfassungsgerichts als das Resultat einer *„Selbstermächtigung durch Verfassungskonkretisierung"* darstellen, vgl. die pointierten Ausführungen von *Uwe Volkmann*, Grundzüge einer Verfassungslehre der Bundesrepublik Deutschland, 2013, S. 171 ff.

987 *Rainer Wahl/Frank Rottmann*, Die Bedeutung der Verfassung und der Verfassungsgerichtsbarkeit in der Bundesrepublik – im Vergleich zum 19. Jahrhundert und zu Weimar; in: Werner Conze/Mario Rainer Lepsius (Hrsg.), Sozialgeschichte der Bundesrepublik Deutschland, 1983, S. 339 (345). Ähnlich zuvor bereits *Konrad Hesse*, Die normative Kraft der Verfassung (1959), in: Manfred Friedrich (Hrsg.), Verfassung: Beiträge zur Verfassungstheorie, 1978, S. 77 (94). Zu dem mit der justiziellen Sicherung des Verfassungsvorrangs einhergehenden „Problem der Richtermacht" vgl. etwa *Christian Starck*, Vorrang der Verfassung und Verfassungsgerichtsbarkeit, in: ders., Der demokratische Verfassungsstaat: Gestalt, Grundlagen, Gefährdungen, 1995, S. 33 (52 ff.).

988 Aus der Rechtsprechung des Bundesverfassungsgerichts siehe etwa BVerfGE 2, S. 1 (75) – SRP-Verbot; BVerfGE 49, S. 220 (235) – Zwangsversteigerung III; BVerfGE 60, S. 234 (242) – Kredithaie. Aus dem wissenschaftlichen Schrifttum vgl. nur *Bernd Grzeszick*, in: Theodor Maunz/Günter Dürig (Begr.), Grundgesetz-Kommentar, Band III, Loseblattsammlung, 86. EL Januar 2019, Lfg. 57 Januar 2010, Art. 20 Rn. 19; *Klaus Stern*, Das Staatsrecht der Bundesrepublik Deutschland, Band I, 2. Auflage, 1984, S. 105; *Hans Hugo Klein*, Verfassungsgerichtsbarkeit und Verfassungsstruktur: Vom Rechtsstaat zum Verfassungsstaat, in: Paul Kirchhof/Klaus Offerhaus/Horst Schöberle (Hrsg.), Steuerrecht – Verfassungsrecht – Finanzpolitik, Festschrift für Franz Klein, 1994, S. 511 ff.; *Konrad Hesse*, Verfassung und Verfassungsrecht, in: Ernst Benda/Werner Maihofer/Hans-Jochen Vogel (Hrsg.), Handbuch des Verfassungsrechts der Bundesrepublik Deutschland, 2. Auflage 1994, § 1 Rn. 14 ff.; *Peter Unruh*, Der Verfassungsbegriff des Grundgesetzes, 2002, S. 399 ff.; *Christian Seiler*, Der souveräne Verfassungsstaat zwischen demokratischer Rückbindung und überstaatlicher Einbindung, 2005, S. 311; *Thorsten Kingreen*, Vorrang und Vorbehalt der Verfassung, in: HStR, Band XII, 3. Auflage 2014, § 263 Rn. 26 f.; *Horst Dreier*,

4. Fazit

Der demokratische Konstitutionalismus sucht Herrschaft unter Indienstnahme des Rechts in eine Auftragsangelegenheit zu transformieren. Den Dreh- und Angelpunkt dieses Unterfangens bildet die Verfassung, die als Medium des Willens des Souveräns Herrschaft (neu) begründet und im selben Atemzug begrenzt. Rechtskonstruktiv werden Herrschaftsbegründung und Herrschaftsbegrenzung durch drei eng aufeinander bezogene Verfassungsstrukturelemente bewirkt. Es sind dies – erstens – die Lehre von der verfassunggebenden Gewalt des Volkes, – zweitens – der Ausschluss nicht-verfasster Machtreservate sowie – drittens – der Vorrang und die Maßstäblichkeit der Verfassung. Gemeinsam geben diese drei Strukturelemente dem Verfassungsbegriff des demokratischen Konstitutionalismus sein spezifisches Gepräge, heben ihn von allen sonstigen Formen der Herrschaftsverrechtlichung ab. Mangelt es einem auf die Verrechtlichung politischer Macht gerichteten Normeninbegriff an einem oder mehreren dieser drei Elemente, so ist er von vornherein ungeeignet, Herrschaft entsprechend dem demokratischen und konstitutionalistischen Imperativ der bürgerlichen Revolutionen mit dem Autonomieanspruch der herrschaftsunterworfenen Individuen zu versöhnen.

Im Einzelnen ist festzuhalten: Ohne das Gegenüber von verfassunggebender Gewalt auf der einen und verfasster Gewalt auf der anderen Seite gäbe es weder einen Auftraggeber noch einen Beauftragten und folglich auch kein Auftragsverhältnis. Dabei ist zu beachten, dass es sich bei dem zu besorgenden Geschäft, namentlich der Ausübung politischer Herrschaft, um ein solches handelt, das die demokratische Verfassungstheorie der Gesamtheit der Herrschaftsunterworfenen in ihrer Verbundenheit zum Volk zuweist. Für jede andere Instanz bedeutet die Ausübung politischer Herrschaft ein fremdes Geschäft. Diesem Axiom folgend kann der Akt der Verfassunggebung nur unter der Bedingung als Erteilung eines (Herrschafts-) Auftrags gedeutet werden kann, dass der betreffende Normeninbegriff vom Volk herrührt. Figuriert eine andere Instanz als Urheber eines auf die Verrechtlichung von Herrschaft angelegten Normeninbegriffs, so stellt sich die auf Grundlage dieses Normeninbegriffs unternommene Herrschaftsausübung aus der Warte der demokratischen Verfassungstheorie als Geschäftsführung *ohne Auftrag* dar.

In direktem Zusammenhang mit dieser Einsicht steht die weitere Erkenntnis, dass ein Ensemble von Rechtsnormen, das neben der von ihm hervorgebrachten und eingerichteten Herrschaft Raum für politische Macht belässt, die der Fundierung im Normwillen des Volkes entbehrt, hinter den Anforderungen des demokratischen Konstitutionalismus zurückbleibt. Der Grund liegt darin, dass ein derartiger Normeninbegriff die in seinem Geltungsbereich wirkende öffentliche Gewalt lediglich partiell in einen vom Volk ausgehenden Legitimations- und Verantwortungszusammenhang einzubetten vermag. Die Transformation von Herrschaft in eine Auftragsangelegenheit gelingt nur teilweise. In jenen Bereichen, die von der

Grenzen demokratischer Freiheit im Verfassungsstaat, in: ders., Idee und Gestalt des freiheitlichen Verfassungsstaates, 2014, S. 249 (256) mit zahlreichen weiteren Nachweisen.

Transformation ausgeschlossen sind, bleibt Raum für Fremdbestimmung, sodass der demokratische Imperativ der bürgerlichen Revolutionen insoweit verfehlt wird.

Endlich könnte von Auftragsherrschaft auch dann keine Rede sein, wenn der betreffende Normeninbegriff sich nicht als höherrangiges Recht zu behaupten vermöchte. Denn wenn es in der Hand der *pouvoirs constitués* läge, die in der Verfassung festgelegten Bedingungen der Herrschaftsausübung zugunsten eigener, vom Konsens der Herrschaftsunterworfenen losgelöster Steuerungsambitionen zu übergehen, dann ermangelte es im Verhältnis von verfassunggebender Gewalt und verfasster Gewalt an der für jegliches Auftragsverhältnis konstitutiven Weisungsgebundenheit des Beauftragten. Dem Grundgesetz sind indes nahezu alle Rechtsinstitute eingeschrieben, die zum Zwecke der Effektivierung des Vorrangs und der Maßstäblichkeit der Verfassung entwickelt worden sind. Überdies bekennt es sich in seiner Präambel wie auch in seiner Schlussvorschrift dezidiert zur Lehre von der verfassunggebenden Gewalt des Volkes und bringt an verschiedenen Stellen – insbesondere in Art. 20 Abs. 2 und 30 GG – implizit zum Ausdruck, dass es in seinem räumlichen Geltungsbereich keine ihm vorgängige, nicht-verfasste Herrschaftsmacht toleriert. Es besteht daher kein Zweifel, dass dem Grundgesetz für die Bundesrepublik Deutschland der Verfassungsbegriff des demokratischen Konstitutionalismus zugrundeliegt. Folglich ist zu resümieren, dass das Grundgesetz in der Tradition des Verfassungsbegriffs des demokratischen Konstitutionalismus steht, d. h. von seinen Autoren als spezifische Ausprägung des modernen westeuropäisch-nordatlantischen Verfassungsmodells konzipiert worden ist.

IV. Inkurs: Verfassungsstaatlichkeit und Souveränität

Es klang bereits an, dass der demokratische Konstitutionalismus im von Herrschaftspluralität gekennzeichneten Mittelalter – mithin in einer Welt, in der Herrschaftsrechte Annexe zu persönlichen Rechtstiteln bildeten und auf zahlreiche verschiedene Autoritäten verteilt waren – keine Aussicht auf Realisierung gehabt hätte.[989] Hierfür bedurfte es zunächst einer durchgreifenden Konzentration der Macht, ihrer Verdichtung zur einheitlichen öffentlichen Gewalt.[990] Denn nur unter

---

[989] Vgl. oben Zweites Kapitel B. I. Siehe auch *Dieter Grimm*, Deutsche Verfassungsgeschichte 1776–1866, 1988, S. 24; *ders.*, Die Bedeutung nationaler Verfassungen in einem vereinten Europa, in: ders., Die Zukunft der Verfassung II, 2012, S. 92 (93 f.); *Ernst-Wolfgang Böckenförde*, Geschichtliche Entwicklung und Bedeutungswandel der Verfassung, in: ders., Staat, Verfassung, Demokratie, 1991, S. 29 ff.

[990] *Dieter Grimm*, Die Errungenschaft des Konstitutionalismus und ihre Aussichten in einer veränderten Welt, in: ders., Die Zukunft der Verfassung II, 2012, S. 315 (327). Vgl. ferner *Ernst-Wolfgang Böckenförde*, Geschichtliche Entwicklung und Bedeutungswandel der Verfassung, in: ders., Staat, Verfassung, Demokratie, 1991, S. 29 (33): „Der Charakter der Verfassung als Beschränkung monarchischer Machtvollkommenheit hat, wie auch die weiteren hervortretenden Bedeutungen der Verfassung […], die Ausbildung der einheitlichen Staatsgewalt als umfassender politischer Herrschafts- und Entscheidungsgewalt zur Voraussetzung. Diese Staatsgewalt ist mit dem Attribut der Souveränität […] ausgestaltet". So auch *Michael Stolleis*, Die Idee des souveränen

der Bedingung, dass sämtliche Herrschaftsakte gemäß dem *Bodin*'schen Souveränitätsdogma einen einheitlichen Ausgangs- und Zurechnungsendpunkt haben, kann alle politische Macht durch eine singuläre Rechtshandlung eben jener Autorität in einen lückenlosen Legitimations- und Verantwortungszusammenhang überführt werden. Wo der Weg zur Souveränität im *Bodin*'schen Sinne beschritten wurde, sich also eine ungeteilte „pouvoir de donner loy" herausbildete, kam es zudem notwendig zur Territorialisierung der Herrschaft[991] und damit letztlich auch zu jener trennscharfen Grenzziehung zwischen „Innen" und „Außen", ohne die der Anspruch der Verfassung, die in einem bestimmten Raum wirkende politische Macht dem gesamten Umfange nach zu verrechtlichen, nicht hätte verfangen können.[992] Mit anderen Worten: Erst der durch das Souveränitätsdogma zur räumlich abgegrenzten Entscheidungs- und Wirkungseinheit gewandelte Staat der Neuzeit erwies sich als ein der Konstitutionalisierung zugängliches Gebilde.

Hat das Souveränitätsdogma den Staat somit überhaupt erst in diejenige Form gebracht, die ihn zum tauglichen Gegenstand einer Gesamtregelung nach Art der modernen Verfassung werden ließ, so erscheint es geboten, die hiesigen Überlegungen zur Herausbildung des Verfassungsstaats mit einer Reflexion über die Frage zu beschließen, in welcher Weise die praktische Umsetzung der modernen Verfassungsidee auf die Souveränität rückwirkt. Denn dass die Souveränität von der Verwirklichung des konstitutionellen Programms nicht unberührt bleiben kann, erhellt unmittelbar, wenn man bedenkt, dass souveräne Herrschaft durch die Abwesenheit jedweder Bindung an die „lex" eines „Gleichen oder Höheren auf Erden" gekennzeichnet ist,[993] die Verfassung als ein von Menschen geschaffener Normeninbegriff[994] aber den Anspruch erhebt, die gesamte öffentlichen Gewalt rechtlich einzuhegen. Der insoweit zu Tage tretende (scheinbare) Widerspruch zwischen

---

Staates, Der Staat Beiheft 11 (1996), S. 63 (83): „Insofern hat die frühe Neuzeit mit der Herausarbeitung *eines* Entscheidungs- und Zurechnungszentrums die entscheidende Voraussetzung für die Installierung des Verfassungsstaates geschaffen."

[991] *Dieter Grimm*, Souveränität – Herkunft und Zukunft eines Schlüsselbegriffs, 2009, S. 101; *Carl Friedrich Ophüls*, Staatshoheit und Gemeinschaftshoheit – Wandlungen des Souveränitätsbegriffs, in: Carl Hermann Ule u. a. (Hrsg.), Recht im Wandel: Beiträge zu Strömungen und Fragen im heutigen Recht, Festschrift 150 Jahre Carl Heymanns Verlag KG, 1965, S. 519 (584); *Helmut Quaritsch*, Staat und Souveränität, 1970, S. 512.

[992] Vgl. *Dieter Grimm*, Ursprung und Wandel der Verfassung, in: ders., Die Zukunft der Verfassung II, 2012, S. 11 (54 f.).

[993] Siehe dazu *Pierre Bouquet*, Lettres Provinciales ou Examen Impartial De l'Origine, de la constitution, et des Révolutions de la Monarchie Française, 1772, S. 120 sowie oben Zweites Kapitel A. II. 1.

[994] Der von *Carl Schmitt* angemahnten begrifflichen Differenzierung zwischen „Verfassung" im Sinne einer politischen Grund- und Gesamtentscheidung einerseits und „Verfassungsgesetz" als normative Umsetzung dieser Entscheidung andererseits (siehe dazu *Carl Schmitt*, Verfassungslehre (1928), 9. Auflage 2003, S. 20 ff.) wird hier nicht gefolgt. Mit *Christian Waldhoff*, Entstehung des Verfassungsgesetzes, in: Otto Depenheuer/Christoph Grabenwarter (Hrsg.), Verfassungstheorie, 2010, § 8 Rn. 62 ist vielmehr daran festzuhalten, dass Verfassung und Verfassungsgesetz mit dem Inkrafttreten des letzteren ineinsfallen, d. h. „die Verfassungsentscheidung als – konstruktiv – Äußerung der verfassunggebenden Gewalt mutiert zum Geltungsgrund der Verfassungsnormen, sie kann [...] nicht gegen das Gesetz ausgespielt werden." Zur Kritik an der *Schmitt*'schen

uneingeschränktem „Zuhöchst-Sein“ einerseits und vorbehaltloser Bindung an eine von Menschenhand erzeugte Legalität andererseits macht es erforderlich, im modernen Verfassungsstaat klarer noch als in der Epoche des fürstlichen Absolutismus zwischen dem *Innehaben* der souveränen Herrschaftsgewalt und dem *Ausüben* dieser Gewalt zu differenzieren.

1. Innehaben souveräner Herrschaftsgewalt im Verfassungsstaat

Die Frage nach dem Inhaber der souveränen Herrschaftsgewalt im Verfassungsstaat besitzt, darauf ist zunächst klarstellend hinzuweisen, unter dem Gesichtspunkt der *äußeren* Souveränität kaum praktische Relevanz. Der Grund liegt darin, dass die äußere Souveränität vornehmlich für das Völkerrecht von Bedeutung ist, dem es infolge seiner Ausrichtung auf die Außenbeziehungen von Staaten nicht darauf ankommt, wo genau im Binnenbereich der einzelnen Völkerrechtssubjekte die „pouvoir de donner loy“ im *Bodin*'schen Sinne zu verorten ist.[995] Für die innere Ordnung eines Staates ist die Identifikation des Inhabers der „ungeteilten“ und „absoluten“ Herrschaftsmacht jedoch von eminenter Bedeutung. Im Unterschied zum Völkerrecht sieht sich das Staatsrecht daher sehr wohl mit der Notwendigkeit konfrontiert, eine schlüssige Antwort auf die Frage nach dem Träger der Souveränität im normativ verfassten Herrschaftsverband zu geben.[996]

a) Untauglichkeit der Verfassung als Trägerin der Souveränität

Da der Sinn von Verfassungen gerade darin besteht, denjenigen Personen, die öffentliche Gewalt ausüben, den Weg zur „ungeteilten“ und „absoluten“ Herrschaftsmacht zu versperren[997] und weil die Verfassung kraft ihrer Stellung an der Spitze der Normenhierarchie selbst in gewisser Weise „zuhöchst“ ist, insofern nämlich, als nur sie Rechtsgeltung hat, ohne selbst positiv-rechtlich abgeleitet zu sein,[998] liegt der Verdacht nahe, dass die Souveränität im Verfassungsstaat auf die Verfassung übergeht.[999] Dies gilt umso mehr, wenn die jeweilige Verfassung den *pouvoir*

Unterscheidung zwischen Verfassung und Verfassungsgesetz siehe *Christian Winterhoff*, Verfassung – Verfassunggebung – Verfassungsänderung, 2007, S. 130 m. w. N.

[995] Vgl. *Dieter Grimm*, Souveränität – Herkunft und Zukunft eines Schlüsselbegriffs, 2009, S. 70, 79.

[996] Zur Differenzierung zwischen der Souveränität im völkerrechtlichen Sinne und der Souveränität im staatsrechtlichen Sinne *Friedrich Berber*, Lehrbuch des Völkerrechts, Band I, 2. Auflage 1975, S. 121 m. w. N.

[997] Vgl. *Dieter Grimm*, Souveränität – Herkunft und Zukunft eines Schlüsselbegriffs, 2009, S. 72; *Olivier Beaud*, Föderalismus und Souveränität: Bausteine zu einer verfassungsrechtlichen Lehre der Föderation, Der Staat 35 (1996), S. 45 (65); *Heinhard Steiger*, Geht das Zeitalter des souveränen Staates zu Ende?, Der Staat 41 (2002), S. 331 (336); *Hasso Hofmann*, „Souverän ist, wer über den Ausnahmezustand entscheidet“, Der Staat 44 (2005), S. 171 (179).

[998] Vgl. *Gerd Roellecke*, Verfassungsgebende Gewalt als Ideologie, JZ 1992, S. 929 (933).

[999] Grundlegend *Hugo Krabbe*, Die Lehre der Rechtssouveränität, 1906. Der Idee der Souveränität des Rechts bzw. der Verfassung stimmen zu *Hans Kelsen*, Allgemeine Staatslehre, 1925

constituant constitué nicht nur formellen, sondern auch materiellen Schranken unterwirft, also eine Klausel enthält, die – wie etwa Art. 79 Abs. 3 GG – bestimmte materiale Verfassungsinhalte dem Zugriff des verfassungsändernden Gesetzgebers entzieht und die Verfassung dadurch in ihrem Kern unantastbar macht.[1000] Dennoch vermag die These von der Souveränität der Verfassung bei genauerer Betrachtung nicht zu überzeugen. Der Grund liegt darin, dass ein irgendwie geartetes „Zuhöchst-Sein" für das Innehaben der Souveränität nicht genügt. Vielmehr war im Souveränitätsbegriff von Anfang an, d.h. bereits in seiner Verwendung vor *Bodin*, die Fähigkeit, verbindliche Entscheidungen zu treffen, stets mitgedacht.[1001] Der Verfassung aber fehlt diese Fähigkeit.[1002] Sie kann sich nicht selbst vollziehen,[1003] sie kann weder sich noch das ihr nachgeordnete Recht ändern und sie kann (Verfassungs-)Konflikte nicht selbst durch autoritative Entscheidung beenden.[1004] Als Trägerin der Souveränität scheidet sie daher aus. Doch verhilft die Auseinandersetzung mit der These von der Souveränität der Verfassung zu einer Einsicht, die die weitere Suche nach dem Ort der „ungeteilten" und „absoluten" Herrschaftsmacht im normativ verfassten Herrschaftsverband sinnvoll anzuleiten vermag. Es ist dies namentlich die Einsicht, dass der Souverän im Verfassungsstaat nur außerhalb des Kreises derer gefunden werden kann, die auf Grundlage der Verfassung zur Ausübung öffentlicher Gewalt berufen und deshalb zugleich durch und an die Verfassung gebunden sind.

(Nachdruck 1966), S. 102 ff.; *Robert M. MacIver*, The Modern State, 1926, S. 467 ff.; *Peter Häberle*, Zur gegenwärtigen Diskussion um das Problem der Souveränität, AöR 92 (1967), S. 259 (263) sowie *Udo Steiner*, Verfassunggebung und verfassunggebende Gewalt des Volkes, 1966, S. 230 f.: „Denn die Souveränität der Verfassung ist die Souveränität der vom Volke geschaffenen Ordnung". Instruktiv auch *Hans Haug*, Die Schranken der Verfassungsrevision: Das Postulat der richtigen Verfassung als normative Schranke der souveränen verfassunggebenden Gewalt, 1947, S. 71 ff.; *Ernst-Wolfgang Böckenförde*, Begriff und Probleme des Verfassungsstaates, in: ders., Staat, Nation, Europa, 1999, S. 127 (130 ff.) sowie *Martin Kriele*, Einführung in die Staatslehre, 6. Auflage 2003, S. 103, wobei darauf hinzuweisen ist, dass alle drei vorgenannten Autoren die Qualifikation der Verfassung als Trägerin der Souveränität im Ergebnis ablehnen.

[1000] Vgl. *Ernst-Wolfgang Böckenförde*, Begriff und Probleme des Verfassungsstaates, in: ders., Staat, Nation, Europa, 1999, S. 127 (133).

[1001] Siehe dazu *Heinhard Steiger*, Geht das Zeitalter des souveränen Staates zu Ende?, Der Staat 41 (2002), S. 331 (335): „Die innere Souveränität meint die Einzigkeit, Letztbestimmungsmacht und das Monopol der *Entscheidung* wie der Zwangsanwendung gegenüber den Landesbewohnern, vor allem dem Volk, sowie anderen inneren Herrschaften und Gewalten." (Hervorhebung hinzugefügt). Vgl. auch *Niklas Luhmann*, Verfassung als evolutionäre Errungenschaft, Rechtshistorisches Journal 9 (1990), S. 176 (194 ff.); *Ernst-Wolfgang Böckenförde*, Begriff und Probleme des Verfassungsstaates, in: ders., Staat, Nation, Europa, 1999, S. 127 (133 f.); *Martin Kriele*, Einführung in die Staatslehre, 6. Auflage 2003, S. 103.

[1002] Vgl. *Dieter Grimm*, Souveränität – Herkunft und Zukunft eines Schlüsselbegriffs, 2009, S. 53.

[1003] Laut *Ernst-Wolfgang Böckenförde*, Begriff und Probleme des Verfassungsstaates, in: ders., Staat, Nation, Europa, 1999, S. 127 (134) bleibt der „Gedanke der Souveränität der Verfassung" aus diesem Grunde „ein Stück Fiktion".

[1004] Im Ergebnis ebenso *Martin Kriele*, Einführung in die Staatslehre, 6. Auflage 2003, S. 103: „Normen als solche herrschen nicht, sondern sie werden durch Herrschende zur Geltung gebracht."

b) Untauglichkeit des Staates als Träger der Souveränität

Wenn nach dem Gesagten die Souveränität im Verfassungsstaat nicht auf die Verfassung übergeht, dann erscheint es plausibel, die Souveränität beim Staat zu suchen. Hierfür spricht, dass der Staat der Verfassung historisch vorausging:[1005] Der moderne Staat war als souveräner Herrschaftsverband bereits vorhanden, ehe die Verfassung in ihm ihren Regelungsgegenstand fand.[1006]

aa) Der Staat als Rechtsperson

Der Umstand, dass gemäß dem *Bodin*'schen Herrschaftskonzept nur derjenige Träger der Souveränität sein kann, der weder dem Gesetz noch der Befehlsgewalt einer anderen irdischen Gewalt unterliegt, steht der Verortung der Souveränität beim Staat nicht entgegen. Denn die rechtlichen Bindungen, die von der Verfassung ausgehen, treffen nicht den Staat selbst, sondern allein jene Autoritäten, die in seinem Namen öffentliche Gewalt ausüben, d. h. die *Organe* des Staates bzw. – in den Worten *Bodins* – die „gouvernementalen Instanzen". Im Zusammenhang mit der Zuordnung der ungeteilten und absoluten Herrschaftsmacht im Sinne des neuzeitlichen Souveränitätsdogmas muss daher streng unterschieden werden zwischen – einerseits – dem Staat, der selbst keine Direktiven aus der Verfassung empfängt, weil er als Rechtsperson zwar Völkerrechtssubjekt, nicht aber Verfassungsrechtssubjekt ist, und – andererseits – den Staats*organen*, die Adressaten der herrschaftsbegrenzenden Sollenssätze der Verfassung sind und (schon) aus diesem Grunde nicht Träger der Souveränität sein können.[1007]

In der Tat war es die Einsicht, dass im Verfassungsstaat weder die „Glieder" noch das „Haupt" desselben die ungeteilte und absolute Herrschaftsmacht im *Bodin*'schen Sinne für sich reklamieren können, welche *Wilhelm Eduard Albrecht* im Jahre 1837 zu dem Schluss verleitete, dass die Souveränität im konstitutionellen Deutschland des 19. Jahrhunderts nicht mehr beim Regenten lag, sondern beim Herrschaftsverband selbst, als dessen Organ der Monarch waltete.[1008] Im Hinblick

---

[1005] Vgl. oben Zweites Kapitel B. I. 1.

[1006] Siehe dazu *Ernst-Wolfgang Böckenförde*, Begriff und Probleme des Verfassungsstaates, in: ders., Staat, Nation, Europa, 1999, S. 127 (136): „Es gilt für jeden, auch einen demokratisch organisierten Staat, daß der Staat als Macht-, Entscheidungs- und Friedenseinheit nicht erst durch die rechtliche Verfassung hervorgebracht und konstituiert wird, ihr vielmehr vorausgeht." Vgl. ferner *Dieter Grimm*, Ursprung und Wandel der Verfassung, in: ders., Die Zukunft der Verfassung II, 2012, S. 11 (30): „Der Staat [...] trat als nationaler in Erscheinung. In dieser Form existierte er, ehe die Verfassung aufkam."

[1007] Vgl. *Dieter Grimm*, Souveränität – Herkunft und Zukunft eines Schlüsselbegriffs, 2009, S. 52: „Die verfassungsrechtlichen Bindungen berührten als Selbstbeschränkungen die Souveränität des Staates nicht. Sie begrenzten nicht ihn, sondern nur seine Organe."

[1008] *Wilhelm Eduard Albrecht*, Rezension über Maurenbrechers Grundsätze des heutigen Staatsrechts, Göttingische gelehrte Anzeigen 1837, S. 1489 ff. *Helmut Quaritsch*, Staat und Souveränität, 1970, S. 496 spricht in diesem Zusammenhang von einer „Verwandlung des ‚souveränen' Fürsten in ein Organ des Souveräns Staat".

auf die spannungsgeladene dualistische Verfassungslage[1009] erwies sich *Albrechts* Argumentation als elegante gedankliche Innovation, die das Potenzial besaß, einen der großen Konflikte der Zeit zu lösen, weil sie die umstrittene Frage, wer souverän sei – Fürst oder Volk – nicht im Sinne des einen oder des anderen, sondern zugunsten eines gemeinsamen Konvergenzpunktes löste, nämlich dem von *Albrecht* als „juristische Person" gedachten und so auch ausdrücklich bezeichneten[1010] Staat.[1011] Die eigentliche Innovation lag dabei weniger in der Zuordnung der Souveränität zum Staat als vielmehr in der Identifikation des Staates als einem mit eigener Rechtspersönlichkeit ausgestatteten, *gemeinsamen* Konvergenzpunkt von Volk und Monarch. Letztgenannter Aspekt bedeutete die entscheidende Neuerung[1012], die *Albrechts* Konzept grundlegend von jener „Staatssouveränität" unterschied, die *Georg Wilhelm Friedrich Hegel* bereits 16 Jahre zuvor in seinem 1821 erschienen Werk „Grundlinien der Philosophie des Rechts"[1013] entfaltet hatte. Darin ordnete *Hegel* die Souveränität dem Staat auf Grundlage der Vorstellung zu, dieser werde „nur in einer natürlichen Person, eben dem Monarchen, ‚wirklich', während das Volk ohne seinen Monarchen lediglich eine ‚formlose Masse' bildet, die nicht staatsfähig ist"[1014]. *Hegels* „Staatssouveränität" bedeutete folglich eine Zuspitzung der monarchischen Souveränität,[1015] wohingegen *Albrechts* „Staatssouveränität" das Zuhöchstsein des Monarchen implizit negierte.[1016]

1009 Vgl. oben Zweites Kapitel B. II. 2. b).

1010 *Wilhelm Eduard Albrecht*, Rezension über Maurenbrechers Grundsätze des heutigen Staatsrechts, Göttingische gelehrte Anzeigen 1837, S. 1489 (1492).

1011 *Stefan Oeter*, Souveränität – ein überholtes Konzept?, in: Hans-Joachim Cremer/Thomas Giegerich/Dagmar Richter/Andreas Zimmermann (Hrsg.), Tradition und Weltoffenheit des Rechts, Festschrift für Helmut Steinberger, 2002, S. 259 (269); *Hasso Hofmann*, „Souverän ist, wer über den Ausnahmezustand entscheidet", Der Staat 44 (2005), S. 171 (177); *Dieter Grimm*, Souveränität – Herkunft und Zukunft eines Schlüsselbegriffs, 2009, S. 51. Vgl. auch *Rainer Wahl*, Die Entwicklung des deutschen Verfassungsstaates bis 1866, in: ders., Verfassungsstaat, Europäisierung, Internationalisierung, 2003, S. 277 (295). Eingehend zum Verhältnis von Staatssouveränität und konstitutioneller Monarchie unter besonderer Berücksichtigung der Überlegungen *Albrechts* und weiterer führender Staatsrechtslehrer des 19. Jahrhunderts *Helmut Quaritsch*, Staat und Souveränität, 1970, S. 487 ff.

1012 Zwar war die Vorstellung von der *Transpersonalität* des Staates, also die Idee, dass der Verband die generative Erneuerung seiner Mitglieder und den Wechsel seiner Herrscher überdauert, lange vor *Albrecht* entwickelt worden, aber eine durchgreifende rechtliche Verselbständigung des Verbandes gegenüber allen seinen Mitgliedern hatte bis dato niemand behauptet; vgl. dazu *Helmut Quaritsch*, Staat und Souveränität, 1970, S. 471 mit Bezugnahmen unter anderem auf *Jean Bodin*, *Johannes Althusius*, *Hugo Grotius*, *Thomas Hobbes*, *John Locke*, *Samuel von Pufendorf*, *Jean-Jacques Rousseau* und *Emer de Vattel*.

1013 *Georg Wilhelm Friedrich Hegel*, Grundlinien der Philosophie des Rechts, 1821.

1014 *Dieter Grimm*, Souveränität – Herkunft und Zukunft eines Schlüsselbegriffs, 2009, S. 52 unter Verweis auf *Georg Wilhelm Friedrich Hegel*, Grundlinien der Philosophie des Rechts, 1821, § 279.

1015 Ähnlich *Albrecht Randelzhofer*, Staatsgewalt und Souveränität, in: HStR, Band II, 3. Auflage 2004, § 17 Rn. 20: „Durch diese Betonung des Monarchen erschien bei Hegel die Souveränität, obgleich er sie grundsätzlich dem Staate selbst zuschrieb, letztlich als Souveränität des Monarchen."

1016 Vgl. *Helmut Quaritsch*, Staat und Souveränität, 1970, S. 489: „Unter Geltung des monar-

Albrechts Auffassung fand zunächst nur zögerlich Akzeptanz. So formulierte etwa *Johann Caspar Bluntschli* noch rund drei Jahrzehnte später, nämlich im Jahre 1868: „Der Stat als Person ist souverän. Deszhalb nennen wir diese Souveränetät Statssouveränetät. Sie ist nicht vor dem State, noch auszer dem State, noch über dem State, sie ist die Macht und die Hoheit des States selbst."[1017] Mag diese Feststellung für sich genommen den Eindruck zu vermitteln, *Bluntschli* pflichte der These *Albrechts* vom Staat als Rechtsperson und ausschließlichem Träger der Höchstgewalt bei, so belegen die nachfolgenden Ausführungen des Schweizer Rechtswissenschaftlers das Gegenteil: „Auszer dieser dem ganzen Stats- oder Volkskörper selbst inwohnenden Souveränetät gibt es aber noch innerhalb des States eine Souveränetät des obersten Gliedes, des Hauptes, die Regenten- oder, da sie in der Monarchie am klarsten hervortritt, die Fürstensouveränetät."[1018] Zwischen den beiden behaupteten Erscheinungsformen der Souveränität sah *Bluntschli* keine Rivalität am Werke, sondern vielmehr eine „Harmonie wie zwischen dem ganzen Menschen und seinem Kopf"[1019].

Der Sache nach schrieb *Bluntschli* damit die von *Johann Ludwig Klüber* im Jahre 1817 entwickelte „zweigleisige" Souveränitätskonstruktion[1020] fort, die den Staat zum Subjekt der Souveränität erklärte und den Monarchen zu ihrem Träger.[1021] Hinter dem Versuch, den von *Bodin* als „unteilbar" attribuierten Herrschaftstatbestand der Souveränität zweigleisig zu konstruieren, stand das Bestreben, die in der deutschsprachigen staatstheoretisch-verfassungspolitischen Diskussion des 19. Jahrhunderts lange Zeit vorherrschende Organismusvorstellung für den Staat[1022], welche darauf drängte, die höchste Bestimmungsmacht nach außen und innen dem staatlichen Gemeinwesen als sittlich-geistiger Einheit zuzuschreiben,[1023] mit dem durch Art. 57 der Wiener Schlussakte für sämtliche Mitgliedstaaten des Deutschen

---

chischen Prinzips des Art. 57 der Wiener Schlußakte, in der ersten Phase der konstitutionellen Monarchie in Deutschland, blieb das Herrschaftsmonopol des Fürsten äußerlich gewahrt, alle Herrschaft im Staate war fürstliche Herrschaft. Aus dieser Stellung hat Albrecht den Fürsten verdrängt und an seinen Platz den Staat gesetzt."

[1017] *Johann Caspar Bluntschli*, Allgemeines Staatsrecht, Zweiter Band, 4. Auflage 1868, S. 9f.

[1018] *Johann Caspar Bluntschli*, Allgemeines Staatsrecht, Zweiter Band, 4. Auflage 1868, S. 12.

[1019] *Johann Caspar Bluntschli*, Allgemeines Staatsrecht, Zweiter Band, 4. Auflage 1868, S. 13.

[1020] Vgl. *Johann Ludwig Klüber*, Öffentliches Recht des teutschen Bundes und der Bundesstaaten, 1. Auflage 1817, S. 267f. und 270.

[1021] Entschieden in diese Richtung auch *Hermann von Schulze-Gävernitz*, Einleitung in das deutsche Staatsrecht, 1865, S. 171ff. sowie *Paul Laband*, Das Staatsrecht des Deutschen Reiches, Band I, 1. Auflage 1876, S. 86ff., der im Falle des Deutschen Kaiserreichs allerdings nicht den Deutschen Kaiser, sondern die Gesamtheit der einzelstaatlichen Fürsten und freien Städte als Träger der Souveränität identifizierte.

[1022] Eingehend zur Bedeutung der Vorstellung vom Staat als sittlich-geistigem Organismus für die staatstheoretisch-verfassungspolitische Diskussion im deutschen Konstitutionalismus des 19. Jahrhunderts *Ernst-Wolfgang Böckenförde*, Der Staat als Organismus – Zur staatstheoretisch-verfassungspolitischen Diskussion im frühen Konstitutionalismus, in: ders., Recht, Staat, Freiheit, 2006 (erweiterte Ausgabe), S. 263ff.

[1023] Vgl. *Ernst-Wolfgang Böckenförde*, Der Staat als Organismus – Zur staatstheoretisch-verfassungspolitischen Diskussion im frühen Konstitutionalismus, in: ders., Recht, Staat, Freiheit, 2006 (erweiterte Ausgabe), S. 263 (265).

Bundes verbindlich gestellten „monarchischen Prinzip" in Deckung zu bringen.[1024] Obgleich die zweigleisige Souveränitätskonstruktion damit von Beginn an die Züge eines Formelkompromisses trug, vermochte sie sich bis in das späte 19. Jahrhundert als dominierendes Deutungsmuster zu behaupten.[1025] Erst mit *Carl Friedrich Wilhelm von Gerbers* Abhandlung „Grundzüge eines Systems des deutschen Staatsrechts"[1026] gewannen die Lehre von der Rechtspersönlichkeit des Staates und die mit ihr verbundene „Umqualifizierung" des Monarchen vom Träger der Souveränität zum „bloßen" Staatsorgan in der Staatsrechtswissenschaft entscheidend an Boden,[1027] um sich mit der Rezeption von *Georg Jellineks* Hauptwerk „Allgemeine Staatslehre"[1028] schließlich endgültig als herrschendes Deutungsmuster durchzusetzen.[1029]

Richtet man den Blick an dieser Stelle auf die Genese der *Albrecht*'schen Idee von der „Staatssouveränität", so offenbart sich abermals die bereits eingangs dieses Kapitels angesprochene Wechselwirkung der drei Begriffselemente des souveränen Verfassungsstaats: Das auf Einheit und Unteilbarkeit drängende Souveränitätsdogma trieb die Umstellung der Herrschaft von einem personalen auf einen territorialen Bezugspunkt entscheidend voran, bereitete dergestalt den Boden für die Differenzierung zwischen der Person des Herrschers und dem unabhängig von ihm bestehenden, weil nunmehr räumlich definierten Herrschaftsbereich und gab dem Staat damit eine Gestalt, die ihn zum tauglichen Regelungsgegenstand der Verfassung werden ließ.[1030] Die Verfassung stellte die Plausibilität der Souveränitätsidee

---

[1024] Vgl. *Peter Häberle*, Zur gegenwärtigen Diskussion um das Problem der Souveränität, AöR 92 (1967), S. 259 (265).

[1025] Vgl. etwa *Joseph Held*, System des Verfassungsrechts der monarchischen Staaten Deutschlands mit besonderer Rücksicht auf den Constitutionalismus, Band I, 1856, S. 196 und 242 f.; *Robert von Mohl*, Encyklopädie der Staatswissenschaften, 1. Auflage 1859, S. 107 ff.; *Heinrich Albert Zachariä*, Deutsches Staats- und Bundesrecht, Band I, 3. Auflage 1865, S. 49 f.; *Hermann von Schulze-Gävernitz*, Einleitung in das deutsche Staatsrecht, 1865, S. 171 ff.; *Georg Meyer*, Lehrbuch des deutschen Staatsrechts, 1. Auflage 1878, S. 9 f.; *Hermann Rehm*, Allgemeine Staatslehre, 1899, S. 176. Zur Selbstbehauptung der zweigleisigen Souveränitätskonstruktion gegenüber den von *Albrecht* erhobenen Anfechtungen siehe auch *Helmut Quaritsch*, Staat und Souveränität, 1970, S. 497.

[1026] Vgl. *Carl Friedrich Wilhelm von Gerber*, Grundzüge eines Systems des deutschen Staatsrechts, 1. Auflage 1865, S. 1 f., 81.

[1027] Vgl. *Albrecht Randelzhofer*, Staatsgewalt und Souveränität, in: HStR, Band II, 3. Auflage 2004, § 17 Rn. 21.

[1028] Vgl. *Georg Jellinek*, Allgemeine Staatslehre, 3. Auflage 1913 (Neudruck 1966).

[1029] *Georg Jellinek*, Allgemeine Staatslehre, 3. Auflage 1913 (Neudruck 1966), S. 552 f. verabschiedete die zweigleisige Staats- und Souveränitätskonstruktion schlussendlich in den Bereich der Staatsrechtshistorie, indem er ihre Widersprüchlichkeit scharfsichtig offenlegte: „Träger der Staatsgewalt ist der Staat und niemand anders. Behauptet man, daß im Staat noch ein Träger dieser Gewalt sei, so spaltet man den Staat in die Körperschaft und den Träger der Gewalt. Denn entweder ist dieser Träger im Verhältnis zum Staate Organ, dann ist die Bezeichnung Träger nichtssagend, oder er ist nicht Organ, sondern Person, dann steht er dem Staate selbständig gegenüber."

[1030] Vgl. *Werner Näf*, Staatsverfassungen und Staatstypen 1830/31, in: Ernst-Wolfgang Böckenförde (Hrsg.), Moderne deutsche Verfassungsgeschichte (1815–1914), 2. Auflage 1981, S. 127: „Damit enthüllt sich die unentbehrliche Voraussetzung eines jeden Verfassungswerks: der Staatsgedanke muß zu vollem Selbstbewußtsein erwacht sein. Der Staat muß sich soweit objektiviert haalsdann einerseits in Frage, weil sie die Macht derer, die bis dato „ungeteilt" und „absolut" herrschten, spürbar und endgültig beschränkte, trug aber andererseits selbst zur Lösung des Problems bei, indem sie die Differenzierung zwischen Herrscher und Herrschaftsverband rechtlich fundierte, auf diese Weise die „Wandlung" des Staates zur juristischen Person beförderte und somit (scheinbar) einen neuen Ort für die Souveränität schuf.

bb) Die mangelnde Entscheidungsfähigkeit der Rechtsperson

Bei genauer Betrachtung wird allerdings erkennbar, dass sich auch der als Rechtsperson verstandene Staat nicht ohne weiteres zum Träger der Souveränität im *Bodin*'schen Sinne eignet. Ursächlich hierfür ist, dass sich der Souveränitätsbegriff nur bedingt mit jener Abstraktion verträgt, die der Vorstellung vom Staat als einer juristischen Person immanent ist. Die überkommene Unterscheidung zwischen der inneren und der äußeren Souveränität fördert das Problem klar zu Tage: Was die äußere Dimension anbetrifft, begegnet die Zuordnung der Souveränität zum abstrakten Gebilde „Staat" keinen durchgreifenden Bedenken. Der Grund liegt darin, dass die äußere Souveränität „sich nicht nach Staatsrecht, sondern nach Völkerrecht [bemisst]"[1031], das Völkerrecht aber traditionell nicht auf die innere Ordnung der Völkerrechtssubjekte fokussiert,[1032] sondern auf die Beziehungen *zwischen* den Völkerrechtssubjekten.[1033] Eine exakte Verortung des „Zuhöchst-Seins" im Binnenbereich der Staaten kann daher unterbleiben.[1034] In seiner nach innen gerichteten Dimension fragt der Herrschaftstatbestand der Souveränität indes auch und gerade nach dem Ausgangs- und Zurechnungsendpunkt aller Herrschaftsakte,[1035] d.h. nach dem mit ungeteilter und absoluter Herrschaftsmacht ausgestatteten ersten und höchsten Entscheider innerhalb der jeweiligen politischen Einheit.[1036] Zur Entscheidung ist ein abstraktes Gebilde jedoch nicht fähig. In diesem für die innere

---

ben, daß er zu autonomem Willen erwachsen ist, oder daß er mindestens dem Herrscher, der ihn regiert, als in sich selbst bestehendes, aus sich selbst heraus lebendes Wesen gegenübersteht."

1031 Vgl. *Dieter Grimm*, Souveränität – Herkunft und Zukunft eines Schlüsselbegriffs, 2009, S. 69f. Zum völkerrechtlichen Begriff der Souveränität *Bernhard Kempen*, Einige Bemerkungen zum völkerrechtlichen Begriff der Souveränität, in: Dieter Dörr u. a. (Hrsg.), Die Macht des Geistes: Festschrift für Hartmut Schiedermair, 2001, S. 783ff.

1032 Vgl. nur *Josef Isensee*, Staat und Verfassung, in: HStR, Band II, 3. Auflage 2004, § 15 Rn. 50: „Das Völkerrecht betrachtet den Staat als impermeable Größe."

1033 Siehe dazu etwa *Stefan Oeter*, Souveränität – ein überholtes Konzept?, in: Hans-Joachim Cremer/Thomas Giegerich/Dagmar Richter/Andreas Zimmermann (Hrsg.), Tradition und Weltoffenheit des Rechts, Festschrift für Helmut Steinberger, 2002, S. 259 (272ff.).

1034 So auch *Gerd Roellecke*, Souveränität, Staatssouveränität, Volkssouveränität, in: Dietrich Murswiek/Ulrich Storost/Heinrich A. Wolff (Hrsg.), Staat – Souveränität – Verfassung, Festschrift für Helmut Quaritsch zum 70. Geburtstag, 2000, S. 15 (17); *Dieter Grimm*, Souveränität – Herkunft und Zukunft eines Schlüsselbegriffs, 2009, S. 79.

1035 Vgl. oben Zweites Kapitel A. II. 2. a).

1036 Vgl. *Niklas Luhmann*, Verfassung als evolutionäre Errungenschaft, Rechtshistorisches Journal 9 (1990), S. 176 (194ff.).

Souveränität zentralen Punkt eignet dem Staat als Rechtsperson dasselbe Unvermögen wie der Verfassung als Rechtsakt.[1037]

c) Zuordnung der Souveränität zur verfassunggebenden Gewalt

Liegt die innere Souveränität nach alledem weder bei der Verfassung noch beim Staat, so drängt sich der Verdacht auf, dass sie im Verfassungsstaat schlicht abstirbt.[1038] Dafür spricht, dass der demokratische Konstitutionalismus von Beginn an gegen eine Höchstgewalt im Staate gerichtet war.[1039] Da es im modernen Verfassungsstaat nur noch rechtlich begründete und begrenzte Befugnisse gibt, verfügt kein Kompetenzträger über jene ursprüngliche, ungeteilte und absolute Herrschaftsmacht, welche seit *Bodin* unter der Bezeichnung „Souveränität" firmiert.[1040] Vielmehr ist alle politische Macht insofern limitiert, als jeder Herrschaftsakt (verfassungs-)rechtlichen Vorgaben genügen muss.[1041] Von dieser Bindung aller Herrschaft an die „lex" eines Anderen gibt es im Falle des Verfassungsstaats nur eine einzige – allerdings überaus bedeutsame – Ausnahme. Die dem Konstitutionalismus immanente Forderung nach umfassender rechtlicher Fundierung und Begrenzung politischer Macht kann nicht durchgehalten werden, soweit die Verfassung selbst in Rede steht, oder genauer: soweit es um den (Herrschafts-)Akt der Verfassunggebung geht. Der Grund liegt darin, dass eine positiv-rechtliche Ableitung der höchsten Norm logisch-notwendig nicht mehr gelingen kann.[1042] Wenn aber eine

---

1037 Zur Untauglichkeit der Verfassung als Trägerin der Souveränität siehe oben Zweites Kapitel B. IV. 1. a).

1038 So etwa *Erich Tosch*, Die Bindung des verfassungsändernden Gesetzgebers an den Willen des historischen Verfassunggebers, 1979, S. 115. Vgl. auch *Udo Steiner*, Verfassunggebung und verfassunggebende Gewalt des Volkes, 1966, S. 207 ff.

1039 Vgl. *Dieter Grimm*, Souveränität – Herkunft und Zukunft eines Schlüsselbegriffs, 2009, S. 70. Siehe auch *Peter Saladin*, Verantwortung als Staatsprinzip: Ein neuer Schlüssel zur Lehre vom modernen Rechtsstaat, 1984, S. 91; *Niklas Luhmann*, Verfassung als evolutionäre Errungenschaft, Rechtshistorisches Journal 9 (1990), S. 176 (198); *Hans Hugo Klein*, Verfassungsgerichtsbarkeit und Verfassungsstruktur: Vom Rechtsstaat zum Verfassungsstaat, in: Paul Kirchhof/Klaus Oferhaus/Horst Schöberle (Hrsg.), Steuerrecht – Verfassungsrecht – Finanzpolitik, Festschrift für Franz Klein, 1994, S. 511 (512); *Martin Kriele*, Einführung in die Staatslehre, 6. Auflage 2003, S. 102; *Claudio Franzius*, Europäisches Verfassungsrechtsdenken, 2010, S. 9.

1040 Vgl. *Martin Kriele*, Einführung in die Staatslehre, 6. Auflage 2003, S. 103: „Indessen gibt es im Verfassungsstaat nur *Kompetenzen*, die vom vorgegebenen Verfassungsrecht umgrenzt sind. Die Staatsgewalt ist auf Organe verteilt, und jedes Organ hat nur diejenige Rechtsmacht, die ihm von der Verfassungsordnung zugewiesen ist." Siehe dazu auch *Helmut Quaritsch*, Souveränität im Ausnahmezustand: Zum Souveränitätsbegriff im Werk Carl Schmitts, Der Staat 35 (1996), S. 1 (12, 24).

1041 Ähnlich *Helmut Quaritsch*, Souveränität im Ausnahmezustand: Zum Souveränitätsbegriff im Werk Carl Schmitts, Der Staat 35 (1996), S. 1 (24): „Niemand ist materiell ‚souverän', weil kein Organ legibus solutus und absolut ist, nämlich unüberprüfbar von der Rechtsnorm abweichen darf."

1042 Siehe dazu *Niklas Luhmann*, Verfassung als evolutionäre Errungenschaft, Rechtshistorisches Journal 9 (1990), S. 176 (184 ff.); *Gerd Roellecke*, Verfassungsgebende Gewalt als Ideologie, JZ 1992, S. 929 (933); *Ernst-Wolfgang Böckenförde*, Die verfassunggebende Gewalt des Volkes – Ein Grenzbegriff des Verfassungsrechts, in: ders., Wissenschaft, Politik, Verfassungsgericht, 2011, S. 97 (98) sowie *Josef Isensee*, Das Volk als Grund der Verfassung – Mythos und Relevanz der Lehpositiv-rechtliche Ableitung der Verfassung ausscheidet und transzendente Begründungsmuster gerade überwunden werden sollen,[1043] dann bleibt als möglicher Geltungsgrund der höchsten Norm nur die Autorität[1044] desjenigen, der die Verfassung gegeben hat und ihre Beachtung will[1045].[1046] *Konrad Hesse* ist daher beizu-

---

re von der verfassunggebenden Gewalt –, 1995, S. 57: „Zur Logik des positiven Rechts gehört es, daß jede Norm einen Anfang hat, jenseits dessen es keine positivrechtlichen Fragen geben kann."

1043 Siehe dazu oben Zweites Kapitel B. I. 2.

1044 Vgl. *Ernst-Wolfgang Böckenförde*, Die verfassunggebende Gewalt des Volkes – Ein Grenzbegriff des Verfassungsrechts, in: ders., Wissenschaft, Politik, Verfassungsgericht, 2011, S. 97: „Ihren Geltungsanspruch und ihre besondere rechtliche Qualität leitet [die Verfassung], wenn nicht aus dem bloßen Faktum ihrer Entstehung, von einer ihr *vorausliegenden* Größe her, die sich als besondere Macht oder Autorität darstellt." Auf den Begriff „Autorität" rekurrieren ferner *Carl Schmitt*, Verfassungslehre (1928), 9. Auflage 2003, S. 75; *Wilhelm Henke*, Die verfassunggebende Gewalt des Volkes in Lehre und Wirklichkeit, Der Staat 7 (1968), S. 165 (176) und *Jörg Henner Boehl*, Landesverfassunggebung im Bundesstaat, Der Staat 30 (1991), S. 572 (577). Auch *Hans Kelsen* tritt der Annahme entgegen, dass die Geltung der höchsten Norm ohne Bezugnahme auf Faktisches begründet werden kann; siehe dazu *ders.*, Hauptprobleme der Staatsrechtslehre, 2. Auflage 1923, S. 9 f.: „Es ist außerordentlich bezeichnend, daß man die Frage nach dem Anfang und dem Ende, der Entstehung und Zerstörung des Soll nur insofern beantworten kann, als man aus der Welt des Soll in die des Seins übergeht; […]"; *ders.*, Die Funktion der Verfassung, in: Verhandlungen des Zweiten Österreichischen Juristentages 1964, Band II, 7. Teil, 1965, S. 65 (70 und 74): Da es „[k]ein Sollen ohne ein Wollen" gebe, müsse „mit der gedachten Grundnorm auch eine imaginäre Autorität mitgedacht werden". Kritisch zu *Kelsens* Figur der „imaginären Autorität" *Robert Alexy*, Begriff und Geltung des Rechts, 3. Auflage der Studienausgabe, 2011, S. 178 f. Zum Bedeutungsgehalt der „Autorität" als staatsrechtlichem Begriff und seine Abgrenzung vom Begriff „Macht" *Carl Schmitt*, Verfassungslehre (1928), 9. Auflage 2003, S. 75 f. (Fußnote 1).

1045 Bereits *Emmanuel Joseph Sieyès*, Qu'est-ce que le Tiers-État?, 3. Auflage 1789, S. 116 hat dies klar formuliert: „De quelque manière qu'une Nation veuille, *il suffit qu'elle veuille*; toutes les formes sont bonnes, et sa volonté est toujours la loi suprême." (Hervorhebung hinzugefügt). Das volitive Moment betonen auch *Carl Schmitt*, Verfassungslehre (1928), 9. Auflage 2003, S. 22 (dazu referierend *Gerhard Robbers*, Die Staatslehre der Weimarer Republik: Eine Einführung, Jura 1993, S. 69 (70)); *Hans Haug*, Die Schranken der Verfassungsrevision: Das Postulat der richtigen Verfassung als normative Schranke der souveränen verfassunggebenden Gewalt, 1947, S. 73 und 89 f.; *Konrad Hesse*, Die normative Kraft der Verfassung (1959), in: Manfred Friedrich (Hrsg.), Verfassung: Beiträge zur Verfassungstheorie, 1978, S. 77 (86 f.); *Klaus Stern*, Das Staatsrecht der Bundesrepublik Deutschland, Band I, 2. Auflage, 1984, S. 104.

1046 Umstritten ist nach wie vor, ob das *„faktische* Können" im Sinne praktischer Durchsetzungsfähigkeit hinreichende Bedingung jener Autorität ist, der die Verfassung ihre Geltung verdankt (so mit aller Entschiedenheit *Carl Schmitt*, Verfassungslehre (1928), 9. Auflage 2003, S. 75 f.: *„Verfassunggebende Gewalt ist der politische Wille, dessen Macht oder Autorität imstande ist, die konkrete Gesamtentscheidung über Art und Form der eigenen politischen Existenz zu treffen*, also die Existenz der politischen Einheit im ganzen [sic] zu bestimmen.") oder ob darüber hinaus die Bedingungen eines überpositiven *„rechtlichen* Könnens" erfüllt sein müssen (so etwa *Immanuel Kant*, Die Metaphysik der Sitten – Erster Theil: Metaphysische Anfangsgründe der Rechtslehre (1797), abgedruckt in: Julius Hermann von Kirchmann (Hrsg.), Sammlung der Hauptwerke der Philosophie alter und neuer Zeit, 28. Band: Kant's Grundlegung zur Metaphysik der Sitten, 1870, S. 25: „Es kann also eine äussere Gesetzgebung gedacht werden, die lauter [positive] Gesetze enthielte; alsdann aber müsste doch ein natürliches Gesetz vorausgehen, welches die Autorität des Gesetzgebers […] begründete."). Instruktiv zu den diesbezüglich vertretenen Auffassungen *Christian Winterhoff*, Verfassung – Verfassunggebung – Verfassungsänderung, 2007, S. 123 ff. mit zahlreichen weiteren Nachweisen. Näher zum Naturrecht nach *Immanuel Kant*: *Otfried Höffe*, Wofür braucht das positive Recht ein Naturrecht?, Der Staat 58 (2019), S. 275 (284 ff.). Allgemein pflichten, wenn er feststellt, dass die durch die Verfassung konstituierte Ordnung „nicht wie ein Denkgesetz unabhängig von allem menschlichen Wollen gelten kann, sondern nur durch Willensakte in Geltung zu setzen und zu erhalten ist"[1047].

Es fällt nicht schwer, hier das Souveränitätsdogma *Bodins* wiederzuerkennen,[1048] zumal es gerade der in der Fähigkeit zur autoritativen Rechtserzeugung manifest werdende Selbstand souveräner Herrschaft[1049] war, von dem sich *Bodin* die Beendigung der konfessionellen Bürgerkriege im Frankreich des 16. Jahrhunderts versprach.[1050] Erst das Moment der Immanenz,[1051] der Umstand also, dass der Wille des Souveräns jedweder Angewiesenheit auf externe Autorisierung strukturell enthoben ist,[1052] ermöglichte die Befreiung des Herrschaftsapparats „aus allen religiösen, personalen und traditionalen Bindungen und erlaubte völlig neue Problemlösungen"[1053]. Im Tatbestand der Souveränität mutiert die Mächtigkeit als Faktum zur Befugnis im Rechtssinne. Diese spezifische Art des „Zuhöchst-Seins", die sich in einer eigentümlichen, vor *Bodin* gänzlich unbekannten „Verknüpfung von Faktischem und Normativ-Legitimierenden"[1054] offenbart, eignet im Verfassungsstaat

---

zur Geltung von Normen *Robert Alexy*, Begriff und Geltung des Rechts, 3. Auflage der Studienausgabe, 2011, S. 139ff.

[1047] *Konrad Hesse,* Die normative Kraft der Verfassung (1959), in: Manfred Friedrich (Hrsg.), Verfassung: Beiträge zur Verfassungstheorie, 1978, S. 77 (86f.) unter Verweis auf *Hermann Heller*, Bemerkungen zur staats- und rechtstheoretischen Problematik der Gegenwart, AöR 55 (1929), S. 321 (352f.).

[1048] *Werner von Simson*, Die Souveränität im rechtlichen Verständnis der Gegenwart, 1965, S. 31 setzt den Willen, der die Verfassung in Geltung setzt und in Geltung hält, gar mit der Souveränität gleich: „Souveränität in abstracto ist das faktisch einer jeden Rechtsordnung zugrunde liegende und diese Rechtsordnung in sich aufnehmende, von der Rechtsordnung aber selbst nicht erfaßbare Willenselement." Vgl. auch *Josef Isensee*, Staat und Verfassung, in: HStR, Band II, 3. Auflage 2004, § 15 Rn. 167: „Der Geltungsgrund [der Verfassung] ist der *souveräne* Wille des Volkes." (Hervorhebung hinzugefügt).

[1049] Vgl. dazu *Ernst-Wolfgang Böckenförde*, Geschichtliche Entwicklung und Bedeutungswandel der Verfassung, in: ders., Staat, Verfassung, Demokratie, 1991, S. 29 (33), der Souveränität als letztverbindliche, „dem hergebrachten Rechtszustand überlegene Entscheidungszuständigkeit und rechtliche Gestaltungsmacht" charakterisiert, „in der höchste, *sich selbst behauptende* Macht und Recht miteinander verknüpft sind" (Hervorhebung hinzugefügt).

[1050] Vgl. oben Zweites Kapitel A. II. 1.

[1051] Siehe dazu *Gerd Roellecke*, Souveränität, Staatssouveränität, Volkssouveränität, in: Dietrich Murswiek/Ulrich Storost/Heinrich A. Wolff (Hrsg.), Staat – Souveränität – Verfassung, Festschrift für Helmut Quaritsch zum 70. Geburtstag, 2000, S. 15 (21): „[Die Souveränität] gewinnt ihre legitimierende Kraft aus ihrer Fähigkeit, Rechtsänderungen zu legitimieren, die sich ihrerseits der legitimierenden Kraft der Souveränität verdanken. Die Souveränität ist selbstbezogen. Ihre Begründung endet in einem Zirkel."

[1052] Vgl. *Gerd Roellecke*, Souveränität, Staatssouveränität, Volkssouveränität, in: Dietrich Murswiek/Ulrich Storost/Heinrich A. Wolff (Hrsg.), Staat – Souveränität – Verfassung, Festschrift für Helmut Quaritsch zum 70. Geburtstag, 2000, S. 15 (16): „Souveränität legitimiert dadurch, daß sie alle möglichen Legitimationsangebote, ja, schon die Legitimationsfrage selbst abweist."

[1053] *Gerd Roellecke*, Souveränität, Staatssouveränität, Volkssouveränität, in: Dietrich Murswiek/Ulrich Storost/Heinrich A. Wolff (Hrsg.), Staat – Souveränität – Verfassung, Festschrift für Helmut Quaritsch zum 70. Geburtstag, 2000, S. 15 (17).

[1054] *Ernst-Wolfgang Böckenförde*, Die verfassunggebende Gewalt des Volkes – Ein Grenzbegriff des Verfassungsrechts, in: ders., Wissenschaft, Politik, Verfassungsgericht, 2011, S. 97 (100).

niemand anderem als der verfassunggebenden Gewalt: Nur sie kann (– im Rahmen des zwingenden Völkerrechts –)[1055] das gesamte im Gebiet des jeweiligen Verfassungsstaats geltende Recht jederzeit ändern („pouvoir de donner loy"), ohne dabei an die Maßgaben der Verfassung[1056] oder die „lex" irgendeiner anderen irdischen Gewalt gebunden zu sein („Autonomie der Entscheidung"). Nur sie verfügt somit über die uneingeschränkte Rechtsmacht, die Felder eigenen wie fremden Tätigwerdens in jeder Hinsicht selbst rechtlich abzustecken („Kompetenzhoheit") und nur sie kommt deshalb als Ausgangs- und Zurechnungsendpunkt aller Herrschaftsakte in Betracht. Es zeigt sich: Im modernen Verfassungsstaat zieht sich die Souveränität in die verfassunggebende Gewalt des Volkes zurück.[1057]

Existierte aber in Gestalt der verfassunggebenden Gewalt eine Autorität, welche die Verfassung als verbindliches positives Recht hervorbringen konnte, dann ist nicht ersichtlich, inwiefern die Verfassung diese Autorität, die ihr ja gerade vorausliegt und der sie ihre fortwährende Geltung verdankt, konsumieren sollte. Ganz in diesem Sinne argumentierte bereits *James Wilson* in seiner Rede am 26. November 1787 auf der „Convention of the State of Pennsylvania on the Adoption of the Federal Constitution":

„Perhaps some politician, who has not considered with sufficient accuracy our political systems, would answer, that, in our governments, the supreme power is vested in the constitutions. This opinion approaches a step nearer to the truth, but does not reach it. The truth is, that, in our governments, the supreme, absolute, and uncontrollable power remains in the people. As our constitutions are superior to our legislatures, so the people are superior to our constitutions. [...] The consequence is, that the people may change the constitutions when-

---

Vgl. ferner *Carl Schmitt*, Politische Theologie: Vier Kapitel zur Lehre von der Souveränität, 1922, S. 20, der die „Verbindung von faktisch und rechtlich höchster Macht" als „das Grundproblem des Souveränitätsbegriffes" identifiziert. In diese Richtung auch *Albrecht Randelzhofer*, Staatsgewalt und Souveränität, in: HStR, Band II, 3. Auflage 2004, § 17 Rn. 3: „Die Souveränität steht auf der Grenze zwischen Recht und Wirklichkeit."

1055 Die Bindung an „allgemeine, zwingende und unabdingbare Grundsätze des Völkerrechts" tut der Souveränität der verfassunggebenden Gewalt keinen Abbruch; vgl. *Dietrich Murswiek*, Die verfassunggebende Gewalt nach dem Grundgesetz für die Bundesrepublik Deutschland, 1978, S. 143 m. w. N. Siehe auch die zusammenfassende Darstellung des einschlägigen wissenschaftlichen Schrifttums bei *Christian Winterhoff*, Verfassung – Verfassunggebung – Verfassungsänderung, 2007, S. 158.

1056 Zur Unmöglichkeit, den *pouvoir constituant* verfassungsrechtlichen Bindungen zu unterwerfen siehe nur *Peter Unruh*, Der Verfassungsbegriff des Grundgesetzes, 2002, S. 384; *Christian Winterhoff*, Verfassung – Verfassunggebung – Verfassungsänderung, 2007, S. 268; *Christoph Möllers*, Verfassunggebende Gewalt – Verfassung – Konstitutionalisierung, in: Armin von Bogdandy/Jürgen Bast (Hrsg.), Europäisches Verfassungsrecht, 2. Auflage 2009, S. 227 (251) sowie oben Zweites Kapitel B. III. 2. a) bb) (1).

1057 Ebenso *Dieter Grimm*, Souveränität – Herkunft und Zukunft eines Schlüsselbegriffs, 2009, S. 72 sowie *Martin Kriele*, Einführung in die Staatslehre, 1. Auflage 1975, S. 113: „[D]ie verfassunggebende Gewalt des Volkes ist zwar tatsächlich die ungeteilte, unbedingte, unbeschränkte Macht, Recht zu durchbrechen und Recht zu schaffen. Insofern ist es also berechtigt, von *Volkssouveränität* zu sprechen. Aber diese Macht kann sich nur in dem einen Akt der *Verfassungsschöpfung* verwirklichen." Vgl. auch *Hans Haug*, Die Schranken der Verfassungsrevision: Das Postulat der richtigen Verfassung als normative Schranke der souveränen verfassunggebenden Gewalt, 1947, S. 90 f.

ever and however they please. This is a right of which no positive institution can ever deprive them.«[1058]

Die Annahme, im Verfassungsstaat sterbe die Souveränität ab, erweist sich vor diesem Hintergrund als Trugschluss, ausgelöst durch den Umstand, dass die verfassunggebende Gewalt im Verfassungsalltag nicht sichtbar in Erscheinung tritt und auch nicht in Erscheinung treten darf, will sie nicht das mit der Verfassunggebung bezweckte „Hineinstellen" der politischen Macht in eine verlässliche „gesetzliche Ordnung, festgelegte Formen, gesicherte Verfahren und Kontrollen, kurz in ‚Konstitutionalität'"[1059] unterminieren. *Gerd Roellecke* charakterisiert die verfassunggebende Gewalt vor diesem Hintergrund als das „beobachtende Unbeobachtbare"[1060], *Ernst-Wolfgang Böckenförde* beschreibt sie als das „Formlos-Formende"[1061], *Dietrich Murswiek* als das „nicht-normierbar Normative"[1062].

Dass die verfassunggebende Gewalt mit Abschluss des Prozesses der Verfassunggebung formlos wird und sich fortan der Beobachtung entzieht, bedeutet jedoch

---

[1058] Rede abgedruckt in: Frank Moore (Hrsg.), American Eloquence: A Collection of Speeches and Addresses by the most eminent Orators of America, Band 1, 1858, S. 74 (80). Vgl. auch *Carl Schmitt*, Verfassungslehre (1928), 9. Auflage 2003, S. 91: „Sie [– die verfassunggebende Gewalt –] kann nicht übertragen, nicht veräußert, nicht absorbiert oder konsumiert werden." Im Ergebnis ebenso *Peter Badura*, Artikel „Verfassung", in: Evangelisches Staatslexikon, Band II, 3. Auflage 1987, Spalte 3737 (3745); Ulrich Klaus *Preuß*, Einleitung: Der Begriff der Verfassung und ihre Beziehung zur Politik, in: ders. (Hrsg.), Zum Begriff der Verfassung: Die Ordnung des Politischen, 1994, S. 7 (20ff.); *Gunnar Folke Schuppert*, Rigidität und Flexibilität von Verfassungsrecht: Überlegungen zur Steuerungsfunktion von Verfassungsrecht in normalen wie in „schwierigen Zeiten", AöR 120 (1995), S. 32 (48); *Martin Heckel*, Die deutsche Einheit als Verfassungsfrage: Wo war das Volk?, 1995, S. 25f.; *Udo Di Fabio*, Das Recht offener Staaten: Grundlinien einer Staats- und Rechtstheorie, 1998, S. 32 (Fußnote 58); *Peter Unruh*, Der Verfassungsbegriff des Grundgesetzes, 2002, S. 386f. m. w. N. A. A. *Hans Haug*, Die Schranken der Verfassungsrevision: Das Postulat der richtigen Verfassung als normative Schranke der souveränen verfassunggebenden Gewalt, 1947, S. 157ff. und *Martin Kriele*, Das demokratische Prinzip im Grundgesetz, VVDStRL 29 (1970), S. 46 (59): „Der pouvoir constituant ist aber nunmehr im Grundgesetz aufgehoben: *pouvoir constitué*." Auch *Herbert Sauerwein*, Die „Omnipotenz" des pouvoir constituant: Ein Beitrag zur Staats- und Verfassungstheorie, 1960, S. 181 sieht den *pouvoir constituant* in gewisser Weise als im Akt der Verfassunggebung konstituiert an, namentlich insofern, als eine „ausbalancierte Staatsverfassung" seiner Auffassung nach sogar vom *pouvoir constituant* „nur geändert werden darf, wenn entweder bei der Neueinführung eines Machtfaktors in das Staatsleben diesem ein gleichgearteter Machtfaktor hinzugegeben wird, so daß sich diese neuen Faktoren entsprechen, oder wenn bei der Eliminierung eines Machtfaktors gleichzeitig auch die diesen beschränkenden Machtfaktoren mit aufgehoben werden." Eine ausführliche Darstellung der widerstreitenden Auffassungen findet sich bei *Christian Winterhoff*, Verfassung – Verfassunggebung – Verfassungsänderung, 2007, S. 197ff.

[1059] *Wolfgang Böckenförde*, Verfassungsprobleme und Verfassungsbewegung des 19. Jahrhunderts, in: ders., Recht, Staat, Freiheit, 2006 (erweiterte Ausgabe), S. 244 (254).

[1060] *Gerd Roellecke*, Verfassungsgebende Gewalt als Ideologie, JZ 1992, S. 929 (933).

[1061] *Ernst-Wolfgang Böckenförde*, Die verfassunggebende Gewalt des Volkes – Ein Grenzbegriff des Verfassungsrechts, in: ders., Wissenschaft, Politik, Verfassungsgericht, 2011, S. 97 (102). *Böckenförde* übernimmt insoweit die Terminologie *Carl Schmitts*; vgl. *Carl Schmitt*, Verfassungslehre (1928), 9. Auflage 2003, S. 81.

[1062] *Dietrich Murswiek*, Die verfassunggebende Gewalt nach dem Grundgesetz für die Bundesrepublik Deutschland, 1978, S. 258.

mitnichten, dass sie aufhört zu existieren. Zwar ist sie als der Verfassung vorausliegende politische Größe in ihren Äußerungsformen rechtlich nicht festgelegt und auch gar nicht festlegbar,[1063] aber solange Wille und Vorstellung in der Welt sind, besteht die reale Möglichkeit, dass die verfassunggebende Gewalt sich Bahn bricht und eine neue Verfassung an die Stelle der alten setzt[1064].[1065] Die in diesem Zusam-

---

[1063] So ausdrücklich *Ernst-Wolfgang Böckenförde*, Die verfassunggebende Gewalt des Volkes – Ein Grenzbegriff des Verfassungsrechts, in: ders., Wissenschaft, Politik, Verfassungsgericht, 2011, S. 97 (105); siehe auch *Carl Schmitt*, Verfassungslehre (1928), 9. Auflage 2003, S. 83 und *Brun-Otto Bryde*, Verfassungsentwicklung: Stabilität und Dynamik im Verfassungsrecht der Bundesrepublik Deutschland, 1982, S. 233. *Wilhelm Henke*, Die verfassunggebende Gewalt des Volkes in Lehre und Wirklichkeit, Der Staat 7 (1968), S. 165 (176) weist unter Bezugnahme auf die Entstehung von Staaten in ehemaligen Kolonialgebieten darauf hin, dass auch „Unruhen, Aufstände, [...], Meuterei der Armee, Sezession [...]", also rechtlich ungeordnete Vorgänge mit hohem destruktiven Potenzial, „Äußerungen der verfassunggebenden Gewalt" sein können und spricht in diesem Zusammenhang von „gewaltsamen Ausbrüchen des verfassunggebenden Willens". Zur rechtslogischen Unmöglichkeit einer Konstitutionalisierung der verfassunggebenden Gewalt vgl. oben Zweites Kapitel B. III. 2. a) bb) (1).

[1064] Unwillkürlich kommen einem hier die Ausführungen *Carl Schmitts* zur Souveränität in den Sinn, der seinem berühmt gewordenen Ausspruch „Souverän ist, wer über den Ausnahmezustand entscheidet" erläuternd hinzufügte: „Er [– der Souverän–] steht außerhalb der normal geltenden Rechtsordnung und gehört doch zu ihr, denn er ist zuständig für die Entscheidung, ob die Verfassung in toto suspendiert werden kann" (*Carl Schmitt*, Politische Theologie: Vier Kapitel zur Lehre von der Souveränität, 1922, S. 9 f.). Der Sache nach ordnet *Schmitt* die Souveränität damit der verfassungs*aufhebenden* Gewalt zu, ohne aber die Verfassungsaufhebung unter die Bedingung zu stellen, dass die Ausübung öffentlicher Gewalt nach der Bewältigung des Ausnahmezustands in verfassungsrechtliche Bahnen zurückgeführt wird. *Dieter Grimm*, Souveränität – Herkunft und Zukunft eines Schlüsselbegriffs, 2009, S. 77 bemerkt daher zu Recht, dass die von *Schmitt* in seiner „Politischen Theologie" entfaltete Souveränitätslehre aus dem Verfassungsstaat hinausführe; ähnlich *Martin Kriele*, Einführung in die Staatslehre, 6. Auflage 2003, S. 105 f. und *Ulrich Karpen*, Die verfassungsrechtliche Grundordnung des Staates – Grundzüge der Verfassungstheorie und Politischen Philosophie, JZ 1987, S. 431 (440), welch letzterer darauf hinweist, dass „[d]er Dezisionismus im Positivismus des Führerbefehls [endete], dem Führerrecht als der suprema lex." Demgegenüber ist der hier für zutreffend erachteten Verortung der Souveränität bei der verfassung*gebenden* Gewalt die Forderung immanent, den Staat in den Zustand normativer Verfasstheit zu bringen bzw. in diesem Zustand zu halten; in diese Richtung auch *Konrad Hesse*, Die normative Kraft der Verfassung (1959), in: Manfred Friedrich (Hrsg.), Verfassung: Beiträge zur Verfassungstheorie, 1978, S. 77 (91). Kritik an *Carl Schmitts* Thesen zum Verhältnis von Souveränität und Verfassung üben auch *Hermann Heller*, Die Souveränität: Ein Beitrag zur Theorie des Staats- und Völkerrechts, 1927, S. 65 ff.; *Gerd Roellecke*, Souveränität, Staatssouveränität, Volkssouveränität, in: Dietrich Murswiek/Ulrich Storost/Heinrich A. Wolff (Hrsg.), Staat – Souveränität – Verfassung, Festschrift für Helmut Quaritsch zum 70. Geburtstag, 2000, S. 15 (19) sowie *Helmut Quaritsch*, Souveränität im Ausnahmezustand: Zum Souveränitätsbegriff im Werk Carl Schmitts, Der Staat 35 (1996), S. 1 (23), welch letzterer konstatiert, „daß Schmitt die Souveränität allein unter dem Aspekt des Ausnahmezustandes unvollständig erörterte".

[1065] Vgl. *Dietrich Murswiek*, Die verfassunggebende Gewalt nach dem Grundgesetz für die Bundesrepublik Deutschland, 1978, S. 209: „Der pouvoir constituant kann gegen die bestehende Verfassung tätig werden, wenn und wann er will"; *Ernst-Wolfgang Böckenförde*, Geschichtliche Entwicklung und Bedeutungswandel der Verfassung, in: ders., Staat, Verfassung, Demokratie, 1991, S. 29 (44): „Das Volk als Träger des pouvoir constituant ist verflüchtigt, aufgegangen in den umgrenzten Befugnissen eines pouvoir constitué innerhalb der Verfassung, bis es sich in einem revolutionär-politischen Akt wieder als solcher, eine neue Ordnung setzend, zur Geltung bringt"; *Gerd Roellecke*, Verfassungsgebende Gewalt als Ideologie, JZ 1992, S. 929 (933): „An dem Satz der menhang mitunter angemahnte Unterscheidung zwischen dem „politisch-faktischen Können" einerseits und dem „positiv-rechtlichen Dürfen" andererseits verfehlt den Kern der Sache:[1066] Da die verfassunggebende Gewalt vom Souverän betätigt wird, der Souverän aber definitionsgemäß weder an die „lex" eines Anderen noch an das von ihm selbst gesetzte (Verfassungs-)Recht gebunden ist, ergibt die Kategorie des „positiv-rechtlichen Dürfens" im Zusammenhang mit Akten der Verfassunggebung keinen rechten Sinn. Es bleibt deshalb dabei, dass die verfassunggebende Gewalt mit dem Inkrafttreten der Verfassung keineswegs abstirbt. Vielmehr ändert sie lediglich ihren „Aggregatzustand", tritt gleichsam als verfassungs*tragende* Gewalt in Erscheinung, in dieser Rolle nun nicht mehr darauf bedacht, eine Verfassung in Geltung zu setzen, sondern darauf, die gegebene Verfassung auf unbestimmte Zeit in Geltung zu halten.[1067]

Als Garant der Verfassungswirksamkeit ist die verfassungstragende Gewalt des Volkes diejenige Autorität, vor der die *pouvoirs constitués* ihr Handeln im Letzten zu verantworten haben. Doch kann an die Stelle des Willens zur Verfassungswirksamkeit jederzeit der Wille zur Diskontinuität, d.h. zur Verfassungsneuschöpfung, treten. Die verfassunggebende Gewalt bleibt daher latent.[1068] Hiervon zeugt auch

---

französischen Nationalversammlung, ‚daß die Nation das unveräußerliche Recht hat, ihre Verfassung zu ändern', ist nicht zu rütteln. Dieses Urrecht ist allgegenwärtig. Da das Volk – was immer das ist – sein Recht zur Verfassunggebung jederzeit und überall in Anspruch nehmen könnte, kann man die verfassungsgebende Gewalt jederzeit und überall bei der Arbeit vermuten [...]"; *Christian Winterhoff*, Verfassung – Verfassunggebung – Verfassungsänderung, 2007, S. 269: „Gleich, ob eine Verfassung neuerlicher Verfassunggebung rechtlichen Widerstand entgegensetzt oder diese auf andere Weise vermeiden bzw. unnötig machen will – immer handelt es sich dabei um den Versuch, verfassungsrechtlich sicherzustellen, daß es nicht zu – politisch-faktisch niemals ausschließbaren – Aktionen der verfassunggebenden Gewalt kommt". Eingehend zu möglichen Verfahren der Verfassunggebung *Carl Schmitt*, Verfassungslehre (1928), 9. Auflage 2003, S. 82 ff.; *Udo Steiner*, Verfassunggebung und verfassunggebende Gewalt des Volkes, 1966, S. 93 ff.; *Klaus von Beyme*, Die verfassunggebende Gewalt des Volkes: Demokratische Doktrin und politische Wirklichkeit, 1968, S. 32 ff.; *Ernst-Wolfgang Böckenförde*, Die verfassunggebende Gewalt des Volkes – Ein Grenzbegriff des Verfassungsrechts, in: ders., Wissenschaft, Politik, Verfassungsgericht, 2011, S. 97 (108 ff.). Siehe dazu auch *Wilhelm Henke*, Die verfassunggebende Gewalt des Volkes in Lehre und Wirklichkeit, Der Staat 7 (1968), S. 165 (175 ff.), der am historischen Beispiel der Bildung der Republik Kongo erläutert, auf welchen Wegen das „Bewußtsein", „eine Verfassung schaffen [zu] könne[n]", in eine Verfassunggebung münden kann.

[1066] Zu dieser Unterscheidung vgl. die ausführliche Darstellung von *Christian Winterhoff*, Verfassung – Verfassunggebung – Verfassungsänderung, 2007, S. 197 ff.

[1067] Vgl. *Martin Heckel*, Die Legitimation des Grundgesetzes durch das deutsche Volk, in: HStR, Band VIII, 1. Auflage 1995, § 197 Rn. 58; *Henner Jörg Boehl*, Verfassunggebung im Bundesstaat: Ein Beitrag zur Verfassungslehre des Bundesstaates und der konstitutionellen Demokratie, 1997, S. 96; *Christian Waldhoff*, Entstehung des Verfassungsgesetzes, in: Otto Depenheuer/Christoph Grabenwarter (Hrsg.), Verfassungstheorie, 2010, § 8 Rn. 15.

[1068] So bereits *Emmanuel Joseph Sieyès*, Qu'est-ce que le Tiers-État?, 3. Auflage 1789, S. 113 ff. Ebenso *Carl Schmitt*, Verfassungslehre (1928), 9. Auflage 2003, S. 91; *Theodor Maunz*, Die verfassunggebende Gewalt im Grundgesetz, DÖV 1953, S. 645; *Gerd Roellecke*, Verfassungsgebende Gewalt als Ideologie, JZ 1992, S. 929 (933); *Udo Di Fabio*, Der neue Art. 23 des Grundgesetzes, Der Staat 32 (1993), S. 191 (213); *Henner Jörg Boehl*, Verfassunggebung im Bundesstaat: Ein Beitrag zur Verfassungslehre des Bundesstaates und der konstitutionellen Demokratie, 1997, S. 95 f.; *Martin Kriele*, Einführung in die Staatslehre, 6. Auflage 2003, S. 241; *Ernst-Wolfgang Böckenförde*, der Umstand, dass Verfassungen in aller Regel Instrumente zur systemimmanenten Modifikation ihrer selbst implementiert werden, um so das faktische Bedürfnis nach einer neuerlichen, revolutionären Betätigung der verfassunggebenden Gewalt zu minimieren.[1069] Denn die Annahme, die verfassunggebende Gewalt könne sich in einem revolutionären Akt erneut Bahn brechen, bedingt, dass die verfassunggebende Gewalt auch nach dem Inkrafttreten der Verfassung noch vorhanden ist. Insofern erweist sich die Präsenz des (verfassungsgebundenen) *pouvoir constituant constitué* als ein positiv-rechtliches Symptom der Latenz des (verfassungsungebundenen) *pouvoir constituant.*

2. *Ausübung souveräner Herrschaftsgewalt im Verfassungsstaat*

Was die Ausübung souveräner Herrschaftsgewalt anbetrifft, lässt sich der von *Bodin* in seinem Hauptwerk entwickelte Ansatz der Delegation politischer Macht, d. h. die vom Souverän veranlasste Wahrnehmung einzelner Hoheitsrechte durch „gouvernementale Instanzen“,[1070] zwanglos mit der Funktionslogik des Verfassungsstaats in Einklang bringen: Die in die Gesetzgebungs- und Befehlsgewalt des Souveräns eingeschmolzenen „droits de souveraineté“ werden im normativ verfassten Herrschaftsverband – nunmehr als Derivate der Souveränität – wieder voneinander getrennt und verschiedenen staatlichen Organen einzeln zur Wahrnehmung übertragen.[1071] Die für die Ausübung von Herrschaftsgewalt essenzielle Befugnis, Recht zu setzen und zu ändern, ist als in den Verfassungsbestimmungen kondensierte *Ermächtigung* zu denken, d. h. als rechtlich vermittelte Ableitung von der bei der verfassunggebenden Gewalt liegenden, allumfassenden „pouvoir de donner loy“.[1072] Aus der Perspektive des Souveränitätsdogmas fungiert die normative Verfassung folglich als ein Instrument, vermöge dessen der Souverän die Ausübung seiner ursprünglichen Herrschaftsgewalt organisiert und koordiniert:[1073] Unter Inanspruchnahme seiner Kompetenzhoheit richtet er im Wege der Verfassunggebung verschiedene Kompetenzträger ein, weist ihnen unterschiedliche Aufgaben zu und

Demokratie als Verfassungsprinzip, in: HStR, Band II, 3. Auflage 2004, § 24 Rn. 7; *Dieter Grimm*, Souveränität – Herkunft und Zukunft eines Schlüsselbegriffs, 2009, S. 72; *Christian Waldhoff*, Entstehung des Verfassungsgesetzes, in: Otto Depenheuer/Christoph Grabenwarter (Hrsg.), Verfassungstheorie, 2010, § 8 Rn. 45.

1069 Eingehend dazu *Christian Winterhoff*, Verfassung – Verfassunggebung – Verfassungsänderung, 2007, S. 267 ff.

1070 Siehe dazu oben Zweites Kapitel A. II. 2. a) aa) sowie Zweites Kapitel B. III. 2. a) aa).

1071 Vgl. *Martin Kriele*, Einführung in die Staatslehre, 1. Auflage 1975, S. 116; *Ernst-Wolfgang Böckenförde*, Begriff und Probleme des Verfassungsstaates, in: ders., Staat, Nation, Europa, 1999, S. 127 (129 f.).

1072 Vgl. *Gerd Roellecke*, Souveränität, Staatssouveränität, Volkssouveränität, in: Dietrich Murswiek/Ulrich Storost/Heinrich A. Wolff (Hrsg.), Staat – Souveränität – Verfassung, Festschrift für Helmut Quaritsch zum 70. Geburtstag, 2000, S. 15 (22).

1073 Vgl. *Georges Burdeau*, Traité de Science Politique, Band IV, 2. Auflage 1969, S. 45: „la constitution est la règle par laquelle le souverain légitime le Pouvoir en adhérant à l'idée de droit qu'il représente et détermine en consequence les conditions de son exercise.“

vertraut ihnen bestimmte Machtmittel an.[1074] Da die hierdurch bewirkte Gewaltenteilung allein die verfasste Gewalt betrifft, welche zwar im Auftrag des Souveräns Herrschaft ausübt, aber eben nicht selbst souverän ist, findet sie – die Gewaltenteilung – „unterhalb" der Souveränität statt und steht somit nicht in Widerspruch zur „Unteilbarkeit" derselben.[1075]

3. Fazit

Damit bestätigt sich, was bereits eingangs dieses Kapitels – dort zur These verkürzt – Erwähnung fand: Obschon sich die moderne Verfassungsidee gegen Fremdbestimmung des Einzelnen durch eine mit Machtvollkommenheit ausgestattete, die individuelle Freiheit restlos konsumierende Staatsgewalt richtet, stellt sie das der Machtvollkommenheit des Staates zugrunde liegende *Bodin*'sche Souveränitätsdogma doch nicht in Frage. Vielmehr bedient sie sich seiner, um politische Herrschaft aus dem Paradigma des Machtstaats zu lösen und in eine rechtlich-normativ vermittelte, vom Willen der zum Volk geeinten Individuen ausgehende und auf diesen Willen rückbezogene (Auftrags-)Angelegenheit zu transformieren.[1076] Der unter der Bezeichnung „Verfassung" firmierende herrschaftsbegründende und -begrenzende Normeninbegriff gründet seinen Geltungsanspruch dementsprechend auf denselben Herrschaftstatbestand wie ehedem das Gesetz und der Befehl des absolutistischen Fürsten. Mithin löst der demokratische Konstitutionalismus den souveränen Territorialstaat nicht ab, sondern entfaltet sich im Horizont desselben. Die moderne Verfassungsidee überwindet die von *Thomas Hobbes* entworfene rigoristische Alternative zwischen lebensbedrohlicher Anarchie und umfassendem Freiheitsverzicht, aber sie rührt nicht an der – allein räumlichen Grenzen unterliegenden – potenziellen Allgewalt des Souveräns. Stattdessen anverwandelt sie sich das darin liegende Herrschaftspotenzial, wissend, dass Schutz vor dem Übergriff der Obrigkeit das Bedürfnis nach Schutz vor dem Übergriff des Privaten nicht ent-

---

1074 Ähnlich *Horst Dreier*, Grenzen demokratischer Freiheit im Verfassungsstaat, in: ders., Idee und Gestalt des freiheitlichen Verfassungsstaates, 2014, S. 249 (257 f.): „Die verfassunggebende Gewalt (*pouvoir constituant*) setzt in einem außerordentlichen, ja gewissermaßen ‚gottähnlich' gedachten Urakt der Rechtsschöpfung den Rahmen für die anderen Staatsgewalten und -organe, die als bloße *pouvoirs constitués* durch diesen Akt der Verfassunggebung erzeugt, legitimiert und zugleich limitiert werden." Vgl. auch *Christian Starck*, Vorrang der Verfassung und Verfassungsgerichtsbarkeit, in: ders., Der demokratische Verfassungsstaat: Gestalt, Grundlagen, Gefährdungen, 1995, S. 33 (40), der unter Bezugnahme auf *Georges Burdeau* feststellt: „Die [...] verfassunggebende Gewalt begründet und begrenzt die Staatsgewalt, organisiert sie, verleiht Kompetenzen und bestimmt die Verfahren, in denen die Staatsgewalt ausgeübt wird."

1075 Grundlegend *Pierre Bouquet*, Lettres Provinciales ou Examen Impartial De l'Origine, de la constitution, et des Révolutions de la Monarchie Française, 1772, S. 120: „le Souverain est celui qui ne peut être commandé de personne, & qui peut commander à tous; mais l'exécution, la manutention des Loix, l'administration de l'Etat, peut être divisée & communiquée". Siehe auch *Dieter Grimm*, Souveränität – Herkunft und Zukunft eines Schlüsselbegriffs, 2009, S. 43.

1076 Zum Verhältnis von Normativität und Macht aus der Warte des demokratischen Konstitutionalismus vgl. auch *Josef Isensee*, Die Staatlichkeit der Verfassung, in: Otto Depenheuer/Christoph Grabenwarter (Hrsg.), Verfassungstheorie, 2010, § 6 Rn. 74.

fallen lässt.[1077] Kurz gefasst: Der demokratische Konstitutionalismus ist nicht darauf angelegt, die Souveränität zu überwinden, sondern darauf, sie ihrer Tendenz zu „maß- und gestaltloser Willkür“[1078] zu entheben, oder anders formuliert: sie zu zivilisieren.

C. Moderner Staat als supranational integrierter Staat

Das Grundgesetz fügt den beiden überkommenen Zweckebenen des modernen Staates eine weitere, nicht minder belangvolle Zweckebene hinzu. Vor dem Hintergrund zweier Weltkriege, die im Herzen Europas ihren Ausgang nahmen und den Kontinent an den Rande der Vernichtung brachten, ergänzt es die hergebrachten (Verfassungs-)Versprechen auf Schutz vor privater Gewalt und hoheitlicher Machtwillkür um das Versprechen auf Friedenswahrung durch Überwindung des europäischen Staatenantagonismus.[1079] Die Bedeutung dieser dritten, im Leitbild vom vereinten Europa mit gleichberechtigter Gliedschaft des deutschen Volkes effektvoll zum Ausdruck gelangenden Zweckebene[1080] und ihr (Spannungs-)Verhältnis zu den beiden vorgenannten Dimensionen moderner Staatlichkeit sollen im Folgenden näher beleuchtet werden.[1081]

I. Verfassungsrechtliche Grundlagen der supranationalen Integration Deutschlands

Rudolf Smend war es, der den Begriff „Integration“ in die (deutsche) Verfassungslehre einführte, indem er ihn in den Mittelpunkt seines 1928 erschienen Hauptwerks „Verfassung und Verfassungsrecht“[1082] stellte. Im Kontext des darin entwickelten Gegenentwurfs zum staatsrechtlichen Positivismus der Weimarer Zeit be-

1077 Vgl. *Josef Isensee*, Die alte Frage nach der Rechtfertigung des Staates, JZ 1999, S. 265 (271 f.).

1078 Formulierung nach *Konrad Hesse*, Die normative Kraft der Verfassung (1959), in: Manfred Friedrich (Hrsg.), Verfassung: Beiträge zur Verfassungstheorie, 1978, S. 77 (91).

1079 Vgl. BVerfGE 123, 267 (346) – Lissabon.

1080 Vgl. Satz 1 der Präambel: „Im Bewußtsein seiner Verantwortung vor Gott und den Menschen, von dem Willen beseelt, als *gleichberechtigtes Glied in einem vereinten Europa* dem Frieden der Welt zu dienen, hat sich das Deutsche Volk kraft seiner verfassungsgebenden Gewalt dieses Grundgesetz gegeben.“ (Hervorhebung hinzugefügt). Siehe auch *Erhard Denninger*, Vom Ende nationalstaatlicher Souveränität in Europa, JZ 2000, S. 1121 (1123).

1081 *Rainer Wahl*, Die zweite Phase des Öffentlichen Rechts in Deutschland: Die Europäisierung des Öffentlichen Rechts, Der Staat 38 (1999), S. 495 (502) konstatiert, dass die – in der Präambel des Grundgesetzes avisierte –Einigung Europas „zu einem grundlegenden Wandel des Staatsverständnisses geführt“ habe. „An die Stelle des ‚geschlossenen‘ Nationalstaats mit seiner binnenorientierten Rechtsordnung“ sei „der in eine supranationale Gemeinschaft integrierte Nationalstaat, der Nationalstaat als Gliedstaat eines vertikalen Verbunds, getreten“. In einem weiteren Beitrag identifiziert *Wahl* das „Phänomen des *integrierten* Staates“ als „Paradigma einer neuen Entwicklungsstufe“ des Staates und der Rechtsordnung; vgl. *Rainer Wahl*, Internationalisierung des Staates, in: ders., Verfassungsstaat, Europäisierung, Internationalisierung, 2003, S. 17 (22).

1082 *Rudolf Smend*, Verfassung und Verfassungsrecht (1928), in: ders., Staatsrechtliche Abhandlungen, 2. Auflage 1968, S. 119ff.

zog *Smend* den Begriff auf den Binnenbereich einer nach außen hin als politische Einheit in Erscheinung tretenden Gemeinschaft. In dieser Perspektive verstand er unter „Integration" den – durch die Verfassung beförderten – Prozess des innerlichen Zusammenwachsens der zum Herrschaftsverband zusammengeschlossenen Menschen.[1083] Doch gebrauchte *Smend* den Begriff nach dem Zweiten Weltkrieg ausdrücklich auch zur Charakterisierung von internationalen Zusammenschlüssen. In diesem Kontext bedeute „Integration"

> „nicht Addition, Anschluß aneinander, sondern Bildung eines neuen Ganzen durch ein neues Zusammenspiel der bisher vereinzelten Glieder [...], bei dem diese Glieder zugleich, in der gegenseitigen Beeinflussung, in Opfer und Gewinn, ihre tatsächliche Art und ihren rechtlichen Status ändern müssen."[1084]

In einem Staat, der – wie die Bundesrepublik Deutschland – als Verfassungsstaat im materiellen Sinne in Erscheinung tritt, d.h. als ein Verband, in dem alle legitime politische Macht erst durch die Verfassung konstituiert wird,[1085] bedarf das Voranschreiten in einem derartigen Prozess notwendig der verfassungsrechtlichen Fundierung.[1086] Folgerichtig hält das Grundgesetz in Gestalt von Art. 24 GG sowie der Bestimmung des Art. 23 GG in jener Fassung, die diese Norm durch ihre Novellierung anlässlich der Ratifizierung des Vertrags von Maastricht vom 7. Februar 1992 erhalten hat, entsprechende Handlungsermächtigungen zugunsten der verfassten (Staats-)Gewalt bereit. Beide Vorschriften sind im wissenschaftlichen Schrifttum ausgiebig erörtert worden.[1087] Die folgende Analyse der Art. 23 und 24 GG kann sich daher auf jene Aspekte beschränken, die für das Erkenntnisinteresse der vorliegenden Arbeit von besonderer Bedeutung sind.

1. Art. 24 GG

Als die Mitglieder des Parlamentarischen Rats beschlossen, in das von ihnen zu erarbeitende Grundgesetz die Bestimmung des Art. 24 GG aufzunehmen, ergänz-

---

1083 Vgl. dazu *Anne Peters*, Elemente einer Theorie der Verfassung Europas, 2001, S. 86ff. Kritisch zum *Smend*'schen Verständnis von der Funktionalität und (eingeschränkten) Normativität der Verfassung *Josef Isensee*, Die Staatlichkeit der Verfassung, in: Otto Depenheuer/Christoph Grabenwarter (Hrsg.), Verfassungstheorie, 2010, § 6 Rn. 22ff.

1084 *Rudolf Smend*, Integration (1956), in: ders., Staatsrechtliche Abhandlungen, 2. Auflage 1968, S. 482 (483). Ganz ähnlich in Bezug auf die Einbindung der europäischen Staaten in die Europäische Union *Christoph Schönberger*, Die Europäische Union als Bund: Zugleich ein Beitrag zur Verabschiedung des Staatenbund-Bundesstaat-Schemas, AöR 129 (2004), S. 81 (111).

1085 Zum materiellen Verfassungsstaatsbegriff vgl. nur *Ernst-Wolfgang Böckenförde*, Begriff und Probleme des Verfassungsstaates, in: ders., Staat, Nation, Europa, 1999, S. 127 (129ff.).

1086 Ebenso *Paul Kirchhof*, Deutsches Verfassungsrecht und Europäisches Gemeinschaftsrecht, EuR 1991 Beiheft 1, S. 11 (15).

1087 Vgl. nur *Kirsten Schmalenbach*, Der neue Europaartikel 23 des Grundgesetzes im Lichte der Arbeit der Gemeinsamen Verfassungskommission, 1996; *Thomas Flint*, Die Übertragung von Hoheitsrechten: Zur Auslegung des Art. 23 Abs. 1 Satz 2 und Art. 24 Abs. 1 GG, 1998; *Doris König*, Die Übertragung von Hoheitsrechten im Rahmen des europäischen Integrationsprozesses, 2000; *Sven Simon*, Grenzen des Bundesverfassungsgerichts im europäischen Integrationsprozess, 2016, S. 41ff.

ten sie das überkommene Konzept moderner Verfassungsstaatlichkeit um eine weitere Zweckebene, die in der westeuropäisch-nordatlantischen Verfassungstradition bis dato ohne Vorbild war.[1088] Als außerordentlich folgenreich erwies sich der erste Absatz dieser Vorschrift, der noch heute folgenden Wortlaut hat:

„Der Bund kann durch Gesetz Hoheitsrechte auf zwischenstaatliche Einrichtungen übertragen."

a) Verfassungstheoretische Einordnung

Würdigt man diese später als „Integrationskompetenz"[1089], „Integrationsermächtigung"[1090] oder auch „Integrationshebel"[1091] apostrophierte Bestimmung in verfassungstheoretischer Perspektive, so erhellt ihr innovatives Moment unmittelbar. Es ist dies namentlich die planvolle Relativierung der überkommenen Unterscheidung zwischen dem *pouvoir constituant constitué* einerseits und dem einfachen Gesetzgeber andererseits. Die Bestimmung des Art. 24 Abs. 1 GG relativiert jene Unterscheidung insofern, als die Ausübung der durch sie begründeten Rechtsmacht des *einfachen* Gesetzgebers, Hoheitsrechte – d. h. Kompetenzen zur Ausübung öffentlicher Gewalt im innerstaatlichen Bereich –[1092] auf zwischenstaatliche Einrichtungen zu übertragen, zwangsläufig auf die Verfassungsordnung des übertragenden Staates ein- bzw. rückwirkt[1093] und damit einen Erfolg herbeiführt, den herbeizuführen traditionell dem verfassungsändernden Gesetzgeber vorbehalten ist. Zutreffend konstatiert *Klaus Vogel*, dass

---

[1088] Ebenso *Rainer Wahl*, Internationalisierung des Staates, in: ders., Verfassungsstaat, Europäisierung, Internationalisierung, 2003, S. 17: „Es [– das Grundgesetz –] öffnet sich in einer für die deutsche Verfassungstradition – und nicht nur für sie – vorbildlosen Weise dem supranationalen und internationalen Bereich." Vgl. dazu auch *Udo Di Fabio*, Der Auftrag zur europäischen Integration und seine Grenzen, in: Matthias Ruffert (Hrsg.), Dynamik und Nachhaltigkeit des Öffentlichen Rechts, Festschrift für Meinhard Schröder zum 70. Geburtstag, 2012, S. 169 (170).

[1089] *Wilhelm Grewe*, Die auswärtige Gewalt der Bundesrepublik, VVDStRL 12 (1954), S. 129 (146); *Klaus Vogel*, Die Verfassungsentscheidung des Grundgesetzes für eine internationale Zusammenarbeit, 1964, S. 5.

[1090] *Peter Badura*, Das Staatsziel „Europäische Integration" im Grundgesetz, in: Johannes Hengstschläger u. a. (Hrsg.), Für Staat und Recht, Festschrift für Herbert Schambeck, 1994, S. 887.

[1091] *Hans Peter Ipsen*, Europäisches Gemeinschaftsrecht, 1972, S. 58.

[1092] Zur Definition des Hoheitsrechts im Sinne von Art. 24 Abs. 1 GG als „Kompetenz zur Ausübung öffentlicher Gewalt im innerstaatlichen Bereich" vgl. *Lena Ketterer*, Zustimmungserfordernis beim Europäischen Stabilitätsmechanismus, 2016, S. 138; *Rudolf Geiger*, Staatsrecht III: Bezüge des Grundgesetzes zum Völker- und Europarecht, 7. Auflage 2018, S. 127; *Heiko Sauer*, in: Wolfgang Kahl/Christian Waldhoff/Christian Walter (Hrsg.), Bonner Kommentar zum Grundgesetz, Loseblattsammlung, 198. EL Mai 2019, Lfg. 198 Mai 2019, Art. 24 Rn. 33.

[1093] Siehe dazu *Klaus Vogel*, Die Verfassungsentscheidung des Grundgesetzes für eine internationale Zusammenarbeit, 1964, S. 4 f.; *Albrecht Randelzhofer*, Fragenkatalog (Anhörung zum Thema Grundgesetz und Europa), abgedruckt in: Deutscher Bundestag (Hrsg.), Materialien zur Verfassungsdiskussion und zur Grundgesetzänderung in der Folge der deutschen Einigung, Band 3, 1996, S. 259 (260); *Doris König*, Die Übertragung von Hoheitsrechten im Rahmen des europäischen Integrationsprozesses, 2000, S. 42 sowie unten Zweites Kapitel C. I. 1. c).

„das Grundgesetz einen solchen Eingriff in die von ihm geschaffene Ordnung, wie er in der ‚Übertragung' von ‚Hoheitsrechten' der Sache nach liegt, *eben nicht mehr als Anlaß für eine Änderung des Verfassungsgesetzes betrachtet*, daß es sich vielmehr in seinem Geltungswillen *bewußt und ausdrücklich* unter jenen *Vorbehalt des Art. 24 Abs. 1 GG* stellt."[1094]

Der von *Vogel* ins Licht gehobene „Vorbehalt", unter den das Grundgesetz seinen „Geltungswillen" bzw. – sprachlich genauer – seinen Anspruch auf Maßstäblichkeit stellt, hat weitreichende Konsequenzen. Denn indem er den einfachen Gesetzgeber insoweit, als dieser es unternimmt, Hoheitsrechte an zwischenstaatliche Einrichtungen auszureichen, von der grundgesetzlichen Kompetenzordnung dispensiert, dünnt er der Sache nach dessen Verfassungsbindung aus. Die Verfassungsfunktion der Herrschaftsbegrenzung kann hiervon nicht unberührt bleiben: Werden Breite und Dichte der Verfassungsbindung des einfachen Gesetzgebers reduziert, so schwächt sich die herrschaftsbegrenzende Wirkung der Verfassung entsprechend ab.[1095] Allerdings liegt darin noch keine Abkehr vom Konstitutionalismus der nordamerikanischen und französischen Revolution. Diese Schwelle wäre nur dann überschritten, wenn Art. 24 Abs. 1 GG neben der Unterscheidung zwischen dem *pouvoir constituant constitué* und dem einfachen Gesetzgeber auch die Unterscheidung zwischen dem *pouvoir constituant originaire* und den *pouvoirs constitués* relativierte. Jene für die moderne Verfassung schlechthin konstitutive Unterscheidung[1096] tastet Art. 24 Abs. 1 GG jedoch nicht an. Eigenart und Funktion dieser Vorschrift würden grob verzeichnet, wenn man die dem einfachen Gesetzgeber durch Art. 24 Abs. 1 GG eingeräumte Befugnis, Veränderungen im Verfassungsgefüge der Bundesrepublik zu veranlassen, als Anschluss an die ehedem von *Paul Laband* prominent vertretene[1097] und in Deutschland bis zum Ende der Weimarer Republik fortwirkende[1098] Anschauung deutete, Verfassung und einfaches Gesetz seien hierarchisch gleichrangige Willensäußerungen ein- und derselben Gewalt.[1099] Dies zu behaupten, hieße zu verkennen, dass die in Art. 24 Abs. 1 GG enthaltene Ermächtigung des einfachen Gesetzgebers „lediglich" Mittel zu einem vom *Verfassunggeber* höchstselbst bestimmten Zweck ist, nämlich Mittel zu der dem vom Parlamentarischen Rat für essenziell befundenen Einbindung

---

1094 *Klaus Vogel*, Die Verfassungsentscheidung des Grundgesetzes für eine internationale Zusammenarbeit, 1964, S. 6f.

1095 Zur Verfassungsbindung des Gesetzgebers und ihrer Bedeutung für die mit der Rechtsfigur des Verfassungsvorrangs bezweckten Begrenzung politischer Herrschaftsmacht siehe oben Zweites Kapitel B. II. 3. c) cc).

1096 Zur konstitutiven Bedeutung der Unterscheidung zwischen dem *pouvoir constituant* und den *pouvoirs constitués* für den demokratischen Konstitutionalismus *Dieter Grimm*, Ursprung und Wandel der Verfassung, in: ders., Die Zukunft der Verfassung II, 2012, S. 11 (24f.); *ders.*, Die Verfassung im Prozess der Entstaatlichung, in: ders., Die Zukunft der Verfassung II, 2012, S. 67 (76) m. w. N.

1097 *Paul Laband*, Das Staatsrecht des Deutschen Reiches, Band II, 5. Auflage, 1911, S. 39.

1098 Vgl. nur *Gerhard Anschütz*, Die Verfassung des Deutschen Reichs vom 11. August 1919, 14. Auflage 1933, S. 401.

1099 Siehe auch oben Zweites Kapitel B. II. 5. c) bb) (3) (Kaiserreich) bzw. Zweites Kapitel B. II. 6. b) bb) (3) (Weimarer Republik).

Deutschlands in den europäischen Einigungsprozess. *Christian Hillgruber* beschreibt die *ratio legis* des Art. 24 Abs. 1 GG vor diesem Hintergrund wie folgt:

„Mit Art. 24 Abs. 1 GG schuf der Verfassunggeber von 1949 [...] bereits das verfassungsrechtliche Instrumentarium, das es der Bundesrepublik Deutschland ermöglichen und erleichtern sollte, sich durch einfachgesetzliche, kompetenzverlagernde ‚Abgabe' von Hoheitsrechten in die Europäischen Gemeinschaften zu integrieren. Die einzelnen Integrationsakte sollten sich gewissermaßen nur noch als Vollzug der bereits mit Art. 24 Abs. 1 GG gefallenen, verfassungsrechtlichen Grundentscheidung für die Integration darstellen."[1100]

Dass das Grundgesetz den einfachen Gesetzgeber mitnichten als (teil-)identisch mit der verfassunggebenden Gewalt begreift, wird vollends offenbar, wenn man berücksichtigt, dass dieser auch in seiner Funktion als Integrationsgesetzgeber keineswegs frei von verfassungsrechtlichen Direktiven ist. Vielmehr sind sämtliche Hoheitsrechtsübertragungen im Sinne von Art. 24 Abs. 1 GG vorbehaltlos den vom Verfassunggeber in Art. 79 Abs. 3 GG statuierten materiellen Schranken unterworfen.[1101] Eingedenk dessen besteht kein Zweifel, dass Art. 24 Abs. 1 GG die Zweiheit von verfassunggebender und verfasster Gewalt nicht in Frage stellt, sondern – im Gegenteil – voraussetzt.

In verfassungstheoretischer Hinsicht ist somit Folgendes festzuhalten: Der *pouvoir constituant originaire* hat in Art. 24 Abs. 1 GG einen speziellen (Integrations-) Auftrag formuliert[1102] und den einfachen Gesetzgeber zwecks Ausführung desselben mit einer Art von Rechtsmacht ausgestattet, die traditionell für den verfas-

---

[1100] *Christian Hillgruber*, Der Nationalstaat in der überstaatlichen Verflechtung, in: HStR, Band II, 3. Auflage 2004, § 32 Rn. 77.

[1101] Vgl. nur *Klaus Stern*, Stellungnahme für die Anhörung zum Thema „Grundgesetz und Europa, insbesondere Art. 24, 28, 32, 88 GG", in der Gemeinsamen Verfassungskommission in Berlin am 22. Mai 1992, abgedruckt in: Deutscher Bundestag (Hrsg.), Materialien zur Verfassungsdiskussion und zur Grundgesetzänderung in der Folge der deutschen Einigung, Band 3, 1996, S. 227 (2287 f.); *Josef Isensee*, Integrationsziel Europastaat?, in: Ole Due/Marcus Lutter/Jürgen Schwarze (Hrsg.), Festschrift für Ulrich Everling, 1995, S. 567 (588) sowie *Peter Badura*, Das Staatsziel „Europäische Integration" im Grundgesetz, in: Johannes Hengstschläger u. a. (Hrsg.), Für Staat und Recht, Festschrift für Herbert Schambeck, 1994, S. 887 (888): „Die den Zusammenhang der Verfassungsnormen und die Gesamtentscheidung der Verfassung beachtende Auslegung ergab jedoch, daß der Gesetzgeber auch im Rahmen des Art. 24 Abs. 1 GG jedenfalls an die grundlegenden Verfassungsprinzipien gebunden blieb, die durch Art. 79 Abs. 3 GG selbst einer Verfassungsänderung entzogen sind." Eingehend zur Frage, ob Hoheitsrechtsübertragungen auf Grundlage von Art. 24 Abs. 1 GG engere Grenzen zu ziehen sind als die in Art. 79 Abs. 3 GG normierten *Doris König*, Die Übertragung von Hoheitsrechten im Rahmen des europäischen Integrationsprozesses, 2000, S. 417 ff. und 657 ff. Unter Hinweis darauf, dass im Zuge des Versuchs, engere Grenzen zu ziehen, dieselben zu verschwimmen drohen, lehnt die überwiegende Auffassung im wissenschaftlichen Schrifttum weitergehende Beschränkungen als jene, die sich aus Art. 79 Abs. 3 GG ergeben, ab; vgl. statt vieler *Lena Ketterer*, Zustimmungserfordernis beim Europäischen Stabilitätsmechanismus, 2016, S. 139 f. m. w. N.; a. A. aber *Kirsten Schmalenbach*, Der neue Europaartikel 23 des Grundgesetzes im Lichte der Arbeit der Gemeinsamen Verfassungskommission, 1996, S. 36: „Art. 79 Abs. 3 GG kann jedoch nicht die einzige Grenze bei Hoheitsrechtsübertragungen nach Art. 24 Abs. 1 GG sein."

[1102] Zur Einordnung des Art. 24 Abs. 1 GG als Staatszielbestimmung BVerfGE 111, S. 307 (318) – EGMR-Entscheidungen; aus dem wissenschaftlichen Schrifttum vgl. nur *Klaus Vogel*, Die Verfassungsentscheidung des Grundgesetzes für eine internationale Zusammenarbeit, 1964, sungsändernden Gesetzgeber reserviert ist. Die damit verbundene Absenkung der formellen Anforderungen an verfassungsmodifizierende Maßnahmen der Staatsgewalt zeugt unmissverständlich vom außerordentlichen Stellenwert, den das Grundgesetz dem mit Art. 24 Abs. 1 GG verfolgten Anliegen, namentlich der überstaatlichen Einbindung Deutschlands, beimisst. Zu Recht wird dem Grundgesetz in Rechtsprechung und wissenschaftlichem Schrifttum daher eine prononcierte „Integrationsoffenheit" attestiert, die „der Verfassungsgeber des Jahres 1949 gewollt und zum Ausdruck gebracht"[1103] habe. Seine Entscheidung für eine „offene Staatlichkeit"[1104] hat der Verfassunggeber von 1949 aber nicht – und dies ist für das Erkenntnisinteresse der vorliegenden Arbeit von eminenter Bedeutung – unter Aufgabe der für den demokratischen Konstitutionalismus konstitutiven Unterscheidung zwischen dem *pouvoir constituant* und den *pouvoirs constitués*, sondern auf dem Boden dieser Unterscheidung getroffen.

b) Beratungen im Parlamentarischen Rat

Die einschlägigen Beratungen im Parlamentarischen Rat erhärten diesen Befund. Sie belegen, dass die Autoren des Grundgesetzes die Hürden für die von *Smend* als Kennzeichen supranationaler Integration identifizierte „gegenseitige Beeinflussung" sich zusammenschließender politischer Einheiten bewusst niedrig halten wollten. Daneben lassen sie aber auch erkennen, dass der Verfassunggeber den einfachen (Bundes-)Gesetzgeber dadurch, dass er ihn mit der aus Art. 24 Abs. 1 GG ersichtlichen besonderen Rechtsmacht ausstattete, keineswegs einen Ausweg aus seiner Verfassungsbindung eröffnen wollte. Handlungsleitend war vielmehr die Absicht, den einfachen Gesetzgeber zur schrittweisen Herbeiführung eines Zielzustands in Dienst zu nehmen, der vom Grundgesetz zwar ausdrücklich benannt, durch den Akt der Grundgesetzgebung aber nicht unmittelbar herbeigeführt werden konnte, nämlich dem Zielzustand des „Eingebunden-Seins" der Bundesrepublik in eine erst noch zu errichtende europäische Friedensordnung. Art. 24 Abs. 1 GG autorisiert den einfachen Gesetzgeber also keineswegs zur Entfaltung autonomer – d. h. vom Willen des Verfassunggebers losgelöster – Steuerungsambitionen, sondern gibt ihm „lediglich" das Instrumentarium an die Hand, dessen es

---

S. 44 ff.; *Christian Calliess*, in: Theodor Maunz/Günter Dürig (Begr.), Grundgesetz-Kommentar, Band IV, Loseblattsammlung, 86. EL Januar 2019, Lfg. 79 Dezember 2016, Art. 24 Rn. 24.

[1103] BVerfGE 89, S. 155 (183) – Maastricht; aus dem wissenschaftlichen Schrifttum vgl. statt vieler *Hans-Joachim Cremer*, Das Demokratieprinzip auf nationaler und europäischer Ebene im Lichte des Maastricht-Urteils des Bundesverfassungsgerichts, EuR 1995, S. 21 (31 f.); *Rainer Wahl*, Internationalisierung des Staates, in: ders., Verfassungsstaat, Europäisierung, Internationalisierung, 2003, S. 17 (19); *Hans-Georg Dederer*, Korporative Staatsgewalt: Integration privat organisierter Interessen in die Ausübung von Staatsfunktionen, 2004, S. 206; *Christian Calliess*, in: Theodor Maunz/Günter Dürig (Begr.), Grundgesetz-Kommentar, Band IV, Loseblattsammlung, 86. EL Januar 2019, Lfg. 79 Dezember 2016, Art. 24 Rn. 16 ff.

[1104] Begriff nach *Klaus Vogel*, Die Verfassungsentscheidung des Grundgesetzes für eine internationale Zusammenarbeit, 1964, S. 36, 42, 44, 46. Ausführlich zur „Idee einer offenen Staatlichkeit" *Frank Schorkopf*, Grundgesetz und Überstaatlichkeit, 2007, S. 221 ff.

nach Ansicht des Parlamentarischen Rats bedurfte, um auf die Verwirklichung einer vom *pouvoir constituant originaire* höchstselbst getroffen Grundsatz- und Richtungsentscheidung hinzuwirken. Beredtes Zeugnis hierfür legen die Dokumentationen über die Auseinandersetzung der Mitglieder des Parlamentarischen Rats mit dem Grundgesetzentwurf des Verfassungskonvents von Herrenchiemsee ab. In jener (Entwurfs-)Fassung hatte Art. 24 noch folgenden Wortlaut:

„(1) Der Bund kann durch Gesetz Hoheitsrechte auf zwischenstaatliche Einrichtungen übertragen.

(2) Insbesondere kann er im Interesse der Aufrechterhaltung des Friedens sein Gebiet in ein System kollektiver Sicherheit einordnen und hierbei, unter der Voraussetzung der Gegenseitigkeit, in diejenigen Beschränkungen seiner Hoheitsrechte einwilligen, durch die eine friedliche und dauerhafte Ordnung der europäischen Verhältnisse erreicht und sichergestellt werden kann.

(3) Ein solches Gesetz bedarf im Bundestag und Bundesrat (Senat) einer *Mehrheit der gesetzlichen Mitgliederzahl.*“[1105]

Im „Darstellenden Teil“ seines Schlussberichts führt der Herrenchiemseer Konvent dazu aus:

„Das Grundgesetz soll ferner vorsehen, daß der Bund durch ein mit qualifizierter Mehrheit ergangenes Gesetz Hoheitsrechte auf zwischenstaatliche Einrichtungen übertragen kann. Dadurch soll die Schaffung internationaler Organe erleichtert werden, die etwa geschaffen werden sollten, um mit Wirkung für die Gebiete der beteiligten Staaten Angelegenheiten zu besorgen, die bisher ausschließlich den verschiedenen nationalen Souveränitäten überlassen waren. Das deutsche Volk ist gewillt, künftighin auf den Krieg als Mittel der Politik zu verzichten und hieraus die Folgerungen zu ziehen. Um aber nicht wehrlos fremder Gewalt preisgegeben zu sein, bedarf es der Aufnahme des Bundesgebietes in ein System kollektiver Sicherheit, das ihm den Frieden gewährleistet. Nach der einmütigen Auffassung des Konvents muß der Bund bereit sein, im Interesse des Friedens und einer dauerhaften Ordnung der europäischen Verhältnisse in die sich aus einem solchen System ergebenden Beschränkungen seiner Hoheitsverhältnisse einzuwilligen. Zwar wird damit dem deutschen Volke eine Vorleistung zugemutet. Nach dem, was im Namen des deutschen Volkes geschehen ist, ist aber eine solche Vorleistung, die entsprechende Leistungen der anderen beteiligten Staaten im Gefolge hat, angebracht.“[1106]

Der *Ausschuss für Grundsatzfragen* des Parlamentarischen Rats übernahm zwar Art. 24 Abs. 1 des Grundgesetzentwurfs des Herrenchiemseer Konvents, nicht aber die vom Konvent in Art. 24 Abs. 3 statuierten verfahrensrechtlichen Anforderungen an die in Abs. 1 beschriebenen Integrationsgesetze. Damit gab er der Integrationsklausel eine Fassung, der zufolge Übertragungen von Hoheitsrechten auf zwischenstaatliche Einrichtungen weder die Zustimmung des Bundesrats noch das Erreichen einer qualifizierten Mehrheit im Bundestag zur Voraussetzung haben sollten:

[1105] Abgedruckt in: JöR N.F. 1 (1951), S. 222; Hervorhebung hinzugefügt.

[1106] Schlussbericht des Verfassungskonvents von Herrenchiemsee, Darstellender Teil, S. 23 f.; abgedruckt in: JöR N.F. 1951, S. 222 f.

„(1) Der Bund kann durch Gesetz Hoheitsrechte auf zwischenstaatliche Einrichtungen übertragen.

(2) Der Bund kann im Interesse der Aufrechterhaltung des Friedens sein Gebiet in ein System gegenseitiger kollektiver Sicherheit einordnen; er wird hierbei in die Beschränkungen seiner Hoheitsrechte einwilligen, die eine friedliche und dauerhafte Ordnung der europäischen Verhältnisse herbeiführen und sicherstellen können.

(3) Zur Regelung zwischenstaatlicher Streitigkeiten wird der Bund einer allgemeinen umfassenden obligatorischen internationalen Schiedsgerichtsbarkeit beitreten. Die in dieser Schiedsgerichtsbarkeit gefällten Entscheidungen binden unmittelbar.“[1107]

Dass sein Regelungsvorschlag, sollte er in dieser Fassung geltendes Recht werden, die Verfassungsordnung der Bundesrepublik in weitem Umfang zur Disposition des einfachen Gesetzgebers stellen würde, stand dem Ausschuss für Grundsatzfragen klar vor Augen. Dies belegt eine Äußerung des Ausschussmitglieds *Carlo Schmid* (SPD), der die Integrationsklausel im Rahmen der Ausschussberatungen als ein Instrument charakterisierte, das es ermöglichen solle, „politische Operationen in der Form des Rechtes vorzunehmen, die man sonst nur auf Grund von Verfassungsänderungen machen könnte“[1108].

In der ersten Lesung des *Hauptausschusses* des Parlamentarischen Rats, der seinen Beratungen die vom Grundsatzausschuss beschlossene Fassung der Integrationsklausel zugrunde legte, stieß diese Maxime vereinzelt auf Kritik. So vertrat *Hans-Christoph Seebohm* (DP) die Auffassung, daß für eine so bedeutsame Angelegenheit, wie sie die Übertragung von Hoheitsrechten darstelle, ein einfaches Gesetz nicht genügen, sondern ein verfassungsänderndes Gesetz erforderlich sein solle.[1109] *Seebohm* beantragte daher, den ersten Absatz der Integrationsklausel wie folgt zu fassen:

„Der Bund kann mit verfassungsändernder Mehrheit Hoheitsrechte auf zwischenstaatliche Einrichtungen übertragen.“[1110]

Die Hauptausschussmitglieder *Schmid* und *Rudolf Katz* (SPD) wandten sich gegen diesen Antrag. Dem Argument *Seebohms*, bei der Übertragung von Hoheitsrechten auf zwischenstaatliche Einrichtungen handele es sich der Sache nach um eine Verfassungsänderung und damit um eine Angelegenheit, die der Wille des einfachen Gesetzgebers nicht hinreichend zu autorisieren vermöchte, hielt *Schmid* entgegen, dass „[d]ie Entscheidung vom Rang einer Verfassungsbestimmung […] nicht bei den einzelnen Akten, sondern schon in dem Augenblick, in dem wir das Grundgesetz beschließen, als eine Entscheidung allgemeiner und fundamentaler Art getroffen werden“[1111] solle. *Seebohm* änderte seinen Antrag daraufhin ab und befürwortete nunmehr folgende Fassung der Integrationsklausel:

1107 Abgedruckt in: JöR N.F. 1 (1951), S. 225.
1108 Abgedruckt in: JöR N.F. 1 (1951), S. 224.
1109 Vgl. JöR N.F. 1 (1951), S. 226.
1110 Abgedruckt in: JöR N.F. 1 (1951), S. 226.
1111 Abgedruckt in: JöR N.F. 1 (1951), S. 226.

„Der Bund kann durch Gesetz mit der Mehrheit der gesetzlichen Mitgliederzahl Hoheitsrechte auf zwischenstaatliche Einrichtungen übertragen.“[1112]

Der Hauptausschuss lehnte den (modifizierten) Antrag *Seebohms* jedoch ab, entschied sich also schlussendlich bewusst gegen das Erfordernis einer qualifizierten Mehrheit im Bundestag.

In zweiter Lesung lag dem Hauptausschuss sodann ein weiterer Antrag *Seebohms* vor, mit dem dieser begehrte, dem ersten Absatz der Integrationsklausel folgenden Satz anzufügen:

„Dieses Gesetz bedarf der Zustimmung von zwei Dritteln des Bundesrates.“[1113]

Zur Begründung führte *Seebohm* aus, dass die Übertragung von Hoheitsrechten Länderinteressen in besonderem Maße berühre, weshalb sichergestellt werden müsse, dass die jeweilige Übertragung von Hoheitsrechten vom Bund und den Ländern gemeinsam getragen werde. Das Erfordernis einer qualifizierten Mehrheit der Bundesratsmitglieder sei geeignet, dies zu gewährleisten.[1114] Der Abgeordnete *Fritz Eberhard* (SPD) kritisierte die Forderung *Seebohms* indes mit Nachdruck. Er argumentierte:

„Wir haben uns entschlossen, im Grundgesetz zu sagen, daß durch einfaches Gesetz Hoheitsrechte übertragen werden können, um unsere Bereitschaft eindeutig festzulegen, in der europäischen Ordnung und in der friedlichen Ordnung der Welt unsere Rolle dadurch zu spielen, daß wir es leicht machen, Hoheitsrechte auf zwischenstaatliche Einrichtungen zu übertragen. Ich bin dafür, daß wir dabei bleiben.“[1115]

Der Hauptausschuss schloss sich mehrheitlich der Auffassung *Eberhards* an, lehnte dementsprechend auch den weiteren Antrag *Seebohms* ab und entschied sich somit für eine Fassung der Integrationsklausel, die dem bereits im Grundsatzausschuss zum Ausdruck gebrachten Ansinnen, die Eingliederung Deutschlands in eine europäische Friedensordnung dem politischen Streit zwischen Regierung und Opposition sowie zwischen dem Bund und den Ländern zu entziehen, höchste Priorität einräumte:

„(1) Der Bund kann durch Gesetz Hoheitsrechte auf zwischenstaatliche Einrichtungen übertragen.

(2) Der Bund kann sich zur Wahrung des Friedens einem System gegenseitiger kollektiver Sicherheit einordnen; er wird hierbei in die Beschränkungen seiner Hoheitsrechte einwilligen, die eine friedliche und dauerhafte Ordnung in Europa und zwischen den Völkern der Welt herbeiführen und sichern.

(3) Zur Regelung zwischenstaatlicher Streitigkeiten wird der Bund Vereinbarungen über eine allgemeine, umfassende, obligatorische, internationale Schiedsgerichtsbarkeit beitreten.“[1116]

1112 Abgedruckt in: JöR N.F. 1 (1951), S. 226.
1113 Abgedruckt in: JöR N.F. 1 (1951), S. 228.
1114 Vgl. JöR N.F. 1 (1951), S. 228.
1115 Abgedruckt in: JöR N.F. 1 (1951), S. 228.
1116 Vgl. JöR N.F. 1 (1951), S. 228 f.

In dieser Fassung, die mit der vom Grundsatzausschuss beschlossenen Fassung inhaltlich weitgehend übereinstimmte und vom Plenum des Parlamentarischen Rats bestätigt wurde, erlangte die Integrationsklausel als Art. 24 des am 23. Mai 1949 ausgefertigten und verkündeten Grundgesetzes Rechtswirksamkeit.

c) Verhältnis zur Vertragsschlussgewalt des einfachen Bundesgesetzgebers gemäß Art. 32 Abs. 1 GG i. V. m. Art. 59 Abs. 2 S. 1 GG

Die spezifische Funktion des Art. 24 Abs. 1 GG im Gesamtgefüge des Grundgesetzes erschließt sich erst dann in Gänze, wenn man den Regelungsgehalt dieser Bestimmung von der sich aus Art. 32 Abs. 1 i. V. m. Art. 59 Abs. 2 S. 1 GG ergebenden Vertragsschlussgewalt des einfachen Bundesgesetzgebers abgrenzt: Art. 32 Abs. 1 GG überantwortet die „Pflege der Beziehungen zu auswärtigen Staaten" dem Bund. Dazu gehört auch und insbesondere der Abschluss von völkerrechtlichen Verträgen mit anderen Staaten sowie völkerrechtlich anerkannten zwischenstaatlichen Einrichtungen.[1117] Derartige Übereinkünfte, die von der Bundesregierung inhaltlich gestaltet und durch den Bundespräsidenten ratifiziert werden,[1118] bedürfen gemäß Art. 59 Abs. 2 S. 1 GG „der Zustimmung oder der Mitwirkung der jeweils für die Bundesgesetzgebung zuständigen Körperschaften in der Form eines Bundesgesetzes", sofern sie „die politischen Beziehungen des Bundes regeln" (Alt. 1) oder „sich auf Gegenstände der Bundesgesetzgebung beziehen" (Alt. 2).[1119] Das von Art. 59 Abs. 2 S. 1 GG geforderte Vertragsgesetz bewirkt dabei ein Doppeltes: Zum einen ermächtigt es die Bundesexekutive – namentlich den Bundespräsidenten – zur Ratifikation der jeweiligen völkervertraglichen Übereinkunft, zum anderen verleiht es dem Inhalt jener Übereinkunft innerstaatliche Geltung, beinhaltet also den Rechtsanwendungsbefehl.[1120]

Da Hoheitsrechtsübertragungen im Sinne von Art. 24 Abs. 1 GG, d. h. völkervertraglich bewirkte Öffnungen des staatlichen Herrschaftsraumes für Hoheitsakte zwischenstaatlicher Einrichtungen,[1121] die Stellung Deutschlands in der Staatenge-

---

[1117] BVerfGE 2, S. 347 (374) – Kehler Hafen; vgl. ferner *Hans Dieter Jarass*, in: ders./Bodo Pieroth, Grundgesetz-Kommentar, 15. Auflage 2018, Art. 32 Rn. 3 und 8 m. w. N.

[1118] Siehe dazu etwa *Lena Ketterer*, Zustimmungserfordernis beim Europäischen Stabilitätsmechanismus, 2016, S. 133 f. sowie *Hans Dieter Jarass*, in: ders./Bodo Pieroth, Grundgesetz-Kommentar, 15. Auflage 2018, Art. 59 Rn. 6 und 8 m. w. N.

[1119] Eingehend zu Inhalt und Bedeutung des Art. 59 Abs. 2 S. 1 GG mit Blick auf die Kompetenzzuordnung und -verteilung im Bereich der auswärtigen Beziehungen der Bundesrepublik Deutschland *Hans-Joachim Cremer*, Das Verhältnis von Gesetzgeber und Regierung im Bereich der auswärtigen Gewalt in der Rechtsprechung des Bundesverfassungsgerichts: eine kritische Bestandsaufnahme, in: Rudolf Geiger (Hrsg.), Neuere Probleme der parlamentarischen Legitimation im Bereich der auswärtigen Gewalt, 2003, S. 11 ff.

[1120] Vgl. nur *Hans Dieter Jarass*, in: ders./Bodo Pieroth, Grundgesetz-Kommentar, 15. Auflage 2018, Art. 59 Rn. 16 f.

[1121] Eingehend zur Bedeutung des Begriffs „Hoheitsrechtsübertragung" im verfassungsrechtlichen Kontext sowie zum völkerrechtlichen Vertrag als Medium der Hoheitsrechtsübertragung *Doris König*, Die Übertragung von Hoheitsrechten im Rahmen des europäischen Integrationsprozesses, 2000, S. 59 ff. m. w. N. Vgl. auch *Hans-Joachim Cremer*, Das Demokratieprinzip auf meinschaft beeinflussen und somit die politischen Beziehungen des Bundes berühren,[1122] bedürfte es für derartige Maßnahmen wegen Art. 59 Abs. 2 S. 1 Alt. 1 GG auch dann der Beteiligung der Legislative, wenn es Art. 24 Abs. 1 GG nicht gäbe.[1123] Wie *Doris König* zutreffend feststellt, sind „[d]ie parlamentarische Mitwirkung und Kontrolle beim Abschluß von sog. Integrationsverträgen sowie die vom Gesetzgeber vorzunehmende Erteilung des Vollzugsbefehls [...] bereits gemäß Art. 59 Abs. 2 S. 1 gewährleistet."[1124] Angesichts dessen kann sich der Regelungsgehalt des Art. 24 Abs. 1 GG nicht in der Statuierung eines speziellen Gesetzesvorbehalts erschöpfen. Es stellt sich also die Frage, welche Befugnisse Art. 24 Abs. 1 GG dem einfachen Bundesgesetzgeber einräumt, die dieser nicht schon aus Art. 59 Abs. 2 S. 1 GG empfängt.

Die Antwort findet ihren Ausgang in der Erkenntnis, dass Art. 59 Abs. 2 S. 1 GG die Legislativorgane des Bundes zwar bewusst und gezielt an der auswärtigen Gewalt beteiligt,[1125] Bundestag und Bundesrat insoweit aber nicht von den in Art. 79 Abs. 2 GG normierten verfahrensrechtlichen Anforderungen an verfassungsändernde Legislativakte dispensiert.[1126] Gäbe es Art. 24 Abs. 1 GG nicht, so bedürfte

---

nationaler und europäischer Ebene im Lichte des Maastricht-Urteils des Bundesverfassungsgerichts, EuR 1995, S. 21 (25 f.).

[1122] Nach der Rechtsprechung Bundesverfassungsgericht liegt ein Vertrag im Sinne von Art. 59 Abs. 2 S. 1 Alt. 1 GG vor, wenn „die Existenz des Staates, seine territoriale Integrität, seine Unabhängigkeit, seine Stellung oder sein maßgebliches Gewicht in der Staatengemeinschaft durch den Vertrag selbst berührt werden"; BVerfGE 1, S. 372 (381) – Deutsch-Französisches Wirtschaftsabkommen; BVerfGE 90, S. 286 (359) – Out-of-area-Einsätze.

[1123] Vgl. statt aller *Doris König*, Die Übertragung von Hoheitsrechten im Rahmen des europäischen Integrationsprozesses, 2000, S. 74 sowie *Hans Dieter Jarass*, in: ders./Bodo Pieroth, Grundgesetz-Kommentar, 15. Auflage 2018, Art. 59 Rn. 12.

[1124] So auch *Doris König*, Die Übertragung von Hoheitsrechten im Rahmen des europäischen Integrationsprozesses, 2000, S. 75 f. Dahin stehen kann in diesem Zusammenhang, ob der Gesetzesvorbehalt des Art. 24 Abs. 1 GG hinsichtlich seines Anwendungsbereichs (Übertragung von Hoheitsrechten auf zwischenstaatliche Einrichtungen) jenen des Art. 59 Abs. 2 S. 1 Alt. 1 GG im Wege der Spezialität verdrängt oder ob beide Gesetzesvorbehalte nebeneinander zur Anwendung gelangen. Zum Stand der Diskussion *Christian Calliess*, in: Theodor Maunz/Günter Dürig (Begr.), Grundgesetz-Kommentar, Band IV, Loseblattsammlung, 86. EL Januar 2019, Lfg. 79 Dezember 2016, Art. 24 Rn. 56 ff. m. w. N.

[1125] Vgl. BVerfGE 104, S. 151 (209 f.) – NATO-Konzept; BVerfGE 121, S. 135 (157 f.) – Luftraumüberwachung Türkei. Aus dem wissenschaftlichen Schrifttum vgl. etwa *Eberhard Menzel*, Die auswärtige Gewalt der Bundesrepublik, VVDStRL 12 (1954), S. 179 (194 ff.); *Rüdiger Wolfrum*, Kontrolle der auswärtigen Gewalt, VVDStRL 56 (1997), S. 38 (40, 45 ff.); *Hans-Joachim Cremer*, Das Verhältnis von Gesetzgeber und Regierung im Bereich der auswärtigen Gewalt in der Rechtsprechung des Bundesverfassungsgerichts: eine kritische Bestandsaufnahme, in: Rudolf Geiger (Hrsg.), Neuere Probleme der parlamentarischen Legitimation im Bereich der auswärtigen Gewalt, 2003, S. 11 ff.; *Lena Ketterer*, Zustimmungserfordernis beim Europäischen Stabilitätsmechanismus, 2016, S. 133 f.

[1126] Vgl. *Klaus Vogel*, Gesetzesvorbehalt, Parlamentsvorbehalt und völkerrechtliche Verträge, in: Peter Badura/Rupert Scholz (Hrsg.), Wege und Verfahren des Verfassungslebens: Festschrift für Peter Lerche zum 65. Geburtstag, 1993, S. 95 (99 f.); *Rudolf Geiger*, Staatsrecht III: Bezüge des Grundgesetzes zum Völker- und Europarecht, 7. Auflage 2018, S. 129; *Silja Vöneky*, Verfassungsrecht und völkerrechtliche Verträge, in: HStR, Band XI, 3. Auflage 2013, § 236 Rn. 27; *Lena Ketterer*, Zustimmungserfordernis beim Europäischen Stabilitätsmechanismus, 2016, S. 136; *Ondolf Rojahn*, jedes Gesetz, das einem auf Hoheitsrechtsübertragungen angelegten völkerrechtlichen Vertrag innerstaatliche Geltung verschaffen soll, verfassungsändernder Mehrheiten in Bundestag und Bundesrat.[1127] Denn ein Legislativakt, der außerstaatliche Einrichtungen zu Rechtshandlungen befähigt, die im Geltungsbereich des Grundgesetzes unmittelbar, d.h. ohne weiteres Zutun der deutschen Staatsgewalt, verbindlich sind und Anwendungsvorrang sowohl gegenüber bereits in Geltung befindlichem als auch gegenüber zu einem späteren Zeitpunkt erlassenem nationalem Gesetzesrecht genießen, wirkt notwendig auf das staatliche Verfassungsgefüge ein. Ursächlich hierfür ist der bereits oben erwähnte Umstand, dass die partielle Verlagerung der Rechtsmacht zur Wahrnehmung von öffentlichen Aufgaben unter Einsatz von Hoheitsgewalt auf außerstaatliche Stellen materiell eine Änderung der grundgesetzlichen Kompetenzordnung bewirkt.[1128]

Nach alledem ist festzuhalten, dass die aus Art. 32 Abs. 1 GG i.V.m. Art. 59 Abs. 2 S. 1 GG resultierende Vertragsschlussgewalt des einfachen Gesetzgebers nicht die Befugnis einschließt, zwischenstaatlichen Einrichtungen den Durchgriff auf den (inner-)staatlichen Rechtsraum zu ermöglichen.[1129] Diese besondere Befugnis, die ihren Inhaber zu materiell verfassungsändernden Rechtshandlungen in die Lage versetzt, wird dem einfachen Gesetzgeber vielmehr erst durch die Bestimmung des Art. 24 Abs. 1 GG zuteil. Zur Formel verkürzt: Nur weil es Art. 24 Abs. 1

---

in: Ingo von Münch/Philip Kunig (Begr./Hrsg.), Grundgesetz-Kommentar, Band 1, 6. Auflage 2012, Art. 59 Rn. 59; *Martin Nettesheim*, in: Theodor Maunz/Günter Dürig (Begr.), Grundgesetz-Kommentar, Band V, Loseblattsammlung, 86. EL Januar 2019, Lfg. 54 Januar 2009, Art. 59 Rn. 154.

[1127] Teile des wissenschaftlichen Schrifttums sprechen Vertragsgesetzen im Sinne von Art. 59 Abs. 1 S. 2 GG indes unabhängig von den in Bundestag und Bundesrat erreichten Mehrheiten die Eignung ab, das Grundgesetz zu ändern. So *Martin Nettesheim*, in: Theodor Maunz/Günter Dürig (Begr.), Grundgesetz-Kommentar, Band V, Loseblattsammlung, 86. EL Januar 2019, Lfg. 54 Januar 2009, Art. 59 Rn. 154 m.w.N., der zu bedenken gibt, dass einem Vertragsgesetz nur *en bloc* zugestimmt werden kann, weshalb die Legislative – in Widerspruch zum Regelungsanliegen des Art. 79 GG – „nicht auch über Modifikationen des verfassungsändernden Gesetzes entscheiden" könne.

[1128] So ausdrücklich BVerfGE 58, S. 1 (36) – Eurocontrol I: „Die Übertragung von Hoheitsrechten bewirkt einen Eingriff in und eine Veränderung der verfassungsrechtlich festgelegten Zuständigkeitsordnung und damit materiell eine Verfassungsänderung." Aus dem wissenschaftlichen Schrifttum vgl. etwa *Heinhard Steiger*, Staatlichkeit und Überstaatlichkeit: Eine Untersuchung zur rechtlichen und politischen Stellung der Europäischen Gemeinschaften, 1966, S. 65 f.; *Ulrich Fastenrath*, Kompetenzverteilung im Bereich der auswärtigen Gewalt, 1986, S. 151; *Ulrich Everling*, Überlegungen zur Struktur der Europäischen Union und zum neuen Europa-Artikel des Grundgesetzes, DVBl. 1993, S. 936 (943); *Doris König*, Die Übertragung von Hoheitsrechten im Rahmen des europäischen Integrationsprozesses, 2000, S. 92; *Lena Ketterer*, Zustimmungserfordernis beim Europäischen Stabilitätsmechanismus, 2016, S. 137 f.; *Ondolf Rojahn*, in: Ingo von Münch/Philip Kunig (Begr./Hrsg.), Grundgesetz-Kommentar, Band 1, 6. Auflage 2012, Art. 24 Rn. 35 f.; *Rudolf Geiger*, Staatsrecht III: Bezüge des Grundgesetzes zum Völker- und Europarecht, 7. Auflage 2018, S. 167; *Wolff Heintschel von Heinegg*, in: Volker Epping/Christian Hillgruber (Hrsg.), BeckOK Grundgesetz, 41. Edition (15.02.2019), Art. 24 Rn. 2.

[1129] Ebenso *Rudolf Geiger*, Die Mitwirkung des deutschen Gesetzgebers an der Entwicklung der Europäischen Union, JZ 1996, S. 1093 (1094 f.); *Doris König*, Die Übertragung von Hoheitsrechten im Rahmen des europäischen Integrationsprozesses, 2000, S. 76; *Karsten Schneider*, Der Ultra-vires-Maßstab im Außenverfassungsrecht, AöR 139 (2014) S. 197 (243).

GG gibt, kann ein vom einfachen Bundesgesetzgeber erlassenes Zustimmungsgesetz zu einem völkerrechtlichen Vertrag, der die Übertragung von Hoheitsrechten auf eine zwischenstaatliche Einrichtung zum Gegenstand hat,[1130] den Herrschaftsraum der Bundesrepublik Deutschland für Herrschaftsakte der betreffenden zwischenstaatlichen Einrichtung rechtswirksam öffnen, obschon das Kompetenzgefüge des Grundgesetzes durch diese „Öffnung“ unvermeidlich modifiziert wird.[1131] Hätte der Verfassunggeber es unterlassen, derartige Modifikationen der grundgesetzlichen Kompetenzordnung vermittels des in Art. 24 Abs. 1 GG normierten Vorbehalts antizipativ zu autorisieren, so könnten sie nicht durch ein einfaches Bundesgesetz, sondern nur unter den in Art. 79 GG bezeichneten Voraussetzungen, d. h. im Wege förmlicher Verfassungsänderung, herbeigeführt werden.[1132]

2. Art. 23 GG (n. F.)

Von der in Art. 24 Abs. 1 GG statuierten Ermächtigung ist früh Gebrauch gemacht worden und zwar auch und gerade zum Zwecke der Einbindung Deutschlands in den europäischen Einigungsprozess. An erster Stelle sind in diesem Zusammenhang die Beteiligung an der Europäischen Gemeinschaft für Kohle und Stahl (EGKS) im Jahre 1951 sowie die Bildung der Europäischen Wirtschaftsgemeinschaft (EWG) und der Europäischen Atomgemeinschaft (EAG und Euratom) rund sechs Jahre später zu nennen. Seit der Einfügung des sog. „Europa-Artikels“ in das Grundgesetz im Jahre 1992 fallen Hoheitsrechtsübertragungen auf die Europäische

1130 Ein solches Zustimmungsgesetz bedarf – wie *Doris König*, Die Übertragung von Hoheitsrechten im Rahmen des europäischen Integrationsprozesses, 2000, S. 76 mit Recht bemerkt – der „doppelten Abstützung“ durch Art. 32 Abs. 1 GG i. V. m. Art. 59 Abs. 2 S. 1 GG einerseits und Art. 24 Abs. 1 GG andererseits. Siehe dazu auch *Rainer Wahl*, Internationalisierung des Staates, in: ders., Verfassungsstaat, Europäisierung, Internationalisierung, 2003, S. 17 (19 f.) sowie *Wolff Heintschel von Heinegg*, in: Volker Epping/Christian Hillgruber (Hrsg.), BeckOK Grundgesetz, 41. Edition (15.02.2019), Art. 24 Rn. 3 und 18.

1131 Eingehend zu dieser Funktion des Art. 24 Abs. 1 GG *Doris König*, Die Übertragung von Hoheitsrechten im Rahmen des europäischen Integrationsprozesses, 2000, S. 76 ff. Vgl. ferner *Lena Ketterer*, Zustimmungserfordernis beim Europäischen Stabilitätsmechanismus, 2016, S. 137 f. und *Wolff Heintschel von Heinegg*, in: Volker Epping/Christian Hillgruber (Hrsg.), BeckOK Grundgesetz, 41. Edition (15.02.2019), Art. 24 Rn. 2 f.

1132 Ähnlich *Doris König*, Die Übertragung von Hoheitsrechten im Rahmen des europäischen Integrationsprozesses, 2000, S. 93: „Es wird deutlich, daß die mit der Übertragung von Hoheitsrechten einhergehenden Veränderungen der Verfassung bereits durch die Hineinnahme des Art. 24 Abs. 1 GG im voraus für zulässig erachtet werden. Die Verfassung selbst enthält also die vorweggenommene Zustimmung zur Modifizierung ihrer Kompetenzordnung durch Rechtsakte einer zwischenstaatlichen Einrichtung. Damit wird das verfassungsrechtliche Kompetenzgefüge von vornherein bewußt und ausdrücklich unter den Vorbehalt des Art. 24 Abs. 1 GG gestellt.“ Vgl. auch *Ferdinand Wollenschläger*, in: Horst Dreier (Hrsg.). Grundgesetz-Kommentar, Band II, 3. Auflage 2015, Art. 24 Rn. 35 sowie *Christian Calliess*, in: Theodor Maunz/Günter Dürig (Begr.), Grundgesetz-Kommentar, Band IV, Loseblattsammlung, 86. EL Januar 2019, Lfg. 79 Dezember 2016, Art. 24 Rn. 55: „Das einzelne Übertragungsgesetz vollzieht nur den in [Art. 24 Abs. 1 GG] enthaltenen Verfassungsauftrag, sodass es nicht die Voraussetzungen von Art. 79 Abs. 2 GG erfüllen muss.“

Union indes nicht mehr in den Anwendungsbereich des Art. 24 Abs. 1 GG. Stattdessen erfolgt die Mitwirkung Deutschlands am europäischen Einigungsprozess nunmehr auf Grundlage und nach Maßgabe des neu gefassten, vormals die Wiedervereinigung des geteilten Deutschlands adressierenden Art. 23 GG. Im Folgenden gilt es, die verfassungspolitischen Motive für diese bemerkenswerte Neuausrichtung der grundgesetzlichen Integrationsarchitektur zu beleuchten (dazu a)) und die zentralen Unterschiede zwischen Hoheitsrechtsübertragungen nach Art. 23 Abs. 1 GG einerseits und solchen nach Art. 24 Abs. 1 GG andererseits herauszuarbeiten (dazu b)). Die dabei zu Tage beförderten Erkenntnisse sollen alsdann auf etwaige verfassungstheoretische Implikationen hin untersucht werden (dazu c)).

a) Einfügung anlässlich des Vertrags von Maastricht

Die Einfügung des Europa-Artikels im Jahre 1992 geht maßgeblich auf das Betreiben der Länder zurück.

aa) Die Situation vor 1992: Schwache Position der Länder im europäischen Einigungsprozess

Den Stein des Anstoßes bildete die oben erörterte, bewusste Entscheidung des Parlamentarischen Rats, Übertragungsgesetze im Sinne von Art. 24 Abs. 1 GG als „bloße" Einspruchsgesetze auszugestalten.[1133] Maßnahmen zur Öffnung des Herrschaftsraums der Bundesrepublik Deutschland für Hoheitsakte außerstaatlicher Akteure bedurften infolgedessen regelmäßig nicht des Einverständnisses der Länder und zwar weder unmittelbar noch mittelbar über den Bundesrat. Nur wenn die jeweilige Hoheitsrechtsübertragung durch Zustimmungsgesetz zu einem völkerrechtlichen Vertrag erfolgte, der sich (auch) auf Gegenstände der Bundesgesetzgebung bezog, konnte ausnahmsweise etwas anderes gelten: Da bei derartigen Verträgen neben dem Gesetzesvorbehalt des Art. 24 Abs. 1 GG (Übertragung von Hoheitsrechten) auch jener des Art. 59 Abs. 2 S. 1 Alt. 2 GG (Betroffenheit von Gegenständen der Bundesgesetzgebung) eingriff,[1134] musste das jeweilige Gesetz in verfahrensrechtlicher Hinsicht den Anforderungen beider Gesetzesvorbehalte ge-

[1133] Zur Qualifikation des Übertragungsgesetzes im Sinne von Art. 24 Abs. 1 GG als „Einspruchsgesetz" *Klaus Stern*, Stellungnahme zur Anhörung der Gemeinsamen Verfassungskommission zum Thema „Grundgesetz und Europa" am 22. Mai 1992, abgedruckt in: Deutscher Bundestag (Hrsg.), Materialien zur Verfassungsdiskussion und zur Grundgesetzänderung in der Folge der deutschen Einigung, Band 3, 1996, S. 227; *Doris König*, Die Übertragung von Hoheitsrechten im Rahmen des europäischen Integrationsprozesses, 2000, S. 103; *Lena Ketterer*, Zustimmungserfordernis beim Europäischen Stabilitätsmechanismus, 2016, S. 135 und 139; *Hans Dieter Jarass*, in: ders./Bodo Pieroth, Grundgesetz-Kommentar, 15. Auflage 2018, Art. 24 Rn. 8; *Christian Calliess*, in: Theodor Maunz/Günter Dürig (Begr.), Grundgesetz-Kommentar, Band IV, Loseblattsammlung, 86. EL Januar 2019, Lfg. 79 Dezember 2016, Art. 24 Rn. 55 m. w. N.

[1134] Zur „Doppelfunktion" eines solchen Zustimmungsgesetzes als „Übertragungsgesetz" im Sinne von Art. 24 Abs. 1 GG und „Vertragsgesetz" im Sinne von Art. 59 Abs. 2 S. 1 Alt. 2 GG *Karsten Schneider*, Der Ultra-vires-Maßstab im Außenverfassungsrecht, AöR 139 (2014) S. 197

nügen.[1135] Mitunter kam daher der Umstand zum Tragen, dass Art. 59 Abs. 2 S. 1 Alt. 2 GG in bestimmten Konstellationen neben der Zustimmung des Bundestages auch jene des Bundesrats verlangt; dies namentlich dann, wenn der völkerrechtliche Vertrag, dessen Ratifizierung zu besorgen ist, (u. a.) Regelungen beinhaltet, die – als „gewöhnliches" Gesetz erlassen – gemäß den übrigen Bestimmungen des Grundgesetzes die Zustimmungspflicht auslösen.[1136]

Abgesehen von denjenigen Fällen, in denen die Hoheitsrechtsübertragung so ausgestaltet war, dass – erstens – das betreffende (Hoheitsrechtsübertragungs-)Gesetz der Abstützung sowohl durch Art. 24 Abs. 1 GG als auch durch Art. 59 Abs. 2 S. 1 Alt. 2 GG bedurfte sowie – zweitens – die Maßgeblichkeit des Art. 59 Abs. 2 S. 1 Alt. 2 GG (ausnahmsweise) die Notwendigkeit der Zustimmung des Bundesrats implizierte, verfügten die Länder über keinen substanziellen Einfluss im Bereich der Supranationalisierung staatlicher Herrschaftsmacht: Den mit der Übertragung von Hoheitsrechten des Bundes einhergehenden Verlust der ihnen über den Bundesrat eingeräumten Mitwirkungsrechte in Bundesangelegenheiten mussten sie ungefragt hinnehmen und sogar bei der Übertragung solcher Hoheitsrechte, die das Grundgesetz den Ländern zuwies, besaßen letztere kein Vetorecht.[1137] Hinzu kam, dass das Grundgesetz für den von den Ländern im Zuge der überstaatlichen Einbindung Deutschlands erlittenen Verlust an Gestaltungsmacht keine „Kompensation" im Sinne einer verfassungsrechtlich garantierten Beteiligung an der Willensbildung des Bundes in supranationalen Angelegenheiten vorsah.[1138] Bereits seit Beginn der 1970er Jahre hatten die Länder daher wiederholt eine Revision des Art. 24 Abs. 1 GG gefordert.[1139] Besondere Aktualität gewann die Ohnmacht der Länder im europäischen Integrationsprozess als im Jahr 1992 die Ratifizierung des

---

(243); *Christian Calliess*, in: Theodor Maunz/Günter Dürig (Begr.), Grundgesetz-Kommentar, Band IV, Loseblattsammlung, 86. EL Januar 2019, Lfg. 79 Dezember 2016, Art. 24 Rn. 58.

[1135] So die ganz herrschende Meinung: Vgl. statt vieler *Doris König*, Die Übertragung von Hoheitsrechten im Rahmen des europäischen Integrationsprozesses, 2000, S. 103 sowie *Hans Dieter Jarass*, in: ders./Bodo Pieroth, Grundgesetz-Kommentar, 15. Auflage 2018, Art. 24 Rn. 8, jeweils mit zahlreichen weiteren Nachweisen. A. A. aber *Ferdinand Wollenschläger*, in: Horst Dreier (Hrsg.). Grundgesetz-Kommentar, Band II, 3. Auflage 2015, Art. 24 Rn. 82: „Der spezielle Gesetzesvorbehalt des Art. 24 I GG geht Art. 59 II 1 GG vor".

[1136] Das Vertragsgesetz ist als Ganzes zustimmungspflichtig, wenn auch nur eine einzige Vorschrift des jeweiligen völkerrechtlichen Vertrags der Zustimmung des Bundesrats bedürfte, wäre sie als gewöhnliches Gesetz erlassen worden; vgl. nur *Martin Nettesheim*, in: Theodor Maunz/Günter Dürig (Begr.), Grundgesetz-Kommentar, Band V, Loseblattsammlung, 86. EL Januar 2019, Lfg. 54 Januar 2009, Art. 59 Rn. 148 m. w. N.

[1137] Siehe dazu *Udo Di Fabio*, Der neue Art. 23 des Grundgesetzes, Der Staat 32 (1993), S. 191 (192).

[1138] Zur Mitwirkung der Länder in europäischen Angelegenheiten vor Einfügung des Art. 23 GG (n. F.) *Doris König*, Die Übertragung von Hoheitsrechten im Rahmen des europäischen Integrationsprozesses, 2000, S. 115 ff.

[1139] Vgl. *Doris König*, Die Übertragung von Hoheitsrechten im Rahmen des europäischen Integrationsprozesses, 2000, S. 103. Zu den einschlägigen Diskussionen speziell im Zusammenhang mit der am 1. Juli 1987 in Kraft getretenen Einheitlichen Europäischen Akte (EEA) *Rudolf Hrbek*, Die deutschen Länder vor den Herausforderungen der EG-Integration, in: Bernhard Vogel/Günther Oettinger (Hrsg.), Föderalismus in der Bewährung, 1992, S. 9 (17 ff.).

Vertrags von Maastricht zur Entscheidung anstand. Kraft dieses Vertragswerks sollte die Europäische Union als übergeordneter Verbund für die Europäischen Gemeinschaften (Europäische Gemeinschaft für Kohle und Stahl, Europäische Wirtschaftsgemeinschaft, Europäische Atomgemeinschaft) einschließlich der neu eingeführten Währungsunion, die gemeinsame Außen- und Sicherheitspolitik sowie die Zusammenarbeit in den Bereichen Justiz und Inneres gegründet werden. Im Falle der Beibehaltung des bis 1992 geltenden Integrationsverfassungsrechts hätte die im Vertrag von Maastricht vorgesehene quantitative und qualitative Ausweitung der Kompetenzen der supranationalen Ebene eine erhebliche Schmälerung des politischen Gewichts der Länder zur Folge gehabt.

bb) Einsetzung der „Kommission Verfassungsreform" des Bundesrats unter Berufung auf Art. 5 Einigungsvertrag

In Anbetracht dessen verwundert es nicht, dass die Länder die in Art. 5 des Einigungsvertrages[1140] an die gesetzgebenden Körperschaften gerichtete Empfehlung, „sich innerhalb von zwei Jahren mit den im Zusammenhang mit der deutschen Einigung aufgeworfenen Fragen zur Änderung oder Ergänzung des Grundgesetzes zu befassen", aufgriffen, indem sie über den Bundesrat eine „Kommission Verfassungsreform" einsetzten[1141] und dieser den Auftrag erteilten, Optionen der Änderung oder Ergänzung des Grundgesetzes unter dem Blickwinkel einer Stärkung des Föderalismus in Deutschland und Europa zu erörtern. Einen Schwerpunkt der Beratungen bildete dabei der Themenbereich „Internationale Beziehungen", wobei das Hauptaugenmerk auf der Frage lag, wie der Einfluss der Länder auf den Fortgang des europäischen Einigungsprozesses angesichts des unmittelbar bevorstehenden, weitreichenden Integrationsschritts vergrößert werden könnte.[1142] Die Kommission erachtete es insoweit als wesentlich, dass die Übertragung von Hoheitsrechten in jedem Fall, d.h. auch bei der Übertragung von Hoheitsrechten des Bundes, nur mit Zustimmung des Bundesrats möglich sein dürfe. Ferner hielt man es für angezeigt, dass die Mitwirkungsbefugnisse der Länder bei der Wahrnehmung der mitgliedschaftlichen Rechte der Bundesrepublik auf der supranationalen

[1140] BGBl. 1990 II, S. 885 (891).

[1141] Beschluss vom 1. März 1991 – BR-Drs. 103/91.

[1142] Entsprechend heißt es im Bericht der Kommission Verfassungsreform des Bundesrates vom 14. Februar 1992 – BR-Drs. 360/92, S. 3: „Die *fortschreitende Integration* der Bundesrepublik Deutschland in zwischenstaatliche Einrichtungen – insbesondere die Europäischen Gemeinschaften – und die Einbeziehung immer weiterer Politikbereiche in die inter- und supranationale Zusammenarbeit haben Auswirkungen auch auf die *bundesstaatliche Ordnung*. Die Länder, die diese Entwicklung begrüßen und unterstützen, haben darüber zu wachen, daß damit kein Verlust wesentlicher Elemente ihrer Eigenstaatlichkeit einhergeht. Sie wollen nicht Objekt oder gar Opfer dieser Entwicklung werden, sondern selbst eine aktive Rolle bei der Gestaltung des Integrationsprozesses übernehmen. Daher halten sie eine Verstärkung ihrer Mitwirkungsrechte für erforderlich." Vgl. ferner die ausführliche Darstellung der einschlägigen Beratungen der „Kommission Verfassungsreform" bei *Doris König*, Die Übertragung von Hoheitsrechten im Rahmen des europäischen Integrationsprozesses, 2000, S. 148ff.

Ebene ausgebaut und verfassungsrechtlich abgesichert würden. In ihrem (Abschluss-)Bericht vom 14. Februar 1992[1143] schlug die Kommission daher vor, Art. 24 GG wie folgt zu fassen:

„(1) Der Bund kann durch Gesetz *mit Zustimmung des Bundesrates* Hoheitsrechte auf zwischenstaatliche Einrichtungen übertragen.

(2) *In Angelegenheiten dieser Einrichtungen wirken die Länder bei der Willensbildung des Bundes und bei der Wahrnehmung der Rechte mit, die der Bundesrepublik Deutschland als Mitgliedstaat zustehen. Soweit ihre in diesem Grundgesetze festgelegten Zuständigkeiten oder ihre wesentlichen Interessen berührt werden, erhalten sie die Möglichkeit einer wesentlichen Einflußnahme auf die Willensbildung. Die Rechte, die der Bundesrepublik als Mitgliedstaat zustehen, können die Länder wahrnehmen, wenn im Schwerpunkt ihre in diesem Grundgesetze festgelegten Zuständigkeiten berührt werden. Das Nähere regelt ein Gesetz, das der Zustimmung des Bundesrates bedarf.*

(3) *Die Länder können zu zwischenstaatlichen Einrichtungen Beziehungen unterhalten und bei ihnen eigene Vertretungen einrichten.*

(4) *Soweit die Länder für die Gesetzgebung zuständig sind, können auch sie mit Zustimmung der Bundesregierung durch Gesetz Hoheitsrechte auf zwischenstaatliche oder interregionale Einrichtungen übertragen.*

(5) Der Bund kann sich zur Wahrung des Friedens einem System gegenseitiger kollektiver Sicherheit einordnen; er wird hierbei in die Beschränkungen seiner Hoheitsrechte einwilligen, die eine friedliche und dauerhafte Ordnung in Europa und zwischen den Völkern der Welt herbeiführen und sichern.

(6) Zur Regelung zwischenstaatlicher Streitigkeiten wird der Bund Vereinbarungen über eine allgemeine, umfassende, obligatorische, internationale Schiedsgerichtsbarkeit beitreten."[1144]

cc) Berücksichtigung der Länderinteressen in den einschlägigen Empfehlungen der „Gemeinsamen Verfassungskommission" von Bundestag und Bundesrat

In rechtspolitischer Perspektive sind die Empfehlungen der „Verfassungskommission Bundesrat" im Lichte des Umstands zu würdigen, dass die Ratifikation des Vertrags von Maastricht durch die Bundesrepublik Deutschland ein Vertragsgesetz im Sinne von Art. 59 Abs. 2 S. 1 GG erforderte, welches gemäß Art. 59 Abs. 2 S. 1 Alt. 2 GG („Gegenstände der Bundesgesetzgebung") der Zustimmung des Bundesrats bedurfte.[1145] Dieser Umstand bot den Ländern die Gelegenheit, der von ihnen

---

[1143] BR-Drs. 360/92.

[1144] Bericht der Kommission Verfassungsreform des Bundesrates vom 14. Februar 1992 – BR-Drs. 360/92, S. 2f. (Hervorhebungen hinzugefügt).

[1145] Da der Vertrag von Maastricht „die politischen Beziehungen des Bundes" regelte, ergab sich die Notwendigkeit eines Vertragsgesetzes zugleich aus Art. 59 Abs. 2 S. 1 Alt. 1 GG. In Fällen, in denen ein völkerrechtlicher Vertrag den Gesetzesvorbehalt des Art. 59 Abs. 2 Satz 1 Alt. 1 GG auslöst, handelt es sich dem Wortlaut und der Systematik des Grundgesetzes nach jedoch um ein Einspruchsgesetz, sodass die Qualifikation des jeweiligen Vertrags als „politisch" grundsätzlich nicht das Erfordernis der Zustimmung des Bundesrats mit sich bringt. Mitunter wird jedoch die Auffassung vertreten, dass auch der Erlass von Vertragsgesetzen im Sinne von Art. 59 Abs. 2 S. 1 Alt. 1 GG von der Zustimmung des Bundesrats abhängen soll („teleologische Extension"). Zum Streitstand *Martin Nettesheim*, in: Theodor Maunz/Günter Dürig (Begr.), Grundgesetz-Komseit langem erhobenen Forderung nach verstärkter Teilhabe an der Gestaltung des europäischen Integrationsprozesses Nachdruck zu verleihen: Nach Lage der Dinge war klar, dass die erforderliche Zustimmung des Bundesrats zum Vertrag von Maastricht nur zustande kommen würde, wenn die oben skizzierten Vorschläge der „Kommission Verfassungsreform" inhaltlich größtenteils in das Grundgesetz übernommen würden.[1146] Eingedenk dessen überrascht es nicht, dass vorbezeichnete Vorschläge von der Ende November 1991 durch den Bundestag und den Bundesrat eingesetzten „Gemeinsamen Verfassungskommission" intensiv rezipiert[1147] wurden.[1148] So bekannte sich jene Kommission, die ebenfalls den Auftrag erhalten hatte, sich (u. a.) mit den „Fragen zu [befassen], die die europäische Einigung an das Grundgesetz stellt"[1149], ausdrücklich zu der für die „Kommission Verfassungsreform" wesentlichen Direktive, wonach Deutschlands integrationsoffene Staatlichkeit „nicht mit einer Verschiebung der innerstaatlichen Gewichte zwischen Bund und Ländern verbunden sein" dürfe.[1150]

In der Sache untergliederte sich diese Direktive – wie bereits oben erwähnt – in zwei voneinander zu unterscheidende Aspekte: Zum einen ging es um die Mitwirkung der Länder bei der Übertragung von Hoheitsrechten auf die supranationale Ebene, zum anderen um die Beteiligung der Länder an der Wahrnehmung der mitgliedschaftlichen Rechte der Bundesrepublik. Letztgenanntem Aspekt trug die „Gemeinsame Verfassungskommission" Rechnung, indem sie empfahl, den Ländern im Zusammenhang mit der Willensbildung des Bundes in Angelegenheiten der Europäischen Union verfassungsrechtlich die aus Art. 23 Abs. 2 bis 6 GG ersichtlichen, weitreichenden Befugnisse einzuräumen.[1151] Aber auch die Forderung

---

mentar, Band V, Loseblattsammlung, 86. EL Januar 2019, Lfg. 54 Januar 2009, Art. 59 Rn. 149f., der eine teleologische Extension im Ergebnis entschieden ablehnt und Vertragsgesetze im Sinne von Art. 59 Abs. 2 S. 1 Alt. 1 GG folgerichtig als Einspruchsgesetze einordnet.

[1146] Siehe dazu *Kirsten Schmalenbach*, Der neue Europaartikel 23 des Grundgesetzes im Lichte der Arbeit der Gemeinsamen Verfassungskommission, 1996, S. 52f.; *Doris König*, Die Übertragung von Hoheitsrechten im Rahmen des europäischen Integrationsprozesses, 2000, S. 159 m. w. N.

[1147] Vgl. Bericht der Gemeinsamen Verfassungskommission vom 5. November 1993 – BT-Drs. 12/6000, S. 6: „Die Kommission Verfassungsreform hat ihren Bericht ‚Stärkung des Föderalismus in Deutschland und Europa sowie weitere Vorschläge zur Änderung des Grundgesetzes' am 14. Mai 1992 beschlossen (BR-Drucksache 360/92). Dieser Bericht mit seinen Vorschlägen und Empfehlungen floß in die Beratungen der Gemeinsamen Verfassungskommission ein." Siehe dazu auch *Kirsten Schmalenbach*, Der neue Europaartikel 23 des Grundgesetzes im Lichte der Arbeit der Gemeinsamen Verfassungskommission, 1996, S. 25f. und 52.

[1148] Zur Zusammensetzung und Arbeitsweise der Gemeinsamen Verfassungskommission *Kirsten Schmalenbach*, Der neue Europaartikel 23 des Grundgesetzes im Lichte der Arbeit der Gemeinsamen Verfassungskommission, 1996, S. 22ff.

[1149] Bericht der Gemeinsamen Verfassungskommission vom 5. November 1993 – BT-Drs. 12/6000, S. 19.

[1150] Bericht der Gemeinsamen Verfassungskommission vom 5. November 1993 – BT-Drs. 12/6000, S. 20.

[1151] Vgl. Bericht der Gemeinsamen Verfassungskommission vom 5. November 1993 – BT-Drs. 12/6000, S. 19f. Kritisch dazu *Ulrich Everling*, Überlegungen zur Struktur der Europäischen Union und zum neuen Europa-Artikel des Grundgesetzes, DVBl. 1993, S. 936 (945): „Die Formulierungen, die Art. 23 Abs. 2 bis 7 GG [für die Willensbildung der Bundesrepublik in den Gemeinder Länder nach einer Veto-Position des Bundesrats bei der Übertragung von Hoheitsrechten auf die europäische Ebene fiel im Kreis der Mitglieder der Gemeinsamen Verfassungskommission auf fruchtbaren Boden. Beredtes Zeugnis hierfür legt Abs. 1 des Europa-Artikels ab, den die Kommission in ihren Empfehlungen vom 26. Juni und 15. Oktober 1992 wie folgt fasste:

„Zur Verwirklichung eines vereinten Europas wirkt die Bundesrepublik Deutschland bei der Entwicklung der Europäischen Union mit, die demokratischen, rechtsstaatlichen, sozialen und föderativen Grundsätzen und dem Grundsatz der Subsidiarität verpflichtet ist und einen diesem Grundgesetz im wesentlichen vergleichbaren Grundrechtsschutz gewährleistet. Der Bund kann hierzu durch Gesetz *mit Zustimmung des Bundesrates* Hoheitsrechte übertragen. Für die Begründung der Europäischen Union und für Änderungen ihrer vertraglichen Grundlagen, durch die dieses Grundgesetz seinem Inhalt nach geändert oder ergänzt wird oder solche Änderungen oder Ergänzungen ermöglicht werden, gilt *Art. 79 Abs. 2* und 3."[1152]

dd) Art. 23 GG (n. F.) im Gesetzgebungsverfahren

In dem vom Bundestag im Kontext der parlamentarischen Beratung des Vertragswerks von Maastricht eingesetzten (federführenden) Sonderausschuss „Europäische Union (Vertrag von Maastricht)" stieß der vorstehend zitierte Vorschlag der Gemeinsamen Verfassungskommission, demzufolge Hoheitsrechtsübertragungen auf die europäische Ebene künftighin nur noch mit Zustimmung des Bundesrats würden erfolgen können, auf breite Akzeptanz. Anlass zur Modifikation sah der Sonderausschuss nur hinsichtlich Absatz 1 Satz 3 des Europa-Artikels. Nach Auffassung der Ausschussmitglieder sollte jene Vorschrift in einer Weise gefasst werden, die noch klarer zum Ausdruck bringe, dass der Verweis auf die in Art. 79 Abs. 2 GG statuierten besonderen verfahrensrechtlichen Anforderungen neben Hoheitsrechtsübertragungen im Zuge von Vertragsänderungen auch (bloße) „Verlängerungen" von bereits vollzogenen Hoheitsrechtsübertragungen erfasse, welch letztere z. B. im Wege der Betätigung sog. „Evolutivklauseln" zu besorgen stünden.[1153] In der Sache wollte der Sonderausschuss sichergestellt wissen, dass das Ver-

---

schaftsorganen] festlegt, verletzen durch ihre detaillierte und in Einzelheiten gehende Detailregelung mit einer Anhäufung unbestimmter und gegensätzlicher Begriffe alle Regeln ordnungsmäßiger Verfassunggebung." Siehe zum Ganzen auch *Fritz Ossenbühl*, Maastricht und das Grundgesetz – eine verfassungsrechtliche Wende?, DVBl. 1993, S. 629 (635 ff.).

[1152] Bericht der Gemeinsamen Verfassungskommission vom 5. November 1993 – BT-Drs. 12/6000, S. 19 f. und 140 (Hervorhebungen hinzugefügt).

[1153] Vgl. Beschlussempfehlung und Bericht des Sonderausschusses „Europäische Union (Vertrag von Maastricht)" vom 1. Dezember 1992 – BT-Drs. 12/3896, S. 18: „Der Ausschuß bekräftigte allerdings, daß über vohandene Ermächtigungen hinausgehende, Zweidrittelmehrheit erfordernde Hoheitsrechtsübertragungen nicht nur auf der Grundlage von Vertragsänderungen [...] erfolgen können, sondern auch im Zusammenhang mit den sogenannten Evolutivklauseln möglich sind [...]. Diese Evolutivklauseln sind geeignet, bestimmte im Vertrag von Maastricht selbst angelegte Hoheitsrechtsübertragungen zu ‚verlängern'. Derartige Ausdehnungen können qualitativ über das hinausgehen, was mit der allgemeinen vertragsrechtlichen Billigung von Maastricht verbunden ist. [...] Der Sonderausschuß hat deshalb Artikel 23 Abs. 1 Satz 3 GG in dem Sinne erfahrensregime des Art. 79 Abs. 2 GG künftighin bei jeder Integrationsmaßnahme, die materiell eine Änderung der Verfassungsordnung des Grundgesetzes bedeutet oder eine solche Änderung zumindest ermöglicht, Platz greifen würde, gleichviel ob die betreffende Integrationsmaßnahme auf eine förmliche Änderung des EU-Primärrechts abzielt oder nicht.[1154]. Mit dieser Stoßrichtung beschloss der Sonderausschuss, Art. 23 Abs. 1 GG wie folgt zu fassen:

„Zur Verwirklichung eines vereinten Europas wirkt die Bundesrepublik Deutschland bei der Entwicklung der Europäischen Union mit, die demokratischen, rechtsstaatlichen, sozialen und föderativen Grundsätzen und dem Grundsatz der Subsidiarität verpflichtet ist und einen diesem Grundgesetz im wesentlichen vergleichbaren Grundrechtsschutz gewährleistet. Der Bund kann hierzu durch Gesetz mit Zustimmung des Bundesrates Hoheitsrechte übertragen. Für die Begründung der Europäischen Union *sowie* für Änderungen ihrer vertraglichen Grundlagen *und vergleichbare Regelungen*, durch die dieses Grundgesetz seinem Inhalt nach geändert oder ergänzt wird oder solche Änderungen oder Ergänzungen ermöglicht werden, gilt Art. 79 Abs. 2 und 3."[1155]

Die Einfügung des Art. 23 GG in der vom Sonderausschuss beschlossenen Fassung erfolgte durch das Gesetz zur Änderung des Grundgesetzes vom 21. Dezember 1992[1156], das der Bundestag gleichzeitig mit dem Zustimmungsgesetz zum Vertrag von Maastricht[1157] mit verfassungsändernder Mehrheit beschloss. Beide Gesetze fanden auch im Bundesrat verfassungsändernde Mehrheiten. Das Gesetz zur Änderung des Grundgesetzes vom 21. Dezember 1992 trat vier Tage nach seiner Ausfertigung, d. h. am 25. Dezember 1992, in Kraft. Das Zustimmungsgesetz zum Vertrag von Maastricht fertigte der Bundespräsident am 28. Dezember 1992 aus, woraufhin es am 31. Dezember 1992 in Kraft trat. Besaß der Europa-Artikel im Zeitpunkt der Ausfertigung des Zustimmungsgesetzes also bereits rechtliche Verbindlichkeit, so konnte letzteres in kompetenzieller Hinsicht auf die Ermächtigung des Art. 23 Abs. 1 S. 2 und 3 GG gestützt werden.[1158]

---

gänzt, daß Verfassungsdurchbrechungen von der hier genannten Qualität auch nicht über Evolutivklauseln ermöglicht werden."

[1154] So auch *Lena Ketterer*, Zustimmungserfordernis beim Europäischen Stabilitätsmechanismus, 2016, S. 179f.

[1155] Beschlussempfehlung und Bericht des Sonderausschusses „Europäische Union (Vertrag von Maastricht)" vom 1. Dezember 1992 – BT-Drs. 12/3896, S. 5.

[1156] BGBl. 1992 I, S. 2086.

[1157] BGBl. 1992 II, S. 1251.

[1158] Nach der an die Staatspraxis der Weimarer Republik anknüpfenden Rechtsprechung des Bundesverfassungsgerichts kann der Erlass eines Gesetzes auch auf solche zuständigkeitsbegründenden Verfassungsnormen gestützt werden, die zwar im Zeitpunkt der Einbringung der Gesetzesvorlage bzw. der Verabschiedung des Gesetzes noch nicht in Kraft getreten waren, wohl aber im Zeitpunkt seiner Ausfertigung; vgl. BVerfGE 34, S. 9 (22ff.). A. A. *Josef Isensee*, Integrationsziel Europastaat?, in: Ole Due/Marcus Lutter/Jürgen Schwarze (Hrsg.), Festschrift für Ulrich Everling, 1995, S. 567 (587, Fußnote 90), der davon ausgeht, dass die zuständigkeitsbegründende Verfassungsnorm bereits in dem Zeitpunkt in Kraft getreten sein muss, in dem das zu erlassende Gesetz vom Bundestag beschlossen wird: „Im Verfahren der Zustimmung zu den Maastrichter Verträgen blieb aber offen, ob man dem Regime des Art. 24 Abs. 1 GG oder dem des Art. 23 Abs. 1 GG n. F. folgte. Da der Bundestag das zweite Verfahren *gleichzeitig* mit dem Zustimmungsgesetz

b) Verhältnis zu Art. 24 Abs. 1 GG

Bemerkenswert ist, dass der verfassungsändernde Gesetzgeber der Forderung der Länder nach größerem Einfluss im Prozess der europäischen Integration nicht durch eine Revision der Integrationsermächtigung des Art. 24 Abs. 1 GG nachkam, sondern durch die Einfügung eines gesonderten „Europa-Artikels". Als Folge dessen enthält das Grundgesetz seit Ende 1992 gleich zwei Bestimmungen, welche die Staatsgewalt mit der Rechtsmacht zur Übertragung von Hoheitsrechten ausstatten. Um den Bedeutungsgehalt der dadurch bewirkten Neujustierung der Integrationsgewalt[1159] der Gesetzgebungskörperschaften des Bundes zutreffend bestimmen zu können, müssen Art. 23 Abs. 1 GG und Art. 24 Abs. 1 GG zueinander ins Verhältnis gesetzt werden. Als Ansatzpunkte dienen dabei zum einen die Frage, ob der nachträglich eingefügte Art. 23 Abs. 1 GG weitergehende Hoheitsrechtsübertragungen ermöglicht als der bereits in der Ursprungsfassung des Grundgesetzes enthaltene Art. 24 Abs. 1 GG (dazu aa)) und zum anderen die Frage, inwiefern sich die beiden vorbezeichneten Integrationsermächtigungen hinsichtlich ihrer verfahrensrechtlichen Einkleidung unterscheiden (dazu bb)).

aa) Die sachlich-inhaltliche Reichweite beider grundgesetzlicher Integrationsermächtigungen im Vergleich

Ein Teil der Staatsrechtslehre äußerte im Vorfeld der Ratifizierung des Maastrichter Vertrags die Auffassung, dass ein solch weitreichender Integrationsschritt nicht mehr von Art. 24 Abs. 1 GG gedeckt sei. Mit der Gründung der Europäischen Union – so die Vertreter dieser Auffassung – erreiche der europäische Staatenverbund eine derart hohe Integrationsdichte, dass er sich der Qualifikation als „zwischenstaatliche Einrichtung" im Sinne des Art. 24 Abs. 1 GG fürderhin entziehe.[1160] Maßnahmen wie die Vergemeinschaftung der Währungspolitik, die Einführung einer „Gemeinsamen Außen- und Sicherheitspolitik" sowie die „Zusammenarbeit in der Innen- und Rechtspolitik" überschritten die Grenzen der dem einfachen Gesetzgeber durch Art. 24 Abs. 1 GG eingeräumten Integrationsgewalt und bedürften

---

durch verfassungsänderndes Gesetz beschloß, war dessen Anwendung rechtlich noch nicht möglich." (Hervorhebung hinzugefügt).

1159 Zum Begriff *Wilhelm Grewe*, Die auswärtige Gewalt der Bundesrepublik, VVDStRL 12 (1954), S. 129 (143).

1160 So ausdrücklich *Rupert Scholz*, Grundgesetz und europäische Einigung – Zu den reformpolitischen Empfehlungen der Gemeinsamen Verfassungskommission, NJW 1992, S. 2593 (2594): „Nach hiesiger Auffassung genügen Änderungen im Rahmen der Art. 28, 88 GG nicht, bedarf es vielmehr der verfassungsunmittelbaren Setzung einer verfassungsrechtlichen Ermächtigung für die Gründung bzw. Weiterentwicklung einer Europäischen Union, weil diese – jedenfalls im Ergebnis – keine ‚zwischen-', sondern bereits eine ‚eigenstaatliche Einrichtung' darstellt bzw. zu dieser tendiert." Siehe dazu auch *Udo Di Fabio*, Der neue Art. 23 des Grundgesetzes, Der Staat 32 (1993), S. 191 (192 f.): „Im Zuge der fortschreitenden Integration [...] wuchsen [...] Zweifel, ob der Begriff der zwischenstaatlichen Einrichtung noch dasjenige legitimatorisch deckte, was inzwischen entstanden war oder in naher Zukunft im Sinne einer Europäischen Union entstehen sollte."

daher einer gesonderten, neu zu schaffenden verfassungsrechtlichen Ermächtigung.[1161] Indes erweist sich die These, der europäische Staatenverbund sei infolge seiner Entwicklung von einer Wirtschaftsgemeinschaft hin zu einer politischen Union[1162] kein tauglicher Adressat von Hoheitsrechtsübertragungen im Sinne des Art. 24 Abs. 1 GG mehr gewesen, bei genauer Betrachtung als unzutreffend. Insbesondere ist nicht ersichtlich, dass der Verfassunggeber von 1949 den Begriff „zwischenstaatliche Einrichtung" in einem engeren Sinne verstanden wissen wollte als in der Rechtssprache üblich. Üblicherweise erfasst dieser Begriff aber *jede* durch Vertrag zwischen Völkerrechtssubjekten geschaffene Organisation, die die Völkerrechtssubjektivität ihrer Mitglieder unberührt lässt.[1163] Mit einer Anfechtung ihrer (originären) Völkerrechtssubjektivität sehen sich Staaten, die sich zu einem Verbund zusammenschließen, jedoch erst dann konfrontiert, wenn im Zuge des Zusammenschlusses auch die Kompetenz-Kompetenz[1164] auf den Verbund über-

---

[1161] So etwa *Mario Rainer Lepsius*, Stellungnahme zur Anhörung der Gemeinsamen Verfassungskommission zum Thema „Grundgesetz und Europa" am 22. Mai 1992, abgedruckt in: Deutscher Bundestag (Hrsg.), Materialien zur Verfassungsdiskussion und zur Grundgesetzänderung in der Folge der deutschen Einigung, Band 3, 1996, S. 264 (265); *Klaus Stern*, Stellungnahme für die Anhörung zum Thema „Grundgesetz und Europa, insbesondere Art. 24, 28, 32, 88 GG", in der Gemeinsamen Verfassungskommission in Berlin am 22. Mai 1992, abgedruckt in: Deutscher Bundestag (Hrsg.), Materialien zur Verfassungsdiskussion und zur Grundgesetzänderung in der Folge der deutschen Einigung, Band 3, 1996, S. 227 (230); Christian *Tomuschat*, Fragenkatalog betr. die Anhörung zum Thema Grundgesetz und Europa, Berlin, 22. Mai 1992, abgedruckt in: Deutscher Bundestag (Hrsg.), Materialien zur Verfassungsdiskussion und zur Grundgesetzänderung in der Folge der deutschen Einigung, Band 3, 1996, S. 234 (234 ff.). Zustimmend *Rupert Scholz*, Europäische Union und Verfassungsreform, NJW 1993, S. 1690 (1691); *Fritz Ossenbühl*, Maastricht und das Grundgesetz – eine verfassungsrechtliche Wende?, DVBl. 1993, S. 629; *Doris König*, Die Übertragung von Hoheitsrechten im Rahmen des europäischen Integrationsprozesses, 2000, S. 189; *Hans Dieter Jarass*, in: ders./Bodo Pieroth, Grundgesetz-Kommentar, 15. Auflage 2018, Art. 23 Rn. 1 f. Vgl. auch *Ernst Steindorff*, Verfassungsänderung durch die EG?, AöR 116 (1991), S. 460 (466).

[1162] Dass der europäische Staatenverbund seine politische Dimension keineswegs erst durch den Vertrag von Maastricht erhalten hat, diese vielmehr bereits in den frühen Integrationsmaßnahmen der 1950er-Jahre angelegt war und anschließend durch zahlreiche Einzelschritte sukzessive ausgebaut worden ist, erläutert überzeugend *Ulrich Everling*, Überlegungen zur Struktur der Europäischen Union und zum neuen Europa-Artikel des Grundgesetzes, DVBl. 1993, S. 936 (937 ff.). Siehe dazu auch *Udo Di Fabio*, Der Auftrag zur europäischen Integration und seine Grenzen, in: Matthias Ruffert (Hrsg.), Dynamik und Nachhaltigkeit des Öffentlichen Rechts, Festschrift für Meinhard Schröder zum 70. Geburtstag, 2012, S. 169 (171).

[1163] Vgl. BVerfGE 2, S. 347 (278) – Kehler Hafen. Siehe auch *Albrecht Randelzhofer*, Fragenkatalog (Anhörung zum Thema Grundgesetz und Europa), abgedruckt in: Deutscher Bundestag (Hrsg.), Materialien zur Verfassungsdiskussion und zur Grundgesetzänderung in der Folge der deutschen Einigung, Band 3, 1996, S. 259; *Udo Di Fabio*, Der neue Art. 23 des Grundgesetzes, Der Staat 32 (1993), S. 191 (192); *Kirsten Schmalenbach*, Der neue Europaartikel 23 des Grundgesetzes im Lichte der Arbeit der Gemeinsamen Verfassungskommission, 1996, S. 33; *Hans Dieter Jarass*, in: ders./Bodo Pieroth, Grundgesetz-Kommentar, 15. Auflage 2018, Art. 24 Rn. 7; *Christian Calliess*, in: Theodor Maunz/Günter Dürig (Begr.), Grundgesetz-Kommentar, Band IV, Loseblattsammlung, 86. EL Januar 2019, Lfg. 79 Dezember 2016, Art. 24 Rn. 29 f. und 35.

[1164] Die *Kompetenz-Kompetenz* ist zu unterscheiden von der oben (Zweites Kapitel A. II. 2. a) aa)) als Substanz der Souveränität identifizierten *Kompetenzhoheit*. Während letztere die (verfassungsvorgängige) Rechtsmacht bezeichnet, sowohl über die Gegenstände als auch über die Art geht.[1165] Denn von dem Augenblick an, in dem der Kompetenzbestand einer politischen Einheit ganz oder teilweise in die Dispositionsgewalt eines anderen Rechtsträgers übergeht, verfügt erstere nicht mehr über jene Unabhängigkeit, die für äußere Souveränität[1166] und damit für originäre (staatliche) Völkerrechtssubjektivität unabdingbar ist.[1167]

Eine derart grundstürzende Verschiebung im Verhältnis der supranationalen zur nationalen Ebene sah das Maastrichter Vertragswerk indes nicht vor. Wenngleich die Europäische Union aufgrund dieses Vertragswerks über ein für zwischenstaatliche Einrichtungen außergewöhnlich hohes Maß an Kompetenzen verfügen würde, bestanden doch keine ernstlichen Zweifel daran, dass sie diese Kompetenzen ausnahmslos von den nationalen Staatsgewalten ableitete (sog. „Grundsatz der begrenzten Einzelermächtigung“[1168]) und letztere in der Lage blieben, die an die Europäische Union ausgereichten Zuständigkeiten und Hoheitsbefugnisse „zurück-

---

und Weise eigenen wie fremden Tätigwerdens *uneingeschränkt* selbst zu bestimmen, ist mit dem Begriff „Kompetenz-Kompetenz“ das Verhältnis zwischen den verschiedenen Ebenen eines föderalen Systems angesprochen. Bei der Kompetenz-Kompetenz handelt es sich namentlich um die *rechtlich begründete und begrenzte* Befugnis einer Ebene, über das Kompetenzgefüge des jeweiligen föderalen Gebildes in der Weise zu disponieren, dass Kompetenzen der einen Ebene zu Lasten der Kompetenzen einer anderen Ebene erweitert werden. Grundlegend zur Abgrenzung der Begriffe Kompetenz-Kompetenz und Kompetenzhoheit *Carl Schmitt*, Verfassungslehre (1928), 9. Auflage 2003, S. 102 f. und 386 f. Siehe zum Ganzen auch *Anne Peters*, Elemente einer Theorie der Verfassung Europas, 2001, S. 149 ff. m. w. N. sowie unten unter Zweites Kapitel C. II. 1.

1165 Folgerichtig ist ein Staatenzusammenschluss, dem die Kompetenz-Kompetenz übertragen werden soll, für die Zwecke des avisierten Übertragungsvorgangs nicht mehr als „zwischenstaatliche Einrichtung“ im Sinne von Art. 24 Abs. 1 GG zu qualifizieren; vgl. *Mario Rainer Lepsius*, Stellungnahme zur Anhörung der Gemeinsamen Verfassungskommission zum Thema „Grundgesetz und Europa“ am 22. Mai 1992, abgedruckt in: Deutscher Bundestag (Hrsg.), Materialien zur Verfassungsdiskussion und zur Grundgesetzänderung in der Folge der deutschen Einigung, Band 3, 1996, S. 264 (265) sowie *Hans Dieter Jarass*, in: ders./Bodo Pieroth, Grundgesetz-Kommentar, 15. Auflage 2018, Art. 24 Rn. 7 m. w. N.

1166 Zum Wesen der Souveränität in ihrer nach außen gerichteten Dimension vgl. oben Zweites Kapitel A. II. 2. b).

1167 Dabei wird nicht verkannt, dass – wie *Peter Lerche*, „Kompetenz-Kompetenz“ und das Maastricht-Urteil des Bundesverfassungsgerichts, in: Jörn Ipsen/Hans-Werner Rengeling/Jörg Manfred Mössner/Albrecht Weber (Hrsg.), Verfassungsrecht im Wandel, Festschrift zum 180jährigen Bestehen der Carl Heymanns Verlag KG, 1995, S. 409 (421) treffend feststellt – souveräne (Gesamt-)Staatlichkeit auch dann vorliegen kann, wenn in der betreffenden politischen Einheit *keine* Ebene die Rechtsmacht besitzt, Kompetenzen der anderen Ebene an sich zu ziehen. Denn in der Tat ist – zumindest theoretisch – ein „starrer“ Bundesstaat denkbar, dessen Verfassung eine Umverteilung der Kompetenzen zwischen der glied- und der gesamtstaatlichen Ebene rigoros verbietet. Damit ist zwar dargetan, dass das Innehaben der Befugnis zur Umverteilung von Kompetenzen zwischen den einzelnen Ebenen des föderalen Systems keine notwendige Bedingung für souveräne (Gesamt-)Staatlichkeit ist, nicht aber die vorliegend explizierte These widerlegt, dass das „Unterworfen-Sein“ unter die entsprechende Befugnis eines anderen Verbands *souveräne* Staatlichkeit und damit originäre Völkerrechtssubjektivität ausschließt; wie hier *Jochen Abraham Frowein*, Das *Maastricht*-Urteil und die Grenzen der Verfassungsgerichtsbarkeit, ZaöRV 54 (1994), S. 1 (13). Allgemein zur Kompetenz-Kompetenz als Kriterium souveräner Staatlichkeit *Joachim Suerbaum*, Die Kompetenzverteilung beim Verwaltungsvollzug des Europäischen Gemeinschaftsrechts in Deutschland, 1998, S. 57 ff. m. w. N. sowie unten Zweites Kapitel C. II. 1. a).

1168 Vgl. Art. 4 Abs. 1, 5 Abs. 1 und 2 EUV.

zuholen".[1169] Jedenfalls unter den Voraussetzungen der *clausula rebus sic stantibus*, so die vorherrschende Auffassung, seien die Mitgliedstaaten auch künftig berechtigt, ihre Mitgliedschaft zu kündigen und aus dem Verbund auszuscheiden.[1170] Würde die Kompetenz-Kompetenz mithin auch nach dem Inkrafttreten des Vertrags von Maastricht auf der nationalen Ebene zu verorten sein,[1171] so bestand kein Anlass für die Annahme, dass die Europäische Union die originäre Völkerrechtssubjektivität ihrer Mitglieder konsumieren würde.[1172] Wenn aber die Europäische Union in der Gestalt des Maastrichter Vertragswerks die originäre Völkerrechtssubjektivität ihrer Mitglieder nicht infrage stellte, dann sperrte sie sich ungeachtet ihrer außerordentlichen Kompetenzfülle auch nicht gegen die Subsumtion unter das Tatbestandsmerkmal „zwischenstaatliche Einrichtung".[1173] Die Zustimmung zu den im Maastrichter Vertragswerk angelegten Hoheitsrechtsübertragungen hätte daher, wie von der Bundesregierung ursprünglich beabsichtigt,[1174] durchaus auch auf Grundlage des Art. 24 Abs. 1 GG wirksam erteilt werden können.[1175]

[1169] Vgl. BVerfGE 89, S. 155 (190 und 198 f.) – Maastricht. Der Umstand, dass die Mitgliedstaaten „Herren der Verträge" blieben, wurde gemeinhin als entscheidender Beleg dafür gewertet, dass sich die durch das Vertragswerk von Maastricht geschaffene „Europäische Union" nicht zum Staat qualifiziere; vgl. *Peter Lerche*, Stellungnahme zur Vorbereitung der Anhörung in der Gemeinsamen Verfassungskommission am 22. Mai 1992, abgedruckt in: Deutscher Bundestag (Hrsg.), Materialien zur Verfassungsdiskussion und zur Grundgesetzänderung in der Folge der deutschen Einigung, Band 3, 1996, S. 211 sowie *Udo Di Fabio*, Der neue Art. 23 des Grundgesetzes, Der Staat 32 (1993), S. 191 (192 ff.), welch letzterer den Vertrag von Maastricht jedoch immerhin als „Einstieg in die Staatlichkeit der EG" bewertet.

[1170] Vgl. statt vieler *Christian Hillgruber*, Der Nationalstaat in der überstaatlichen Verflechtung, in: HStR, Band II, 3. Auflage 2004, § 32 Rn. 80 m. w. N.

[1171] Vgl. nur BVerfGE 89, S. 155 (194 ff.) – Maastricht sowie aus dem wissenschaftlichen Schrifttum *Udo Fink*, Garantiert das Grundgesetz die Staatlichkeit der Bundesrepublik Deutschland?, DÖV 1998, S. 133 (139). Ausführlich zum Problem der Kompetenz-Kompetenz im europäischen Mehrebenensystem unten Zweites Kapitel C. II. 1.

[1172] Ebenso *Ulrich Everling*, Überlegungen zur Struktur der Europäischen Union und zum neuen Europa-Artikel des Grundgesetzes, DVBl. 1993, S. 936 (942).

[1173] So auch *Jürgen Schwarze*, Das Staatsrecht in Europa, JZ 1993, S. 585 (588): „Das Ausmaß der Kompetenzübertragung kann bereits begrifflich schwerlich dazu führen, einem internationalen Gebilde die Qualifikation als ‚zwischenstaatliche Einrichtung' zu entziehen, solange dieses nicht selbst Staatsqualität annimmt und also im Sinne des Verfassungswortlauts nicht die Eigenschaft einer Einrichtung zur Förderung zwischenstaatlicher Zwecke zwischen verschiedenen Mitgliedstaaten verliert." Im Ergebnis ebenso *Peter Lerche*, Stellungnahme zur Vorbereitung der Anhörung in der Gemeinsamen Verfassungskommission am 22. Mai 1992, abgedruckt in: Deutscher Bundestag (Hrsg.), Materialien zur Verfassungsdiskussion und zur Grundgesetzänderung in der Folge der deutschen Einigung, Band 3, 1996, S. 211; *Albrecht Randelzhofer*, Fragenkatalog (Anhörung zum Thema Grundgesetz und Europa), abgedruckt in: Deutscher Bundestag (Hrsg.), Materialien zur Verfassungsdiskussion und zur Grundgesetzänderung in der Folge der deutschen Einigung, Band 3, 1996, S. 259; *Ulrich Everling*, Überlegungen zur Struktur der Europäischen Union und zum neuen Europa-Artikel des Grundgesetzes, DVBl. 1993, S. 936 (943).

[1174] Vgl. dazu *Rupert Scholz*, Grundgesetz und europäische Einigung – Zu den reformpolitischen Empfehlungen der Gemeinsamen Verfassungskommission, NJW 1992, S. 2593 (2594); *Kirsten Schmalenbach*, Der neue Europaartikel 23 des Grundgesetzes im Lichte der Arbeit der Gemeinsamen Verfassungskommission, 1996, S. 32.

[1175] So (im Ergebnis) auch *Roland Bieber*, Stellungnahme für die Gemeinsame Verfassungskommission zu der Anhörung „Grundgesetz und Europa" am 22. Mai 1992 in Berlin, abgedruckt

Dies schließt allerdings nicht aus, dass die Bestimmung des Art. 23 Abs. 1 GG in ihrem sachgegenständlichen Anwendungsbereich zu weiterreichenden Integrationsmaßnahmen ermächtigt als die Bestimmung des Art. 24 Abs. 1 GG in dem ihr verbliebenen Anwendungsbereich. Immerhin – so ließe sich argumentieren – anerkennt Art. 24 Abs. 1 GG explizit nur „zwischenstaatliche Einrichtungen" als taugliche Adressaten von Hoheitsrechtsübertragungen, ebnet also eindeutig nicht den Weg zur Eingliederung der Bundesrepublik in ein übernationales Gebilde, das über die Rechtsmacht verfügt, den eigenen Kompetenzbestand zulasten des Kompetenzbestands der Bundesrepublik ohne deren Zustimmung zu erweitern. Dagegen bezieht Abs. 1 des Europa-Artikels die Ermächtigung zu Hoheitsrechtsübertragungen auf die „Entwicklung der Europäischen Union", ohne dabei deren Charakter in völker- oder staatsrechtlicher Hinsicht zu spezifizieren.[1176] Im Unterschied zu Art. 24 Abs. 1 GG enthalten Art. 23 Abs. 1 S. 1 und 2 GG keine einschränkenden Maßgaben betreffend die Organisationsform des Adressaten der Hoheitsrechtsübertragung.[1177] *Prima facie* erscheint es daher nicht ausgeschlossen, dass der Europa-Artikel – vorbehaltlich der aus Art. 23 Abs. 1 S. 3 i. V. m. Art. 79 Abs. 3 GG resultierenden Integrationsgrenzen – potenziell auch eine solche Integrationsmaßnahme zu decken vermöchte, die die originäre Völkerrechtssubjektivität der Bundesrepublik aufhöbe, d. h. die Übertragung der Kompetenz-Kompetenz.[1178]

Bei näherer Prüfung entpuppt sich eine derart extensive Deutung der Integrationsermächtigung des Art. 23 Abs. 1 S. 1 und 2 GG jedoch als kontraindiziert. Zwar verhalten sich Art. 23 Abs. 1 S. 1 und 2 GG in der Tat nicht ausdrücklich zur Frage der Organisations*form* der Hoheitsrechtsübertragungsadressatin „Europäische Union", legen diese also nicht explizit auf die Organisationsform „zwischenstaatliche Einrichtung" fest, dafür statuieren sie aber dezidierte Vorgaben in Bezug

in: Deutscher Bundestag (Hrsg.), Materialien zur Verfassungsdiskussion und zur Grundgesetzänderung in der Folge der deutschen Einigung, Band 3, 1996, S. 250 (250 f.); *Bernd Hölzer*, Der Vertrag über die Europäische Union vom 7. Februar 1992 in Maastricht und das Grundgesetz für die Bundesrepublik Deutschland (Anhörung vor der Gemeinsamen Verfassungskommission am 22. Mai 1992 in Berlin), abgedruckt in: Deutscher Bundestag (Hrsg.), Materialien zur Verfassungsdiskussion und zur Grundgesetzänderung in der Folge der deutschen Einigung, Band 3, 1996, S. 217; *Ulrich Everling*, Überlegungen zur Struktur der Europäischen Union und zum neuen Europa-Artikel des Grundgesetzes, DVBl. 1993, S. 936 (943); *Thomas Oppermann/Claus Dieter Classen*, Die EG vor der Europäischen Union, NJW 1993, S. 5 (11); *Jürgen Schwarze*, Das Staatsrecht in Europa, JZ 1993, S. 585 (587); *Josef Isensee*, Integrationsziel Europastaat?, in: Ole Due/Marcus Lutter/Jürgen Schwarze (Hrsg.), Festschrift für Ulrich Everling, 1995, S. 567 (587).

1176 Siehe dazu *Udo Fink*, Garantiert das Grundgesetz die Staatlichkeit der Bundesrepublik Deutschland?, DÖV 1998, S. 133 (135).

1177 Vgl. statt vieler *Joachim Suerbaum*, Die Kompetenzverteilung beim Verwaltungsvollzug des Europäischen Gemeinschaftsrechts in Deutschland, 1998, S. 61 m. w. N.

1178 Vgl. dazu *Udo Di Fabio*, Der neue Art. 23 des Grundgesetzes, Der Staat 32 (1993), S. 191 (199): „Es besteht kein Zweifel: Der neue Artikel 23 GG kann so verstanden werden, als erlaube er die schrittweise Überführung Deutschlands in einen irreversiblen europäischen Bundesstaat." *Di Fabio* selbst spricht sich unter Verweis auf „die Sperre des Art. 79 Abs. 3 GG" und das Gebot einer „Interpretation unter Berücksichtigung der Einheit der Verfassung" indes ausdrücklich gegen ein solches Verständnis des Art. 23 GG aus; a. a. O., S. 213 f.

auf deren Organisations*struktur*. So ist gemäß Art. 23 Abs. 1 S. 1 GG nur eine solche „Europäische Union" taugliche Adressatin von Hoheitsrechtsübertragungen, „die demokratischen, rechtsstaatlichen, sozialen und föderativen Grundsätzen und dem Grundsatz der Subsidiarität verpflichtet ist und einen [dem] Grundgesetz im wesentlichen vergleichbaren Grundrechtsschutz gewährleistet". Nimmt man den in diesen Direktiven zum Ausdruck gelangenden Anspruch des Grundgesetzes, die supranationale Integration Deutschlands davon abhängig zu machen, auf welche Art und Weise die Europäische Union Hoheitsmacht ausübt, ernst, so stellen sich die genannten Strukturvorgaben einer Verlagerung der Kompetenz-Kompetenz auf die supranationale Ebene nicht minder entschieden entgegen als die in Art. 24 Abs. 1 GG statuierte Begrenzung des Kreises tauglicher Übertragungsadressaten auf „zwischenstaatliche Einrichtungen". Der Grund liegt darin, dass der Vorbehalt des Art. 23 Abs. 1 S. 1 GG in Bezug auf das (zentrale) Integrationsinstrument „Übertragung von Hoheitsrechten"[1179] faktisch leerliefe, wenn die Rechtsmacht zur Erweiterung des Hoheitsrechtebestands der Europäischen Union nicht länger bei den Gesetzgebungskörperschaften des Bundes läge, sondern EU-Organen überantwortet würde. Denn im Unterschied zu den Gesetzgebungskörperschaften des Bundes sind die EU-Organe nicht an das Grundgesetz gebunden und unterliegen somit auch nicht den Direktiven des Art. 23 Abs. 1 S. 1 GG. Mit anderen Worten: Würde der Europäischen Union die Kompetenz-Kompetenz zuteil, so verlöre die Struktursicherungsklausel des Europa-Artikels jedenfalls insoweit ihre dirigierende Kraft, als die in Art. 23 Abs. 1 S. 1 GG avisierte „Entwicklung der Europäischen Union" im Wege der Verlagerung von Hoheitsrechten auf die supranationale Ebene vonstattengeht.[1180] Dies aber stünde in unauflösbarem Widerspruch zur Regelungsintention des verfassungsändernden Gesetzgebers von 1992, der eben jene Klausel als Garantie dafür betrachtete, dass Deutschland „nicht an der Entwicklung jeder Europäischen Union, sondern nur an einer solchen teilnehmen [wird], die den Kriterien des Satzes 1 entspricht"[1181]. Somit ist festzuhalten, dass der Europa-Artikel schon ausweislich der in Art. 23 Abs. 1 S. 1 und 2 GG getroffenen Regelungen nicht zur Herbeiführung eines Zustands ermächtigt, in dem die politische Entität „Europäische Union" die Befugnis besitzt, ihren Kompetenzbestand zu-

[1179] Zur herausgehobenen Bedeutung von Hoheitsrechtsübertragungen für die Mitwirkung am europäischen Integrationsprozess *Hans Dieter Jarass*, in: ders./Bodo Pieroth, Grundgesetz-Kommentar, 15. Auflage 2018, Art. 23 Rn. 13; *Wolfgang Durner*, Verfassungsbindung deutscher Europapolitik, in: HStR, Band X, 3. Auflage 2012, § 216 Rn. 16 m. w. N.

[1180] Darauf verweist auch *Josef Isensee*, Integrationsziel Europastaat?, in: Ole Due/Marcus Lutter/Jürgen Schwarze (Hrsg.), Festschrift für Ulrich Everling, 1995, S. 567 (587).

[1181] Beschlussempfehlung und Bericht des Sonderausschusses „Europäische Union (Vertrag von Maastricht)" vom 1. Dezember 1992 – BT-Drs. 12/3896, S. 17. Vgl. ferner Arbeitsunterlage Nr. 104 der Gemeinsamen Verfassungskommission (Bericht zu den Empfehlungen der Berichterstattergruppe vom 26. Juni 1992 „Grundgesetz und Europa"), abgedruckt in: Deutscher Bundestag (Hrsg.), Materialien zur Verfassungsdiskussion und zur Grundgesetzänderung in der Folge der deutschen Einigung, Band 3, 1996, S. 587 (588) sowie den Gesetzentwurf der Bundesregierung zur Einfügung des Art. 23 GG n. F. vom 2. Oktober 1992 – BT-Drs. 12/3338, S. 4 und 6 ff.

lasten desjenigen der Bundesrepublik Deutschland ohne deren Zustimmung zu erweitern.[1182]

bb) Die verfahrensrechtliche Einkleidung beider grundgesetzlicher Integrationsermächtigungen im Vergleich

Reicht die Integrationsermächtigung des Art. 23 Abs. 1 GG nach alledem nicht strukturell weiter als jene des Art. 24 Abs. 1 GG, so muss sich die spezifische Funktion ersterer aus ihrer andersartigen verfahrensrechtlichen Ausgestaltung ergeben. Diesbezüglich ist zu gewärtigen, dass die verfahrensrechtliche Einkleidung der Integrationskompetenz des Art. 24 Abs. 1 GG aus der Warte der demokratischen Verfassungstheorie, die zum einen zwischen der verfassunggebenden Gewalt und der verfassten Gewalt unterscheidet, darüber hinaus aber auch zwischen den Befugnissen des verfassungsändernden Gesetzgebers und jenen des einfachen Gesetzgebers, atypisch anmutet. Dies insofern, als die Bestimmung des Art. 24 Abs. 1 GG den einfachen Bundesgesetzgeber dadurch, dass sie für die Übertragung von Hoheitsrechten ein „bloßes" Einspruchsgesetz genügen lässt, zu materiell verfassungsmodifizierenden Maßnahmen in die Lage versetzt und dergestalt mit einer Art von Rechtsmacht ausstattet, die traditionell dem verfassungsändernden Gesetzgeber vorbehalten ist.[1183] Die damit einhergehende Relativierung der Verfassungsbindung des einfachen Gesetzgebers nahmen die Autoren des Grundgesetzes bewusst in Kauf, um die Einbindung Deutschlands in supranationale Organisationen zu erleichtern. Der „Integrationshebel" des Art. 24 Abs. 1 GG sollte eine verfahrensrechtliche Einkleidung erfahren, die Hoheitsrechtsübertragungen auf zwischenstaatliche Einrichtungen dem politischen Streit zwischen den Regierungsfraktionen und der parlamentarischen Opposition bzw. zwischen dem Bund und den Ländern entziehen würde, um die erstrebte Einbindung Deutschlands in staatenintegrierende Verbände möglichst einfach zu gestalten.[1184]

Die mit der Einfügung des Europa-Artikels unternommene Überführung des spezifischen Integrationsprozesses „Entwicklung der Europäischen Union" in das in Art. 23 GG geregelte Sonderregime trägt indessen weit „konservativere" Züge. Dies gilt im Besonderen für „klassische" Hoheitsrechtsübertragungen, die gemäß Art. 23 Abs. 1 S. 3 GG i. V. m. Art. 79 Abs. 2 GG nicht nur der Zustimmung des Bundesrats bedürfen, sondern darüber hinaus auch verfassungsändernder Mehrheiten in beiden Gesetzgebungskörperschaften des Bundes. Das Attribut „klassisch" ist dabei als Bezugnahme auf jenen Hoheitsrechtsübertragungsbegriff zu

---

1182 So auch *Peter Michael Huber*, Offene Staatlichkeit: Vergleich, in: Armin von Bogdandy/Pedro Cruz Villalón/Peter Michael Huber (Hrsg.), Ius Publicum Europaeum, Band II, 2008, § 26 Rn. 88 m. w. N.

1183 Vgl. oben Zweites Kapitel C. I. 1. a).

1184 Siehe dazu *Kirsten Schmalenbach*, Der neue Europaartikel 23 des Grundgesetzes im Lichte der Arbeit der Gemeinsamen Verfassungskommission, 1996, S. 34 sowie oben Zweites Kapitel C. I. 1. b).

verstehen, den das Bundesverfassungsgericht in seiner Rechtsprechung zu Art. 24 Abs. 1 GG entwickelt hat. Gemeint ist die Übertragung von Befugnissen zu Rechtsetzungsakten oder Einzelfallentscheidungen von unmittelbarer innerstaatlicher Verbindlichkeit. Hoheitsrechtsübertragungen in diesem Sinne bewirken stets „einen Eingriff in und eine Veränderung der verfassungsrechtlich festgelegten Zuständigkeitsordnung und damit materiell eine Verfassungsänderung“[1185]. Als Folge dessen unterfallen sie dem qualifizierten Gesetzesvorbehalt des Art. 23 Abs. 1 S. 3 GG, gilt Art. 79 Abs. 2 GG ausweislich des Wortlauts dieser Bestimmung doch für alle EU-Integrationsakte, „durch die [das] Grundgesetz seinem Inhalt nach geändert oder ergänzt wird oder solche Änderungen oder Ergänzungen ermöglicht werden“.[1186] Der von Teilen des wissenschaftlichen Schrifttums gegen die Anwendung des qualifizierten Gesetzesvorbehalts des Art. 23 Abs. 1 S. 3 GG auf sämtliche „klassischen“ Hoheitsrechtsübertragungen ins Feld geführte Einwand, dem einfachen Gesetzesvorbehalt des Art. 23 Abs. 1 S. 2 GG, der „lediglich“ die Zustimmung des Bundesrats verlangt, nicht aber verfassungsändernde Mehrheiten in beiden Gesetzgebungskörperschaften, verbleibe bei dieser Lesart kein Anwendungsbereich,[1187] sieht sich durch die *Lissabon*-Entscheidung des Bundesverfassungsgerichts[1188] entkräftet. Denn in jener Entscheidung hat sich das Bundesverfassungsgericht in Bezug auf Art. 23 Abs. 1 S. 2 GG von der restriktiven Auslegung des Hoheitsrechtsübertragungsbegriffs zugunsten eines weiten Begriffsverständnisses gelöst. Gemäß diesem weiten Begriffsverständnis unterfallen dem Gesetzesvorbehalt des Art. 23 Abs. 1 S. 2 GG *sämtliche* textliche Änderungen des EU-Primärrechts und folglich auch solche Änderungen, die nicht mit der Übertragung oder Erweiterung von Befugnissen zur Ausübung öffentlicher Gewalt im innerstaatlichen Bereich verbunden sind, sondern z. B. „lediglich“ Entscheidungsverfahren auf unionaler Ebene umgestalten:

„Für die europäische Integration gilt der besondere Gesetzesvorbehalt des Art. 23 Abs. 1 Satz 2 GG, wonach Hoheitsrechte nur durch Gesetz und mit Zustimmung des Bundesrates übertragen werden können. Dieser Gesetzesvorbehalt ist zur Wahrung der Integrationsver-

1185 BVerfGE 58, S. 1 (36) – Eurocontrol I. Vgl. auch *Ulrich Everling*, Überlegungen zur Struktur der Europäischen Union und zum neuen Europa-Artikel des Grundgesetzes, DVBl. 1993, S. 936 (943).

1186 Vgl. nur *Udo Fink*, Garantiert das Grundgesetz die Staatlichkeit der Bundesrepublik Deutschland?, DÖV 1998, S. 133 (136).

1187 So etwa *Rupert Scholz*, Europäische Union und deutscher Bundesstaat, NVwZ 1993, S. 817 (821); *ders.*, in: Theodor Maunz/Günter Dürig (Begr.), Grundgesetz-Kommentar, Band IV, Loseblattsammlung, 86. EL Januar 2019, Lfg. 56 Oktober 2009, Art. 23 Rn. 118 sowie *Thomas Schotten*, Das Grundgesetz nach Maastricht, Verwaltungsrundschau 1993, S. 89 (94): „Soll Art. 23 Abs. 1 Satz 2 GG einen Sinn haben, so muß festgestellt werden, daß nicht jede Hoheitsrechtsübertragung das Grundgesetz seinem Inhalt nach ändert oder ergänzt bzw. solche Änderungen oder Ergänzungen ermöglicht und damit den Anforderungen des Art. 79 Abs. 2 und 3 GG genügen muß. Es kann für die Frage, ob eine Verfassungsänderung vorliegt, nicht auf die Tatsache abgestellt werden, daß jede Hoheitsrechtsübertragung in gewisser Weise die Preisgabe eines Stückes Staatlichkeit bedeutet und insofern auch die Verfassung berührt.“

1188 BVerfGE 123, S. 267 – Lissabon.

antwortung und zum Schutz des Verfassungsgefüges so auszulegen, dass *jede* Veränderung der textlichen Grundlagen des europäischen Primärrechts erfasst wird."[1189]

Im Kontext der von Art. 23 Abs. 1 S. 1 GG avisierten Mitwirkung Deutschlands bei der „Entwicklung der Europäischen Union" sind demnach Rechtshandlungen denkbar, die zwar keine Modifikation der grundgesetzlichen Zuständigkeitsordnung und damit auch keine materielle Verfassungsänderung bedeuten, aber dennoch als Hoheitsrechtsübertragung zu qualifizieren sind. Mithin kann es durchaus Integrationsakte geben, die den Gesetzesvorbehalt des Art. 23 Abs. 1 S. 2 GG auslösen, ohne dass sie zugleich in den Anwendungsbereich des Art. 23 Abs. 1 S. 3 GG fallen.[1190]

c) Verfassungstheoretische Implikationen

Würdigt man die inhaltliche und verfahrensrechtliche Konfiguration der besonderen Integrationskompetenz des Art. 23 Abs. 1 GG in verfassungstheoretischer Hinsicht, so ist zunächst herauszustellen, dass die Aussonderung des europäischen Einigungsprozesses aus dem Anwendungsbereich des Art. 24 Abs. 1 GG keinesfalls eine Abkehr von jener „dritten Zweckebene" bedeutet, die der Verfassunggeber des Jahres 1949 der Bundesrepublik implantierte.[1191] Dass die Verfassungsentscheidung für eine integrationsoffene Staatlichkeit auch nach der Einfügung des Europa-Artikels unverändert Gültigkeit besitzt, geht bereits aus dessen ersten Satz unmissverständlich hervor, verpflichtet Art. 23 Abs. 1 S. 1 GG die Staatsgewalt doch ausdrücklich dazu, an der Entwicklung des supranationalen Verbunds „Europäische Union" mitzuwirken.[1192] Dessen ungeachtet ist das Bestreben des verfassungsändernden Gesetzgebers, die Verfassungsentscheidung für die Integrationsoffen-

---

1189 BVerfGE 123, S. 267 (355) – Lissabon (Hervorhebung hinzugefügt).

1190 So auch *Lena Ketterer*, Zustimmungserfordernis beim Europäischen Stabilitätsmechanismus, 2016, S. 184 f.

1191 Zur richtungweisende Bedeutung der Regelung des Art. 24 GG im Gesamtzusammenhang des Grundgesetzes vgl. nur *Rainer Wahl*, Die zweite Phase des Öffentlichen Rechts in Deutschland: Die Europäisierung des Öffentlichen Rechts, Der Staat 38 (1999), S. 495 (499): „Unter dem hier interessierenden Gesichtspunkt der Strukturprägung des Grundgesetzes kann man sogar noch einen Schritt weiter gehen und Art. 24 GG eine Schlüsselbestimmung der Verfassung nennen. In dieser Vorschrift hat das Grundgesetz von Anfang an den Systemwechsel von der Binnenorientierung zur Außenorientierung angelegt und ermöglicht."

1192 So mit Nachdruck BVerfGE 89, S. 155 (183) – Maastricht; BVerfGE 123, S. 267 (345 f.) – Lissabon. Eingehend zu dem in Art. 23 Abs. 1 S. 1 GG enthaltenen Verfassungsauftrag sowie zur Klassifizierung dieser Vorschrift als „Staatszielbestimmung" *Marcel Kaufmann*, Integrierte Staatlichkeit als Staatsstrukturprinzip, JZ 1999, S. 814 ff.; *Doris König*, Die Übertragung von Hoheitsrechten im Rahmen des europäischen Integrationsprozesses, 2000, S. 190 ff.; *Wolfgang Durner*, Verfassungsbindung deutscher Europapolitik, in: HStR, Band X, 3. Auflage 2012, § 216 Rn. 16 f.; *Rupert Scholz*, in: Theodor Maunz/Günter Dürig (Begr.), Grundgesetz-Kommentar, Band IV, Loseblattsammlung, 86. EL Januar 2019, Lfg. 56 Oktober 2009, Art. 23 Rn. 50 ff.; *Hans Dieter Jarass*, in: ders./Bodo Pieroth, Grundgesetz-Kommentar, 15. Auflage 2018, Art. 23 Rn. 10. Vgl. auch den Bericht der Gemeinsamen Verfassungskommission vom 5. November 1993 – BT-Drs. 12/6000, S. 20 f. sowie *Udo Fink*, Garantiert das Grundgesetz die Staatlichkeit der Bundesrepublik Deutschland?, DÖV 1998, S. 133 (135).

heit der Bundesrepublik im Zuge der Einfügung des Europa-Artikels stärker als zuvor mit den verfassungsstrukturellen Weichenstellungen des Konstitutionalismus der nordamerikanischen und französischen Revolution in Deckung zu bringen, unverkennbar.

Beredtes Zeugnis hierfür legt der oben erörterte Umstand ab, dass Art. 23 Abs. 1 S. 3 GG die Integrationsmacht der verfassten Gewalt insoweit, als deren Ausübung auf das nationale Verfassungsgefüge einwirkt, vom einfachen (Bundes-)Gesetzgeber auf den *pouvoir constituant constitué* verlagert. Eben darin, d. h. in der Überweisung sämtlicher verfassungsrelevanter EU-Integrationsmaßnahmen in das Verfahren des Art. 79 Abs. 2 GG, manifestiert sich der vom verfassungsändernden Gesetzgeber anlässlich der Gründung der Europäischen Union im Jahre 1992 gefasste Entschluss, die qualitative Differenz zwischen dem *pouvoir constituant constitué* einerseits und dem einfachen Gesetzgeber andererseits stärker zu akzentuieren. Denn während die Integrationsgewalt des einfachen Gesetzgebers (auch) im Zusammenhang mit dem europäischen Einigungsprozess ehedem erst dort an verfassungsrechtliche Grenzen stieß, wo Integrationsmaßnahmen einen Einbruch in die konstituierenden Strukturen des Grundgesetzes bedeuteten, so wird sie nunmehr durch die gesamte Verfassungsordnung beschränkt.[1193] Abgesehen davon, dass das Textänderungsgebot des Art. 79 Abs. 1 GG im Zusammenhang mit EU-Integrationsakten keine Anwendung findet, erfordern Maßnahmen der Staatsgewalt, die einerseits der Einbindung Deutschlands in die Europäische Union dienen, andererseits aber das Grundgesetz seinem Inhalt nach modifizieren oder solche Modifikationen ermöglichen, nunmehr eine *förmliche* Verfassungsänderung.[1194] Die damit verbundene Zunahme der Breite und Dichte der rechtlichen Gebundenheit des einfachen Gesetzgebers erweist sich in verfassungstheoretischer Perspektive als dezidiertes Bekenntnis zum Institut des *Vorrangs und der Maßstäblichkeit der Verfassung* wie es in Nordamerika und Frankreich Ende des 18. Jahrhunderts entwickelt worden ist.

Der Europa-Artikel betont aber nicht nur den Vorrang und die Maßstäblichkeit der Verfassung, sondern nimmt auch auf jene weiteren Verfassungsstrukturelemente Bezug, die für den Verfassungsbegriff des demokratischen Konstitutionalismus gleichfalls konstitutiv sind. So liegt in der Verweisung auf die in Art. 79 Abs. 3 GG normierte materielle Begrenzung der Verfassungsrevisionsgewalt des verfassungs-

---

[1193] *Josef Isensee*, Integrationsziel Europastaat?, in: Ole Due/Marcus Lutter/Jürgen Schwarze (Hrsg.), Festschrift für Ulrich Everling, 1995, S. 567 (587) kommentiert pointiert: „Die Zeit der großen europapolitischen Würfe, die nicht gehemmt waren durch verfassungsjuristische Reflexion, ist vorbei. Nunmehr ist die förmliche Änderung des Grundgesetzes geboten, wenn ein Integrationsgesetz mit dem Grundgesetz ‚seinem Inhalt nach' kollidiert." Siehe dazu auch *Rudolf Geiger*, Die Mitwirkung des deutschen Gesetzgebers an der Entwicklung der Europäischen Union, JZ 1996, S. 1093 (1097).

[1194] Dazu und zu den Hintergründen der aus Art. 23 Abs. 1 S. 3 GG ersichtlichen Entscheidung des verfassungsändernden Gesetzgebers, den EU-Integrationsgesetzgeber insoweit, als dieser materielle Verfassungsänderungen ins Werk setzt, vom Textänderungsgebot des Art. 79 Abs. 1 S. 1 GG zu befreien *Kirsten Schmalenbach*, Der neue Europaartikel 23 des Grundgesetzes im Lichte der Arbeit der Gemeinsamen Verfassungskommission, 1996, S. 97 ff.

ändernden Gesetzgebers der Sache nach eine Bekräftigung der Distinktion zwischen dem *pouvoir constituant* und den *pouvoirs constitués* und damit zugleich ein implizites Bekenntnis zu der ihr zugrunde liegenden *Lehre von der verfassunggebenden Gewalt des Volkes*. Dies namentlich insofern, als Art. 23 Abs. 1 S. 3 GG durch den Verweis auf Art. 79 Abs. 3 GG unmissverständlich zum Ausdruck bringt, dass die Rechtsmacht für das Ergreifen solcher Integrationsmaßnahmen, die die Verfassungsidentität antasten, nicht bei der verfassten Gewalt liegt, d.h. noch nicht einmal beim verfassungsändernden (Integrations-)Gesetzgeber, sondern exklusiv beim Volk in seiner Eigenschaft als Subjekt der verfassunggebenden Gewalt (vgl. Art. 146 GG).[1195] Der Europa-Artikel differenziert mithin explizit zwischen Befugnissen des einfachen Gesetzgebers (Art. 23 Abs. 1 S. 1 und 2 GG), Befugnissen des verfassungsändernden Gesetzgebers (Art. 23 Abs. 1 S. 1 und 3 GG) und schließlich solchen Maßnahmen, die der verfassten Gewalt schlechthin verwehrt (Art. 23 Abs. 1 S. 3 GG i. V. m. Art. 79 Abs. 3 GG) und also dem verfassungsungebundenen (Volks-)Souverän vorbehalten sind.

Neben dem Rechtsinstitut des Verfassungsvorrangs und der Lehre von der verfassunggebenden Gewalt des Volkes findet schließlich auch das Verfassungsstrukturelement „Ausschluss nicht-verfasster Machtreservate“ Niederschlag im Europa-Artikel, wenngleich in wenig augenfälliger Weise. Auf den ersten Blick könnte man gar das Gegenteil vermuten. Denn immerhin ermächtigen Art. 23 Abs. 1 S. 2 und 3 GG die verfasste Gewalt zur Übertragung von Hoheitsrechten auf eine supranationale Herrschaftsorganisation, deren Organe sodann öffentliche Gewalt mit unmittelbarer Wirkung im Geltungsbereich des Grundgesetzes ausüben, ohne dabei aber an die Sollenssätze des Grundgesetzes gebunden zu sein.[1196] Doch ist zu berücksichtigen, dass die Öffnung des staatlichen Rechtsraums für Hoheitsakte der Europäischen Union auf verfassungsrechtlich vorgezeichneten Wegen erfolgt. Die Hoheitsrechtsübertragung als solche erweist sich angesichts der detaillierten Vorgaben des Art. 23 GG als ein vollumfänglich grundgesetzlich fundierter und gesteuerter Vorgang. Von extrakonstitutioneller Machtausübung kann insoweit keine Rede sein kann. *Paul Kirchhof* bringt es wie folgt auf den Punkt:

> „Ausgangsnorm für das Entstehen, das Maß der Verselbständigung und die zukünftige Entwicklung des Europarechts gegenüber dem nationalen Verfassungsrecht sind […] die nationalen Verfassungen. Im Verfassungsstaat ist alles hoheitliche Handeln – auch die Übertragung von Hoheitsgewalt und die Mitwirkung im Rahmen einer internationalen Gemeinschaft – nur insoweit legitimiert, als es sich auf die Verfassung stützt.“[1197]

[1195] Vgl. Gesetzentwurf der Bundesregierung zur Einfügung des Art. 23 GG n. F. vom 2. Oktober 1992 – BT-Drs. 12/3338, S. 7: „Der jetzt im Wege der Verfassungsänderung geschaffene Europa-Artikel stellt keine Norm dar, die eine Ablösung des Grundgesetzes erlaubt, wie etwa Artikel 146 GG in der bis zum 3. Oktober 1990 geltenden Fassung.“

[1196] Siehe dazu *Christian Hillgruber*, in: Bruno Schmidt-Bleibtreu/Hans Hofmann/Hans-Günter Henneke (Begr./Hrsg.), Grundgesetz-Kommentar, 14. Auflage 2018, Art. 23 Rn. 11.

[1197] *Paul Kirchhof*, Deutsches Verfassungsrecht und Europäisches Gemeinschaftsrecht, EuR 1991 Beiheft 1, S. 11 (15).

Der Europa-Artikel unterwirft aber nicht nur die Verlagerung von Hoheitsgewalt auf die Europäische Union dem normativen Anspruch des Grundgesetzes. Vielmehr trifft Art. 23 Abs. 1 GG zugleich Vorkehrungen dafür, dass die verlagerten Hoheitsrechte, auch nachdem sie in die Verfügungsgewalt der supranationalen Herrschaftsorganisation übergegangen sind, nicht zu einem nicht-verfassten Machtreservat mutieren. Den Anspruch des Grundgesetzes, die Ausbildung eines vom betätigten Normwillen der Herrschaftsunterworfenen losgelösten Hoheitsrechtebestands in der Hand der Union zu unterbinden, bezeugt namentlich die Struktursicherungsklausel: Indem Art. 23 Abs. 1 S. 1 GG die Mitwirkung Deutschlands an der (Fort-)Entwicklung der Europäischen Union ausdrücklich unter die Bedingung stellt, dass deren Organisationsstruktur (unter anderem) demokratischen und rechtsstaatlichen Grundsätzen genügt, verlängert er das Postulat von der Bindung aller Herrschaft an den zu Rechtsnormen geronnenen Normwillen der Herrschaftsunterworfenen gleichsam in die supranationale Herrschaftsorganisation „Europäische Union" hinein. Denn wiewohl die Struktursicherungsklausel des Grundgesetzes den supranationalen Verband „Europäische Union" nicht unmittelbar verpflichtet, ist dieser doch immerhin mittelbarer Normadressat.[1198] Der Konfrontation mit dem grundgesetzlichen Postulat vom Ausschluss nicht-verfasster Machtreservate kann er sich auf politisch-faktischer Ebene nicht entziehen, weil sowohl die an der Willensbildung der Union mitwirkenden deutschen Stellen als auch der nationale Integrationsgesetzgeber, auf dessen Zustimmung die Union im Zusammenhang mit dem Erwerb zusätzlicher Hoheitsrechte angewiesen ist, vorbehaltlos an die Regelung des Art. 23 Abs. 1 S. 1 GG gebunden sind.[1199]

II. Inkurs: Supranationale Integration und souveräne Staatlichkeit

Die obige Betrachtung hat ergeben, dass der Ende 1992 in das Grundgesetz eingefügte Europa-Artikel das Verfassungsziel der gleichberechtigten Gliedschaft Deutschlands in einem vereinten Europa im Horizont des demokratischen Konstitutionalimsus zu verwirklichen sucht, d. h. unter Wahrung der zentralen Strukturelemente des modernen westeuropäisch-nordatlantischen Verfassungsmodells. Allerdings ist dieses Verfassungsmodell auf Grundlage der Funktionslogik des souveränen Territorialstaats entwickelt worden. Die in Reaktion auf die Konfessionskriege des 16. und 17. Jahrhunderts sukzessive ausgeformte, organisierte Entscheidungs- und Wirkungseinheit bildete den Bezugspunkt des neuzeitlichen Herrschaftsverrechtlichungsdenkens. In ihr fand die moderne Verfassung ihren prototypischen Regelungsgegenstand. Aussicht auf Realisierung hat das in Art. 23 GG zum Ausdruck gelangende Vorhaben, die supranationale Integration der Bun-

---

1198 Vgl. *Frank Schorkopf*, in: Wolfgang Kahl/Christian Waldhoff/Christian Walter (Hrsg.), Bonner Kommentar zum Grundgesetz, Loseblattsammlung, 198. EL Mai 2019, Lfg. 153 August 2011, Art. 23 Rn. 40.

1199 Siehe dazu *Hans Dieter Jarass*, in: ders./Bodo Pieroth, Grundgesetz-Kommentar, 15. Auflage 2018, Art. 23Rn. 14 m. w. N.

desrepublik unter Bewahrung des Konstitutionalisierungsstandards der nordamerikanischen und französischen Revolution vonstattengehen zu lassen, daher nur, wenn auch unter den Bedingungen des „Eingebunden-Seins“ in die überstaatliche Herrschaftsorganisation „Europäische Union“ zumindest diejenigen Merkmale des souveränen Territorialstaats erhalten bleiben, die für demokratische Konstitutionalität unerlässlich sind. Um das Verhältnis der Fundamentalentscheidung des Grundgesetzes für Verfasstheit im Sinne des demokratischen Konstitutionalismus zum Verfassungsziel der gleichberechtigten Gliedschaft Deutschlands in einem vereinten Europa sachgerecht bestimmen zu können, muss daher zunächst ergründet werden, in welcher Weise die Supranationalisierung von Herrschaftsmacht auf die Souveränität und Staatlichkeit der EU-Mitglieder einwirkt.

1. Supranationale Integration als Anfechtung der Souveränität?

Im wissenschaftlichen Schrifttum wird vielfach diagnostiziert, dass der Zusammenschluss der europäischen Staaten zur Europäischen Union, d. h. ihre Eingliederung in einen Verband, der in der Lage ist, in den Territorien seiner Mitglieder unmittelbar politische Macht auszuüben, zu einem Zustand geführt habe, in dem die Souveränitätsfrage nicht mehr eindeutig beantwortbar sei.[1200] Die Souveränität sei mit fortschreitender Integration „in die Schwebe“ geraten[1201] bzw. müsse nunmehr als zwischen der Europäischen Union und ihren Mitgliedstaaten geteilt[1202] betrach-

[1200] *Jochen Abraham Frowein*, Das *Maastricht*-Urteil und die Grenzen der Verfassungsgerichtsbarkeit, ZaöRV 54 (1994), S. 1 (5 ff.); *Neil MacCormick*, On Sovereignty and Post-Sovereignty, in: ders., Questioning Sovereignty: Law, State and Nation in the European Commonwealth, 1999, S. 123 (131 ff.); *Heinhard Steiger*, Geht das Zeitalter des souveränen Staates zu Ende?, Der Staat 41 (2002), S. 331 (341 ff.). Bisweilen ist auch von der „post-souveränen Konstellation“ die Rede. So etwa *Augustín José Menéndez/John Erik Fossum* (Hrsg.), Law and Democracy in Neil MacCormick's Legal and Political Theory: The Post-Sovereign Constellation, 2011; *Franz Christian Mayer*, Verfassung im Nationalstaat: Von der Gesamtordnung zur europäischen Teilordnung?, VVDStRL 75 (2016), S. 7 (29 und 53).

[1201] *Helmut Steinberger*, Aspekte der Rechtsprechung des Bundesverfassungsgerichts zum Verhältnis zwischen Europäischem Gemeinschaftsrecht und deutschem Recht, in: Kay Hailbronner/Georg Ress/Torsten Stein (Hrsg.), Staat und Völkerrechtsordnung: Festschrift für Karl Doehring, 1989, S. 951 (968). Zustimmend *Hans Peter Ipsen*, Die Bundesrepublik Deutschland in den Europäischen Gemeinschaften, in: HStR, Band VII, 1. Auflage 1992, § 181 Rn. 19; *Jochen Abraham Frowein*, Verfassungsperspektiven der Europäischen Gemeinschaft, EuR 1992 Beiheft 1, S. 63 (67); *Thomas Oppermann*, Zur Eigenart der Europäischen Union, in: Peter Hommelhoff/Paul Kirchhof (Hrsg.), Der Staatenverbund der Europäischen Union, 1994, S. 87 (96).

[1202] So etwa *Ernst Steindorff*, Verfassungsänderung durch die EG?, AöR 116 (1991), S. 460 (465); *Karl Doehring*, Staat und Verfassung in einem zusammenwachsenden Europa, ZRP 1993, S. 98 (99); *Ulrich Everling*, Überlegungen zur Struktur der Europäischen Union und zum neuen Europa-Artikel des Grundgesetzes, DVBl. 1993, S. 936 (942 f.); *Ingolf Pernice*, Deutschland in der Europäischen Union, in: HStR, Band VIII, 1. Auflage 1995, § 191 Rn. 44 m. w. N.; *Stefan Oeter*, Souveränität und Demokratie als Probleme in der „Verfassungsentwicklung“ der Europäischen Union, ZaöRV 55 (1995), S. 659 (683 ff.). Vgl. auch *Dieter Grimm*, Wer ist souverän in der Europäischen Union?, in: ders., Die Zukunft der Verfassung II, 2012, S. 275 (281 ff.), der im Ergebnis allerdings die Auffassung vertritt, dass die Souveränität im Zuge der europäischen Integration weder geteilt noch aufgezehrt worden ist.

tet werden. Doch bleibt oftmals unberücksichtigt, welch enorme Sprengkraft diesem Deutungsmuster in demokratie- und verfassungstheoretischer Hinsicht innewohnt. Der Grund liegt darin, dass die für den Verfassungsbegriff des demokratischen Konstitutionalismus konstitutive Lehre von der verfassunggebenden Gewalt ideengeschichtlich untrennbar mit (Volks-)*Souveränität* verbunden ist.[1203] Im Paradigma des demokratischen Konstitutionalismus fungiert der Normwille des *souveränen* Volkes als dasjenige Moment, welches der Verfassung rechtliche Verbindlichkeit verleiht, die durch sie begründete Herrschaft mit Legitimität ausstattet und dabei in jene spezifische Verantwortlichkeit überführt, vermöge derer politische Macht mit dem Autonomiebedürfnis der Herrschaftsunterworfenen versöhnt wird.[1204] Der Fortbestand und die eindeutige Zuordnung der Souveränität sind für die Validität der modernen Verfassungsidee und deren rechtspraktische Verwirklichung daher von höchster Relevanz.

a) Zur Bedeutung der Kompetenz-Kompetenz für die Souveränitätsfrage

Steht in Frage, wer in einer zusammengesetzten politischen Einheit souverän ist, (noch) die Teile oder (schon) das Ganze, so ist der Blick auf die Kompetenz-Kompetenz zu richten.[1205] Der historische Entstehungszusammenhang dieses Rechtsinstituts, das bisweilen auch als Kriterium der „Staatlichkeit“[1206] bzw. der „souveränen Staatlichkeit“[1207] identifiziert wird, ist jedoch spezifischer als seine Verwendung im Zusammenhang mit den großen politisch-juristischen Schlüsselbegriffen „Souveränität“ und „Staat“ vermuten lässt. Eingang in die staatsrechtliche Terminologie fand der Begriff der Kompetenz-Kompetenz im Zuge der Herausbildung deutscher Bundesstaatlichkeit, namentlich im Zusammenhang mit der Gründung des Norddeutschen Bundes. Jener im Jahre 1867 auf das Betreiben Preußens hin vollzogene Zusammenschluss zahlreicher deutscher Einzelstaaten veranlasste *Hugo Böhlau* in einer 1869 anonym erschienenen Schrift der Frage nachzugehen, ob „aus Artikel 78 der Verfas-

---

[1203] Vgl. nur *Christian Seiler*, Der souveräne Verfassungsstaat zwischen demokratischer Rückbindung und überstaatlicher Einbindung, 2005, S. 308; *Bernhard Kempen*, Verfassung und Politik, in: Otto Depenheuer/Christoph Grabenwarter (Hrsg.), Verfassungstheorie, 2010, § 27 Rn. 26 ff.

[1204] Vgl. oben Zweites Kapitel B. I. 3. b).

[1205] Vgl. statt vieler *Dieter Grimm*, Wer ist souverän in der Europäischen Union?, in: ders., Die Zukunft der Verfassung II, 2012, S. 275 (282): „In föderalen Gebilden zieht sich die Souveränität in die Kompetenz-Kompetenz zurück.“ Relativierend hingegen *Dietrich Murswiek*, Der Grundsatz der souveränen Staatlichkeit als unabänderliches Verfassungsprinzip, in: Hans-Christof Kraus/Heinrich Amadeus Wolff (Hrsg.), Souveränitätsprobleme der Neuzeit: Freundesgabe für Helmut Quaritsch anlässlich seines 80. Geburtstages, S. 95 (121): „Solange die Kompetenz-Kompetenz bei den Mitgliedstaaten liegt, ist dies ein wichtiges Indiz dafür, daß sie noch souveräne Staaten sind. Aber mehr als ein Indiz ist es nicht.“

[1206] So etwa *Joachim Suerbaum*, Die Kompetenzverteilung beim Verwaltungsvollzug des Europäischen Gemeinschaftsrechts in Deutschland, 1998, S. 59.

[1207] So etwa *Dietrich Murswiek*, Der Grundsatz der souveränen Staatlichkeit als unabänderliches Verfassungsprinzip, in: Hans-Christof Kraus/Heinrich Amadeus Wolff (Hrsg.), Souveränitätsprobleme der Neuzeit: Freundesgabe für Helmut Quaritsch anlässlich seines 80. Geburtstages, S. 95 (120 f.).

sung für den Norddeutschen Bund eine Competenz des Bundes abgeleitet werden [kann], sich selbst seine Competenz zu erweitern"[1208].[1209] Die eminente Bedeutung dieser Frage für den staats- und völkerrechtlichen Status der deutschen Einzelstaaten wie auch des neu gegründeten Bundes stand dem preußischen Rechtsprofessor, der eine Kompetenz-Kompetenz der Bundesebene im Ergebnis entschieden verneinte,[1210] dabei klar vor Augen. Beredtes Zeugnis hierfür legt folgende These *Böhlaus* ab, die dieser unter Bezugnahme auf eine kurz nach der Gründung des Norddeutschen Bundes aus dem Reichstag hervorgegangene Initiative zur Ausdehnung der Gesetzgebungskompetenz des Bundes auf das gesamte Zivilrecht formulierte:

> „Dieser Antrag ist, wie Competenzerweiterungsversuche dieser Art überhaupt, für die künftige Entwicklung der Norddeutschen Bundesverfassung präjudiciell. Denn seine Annahme seitens des Bundesrathes gemäß Artikel 78, d.h. mit ‚einer Mehrheit von zwei Dritteln der vertretenen Stimmen', würde das Eingeständnis enthalten, daß der Bund eine Vereinigung sei, welche grundsätzlich keine Zweckbeschränkung, vielmehr als ihren Zweck grundsätzlich alles anzuerkennen habe, was im Staatszwecke begriffen sei. Der Norddeutsche Bund ist, falls dieser Antrag Gesetz wird, principiell Einheitsstaat, der Allerdurchlauchtigste Bundespräsident nicht bloß die monarchische Spitze eines monarchischen Bundesstaates, sondern einfach Staatsoberhaupt, der Bundesrath Oberhaus, die norddeutschen Kleinstaaten Provinzen des Deutschen Staates, wie es die Preußischen Provinzen sind. Die in der dermaligen Bundesverfassung niedergelegten Beschränkungen der Bundescompetenz sinken zu der Bedeutung eines vorläufigen Programms für die nächsten Actionen des Bundes hinunter."

Mit den vorstehend wiedergegebenen Ausführungen umschreibt *Böhlau* äußerst prägnant jenes föderale Spannungsfeld, das aufzulösen die eigentliche Zweckbestimmung der Kompetenz-Kompetenz bildet. Der Begriff als solcher ist definitionsgemäß auf Staatenzusammenschlüsse bezogen, betrifft namentlich das Verhältnis sich integrierender Staaten zu dem von ihnen geschaffenen Verband und bezeichnet in diesem Zusammenhang eine besondere Art von Rechtsmacht, die, wenn sie dem staatenintegrierenden Verband zuwächst, die Autonomie der durch ihn zusammengeschlossenen Staaten derart intensiv beeinträchtigt, dass letztere unvermittelt auf den Status von Gliedstaaten „herabsinken" und somit ihre originäre Völkerrechtssubjektivität einbüßen.[1211] Dem liegt zugrunde, dass mit dem „Unterworfen-Sein" unter die Kompetenz-Kompetenz eines Anderen dem unterworfenen Verband das für äußere Souveränität unabdingbare Maß an Unabhängig-

---

1208 *Hugo Böhlau*, Competenz-Competenz? Erörterungen zu Artikel 78 des Norddeutschen Bundes, 1869, S. 4.

1209 Art. 78 der Verfassung des Norddeutschen Bundes hatte folgenden Wortlaut: „Veränderungen der Verfassung erfolgen im Wege der Gesetzgebung, jedoch ist zu denselben im Bundesrathe eine Mehrheit von zwei Dritteln der vertretenen Stimmen erforderlich."

1210 *Hugo Böhlau*, Competenz-Competenz? Erörterungen zu Artikel 78 des Norddeutschen Bundes, 1869, S. 38 ff.

1211 Siehe dazu nur *Carl Schmitt*, Verfassungslehre (1928), 9. Auflage 2003, S. 102: „Bei einer *Bundesverfassung* kann an Stelle einer vertraglichen Änderung des Bundesvertrages der Weg der Bundesgesetzgebung für die Änderung von Verfassungsgesetzen zugelassen sein. Wo diese Möglichkeit einer Änderung der Bundesverfassung besteht, entfernt sich der Bund bereits von seiner bündischen Grundlage und entwickelt sich zum Einheitsstaat."

keit denknotwendig verloren geht, weil dieser nunmehr in bestimmter Hinsicht der rechtlichen Weisung eben jenes Anderen unterliegt.[1212] Befindet sich der ehedem unabhängige Verband nunmehr also in einer Situation, in der er sich nach außen hin nicht mehr zur Gänze abschotten *kann*, weil er in bestimmter Hinsicht, namentlich in Fragen der Kompetenzausstattung, einem anderen Verband rechtlichen Gehorsam schuldet, so existiert im Binnenbereich des erstgenannten Verbands logischnotwendig auch keine Instanz mehr, von der behauptet werden könnte, sie sei in der Lage, sowohl über die Gegenstände als auch über die Art und Weise eigenen wie fremden Tätigwerdens in jeder Hinsicht selbst zu bestimmen (sog. „Kompetenzhoheit"). Das „Unterworfen-Sein" unter die Kompetenz-Kompetenz eines Anderen schlägt mithin unvermeidlich auf die nach innen gerichtete Komponente der „Souveränität" durch und erfasst dementsprechend den Herrschaftstatbestand im Ganzen.[1213] Somit ist festzuhalten: Da das personale Substrat eines in der vorbeschriebenen Weise in rechtliche Abhängigkeit geratenen Verbands das Vermögen einbüßt, als „verfassunggebende Gewalt" im Sinne der demokratischen Verfassungstheorie zu figurieren, gerät mit der Souveränität im völkerrechtlichen Sinne auch die Souveränität im staatsrechtlichen Sinne in Fortfall.

b) Gegenwärtig keine Kompetenz-Kompetenz der Europäischen Union

Vor diesem Hintergrund erhebt sich die Frage, wie es im Verhältnis der Europäischen Union zu ihren Mitgliedstaaten, darunter die Bundesrepublik Deutschland, um die Kompetenz-Kompetenz bestellt ist. In den Verträgen finden sich klare Anhaltspunkte dafür, dass jedenfalls die Union jener besonderen Kompetenz ermangelt: Nach Art. 5 Abs. 1 S. 1 und Abs. 2 S. 1 EUV gilt für die Abgrenzung der Kompetenzen der Union der Grundsatz der begrenzten Einzelermächtigung.[1214] Diesem Grundsatz zufolge wird die Union nur innerhalb der Grenzen jener Zuständigkeiten tätig, die die Mitgliedstaaten ihr in den Verträgen übertragen haben. Alle der Union in den Verträgen nicht übertragenen Zuständigkeiten verbleiben gemäß Art. 4 Abs. 1 und Art. 5 Abs. 2 S. 2 EUV bei den Mitgliedstaaten. Erweiterungen der Unionszuständigkeiten bedingen eine förmliche Vertragsänderung, die ausweislich Art. 48 Abs. 4 UAbs. 2 EUV von allen Mitgliedstaaten nach Maßgabe ihrer jeweiligen verfassungsrechtlichen Vorschriften ratifiziert werden muss.

1212 In diesem Sinne bereits *Georg Jellinek*, Allgemeine Staatslehre, 3. Auflage 1913 (Neudruck 1966), S. 496: „Von zwei dauernd verbunden Staaten ist daher derjenige, welcher seine staatsrechtliche Zuständigkeit durch sein Gesetz nicht auszudehnen vermag, sondern an der staatlichen Rechtordnung des anderen eine Grenze für seine Kompetenzerweiterung findet, nichtsouverän, während der Staat, der durch sein Gesetz dem anderen staatsrechtliche Kompetenzen zu entziehen vermag, der souveräne ist."

1213 Zur Wechselbezüglichkeit zwischen innerer und äußerer Souveränität vgl. *Helmut Quaritsch*, Souveränität – Entstehung und Entwicklung des Begriffs in Frankreich und Deutschland vom 13. Jh. bis 1806, 1986, S. 62 ff. sowie oben Zweites Kapitel A. II. 2. b).

1214 Vgl. dazu und zum Folgenden BVerfGE 126, S. 286 (302 f.) – Honeywell; *Christian Calliess*, in: ders./Matthias Ruffert (Hrsg.), EUV/AEUV, 5. Auflage 2016, Art. 5 EUV Rn. 6 ff.

Desungeachtet findet sich in der staats- und europarechtlichen Literatur verschiedentlich die These, die europäische Ebene besitze bereits seit geraumer Zeit die Kompetenz-Kompetenz, wobei selbige vor dem Hintergrund des eindeutig in eine andere Richtung weisenden Wortlauts der oben genannten Primärrechtsbestimmungen als eine „faktische" apostrophiert wird.[1215] Diese „faktische" Kompetenz-Kompetenz ergebe sich aus dem Zusammenspiel von generalklauselartigen Kompetenzzuweisungen wie insbesondere der dynamisch wirkenden Binnenmarktkompetenz des Art. 114 Abs. 1 AEUV (ex-Art. 95 Abs. 1 EG bzw. ex-Art. 100a Abs. 1 EWG)[1216] mit der Kompetenzergänzungsklausel des Art. 352 AEUV (ex-Art. 308 EG bzw. ex-Art. 235 EWG)[1217] sowie dem vom Europäischen Gerichtshof erhobenen Anspruch, demzufolge allein er zur Nichtigerklärung der Handlung eines Unionsorgans autorisiert ist[1218].[1219] Infolge des Umstands, dass der Union nicht „nur" allgemein gehaltene Ermächtigungen zur Rechtsangleichung erteilt

[1215] So ausdrücklich *Udo Di Fabio*, Der neue Art. 23 des Grundgesetzes, Der Staat 32 (1993), S. 191 (197) im zeitlichen Zusammenhang mit dem Inkrafttreten des Vertrags von Maastricht. Vgl. auch *Fritz Ossenbühl*, Maastricht und das Grundgesetz – eine verfassungsrechtliche Wende?, DVBl. 1993, S. 629 (632) sowie *Karl Albrecht Schachtschneider/Angelika Emmerich-Fritsche/Thomas C. W. Beyer*, Der Vertrag über die Europäische Union und das Grundgesetz, JZ 1993, S. 751 ff.

[1216] Zum (Spannungs-)Verhältnis zwischen dem Prinzip der begrenzten Einzelermächtigung einerseits und der Querschnittskompetenz des Art. 114 AEUV andererseits *Christian Calliess*, in: ders./Matthias Ruffert (Hrsg.), EUV/AEUV, 5. Auflage 2016, Art. 5 EUV Rn. 13 f.

[1217] Der Europäische Gerichtshof expliziert die Funktion des ex-Art 235 EWG (nunmehr Art. 352 AEUV) in seinem Gutachten 2/94 vom 28. März 1996, Slg. 1996, Band I, S. 1759 (1788) wie folgt: „Artikel 235 soll einen Ausgleich in Fällen schaffen, in denen den Gemeinschaftsorganen durch spezifische Bestimmungen des Vertrages ausdrücklich oder implizit verliehene Befugnisse fehlen und gleichwohl Befugnisse erforderlich erscheinen, damit die Gemeinschaft ihre Aufgaben im Hinblick auf die Erreichung eines der vom Vertrag festgelegten Ziele wahrnehmen kann."

[1218] Zu diesem Anspruch EuGH, Rs. 314/85, Foto-Frost, Slg. 1987, S. 4199 Rn. 15 ff.; EuGH, Rs. C-461/03, Gaston Schul Douane-expediteur BV, Slg. 2005, I-10513 Rn. 17. Vgl. auch *Franz Christian Mayer*, Verfassungsgerichtsbarkeit, in: Armin von Bogdandy/Jürgen Bast (Hrsg.), Europäisches Verfassungsrecht, 2. Auflage 2009, S. 559 (570 ff.); *Albrecht Weber*, Europäische Verfassungsvergleichung, 2010, 12. Kapitel Rn. 76.

[1219] *Udo Di Fabio*, Der neue Art. 23 des Grundgesetzes, Der Staat 32 (1993), S. 191 (196 f.); *Karl Doehring*, Staat und Verfassung in einem zusammenwachsenden Europa, ZRP 1993, S. 98 f. Vgl. auch *Theodor Schilling*, Die deutsche Verfassung und die europäische Einigung, AöR 116 (1991), S. 32 (40 ff.), der der europäischen Ebene unter Verweis auf die in ex-Art. 235 EWG (nunmehr Art. 352 AEUV) normierte Befugnis der Gemeinschaft zur Ergänzung der ihr übertragenen Zuständigkeiten zwar keine „materielle" wohl aber eine „formale" Kompetenz-Kompetenz zuspricht; anders hingegen *Matthias Rossi*, in: Christian Calliess/Matthias Ruffert (Hrsg.), EUV/AEUV, 5. Auflage 2016, Art. 352 AEUV Rn. 12a: „Die Befugnis zum Erlaß zielerforderlicher Maßnahmen wird der Union unmittelbar durch Art. 352 und nicht erst durch dessen Ausübung übertragen. Dementsprechend ist die Verwirklichung eines der Unionsziele mit Hilfe des Art. 352 nicht Vertragsdurchbrechung, sondern Vertragsanwendung, nicht Kompetenzausdehnung, sondern Kompetenzwahrnehmung. Hervorzuheben ist zum anderen, daß Art. 352 in der förmlichen Vertragsänderung seine funktionale und damit zugleich seine tatbestandliche Grenze findet: Es ist nicht die Funktion des Art. 352, den Vertrag um Unionsziele und damit um Kompetenzen der Union zu erweitern. Die Bestimmung enthält gerade *keine Kompetenz-Kompetenz*." *Paul Kirchhof*, Deutsches Verfassungsrecht und Europäisches Gemeinschaftsrecht, EuR 1991 Beiheft 1, S. 11 (22) gibt zu bedenken, dass die Kompetenzergänzungsklausel „einer Kompetenzkompetenz angenähert" wird, wenn man das Tatbestandsmerkmal „erforderliche" restriktiv interpretiert.

worden seien, sondern darüber hinaus auch die Befugnis, jene Ermächtigungen hinsichtlich ihres Inhalt und ihrer Reichweite selbst authentisch zu interpretieren bzw. nötigenfalls im Verfahren des Art. 352 AEUV (ex-Art. 308 EG bzw.ex-Art. 235 EWG) zu ergänzen, sei ein Zustand eingetreten, in dem es der Union *de facto* stets möglich sei, „den Anwendungsbereich des Gemeinschaftsrechts auszudehnen, auch dort, wo keine Spezialermächtigung besteh[t]“[1220].

Seitdem das Bundesverfassungsgericht in seinem *Maastricht*-Urteil[1221] ausdrücklich – und zwischenzeitlich immer wieder –[1222] die Befugnis für sich reklamiert hat, Rechtsakten der europäischen Einrichtungen und Organe für den deutschen Hoheitsbereich die Wirksamkeit zu versagen, wenn sie aus den Grenzen des im einschlägigen Zustimmungsgesetz festgelegten Integrationsprogramms[1223] ausbrechen,[1224] erscheint es indes fernliegend, dass die Kompetenzausstattung der Bundesrepublik faktisch zur Disposition der Union steht. Der theoretisch denkbare Versuch, die Kompetenzen der Union im Gewand der Vertragsauslegung, d.h. unter Umgehung des hierfür vorgesehenen ordentlichen Vertragsänderungsverfahrens gemäß Art. 48 Abs. 2 bis 5 EUV, über die Grenzen des vom Integrationsgesetzgeber verantworteten Integrationsprogramms hinaus auszudehnen, hat angesichts des mitgliedstaatsseitig ausgeübten Ultra-vires-Kontrollvorbehalts[1225] keine Aus-

---

1220 *Udo Di Fabio*, Der neue Art. 23 des Grundgesetzes, Der Staat 32 (1993), S. 191 (196) unter Verweis auf *Manfred Zuleeg*, Die Stellung der Länder im europäischen Integrationsprozeß, DVBl. 1992, S. 1329 (1335). Vgl. auch *Dieter Grimm*, Wer ist souverän in der Europäischen Union?, in: ders., Die Zukunft der Verfassung II, 2012, S. 275 (284): „Es ist ebenfalls denkbar, dass die EU es versteht, sich so viele Kompetenzen unter Umgehung der Kompetenz-Kompetenz der Mitgliedstaaten zu verschaffen, dass deren Souveränität aufgezehrt wird. Diese Möglichkeit ergibt sich durch Interpretationen der Verträge, die einer Vertragsänderung gleichkommen, und geht folglich vor allem vom Europäischen Gerichtshof aus.“

1221 BVerfGE 89, S. 155 ff. – Maastricht.

1222 Vgl. BVerfGE 123, S. 267 (353 ff.) – Lissabon; BVerfGE 126, S. 286 (302 ff.) – Honeywell; BVerfGE 134, S. 366 (381 ff.) – OMT-Beschluss; BVerfG, NJW 2020, S. 1647 (Rn. 105, 110 ff.) – PSPP-Urteil.

1223 Zum Zusammenhang zwischen Integrationsprogrammen (als Begrenzungen von Integrationsprozessen) und den Gesetzesvorbehalten der Art. 24 Abs. 1 GG und Art. 23 Abs. 1 S. 2 GG *Karsten Schneider*, Der Ultra-vires-Maßstab im Außenverfassungsrecht, AöR 139 (2014), S. 197 (240 ff.).

1224 Kritisch zum Ultra-vires-Kontrollvorbehalt des Bundesverfassungsgerichts *Jochen Abraham Frowein*, Das *Maastricht*-Urteil und die Grenzen der Verfassungsgerichtsbarkeit, ZaöRV 54 (1994), S. 1 (8 ff.); *Friedemann Kainer*, Aus der nationalen Brille: Das PSPP-Urteil des BVerfG, EuZW 2020, S. 533 (534). Zustimmend hingegen *Josef Isensee*, Integrationsziel Europastaat?, in: Ole Due/Marcus Lutter/Jürgen Schwarze (Hrsg.), Festschrift für Ulrich Everling, 1995, S. 567 (577) sowie *Udo Di Fabio*, Der Auftrag zur europäischen Integration und seine Grenzen, in: Matthias Ruffert (Hrsg.), Dynamik und Nachhaltigkeit des Öffentlichen Rechts, Festschrift für Meinhard Schröder zum 70. Geburtstag, 2012, S. 169 (175), welch letzterer feststellt: „Aus diesem Grund können die höchsten Gerichte der Mitgliedstaaten nicht auf das Recht verzichten, sich eine *Ultra-vires*-Kontrolle vorzubehalten, weil nur diese prozessuale Konsequenz dem Prinzip der begrenzten Einzelermächtigung entspricht.“

1225 Zu Ultra-vires-Kontrollvorbehalten in anderen EU-Mitgliedstaaten als Deutschland *Franz Christian Mayer*, Kompetenzüberschreitung und Letztentscheidung, 2000, S. 140 ff.; *ders.*, Verfassungsgerichtsbarkeit, in: Armin von Bogdandy/Jürgen Bast (Hrsg.), Europäisches Verfassungsrecht, 2. Auflage 2009, S. 559 (578 ff.); *Mattias Wendel*, Permeabilität im europäischen Versicht auf Erfolg.[1226] Anders verhielte es sich allenfalls dann, wenn der vom Europäischen Gerichtshof erhobene Anspruch auf das Verwerfungsmonopol in Bezug auf EU-Rechtsakte[1227] eine bessere Chance auf praktische Durchsetzung besäße als der vom Bundesverfassungsgericht erhobene Anspruch, ausbrechenden EU-Rechtsakten die Wirksamkeit im Gebiet der Bundesrepublik zu versagen. Da das Monopol legitimer physischer Gewalt indes nach wie vor bei den Mitgliedstaaten liegt, kann die Union die praktische Durchsetzung ihrer Rechtsakte nicht aus eigener Kraft erzwingen.[1228] Vielmehr ist sie auf die Bereitschaft der nationalen Kompetenzträger angewiesen, sich für diesen Zweck in Dienst nehmen zu lassen. Ein Bund aber, der weder rechtlich noch tatsächlich in der Lage ist, seinen Aktionsradius gegebenenfalls auch gegen den Willen einzelner der in ihm vereinigten Verbände zu vergrößern, verfügt unter keinem in Betracht kommenden Gesichtspunkt über die Kompetenz-Kompetenz.[1229]

c) Auflösung der Kompetenz-Kompetenz im europäischen Mehrebenensystem?

Dass kein Zustand eingetreten ist, in dem die Mitgliedstaaten der Kompetenz-Kompetenz der EU unterworfen sind, bedeutet allerdings nicht zwingend, dass sie selbst noch immer über diese besondere Kompetenz verfügen. Denkbar ist auch, dass weder die EU noch die Mitgliedstaaten für sich die uneingeschränkte Rechtsmacht reklamieren können, ihren Kompetenzbestand zulasten der jeweils anderen Ebene ohne deren Zustimmung zu erweitern.[1230] In diesem Sinne argumentierte der ehemalige Richter am Europäischen Gerichtshof *Ulrich Everling* im zeitlichen Zusammenhang mit der Gründung der Europäischen Union:

---

fassungsrecht, 2011, S. 468 ff. Das Verfassungsgericht Tschechiens war das erste Verfassungsgericht eines EU-Mitgliedstaats, das die Handlung eines Unionsorgans für *ultra vires* erklärte und dem bewussten Unionsakt die Wirksamkeit im Gebiet des betreffenden Mitgliedstaats absprach; vgl. Ústavní Soud, Pl. ÚS. 5/12.

[1226] Vgl. dazu *Neil MacCormick*, Das Maastricht-Urteil: Souveränität heute, JZ 1995, S. 797.

[1227] Zum Zusammenhang zwischen dem vom Europäischen Gerichtshof beanspruchten Verwerfungsmonopol in Bezug auf EU-Rechtsakte und dem Vorrangpostulat des Unionsrechts *Franz Christian Mayer*, Verfassungsgerichtsbarkeit, in: Armin von Bogdandy/Jürgen Bast (Hrsg.), Europäisches Verfassungsrecht, 2. Auflage 2009, S. 559 (571 f.).

[1228] Näher dazu unten Drittes Kapitel C. III. 2. c).

[1229] Im Ergebnis ebenso *Ingolf Pernice*, Deutschland in der Europäischen Union, in: HStR, Band VIII, 1. Auflage 1995, § 191 Rn. 45; *Christian Koenig*, Ist die Europäische Union verfassungsfähig?, DÖV 1998, S. 268 (272 f.); *Dieter Grimm*, Wer ist souverän in der Europäischen Union?, in: ders., Die Zukunft der Verfassung II, 2012, S. 275 (282 f.); *Hans Dieter Jarass*, in: ders./Bodo Pieroth, Grundgesetz-Kommentar, 15. Auflage 2018, Art. 23 Rn. 2a.

[1230] So ausdrücklich *Jochen Abraham Frowein*, Das *Maastricht*-Urteil und die Grenzen der Verfassungsgerichtsbarkeit, ZaöRV 54 (1994), S. 1 (7) („Keiner hat die rechtlich anerkannte Kompetenzkompetenz."); *Theodor Schilling*, Die deutsche Verfassung und die europäische Einigung, AöR 116 (1991), S. 32 (44) („Steht somit weder der EG noch den einzelnen Mitgliedstaaten die Kompetenzkompetenz zu […]"). In diese Richtung auch *Ingolf Pernice*, Europäisches und nationales Verfassungsrecht, VVDStRL 60 (2001), S. 148 (186); *Heinhard Steiger*, Geht das Zeitalter des souveränen Staates zu Ende?, Der Staat 41 (2002), S. 331 (350); *Hasso Hofmann*, „Souverän ist, wer über den Ausnahmezustand entscheidet", Der Staat 44 (2005), S. 171 (185).

„Die Mitgliedstaaten tragen die Gemeinschaft. [...] Daraus folgt aber nicht, daß die Souveränität den Mitgliedstaaten in vollem Umfang zusteht. Durch die Einbindung in die Gemeinschaft haben sie ihre Handlungsfreiheit in den vergemeinschafteten Bereichen beschränkt. [...] Die Gemeinschaft ist bereits eine politische, wirtschaftliche und soziale Wirkungseinheit, die nicht einfach ignoriert werden kann, und sie hat Rechte und Besitzstände der Bürger geschaffen, die respektiert werden müssen. Aus diesem Grund können die Mitgliedstaaten auch nicht mehr gemeinsam beliebig über die Gemeinschaft verfügen. Insbesondere kann nicht schon allein aus der Tatsache, daß die Gemeinschaft durch völkerrechtlichen Vertrag gegründet ist, ohne weiteres die Befugnis der Mitgliedstaaten hergeleitet werden, sie durch actus contrarius zu beseitigen. Die Gründung der Gemeinschaft ist ein Gesamtakt, und die durch diesen geschaffene Realität besitzt Eigenständigkeit gegenüber ihren Gründern. Ihr Bestand und die Geltung des von ihr gesetzten Rechts sind nicht mehr von den Gründern abhängig. [...] Um die Gemeinschaft aufzuheben oder substantiell zurückzubilden, dürfte die einfache Vertragsänderung nach Art. 236 EWGV und Art. N EUV deshalb nicht mehr ausreichen. Dazu müste sich, ebenso wie beim Übergang in die Staatlichkeit, ein pouvoir constituant etablieren, und ob dafür beim gegenwärtigen Stand der Integration eine Regierungskonferenz der Mitgliedstaaten ausreicht oder ob nicht bereits plebiszitäre Elemente vorgesehen werden müßten, soll wenigstens als Frage aufgeworfen werden.«[1231]

Bei unbefangener Betrachtung erinnert die vorstehend wiedergegebene Zustandsbeschreibung *Everlings* aus dem Jahre 1993 *mutatis mutandis* an jene staatsrechtliche Pattsituation, die den monarchischen Konstitutionalismus im Deutschland des 19. Jahrhunderts über viele Jahrzehnte hinweg kennzeichnete.[1232] Damals blieb in der Schwebe, welchem von zwei konkurrierenden Autoritäten – Monarch oder Volksvertretung – die letzte und höchste Bestimmungsmacht zukam. Eben dieser Umstand, d.h. die Unentschiedenheit der Souveränitätsfrage, prägte das Herrschaftssystem nachhaltig, denn es zwang die beiden Souveränitätsprätendenten in praktisch allen Bereichen des Staatslebens zum Kompromiss und barg damit zugleich die Gefahr, dass es in dem Zeitpunkt, in dem dieser Kompromiss erstmals in einer unaufschiebbaren Angelegenheit verfehlt wird, zum fundamentalen Bruch und offenen Machtkampf kommen würde. Der zwischen Preußens Abgeordnetenhaus und der preußischen Krone in den Jahren 1862 bis 1865 ausgetragene Heeres-, Budget- und Verfassungskonflikt legt hierfür beredtes Zeugnis ab.[1233] Dass die (vermeintliche) Konkurrenz um die Souveränität in Europas politischer Gegenwart nicht bei der inneren, sondern der äußeren Komponente dieses Herrschaftstatbestands ansetzt, nimmt ihr keineswegs das in den konstitutionellen Monarchien des 19. Jahrhunderts vielfach zu Tage getretene destruktive Potenzial. Gleich ob die Souveränität aus dem Innern oder von außen her infrage gestellt wird: im einen wie im anderen Falle gilt, dass die Stabilisierungsfunktion der Verfassungsrechtssätze, d.h. ihr Potenzial, die Ausübung von Herrschaft zu ordnen und zu begrenzen, substanziell beeinträchtigt wird, wenn Unklarheit herrscht, auf welche Autorität

---

1231 *Ulrich Everling*, Überlegungen zur Struktur der Europäischen Union und zum neuen Europa-Artikel des Grundgesetzes, DVBl. 1993, S. 936 (942).

1232 Dazu und zum Folgenden bereits oben Zweites Kapitel B. II. 2. b) sowie Zweites Kapitel B. II. 5. c) cc).

1233 Vgl. oben Zweites Kapitel B. II. 4.

diese Rechtssätze ihren Geltungsanspruch stützen und – damit zusammenhängend – wer dazu berufen ist, über die durch sie konstituierte Herrschaftsordnung letztverbindlich zu verfügen.

Wenn heute im Blick auf die Europäische Union und ihre Mitgliedstaaten der Eindruck entsteht, die Stabilität des Herrschaftssystems des integrierten Europas leide wie ehedem das Herrschaftssystem des monarchischen Konstitutionalismus unter einem unausgetragenen Souveränitätskonflikt, dann nicht zuletzt deshalb, weil sich angesichts der ritualisierten wechselseitigen Versicherung beider Ebenen, zur Kooperation und Rücksichtnahme bereit zu sein,[1234] der Verdacht aufdrängt, dass ohne wechselseitige Kooperation und Rücksichtnahme Probleme aufträten, die die europäische Herrschaftsordnung mangels Festlegung in der Souveränitätsfrage rechtlich nicht zu bewältigen vermöchte. Der fundamentale Dualismus des monarchischen Konstitutionalismus, in dem die politischen Faktoren „Monarch" und „Volksvertretung" wegen der absichtsvoll offen gehaltenen Souveränitätsfrage zur Kompromissfindung gleichsam „verdammt" waren, ist, so könnte man meinen, schlussendlich übergegangen in einen neuen fundamentalen Dualismus, in dem die politischen Entitäten „Europäische Union" und „Mitgliedstaaten" dazu verurteilt sind, sich vermittels eines „Dialogs" ihrer Höchstgerichte[1235] fortwährend darüber zu verständigen, welche Ebene in welcher Weise und welchen Grenzen zur Ausübung öffentlicher Gewalt befugt ist,[1236] weil andernfalls der unübersehbare Dissens in der Frage nach der Letztbegründung unionsseitig ausgeübter Herrschaftsmacht[1237] virulent werden und den Bruch erzwingen würde.[1238] Die Redensweise

[1234] Siehe dazu nur *Koen Lenaerts*, How the ECJ thinks: A study on Judicial Legitimacy, Fordham International Law Journal 36 (2013), S. 1302 (1342 ff.).

[1235] Die Charakterisierung der Beziehung zwischen den Gerichten in Europa als „dialogisch" geht zurück auf eine von *Bruno Genevois* im Jahre 1978 getätigte Äußerung: „À l'échelon de la Communauté européenne, il ne doit y avoir ni gouvernement des juges, ni guerre des juges. Il doit y avoir place pour le dialogue des juges." Abgedruckt in: *Elaine Mak*, Judicial Decision-Making in a Globalised World, 2013, S. 74 (Fußnote 26). Eingehend zum Ganzen *Maria Daniela Poli*, Der Justizielle Pluralismus der Europäischen Verfassungsgemeinschaft: „Babylonische Gerichte" oder „Gerichte für Babylon"?, Der Staat 55 (2016), S. 373 ff.

[1236] So jüngst wieder geschehen – nunmehr allerdings mit gesteigerter Konfrontationsbereitschaft – im Zusammenhang mit dem vom Europäischen System der Zentralbanken im Jahr 2015 aufgelegten Programm zum Ankauf von Wertpapieren des öffentlichen Sektors (PSPP). Siehe dazu BVerfGE, 146, S. 216 – PSPP-Vorlagebeschluss; EuGH, Rs. C-493/17, Weiss u. a., NJW 2019, S. 907; BVerfG, NJW 2020, S. 1647 – PSPP-Urteil.

[1237] Siehe dazu unten Drittes Kapitel C. III. 2.

[1238] In diesem Sinne charakterisiert *Rainer Wahl*, Die Schwebelage im Verhältnis von Europäischer Union und Mitgliedstaaten, Der Staat 48 (2009), S. 587 (603 ff.) das „Grundverhältnis" zwischen der Europäischen Union und ihren Mitgliedstaaten als „Schwebelage". *Manfred Baldus*, Zur Relevanz des Souveränitätsproblems für die Wissenschaft vom öffentlichen Recht, Der Staat 36 (1997), S. 381 (392 ff.) spricht in diesem Zusammenhang – in Anlehnung an *Hans Kelsen* – von der Konkurrenz zweier „Grundnormen". *Nicholas W. Barber*, Legal Pluralism and the European Union, ELJ 12 (2006), S. 306 (328 f.) gibt zu Bedenken, dass das dem unaufgelösten Gegenüber zweier miteinander unvereinbarer Letztbegründungen innewohnende Risiko eines fundamentalen Bruchs zwischen der EU und den Mitgliedstaaten im Hinblick auf die Rechtsprechung ihrer jeweiligen Höchstgerichte disziplinierend wirkt: „The risks of actual conflict provide incentives on each party to strive towards harmonious interpretation of the law. It encourages the Court of vom „Europäischen Verfassungsverbund“[1239] bzw. dem „Europäischen Verfassungsgerichtsverbund“[1240] erweist sich in dieser Perspektive als eine Entlastungsstrategie, nicht unähnlich dem von der Staatsrechtslehre zur Mitte des 19. Jahrhunderts unternommenen Versuch, den Souveränitätskonflikt zwischen Monarch und Volksvertretung dadurch zu entschärfen, dass man die beiden Souveränitätsprätendenten gedanklich zu einer organischen Einheit verschmolz[1241].

Auf den zweiten Blick offenbart sich indes ein zentraler Unterschied zwischen dem Souveränitätsproblem im verfassungspolitischen Dualismus des 19. Jahrhunderts und dem (vermeintlichen) Souveränitätsproblem im integrierten Europa des frühen 21. Jahrhunderts. Der Unterschied besteht namentlich darin, dass die Konstitutionen des 19. Jahrhunderts es in der Tat unterließen, die letzte und höchste Bestimmungsmacht einem der beiden rivalisierenden Autoritäten – Monarch oder Volksvertretung – zuzuordnen, wohingegen die Herrschaftsordnung des vereinten Europas keinen Zweifel daran lässt, welcher der beiden Souveränitätsprätendenten – Europäische Union oder Mitgliedstaat(en) – über die rechtlichen Grundlagen der europäischen Herrschaftsarchitektur und damit zugleich über die letzte und höchste Bestimmungsmacht im Mehrebenensystem verfügt.[1242] Denn zum einen ergibt sich aus Art. 1 Abs. 1, Art. 4 Abs. 1, Art. 5 Abs. 1 und 2 EUV eindeutig, dass die Union ihre Herrschaftsgewalt von den Mitgliedstaaten ableitet und als Herrschaftsträgerin auf jene Befugnisse begrenzt ist, die die Mitgliedstaaten ihr in den Verträgen übertragen haben, und zum anderen unterstellt Art. 48 EUV eben diese Verträge der Dispositionsgewalt der Mitgliedstaaten, wobei in Art. 48 Abs. 2 S. 2 EUV explizit festgehalten ist, dass selbige auch eine „Verringerung der der Union in den

Justice to interpret European Law in a manner that will be palatable to national courts, and, at the same time, discourages national courts from blindly insisting on the primacy of national rules. In short, the competing supremacy claims may serve to create an atmosphere of cooperation between the courts, where each side has an incentive to strive to respect the position and tradition of the other.“

1239 Vgl. nur *Ingolf Pernice,* Europäisches und nationales Verfassungsrecht, VVDStRL 60 (2001), S. 148 (173 f.); *ders.*, Der Europäische Verfassungsverbund auf dem Wege der Konsolidierung, JöR N.F. 48 (2000), S. 205 ff.; *Rainer Wahl*, Die zweite Phase des Öffentlichen Rechts in Deutschland: Die Europäisierung des Öffentlichen Rechts, Der Staat 38 (1999), S. 495 (500). Kritisch *Matthias Jestaedt*, Der Europäische Verfassungsverbund: Verfassungstheoretischer Charme und rechtstheoretische Insuffizienz einer Unschärferelation, in: Christian Calliess (Hrsg.), Verfassungswandel im europäischen Staaten- und Verfassungsverbund, 2007, S. 93 ff.; *Martin Nettesheim*, Europäischer Verfassungsverbund? – Zwischen Selbststand und Amalgamierung der verfassungsrechtlichen Grundordnungen in Europa, in: Otto Depenheuer u. a. (Hrsg.), Staat im Wort, Festschrift für Josef Isensee, 2007, S. 733 ff.

1240 Vgl. nur *Andreas Voßkuhle*, Der europäische Verfassungsgerichtsverbund, NVwZ 2010, S. 1 ff.; *Stephan Schill/Christoph Krenn*, in: Eberhard Grabitz/Meinhard Hilf/Martin Nettesheim (Begr./Hrsg.), Das Recht der Europäischen Union, Loseblattsammlung, 66. EL Februar 2019, Lfg. 65 August 2018, Art. 4 EUV Rn. 14.

1241 Näher dazu oben Zweites Kapitel B. IV. 1. b) aa).

1242 Ebenso *Udo Di Fabio*, Der Auftrag zur europäischen Integration und seine Grenzen, in: Matthias Ruffert (Hrsg.), Dynamik und Nachhaltigkeit des Öffentlichen Rechts, Festschrift für Meinhard Schröder zum 70. Geburtstag, 2012, S. 169 (175 und 179).

Verträgen übertragenen Zuständigkeiten“ beschließen können.[1243] Die aus letztgenannter Regelung ersichtliche Grundentscheidung der Unionsverträge, den Vertragsparteien die Möglichkeit einzuräumen, ehedem an die Union ausgereichte Hoheitsbefugnisse auf die staatliche Ebene zurückzuholen, findet ihren logischen Schlusspunkt in dem seit dem Lissabonner Reformvertrag EU-primärrechtlich verbürgten Austrittsrecht. Kraft dieses in Art. 50 AEUV normierten Rechts können sich die Mitgliedstaaten im Wege einseitiger Entscheidung von jeglichen EU-vertraglichen Bindungen lossagen und zugleich sämtliche auf die Europäische Union übertragenen Kompetenzen wieder an sich zu ziehen.[1244] Damit ist klar: Die Integration der Mitgliedstaaten in die supranationale Organisation „Europäische Union“ hat keineswegs zur „Auflösung“ der Kompetenz-Kompetenz geführt. Vielmehr liegt die mit diesem Begriff bezeichnete Rechtsmacht, die eigenen Kompetenzen zulasten der anderen Ebene des jeweiligen föderalen Gebildes gegebenenfalls auch ohne deren Zustimmung zu erweitern, ausweislich des EU-Primärrechts unverändert bei den Mitgliedstaaten.

d) Fortbestand der Souveränität trotz Teilung der Herrschaftsbefugnisse

Wenn dennoch Zweifel an der Souveränität der Mitgliedstaaten verbleiben, dann allenfalls insofern, als auf ihren jeweiligen Territorien nicht mehr nur nationale Kompetenzträger öffentliche Gewalt ausüben, sondern infolge der Übertragung von Hoheitsrechten auf die Europäische Union in beträchtlichem Maße auch supranationale Organe und Einrichtungen. Der daraus ersichtliche Verzicht der Mitgliedstaaten auf die prinzipielle Alleinzuständigkeit für die Vornahme von Hoheitsakten auf dem eigenen Staatsgebiet wird von einem Teil des wissenschaftlichen Schrifttums als Aufhebung der staatlichen Souveränität gedeutet.[1245] Bei näherer Prüfung zeigt sich indes, dass die Öffnung des staatlichen Rechtsraums für supranational erzeugte Herrschaftsakte keineswegs zwingend den Verlust der Souveränität zur Folge hat. Zwar trifft es zu, dass der Nationalstaat des 19. und frühen

---

[1243] Eingehend zum Vertragsänderungsverfahren gemäß Art. 48 EUV, insbesondere zur Unterscheidung zwischen dem ordentlichen und dem vereinfachten Änderungsverfahren *Dieter Grimm*, Wer ist souverän in der Europäischen Union?, in: ders., Die Zukunft der Verfassung II, 2012, S. 275 (286 ff.).

[1244] Vgl. BVerfGE 123, S. 267 (395 f.) – Lissabon.

[1245] Vgl. etwa *Carl Friedrich Ophüls*, Staatshoheit und Gemeinschaftshoheit – Wandlungen des Souveränitätsbegriffs, in: Carl Hermann Ule u. a. (Hrsg.), Recht im Wandel: Beiträge zu Strömungen und Fragen im heutigen Recht, Festschrift 150 Jahre Carl Heymanns Verlag KG, 1965, S. 519 (546 f. und 582 ff.); *Karl Doehring*, Staat und Verfassung in einem zusammenwachsenden Europa, ZRP 1993, S. 98 ff.; *Armin von Bogdandy*, Die Verfassung der europäischen Integrationsgemeinschaft als supranationale Union, in: ders. (Hrsg.)., Die Europäische Option: Eine interdisziplinäre Analyse über Herkunft, Stand und Perspektiven der europäischen Integration, 1993, S. 97 (109 und 123). *Dietrich Murswiek*, Der Grundsatz der souveränen Staatlichkeit als unabänderliches Verfassungsprinzip, in: Hans-Christof Kraus/Heinrich Amadeus Wolff (Hrsg.), Souveränitätsprobleme der Neuzeit: Freundesgabe für Helmut Quaritsch anlässlich seines 80. Geburtstages, S. 95 (110) spricht – etwas moderater – von „Souveränitätseinbußen“.

20. Jahrhunderts es nicht duldete und auch nicht dulden musste, dass außerstaatliche Akteure auf seinem Territorium Hoheitsgewalt ausüben.[1246] Und es ist auch richtig, dass gerade dieses „Nicht-Dulden“, d. h. das (völker-)rechtlich untermauerte Beharren auf der Gebietshoheit[1247], von der Souveränität der Nationalstaaten zeugte. Daraus kann aber keineswegs gefolgert werden, dass das Wirksamwerden drittseitig erzeugter Hoheitsakte im Machtbereich eines Staates dessen Souveränität unweigerlich aufhebt.[1248] Dies zu behaupten, hieße zu verkennen, dass es für den Herrschaftstatbestand „Souveränität“ nicht darauf ankommt, wer im Einzelnen öffentliche Gewalt ausübt, sondern darauf, wer das Wirksamwerden des betreffenden Hoheitsakts im Letzten verantwortet.[1249] Da das Dulden drittseitig erzeugter Hoheitsakte im eigenen Machtbereich aber ebenso Ausfluss einer vom Souverän (letzt-)verantworteten Entscheidung sein kann wie die Zurückweisung jeglichen „Zugriffs“ von außen, ist zu resümieren: Der Verzicht der Mitgliedstaaten auf die prinzipielle Alleinzuständigkeit für die Vornahme von Hoheitsakten auf dem eigenen Staatsgebiet lässt die Souveränität solange unberührt, wie dieser Verzicht sich als freiwillige und reversible Selbstbeschränkung darstellt, also nicht in Fremdbestimmung umschlägt.

Dieser Befund gewinnt an Solidität, wenn man sich in Erinnerung ruft, dass Selbstbeschränkungen betreffend die *Ausübung* von Herrschaftsgewalt keineswegs eine neuartige Erscheinung darstellen. Vielmehr war der Gedanke, dass sich der Souverän im Hinblick auf sein hoheitliches Einwirken auf Individuum und Gesellschaft selbst Schranken auferlegt, bereits für die nordamerikanischen und französischen Revolutionäre handlungsleitend. Im Zuge der Verwirklichung des als Gegenentwurf zum fürstlichen Absolutismus konzipierten konstitutionellen Programms der nordamerikanischen und französischen Revolution wurde die Ausübung der öffentlichen Gewalt absichtsvoll in Strukturen überführt, die den staatlichen Herrschaftsträgern den Weg zur „ungeteilten“ und „absoluten“ Herrschaftsmacht nachhaltig versperrten.[1250] Der Souveränität tat dies jedoch keinen Abbruch, „denn die Verfassungen waren Selbstbeschränkungen und insofern gerade

[1246] Darauf verweist *Jochen Abraham Frowein*, Das *Maastricht*-Urteil und die Grenzen der Verfassungsgerichtsbarkeit, ZaöRV 54 (1994), S. 1 (7).

[1247] Zum Begriff „Gebietshoheit“ *Christian von Coelln*, Mitwirkung des Verfassungsstaates an Rechtsakten anderer Staaten, in: HStR, Band XI, 3. Auflage 2013, § 239 Rn. 1 m. w. N.

[1248] In diese Richtung aber *Armin von Bogdandy*, Die Verfassung der europäischen Integrationsgemeinschaft als supranationale Union, in: ders. (Hrsg.)., Die Europäische Option: Eine interdisziplinäre Analyse über Herkunft, Stand und Perspektiven der europäischen Integration, 1993, S. 97 (109).

[1249] A. A. wohl *Dietrich Murswiek*, Der Grundsatz der souveränen Staatlichkeit als unabänderliches Verfassungsprinzip, in: Hans-Christof Kraus/Heinrich Amadeus Wolff (Hrsg.), Souveränitätsprobleme der Neuzeit: Freundesgabe für Helmut Quaritsch anlässlich seines 80. Geburtstages, S. 95 (120): „Wenn die Mitgliedstaaten in einem solchen Umfang Hoheitsrechte an die Union übertragen, daß ihnen selbst keine wesentlichen Hoheitsrechte mehr verbleiben, sind sie keine souveränen Staaten mehr, auch wenn sie durch Änderung der Verträge – nämlich durch Rückübertragung von Hoheitsrechten an die Mitgliedstaaten – sich selbst wieder zu solchen machen könnten.“

[1250] Vgl. oben Zweites Kapitel B. I. 2.

ein Ergebnis souveräner Entscheidungen"[1251]. Bezüglich des Verzichts des Staates auf die prinzipielle Alleinzuständigkeit für die Vornahme von Hoheitsakten auf seinem Territorium gilt nichts anderes. Ebenso wie die Verfassung der Souveränität nicht schadet, solange sie vom Volk durch neuerliche Betätigung der verfassunggebenden Gewalt überwunden werden kann, schadet das Dulden drittseitig erzeugter Hoheitsakte im Machtbereich des Staates dessen Souveränität nicht, solange er in der Lage bleibt, sich den drittseitig erzeugten Hoheitsakten gegenüber zu verschließen. Die verbreitete Redensweise vom „Souveränitätspanzer"[1252], der im Zuge der supranationalen Integration der europäischen Staaten durchbrochen worden und nunmehr vollends beseitigt[1253] bzw. allenfalls noch in Rudimenten vorhanden[1254] sei, erweist sich vor diesem Hintergrund als zumindest missverständlich.[1255] Denn der Herrschaftstatbestand „Souveränität" verlangt nicht konsequente Abschottung, fordert nicht strikte Exklusion, sondern impliziert lediglich die Fähigkeit hierzu. Die Fähigkeit zur Abschottung, d.h. das Vermögen, autonom darüber zu bestimmen, wessen Hoheitsakte auf dem eigenen Territorium Wirksamkeit erlangen, haben die Mitgliedstaaten der Europäischen Union jedoch keineswegs eingebüßt und zwar weder in rechtlicher noch in tatsächlicher Hinsicht.[1256] Positiv-rechtlich manifestiert sich die – vor dem Inkrafttreten des Vertrags von Lissabon mitunter in Abrede gestellte –[1257] *rechtliche* Fähigkeit zur Abschottung in der bereits oben in Bezug

1251 *Dieter Grimm*, Wer ist souverän in der Europäischen Union?, in: ders., Die Zukunft der Verfassung II, 2012, S. 275 (278). Siehe dazu auch *Heinhard Steiger*, Geht das Zeitalter des souveränen Staates zu Ende?, Der Staat 41 (2002), S. 331 (336) sowie oben unter Zweites Kapitel B. III. 2. a) bb) (1) sowie Zweites Kapitel B. IV. 2.

1252 Begriff geprägt von *Albert Bleckmann*, Begriff und Kriterien der innerstaatlichen Anwendbarkeit völkerrechtlicher Verträge, 1970, S. 166; *ders.*, Grundgesetz und Völkerrecht, 1975, S. 272 und öfter. Rezipiert z.B. von *Dietrich Murswiek*, Maastricht und der Pouvoir Constituant – Zur Bedeutung der verfassunggebenden Gewalt im Prozeß der europäischen Integration, Der Staat 32 (1992), S. 161 (176); *Udo Fink*, Garantiert das Grundgesetz die Staatlichkeit der Bundesrepublik Deutschland?, DÖV 1998, S. 133 (134); *Armin von Bogdandy*, Prinzipien von Staat, supranationalen und internationalen Organisationen, in: HStR, Band XI, 3. Auflage 2013, § 232 Rn. 9; *Adelheid Puttler*, in: Christian Calliess/Matthias Ruffert (Hrsg.), EUV/AEUV, 5. Auflage 2016, Art. 4 EUV Rn. 16.

1253 So etwa *Ingolf Pernice*, Europäisches und nationales Verfassungsrecht, VVDStRL 60 (2001), S. 148 (169).

1254 So etwa *Karl Doehring*, Staat und Verfassung in einem zusammenwachsenden Europa, ZRP 1993, S. 98 ff.

1255 Mit Recht kritisch *Christian Seiler*, Der souveräne Verfassungsstaat zwischen demokratischer Rückbindung und überstaatlicher Einbindung, 2005, S. 221.

1256 Ebenso *Albrecht Randelzhofer*, Staatsgewalt und Souveränität, in: HStR, Band II, 3. Auflage 2004, § 17 Rn. 34; a. A. hingegen *Heinhard Steiger*, Geht das Zeitalter des souveränen Staates zu Ende?, Der Staat 41 (2002), S. 331 (342): „Aber es scheint trotzdem nicht so, daß die Letztentscheidung über das Ob und Wie der eigenen Einbindungen und Beziehungen, ihrer Wahrnehmungen und Erfüllungen bei den einzelnen Staaten in souveräner Unabhängigkeit und Selbstentscheidung läge. Sie können sich dem nicht entziehen. Sie sind keineswegs je für sich Herren dieser Einbindungen."

1257 Vgl. etwa *Hans Peter Ipsen*, Europäisches Gemeinschaftsrecht, 1972, S. 100; *Volkmar Götz*, Das Maastricht-Urteil des Bundesverfassungsgerichts, JZ 1993, S. 1081 (1085); *Ulrich Everling*, Überlegungen zur Struktur der Europäischen Union und zum neuen Europa-Artikel des Grundgesetzes, DVBl. 1993, S. 936 (942) m. w. N.

genommenen[1258] Vorschrift des Art. 50 AEUV, der zufolge jeder Mitgliedstaat berechtigt ist, kraft einseitiger Entscheidung aus der Europäischen Union auszutreten. Macht ein Mitgliedstaat von diesem Recht Gebrauch, so büßt die Europäische Union unweigerlich die Rechtsmacht ein, im Gebiet des betreffenden Staates öffentliche Gewalt auszuüben. Daraus erhellt unmittelbar, dass die Mitgliedstaaten der Europäischen Union nach wie vor zur souveränen Selbstbestimmung in der Lage sind. Zwar ist die Souveränität im Zuge der europäischen Integration noch einmal sublimer geworden, aber sie ist nicht auf die Europäische Union übergegangen und sie ist auch nicht verschwunden. Jene Potenzialität, die Souveränität im Kern ausmacht, liegt vielmehr nach wie vor bei den Mitgliedstaaten.[1259]

2. *Supranationale Integration als Anfechtung der Staatlichkeit*

Die Souveränität war – darauf ist bereits mehrfach hingewiesen worden – von Beginn an von herausragender Bedeutung für den modernen Staat. Die mit ihr bezeichnete, von einem bestimmten Punkt aus gedachte, auf ein geographisch abgegrenztes Gebiet bezogene Allgewalt erlaubte es überhaupt erst, das auf dem betreffenden Gebiet vorfindliche Gemeinwesen als Entscheidungs- und Wirkungs*einheit* zu begreifen. Es nimmt daher nicht wunder, dass jenes Potenzial, auf das der Souveränitätsbegriff verweist, zugleich das Fundament der zentralen Grundeigenschaft des modernen Staates bildet:[1260] Weil der Souverän – bezogen auf einen geographisch abgegrenzten Raum – potenziell alles kann, ist der souveräne Staat fähig, „seinen eigenen Wirkungskreis zu definieren und seine Aufgaben selbst zu wählen"[1261].

[1258] Vgl. oben Zweites Kapitel C. II. 2. d).

[1259] Dass die Mitgliedstaaten ihre Souveränität bislang nicht eingebüßt haben, konstatiert auch das Bundesverfassungsgericht, BVerfGE 126, S. 267 (395 f.) – Lissabon. Aus der Literatur vgl. etwa *Marcel Kaufmann*, Europäische Integration und Demokratieprinzip, 1997, S. 416; *Stephan Hobe*, Der kooperationsoffene Verfassungsstaat, Der Staat 37 (1998), S. 521 (545); *Stefan Oeter*, Souveränität – ein überholtes Konzept?, in: Hans-Joachim Cremer/Thomas Giegerich/Dagmar Richter/Andreas Zimmermann (Hrsg.), Tradition und Weltoffenheit des Rechts, Festschrift für Helmut Steinberger, 2002, S. 259 (277); *Christian Hillgruber*, Der Nationalstaat in der überstaatlichen Verflechtung, in: HStR, Band II, 3. Auflage 2004, § 32 Rn. 79; *Albrecht Randelzhofer*, Staatsgewalt und Souveränität, in: HStR, Band II, 3. Auflage 2004, § 17 Rn. 34 m. w. N.; *Adelheid Puttler*, in: Christian Calliess/Matthias Ruffert (Hrsg.), EUV/AEUV, 5. Auflage 2016, Art. 4 EUV Rn. 9. A. A. *Fritz Ossenbühl*, Maastricht und das Grundgesetz – eine verfassungsrechtliche Wende?, DVBl. 1993, S. 629 (631)

[1260] Zum begrifflichen Zusammenhang zwischen Souveränität und Staatlichkeit *Herbert Krüger*, Allgemeine Staatslehre, 2. Auflage 1966, S. 759 ff. Vgl. ferner *Olivier Beaud*, Föderalismus und Souveränität: Bausteine zu einer verfassungsrechtlichen Lehre der Föderation, Der Staat 35 (1996), S. 45 (61).

[1261] *Josef Isensee*, Staatsaufgaben, in: HStR, Band IV, 3. Auflage 2006, § 73 Rn. 55.

a) Zum Problem der Herrschaftskonzentration in der Verbundstruktur der Europäischen Union

Dass die Mitgliedstaaten der Europäischen Union als supranational integrierte Staaten noch im Besitz dieser Fähigkeit sind, erscheint indessen alles andere als selbstverständlich. Der Grund liegt darin, dass die Europäisierung, wie *Rainer Wahl* treffend feststellt, „in vielerlei Hinsicht eine Verbundstruktur geschaffen [hat], ein Ineinander zweier Verfassungsebenen, zweier politischer Organisationen, zweier Rechtsordnungen, zweier Gerichtsbarkeiten usw.", sodass in „allen wichtigen Bereichen [ ] die maßgebliche Konstellation die der Doppelung, des Ineinanders, der wechselseitigen Ergänzung, der Überlagerung und der Verzahnung [ist]"[1262]. Angesichts des Umstands, dass die Herausbildung des modernen Staates auch und gerade durch die Konzentration der bis dato auf zahlreiche verschiedene Herrschaftsträger verteilten Herrschaftsbefugnisse in *einer* Hand gekennzeichnet war, weckt die von *Wahl* beschriebene „Konstellation der Doppelung" unweigerlich Zweifel am Fortbestand der Staatlichkeit im supranationalen Verbund.[1263] Es erhebt sich die Frage, ob die einzelnen Herrschaftsbefugnisse in Europas Herrschaftsarchitektur des 21. Jahrhunderts noch als bei dem und durch den (Mitglied-) Staat „gebündelt", d.h. als in einer Hand vereinigt, begriffen werden können.

Nicht wenige Stimmen im staats- und europarechtlichen Schrifttum verneinen dies unter Hinweis auf die Tatsache, dass im Zuge der europäischen Einigung zahlreiche Hoheitsrechte auf die Union übertragen worden sind. Als Folge dessen seien die ehedem beim Staat konzentrierten Herrschaftsbefugnisse nunmehr auf zwei verschiedene Herrschaftsapparate aufgeteilt.[1264] Daran ist zweifellos richtig, dass die in den Territorien der Mitgliedstaaten wirksam werdenden Herrschaftsakte nicht mehr allein von staatlichen Einrichtungen, sondern daneben auch von unionalen Stellen herrühren. Nicht jeweils für sich, sondern nur zusammengenommen ergeben die zwischen der nationalen und der supranationalen Ebene aufgeteilten Befugnisse jene Kompetenzfülle, die einst der souveräne Staat in sich begriff.[1265] Von staatlicher Herrschaftsexklusivität in dem Sinne, dass öffentliche Gewalt ausschließlich von staatlichen Kompetenzträgern ausgeübt wird, kann daher in der Tat keine Rede mehr sein. Eine andere Frage ist es allerdings, ob Herrschaftsexklusivität im vorbezeichneten Sinne notwendige Bedingung für Staatlichkeit ist. Dass es

---

[1262] *Rainer Wahl*, Internationalisierung des Staates, in: ders., Verfassungsstaat, Europäisierung, Internationalisierung, 2003, S. 17 (22f.).

[1263] Vgl. nur *Fritz Ossenbühl*, Maastricht und das Grundgesetz – eine verfassungsrechtliche Wende?, DVBl. 1993, S. 629 (631).

[1264] In diese Richtung etwa *Fritz Ossenbühl*, Maastricht und das Grundgesetz – eine verfassungsrechtliche Wende?, DVBl. 1993, S. 629 (631f.); *Karl Doehring*, Staat und Verfassung in einem zusammenwachsenden Europa, ZRP 1993, S. 98ff.; *Armin von Bogdandy*, Die Verfassung der europäischen Integrationsgemeinschaft als supranationale Union, in: ders. (Hrsg.)., Die Europäische Option: Eine interdisziplinäre Analyse über Herkunft, Stand und Perspektiven der europäischen Integration, 1993, S. 97 (123f.).

[1265] *Christian Hillgruber*, Der Nationalstaat in der überstaatlichen Verflechtung, in: HStR, Band II, 3. Auflage 2004, § 32 Rn. 96.

sich so verhält, erscheint keineswegs abwegig, insbesondere, wenn man sich die Genese moderner Staatlichkeit vergegenwärtigt. So legen die sozialphilosophischen Lehren des *Thomas Hobbes*, die bei der Herausbildung des modernen Staates zweifellos eine bedeutende Rolle spielten, einen derart rigoristischen Staatsbegriff durchaus nahe. Indes ist der rigoristische Staatsbegriff des *Thomas Hobbes* nicht deckungsgleich mit dem Staatsbegriff des Grundgesetzes. Vielmehr misst das Grundgesetz der von ihm verfassten politischen Entität – dies gelangt u. a. in Art. 1 Abs. 1, 6 Abs. 1 und 2, 16 Abs. 1, 20 Abs. 1 und 2, 20a, 22 Abs. 1, 23 Abs. 5 und 6, Art. 30, Art. 32 Abs. 1, 59 Abs. 1, 116 GG klar zum Ausdruck – vorbehaltlos (Gesamt-)Staatsqualität bei, obschon es die Bundesrepublik vermittels der Bestimmung des Art. 24 Abs. 1 GG von Beginn an auf die Übertragung von Hoheitsrechten auf supranationale Einrichtungen programmierte.[1266] Für die Verfassung der Bundesrepublik Deutschland liegt in der Gleichzeitigkeit von (Gesamt-)Staatlichkeit einerseits und dem Wirksamwerden drittseitig ausgeübter Herrschaftsakte im eigenen Staatsgebiet mithin keineswegs ein Widerspruch.[1267]

b) Quantität und Qualität der eigenhändig ausgeübten Hoheitsrechte als Kriterien für „Staatlichkeit"?

Was aber ist auf dem Boden des Grundgesetzes unter „Herrschaftskonzentration" als Konstitutive von Staatlichkeit zu verstehen, wenn nicht die exklusive Reservierung aller Hoheitsrechte für staatliche Kompetenzträger? Die Lösung des Problems könnte darin liegen, die Anforderungen an dieses Merkmal angesichts der prononcierten Integrationsoffenheit des Grundgesetzes abzusenken, namentlich in der Weise, dass man es für hinreichend erachtet, wenn zumindest der überwiegende Teil der im Staatsgebiet zu Wirksamkeit gelangenden öffentlichen Gewalt von nationalen Kompetenzträgern herrührt. Dies hätte zur Folge, dass die unter Einsatz von Hoheitsgewalt unternommene Wahrnehmung öffentlicher Aufgaben durch supranationale Stellen der Staatlichkeit der Bundesrepublik keinen Abbruch tut, solange nur hinreichend viele Hoheitsrechte auf der nationalen Ebene verbleiben. Alternativ käme in Betracht, die Schwelle zur Entstaatlichung nicht anhand quantitativer Merkmale, sondern qualitativ zu bestimmen. Staatlichkeit wäre der Bun-

[1266] Insofern erweist sich die in der Beschlussempfehlung des Sonderausschusses „Europäische Union (Vertrag von Maastricht)" zum Gesetzentwurf der Bundesregierung betreffend die Einfügung des Art. 23 GG n. F. enthaltene Feststellung, Art. 23 Abs. 1 S. 2 GG ermächtige den Bund, „Hoheitsrechte zu übertragen und insoweit *eigene Staatlichkeit abzubauen*" (Hervorhebung hinzugefügt) als sprachlich missglückt; vgl. Beschlussempfehlung und Bericht des Sonderausschusses „Europäische Union (Vertrag von Maastricht)" vom 1. Dezember 1992 – BT-Drs. 12/3896, S. 18. Zur Überzeugtheit der Mitglieder des Parlamentarischen Rats von der Notwendigkeit, den vermittels des Grundgesetzes zu verfassenden Staat auf supranationale Integration zu „programmieren" vgl. *Christian Hillgruber*, Der Nationalstaat in der überstaatlichen Verflechtung, in: HStR, Band II, 3. Auflage 2004, § 32 Rn. 75 ff. sowie oben Zweites Kapitel C. I. 1. b).

[1267] So mit Nachdruck BVerfGE 123, S. 267 (344 ff.) – Lissabon. Vgl. ferner *Ingolf Pernice*, Deutschland in der Europäischen Union, in: HStR, Band VIII, 1. Auflage 1995, § 191 Rn. 43.

desrepublik demnach solange zu attestieren, wie die besonders bedeutsamen öffentlichen Aufgaben und hoheitlichen Befugnisse bei ihr gebündelt sind, die unionalen Kompetenzträger also lediglich minder bedeutsame Hoheitsrechte ausüben. Endlich käme in Betracht, beide Kriterien zu kombinieren, d.h. Umfang und Bedeutung der mitgliedstaatsseitig vorbehaltenen Kompetenzen in einer Gesamtschau zu würdigen. Für die letztgenannte Variante plädiert mit Nachdruck *Dietrich Murswiek*:

„Angesichts der fließenden Übergänge zwischen Staatlichkeit und Gliedstaatlichkeit, Souveränität und Unterordnung unter eine ‚oberstaatliche' Gemeinschaft liegt es nahe, die verfassungsrechtlich nötige Grenzbestimmung in einem quantitativen Zugriff zu versuchen: Die Eigenstaatlichkeit (die ohne verfassunggebende Entscheidung nicht aufgegeben werden darf) geht dann verloren, wenn das Schwergewicht der Staatstätigkeit (wenn man das genau berechnen könnte: mehr als 50 %) auf die Europäische Union verlagert wird. Aber auch eine derartige quantitative Betrachtung würde der Wirklichkeit des Integrationsprozesses nicht gerecht. Es ist durchaus möglich, daß die Integration voranschreitet, ohne daß die Kompetenzen der zentralen Bürokratie quantitativ zunehmen. So könnte man sich vorstellen, daß ein europäischer Bundesstaat dadurch entsteht, daß qualitativ wichtige politische Entscheidungskompetenzen – Außenpolitik, Verteidigung – der Zentralgewalt zugeordnet werden und ein einheitlicher ökonomischer Rahmen geschaffen wird – einheitliche Währung –, während die Gesetzgebung und Verwaltung bei den Mitgliedstaaten verbleiben oder sogar zurückverlagert werden. [...] So wie sich Konzernbildung und dezentrale Unternehmensführung nicht ausschließen, ist auch auf der politischen Ebene eine Entwicklung denkbar, die *zugleich* eine größere Einheit schafft und die dezentralen Einheiten stärkt, also wenige aber für die Gesamtheit wichtige Zuständigkeiten auf die Spitze verlagert, während die große Masse der administrativen, aber auch der legislatorischen Zuständigkeiten auf der Ebene der bisher souveränen Staaten bleibt bzw. dorthin zurückverlagert wird. [...] Kann man sich somit einerseits eine supranationale Organisation vorstellen, die mehr an Normsetzungszuständigkeiten besitzt als die Mitgliedstaaten, aber dennoch kein Staat im völkerrechtlichen Sinne ist, andererseits aber auch einen Bundesstaat mit nur wenigen Normsetzungszuständigkeiten, dann kann die quantitative Betrachtung bei der Beantwortung der Frage nach den Zuständigkeitsgrenzen des Integrationsgesetzgebers nur begrenzt weiterhelfen. Eine „50 %-Grenze" für die Verlagerung von Normsetzungskompetenzen kann nur eine äußerste Grenze sein, die nicht überschritten werden darf, um die Aushöhlung der Staatlichkeit bei Beibehaltung ihrer äußeren Insignien zu vermeiden. Man könnte argumentieren, daß spätestens hier die Quantität in Qualität umschlägt. Andererseits kann aber die verfassungsrechtliche „Schwelle", die die Grenze der Integrationsgewalt markiert, schon sehr viel früher erreicht sein."[1268]

Im Zusammenhang mit der im Jahr 2009 ergangenen *Lissabon*-Entscheidung[1269] des Bundesverfassungsgerichts bekräftigte und präzisierte *Murswiek* seine Auffassung wie folgt:

„Wenn die Mitgliedstaaten in einem solchen Umfang Hoheitsrechte an die Union übertragen, daß ihnen selbst keine wesentlichen Hoheitsrechte mehr verbleiben, sind sie keine souveränen Staaten mehr, auch wenn sie durch Änderung der Verträge – nämlich durch

[1268] *Dietrich Murswiek*, Maastricht und der Pouvoir Constituant – Zur Bedeutung der verfassunggebenden Gewalt im Prozeß der europäischen Integration, Der Staat 32 (1992), S. 161 (170f.).

[1269] BVerfGE 123, S. 267ff. – Lissabon.

Rückübertragung von Hoheitsrechten an die Mitgliedstaaten – sich selbst wieder zu solchen machen könnten. [...] Auch wenn die Kompetenz-Kompetenz noch bei den Mitgliedstaaten liegt, können die Grenzen der verfassungsrechtlichen Integrationsermächtigung überschritten sein, nämlich zumindest dann, wenn so viele oder so gewichtige Hoheitsrechte an die Europäische Union übertragen worden sind, daß die Staatlichkeit der Mitgliedstaaten völlig ausgehöhlt worden ist."[1270]

Dass die von *Murswiek* angemahnte „wertende Gesamtbetrachtung unter Einbeziehung sowohl qualitativer als auch quantitativer Elemente"[1271] dasjenige adäquat zu erfassen und abzubilden vermag, was Staatlichkeit im Sinne des Grundgesetzes ausmacht, muss jedoch nachdrücklich bezweifelt werden. Nimmt man die Normen des Grundgesetzes zum Ausgangspunkt, so ist festzustellen, dass selbiges zwar einerseits – wie insbesondere die in Art. 30 GG normierte Kompetenzvermutung zugunsten der Länder zeigt – von einem „offene[n], nicht a priori festliegende[n] Konzept der Staatsaufgaben"[1272] ausgeht, andererseits aber keine bestimmten hoheitlichen Aufgaben oder Befugnisse als für die Staatlichkeit der Bundesrepublik schlechthin konstitutiv ausweist. Auch jene Bestimmungen, welche die Staatsgewalt zur supranationalen Einbindung der Bundesrepublik mittels Übertragung von Aufgaben und Befugnissen auf überstaatliche Zusammenschlüsse ermächtigen, namentlich Art. 24 Abs. 1 und Art. 23 Abs. 1 GG, differenzieren gerade nicht zwischen „essenziellen" und (bloß) „akzidentiellen" Hoheitsrechten. Das Grundgesetz geht also von der Staatlichkeit der Bundesrepublik aus, ohne im Zusammenhang mit der Öffnung eben jener Staatlichkeit einzelne Aufgaben oder Befugnisse explizit unübertragbar zu stellen. In Betracht kommt daher allenfalls eine implizite, d.h. bereits in der Qualifikation der Bundesrepublik als „Staat" enthaltene, Reservierung bestimmter Hoheitsrechte für die nationalen Kompetenzträger. Dies würde allerdings voraussetzen, dass sich der „Staat" im Rechtssinne definitionsgemäß erst dadurch zu einem solchen qualifiziert, dass er ganz bestimmte Aufgaben höchstselbst, d.h. durch seine eigenen Organe und Funktionsträger, wahrnimmt. Indes ist nicht ersichtlich, dass sich in der Allgemeinen Staatslehre bzw. dem Völkerrecht ein derartiger, an der eigenhändigen Wahrnehmung bestimmter, „essenzieller" Aufgaben orientierter Staatsbegriff herausgebildet haben könnte:[1273] „Eine abstrakte und

---

[1270] *Dietrich Murswiek*, Der Grundsatz der souveränen Staatlichkeit als unabänderliches Verfassungsprinzip, in: Hans-Christof Kraus/Heinrich Amadeus Wolff (Hrsg.), Souveränitätsprobleme der Neuzeit: Freundesgabe für Helmut Quaritsch anlässlich seines 80. Geburtstages, S. 95 (120 f.).

[1271] *Dietrich Murswiek*, Der Grundsatz der souveränen Staatlichkeit als unabänderliches Verfassungsprinzip, in: Hans-Christof Kraus/Heinrich Amadeus Wolff (Hrsg.), Souveränitätsprobleme der Neuzeit: Freundesgabe für Helmut Quaritsch anlässlich seines 80. Geburtstages, S. 95 (127). In diese Richtung auch *Fritz Ossenbühl*, Maastricht und das Grundgesetz – eine verfassungsrechtliche Wende?, DVBl. 1993, S. 629 (631 f.) sowie *Josef Isensee*, Staat und Verfassung, in: HStR, Band II, 3. Auflage 2004, § 15 Rn. 201: „Die Grenze [zwischen Staatlichkeit und Gliedstaatlichkeit] kann nur in einer Gesamtwürdigung der verbliebenen Befugnisse und der verbliebenen Stellung ermittelt werden."

[1272] *Josef Isensee*, Staat und Verfassung, in: HStR, Band II, 3. Auflage 2004, § 15 Rn. 28.

[1273] Vgl. nur *Marcel Kaufmann*, Integrierte Staatlichkeit als Staatsstrukturprinzip, JZ 1999, damit allgemeingültige Lehre von den Staatsaufgaben ist oft versucht, aber nie erreicht worden."[1274]

Von vornherein auf eine bestimmte Aufgabe festgelegt ist der moderne Staat nur insofern, als er zwingend für innere und äußere Sicherheit zu sorgen hat.[1275] Dies ergibt sich zum einen aus seiner metapositiven Ausrichtung auf das Gemeinwohl[1276],[1277] welches Sicherheit zur unverzichtbaren Voraussetzung hat,[1278] zum anderen aus den Existenzbedingungen moderner Staatlichkeit: „Die befriedete Ge-

---

S. 814 (20f.); *Matthias Herdegen*, Grenzen der Verfassunggebung, in: Otto Depenheuer/Christoph Grabenwarter (Hrsg.), Verfassungstheorie, 2010, § 9 Rn. 44. Grundlegend zum Ganzen *Georg Jellinek*, Allgemeine Staatslehre, 3. Auflage 1913 (Neudruck 1966), S. 485: „Die Zuständigkeit des Staates ist eine geschichtlich wechselnde. Aller positive Inhalt der Staatsgewalt kann nur durch historische Forschung für eine bestimmte Epoche und einen bestimmten Staat festgelegt werden [...]. Gewisse Gebiete wird der Staat zwar stets besetzt halten, aber auch auf dem Felde der konstanten Zuständigkeiten wechseln dennoch Art und Umfang der staatlichen Kompetenz. [...] Es kann daher aus der Tatsache, daß ein Staat nach bestimmten Richtungen sich nicht betätigt, daß er gewisse Zuständigkeiten oder ‚Hoheitsrechte' nicht besitzt, gar kein Schluß auf das Wesen seiner Staatsgewalt gemacht werden." Zur fortwährenden Veränderung der Staatsaufgaben siehe auch *Dieter Grimm*, Der Wandel der Staatsaufgaben und die Zukunft der Verfassung, in: ders. (Hrsg.), Staatsaufgaben, 1994, S. 613 (621 ff.).

1274 *Roman Herzog*, Ziele, Vorbehalte und Grenzen der Staatstätigkeit, in: HStR, Band IV, 3. Auflage 2006, § 72 Rn. 1. Zu den Gründen des Misslingens einer abstrakten Staatsaufgabenlehre *Christian Seiler*, Der souveräne Verfassungsstaat zwischen demokratischer Rückbindung und überstaatlicher Einbindung, 2005, S. 150; *Daniel Halberstam/Christoph Möllers*, The German Constitutional Court says „Ja zu Deutschland!", German Law Journal 10 (2009), S. 1241/1249).

1275 Vgl. etwa *Roman Herzog*, Ziele, Vorbehalte und Grenzen der Staatstätigkeit, in: HStR, Band IV, 3. Auflage 2006, § 72 Rn. 24 ff.; *Otto Brunner*, Bemerkungen zu den Begriffen „Herrschaft" und „Legitimität", in: ders., Neue Wege der Verfassungs- und Sozialgeschichte, 2. Auflage 1968, S. 64 (66); *Johannes Messner*, Das Naturrecht, 7. Auflage 1984, S. 735 f. und 739; *Helmut Coing*, Grundzüge der Rechtsphilosophie, 4. Auflage 1985, S. 232; *Armin von Bogdandy*, Die Verfassung der europäischen Integrationsgemeinschaft als supranationale Union, in: ders. (Hrsg.), Die Europäische Option: Eine interdisziplinäre Analyse über Herkunft, Stand und Perspektiven der europäischen Integration, 1993, S. 97 (124); *Neil MacCormick*, Das Maastricht-Urteil: Souveränität heute, JZ 1995, S. 797 (798); *Christian Seiler*, Der souveräne Verfassungsstaat zwischen demokratischer Rückbindung und überstaatlicher Einbindung, 2005, S. 148; *Eckart Klein*, Staatliches Gewaltmonopol, in: Otto Depenheuer/Christoph Grabenwarter (Hrsg.), Verfassungstheorie, 2010, § 19 Rn. 1 und 6 m. w. N.

1276 Unter „Gemeinwohl" ist die Gesamtheit der *öffentlichen* Interessen zu verstehen, wobei diejenigen Interessen als öffentlich zu gelten haben, welche alle zum Gemeinwesen gehörenden Individuen und Gruppen über deren private Interessen hinweg miteinander verbinden. Das Bundesverfassungsgericht bestimmt das „Gesamtwohl" – äußerst abstrakt – als „annähernd gleichmäßige Förderung des Wohles aller Bürger und annähernd gleichmäßige Verteilung der Lasten"; BVerfGE 5, S. 85 (198) – KPD-Verbot. Eingehend zum Gemeinwohl als staatsphilosophischem und rechtlichem Topos *Michael Anderheiden*, Gemeinwohl in Republik und Union, 2006, S. 5 ff.; *Josef Isensee*, Gemeinwohl im Verfassungsstaat, in: HStR, Band IV, 3. Auflage 2006, § 71.

1277 Das Bonner Grundgesetz anerkennt implizit die Existenz einer verfassungsvorgängigen Verpflichtung des Staates auf das Gemeinwohl, indem es dem Deutschen Volk als verfassunggebender Gewalt und personalem Substrat des Staates ausweislich seiner Präambel „Verantwortung vor Gott und den Menschen" zuschreibt.

1278 Zur Bedeutung von innerer und äußerer Sicherheit für das Gemeinwohl *Josef Isensee*, Staat und Verfassung, in: HStR, Band II, 3. Auflage 2004, § 15 Rn. 115; *ders.*, Gemeinwohl im Verfassungsstaat, in: HStR, Band IV, 3. Auflage 2006, § 71 Rn. 77 ff.

sellschaft ist die Bedingung der Möglichkeit staatlicher Entscheidungs- und Handlungseinheit [ ]"[1279]. Dass ein Herrschaftsverband seine Staatsqualität einbüßt, wenn er zum Zwecke der Erfüllung der „geborenen" Staatsaufgabe „Sicherheit" mit anderen Staaten kooperiert – und sei es unter dem Dach eines supranationalen Verbands –, ist jedoch eine durch nichts begründete Annahme. Was speziell die Verfassung der Bundesrepublik Deutschland anbetrifft, erscheint ein dahin gewendetes Staatsverständnis nachgerade kontraindiziert.[1280] Denn das Grundgesetz eröffnet der verfassten Gewalt in Art. 24 Abs. 2 GG ausdrücklich die Möglichkeit, die Bundesrepublik in ein System gegenseitiger kollektiver Sicherheit einzuordnen (Art. 24 Abs. 2 Hs. 1 GG) und trägt ihr auf, zu diesem Zweck in friedensförderliche Beschränkungen staatlicher Hoheitsrechte (z. B. in Form von Rüstungsbeschränkungen) einzuwilligen. Ist die Bundesrepublik folglich sogar hinsichtlich der klassischen Staatsaufgabe „Landesverteidigung"[1281] auf Integration in überstaatliche Zusammenschlüsse angelegt, so ist es kaum vorstellbar, dass der Verfassunggeber ihre Staatlichkeit unausgesprochen unter den Vorbehalt stellte, dass bestimmte, nicht näher bezeichnete hoheitliche Tätigkeiten ausschließlich von nationalen Kompetenzträgern wahrgenommen werden. Dies gilt umso mehr, als die komplementäre Ausübung öffentlicher Gewalt durch nationale Stellen einerseits und supranationale Einrichtungen andererseits gerade auf denjenigen Gebieten, die traditionell zu den Kernbereichen staatlicher Wirksamkeit gehören, zu einer besonders effektiven und zugleich ressourcenschonenden Aufgabenerfüllung beitragen kann, sodass der Staat, indem er sich der Kooperation öffnet, seine eigene Leistungsfähigkeit und Gestaltungskraft erheblich zu steigern vermag.[1282] Nach alledem begegnet die Annahme, die Staatlichkeit der Bundesrepublik bedinge die Reservierung bestimmter, besonders bedeutsamer Hoheitsrechte für die nationalen Kompetenzträger, durchgreifenden Bedenken.[1283]

[1279] *Josef Isensee*, Die Staatlichkeit der Verfassung, in: Otto Depenheuer/Christoph Grabenwarter (Hrsg.), Verfassungstheorie, 2010, § 6 Rn. 30.

[1280] Vgl. *Stefan Oeter*, Souveränität und Demokratie als Probleme in der „Verfassungsentwicklung" der Europäischen Union, ZaöRV 55 (1995), S. 659 (702): „[F]ür die Staatlichkeit des Grundgesetzes ist die Möglichkeit der Integration in einen übergreifenden europäischen Staatenverbund [...] von fundamentaler Bedeutung, einschließlich der damit in Kauf genommenen Einbußen an Hoheitsgewalt."

[1281] Zur Einordnung der Landesverteidigung als „klassische" Staatsaufgabe vgl. nur *Roman Herzog*, Ziele, Vorbehalte und Grenzen der Staatstätigkeit, in: HStR, Band IV, 3. Auflage 2006, § 72 Rn. 20 und 25.

[1282] Ähnlich *Josef Isensee*, Nachwort: Europa – die politische Erfindung eines Erdteils, in: ders. (Hrsg.), Europa als politische Idee und als rechtliche Form, 1993, S. 103 (134): „Sie [– die EU-Mitgliedstaaten –] haben ihre Staatlichkeit nicht verloren dadurch, daß sie sich in die Gemeinschaft eingegliedert haben, füreinander und für die Gemeinschaft offen und permeabel geworden sind. Die Staatlichkeit wird relativiert, aber gerade damit bestätigt und in ihrer Wirksamkeit erweitert durch ihre supranationale Einbindung." Siehe dazu auch *Paul Kirchhof*, Der Staat als Organisationsform politischer Herrschaft und rechtlicher Bindung, DVBl. 1999, S. 637 (649).

[1283] So im Ergebnis auch *Stefan Oeter*, Souveränität – ein überholtes Konzept?, in: Hans-Joachim Cremer/Thomas Giegerich/Dagmar Richter/Andreas Zimmermann (Hrsg.), Tradition und Weltoffenheit des Rechts, Festschrift für Helmut Steinberger, 2002, S. 259 (278).

Entsprechendes gilt für den Versuch, den Staatsbegriff mithilfe von quantitativen Erwägungen zu konturieren. Abgesehen davon, dass auch diese Vorgehensweise keine Stütze im Grundgesetz findet, ist schon nicht ersichtlich, wie eine Quantifizierung von Hoheitsrechten – insbesondere von Rechtsetzungsbefugnissen – überhaupt gelingen soll. Davon ausgehend, dass die Europäische Union und ihre Mitgliedstaaten jedenfalls zusammen genommen potenziell auf alles Zugriff nehmen können, was hoheitlicher[1284] Regelung zugänglich ist, der Bereich des hoheitlich Regelbaren aber schon deshalb ständigem Wandel unterliegt, weil sich die Lebenswirklichkeit fortwährend verändert, können die Aufgabenbestände der Union und ihrer Mitgliedstaaten schwerlich abschließend fixiert und quantitativ zueinander ins Verhältnis gesetzt werden. Hier kommt zum Tragen, dass das Dogma von der potenziellen Allzuständigkeit des Staats, welches in der generalklauselartigen Bestimmung des Art. 30 GG unverkennbar durchscheint, eine erschöpfende Aufzählung möglicher Tätigkeitsfelder des Staates von vornherein ausschließt. Die von *Dietrich Murswiek* befürwortete Grenzziehung, der zufolge Entstaatlichung spätestens dann eintritt, wenn mehr als 50 % der Hoheitsrechte auf die Europäische Union übertragen worden sind,[1285] ist daher schlechterdings nicht durchführbar.[1286]

Um Missverständnissen vorzubeugen, sei an dieser Stelle darauf hingewiesen, dass das *Lissabon*-Urteil[1287] des Bundesverfassungsgerichts fehlgedeutet würde, wenn man die Urteilsgründe als Bekenntnis zu einem Verständnis von Staatlichkeit deutete, das Art und Umfang der eigenhändig wahrgenommenen Aufgaben in den Mittelpunkt rückt. Auch die vieldiskutierte Sentenz, wonach „[a]ls besonders sensibel für die demokratische Selbstgestaltungsfähigkeit eines Verfassungsstaates seit jeher Entscheidungen über das materielle und formelle Strafrecht (1), die Verfügung über das Gewaltmonopol polizeilich nach innen und militärisch nach außen (2), die fiskalischen Grundentscheidungen über Einnahmen und – gerade auch sozialpolitisch motivierte – Ausgaben der öffentlichen Hand (3), die sozialstaatliche Gestaltung von Lebensverhältnissen (4) sowie kulturell besonders bedeutsame Entscheidungen etwa im Familienrecht, Schul- und Bildungssystem oder über den Umgang mit religiösen Gemeinschaften (5) [gelten]“[1288], spricht nicht für eine solche Lesart.[1289] Denn aus ihrem Kontext ergibt sich, dass das BVerfG mittels der vorstehen-

---

[1284] Zum Begriff „Hoheitlichkeit“ *Bernd Grzeszick*, Hoheitskonzept – Wettbewerbskonzept, in: HStR, Band IV, 3. Auflage 2006, § 78 Rn. 2 ff.

[1285] *Dietrich Murswiek*, Maastricht und der Pouvoir Constituant – Zur Bedeutung der verfassunggebenden Gewalt im Prozeß der europäischen Integration, Der Staat 32 (1992), S. 161 (170 f.); *ders.*, Der Grundsatz der souveränen Staatlichkeit als unabänderliches Verfassungsprinzip, in: Hans-Christof Kraus/Heinrich Amadeus Wolff (Hrsg.), Souveränitätsprobleme der Neuzeit: Freundesgabe für Helmut Quaritsch anlässlich seines 80. Geburtstages, S. 95 (129).

[1286] Skeptisch auch *Markus Heintzen*, Die „Herrschaft“ über die Europäischen Gemeinschaftsverträge – Bundesverfassungsgericht und Europäischer Gerichtshof auf Konfliktkurs?, AöR 119 (1994), S. 564 (569 f.).

[1287] BVerfGE 123, S. 267 ff. – Lissabon.

[1288] BVerfGE 123, S. 267 (359) – Lissabon.

[1289] A. A. wohl *Matthias Herdegen*, Grenzen der Verfassunggebung, in: Otto Depenheuer/Christoph Grabenwarter (Hrsg.), Verfassungstheorie, 2010, § 9 Rn. 45, der einem am Vorbehalt den Sentenz nicht etwa die Staatlichkeit der Bundesrepublik, sondern das demokratische Prinzip, wie es in Art. 38, 20 Abs. 1 und 2 GG ausgestaltet ist, als Integrationsschranke im Sinne von Art. 23 Abs. 1 S. 3 i. V. m. Art. 79 Abs. 3 GG zu operationalisieren bestrebt war. Damit soll freilich nicht behauptet sein, dass das demokratische Prinzip und die Staatlichkeit der Bundesrepublik beziehungslos nebeneinanderstehen.[1290] Bereits der Umstand, dass das Grundgesetz das demokratische Prinzip in Art. 20 Abs. 1 und 2 GG *expressis verbis* in Bezug auf die politische Organisationsform „Staat“ entfaltet, bezeugt das Gegenteil. Indes dürfen diese und jenes deshalb nicht leichthin gleichgesetzt werden. Gerade im Zusammenhang der europäischen Integration erwiese sich eine solche Gleichsetzung als verfehlt, sehen sich das demokratische Prinzip auf der einen und die Staatlichkeit der EU-Mitglieder auf der anderen Seite durch die Supranationalisierung politischer Herrschaft doch in je unterschiedlicher Weise herausgefordert.[1291] Dass das Bundesverfassungsgericht den von ihm in der *Lissabon*-Entscheidung angeführten Aufgabenbereichen besondere Sensibilität in Bezug auf den durch Art. 38, 20 Abs. 1 und 2 GG geschützten „Zusammenhang von politischer Sachentscheidung mit dem wahlkonstituierten Mehrheitswillen und dem daraus abgeleiteten Regierungs-Oppositions-Dualismus in einem System konkurrierender Parteienvielfalt und beobachtender, kontrollierender öffentlicher Meinungsbildung“[1292] beimisst, rechtfertigt daher nicht den Schluss, das Gericht erachte die Ausreichung solcher Hoheitsrechte, die den genannten Aufgabenbereichen zuzuordnen sind, als Ausschlusskriterium für *Staatlichkeit*.[1293] Als Beleg hierfür mag die an anderer Stelle der Urteilsbegründung zu findende Anmerkung dienen, wonach die Wahrung der Souveränität für sich genommen nicht bedeute, „dass eine von vornherein bestimmbare Summe oder bestimmte Arten von Hoheitsrechten in der Hand des Staates bleiben müssten“[1294].

---

bestimmter Hoheitsrechte orientierten Verständnis von Staatlichkeit selbst aber skeptisch gegenübersteht: „Auch das Bundesverfassungsgericht hat in seiner Lissabon-Entscheidung die souveräne Staatlichkeit Deutschlands in den Mittelpunkt gestellt und der Eingliederung in einen europäischen Bundesstaat eine klare Absage erteilt. Noch darüber hinaus gehend unternimmt es das Bundesverfassungsgericht, einen unaufgebbaren Kern souveräner Staatlichkeit zu begründen und zu diesem Zweck bestimmte Hoheitsrechte positiv zu umschreiben [...]. [...] Trotz der Vorteile einer positiven Umschreibung ist jedoch zu bedenken, dass weder das Grundgesetz selbst, noch der völkerrechtliche Staatsbegriff solche konkreten unabänderbaren Regelungsbereiche benennt.“

[1290] Dass beides vielmehr eng miteinander zusammenhängt, zeigt *Bernd Grzeszick*, Die Europäisierung des Rechts und die Demokratisierung Europas: Zu den genuin demokratischen Grenzen der Integration nach dem BVerfG-Urteil über den Vertrag von Lissabon, in: Peter Axer u. a. (Hrsg.), Das Europäische Verwaltungsrecht in der Konsolidierungsphase: Systembildung – Disziplinierung – Internationalisierung, 2010, S. 95 (106) m. w. N.

[1291] Instruktiv dazu *Hans-Joachim Cremer*, Das Demokratieprinzip auf nationaler und europäischer Ebene im Lichte des Maastricht-Urteils des Bundesverfassungsgerichts, EuR 1995, S. 21 ff. (insbesonderes S. 44).

[1292] BVerfGE 123, S. 267 (358 f.) – Lissabon.

[1293] Siehe dazu unten Viertes Kapitel B.

[1294] BVerfGE 123, S. 267 (357) – Lissabon.

c) Staatlichkeit als durch potenzielle Allzuständigkeit „bewehrte" Letztverantwortung für das Gemeinwohl

Kann das den modernen Staat kennzeichnende Merkmal der Herrschaftskonzentration nach alledem nicht adäquat erfasst werden, indem man auf die Anzahl oder das Gewicht jener Hoheitsrechte abstellt, die eine Herrschaftsorganisation durch eigene Kompetenzträger tatsächlich ausübt, so ist es angezeigt, den Fokus von der *Aktualität* staatlichen Handelns auf die *Potenzialität* staatlichen Handelns zu verlegen. Insoweit offenbart sich – dies klang bereits an – eine strukturelle Parallele zum Begriff der Souveränität: Ebenso wenig wie der Inhaber der „pouvoir de donner loy" im *Bodin*'schen Sinne von seiner Höchstgewalt fortwährend Gebrauch machen muss, um sich zum Souverän zu qualifizieren, muss eine Herrschaftsorganisation sämtliche hoheitlich organisierbaren Felder menschlichen (Zusammen-)Lebens fortwährend selbst besetzen, sich also ins Totale steigern, um sich zum Staat zu qualifizieren. Verhielte es sich so, dann läge im Begriff „Verfassungsstaat" eine *contradictio in adiecto*. Denn die moderne Verfassungsidee, wie sie im Zuge der Revolutionen in Nordamerika und Frankreich Ende des 18. Jahrhunderts entwickelt und prototypisch umgesetzt worden ist, richtet sich gerade gegen hoheitliche Totalität. Sie gibt dem Staat als Herrschaftsorganisation auf, „den Bürgern und gesellschaftlichen Gruppen Räume zu grundrechtsautonomer Gemeinwohlverwirklichung offen[zu]halten"[1295] und versagt ihm somit Omnipräsenz. Dass der freiheitlich-demokratische Verfassungsstaat dennoch Staatlichkeit für sich in Anspruch nehmen kann, lässt sich nur damit erklären, dass Staatlichkeit nicht tatsächliche Wahrnehmung aller denkbaren Aufgaben zur Voraussetzung hat, sondern „lediglich" verlangt, dass keine denkbare Aufgabe dem Zugriff der Staatlichkeit beanspruchenden Herrschaftsorganisation schlechthin entzogen ist. Der moderne Staat zeichnet sich folglich dadurch aus, dass er *„in potentia"* gegenständlich allumfassend ist. Inwieweit sich dieses *„in potentia"* zum *„in actu"* realisiert, ist für den Staatsbegriff hingegen unerheblich.[1296] Bereits durch die (bloße) Möglichkeit gegenständlicher Allumfassendheit unterscheiden sich die neuzeitlichen Entscheidungs- und Wirkungseinheiten grundlegend von den vormodernen Herrschaftsgebilden des Mittelalters, in denen die Zuständigkeiten und Regalien vorgegeben, begrenzt und – unabhängig von der jeweils zu bewältigenden Lage – gerade nicht einseitig erweiterungsfähig waren.

Staatliche Herrschaftskonzentration im vorbezeichneten Sinne, d.h. im Sinne des „In-Sich-Begreifens" aller denkbaren Aufgaben *der Möglichkeit nach*, wird von der Verfassung – und nur deshalb konnte sie im souveränen Staat ihren Regelungsgegenstand finden – nicht angetastet. Die auf den Konsens der Herrschaftsunterworfenen zurückgeführte Herrschaft des freiheitlich-demokratischen Verfassungsstaats ist dem Gegenstand nach ebenso umfassend wie ehedem die auf den Willen Gottes zurückgeführte Herrschaft des absolutistischen Fürstenstaats. Zwar

---

1295 *Josef Isensee*, Staatsaufgaben, in: HStR, Band IV, 3. Auflage 2006, § 73 Rn. 58.
1296 Vgl. *Herbert Krüger*, Allgemeine Staatslehre, 2. Auflage 1966, S. 761.

macht die Verfassung Erweiterungen des effektiven staatlichen Wirkungskreises vom Vorliegen bestimmter Voraussetzungen abhängig und verhindert damit, dass der Staat die Möglichkeit gegenständlicher Allumfassendheit schrankenlos realisieren kann, aber sie nimmt ihm nicht dasjenige, was aller aktuellen Staatstätigkeit vorausliegt, namentlich die „General- und Blankovollmacht, sich in freier Entschließung und in eigener Verantwortung diejenigen Aufgaben stellen zu dürfen, die er wegen der zu bewältigenden Lage für erforderlich hält"[1297].[1298] Anders formuliert: In Anerkennung der Tatsache, dass der Staat auf das Gemeinwohl[1299] verpflichtet ist,[1300] indes kein hoheitlich organisierbarer Bereich menschlichen Zusammenlebens als für das Gemeinwohl von vornherein irrelevant bezeichnet werden kann,[1301] verzichtet die Verfassung darauf, den Staat in quantitativer Hinsicht zu limitieren, beschneidet also nicht den Kreis möglicher Staatsaufgaben. Stattdessen unterstellt sie die Aktualisierung des staatlichen Handlungspotenzials qualitativen Vorbehalten, insbesondere dem Subsidiaritätsprinzip, demzufolge „[n]ichtregulierte individuelle und genossenschaftliche Tat [ ] nur insoweit zurücktreten oder ausgeschlossen werden [soll], sofern der Staat das betreffende Interesse in besserer Weise zu fördern vermag"[1302], „die freie oder genossenschaftliche Tat [mithin] unvermögend ist, den vorgesetzten Zweck zu erreichen"[1303]. Die Wahrnehmung öffentlicher Aufgaben, d. h. jener Aufgaben, die für das Gemeinwohl von Bedeutung sind und daher im öffentlichen Interesse liegen, ist somit nicht länger beim Herrschaftsträger monopolisiert. Vielmehr ruht die Zuständigkeit für die Hervorbringung des *bonum commune* im freiheitlich-demokratischen Verfassungsstaat zuallererst bei denjenigen, die selbst am allgemeinen „guten Leben" teilhaben, mithin bei den Individuen und ihren Zusammenschlüssen.[1304] Über die Grundrechte sind die Bürger um ihrer eigenen Freiheit willen dazu aufgerufen, selbst gemeindien-

---

1297 *Herbert Krüger*, Allgemeine Staatslehre, 2. Auflage 1966, S. 760 f.

1298 So auch BVerfGE 98, S. 218 (246) – Rechtschreibreform: „Dem Grundgesetz liegt nicht die Vorstellung zugrunde, daß sich jede vom Staat ergriffene Maßnahme auf eine verfassungsrechtliche Ermächtigung zurückführen lassen müsse. Es geht vielmehr von der generellen Befugnis des Staates zum Handeln im Gemeinwohlinteresse aus, erlegt ihm dabei aber sowohl formell als auch materiell bestimmte Beschränkungen auf." Ganz ähnlich zuvor bereits *Herbert Krüger*, Allgemeine Staatslehre, 2. Auflage 1966, S. 761: „Dennoch kann kein Zweifel daran bestehen, dass jede Verfassung Souveränität und Gewalt des von ihr verfaßten Staates voraussetzt."

1299 Zum Gemeinwohlbegriff vgl. oben Zweites Kapitel C. II. 2. c).

1300 Vgl. BVerfGE 62, S. 1 (43) – Bundestagsauflösung I sowie BVerfGE 108, S. 186 (228) – Informationspflichten bei Sonderabgaben: „Die Förderung des Gemeinwohls ist notwendiges Ziel jeder staatlichen Aktivität […]". Siehe dazu auch *Johannes Messner*, Das Naturrecht, 7. Auflage 1984, S. 776 f. und 836 sowie *Ernst-Wolfgang Böckenförde*, Welchen Weg geht Europa?, 1997, S. 24.

1301 Siehe dazu *Bernd Grzeszick*, Hoheitskonzept – Wettbewerbskonzept, in: HStR, Band IV, 3. Auflage 2006, § 78 Rn. 1 und 7 f.; *Josef Isensee*, Staatsaufgaben, in: HStR, Band IV, 3. Auflage 2006, § 73 Rn. 55.

1302 *Georg Jellinek*, Allgemeine Staatslehre, 3. Auflage 1913 (Neudruck 1966), S. 263.

1303 *Georg Jellinek*, Allgemeine Staatslehre, 3. Auflage 1913 (Neudruck 1966), S. 259.

1304 Vgl. *Ruppert Stettner*, Grundfragen einer Kompetenzlehre, 1983, S. 50; *Johannes Messner*, Das Naturrecht, 7. Auflage 1984, S. 836; *Josef Isensee*, Gemeinwohl im Verfassungsstaat, in: HStR, Band IV, 3. Auflage 2006, § 71 Rn. 110.

liche Leistungen zu erbringen und öffentliche Aufgaben wahrzunehmen, sodass sich das Gemeinwohl vorrangig aus grundrechtlichen Wurzeln speist und dezentral verwirklicht.[1305] Doch wird der Staat dadurch nicht entbehrlich. Wo auch immer die Grundrechtsträger Aufgaben, die im öffentlichen Interesse liegen, nicht effektiv erfüllen, ist er als „Hüter des Gemeinwohls"[1306] dazu aufgefordert, seine Hoheitsmacht zur Geltung zu bringen, um Abhilfe zu schaffen. Wenn und soweit das Gemeinwohl es erheischt, kann und muss der Staat unter Rückgriff auf die (nur) ihm zu Gebote stehenden (Macht-)Mittel sogar auf solche Lebensbereiche einwirken, die durch vorbehaltlos gewährleistete Grundrechte geschützt sind.[1307] Es zeigt sich: Wiewohl die Hervorbringung des Gemeinwohls im freiheitlich-demokratischen Verfassungsstaat keineswegs exklusiv für den Staat reserviert ist, so ist jener doch immer noch letztverantwortlich für das Wohl der politischen Gemeinschaft und mit Blick auf eben diese Letztverantwortung gegenständlich unbegrenzt, kann also potenziell auf jede Aufgabe Zugriff nehmen, die öffentliche Interessen berührt und hoheitlicher Regelung zugänglich ist.[1308]

d) Fortbestand der Staatlichkeit unter den Bedingungen supranationaler Integration

Die Betrachtung der Metamorphose des absolutistischen Fürstenstaats zum freiheitlich-demokratischen Verfassungsstaat liefert eine für die hier zu klärende Frage nach dem Fortbestand der Staatlichkeit unter den Bedingungen supranationaler Integration äußert wertvolle Erkenntnis. Es ist dies namentlich die Einsicht, dass der Staat, indem er zulässt, dass neben ihm auch nicht-staatliche Akteure gemeinwohlrelevante Tätigkeitsfelder besetzen, keineswegs zwingend seine Staatlichkeit einbüßt. Auch ein solcher Herrschaftsverband, der hinsichtlich der Wahrnehmung öffentlicher Aufgaben vermittels des Subsidiaritätsprinzips konzeptionell in eine

---

1305 *Josef Isensee*, Gemeinwohl im Verfassungsstaat, in: HStR, Band IV, 3. Auflage 2006, § 71 Rn. 111 und 114 f.; *ders.*, Staatsaufgaben, in: HStR, Band IV, 3. Auflage 2006, § 73 Rn. 67. Vgl. auch *Hans-Georg Dederer*, Korporative Staatsgewalt: Integration privat organisierter Interessen in die Ausübung von Staatsfunktionen, 2004, S. 109.

1306 BVerfGE 33, S. 125 (159) – Facharzt.

1307 Vgl. dazu *Josef Isensee*, Gemeinwohl im Verfassungsstaat, in: HStR, Band IV, 3. Auflage 2006, § 71 Rn. 62: „Als mögliche Schranken der vorbehaltlosen Grundrechte erkennt das Bundesverfassungsgericht nicht das ungeschriebene Gemeinwohl als solches an, sondern nur jene öffentlichen Belange, die ausdrücklich im Verfassungsgesetz Anerkennung gefunden haben. Wenn es denn aber bei der praktischen Anwendung von Grundrechten wie etwa der Religions- oder der Wissenschaftsfreiheit, bisweilen nicht ohne interpretatorische Gewaltsamkeit, die Schranken aus disparaten Grundrechts- und Organisationsnormen deduziert, um zu einem sinnvollen Ergebnis zu kommen, so wird damit eben doch ein latent vorhandenes Gemeinwohlverständnis wirksam, das die Deduktion der Schranken leitet."

1308 Zur Letztverantwortung des (Verfassungs-)Staats für das Gemeinwohl *Josef Isensee*, Gemeinwohl im Verfassungsstaat, in: HStR, Band IV, 3. Auflage 2006, § 71 Rn. 121 ff. Vgl. ferner *Torsten Stein*, Europäische Integration und nationale Reservate, in: Detlef Merten (Hrsg.), Föderalismus und Europäische Gemeinschaften, 1990, S. 91 (101); *Ernst-Wolfgang Böckenförde*, Welchen Weg geht Europa?, 1997, S. 24 f.

Reserverolle gedrängt wird, bewahrt seine Staatlichkeit. Der Grund liegt darin, dass für keinen Lebensbereich ausgeschlossen werden kann, dass die Verwirklichung des Gemeinwohls den Rückgriff auf hoheitliche Ordnungsmacht erheischt. Auch im Zustand freiheitlicher Verfasstheit erweist sich der Staat daher als der Möglichkeit nach allumfassend.[1309] Damit ist allerdings noch nicht gesagt, dass für den Zustand supranationaler Integration Entsprechendes gilt. Der Umstand, dass die dem Subsidiaritätsprinzip geschuldete Teilung der öffentlichen Aufgaben mit dem nicht-staatlichen Akteur „Gesellschaft“ der Staatlichkeit keinen Abbruch tut, lässt nicht ohne weiteres den Schluss zu, dass es sich mit der Teilung der (verbleibenden) öffentlichen Aufgaben zwischen dem Staat und dem nicht-staatlichen Akteur „supranationaler Verband“ ebenso verhält. Dies gilt umso mehr, als zwischen der Gesellschaft einerseits und dem supranationalen Verband andererseits kategoriale Unterschiede bestehen. So sind die Grundrechtsträger als Individuen Zweck an sich selbst[1310] und in ihrer Gesamtheit Träger und Destinatar des Gemeinwohls[1311]. Das *bonum commune*, das allgemeine „gute Leben“, um das es in der Sache geht, ist ihr Leben. Dagegen ist die Europäische Union Instrument des Gemeinwohls, d.h. – ebenso wie der Staat – Werkzeug zu seiner Realisierung.[1312] Während die freiheitliche Verfassung also eine Aufgabenteilung zwischen Gemeinwohlinstrument (Staat) und Gemeinwohlträger und -destinatar (Grundrechtsträger in ihrer Gesamtheit) mit sich bringt, bewirkt supranationale Integration Aufgabenteilung zwischen zwei Akteuren, die beide gleichermaßen als Gemeinwohlinstrument fungieren (Staat einerseits, staatenintegrierender Verband andererseits). Der freiheitlich verfasste und zugleich supranational integrierte Staat ist im Zusammenhang mit der Wahrnehmung öffentlicher Aufgaben daher nicht nur in die Reserverolle gedrängt, namentlich zugunsten der individuellen und der genossenschaftlichen Tat, sondern er erfährt in dieser Reserverolle auch noch Konkurrenz vom „eigenen Schlag“: Selbst dort, wo der Einzelne und die Gesellschaft versagen, zur Bewältigung der Lage also der Einsatz von Hoheitsmacht erforderlich ist, kann der Staat sich nicht ohne weiteres zur Geltung bringen, denn zur Ausübung von

---

[1309] Siehe dazu *Herbert Krüger*, Allgemeine Staatslehre, 2. Auflage 1966, S. 761: „Der Gegensatz zwischen [,nicht-freiheitlichen‘ und ‚freiheitlichen‘ Staaten] besteht […] nicht darin, wieweit sich das ‚in potentia‘ zu einem ‚in actu‘ zu realisieren pflegt, also aus der Möglichkeit der Allumfassendheit Wirklichkeit wird. Denn das Maß der Aktualisierung oder Verwirklichung hängt nicht vom Staatstyp, von ‚Freiheitsliebe‘ oder ‚Knechtsseligkeit‘ der Bürger und ähnlichem mehr ab, sondern es ist die Lage und zwar vor allem die äußere Lage, die den Umfang der Aktualisierung bestimmt. Handgreiflich zeigt sich dies im Kriege: Hier aktualisiert jeder Staat die potentielle Allumfassendheit seines Aufgabenbereichs zu einem Höchstmaße […].“

[1310] Grundlegend *Immanuel Kant*, Grundlegung zur Metaphysik der Sitten (1785), abgedruckt in: Kants Werke – Akademie-Textausgabe, Band IV: Kritik der reinen Vernunft (1. Auflage 1781), Prolegomena, Grundlegung zur Metaphysik der Sitten, Metaphysische Anfangsgründe der Naturwissenschaften, 1978, S. 385 (428 ff.).

[1311] Vgl. *Josef Isensee*, Gemeinwohl im Verfassungsstaat, in: HStR, Band IV, 3. Auflage 2006, § 71 Rn. 20 und 32.

[1312] Vgl. dazu *Alexander Schmitt Glaeser*, Grundgesetz und Europarecht als Elemente Europäischen Verfassungsrechts, 1996, S. 52 f.; *Josef Isensee*, Gemeinwohl im Verfassungsstaat, in: HStR, Band IV, 3. Auflage 2006, § 71 Rn. 39.

Hoheitsmacht im Staatsgebiet ist nicht mehr nur er allein berufen, sondern neben ihm auch jene überstaatliche Herrschaftsorganisation, in die er sich durch den Transfer von Hoheitsrechten eingegliedert hat. Die Wirksamkeit des Staates erfährt im Zuge supranationaler Integration mithin eine (zusätzliche) Einschränkung, die sich der Art nach substanziell von jenen Restriktionen unterscheidet, welche die Umsetzung der modernen Verfassungsidee mit sich brachte. Das Kriterium, anhand dessen zu beurteilen ist, ob die jeweils in Rede stehende Einschränkung staatlicher Wirksamkeit zum Verlust der Staatlichkeit führt oder nicht, bleibt jedoch dasselbe: Stets kommt es darauf an, ob die fragliche Einschränkung erst auf der Ebene der Aktualisierung des staatlichen Handlungspotenzials einsetzt oder ob sie vielmehr das Potenzial selbst erfasst und verkürzt. Im erstgenannten Falle tut sie der Staatlichkeit der betroffenen Herrschaftsorganisation keinen Abbruch, im letztgenannten Falle hebt sie deren Staatlichkeit auf.

Was die vorliegend zu beurteilende Einschränkung des Wirkungskreises der EU-Mitglieder anbetrifft, namentlich jene Einschränkung, welche daraus resultiert, dass die betreffenden Staaten einen gewichtigen Teil der vormals von ihnen selbst ausgeübten Hoheitsrechte auf die Europäische Union übertragen haben, fällt die Einordnung als staatlichkeitsschädlich oder -unschädlich dank der Regelung des Art. 50 EUV[1313] nicht schwer: Solange den Mitgliedern der Europäischen Union das in dieser Vorschrift normierte Recht zusteht, kraft einseitiger Entscheidung aus der Union auszuscheiden, bleiben sie in Bezug auf ihr jeweiliges Staatsgebiet in der Lage, sich als exklusive Träger von Hoheitsmacht zu re-etablieren und damit *in potentia* allzuständig. Garantiert Art. 50 EUV mithin den Fortbestand der potenziellen Allzuständigkeit der EU-Mitgliedstaaten, so bleibt – ungeachtet der umfänglichen Supranationalisierung von Hoheitsrechten – auch der eingangs dieses Kapitels beschriebene, Staatlichkeit überhaupt erst konstituierende Ausschließlichkeitszusammenhang zwischen Staatsgebiet und Staatsgewalt gewahrt.[1314] Denn wenngleich besagter Ausschließlichkeitszusammenhang unter den Bedingungen supranationaler Integration fraglos sublim geworden ist,[1315] so gilt doch auch heute noch, dass sich die gesamte auf dem Gebiet des einzelnen Staats wirkende öffentliche Gewalt – bei wertender Betrachtung – als staatliche Gewalt darstellt. Zwar gibt sich die von unionalen Kompetenzträgern ausgeübte Herrschaft ihrem unmittelbaren Erzeugungszusammenhang nach nicht als staatliche Gewalt zu erkennen und angesichts des ihr immanenten staatenübergreifenden Integrationszwecks unterscheidet sie sich auch funktional von der Staatsgewalt im engeren Sinne, d. h. von

[1313] Instruktiv zu Bedeutung und Funktion des Austrittsrechts nach Art. 50 EUV im größeren Zusammenhang der „Mitgliedschaftsverfassung" der Europäischen Union *Jörg Philipp Terhechte*, Elemente und Wandlungen der Mitgliedschaftsverfassung der EU – Beitritt, flexible Integration, Austritt, Ausschluss, JZ 2019, S. 105 ff.

[1314] Zum Ausschließlichkeitszusammenhang zwischen Staatsgebiet und Staatsgewalt als Kennzeichen moderner Staatlichkeit vgl. oben Zweites Kapitel A. I.

[1315] Zur integrationsbedingten Entfunktionalisierung der Staatsgrenzen der EU-Mitglieder vgl. nur *Heinhard Steiger*, Geht das Zeitalter des souveränen Staates zu Ende?, Der Staat 41 (2002), S. 331 (340 f.).

jener Hoheitsmacht, die durch nationale Kompetenzträger ausgeübt wird und deren Geltungsanspruch von vornherein auf das jeweilige Staatsgebiet begrenzt ist.[1316] Doch kann und muss die unionsseitig ausgeübte Herrschaft nichtsdestoweniger der staatlichen Herrschaftsorganisation zugerechnet werden, wenn und soweit die Qualifikation des Staates als *Rechtseinheit* in Rede steht, die staatliche Herrschaftsorganisation sich mithin als Garantin einer die politische Gemeinschaft umspannenden, gemeinwohlförderlichen Gesamtordnung zu bewähren hat.[1317] Der (Zurechnungs-)Grund liegt darin, dass die staatliche Herrschaftsorganisation das Einwirken unionaler Kompetenzträger auf eben jene Gesamtordnung duldet, obschon sie den Austritt des Staates aus der Europäischen Union herbeizuführen berechtigt ist, also den Zugriff unionaler Kompetenzträger weder rechtlich noch faktisch hinnehmen *muss*, sondern in Wahrnehmung der von ihr treuhänderisch ausgeübten und durch Art. 50 EUV positiv-rechtlich abgesicherten Gemeinwohl-Letztverantwortung unterbinden könnte. Es ist zu resümieren: Solange der Staat der Möglichkeit nach allzuständig bleibt, ist die gesamte auf seinem Gebiet wirkenden politische Macht der Staatsgewalt zurechenbar, sodass der Staatlichkeit konstituierende Ausschließlichkeitszusammenhang zwischen Staatsgebiet und Staatsgewalt (fort-) besteht.[1318]

3. Fazit

Die Kategorien „Kompetenz-Kompetenz“ und „potenzielle Allzuständigkeit“ erweisen sich als Schlüssel zur souveränen Staatlichkeit, bedürfen allerdings gerade im Zusammenhang mit dem Phänomen „supranationale Integration“ einer sorgsam differenzierenden Betrachtung. In Bezug auf die „potenzielle Allzuständigkeit“ wurde herausgearbeitet, dass mittels dieser Kategorie dasjenige begrifflich eingefangen werden soll, was einerseits den neuzeitlichen Staat wesenhaft von allen vormodernen Herrschaftsgebilden unterscheidet und andererseits der modernen Verfassung vorausliegt, d. h. den Bezugspunkt ihres Ordnungsanspruchs bildet. Es ist

---

[1316] Vgl. dazu *Hans Peter Ipsen*, Europäisches Gemeinschaftsrecht, 1972, S. 66 f.

[1317] Zu dieser Funktion der Staatsgewalt vgl. *Josef Isensee*, Die Staatlichkeit der Verfassung, in: Otto Depenheuer/Christoph Grabenwarter (Hrsg.), Verfassungstheorie, 2010, § 6 Rn. 78: „Sie [– die Staatsgewalt –] dient dazu, die Freiheit und Rechtsgleichheit der Bürger, ihr physische wie soziale Sicherheit zu gewährleisten und so die Menschenwürde, den letzten Grund der staatlichen Ordnung, zu wahren und zu schützen.“

[1318] Im Ergebnis ebenso *Christian Seiler*, Der souveräne Verfassungsstaat zwischen demokratischer Rückbindung und überstaatlicher Einbindung, 2005, S. 221 f. und 257 f. Dass die Zurechenbarkeit supranationaler Herrschaftsakte zur Staatsgewalt entscheidende Bedeutung für den Fortbestand der Staatlichkeit der EU-Mitglieder hat, bemerkt auch *Stefan Oeter*, Souveränität – ein überholtes Konzept?, in: Hans-Joachim Cremer/Thomas Giegerich/Dagmar Richter/Andreas Zimmermann (Hrsg.), Tradition und Weltoffenheit des Rechts, Festschrift für Helmut Steinberger, 2002, S. 259 (278): „Man wird daraus wohl die Konsequenz ziehen müssen, daß nicht ein substantielles Bündel spezifischer Herrschaftsbefugnisse die Qualität als ‚souveräner Staat‘ begründen, sondern eher die Ableitungszusammenhänge, die auch übertragene Befugnisse noch dem territorial eigentlich zuständigen Staat als genuine Befugnisse *zurechenbar* erscheinen lassen, als Teil einer prinzipiell allumfassenden Herrschaftsgewalt.“ (Hervorhebung hinzugefügt).

dies namentlich die Möglichkeit, sich als Herrschaftsorganisation in freier Entschließung prinzipiell all diejenigen Aufgaben stellen zu können, die sich angesichts der konkret zu bewältigenden Lage auftun, mithin eine bestimmte Art der Herrschaftskonzentration, die gemeinhin mit dem Schlagwort „gegenständliche Unbegrenztheit“ umschrieben wird. Nur eine Herrschaftsorganisation, die über „gegenständliche Unbegrenztheit“ im vorbezeichneten Sinne verfügt, ist in der Lage, in Bezug auf das von ihr beherrschte Gemeinwesen Letztverantwortung für das *bonum commune* zu übernehmen, also Sorge für die Verwirklichung des höchsten und letzten Zwecks politischer Herrschaft zu tragen.[1319] Als ihr wesentliches Merkmal vermittelt die „potenzielle Allzuständigkeit“ der „souveränen Staatlichkeit“ inhaltliche Substanz und ermöglicht zugleich eine präzise Abgrenzung zur Gliedstaatlichkeit, welch letztere weder *in actu* noch *in potentia* gegenständlich unbegrenzt ist: Nicht der Gliedstaat, sondern allein der souveräne Staat verfügt über die für die Übernahme der Gemeinwohlletztverantwortung unabdingbare Fähigkeit, seinen Wirkungskreis selbst zu bestimmen.

Ebenso wie die potenzielle Allzuständigkeit erlaubt auch die Kategorie der Kompetenz-Kompetenz eine Annäherung an den Begriff der „souveränen Staatlichkeit“, im Unterschied zur potenziellen Allzuständigkeit allerdings nicht auf eine positive, sondern auf eine negative Weise. Ursächlich hierfür ist, dass es sich bei der Kompetenz-Kompetenz um eine „verfassungs*etablierte* Kompetenz“[1320] handelt. Die mit ihr bezeichnete Rechtsmacht, einem anderen Herrschaftsträger gegebenenfalls auch gegen dessen Willen Aufgaben zu entziehen, um diese entweder fortan selbst wahrzunehmen oder sie einem Dritten zu überantworten, wird durch die Verfassung zugeteilt, ergibt also nur dort Sinn, wo eine föderal strukturierte politische Entität existiert, die mit einer die verschiedenen Ebenen verklammernden rechtlichen Grundordnung ausgestattet ist.[1321] Der souveräne Staat – dies belegt seine Genese – kann jedoch auch ohne Verfassung im normativen Sinne und folglich ohne Kompetenz-Kompetenz gedacht werden.[1322] Zu einer positiven Bestimmung von „souveräner Staatlichkeit“ vermag die Kompetenz-Kompetenz daher nichts beizutragen.[1323] Indes liegt auf der Hand, dass ein Herrschaftsträger, der

---

1319 Vgl. dazu *Josef Isensee*, Gemeinwohl im Verfassungsstaat, in: HStR, Band IV, 3. Auflage 2006, §71 Rn. 11: „Das Gemeinwohl verkörpert auf größter Abstraktionshöhe den Zweck, um dessentwillen die staatliche Organisation eingesetzt ist, und das Ziel aller Ziele, in deren Dienst sie sich stellt.“ Ähnlich *Johannes Messner*, Das Naturrecht, 7. Auflage 1984, S. 776 f.

1320 *Peter Lerche*, „Kompetenz-Kompetenz“ und das Maastricht-Urteil des Bundesverfassungsgerichts, in: Jörn Ipsen/Hans-Werner Rengeling/Jörg Manfred Mössner/Albrecht Weber (Hrsg.), Verfassungsrecht im Wandel, Festschrift zum 180jährigen Bestehen der Carl Heymanns Verlag KG, 1995, S. 409 (420).

1321 Insofern ist es keineswegs dem Zufall geschuldet, dass die Kompetenz-Kompetenz erst im Zuge des Inkrafttretens der Verfassung des Norddeutschen Bundes Einzug in die staatsrechtliche Diskussion hielt; siehe dazu oben Zweites Kapitel C. II. 1. a).

1322 Demgegenüber ist die Kompetenzhoheit unverzichtbares Merkmal souveräner Gewalt; siehe dazu oben Zweites Kapitel A. II. 2. a) aa).

1323 Eingehend dazu *Peter Lerche*, „Kompetenz-Kompetenz“ und das Maastricht-Urteil des Bundesverfassungsgerichts, in: Jörn Ipsen/Hans-Werner Rengeling/Jörg Manfred Mössner/Albrecht bezüglich der Festlegung seines Wirkungskreises einem anderen Herrschaftsträger rechtlichen Gehorsam schuldet, zwangsläufig jenes Maßes an Unabhängigkeit nach außen ermangelt, das für effektive Selbstbestimmung unabdingbar ist. Wenngleich das Innehaben der Kompetenz-Kompetenz also keineswegs *conditio sine qua non* für souveräne Staatlichkeit ist, so schließt das „Unterworfen-Sein" unter die Kompetenz-Kompetenz eines Anderen souveräne Staatlichkeit doch zwingend aus.

Was das spezifische föderale Gebilde „Europäische Union" anbetrifft, ist herausgearbeitet worden, dass die Mitgliedschaft in diesem supranationalen Verband aus Sicht der europäischen Staaten beim gegenwärtigen Stand des Rechts weder ein „Sich-Unterwerfen" unter die Kompetenz-Kompetenz eines anderen Herrschaftsträgers bedeutet noch (anderweit) zum Verlust der potenziellen Allzuständigkeit führt. Zwar relativiert die Integration in die Europäische Union die Aktualität des Staates, denn in bestimmten Bereichen übt nun statt seiner der staatenintegrierende Verband Hoheitsgewalt aus. Doch bleibt die für souveräne Staatlichkeit ausschlaggebende Potenzialität – namentlich die *Möglichkeit*, sich nach außen hin abzuschotten sowie die *Möglichkeit*, die eigenen Aufgaben in freier Entschließung selbst zu wählen – unbeeinträchtigt, solange die EU-Mitglieder über das Recht verfügen, sich kraft einseitiger Entscheidung aus der Union zu lösen. Das EU-Primärrecht in seiner aktuellen Fassung garantiert den EU-Mitgliedern dieses für ihre souveräne Staatlichkeit unabdingbare Recht in Gestalt der Bestimmung des Art. 50 EUV ausdrücklich und vorbehaltlos.

Weber (Hrsg.), Verfassungsrecht im Wandel, Festschrift zum 180jährigen Bestehen der Carl Heymanns Verlag KG, 1995, S. 409 (420f.).

Drittes Kapitel

Supranationale Integration im Horizont oder unter Überwindung des demokratischen Konstitutionalismus?

A. Herrschaft im Verbund: Das Neben- und Ineinander der Herrschaftsorganisationen „Staat" und „Europäische Union" als konstitutionelle Herausforderung

Dem souveränen Staat liegt die Vorstellung von einer Autorität zugrunde, die in Bezug auf ein bestimmtes Territorium mit potenzieller Allgewalt ausgestattet ist und in Ausübung dieser potenziellen Allgewalt eine potenziell allzuständige Herrschaftsorganisation einrichtet, deren höchster und letzter Zweck darin besteht, Verantwortung für das Gemeinwohl zu übernehmen. Der demokratische Konstitutionalismus anverwandelt sich diese Vorstellung und entwickelt sie weiter, indem er sie in mehrfacher Hinsicht spezifiziert: Als mit potenzieller Allgewalt ausgestattete Autorität identifiziert er die zum Volk geeinte Gesamtheit der freien und gleichen Individuen. Als Mittel zur Einsetzung der potenziell allzuständigen Herrschaftsorganisation bestimmt er den Akt der Verfassunggebung, d.h. das „In-Geltung-Setzen" eines Ensembles von Rechtsnormen, als dessen Urheber der potenziell allgewaltige Volkssouverän figuriert. Als unabdingbare und deshalb von der potenziell allzuständigen Herrschaftsorganisation konsequent zu achtende und zu schützende Gemeinwohlvoraussetzung erkennt er die Autonomie des Einzelnen.[1] Kurz gefasst: Der demokratische Konstitutionalismus begreift Herrschaft als ein Phänomen, das einerseits gedeihliche menschliche Gemeinschaft überhaupt erst ermöglicht, andererseits aber dem Einzelnen – bedingt durch sein Zwang-Wesen – unvermeidlich fremd bleibt, mithin nie etwas Letztes sein kann, sondern stets jener Legitimation bedarf, die politische Macht erst durch ihre konsequente Hinordnung auf den Autonomieanspruch der Machtunterworfenen erlangt.

Das Bonner Grundgesetz steht in der Tradition des demokratischen Konstitutionalismus. Es verpflichtet die bundesrepublikanische Staatsgewalt auf die hergebrachte Teleologie des souveränen, freiheitlich-demokratischen Verfassungsstaats, dem es um der Autonomie der Herrschaftsunterworfenen willen aufgegeben ist, den Einzelnen vor privater Gewalt zu schützen, aber auch gegen hoheitliche Macht-

[1] Zur Autonomie des prinzipiell vernunftbegabten Individuums als verfassungstheoretischem Basiswert des modernen westeuropäisch-nordatlantischen Verfassungsmodells im Allgemeinen und des Grundgesetzes im Besonderen *Peter Unruh*, Der Verfassungsbegriff des Grundgesetzes, 2002, S. 7ff.

willkür und Fremdbestimmung abzuschirmen. Allerdings beschränkt sich das Grundgesetz nicht auf diese überkommene Teleologie, sondern fügt den beiden vorgenannten Zweckebenen eine weitere hinzu: Die Überwindung des europäischen Staatenantagonismus. Diese weitere, in der Präambel i.V.m. Art. 23 Abs. 1 GG effektvoll zum Ausdruck gelangende Zweckebene wurzelt nicht im konstitutionellen Programm der nordamerikanischen und französischen Revolution, steht aber – abstrakt betrachtet – auch nicht in Widerspruch zu diesem Programm. Weder der demokratische noch der konstitutionalistische Imperativ der modernen Verfassungsidee schließen die Überwindung des europäischen Staatenantagonismus aus. Nichtsdestotrotz besteht *in praxi* ein Spannungsverhältnis. Der Grund liegt darin, dass die Verwirklichung des Verfassungsziels „europäische Integration" ausweislich Art. 23 Abs. 1 S. 1 und 2 GG in erster Linie mittels der Übertragung von Hoheitsrechten auf die Europäische Union erfolgt,[2] d.h. durch die Fortentwicklung einer Herrschaftsorganisation, deren Organe als supranationale Kompetenzträger zwar nicht an die nationalen Verfassungen gebunden sind, aber gleichwohl über die Fähigkeit verfügen, in den Territorien der EU-Mitgliedstaaten unmittelbar wirksam werdende Hoheitsgewalt auszuüben. *Dieter Grimm* fasst die Sach- und Rechtslage wie folgt zusammen:

„Sie [– die Europäische Gemeinschaft –] ist von den Mitgliedstaaten mit Hoheitsrechten ausgestattet worden, die sie nun an deren Stelle, aber mit derselben Wirkung, also insbesondere mit unmittelbarer innerstaatlicher Geltung, ausübt. Obwohl selber nicht Staat, verfügt sie über Herrschaftsbefugnisse, wie sie traditionell nur Staaten besaßen. Die Herrschaftsbefugnisse, die die Europäische Gemeinschaft innerhalb der Mitgliedstaaten ausübt, richten sich aber nicht nach deren Verfassungsrecht. Die staatlichen Verfassungen regeln zwar die Voraussetzungen, unter denen die Mitgliedstaaten Hoheitsrechte auf die Gemeinschaft übertragen dürfen. Sind Hoheitsrechte übertragen, untersteht ihre Ausübung durch die Gemeinschaftsorgane aber nicht mehr nationalem Recht. Das kann auch nicht anders sein. Eine supranationale Organisation, der die Mitgliedstaaten Hoheitsrechte zur gemeinschaftlichen Wahrnehmung übertragen haben, müßte sogleich wieder zerfallen, wenn jedes Mitglied die Wahrnehmung der eigenen partikularen Rechtsordnung unterwerfen dürfte. [...] Keinesfalls beansprucht [...] nationales Verfassungsrecht Geltung für die Organe der Gemeinschaft. Beide Rechtskreise haben ihre je eigene Quelle und ihre je eigenen Gültigkeitsbedingungen."[3]

Mit *Dieter Grimm* ist also festzuhalten, dass die Organe und Einrichtungen der Europäischen Union Herrschaft mit Wirkung in den EU-Mitgliedstaaten ausüben, dabei aber nicht an die in den mitgliedstaatlichen Verfassungen niedergelegten Bedingungen der Herrschaftsausübung gebunden sind und auch nicht gebunden sein können, soll der Integrationszweck – und damit die *raison d'être* der Europäischen Union – nicht vereitelt werden. Doch lässt andererseits die Übertragung von Ho-

[2] Zum Zusammenhang zwischen supranationaler Integration und Hoheitsrechtsübertragungen vgl. nur *Fritz Ossenbühl*, Maastricht und das Grundgesetz – eine verfassungsrechtliche Wende?, DVBl. 1993, S. 629 (635): „Hoheitsübertragungen [...] sind der natürliche Preis für supranationale Zusammenschlüsse."

[3] *Dieter Grimm*, Braucht Europa eine Verfassung?, JZ 1995, S. 581 (585).

heitsrechten auf die Europäische Union auch nicht jenes spezifische Herrschaftsverrechtlichungsbedürfnis entfallen, welches die mitgliedstaatlichen Verfassungen zu decken bestrebt, infolge der Verlagerung von Hoheitsmacht in den überstaatlichen Raum hinein aber nicht mehr ohne weiteres zu decken in der Lage sind.[4] Angesichts dessen erhebt sich die Frage, ob der Auftragscharakter von Herrschaft, der gleichsam die Synthese des demokratischen und des konstitutionalistischen Imperativs der bürgerlichen Revolutionen des 18. Jahrhunderts bildet, unter den Bedingungen supranationaler Integration konserviert werden kann oder aber im Zuge derselben in Fortfall geraten muss. Mit anderen Worten: Zu untersuchen ist, ob sich die Einbindung Deutschlands in den staatenintegrierenden Verband „Europäische Union" im Horizont oder unter Überwindung des demokratischen Konstitutionalismus vollzieht.

B. Die These vom Constitutional Pluralism in Europa

Die Suche nach einer Antwort muss bei der Feststellung ansetzen, dass sich die Öffnung der Bundesrepublik gegenüber der Europäischen Union nicht allein auf deren Herrschaftsakte, sondern ebenso auf ihre Herrschaftsverrechtlichungsleistung bezieht. Dass aus grundgesetzlicher Sicht beides untrennbar miteinander verbunden ist, gelangt im Europa-Artikel klar zum Ausdruck. Denn Art. 23 Abs. 1 S. 1 GG stellt die in Art. 23 Abs. 1 S. 2 GG verankerte Ermächtigung zur Übertragung von Hoheitsrechten ausdrücklich unter die Bedingung, dass die Union rechtsstaatlichen Grundsätzen genügt, sich also insbesondere zum Dogma von der Rechtsgebundenheit allen Hoheitshandelns bekennt.[5] Folglich bleibt kein Zweifel, dass das Postulat von der durchgängigen Rechtsbindung der im Staatsgebiet Deutschlands obwaltenden politischen Macht dem Grundgesetz auch insoweit eingeschrieben ist, als es das Staatsgebiet für Hoheitsakte der Europäischen Union öffnet. Dann aber muss bei der Beurteilung der Frage, ob die Fundamentalentscheidung des Grundgesetzes für demokratische Konstitutionalität unter den Bedingungen supranationaler Integration noch durchgehalten wird, neben der Herrschaftsverrechtlichungsleistung des Grundgesetzes auch jene des Unionsrechts Berücksichtigung finden.

Vor diesem Hintergrund erscheint es *prima facie* naheliegend, dem Konstitutionalisierungsdefizit, das infolge der integrationsbedingten Verkürzung des Herrschaftsverrechtlichungsvermögens der nationalen Verfassungen droht, mittels ei-

---

[4] Dies konstatieren auch *Christian Walter*, Die Folgen der Globalisierung für die europäische Verfassungsdiskussion, DVBl. 2000, S. 1 ff.; *Neil Walker*, Postnational Constitutionalism and the Problem of Translation, in: Joseph H. H. Weiler/Marlene Wind (Hrsg.), European Constitutionalism Beyond the State, 2003, S. 27 (32); *Sebastian Unger*, Verfassung im Nationalstaat: Von der Gesamtordnung zur europäischen Teilordnung, DVBl. 2015, S. 1069 (1070).

[5] Vgl. nur *Hans Dieter Jarass*, in: ders./Bodo Pieroth, Grundgesetz-Kommentar, 15. Auflage 2018, Art. 23 Rn. 16 m. w. N.

nes heterarchisch angelegten Verbundkonstrukts entgegenzuwirken. Der Kern der Idee lässt sich wie folgt skizzieren: Jene Hoheitsrechte, die die Mitgliedstaaten dem (unmittelbaren) Zugriff ihrer jeweiligen Verfassung entziehen, indem sie sie der Europäischen Union zur gemeinschaftlichen Wahrnehmung übertragen, werden in der Hand der Europäischen Union vermöge deren rechtlicher Grundordnung re-konstitutionalisiert. Auf diese Weise ist gewährleistet, dass ungeachtet allfälliger Verlagerungen von Hoheitsmacht auf den überstaatlichen Herrschaftsapparat „Europäische Union" die gesamte in einem Mitgliedstaat obwaltende Herrschaft normativ verfasst bleibt. Was sich ändert, ist lediglich, dass das „Verfasst-Sein" der institutionalisierten politischen Macht nicht mehr nur auf einer, sondern nunmehr auf zwei Verfassungen beruht, die ihrem Geltungsanspruch nach voneinander unabhängig, hinsichtlich ihrer Herrschaftsverrechtlichungsleistung jedoch auf wechselseitige Ergänzung angelegt sind.[6] *Neil MacCormick* expliziert das vorstehend skizzierte Konzept, für das er den Begriff des *„constitutional pluralism"*[7] prägte, wie folgt:

> „Where there is a plurality of institutional normative orders, each with a functioning constitution (at least in the sense of a body of higher-order norms establishing and conditioning relevant governmental powers), it is possible that each acknowledge the legitimacy of every other within its own sphere, while non asserts or acknowledges constitutional superiority over another. In this case, ‚constitutional pluralism' prevails."[8]

---

[6] Vgl. *Imelda Maher*, Community Law in the National Legal Order: A Systems Analysis, JCMS 36 (1998), S. 237 (242) sowie *Claudio Franzius*, Europäisches Verfassungsrechtsdenken, 2010, S. 2: „Wer die Verfassung bewahren will, muss sie europäisch denken, also ein Gemeinwesen annehmen, dass nicht im Sinne eines ‚entweder-oder' konstruiert ist, sondern nationale und supranationale Elemente in wechselseitiger Komplementarität transnational verfasst."

[7] Einen Überblick über das Konzept des *constitutional pluralism* und seine unterschiedlichen Spielarten gibt *Nico Krisch*, The case for pluralism in postnational law, in: Gráinne de Búrca/Joseph H. H. Weiler (Hrsg.), The Worlds of European Constitutionalism, 2012, S. 203 (220 ff.). Zur Deutung der Verfassungslage in der Europäische Union als konkrete Ausprägung des constitutional pluralism *Klemen Jaklic*, Constitutional Pluralism in the EU, 2014, S. 37 ff.

[8] *Neil MacCormick*, Juridical Pluralism and the Risk of Constitutional Conflict, in: ders., Questioning Sovereignty: Law, State and Nation in the European Commonwealth, 1999, S. 97 (104). Das Konzept des *constitutional pluralism* ist in der deutschsprachigen Staats- und Europawissenschaft von zahlreichen Autoren – mit unterschiedlichen Akzentuierungen – zustimmend rezipiert worden. Aus dem mittlerweile nahezu unüberschaubaren Schrifttum vgl. nur *Armin von Bogdandy*, Supranationaler Föderalismus als Wirklichkeit und Idee einer neuen Herrschaftsform, 1999, S. 13 f.; *Peter Häberle*, Europa als werdende Verfassungsgemeinschaft, DVBl. 2000, S. 840 (841 f.); *Erhard Denninger*, Vom Ende nationalstaatlicher Souveränität in Europa, JZ 2000, S. 1121 (1124); *Ingolf Pernice*, Europäisches und nationales Verfassungsrecht, VVDStRL 60 (2001), S. 148 ff.; *Anne Peters*, Elemente einer Theorie der Verfassung Europas, 2001, S. 207 ff. und 254 f.; *Franz Christian Mayer*, Verfassungsgerichtsbarkeit, in: Armin von Bogdandy/Jürgen Bast (Hrsg.), Europäisches Verfassungsrecht, 2. Auflage 2009, S. 559 (593 ff.); *ders.*, Verfassung im Nationalstaat: Von der Gesamtordnung zur europäischen Teilordnung?, VVDStRL 75 (2016), S. 7 (28 ff.); *Mattias Wendel*, Permeabilität im europäischen Verfassungsrecht, 2011, S. 34 ff.; *Gunther Teubner*, Verfassungsfragmente: Gesellschaftlicher Konstitutionalismus in der Globalisierung, 2012, S. 237 ff.; *Sebastian Unger*, Verfassung im Nationalstaat: Von der Gesamtordnung zur europäischen Teilordnung, DVBl. 2015, S. 1069 ff.

Neil Walker führt ergänzend und präzisierend aus:

„Constitutional pluralism [...] recognises that the European order [...] has developed beyond the traditional confines of inter-*national* law and now makes its own independent constitutional claims, and that these claims exist alongside the continuing claims of states. The relationship between the orders, that is to say, is now horizontal rather than vertical – heterarchical rather than hierarchical."[9]

Gewendet auf den hier untersuchten Problemzusammenhang lautet die (Lösungs-) Hypothese somit wie folgt: Der im Grundgesetz vorausgesetzte Konstitutionalisierungsstandard der nordamerikanischen und französischen Revolution einerseits und das in der Präambel sowie im Europa-Artikel verlautbarte Integrationsziel andererseits lassen sich zwanglos miteinander in Deckung bringen, indem man auch dem EU-Primärrecht Verfassungsqualität beimisst, also der Vorstellung Raum gibt, dass im Europa der Gegenwart Herrschaftsbegründung und Herrschaftsbegrenzung sowohl durch die rechtliche Grundordnung des einzelnen Mitgliedstaats als auch durch die rechtliche Grundordnung der Europäischen Union bewirkt werden,[10] wobei diese und jene zueinander in einem Verhältnis nicht-hierarchischer Komplementarität stehen, mithin jede den Konstitutionalisierungsanspruch der jeweils anderen als dem ihren gleichwertig anerkennt.[11]

Diese Hypothese gilt es im Folgenden zu überprüfen. Der Fokus wird dabei auf zwei Problemkreisen liegen, die ineinander verschränkt und für die Bestimmung des Verhältnisses zwischen dem Herrschaftsanspruch der Union und den Herrschaftsansprüchen der Mitgliedstaaten von zentraler Bedeutung sind. Der erste

---

[9] *Neil Walker*, The Idea of Constitutional Pluralism, MLR 65 (2002), S. 317 (337). Als entscheidende Gelingensbedingung einer solchen horizontalen Kopplung von einander potenziell überlappenden „constitutional claims" identifiziert *Nicholas W. Barber*, Legal Pluralism and the European Union, ELJ 12 (2006), S. 306 (327) allseitigen „institutional restraint". Ähnlich *Franz Christian Mayer*, Verfassung im Nationalstaat: Von der Gesamtordnung zur europäischen Teilordnung?, VVDStRL 75 (2016), S. 7 (33). Weitere Bedingungen des Gelingens von *constitutional pluralism* im europäischen Kontext benennt *Miguel Poiares Maduro*, Der Kontrapunkt im Dienste eines europäischen Verfassungspluralismus, EuR 2007, S. 3 (23 ff.).

[10] Zum Postulat vom (Geltungs-)Selbstand des EU-Primärrechts EuGH, Rs. 26/62, Van Gend & Loos, Slg. 1963, S. 1 (24 f.); EuGH, Rs. 6/64, Costa/E.N.E.L., Slg. 1964, S. 1251 (1269 f.). Zur ganz überwiegenden Ablehnung dieses Postulats durch die EU-Mitgliedstaaten *Bruno de Witte*, Direct Effect, Primacy, and the Nature of the Legal Order, in: Paul Craig/Gráinne de Búrca (Hrsg.), The Evolution of EU Law, 2. Auflage, 2011, S. 323 (350 ff.); *Mattias Wendel*, Permeabilität im europäischen Verfassungsrecht, 2011, S. 380 ff.

[11] Vgl. *Franz Christian Mayer*, Verfassung im Nationalstaat: Von der Gesamtordnung zur europäischen Teilordnung?, VVDStRL 75 (2016), S. 7 (28): „Zwischen den möglichen verfassungsmonistischen Strategien eines Rückzugs ins Lokale bzw. Nationale im Sinne eines neuen Souveränitätsdenkens einerseits und der Flucht nach vorne ins Globale im Sinne eines überstaatlichen Konstitutionalismus andererseits entwickelt der Verfassungspluralismus einen Mittelweg auf der Suche nach Ordnung in einer ‚post-souveränen Konstellation'. Verfassung wird nicht mehr als Ordnungskonzept für den Staat reserviert. Der Mittelweg besteht darin, die widerstreitenden Autoritätsansprüche nationaler und übernationaler Hoheitsgewalt als im Grundsatz nicht auflösbar anzusehen. Der pluralistische Ansatz weist daher sowohl Hierarchie wie auch letzte Grundlegungen zurück. Gegenseitige Autonomie ohne Hierarchie, stattdessen Heterarchie, Interaktion und wechselseitige Offenheit sind Kennzeichen des Verfassungspluralismus im Mehrebenensystem."

Problemkreis betrifft die Funktionalität des EU-Primärrechts. Insoweit geht es um die Frage, ob die im Konzept des *constitutional pluralism* vorausgesetzte Annahme, das EU-Primärrecht sei den mitgliedstaatlichen Verfassungen funktional gleichwertig, nehme also ebenfalls für sich in Anspruch, Herrschaft zu begründen und zu begrenzen, plausibel erscheint. Ein zentrales Kriterium für die Plausibilität jener Annahme ist – und dies bildet den Gegenstand des zweiten Problemkreises – das Maß an ideologischer Kongruenz bzw. Inkongruenz zwischen den mitgliedstaatlichen Verfassungen einerseits und dem EU-Primärrecht andererseits. Insoweit geht es um die Frage, ob das EU-Primärrecht, wenn man ihm denn Verfassungsqualität im vorbezeichneten Sinne attribuierte, seinen „constitutional claim" im Einklang mit dem Autonomieanspruch der herrschaftsunterworfenen Individuen oder aber in Widerspruch zu diesem Basiswert der mitgliedstaatlichen Verfassungen entfaltete. Die in Auseinandersetzung mit den beiden vorstehend umrissenen Problemkreisen zu gewinnenden Erkenntnisse werden Aufschluss über die Ausgangsfrage geben, ob sich die supranationale Integration der Bundesrepublik im Horizont des demokratischen Konstitutionalismus vollzieht oder – im Gegenteil – die Überwindung dieses Paradigmas bedingt.

C. Zur Frage der Verfassungsqualität des EU-Primärrechts

I. Herrschaftsbegrenzungsfunktion des EU-Primärrechts

Korrespondierend dem konstitutionalistischen Imperativ der bürgerlichen Revolutionen besteht eine der beiden Hauptfunktionen der modernen Verfassung in der Domestizierung von Herrschaft durch Rechtsbindung. Die Verfassung soll die Ausübung institutionalisierter politischer Macht berechenbar machen und disziplinieren, indem sie selbige in eine gesetzliche Ordnung hineinstellt, kraft derer sämtliche Herrschaftsinstitutionen gehalten sind, ihr hoheitliches Handeln am Maßstab von Rechtsnormen zu rechtfertigen.[12] In rechtskonstruktiver Hinsicht setzt dies voraus, dass die Rechtsordnung in zwei Schichten aufgespalten wird, von denen die eine der Verfügungsgewalt der Herrschaft ausübenden Institutionen unterliegt und den Einzelnen bindet, die andere hingegen die Herrschaft ausübenden Institutionen bindet und deren Zugriff grundsätzlich entzogen ist.[13] Die damit implizierte Hierarchisierung des Rechts wird traditionell durch das für den Verfassungsbegriff des demokratischen Konstitutionalismus konstitutive Verfassungsstrukturelement „Vorrang der Verfassung" gewährleistet.

---

[12] Dass die Verfassung der Ausübung politischer Macht einen rechtlichen Rahmen gibt und dergestalt berechenbarer macht, bedeutet indes nicht zwingend, dass der hoheitliche Zugriff auf den Einzelnen weniger intensiv ausfällt. Dem „Herrschaftsbegrenzungspostulat" der Verfassung ist also keineswegs die Forderung nach einer „Verringerung" von Herrschaft immanent. Näher dazu *Christoph Möllers*, Staat und Verfassung im Kontext der Europäisierung, in: Christian Calliess (Hrsg.), Verfassungswandel im europäischen Staaten- und Verfassungsverbund, 2007, S. 9 (15).

[13] Vgl. oben Zweites Kapitel B. II. 3. c) cc).

1. Die Unterscheidung zwischen „primärem" und „sekundärem" Unionsrecht

Die der Rechtsfigur des Verfassungsvorrangs zugrunde liegende Idee der Anwendung von Recht auf Recht kennzeichnet auch die Rechtsordnung der Europäischen Union. Terminologisch schlägt sie sich in der Differenzierung zwischen dem sog. „primären" Unionsrecht und dem sog. „sekundären" Unionsrecht nieder. Das Primärrecht besteht aus den zwischen den EU-Mitgliedstaaten geschlossenen Gründungs-, Revisions- und Beitrittsverträgen, den Protokollen und Anhängen der vorbezeichneten Verträge, soweit diese nicht aufgehoben bzw. durch Zeitablauf oder Änderung der Verhältnisse gegenstandslos geworden sind sowie der Charta der Grundrechte der Europäischen Union (ChGrEU), welch letztere Art. 6 Abs. 1 UAbs. 1 Hs. 2 EUV ausdrücklich als den Verträgen „rechtlich gleichrangig" ausweist.[14] Als Sekundärrecht werden demgegenüber solche Rechtsakte bezeichnet, die Organe der Europäischen Union auf Grundlage des Primärrechts erlassen. Dazu gehören insbesondere die in Art. 288 Abs. 1 AEUV genannten Verordnungen, Richtlinien, Beschlüsse, Empfehlungen und Stellungnahmen.[15] Beim Sekundärrecht handelt es sich um „abgeleitetes" Recht, denn es ist das Produkt der rechtsförmigen Einsetzung von Rechtsquellen: EU-Sekundärrechtsakte beruhen auf der Anwendung spezifischer Rechtserzeugungsregeln[16], die sich zu einem geschlossenen, auf die Hervorbringung abgeleiteten Rechts gerichteten Organisationsstatut (EU-Primärrecht) einer bestimmten politischen Entität (Europäische Union) fügen. Folgerichtig bedeutet der Erlass von Sekundärrechtsakten dem EU-Primärrecht gegenüber Rechtsanwendung, d. h. jene empfangen von diesem ihren Geltungsbefehl.[17] Im Gegensatz dazu entbehrt der Primärrechtsurheber einer rechtsförmigen Einsetzung. Zwar regeln die nationalen Verfassungen, unter welchen Voraussetzungen sich die jeweilige Staatsgewalt an der Erzeugung von EU-Primärrecht beteiligen darf. Darin liegt der Sache nach aber nicht die Konstituierung einer vordem inexistenten Rechtsquelle, sondern „lediglich" eine bereichsspezifische Ausgestaltung der verfassungsvorgängigen Rechtsmacht des Staates, völkerrechtliche Verträge abzuschließen. Mit anderen Worten: Es existiert kein dem EU-Primärrecht vorgeordnetes Organisationsstatut, von dem behauptet werden könnte, es habe den EU-Primärrechtsurheber als Rechtsquelle überhaupt erst eingesetzt. Als

---

[14] Allgemein zum Umfang des EU-Primärrechts *Werner Schroeder*, in: Rudolf Streinz (Hrsg.), EUV/AEUV, 3. Auflage 2018, Art. 288 AEUV Rn. 17. Zur Primärrechtseigenschaft der ChGrEU *Thorsten Kingreen*, in: Christian Calliess/Matthias Ruffert (Hrsg.), EUV/AEUV, 5. Auflage 2016, Art. 6 EUV Rn. 8 und 12. Zur Primärrechtseigenschaft der Protokolle und Anhänge der Verträge *Kirsten Schmalenbach*, in: Christian Calliess/Matthias Ruffert (Hrsg.), EUV/AEUV, 5. Auflage 2016, Art. 51 EUV Rn. 1 ff.

[15] Zu Rechtshandlungen der Union, die sich nicht dem Katalog des Art. 288 AEUV zuordnen lassen (sog. „atypische Rechtsakte") *Werner Schroeder*, in: Rudolf Streinz (Hrsg.), EUV/AEUV, 3. Auflage 2018, Art. 288 AEUV Rn. 29 ff.

[16] Zum Begriff *Adolf Merkl*, Prolegomena einer Theorie des rechtlichen Stufenbaues, in: Alfred Verdross (Hrsg.), Gesellschaft, Staat und Recht: Untersuchungen zur reinen Rechtslehre, Festschrift für Hans Kelsen zum 50. Geburtstag, 1931, S. 252 (258 f., 280).

[17] Vgl. nur *Dieter Grimm*, Braucht Europa eine Verfassung?, JZ 1995, S. 581 (585 f.).

Rechtsanwendung erweist sich das EU-Primärrecht allein gegenüber den Rechtssätzen des Völkerrechts, nicht hingegen – und darin liegt der maßgebliche Unterschied zum EU-Sekundärrecht – gegenüber den Rechtserzeugungsregeln einer bestimmten politischen Entität. In diesem Sinne ist das EU-Primärrecht als „rechtliche Grundordnung" bzw. „Rechtserzeugungsrecht" zu qualifizieren.[18]

2. Der Vorrang des „primären" Unionsrechts gegenüber dem „sekundären" Unionsrecht

Die aus den staatlichen Rechtsordnungen bekannte Dichotomie von Rechtserzeugungsrecht und abgeleitetem Recht, welche – wie gezeigt – auch die Unionsrechtsordnung kennzeichnet, erhellt für sich genommen zunächst nicht mehr als die bereits von *Hans Kelsen* herausgearbeitete „Eigentümlichkeit der Rechtsordnung, daß sie ihre eigene Erzeugung reguliert, d.h. daß sie Normen enthält, die die Satzung von Normen betreffen"[19]. Zwar ist mit dieser „Eigentümlichkeit" bereits der Keim für eine Hierarchisierung der Rechtsordnung gelegt, insofern nämlich, als die zur Hervorbringung abgeleiteten Rechts eingesetzte Autorität hinsichtlich ihrer Rechtshandlungen zumindest auf die durch das Rechtserzeugungsrecht bestimmten Verfahren und Formen festgelegt ist.[20] Doch ist die theoretische Unterscheidung zwischen Rechtserzeugungsrecht und abgeleitetem Recht keineswegs hinreichende Bedingung für den vom demokratischen Konstitutionalismus postulierten Vorrang der Verfassung. Vielmehr erfordert die mit dem Vorrangpostulat intendierte Herrschaftsbegrenzung darüber hinaus ein Doppeltes: Zum einen muss das Rechtserzeugungsrecht im Vergleich mit dem von ihm abgeleiteten Recht eine höhere formelle Geltungskraft aufweisen; zum anderen darf das abgeleitete Recht, wenn und soweit es gegen Bestimmungen des Rechtserzeugungsrechts verstößt, keine Wirksamkeit erlangen.

a) Abgrenzung zum Vorrang des Unionsrechts gegenüber dem nationalen Recht

Die Unionsrechtsordnung wird sogleich anhand der vorstehend genannten Kriterien auf ihr Verhältnis zur Rechtsfigur „Vorrang der Verfassung" untersucht werden. Indes empfiehlt es sich, den Vorrang des EU-Primärrechts gegenüber dem EU-Sekundärrecht zuvor von einer anderen, ebenfalls vieldiskutierten Vorrangrelation abzugrenzen: dem Vorrang des Unionsrechts gegenüber dem nationalen Recht.[21]

---

[18] Dass es sich beim EU-Primärrecht um Rechtserzeugungsrecht im beschriebenen Sinne handelt, bedeutet indes nicht, dass es sich bei der primärrechtlich eingerichteten Herrschaftsgewalt zwingend um „originäre" Herrschaftsgewalt handeln muss. Dazu näher unten Drittes Kapitel D.

[19] *Hans Kelsen*, Allgemeine Staatslehre, 1925 (Nachdruck 1966), S. 98.

[20] Vgl. *Uwe Volkmann*, Grundzüge einer Verfassungslehre der Bundesrepublik Deutschland, 2013, S. 315 f.

[21] Auf die Notwendigkeit, zwischen den beiden genannten Vorrangrelationen zu unterscheiden, verweisen auch *Anne Peters*, Elemente einer Theorie der Verfassung Europas, 2001, S. 305 ff.; *Christoph Möllers*, Verfassunggebende Gewalt – Verfassung – Konstitutionalisierung, in: Armin

Wiewohl beide vorbezeichneten Vorrangrelationen in unterschiedliche Sinnzusammenhänge eingebettet sind, drohen aufgrund augenfälliger technisch-konzeptioneller Parallelen folgenreiche Missverständnisse. Technisch-konzeptionelle Parallelen besten namentlich insofern, als – erstens – das Unionsrecht der Verfügungsmacht der einzelnen nationalen Gesetzgeber entzogen ist und – zweitens – das von den einzelnen nationalen Gesetzgebern erzeugte Recht außer Anwendung bleibt, wenn und soweit es mit dem Unionsrecht in Konflikt gerät. Jene oben genannten Merkmale, die für die Rechtsfigur „Vorrang der Verfassung" konstitutiv sind, kennzeichnen mithin auch das Verhältnis des Unionsrechts zum nationalen Recht. Ungeachtet dieser technisch-konzeptionellen Parallelen beruhen der Vorrang des Unionsrechts gegenüber dem nationalen Recht einerseits und die Rechtsfigur „Vorrang der Verfassung" andererseits jedoch auf grundverschiedenen Rationalitäten.[22] So besteht der *Telos* des Vorrangs der Verfassung darin, die im Wege der Verfassunggebung begründete und eingerichtete Herrschaft zum Schutze der individuellen Freiheit und kollektiven Selbstbestimmung an den zu (Verfassungs-) Rechtssätzen geronnenen Konsens der Herrschaftsunterworfenen zu binden. Die Rechtsfigur „Vorrang der Verfassung" schafft, mit anderen Worten, die rechtskonstruktiven Voraussetzungen dafür, dass das Recht nicht nur die Freiheitsräume der Individuen und der Gesellschaft, sondern zugleich auch den Aktionsradius der Herrschaftsträger zu begrenzen vermag.

Dem Vorrang des Unionsrechts gegenüber dem nationalen Recht liegt eine gänzlich andere Rationalität zugrunde. Sein Thema ist nicht die Beziehung des Individuums zur öffentlichen Gewalt, sondern die Beziehung zwischen verschiedenen Herrschaftsträgern. Ihm geht es nicht um die Sicherung der individuellen Freiheit und kollektiven Selbstbestimmung durch Verrechtlichung des politischen Prozesses, sondern um die effektive Umsetzung der vertragsschlussleitenden Grundentscheidung der EU-Mitglieder, die Wahrnehmung bestimmter öffentlicher Aufgaben vermittels des supranationalen Verbands „Europäische Union" staatenübergreifend zu konzertieren.[23] Die Verwirklichung eben dieser vertragsschlussleitenden Grun-

von Bogdandy/Jürgen Bast (Hrsg.), Europäisches Verfassungsrecht, 2. Auflage 2009, S. 227 (262) und *Niels Petersen*, Europäische Verfassung und europäische Legitimität, ZaöRV 64 (2004), S. 429 (446 f.).

[22] Diesen Umstand lässt etwa *Görg Haverkate*, Verfassungslehre: Verfassung als Gegenseitigkeitsordnung, 1992, S. 15 f. außer Acht, wenn er aus dem Vorrang des Unionsrechts gegenüber dem nationalen Recht auf die Verfassungseigenschaft der Unionsverträge schließt. Auch *Martin Morlok*, Grundfragen einer Verfassung auf europäischer Ebene, in: Peter Häberle/Martin Morlok/Wassilios Skouris (Hrsg.), Staat und Verfassung in Europa, 2000, S. 73 (78 f.) identifiziert das Problem des Verfassungsvorrangs auf europäischer Ebene mit der Frage, inwieweit sich das Unionsrecht gegen entgegenstehendes nationales Recht durchzusetzen vermag. Dazu mit Recht kritisch *Niels Petersen*, Europäische Verfassung und europäische Legitimität, ZaöRV 64 (2004), S. 429 (446 f.). Vgl. auch *Christoph Möllers*, Verfassunggebende Gewalt – Verfassung – Konstitutionalisierung, in: Armin von Bogdandy/Jürgen Bast (Hrsg.), Europäisches Verfassungsrecht, 2. Auflage 2009, S. 227 (262): „Insoweit ist es methodisch problematisch, den Vorrang der Verfassung innerhalb des Rechts der höheren Ebene mit dem Vorrang gegenüber dem Recht der niedrigeren Ebene zu vergleichen."

[23] Dass die grundlegende Funktion der Europäischen Union darin besteht, „gemeinsames

dentscheidung erfolgt durch das Erzeugen supranationalen Rechts, welch letzterem Vorrang gegenüber dem nationalen Recht zukommen muss, soll die Union ihre Integrationsfunktion erfüllen können.[24] Denn die einheitliche, flächendeckende Befolgung der unionalen Sollenssätze ist *conditio sine qua non* für die mit der Gründung der Union beabsichtigte, sachgebietsbezogene Vergemeinschaftung der hoheitlichen Aufgabenerledigung in Europa.[25] Ganz in diesem Sinne konstatierte der Europäische Gerichtshof (EuGH) bereits in seiner *Costa/E.N.E.L.*-Entscheidung vom 15. Juli 1964, dass

„[...] dem vom Vertrag geschaffenen, somit aus einer autonomen Rechtsquelle fließenden Recht wegen dieser seiner Eigenständigkeit keine wie immer gearteten innerstaatlichen Rechtsvorschriften vorgehen können, wenn ihm nicht sein Charakter als Gemeinschaftsrecht aberkannt und wenn nicht die Rechtsgrundlage der Gemeinschaft selbst in Frage gestellt werden soll."[26]

Nach alledem ist Folgendes festzuhalten: Der Vorrang des Unionsrechts gegenüber dem nationalen Recht sichert – justiziell effektiviert u.a. durch die Verfahren gemäß Art. 258 f. AEUV (Vertragsverletzungsverfahren) und Art. 267 Abs. 1 lit. a) AEUV (Vorabentscheidungsverfahren) – die flächendeckend einheitliche Anwendung des Unionsrechts und ermöglicht es der Europäischen Union dadurch, ihrer Bestimmung gemäß für eine konzertierte Erledigung öffentlicher Aufgaben im gesamten Unionsgebiet Sorge zu tragen. Die Stoßrichtung dieses speziellen Suprematieanspruchs besteht darin, die Ausübung institutionalisierter Macht staatenübergreifend zu koordinieren (bzw. genauer: die rechtlich-konstruktiven Voraussetzungen hierfür zu schaffen), nicht hingegen darin, das Primat des (Norm-)Willens der zur politischen Gemeinschaft zusammengeschlossenen Individuen gegen allfällige Verselbständigungsbestrebungen der mit Herrschaftsmacht ausgestatteten Institutionen abzusichern. Unbeschadet seiner eminenten Bedeutung für die Herr-

Handeln auf überstaatlicher Ebene" zu ermöglichen betont auch *Ingolf Pernice*, Europäisches und nationales Verfassungsrecht, VVDStRL 60 (2001), S. 148 (174 f.). Vgl. ferner *Paul Kirchhof*, Der deutsche Staat im Prozeß der europäischen Integration, in: HStR, Band X, 3. Auflage 2012, § 214 Rn. 43 sowie *Hans Peter Ipsen*, Europäisches Gemeinschaftsrecht, 1972, S. 66: „Die Gemeinschaftsverfassung beruht auf der gesamtaktlichen Entscheidung der Mitgliedstaaten, öffentliche Aufgaben hoheitlich unter Überwindung einzelstaatlicher Verantwortung und Erledigung einem von ihnen geschaffenen selbständigen Verband zur ganzheitlichen Wahrnehmung zu überantworten."

[24] So ausdrücklich BVerfGE 140, S. 317 (335) – Identitätskontrolle. Einen instruktiven Überblick über die Genese und Fortentwicklung der Anwendungsvorrangs-Doktrin gibt *Bruno de Witte*, Direct Effect, Primacy, and the Nature of the Legal Order, in: Paul Craig/Gráinne de Búrca (Hrsg.), The Evolution of EU Law, 2. Auflage, 2011, S. 323 ff.

[25] Aus dieser existenziellen Angewiesenheit auf das Medium Recht bezieht die Charakterisierung der Europäischen Union als „Rechtsgemeinschaft" ihren tieferen Sinn. Siehe dazu *Walter Hallstein*, Die Europäische Gemeinschaft, 1. Auflage 1973, S. 33 ff.; *Manfred Zuleeg*, Die Europäische Gemeinschaft als Rechtgemeinschaft, NJW 1994, S. 545; *Dieter Grimm*, Braucht Europa eine Verfassung?, JZ 1995, S. 581 (585); *Paul Kirchhof*, Der deutsche Staat im Prozeß der europäischen Integration, in: HStR, Band X, 3. Auflage 2012, § 214 Rn. 43; *Hans-Jürgen Hellwig*, Die Autorität des Unionsrechts – Glauben wir noch daran?, EuZW 2018, S. 222 (227 f.).

[26] EuGH, Rs. 6/64, Costa/E.N.E.L., Slg. 1964, S. 1253.

schaftsarchitektur des europäischen Mehrebenensystems[27] handelt es sich beim Vorrang des Unionsrechts gegenüber dem nationalen Recht daher um ein Rechtsinstitut, welches vom Vorrang der Verfassung strikt zu unterscheiden ist und das für das Herrschaftsbegrenzungsanliegen des demokratischen Konstitutionalismus keine Relevanz besitzt.[28]

b) Unterscheidbarkeit des „primären" Unionsrechts vom „sekundären" Unionsrecht

Von außerordentlich großer Relevanz für die Verwirklichung des Herrschaftsbegrenzungsanliegens des demokratischen Konstitutionalismus ist demgegenüber die oben aufgeworfene Frage, inwiefern sich das unionale Rechtserzeugungsrecht (EU-Primärrecht) qualitativ vom abgeleiteten Unionsrecht (EU-Sekundärrecht) abhebt.

aa) Unterscheidbarkeit kraft disparater formeller Geltungskraft: Unverfügbarkeit des Primärrechts für den Sekundärrechtsgeber

Das der Herrschaftsformung und -limitierung dienende Rechtserzeugungsrecht einerseits und das als Medium der Herrschaftsausübung fungierende abgeleitete Recht andererseits müssen auch nach dem Inkrafttreten des ersteren kategorial abgrenzbar bleiben. Denn nur wenn sich das Rechtserzeugungsrecht qualitativ vom abgeleiteten Recht unterscheidet, in der Weise nämlich, dass es von den zur Erzeugung abgeleiteten Rechts eingesetzten Autoritäten nicht oder jedenfalls nur unter erschwerten Voraussetzungen abgeändert werden kann, besteht Raum für die mit dem Verfassungsvorrangpostulat intendierte, auf die Einlösung des Herrschaftsbegrenzungsversprechens abzielende Hierarchisierung der Rechtsordnung.[29] Fehlt es an dieser Voraussetzung, können die zur Herrschaftsausübung berufenen Institutionen auf das Rechtserzeugungsrecht also in gleicher Weise Zugriff nehmen wie auf das abgeleitete Recht, dann mutieren die Maßgaben des Rechtserzeugungsrechts zu bloßen Selbstbeschränkungen der „gouvernementalen Instanzen", denn diese wären befähigt, sämtliche Sollenssätze des Rechtserzeugungsrechts, die ihren Aktionsradius limitieren, außer Kraft zu setzen.[30] Gemünzt auf die Europäische

---

[27] *Ingolf Pernice,* Europäisches und nationales Verfassungsrecht, VVDStRL 60 (2001), S. 148 (182) spricht von einem „Grundpfeiler der Verfassungsarchitektur der EU". Vgl. auch *Manfred Zuleeg*, Die Europäische Gemeinschaft als Rechtsgemeinschaft, NJW 1994, S. 545; *Bruno de Witte*, Direct Effect, Primacy, and the Nature of the Legal Order, in: Paul Craig/Gráinne de Búrca (Hrsg.), The Evolution of EU Law, 2. Auflage, 2011, S. 323 (340ff.).

[28] Ebenso *Niels Petersen*, Europäische Verfassung und europäische Legitimität, ZaöRV 64 (2004), S. 429 (446ff.). Graduell abweichend hingegen *Anne Peters*, Elemente einer Theorie der Verfassung Europas, 2001, S. 337ff., die zwar ebenfalls konstatiert, dass der Vergleich des Vorrangs des Unionsrechts gegenüber dem nationalen Recht mit dem Vorrang der Verfassung hinke, ersterem aber dennoch die Qualität eines „eingeschränkt verfassungsähnlichen Vorrangs" zuspricht.

[29] Vgl. nur *Christian Starck*, Vorrang der Verfassung und Verfassungsgerichtsbarkeit, in: ders., Der demokratische Verfassungsstaat: Gestalt, Grundlagen, Gefährdungen, 1995, S. 33 (43).

[30] Entsprechend konstatiert *Christian Starck*, Vorrang der Verfassung und Verfassungsge-

Union folgt daraus: Das EU-Primärrecht ermangelte der unter der Bezeichnung „Vorrang der Verfassung" firmierenden Suprematie, wenn es von denselben Organen unter denselben Voraussetzungen modifiziert werden könnte wie das EU-Sekundärrecht.

Dies ist jedoch eindeutig nicht der Fall. Die zur Erzeugung von EU-Sekundärrecht autorisierten Organe der Europäischen Union besitzen grundsätzlich weder für sich allein noch im Verbund die Rechtsmacht, das ihnen vorausliegende EU-Primärrecht zu modifizieren.[31] Zwei insgesamt nicht ins Gewicht fallenden Ausnahmen bilden die in Art. 17 Abs. 5 UAbs. 1 EUV verankerte Befugnis des Europäischen Rats, die Anzahl der Kommissionsmitglieder zu ändern, sowie die in Art. 252 Abs. 1 S. 2 AEUV statuierte Ermächtigung des Rats, auf Antrag des Europäischen Gerichtshofs die in Art. 252 Abs. 1 S. 1 AEUV festgelegte Zahl der Generalanwälte zu erhöhen. Abgesehen von diesen punktuellen Änderungsbefugnissen bedürfen Modifikationen des EU-Primärrechts durchweg der Zustimmung der EU-Mitgliedstaaten. Für beitrittsbedingte Vertragsänderungen ergibt sich dies aus Art. 49 Abs. 2 S. 2 EUV, für „ordentliche" Vertragsänderungen aus Art. 48 Abs. 4 UAbs. 2 EUV und für „vereinfachte" Vertragsänderungen aus Art. 48 Abs. 6 UAbs. 2 S. 3 EUV bzw. aus der jeweiligen vertraglichen Sonderregelung (z. B. Art. 25 Abs. 2 S. 2 AEUV).[32] Als Grenzfälle erweisen sich in diesem Zusammenhang das vereinfachte Vertragsänderungsverfahren betreffend den Übergang von der einstimmigen Beschlussfassung im Rat zur Beschlussfassung mit qualifizierter Mehrheit (Art. 48 Abs. 7 UAbs. 1 EUV) sowie das vereinfachte Vertragsänderungsverfahren betreffend den Übergang vom besonderen Gesetzgebungsverfahren zum einfachen Gesetzgebungsverfahren (Art. 48 Abs. 7 UAbs. 2 EUV). Dies namentlich insofern, als in den genannten Fällen ein ausdrücklicher Zustimmungsakt der Mitgliedstaaten nicht vorgesehen ist. Nichtsdestotrotz bleibt auch in den – thematisch ohnehin eng begrenzten – Verfahren des Art. 48 Abs. 7 UAbs. 1 und 2 EUV (sog. „Brückenverfahren"), die jeweils avisierte Modifikation des EU-Primärrechts der Sache nach vom Willen jedes einzelnen Mitgliedstaats abhängig. Denn gemäß Art. 48 Abs. 7 UAbs. 3 EUV ist ein jedes nationale Parlament befugt, derartige Vertragsänderungen durch Einlegung eines Vetos zu unterbinden.[33]

Somit ist festzuhalten, dass die vom spezifischen Suprematieanspruch „Vorrang der Verfassung" vorausgesetzte, an das Kriterium der formellen Geltungskraft anknüpfende Abgrenzbarkeit zwischen dem unionalen Rechtserzeugungsrecht einer-

---

richtsbarkeit, in: ders., Der demokratische Verfassungsstaat: Gestalt, Grundlagen, Gefährdungen, 1995, S. 33 (44) unter Bezugnahme auf *Carré de Malberg*: „Die Verfahrenserschwerungen der Verfassungsänderung gegenüber der normalen Gesetzgebung bestimmen das Ausmaß der Bindung der Staatsorgane."

[31] Siehe dazu *Dieter Grimm*, Wer ist souverän in der Europäischen Union?, in: ders., Die Zukunft der Verfassung II, 2012, S. 275 (287 ff.).

[32] Siehe dazu etwa *Matthias Pechstein*, in: Rudolf Streinz (Hrsg.), EUV/AEUV, 3. Auflage 2018, Art. 48 EUV Rn. 7 ff.

[33] Vgl. nur *Hans-Joachim Cremer*, in: Christian Calliess/Matthias Ruffert (Hrsg.), EUV/AEUV, 5. Auflage 2016, Art. 48 EUV Rn. 14.

seits und dem abgeleiteten (Unions-)Recht andererseits uneingeschränkt gewährleistet ist. Bemerkenswert ist dabei, dass die erhöhte formelle Geltungskraft des Rechtserzeugungsrechts auf unionaler Ebene nicht „lediglich" aus verfahrensrechtlichen Erschwernissen resultiert. Im Unterschied etwa zum bundesrepublikanisch-nationalen Kontext, in dem die Gesetzgebungskörperschaften des Bundes auch auf das (staatliche) Rechtserzeugungsrecht zugreifen können, sodass sich die gebotene qualitative Abgrenzbarkeit in erster Linie aus divergenten Mehrheitserfordernissen ergibt (vgl. Art. 79 Abs. 2 GG),[34] herrscht im unionalen Kontext *Subjektverschiedenheit*: Das unionale Rechtserzeugungsrecht ist der Verfügungsmacht der zum Erlass abgeleiteten Unionsrechts berufenen Autoritäten prinzipiell entzogen. Oder anders formuliert: Die Unionsorgane sind die „Herren" des EU-Sekundärrechts, nicht aber des EU-Primärrechts. Insofern ist die für den „Vorrang der Verfassung" unabdingbare geltungskraftbezogene Disparität der zu hierarchisierenden Rechtsschichten auf unionaler Ebene nicht nur existent, sondern sogar besonders stark ausgeprägt.

bb) Verurkundlichungsdefizit hebt Unterscheidbarkeit des „primären" Unionsrechts vom „sekundären" Unionsrecht nicht auf

An diesem Befund ändert auch der Umstand nichts, dass das mit erhöhter formeller Geltungskraft ausgestattete primäre Unionsrecht bislang keine konsequente Verurkundlichung erfahren hat. Ein konsolidierter Rechtstext, in dem das gesamte unionale Rechtserzeugungsrecht zusammengefasst und als Primärrecht gekennzeichnet ist, existiert gegenwärtig nicht.[35] Die formale Zersplitterung des EU-Primärrechts beginnt bei der Vielfalt der EU-Gründungs-, Änderungs- und Beitrittsverträge, setzt sich fort in der gesonderten Niederlegung der Unionsgrundrechte in einer eigenen Charta und findet ihre Zuspitzung in dem System der ebenfalls zum Primärrecht gehörenden Protokolle und Anhänge zu den Verträgen. Bei letzteren handelt es sich um „völkerrechtliche Übereinkünfte zwischen den Mitgliedstaaten, welche die EU-Verträge ergänzende Abreden enthalten und in selbständigen Texten (‚Nebenurkunden') niedergelegt sind, die mit den eigentlichen Vertragstexten kraft des Konsenses der Vertragsparteien verbunden sind"[36]. Der Sache nach bewirkt das System der Protokolle und Anhänge Modifikationen der unionsvertraglichen Regelungen, die im Vertragstext selbst jedoch keinen Niederschlag finden. Von Texteinheit und -klarheit ist das EU-Primärrecht infolge all dessen weit entfernt. Mit Recht attestiert *Christoph Möllers* dem EU-Primärrecht daher ein „Stil-

[34] Kritisch dazu *Horst Dreier*, Grenzen demokratischer Freiheit im Verfassungsstaat, in: ders., Idee und Gestalt des freiheitlichen Verfassungsstaates, 2014, S. 249 (262 ff.).

[35] Vgl. nur *Niels Petersen*, Europäische Verfassung und europäische Legitimität, ZaöRV 64 (2004), S. 429 (448 f.).

[36] *Oliver Dörr*, in: Eberhard Grabitz/Meinhard Hilf/Martin Nettesheim (Begr./Hrsg.), Das Recht der Europäischen Union, Loseblattsammlung, 66. EL Februar 2019, Lfg. 45 August 2011, Art. 51 EUV Rn. 8.

problem"[37]. Zu widersprechen ist indes der weiteren These *Möllers'*, das unionale Protokollsystems sei als „funktionales Äquivalent der in manchen Mitgliedstaaten zulässigen Verfassungsdurchbrechung" einzustufen.[38] Denn Verfassungsdurchbrechungen[39] zeichnen sich dadurch aus, dass die stillschweigend – d. h. ohne Anpassung des Verfassungstextes – vollzogene Modifikation des Verfassungsrechts von *denselben* Kompetenzträgern bewirkt wird, die auch für die Setzung des abgeleiteten Rechts zuständig sind. Erst aufgrund dieser Subjektidentität droht das dem Vorrangkonzept abträgliche Verschwimmen der Grenzlinie zwischen dem (maßstäblichen) Rechtserzeugungsrecht einerseits und dem (maßstabsgebundenen) abgeleiteten Recht andererseits.

Im unionalen Kontext herrscht aber gerade keine Subjektidentität, liegt die Dispositionsgewalt über die Protokolle und Anhänge der Unionsverträge doch gerade nicht bei den zum Erlass abgeleiteten Unionsrechts berufenen Kompetenzträgern, namentlich den Unionsorganen, sondern bei den EU-Mitgliedstaaten in ihrer Verbundenheit zum Vertragsurheber. Eben darin liegt der entscheidende Unterschied zur Situation im Deutschen Kaiserreich bzw. in der Weimarer Republik, wo die gesetzgebenden Körperschaften – das Erreichen der jeweils vorgeschriebenen Mehrheiten vorausgesetzt – nach herrschender Auffassung befugt waren, neben den Bestimmungen des abgeleiteten (Gesetzes-)Rechts auch sämtliche Regelungen des Rechtserzeugungsrechts abzuändern bzw. zu ergänzen.[40] Es zeigt sich: Die Aufteilung des EU-Primärrechts auf eine Vielzahl von Urkunden im Allgemeinen und das System der Protokolle und Anhänge im Besonderen stellen zwar ein formal-stilistisches Defizit dar, doch solange die Protokolle und Anhänge zur Gänze in der Verfügungsgewalt der Mitgliedstaaten verbleiben, beeinträchtigt dieses formal-stilistische Defizit nicht die für das Verfassungsvorrangkonzept konstitutive Unterscheidbarkeit des (unionalen) Rechtserzeugungsrechts vom abgeleiteten (Unions-)Recht.[41]

c) Maßstäblichkeit des „primären" Unionsrechts gegenüber dem „sekundären" Unionsrecht

Die auf disparater formeller Geltungskraft beruhende Abgrenzbarkeit des Rechtserzeugungsrecht vom abgeleiteten Recht genügt für sich genommen jedoch nicht, um die als „Vorrang der Verfassung" bezeichnete Hierarchisierung der Rechtsord-

---

[37] *Christoph Möllers*, Verfassunggebende Gewalt – Verfassung – Konstitutionalisierung, in: Armin von Bogdandy/Jürgen Bast (Hrsg.), Europäisches Verfassungsrecht, 2. Auflage 2009, S. 227 (259). Vgl. auch *Hans Michael Heinig*, Europäisches Verfassungsrecht ohne Verfassung(svertrag)?, JZ 2007, S. 905.

[38] *Christoph Möllers*, Verfassunggebende Gewalt – Verfassung – Konstitutionalisierung, in: Armin von Bogdandy/Jürgen Bast (Hrsg.), Europäisches Verfassungsrecht, 2. Auflage 2009, S. 227 (258).

[39] Näher zur Praxis der Verfassungsdurchbrechung speziell mit Blick auf die deutsche Verfassungsgeschichte oben Zweites Kapitel B. II. 5. c) bb) (3) sowie Zweites Kapitel B. II. 6. b) bb) (4).

[40] Vgl. oben Zweites Kapitel B. II. 5. b) cc) bzw. Zweites Kapitel B. II. 6. b) bb) (3).

[41] Im Ergebnis ebenso *Niels Petersen*, Europäische Verfassung und europäische Legitimität, ZaöRV 64 (2004), S. 429 (449).

nung zu bewirken. Weitere Voraussetzung hierfür ist vielmehr, dass sich der Normwille desjenigen Akteurs, der über das Rechtserzeugungsrecht verfügt, im Kollisionsfall gegen den Normwillen derjenigen Akteure durchzusetzen vermag, die über das abgeleitete Recht verfügen. Das Rechtserzeugungsrecht muss, mit anderen Worten, Maßstäblichkeit gegenüber dem abgeleiteten Recht beanspruchen und diesen Anspruch zudem rechtspraktisch durchsetzen können. Nur wenn auch diese Bedingung erfüllt ist, eignet dem Rechtserzeugungsrecht jene besondere Qualität, welche die effektive Begrenzung von Herrschaft durch Recht konstruktiv ermöglicht. Dabei ist zu beachten, dass es sich bei der Durchsetzung des Maßstäblichkeitsanspruchs des Rechtserzeugungsrechts gegenüber dem abgeleiteten Recht zweifelsohne um den prekärsten Aspekt des Verfassungsvorrangkonzepts handelt. Dem liegt zugrunde, dass die Ahndung von Verstößen gegen das Rechtserzeugungsrecht schwerlich garantiert werden kann, da die obersten Organe einer Herrschaftsorganisation, an die sich die Sollenssätze des Rechtserzeugungsrechts in erster Linie richten, selbst keinem höherstehenden Organ unterworfen sind.[42] In Ermangelung einer übergeordneten Instanz fehlt es an zwingenden Sanktionsmechanismen.[43] Indes hat die obige Betrachtung ergeben, dass dem Rechtserzeugungsrecht immerhin bestimmte Rechtsinstitute implementiert werden können, die seinen Maßstäblichkeitsanspruch untermauern und dessen praktische Durchsetzbarkeit begünstigen.[44]

aa) Bindung aller Unionsorgane an das EU-Primärrecht einschließlich der individualrechtlichen Gewährleistungen der Grundrechte-Charta

Insbesondere ein die Freiheit und Gleichheit der herrschaftsunterworfenen Individuen schützender Grundrechtskatalog vermag die Herrschaftsbegrenzungsfunktion und den Maßstäblichkeitsanspruch des Rechtserzeugungsrecht erheblich zu effektivieren.[45] Bereits der US-amerikanischen Bundesverfassung von 1787 war im Zuge ihrer Ratifikation 1791 deshalb eine Bill of Rights in Gestalt der ersten zehn Amendments inkorporiert worden und auch die französischen Revolutionsverfassung von 1791 enthielt – anknüpfend an die „Déclaration des droits de l'homme et du citoyen“ von 1789 – einen umfangreichen Grundrechtskatalog, der den Aktionsradius der *pouvoirs constitués* in Ergänzung der formell-verfahrensbezogenen Maßgaben der Verfassung auf materiell-inhaltliche Weise einschränkte.[46] Seitdem die ChGrEU mit dem Inkrafttreten des Lissabonner Vertrags am 1. Dezember 2009

42 Vgl. *Bernhard Kempen*, Verfassung und Politik, in: Otto Depenheuer/Christoph Grabenwarter (Hrsg.), Verfassungstheorie, 2010, § 27 Rn. 20.

43 Siehe nur *Josef Isensee*, Verfassungsrecht als „politisches Recht“, in: HStR, Band XII, 3. Auflage 2014, § 268 Rn. 71.

44 Vgl. oben Zweites Kapitel B. II. 3. c) cc) sowie Zweites Kapitel B. III. 3. c) bb).

45 Vgl. nur *Joseph Peine*, Normenkontrolle und konstitutionelles System, Der Staat 22 (1983), S. 521 (531).

46 Siehe dazu *Peter Unruh*, Der Verfassungsbegriff des Grundgesetzes, 2002, S. 113 ff. und 187 ff. m. w. N.

in das EU-Primärrecht einbezogen worden ist (vgl. Art. 6 Abs. 1 EUV), besteht kein Zweifel, dass auch das Rechtserzeugungsrecht der Union die Herrschaftsmacht der von ihm eingesetzten Träger öffentlicher Gewalt nicht allein durch formell-verfahrensbezogene Maßgaben einzuhegen sucht, sondern darüber hinaus auch durch individualschützende Normen grundrechtlicher Art. Diesem Anliegen entsprechend ordnet Art. 51 Abs. 1 S. 1 ChGrEU – komplementär zu der in Art. 13 Abs. 2 S. 1 EUV statuierten Bindung der Unionsorgane an die Regelungen des EUV und des AEUV –[47] ausdrücklich an, dass die Bestimmungen der Charta sämtliche Organe, Einrichtungen und sonstigen Stellen der Union verpflichten. Als Folge dieser Anordnung entfalten die freiheits- und gleichheitsrechtlichen Verbürgungen der ChGrEU gegenüber allen unionalen Kompetenzträgern rechtliche Verbindlichkeit, namentlich in der Weise, dass sie zuwiderlaufendes EU-Sekundärrecht – gleich ob älteren oder jüngeren Datums – gemäß der Kollisionsregel *„lex superior derogat legi inferiori“*[48] verdrängen.[49] Der Anspruch des EU-Primärrechts, die Erzeugung abgeleiteten (Sekundär-)Rechts nicht nur an formell-verfahrensbezogene Anforderungen zu binden, sondern darüber hinaus auch materiell-inhaltlichen Grenzen zu unterwerfen, gelangt hier unzweideutig zum Ausdruck.

bb) Justizieller Primärrechtsschutz

Der Umstand, dass die Aufnahme von mit umfassender Bindungswirkung ausgestatteten Grundrechten in das Rechtserzeugungsrecht dessen Maßstäblichkeitsanspruch gegenüber dem abgeleiteten Recht untermauert, löst indes noch nicht das Problem seiner praktischen Durchsetzung. Als probates Mittel zur Lösung dieses Problems hat sich die Indienstnahme der Justiz erwiesen.[50] Zwar vermag auch die Justiziabilität der Rechtshandlungen der zur Erzeugung abgeleiteten Rechts eingesetzten Autoritäten am Maßstab des Rechtserzeugungsrechts dessen strukturelles Sanktionsdefizit schon deshalb nicht zu beseitigen, weil die rechtsprechende Gewalt eines eigenen Vollzugs- und Zwangsapparats ermangelt, den sie gegen die obersten Legislativ- und Exekutivorgane einer Herrschaftsorganisation zum Zwe-

---

[47] Art. 13 Abs. 2 S. 1 EUV hat folgenden Wortlaut: „Jedes Organ handelt nach Maßgabe der ihm in den Verträgen zugewiesenen Befugnisse nach den Verfahren, Bedingungen und Zielen, die in den Verträgen festgelegt sind.“

[48] Siehe dazu *Albert Hensel*, Die Rangordnung der Rechtsquellen insbesondere das Verhältnis von Reichs- und Landesgesetzgebung, in: Gerhard Anschütz/Richard Thoma (Hrsg.), Handbuch des Deutschen Staatsrechts, Zweiter Band, 1932, S. 313 (314 ff.).

[49] Zum konzeptionellen Zusammenhang zwischen der Kollisionsregel *„lex superior derogat legi inferiori“* und dem Vorrang der Verfassung *Christian Starck*, Vorrang der Verfassung und Verfassungsgerichtsbarkeit, in: ders., Der demokratische Verfassungsstaat: Gestalt, Grundlagen, Gefährdungen, 1995, S. 33 (42); *Uwe Volkmann*, Grundzüge einer Verfassungslehre der Bundesrepublik Deutschland, 2013, S. 315.

[50] Eingehend dazu *Christian Starck*, Vorrang der Verfassung und Verfassungsgerichtsbarkeit, in: ders., Der demokratische Verfassungsstaat: Gestalt, Grundlagen, Gefährdungen, 1995, S. 33 (47 ff.). Vgl. auch *Uwe Volkmann*, Grundzüge einer Verfassungslehre der Bundesrepublik Deutschland, 2013, S. 170 f.

cke der Ahndung und Beseitigung von Verstößen gegen das Rechtserzeugungsrecht in Stellung bringen könnte.[51] Aber die Möglichkeit zur Herbeiführung einer richterlichen Dezision wirkt nichtsdestotrotz disziplinierend.[52] Der Grund liegt darin, dass sie es den vom Rechtserzeugungsrecht adressierten politischen Kräften erheblich erschwert, jene Maßgaben, die ihre Handlungsmacht limitieren, stillschweigend zu übergehen. Die justizielle Bewehrung des Rechtserzeugungsrechts verstärkt damit dasjenige Moment, von dem seine Beachtung im Herrschaftsalltag schlussendlich abhängt, nämlich die Resonanz, die es in der Öffentlichkeit erfährt: Mit Herrschaftsmacht ausgestattete Institutionen, deren Maßnahmen einer richterlichen Kontrolle zugeführt werden können, sehen sich fortwährend mit der Notwendigkeit konfrontiert, ihr Hoheitshandeln am Maßstab der Sollenssätze des Rechtserzeugungsrechts vor den Augen der (Gerichts-)Öffentlichkeit zu verantworten. Kommt es zum Richterspruch, so ist demjenigen Kompetenzträger, dessen Maßnahme für unvereinbar mit dem normhierarchisch übergeordneten Rechtserzeugungsrecht befunden wurde, die andernfalls leicht mögliche Schutzbehauptung aus der Hand genommen, sein Verhalten sei bei zutreffender Auslegung der in Rede stehenden Normen nicht zu beanstanden.[53] Die praktische Durchsetzung des Wirksamkeits- und Maßstäblichkeitsanspruchs des Rechtserzeugungsrechts wird hierdurch erheblich befördert.[54]

(1) Der Rechtsschutzauftrag des Gerichtshofs der Europäischen Union

Auf unionaler Ebene wird der justizielle Schutz des Rechtserzeugungsrechts durch das Gesamtorgan „Gerichtshof der Europäischen Union" gewährleistet, welches

---

[51] Darauf verweist auch *Uwe Volkmann*, Grundzüge einer Verfassungslehre der Bundesrepublik Deutschland, 2013, S. 171.

[52] Dies betonte schon *Emmanuel Joseph Sieyès* in seiner dem französischen Nationalkonvent am 5. August 1795 unterbreiteten „Opinion sur les attributions et l'organisation du jury constitutionnaire": „Une constitution est un corps de lois obligatoires, ou ce n'est rien; si c'est un corps de lois, on se demande où sera la magistrature de ce code. Il faut pouvoir répondre. Un oubli en ce genre serait inconcevable autant que ridicule dans l'ordre civil; pourquoi le souffririez-vous dans l'ordre politique? Des lois, quelles qu'elles soient, supposent la possibilité de leur infraction, avec un besoin réel de les faire observer." Abgedruckt in: Réimpression de l'ancien Moniteur (1789–1799), Band 25, 1862, S. 442ff. *Christian Starck*, Vorrang der Verfassung und Verfassungsgerichtsbarkeit, in: ders., Der demokratische Verfassungsstaat: Gestalt, Grundlagen, Gefährdungen, 1995, S. 33 (47f.) übersetzt die vorstehend zitierten Ausführungen des *Emmanuel Joseph Sieyès* wie folgt ins Deutsche: „Eine Verfassung ist eine Einheit verpflichtender Gesetze oder sie ist nichts. Wenn sie eine Einheit von Gesetzen ist, so fragt man: wo ist der Wächter, wo ist die Richterschaft für diesen Kodex? Darauf muß man eine Antwort finden können. Ein derartiges Versäumnis wäre in der bürgerlichen Ordnung ebenso unbegreiflich wie lächerlich; warum duldet ihr es im politischen Leben? Gesetze, um welche es sich auch immer handelt, schließen die Möglichkeit ihrer Mißachtung ein, weshalb das Bedürfnis besteht, ihre Einhaltung zu bewirken."

[53] Siehe dazu *Uwe Volkmann*, Grundzüge einer Verfassungslehre der Bundesrepublik Deutschland, 2013, S. 171.

[54] Zu den Gefahren, die eine gerichtliche Sicherung des Vorrangs der Verfassung birgt *Christian Starck*, Vorrang der Verfassung und Verfassungsgerichtsbarkeit, in: ders., Der demokratische Verfassungsstaat: Gestalt, Grundlagen, Gefährdungen, 1995, S. 33 (47ff.).

sich gemäß Art. 19 Abs. 1 UAbs. 1 S. 1 EUV aus dem Europäischen Gerichtshof, dem (vornehmlich als Tatsacheninstanz im Bereich des Individualrechtsschutzes fungierenden) Gericht (EuG) sowie den nach Art. 257 AEUV gebildeten Fachgerichten[55] zusammensetzt.[56] Gemäß Art. 19 UAbs. 1 S. 2 EUV besteht die Aufgabe dieses Gesamtorgans darin, die Wahrung des Rechts bei der Auslegung und Anwendung der Verträge zu sichern. Dem entspricht, dass die Unionsverträge dem Gerichtshof der Europäischen Union auch solche Rechtsprechungskompetenzen zuweisen, die auf eine Kontrolle der Primärrechtskonformität des Hoheitshandelns der mit Legislativ- und Exekutivgewalt ausgestatteten unionalen Kompetenzträger gerichtet sind.[57] Insbesondere die in Art. 263 AEUV („Nichtigkeitsklage"), Art. 265 AEUV („Untätigkeitsklage") und Art. 267 Abs. 1 lit. b) AEUV („Vorabentscheidung über die Gültigkeit der Handlungen der Organe, Einrichtungen oder sonstigen Stellen der Union") geregelten Verfahren ermöglichen eine justizielle Kontrolle der von unionalen Kompetenzträgern ausgeübten öffentlichen Gewalt am Maßstab des EU-Primärrechts.[58]

(2) Justizieller Primärrechtsschutz im Rahmen des Verfahrens nach Art. 263 AEUV

Die praktisch größte Bedeutung kommt dabei der Nichtigkeitsklage zu.[59] Parteifähig als Kläger im Verfahren des Art. 263 AEUV sind das Europäische Parlament, der Rat, die Kommission und sämtliche Mitgliedstaaten (Art. 263 Abs. 2 AEUV; sog. „privilegierte Kläger"), weiterhin der Rechnungshof, die Europäische Zentralbank und der Ausschuss der Regionen, wenn sie eine Verletzung ihrer institutionellen Handlungskompetenzen oder Mitwirkungsrechte geltend machen (Art. 263 Abs. 3 AEUV; sog. „teilprivilegierte Kläger"), und schließlich auch natürliche und juristische Personen, sofern die in Art. 263 Abs. 4 AEUV statuierten besonderen Voraussetzungen vorliegen (sog. „nichtprivilegierte Kläger"). Rechtsmängel, die zum Erfolg der Nichtigkeitsklage führen, sind gemäß Art. 263 Abs. 2 AEUV die

---

55 Als bislang einziges Fachgericht wurde mit Beschluss des Rates vom 02.11.2004, ABl. 2004 Nr. L 333/7 ein Gericht für den öffentlichen Dienst der Europäischen Union (EUGöD) gebildet, welches im Jahr 2016 allerdings wieder aufgelöst worden ist; siehe dazu *Bernhard Wegener*, in: Christian Calliess/Matthias Ruffert (Hrsg.), EUV/AEUV, 5. Auflage 2016, Art. 257 AEUV Rn. 2 ff.

56 Zur Struktur des Gerichtshofs der Europäischen Union vgl. nur *Albrecht Weber*, Europäische Verfassungsvergleichung, 2010, 12. Kapitel Rn. 72.

57 Einen Überblick über die vielgestaltigen Rechtsprechungsaufgaben der Unionsgerichtsbarkeit geben *Albrecht Weber*, Europäische Verfassungsvergleichung, 2010, 12. Kapitel Rn. 70 f. und *Bernhard Wegener*, in: Christian Calliess/Matthias Ruffert (Hrsg.), EUV/AEUV, 5. Auflage 2016, Art. 19 EUV Rn. 4.

58 Auch *Christoph Möllers*, Verfassunggebende Gewalt – Verfassung – Konstitutionalisierung, in: Armin von Bogdandy/Jürgen Bast (Hrsg.), Europäisches Verfassungsrecht, 2. Auflage 2009, S. 227 (262 ff.) stellt die Existenz einer justiziellen Kontrolle der unionsseitig ausgeübten öffentlichen Gewalt am Maßstab des EU-Primärrechts nicht in Abrede, gibt aber zu bedenken, dass die Überprüfung von Unionsrechtsakten durch den EuGH oftmals deutlich weniger intensiv ausfalle als die Überprüfung mitgliedstaatlicher Maßnahmen.

59 Auf die hohe Bedeutung der Nichtigkeitsklage für den justiziellen Schutz des EU-Primärrechts verweist auch *Anne Peters*, Elemente einer Theorie der Verfassung Europas, 2001, S. 339.

„Unzuständigkeit", die „Verletzung wesentlicher Formvorschriften", die „Verletzung der Verträge oder einer bei [ihrer] Durchführung anzuwendenden Rechtsnorm" sowie der „Ermessensmissbrauch".[60] Ergeht ein klagestattgebendes Urteil, so beseitigt dieses nach Art eines Gestaltungsurteils *ex tunc* die Geltung der für rechtswidrig befundenen Handlung (vgl. Art. 264 AEUV).

(3) Justizieller Primärrechtsschutz im Verfahren des Art. 265 AEUV

Eine komplementäre Ergänzung des Verfahrens nach Art. 263 AEUV bildet die in Art. 265 AEUV geregelte Untätigkeitsklage. Diese kann von jedem Unionsorgan im Sinne von Art. 13 EUV, jedem EU-Mitgliedstaat sowie bei Vorliegen der in Art. 265 Abs. 3 AEUV genannten besonderen Voraussetzungen auch von natürlichen und juristischen Personen gegen alle zu selbständigem rechtsverbindlichem Handeln befähigte Unionseinrichtungen erhoben werden,[61] wobei der Klageantrag auf die Feststellung eines unionsrechtswidrigen Unterlassens[62] gerichtet sein muss. Im Erfolgsfalle beschränkt sich der Richterspruch folgerichtig auf die Feststellung, dass die beklagte Unionseinrichtung es unter Verstoß gegen Unionsrecht unterlassen hat, die vom Kläger begehrte Maßnahme vorzunehmen.[63] Alsdann obliegt es gemäß Art. 266 Abs. 1 Alt. 2 AEUV der beklagten Unionseinrichtung, die sich aus dem Feststellungsurteil des Unionsgerichts ergebenden Maßnahmen zu ergreifen. Zu den Handlungspflichten, deren Verletzung mit der Untätigkeitsklage gerügt werden kann, gehören dabei auch diejenigen, welche das Primärrecht der Union den zur Erzeugung abgeleiteten Unionsrechts berufenen Autoritäten auferlegt.[64]

(4) Justizieller Primärrechtsschutz im Verfahren des Art. 267 Abs. 1 lit. b) AEUV

Justiziellen Primärrechtsschutz ermöglicht schließlich auch das Vorabentscheidungsverfahren nach Art. 267 Abs. 1 lit. b) AEUV.[65] Gemäß dieser Bestimmung befindet der Gerichtshof der Europäischen Union auf Ersuchen eines vorlageberech-

---

[60] Eingehend zu den vier verschiedenen Nichtigkeitsgründen *Oliver Dörr*, in: Eberhard Grabitz/Meinhard Hilf/Martin Nettesheim (Begr./Hrsg.), Das Recht der Europäischen Union, Loseblattsammlung, 66. EL Februar 2019, Lfg. 49 November 2012, Art. 263 AEUV Rn. 159 ff.

[61] Ausführlich zur aktiven und passiven Parteifähigkeit im Verfahren nach Art. 265 AEUV *Oliver Dörr*, in: Eberhard Grabitz/Meinhard Hilf/Martin Nettesheim (Begr./Hrsg.), Das Recht der Europäischen Union, Loseblattsammlung, 66. EL Februar 2019, Lfg. 50 Mai 2013, Art. 265 AEUV Rn. 7 ff.

[62] Zum Gegenstand der Untätigkeitsklage vgl. nur *Oliver Dörr*, in: Eberhard Grabitz/Meinhard Hilf/Martin Nettesheim (Begr./Hrsg.), Das Recht der Europäischen Union, Loseblattsammlung, 66. EL Februar 2019, Lfg. 50 Mai 2013, Art. 265 AEUV Rn. 13 ff.

[63] Siehe dazu und zum Folgenden *Charlotte Gaitanides*, in: Hans von der Groeben/Jürgen Schwarze/Armin Hatje (Hrsg.), Europäisches Unionsrecht, 7. Auflage 2015, Art. 265 AEUV Rn. 33.

[64] Vgl. nur *Oliver Dörr*, in: Eberhard Grabitz/Meinhard Hilf/Martin Nettesheim (Begr./Hrsg.), Das Recht der Europäischen Union, Loseblattsammlung, 66. EL Februar 2019, Lfg. 50 Mai 2013, Art. 265 AEUV Rn. 38 m. w. N.

[65] Vgl. *Anne Peters*, Elemente einer Theorie der Verfassung Europas, 2001, S. 339.

tigten mitgliedstaatlichen Gerichts im Wege der Vorabentscheidung über die Gültigkeit der Handlungen der Organe, Einrichtungen und sonstigen Stellen der Union. Kriterium der Gültigkeit einer Handlung ist deren Rechtmäßigkeit.[66] Der Sache nach vermittelt Art. 267 Abs. 1 lit. b) AEUV dem Gerichtshof der Europäischen Union somit die Kompetenz zur Rechtmäßigkeitskontrolle aller rechtlich relevanten Maßnahmen der unionalen Träger öffentlicher Gewalt.[67] Den Prüfungsmaßstab bilden dabei die EU-Gründungs-, Änderungs- und Beitrittsverträge nebst Anhängen und Protokollen, ferner die EU-Grundrechtecharta, die allgemeinen Rechtsgrundsätze der Union sowie die im Rang über dem Sekundärrecht stehenden völkerrechtlichen Abkommen.[68] Sind der auf ihre Gültigkeit hin zu überprüfenden Maßnahme ferner auch EU-sekundärrechtliche Sollenssätze übergeordnet, so gehören diese ebenfalls zum Prüfungsmaßstab, so etwa im Verhältnis von (übergeordneter) Grundverordnung und (nachgeordneter) Durchführungsverordnung. Ein im Vorabentscheidungsverfahren nach Art. 267 Abs. 1 lit. b) AEUV ergangenes Urteil des Gerichtshofs der Europäischen Union, mit dem abgeleitetes Unionsrecht oder eine sonstige rechtlich relevante Maßnahme einer Unionseinrichtung für ungültig erklärt wird, entfaltet auch außerhalb des Ausgangsverfahrens Bindungswirkung (*erga omnes*)[69] und zwar grundsätzlich *ex tunc*[70].[71] Die urteilsgegenständliche Handlung ist daher als von Anfang an unwirksam zu behandeln.

---

[66] Vgl. *Ulrich Ehricke*, in: Rudolf Streinz (Hrsg.), EUV/AEUV, 3. Auflage 2018, Art. 267 AEUV Rn. 23.

[67] Vgl. *Bernhard Wegener*, in: Christian Calliess/Matthias Ruffert (Hrsg.), EUV/AEUV, 5. Auflage 2016, Art. 267 AEUV Rn. 13.

[68] Dazu und zum Folgenden siehe etwa *Charlotte Gaitanides*, in: Hans von der Groeben/Jürgen Schwarze/Armin Hatje (Hrsg.), Europäisches Unionsrecht, 7. Auflage 2015, Art. 267 Rn. 35; *Bernhard Wegener*, in: Christian Calliess/Matthias Ruffert (Hrsg.), EUV/AEUV, 5. Auflage 2016, Art. 267 AEUV Rn. 14; *Ulrich Ehricke*, in: Rudolf Streinz (Hrsg.), EUV/AEUV, 3. Auflage 2018, Art. 267 AEUV Rn. 25.

[69] Zur *erga omnes*-Bindungswirkung von Urteilen, mit denen die Ungültigkeit der jeweils prüfungsgegenständlichen Maßnahme festgestellt wird, siehe nur EuGH, Rs. 66/80, International Chemical, Slg. 1981, S. 1191 Rn. 13. Vgl. ferner *Bernhard Wegener*, in: Christian Calliess/Matthias Ruffert (Hrsg.), EUV/AEUV, 5. Auflage 2016, Art. 267 AEUV Rn. 50; *Ulrich Ehricke*, in: Rudolf Streinz (Hrsg.), EUV/AEUV, 3. Auflage 2018, Art. 267 AEUV Rn. 69; *Charlotte Gaitanides*, in: Hans von der Groeben/Jürgen Schwarze/Armin Hatje (Hrsg.), Europäisches Unionsrecht, 7. Auflage 2015, Art. 267 Rn. 90 m. w. N.

[70] Zur *ex tunc*-Wirkung von Urteilen, mit denen die Ungültigkeit der jeweils prüfungsgegenständlichen Maßnahme festgestellt wird, siehe nur EuGH, C-228/92, Roquettes Frères SA, Slg. 1994, I-1445 Rn. 17. Vgl. ferner *Ulrich Karpenstein*, in: Eberhard Grabitz/Meinhard Hilf/Martin Nettesheim (Begr./Hrsg.), Das Recht der Europäischen Union, Loseblattsammlung, 66. EL Februar 2019, Lfg. 50 Mai 2013, Art. 267 Rn. 116.

[71] Wird die prüfungsgegenständliche unionale Maßnahme hingegen nicht für rechtswidrig befunden, so beschränkt sich der Richterspruch auf die Feststellung, dass die Prüfung der vorgelegten Frage nichts ergeben habe, was die Gültigkeit des in Rede stehenden Aktes beeinträchtigen könnte; vgl. etwa EuGH, C-114/96, Kieffer, Slg. 1997, I-3629 Rn. 39; EuGH, C-26/96, Rotexchemie, Slg. 1997, I-2817 Rn. 25; EuGH, C-448/06, cp-Pharma Handels GmbH/Deutschland, Slg. 2008, I-5685 Rn. 47. Auf diese Weise „wird dem Umstand Rechnung getragen, dass bislang nicht berücksichtigte Aspekte, die später in einem anderen Ausgangsverfahren auftauchen, zu einer anderen Beurteilung führen können und daher eine erneute Vorlage rechtfertigen“; *Ulrich Ehricke*,

d) Technizität weiter Teile des EU-Primärrechts kein Ausschlusskriterium für Superiorität im Sinne des „Vorrangs der Verfassung"

Die bisherige Betrachtung hat ergeben, dass das Primärrecht der Union dank seiner erhöhten formellen Geltungskraft trennscharf vom EU-Sekundärrecht abgrenzbar ist, diesem gegenüber Maßstäblichkeit beansprucht und jener Maßstäblichkeitsanspruch auch justiziell bewehrt ist. Es besteht somit kein Zweifel, dass das EU-Primärrecht Vorrang gegenüber dem EU-Sekundärrecht genießt.[72] Doch wird im wissenschaftlichen Schrifttum unter Hinweis auf die hohe Technizität weiter Teile des EU-Primärrechts mitunter in Abrede gestellt, dass es sich hierbei um eine Suprematie im Sinne der Rechtsfigur „Vorrang der Verfassung" handelt. Dahinter steht die Annahme, der Vorrang der Verfassung gründe auf der besonderen Wichtigkeit und Grundsätzlichkeit ihrer Bestimmungen, sodass ein Ensemble von überwiegend technisch-detailhaft anmutenden Rechtsnormen mangels hinreichender „Dignität" *per se* nicht jene spezifische Art von Suprematie für sich beanspruchen könne.[73]

Diese Argumentation ist zwar in sich schlüssig, doch hält ihre Prämisse einer genaueren Prüfung nicht stand. Bereits der dichotomische Zuschnitt der Rechtsfigur „Vorrang der Verfassung" lässt es wenig plausibel erscheinen, dass mit ihr eine Hierarchisierung des Rechts nach Maßgabe der Grundsätzlichkeit und Wichtigkeit der Inhalte der einzelnen Rechtssätze intendiert ist. Denn hinsichtlich der Grundsätzlichkeit und Wichtigkeit von Rechtssatzinhalten herrscht gemeinhin eine derart hohe Varianz, dass eine an die genannten Merkmale anknüpfende Zweiteilung kaum als sinnhaft bezeichnet werden könnte. Wollte man entlang der unterschiedlichen Wichtigkeitsgrade der einzelnen Inhalte einer Rechtsordnung hierarchisieren, so wäre eine ungleich feinere Skalierung geboten. Auch steht die Annahme, nur Rechtssätze von hoher inhaltlicher „Dignität" seien dem unter der Bezeichnung „Vorrang der Verfassung" firmierenden Suprematieanspruch zugänglich, in einem augenfälligen Widerspruch zur Rechtspraxis. So enthält beispielsweise die Rechtsordnung der Bundesrepublik Deutschland einerseits Rechtssätze, die trotz ihrer hohen Grundsätzlichkeit und Wichtigkeit nicht am Vorrang der Verfassung partizipieren (z.B. im Bereich des Staatsangehörigkeitsrechts, des Wahlrechts, des Parteienrechts) und andererseits solche Normen, die ungeachtet ihres ausgeprägt technischen Charakters am Vorrang der Verfassung teilhaben, wie z.B. einzelne finanzverfassungsrechtliche Bestimmungen.[74]

---

in: Rudolf Streinz (Hrsg.), EUV/AEUV, 3. Auflage 2018, Art. 267 AEUV Rn. 71. Siehe dazu auch *Charlotte Gaitanides*, in: Hans von der Groeben/Jürgen Schwarze/Armin Hatje (Hrsg.), Europäisches Unionsrecht, 7. Auflage 2015, Art. 267 Rn. 91.

[72] Ebenso *Dieter Grimm*, Braucht Europa eine Verfassung?, JZ 1995, S. 581 (586); *Anne Peters*, Elemente einer Theorie der Verfassung Europas, 2001, S. 339f.

[73] So insbesondere *Anne Peters*, Elemente einer Theorie der Verfassung Europas, 2001, S. 56ff., 335, 339ff.

[74] Zutreffend konstatiert *Tobias Herbst*, Legitimation durch Verfassunggebung: Ein Prinzipienmodell der Legitimität staatlicher und supranationaler Hoheitsgewalt, 2003, S. 193: „Auch in vielen Staatsverfassungen finden sich Normen, die nach ihrem Regelungsbereich eher dem einfachen

Aus alledem ist zu folgern, dass der „Vorrang der Verfassung" nicht auf der diffusen Abgrenzung zwischen (vermeintlich) „verfassungswürdigen" und (vermeintlich) „verfassungsunwürdigen" Rechtssätzen gründet, sondern – seinem binären Charakter entsprechend – auf der trennscharfen Unterscheidung zwischen Rechtserzeugungsrecht und abgeleiteten Rechtssätzen.[75] Bereits in *Emer de Vattels* Ausführungen zu den Grenzen der Rechtsetzungs- und Rechtsänderungsmacht des Gesetzgebers scheint dieser Zusammenhang klar durch:

„Les principes que nous avons posés nous conduisent certainement à décider, que l'autorité de ces Législateurs na va pas si loin, & que les Lois fondamentales doivent être sacrées pour eux, si la Nation ne leur a pas donné très-expressément le pouvoir de les changer. Car la Constitution de l'Etat doit être stable: Et puisque la Nation l'a prémièrement établie, & qu'elle a ensuite confié la Puissance Législative à certaines personnes, les Loix fondamentales sont exceptées de leur Commission. […] Enfin, c'est de la Constitution que ces Législateurs tiennent leur pouvoir; comment pourroient-ils la changer, sans détruire le fondement de leur Autorité?"[76]

Zugespitzt formuliert: Der Vorrang der Verfassung bedeutet nicht Vorrang des wichtigen und grundsätzlichen Rechts gegenüber dem minder wichtigen und weniger grundsätzlichen Recht, sondern Vorrang des Rechtserzeugungsrechts gegenüber dem abgeleiteten Recht. Dabei wird nicht verkannt, dass zwischen den Kriterien „Wichtigkeit" und „Grundsätzlichkeit" einerseits und dem Rechtserzeugungsrecht andererseits gleichsam ein natürliches Näheverhältnis besteht. Da das Rechtserzeugungsrecht die Grundlage für die Rechtshandlungen der Träger institutionalisierter politischer Macht bildet, muss es zumindest die Formen und Verfahren der Schöpfung abgeleiteten Rechts und darüber hinaus auch die Zulässigkeit und Modalitäten der Änderung seiner selbst regeln. Als Folge seiner Zweckbestimmung widmet sich das Rechtserzeugungsrecht somit Regelungsgegenständen, denen üblicherweise eine hohe Wichtigkeit und grundsätzliche Bedeutung attestiert wird. Aber dieser Umstand allein vermag nicht zu erklären, warum dem Rechtserzeugungsrecht Vor-

Gesetzesrecht zuzuordnen wären, ohne daß diesen Normen deswegen die Zugehörigkeit zur Verfassung abgesprochen würde."

[75] Zur trennscharfen Abgrenzbarkeit des maßstäblichen Rechts vom maßstabsgebundenen Recht als einer unabdingbaren Voraussetzung des „Vorrangs der Verfassung" *Rainer Wahl*, Der Vorrang der Verfassung, Der Staat 20 (1981), S. 485 (502).

[76] *Emer de Vattel*, Le droit des gens ou principes de la loi naturelle appliqués à la conduite & aux affaires des Nations et des Souverains, Band I, 1758, Buch I, Kapitel III, § 34. *Wilhelm Euler*, Emer de Vattel: Das Völkerrecht oder Grundsätze des Naturrechts angewandt auf das Verhalten und die Angelegenheiten der Staaten und Staatsoberhäupter (1758), in: Walter Schätzel (Hrsg.), Die Klassiker des Völkerrechts in modernen deutschen Übersetzungen, Band III, 1959, S. 44 übersetzt die zitierte Passage wie folgt ins Deutsche: „Die von uns aufgestellten Grundsätze zwingen uns zu der Entscheidung, daß die Autorität dieser Gesetzgeber nicht so weit reicht, daß also die Grundgesetze für sie unverletztlich sein müssen, wenn die Nation ihnen nicht ganz ausdrücklich die Befugnis zu ihrer Änderung übertragen hat. Denn die Staatsverfassung muß dauerhaft sein, und da die Nation sie zuerst errichtet und alsdann die *gesetzgebende Gewalt* gewissen Personen anvertraut hat, sind die Grundgesetze von dem ihnen erteilten Auftrag ausgenommen. […] Schließlich ist es allein die Verfassung, von der diese Gesetzgeber ihre Gewalt herleiten. Wie könnten sie sie ändern, ohne das Fundament ihrer Autorität zu zerstören?"

rang gegenüber allen sonstigen Normen der betreffenden Entscheidungs- und Wirkungseinheit zukommen soll, zumal auch abgeleitetes Recht grundsätzlichen Charakter haben und für das Gemeinwesen von eminenter Bedeutung sein kann. Das spezifische Hierarchisierungsbedürfnis, dem die Rechtsfigur „Vorrang der Verfassung" Rechnung zu tragen sucht, ergibt sich vielmehr erst, wenn die Rechtsordnung mit der Erwartung konfrontiert wird, sie möge nicht „lediglich" die Freiheitsräume der Individuen koordinieren, sondern darüber hinaus auch den Aktionsradius der zu eben diesem Zweck mit Rechtserzeugungsmacht ausgestatteten Autoritäten einhegen. Aus dieser Einsicht erhellt unmittelbar, warum technisch-detailhaft anmutende Rechtssätze ebenso am Vorrang der Verfassung partizipieren können wie Rechtssätze von grundsätzlicher Bedeutung. Der Grund liegt schlicht darin, dass auch die Bindung an technisch-detailhaft anmutende Rechtssätze den Aktionsradius der öffentlichen Gewalt einschränkt, d.h. deren Hoheitshandeln steuert und mäßigt und daher – dem *Telos* der Rechtsfigur „Vorrang der Verfassung" entsprechend – herrschaftsbegrenzende Wirkung zeitigt.[77]

3. Fazit

Zusammenfassend ist festzuhalten, dass auf unionaler Ebene eine Begrenzung der institutionalisierten politischen Macht rechtlich-konstruktiv ermöglicht wird, indem die völkervertraglich begründeten Rechtssätze der Unionsrechtsordnung dem Zugriff der Unionsorgane entzogen und mit einem justiziell bewehrten Maßstäblichkeitsanspruch gegenüber dem von den Unionsorganen erzeugten Recht ausgestattet werden. Dem EU-Primärrecht eignet damit jene spezifische Art von Suprematie, die im staatsverfassungsrechtlichen Kontext traditionell unter der Bezeichnung „Vorrang der Verfassung" firmiert. Die erfolgreiche Rekonstruktion dieser Rechtsfigur auf unionaler Ebene gewährleistet, dass die Übertragung von Hoheitsrechten auf die Europäische Union und die damit einhergehende Loslösung derselben aus dem unmittelbaren Regelungszugriff der mitgliedstaatlichen Verfassungen nicht in die Ausbildung rechtsbindungsfreier Machtreservate einmündet. Das Entstehen einer Art Partialabsolutismus steht somit nicht zu befürchten.[78]

II. Herrschaftsbegründungsfunktion des EU-Primärrechts?

Der demokratische Konstitutionalismus fordert indes mehr als eine irgendwie geartete Verrechtlichung von Herrschaft, begnügt sich gerade nicht mit dem „Hineinstellen" der institutionalisierten politischen Macht in eine normative Ordnung.

---

[77] Im Ergebnis ähnlich *Niels Petersen*, Europäische Verfassung und europäische Legitimität, ZaöRV 64 (2004), S.429 (447f.), der den Vorranganspruch der Verfassung ebenfalls auf deren Herrschaftsbegrenzungsfunktion zurückführt und nicht auf die besondere Wichtigkeit der Verfassungsrechtssätze. Vgl. auch *Dieter Grimm*, Braucht Europa eine Verfassung?, JZ 1995, S.581 (585f.).

[78] So auch *Dieter Grimm*, Braucht Europa eine Verfassung?, JZ 1995, S.581 (585f.).

Dem liegt zugrunde, dass der demokratische Konstitutionalismus die Verfassung nicht allein als Mittel zur Formung und Mäßigung der Herrschaftsausübung begreift. Vielmehr soll sie zugleich als Instrument der kollektiven Selbstbestimmung der zur politischen Gemeinschaft zusammengeschlossenen Individuen fungieren. Neben die rechtliche Einhegung der Politik, die dem konstitutionalistischen Imperativ der bürgerlichen Revolutionen Rechnung trägt, tritt damit notwendig eine Politisierung des Rechts, die dem demokratischen Imperativ geschuldet ist.[79] Die rechtliche Einhegung der Politik (als Ausfluss des konstitutionalistischen Imperativs) wie auch die Politisierung des Rechts (als Konsequenz des demokratischen Imperativs) finden verfassungsstrukturellen Niederschlag in der Figur der verfassunggebenden Gewalt des Volkes: Der an sich im Bereich des Politischen zu verortende Aspekt der Herrschaftslegitimation wird zu einer Angelegenheit des Rechts, weil anerkennungswürdige Herrschaft gemäß der Lehre von der verfassunggebenden Gewalt des Volkes allein durch das In-Geltung-Setzen eines die Ausübung politischer Macht verrechtlichenden Inbegriffs von Normen – der Verfassung – hervorgebracht werden kann. Doch erfährt das Recht im selben Atemzug eine durchgreifende Politisierung, insofern nämlich, als die Verfassung ihr legalitätsstiftendes Potenzial aus dem (Norm-)Willen der zum Volk geeinten Individuen bezieht und mithin aus einem Moment, das nicht normierbar, vielmehr definitionsgemäß im Bereich des rein Politischen verhaftet ist.[80] Aus alledem folgt: Der Umstand allein, dass das EU-Primärrecht Vorrang gegenüber dem EU-Sekundärrecht genießt und daher die Ausübung öffentlicher Gewalt auf supranationaler Ebene anzuleiten und zu mäßigen vermag, verleiht der unionalen Herrschaft noch nicht den vom demokratischen Konstitutionalismus geforderten Auftragscharakter. Das Vermögen, Herrschaft in eine Auftragsangelegenheit zu transformieren, eignete dem EU-Primärrecht vielmehr nur, wenn es zudem für sich in Anspruch nehmen könnte, das Produkt der Betätigung der verfassunggebenden Gewalt des Volkes zu sein.

---

[79] Vgl. *Hans Michael Heinig*, Europäisches Verfassungsrecht ohne Verfassung(svertrag)?, JZ 2007, S. 905 (907).

[80] Vgl. *Markus Heintzen*, Gemeineuropäisches Verfassungsrecht in der Europäischen Union, EuR 1997, S. 1 (11): „Insbesondere ist die verfassunggebende Gewalt des Volkes keine rechtliche, sondern eine *rein politische* Größe." (Hervorhebung hinzugefügt). Siehe auch *Niklas Luhmann*, Verfassung als evolutionäre Errungenschaft, Rechtshistorisches Journal 9 (1990), S. 176 (189f.), der in Bezug auf die „Idee der letztinstanzlichen, verfassungsgebenden Gewalt des Volkes" konstatiert: „Unter einer solchen Dachformel legitimiert, bot die in Geltung gesetzte Verfassung dann die Möglichkeit, den politischen Einfluß auf das Recht als laufende Praxis des Aushandelns von Gesetzgebungsvorhaben zu normalisieren und ihn zugleich auf diese Form zu beschränken. Einmal für allemal und dann laufend wird das Recht durch Bezug auf Politik asymmetriert. Aber das geschieht *in einem Rechtstext*. Die Verfassung selbst muss den Zirkel der Selbstreferenz unterbrechen, sie muß Symmetrie in Asymmetrie überführen. Sie erreicht das vor allem dadurch, daß sie die Rechtserzeugung regelt unter Einschluß der Verfassungsänderung selbst. Sie konstituiert damit eine Hierarchie von (rechtssystemintern ermöglichten) Rechtsquellen. Sie unterscheidet zum Beispiel Verfassungsrecht (sich selbst) und anderes Recht."

1. EU-Primärrecht als Produkt der Betätigung der verfassunggebenden Gewalt des Volkes?

Gewichtige Stimmen im wissenschaftlichen Schrifttum vertreten die Auffassung, dass sich auf unionaler Ebene bereits ein Volk herausgebildet habe[81] und die verfassunggebende Gewalt damit an ihrem Ursprung geteilt worden sei: Der einzelne Bürger habe sowohl in seiner Eigenschaft als Angehöriger des jeweiligen Staatsvolkes als auch in seiner Eigenschaft als Unionsbürger teil an der auf die Herrschaftsorganisation „Staat" einerseits bzw. auf die Herrschaftsorganisation „Europäische Union" andererseits bezogenen verfassunggebenden Gewalt des Volkes.[82]

a) Der argumentative Ansatzpunkt: Das Europäische Parlament als Verkörperung einer gesamteuropäischen Volkssouveränität

Den argumentativen Ansatzpunkt bildet dabei das EU-primärrechtlich eingerichtete Europäische Parlament. Aus dessen Existenz zog *Stefan Oeter* bereits im Jahr 1995, d.h. drei Jahre nach Gründung der Europäischen Union, unter Hinweis auf strukturelle Parallelen zur Stellung des Reichstags im Herrschaftssystem des Kaiserreichs[83] folgende Schlüsse:

„Das Gefüge der Europäischen Gemeinschaften ist gleichfalls [d.h. wie das Gefüge des Deutschen Kaiserreichs] von einem unaufgelösten Formelkompromiß zwischen fortbestehender mitgliedstaatlicher ‚Souveränität' (als Staatensouveränität) und gemeinschaftsbezogener Repräsentation (als Ausdruck des Prinzips der Volkssouveränität) geprägt, ruht auf zwei Säulen demokratischer Legitimation: einer nationalen über die mitgliedstaatlichen Parlamente und Regierungen, einer gemeinschaftseigenen über das direkt gewählte Europäische Parlament. [...] Als ‚Repräsentanten' der einzelnen nationalen Völker, als Ausdruck einer – jeweils isolierten – Volkssouveränität der in der Union mit den anderen Nationen vereinigten konkreten Staatsnation wird man die Mitglieder des Europäischen Parlaments in seiner heutigen Gestalt kaum mehr ansehen können. Sie sind keine treuhänderischen Verwalter deutscher (oder anderer nationaler) Staatsgewalt mehr, die über die nationalen parlamentarischen Systeme legitimiert wären, sondern ‚Repräsentanten' *des* Volkes (‚Volk' als Gesamtheit der Herrschaftsunterworfenen) im Hinblick auf eine die ganze Union umfassende Hoheitsgewalt. [...] Wenn man das Parlament – wie es die Verfechter der nationalen Souveränität so gern tun – nicht gleich ganz als *quantité négliable* aus der Betrachtung ausblendet, so gibt es heute wohl nur eine plausible Option: das Europäische Parlament ist gewählter Vertreter, ist symbolische Verkörperung eines auf die Gesamteinheit der Europäischen Union bezogenen

---

[81] Allgemein und umfassend zum Problem *Angela Augustin*, Das Volk der Europäischen Union: Zu Inhalt und Kritik eines normativen Begriffs, 2000.

[82] So ausdrücklich *Jürgen Habermas*, Die Krise der Europäischen Union im Lichte einer Konstitutionalisierung des Völkerrechts – Ein Essay zur Verfassung Europas, in: ders., Zur Verfassung Europas – Ein Essay, 2011, S. 39 (66ff.). Zustimmend *Franz Christian Mayer*, Verfassung im Nationalstaat: Von der Gesamtordnung zur europäischen Teilordnung?, VVDStRL 75 (2016), S. 7 (50f.). Ähnlich auch *Ingolf Pernice*, Europäisches und nationales Verfassungsrecht, VVDStRL 60 (2001), S. 148 (166f.).

[83] Zur Stellung des Reichstags in der Verfassungsordnung des Kaiserreichs siehe oben Zweites Kapitel B. II. 5. b) bb) (3).

Prinzips der Repräsentation (im Sinne des Gedankens der Volkssouveränität), wenn auch diese nicht einem einheitlichen ‚europäischen Staatsvolk' zusteht, sondern dem ‚Volk' im prä-nationalen, ursprünglichen Sinne des Begriffes als der Gesamtheit der das Gemeinwesen bildenden Bürger. [...] Dieses jedem direkt gewählten Parlament eigentlich *per definitionem* zugrundeliegende Element der Repräsentation der Bürger, das seinerseits ideengeschichtlich auf dem Prinzip der Volkssouveränität ruht, ist bisher nur schwach im Verfassungsgefüge der Union verankert, wird noch völlig überschattet von der im Ministerrat verkörperten mitgliedstaatlichen Souveränität. [...] Je stärker aber die Stellung des Parlamentes wird, je größer seine Mitsprache in der Rechtsetzung geworden ist (im Gefolge von Maastricht) bzw. in Zukunft ausgebaut werden wird, desto stärker tritt unweigerlich dieses im Gesamtgefüge *in nuce* angelegte Element einer im Parlament verkörperten gesamteuropäischen Volkssouveränität in den Vordergrund."[84]

b) Die These vom mitgliedstaatlichen Zustimmungsgesetz als Medium der Herrschaftsbegründung durch den gesamteuropäischen Volkssouverän

Ist das Europäische Parlament erst einmal als vermeintlicher Beleg für die Existenz eines gesamteuropäischen Volkssouveräns identifiziert, so liegt der Schluss nahe, dass das „In-Geltung-Setzen" des unionalen Rechtserzeugungsrechts eben diesem Volkssouverän zuzurechnen ist und zwar als ein Akt genuin supranationaler Legalitätsstiftung, auf den sämtliche Rechtshandlungen des unionalen Herrschaftsapparats ultimativ zurückzuführen sind. Im Zuge jener Analogie zur Legalitätsstiftung auf staatlich-nationaler Ebene – dort traditionell als „Verfassunggebung" bezeichnet – rückt zwangsläufig die Frage in den Vordergrund, auf welcher Grundlage die Zurechnung erfolgt, wie also die Urheberschaft des gesamteuropäischen Volkssouveräns am EU-Primärrecht rechtlich konstruiert werden kann. Dies gilt umso mehr, als sich die Unionsverträge – im Unterschied etwa zum Grundgesetz – jeglicher Bezugnahme auf die Figur der verfassunggebenden Gewalt des Volkes enthalten und auch die Idee der (gemeineuropäischen) Volkssouveränität an keiner Stelle Erwähnung findet. In einem vielbeachteten Beitrag beantwortet *Ingolf Pernice* die Frage nach dem Zurechnungsgrund im Rekurs auf die mitgliedstaatlichen Zustimmungsgesetze zu den Unionsverträgen. Diese seien

„nicht Rechtsanwendungsbefehl, nicht die ‚Brücke', über welche allein das Europarecht die staatliche Rechtsordnung erreichen kann, schon gar nicht Grundlage einer ‚Transformation' in das innerstaatliche Recht, wohl aber Form der Teilnahme am europäischen Gesellschaftsvertrag über die Verfassung, deren Normen aus sich heraus unmittelbar gegenüber dem Bürger gelten."[85]

[84] *Stefan Oeter*, Souveränität und Demokratie als Probleme in der „Verfassungsentwicklung" der Europäischen Union, ZaöRV 55 (1995), S. 659 (681 ff.). Auch *Anne Peters*, Elemente einer Theorie der Verfassung Europas, 2001, S. 556 f. deutet das Europäische Parlament als Verkörperung des Prinzips der Volkssouveränität.

[85] *Ingolf Pernice*, Europäisches und nationales Verfassungsrecht, VVDStRL 60 (2001), S. 148 (171). Von einem Gesellschaftsvertrag bzw. einem *contrat social* sprechen ferner *Joseph H. H. Weiler*, The Reformation of European Constitutionalism, JCMS 35 (1997), S. 97 (121) und *Peter Häberle*, Europa – eine Verfassungsgemeinschaft?, in: ders., Europäische Verfassungslehre in Einzelstudien, 1999, S. 84 (95). In diese Richtung auch *Gunter Frankenberg*, The Return of the Contract: Prob-

Bezogen auf die Bundesrepublik Deutschland impliziert diese These, dass die Gesetzgebungskörperschaften des Bundes insoweit, als sie an der Erzeugung von EU-Primärrecht mitwirken, nicht das deutsche Staatsvolk repräsentieren, sondern einen bestimmten Teil des Unionsvolks. Die in Art. 23 Abs. 1 S. 2 GG normierte Ermächtigung des Bundes zur Übertragung von Hoheitsrechten auf die Europäische Union interpretiert *Pernice* dementsprechend wie folgt:

„‚Übertragung' kann vom Staat her gedacht werden, als Delegation von Herrschaft, aber auch vom Bürger her als Akt eines originären Anvertrauens oder Zuweisens von Kompetenz an die durch den Vertrag geschaffenen Organe. Im Zustimmungsgesetz manifestiert sich dann der demokratisch gebildete Wille der Bürger, im Einklang mit dem Willen der Bürger der anderen beteiligten Staaten die Union zu gründen und zu entwickeln. Unter den Bedingungen und nach den Verfahren, die die Integrationsklauseln festlegen, sind es die Bürger der Mitgliedstaaten, die durch sukzessive Vertragswerke supranationale Hoheitsgewalt konstituieren, indem sie Organe schaffen, einander zuordnen und mit bestimmten Kompetenzen ausstatten zur verbindlichen Entscheidung gegenüber Mitgliedstaaten, ihren Organe [sic] und Bürgern; sie legen Werte und Zielbestimmungen und Beschlußverfahren der europäischen Politik und Rechtsetzung fest, und sie definieren ihren rechtlichen Status als Unionsbürger und machen mit der Festlegung des Verfahrens der Vertragsänderung sich selbst zum Verfassungsgeber und Legitimationssubjekt der EU. Die europäischen Verträge sind damit, weit weniger fiktiv als normale Verfassungen, Ausdruck eines europäischen *contrat social*. [...] Die Verträge sind ‚Verfassungsvertrag', freilich nicht im Sinne von *Carl Schmitt*. Sie konstituieren Hoheitsgewalt ebenso originär wie eine staatliche Verfassung."[86]

c) Kritik

Dem vorstehend skizzierten Konzept zur legitimatorischen Fundierung der unionsseitig ausgeübten Herrschaft kommt ohne Zweifel das Verdienst zu, eine „offene Flanke" der Supranationalisierung von Hoheitsgewalt zukunftsgewandt zu reflektieren. Ihm ist jedoch entgegenzuhalten, dass es auf dem Boden der demokratischen Verfassungstheorie letztlich nicht schlüssig darstellbar ist. Dieser Einwand erscheint deshalb statthaft und geboten, weil keine Anhaltspunkte dafür vorliegen, dass den Überlegungen von *Ingolf Pernice* und *Stefan Oeter* ein anderer verfassungstheoretischer Bezugsrahmen zugrunde liegt als jener des demokratischen Konstitutionalismus. So bekundet *Ingolf Pernice* in seinem oben auszugsweise wiedergegebenen Beitrag ausdrücklich, dass er die „etatistische Verengung" des Verfassungsbegriffs überwinden, aber nicht an dessen hergebrachter funktionaler Ausrichtung rütteln wolle.[87] In dem zuvor in Bezug genommenen Beitrag von *Stefan*

lems and Pitfalls of European Constitutionalism, ELJ 6 (2000), S. 257 (266): „In short, against the background of constitutional archetypes, we may draw the following conclusion from the multilayered treaty network of the EU: although it looks quite different today, the contract has returned."

[86] *Ingolf Pernice,* Europäisches und nationales Verfassungsrecht, VVDStRL 60 (2001), S. 148 (166 f.).

[87] *Ingolf Pernice,* Europäisches und nationales Verfassungsrecht, VVDStRL 60 (2001), S. 148 (154 ff.).

Oeter findet sich zwar keine explizite Aussage zum verfassungstheoretischen Bezugsrahmen, allerdings legt *Oeter* der von ihm unternommenen Ausdeutung der Volkssouveränität eine dezidiert entstehungsgeschichtliche Betrachtung zugrunde.[88] Entstehungsgeschichtlich ist der Begriff der Volkssouveränität aber untrennbar mit dem Konstitutionalismus der nordamerikanischen und französischen Revolution verbunden.[89] Aus der Warte der demokratischen Verfassungstheorie erscheint die These, das EU-Primärrecht sei Ausdruck des auf Herrschaftsbegründung gerichteten Normwillens des gemeineuropäischen Volkssouveräns, indes wenig plausibel.

aa) Unzulässige Einebnung der kategorialen Differenz zwischen verfassunggebender und verfasster Gewalt

Bereits der gedankliche Ausgangspunkt des Konzepts, namentlich der Schluss vom Kompetenzträger „Europäisches Parlament" auf die Existenz eines gemeineuropäischen Volkssouveräns, vermag einer kritischen Prüfung nicht standzuhalten, denn er steht in Widerspruch zu einem zentralen Axiom der demokratischen Verfassungstheorie. Es ist dies namentlich die „Grunddistinktion"[90] zwischen dem *pouvoir constituant*, der – selbst außerhalb des positiven Rechts stehend – einen auf die Herrschaftsausübung spezialisierten Normeninbegriff in Geltung setzt und den *pouvoirs constitués*, die ihre Existenz eben jenem Normeninbegriff verdanken und von ihm ihre Befugnisse empfangen. Ideengeschichtlich knüpft diese Distinktion an die *Bodin*'sche Differenzierung zwischen dem „Souverän" und den sog. „gouvernementalen Instanzen" an:[91] Aus der Warte des Souveränitätsdogmas fungiert die Verfassung als ein Instrument, vermöge dessen der Souverän in Wahrnehmung seiner Kompetenzhoheit verschiedene Kompetenzträger – die sog. „gouvernementalen Instanzen" – einsetzt, ihnen unterschiedliche Aufgaben zuweist und bestimmte Machtmittel anvertraut.[92] Doch bewahrt der Souverän dabei seine ungeteilte und absolute Herrschaftsmacht, wird also keineswegs durch die von ihm geschaffenen „gouvernementalen Instanzen" konsumiert. Folgerichtig hört auch der *pouvoir constituant* mit dem Abschluss des Verfassunggebungsprozesses nicht auf

---

[88] *Stefan Oeter*, Souveränität und Demokratie als Probleme in der „Verfassungsentwicklung" der Europäischen Union, ZaöRV 55 (1995), S. 659 (683): „Entstehungsgeschichtlich ist vielmehr das Konzept der Volkssouveränität gerade nicht tragend auf den Begriff der Nation bezogen, sondern beruht zunächst auf der Idee der freien Selbstbestimmung der Bürger, durch deren Konsens Herrschaft legitimiert werden muß."

[89] Vgl. *Christian Waldhoff*, Entstehung des Verfassungsgesetzes, in: Otto Depenheuer/Christoph Grabenwarter (Hrsg.), Verfassungstheorie, 2010, § 8 Rn. 13; *Bernhard Kempen*, Verfassung und Politik, in: Otto Depenheuer/Christoph Grabenwarter (Hrsg.), Verfassungstheorie, 2010, § 27 Rn. 26 ff. Siehe ferner oben Zweites Kapitel B. I. 2.

[90] Begriff nach *Josef Isensee*, Das Volk als Grund der Verfassung – Mythos und Relevanz der Lehre von der verfassunggebenden Gewalt –, 1995, S. 33.

[91] Siehe dazu oben Zweites Kapitel A. II. 2. a) aa).

[92] Vgl. oben Zweites Kapitel B. IV. 2.

zu existieren, sondern tritt in den Zustand der Latenz ein.[93] Kurzum: Der Souverän bzw. der *pouvoir constituant* liegt den „gouvernementalen Instanzen" bzw. den *pouvoirs constitués* voraus und bleibt in seiner Existenz und seinem Status vom Wirken letzterer gänzlich unberührt.

Angesichts dessen ist es aber nicht angängig, vom bloßen Vorhandensein eines bestimmten Delegaten politischer Macht („gouvernementale Instanz" bzw. *pouvoir constitué*) auf die Identität des Deleganten (Souverän bzw. *pouvoir constituant*) zu schließen.[94] Auch der Umstand, dass es sich beim konkret in Rede stehenden Delegaten, namentlich dem Europäischen Parlament, um ein auf Repräsentation angelegtes Organ handelt, vermag diesen Schluss nicht zu rechtfertigen. Denn das Europäische Parlament repräsentiert die Unionsbürger als eine durch das EU-Primärrecht zur Mitwirkung an der unionalen Herrschaftsausübung berufene, d. h. rechtlich verfasste und gebundene Größe, nicht hingegen als Träger der Souveränität.[95] Letzteres ist schon deshalb ausgeschlossen, weil die Souveränität *per definitionem* jedweder positiv-rechtlichen Bindung enthoben und der „Verkörperung" durch einen in seiner Handlungsmacht rechtlichen begrenzten Kompetenzträger daher strukturell unzugänglich ist. Dem entspricht, dass Art. 10 Abs. 2 UAbs. 1 und Art. 14 Abs. 2 UAbs. 1 S. 1 EUV ausdrücklich die *Bürgerinnen und Bürger der Union* als Bezugspunkt der Repräsentationsfunktion des Europäischen Parlaments bestimmen, insoweit also unmittelbar an die in Art. 9 EUV geregelte, durch das EU-Primärrecht überhaupt erst konstituierte Unionsbürgerschaft anknüpfen,[96] nicht hingegen an den – potenziell als vorrechtliche Größe deutbaren – Begriff des (europäischen) „Volkes" oder gar den Begriff des (europäischen) „Volkssouveräns", welch letzterer zwingend als vorrechtliche Größe gedeutet werden müsste.[97] Schließlich ist anzunehmen, dass das EU-Primärrecht, wenn es das Europäische Parlament tatsächlich als institutionelle Verkörperung gesamteuropäischer Volks-

---

93 Siehe dazu oben Zweites Kapitel B. IV. 1. c).

94 Dem korrespondierend konstatiert *Ernst-Wolfgang Böckenförde*, Demokratie als Verfassungsprinzip, in: HStR, Band II, 3. Auflage 2004, § 24 Rn. 5, dass das Volk durchaus Inhaber der verfassunggebenden Gewalt sein kann, ohne dass es deshalb zwingend an der Ausübung der von ihm begründeten und eingerichteten Herrschaft – sei es unmittelbar oder mittels demokratisch-repräsentativer Institutionen – beteiligt sein müsse.

95 Zur Unterscheidung zwischen dem Volk als verfasster Größe und dem Volk als verfassungsvorgängiger Größe als einem hergebrachten Element der demokratischen Verfassungstheorie vgl. nur *Ernst-Wolfgang Böckenförde*, Begriff und Probleme des Verfassungsstaates, in: ders., Staat, Nation, Europa, 1999, S. 127 (129 f.) und *Werner Heun*, Die Verfassungsordnung der Bundesrepublik Deutschland, 2012, S. 104.

96 Eingehend zur Unionsbürgerschaft als Schlüsselelement des unionalen Demokratiekonzepts im Allgemeinen und der Repräsentationsfunktion des Europäischen Parlaments im Besonderen *Matthias Ruffert*, in: Christian Calliess/Matthias Ruffert (Hrsg.), EUV/AEUV, 5. Auflage 2016, Art. 9 EUV Rn. 22 ff.

97 Vgl. *Peter Michael Huber*, in: Rudolf Streinz (Hrsg.), EUV/AEUV, 3. Auflage 2018, Art. 10 EUV Rn. 30: „Gesamtschau und Entstehungsgeschichte des EUV im Allgemeinen und von [Art. 10] Abs. 2 UAbs. 1 [EUV] im Besonderen belegen […], dass es dem Vertragsgeber nicht um die Etablierung von Volkssouveränität eines nicht existierenden europäischen Staatsvolkes geht […]."

souveränität verstünde, mit der Rechtsmacht zur Primärrechtsänderung betraut hätte. Ausweislich Art. 48 EUV spielt das Europäische Parlament in den Verfahren der Vertragsänderung aber lediglich eine untergeordnete Rolle. Im Schwerpunkt liegen die einschlägigen Befugnisse nach wie vor bei den national-verfassungsrechtlich zur Mitwirkung an Primärrechtsänderungen bestimmten Staatsorganen (vgl. Art. 48 Abs. 4 UAbs. 2 und Art. 48 Abs. 6 UAbs. 2 S. 3 EUV).[98]

Doch erscheint der Schluss von einem spezifischen *pouvoir constitué* auf die Identität des (vermeintlichen) *pouvoir constituant* nicht nur aus der Warte der Verfassungstheorie fragwürdig. Vielmehr ist ein solches Vorgehen auch vom empirisch-historischen Standpunkt aus kontraindiziert. Zeugnis dafür, dass die Existenz einer Volksvertretung mitnichten als Beleg für das Obwalten von Volkssouveränität gewertet werden kann, legen u. a. die oben näher erörterten Verhältnisse im Deutschen Kaiserreich ab. So konzipierte die *Bismarck*'sche Reichsverfassung den Reichstag als Vertretung des gesamten deutschen Volkes und stattete ihn in dieser Funktion mit substanziellen Befugnissen aus, ohne dass das gesamtdeutsche Volk damit zugleich als Souverän und Quelle der politisch-konstitutionellen Ordnung des Deutschen Reichs anerkannt gewesen wäre.[99] Nach offizieller Lesart galt vielmehr (weiterhin) das monarchische Prinzip, das die Souveränität den „verbündeten Regierungen" der Einzelstaaten zuwies.[100] Und auch für den klassischen Gegenentwurf zur Volkssouveränität gilt: Der Umstand, dass die rechtliche Grundordnung eines Gemeinwesens das Erbkönigtum garantiert und dem König überdies die Regierungsgewalt zuweist, ist historisch betrachtet kein Beleg für das Obwalten von Fürstensouveränität.[101] Um dies zu erkennen, genügt ein Blick auf die französische Revolutionsverfassung von 1791, insofern nämlich, als diese in Titel III, Kapitel II, erster Abschnitt, Art. 1[102] die Erblichkeit des Königtums festschrieb und in Titel III, Kapitel IV, Art. 1 Abs. 1[103] die oberste vollziehende Gewalt in die Hand des Königs legte, zugleich aber die Volkssouveränität als einzig valide Quelle legitimer Herrschaft auswies (vgl. Titel III, Art. 1[104]). Als weiteres Beispiel für Verfassungen, die eine auf der Volkssouveränität gründende Monarchie einrichten, kann die noch heute gültige Verfassung des Königreichs Belgien von 1831 ange-

---

[98] Vgl. *Rainer Wahl*, Die Schwebelage im Verhältnis von Europäischer Union und Mitgliedstaaten, Der Staat 48 (2009), S. 587 (596).

[99] Vgl. oben Zweites Kapitel B. II. 5. b) aa).

[100] Vgl. *Georg Meyer*, Lehrbuch des deutschen Staatsrechts, 1. Auflage 1878, S. 309ff. und 316 sowie unten Drittes Kapitel C. II. 2. b) aa).

[101] Dazu und zum Folgenden *Ernst-Wolfgang Böckenförde*, Demokratie als Verfassungsprinzip, in: HStR, Band II, 3. Auflage 2004, § 24 Rn. 6.

[102] Die Bestimmung hat folgenden Wortlaut: „La Royauté est indivisible, et déléguée héréditairement à la race régnante de mâle en mâle, par ordre de primogéniture, à l'exclusion perpétuelle des femmes et de leur descendance. […]"

[103] Die Bestimmung hat folgenden Wortlaut: „Le Pouvoir exécutif suprême réside exclusivement dans la main du roi."

[104] Die Bestimmung hat folgenden Wortlaut: „La Souveraineté est une, indivisible, inaliénable et imprescriptible. Elle appartient à la Nation; aucune section du peuple, ni aucun individu, ne peut s'en attribuer l'exercice."

führt werden (vgl. Art. 25). Somit bestätigt die Verfassungsgeschichte die oben im Rekurs auf verfassungstheoretische Überlegungen explizierte These, wonach von der Art und Weise, in der eine Verfassung die Ausübung von Herrschaft organisiert, nicht ohne weiteres auf das Subjekt der verfassunggebenden Gewalt bzw. die Identität des Trägers der Souveränität rückgeschlossen werden kann.

bb) Unzutreffende funktionale Einordnung der mitgliedstaatlichen Integrationsgesetzgebung

Erweist sich die Behauptung, das Europäische Parlament qualifiziere sich zur Verkörperung einer gesamteuropäischen Volkssouveränität, nach alledem als wenig plausibel, so gilt dies erst recht für die Annahme, die nationalen Zustimmungsgesetze zu den Unionsverträgen rechtfertigten es, das EU-Primärrecht den Unionsbürgern als einen Akt der Begründung originärer (gesamteuropäischer) Hoheitsgewalt zuzurechnen.

(1) Repräsentation des pouvoir constituant durch den Integrationsgesetzgeber ist verfassungstheoretisch ausgeschlossen

Durchgreifende Zweifel an der Stichhaltigkeit dieser Annahme weckt insbesondere der Umstand, dass der Erlass der nationalen Zustimmungsgesetze durch mitgliedstaatliche *pouvoirs constitués* erfolgt, diese im Paradigma des demokratischen Konstitutionalismus aber weder alleine noch im Wege des Zusammenwirkens in der Lage sind, den *pouvoir constituant* zu repräsentieren.[105] Wären sie es doch, dann würde ein Kernanliegen der modernen Verfassungsidee, namentlich die rückstandslose Verbannung der rechtlich ungebundenen Höchstgewalt von der Herrschaftsausübungsebene,[106] zwangsläufig verfehlt. Denn die Betätigung des *pouvoir constituant* zielt auf die Überwindung der überkommenen Legalitätsordnung zum Zwecke des Eintritts in eine neue Legalitätsordnung, negiert und beendet also den Geltungsanspruch der bisherigen Verfassung als höchstrangige Regel- und Prinzipieneinheit innerhalb des betreffenden Gemeinwesens, ist dementsprechend jeglicher Rechtsbindung enthoben und erweist sich somit als ein Akt der Ausübung von Höchstgewalt. Folglich gilt: Eine Verfassung, die die *pouvoirs constitués* zur Repräsentation der verfassunggebenden (Höchst-)Gewalt autorisiert, stellt sich unweigerlich zur Disposition der verfassten Gewalt und führt sich eben dadurch selbst *ad absurdum*:

„Den staatlichen Organen mag die organische Weiterentwicklung der Verfassung im Wege von Verfassungsänderungen, gegebenenfalls auch in Form der ‚Totalrevision', gestattet sein, der revolutionäre Austausch des Legalitätsrahmens ist ihnen nicht erlaubt. Verfassungen mit

[105] Siehe dazu *Wilhelm Henke*, Die verfassunggebende Gewalt des Volkes in Lehre und Wirklichkeit, Der Staat 7 (1968), S. 165 (181) sowie *Bernhard Kempen*, Verfassung und Politik, in: Otto Depenheuer/Christoph Grabenwarter (Hrsg.), Verfassungstheorie, 2010, § 27 Rn. 14.

[106] Siehe dazu oben Zweites Kapitel B. IV. 1. c).

Revolutions- oder Staatsstreichvorbehalt kennt die Staatengemeinschaft auch deshalb nicht, weil solche Verfassungen eine contradictio in adjecto wären. Rechtliche Grundordnung zu sein und die Rechtsbeziehungen zwischen den staatlichen Organen sowie zwischen Staat und Bürger verlässlich zu ordnen, und zugleich einzuräumen, dass der eigene normative Geltungsanspruch sich ungeordneter Willkür bereitwillig beugen wolle, schließt sich aus."[107]

Sind die zur Integrationsgesetzgebung berufenen Organe der EU-Mitgliedstaaten in ihrer Eigenschaft als *pouvoirs constitués* nach alledem außerstande, in die Rolle des *pouvoir constituant* zu schlüpfen, so bleibt kein Raum für die Annahme, in den mitgliedstaatlichen Zustimmungsgesetzen zu den Unionsverträgen manifestiere sich der auf Herrschaftsbegründung gerichtete Normwille der zum verfassunggebenden Subjekt zusammengeschlossenen Unionsbürger. Im Paradigma des demokratischen Konstitutionalismus besteht zwischen verfassungsgebundener Gesetzgebung einerseits und verfassungsungebundener Begründung originärer Hoheitsgewalt andererseits ein Verhältnis der Alternativität. Wer beides ineins fallen lässt, verlässt unweigerlich den Boden der demokratischen Verfassungstheorie.

(2) Art. 23 Abs. 1 GG kein Vehikel zur (Neu-)Begründung von Herrschaft

Vor diesem Hintergrund erscheint es sachwidrig, die Bestimmung des Art. 23 Abs. 1 GG n. F. dahin auszulegen, sie statte die *pouvoirs constitués* „Bundestag" und „Bundesrat" mit der Rechtsmacht aus, durch Integrationsgesetzgebung an der (Neu-)Begründung von Herrschaft auf überstaatlicher Ebene mitzuwirken. Denn dass das Grundgesetz derart rigoros mit der demokratischen Verfassungstheorie gebrochen haben könnte, ist durch nichts indiziert. Im Gegenteil: Die Autoren des Bonner Grundgesetzes suchten mit aller Entschiedenheit den Anschluss an den Konstitutionalismus der nordamerikanischen und französischen Revolution herzustellen als sie nach dem Ende des Zweiten Weltkriegs die Verfassung der Bundesrepublik konzipierten[108] und der verfassungsändernde Gesetzgeber hat diese Grundausrichtung seither zu keinem Zeitpunkt infrage gestellt.

Gegen die vorbezeichnete Deutungsvariante des Europa-Artikels spricht im Übrigen auch der Wortlaut der Norm. Dies namentlich insofern, als Art. 23 Abs. 1 S. 2 GG den Bund dazu ermächtigt, durch Gesetz mit Zustimmung des Bundesrates Hoheitsrechte zu „übertragen", also etwas bereits Vorhandenes zu transferieren, nicht hingegen, etwas gänzlich Neues zu erschaffen.[109] Zwar muss insoweit einschränkend angemerkt werden, dass im Zuge der Supranationalisierung von Hoheitsgewalt zwangsläufig Rechtspositionen entstehen, die so zuvor nicht existierten: Schon aufgrund des veränderten räumlichen Bezugsrahmens sind die der

---

[107] *Bernhard Kempen*, Verfassung und Politik, in: Otto Depenheuer/Christoph Grabenwarter (Hrsg.), Verfassungstheorie, 2010, § 27 Rn. 13.

[108] Vgl. oben Zweites Kapitel B. III.

[109] Vgl. dazu *Thomas Flint*, Die Übertragung von Hoheitsrechten: Zur Auslegung des Art. 23 Abs. 1 Satz 2 und Art. 24 Abs. 1 GG, 1998, S. 141: „Übertragung von Hoheitsrechten bedeutet Übertragung von Hoheitsrechten, d. h. Abtretung von Bestandteilen der Staatsgewalt, von Rechten zur Ausübung der Staatsgewalt."

Europäischen Union im Wege von Hoheitsrechtsübertragungen zugewiesenen Aufgaben und Befugnisse nicht mehr exakt das, was sie waren, als sie sich noch in den Händen der Mitgliedstaaten befanden.[110] Doch ist die Verwendung des Tätigkeitsverbs „übertragen" im Kontext des Art. 23 Abs. 1 S. 2 GG deshalb noch lange nicht verfehlt oder auch nur missverständlich.[111] Im Gegenteil: Indem die Bestimmung des Art. 23 Abs. 1 S. 2 GG die Gesetzgebungskörperschaften des Bundes mit Blick auf das Verfassungsziel eines vereinten Europas zur „Übertragung" und gerade nicht zur „Begründung" von Hoheitsrechten autorisiert, stellt sie klar, dass die von der Europäischen Union im Gebiet der Bundesrepublik ausgeübte Herrschaftsmacht ihren Ursprung in der Staatsverfassung hat, also „derivativer" und eben nicht „originärer" Natur ist[112].[113] Nur bei Zugrundelegung dieser – den Wortlaut des Art. 23 Abs. 1 S. 2 GG ernst nehmenden – Deutungsvariante erscheint auch einsichtig, dass Art. 23 Abs. 1 S. 3 GG den Integrationsgesetzgeber bezüglich (klassischer)[114] Hoheitsrechtsübertragungen zugunsten der Europäischen Union nicht allein an die verfahrensrechtlichen Maßgaben des Art. 79 Abs. 2 GG bindet, sondern darüber hinaus auch den in Art. 79 Abs. 3 GG genannten bzw. dort in Bezug genommenen materiellen Schranken unterwirft. Interpretiert man die mitgliedstaatliche Integrationsgesetzgebung hingegen – mit *Ingolf Pernice* – als eine Form der Mitwirkung bei der (Neu-)Begründung gemeineuropäischer Herrschaft, dann mag die Festlegung auf bestimmte verfahrensrechtliche Anforderungen womöglich noch mit der Erwägung zu rechtfertigen sein, dass (auch) die Artikulation eines auf Herrschaftsbegründung gerichteten (Norm-)Willens nun einmal ein Mindestmaß an Organisation voraussetzt. Warum aber das Rechtshandeln der Gesetzgebungskörperschaften des Bundes sogar dort, wo diese vermeintlich den *pouvoir constituant* repräsentieren, materiellen Schranken unterworfen sein soll, erschließt sich nicht. Positiv-rechtliche Bindungen dieser Art haben ihren Sinn, sofern ein auf Herrschaftsausübung gerichtetes Handeln als *pouvoir constitué* bzw. ein auf Herrschaftsmodifizierung gerichtetes Handeln als *pouvoir constituant constitué* zu besorgen ist, nicht aber, wenn es um die Neubegründung von Herrschaft geht.

Dafür, dass das Grundgesetz die Integrationsgesetzgebung als ein Instrument zur Reorganisation bereits existierender Herrschaftsmacht versteht und nicht als Vehikel zur Begründung originär gemeineuropäischer Herrschaftsmacht, spricht

---

[110] *Mattias Wendel*, Permeabilität im europäischen Verfassungsrecht, 2011, S. 15; *Franz Christian Mayer*, Verfassung im Nationalstaat: Von der Gesamtordnung zur europäischen Teilordnung?, VVDStRL 75 (2016), S. 7 (39), jeweils m. w. N.

[111] So aber *Hans Dieter Jarass*, in: ders./Bodo Pieroth, Grundgesetz-Kommentar, 15. Auflage 2018, Art. 23 Rn. 23: „Der Begriff der ‚Übertragung' ist missverständlich."

[112] So im Ergebnis auch *Marcel Kaufmann*, Europäische Integration und Demokratieprinzip, 1997, S. 427 f.

[113] In diesem Zusammenhang ist darauf hinzuweisen, dass die Annahme, die EU-primärrechtlich geregelte Herrschaftsmacht sei ihrem Begründungszusammenhang nach auf die Verfassungen der EU-Mitgliedstaaten zurückzuführen, der Einordnung des EU-Primärrechts als „Rechtserzeugungsrecht" keineswegs entgegensteht; dazu näher unten unter Drittes Kapitel D.

[114] Zur Unterscheidung zwischen „klassischen" Hoheitsrechtsübertragungen und sonstigen Hoheitsrechtsübertragungen vgl. oben Zweites Kapitel C. I. 2. b) bb).

schließlich auch die Wirkrichtung der Struktursicherungsklausel des Art. 23 Abs. 1 S. 1 GG. *Josef Isensee* umreißt dieselbe wie folgt:

„Die neue Integrationsermächtigung steht unter dem Vorbehalt, daß die Union demokratischen, rechtsstaatlichen und anderen Grundsätzen entspricht, die das Grundgesetz [...] bestimmt. Darin liegt eine Homogenitätsklausel neuer Art, nicht wie die des Art. 28 Abs. 1 GG nach ‚unten' gerichtet zu den Ländern, sondern nach ‚oben' zur Union. Zwar sind die supranationalen Direktiven des Art. 23 Abs. 1 GG elastischer als die innerstaatlichen des Art. 28 Abs. 1 GG. Doch hier wie da beansprucht das Grundgesetz Superiorität."[115]

Als „Homogenitätsklausel neuer Art" stellt Art. 23 Abs. 1 S. 1 GG weitreichende Anforderungen an die Art und Weise, in der die Europäische Union die Ausübung öffentlicher Gewalt organisiert. Zwar ist die Union nicht unmittelbar an die Vorschrift des Art. 23 Abs. 1 S. 1 GG gebunden – schließlich handelt es sich dabei um eine solche des *nationalen* Verfassungsrechts –[116] doch ist sie ohne Zweifel ihr mittelbarer Adressat[117]. Der normative Anspruch des Grundgesetzes greift folglich aus in den supranationalen Bereich. Mit dem demokratischen Imperativ der modernen Verfassungsidee ist dieser Ausgriff aber nur unter der Bedingung in Einklang zu bringen, dass es sich bei der unionsseitig ausgeübten öffentlichen Gewalt um durch die nationalen Verfassungen begründete und von den mitgliedstaatlichen *pouvoirs constitués* auf die Union übergeleitete Herrschaftsmacht handelt. Handelte es sich bei der unionsseitig ausgeübten öffentlichen Gewalt hingegen um originäre Herrschaftsmacht, d. h. um Herrschaftsmacht, die von der Herrschaftsbegründungsleistung der nationalen Verfassungen gänzlich unabhängig ist, so müsste Art. 23 Abs. 1 S. 1 GG den Vorwurf gegen sich gelten lassen, er leiste einem ademokratischen „Grundgesetzimperialismus" Vorschub.[118] Der Grund liegt darin, dass mit der Ausrichtung einer Verfassung auf die Idee der Selbstbestimmung der Freien und

[115] *Josef Isensee*, Integrationsziel Europastaat?, in: Ole Due/Marcus Lutter/Jürgen Schwarze (Hrsg.), Festschrift für Ulrich Everling, 1995, S. 567 (587). Ähnlich *Oliver Dörr*, Der europäisierte Rechtsschutzauftrag deutscher Gerichte: Artikel 19 Abs. 4 GG unter dem Einfluß des europäischen Unionsrechts, 2003, S. 111.

[116] Siehe dazu oben Zweites Kapitel C. I. 2. c) sowie Drittes Kapitel A.

[117] So zutreffend *Frank Schorkopf*, in: Wolfgang Kahl/Christian Waldhoff/Christian Walter (Hrsg.), Bonner Kommentar zum Grundgesetz, Loseblattsammlung, 198. EL Mai 2019, Lfg. 153 August 2011, Art. 23 Rn. 40: „Die Homogenitätsklausel hat als mittelbaren Adressaten die Europäische Union, die auf tatsächlich-politischer Ebene mit dem normativen Anspruch des deutschen Verfassungsrechts konfrontiert wird."

[118] So mit Nachdruck *Ulrich Everling*, Zurück zum Staatenverein, in: Frankfurter Allgemeine Zeitung vom 15.10.1992, S. 7 f. A. A. *Markus Heintzen*, Gemeineuropäisches Verfassungsrecht in der Europäischen Union, EuR 1997, S. 1 (14), der den Vorwurf, Art. 23 Abs. 1 S. 1 GG oktroyiere den anderen EU-Mitgliedstaaten deutsche Verfassungsvorstellungen, mit der Begründung zurückweist, dass an der Struktursicherungsklausel „nichts spezifisch Deutsches" sei, diese vielmehr „gemeineuropäische Verfassungsgrundsätze" enthalte, über die sich niemand hinwegsetzen könne und wolle. Zur Gefahr des „Grundgesetzimperialismus" vgl. ferner *Albrecht Randelzhofer*, Stellungnahme in der 1. Öffentlichen Anhörung der Gemeinsamen Verfassungskommission zum Thema „Grundgesetz und Europa" am 22. Mai 1992 in Bonn, abgedruckt in: Deutscher Bundestag (Hrsg.), Materialien zur Verfassungsdiskussion und zur Grundgesetzänderung in der Folge der deutschen Einigung, Band 2, 1996, S. 17 (19).

Gleichen notwendig eine Begrenzung der Reichweite ihres normativen Anspruchs einhergeht: Ein Ensemble von Rechtsnormen, das für sich reklamiert, Werkzeug zur Selbstbestimmung des als Normurheber figurierenden Subjekts zu sein, kann von vornherein nur auf solche Herrschaftsmacht Zugriff nehmen, die es auch *selbst* hervorgebracht hat.[119] Greifen die herrschaftsdirigierenden Maßgaben einer Verfassung darüber hinaus, so mutiert diese potenziell zum Mittel der *Fremd*bestimmung über solche Subjekte, die an der Verfassungsschöpfung gerade keinen Anteil hatten, und zwar weder im tatsächlichen noch im theoretisch-konstruktiven Sinne.

Die demokratische Verfassungstheorie vermeidet den Eintritt einer solchen Situation, indem sie das Element der Begründung von Herrschaft und das Element der Ordnung von Herrschaft im Akt der Verfassunggebung zu einer definitorischen Einheit verschmilzt.[120] Ein Normenensemble, das Herrschaft begründet, aber nicht den Anspruch erhebt, die begründete Herrschaft zugleich zu ordnen und zu begrenzen, qualifiziert sich demnach ebenso wenig zur Verfassung wie ein Normenensemble, das Herrschaft zwar ordnet und begrenzt, aber nicht selbst begründet. Beide Funktionen der Verfassung sind konstruktiv unauflöslich miteinander verwoben: „Die Verfassung begründet eine neue durch die Individualrechte *von vornherein* begrenzte Form von Herrschaft. Sie begrenzt keine bestehende Herrschaft."[121] Die Reichweite der Herrschaftsbegründungsleistung der Verfassung limitiert dementsprechend die Reichweite ihres normativen Anspruchs. Letzterer kann nicht weiter reichen als erstere. Eben dieser Umstand war ausschlaggebend dafür, dass sich die Verfassungstheoretiker der nordamerikanischen und französischen Revolution gezwungen sahen, den verfassungsstiftenden Konsens als „umfassend", d.h. als alle vorfindliche Herrschaft verzehrend, zu konstruieren („Ausschluss nicht-verfasster Machtreservate"). Hätten Sie es nicht getan, wäre infolge der begrenzten Reichweite des normativen Anspruchs der Verfassung Raum für ungemäßigte Herrschaftsmacht nicht-demokratischen Ursprungs verblieben, sodass sowohl der demokratische als auch der konstitutionalistische Imperativ verfehlt worden wären.

---

[119] Freilich ist es nicht üblich, diese im demokratischen Prinzip wurzelnde Begrenzung der gegenständlichen Reichweite des normativen Anspruchs der Verfassung im Verfassungstext zu explizieren. So hätte der Bonner Verfassunggeber von 1949 zweifellos Verwunderung geerntet, wäre etwa in Art. 1 Abs. 3 GG ausdrücklich klargestellt worden, dass sich die dort normierte Grundrechtsbindung ausschließlich auf die durch das Grundgesetz hervorgebrachte Staatsgewalt bezieht und nicht auch auf die Gesetzgebung, Verwaltung und Rechtsprechung anderer Herrschaftsorganisationen. Insoweit offenbart sich abermals der Zusammenhang zwischen Souveränität und Verfassunggebung: Als ein Instrument zur Organisation und Koordinierung der beim Souverän verorteten potenziellen Allgewalt ist der Geltungsanspruch der Verfassung notwendig auf den Machtbereich des Souveräns beschränkt. Greift sie darüber hinaus, so droht potenziell eine völkerrechtswidrige Intervention.

[120] Vgl. *Georges Burdeau*, Zur Auflösung des Verfassungsbegriffs, Der Staat 1 (1962), S. 389 (394).

[121] *Christoph Möllers*, Verfassunggebende Gewalt – Verfassung – Konstitutionalisierung, in: Armin von Bogdandy/Jürgen Bast (Hrsg.), Europäisches Verfassungsrecht, 2. Auflage 2009, S. 227 (232) (Hervorhebung hinzugefügt).

Nach alledem ist klar: Das mittels der Struktursicherungsklausel des Art. 23 Abs. 1 S. 1 GG bewirkte Ausgreifen des normativen Anspruchs des Grundgesetzes in den supranationalen Bereich indiziert, dass die unionsseitig ausgeübte öffentliche Gewalt aus der Warte der Verfassung der Bundesrepublik in einem Ableitungszusammenhang mit dem Akt der Grundgesetzgebung des Jahres 1949 steht. Denn andernfalls erwiese sich der Europa-Artikel als fundamentaler Bruch mit der soeben erörterten Maxime der demokratischen Verfassungstheorie, der zufolge sich der Ordnungsanspruch der Verfassung von vornherein auf diejenige Herrschaftsmacht beschränkt, die sie selbst hervorgebracht hat. Dass der verfassungsändernde Gesetzgeber willens war, mit dieser Maxime zu brechen, als er im Jahr 1992 Art. 23 GG n. F. in das Grundgesetz einfügte, erscheint ausgesprochen unwahrscheinlich.

d) Herrschaftsbegründung durch den gesamteuropäischen Volkssouverän jenseits national-verfassungsrechtlicher Integrationsermächtigungen?

Der Umstand, dass verfassungsgebundene Integrationsgesetzgebung kein taugliches Mittel zur Begründung politischer Herrschaft ist, zwingt allerdings nicht zu dem Schluss, die mitgliedstaatlichen Gesetzgebungskörperschaften seien *per se* außerstande, auf die Entstehung einer überstaatlichen rechtlichen Grundordnung hinzuwirken, welche den Anforderungen des Verfassungsbegriffs des demokratischen Konstitutionalismus genügt. Dieses Unvermögen eignet ihnen vielmehr nur, insofern sie als *pouvoirs constitués* agieren, d. h. in Wahrnehmung der ihnen durch die nationalen Verfassungen zugewiesenen Aufgaben und Befugnisse. Indes ist es keineswegs ausgeschlossen, dass die mitgliedstaatlichen Gesetzgebungskörperschaften in einem revolutionären Akt der Selbstermächtigung ihre verfassungsrechtlichen Ketten abstreifen, um im Wege des gemeinsamen Zusammenwirkens unter Berufung auf den gesamteuropäischen Volkssouverän originäre Herrschaft auf überstaatlicher Ebene zu begründen.

aa) Selbstermächtigung als historische Konstante moderner Verfassunggebung

Ein solches Vorgehen wäre in verfassungshistorischer Perspektive nicht einmal als ungewöhnlich zu bezeichnen. Denn das Moment der Selbstermächtigung zieht sich gleichsam wie ein roter Faden durch die westeuropäisch-nordatlantische Verfassungsgeschichte der letzten knapp zweieinhalb Jahrhunderte. So waren bereits die beiden Prototypen des modernen westeuropäisch-nordatlantischen Verfassungsmodells, namentlich die US-amerikanische Bundesverfassung von 1787 sowie die französische Revolutionsverfassung von 1791, das Ergebnis absichtsvoller Kompetenzüberschreitungen[122] und auch das Zustandekommen des Bonner Grundgesetzes beruhte auf Maßnahmen, zu denen sich die handelnden Akteure kurzerhand selbst ermächtigten.

---

[122] Darauf verweist auch *Christian Waldhoff*, Entstehung des Verfassungsgesetzes, in: Otto Depenheuer/Christoph Grabenwarter (Hrsg.), Verfassungstheorie, 2010, § 8 Rn. 24.

(1) Das Beispiel der US-amerikanischen Bundesverfassung

Was die US-amerikanische Bundesverfassung anbetrifft, ist in diesem Zusammenhang der Entschluss des im Jahr 1787 zusammengerufenen Konvents von Philadelphia („Philadelphia Convention") hervorzuheben, eine neue Verfassung für die rund 6 Jahre zuvor durch das Inkrafttreten der sog. „Konföderationsartikel" („Articles of Confederation and Perpetual Union") begründeten, staatenbündisch organisierten Konföderation der dreizehn amerikanischen Einzelstaaten zu erarbeiten.[123] Jener Entschluss bedeutete insofern eine Kompetenzüberschreitung, als den in Philadelphia versammelten Delegierten kein Mandat für den Entwurf einer neuen, den Staatenbund durch einen Bundesstaat ersetzende Verfassung erteilt worden war.[124] Auf Initiative des Konvents von Annapolis („Annapolis Convention") durch den Kongress der Konföderation („United States in Congress Assembled") einberufen, hatte der Konvent von Philadelphia vielmehr lediglich den Auftrag erhalten, Vorschläge für eine Revision der gemeinhin als unzulänglich empfundenen Konföderationsartikel zu unterbreiten.[125] Der Regelungsgehalt des von den Delegierten am 17. September 1787 als Ergebnis der viermonatigen Beratungen angenommenen Entwurfs sprengte freilich die Grenzen dieses Auftrags.[126] Dass dieser Entwurf nicht auf eine Revision der Konföderationsartikel zielte, sondern als eine den alten Legalitätsrahmen vollends überwindende rechtliche Grundordnung eines neuen politischen Gebildes konzipiert worden war,[127] offenbarte in aller Deutlichkeit „Article VII". Dort heißt es wörtlich: „The Ratification of the Conventions of nine States, shall be sufficient for the Establishment of this Constitution between the States so ratifying the Same." Für das Inkrafttreten der von der „Philadelphia Convention" ausgearbeiteten Verfassung würde demnach die Annahme des Entwurfs durch Konvente von neun der dreizehn amerikanischen Einzelstaaten genügen. Damit aber war der Bruch mit dem überkommenen Organisationsstatut der

[123] Zum staatenbündischen Charakter der nordamerikanischen Konföderation *Otto Mayer*, Republikanischer und monarchischer Bundesstaat, AöR 18 (1903), S. 337 (350f.). Vgl. auch *Edmund Sears Morgan*, Inventing the People, 1988, S. 263ff.

[124] Vgl. nur *Edmund Sears Morgan*, Inventing the People, 1988, S. 270; *Bruce Ackerman*, We the People, Band 1: Foundations, 1991, S. 41; *Peter Unruh*, Der Verfassungsbegriff des Grundgesetzes, 2002, S. 62f.

[125] Siehe dazu *Barbara Zehnpfennig*, Einleitung, in: dies. (Hrsg.), Alexander Hamilton/James Madison/John Jay: Die Federalist Papers, 1993, S. 1 (2). Näher zu der Frage, inwiefern Dysfunktionalitäten der politischen Systeme der Einzelstaaten den Druck auf eine Neujustierung der Konföderation erhöht hatten *Edmund Sears Morgan*, Inventing the People, 1988, S. 268ff.

[126] Ebenso *Bruce Ackerman*, We the People, Band 1: Foundations, 1991, S. 41f.; *Barbara Zehnpfennig*, Einleitung, in: Alexander Hamilton/James Madison/John Jay, Die Federalist Papers, 1993, S. 1 (2); *Christian Waldhoff*, Entstehung des Verfassungsgesetzes, in: Otto Depenheuer/Christoph Grabenwarter (Hrsg.), Verfassungstheorie, 2010, § 8 Rn. 41.

[127] Zum Zustandekommen der US-amerikanischen Bundesverfassung von 1787 als „historischem Leitfall" staatsbegründender Verfassunggebung *Josef Isensee*, Das Volk als Grund der Verfassung – Mythos und Relevanz der Lehre von der verfassunggebenden Gewalt –, 1995, S. 12. Zum revolutionären Charakter dieses Vorgangs *Christian Waldhoff*, Entstehung des Verfassungsgesetzes, in: Otto Depenheuer/Christoph Grabenwarter (Hrsg.), Verfassungstheorie, 2010, § 8 Rn. 41.

Konföderation evident.[128] Denn gemäß der Schlussbestimmung des Konföderationsstatuts bedurfte jede Änderung desselben der Zustimmung der Gesetzgebungskörperschaften *sämtlicher* Mitglieder der Konföderation. In Anbetracht dieses Umstands kam auch *James Madison* – selbst Mitglied der „Philadelphia Convention" und vehementer Befürworter des Verfassungsentwurfs – nicht umhin, zuzugestehen, dass die Delegierten die Grenzen des ihnen erteilten Auftrags überschritten hatten:

„In one particular it is admitted that the convention have departed from the tenor of their commission. Instead of reporting a plan requiring the confirmation *of all the states*, they have reported a plan which is to be confirmed and may be carried into effect by *nine States only*. It is worthy of remark that this objection, though the most plausible, has been the least urged in the publications which have swarmed against the convention."[129]

Madison zufolge – und hier tritt das Moment der Selbstermächtigung klar zu Tage – tat diese Kompetenzüberschreitung der Legitimität des Handelns der „Philadelphia Convention" aber keinen Abbruch:

„The sum of what has been here advanced and proved is, that the charge against the convention of exceeding their powers, except in one instance little urged by the objectors, has no foundation to support it; that if they had exceeded their powers, they were not only warranted, but required, as the confidential servants of their country, by the circumstances in which they were placed, to exercise the liberty which they assume; and that finally, if they had violated both their powers and their obligations, in proposing a Constitution, this ought nevertheless to be embraced, if it be calculated to accomplish the views and happiness of the people of America."[130]

---

[128] So auch auch *Gordon Stewart Wood*, The Creation of the American Republic 1776–1787, 1969, S. 532 ff.

[129] *James Madison*, Federalist No. 40 (1788), abgedruckt in: Ian Shapiro (Hrsg.), The Federalist Papers: Alexander Hamilton, James Madison, John Jay, 2009, S. 198 (202). Von *Barbara Zehnpfennig*, in: dies. (Hrsg.), Alexander Hamilton/James Madison/John Jay: Die Federalist Papers, 1993, S. 254 wie folgt ins Deutsche übersetzt: „In einem Punkt hat sich die Versammlung zugegebenermaßen vom Inhalt ihres Auftrags entfernt. Statt einen Entwurf vorzulegen, der die Bestätigung aller Staaten nötig macht, hat sie einen Entwurf vorgelegt, der bloß von neun Staaten bestätigt werden muß und umgesetzt zu werden braucht. Es ist bemerkenswert, daß dieser Einwand, obwohl er der plausibelste ist, in den zahlreichen Publikationen gegen die Versammlung am wenigsten geltend gemacht wurde."

[130] *James Madison*, Federalist No. 40 (1788), abgedruckt in: Ian Shapiro (Hrsg.), The Federalist Papers: Alexander Hamilton, James Madison, John Jay, 2009, S. 198 (205 f.). Von *Barbara Zehnpfennig*, in: dies. (Hrsg.), Alexander Hamilton/James Madison/John Jay: Die Federalist Papers, 1993, S. 257 wie folgt ins Deutsche übersetzt: „Das Ergebnis all dessen, was hier vorgebracht und untersucht wurde, ist erstens, daß die der Versammlung gegenüber vorgebrachte Beschuldigung, sie habe ihre Kompetenzen überschritten, mit einer – von den Kritikern kaum geltend gemachten – Ausnahme keine sachliche Grundlage hat. Zweitens: Auch wenn sie ihre Kompetenzen überschritten hätte, waren ihre Mitglieder durch die Umstände, in die sie versetzt waren, als treue Diener ihres Landes nicht nur bevollmächtigt, sondern sogar verpflichtet, die Freiheit, die sie sich genommen hatten, auch zu gebrauchen. Drittens schließlich: Auch wenn die Delegierten sowohl ihre Kompetenzen überschritten als auch ihre Pflichten verletzt hätten, indem sie eine neue Verfassung vorschlugen, sollte diese nichtsdestoweniger angenommen werden, wenn sie dazu angetan ist, den Interessen und dem Glück des amerikanischen Volkes zu dienen."

(2) Das Beispiel der französischen Revolutionsverfassung von 1791

Noch weitaus offensiver und radikaler vollzog sich der Bruch der politischen Akteure mit der alten Ordnung in der französischen Revolution. Als Schlüsselereignis ist hier die Versammlung der Deputierten des Dritten Standes vom 17. Juni 1789 hervorzuheben, in der sich die Deputierten unter dem Eindruck des Dissenses über den Abstimmungsmodus der Generalstände (Abstimmung „nach Ständen" *versus* Abstimmung „nach Köpfen") auf Antrag des *Abbé Emmanuel Joseph Sieyès* kurzerhand zur Nationalversammlung („Assemblée Nationale") erklärten und den Anspruch postulierten, fürderhin die gesamte französische Nation zu repräsentieren.[131] Da dies ohne die vorherige Zustimmung der Vertreter der beiden anderen Stände sowie des Königs geschah, hat man die Vorgänge des 17. Juni 1789 treffend als revolutionäre Abkehr von der überkommenen Legalität des *Ancien Régime* bewertet.[132] Aber auch gemessen an den demokratischen Grundsätzen, welche die Deputierten des Dritten Standes im Wege der von ihnen angestrebten Verfassunggebung zu etablieren beabsichtigten, erscheint das in der Erklärung vom 17. Juni 1789 durchscheinende Selbstverständnis der „Assemblée Nationale" als Anmaßung.[133] *Josef Isensee* bringt es wie folgt auf den Punkt:

„Die politischen Akteure aber, die Vertreter des Tiers État, die sich zur Nationalversammlung formierten, konnten sich nicht auf ein Mandat des Volkes berufen, sondern nur auf das einer nach Standeszugehörigkeit definierten Wählergruppe. Und das Mandat bezog sich auf die Aufgaben einer Ständeversammlung im Kontext des ancien régime, nicht auf die einer Volksvertretung, vollends nicht auf die einer Konstituante. Die besonderen Anforderungen, die Siéyès an eine verfassunggebende Versammlung stellte – die eigens durchzuführende Wahl und die Scheidung der Verfassunggebung von regulärer Gesetzgebung –, blieben von vornherein Papier. Falls überhaupt von Legitimation durch Wähler die Rede hätte sein dürfen, so klaffte doch eine Diskrepanz zwischen der Teilmenge, auf welche die Nationalversammlung ihre Legitimation hätte stützen können, und dem Ganzen, das zu repräsentieren sie beanspruchte. Besaß der Dritte Stand zwar das numerische Übergewicht über die beiden

---

[131] Siehe dazu nur *Eberhard Schmitt*, Repräsentation und Revolution, 1969, S. 277 ff.; *Christian Waldhoff*, Entstehung des Verfassungsgesetzes, in: Otto Depenheuer/Christoph Grabenwarter (Hrsg.), Verfassungstheorie, 2010, § 8 Rn. 40: „Prototyp der verfassunggebenden Versammlung ist der Dritte Stand in der Französischen Revolution, der sich [...] in einem *Akt der Selbstermächtigung* zur Verfassunggebenden Nationalversammlung erklärt." (Hervorhebung hinzugefügt).

[132] So etwa *François Furet/Denis Richet*, La Révolution, Band I, 1965, S. 98 sowie *Jean-Denis Bredin*, Sieyès: La clé de la Révolution française, 1988, S. 111 f.: „En vérité, les décisions prises dans cette journée du 17 juin ont fait la Révolution. Car ce qui est proclamé ce jours-là c'est une nouvelle souveraineté qui absorbe et détruit la souveraineté royale. Ce 17 juin au soir les représentants de la Nation peuvent aller se divertir à l'Opéra-Comique. Ils ont enterré la monarchie absolue, baptisé la Nation souveraine." *Eberhard Schmitt*, Repräsentation und Revolution, 1969, S. 277 spricht unter Bezugnahme auf *Georges Lefebvre* von einer „Revolution der Juristen".

[133] In dem Umstand, dass die aus den Vertretern des Dritten Standes gebildete Nationalversammlung sich zur souveränen Repräsentantin der Nation erklärte und auf Grundlage dieses Selbstverständnisses sogleich, d. h. ohne jede Beteiligung des Volkes, zur Verfassunggebung schritt, erblickt *Martin Kriele*, Einführung in die Staatslehre, 6. Auflage 2003, S. 125 ein demokratisches Defizit, welches sich schlussendlich zu einer „entscheidende[n] Legitimitätsschwäche der Verfassung von 1791" ausgewachsen habe. Siehe dazu auch *Gerd Roellecke*, Verfassungsgebende Gewalt als Ideologie, JZ 1992, S. 929 (932).

anderen, Adel und Geistlichkeit, so bildete er seinerseits nur eine Minderheit in der Gesamtbevölkerung. Nach zeitgenössischer Schätzung gehörten von den 26 Millionen Franzosen etwa 4 Millionen zur Aktivbürgerschaft. Das Wahlrecht erforderte nicht nur französische Staatsangehörigkeit und Volljährigkeit, sondern auch männliches Geschlecht, Selbständigkeit, soziale Unabhängigkeit, Bildung. Was nicht zum Dritten Stand gehörte, war quantité négligeable.«[134]

(3) Das Beispiel des Bonner Grundgesetzes

Im Falle des Bonner Grundgesetzes waren es, wie erinnerlich, die elf Landtage und Bürgerschaften der drei Westzonen, welche maßgeblich am Zustandekommen der Verfassung für die Bundesrepublik Deutschland mitwirkten, ohne dass sie zuvor von den jeweiligen Landesvölkern mit einem entsprechenden Mandat ausgestattet worden wären.[135] Die Landesparlamente hatten weder den Auftrag erhalten, die Mitglieder einer verfassungsberatenden Versammlung (Parlamentarischer Rat) zu bestimmen, noch waren sie von den Wählern ermächtigt worden, in Vertretung des gesamtdeutschen Volkes über die Annahme des Verfassungsentwurfs zu beschließen. Insofern verbanden sich im Prozess der Grundgesetzschöpfung gewichtige Elemente der Fremdbestimmung von außen (Beschlüsse der Londoner Sechsmächtekonferenz, Frankfurter Dokumente) mit nicht minder gewichtigen Elementen der Selbstermächtigung im Innern. Was die Subjekte dieser Selbstermächtigung anbetrifft – d.h. die Volksvertretungen in den Ländern der drei Westzonen – ist zu gewärtigen, dass es sich dabei um (landes-)verfassungsrechtlich etablierte *pouvoir constitués* handelte, die ungeachtet ihrer rechtlich begründeten und begrenzten Landesorganstellung für sich in Anspruch nahmen, im Rahmen des Verfahrens nach Art. 144 Abs. 1 GG den gesamtdeutschen *pouvoir constituant* zu repräsentieren. Da, wie oben dargelegt, *pouvoirs constitués* als solche aber nun einmal von vornherein nicht in der Lage sind, den rechtlich ungebundenen *pouvoir constituant* zu repräsentieren, mussten die Landtage und Bürgerschaften bei der Abstimmung gemäß Art. 144 Abs. 1 GG ad hoc ihre Qualität wechseln,[136] d.h. vorübergehend ihr jeweiliges landesverfassungsrechtliches Korsett ablegen. Zumindest aus der Warte der demokratischen Verfassungstheorie wäre es ihnen andernfalls nicht möglich gewesen, eine herrschaftsbegründende rechtliche Grundordnung in Geltung zu setzen.

---

134 *Josef Isensee*, Das Volk als Grund der Verfassung – Mythos und Relevanz der Lehre von der verfassunggebenden Gewalt –, 1995, S. 43 f.

135 Siehe dazu und zum Folgenden oben Zweites Kapitel B. III. 2. a) bb) (2) (a).

136 So mit Recht *Helmut Quaritsch*, Kirchen und Staat: Verfassungs- und staatstheoretische Probleme der staatskirchenrechtlichen Lehre der Gegenwart, Der Staat 1962, S. 175 (179).

bb) Aber: Kein Ausbruch von Bundestag und Bundesrat aus ihrer Stellung als grundgesetzliche pouvoirs constitués im Zusammenhang mit der Gründung der Europäischen Union

Das Beispiel der Grundgesetzentstehung vor Augen erhebt sich die Frage, ob womöglich auch Bundestag und Bundesrat ihre rechtliche Qualität ad hoc wechselten, d.h. ihre grundgesetzlichen Kautelen vorübergehend abstreiften, als sie Ende 1992 dem auf die Gründung der Europäischen Union gerichteten EU-Vertrag zustimmten. So wie die Volksvertretungen der elf westdeutschen Länder vier Jahre nach dem Ende des Zweiten Weltkriegs eine herrschaftsbegründende rechtliche Grundordnung für die gesamtstaatlich-nationale Ebene hervorbrachten, könnten die an der Erarbeitung und dem „In-Geltung-Setzen" des EU-Vertrags beteiligten politischen Akteure rund vier Jahrzehnte später eine herrschaftsbegründende rechtliche Grundordnung für die überstaatlich-supranationale Ebene hervorgebracht haben; dies namentlich, indem auch sie sich – wie anno 1949 die Landtage und Bürgerschaften in den westdeutschen Ländern – vorübergehend von jener Verfassungsordnung emanzipierten, durch die sie als Staatsorgan konstituiert und somit in die Rolle eines *pouvoir constitué* verwiesen waren.

Bereits *Sieyès* hat betont, dass der Volkssouverän – im hier entfalteten Szenario der *gesamteuropäische* Volkssouverän – seinen Normwillen in jeglicher Form äußern kann[137] und folglich auch in jenen Formen und Verfahren, aus denen der EU-Vertrag hervorgegangen ist. Entpuppte sich der EU-Vertrag tatsächlich als ein Normeninbegriff, der Hoheitsgewalt „ebenso originär wie eine staatliche Verfassung" konstituiert,[138] so würde damit eine allgemeine Beobachtung *Josef Isensees* bestätigt, die dieser unter der Überschrift „Neuanfang über alten Strukturen – erborgte Legalität" wie folgt beschreibt:

„Die Akteure der Verfassunggebung [...] suchen den Weg, auf dem sie unter den gegebenen Umständen am ehesten Handlungs- und Durchsetzungsfähigkeit erwarten können. Sie bedienen sich vielfach der vorhandenen Organisation und der eingeübten Verfahrenstechnik. [...] So nutzten die Deputierten des Dritten Standes 1789 die Aktionschancen der Ständeversammlung aus, die der König einberufen hatte, und funktionierten sie für ihre Zwecke um. Die Wende der Sowjetunion und ihrer Nachfolgestaaten von der sozialistischen Parteidespotie zu demokratischen und liberalen Zielen wurde ausgelöst von der sowjetischen Partei- und Staatsführung, eine obrigkeitlich verfügte, eine oktroyierte Revolution also, eine Demokratie von oben. [...] In der DDR ging die Abkehr von der sozialistischen Diktatur 1989 auf eine Revolution von unten zurück. Doch der alten Staatsorganisation blieb es überlassen, die Revolutionsziele umzusetzen. [...] Auch als die Staatsführung nach der Volkskammerwahl ausgewechselt und erstmals demokratisch legitimiert worden war, bediente sich diese

[137] *Emmanuel Joseph Sieyès*, Qu'est-ce que le Tiers-État?, 3. Auflage 1789, S. 116: „De quelque manière qu'une Nation veuille, il suffit qu'elle veuille; *toutes les formes sont bonnes*, et sa volonté est toujours la loi suprême." (Hervorhebung hinzugefügt). Vgl. auch *Carl Schmitt*, Verfassungslehre (1928), 9. Auflage 2003, S. 90 sowie *Josef Isensee*, Das Volk als Grund der Verfassung – Mythos und Relevanz der Lehre von der verfassunggebenden Gewalt –, 1995, S. 48f.

[138] So ausdrücklich *Ingolf Pernice*, Europäisches und nationales Verfassungsrecht, VVDStRL 60 (2001), S. 148 (167).

immer noch des Organisationsschemas der alten Verfassung aus totalitär-sozialistischer Ära, deren Geltungsgrund und Sinn längst hinfällig geworden waren. Das überkommene Verfassungsgesetz wurde zwar in vielen Punkten geändert, doch nicht als ganzes ersetzt. Ähnlich vollzog sich seit 1990 die Entwicklung Südafrikas, die Abkehr vom Apartheidsystem und der Übergang zur Demokratie, die aus der allgemeinen und gleichen Wahl im Jahre 1994 hervorgehen sollte, weitgehend in den Bahnen der abdankenden alten Ordnung. So unterschiedlich die erwähnten Vorgänge nach Anfang, Verlauf und Ergebnis auch sind, es läßt sich ein gemeinsames Muster erkennen: die Genese der neuen Verfassungsordnung mit Hilfe der alten. Das ancien régime widmet seine rechtlichen und materiellen Ressourcen dem Umbau des Gemeinwesens. Organe des alten Systems stellen ihre Arbeitskraft und Sachkompetenz zur Verfügung. Der Organleihe korrespondiert die Verfassungsleihe. Die alte Verfassung wird dazu benutzt ihre eigene Ablösung zu betreiben und die Überleitung in die neue Ordnung zu erleichtern. [...] In der legalen ‚Revolution' nimmt die Revolution Kredit beim ancien régime: erborgte Legalität."[139]

Wurde also das Grundgesetz gemäß dem von *Isensee* skizzierten Muster dazu benutzt, seine eigene Ablösung als Verfassung im Vollsinne der Errungenschaft herbeizuführen? Ist die vom Grundgesetz bereitgestellte Verfahrenstechnik der Integrationsgesetzgebung zur (Neu-)Begründung von Herrschaft auf europäischer Ebene zweckentfremdet worden? Haben Bundestag und Bundesrat an der Installation einer rechtlichen Gesamtordnung mitgewirkt, in der das Grundgesetz nurmehr noch hinsichtlich eines Teils der in seinem Geltungsbereich obwaltenden Herrschaft als Legitimationsgrundlage fungiert, während der andere Teil, namentlich die von Einrichtungen der Europäischen Union herrührenden Akte öffentlicher Gewalt, ihre Legitimität ultimativ aus dem EU-Primärrecht beziehen?

Die Antwort lautet: Nein. Zwar erscheint ein solches Szenario angesichts des Umstands, dass der Volkssouverän bei der Begründung von Herrschaft durch Verfassunggebung auf jede denkbare Verfahrensweise zurückgreifen kann, keineswegs ausgeschlossen, doch bleibt all dies vorerst rein theoretischer Natur. Denn es liegen keinerlei Anhaltspunkte dafür vor, dass Bundestag und Bundesrat beim Erlass des Zustimmungsgesetzes zum EU-Vertrag tatsächlich ad hoc ihre Qualität wechselten, d.h. ihre staatsverfassungsrechtliche Organstellung ablegten, um im Verbund mit weiteren Akteuren aus anderen europäischen Staaten als selbstermächtigte Prokuratoren des gesamteuropäischen Volkssouveräns Herrschaft auf überstaatlicher Ebene neu zu begründen. Im Gegenteil: Um sicherzugehen, dass das avisierte Zustimmungsgesetz zum EU-Vertrag von ihren Befugnissen als *pouvoirs constitués* gedeckt sein würde, änderten Bundestag und Bundesrat eigens mit Blick auf dieses Vorhaben das Grundgesetz, ergänzten es um die Integrationsermächtigung des Art. 23 GG n.F. Die politischen Hintergründe, rechtlich-inhaltlichen Konsequenzen und verfassungstheoretischen Implikationen dieser Grundgesetzänderung sind

[139] *Josef Isensee*, Das Volk als Grund der Verfassung – Mythos und Relevanz der Lehre von der verfassunggebenden Gewalt –, 1995, S. 50ff. *Jon Elster*, Deliberation and Constitution Making, in: ders. (Hrsg.), Deliberative Democracy, 1998, S. 97 (117) erklärt die Tendenz zur Organleihe im Zusammenhang mit dem Prozess der Verfassunggebung wie folgt: „A country can rarely afford to have two sets of elites, one for writing the constitution and another for governing the country."

bereits ausführlich erörtert worden und sollen hier nicht noch einmal in Gänze entfaltet werden.[140] An dieser Stelle genügt vielmehr der Hinweis, dass für die Gesetzgebungskörperschaften des Bundes ersichtlich kein Anlass bestand, mit Blick auf die Gründung der Europäischen Union die Verfassungsordnung der Bundesrepublik zu modifizieren, nur um den ins Auge gefassten Integrationsschritt sodann absichtsvoll außerhalb der Verfassungsordnung zu vollführen.

Beredtes Zeugnis für den Willen der Gesetzgebungskörperschaften des Bundes, an der Gründung der Europäischen Union ausschließlich auf Grundlage und in den Grenzen der ihnen durch das Grundgesetz zugewiesenen Kompetenzen mitzuwirken, legen die einschlägigen Gesetzgebungsmaterialien ab. So heißt es in der Beschlussempfehlung des Sonderausschusses des Bundestags „Europäische Union (Vertrag von Maastricht)" vom 1. Dezember 1992[141] ausdrücklich: „Artikel 23 Abs. 1 GG schafft die verfassungsrechtlichen Voraussetzungen für das Hineinwachsen der Bundesrepublik Deutschland in eine Europäische Union."[142] Nicht minder klare Einlassungen zu Anlass und Zweck der Einfügung des Europa-Artikels finden sich in den Empfehlungen der „Gemeinsamen Verfassungskommission" von Bundestag und Bundesrat:

> „Mit dem Vertrag von Maastricht erreicht die europäische Einigung ein neues Stadium. Neben das wirtschaftliche Zusammenwachsen tritt in immer stärkerem Maße das Ziel der politischen Einigung Europas. Aus den Europäischen Wirtschaftsgemeinschaften erwächst die Europäische Union, die, mit zusätzlichen Kompetenzen ausgestattet, den Übergang von einer zwischenstaatlichen Einrichtung im Sinne des Artikel 24 Abs. 1 GG zu einer eigenstaatlichen Einrichtung supranationaler Qualität einleitet. Diese qualitative Veränderung, dieser ‚Qualitätssprung' bedarf einer eindeutigen verfassungsrechtlichen Absicherung. [...] Diese[m] Ziel[...] dient der neue Europa-Artikel, der an die Stelle des bei der Wiedergewinnung der deutschen Einheit aufgehobenen Art. 23 GG treten soll."[143]

Und auch unmittelbar im „Gesetz zum Vertrag vom 7. Februar 1992 über die Europäische Union" selbst tritt der historische Wille von Bundestag und Bundesrat, auf dem Boden des Grundgesetzes und folglich als *pouvoirs constitués* zu agieren, klar zu Tage, wenn es einleitend heißt: „Der Bundestag hat mit Zustimmung des Bundesrates das folgende Gesetz beschlossen; *Artikel 79 Abs. 2 des Grundgesetzes ist eingehalten*"[144].

---

[140] Vgl. oben Zweites Kapitel C. I. 2.

[141] Beschlussempfehlung und Bericht des Sonderausschusses „Europäische Union (Vertrag von Maastricht)" vom 1. Dezember 1992 – BT-Drs. 12/3896.

[142] Beschlussempfehlung und Bericht des Sonderausschusses „Europäische Union (Vertrag von Maastricht)" vom 1. Dezember 1992 – BT-Drs. 12/3896, S. 17.

[143] Bericht der Gemeinsamen Verfassungskommission vom 5. November 1993 – BT-Drs. 12/6000, S. 20.

[144] BGBl. 1992 II, S. 1251 (Hervorhebung hinzugefügt).

2. *Herrschaftsbegründung durch das EU-Primärrecht nach Maßgabe eines alternativen Legitimationsmusters?*

Die obige Betrachtung hat ergeben, dass das Volk als Referenzsubjekt der EU-Primärrechtsgebung und -geltung ausscheidet. Die Unionsverträge sind nicht der rechtsförmige Ausdruck eines Konsenses zwischen jenen Individuen, die von der unionsvertraglich geregelten Herrschaft betroffen sind und zwar weder in tatsächlicher noch in gedanklich-konstruktiver Hinsicht. Wer dem EU-Primärrecht dennoch herrschaftsbegründenden Charakter attestiert, die Unionsgewalt mithin als *originäre* Hoheitsgewalt qualifiziert,[145] kann sich insoweit, als die Legitimität dieser Hoheitsgewalt zur Debatte steht, nicht auf die Lehre von der verfassunggebenden Gewalt des Volkes berufen. Folglich erhebt sich die Frage nach der Verfügbarkeit eines alternativen Legitimitätskonzepts. Gesucht wird ein Argumentationsmodell, das die Rechtsverbindlichkeit eines (vermeintlich) herrschaftsbegründenden Normenensembles ohne Rekurs auf den Normwillen des Volkes zu erklären vermag, dabei aber nicht mit den unhintergehbaren Prämissen der modernen Verfassungsidee bricht, also weder zum demokratischen noch zum konstitutionalistischen Imperativ der bürgerlichen Revolutionen des ausgehenden 18. Jahrhunderts in Distanz tritt.

a) Vorab: Zum Verhältnis von Herrschaftslegitimation und Verfassungsgeltung

Bevor sogleich nach entsprechenden Alternativen zur Lehre von der verfassunggebenden Gewalt geforscht wird, soll im Sinne terminologischer Klarheit zunächst der Zusammenhang zwischen der Legitimität von Herrschaft einerseits und der Rechtsverbindlichkeit der Verfassung andererseits beleuchtet werden. Anlass hierfür besteht insofern, als die Attribute „legitim“ und „(rechts-)verbindlich“ mitunter synonym gebraucht werden. Die Frage nach der Legitimität von Herrschaft kommt dann als Frage nach der Verbindlichkeit politischer Macht daher[146] und der Verfassung wird nicht Rechtsverbindlichkeit, sondern Legitimität zugeschrieben[147]. Die damit insinuierte Austauschbarkeit von „Herrschaft“ und „Verfassung“ als Bezugspunkt der Attribute „legitim“ bzw. „(rechts-)verbindlich“ ist durch den Umstand bedingt, dass Herrschaft im Zuge der Revolutionen in Nordamerika und Frankreich vollends dem (positiven) Recht anverwandelt worden ist: Herrschaft bedeutet seither Rechtserzeugung,[148] Rechtserzeugung findet ihre Grundlage in

---

[145] So mit Nachdruck bereits *Hans Peter Ipsen*, Europäisches Gemeinschaftsrecht, 1972, S. 62 f.

[146] Vgl. nur *Thomas Würtenberger*, Legitimationsmuster von Herrschaft im Laufe der Geschichte, JuS 1986, S. 344.

[147] Vgl. nur *Gerd Roellecke*, Die Legitimation des Grundgesetzes in der Sicht der Systemtheorie, in: Winfried Brugger (Hrsg.), Legitimation des Grundgesetzes aus Sicht von Rechtsphilosophie und Gesellschaftstheorie, 1996, S. 419 (423 f.); *Anne Peters*, Elemente einer Theorie der Verfassung Europas, 2001, S. 499; *Josef Isensee*, Legitimation des Grundgesetzes, in: HStR, Band XII, 3. Auflage 2014, § 254 Rn. 3 f.

[148] Grundlegend *Hans Kelsen*, Allgemeine Staatslehre, 1925 (Nachdruck 1966), S. 16 ff. und 98 f. Vgl. auch *Peter Graf Kielmansegg*, Volkssouveränität: Eine Untersuchung der Bedingungen

der Verfassung.[149] Die Frage, ob ein Herrschaftsanspruch legitim ist, führt daher notwendig zu der Frage, ob die Verfassungsbestimmungen, auf denen der fragliche Herrschaftsanspruch gründet, Verbindlichkeit besitzen. Die Begründung der Anerkennungswürdigkeit der qua Verfassunggebung eingerichteten Herrschaft und die Begründung der Rechtsverbindlichkeit der gegebenen Verfassung bilden insofern zwei Seiten derselben Medaille. Als Folge dessen kann die Frage nach der Verfassungsqualität eines Normeninbegriffs nicht losgelöst von der Frage nach der Legitimität der regelungsgegenständlichen Herrschaftsmacht beantwortet werden.

Allerdings wird im wissenschaftlichen Schrifttum mitunter die gegenteilige Auffassung vertreten. So weist *Markus Heintzen* die These, das EU-Primärrecht besitze keine Verfassungsqualität, weil es nicht auf der verfassunggebenden Gewalt des Volkes beruhe, mit der Begründung zurück, sie sei unjuristisch.[150] Entgegen *Ernst-Wolfgang Böckenförde* handele es sich bei der verfassunggebenden Gewalt des Volkes nicht um einen „Grenzbegriff des Verfassungsrechts",[151] sondern der Begriff liege bereits klar jenseits der Grenze, die das Recht von der Politik trennt.[152] Verfassunggebende Gewalt sei eine vorrechtliche Kategorie mit der nachträglich legitimiert werde, was sich tatsächlich durchgesetzt hat. Da sich die Rechtsordnung der Europäischen Union aber zweifelsfrei durchgesetzt habe, verbiete es sich, ihre Verfassungsqualität im Lichte der vorrechtlichen Kategorie „verfassunggebende Gewalt des Volkes" zu beurteilen.[153]

In Ansehung des soeben skizzierten Zusammenhangs zwischen Herrschaftslegitimation und Verfassungsgeltung vermag diese Argumentation nicht zu überzeugen. Sie basiert auf der unzutreffenden Annahme, Politik und Recht seien zwei grundverschiedene Erscheinungen, sodass verfassungstheoretisches Räsonnement gänzlich ohne Bezugnahmen auf Erwägungen politisch-ideologischer Art auszukommen habe. Doch ist das Recht infolge des Siegeszugs des *Bodin*'schen Souveränitätsdogmas vollends positiviert und somit zum Produkt menschlichen Entscheidens geworden. Seither ist ihm das Moment des Politischen nachgerade inhärent.[154]

---

demokratischer Legitimität, 1977, S. 138 sowie *Hermann Heller*, Staatslehre, 1934, S. 87: „Was von oben wie Herrschaft aussieht, präsentiert sich von unten immer als normative Ordnung."

[149] Siehe nur *Christian Koenig*, Ist die Europäische Union verfassungsfähig?, DÖV 1998, S. 268 (273); *Josef Isensee*, Legitimation des Grundgesetzes, in: HStR, Band XII, 3. Auflage 2014, § 254 Rn. 1.

[150] *Markus Heintzen*, Die „Herrschaft" über die Europäischen Gemeinschaftsverträge – Bundesverfassungsgericht und Europäischer Gerichtshof auf Konfliktkurs?, AöR 119 (1994), S. 564 (581).

[151] *Ernst-Wolfgang Böckenförde*, Die verfassunggebende Gewalt des Volkes – Ein Grenzbegriff des Verfassungsrechts, in: ders., Wissenschaft, Politik, Verfassungsgericht, 2011, S. 97 ff.

[152] *Markus Heintzen*, Die „Herrschaft" über die Europäischen Gemeinschaftsverträge – Bundesverfassungsgericht und Europäischer Gerichtshof auf Konfliktkurs?, AöR 119 (1994), S. 564 (581).

[153] *Markus Heintzen*, Die „Herrschaft" über die Europäischen Gemeinschaftsverträge – Bundesverfassungsgericht und Europäischer Gerichtshof auf Konfliktkurs?, AöR 119 (1994), S. 564 (581).

[154] Dem entspricht, dass *Martin Heckel*, Die Legitimation des Grundgesetzes durch das deutsche Volk, in: HStR, Band VIII, 1. Auflage 1995, § 197 Rn. 59 die verfassunggebende Gewalt des

Denn am Ursprung des Rechts, d.h. dort, wo das Recht seine eigene Erzeugung regelt, ist menschliches Entscheiden notwendig vorrechtlich und mithin politischer Natur.[155] Ob das Produkt dieser menschlichen Entscheidung seinerseits Rechtscharakter hat, also kollektive Verbindlichkeit genießt (Rechtserzeugungs*recht*, Verfassung im normativen Sinne), oder aber schlicht politisches Postulat ist, kann daher nur im Rekurs auf (vorrechtliche) Legitimitätserwägungen beurteilt werden.[156] Es zeigt sich: Da die Positivierung des Rechts dessen Politisierung bedingt, sind die Verfassungsfrage und die Legitimitätsfrage auf das Engste miteinander verwoben und ineinander verstrickt. Die Geltung der Verfassung als Norm kann daher nicht ohne Rückgriff auf die Kategorie der Legitimität erklärt werden.[157] Und so ist in Abwandlung des Diktums von *Wilhelm Henke*, dem zufolge auch der Grund des Rechts zum Recht gehört,[158] zu resümieren, dass auch die (rechtfertigende) Begründung der Verfassungsgeltung zur Verfassung gehört.[159]

b) Legitimität vom Anfang her: Konsens der europäischen Staatsgewalten als funktionales Äquivalent zum Konsens der Herrschaftsunterworfenen?

Insoweit es darum geht, speziell mit Blick auf die unionsseitig ausgeübte Herrschaft ein entsprechendes Begründungsmuster aufzuspüren, erscheint es angesichts der (völker-)vertraglichen Genese des EU-Primärrechts naheliegend, den Fokus auf diejenigen Akteure zu richten, durch deren Rechtshandeln die Unionsrechtsord-

Volkes als „politische[n] und zugleich normative[n]" Grund der Verfassungsgeltung charakterisiert.

155 *Ernst-Wolfgang Böckenförde*, Die verfassunggebende Gewalt des Volkes – Ein Grenzbegriff des Verfassungsrechts, in: ders., Wissenschaft, Politik, Verfassungsgericht, 2011, S. 97 (98) spricht in diesem Zusammenhang von einer „Verknüpfung des Rechts mit vorrechtlichen Gegebenheiten". Vgl. auch *Hans Michael Heinig*, Europäisches Verfassungsrecht ohne Verfassung(svertrag)?, JZ 2007, S. 905 (907).

156 Ebenso *Peter Badura*, Artikel „Verfassung", in: Evangelisches Staatslexikon, Band II, 3. Auflage 1987, Spalte 3737 (3744). *Rudolf Smend*, Verfassung und Verfassungsrecht (1928), in: ders., Staatsrechtliche Abhandlungen, 2. Auflage 1968, S. 119 (215): „Ohne Legitimität, d.h. ohne Geltungsbegründung in geschichtlich geltenden, dem Staat und seinem Recht transzendenten Werten [sic] gibt es keine Geltung der positiven Verfassungs- und Rechtsordnung selbst."

157 Dies übersehen *Tobias Herbst*, Legitimation durch Verfassunggebung: Ein Prinzipienmodell der Legitimität staatlicher und supranationaler Hoheitsgewalt, 2003, S. 188, der den Verfassungsbegriff strikt von der Legitimitätsfrage lösen möchte und *Franz Christian Mayer*, Verfassung im Nationalstaat: Von der Gesamtordnung zur europäischen Teilordnung?, VVDStRL 75 (2016), S. 7 (29), insofern er der Idee eines Verfassungspluralismus anhängt, der „letzte Grundlegungen" kategorisch ablehnt.

158 *Wilhelm Henke*, Die verfassunggebende Gewalt des Volkes in Lehre und Wirklichkeit, Der Staat 7 (1968), S. 165 (171). Zustimmend *Ernst-Wolfgang Böckenförde*, Die verfassunggebende Gewalt des Volkes – Ein Grenzbegriff des Verfassungsrechts, in: ders., Wissenschaft, Politik, Verfassungsgericht, 2011, S. 97 (98).

159 Ähnlich *Martin Heckel*, Die Legitimation des Grundgesetzes durch das deutsche Volk, in: HStR, Band VIII, 1. Auflage 1995, § 197 Rn. 7: „Der Begriff der ‚verfassunggebenden Gewalt' wird in der Präambel jedenfalls als Rechtsbegriff des positiven Rechts verwendet; deshalb ist er der Staatsrechtslehre zur Besinnung auf die Legitimitätsgrundlagen und zur Bestimmung ihrer staatsrechtlichen Konsequenzen schicksalhaft aufgegeben."

nung geschaffen worden ist. Zu untersuchen ist, mit anderen Worten, ob der im völkerrechtlichen Vertragsschluss manifest gewordene Konsens der an der Erzeugung des EU-Primärrechts beteiligten Staatsgewalten unter dem Gesichtspunkt des Hervorbringens legitimer Herrschaft als funktionales Äquivalent zum Konsens der Herrschaftsunterworfenen taugt.

aa) Indifferenz der „Theorie des konstitutiven Vertrags" gegenüber dem Aspekt der Herrschaftsbegründung

Befragt man diesbezüglich die Verfassungshistorie, so wird offenbar, dass der völkerrechtliche Vertragsschluss bereits lange Zeit vor Gründung der Europäischen Union als Entstehungsmodus von staatenintegrierenden Verbänden und ihnen korrespondierenden Organisationsstatuten fungierte. Auch und gerade die deutsche Verfassungsgeschichte hält in Gestalt der sog. „Novemberverträge" des Jahres 1870 ein besonders eindrückliches Beispiel für völkervertragliche Übereinkünfte bereit, die eine Staatenverbindung hervorbrachten (Deutsches Reich) und diese *uno actu* mit einer als „Verfassung" bezeichneten normativen Grundordnung ausstatteten (*Bismarck*'sche Reichsverfassung). Die einzelnen Rechtswirkungen der „Novemberverträge" sind bereits ausführlich erörtert worden[160] und sollen an dieser Stelle nicht noch einmal im Detail dargestellt werden. Mit Blick auf die hier interessierende Frage nach der herrschaftslegitimierenden Kraft eines zwischen verschiedenen Staatsgewalten erzielten Konsenses über die Sanktionierung einer gemeinsamen rechtlichen Grundordnung genügt vielmehr die Feststellung, dass die vom Norddeutschen Bund und den süddeutschen Einzelstaaten im Spätherbst des Jahres 1870 vollzogenen Vertragsschlüsse als taugliches Vehikel zur Reichsverfassunggebung betrachtet wurden. Vor diesem Hintergrund erscheint es zumindest nicht ausgeschlossen, dass die theoretische Fundierung, welche die vertragsmäßige Entstehung des Deutschen Reiches und seiner rechtlichen Grundordnung durch die Staats- und Völkerrechtslehre des ausgehenden 19. Jahrhunderts erfahren hat, im Zusammenhang mit der vorliegend zu klärenden Frage nach der (Verfassungs-)Qualität des EU-Primärrechts fruchtbar gemacht werden kann.

Für die zeitgenössische Rechtswissenschaft stellte sich die Herausbildung des gesamtdeutschen Bundesstaates vor allen Dingen deshalb als verfassungstheoretische Herausforderung dar, weil die Art und Weise seiner Entstehung nach einer Neubestimmung des Verhältnisses von Vertrag und Gesetz verlangte: Die Reichsverfassung von 1867/1871 war im Wege des völkerrechtlichen Vertragsschlusses zu rechtlicher Existenz gelangt, hatte nach Geltungsgrund und Inhalt aber die Qualität eines Gesetzes, denn sie stützte ihre Verbindlichkeit nicht auf den Vertragsrechtssatz der Völkerrechtsordnung („pacta sunt servanda"), sondern auf den Willen der durch sie konstituierten politischen Entität (Deutsches Reich). Ferner begründete sie Rechte und Pflichten nicht allein im Verhältnis der kontrahierenden Staaten,

[160] Vgl. oben Zweites Kapitel B. II. 5. a) dd).

sondern ebenso im Verhältnis der Individuen zur öffentlichen Gewalt.[161] Damit standen die sog. „Novemberverträge“ in fundamentalem Widerspruch zur ehedem einflussreichen pandektistischen Lehre, die das Rechtsgeschäft (Hauptanwendungsfall: Vertrag) als einen reinen Rechtsanwendungsakt deutete, d.h. als einen Vorgang, der auf der Grundlage und im Rahmen des objektiven Rechts Rechtsfolgen auslösen kann, im Unterschied zum Gesetz aber selbst kein objektives Recht zu erzeugen vermag.[162] Die Staats- und Völkerrechtslehre sah sich folglich mit der anspruchsvollen Aufgabe konfrontiert, plausible Argumentationsmuster und belastbare Rechtsfiguren zu entwickeln, die geeignet waren, die (ausschließende) Disjunktion von Vertrag und Gesetz zu überwinden, um so die Gesetzesqualität der Reichsverfassung mit ihrem vertragsmäßigen Zustandekommen theoretisch-konstruktiv in Einklang zu bringen.[163]

Auf breite Resonanz stieß insoweit die von *Karl Binding*[164], *Heinrich Triepel*[165] und *Johannes Emil Kuntze*[166] entwickelte „Theorie des konstitutiven Vertrags“ (auch: „Vereinbarungslehre“ bzw. „Gesamtaktlehre“).[167] Gemäß dieser Theorie kennt das Völkerrecht neben Willenseinigungen, die den Charakter eines nur Rechte und Pflichten der Kontrahenten setzenden Rechtsgeschäfts haben, auch solche Willenseinigungen, die – wie die „Novemberverträge“ – eine neue, über den Kontrahenten stehende Rechtsordnung schaffen und somit die Qualität eines (höchsten) Gesetzes aufweisen. Während der Inhalt der erstgenannten Willenseinigung seine rechtliche Verbindlichkeit aus einem Rechtssatz bezieht („pacta sunt servanda“), der seinerseits Bestandteil einer der Einigung vorausliegenden Rechtsordnung ist (Völkerrechtsordnung), sodass sich die betreffende Willenseinigung als ein Akt der Rechts*anwendung* darstellt, bezieht der Inhalt der letztgenannten Willenseinigung seine Verbindlichkeit unmittelbar aus der Einigung selbst, die somit als reiner Rechts*begründungsakt* (und eben nicht (auch) als Rechtsanwendungsakt) erscheint. Die Art und Weise des „Aufeinander-Einwirkens“ der zum Vertragsschluss führenden Willenserklärungen macht den Unterschied: Während die Willen der Kontrahenten beim rechtsgeschäftlichen Vertrag ineinander greifen, um kraft des völkerrechtlichen Vertragsrechtssatzes Bindungswirkung zu entfalten, verschmelzen sie beim „konstitutiven“ Vertrag zu einem einzigen Willen, der als

---

[161] Dies hervorhebend *Georg Meyer*, Lehrbuch des deutschen Staatsrechts, 1. Auflage 1878, S. 309.

[162] Vgl. *Heinz Wagner*, Grundbegriffe des Beschlußrechts der Europäischen Gemeinschaften, 1965, S. 101.

[163] Instruktiv dazu *Anne Peters*, Elemente einer Theorie der Verfassung Europas, 2001, S. 220ff.

[164] *Karl Binding*, Die Gründung des Norddeutschen Bunds: Ein Beitrag zur Lehre von der Staatenschöpfung, 1889, S. 69ff.

[165] *Heinrich Triepel*, Völkerrecht und Landesrecht, 1899, S. 49ff.

[166] *Johannes Emil Kuntze*, Der Gesammtakt – ein neuer Rechtsbegriff, in: Festgabe der Leipziger Juristenfakultät für Otto Müller zum 14. Mai 1892, 1892, S. 27ff.

[167] Eine kritische Analyse der „Theorie des konstitutiven Vertrags“ unternimmt *Hans Kelsen*, Allgemeine Staatslehre, 1925 (Nachdruck 1966), S. 196f. Vgl. auch die zusammenfassende Darstellung bei *Heinz Wagner*, Grundbegriffe des Beschlußrechts der Europäischen Gemeinschaften, 1965, S. 99ff.

„Gemeinwille" den Vertragsinhalt vom Völkerrecht emanzipiert, indem er die Legalität des Vertragsinhalts ausschließlich und unmittelbar auf sich selbst stützt, also die Notwendigkeit des Rekurses auf den völkerrechtlichen Vertragsrechtssatz negiert. Im einen Fall stehen die Beteiligten einander gegenüber, geben komplementäre Willenserklärungen ab und bewirken auf diese Weise einen Willensaustausch, im anderen Fall stehen sie nebeneinander, geben gleichgerichtete Willenserklärungen ab und evozieren dergestalt den „Gemeinwillen".[168] Jener „Gemeinwille" ist es, der – wie insbesondere *Karl Binding* betont – den Vertragsinhalt aus der Verfügungsmacht der Kontrahenten löst und seine Geltung als objektives, über den vertragsschließenden Staaten stehendes Recht erklärt:

„Die verbindliche Kraft schöpft die vereinbarte Verfassung [...] allein aus der vernünftigen [...] That zu ihrer Errichtung fähiger Gründer. Nicht sowohl die Einigung der Willen schafft die Verfassung – denn die Willen, die sich gebunden, können sich auch wieder lösen: wohl aber die gemeinsame That, von der es keinen Rücktritt giebt, deren Konsequenzen jeder für sich, alle für alle, Generation für Generation anzuerkennen und zu vertreten haben. Diese That ist die Bildung, Erklärung und Verwirklichung des Gemeinwillens."[169]

Mit dem Ziel, die Deutung des Europäischen Gemeinschaftsrechts als eine gegenüber den mitgliedstaatlichen Rechtsordnungen verselbständigte Rechtsordnung theoretisch zu unterfüttern, ist die „Theorie des konstitutiven Vertrags" schon recht bald nach der Unterzeichnung der Römischen Verträge auf den europäischen Einigungsprozess übertragen worden. In diesem spezifischen Kontext wurde sie insbesondere von *Hans Peter Ipsen* fruchtbar gemacht, der insoweit von einem „Gesamtakt staatlicher Integrationsgewalt" spricht:

„Aus der Rechtsfigur des ‚Gesamtaktes' entlehnt diese Kennzeichnung die gleichgerichtete Zielsetzung der Gründerstaaten, die sich nicht obligatorisch in ihrer Willenseinigung er-

---

[168] *Johannes Emil Kuntze*, Der Gesammtakt – ein neuer Rechtsbegriff, in: Festgabe der Leipziger Juristenfakultät für Otto Müller zum 14. Mai 1892, 1892, S. 27 (43): „Die Gesammtaktbetheiligten stellen sich nicht, wie die Vertragsparteien *einander gegenüber*, sondern *neben einander*. Sie kommen zwar auch von individuellen, aber *nicht* von *entgegengesetzten*, sondern von *entsprechenden* oder gleichartigen Ausgangspunkten her, nehmen also nicht den Parteistandpunkt ein, d.h. sie stehen nicht von vornherein in einem Kampf der Interessen, der erst im Vertragsschluss zur Ruhe kommt, sondern sie haben einen gemeinsamen, ja identischen Ausgangspunkt, sie gehen von Anfang an Hand in Hand oder wenigstens, es liegt in ihrem Wollen und Streben nichts, was dem entgegenstände, dass sie ganz Hand in Hand gehen." Ganz ähnlich *Karl Binding*, Die Gründung des Norddeutschen Bunds: Ein Beitrag zur Lehre von der Staatenschöpfung, 1889, S. 70: „*Die Vereinbarung* aber ist die *Verschmelzung verschiedener inhaltlich gleicher Willen*. Sie ist das einzige Mittel zur Bildung eines Gemeinwillens." Vgl. auch *Heinrich Triepel*, Völkerrecht und Landesrecht, 1899, S. 51 ff.: „Die Vereinbarung besteht wie der Vertrag aus den zusammentreffenden Willenserklärungen mehrerer Personen. Diese Erklärungen werden, gleichfalls wie beim Vertrage, gegeneinander abgegeben. Aber anders als beim Vertrage erklärt hier jede Partei einen Willen, der dem Willen der anderen vollkommen *gleich* ist. [...] Während der Vertrag der Erfüllung *entgegengesetzter Interessen* dienen soll, ist die Vereinbarung bestimmt, *gemeinsame* oder *gleiche Interessen* zu befriedigen." Kritisch und instruktiv zum psychologistischen Ansatz der „Theorie des konstitutiven Vertrags" *Heinz Wagner*, Grundbegriffe des Beschlußrechts der Europäischen Gemeinschaften, 1965, S. 102 f.

[169] *Karl Binding*, Die Gründung des Norddeutschen Bunds: Ein Beitrag zur Lehre von der Staatenschöpfung, 1889, S. 70.

schöpft. In der Aufgabenstellung der Gemeinschaften, ihrer Verfassung und ihrer Ausstattung ist ihre Schöpfung auf eine Rechtsordnung gerichtet, die *außerhalb* der Staaten existiert und ihnen gegenüber *selbständig* wirkt."[170]

Die Plausibilität der Theorie vom „Gesamtakt staatlicher Integrationsgewalt" ist im wissenschaftlichen Schrifttum mit beachtlichen Argumenten angezweifelt worden.[171] Indes kommt es für die Beantwortung der vorliegend diskutierten Frage nicht darauf an, ob diese Theorie einer kritischen Prüfung standzuhalten vermag oder nicht. Denn bei genauer Betrachtung zeigt sich, dass die von *Ipsen* in Anknüpfung[172] an die „Theorie des konstitutiven Vertrags" formulierte These, das EU-Primärrecht stelle sich als eine vertragsmäßig geschaffene Rechtsordnung dar, die außerhalb der vertragsschließenden Mitgliedstaaten existiert und ihnen gegenüber selbständig wirkt, keineswegs zu der Annahme zwingt, die Unionsverträge wirkten herrschaftsbegründend. Wenn bisweilen der gegenteilige Eindruck entsteht, namentlich der Eindruck, die gesamtaktliche Begründung einer neuen politischen Entität ginge stets mit der Begründung neuer Herrschaft einher, dann deshalb, weil sowohl im Zusammenhang mit der Entstehung des deutschen Bundesstaates und seiner rechtlichen Grundordnung als auch im Zusammenhang mit der Entstehung der europäischen Staatenverbindung und ihrer rechtlichen Grundordnung zu undifferenziert von „Verfassung" gesprochen wird.[173]

Da in der westlichen Welt seit geraumer Zeit das Verfassungsverständnis des demokratischen Konstitutionalismus vorherrscht, dieser aber definitionsgemäß nur herrschaftsbegründenden Normeninbegriffen Verfassungsqualität zubilligt, verleitet die Kennzeichnung eines im Wege „gesamtaktlicher" Willenseinigung zu Geltung gebrachten Normeninbegriffs als „Verfassung" zu dem Schluss, die „gesamtaktliche" Willenseinigung wirke herrschaftsbegründend. Dass dieser Schluss fehlgeht, wird offenbar, wenn man sich vergegenwärtigt, dass das rechtliche Produkt des prototypischen Gesamtakts „Novemberverträge" in einem Normenensemble bestand (*Bismarck*'sche Reichsverfassung), welches zwar eine neue politische Entität (Deutsches Reich) und mit ihr eine neue, Geltungsselbstand genießende Rechtordnung (Reichsrecht) konstituierte, insoweit aber gerade nicht herrschaftsbegründend, sondern lediglich herrschaftsmodifizierend wirkte: Die *Bismarck*'sche Reichsverfassung brach keineswegs mit der auf dem monarchischen Prinzip gründenden Herrschaft der süddeutschen Fürsten, wie zuvor auch die Verfassung des Norddeutschen Bundes nicht mit der überkommenen Herrschaft der norddeutschen Fürsten gebrochen hatte. Die „gesamtaktliche" Verfassunggebung von 1867 und 1870/71

---

170 *Hans Peter Ipsen*, Europäisches Gemeinschaftsrecht, 1972, S. 61 f.

171 So insbesondere von *Heribert Franz Köck*, Der Gesamtakt in der deutschen Integrationslehre, 1978, S. 50 ff.

172 Die inhaltliche und terminologische Nähe zwischen *Ipsens* Gesamtaktslehre und der im ausgehenden 19. Jahrhundert entwickelten „Theorie des konstitutiven Vertrags" betont *Anne Peters*, Elemente einer Theorie der Verfassung Europas, 2001, S. 227.

173 Vgl. dazu die einschlägige Kritik von *Christoph Möllers*, Staat und Verfassung im Kontext der Europäisierung, in: Christian Calliess (Hrsg.), Verfassungswandel im europäischen Staaten- und Verfassungsverbund, 2007, S. 9.

negierte und beseitigte die in den deutschen Einzelstaaten obwaltende politische Macht nicht,[174] sondern reorganisierte sie unter dem Dach des eigens zu diesem Zweck geschaffenen Verbands „Deutsches Reich".[175] Neu war die Form der politischen Einheit, nicht aber – jedenfalls nicht ihrem Begründungszusammenhang nach – die Herrschaft, die in ihr obwaltete.[176] Symptomatisch hierfür steht die Zuordnung der Reichsgewalt zu den „verbündeten Regierungen" der deutschen Einzelstaaten, handelte es sich dabei doch um Autoritäten, deren Existenz und Herrschaftsanspruch dem Deutschen Reich und seiner rechtlichen Grundordnung gerade vorauslagen.[177] In den Worten *Otto Mayers*:

„Entweder man sucht einen [...] eigenen Souverän des Reiches aufzufinden, eine ursprüngliche Trägerschaft der Oberstaatsgewalt, die bei uns an die Stelle des people of the united states träte – das ist ein dornenvoller Weg, wie leicht vorauszusehen. Oder man verzichtet darauf, etwas derartiges zu suchen und zu finden, und behilft sich ohne einen neuen Souverän, stellt demgemäss die Reichsgewalt auf die Gesamtheit der vorhandenen Souveräne der Einzelstaaten und das Reich auf ihren Vertrag. Das ist's, was sich im Gegensatze zur Republik hier von selbst ergiebt: *die Addition mehrerer monarchischer Souveräne giebt keinen neuen Souverän, sondern einen Monarchenbund.* Auch dieser Weg führt zum Ziele, auch in dieser Form kann dem Reiche die ganze Rechtsstellung gewährt und gesichert werden, die es haben soll und muss. Bismarck selbst hat das jedenfalls keine Bedenken gemacht. Er hat für die Kennzeichnung seines Werkes diesen zweiten Weg eingeschlagen und verfolgt bis ans Ende mit einer Entschiedenheit, die nichts zu wünschen übrig lässt."[178]

---

[174] *Peter Lerche*, „Kompetenz-Kompetenz" und das Maastricht-Urteil des Bundesverfassungsgerichts, in: Jörn Ipsen/Hans-Werner Rengeling/Jörg Manfred Mössner/Albrecht Weber (Hrsg.), Verfassungsrecht im Wandel, Festschrift zum 180jährigen Bestehen der Carl Heymanns Verlag KG, 1995, S. 409 (412) spricht in diesem Zusammenhang von der „Vorstellung der Unantastbarkeit der Einzelstaaten in der monarchischen Zeit".

[175] *Otto Mayer*, Republikanischer und monarchischer Bundesstaat, AöR 18 (1903), S. 337 (343) spricht von einem „monarchischen Staatenverein".

[176] Vgl. *Rudolf Smend*, Verfassung und Verfassungsrecht (1928), in: ders., Staatsrechtliche Abhandlungen, 2. Auflage 1968, S. 119 (230 f.): „Bismarck sah deutlicher als die Paulskirche die bundesstaatliche Alternative darin, daß entweder das Ganze die Staatsform und damit die Legitimität der Einzelstaaten begründen muß, oder umgekehrt, denn im Bundesstaat ist ein mehrfaches, ein verschiedenes staatliches Ethos von Ganzem und Gliedern nicht denkbar. Und im Gegensatz zu allen Vorbildern und Theorien ließ er die Wesensbestimmung des Ganzen von den Teilen [...] herkommen – deshalb die Fernhaltung aller Momente, die an eigene Staatsform und eigenes politisches Ethos des Reichs hätten erinnern können [...]. Die legitimierende Kraft des nationalstaatlichen Gedankens und des nationalen Parlaments stellte sich schon von selbst ein – die nur von den Einzelstaaten und ihrem noch in voller Kraft stehenden legitimen Staatsethos her mögliche Legitimierung konnte nur durch diesen, für positivistische Formaljuristen ohne Sinn für den Wurzelboden des öffentlichen Rechts allerdings mißverständlichen Aufbau gewonnen werden."

[177] Siehe dazu *Georg Meyer*, Lehrbuch des deutschen Staatsrechts, 1. Auflage 1878, S. 309 f.; *Otto Mayer*, Republikanischer und monarchischer Bundesstaat, AöR 18 (1903), S. 337 (365); *Heinz Wagner*, Grundbegriffe des Beschlußrechts der Europäischen Gemeinschaften, 1965, S. 116; *Stefan Oeter*, Souveränität und Demokratie als Probleme in der „Verfassungsentwicklung" der Europäischen Union, ZaöRV 55 (1995), S. 679 f. m. w. N. Zur Herleitung und Zuordnung der Reichsgewalt im Kaiserreich vgl. auch *Walter Jellinek*, Verfassung und Verwaltung des Reichs und der Länder, 3. Abdruck 1927, S. 43 – dort in Abgrenzung zu den Verhältnissen unter der Weimarer Reichsverfassung.

[178] *Otto Mayer*, Republikanischer und monarchischer Bundesstaat, AöR 18 (1903), S. 337 (363 f.).

Es zeigt sich: Die „Theorie vom konstitutiven Vertrag“ liefert eine Erklärung dafür, dass durch Willenseinigungen zwischen Staaten Recht erzeugt werden kann, welches über vertraglich-obligatorische Inhalte hinausgreift und sich hinsichtlich seines Geltungsanspruchs vom völkerrechtlichen Vertragsrechtssatz emanzipiert, also „objektiven“ Charakter hat. Ein solcher Vorgang kann in die Entstehung einer neuen politischen Entität und einem dieser Entität zuzuordnenden neuen Rechtsregime einmünden, mithin eine tiefgreifende Veränderung der hergebrachten politischen Verhältnisse bewirken. Davon zu unterscheiden ist aber die Frage, ob jene Veränderung auf einem existenziellen Bruch mit dem Überkommenen basiert oder ob die neue Ordnung ungeachtet ihres veränderten Erscheinungsbilds in der Kontinuität der tradierten Herrschaft steht.[179] Die obige Betrachtung hat ergeben, dass sich die „Theorie des konstitutiven Vertrags“ zu diesem für den Verfassungsbegriff des demokratischen Konstitutionalismus wesentlichen Aspekt indifferent verhält: Sie behauptet, dass unter bestimmten Voraussetzungen solche Regelungen, die die Einrichtung und Ausübung von Herrschaft zum Gegenstand haben, der Verfügungsgewalt jener Staaten entzogen sein können, die diese Regelungen im Wege des völkerrechtlichen Vertragsschlusses vereinbart haben. Sie trifft aber keine Aussage darüber, ob der völkerrechtliche Vertragsschluss taugliches Mittel zur Neubegründung von Herrschaft ist. Das Hervorbringen von (legitimer) Herrschaft ist schlicht nicht ihr Thema.

bb) „Konsens der Staatsgewalten“ als Legitimitätsbehauptung unvereinbar mit Fundamentalunterscheidungen des demokratischen Konstitutionalismus

Angesichts dessen erweist sich die Frage, ob neben dem Normwillen der zum Volkssouverän zusammengeschlossenen Individuen auch der Normwille der zur supranationalen Gemeinschaft zusammengeschlossenen Staatsgewalten geeignet ist, Herrschaft gänzlich neu zu begründen, als ein ungelöstes Problem. Auch ist die Rechtswissenschaft bei Lichte betrachtet gar nicht in der Lage, eine abschließende Antwort auf diese Frage zu geben. Der Grund liegt darin, dass die Suche nach dem Ursprung von Herrschaft denknotwendig über das Recht hinausgreifen muss: Da jede positive Rechtsnorm das Produkt eines Rechtshandelns ist, Rechtshandeln aber die Existenz politischer Macht voraussetzt, ist das Rätsel des Anfangs rechtsimmanent nicht lösbar.[180] Allenfalls kann es durch juristische Konstruktionen

---

[179] So auch *Christoph Möllers*, Staat und Verfassung im Kontext der Europäisierung, in: Christian Calliess (Hrsg.), Verfassungswandel im europäischen Staaten- und Verfassungsverbund, 2007, S. 9 (12), der mit Recht feststellt: „Die Neubegründung von Herrschaft schließt es aus, den Status quo als Legitimationsgrundlage anzuerkennen. Damit verlieren bereits vorhandene zunächst ihren rechtfertigenden Wert und müssen durch eine verfassungseigene Traditionsschaffung ersetzt werden. Die Abkopplung von der Vergangenheit ist zugleich eine Abkopplung von der vorgefundenen politischen Praxis […]“. Mit Blick auf die Reichsverfassung ist hinzuzufügen, dass es an der im Begriff der Herrschaftsneubegründung vorausgesetzten Abkopplung vom Vorgefundenen gerade fehlte.

[180] Ebenso *Rainer Wahl*, Der Vorrang der Verfassung, Der Staat 20 (1981), S. 485 (516); *Niklas*

überbrückt werden, so etwa in Gestalt der hypothetischen Grundnorm.[181] Da sich die Verfassungstheorie damit aber nicht zufrieden geben kann, ist sie gezwungen, die auf das rechtspositive Sollen gerichtete Beobachtungsebene zu verlassen und die Kategorie der Legitimität in den Blick zu nehmen.[182] Doch ist diese eben nicht ausschließlich juristischer, sondern ebenso theologischer, philosophischer und politisch-soziologischer Natur.[183] Dem entspricht, dass die Legitimität sich wandelnden Anschauungen unterliegt: Ob ein bestimmtes Ensemble von Sollenssätzen, das den Anspruch erhebt, institutionalisierte politische Macht zu erzeugen und die Bedingungen ihrer Ausübung festzulegen, der Anerkennung würdig ist und somit auf Dauer Befolgungschancen hat, kann niemals endgültig geklärt werden.[184] Ehedem wirkmächtige Legitimitätsbehauptungen verlieren im Fluss der Zeit ihre Überzeugungskraft und neue treten an ihre Stelle.[185] Der italienische Jurist und Historiker *Guglielmo Ferrero* bringt das Phänomen wie folgt auf den Punkt:

„Die soziale Ordnung ist ein Bauwerk, das beständig wiederaufgerichtet werden muss, weil die Legitimitätsprinzipien, die es stützen, sämtlich nur teilweise gültig und begrenzt sind und sich niemals ganz und für immer durchsetzen. Der Mensch nimmt sie nur an, nachdem er sich an sie gewöhnt hat, und nur provisorisch; wie er sie aus Gewohnheit annimmt, so

---

Luhmann, Verfassung als evolutionäre Errungenschaft, Rechtshistorisches Journal 9 (1990), S. 176 (184); *Gerd Roellecke*, Verfassungsgebende Gewalt als Ideologie, JZ 1992, S. 929 (932); *Markus Heintzen*, Gemeineuropäisches Verfassungsrecht in der Europäischen Union, EuR 1997, S. 1 (11); *Mattias Wendel*, Permeabilität im europäischen Verfassungsrecht, 2011, S. 14. *Stephan Meyer*, Juristische Geltung als Verbindlichkeit, 2011, S. 235 spricht von der Unfähigkeit des positiven Rechts zur „Selbstvalidierung". Siehe dazu auch oben Zweites Kapitel B. III. 2. a) aa).

181 Eingehend dazu *Robert Alexy*, Begriff und Geltung des Rechts, 3. Auflage der Studienausgabe, 2011, S. 154 ff. Betont kritisch in Bezug auf die hypothetische Grundnorm *Hans Haug*, Die Schranken der Verfassungsrevision: Das Postulat der richtigen Verfassung als normative Schranke der souveränen verfassunggebenden Gewalt, 1947, S. 89: „Die Lehre von der Grundnorm ist ein Musterbeispiel des konsequent normativen Denkens in einer Sphäre, wo sich diese Konsequenz, die andernorts ihre Berechtigung haben mag, vom Gegenstand her verbietet und mit eindimensionalen Formeln allerhand anderes erreicht, nur gerade die Wahrheit und die sachgerechte Lösung nicht gefunden wird." Zum Unvermögen der *Kelsen*'schen Grundnorm, die Verbindlichkeit von Recht im eigentlichen Sinne zu begründen *Stephan Meyer*, Juristische Geltung als Verbindlichkeit, 2011, S. 233 ff. und 339 f.

182 Vgl. *Rainer Wahl*, Der Vorrang der Verfassung, Der Staat 20 (1981), S. 485 (516); *Ernst-Wolfgang Böckenförde*, Die verfassunggebende Gewalt des Volkes – Ein Grenzbegriff des Verfassungsrechts, in: ders., Wissenschaft, Politik, Verfassungsgericht, 2011, S. 97 ff.

183 Vgl. nur *Paulo Bonavides*, Die Entpolitisierung der Legitimität, Der Staat 35 (1996), S. 581 (582), demzufolge die Legitimität „der Ort der Theorie [ist], an dem Juristen, Philosophen, Soziologen, Politikwissenschaftler und Historiker zusammenfinden".

184 So auch *Otto Brunner*, Bemerkungen zu den Begriffen „Herrschaft" und „Legitimität", in: ders., Neue Wege der Verfassungs- und Sozialgeschichte, 2. Auflage 1968, S. 64 ff.; *Thomas Würtenberger*, Legitimationsmuster von Herrschaft im Laufe der Geschichte, JuS 1986, S. 344 (348 f.); *Utz Schliesky*, Souveränität und Legitimität von Herrschaftsgewalt, 2004, S. 151; *Reinhold Zippelius*, Allgemeine Staatslehre, 17. Auflage 2017, S. 100 ff.

185 *Josef Isensee*, Die alte Frage nach der Rechtfertigung des Staates, JZ 1999, S. 265 (267). Ganz ähnlich bereits *Friedrich Gentz*, Briefwechsel zwischen Friedrich Gentz und Adam Heinrich Müller 1800–1829, 1857, S. 202 f.: „Das Princip der Legitimität, so heilig es auch seyn mag, ist *in der Zeit* geboren, darf also nicht absolut, sondern nur *in der Zeit* begriffen, und muß *durch die Zeit*, wie alles Menschliche, modificiert werden."

wird er ihrer müde und löst sich von ihnen. Da sie nur teilweise gültig und begrenzt sind, erschöpfen sie sich, und das erklärt uns, warum sie werden und sterben, warum sie eine Kindheit und ein Alter haben.«[186]

In Anbetracht dieser Erkenntnis erscheint es keineswegs ausgeschlossen, dass dereinst eine Situation eintritt, in der einem auf die Begründung und Einrichtung von Herrschaft gerichteten Normenensemble gerade deshalb rechtliche Verbindlichkeit attestiert wird, weil es sich als Produkt des betätigten Normwillens der zur supranationalen Gemeinschaft zusammengeschlossenen europäischen Staatsgewalten darstellt.

(1) Die Unterscheidung zwischen verfassunggebender und verfasster Gewalt

Jedoch beruht die vorliegende Arbeit auf der Prämisse, dass das überkommene Legitimitätsprinzip, dem zufolge die Anerkennungswürdigkeit von Herrschaft aus ihrer Hinordnung auf den Autonomieanspruch der gemeinschaftsgebundenen Individuen resultiert, im Europa der Gegenwart nach wie vor Gültigkeit genießt. Auf dem Boden dieser Prämisse bleibt aber ersichtlich kein Raum für die Annahme, der Konsens der (europäischen) Staatsgewalten besitze nicht nur das Potenzial, bereits existierende politische Macht (staatlicher Provenienz) zu reorganisieren, sondern darüber hinaus auch das Vermögen, politische Macht (gemeineuropäischer Natur) gänzlich neu zu begründen. Denn es ist nicht ersichtlich, wie solche politische Macht, die die Frage nach dem Letztgrund ihrer Verbindlichkeit mit dem Verweis auf einen entsprechenden Konsens unter Staatsgewalten beantwortet, mit dem Autonomieanspruch der Individuen in Einklang stehen könnte. Man müsste den auf Herrschafts(neu)begründung zielenden Willen von Staatsorganen schon als authentische Artikulation des Willens der herrschaftsunterworfenen Individuen ansehen, Herrschaftsträger und Herrschaftsunterworfene also kurzerhand miteinander identifizieren, um das Moment der Fremdbestimmung aus diesem gedanklichen Konstrukt zu tilgen. Das aber hieße zu ignorieren, dass die Verfassungen der EU-Mitgliedstaaten durch ihr Bekenntnis zur Lehre von der verfassunggebenden Gewalt des Volkes jene Art von Höchstgewalt, die in der Fähigkeit zur Herrschafts(neu)begründung liegt, dem Zugriff der Staatsorgane vorbehaltlos entzogen haben. Im Paradigma des demokratischen Konstitutionalismus können die *pouvoirs constitués* niemals in die Rolle des *pouvoir constituant* schlüpfen. Sie sind absichtsvoll außerstande gesetzt, auf die Erzeugung (nicht: Modifizierung) politischer Macht hinzuwirken, weil nur so der Auftragscharakter von Herrschaft gewahrt werden kann.

Zur Verdeutlichung: Wären neben den zum Volk geeinten Herrschaftsunterworfenen auch die durch das Volk eingesetzten Staatsorgane zur Neubegründung von Herrschaft in der Lage, so bestünde fortwährend die Gefahr, dass letztere die ihnen treuhänderisch eingeräumte politische Macht vermittels eines verfassunggebenden

186 *Guglielmo Ferrero*, Macht, 1944, S. 481 f.

Aktes aus eben jener treuhänderischen Bindung lösen. In der Folge entstünde ein von Herrschaftsträgern für Herrschaftsträger geschaffenes Machtreservoir, das zwar für sich in Anspruch nehmen könnte, durch Recht hervorgebracht und begrenzt worden zu sein, aber eben nicht durch solche Sollenssätze, die unmittelbar im Normwillen der Herrschaftsunterworfenen gründen. Der Maßstab, an dem das Hoheitshandeln des dergestalt begründeten Herrschaftsapparats ultimativ verantwortet werden müsste, wäre kein auf dem Konsens der zum Volk geeinten Individuen beruhender, sondern ein von Herrschaftsträgern kraft eigener Machtvollkommenheit in Geltung gesetzter Inbegriff von Normen. Wollte man insoweit immer noch von einem Herrschaftsauftrag sprechen, so handelte es sich um ein Auftragsverhältnis unter ausschließlicher Beteiligung von Herrschaftsträgern. Hoheitsakte, die in Ausführung eines derart beschaffenen Herrschaftsauftrags ergehen, d.h. eines Auftrags, bei dem auch die Rolle des Auftraggebers von einem oder mehreren Herrschaftsträger(n) ausgefüllt wird, können jedoch unter keinen Umständen als Ausdruck kollektiver Selbstbestimmung der herrschaftsunterworfenen Individuen aufgefasst werden. Denn wenn die zum Herrschaftsverband zusammengeschlossenen Individuen noch nicht einmal als Referenzsubjekt des herrschaftsbegründenden Normeninbegriffs figurieren, dann ist ihnen nicht nur faktisch-real, sondern auch theoretisch-konstitutiv jenes Kernelement der öffentlichen Gewalt entzogen, welches wir als *pouvoir constituant* bezeichnen.[187] Eben darin liegt der fundamentale Bruch mit dem demokratischen Imperativ der nordamerikanischen und französischen Revolution.[188]

(2) Die Unterscheidung zwischen Einstimmigkeit und Mehrheit

Doch selbst wenn man sich über die für den demokratischen Konstitutionalismus konstitutive Grunddistinktion zwischen dem *pouvoir constituant* und den *pouvoirs constitués* hinwegsetzen und die nationalen Integrationsgesetzgeber insoweit, als sie auf die Begründung originärer gemeineuropäischer Hoheitsgewalt hinwirken, schlicht als Vergegenwärtigung der dem jeweiligen Staatsverband zugehörigen Individuen betrachten wollte, so könnten entsprechende Beschlüsse der betreffenden Gremien dennoch nicht als dem Konsens der Herrschaftsunterworfenen funktional äquivalent eingeordnet werden. Der Grund liegt darin, dass die nationalen Integrationsgesetzgeber nicht einstimmig, sondern mit Mehrheit entscheiden, der

---

[187] Darauf, dass der öffentlichen Gewalt nicht nur die Ausübung verfassungsetablierter Kompetenzen unterfällt, sondern ebenso die Begründung und Zuordnung derselben im Wege der Verfassunggebung, verweisen auch *Dieter Grimm*, Braucht Europa eine Verfassung?, JZ 1995, S. 581 (584) und *Gerd Roellecke*, Die Legitimation des Grundgesetzes in der Sicht der Systemtheorie, in: Winfried Brugger (Hrsg.), Legitimation des Grundgesetzes aus Sicht von Rechtsphilosophie und Gesellschaftstheorie, 1996, S. 419 (421).

[188] Vgl. dazu *Dieter Grimm*, Die Bedeutung nationaler Verfassungen in einem vereinten Europa, in: ders., Die Zukunft der Verfassung II, 2012, S. 92 (123): „Die Herrschaftsgewalt der [Europäischen Union] geht von den Staaten aus. Dass diese selbst demokratisch sind, gibt der Rechtsgrundlage noch keine demokratische Legitimation in der Art, wie sie zu einer Verfassung gehört."

Mehrheitsentscheid aber nur unter bestimmten Voraussetzungen für und gegen die überstimmte Minderheit wirkt: Weil im Paradigma des demokratischen Konstitutionalismus alle Herrschaft ihren Grund und letzten Zweck im Autonomieanspruch des gemeinschaftsgebundenen Individuums findet, kann ein Mehrheitsentscheid nur unter der Bedingung Verbindlichkeit beanspruchen, dass sich ein jeder, der von ihm betroffen ist, zuvor dem Mehrheitsregime unterworfen hat.[189] Daraus erhellt unmittelbar, dass das Mehrheitsprinzip keinen tauglichen Anfang bildet.[190] Als Modus der Ausübung politischer Herrschaft ist es in demokratischer Perspektive vielmehr nur akzeptabel, wenn und soweit es auf Einstimmigkeit gründet.[191] Bereits *Friedrich Julius Stahl* hat diesen Zusammenhang klar erkannt. Bei ihm lesen wir:

> „[W]enn die Volksmajorität an die gegebene Obrigkeit und die Fundamentalgesetze nicht gebunden ist, so ist auch die Minorität und der Einzelne nicht an die Volksmajorität gebunden. Denn das Gesetz der Stimmenmehrheit ist ja selbst ein solches Fundamentalgesetz. Nicht also der Wille des Volkes, sondern der Wille jeder Partei und jedes Einzelnen ist dann souverän."[192]

Soweit die nationalen Gesetzgebungskörperschaften *als Staatsorgane* mit Mehrheit entscheiden, ergibt sich das die Verbindlichkeit des Mehrheitsentscheids begründende „Einstimmigkeits-Fundament" aus der Staatverfassung. Denn in der Staatsverfassung wird – zumindest theoretisch-konstruktiv – der übereinstimmende Wille aller zum Volk geeinten Individuen manifest, sich zu den in ihr festgelegten Bedingungen der durch sie eingerichteten Mehrheitsherrschaft zu unterwerfen.[193] Fingiert man nun aber die Staatsorganeigenschaft der nationalen Integrationsgesetzgeber hinweg, dann verbietet sich im Umfang dieses „Hinwegfingierens" auch die Berufung auf das Einstimmigkeits-Fundament „Staatsverfassung". Als Folge dessen verliert das Mehrheitsprinzip seine Plausibilität: Wird der Boden der Staatsverfassung absichtsvoll verlassen, so genügt das Mehrheitsprinzip als Entscheidungsmodus nicht mehr dem Autonomieanspruch der Individuen. Der Demokrat, für den Herrschaft stets nur unter der Bedingung anerkennungswürdig ist, dass sie dem Autonomieanspruch des Einzelnen Rechnung trägt, ist nun wieder auf das Konsensprinzip zurückgeworfen. Denn die Alternative, namentlich die Einfüh-

---

[189] Vgl. *Ernst-Wolfgang Böckenförde*, Demokratie als Verfassungsprinzip, in: HStR, Band II, 3. Auflage 2004, § 24 Rn. 35 f.; *Uwe Volkmann*, Grundzüge einer Verfassungslehre der Bundesrepublik Deutschland, 2013, S. 64.

[190] *Josef Isensee*, Das Volk als Grund der Verfassung – Mythos und Relevanz der Lehre von der verfassunggebenden Gewalt –, 1995, S. 50.

[191] Vgl. *Josef Isensee*, Die alte Frage nach der Rechtfertigung des Staates, JZ 1999, S. 265 (274) unter Bezugnahme auf *John Locke*. Vgl. auch *Peter Unruh*, Der Verfassungsbegriff des Grundgesetzes, 2002, S. 8.

[192] *Friedrich Julius Stahl*, Die Philosophie des Rechts, Zweiter Band, 4. Auflage 1870, S. 534.

[193] Vgl. *Bernd Grzeszick*, in: Theodor Maunz/Günter Dürig (Begr.), Grundgesetz-Kommentar, Band III, Loseblattsammlung, 86. EL Januar 2019, Lfg. 57 Januar 2010, Art. 20 Rn. 48: „*Grundgesetz als Ausdruck eines bestehenden Grundkonsenses*, der die Basis für die Anwendung des demokratischen Mehrheitsgrundsatzes bildet".

rung von Herrschaft durch Mehrheit, käme einem Diktat gleich. In den Worten *Josef Isensees*: „Aus Sicht der Freiheit wäre es schlechthin unerträglich, wenn der Einzelne mit beliebigen anderen zu einem Abstimmungsverband zusammengepfercht und den Anordnungen der jeweiligen Majorität unterworfen würde"[194]. Nach alledem ist zu resümieren, dass gleichgerichtete, auf (Neu-)Begründung gemeineuropäischer Herrschaft abzielende Mehrheitsbeschlüsse der nationalen Integrationsgesetzgeber in demokratietheoretischer Perspektive selbst dann kein legitimatorisches Potenzial in sich trügen, wenn man sich die Staatsorganeigenschaft der nationalen Gesetzgebungskörperschaften hinwegdächte.

cc) Fazit

Im Ergebnis bleibt festzuhalten, dass insoweit, als die Begründung originärer gemeineuropäischer Hoheitsgewalt zu besorgen ist, ein hierauf gerichteter Konsens der europäischen Staatsgewalten keinesfalls mit einem entsprechenden Konsens der Herrschaftsunterworfenen gleichgesetzt werden darf. Am legitimatorischen Potenzial des demokratischen Prinzips, d.h. der Idee von der Selbstbestimmung im Kollektiv, vermag ein solcher Staatenkonsens nicht zu partizipieren. Zwar sind die europäischen Staatsgewalten und also auch die nationalen Integrationsgesetzgeber durchaus demokratisch legitimiert, dies aber nur in Bezug auf die Wahrnehmung der ihnen staatsverfassungsrechtlich zugewiesenen Kompetenzen. Die Neubegründung von Herrschaft ist davon nicht umfasst. Im modernen Verfassungsstaat kann den Staatsorganen eine solche Befugnis nicht zustehen, weil die Betätigung des *pouvoir constituant* im Paradigma des demokratischen Konstitutionalismus exklusiv den zum Volk geeinten freien und gleichen Individuen vorbehalten ist. Daraus folgt unmittelbar, dass das unter der Bezeichnung „demokratischer Konstitutionalismus" firmierende Herrschaftskonzept mit solchen Legitimitätsmustern, die den Verbindlichkeitsanspruch eines auf die Erzeugung politischer Macht gerichteten Rechtstextes mit dem Normwillen eines von der (Rechts-)Gemeinschaft der Herrschaftsunterworfenen verschiedenen Subjekts begründen, schlechterdings nicht kompatibel ist. Solange in Europa am demokratischen und konstitutionalistischen Imperativ der nordamerikanischen und französischen Revolution festgehalten wird, muss der Versuch, den Konsens der europäischen Staatsgewalten als Legitimationsreservoir für originäre gemeineuropäische Hoheitsgewalt zu erschließen, als untauglich betrachtet werden.

c) Legitimität jenseits des Anfangs: Möglichkeiten einer Entideologisierung der Verfassungsgeltung

Die bisherigen Überlegungen haben bestätigt, was im Zuge der Auseinandersetzung des Verfassungsbegriffs des demokratischen Konstitutionalismus am Beispiel

---

[194] *Josef Isensee*, Die alte Frage nach der Rechtfertigung des Staates, JZ 1999, S. 265 (274).

des Grundgesetzes bereits anklang: Der demokratische Konstitutionalismus sperrt sich gegen jeden Versuch, das Volk als Subjekt der Verfassunggebung durch eine andere Autorität zu ersetzen. Denn in dem Moment, in dem das Volk als Subjekt der Verfassunggebung ausgetauscht wird, erfolgt notwendig der Bruch mit dem Postulat von der Ausrichtung aller Herrschaft auf den Autonomieanspruch des gemeinschaftsgebundenen Individuums als derjenigen politischen Idee, in deren Dienst sich der demokratische Konstitutionalismus stellt. Wer einerseits anerkennt, dass die (Staats-)Verfassungen der EU-Mitglieder in der Tradition des Verfassungsbegriffs des demokratischen Konstitutionalismus stehen,[195] andererseits aber an der These festhalten will, das EU-Primärrecht begründe seinerseits legitime (gemeineuropäische) Herrschaft, dem bleibt – wenn überhaupt – nur eine einzige Möglichkeit, beide Positionen theoretisch-konstruktiv zu kompatibilisieren: Die Legitimität der originären gemeineuropäischen Hoheitsgewalt, d.h. die Letztbegründung des Verbindlichkeitsanspruchs des EU-Primärrechts als einem Herrschaft *erzeugenden* Normensemble, muss konsequent entideologisiert werden. Denn wenn sich der Herrschaftsverband „Staat" deshalb gegen die Öffnung für unabgeleitete gemeineuropäische Herrschaft sperrt, weil sein legitimatorisches Fundament ideologischer Natur ist und eine Verschränkung mit anderweit ideologisch unterfütterter Herrschaft letztlich zu einem untragbaren „Legitimitäts-Paradox" führen würde, dann ist es angezeigt – so die im Folgenden zu überprüfende Hypothese – die gemeineuropäische Herrschaft auf eine ideologiefreie Grundlage zu stellen, um dergestalt eine widerspruchsfreie europäische Gesamtordnung zu ermöglichen.

aa) Auflösung der Legitimität im positiven Recht: Verfassung als ein sich selbst legitimierendes, autopoietisches „System"?

Steht die Entideologisierung der Legitimität zur Debatte, so liegt der Rückgriff auf die Systemtheorie *Niklas Luhmanns* nahe, zumal *Luhmann* jene Theorie wiederholt in Bezug auf das System „Recht"[196] bzw. das System „politische Herrschaft"[197] konkretisiert hat. Seine einschlägigen Abhandlungen sind im wissenschaftlichen Schrifttum intensiv rezipiert, seine Versuche, speziell die Verfassung als ein sich selbst legitimierendes System zu konstruieren, vielfach (kritisch) reflektiert worden.[198] Auf eine detaillierte Auseinandersetzung mit *Luhmanns* Thesen

---

[195] Vgl. statt vieler *Lars Viellechner*, Verfassung als Chiffre: Zur Konvergenz von konstitutionalistischen und pluralistischen Perspektiven auf die Globalisierung des Rechts, in: ZaöRV 75 (2015), S. 231 (237).

[196] Vgl. insbesondere *Niklas Luhmann*, Ausdifferenzierung des Rechts: Beiträge zur Rechtssoziologie und Rechtstheorie, 1981; *ders.*; Die soziologische Beobachtung des Rechts, 1986; *ders.*, Verfassung als evolutionäre Errungenschaft, Rechtshistorisches Journal 9 (1990), S. 176 ff.

[197] Vgl. *Niklas Luhmann*, Selbstlegitimation des Staates, in: Norbert Achterberg/Werner Krawietz (Hrsg.), Legitimation des Modernen Staates, ARSP-Beiheft 15, 1981, S. 65 ff.

[198] Fundamentalkritik an *Luhmanns* Systemtheorie üben etwa *Jürgen Habermas*, Theorie der Gesellschaft oder Sozialtechnologie? Eine Auseinandersetzung mit Niklas Luhmann, in: ders./

kann und muss an dieser Stelle gleichwohl verzichtet werden. Der Grund liegt darin, dass der vorliegend diskutierte Problemzusammenhang danach verlangt, Möglichkeiten einer Entideologisierung der Legitimität auszuloten, *Luhmanns* systemtheoretische Deutung der Verfassung bei Lichte betrachtet aber gar nicht auf eine Entideologisierung der Legitimität hinsteuert. Seine Überlegungen zielen vielmehr auf die Entlarvung der Legitimität als eine Kategorie, die zumindest mit Blick auf das hier interessierende Phänomen der Herrschaftsbegründung am Kern des Problems vorbeigeht und deshalb in verfassungstheoretischer Perspektive keine Relevanz besitzt.[199]

Zur Verdeutlichung sei auf zwei aufschlussreiche Passagen des bereits mehrfach in Bezug genommenen, von *Luhmann* im Jahre 1990 publizierten Aufsatzes „Verfassung als evolutionäre Errungenschaft"[200] hingewiesen. Gleich zu Beginn dieses Aufsatzes stellt der Autor fest:

> „Juristen werden Verfassungen eher als Gegenstand planmäßiger Gestaltung ansehen, auch wenn sie heute gerne zugeben, daß dies nicht ein einmaliger Vorgang sein kann, sondern durch Interpretation und gegebenenfalls durch Verfassungsänderung nachgeplant werden muß. Für Soziologen liegt es näher, das Moment absichtsvoller Gestaltung nicht so hoch zu veranschlagen, es eher mit einer gewissen Nachsicht als Machbarkeitsillusion zu behandeln, und das führt dann zu einer evolutionstheoretischen Begrifflichkeit."[201]

Unter „Evolution" versteht *Luhmann* dabei „eine Änderung von Strukturen, die nicht im Hinblick auf ein Ziel erfolgt, sondern sich aus der Verarbeitung von Zufallsanstößen ergibt"[202]. Wenn *Luhmann* die Verfassung als eine „evolutionstheoretische Begrifflichkeit" kennzeichnet, impliziert er mithin, dass die Verfassung als

---

Niklas Luhmann, Theorie der Gesellschaft oder Sozialtechnologie – Was leistet die Systemforschung?, 1971, S. 142ff. und *Wolfgang Fürnkranz*, Autopoiesis – Der Deus ex Machina der Systemtheorie, in: Georg Hörmann (Hrsg.), Im System gefangen: Zur Kritik systemischer Konzepte in den Sozialwissenschaften, 2. Auflage 1997, S. 140ff. Zu der für *Luhmanns* Thesen zentralen Charakterisierung des Rechts als „autopoietisches System" *Gunther Teubner*, Recht als autopoietisches System, 1989. Speziell zur Anwendung der Systemtheorie auf die Verfassung *Gerd Roellecke*, Die Legitimation des Grundgesetzes in der Sicht der Systemtheorie, in: Winfried Brugger (Hrsg.), Legitimation des Grundgesetzes aus Sicht von Rechtsphilosophie und Gesellschaftstheorie, 1996, S. 419 (426ff.) sowie – betont kritisch – *Anne Peters*, Elemente einer Theorie der Verfassung Europas, 2001, S. 509ff.

199 Klar erkannt von *Paulo Bonavides*, Die Entpolitisierung der Legitimität, Der Staat 35 (1996), S. 581 (598): „In der Zeit nach Weber versteht sich Legitimität in [...] Luhmanns Verfahrensfunktionalismus nicht mehr als Glauben an die Legalität, sondern als Legalität ohne Glauben. Von hier an muß man dann fragen, ob der Begriff der Legitimität, der in der Verflüchtigung der Glaubensinhalte und der Verdünnung der Werte verdampft ist, noch zum juristischen Themenbestand gehört und ob, in anderen Worten, Juristen und Soziologen weiterhin noch von Legitimität sprechen sollten, nachdem der Rechtsformalismus und das soziologische Verfahrensdenken die Legitimität zu einem geisterhaften Begriff gemacht haben."

200 *Niklas Luhmann*, Verfassung als evolutionäre Errungenschaft, Rechtshistorisches Journal 9 (1990), S. 176ff.

201 *Niklas Luhmann*, Verfassung als evolutionäre Errungenschaft, Rechtshistorisches Journal 9 (1990), S. 176.

202 *Niklas Luhmann*, Verfassung als evolutionäre Errungenschaft, Rechtshistorisches Journal 9 (1990), S. 176.

„selbstreferentielles System" nicht das Ergebnis planvollen Gestaltens ist, sondern das Produkt der Verarbeitung von Zufallsanstößen.

Der hier entfaltete Verfassungsbegriff beruht indes auf der gegenteiligen Annahme, namentlich der Prämisse, dass ein Rechtstext sich überhaupt nur dann zur Verfassung zu qualifizieren vermag, wenn er Manifestation des zielgerichteten politischen Willens ist, an das Medium „Recht" gebundene Herrschaft zu erzeugen. Insofern könnte man – in Abgrenzung von *Luhmanns* „evolutionärem" Verfassungsbegriff – von einem „intentionalen" Verfassungsbegriff sprechen. Im Kontext eines solchen „intentionalen" Verfassungsbegriffs stellt sich die Legitimitätsfrage naturgemäß gerade im Hinblick auf den verfolgten Zweck: Ist ein Rechtstext darauf ausgerichtet, Herrschaft zu begründen, dann bedarf eben dieser Anspruch der erklärenden Begründung. Es muss dargetan werden, warum jener politische Wille, welcher sich der Verfassung als Medium bedient, Anerkennung verdient – die spezifische Intention bildet den Bezugspunkt der Legitimitätsfrage. Spricht man der Verfassung nun aber – mit *Luhmann* – ihre Intentionalität ab, d. h. ihre „Außenanlehnung" an einen vorrechtlichen, auf einen bestimmten Zweck gerichteten politischen Willen (namentlich: Begründung von Herrschaft), dann erübrigt sich damit zugleich die Legitimitätsfrage. Denn wo kein Wille im Sinne einer politischen Gestaltungsambition obwaltet, da ergibt es schlicht keinen Sinn, nach Umständen zu forschen, die das (vermeintlich) nicht Vorhandene als anerkennungswürdig ausweisen könnten.[203]

Ausgehend von einem dergestalt „entintentionalisierten" Verfassungsbegriff ist es nur konsequent, die Frage nach der Begründung des Geltungsanspruchs der Verfassung erst gar nicht zu stellen. Folgerichtig lesen wir bei *Luhmann*:

> „Daß es Verfassungen geben muß, wird in der juristischen Interpretation begründet mit der Notwendigkeit, die Geltung des Rechts zu begründen. Das führt aber nur auf weitere Fragen nach der Begründung der Geltung des Verfassungsrechts. Darauf antworten dann nur noch feierliche Erklärungen. Wir stellen deshalb die Frage nach der Begründung zunächst zurück und *ersetzen* sie, wie angekündigt, durch eine systemtheoretische Analyse."[204]

Indem *Luhmann* die Frage nach der Begründung der Geltung des (Verfassungs-)Rechts durch eine systemtheoretische Analyse der Verfassung ersetzt, gelingt es ihm tatsächlich, letztere von jeglicher (Außen-)Anlehnung an ideologische Postulate zu „befreien". Allerdings vollführt *Luhmann* die „Entideologisierung" der Verfassung unter Zugrundelegung eines Verfassungsbegriffs, der sich von jenem des demokratischen Konstitutionalismus wesenhaft unterscheidet. Während die Verfassungstheoretiker der nordamerikanischen und französischen Revolution die Verfassung als ein Mittel zur Verwirklichung des übergeordneten Zwecks, Herr-

[203] Zur Negation des Subjekts und der Relevanz subjektiven Wollens in *Luhmanns* systemtheoretischen Ansatz *Wolfgang Fürnkranz*, Autopoiesis – Der Deus ex Machina der Systemtheorie, in: Georg Hörmann (Hrsg.), Im System gefangen: Zur Kritik systemischer Konzepte in den Sozialwissenschaften, 2. Auflage 1997, S. 140 (151 ff.).

[204] *Niklas Luhmann*, Verfassung als evolutionäre Errungenschaft, Rechtshistorisches Journal 9 (1990), S. 176 (184) (Hervorhebung hinzugefügt).

schaft in eine Auftragsangelegenheit zu verwandeln, konzipierten, beschreibt *Luhmann* die Verfassung als Produkt der Verarbeitung von Zufallsanstößen. Jedweder Intentionalität enthoben, entfremdet sich die Verfassung aber zwangsläufig vom politisch-juristischen Programm der bürgerlichen Revolutionen, ist das von *Luhmann* als bloße „Machbarkeitsillusion“[205] apostrophierte „Moment absichtsvoller Gestaltung“ für dieses Programm doch nachgerade konstitutiv.[206] Der Grund liegt darin, dass die Konzeptualisierung von Herrschaft als Auftragsangelegenheit das Moment absichtsvollen Gestaltens denknotwendig voraussetzt: ohne Intention kein Auftrag. Und so zeigt sich, dass ein Rückgriff auf *Luhmanns* These von der Selbstlegitimation der Verfassung[207] nur um den Preis des Ausbruchs aus dem (verfassungs-)theoretischen Bezugsrahmen der vorliegenden Studie erfolgen kann. Ein solches Vorgehen wäre aber weder methodisch vertretbar noch erkenntnisförderlich. Letzteres umso weniger, als die hier erörterte These vom europäischen Verfassungspluralismus einen einheitlichen Verfassungsbegriff voraussetzt und auch voraussetzen muss, will sie nicht im Sog begrifflicher Beliebigkeit jeglichen Erklärungswert einbüßen. Folglich gilt es, die Suche nach Möglichkeiten einer Entideologisierung der Legitimität auf dem Boden des intentionalen Verfassungsbegriffs und mithin jenseits der *Luhmann*'schen Systemtheorie fortzusetzen.

bb) Verortung der Legitimität im Faktischen: Akzeptanz als alleiniges Kriterium der Verfassungsgeltung?

Wer den Sitz der Legitimität in Abkehr von *Luhmann* außerhalb des positiven Rechts und mithin außerhalb der Verfassung wähnt, für den liegt es nahe, den Blick mit *Max Weber* auf die innere Einstellung jener zu richten, deren Gehorsam die durch die Verfassung eingesetzten Herrschaftsprätendenten erstreben. Denn Gehorsam kommt, wie *Josef Isensee* mit Recht bemerkt, „nicht aus ohne freie Motivation. Er lässt sich immer nur punktuell, nicht aber aufs Ganze erzwingen.“[208] Angesichts dessen liegt es nahe, den Verbindlichkeitsanspruch der Verfassung an die faktische Akzeptanz anzulehnen, welche die durch die Verfassung erzeugte und

[205] *Niklas Luhmann*, Verfassung als evolutionäre Errungenschaft, Rechtshistorisches Journal 9 (1990), S. 176.

[206] *Roman Schnur*, Die normative Kraft der Verfassung, in: Manfred Friedrich (Hrsg.), Verfassung: Beiträge zur Verfassungstheorie, 1978, S. 100 (105) erkennt im „individualistisch-anthropologische[n] Voluntarismus“ gar ein „Grundprinzip der neueren europäischen Rechtskultur“.

[207] Dazu eingehend *Gerd Roellecke*, Die Legitimation des Grundgesetzes in der Sicht der Systemtheorie, in: Winfried Brugger (Hrsg.), Legitimation des Grundgesetzes aus Sicht von Rechtsphilosophie und Gesellschaftstheorie, 1996, S. 419 ff. in Auseinandersetzung mit *Niklas Luhmann*, Selbstlegitimation des Staates, in: Norbert Achterberg/Werner Krawietz (Hrsg.), Legitimation des Modernen Staates, ARSP-Beiheft 15, 1981, S. 65 ff.

[208] *Josef Isensee*, Die alte Frage nach der Rechtfertigung des Staates, JZ 1999, S. 265 (267) im Anschluss an *Max Weber*, Wirtschaft und Gesellschaft (1921/22), Halbband I, 5. rev. Auflage 1976 (hrsg. von Johannes Winckelmann), S. 122: „Ein bestimmtes Minimum an Gehorchen*wollen*, also: *Interesse* (äußerem oder innerem) am Gehorchen, gehört zu jedem echten Herrschaftsverhältnis.“ Vgl. auch *Utz Schliesky*, Souveränität und Legitimität von Herrschaftsgewalt, 2004, S. 172.

eingerichtete Herrschaft in der Rechtsgemeinschaft erfährt. Legitimität ist in dieser Perspektive keine Frage der Anerkennungswürdigkeit, sondern der tatsächlichen Anerkennung.[209] Dementsprechend konkretisiert *Weber* die Legitimität nicht im Rekurs auf sozialphilosophisch fundierte politische Ideen, sondern im Rückgriff auf sozialpsychologische Fügsamkeitsmotivationen: „Herrschaft [...] kann im Einzelfall auf den verschiedensten Motiven der Fügsamkeit: von dumpfer Gewöhnung angefangen bis zu rein zweckrationalen Erwägungen, beruhen."[210] Als Hauptquellen der Akzeptanz identifiziert *Weber* den Glauben „an die Heiligkeit oder die Heldenkraft oder die Vorbildlichkeit einer Person und der durch sie offenbarten oder geschaffenen Ordnung"[211] (Legitimität kraft Charisma), den (Alltags-)Glauben „an die Heiligkeit von jeher geltender Traditionen und die Legitimität der durch sie zur Autorität Berufenen"[212] (Legitimität kraft Tradition) sowie die Überzeugung von der Zweckmäßigkeit der konkret obwaltenden Herrschaft (Legitimität kraft Vernunftgebotenheit), wobei *Weber* letztgenannten Aspekt (ohne Not) auf den „Glauben an die Legalität gesatzter Ordnungen und des Anweisungsrechts der durch sie zur Ausübung der Herrschaft Berufenen"[213] engführt.[214]

Max Weber entideologisiert die Legitimität damit ebenso konsequent wie *Niklas Luhmann*, doch verbindet ersterer die Entideologisierung der Legitimität im Unterschied zu letzterem nicht mit einer Entintentionalisierung der Verfassung: Die Annahme *Webers*, die Legitimität von Herrschaft speise sich aus der faktischen Anerkennung, die sie in der Rechtsgemeinschaft erfährt, ist ohne weiteres vereinbar mit dem Axiom der demokratischen Verfassungstheorie, wonach die Verfassung als herrschaftserzeugender Normeninbegriff das Produkt absichtsvollen menschlichen Gestaltens ist. Eben darin liegt der große Vorteil gegenüber *Luhmanns* systemtheoretischem Ansatz, welch letzterer zur Preisgabe des intentionalen Verfassungsbegriffs der demokratischen Verfassungstheorie zugunsten eines evolutionären Verfassungsbegriffs zwingt. Aber auch mit Blick auf dasjenige Anliegen, das den Ausgangspunkt unserer hiesigen Überlegungen bildet, erweist sich das *Weber*'sche Legitimitätskonzept *prima facie* als verheißungsvoll. Es ist dies – wie erinnerlich – das Anliegen, mit Blick auf den (vermeintlichen) Herrschaftsbegründungsanspruch des EU-Primärrechts ein Legitimationsmuster aufzuspüren, welches ideologisch „neutral" ist, weil nur ein solches Legitimationsmuster zu ge-

---

[209] Vgl. statt vieler *Anne Peters*, Elemente einer Theorie der Verfassung Europas, 2001, S. 514 sowie *Reinhold Zippelius*, Allgemeine Staatslehre, 17. Auflage 2017, S. 101, der insoweit vom „soziologischen Begriff der Legitimation" spricht und diesen vom „ethischen Begriff der Legitimation" abgrenzt.

[210] *Max Weber*, Wirtschaft und Gesellschaft (1921/22), Halbband I, 5. rev. Auflage 1976 (hrsg. von Johannes Winckelmann), S. 122.

[211] *Max Weber*, Wirtschaft und Gesellschaft (1921/22), Halbband I, 5. rev. Auflage 1976 (hrsg. von Johannes Winckelmann), S. 124.

[212] *Max Weber*, Wirtschaft und Gesellschaft (1921/22), Halbband I, 5. rev. Auflage 1976 (hrsg. von Johannes Winckelmann), S. 124.

[213] *Max Weber*, Wirtschaft und Gesellschaft (1921/22), Halbband I, 5. rev. Auflage 1976 (hrsg. von Johannes Winckelmann), S. 124.

[214] Vgl. zum Ganzen *Reinhold Zippelius*, Allgemeine Staatslehre, 17. Auflage 2017, S. 101.

währleisten vermag, dass das Neben-, Mit- und Ineinander von unionaler und mitgliedstaatlicher Hoheitsgewalt nicht durch das Zusammentreffens von einander ausschließenden, weil auf inkompatiblen Ideologien beruhenden Letztbegründungen von Herrschaft in Europa destabilisiert wird.

Ein solcher „Konflikt der Ideologien" kann durch den Rückgriff auf *Webers* Legitimitätskonzept vollends vermieden werden. Der Grund liegt darin, dass dieses Legitimitätskonzept – wie oben dargetan – gerade nicht ideologischer, sondern streng soziologisch-empirischer Natur ist: Legitimierte man den (vermeintlichen) Herrschaftsbegründungsanspruch des EU-Primärrechts unter Rückgriff auf das von *Weber* herausgestellte Kriterium der faktischen Akzeptanz, so gälte der gemeineuropäische Teil der europäischen Gesamt(verfassungs-)ordnung deshalb, weil seine Sollenssätze (EU-Primärrecht) von der Rechtsgemeinschaft tatsächlich anerkannt werden, die übrigen Teile (mitgliedstaatliche Verfassungen) deshalb, weil sie ihren Ursprung – zumindest theoretisch-konstruktiv – im Normwillen der europäischen Völker haben. Zwischen den jeweiligen Letztbegründungen der Herrschaftsansprüche der zusammengespannten Herrschaftsträger bestünde also keine Kongruenz, sie stünden einander aber auch nicht derart unversöhnlich gegenüber, wie dies etwa im deutschen konstitutionellen System des 19. Jahrhunderts der Fall war[215]. Ein die Gesamtordnung des staatenübergreifenden Gemeinwesens latent destabilisierendes „Legitimitäts-Paradox" wäre nicht zu gewärtigen.

Ungeachtet all dessen erweist sich der Rückgriff auf das soziologisch-empirisch ausgerichtete Legitimitätskonzept *Max Webers'* bei näherem Hinsehen als untunlich. Ausschlaggebend hierfür ist, dass im Zuge eines solchen Vorgehens die normative Kraft der Verfassung empfindlich geschmälert und infolgedessen sowohl ihre demokratische als auch ihre konstitutionalistische Komponente entwertet würden. Was die demokratische Komponente der Verfassung anbetrifft, ist daran zu erinnern, dass es bei den epochalen Revolutionen in Nordamerika und Frankreich im letzten Viertel des 18. Jahrhunderts auch und vor allem darum ging, den Ausgangs- und Zurechnungsendpunkt der staatlichen Macht auszutauschen: Fortan sollte nicht mehr der Wille des Fürsten, sondern der Wille des Volkes maßgebend sein, auf dass Herrschaft den Charakter einer Auftragsangelegenheit annehme. Dem entsprach, dass fürderhin der Konsens der Herrschaftsunterworfenen die Grundlage der gesamten institutionalisierten politischen Macht bilden sollte. Indes ergab sich in diesem Zusammenhang das Problem, dass ein solcher Konsens „für sich genommen nicht über den historischen Moment und die beteiligten Personen hinaus[reicht]"[216]. Hier kam das Recht ins Spiel, denn nur das Recht besaß dank seiner Normativität „die Fähigkeit, den Konsens […] von dem historischen Moment abzulösen"[217] und ihm in Gestalt eines Ensembles von verbindlichen Sollenssätzen Dauerhaftigkeit zu verleihen.

---

215 Vgl. oben Zweites Kapitel B. II. 5. c) cc).

216 *Dieter Grimm*, Braucht Europa eine Verfassung?, JZ 1995, S. 581 (583).

217 *Dieter Grimm*, Die Errungenschaft des Konstitutionalismus und ihre Aussichten in einer veränderten Welt, in: ders., Die Zukunft der Verfassung II, 2012, S. 315 (323).

Sowohl in Frankreich als auch in Nordamerika war aber nicht allein das demokratische Anliegen, sondern ebenso das konstitutionalistische Anliegen handlungsleitend: Da absoluter Herrschaft – sei sie nun monarchischer oder parlamentarischer Natur – stets die Tendenz zu maß- und gestaltloser Willkür eignet, waren die Revolutionäre in Nordamerika und Frankreich bestrebt, das Handeln des Staates zugleich in „festgelegte Formen, gesicherte Verfahren und Kontrollen" zu überführen.[218] In diesem Bestreben offenbart sich die konstitutionalistische Komponente des modernen westeuropäisch-nordatlantischen Herrschaftsmodells, in deren Mitte die Ordnungsaufgabe der Verfassung steht.[219] Auch diese Komponente verlangt nach Normativität im Rechtssinne, denn ordnen kann die Verfassung den politischen Prozess nur, wenn sie sich selbst von ihm emanzipiert. Ihr Anspruch, Herrschaft zu gliedern, anzuleiten und zu mäßigen, bedingt das Gegenüber von Faktizität und Normativität, die Unterscheidung zwischen Staatspraxis und Staatsrecht.[220] Kurzum: Nur wenn die Verfassungssätze mit aller Konsequenz den Schritt von politischen Postulaten zu Rechtssätzen vollführen, vermögen sie Herrschaft verlässlich zu formen und einzuhegen.

Eben dieser Transfer vom Sein zum Sollen, vom politischen Postulat zum Gesetz, der für die demokratische wie auch die konstitutionalistische Komponente des modernen westeuropäisch-nordatlantischen Herrschaftsmodells von entscheidender Bedeutung ist, bildet das eigentliche Thema der Legitimität.[221] Die Frage nach der normativen Kraft der Verfassung und die Frage nach der Legitimität der durch die Verfassung erzeugten und eingerichteten Herrschaft sind folglich auf das Engste miteinander verwoben: Wie effektiv die Verfassung dem ihr zugrunde liegenden Konsens der Herrschaftsunterworfenen zeitliche Dauer verleihen und ihr Ordnungsversprechen einlösen kann, hängt vom Modus ihrer normativen Verbindlichkeit ab, dieser wiederum davon, welchem Legitimitätskonzept die Verfassung folgt. Nimmt man in diesem Zusammenhang Anleihe bei *Max Weber*, so ergibt sich das Problem, dass der Transfer vom Sein zum Sollen ausschließlich auf veränderlichen Gegebenheiten tatsächlicher Natur beruht. Die juristische Geltung der Verfassung steht und fällt dann mit der Erfüllung bzw. Nichterfüllung eines einzigen soziologisch-empirischen Kriteriums, nämlich der Akzeptanz, welche die durch die Verfassung erzeugte und eingerichtete Herrschaft in der Rechtsgemeinschaft erfährt.

---

[218] *Wolfgang Böckenförde*, Verfassungsprobleme und Verfassungsbewegung des 19. Jahrhunderts, in: ders., Recht, Staat, Freiheit, 2006 (erweiterte Ausgabe), S. 244 (254). Siehe ferner oben Zweites Kapitel B. I. 3.

[219] Zur Ordnungsaufgabe der Verfassung *Georges Burdeau*, Zur Auflösung des Verfassungsbegriffs, Der Staat 1 (1962), S. 389 (394); *Konrad Hesse*, Die normative Kraft der Verfassung (1959), in: Manfred Friedrich (Hrsg.), Verfassung: Beiträge zur Verfassungstheorie, 1978, S. 77 (82); *Uwe Volkmann*, Grundzüge einer Verfassungslehre der Bundesrepublik Deutschland, 2013, S. 62 ff.

[220] Vgl. *Josef Isensee*, Verfassungsrecht als „politisches Recht", in: HStR, Band XII, 3. Auflage 2014, § 268 Rn. 76 f.

[221] Vgl. *Wilhelm Henke*, Staatsrecht, Politik und verfassunggebende Gewalt, Der Staat 19 (1980), S. 181 (210); *Gerd Roellecke*, Die Legitimation des Grundgesetzes in der Sicht der Systemtheorie, in: Winfried Brugger (Hrsg.), Legitimation des Grundgesetzes aus Sicht von Rechtsphilosophie und Gesellschaftstheorie, 1996, S. 419 (423 f.).

Damit aber kann sich die Verfassung nur unzureichend von der politischen Wirklichkeit emanzipieren. Denn das Gegenüber von Sein und Sollen, auf dem die Verfassungsidee aufbaut,[222] wird unweigerlich prekär, wenn man juristische Geltung und faktische Akzeptanz ineins setzt. Ursächlich hierfür ist, dass faktische Akzeptanz niemals gewiss ist, vielmehr ständig neu verhandelt – d.h. täglich aufs Neue erworben bzw. verteidigt – werden muss. Die ganze Tragweite dieses Umstands wird deutlich, wenn man sich Folgendes vor Augen führt: Bei Zugrundelegung des *Weber*'schen Legitimitätskriteriums impliziert die Behauptung, ein bestimmter Verfassungssatz werde von der Rechtsgemeinschaft abgelehnt, streng genommen nicht, dass Anlass besteht, den betreffenden Verfassungssatz zu modifizieren bzw. aufzuheben, sondern dass selbiger als Folge seiner Ablehnung (bereits) keine rechtliche Verbindlichkeit (mehr) besitzt und mithin in den Status eines (bloßen) politischen Postulats zurückgefallen ist.

In diesem Zusammenhang mag man einwenden, dass juristische Geltung ganz ohne das Element der sozialen Wirksamkeit nicht auskommt,[223] die soziale Wirksamkeit eines Normensystems ihrerseits aber ein Mindestmaß an faktischer Akzeptanz bedingt und zwar desto dringlicher, je weniger effektiv der Normverstoß sanktioniert werden kann[224].[225] Aber es bedeutet eben doch einen erheblichen Unterschied, ob faktische Akzeptanz das allein maßgebliche Kriterium der juristischen Geltung bildet oder ob der Rechtscharakter eines Normensystems auf anderen Faktoren basiert – namentlich ideologischen Postulaten – und dem (evidenten) Mangel an faktischer Akzeptanz lediglich die Funktion eines Ausschlusskriteriums zukommt.[226] Erklärt man die faktische Akzeptanz einer Norm zum singulä-

---

[222] Vgl. *Josef Isensee*, Verfassungsrecht als „politisches Recht", in: HStR, Band XII, 3. Auflage 2014, § 268 Rn. 77. Ganz ähnlich *Konrad Hesse*, Die normative Kraft der Verfassung (1959), in: Manfred Friedrich (Hrsg.), Verfassung: Beiträge zur Verfassungstheorie, 1978, S. 77 (82).

[223] So mit Recht *Konrad Hesse*, Die normative Kraft der Verfassung (1959), in: Manfred Friedrich (Hrsg.), Verfassung: Beiträge zur Verfassungstheorie, 1978, S. 77 (82).

[224] Zur strukturellen Sanktionsschwäche der Verfassung vgl. *Josef Isensee*, Verfassungsrecht als „politisches Recht", in: HStR, Band XII, 3. Auflage 2014, § 268 Rn. 71 sowie oben Drittes Kapitel C. I. 2. c) bb).

[225] Siehe zum Ganzen *Robert Alexy*, Begriff und Geltung des Rechts, 3. Auflage der Studienausgabe, 2011, S. 139 ff. Speziell zu den Voraussetzungen der sozialen Wirksamkeit einer Verfassung *Uwe Volkmann*, Grundzüge einer Verfassungslehre der Bundesrepublik Deutschland, 2013, S. 295 ff.

[226] Gegen eine rein empirische Fundierung der juristischen Geltung von Normensystemen spricht sich auch *Robert Alexy*, Begriff und Geltung des Rechts, 3. Auflage der Studienausgabe, 2011, S. 194 ff. aus und zwar im Kontext einer Auseinandersetzung mit der von *Herbert Lionel Adolphus Hart* entwickelten Figur der „rule of recognition". Letztere definiert *Herbert Lionel Adolphus Hart*, The Concept of Law, 1961, S. 107 wie folgt: „For whereas a subordinate rule of a system may be valid and in that sense ‚exist' even if it is generally disregarded, the rule of recognition exists only as a complex, but normally concordant, practice of the courts, officials, and private persons in identifying the law by reference to certain criteria. Its existence is a matter of fact." Die einschlägige Kritik von *Robert Alexy*, Begriff und Geltung des Rechts, 3. Auflage der Studienausgabe, 2011, S. 197 lautet: „Hart schließt von der Akzeptanz der rule of recognition, die sich in der rechtlichen Praxis manifestiert, auf deren Existenz und verwendet dann deren Existenz als Grund für die Geltung aller anderen Rechtsregeln. Das entscheidende Problem steckt im Begriff

ren Kriterium ihrer juristischen Geltung, so sind die Verfassungssätze kaum gegen den Rückfall aus dem rechtlichen in den rein politischen Aggregatzustand gewappnet, können deshalb bestenfalls Leitbild, nicht aber „normatives Gegenbild“[227] der Herrschaftspraxis sein, den politischen Prozess also nur zu einem geringen Grad kanalisieren, anleiten, steuern, korrigieren. Kurzum: Die Anforderungen, die der demokratische Konstitutionalismus an die Verfassung heranträgt, verlangen nach einem Maß an normativer Kraft, das bei einer rein soziologisch-empirischen Fundierung der Legitimität nicht erreicht werden kann. Mit *Konrad Hesse* ist deshalb daran festzuhalten, dass „der Geltungsanspruch einer Verfassungsnorm mit den Bedingungen seiner Realisierung nicht identisch [ist]; sondern [...] als ein eigenes Element zu diesen Bedingungen hinzu [tritt]“[228]. Einem die Einrichtung und Ausübung von Herrschaft regelnden Normeninbegriff, der seine juristische Geltung allein auf faktische Akzeptanz stützt, muss dementsprechend die Verfassungsqualität abgesprochen werden, sollen der Verfassungsbegriff als solcher nicht „denormativiert“ und die Anforderungen des demokratischen und des konstitutionalistischen Imperativs der bürgerlichen Revolutionen strukturell verfehlt werden.

cc) Legitimität vom Ende her: Verfassungsgeltung kraft guter Ergebnisse?

Den Unzulänglichkeiten der Legitimitätskonzepte *Luhmanns* und *Webers* gewahr, hat *Anne Peters* im Rahmen ihrer Abhandlung „Elemente einer Theorie der Verfassung Europas“ eine weitere Alternative zum Legitimationsmuster „verfassunggebende Gewalt des Volkes“ entfaltet, die es hier ebenfalls zu würdigen gilt.[229] *Peters'* Konzept eignet dabei der Vorzug, dass es den Legitimationsbedarf speziell der Europäischen Union bzw. ihrer rechtlichen Grundordnung in den Blick nimmt und insofern auf den vorliegend erörterten Problemzusammenhang zugeschnitten ist.

(1) Die These vom legitimatorischen Potenzial der Bewährung

Den Hintergrund und die Stoßrichtung ihrer Überlegungen skizziert *Peters* wie folgt:

„Die europäische Verfassungsdiskussion ist [...] über weite Strecken eine Legitimitätsdiskussion. Es geht um die gute Verfassung Europas. [...] Oft ist in diesem Zusammenhang von

---

der Akzeptanz. Eine Regel, die ihren Ausdruck in einer gemeinsamen Praxis findet, zu akzeptieren, heißt, von der Tatsache, daß die Praxis existiert, zu dem Urteil, daß es geboten ist, sich gemäß dieser Praxis zu verhalten, überzugehen. [...] Eine empirische Grundnormtheorie muß letzthin scheitern, weil sie das eigentliche Problem jeder Grundnormtheorie, den Übergang von einem Sein zu einem Sollen, nicht adäquat erfassen kann.“

[227] Formulierung nach *Josef Isensee*, Verfassungsrecht als „politisches Recht“, in: HStR, Band XII, 3. Auflage 2014, § 268 Rn. 76.

[228] *Konrad Hesse*, Die normative Kraft der Verfassung (1959), in: Manfred Friedrich (Hrsg.), Verfassung: Beiträge zur Verfassungstheorie, 1978, S. 77 (82).

[229] *Anne Peters*, Elemente einer Theorie der Verfassung Europas, 2001; Abgrenzung zu *Luhmann* und *Weber* auf S. 508 ff. bzw. S. 514 f.

der Legitimität der europäischen Herrschaft, des europäischen Regierens, oder schlicht von der Legitimität der Union die Rede. Da aber das europäische Regieren in der Rechtsgemeinschaft innerhalb des Rahmens verlaufen muß, den die Verfassung setzt, ist die grundlegendere Frage die nach der Rechtfertigung dieses Verfassungsrahmens. Die europäische Verfassung muss eine legitime Verfassung sein. ‚Legitimation' heißt Rechtfertigung; ‚Legitimität' heißt Gerechtfertigtsein oder Anerkennungswürdigkeit. Im folgenden werde ich zunächst die anzulegenden Kriterien diskutieren und dann prüfen, ob die europäische Verfassung, gemessen an diesen Kriterien, bereits ein Mindestmaß an Legitimität erreicht hat."[230]

Schon in der Formulierung „bereits ein Mindestmaß an Legitimität erreicht hat", scheint durch, dass die Legitimität von Herrschaft für *Peters* keine Frage ihrer Entstehung ist, sondern etwas, das es sukzessive zu erringen gilt. Dem entspricht, dass sie ihr Konzept auf die bündige Formel „Legitimation durch Bewährung" bringt.[231] Das Attribut „bewährt" soll einer Verfassung namentlich dann gebühren,

„wenn sie durch ihre (weitgehend indirekten) Leistungen, also ihren *Output*, zum Wohlergehen (einschließlich Selbstbestimmung) der Bürger beiträgt. Dabei kommt es wesentlich auf den realen, nicht auf den bloß erwarteten Output an. Dieser kann nur *ex post* und in letzter Instanz nur *von den Bürgern* festgestellt werden."[232]

Dieser radikale Perspektivenwechsel – weg vom Ursprung der Verfassung hin zu ihrer Leistung – gibt Anlass zu der Sorge, dass die unter dem Topos „Legitimität" eigentlich verhandelte Frage unvermeidlich aus dem Blickfeld gerät. Es ist dies – daran sei noch einmal erinnert – die Frage, warum den Sollenssätzen der Verfassung rechtliche Verbindlichkeit zukommt, obschon ihre Geltung rechtsimmanent nicht begründbar ist.[233] Die Lehre von der verfassunggebenden Gewalt des Volkes beantwortet diese Frage mit dem Verweis auf den Normwillen des Volkssouveräns,[234] knüpft also an einen Umstand an, welcher der Geltung der Verfassung als verbindliches Recht gedanklich *vorausliegt*. Auf diese Weise kann sie den Transfer vom Sein zum Sollen erklären, ohne aus dem gängigen „Ursache-Wirkung-Schema" auszubrechen: Die Wirkung „rechtliche Verbindlichkeit der Verfassung" beruht auf der zeitlich vorgelagerten Ursache „Normwille des Volkssouveräns".

[230] *Anne Peters*, Elemente einer Theorie der Verfassung Europas, 2001, S. 499.

[231] *Anne Peters*, Elemente einer Theorie der Verfassung Europas, 2001, S. 580.

[232] *Anne Peters*, Elemente einer Theorie der Verfassung Europas, 2001, S. 580. Für die Anerkennung des *„output"* als Quelle der Legitimität des „Gemeinschaftssystems" plädieren auch *Anand Menon/Stephen Weatherhill*, Democratic Politics in a Globalising World: Supranationalism and Legitimacy in the European Union, LSE Law, Society and Economy Working Papers 13/2007, S. 3 und 6ff. Kritisch *Paul Craig*, Integration, Democracy, and Legitimacy, in: ders./ Gráinne de Búrca (Hrsg.), The Evolution of EU Law, 2. Auflage, 2011, S. 13 (39).

[233] Siehe dazu *Gerd Roellecke*, Die Legitimation des Grundgesetzes in der Sicht der Systemtheorie, in: Winfried Brugger (Hrsg.), Legitimation des Grundgesetzes aus Sicht von Rechtsphilosophie und Gesellschaftstheorie, 1996, S. 419 (424): „Die Verfassung ist die ranghöchste Norm. Sie kann durch keine noch höhere Norm gerechtfertigt werden. Andererseits fordert das Prinzip der modernen Welt aber auch von ihr, daß sie sich als ein Berechtigtes zeige. Auf diesen Widerspruch [...] antwortet: Legitimation."

[234] Vgl. oben Zweites Kapitel B. III. 2. a) aa).

Demgegenüber scheint das Modell der Legitimation durch Bewährung nicht sinnhaft als Ursache-Wirkung-Zusammenhang darstellbar: Um sich bewähren zu können, muss die Verfassung rechtliche Verbindlichkeit haben. Wie soll sie aber rechtliche Verbindlichkeit haben, wenn die Transformation vom politischen Postulat zum Gesetz Bewährung voraussetzt?[235]

Anne Peters erkennt das drohende Paradox und begegnet ihm, indem sie ihr Modell um ein prognostisches Element ergänzt:

„In der Rechtspraxis müssen wir allerdings geplante Normen bereits ex ante (vor ihrem Inkrafttreten) beurteilen und rechtfertigen. Aber schon bei Ex-ante-Überlegungen kann und sollte der Bewährungsgedanke eine zentrale Rolle spielen. Verfassungsentwickler, sei es in einem Verfassungskonvent, sei es in den rechtsfortbildenden Institutionen, müssen die bestmögliche Entscheidung treffen, welche Verfassungsnormen sie vorschlagen oder setzen wollen. Sie sollten Normen besondere Beachtung schenken, die sich in vergleichbaren Anwendungsbereichen bewährt haben. Umgekehrt sollten Verfassungsdesigner versuchen, das Nicht-Bewährte zu meiden. [...] Diese induktiven Betrachtungen zur *erwarteten* Bewährung einer Norm, die sich auf Ex-post-Beurteilungen von Vergleichsfällen stützen, tragen wesentlich zur Ex-ante-Legitimation einer Norm bei. Dieser Ex-ante-Kredit (Vertrauensvorschuß) wird mit dem Zeitablauf aufgezehrt. Normen, die eine Weile in Kraft sind, müssen sich durch ihre ex post feststellbaren Leistungen rechtfertigen. Auf die Ex-ante-Rechtfertigung (z.B. einmalig gegebene Zustimmung in einem Verfassungsreferendum) kommt es dann nicht mehr an."[236]

Durch die Einfügung des prognostischen Elements wird das Modell der Legitimation durch Bewährung zu einem vollwertigen Legitimitätskonzept, denn nun ist das Rätsel des Anfangs adressiert: Die rechtliche Verbindlichkeit der Verfassungssätze speist sich provisorisch aus der Erwartung, dass sie sich bewähren werden. Für eine gewisse (Schon-)Zeit fließt die Legitimität nicht aus der tatsächlichen Leistung der Herrschaftsordnung, sondern aus dem Vorschussvertrauen in ihre Leistungsfähigkeit.

(2) Kritik: Strukturelle Inkompatibilität mit dem demokratischen und konstitutionalistischen Imperativ der modernen Verfassungsidee

Doch erhebt sich die Frage, wie sich *Peters*' Legitimitätskonzept zum ideologischen Fundament der mitgliedstaatlichen Verfassungen verhält. Die Notwendigkeit, dieses und jenes zueinander in Beziehung zu setzen, ergibt sich aus der Einsicht, dass Europa als staatenübergreifendes Herrschaftsgebilde in der vom *constitutional pluralism* postulierten Form einer Gemeinschaft gleichgeordneter, einander ergänzender Verfassungen nur dann Konsistenz erlangen und dauerhaft Bestand haben kann, wenn der (vermeintliche) *constitutional claim* des EU-Primärrechts mit jenen

---

[235] Vgl. *Oliver Lepsius*, Steuerungsdiskussion, Systemtheorie und Parlamentarismuskritik, 1999, S.27: „Wenn das [...] ‚hinreichende Legitimationsniveau' nur ex post feststellbar wäre, wäre die normative Kraft der Verfassung aufgegeben."

[236] *Anne Peters*, Elemente einer Theorie der Verfassung Europas, 2001, S.580f. (Hervorhebung hinzugefügt).

Maximen kompatibel ist, die der demokratische Konstitutionalismus in Ansehung des Autonomieanspruch des vernunftbegabten Individuums als unhintergehbare Prämissen legitimer Herrschaft identifiziert. Fehlte es an der Kompatibilität im Grundsätzlichen, so stünden sich der unionale Herrschaftsanspruch einerseits und der mitgliedstaatliche Herrschaftsanspruch andererseits konstruktiv unversöhnt gegenüber. Die im Konzept des *constitutional pluralism* vorausgesetzte „horizontale Kopplung" der einzelnen rechtlichen Grundordnungen erwiese sich infolgedessen als illusionär. Von entscheidender Bedeutung ist daher, ob es aus der Warte des demokratischen und des konstitutionalistischen Imperativs der bürgerlichen Revolutionen des ausgehenden 18. Jahrhunderts angängig ist, Legitimationsbedarf, der sich unweigerlich ergibt, wenn man dem EU-Primärrecht herrschaftsbegründende Wirkung attribuiert, nach Maßgabe des Modells der Legitimation durch Bewährung zu decken.

(a) Leistung versus Selbstbestimmung

Immerhin, so könnte man mit Blick auf die demokratische Komponente der modernen Verfassungsidee argumentieren, identifiziert das Konzept der Legitimation durch Bewährung individuelle Selbstbestimmung als Kriterium für das Wohlergehen der Bürger,[237] das Wohlergehen der Bürger wiederum als zentrales Kriterium für das Legitimität stiftende Moment „Bewährung"[238]. Im Mittelpunkt des Konzepts stehen demgemäß – und dies lässt *prima facie* durchaus auf Kompatibilität mit den Maximen des demokratischen Konstitutionalismus hoffen – die herrschaftsunterworfenen Individuen. Ganz in diesem Sinne bekundet *Anne Peters*, dass

> „die europäische Verfassung nicht dann als demokratisch anzusehen [ist], wenn sie Mehrheitsherrschaft vorsieht, sondern vielmehr dann, wenn die Verfassung Leistungen im Sinne der Bürger erbringt (also sich bewährt) und ihre Konstruktion die öffentliche Kontrolle und die Kritik (und darauffolgende Änderung) von Institutionen und Politik ermöglichen."[239]

Indes ist allein der Umstand, dass ein bestimmtes Legitimationsmuster Herrschaft unter Bezugnahme auf die Interessen der Herrschaftsunterworfenen rechtfertigt, keine Garantie dafür, dass es mit dem demokratischen Imperativ der bürgerlichen Revolutionen korrespondiert. Dem Anliegen der kollektiven Selbstbestimmung ist nämlich nicht schon damit Genüge getan, dass öffentliche Gewalt zum Wohle derer ausgeübt wird, die ihr unterworfen sind.[240] Beredtes Zeugnis hierfür legt die Tatsa-

---

[237] Vgl. *Anne Peters*, Elemente einer Theorie der Verfassung Europas, 2001, S. 554, 580, 588, 592.

[238] Vgl. *Anne Peters*, Elemente einer Theorie der Verfassung Europas, 2001, S. 499 f.: „Nach diesem Konzept[, d. h. dem Modell der Legitimation durch Bewährung,] kommt es nicht primär auf die Entstehungsart oder Erzeugungsweise einer Verfassung an, sondern auf ihre *Leistungen für das Wohlergehen der einzelnen Bürger.*" (Hervorhebung hinzugefügt).

[239] *Anne Peters*, Elemente einer Theorie der Verfassung Europas, 2001, S. 620 f.

[240] So mit Recht *Ernst-Wolfgang Böckenförde*, Demokratie als Verfassungsprinzip, in: HStR, Band II, 3. Auflage 2004, § 24 Rn. 5.

che ab, dass bereits der Staat des aufgeklärten Absolutismus seine Herrschaft mit dem Ziel einer guten Ordnung des Gemeinwesens und dem Glück der Untertanen rechtfertigte.[241] Wenn aber sogar die (spät-)absolutistische Fürstenherrschaft ihrem Selbstverständnis nach im Dienst des Wohlergehens der Untertanen stand, sich also im Rekurs auf die Interessen der Herrschaftsunterworfenen zu legitimieren suchte, dann kann allein die Fokussierung der Bedürfnisse und Präferenzen der Bürger ersichtlich keine hinreichende Bedingung für die Kompatibilität eines Legitimationsmusters mit dem demokratischen Imperativ der bürgerlichen Revolutionen sein. Erforderlich ist vielmehr, dass das betreffende Legitimationsmuster darüber hinaus den Basiswert der modernen Verfassungsidee, namentlich den Autonomieanspruch des gemeinschaftsgebundenen Individuums, uneingeschränkt respektiert. Negativ gewendet: Der Autonomieanspruch der Herrschaftsunterworfenen darf durch das auf seine Kompatibilität hin zu untersuchende Legitimationsmuster keinesfalls relativiert oder gar in Abrede gestellt werden.

In diesem entscheidenden Punkt bietet das Modell der Legitimation durch Bewährung jedoch Anlass für Zweifel. So betont *Anne Peters*, dass ihr Konzept der Sache nach auf die *„Endprüfung"* zulaufe, *„ob die Verfassung den Bürgern wirklich dient"*[242]. Inwieweit die Maßgeblichkeit dieser Endprüfung mit dem Autonomieanspruch der Individuen in Einklang steht, hängt indes davon ab, wem die Beurteilung der Dienlichkeit der Verfassung zusteht und nach welchen Maßstäben sie durchgeführt wird. Was den erstgenannten Aspekt anbetrifft, bemerkt *Anne Peters* mit Recht, dass „der Bürger die letzte Instanz zur Bewertung der Verfassungsleistung" sein muss, wenn Widersprüche zum demokratischen Dogma vermieden werden sollen.[243] Es dürfe und könne daher *„keine ‚Bewährung' über die Köpfe der Bürger hinweg geben"*[244]. Doch bleibt unklar, wie die gebotene „Letztinstanzlichkeit" der Bürger in Sachen Verfassungsleistungsbewertung operationalisiert werden soll. *Peters* selbst konzediert, dass die Bürger realiter „nur im seltensten Fall unmittelbar in den Evaluierungsprozeß einbezogen werden [können]"[245]. Als direkte Teilnehmer kämen „eher die administrative Ebene, das Parlament nebst Fachausschüssen, Wissenschaftler und Verbände in Betracht"[246]. Wie aber soll Herrschaft den Charakter kollektiver Selbstbestimmung wahren, wenn die Verbindlichkeit des die Bedingungen der Herrschaftsausübung festlegenden Normeninbegriffs

[241] Vgl. nur *Thomas Würtenberger*, Legitimationsmuster von Herrschaft im Laufe der Geschichte, JuS 1986, S. 344 (346) m. w. N. Siehe auch *Sabine Doyé*, Absolutismus und Emanzipation: Christian Thomasius, ein vergessener Autor der Frühaufklärung, in: Oliver Cosmus/Frauke Annegret Kurbacher (Hrsg.), Denkspuren: Festschrift für Heinrich Hüni, S. 105 (121): „Das *bonum commune* als Staatszweck des Souveräns und die Untertanen als Adressaten paternalistisch verabreichter Glücksmaßnahmen sind die Grundpfeiler des aufgeklärt absolutistischen Wohlfahrtsstaats […]".

[242] *Anne Peters*, Elemente einer Theorie der Verfassung Europas, 2001, S. 586.

[243] *Anne Peters*, Elemente einer Theorie der Verfassung Europas, 2001, S. 592f.

[244] *Anne Peters*, Elemente einer Theorie der Verfassung Europas, 2001, S. 582.

[245] *Anne Peters*, Elemente einer Theorie der Verfassung Europas, 2001, S. 584.

[246] *Anne Peters*, Elemente einer Theorie der Verfassung Europas, 2001, S. 584.

nicht eigentlich vom Urteil der Herrschaftsunterworfenen abhängt, sondern von der Einschätzung eines wenig scharf umrissenen Kreises von Kompetenzträgern und gesellschaftlichen Akteuren? Allein der Hinweis, dem Einzelnen fehle ohnehin „das Sachwissen, um zu erkennen und zu beurteilen, welche Verfassung sein Wohlergehen am besten gewährleistet“[247], vermag diesen Einwand nicht zu entkräften.

Hinzu kommt, dass der zwecks Beurteilung der Verfassungsleistung anzulegende Maßstab im Modell der Legitimation durch Bewährung äußerst vage bleibt. Zwar wird das „Wohlergehen der Bürger“ als „konsentierte[s] Oberziel“ der Verfassung benannt,[248] indes eignet sich dieses Kriterium aufgrund seines äußerst hohen Abstraktionsgrads erkennbar nicht als Maßstab der Verfassungsleistungskontrolle. Eine Ausdifferenzierung in klarer fassbare Subkriterien wäre daher dringend geboten, findet sich aber nicht in *Peters*' Abhandlung. Unternimmt man den Versuch, jene Lücke zu füllen, so wird offenbar, dass eine konkretisierende Ausdifferenzierung nur um den Preis des offenen Bruchs mit der demokratischen Idee gelingen kann. Der Grund liegt darin, dass der Bewährungsgedanke auf der Prämisse beruht, Herrschaft sei strukturell ergebnisorientiert und könne deshalb im Blick auf die Qualität ihrer Ergebnisse als anerkennungswürdig bzw. nicht anerkennungswürdig erkannt werden.[249] Eben diese Prämisse ist mit dem demokratischen Prinzip aber schlechterdings nicht in Einklang zu bringen, löst jenes Prinzip die Anerkennungswürdigkeit von Herrschaft doch absichtsvoll von deren „Output“.[250] Dem liegt zugrunde, dass kollektive Selbstbestimmung die Freiheit bedingt, sich gegebenenfalls auch für das vermeintlich (oder tatsächlich) „Nicht-Bedürfnisadäquate“, „Nicht-Sinnvolle“, „Nicht-Bewährte“ entscheiden und daran festhalten zu können. *Jed Rubenfeld* formuliert pointiert: „Democratic peoples are permitted, even expected, to take different paths. They are permitted, even expected, to go to hell in their own way.“[251]

Dass diejenigen Akteure, welche im Modell der Legitimation durch Bewährung als direkte Teilnehmer des Prozesses der Verfassungsevaluierung figurieren – na-

---

[247] *Anne Peters*, Elemente einer Theorie der Verfassung Europas, 2001, S. 555.

[248] *Anne Peters*, Elemente einer Theorie der Verfassung Europas, 2001, S. 618.

[249] Vgl. *Anne Peters*, Elemente einer Theorie der Verfassung Europas, 2001, S. 523 („Leistung der Verfassung wirklich gut und sinnvoll“).

[250] Vgl. *Christoph Möllers*, Staat und Verfassung im Kontext der Europäisierung, in: Christian Calliess (Hrsg.), Verfassungswandel im europäischen Staaten- und Verfassungsverbund, 2007, S. 9 (11); *ders.*, Verfassunggebende Gewalt – Verfassung – Konstitutionalisierung, in: Armin von Bogdandy/Jürgen Bast (Hrsg.), Europäisches Verfassungsrecht, 2. Auflage 2009, S. 227 (231), der das Verständnis und die Rolle von Herrschaft im modernen westeuropäisch-nordatlantischen Verfassungsmodell wie folgt beschreibt: „Weil der Rechtsgrund von Herrschaft Selbstbestimmung ist, wird sie zum *ergebnisoffenen* Selbstzweck. Der Gehalt der Verfassung beschränkt sich auf Verfahren der Legitimation und die Benennung von Utopien (‚Life, Liberty and the Pursuit of Happiness‘).“ (Hervorhebung hinzugefügt). Vgl. auch *Ernst-Wolfgang Böckenförde*, Demokratie als Verfassungsprinzip, in: HStR, Band II, 3. Auflage 2004, § 24 Rn. 38.

[251] *Jed Rubenfeld*, Unilateralism and Constitutionalism, N.Y.U. Law Review 79 (2004), S. 1971 (2013).

mentlich „die administrative Ebene, das Parlament nebst Fachausschüssen, Wissenschaftler und Verbände“[252] – die Sollenssätze der Verfassung gegebenenfalls für leistungsschwach befinden, kann für deren rechtliche Verbindlichkeit daher nicht ausschlaggebend sein. Umgekehrt gilt: Die rechtliche Verbindlichkeit eines Ensembles von Normen, das die Einrichtung und Ausübung von Herrschaft regelt, kann nicht (allein) damit begründet werden, dass die genannten Akteure den betreffenden Normen Leistungsstärke attestieren. Tut man es doch, so vermag sich der Autonomieanspruch des gemeinschaftsgebundenen Individuums nicht länger als Letztgrund von Herrschaft zu behaupten. An seine Stelle tritt das Primat der Effektivität.[253] Dem entspricht, dass im Modell der Legitimation durch Bewährung auch solchen Verfassungssätzen die Transformation vom politischen Postulat zur rechtsverbindlichen Norm gelingt, die noch nicht einmal theoretisch-konstruktiv für sich in Anspruch nehmen, dem Willen des Volkes zu korrespondieren, solange sie nur „gute“ und „sinnvolle“ Ergebnisse zeitigen und mithin das fördern, was die zur unmittelbaren Evaluierung der Verfassungsleistung berufenen Akteure als dem „Wohlergehen der Bürger“ zuträglich erachten.

(b) Bewährungsdruck versus Konstitutionalität

Steht das Modell der Legitimation durch Bewährung nach alledem in erheblicher Spannung zum demokratischen Imperativ, so gilt dies erst recht mit Blick auf die konstitutionelle Komponente des demokratischen Konstitutionalismus. Das Anliegen, die Ausübung politischer Macht in vorgezeichnete Bahnen zu lenken, auf dass der politische Prozess entlastet[254] und „das staatliche Leben vor maß- und gestaltloser Willkür [bewahrt]“[255] werde, verlangt nach rechtlicher Normativität. Inwieweit die Verfassung rechtlich-normative Kraft zu entfalten vermag, hängt jedoch entscheidend davon ab, wie die Transformation der Verfassungssätze von politischen Postulaten zu rechtsverbindlichen Normen erklärt und begründet wird. In der Auseinandersetzung mit *Max Webers* Legitimitätsverständnis ist herausgearbeitet worden, dass ein Begründungsmuster, welches auf hochgradig veränderliche Gegebenheiten abhebt, den Zielzustand der rechtlichen Normativität struktu-

---

[252] *Anne Peters*, Elemente einer Theorie der Verfassung Europas, 2001, S. 584.

[253] Vgl. *Anne Peters*, Elemente einer Theorie der Verfassung Europas, 2001, S. 621 („Da Legitimität vor allem aus effektiver Problemlösung zum Wohle der Betroffenen fließt […]“) und S. 623 („Die Legitimität der europäischen Verfassung hängt weitgehend davon ab, wie effektiv sie für die Bürger ist.“).

[254] Zur „Entlastungsfunktion“ der Verfassung *Dieter Grimm*, Ursprung und Wandel der Verfassung, in: ders., Die Zukunft der Verfassung II, 2012, S. 11 (33): „Ihre Funktion als ‚rechtliche Grundordnung des Staates‘ erfüllt die Verfassung dadurch, dass sie diejenigen Grundsätze des gesellschaftlichen Zusammenlebens und der politischen Herrschaft, die auf einem breiten, gegnerübergreifenden Konsens beruhen, der laufenden politischen Auseinandersetzung entzieht. Sie dienen dieser als Richtmaß und Grenze, während für den der Auseinandersetzung überlassenen Bereich prozedurale Regeln eines geordneten Austrags aufgestellt werden.“

[255] *Konrad Hesse*, Die normative Kraft der Verfassung (1959), in: Manfred Friedrich (Hrsg.), Verfassung: Beiträge zur Verfassungstheorie, 1978, S. 77 (91).

rell prekär stellt: Die Volatilität der Legitimität stiftenden Gegebenheiten (bei *Max Weber*: faktische Akzeptanz) kupiert die rechtlich-normative Kraft der Verfassung, weil der Verfassung infolge jener Volatilität fortwährend der Rückfall in den rein politischen Aggregatzustand droht. Dies gilt naturgemäß umso mehr, wenn die Legitimität stiftenden Gegebenheiten nicht nur hochgradig veränderlich sind, sondern darüber hinaus auch noch schwerlich validiert werden können. Im Modell der Legitimation durch Bewährung kommt beides zusammen. Denn zum einen weist das gemäß diesem Konzept maßgebliche Legitimitätskriterium „Wohlergehen der Bürger" eine große Nähe zum Kriterium der faktischen Akzeptanz auf,[256] tendiert also stark ins Soziologisch-Empirische, zum anderen lässt sich aufgrund seines hohen Abstraktionsgrads kaum feststellen, ob es erfüllt ist oder nicht: Die Behauptung, ein bestimmter Verfassungssatz sei dem Wohlergehen der Bürger nicht zuträglich, also leistungsschwach und mithin illegitim, kann stets erhoben und praktisch niemals als zweifellos unzutreffend entlarvt werden. Insofern setzt das Modell der Legitimation durch Bewährung den Rechtscharakter der Verfassung letztlich der Anfechtung in Permanenz aus. *Anne Peters* antizipiert diesen Einwand und tritt ihm wie folgt entgegen:

> „Gegen die Legitimation durch Bewährung könnte man einwenden, daß sie *keine kontinuierliche Legitimation* sichere, weil in schwierigen Perioden sogleich ein Legitimationsdefizit wegen nichteffektiver Aufgabenerfüllung entsteht. Tatsächlich fällt dann, wenn ein Mißstand von dauerhafter Art vorliegt, der durch Verfassungsmängel mitverursacht wird, die Rechtfertigung für diese Teile der Verfassung weg. Das ist aber nicht schädlich, sondern im Gegenteil positiv. Konstruktionen, die Legitimität auch bei längeranhaltenden Dysfunktionalität erhalten wollen, sind verbesserungsfeindlich."[257]

Dem ist zuzugeben, dass die praktische Wirksamkeit der Verfassung zwangsläufig erodieren müsste, wenn sie sich gegenüber ihren Schwächen blind zeigte. Wären Dysfunktionalitäten der Verfassung gleichsam in Stein gemeißelt, so geriete der „Wille zur Verfassung"[258], auf den die Verfassung schon aufgrund ihres Defizits an förmlich-institutionalisierter Normgarantie zwingend angewiesen ist,[259] früher

[256] Vgl. *Anne Peters*, Elemente einer Theorie der Verfassung Europas, 2001, S. 582 („Bewährung zeigt sich vor allem darin, daß eine bestimmte Politik von der Bevölkerung akzeptiert wird [...]") und S. 592 („*In individuumszentrierter, leistungsorientierter Perspektive muß die Bejahung der Verfassung durch die Einzelnen als Legitimationsfaktor eingestellt werden.*").

[257] *Anne Peters*, Elemente einer Theorie der Verfassung Europas, 2001, S. 587f.

[258] Grundlegend zum „Willen zur Verfassung" als Quelle ihrer normativen Kraft *Konrad Hesse,* Die normative Kraft der Verfassung (1959), in: Manfred Friedrich (Hrsg.), Verfassung: Beiträge zur Verfassungstheorie, 1978, S. 77 (86ff.).

[259] So zutreffend *Josef Isensee*, Verfassungsrecht als „politisches Recht", in: HStR, Band XII, 3. Auflage 2014, § 268 Rn. 75: „Das Defizit an förmlich-institutionalisierter Normgarantie [...] wird letztlich nur ausgeglichen durch den existentiellen Willen zur Verfassung, der den Konsens über ihre materiellen Grundsätze einschließt und die Bereitschaft, sich der Entscheidungsanordnung der gewaltenteiligen Demokratie zu fügen. Diese vitale Verfassungsvoraussetzung, die unersetzbar und unerzwingbar ist, muß bei den Staatsorganen vorhanden sein, darüber hinaus bei den politischen Parteien und gesellschaftlichen Kräften, letztlich bei den Bürgern in ihrer Gesamtheit." Auf das Defizit an förmlich-institutionalisierter Normgarantie verweist auch *Ulrich Scheuner*, Verfassung (1963), in: Joseph Listl/Wolfgang Rüfner (Hrsg.), Ulrich Scheuner: Staats-

oder später in Fortfall. Damit ist aber noch nicht ausgemacht, dass es zweckmäßig oder gar unumgänglich ist, der Gefahr einer Versteinerung der Verfassung dadurch zu begegnen, dass man die Rechtsverbindlichkeit ihrer Bestimmungen mit einem Bewährungsvorbehalt versieht und damit strukturell prekär stellt. Zwischen dem Bedürfnis, die Verfassung von im Laufe der Zeit zu Tage getretenen Mängeln befreien zu können, und dem Anspruch der Verfassung, den politischen Prozess verlässlich zu ordnen, besteht keineswegs ein unauflösbarer Widerspruch. Vielmehr ist es bereits der US-amerikanischen Bundesverfassung von 1787 gelungen, beide Anliegen zu einem schonenden Ausgleich zu bringen. Dies namentlich dadurch, dass sie Verfassungsmodifikationen ausdrücklich ermöglicht, aber zugleich an die Einhaltung exakt festgelegter Vorgaben verfahrenstechnischer und formeller Art koppelt.[260] In Anbetracht dessen darf als gesichert gelten, dass die Befriedigung des Bedürfnisses nach Anpassungsfähigkeit mitnichten die Preisgabe jener Berechenbarkeit und Verlässlichkeit bedingt, auf die der konstitutionalistische Imperativ der Sache nach abzielt. Der Zielzustand der Berechenbarkeit und Verlässlichkeit wird aber notwendig verfehlt, wenn das Verdikt der Illegitimität wie ein Damoklesschwert über den Verfassungssätzen schwebt und für die Mitglieder der Rechtsgemeinschaft überdies kaum zu erkennen ist, ob der Faden (namens „Bewährung"), an dem es hängt, bereits gerissen ist oder (noch) nicht.

Eine weitere Zuspitzung des Problems ergibt sich aus dem bereits erwähnten prognostischen Element des Modells der Legitimation durch Bewährung. Letzteres besteht, wie erinnerlich, in der Annahme, die Legitimität einer Verfassung fließe für eine gewisse Übergangszeit aus der (bloßen) Erwartung, sie werde sich als leistungsstark erweisen. *Anne Peters* spricht von einem „Ex-ante-Kredit (Vertrauensvorschuß)", der „mit dem Zeitablauf aufgezehrt" werde.[261] Dieser Kunstgriff ist notwendig, um die Geltung der Verfassung als verbindliches Recht im Rekurs auf den Bewährungsgedanken erklären zu können, ohne mit dem gängigen „Ursache-Wirkung-Schema"[262] zu brechen.[263] Doch erzeugt das prognostische Element unvermeidlich zusätzliche Unsicherheit, insofern nämlich, als unklar bleibt, wie lange die Erprobungsphase andauert. Der Rechtsanwender kann infolgedessen nicht sicher wissen, ob er ohne weiteres von der rechtlichen Verbindlichkeit eines

theorie und Staatsrecht – Gesammelte Schriften, 1978, S. 171 (173): „Was das Verfassungsrecht von anderen Rechtsgebieten unterscheidet, sind der Lebensbereich, den es gestaltet, und der Umstand, daß das Verfassungsrecht seine Geltung nicht wie alles andere staatliche Recht auf die Gewährleistung der übergeordneten Staatsmacht stützen kann, sondern diese Macht selbst und damit seinen Bestand in sich herstellen und sichern muß." Vgl. zum Ganzen auch *Bernhard Kempen*, Verfassung und Politik, in: Otto Depenheuer/Christoph Grabenwarter (Hrsg.), Verfassungstheorie, 2010, § 27 Rn. 20: „Politische Akzeptanz, der ‚existenzielle Wille zur Verfassung' ist weitaus mehr als ein Surrogat für das Fehlen von Verfassungssanktionen. Akzeptanz ist der Schlüsselbegriff für die Wirksamkeit der Verfassung."

[260] Vgl. Art. V der US-amerikanischen Bundesverfassung vom 17. September 1787.

[261] *Anne Peters*, Elemente einer Theorie der Verfassung Europas, 2001, S. 581.

[262] Näher dazu *Horst Lesser*, Das zeitliche Verhältnis von Ursache und Wirkung, Deutsche Zeitschrift für Philosophie 1965, S. 321 ff.

[263] Vgl. oben Drittes Kapitel C. II. 2. c) cc) (1).

Verfassungssatzes ausgehen darf, weil dieser noch vom „Ex-ante-Kredit" zehren kann, oder ob die Erprobungsphase bereits beendet ist, sodass der betreffende Verfassungssatz vorab auf seine Leistungsstärke befragt werden muss. Es ist daher festzuhalten, dass das Bewährungsmodell in Spannung zum demokratischen Imperativ steht, da es die im Dogma der kollektiven Selbstbestimmung vorausgesetzte Ergebnisoffenheit von Herrschaft negiert, daneben aber auch mit dem konstitutionalistischen Imperativ konfligiert, weil es die rechtliche Normativität der Verfassung strukturell prekär stellt.

3. Fazit

Den Ausgangspunkt unserer Überlegungen bildete die Beobachtung, dass Herrschaft als Folge der europäischen Integration gleichsam zur „Verbundsache" geworden ist: In den Mitgliedstaaten der Europäischen Union obwaltet nicht mehr allein staatliche, sondern zugleich auch unionsseitig ausgeübte öffentliche Gewalt, sodass der einzelne Herrschaftsunterworfene sich fortwährend den Herrschaftsansprüchen zweier eigenständiger Herrschaftsapparate ausgesetzt sieht.[264] Das „Unterworfen-Sein" unter die unionsseitig ausgeübte Hoheitsgewalt ermöglicht eine staatenübergreifend konzertierte Aufgabenerledigung, droht dabei aber mit einer partiellen „De-Konstitutionalisierung" von Herrschaft einherzugehen, da die auf die Union übertragenen Hoheitsrechte im Zuge ihrer Verlagerung auf die supranationale Ebene dem unmittelbaren Zugriff der staatlichen Verfassungen entzogen werden.

Abhilfe versprach diesbezüglich das Konzept des *constitutional pluralism*. Jenes Konzept deutet die rechtliche Grundordnung des einzelnen Mitgliedstaats und die rechtliche Grundordnung der Europäischen Union als horizontal gekoppelte Komplementärordnungen, von denen keine für sich allein, wohl aber beide im Verbund zu gewährleisten vermögen, dass die gesamte in einem Mitgliedstaat obwaltende Herrschaft normativ verfasst ist. Dem korrespondiert die These, dass das EU-Primärrecht in Bezug auf die Hoheitsgewalt der Union dieselben Funktionen erfüllt wie die nationalen Verfassungen in Bezug auf die staatliche Hoheitsgewalt. Und tatsächlich entpuppte sich diese These mit Blick auf die Herrschaftsbegrenzungsfunktion der Verfassung als plausibel, denn es konnte nachgewiesen werden, dass dem EU-Primärrecht gegenüber den Herrschaftsakten der Unionsorgane jene spezifische Art von Suprematie eignet, welche im staatsverfassungsrechtlichen Kontext traditionell unter der Bezeichnung „Vorrang der Verfassung" firmiert und deren Zweck es ist, eine rechtsförmige Ordnung der institutionalisierten politischen Macht konstruktiv zu ermöglichen.

Doch erschöpft sich die Funktion der modernen Verfassung nicht in der Formung und Bändigung der institutionalisierten politischen Macht. Vielmehr hebt sie

[264] *Mattias Wendel*, Permeabilität im europäischen Verfassungsrecht, 2011, S. 15 spricht in diesem Zusammenhang von *„formell voneinander getrennte[n] Rechtssetzungszentren"*.

sich von allen vormodernen Formen der Herrschaftsverrechtlichung dadurch ab, dass ihre Ambitionen über das Einhegen überkommener Herrschaft hinausreichen. Den Anspruch, Herrschaft zu begrenzen, verbindet sie mit dem Anspruch, Herrschaft unter Beseitigung aller vorfindlichen politischen Macht neu zu begründen. Vor diesem Hintergrund galt es, nach einem Legitimationsmuster zu forschen, das es ermöglicht, dem EU-Primärrecht herrschaftsbegründende Wirkung zu attribuieren. Da das Verbundprinzip wechselseitige Anerkennung voraussetzt, kamen nur solche Legitimationsmuster in Betracht, die die unionale Herrschaft nicht in einen unüberbrückbaren Gegensatz zur staatlichen Herrschaft rücken würden. Weil aber nicht ersichtlich ist, wie die mitgliedstaatlichen Verfassungen den (vermeintlichen) „constitutional claim" des EU-Primärrechts anerkennen sollten, wenn dieser in Widerspruch zur Leitidee von der rechtlich geordneten Selbstbestimmung der Freien und Gleichen stünde, musste der Versuch unternommen werden, ein Legitimationsmuster aufzuspüren, das sowohl mit dem demokratischen als auch mit dem konstitutionalistischen Imperativ der bürgerlichen Revolutionen korrespondiert.[265]

Indes war diesem Versuch kein Erfolg beschieden: Die Lehre von der verfassunggebenden Gewalt des Volkes steht zwar mit beiden Imperativen in Einklang,[266] ließ sich aber nicht fruchtbar machen, da das EU-Primärrecht weder im tatsächlichen noch im theoretisch-konstruktiven Sinne der rechtsförmige Ausdruck eines Konsenses zwischen jenen Individuen ist, die von der unionsvertraglich geregelten Herrschaft betroffen sind.[267] Insbesondere liegen keine Anhaltspunkte dafür vor, dass die an der Erzeugung des EU-Primärrechts unmittelbar beteiligten Akteure in eben diesem Zusammenhang für sich in Anspruch nahmen, als Prokuratoren des gesamteuropäischen Volkssouveräns zu agieren.[268] Hinzu kommt, dass auch das EU-Primärrecht selbst an keiner Stelle auf das „europäische Volk" rekurriert. Die naheliegende Überlegung, den Konsens der Herrschaftsunterworfenen in seiner Funktion als Legitimität stiftendes Moment kurzerhand durch den Konsens der vertragsschließenden Staatsgewalten zu ersetzen, erwies sich als nicht überzeugend, denn dies hieße, den Normwillen von Herrschaftsträgern kurzerhand mit dem Normwillen der Gesamtheit der Herrschaftsunterworfenen gleichzusetzen, obschon eine solche Gleichsetzung im Paradigma des demokratischen Konstitutionalismus ausgeschlossen ist. Der Grund liegt darin, dass die moderne Verfassungsidee institutionalisierte politische Macht als eine wesensbedingt überindividuelle Erscheinung auffasst, die dem einzelnen Menschen zwangsläufig heteronom ist und folglich in niemals vollends überwindbarer Spannung zur frei-verantwortlichen Individualität der Person steht. Hält man an dieser Prämisse fest, so erweist

---

[265] Dem entspricht, dass auch das Internationale Privatrecht, an dessen Kollisionsauflösungsmechanismen das Konzept des *constitutional pluralism* sich mit Blick auf allfällige „Überlappungen" der horizontal gekoppelten „constitutional claims" orientiert, den *ordre public*-Vorbehalt kennt.

[266] Vgl. oben Zweites Kapitel B. I. 3. b) sowie Zweites Kapitel B. III. 2. a) aa).

[267] So im Ergebnis auch *Christian Seiler*, Der souveräne Verfassungsstaat zwischen demokratischer Rückbindung und überstaatlicher Einbindung, 2005, S. 308 f.

[268] Vgl. oben Drittes Kapitel C. II. 1. d) bb).

sich die Unterscheidung zwischen Herrschaftsträgern und Herrschaftsunterworfenen als kategorial, weshalb eine Gleichsetzung des Willens dieser mit dem Willen jener im Kontext der Erzeugung und Einrichtung institutionalisierter politischer Macht konstruktiv ausgeschlossen ist.[269] Der anschließend erwogene Rückgriff auf die Legitimitätsbetrachtungen *Niklas Luhmanns* entpuppte sich als nicht zielführend, weil die Frage nach dem „Warum" der Rechtsverbindlichkeit eines final auf Herrschaftserzeugung gerichteten Normeninbegriffs von der Systemtheorie im Grunde genommen gar nicht adressiert, sondern als obsolet betrachtet wird.[270] Die sodann unter Bezugnahme auf *Max Weber* aufgestellte Hypothese, der zufolge Legitimität aus faktischer Akzeptanz resultiert, sodass das EU-Primärrecht kraft tatsächlicher Anerkennung durch die Rechtsgemeinschaft Verbindlichkeit erlangt, vermochte einer kritischen Prüfung nicht standzuhalten. Als problematisch erwies sich vor allem, dass diese Hypothese das „Soll" zu nah an das „Sein" heranrückt und damit das Ordnungsvermögen des betreffenden Normeninbegriffs in einem mit dem konstitutionalistischen Imperativ unvereinbaren Maße beeinträchtigt.[271] Schließlich brachte auch das Modell der Legitimation durch Bewährung keinen Durchbruch. Es wurde gezeigt, dass die Bewährungsmaxime, oder genauer: das ihr innewohnende Moment der Ergebnisorientierung, dem demokratischen Imperativ zuwiderläuft, insofern nämlich, als kollektive Selbstbestimmung die Ergebnis-*offenheit* von Herrschaft voraussetzt.[272] Darüber hinaus konfligiert die Bewährungsmaxime auch mit dem konstitutionalistischen Imperativ: Weil nicht ersichtlich ist, wie sich die „Bewährung" von Verfassungsvorschriften empirisch validieren lässt, wird das Verfassungsversprechen, den politischen Prozess *verlässlich* zu ordnen, unweigerlich verfehlt. Denn in dem Maße, in dem das „Ob" der Bewährung im Unklaren bleibt, bleibt auch die Rechtsverbindlichkeit jener Normen zweifelhaft, die zur Ordnung des politischen Prozesses bestimmt sind.[273]

Somit ist zu resümieren, dass dem EU-Primärrecht keine herrschaftsbegründende Wirkung attribuiert werden kann,[274] es sei denn, man ist bereit, den Herrschaftsanspruch der Union in Widerspruch zum demokratischen bzw. konstitutionalistischen Imperativ der bürgerlichen Revolutionen zu konstruieren. Doch selbst wenn man diese Bereitschaft um der europäischen Idee willen aufbrächte, so vermöchte die Annahme, der (vermeintliche) *constitutional claim* des EU-Primärrechts und der *constitutional claim* der mitgliedstaatlichen Verfassung stünden zueinander im Verhältnis gleichgeordneter Komplementarität, dennoch nicht zu überzeugen. Denn ein gemeineuropäischer *constitutional claim*, der mit den Kernanliegen der bürgerlichen Revolutionen bricht, kann von den mitgliedstaatlichen

269 Vgl. oben Drittes Kapitel C. II. 1. c) bb) (1).
270 Vgl. oben Drittes Kapitel C. II. 2. c) aa).
271 Vgl. oben Drittes Kapitel C. II. 2. c) bb).
272 Vgl. oben Drittes Kapitel C. II. 2. c) cc) (2) (a).
273 Vgl. oben Drittes Kapitel C. II. 2. c) cc) (2) (b).
274 So ausdrücklich *Christian Seiler*, Der souveräne Verfassungsstaat zwischen demokratischer Rückbindung und überstaatlicher Einbindung, 2005, S. 309.

Verfassungen schlechterdings nicht als legitim anerkannt werden, sodass der Herrschaftsanspruch der Europäischen Union einerseits und jener des einzelnen EU-Mitgliedstaats andererseits zwangsläufig unversöhnt nebeneinander stünden – eine „horizontale Kopplung" wäre konstruktiv ausgeschlossen. Die These, der zufolge das europäische Mehrebenensystem als eine spezifische Erscheinungsform des *constitutional pluralism* verstanden werden muss, erweist sich vor diesem Hintergrund als nicht stichhaltig. Sie vermag nicht zu überzeugen, weil zentrale Elemente des Konzepts vom *constitutional pluralism* (wechselseitige Anerkennung der „constitutional claims" als einander gleichwertig) an Voraussetzungen anknüpfen (Kompatibilität der jeweiligen Legitimationsmuster), die im Europa der Gegenwart nicht erfüllt sind.

III. Zwischenbefund

1. These von der Verfassungsqualität des EU-Primärrechts konfligiert mit der Leitidee von der rechtlich geordneten Selbstbestimmung der Freien und Gleichen

Die bisherigen Betrachtungen haben ergeben, dass das EU-Primärrecht die Anforderungen des Verfassungsbegriffs des demokratischen Konstitutionalismus verfehlt, da es weder an die Lehre von der verfassunggebenden Gewalt des Volkes anknüpft noch an ein alternatives Legitimationsmuster, das für sich in Anspruch nehmen kann, mit dem demokratischen und konstitutionalistischen Imperativ der modernen Verfassungsidee zu harmonieren. Qualifizierte man das EU-Primärrecht gleichwohl als eine funktional vollwertige Verfassung, d.h. als einen Normeninbegriff, der politische Macht nicht nur ordnet und begrenzt, sondern darüber hinaus den Anspruch erhebt, die durch ihn geordnete und begrenzte politische Macht auch selbst begründet zu haben, so büßte Herrschaft im Umfang der Verlagerung von Hoheitsrechten auf die Europäische Union ihren Auftragscharakter ein. Denn der Charakter einer Auftragsangelegenheit eignet politischer Herrschaft nur solange, wie sichergestellt ist, dass sämtliche Entscheidungen von kollektiver Verbindlichkeit am Maßstab eines Normeninbegriffs verantwortet werden, als deren Urheber die Gesamtheit der Herrschaftsunterworfenen figuriert.[275] Die Etablierung eines solchen Verantwortungszusammenhangs ist dasjenige Moment, vermöge dessen es der modernen Verfassung gelingt, Herrschaft mit dem Autonomieanspruch der gemeinschaftsgebundenen Individuen zu versöhnen. Wie aber sollte dieser Zustand aufrechterhalten werden können, wenn man darauf beharrt, dass die auf die Union übertragenen Hoheitsrechte im Zuge des Transfers vollends aus ihrem staatsverfassungsrechtlichen Begründungszusammenhang gelöst werden?

Zwar müsste die Ausübung der übertragenen Hoheitsrechte – dies wird hier keineswegs verkannt – auch dann weiterhin am Maßstab von Rechtsnormen verantwortet werden, wenn davon auszugehen wäre, dass sie in der Hand der Europäischen Union zu originärer Hoheitsgewalt gemeineuropäischer Natur mutieren,

---

[275] Vgl. oben Zweites Kapitel B. I. 3. b).

beansprucht das EU-Primärrecht doch Vorrang und Maßstäblichkeit gegenüber sämtlichen Hoheitsakten der unionalen Träger öffentlicher Gewalt. Indes ist das EU-Primärrecht das Produkt von Vereinbarungen zwischen Herrschaftsträgern und als solches gerade nicht Ausdruck der Selbstbestimmung der Herrschaftsunterworfenen über Art und Form ihrer politischen Einheit.[276] Wenngleich das EU-Primärrecht also durchaus gewährleistet, dass Herrschaftsmacht auch nach ihrer Überleitung auf die Europäische Union rechtlich gebunden bleibt, so vermag es doch nicht jene spezifische Form der Rechtsbindung zu bewirken, derer es bedarf, um Herrschaft in eine Auftragsangelegenheit zu verwandeln. Gemessen am Standard des Konstitutionalismus der nordamerikanischen und französischen Revolution erweist sich das EU-Primärrecht damit als insuffizient. Wer es unternimmt, dem EU-Primärrecht desungeachtet herrschaftsbegründende Wirkung zu attribuieren, der konstruiert die Hoheitsgewalt der Union unvermeidlich in Widerspruch zum Autonomieanspruch der herrschaftsunterworfenen Individuen.

2. *These von der Verfassungsqualität des EU-Primärrechts ist integrationspolitisch nicht zweckmäßig*

a) *Das Integrationsprinzip als idée directrice der Europäischen Union*

Dass diejenigen Kompetenzträger der EU-Mitgliedstaaten, die das EU-Primärrecht im Wege des völkerrechtlichen Vertragsschlusses in Geltung gesetzt haben, willens waren, Herrschaft im Zuge der Konstituierung des staatenübergreifenden Rechtssetzungszentrums „Europäische Union" aus ihrer Hinordnung auf den Autonomieanspruch der gemeinschaftsgebundenen Individuen zu heben und damit das Primat des Basiswerts der modernen Verfassungsidee preiszugeben, erscheint wenig plausibel. Doch ist nicht von vornherein auszuschließen, dass sich der supranationale Herrschaftsapparat, nachdem er einmal konstituiert und ins Werk gesetzt ist, von seiner Quelle emanzipiert und seinen Herrschaftsanspruch in einer Weise entfaltet, die den sozialphilosophischen Fundamentalannahmen seiner Gründer zuwiderläuft.[277] Indes verlangt der Ausbruch aus einem überkommenen Paradigma stets nach einer alternativen Rationalität, einer neuen *idée directrice*. Folglich erhebt sich die Frage, welche Leitidee die Union ins Felde führen könnte, um den Anspruch zu untermauern, das EU-Primärrecht wirke ungeachtet der Tatsache,

---

276 So auch *Dieter Grimm*, Braucht Europa eine Verfassung?, JZ 1995, S. 581 (586).

277 Entschieden in diese Richtung bereits *Hans Peter Ipsen*, Europäisches Gemeinschaftsrecht, 1972, S. 195: „Ein Kontinuitätsband zwischen Gründungsvertrag hier, Gemeinschaftsverfassung und Gemeinschaftsrechtsordnung dort besteht nicht." Vgl. auch *Markus Heintzen*, Die „Herrschaft" über die Europäischen Gemeinschaftsverträge – Bundesverfassungsgericht und Europäischer Gerichtshof auf Konfliktkurs?, AöR 119 (1994), S. 564 (575), der die Position des Europäischen Gerichtshofs wie folgt beschreibt: „Zwar haben die Mitgliedstaaten die Gemeinschaft ins Leben gerufen. Mit dem Vollzug dieses Aktes treten sie jedoch in den Hintergrund – wie Gott im Deismus. Die ‚Herren der Verträge' haben ihre Schuldigkeit getan. Die Gemeinschaft emanzipiert sich von ihnen und entfaltet ein Eigenleben, in dem Vertreter der Mitgliedstaaten einen Platz nur noch als Organwalter der Gemeinschaft finden."

dass es die Anforderungen des Verfassungsbegriffs des demokratischen Konstitutionalismus verfehlt, herrschaftsbegründend. Die Antwort liegt auf der Hand: In Betracht kommt allein das aus den Erfahrungen verheerender Kriege geborene, im Folgenden als „Integrationsprinzip“ bezeichnete Anliegen, den europäischen Staatenantagonismus vermöge des Zusammenschlusses der ehedem rivalisierenden europäischen Nationen unter dem Dach des staatenintegrierenden Verbandes „Europäische Union“ nachhaltig zu überwinden.[278]

Und in der Tat drängt sich bei vordergründiger Betrachtung der Eindruck auf, die Erhebung des EU-Primärrechts in den Rang eines den mitgliedstaatlichen Verfassungen funktional äquivalenten Normeninbegriffs befördere die Verwirklichung des Integrationsprinzips. Denn die Annahme, das EU-Primärrecht wirke herrschaftsbegründend, löst das Hoheitshandeln der Europäischen Union von jedweder Angewiesenheit auf die Erteilung eines Rechtsanwendungsbefehls seitens der einzelnen Mitgliedstaaten:[279] Wenn dem EU-Primärrecht attestiert wird, dass es die von ihm geregelte Hoheitsgewalt selbst hervorgebracht hat,[280] die unionsseitig ausgeübte öffentliche Gewalt mithin nicht in den nationalen Verfassungen wurzelt, dann gibt es auch keinen Grund dafür, die Wirksamkeit des Hoheitshandelns der Union in den Territorien ihrer Mitglieder als von deren Plazet abhängig zu betrachten.[281] Vielmehr genösse der EU-primärrechtlich etablierte Herrschaftsapparat „Europäische Union“ denknotwendig dieselbe Eigenständigkeit wie der national-verfassungsrechtlich etablierte Herrschaftsapparat „Staat“. Die Union gewönne dergestalt an Autonomie gegenüber ihren Mitgliedern und in der Folge –

[278] *Rainer Wahl*, Die Schwebelage im Verhältnis von Europäischer Union und Mitgliedstaaten, Der Staat 48 (2009), S. 587 (596) kleidet den Gedanken in folgende Worte: „Zugleich – und dies verdient hervorgehoben zu werden – begründete [die Autonomie-These des EuGH] und der rasche Erfolg eine eigene Tradition im Europarecht, nämlich den Gleichlauf und Gleichklang von Integrationspolitik und Recht oder von Recht und Integrationspolitik. Das Rechtsgebiet Europarecht erhielt eine Ausrichtung, nach der es unwahrscheinlich erschien, dass das integrationspolitisch Erwünschte rechtlich problematisch sein sollte und in der für die Richtigkeit einer rechtlichen Lösung sprach, dass sie integrationspolitisch erwünscht war.“ Ähnlich *Stefan Oeter*, Europäische Integration als Konstitutionalisierungsprozeß, ZaöRV 59 (1999), S. 901 (910), der im freien Umgang des EuGH mit den Verträgen „unbedingte[…] Hingabe an das Projekt der Integration“ am Werk sieht. Vgl. auch *Josef Isensee*, Nachwort: Europa – die politische Erfindung eines Erdteils, in: ders. (Hrsg.), Europa als politische Idee und als rechtliche Form, 1993, S. 103 (128): „Integration als Selbstzweck.“

[279] Vgl. *Markus Heintzen*, Gemeineuropäisches Verfassungsrecht in der Europäischen Union, EuR 1997, S. 1 (11).

[280] *Markus Heintzen*, Die „Herrschaft“ über die Europäischen Gemeinschaftsverträge – Bundesverfassungsgericht und Europäischer Gerichtshof auf Konfliktkurs?, AöR 119 (1994), S. 564 (574) spricht in diesem Zusammenhang vom Anspruch der Verfassung „auf normative Letztbegründung“.

[281] Gegen die Annahme, das (primäre) Gemeinschaftsrecht bedürfe eines geltungs- bzw. anwendungsvermittelnden Akts der Mitgliedstaaten, um im jeweiligen Staatsgebiet Wirksamkeit zu erlangen, bereits EuGH, Rs. 28/67, Molkerei-Zentrale, Slg. 1968, S. 215 (232). *Bruno de Witte*, Direct Effect, Primacy, and the Nature of the Legal Order, in: Paul Craig/Gráinne de Búrca (Hrsg.), The Evolution of EU Law, 2. Auflage, 2011, S. 323 (355) spricht in diesem Zusammenhang vom „absolute primacy“-Postulat des Europäischen Gerichtshofs.

so die Erwartung – auch an innerer Festigkeit.[282] In Anbetracht dessen nimmt es nicht wunder, dass der Europäische Gerichtshof den mitgliedstaatlichen Verfassungen schon recht bald nach Gründung der Europäischen Gemeinschaften jegliche Relevanz für die innerstaatliche Wirksamkeit von supranationalen Hoheitsakten absprach. Mit emanzipatorischem Impetus argumentierte der Gerichtshof in seiner Entscheidung in der Rechtssache *Internationale Handelsgesellschaft*[283] aus dem Jahr 1970:

„Die einheitliche Geltung des Gemeinschaftsrechts würde beeinträchtigt, wenn bei der Entscheidung über die Gültigkeit von Handlungen der Gemeinschaftsorgane Normen oder Grundsätze des nationalen Rechts herangezogen würden. Die Gültigkeit solcher Handlungen kann nur nach dem Gemeinschaftsrecht beurteilt werden, denn dem vom Vertrag geschaffenen, somit aus einer *autonomen* Rechtsquelle fließenden Recht können wegen seiner *Eigenständigkeit* keine wie immer gearteten innerstaatlichen Rechtsvorschriften vorgehen, wenn ihm nicht sein Charakter als Gemeinschaftsrecht aberkannt und wenn nicht die Rechtsgrundlage der Gemeinschaft selbst in Frage gestellt werden soll. Daher kann es die Gültigkeit einer Gemeinschaftshandlung oder deren *Geltung in einem Mitgliedstaat* nicht berühren, wenn geltend gemacht wird, die Grundrechte in der ihnen von der Verfassung dieses Staates gegebenen Gestalt oder die Strukturprinzipien der nationalen Verfassung seien verletzt."[284]

b) Autonomistische Deutung des unionalen Herrschaftsanspruchs provoziert inkompatible Letztbegründungen von Legalität innerhalb des europäischen Gesamtrechtsrahmens

Doch vermag die Entschiedenheit, mit der die Union vermittels des Europäischen Gerichtshofs auf die Originarität der von ihr ausgeübten Hoheitsgewalt pocht,[285] nicht darüber hinwegzutäuschen, dass es den EU-Mitgliedstaaten schwerlich möglich ist, sich dieser autonomistischen Deutung des unionalen Herrschaftsanspruchs anzuschließen. Der Grund liegt darin, dass der Legitimationsbedarf, welcher zwangsläufig entsteht, wenn man der unionalen Hoheitsgewalt originären Charak-

---

[282] *Rainer Wahl*, Die Schwebelage im Verhältnis von Europäischer Union und Mitgliedstaaten, Der Staat 48 (2009), S. 587 (595 f.) charakterisiert die insoweit vorausgesetzte Abkopplung der Union vom völkerrechtlichen Gründungsakt als einen „evolutionären Sprung", der allerdings nach wie vor einer juristischen Begründung harre.

[283] EuGH, Rs. 11/70, Internationale Handelsgesellschaft, Slg. 1970, S. 1125.

[284] EuGH, Rs. 11/70, Internationale Handelsgesellschaft, Slg. 1970, S. 1125 (1135) (Hervorhebungen hinzugefügt). In jüngerer Vergangenheit ausdrücklich bestätigt durch EuGH, Rs. C-409/06, Winner Wetten GmbH, Slg. 2010, I-8015 Rn. 61: „Es kann nämlich nicht zugelassen werden, dass Vorschriften des nationalen Rechts, auch wenn sie Verfassungsrang haben, die einheitliche Geltung und die Wirksamkeit des Unionsrechts beeinträchtigen [...]."

[285] Siehe dazu *Markus Heintzen*, Die „Herrschaft" über die Europäischen Gemeinschaftsverträge – Bundesverfassungsgericht und Europäischer Gerichtshof auf Konfliktkurs?, AöR 119 (1994), S. 564 (574 f.); *Wolfram Hertel*, Supranationalität als Verfassungsprinzip: Normativität und Legitimation als Elemente des Europäischen Verfassungsrechts, 1999, S. 72 f.; *Rainer Wahl*, Die Schwebelage im Verhältnis von Europäischer Union und Mitgliedstaaten, Der Staat 48 (2009), S. 587 (592 f.).

ter attribuiert, nicht in einer Weise gedeckt werden kann, die mit dem demokratischen und konstitutionalistischen Imperativ der bürgerlichen Revolutionen korrespondiert.[286] Einen Herrschaftsanspruch, der seiner Konzeption nach die Kernanliegen des Konstitutionalismus der nordamerikanischen und französischen Revolution verfehlt, muss die mitgliedstaatliche Verfassung jedoch zurückweisen, will sie nicht die Validität des ihr zugrunde liegenden Legitimationsmusters und damit zugleich ihre eigene Rechtsverbindlichkeit infrage stellen. Der Kern des Problems besteht folglich darin, dass hinsichtlich des Herrschaftsanspruchs der Union, wenn man ihn autonomistisch deutet, nur solche Letztbegründungen in Betracht kommen, die mit der Letztbegründung der mitgliedstaatlichen Herrschaftsansprüche strukturell inkompatibel sind.

Nun muss ein Herrschaftsgebilde, das Herrschaftsansprüche zusammenspannt, deren Letztbegründungen strukturell inkompatibel sind, keineswegs augenblicklich in sich zusammenfallen. Nicht zuletzt die oben eingehend gewürdigte konstitutionelle Monarchie deutscher Prägung belegt das Gegenteil, hatte jenes Herrschaftssystem doch immerhin mehr als hundert Jahre Bestand. Allerdings wirkt sich ein solch tiefliegender Widerspruch äußerst nachteilig auf die Stabilität des betreffenden Herrschaftssystems aus. Der Grund liegt darin, dass das Vermögen des Rechts, die Ausübung der institutionalisierten politischen Macht anzuleiten, unter derartigen Bedingungen strukturell gemindert ist. Denn im Falle der Verschränkung von Herrschaftsansprüchen, deren Letztbegründungen einander konstruktiv unversöhnt gegenüberstehen, fehlt es an jener gemeinsamen Basis, derer es bedarf, um auch in Grenzsituationen das Primat des Rechts zu behaupten. Allfällige Kollisionen der ineinander verschränkten Herrschaftsansprüche entziehen sich unter derartigen Bedingungen der rechtlichen Auflösung. Kurzum: Der Widerstreit der Letztbegründungen von Herrschaft und Rechtsgeltung mündet unweigerlich in eine fundamentale Inkonsistenz des (fragmentierten) Gesamtrechtsrahmens und kupiert damit dessen Potenzial, den politischen Prozess im Ganzen verlässlich zu ordnen.

Zur Verdeutlichung sei auf die Problematik des *ultra vires*-Handelns von Unionsorganen hingewiesen: Auf Grundlage der Annahme, der Herrschaftsanspruch der Europäischen Union sei originärer Natur, ist allein die Union selbst dazu berufen, das Hoheitshandeln ihrer Kompetenzträger rechtlichen Direktiven zu unterwerfen und etwaige Verstöße mit dem Verdikt der Nichtigkeit zu sanktionieren. Das vom Europäischen Gerichtshof im *Foto Frost*-Urteil aufgestellte Postulat, wonach allein er zur Nichtigerklärung der Handlungen eines Unionsorgans befugt sei,[287] entpuppt sich insofern als logische Konsequenz der in den Leitentscheidungen *Van Gend & Loos*[288], *Costa/E.N.E.L.*[289] sowie *Internationale Handelsgesell-*

[286] Vgl. oben Drittes Kapitel C. II. 2.

[287] EuGH, Rs. 314/85, Foto-Frost, Slg. 1987, S. 4199 Rn. 15 ff. Vgl. auch EuGH, Rs. C-461/03, Gaston Schul Douane-expediteur BV, Slg. 2005, I-10513 Rn. 17.

[288] EuGH, Rs. 26/62, Van Gend & Loos, Slg. 1963, S. 1.

[289] EuGH, Rs. 6/64, Costa/E.N.E.L., Slg. 1964, S. 1251.

schaft[290] zum Ausdruck gelangenden Prämisse, das EU-Primärrecht erzeuge originäre gemeineuropäische Hoheitsgewalt.[291] Indes ist bereits dargetan worden, dass die unionale Hoheitsgewalt bei autonomistischer Deutung unweigerlich in Widerspruch zum demokratischen Imperativ der bürgerlichen Revolutionen gerät und damit aus Sicht der mitgliedstaatlichen Verfassungen illegitim wird. Da die nationalen Verfassungen in ihrem jeweiligen räumlichen Geltungsbereich aber keine illegitime Herrschaft anerkennen können, müssen sie die Hoheitsgewalt der Europäischen Union – in Negation des Autonomiepostulats des Europäischen Gerichtshofs – als abgeleitete Hoheitsgewalt qualifizieren, d.h. als Derivat der nationalverfassungsrechtlich hervorgebrachten Herrschaftsmacht des Staats.[292] Dieser heteronomistischen Lesart zufolge findet die Hoheitsgewalt der Union den Grund ihrer Geltung in den einschlägigen Autorisierungsakten der Staatsgewalten (Zustimmungsgesetze), welch letztere die vom demokratischen Imperativ geforderte Rückführung aller Hoheitsgewalt auf den Normwillen der Herrschaftsunterworfenen ermöglichen.[293] Die Konsequenzen jenes Ableitungszusammenhangs liegen auf der Hand: Da die innerstaatliche Rechtsverbindlichkeit unionalen Hoheitshandelns auf einem Autorisierungsakt der Staatsgewalt beruht und eben dieser Autorisierungsakt als staatliche Hoheitsmaßnahme national-verfassungsrechtlichen Kautelen unterliegt, wird auch das unionale Hoheitshandeln unweigerlich mit dem normativen Anspruch der nationalen Verfassung konfrontiert. Letztere gerät vermittels des staatlichen Autorisierungsakts zum Rechtmäßigkeits- und Gültigkeitsmaßstab für unionsseitig ausgeübte öffentliche Gewalt. Ist eben diese Maßstäblichkeit der nationalen Verfassung gegenüber dem Hoheitshandeln der Unionsorgane justiziell bewehrt, was nicht zwingend der Fall sein muss, aber ohne weiteres möglich ist und aufgrund der Verfassungsautonomie der Mitgliedstaaten seitens der Union nicht verhindert werden kann, so droht jene „Eskalationsschleife", die *Karsten Schneider* unter der Überschrift „Interaktionsszenario" wie folgt beschreibt:

„Am bekannten Beispiel des europäischen Vertragsverletzungsverfahrens lässt sich das Interaktionsszenario wie folgt entwickeln: Stufe *eins* bildet die Feststellung eines Ultra-vires-Aktes der Europäischen Union durch das Bundesverfassungsgericht [...] bei gleichzeitiger Feststellung seiner Unanwendbarkeit für die deutsche Rechtsordnung. Darauf reagiert Stufe *zwei*; das heißt, es kommt zu der Gegenmaßnahme ‚unionsrechtliches Vertragsverletzungsverfahren', in dem die Bundesrepublik Deutschland wegen nicht ordnungsgemäßer Anwendung des Unionsrechts verurteilt wird, soweit das Bundesverfassungsgericht zuvor die Unanwendbarkeit eines Unionsrechtsakts festgestellt hat. Hieran schließt sich Stufe *drei* an; die

---

[290] EuGH, Rs. 11/70, Internationale Handelsgesellschaft, Slg. 1970, S. 1125.

[291] Vgl. *Markus Heintzen*, Die „Herrschaft" über die Europäischen Gemeinschaftsverträge – Bundesverfassungsgericht und Europäischer Gerichtshof auf Konfliktkurs?, AöR 119 (1994), S. 564 (576f. und 579).

[292] So mit Nachdruck BVerfGE 123, S. 267 (348ff.) – Lissabon. Die Auffassung, dass der unionale Herrschaftsanspruch national-verfassungsrechtlich bedingt ist, wird von der weitaus überwiegenden Zahl der Verfassungs- und Obergerichte der anderen Mitgliedstaaten geteilt. Siehe dazu die Nachweise bei BVerfGE 140, S. 317 (340f.) –Identitätskontrolle.

[293] Vgl. *Hans-Georg Dederer*, Die Grenzen des Vorrangs des Unionsrechts – Zur Vereinheitlichung von Grundrechts-, Ultra-vires- und Identitätskontrolle, JZ 2014, S. 313 (316).

Gegenmaßnahme des supranationalen Integrationsprozesses, mit der auf die primäre Ultra-vires-Feststellung reagiert wurde, bildet dann ihrerseits den Gegenstand eines – zweiten – verfassungsgerichtlichen Verfahrens, in dem die Verurteilung der Bundesrepublik Deutschland wegen (vermeintlich) nicht ordnungsgemäßer Anwendung des Unionsrechts als Wiederholung und Vertiefung des ursprünglichen Ultra-vires-Aktes wiederum zu einer Feststellung eines Ultra-vires-Aktes neben seiner Unanwendbarkeit für die deutsche Rechtsordnung führt. Damit schließt sich der Kreis: Der Abschluss von Stufe drei bietet wiederum die Möglichkeit eines erneuten – zweiten – Vertragsverletzungsverfahrens, in dem die Bundesrepublik Deutschland wiederum verurteilt wird – wegen Wiederholung und Vertiefung der ursprünglichen Vertragsverletzung – und so fort. [...] Das heißt, es gibt auf keiner Stufe des Interaktionsszenarios eine „Letztentscheidung" in dem Sinne, dass sich auf der jeweils folgenden nächsten Stufe nicht – wiederum – die Möglichkeit erneuter Überprüfung des vorangegangenen Ergebnisses ergeben würde. Kurz: Der Mechanismus des Interaktionsszenarios hält nicht dadurch an, dass auf einer bestimmten Stufe ein ‚letztes Wort' gesprochen werden könnte, sondern mündet in eine Eskalationsschleife ein."[294]

Hinzuzufügen ist, dass ein „letztes Wort" nur ausgeschlossen ist, soweit die Mitgliedstaaten auf einer heteronomistischen Deutung des Herrschaftsanspruchs der Union beharren und zugleich die Union auf einer autonomistischen Deutung desselben. Sähen sich die Mitgliedstaaten in der Lage, die unionale Hoheitsgewalt als originäre Hoheitsgewalt anzuerkennen, dann erübrigte sich der nationale Autorisierungsakt, sodass der Anknüpfungspunkt für die „Vermaßstäblichung" der nationalen Verfassung gegenüber dem Hoheitshandeln der Union entfiele. Umgekehrt gilt: Akzeptierte die Union, dass der national-verfassungsrechtlich konditionierte staatliche Rechtsanwendungsbefehl Bedingung der Verbindlichkeit des Rechtshandelns der Unionsorgane im Gebiet des jeweiligen Mitgliedstaats ist, dann bestünde für sie kein zwingender Grund, den Mitgliedstaaten das Recht zur Feststellung der innerstaatlichen Unanwendbarkeit eines Unionsrechtsakts kategorisch zu bestreiten.

Was die mitgliedstaatliche Position anbetrifft, ist bereits herausgearbeitet worden, dass an der heteronomistischen Deutung des Herrschaftsanspruchs der Union festgehalten werden muss, wenn nicht der Verbindlichkeitsanspruch der nationalen Verfassung infrage gestellt werden soll. Der Grund liegt darin, dass Verfassungen, die in der Tradition des demokratischen Konstitutionalismus stehen, ihren Verbindlichkeitsanspruch auf das Versprechen stützen, dass in ihrem räumlichen Geltungsbereich der Einzelne nur mit solcher Herrschaft konfrontiert wird, an deren (rechtsförmiger) Begründung und Begrenzung er gleichen Anteil hat. Eben dieses Versprechen vermöchte die nationale Verfassung aber nicht mehr einzulösen, wenn sie der unionalen Hoheitsgewalt Originarität zugestünde und damit *nolens volens* ihren eigenen Maßstäblichkeitsanspruch gegenüber der unionalen Hoheitsgewalt aufgäbe. Zwar unterläge das Hoheitshandeln der Unionsorgane dann immer noch den vom EU-Primärrecht statuierten herrschaftsbegrenzenden Maßgaben, indes beruht das EU-Primärrecht nicht auf dem Willen der Herrschaftsunterworfenen,

---

[294] *Karsten Schneider*, Der Ultra-vires-Maßstab im Außenverfassungsrecht, AöR 139 (2014), S. 197 (225 f.).

sondern auf dem Willen von Herrschaftsträgern. Die rechtliche Grundordnung der Union ist daher außerstande, aus eigener Kraft jene spezifische Form der Rechtsbindung von Herrschaft zu bewirken, die der demokratische und konstitutionalistische Imperativ einfordern. Es zeigt sich: Als Folge der „konstitutionalistischen Insuffizienz" des EU-Primärrechts muss die nationale Verfassung den Herrschaftsanspruch der Union als von sich abgeleitet und durch sich selbst konditioniert deuten, wenn sie nicht der Entstehung eines nicht-verfassten Machtreservats Vorschub leisten und dergestalt ihren eigenen Geltungsanspruch unterminieren will.

c) Inkompatibilität der Letztbegründungen von Legalität innerhalb des europäischen Gesamtrechtsrahmens untergräbt die Autorität des Rechts

Vor diesem Hintergrund erhebt sich die Frage, ob das Beharren auf der Originarität des von ihr erhobenen Herrschaftsanspruchs für die Europäische Union ebenso essenziell ist wie das Beharren auf der Abgeleitetheit desselben für die Mitgliedstaaten. Verhielte es sich so, dann handelte es sich um einen Widerspruch fundamentaler Art, in gewisser Weise ähnlich dem Antagonismus zwischen Krone und Volksvertretung, welcher das deutsche Herrschaftssystem des 19. Jahrhunderts prägte und nur „ausgehalten", aber eben nicht aufgelöst werden konnte.[295] Die durch den Gegensatz von autonomistischer und heteronomistischer Deutung des unionalen Herrschaftsanspruchs ausgelöste Inkonsistenz und Instabilität des europäischen Gesamtrechtsrahmens entpuppte sich in diesem Falle als unvermeidliche Begleiterscheinung der europäischen Integrationsmechanik. Doch ist keineswegs ausgemacht, dass bewusster Gegensatz tatsächlich auf einem Widerspruch fundamentaler Art beruht.[296] Bei näherer Prüfung tritt vielmehr klar zutage, dass der Widerstreit zwischen dem autonomistischen Deutungsmuster der Union und dem heteronomistischen Deutungsmuster der EU-Mitgliedstaaten – anders als der Antagonismus zwischen Krone und Volksvertretung in der konstitutionellen Monarchie – nicht eigentlich das Ergebnis rivalisierender Legitimitätsbehauptungen ist. Dem autonomistischen Deutungsmuster der Union liegt nämlich gerade kein legitimatorischer, sondern erkennbar ein rein funktionaler Impetus zugrunde: Das vom Europäischen Gerichtshof aufgestellte Postulat, das EU-Primärrecht wirke herrschaftsbegründend, ist nicht durch ein spezifisches Muster der Herrschaftsrechtfertigung unterlegt, richtet sich also auch nicht dezidiert gegen den demokratischen und konstitutionalistischen Imperativ der bürgerlichen Revolutionen, sondern steht schlicht im Dienst des Anliegens, bestmögliche Voraussetzungen für

[295] Vgl. oben Zweites Kapitel B. II. 2. b) sowie Zweites Kapitel B. II. 5. c) cc).

[296] So aber wohl *Markus Heintzen*, Die „Herrschaft" über die Europäischen Gemeinschaftsverträge – Bundesverfassungsgericht und Europäischer Gerichtshof auf Konfliktkurs?, AöR 119 (1994), S. 564 (584), der (– allerdings ohne nähere Begründung –) konstatiert, dass der Europäische Gerichtshof auf einer autonomistischen Deutung des unionalen Herrschaftsanspruchs beharren *müsse*. Vgl. auch *ders.*, Gemeineuropäisches Verfassungsrecht in der Europäischen Union, EuR 1997, S. 1 (11 f.).

eine staatenübergreifend konzertierte Aufgabenerledigung unter dem Dach des staatenintegrierenden Verbandes „Europäische Union" zu schaffen.[297] Allerdings erscheint fraglich, ob die vom Europäischen Gerichtshof verfochtene autonomistische Deutung des unionalen Herrschaftsanspruchs diesem Anliegen tatsächlich zuträglich ist. Wäre sie es nicht, so entbehrte das Autonomiepostulat der vom Europäischen Gerichtshof behaupteten integrationspolitischen Unabdingbarkeit. Ein Einschwenken der Union auf das heteronomistische Deutungsmuster der Mitgliedstaaten erschiene dann keineswegs als Bruch mit ihrer *raison d'être*, sodass von einem Widerspruch fundamentaler Art keine Rede sein könnte.

Anlass zu Zweifeln an der integrationspolitischen Zweckmäßigkeit des Autonomiepostulats gibt namentlich der Umstand, dass die Unionsorgane zur Verwirklichung des Integrationsprinzips vollends auf das Medium Recht und damit auf die Autorität des Rechts angewiesen sind, das Autonomiepostulat der Autorität des Rechts aber tendenziell abträglich ist.[298] Dem liegt zugrunde, dass die intrinsische Autorität des Rechts auch und vor allem davon abhängt, ob es seiner Aufgabe gerecht wird, das Verhalten der Rechtsunterworfenen zwecks Herstellung eines Zustands wohlgeordneter Freiheit effektiv zu koordinieren.[299] In konstruktiver Hinsicht bedingt eine effektive Koordinierung des Verhaltens der Rechtsunterworfenen jedoch auch und vor allem Widerspruchsfreiheit.[300] Denn nur wenn das Recht den Rechtsunterworfenen keine einander widersprechenden Verhaltensweisen abverlangt, kann es Orientierung stiften und können die Interessen und Freiheitsräume der Rechtsunterworfenen sinnhaft gegeneinander abgegrenzt bzw. miteinander zum Ausgleich gebracht werden.[301] Die autonomistische Deutung des unionalen Herrschaftsanspruchs trägt nun aber – wie gesehen – eine strukturelle Inkonsistenz in den europäischen Gesamtrechtsrahmen hinein und bereitet damit den Boden für Widersprüche der vorstehend beschriebenen Art. Nicht zuletzt die oben erläuterte *ultra vires*-Problematik illustriert, dass der Gegensatz zwischen autonomistischer und heteronomistischer Deutung des unionalen Herrschaftsanspruchs

---

[297] Besonders deutlich gelangt die funktionale Ausrichtung des Autonomiepostulats im Urteil des Europäischen Gerichtshofs in der Rechtssache „*Molkerei-Zentrale*" zum Ausdruck; EuGH, Rs. 28/67, Molkerei-Zentrale, Slg. 1968, S. 215 (232): „Gemäß den Grundprinzipien des Vertrages und *den Zielen, denen dieser dienen soll*, werden [die vom Vertrag geschaffenen] Vorschriften, soweit sie sich ihrem Wesen nach hierzu eignen, Bestandteil der innerstaatlichen Rechtsordnung, ohne daß es hierzu staatlicher Maßnahmen bedarf. An der Rechtsnatur einer unmittelbar anwendbaren Vorschrift des Gemeinschaftsrechts können Schwierigkeiten nichts ändern, die sich in einem Mitgliedstaat ergeben; dies umso weniger, als das Gemeinschaftsrecht in allen Mitgliedstaaten gleiche Geltungskraft beansprucht." (Hervorhebung hinzugefügt).

[298] Grundlegend zur Autorität des Rechts *Joseph Raz*, The Authority of Law, 1979.

[299] Zu dieser Funktion des Rechts *Johannes Messner*, Das Naturrecht, 7. Auflage 1984, S. 736.

[300] Vgl. *Fabian Michl*, Unionsgrundrechte aus der Hand des Gesetzgebers, 2018, S. 23. Siehe auch *Johannes Messner*, Das Naturrecht, 7. Auflage 1984, S. 736.

[301] Vor diesem Hintergrund qualifiziert *Theodor Schilling*, On the Value of a Pluralistic Concept of Legal Orders for the Understanding of the Relation Between the Legal Orders of the European Union and its Member States, ARSP 83 (1997), S. 568 (580 f.) das Element der Widerspruchsfreiheit als fundamentalen Grundsatz des Rechtsstaatsprinzips („one of the fundamental tenets of the rule of law").

Situationen provoziert, in denen das Recht konträre Verhaltenserwartungen an die Rechtsunterworfenen heranträgt („Eskalationsschleife“). Nun erschiene die hierdurch bewirkte Minderung der intrinsischen Autorität des Rechts aus der Warte des Integrationsprinzips hinnehmbar, wenn zu erwarten stünde, dass sich in derartigen Situationen letztlich dasjenige Verhaltensgebot durchsetzt, welches der autonomistischen Deutung des unionalen Herrschaftsanspruchs korrespondiert. Doch ist zu bedenken, dass die Union nach wie vor eines eigenen Zwangsapparats ermangelt:

> „Die EU hat keine eigene Vollzugsgewalt und keine Zwangsbefugnisse; keine eigenen Polizisten oder Soldaten. Sie verfügt zwar über Stempelkissen, nicht aber über Schießeisen [...]. Über Hoheitsgewalt im wörtlichen Sinne – als legitime physische Gewalt der Hoheit, traditionell gebündelt im Gewaltmonopol des Staates – verfügt die EG/EU nicht.“[302]

Das Unvermögen der Europäischen Union, nötigenfalls auch ohne Indienstnahme der mitgliedstaatlichen Vollzugsgewalt Zwang auszuüben, hat zur Konsequenz, dass sich im Kollisionsfall regelmäßig diejenige Verhaltenserwartung durchsetzen wird, welche den staatlichen Vollzugsapparat hinter sich weiß – nach Lage der Dinge also jene Verhaltenserwartung, die der heteronomistischen Deutung des unionalen Herrschaftsanspruchs korrespondiert. Das vom Europäischen Gerichtshof verfochtene Autonomiepostulat vermag die mit ihm bezweckte Emanzipation des staatenintegrierenden Verbands vom Willen seiner Mitglieder daher nicht effektiv zu bewirken.[303] Ferner darf nicht übersehen werden, dass die Union – gerade weil sie über keinen leistungsfähigen Zwangsapparat verfügt – im Zusammenhang mit der ihr aufgegebenen staatenübergreifend konzertierten Aufgabenerledigung besonders dringlich auf die intrinsische Autorität des Rechts angewiesen ist.[304] Eingedenk dessen erweist sich die strukturelle Inkonsistenz des europäischen Gesamtrechtsrahmens, welche der Widerstreit von autonomistischer und heteronomistischer Deutung des unionalen Herrschaftsanspruchs unvermeidlich evoziert, als

---

[302] *Franz Christian Mayer*, Europa als Rechtsgemeinschaft, in: Gunnar Folke Schuppert/Ingolf Pernice/Ulrich Haltern (Hrsg.), Europawissenschaft, 2005, S. 429 (479). Vgl. auch *Armin von Bogdandy*, Die Verfassung der europäischen Integrationsgemeinschaft als supranationale Union, in: ders. (Hrsg.)., Die Europäische Option: Eine interdisziplinäre Analyse über Herkunft, Stand und Perspektiven der europäischen Integration, 1993, S. 97 (103): „Die Gemeinschaft verfügt nicht über direkte physische Gewalt, geschweige denn das Gewaltmonopol. Diese ist den Nationalstaaten weitestgehend verblieben [...]“.

[303] Darauf, dass autonome Herrschaft letztlich immer auch die Fähigkeit zur Ausübung von Zwang bedingt, verweist etwa *Hans Haug*, Die Schranken der Verfassungsrevision: Das Postulat der richtigen Verfassung als normative Schranke der souveränen verfassunggebenden Gewalt, 1947, S. 37 f.: „Was wäre ein Verhaltensrecht, dem die Stützung durch den organisierten Herrschaftswillen fehlte und das der Durchsetzbarkeit mittels der staatlichen Macht ermangelte? Eine Rechtsordnung, die von den ihr Unterworfenen ein bestimmtes Verhalten kategorisch fordern muß, kann nicht grundsätzlich auf die freiwillige Befolgung ihrer Vorschriften abstellen, d. h. auf [...] Erzwingbarkeit verzichten.“ Vgl. auch *Hermann Heller*, Die Souveränität: Ein Beitrag zur Theorie des Staats- und Völkerrechts, 1927, S. 36.

[304] Siehe dazu *Paul Kirchhof*, Der deutsche Staat im Prozeß der europäischen Integration, in: HStR, Band X, 3. Auflage 2012, § 214 Rn. 55 f.

dem Integrationsziel überaus abträglich.[305] Somit ist festzuhalten: Solange der unionale Herrschaftsanspruch der Bewehrung mit Zwangsgewalt ermangelt und seine theoretisch-konstruktive Loslösung von den mitgliedstaatlichen Verfassungen überdies den Bruch mit dem demokratischen Imperativ der bürgerlichen Revolutionen bedingt, ist das Postulat von der Autonomie des unionalen Herrschaftsanspruchs integrationspolitisch unzweckmäßig.

3. These von der Verfassungsqualität des EU-Primärrechts ist positiv-rechtlich kontraindiziert

Endlich ist zu berücksichtigen, dass die These, das EU-Primärrecht wirke herrschaftsbegründend, im positiven Recht keine Stütze findet. So ist im Blick auf das Grundgesetz festzustellen, dass Art. 23 Abs. 1 S. 2 GG die Gesetzgebungskörperschaften des Bundes im Zusammenhang mit der ihnen überantworteten Integrationsgesetzgebung zur „Übertragung" und eben nicht zur Mitwirkung an der „Begründung" von Hoheitsrechten ermächtigt.[306] Dass die unionsseitig ausgeübte öffentliche Gewalt aus der Warte der Verfassung der Bundesrepublik in einem Ableitungszusammenhang mit dem Akt der Grundgesetzgebung des Jahres 1949 steht, erhellt darüber hinaus auch aus der Struktursicherungsklausel des Art. 23 Abs. 1 S. 1 GG. Dies namentlich insofern, als Art. 23 Abs. 1 S. 1 GG die Europäische Union absichtsvoll mit dem normativen Anspruch des Grundgesetzes konfrontiert, obgleich der normative Anspruch einer Verfassung im Paradigma des demokratischen Konstitutionalismus von vornherein auf jene Herrschaftsmacht begrenzt ist, welche die betreffende Verfassung selbst hervorgebracht hat.[307] Daraus folgt, dass der verfassungsändernde Gesetzgeber bei der Einfügung des Europa-Artikels in das Grundgesetz entweder der unionalen Hoheitsgewalt derivativen Charakter beimaß, diese also ihrem Begründungszusammenhang nach auf die Verfassungen der Mitgliedstaaten zurückführte, oder aber mit Blick auf die avisierte Gründung der Europäischen Union aus dem Paradigma des demokratischen Konstitutionalismus auszubrechen beabsichtigte. Da letzteres wenig plausibel erscheint, insbesondere die einschlägigen Gesetzgebungsmaterialien keinerlei Anhaltspunkte für den Willen zum Paradigmenwechsel liefern, erweist sich die Struktursicherungsklausel als ein (positiv-rechtlicher) Beleg dafür, dass das Grundgesetz den Herrschaftsanspruch der Union heteronomistisch deutet.

---

[305] Auf die Integrationsschädlichkeit einer Erosion der Autorität des Unionsrechts verweist mit Nachdruck *Hans-Jürgen Hellwig*, Die Autorität des Unionsrechts – Glauben wir noch daran?, EuZW 2018, S. 222 (227 f.): „*Walter Hallstein* hat die Europäische Gemeinschaft als Rechtsgemeinschaft bezeichnet. Anders als ein Nationalstaat, der als Grundlage sein Volk, sein Territorium und sein Recht hat, ist einzige Grundlage der Europäischen Union das Recht. Deshalb ist die Union besonders verwundbar – ihre gesamte Existenz basiert auf dem Recht und ihre Glaubwürdigkeit hängt von der Autorität dieses Rechtes ab. Das sollte eigentlich hinreichender Grund sein, mit größter Sorgfalt darauf zu achten, dass die Autorität des Unionsrechts nicht untergraben wird."

[306] Vgl. oben Drittes Kapitel C. II. 1. c) bb) (2).

[307] Vgl. oben Drittes Kapitel C. II. 1. c) bb) (2).

Entsprechendes gilt für das EU-Primärrecht. Auch dessen Bestimmungen geben nichts her für die Annahme, die Union übe originäre Hoheitsgewalt aus. Im Gegenteil: Der in Art. 5 Abs. 1 S. 1 und Abs. 2 EUV normierte, als Grundregel der Zuständigkeitenabgrenzung zwischen der Union und ihren Mitgliedstaaten fungierende „Grundsatz der begrenzten Einzelermächtigung“[308] indiziert erkennbar einen Ableitungszusammenhang,[309] wobei Art. 5 Abs. 2 S. 1 EUV eindeutig die Mitgliedstaaten als Quelle der Ableitung, d.h. als Ermächtigungsgeber, ausweist. Dort heißt es: „Nach dem Grundsatz der begrenzten Einzelermächtigung wird die Union nur innerhalb der Grenzen der Zuständigkeiten tätig, die die Mitgliedstaaten ihr in den Verträgen zur Verwirklichung der darin niedergelegten Ziele übertragen haben.“ Dass Art. 5 Abs. 2 S. 1 EUV nicht nur die Einweisung der Union in ihre Aufgaben auf einen Vermittlungsakt der Mitgliedstaaten zurückführt, sondern ebenso die unionsseitig ausgeübte Hoheitsgewalt, gelangt in der englischen und französischen Sprachfassung klarer noch zum Ausdruck als in der deutschen. Denn während Art. 5 Abs. 2 S. 1 EUV in der deutschen Sprachfassung auf übertragene „Zuständigkeiten“ rekurriert, worunter gegebenenfalls auch die bloße Einweisung in konkrete Aufgabengebiete zu verstehen sein könnte, ist in der englischen Sprachfassung von „*competences* conferred upon [the Union] by the Member States“[310] und in der französischen Sprachfassung von „*compétences* que les États membres lui ont attribuées“[311] die Rede. Im Begriff der „Kompetenz“ (*competence*, *compétence*) ist das Moment der Hoheitlichkeit indes unzweifelhaft enthalten,[312] denn die Kompetenz „stellt die Einweisung [...] in ein konkretes Aufgabengebiet dar und *erschließt zugleich die nötigen Durchsetzungsmittel*“[313] im Sinne einer „Belehnung mit hoheitlichen Machtmitteln“[314]. Wenn also die Kompetenzen der Union ausweislich Art. 5 Abs. 2 S. 1 EUV von den Mitgliedstaaten herrühren, dann umfasst dieser Ableitungszusammenhang – so ist zu schlussfolgern – neben der Aufgabeneinweisung auch die von der Union zum Zwecke der Aufgabenerledigung ausgeübte Hoheitsgewalt.

Erweist sich der Grundsatz der begrenzten Einzelermächtigung nach alledem als starkes positiv-rechtliches Indiz für den derivativen Charakter der unionalen Hoheitsgewalt, so gilt dies erst recht für die Bestimmung des Art. 4 Abs. 2 S. 1 EUV.[315]

---

308 Zu Inhalt und Bedeutung dieses Grundsatzes *Stefan Kadelbach*, in: Hans von der Groeben/Jürgen Schwarze/Armin Hatje (Hrsg.), Europäisches Unionsrecht, 7. Auflage 2015, Art. 5 EUV Rn. 4 ff.

309 Im Ergebnis ebenso, allerdings ohne nähere Begründung BVerfGE 123, S. 267 (350) – Lissabon.

310 Hervorhebung hinzugefügt.

311 Hervorhebung hinzugefügt.

312 Vgl. *Horst Ehmke*, Prinzipien der Verfassungsinterpretation, VVDStRL 20 (1963), S. 53 (90); *Ernst Forsthoff*, Lehrbuch des Verwaltungsrechts, Band I, 10. Auflage 1973, S. 451.

313 *Ruppert Stettner*, Grundfragen einer Kompetenzlehre, 1983, S. 35 (Hervorhebung hinzugefügt).

314 *Ruppert Stettner*, Grundfragen einer Kompetenzlehre, 1983, S. 35.

315 Im Ergebnis ebenso, allerdings ohne nähere Begründung BVerfGE 123, S. 267 (350) – Lissabon.

Denn eben jene Bestimmung verpflichtet die Union ausdrücklich dazu, die nationale Identität der Mitgliedstaaten zu achten, wie sie „in ihren grundlegenden politischen und verfassungsmäßigen Strukturen" zum Ausdruck kommt. Dass dieses Tatbestandsmerkmal weniger auf einzelne (besonders bedeutsame) Vorschriften der jeweiligen nationalen Verfassung abhebt, sondern primär auf übergreifende Entscheidungen, die die gesamte Herrschaftsordnung des betreffenden Mitgliedstaats durchwirken und ihre einzelnen Komponenten zu einem Sinnganzen verbinden,[316] erhellt wiederum aus der englischen bzw. französischen Sprachfassung der Vorschrift: „The Union shall respect the [...] national identities [of Member States], *inherent* in their fundamental structures, political and constitutional [...]"[317] bzw. „L'Union respecte [ ] [l']identité nationale [des États membres], *inhérente* à leurs structures fondamentales politiques et constitutionnelles"[318].

Zu den von Art. 4 Abs. 2 S. 1 EUV in Bezug genommenen übergreifenden Entscheidungen von grundlegender Bedeutung gehört dabei auch und vor allem das der gesamten Verfassungsfamilie des Westens gemeine, nach dem Fall des Eisernen Vorhangs auch in Mittel- und Osteuropa zum Durchbruch gelangte Bekenntnis zur Leitidee von der rechtlich geordneten Selbstbestimmung der Freien und Gleichen.[319] Diese Leitidee, die gleichsam die Synthese des demokratischen und konstitutionalistischen Imperativs der bürgerlichen Revolutionen bildet, bedingt eine heteronomistische Deutung des unionalen Herrschaftsanspruchs. Denn nur bei einer heteronomistischen Deutung ist gewährleistet, dass das Hoheitshandeln der Unionsorgane – dem Auftragsgedanken entsprechend – konstruktiv an den Willen der Herrschaftsunterworfenen rückgebunden und am Maßstab eines volksgegebenen Normeninbegriffs verantwortet wird. Mit anderen Worten: Solange die rechtliche Grundordnung der Union nicht als Ausdruck des Normwillens der Herrschaftsunterworfenen aufgefasst werden kann, steht die Annahme, die Union übe originäre Hoheitsgewalt aus, sodass ihr Hoheitshandeln dem Maßstäblichkeitsanspruch der mitgliedstaatlichen Verfassungen von vornherein entzogen ist, in diametralem Widerspruch zum Achtungsgebot des Art. 4 Abs. 2 S. 1 EUV.

---

[316] Ganz in diesem Sinne erkennt *Adelheid Puttler*, in: Christian Calliess/Matthias Ruffert (Hrsg.), EUV/AEUV, 5. Auflage 2016, Art. 4 EUV Rn. 14 in der Bezugnahme auf die „grundlegenden politischen und verfassungsmäßigen Strukturen" einen Verweis auf die jeweiligen „staatlichen Grundentscheidungen". *Rudolf Streinz*, in: ders. (Hrsg.), EUV/AEUV, 3. Auflage 2018, Art. 4 EUV Rn. 14 identifiziert als Schutzgut des Art. 4 Abs. 2 S. 1 EUV die „jeweiligen Grundprinzipien der Staatsorganisation und die Grundwerte des jeweiligen Staates"; zustimmend *Walter Obwexer*, in: Hans von der Groeben/Jürgen Schwarze/Armin Hatje (Hrsg.), Europäisches Unionsrecht, 7. Auflage 2015, Art. 4 EUV Rn. 29 f.

[317] Hervorhebung hinzugefügt.

[318] Hervorhebung hinzugefügt.

[319] Zur Adaption der Leitideen der bürgerlichen Revolutionen des ausgehenden 18. Jahrhunderts durch die vormals kommunistischen Staaten Mittel- und Osteuropas *Lars Viellechner*, Verfassung als Chiffre: Zur Konvergenz von konstitutionalistischen und pluralistischen Perspektiven auf die Globalisierung des Rechts, in: ZaöRV 75 (2015), S. 231 (237) m. w. N.

D. Conclusio: Das EU-Primärrecht als herrschaftsmodifizierender Normeninbegriff

I. Herrschaftsmodifikation als Kontrastbegriff zur Herrschaftsbegründung

Die Ausgangsfrage lautete, ob sich die supranationale Integration Deutschlands im Horizont oder unter Überwindung des demokratischen Konstitutionalismus vollzieht. Bei der Suche nach einer Antwort ist herausgearbeitet worden, dass der Konstitutionalisierungsstandard der nordamerikanischen und französischen Revolution als Folge der Mitgliedschaft in der Europäischen Union nicht länger gewahrt werden könnte, der Auftragscharakter von Herrschaft vielmehr integrationsbedingt in Fortfall geraten müsste, wenn man die unionsseitig ausgeübte Hoheitsgewalt aus ihrem staatsverfassungsrechtlichen Begründungszusammenhang löst, indem man dem EU-Primärrecht herrschaftsbegründende Wirkung attribuiert. Allerdings hat sich auch gezeigt, dass die besseren Argumente gegen eine gedanklich-konstruktive Loslösung des unionalen Herrschaftsanspruchs aus seinem staatsverfassungsrechtlichen Begründungszusammenhang sprechen: Da die rechtliche Grundordnung der Europäischen Union von den mitgliedstaatlichen *pouvoirs constitués* auf dem Boden der nationalen Verfassungen entwickelt worden ist[320], die nationalen Verfassungen indes in der Tradition des demokratischen Konstitutionalismus stehen, ist der unionale Herrschaftsanspruch im Zweifel so zu deuten, dass die Mitgliedschaft in der Europäischen Union einerseits und die Verwirklichung der Leitidee von der rechtlich geordneten Selbstbestimmung der Freien und Gleichen andererseits nicht in ein Verhältnis der Alternativität geraten. Dann aber führt nach Lage der Dinge an einer heteronomistischen Deutung des unionalen Herrschaftsanspruchs kein Weg vorbei. Denn solange die rechtliche Grundordnung der Europäischen Union nicht ihrerseits (unmittelbar) auf den Willen der Herrschaftsunterworfenen zurückgeführt werden kann, ist die heteronomistische Lesart unabdingbar, um zu gewährleisten, dass der Einzelne in Gemäßheit des demokratischen und des konstitutionalistischen Imperativs nur solcher Herrschaft unterworfen ist, die am Maßstab eines volksgegebenen Normeninbegriffs verantwortet wird.

Die sich im Blick auf die Leitidee von der rechtlich geordneten Selbstbestimmung der Freien und Gleichen ergebende Vermutung für die heteronomistische Deutung des unionalen Herrschaftsanspruchs wird auch nicht durch Zweck und Eigenart des staatenintegrierenden Verbandes oder durch das positive Recht widerlegt. We-

[320] Auf den Umstand, dass die rechtliche Grundordnung der Europäischen Union auf den „Grundannahmen der europäischen Verfassungsordnungen“ aufbaut, verweist auch *Anne Peters*, Elemente einer Theorie der Verfassung Europas, 2001, S. 511. In Bezug auf den (letztlich gescheiterten) Vertrag über eine Verfassung für Europa erklärte das spanische Tribunal Constitucional in seinem Urteil vom 13.12.2004 – Erklärung DTC 1/2004: „Um den beanspruchten Vorrang [des Unionsrechts] (*primacía*) und den Rahmen, in dem er sich entfaltet, richtig zu verstehen, ist als erstes hervorzuheben, dass der Vertrag über eine Verfassung für Europa von dem Respekt für die Identität der in ihr integrierten Staaten und ihrer grundlegenden Verfassungsstrukturen ausgeht und dass er sich auf die Werte gründet, auf denen die Verfassungen der genannten Staaten beruhen.“ Abgedruckt in EuR 2005, S. 339 (343).

der die *raison d'être* der Europäischen Union (Integrationsprinzip) noch die unionsvertraglichen Bestimmungen drängen auf eine autonomistische Deutung der unionsseitig ausgeübten öffentlichen Gewalt. Im Gegenteil: Speziell der Grundsatz der begrenzten Einzelermächtigung (Art. 5 Abs. 1 S. 1 und Abs. 2 EUV) sowie die in Art. 4 Abs. 2 S. 1 EUV normierte Verpflichtung der Union, die in den grundlegenden politischen und verfassungsmäßigen Strukturen zum Ausdruck gelangende nationale Identität der Mitgliedstaaten zu achten, bestätigen die Vermutung, dass der Herrschaftsanspruch der Union derivativer Natur und folglich nationalverfassungsrechtlich konditioniert ist. Die zentrale Schlussfolgerung aus alledem lautet: Beim Primärrecht der Europäischen Union handelt es sich nicht um einen herrschaftsbegründenden, sondern um einen herrschafts*modifizierenden* Normeninbegriff.

Um den Bedeutungsgehalt dieser Schlussfolgerung zu verdeutlichen, sei noch einmal auf die an früherer Stelle ausführlich erörterten konstruktiven Grundlagen der Verrechtlichung von Herrschaft Bezug genommen. So ist im Zweiten Kapitel der vorliegenden Arbeit aufgezeigt worden, dass die Verrechtlichung von Herrschaft eine Aufspaltung des positiven Rechts in verschiedene Normengruppen zur Voraussetzung hat: Diejenigen Normen, die Herrschaftsträger erzeugen, um das Verhalten der Herrschaftsunterworfenen zu koordinieren, sind von solchen Normen zu unterscheiden, welche die Rechtserzeugung selbst zum Gegenstand haben (Rechtserzeugungsrecht). Die entlang dieser Unterscheidung vollzogene Aufspaltung des positiven Rechts bedingt eine funktionale Untergliederung der öffentlichen Gewalt. So muss zwischen dem Zugriff auf das Rechtserzeugungsrecht (*pouvoir constituant originaire* bzw. *pouvoir constituant constitué*) und dem Zugriff auf das hiervon abgeleitete Recht (*pouvoirs constitués*) differenziert werden. Manifestiert sich jene Distinktion in divergenten Zugriffsmodalitäten, wird also denjenigen Autoritäten, die über das abgeleitete Recht disponieren, der Zugriff auf das Rechtserzeugungsrecht vorenthalten oder zumindest erschwert (z. B. durch die Errichtung besonderer verfahrensrechtlicher Hürden), so spricht man von „Konstitutionalität".

Dabei ist zu beachten, dass die in „Konstitutionalität" mündende, an die Unterscheidung zwischen Rechtserzeugungsrecht und abgeleitetem Recht anknüpfende Untergliederung der öffentlichen Gewalt mit der Hervorbringung von Herrschaft ineins fallen *kann*. Ein Normenensemble, das beides miteinander verbindet – die Hervorbringung von Herrschaft und ihre Konstitutionalisierung – qualifiziert sich zur Verfassung im modernen Sinne.[321] Diese spezifische Art der Herrschaftsverrechtlichung, die insofern besonders ambitioniert ist, als sie politische Macht bereits am Ursprung dem Recht anverwandelt, bildete gleichsam das Kernanliegen der epochalen Revolutionen, die sich in in Nordamerika und Frankreich im letzten Viertel des 18. Jahrhunderts ereigneten. Prototypisch verwirklicht wurde dieses

[321] Auf die Notwendigkeit, zwischen Konstitutionalisierung einerseits und (dem Begriff der) Verfassung andererseits zu unterscheiden, verweist auch *Christoph Möllers*, Verfassunggebende Gewalt – Verfassung – Konstitutionalisierung, in: Armin von Bogdandy/Jürgen Bast (Hrsg.), Europäisches Verfassungsrecht, 2. Auflage 2009, S. 227 (265).

Anliegen durch die US-amerikanische Bundesverfassung von 1787 und die französische Revolutionsverfassung von 1791. Indes beweisen die europäische und insbesondere die deutsche Verfassungsgeschichte, dass Konstitutionalisierung einerseits und Herrschaftsbegründung andererseits einander keineswegs bedingen. So bewirkten etwa auch die französische „Charte Constitutionelle" vom 4. Juni 1814 und die ihr nachgebildeten „landständischen Verfassungen" des deutschen Frühkonstitutionalismus eine Aufspaltung der Rechtsordnung, wie sie im Begriff der Konstitutionalisierung vorausgesetzt ist, ohne dass jene Rechtstexte zugleich den Anspruch erhoben hätten, Herrschaft zu begründen. Vielmehr knüpften sie ausdrücklich an ihnen vorausliegende, in der Person des Monarchen verkörperte Herrschaftsmacht an, die sie durch eine Untergliederung entlang der Grunddistinktion zwischen Rechtserzeugungsrecht und abgeleitetem Recht zu reorganisieren suchten. Und so zeigt sich: Konstitutionalisierung kann mit Herrschaftsbegründung einhergehen, aber ebenso das Ergebnis einer Verrechtlichungsmaßnahme sein, die (lediglich) auf Modifizierung bereits bestehender Herrschaft abzielt.

II. Ausdifferenzierung der öffentlichen Gewalt auf der Herrschaftsausübungsebene

Es mag dem eindrucksvollen Siegeszug des modernen westeuropäisch-nordatlantischen Verfassungsmodells geschuldet sein, dass im Europa des 21. Jahrhunderts Herrschaftsverrechtlichungsmaßnahmen, die mit einer Zweiteilung der Rechtsordnung und einer entsprechenden Untergliederung der öffentlichen Gewalt einhergehen, unweigerlich den Verdacht erwecken, es stünde – wie ehedem in Nordamerika und Frankreich – zugleich auch die Hervorbringung von Herrschaft zu besorgen. Jedenfalls ist festzustellen, dass die Zweiteilung der Unionsrechtsordnung in Rechtserzeugungsrecht („Primärrecht") und abgeleitetes Recht („Sekundärrecht" bzw. „Teritärrecht") sowie die korrespondierende Untergliederung der Unionsgewalt in die primärrechtsändernde Gewalt (Vertragsurheber) und die sekundär- bzw. tertiärrechtsändernde Gewalt (Einrichtungen und Organe der Union) im wissenschaftlichen Schrifttum nicht nur als Ausweis eines Konstitutionalisierungsvorgangs auf überstaatlicher Ebene gewertet, sondern zugleich auch mit der Hervorbringung originärer unionaler Hoheitsgewalt in Verbindung gebracht worden ist. Freilich variieren die in diesem Zusammenhang angeführten Erklärungsmodelle: Mal wird mit rechtsphilosophischem Impetus ein gemeineuropäischer *contrat social* konstruiert,[322] mal wird unter Rückgriff auf die Verfassungstheorie mit der verfassunggebenden Gewalt des (Unions-)Volkes operiert,[323] mal wird der

[322] *Joseph H.H. Weiler*, The Reformation of European Constitutionalism, JCMS 35 (1997), S. 97 (121); *Peter Häberle*, Europa – eine Verfassungsgemeinschaft?, in: ders., Europäische Verfassungslehre in Einzelstudien, 1999, S. 84 (95); *Ingolf Pernice*, Europäisches und nationales Verfassungsrecht, VVDStRL 60 (2001), S. 148 (167).

[323] *Jürgen Habermas*, Die Krise der Europäischen Union im Lichte einer Konstitutionalisierung des Völkerrechts – Ein Essay zur Verfassung Europas, in: ders., Zur Verfassung Europas – Ein Essay, 2011, S. 39 (69 ff.).

Unionsrechtsordnung – eher rechtstheoretisch inspiriert – eine eigene „Grundnorm" bescheinigt[324]. Doch vermögen all diese Erklärungsmodelle schon deshalb nicht zu überzeugen, weil sie etwas zu erklären versuchen, das gar nicht stattgefunden hat. Denn wie oben dargelegt worden ist,[325] hat die öffentliche Gewalt im Zuge der Übertragung von Hoheitsrechten auf die Europäische Union keine Teilung auf der Herrschafts*begründungs*ebene erfahren, sondern eine Ausdifferenzierung auf der Herrschafts*ausübungs*ebene. Die Funktion des EU-Primärrechts besteht also nicht darin, neue Herrschaft hervorzubringen und im gleichen Atemzug (erstmalig) zu konstitutionalisieren, sondern darin, bereits vorhandene (und konstitutionalisierte) Herrschaft ausschnittweise zu reorganisieren (Ausreichung einzelner Hoheitsrechte an unionale Kompetenzträger) und im Umfang der Reorganisation zu re-konstitutionalisieren (Bindung der unionalen Kompetenzträger an das EU-Primärrecht). Kurzum: Die rechtliche Grundordnung der Europäischen Union begründet keine Herrschaft gemeineuropäischer Provenienz, sondern sie modifiziert Herrschaft staatlicher Provenienz.

Dass sich ein unionaler *pouvoir constituant*, dessen Legitimität es mit der Konstruktion eines gemeineuropäischen *contrat social* oder der Lehre von der verfassunggebenden Gewalt des Volkes zu begründen bzw. im Rekurs auf die Figur der „Grundnorm" zu unterstellen gälte, bislang nicht herausgebildet hat, tritt klar zu Tage, wenn man die Entstehungs- und Geltungsumstände der rechtlichen Grundordnung der Union in den Blick nimmt: Wollte man das EU-Primärrecht auf einen gemeineuropäischen *pouvoir constituant* zurückführen, so müsste diejenige Autorität, auf deren Willen das EU-Primärrecht seinen Geltungsanspruch stützt, namentlich der Vertragsurheber, über Kompetenzhoheit verfügen. Denn nur eine solche Autorität, die über das mit diesem Begriff bezeichnete Höchstmaß an rechtlicher Autonomie verfügt, qualifiziert sich zum Träger ursprünglicher Herrschaftsgewalt und damit zum *pouvoir constituant*. Dem unionalen Vertragsurheber fehlt es jedoch

---

[324] *Constantinos Kakouris*, La relation de l'ordre juridique communautaire avec les ordres juridiques des Etats membres, in: Francesco Capotorti u. a. (Hrsg.), Du droit international au droit de l'intégration: Liber Amoricum Pierre Pescatore, 1987, S. 319 (325 und 330 f.); *Wolf-Dietrich Grussmann*, Grundnorm und Supranationalität: Rechtsstrukturelle Sichtweisen der europäischen Integration, in: Thomas von Danwitz u. a. (Hrsg.), 33. ATÖR – Auf dem Wege zu einer Europäischen Staatlichkeit, 1993, S. 47 (58 ff.); *Markus Heintzen*, Die „Herrschaft" über die Europäischen Gemeinschaftsverträge – Bundesverfassungsgericht und Europäischer Gerichtshof auf Konfliktkurs?, AöR 119 (1994), S. 564 (582); *Catherine Richmond*, Preserving the Identity Crisis – Autonomy, System and Sovereignty in European Law, Law and Philosophy 16 (1997), S. 377 (407 ff.). *Anne Peters*, Elemente einer Theorie der Verfassung Europas, 2001, S. 263 f. und *Werner Schroeder*, Das Gemeinschaftsrechtssystem, 2002, S. 249 ff. weisen mit Recht darauf hin, dass eine pluralistische Grundnormtheorie mit *Kelsens* Reiner Rechtslehre nicht in Einklang zu bringen ist. Ihnen zustimmend *Mattias Wendel*, Permeabilität im europäischen Verfassungsrecht, 2011, S. 24: „Allerdings erscheint es konsequenter, bei Voraussetzung einer rechtspluralistischen Grundannahme den Rekurs auf die Grundnorm gänzlich fallen zu lassen, gibt doch ihre Verdopplung oder gar Vervielfachung gerade das für die Grundnormtheorie zentrale Axiom normlogischer Einheit preis." Ausführlich zum Problem *Dana Burchardt*, Die Rangfrage im europäischen Normenverbund, 2015, S. 156 ff.

[325] Vgl. Drittes Kapitel C. II. und III.

nach wie vor an der Kompetenzhoheit. Weder für sich allein noch im Verbund waren die europäischen Staatsgewalten im Zusammenhang mit der Gestaltung des kontinentalen Integrationsprozesses zu irgendeinem Zeitpunkt frei von positiv-rechtlichen Bindungen und sie sind es bis heute nicht. Vielmehr agieren sie auch insoweit, als sie über das unionale Rechtserzeugungsrecht verfügen bzw. als Quelle seiner Geltung figurieren, nach wie vor auf der Grundlage ihrer jeweiligen nationalen Verfassung und in den Grenzen, die ihnen durch diese gezogen sind. Dass die Europäische Union die rechtliche Gebundenheit jener Akteure, die über ihre rechtlichen Grundlagen disponieren, auch keineswegs negiert, sondern vielmehr voraussetzt, gelangt im EU-Primärrecht unmissverständlich zum Ausdruck. So macht Art. 48 Abs. 4 UAbs. 2 EUV das Inkrafttreten von Vertragsänderungen davon abhängig, dass sie „von allen Mitgliedstaaten *nach Maßgabe ihrer verfassungsrechtlichen Vorschriften* ratifiziert worden sind“[326]. Ebenso bedürfen Änderungsbeschlüsse des Europäischen Rats im vereinfachten Änderungsverfahren nach Art. 48 Abs. 6 EUV der „Zustimmung der Mitgliedstaaten *im Einklang mit ihren jeweiligen verfassungsrechtlichen Vorschriften*“[327] (Art. 48 Abs. 6 UAbs. 2 S. 3 EUV).

Aus der national-verfassungsrechtlichen Bedingtheit des unionalen Rechtserzeugungsrecht ergibt sich nach alledem, dass dieses nicht das Produkt des *pouvoir constituant* im Sinne der demokratischen Verfassungstheorie sein kann. Setzt die durch das unionale Rechtserzeugungsrecht bewirkte Konstitutionalisierung also nicht auf der Herrschaftsbegründungsebene an (d. h. kein zweiter *contrat social*; keine Zweiteilung der verfassunggebenden Gewalt des Volkes), so liegt auf der Hand, dass sie die Herrschaftsausübungsebene fokussiert: Als Produkt der Integrationsgesetzgebung mitgliedstaatlicher *pouvoirs constitués* bringt das unionale Rechtserzeugungsrecht keine vordem inexistente öffentliche Gewalt hervor. Vielmehr modifiziert es die durch die mitgliedstaatlichen Verfassungen hervorgebrachte öffentliche Gewalt, indem es einzelne Elemente derselben an neu geschaffene, dem staatenintegrierenden Verband „Europäischen Union“ zugehörige Kompetenzträger ausreicht. Zur (bloßen) Herrschaftsmodifikation sind die mitgliedstaatlichen Integrationsgesetzgeber aber durchaus in der Lage, denn hierfür bedarf es gerade nicht der verfassungsvorgängigen Kompetenzhoheit, sondern es genügt die Kompetenz-Kompetenz, bei der es sich – wie erinnerlich – um eine verfassungsetablierte Rechtsmacht handelt, die als solche den nationalen *pouvoirs constitués* prinzipiell zugänglich ist.

III. Unionsherrschaft als Unterauftrag

In der Einsicht, dass im Zuge der europäischen Einigung neben das staatliche Rechtserzeugungsrecht (Staatsverfassung) zwar in der Tat staatenübergreifendes Rechtserzeugungsrecht getreten ist (EU-Primärrecht), letzteres im Unterschied zu

326 Hervorhebung hinzugefügt.
327 Hervorhebung hinzugefügt.

ersterem aber nicht das Produkt der Inanspruchnahme von Kompetenzhoheit ist, sondern das Produkt der (staatenübergreifend koordinierten) Ausübung der national-verfassungsrechtlich etablierten und konditionierten Kompetenz-Kompetenz durch verfassungsgebundene *pouvoirs constitués*, liegt der Schlüssel zum Verständnis der Herrschaftsform „supranational integrierte Verfassungsstaatlichkeit". Denn aus dem Umstand, dass das Verhältnis von Kompetenzhoheit und Kompetenz-Kompetenz nicht eines der Gleichordnung, sondern der Ableitung und Stufung ist, erhellt, dass auch das Verhältnis von staatlichem und unionalem Rechtserzeugungsrecht – anders als im Konzept des *constitutional pluralism* vorausgesetzt – nicht eines der Gleichordnung, sondern der Ableitung und Stufung ist.

Im Rekurs auf das *Bodin*'sche Souveränitätsparadigma lässt sich die Funktionslogik des supranational integrierten Verfassungsstaats demnach wie folgt beschreiben: Der Volkssouverän statuiert unter Inanspruchnahme seiner Kompetenzhoheit Rechtserzeugungsrecht 1. Ordnung (Staatsverfassung). Dessen Funktion besteht darin, verschiedene gouvernementale Instanzen einzurichten, sie mit der Erledigung öffentlicher Aufgaben zu betrauen und zu diesem Zweck mit Machtmitteln zu beleihen (im Folgenden bezeichnet als „*pouvoirs constitués étatiques*"). In ihrer Gesamtheit formieren sich diese gouvernementalen Instanzen zur Staatsgewalt, deren übergeordnete Bestimmung es ist, zwecks Verwirklichung des Gemeinwohls öffentliche Gewalt im Auftrag des Volkssouveräns auszuüben. Indes antizipiert der Volkssouverän, dass das Gemeinwohlziel über den von ihm errichteten Herrschaftsapparat hinausweist, insofern nämlich, als seine Verwirklichung eine nachhaltige europäische Friedensordnung bedingt, mithin auf die Einigung der Völker Europas unter dem Dach eines staatenintegrierenden Verbands drängt.[328] Deshalb belässt er es nicht dabei, die von ihm eingerichteten gouvernementalen Instanzen mit der Ausübung öffentlicher Gewalt zu beauftragen, sondern stattet sie zugleich mit der – gegebenenfalls konditionierten und sachgegenständlich begrenzten – Befugnis aus, im konsensualen Zusammenwirken mit den gouvernementalen Instanzen anderer europäischer Volkssouveräne Rechtserzeugungsrecht 2. Ordnung (EU-Primärrecht) zu statuieren (Integrationsermächtigung als besondere Ausprägung der Kompetenz-Kompetenz). In Ausrichtung auf das übergeordnete Gemeinwohlziel besteht die spezifische Funktion des Rechtserzeugungsrechts 2. Ordnung darin, solche gouvernementalen Instanzen einzurichten, die als *gemeinsame* (Unter-)Beauftragte der europäischen Staatsgewalten bestimmte öffentliche Aufgaben an ihrer statt und mit einheitlicher Wirkung im Herrschaftsgebiet aller assoziierten Staatsgewalten wahrnehmen (im Folgenden bezeichnet als „*pouvoirs constitués supranationales*").

Die durch das Rechtserzeugungsrecht 2. Ordnung (EU-Primärrecht) bewirkte Reorganisation der staatlichen öffentlichen Gewalt bedeutet in der Sache eine Modifikation des Rechtserzeugungsrechts 1. Ordnung (Hoheitsrechtsübertragungen

[328] Vgl. BVerfGE 123, S. 267 (345 f.) – Lissabon.

als Verfassungsänderungen im materiellen Sinne),[329] die jedoch unmittelbar durch das Rechtserzeugungsrecht 1. Ordnung autorisiert (vgl. Art. 23 Abs. 1 S. 1 und 2 GG) und nur in den Grenzen dieser Autorisierung (vgl. Art. 23 Abs. 1 S. 3 GG i. V. m. Art. 79 Abs. 2 und 3 GG) wirksam ist. Rechtstechnisch wird die vom Volkssouverän durch das Rechtserzeugungsrecht 1. Ordnung (Staatsverfassung) autorisierte und vom Integrationsgesetzgeber unter Inanspruchnahme von Kompetenz-Kompetenz ins Werk gesetzte Reorganisation der staatlichen öffentlichen Gewalt unter dem Dach der Europäischen Union (Hoheitsrechtsübertragungen) abgesichert, indem dem Rechtshandeln der *pouvoirs constitués supranationales* innerstaatliche Wirksamkeit und (Anwendungs-)Vorrang vor dem Rechtshandeln der *pouvoirs constitués étatiques* eingeräumt wird. Doch kann die Rechtsverdrängungsmacht der Rechtsakte der *pouvoirs constitués supranationales* nicht weiter reichen als die im Rechtserzeugungsrecht 2. Ordnung (EU-Primärrecht) kondensierte Ermächtigung zum Rechtshandeln, diese wiederum nicht weiter als die Verfassungsänderungsbefugnis des jeweiligen staatlichen Integrationsgesetzgebers. Mit anderen Worten: Der von den staatlichen Integrationsgesetzgebern erteilte, im Rechtserzeugungsrecht 2. Ordnung (EU-Primärrecht) kodifizierte Herrschaftsunterauftrag vermag den vom jeweiligen nationalen Volkssouverän erteilten, im Rechtserzeugungsrecht 1. Ordnung (Staatsverfassung) kodifizierten Herrschaftsauftrag zu modifizieren, nicht aber zu dispensieren.

Konkret bedeutet dies, dass solche Herrschaftsausübungsmodalitäten, die das Rechtserzeugungsrecht 1. Ordnung (Staatsverfassung) der Verfügungsgewalt des Integrationsgesetzgebers entzieht, durch die Mitwirkung des Integrationsgesetzgebers an der Setzung von Rechtserzeugungsrecht 2. Ordnung (EU-Primärrecht) – d. h. im Wege der Verlagerung von Hoheitsmacht auf *pouvoirs constitués supranationales* – nicht abbedungen werden können.[330] Ausschlaggebend hierfür ist die kategoriale Differenz zwischen der Kompetenzhoheit des Souveräns und der Kompetenz-Kompetenz der Staatsgewalt: In Betätigung seiner Kompetenzhoheit beauftragt der Volkssouverän die Staatsgewalt mit der Ausübung von Herrschaft unter Beachtung der vermittels der Staatsverfassung erteilten Weisungen. In Betätigung der ihr durch die Staatsverfassung eingeräumten Kompetenz-Kompetenz beauftragt wiederum die Staatsgewalt einen Dritten, namentlich die Unionsgewalt, mit der teilweisen Besorgung des ursprünglich ihr – der Staatsgewalt – übertragenen Geschäfts „Ausübung von Herrschaft" und zwar unter Beachtung der im EU-Primärrecht verankerten Weisungen. Doch kann sich die Staatsgewalt mit der Erteilung eines Unterauftrags, in dem sie die Rolle des Auftraggebers einnimmt, nicht selbst aus jenem vorgeordneten Auftragsverhältnis entlassen, in dem ihr die Rolle des Beauftragten zufällt. Dem korrespondierend müssen Hoheitsakte der Union gestuft verantwortet werden: Zum einen seitens der Unionsgewalt gegenüber den europäischen Staatsgewalten als Vertragsurheber am Maßstab des auf deren Norm-

329 Siehe dazu BVerfGE 140, S. 317 (335) – Identitätskontrolle.
330 Im Ergebnis ebenso BVerfGE 140, S. 317 (336) – Identitätskontrolle.

willen basierenden Rechtserzeugungsrechts 2. Ordnung (EU-Primärrecht), zum anderen seitens der Staatsgewalt gegenüber dem jeweiligen Volkssouverän am Maßstab jener Weisungen des Rechtserzeugungsrechts 1. Ordnung (Staatsverfassung), die der Dispositionsgewalt des (verfassungsändernden) Integrationsgesetzgebers entzogen und somit nicht durch das Rechtserzeugungsrecht 2. Ordnung (EU-Primärrecht) abbedungen sind.

Aus der Warte des demokratischen Konstitutionalismus ist die Erstreckung der Maßstäblichkeit des Rechtserzeugungsrechts 1. Ordnung (Staatsverfassung) auf Rechtsakte der *pouvoirs constitués supranationales* (Einrichtungen und Organe der Union) von eminenter Bedeutung. Der Grund liegt darin, dass nur das Rechtserzeugungsrecht 1. Ordnung (Staatsverfassung), nicht hingegen das Rechtserzeugungsrecht 2. Ordnung (EU-Primärrecht) auf der verfassunggebenden Gewalt des Volkes beruht und mithin nur ersteres, nicht aber letzteres konstruktiv geeignet ist, die unionsseitig ausgeübte Herrschaft an den (Norm-)Willen der Herrschaftsunterworfenen anzubinden. Dies hat zur Folge, dass die vom demokratischen und konstitutionalistischen Imperativ geforderte Gewährleistung eines Zustands, in dem *sämtliche* Herrschaftsakte am Maßstab eines volksgegebenen Normeninbegriffs verantwortet werden, nur gelingen kann, wenn sich das Rechtserzeugungsrecht 1. Ordnung (Staatsverfassung) mit Wirkung für seinen räumlichen Geltungsbereichs (Staatsgebiet) auch gegenüber solchen Akten öffentlicher Gewalt als Rechtmäßigkeits- und Gültigkeitsmaßstab zur Geltung bringt, die von Kompetenzträgern herrühren, welche durch das Rechtserzeugungsrecht 2. Ordnung (EU-Primärrecht) eingerichtet worden sind (*pouvoirs constitués supranationales*). Nur auf diese Weise lässt sich die vom demokratischen Konstitutionalismus geforderte Einbindung aller Herrschaft in einen durchgängigen Legitimations- und Verantwortungszusammenhang trotz der integrationsbedingten Ausdifferenzierung der öffentlichen Gewalt auf der Herrschaftsausübungsebene (*pouvoirs constitués étatiques* einerseits, *pouvoirs constitués supranationales* andererseits) bewahren und die Ausbildung eines nicht-verfassten Machtreservats vermeiden. Negativ gewendet: Die Maßstäblichkeit der mitgliedstaatlichen Verfassung gegenüber dem Hoheitshandeln der Union kann nicht hinweggedacht werden, ohne dass die in der Leitidee von der Selbstbestimmung der Freien und Gleichen vorausgesetzte Vermittlung zwischen dem Individuum und der öffentlichen Gewalt partiell entfiele. In der Perspektive des demokratischen Konstitutionalismus erweist sich daher nicht diejenige Staatsverfassung als europarechtsfreundlich[331], die Unionsrechtsakte erst gar nicht mit ihrem normativen Anspruch konfrontiert, sondern diejenige, die unionsseitig ausgeübte öffentliche Gewalt zum Individuum hin vermittelt, indem sie in Bezug auf das Rechtshandeln der *pouvoirs constitués supranationales* Maßstäblichkeit beansprucht, ihren Maßstäblichkeitsanspruch dabei aber der Breite und Dichte nach signifikant reduziert. Letzteres ist freilich essenziell, da andern-

---

331 Eingehend zum (Verfassungs-)Grundsatz der Europarechtsfreundlichkeit *Daniel Knop*, Völker- und Europarechtsfreundlichkeit als Verfassungsgrundsätze, 2013, S. 260ff.

falls die avisierte Vergemeinschaftung der hoheitlichen Aufgabenerledigung in Europa an einer Überverrechtlichung derselben scheitern müsste. Das Grundgesetz entspricht diesem Postulat in der Weise, dass es die Ausübung der auf die Union übertragenen Hoheitsrechte durch *pouvoirs constitués supranationales* nicht mit seinem gesamten Normenbestand konfrontiert, sondern lediglich jene wenigen verfassungsidentitätsrelevanten Grundsätze als Rechtmäßigkeits- und Wirksamkeitsmaßstab zur Geltung bringt, die Art. 79 Abs. 3 GG in Bezug nimmt.

Viertes Kapitel

Die Fundamentalentscheidung des Grundgesetzes für demokratische Konstitutionalität als Schranke der Integrationsgewalt der bundesrepublikanischen Staatsorgane

Die bisherigen Überlegungen haben ergeben, dass die Fundamentalentscheidung des Grundgesetzes für demokratische Konstitutionalität von der Einbindung Deutschlands in den europäischen Integrationsprozess bis dato unangetastet geblieben ist. Die Mitgliedschaft in der Europäischen Union steht gegenwärtig nicht in Widerspruch zur Leitidee von der rechtlich geordneten Selbstbestimmung der Freien und Gleichen. Ausschlaggebend hierfür ist, dass die Wirksamkeit unionaler Herrschaftsakte in den Territorien der EU-Mitgliedstaaten national-verfassungsrechtlich bedingt ist. Solange die mitgliedstaatlichen Verfassungen auch gegenüber dem Rechtshandeln der *pouvoirs constitués supranationales* mit Erfolg Maßstäblichkeit beanspruchen, gelingt die Vermittlung zwischen den herrschaftsunterworfenen Individuen und der unionalen öffentlichen Gewalt, sodass der Auftragscharakter von Herrschaft vollumfänglich gewahrt bleibt. Doch ist keinesfalls ausgeschlossen, dass sich der Herrschaftsanspruch der Europäischen Union dereinst aus seiner national-verfassungsrechtlichen Bedingtheit löst. Ergäbe sich dies im Zuge der Herausbildung eines Unionsvolkes, das den Herrschaftsanspruch des staatenintegrierenden Verbands im Wege der Betätigung seiner verfassunggebenden Gewalt dem eigenen Normwillen anverwandelt, so stünde jener Akt der Emanzipation mit dem demokratischen und konstitutionalistischen Imperativ der bürgerlichen Revolutionen in Einklang. Da der Einzelne auch weiterhin nur solcher institutionalisierten politischen Macht unterworfen wäre, an deren rechtsförmiger Begründung und Begrenzung er gleichen Anteil hat, bewahrte Herrschaft den vom demokratischen Konstitutionalismus geforderten Auftragscharakter.

Indes steht nicht zu erwarten, dass dieser Weg, bei dem es sich aus der Warte der nationalen Verfassungen denknotwendig um einen revolutionären und mithin extrakonstitutionellen Weg handelt, in absehbarer Zeit beschritten wird. Insofern die (faktische) Loslösung des Herrschaftsanspruchs der Europäischen Union aus seiner national-verfassungsrechtlichen Bedingtheit zur Debatte steht, erscheint es vielmehr weitaus wahrscheinlicher, dass die Union unter Rückgriff auf die überkommene Integrationsmechanik (mitgliedstaatliche Integrationsgesetzgebung) sukzessive mit einem eigenen Zwangsapparat ausgestattet wird, der sie in die Lage versetzt, ihren Rechtsakten nötigenfalls auch ohne Indienstnahme mitgliedstaatlicher Einrichtungen praktische Wirksamkeit zu verschaffen. Gewönne der Herrschaftsanspruch der Europäischen Union dieses Maß an Autonomie gegenüber den EU-Mitgliedern und begäben sich letztere im weiteren Fortgang des Integrationsprozesses zudem ihres – gegenwärtig durch Art. 50 EUV verbürgten – Rechts zum einseitigen Austritt aus der Union, so wäre das oben beschriebene, für die Bewahrung des Auftragscharakters politischer Herrschaft unabdingbare Element der gestuften Verantwortung unionaler Hoheitsgewalt *de facto* preisgegeben. Denn wenn die zwangsweise Durchsetzung unionaler Rechtakte ohne Einschaltung der nationalen Staatsgewalten gelingen kann und die Mitgliedstaaten sich dem unionalen Herrschaftsanspruch auch nicht länger durch Austritt aus der Union entziehen können, dann gibt es keine Instanz mehr, die von Rechts wegen in der Lage ist, einem unionalen Hoheitsakt, der gegen einen oder mehrere der Maßstäblichkeit beanspruchenden national-verfassungsrechtlichen Sollenssätze verstößt, die innerstaatliche Wirksamkeit zu versagen. Es zeigt sich: Wenngleich sich der europäische Einigungsprozess bislang im Horizont des demokratischen Konstitutionalismus vollzogen hat, so ist doch keineswegs auszuschließen, dass für den deutschen Integrationsgesetzgeber in der Zukunft ein Integrationsschritt zur Entscheidung anstehen wird, der den Bruch mit eben diesem Paradigma zur Konsequenz hätte. Zum Abschluss dieser Studie soll deshalb der Frage nachgegangen werden, ob die Fundamentalentscheidung des Grundgesetzes für demokratische Konstitutionalität, wie sie in der Kombination der drei Verfassungsstrukturelemente „verfassunggebende Gewalt des Volkes", „Ausschluss nicht-verfasster Machtreservate" und „Vorrang der Verfassung" zum Ausdruck gelangt, rein programmatischer Natur ist oder ihr darüber hinaus eine präskriptive Dimension eignet.

A. Unantastbarkeit der Fundamentalentscheidung für demokratische Konstitutionalität gemäß Art. 79 Abs. 3 GG

In einer politischen Gemeinschaft, die über eine rechtliche Grundordnung nach Art des modernen westeuropäisch-nordatlantischen Verfassungsmodells verfügt, gibt es definitionsgemäß kein Hoheitshandeln, das frei von rechtlichen Kautelen ist. Was das spezifische Hoheitshandeln „Integrationsgesetzgebung" anbetrifft, findet dieses Postulat Bestätigung in dem Umstand, dass die sog. „Verfassungsbestandsgarantie" des Art. 23 Abs. 1 S. 3 GG Zustimmungsgesetze zu EU-Primärrechtsänderungen, die materiell verfassungsmodifizierend wirken (insbesondere: Änderung der grundgesetzlichen Kompetenzordnung durch Hoheitsrechtsübertragungen im klassischen Sinne), ausdrücklich an die in Art. 79 Abs. 3 GG in Bezug genommenen Maßgaben und Grundsätze bindet. Jene Maßgaben und Grundsätze, welche gemeinsam die grundgesetzliche Verfassungsidentität konstituieren,[1] stehen daher

---

[1] Siehe dazu BVerfGE 123, S. 267 (340) – Lissabon m. w. N. Näher zum Begriff der Verfassungsidentität *Monika Polzin*, Verfassungsidentität: Ein normatives Konzept des Grundgesetzes?, 2018, S. 36 ff.

noch nicht einmal insoweit zur Disposition der bundesrepublikanischen Staatsgewalt, als diese in Ausführung des ihr vom Verfassunggeber erteilten Integrationsauftrags bei der Entwicklung der Europäischen Union mitwirkt. Ob die Fundamentalentscheidung des Grundgesetzes für demokratische Konstitutionalität der Teilnahme Deutschlands am europäischen Einigungsprozess Grenzen zieht, ist somit anhand des von Art. 23 Abs. 1 S. 3 GG in Verbindung mit Art. 79 Abs. 3 GG integrationsfest gestellten „Katalogs von Unantastbarkeiten"[2] zu beurteilen. Insoweit stellt sich die Frage, ob jene drei Verfassungsstrukturelemente, die durch ihr Zusammenspiel überhaupt erst die rechtskonstruktiven Voraussetzungen dafür schaffen, dass die Leitidee von der rechtlich geordneten Selbstbestimmung der Freien und Gleichen praktisch verwirklicht werden kann, an der Verfassungsidentitätsgarantie teilhaben. Mit anderen Worten: Zu prüfen ist, ob die „verfassunggebende Gewalt des Volkes", der „Ausschluss nicht-verfasster Machtreservate" sowie der „Vorrang der Verfassung" von Art. 79 Abs. 3 GG in Bezug genommen werden.

I. Inbezugnahme des Verfassungsstrukturelements „verfassunggebende Gewalt des Volkes" durch Art. 79 Abs. 3 GG

Seinem Wortlaut nach erklärt Art. 79 Abs. 3 GG Änderungen des Grundgesetzes, „durch welche die Gliederung des Bundes in Länder, die grundsätzliche Mitwirkung der Länder bei der Gesetzgebung oder die in den Artikeln 1 und 20 niedergelegten Grundsätze berührt werden", für unzulässig. Ausdrückliche Erwähnung findet mithin keines der drei vorstehend genannten Verfassungsstrukturelemente.[3] Indes zeigt sich bei näherer Betrachtung, dass letztere allesamt vom Verweis des Art. 79 Abs. 3 GG auf die in Art. 20 GG niedergelegten Grundsätze umfasst sind.

Was zunächst das Verfassungsstrukturelement „verfassunggebende Gewalt des Volkes" anbetrifft, ist im vorliegenden Zusammenhang Art. 20 Abs. 2 S. 1 GG zu fokussieren. Dort heißt es: „Alle Staatsgewalt geht vom Volke aus." Ebenso prägnant wie unmissverständlich bringt das Grundgesetz hier zum Ausdruck, dass institutionalisierte politische Macht der Herleitung bedarf und diese Herleitung von den zum Volk geeinten herrschaftsunterworfenen Individuen auszugehen hat. Anders formuliert: Art. 20 Abs. 2 S. 1 GG anerkennt das Prinzip der Volkssouveränität und stellt die Bundesrepublik Deutschland als politische Entität dezidiert in die geistige und politische Tradition dieses Prinzips hinein.[4] Verbindet sich die Her-

[2] Formulierung nach *Brun-Otto Bryde*, Verfassungsentwicklung: Stabilität und Dynamik im Verfassungsrecht der Bundesrepublik Deutschland, 1982, S. 235.

[3] Im Anschluss an Hans Nawiasky apostrophiert *Günter Dürig*, Zur Bedeutung und Tragweite des Art. 79 Abs. 3 des Grundgesetzes, in: Hans Spanner u. a. (Hrsg.), Festgabe für Theodor Maunz zum 70. Geburtstag, S. 41 (44) die „in den Artikeln 1 und 20 niedergelegten Grundsätze" des Grundgesetzes als „Staatsfundamentalnormen".

[4] BVerfGE 83, S. 60 (71) – Ausländerwahlrecht II („Grundentscheidung des Art. 20 Abs. 2 GG für die Volkssouveränität"). Aus dem wissenschaftlichen Schrifttum vgl. etwa *Udo Di Fabio*, Der Auftrag zur europäischen Integration und seine Grenzen, in: Matthias Ruffert (Hrsg.), Dy-

leitung politischer Macht vom Volk mit dem Ansinnen, die Ausübung politischer Macht rechtlich einzuhegen, so manifestiert sich die im Begriff der Volkssouveränität vorausgesetzte Höchstgewalt des Volkes in seiner Urheberschaft an dem auf Herrschaftsverrechtlichung angelegten Normenensemble.[5] Damit ist klar: Im Gesamtzusammenhang eines Normenensembles, das – wie das Grundgesetz – auf Herrschaftsverrechtlichung angelegt ist, impliziert die Anerkennung des Prinzips der Volkssouveränität die Anerkennung der verfassunggebenden Gewalt des Volkes. Letztere qualifiziert sich gleichsam zur verfassungsstaatsspezifischen Erscheinungsform der Volkssouveränität.[6] Volkssouveränität und verfassunggebende Gewalt des Volkes verschmelzen ineinander, weil sich die Souveränität unter den Bedingungen normativer Verfasstheit in die verfassunggebende Gewalt zurückzieht.[7] Es ist daher zu resümieren, dass mit dem Verweis des Art. 79 Abs. 3 GG auf die in Art. 20 GG niedergelegten Grundsätze in der Tat auch die Lehre von der verfassunggebenden Gewalt des Volkes in Bezug genommen ist.[8]

II. Inbezugnahme des Verfassungsstrukturelements „Ausschluss nicht-verfasster Machtreservate" durch Art. 79 Abs. 3 GG

Entsprechendes gilt für das Verfassungsstrukturelement „Ausschluss nicht-verfasster Machtreservate". Auch dieses ist, wie *Bernhard Kempen* mit Recht bemerkt, fest in Art. 20 Abs. 2 GG verankert:

> „Die verfassungsrechtliche Norm [des Art. 20 Abs. 2 GG] verweist nicht nur auf demokratiestaatliche Strukturprinzipien der Bundesrepublik Deutschland und auf normativ rezipierte Legitimationsmuster. Diesen fraglos wichtigen Norminhalten vorgeordnet ist der zum Ausdruck kommende Anspruch, alle Staatsgewalt vollständig zu verfassen. Indem das

namik und Nachhaltigkeit des Öffentlichen Rechts, Festschrift für Meinhard Schröder zum 70. Geburtstag, 2012, S. 169; *Ernst-Wolfgang Böckenförde*, Demokratie als Verfassungsprinzip, in: HStR, Band II, 3. Auflage 2004, § 24 Rn. 1 ff.

[5] Vgl. *Ernst-Wolfgang Böckenförde*, Demokratie als Verfassungsprinzip, in: HStR, Band II, 3. Auflage 2004, § 24 Rn. 7; *Horst Dreier*, Grenzen demokratischer Freiheit im Verfassungsstaat, in: ders., Idee und Gestalt des freiheitlichen Verfassungsstaates, 2014, S. 249 (260).

[6] Vgl. *Theodor Maunz*, Die verfassunggebende Gewalt im Grundgesetz, DÖV 1953, S. 645; *Martin Kriele*, Einführung in die Staatslehre, 6. Auflage 2003, S. 241; *Christian Seiler*, Der souveräne Verfassungsstaat zwischen demokratischer Rückbindung und überstaatlicher Einbindung, 2005, S. 308 sowie *Helmut Quaritsch*, Souveränität im Ausnahmezustand: Zum Souveränitätsbegriff im Werk Carl Schmitts, Der Staat 35 (1996), S. 1 (27, Fußnote 85): „Das Verständnis der verfassunggebenden Gewalt des Volkes *als Emanation von (Volks)Souveränität* ist im führenden staatsrechtlichen Schrifttum nicht kontrovers" (Hervorhebung hinzugefügt). Freilich ist zu beachten, dass das Volk, insofern es in Art. 20 Abs. 2 S. 2 GG mit der (mittelbaren) Ausübung der Staatsgewalt betraut wird, nicht als Träger des *pouvoir constituant*, sondern als verfasste Größe, d. h. als *pouvoir constitué*, angesprochen ist; siehe dazu BVerfGE 83, S. 60 (71) – Ausländerwahlrecht II sowie *Marcel Kaufmann*, Europäische Integration und Demokratieprinzip, 1997, S. 46 und *Martin Kriele*, Einführung in die Staatslehre, 6. Auflage 2003, S. 103.

[7] Siehe dazu oben Zweites Kapitel B. IV. 1. c).

[8] So auch *Dietrich Murswiek*, Die verfassunggebende Gewalt nach dem Grundgesetz für die Bundesrepublik Deutschland, 1978, S. 204: „Demokratie im Sinne des Art. 20 [GG] heißt also auch, daß die verfassunggebende Gewalt beim Volke liegt."

deutsche Grundgesetz den alleinigen Souverän beim Namen nennt und ihn im selben Atemzug bei der Ausübung seiner staatlichen Gewalt mediatisiert [vgl. Art. 20 Abs. 2 S. 2 GG], lässt es keinen Zweifel daran, dass latente Vorkommen nicht-verfasster Staatsgewalt im Geltungskonzept der Verfassung nicht vorgesehen sind."[9]

Nun liegt bei vordergründiger Betrachtung der Einwand nahe, dass es sich bei dem von *Kempen* im Blick auf Art. 20 Abs. 2 GG diagnostizierten Ausschluss nicht-verfasster Staatsgewalt einerseits und dem Ausschluss nicht-verfasster Machtreservate, wie er im Verfassungsbegriff des demokratischen Konstitutionalismus vorausgesetzt ist, andererseits, um Verschiedenes handelt. Immerhin öffnet das Grundgesetz seinen räumlichen Geltungsbereich in Art. 23 GG ausdrücklich auch für Hoheitsakte unionaler Kompetenzträger, differenziert also zwischen *staatlicherseits* ausgeübter öffentlicher Gewalt und *unionsseitig* ausgeübter öffentlicher Gewalt. In Anbetracht dessen könnte man den Standpunkt einnehmen, dass Art. 20 Abs. 2 GG das Obwalten nicht-verfasster Herrschaftsmacht im Territorium der Bundesrepublik Deutschland zwar insoweit ausschließt, als hoheitliche Maßnahmen staatlicher Institutionen in Rede stehen, nicht aber insoweit, als Organe und Einrichtungen der Europäischen Union öffentliche Gewalt (auch) in Deutschland ausüben. In dieser Lesart wäre der von Art. 20 Abs. 2 GG dekretierte Ausschluss nicht-verfasster Staatsgewalt notwendige, aber eben nicht hinreichende Bedingung des im Verfassungsbegriff des demokratischen Konsitutionalismus vorausgesetzten Ausschlusses nicht-verfasster Machtreservate.

Doch ist in diesem Zusammenhang zu beachten, dass Art. 79 Abs. 3 GG die Bestimmung des Art. 20 GG mit ihrem *ursprünglichen* Inhalt in Bezug nimmt und zur unübersteigbaren Schranke des Hoheitshandelns aller Staatsorgane unter Einschluss des verfassungsändernden Integrationsgesetzgebers erklärt.[10] Insofern es darum geht, Art. 20 Abs. 2 GG in seiner Eigenschaft als Teil der Verfassungsidentitätsgarantie inhaltlich auszudeuten, müssen daher diejenigen Bedeutungsverschiebungen des Begriffs „Staatsgewalt" außer Betracht bleiben, welche die bundesrepublikanischen *pouvoirs constitués étatiques* nach dem Inkrafttreten des Grundgesetzes selbst angestoßen haben. Andernfalls würden letztere faktisch in die Lage versetzt, die in Art. 79 Abs. 3 GG statuierten Handlungsschranken nach ihrem Willen zu modifizieren, obschon der Sinn und Zweck des Art. 79 Abs. 3 GG gerade darin besteht, jene Handlungsschranken dem Zugriff der *pouvoirs constitués étatiques* vorbehaltlos zu entziehen.[11] Insofern der Begriff „Staatsgewalt" heute auch

---

[9] *Bernhard Kempen*, Verfassung und Politik, in: Otto Depenheuer/Christoph Grabenwarter (Hrsg.), Verfassungstheorie, 2010, § 27 Rn. 11.

[10] *Bodo Pieroth*, in: Hans Dieter Jarass/Bodo Pieroth, Grundgesetz-Kommentar, 15. Auflage 2018, Art. 79 Rn. 18.

[11] In Anbetracht dessen qualifiziert *Günter Dürig*, Zur Bedeutung und Tragweite des Art. 79 Abs. III des Grundgesetzes, in: Hans Spanner u. a. (Hrsg.), Festgabe für Theodor Maunz zum 70. Geburtstag, 1971, S. 41 (47) die Vorschrift des Art. 79 Abs. 3 GG als eine Norm des „*konstruktiven* Verfassungsschutz[es]", deren „Adressat und Normunterworfener eben nicht der Verfassungs*gegner*, sondern der durchaus *verfassungsloyale* Gesetzgeber" sei. Zustimmend *Brun-Otto Bryde*, Verfassungsentwicklung: Stabilität und Dynamik im Verfassungsrecht der Bundesrepu-

als Kontrastbegriff zur „Unionsgewalt" verstanden wird, handelt es sich indes ersichtlich um eine Bedeutungsverschiebung der vorstehend beschriebenen Art. Denn das Bedürfnis, Staats- und Unionsgewalt voneinander abzugrenzen, hat sich erst durch die von der deutschen Staatsgewalt mitveranlasste Gründung der Europäischen Gemeinschaften bzw. der Europäischen Union in der zweiten Hälfte des 20. Jahrhunderts und mithin nach dem Inkrafttreten des Grundgesetzes ergeben. Die hier interessierende Frage, ob Art. 20 Abs. 2 GG die Ausbildung nicht-verfasste Machtreservate für den Geltungsbereich des Grundgesetzes ausschließt, kann daher nicht mit dem bloßen Hinweis darauf verneint werden, dass die Unionsgewalt in Art. 20 Abs. 2 S. 1 GG keine Erwähnung findet. Stattdessen ist zu untersuchen, ob der *pouvoir constituant originaire* in dem Zeitpunkt, in dem er in Gestalt des Art. 20 Abs. 2 GG den Anspruch zum Ausdruck brachte, die Staatsgewalt vollständig zu verfassen, der Sache nach jegliches extra-grundgesetzliche Machtreservat in Bezug auf das Territorium der Bundesrepublik Deutschland auszuschließen beabsichtigte oder vielmehr seinen Konstitutionalisierungsanspruch durch den Gebrauch des Begriffs „Staatsgewalt" anstelle von „öffentliche Gewalt" bewusst um einen Vorbehalt zugunsten europäisch-supranationaler Hoheitsmacht einschränkte.

Dass der Verfassunggeber des Jahres 1949 keineswegs die Absicht hegte, die Möglichkeit zur Ausbildung eines nicht-verfassten Machtreservats offenzuhalten und zwar auch nicht um der Einbindung der Bundesrepublik in eine europäisch-supranationale Herrschaftsordnung willen, tritt klar zu Tage, wenn man die Dokumentation der Beratungen des Parlamentarischen Rats zu Rate zieht. Als besonders aufschlussreich erweist sich insoweit der vom Abgeordneten *Carlo Schmid* (SPD) dem Ausschuss für Grundsatzfragen in seiner 11. Sitzung vom 14. Oktober 1948 unterbreitete Vorschlag, den späteren Art. 20 Abs. 2 GG wie folgt zu fassen:

„Das Volk ist Träger aller Gewalt."[12]

Schmid erläuterte seinen Vorschlag dahingehend, dass mit der von ihm gewählten Formulierung ausgedrückt werden solle, „was die scholastische Staatslehre unter suprema potestas oder unter plenitudo potestatis versteht und was für ein staatliches Gebilde charakteristisch ist"[13]. Der Sache nach rekurrierte er damit auf den oben erörterten, für die Herausbildung souveräner Staatlichkeit konstitutiven Vorgang der Herrschaftskonzentration, an dessen Ende die Identität von öffentlicher Gewalt und Staatsgewalt stand.[14] Wenn Art. 20 Abs. 2 GG in der von *Schmid* vor-

---

blik Deutschland, 1982, S. 241 f. Zum entstehungsgeschichtlichen Hintergrund der Regelung des Art. 79 Abs. 3 GG *ders.*, Verfassungsentwicklung: Stabilität und Dynamik im Verfassungsrecht der Bundesrepublik Deutschland, 1982, S. 240 f.; *Matthias Herdegen*, in: Theodor Maunz/Günter Dürig (Begr.), Grundgesetz-Kommentar, Band V, Loseblattsammlung, 86. EL Januar 2019, Lfg. 72 Juli 2014, Art. 79 Rn. 64 ff. Zum dogmengeschichtlichen Hintergrund *Karl-Eberhard Hain*, Die Grundsätze des Grundgesetzes: Eine Untersuchung zu Art. 79 Abs. 3 GG, 1999, S. 35 ff.

[12] Abgedruckt in: JöR N.F. 1 (1951), S. 196.

[13] JöR N.F. 1 (1951), S. 196.

[14] Auf den Umstand, dass bis nach dem Zweiten Weltkrieg kein Zweifel an der Identität von

geschlagenen Fassung „alle Gewalt“ in die Trägerschaft des (deutschen) Volkes überwies, war folglich die gesamte im Gebiet der Bundesrepublik wirkende öffentliche Gewalt gemeint. Dafür spricht auch, dass *Schmid* im weiteren Verlauf der Beratungen die Aussage, dass das konkret lebende Volk – verstanden als die Summe der jeweils lebenden einzelnen Deutschen – die „letzte irdische Quelle der Gewalt *im Staate*“ (nicht: *des Staates*) sei, als Essenz der in Rede stehenden Regelung kennzeichnete.[15] Dann aber, so ist zu schlussfolgern, sollte durch die Bestimmung des Art. 20 Abs. 2 GG kategorisch ausgeschlossen werden, dass im Geltungsbereich des Grundgesetzes politische Macht obwaltet, die ihren Ursprung nicht im Willen des (deutschen) Volkes nimmt.

Anhaltspunkte dafür, dass sich andere Mitglieder des Ausschusses für Grundsatzfragen an der in *Schmids* Ausführungen zum Ausdruck gelangenden Exklusivität des Legitimationssubjekts „Volk“ und dem ihr korrespondierenden umfassenden Charakter des grundgesetzlichen Regelungsanspruchs stießen, liegen nicht vor. Dass der Parlamentarische Rat sich letzten Endes gleichwohl für die Verwendung des Begriffs „Staatsgewalt“ entschied und nicht für die von *Schmid* vorgeschlagene globalere Formulierung „alle Gewalt“ war allein der Befürchtung geschuldet, dass durch letztgenannte Formulierung „religiöse oder weltanschauliche Empfindlichkeiten verletzt“ werden könnten[16]. Schließlich gebe es etwas, so der Ausschuss-Vorsitzende *Hermann von Mangoldt* (CDU) sinngemäß, das über aller irdischen Gewalt stehe.[17] Indem die Autoren des Grundgesetzes in Art. 20 Abs. 2 GG die „Staatsgewalt“ und nicht „alle Gewalt“ als Regelungsgegenstand des Grundgesetzes auswiesen, statuierten sie nach alledem einen Vorbehalt zugunsten überirdischer Macht, nicht hingegen zugunsten etwaiger europäisch-supranationaler Herrschaftsansprüche. Reservate nicht-verfasster irdischer Herrschaftsmacht, seien sie nun staatlich-nationaler oder europäisch-supranationaler Provenienz, schließt Art. 20 Abs. 2 GG vielmehr konsequent aus.[18]

III. Inbezugnahme des Verfassungsstrukturelements „Vorrang der Verfassung“ durch Art. 79 Abs. 3 GG

Zu den in Art. 20 GG niedergelegten und von Art. 79 Abs. 3 GG unabänderlich gestellten Grundsätzen gehört schließlich auch der Vorrang der Verfassung.[19] Indem

Staatsgewalt und öffentlicher Gewalt bestand, verweist auch *Dieter Grimm*, Wer ist souverän in der Europäischen Union?, in: ders., Die Zukunft der Verfassung II, 2012, S. 275 (278); *ders.*, Die Errungenschaft des Konstitutionalismus und ihre Aussichten in einer veränderten Welt, in: ders., Die Zukunft der Verfassung II, 2012, S. 315 (334).

[15] JöR N.F. 1 (1951), S. 199 (Hervorhebung im Zitat hinzugefügt).

[16] JöR N.F. 1 (1951), S. 196.

[17] JöR N.F. 1 (1951), S. 196.

[18] Im Ergebnis ebenso *Marcel Kaufmann*, Europäische Integration und Demokratieprinzip, 1997, S. 414 und 426f.

[19] Vgl. statt vieler *Klaus Stern*, Das Staatsrecht der Bundesrepublik Deutschland, Band I, 2. Auflage, 1984, S. 105; *Karl-Eberhard Hain*, Die Grundsätze des Grundgesetzes: Eine Untersu-

die Bestimmung des Art. 20 Abs. 3 GG ausdrücklich die Bindung der Gesetzgebung an die verfassungsmäßige Ordnung dekretiert, lässt sie keinen Zweifel daran, dass das Grundgesetz für die von ihm statuierten Rechtssätze Superiorität und Maßstäblichkeit gegenüber sämtlichen Rechtsakten des einfachen Gesetzgebers beansprucht. Die damit implizierte Überordnung des Normwillens des Volkssouveräns (*pouvoir constituant originaire*) gegenüber dem Normwillen der Staatsorgane (*pouvoir constituant constitué, pouvoirs constitués*) sowie die Unabänderlichkeit dieser Hierarchisierung gelangen jedoch auch unmittelbar in Art. 79 Abs. 3 GG selbst zum Ausdruck. Dies insofern, als jene Vorschrift die ihr vom Parlamentarischen Rat zugedachte Funktion, eine Totalrevision des Grundgesetzes durch die Staatsgewalt zu verunmöglichen,[20] nur dann erfüllen kann, wenn auch sie der Verfügungsgewalt der durch das Grundgesetz eingerichteten Kompetenzträger entzogen ist, d. h. vom verfassungsändernden Gesetzgeber weder modifiziert noch aufgehoben werden kann.[21] Woraus aber sollte Art. 79 Abs. 3 GG Immunität gegen den (Norm-)Änderungswillen der Staatsgewalt (*pouvoir constitutant constitué, pouvoirs constitués*) beziehen, wenn nicht aus der axiologischen Präeminenz des (Norm-)Willens des Volkssouveräns (*pouvoir constituant originaire*)? Schließlich gibt es keine positiv-rechtliche Bestimmung, die Art. 79 Abs. 3 GG ausdrücklich dem Zugriff des *pouvoir constituant constitué* entzieht. Es zeigt sich: Sowohl die kategoriale Differenz zwischen den Rechtsquellen „verfassunggebende Gewalt des Volkes" einerseits und „verfasste Gewalt" andererseits als auch die Suprematie des Rechtshandelns ersterer gegenüber dem Rechtshandeln letzterer (Vorrang der Verfassung) sind in der Regelung des Art. 79 Abs. 3 GG implizit als unantastbar vorausgesetzt.

IV. Fazit

Nach alledem ist zu resümieren, dass der Verfassunggeber, als er das Bonner Grundgesetz in den Jahren 1948/1949 erarbeitete und in Geltung setzte, nicht nur an das moderne westeuropäisch-nordatlantische Verfassungsmodell anknüpfte, sondern die Entscheidung für dieses Verfassungsmodell zugleich mit einem „Ewigkeitsanspruch"[22] versah. Damit soll nicht behauptet sein, dass Art. 79 Abs. 3 GG

---

chung zu Art. 79 Abs. 3 GG, 1999, S. 375 f.; *Matthias Herdegen*, in: Theodor Maunz/Günter Dürig (Begr.), Grundgesetz-Kommentar, Band V, Loseblattsammlung, 86. EL Januar 2019, Lfg. 72 Juli 2014, Art. 79 Rn. 153; *Johannes Dietlein*, in: Volker Epping/Christian Hillgruber (Hrsg.), BeckOK Grundgesetz, 41. Edition (15.02.2019), Art. 79 Rn. 46.

[20] So nachdrücklich der Allgemeine Redaktionsausschuß des Parlamentarischen Rats: „Diese Bestimmung [scil. Art. 79 Abs. 3 der Endfassung des GG] soll zum Ausdruck bringen, daß dieses GG nicht die Hand bieten darf zu seiner eigenen Totalbeseitigung oder -vernichtung, insbesondere dazu, daß ggf. eine revolutionäre antidemokratische Bewegung mit demokratischen Mitteln auf scheinbar ‚legalem' Wege die hier normierte demokratisch-rechtsstaatliche Grundordnung ins Gegenteil verkehrt." Abgedruckt in: JöR N.F. 1 (1951), S. 586.

[21] Vgl. BVerfGE 84, S. 90 (120) – Bodenreform I. Siehe auch *Bodo Pieroth*, in: Hans Dieter Jarass/Bodo Pieroth, Grundgesetz-Kommentar, 15. Auflage 2018, Art. 79 Rn. 19.

[22] Begriff nach *Brun-Otto Bryde*, Verfassungsentwicklung: Stabilität und Dynamik im Verfassungsrecht der Bundesrepublik Deutschland, 1982, S. 57.

als Abwehrmittel gegen die erneute Betätigung der verfassunggebenden Gewalt des Volkes konzipiert ist. Einen solchen Anspruch kann eine freiheitlich-demokratische Verfassung gar nicht erheben, ohne sich in Widerspruch zu ihren sozialphilosophischen Grundannahmen zu setzen. Art. 79 Abs. 3 GG bildet daher „keine effektive Barriere gegen den revolutionären Umbruch“[23] und ist auch nicht darauf angelegt, einen solchen Umbruch zu unterbinden.[24] Die Norm vermag aber zu verhindern, dass die bundesrepublikanische Staatsgewalt Gestaltungsambitionen, welche in Widerspruch zu der im Verfassungsbegriff des demokratischen Konstitutionalismus institutionalisierten Leitidee von der rechtlich geordneten Selbstbestimmung der Freien und Gleichen stehen, auf legale Art und Weise verfolgt. Eben diesem Zweck dient die Inbezugnahme der Verfassungsstrukturelemente „verfassunggebende Gewalt des Volkes“, „Ausschluss nicht-verfasster Machtreservate“ und „Vorrang der Verfassung“ durch Art. 79 Abs. 3 GG.

B. Abgrenzung zum Aspekt der „Bewahrung der demokratischen Selbstgestaltungsfähigkeit der Bundesrepublik“

Erweist sich die Fundamentalentscheidung des Grundgesetzes für demokratische Konstitutionalität mithin als vom „Katalog von Unantastbarkeiten“ des Art. 79 Abs. 3 GG umfasst, so qualifiziert sie sich kraft der Verfassungsbestandsgarantie des Art. 23 Abs. 1 S. 3 GG zugleich zur Schranke der Integrationsgewalt des verfassungsändernden Bundesgesetzgebers. Als solche ist sie von der (weiteren) Integrationsschranke „Bewahrung der demokratischen Selbstgestaltungsfähigkeit der Bundesrepublik Deutschland“, wie sie vom Bundesverfassungsgericht in seinem *Lissabon*-Urteil[25] aus dem Jahr 2009 entwickelt worden ist, abzugrenzen.[26]

Prüfungsgegenstand des *Lissabon*-Urteils, das im Verfahren der Verfassungsbeschwerde nach Art. 93 Abs. 1 Nr. 4a GG erging, war das deutsche Zustimmungsgesetz zum Lissabon-Vertrag, Prüfungsmaßstab das grundrechtsgleiche Recht aus

---

[23] So treffend *Horst Dreier*, Grenzen demokratischer Freiheit im Verfassungsstaat, in: ders., Idee und Gestalt des freiheitlichen Verfassungsstaates, 2014, S. 249 (267). Ähnlich *Brun-Otto Bryde*, Verfassungsentwicklung: Stabilität und Dynamik im Verfassungsrecht der Bundesrepublik Deutschland, 1982, S. 224 ff.

[24] Dass es im Zusammenhang mit der Verfassungsidentitätsgarantie nicht darum gehen kann, revolutionäre Umbrüche zu „verunmöglichen“ stand den Mitgliedern des Parlamentarischen Rats klar vor Augen, wie unter anderem aus einer einschlägigen Anmerkung des Allgemeinen Redaktionsausschußes hervorgeht: „Eine Revolution kann und soll [scil. durch Art. 79 Abs. 3 der Endfassung des GG] nicht verhindert werden. Eine revolutionäre Bewegung kann gegebenenfalls auch neues Recht schaffen, aber sie soll nicht imstande sein, eine ihr selbst fehlende Legitimität und Rechtsqualität – z. B. infolge Mangels jedes Rechtsgedankens – zu ersetzen durch Berufung auf ihr äußerlich ‚legales‘ Zustandekommen.“ Abgedruckt in: JöR N.F. 1 (1951), S. 586.

[25] BVerfGE 123, S. 267 ff. – Lissabon.

[26] Eine bündige Darstellung der wesentlichen Inhalte des Urteils findet sich bei *Dieter Grimm*, Das Grundgesetz als Riegel vor einer Verstaatlichung der Europäischen Union: Zum Lissabon-Urteil des Bundesverfassungsgerichts, in: ders., Die Zukunft der Verfassung II, 2012, S. 153 (159 ff.).

Art. 38 Abs. 1 GG. Wie zuvor bereits im *Maastricht*-Urteil[27] des Jahres 1993 betont das Bundesverfassungsgericht auch in der *Lissabon*-Entscheidung, dass Art. 38 Abs. 1 GG ein materielles Verständnis zugrunde zu legen sei. So statuiere diese Norm nicht nur die (formale) Berechtigung zur Teilnahme an den Wahlen zum Deutschen Bundestag, sondern garantiere auch, dass das gewählte Parlament über substanzielle Gestaltungsmacht verfügt.[28] Die Verlagerung von Aufgaben und Befugnissen des Bundestages auf die europäische Ebene dürfe daher nicht so weit gehen, dass das Wahlrecht aus Art. 38 Abs. 1 GG in seiner Funktion als Vehikel zur freien und gleichen Teilhabe der Wahlberechtigten an der Ausübung der öffentlichen Gewalt strukturell entwertet wird.[29] Da diese subjektiv-rechtliche Gewährleistung das in Art. 20 Abs. 1 und 2 GG verankerte demokratische Prinzip konkretisiere, binde sie gemäß 23 Abs. 1 S. 3 i. V. m. Art. 79 Abs. 3 GG auch den verfassungsändernden Integrationsgesetzgeber.[30]

Hatte das Gericht damit in Bestätigung seiner früheren Rechtsprechung judiziert, dass „ein hinreichendes Maß an Aufgaben und Befugnissen" beim Bundestag und folglich auf der nationalen Ebene verbleiben müsse,[31] so widmete es sich im Weiteren der in der *Maastricht*-Entscheidung noch offen gelassenen Frage, wie jener Vorbehalt in sachgegenständlicher Hinsicht auszubuchstabieren sei. Diesbezüglich bekundet das Gericht, dass die Bundesrepublik insbesondere in solchen Sachbereichen die politische Gestaltungsmacht behalten müsse,

„die die Lebensumstände der Bürger, vor allem ihren von den Grundrechten geschützten privaten Raum der Eigenverantwortung und der persönlichen und sozialen Sicherheit prägen, sowie für solche politische Entscheidungen, die in besonderer Weise auf kulturelle, historische und sprachliche Vorverständnisse angewiesen sind, und die sich im parteipolitisch und parlamentarisch organisierten Raum einer politischen Öffentlichkeit diskursiv entfalten"[32].[33]

Im Einzelnen umfasse dies

„Entscheidungen über das materielle und formelle Strafrecht (1), die Verfügung über das Gewaltmonopol polizeilich nach innen und militärisch nach außen (2), die fiskalischen Grundentscheidungen über Einnahmen und – gerade auch sozialpolitisch motivierte – Aus-

---

[27] BVerfGE 89, S. 155 (185) – Maastricht.

[28] BVerfGE 123, S. 267 (340 f.) – Lissabon.

[29] BVerfGE 123, S. 267 (330) – Lissabon.

[30] BVerfGE 123, S. 267 (330) – Lissabon.

[31] BVerfGE 123, S. 267 (330) – Lissabon. Zuvor bereits BVerfGE 89, S. 155 (172, 186) – Maastricht. Kritisch dazu *Marcel Kaufmann*, Europäische Integration und Demokratieprinzip, 1997, S. 419 ff.

[32] BVerfGE 123, S. 267 (358) – Lissabon.

[33] In der Betonung der Bedeutung einer diskursiven politischen Öffentlichkeit für die Funktionsfähigkeit der repräsentativen Demokratie offenbart sich ein (auch) materielles Demokratieverständnis, welches das Bundesverfassungsgericht im Lissabon-Urteil näher expliziert (vgl. insbesondere BVerfGE 123, S. 267 (358 f.) – Lissabon). Siehe dazu die einschlägige Analyse des *Lissabon*-Urteils bei *Bernd Grzeszick*, Die Europäisierung des Rechts und die Demokratisierung Europas: Zu den genuin demokratischen Grenzen der Integration nach dem BVerfG-Urteil über den Vertrag von Lissabon, in: Peter Axer u. a. (Hrsg.), Das Europäische Verwaltungsrecht in der Konsolidierungsphase: Systembildung – Disziplinierung – Internationalisierung, 2010, S. 95 (104 ff.).

gaben der öffentlichen Hand (3), die sozialstaatliche Gestaltung von Lebensverhältnissen (4) sowie kulturell besonders bedeutsame Entscheidungen etwa im Familienrecht, Schul- und Bildungssystem oder über den Umgang mit religiösen Gemeinschaften (5).“[34]

Da die vorbezeichneten Angelegenheiten nach Auffassung des Bundesverfassungsgerichts „[a]ls besonders sensibel für die demokratische Selbstgestaltungsfähigkeit eines Verfassungsstaates“[35] einzuordnen sind,[36] ist der aus Art. 38 Abs. 1 GG abgeleitete Aufgaben- und Befugnisvorbehalt zugunsten des Deutschen Bundestages – so die naheliegende Schlussfolgerung – auf die entsprechenden Gesetzgebungsmaterien zu beziehen.

Ob die vorstehend umrissene Rechtsprechung zu überzeugen vermag,[37] muss an dieser Stelle nicht entschieden werden. Denn hier steht allein die Diskrepanz zwischen dem vom Bundesverfassungsgericht aufgestellten Postulat der Unverfügbarkeit der demokratischen Selbstgestaltungsfähigkeit der Bundesrepublik von der im Rahmen der vorliegenden Studie als eigenständige Schranke der staatlichen Integrationsgewalt identifizierten Fundamentalentscheidung für demokratische Konstitutionalität zur Erörterung. Die Abgrenzung der beiden Integrationsschranken gelingt zwanglos, wenn man sich vergegenwärtigt, dass unterschiedliche Zielrichtungen im Raum stehen. Was zunächst das Postulat von der Unverfügbarkeit der demokratischen Selbstgestaltungsfähigkeit anbetrifft, zeigt sich bei näherem Hinsehen, dass selbiges auf die Sicherung einer spezifischen Art und Weise der Ausgestaltung des politischen Prozesses gerichtet ist. Besonders deutlich gelangt dies in folgender Passage des *Lissabon*-Urteils zum Ausdruck:

„Das Wahlrecht ist der wichtigste vom Grundgesetz gewährleistete subjektive Anspruch der Bürger auf demokratische Teilhabe (Art. 20 Abs. 1 und Abs. 2 GG). In der vom Grundgesetz gestalteten Staatsordnung kommt der Wahl der Abgeordneten des Deutschen Bundestages eine maßgebliche Bedeutung zu. Ohne freie und gleiche Wahl desjenigen Organs, das einen

---

[34] BVerfGE 123, S. 267 (359) – Lissabon.

[35] BVerfGE 123, S. 267 (359) – Lissabon.

[36] Die „besondere Sensibilität“ leitet das Bundesverfassungsgericht dabei aus der Wesentlichkeit der Angelegenheit bzw. aus ihrer engen Verklammerung mit kulturellen, historischen und sprachlichen Vorverständnissen ab. Zu letztgenanntem Aspekt (sprachliches Vorverständnis) siehe auch BVerfGE 89, S. 155 (185) – Maastricht. Eingehend zum Ganzen *Bernd Grzeszick*, Die Europäisierung des Rechts und die Demokratisierung Europas: Zu den genuin demokratischen Grenzen der Integration nach dem BVerfG-Urteil über den Vertrag von Lissabon, in: Peter Axer u. a. (Hrsg.), Das Europäische Verwaltungsrecht in der Konsolidierungsphase: Systembildung – Disziplinierung – Internationalisierung, 2010, S. 95 (108 ff.).

[37] Im wissenschaftlichen Schrifttum ist das *Lissabon*-Urteil des Bundesverfassungsgerichts mit gewichtigen Argumenten kritisiert worden. Vgl. etwa *Daniel Halberstam/Christoph Möllers*, The German Constitutional Court says „Ja zu Deutschland!“, German Law Journal 10 (2009), S. 1241 ff.; *Matthias Jestaedt*, Warum in die Ferne schweifen, wenn der Maßstab liegt so nah? Verfassungshandwerkliche Anfragen an das Lissabon-Urteil des BVerfG, Der Staat 48 (2009), S. 497 ff.; *Christoph Schönberger*, Die Europäische Union zwischen „Demokratiedefizit“ und Bundesstaatsverbot: Anmerkungen zum Lissabon-Urteil des Bundesverfassungsgerichts, Der Staat 48 (2009), S. 535 ff.; *Matthias Ruffert*, An den Grenzen des Integrationsverfassungsrechts: Das Urteil des Bundesverfassungsgerichts zum Vertrag von Lissabon, DVBl. 2009, S. 1197 ff.; *Monika Polzin*, Verfassungsidentität: Ein normatives Konzept des Grundgesetzes?, 2018, S. 154 ff.

bestimmenden Einfluss auf die Regierung und Gesetzgebung des Bundes hat, bleibt das konstitutive Prinzip personaler Freiheit unvollständig. Der Bürger kann deshalb unter Berufung auf das Wahlrecht die Verletzung demokratischer Grundsätze mit der Verfassungsbeschwerde rügen (Art. 38 Abs. 1 Satz 1, Art. 20 Abs. 1 und Abs. 2 GG). Das jedem Bürger zustehende Recht auf gleiche Teilhabe an der demokratischen Selbstbestimmung (demokratisches Teilhaberecht) kann auch dadurch verletzt werden, dass die Organisation der Staatsgewalt so verändert wird, dass der Wille des Volkes sich nicht mehr wirksam im Sinne des Art. 20 Abs. 2 GG bilden kann und die Bürger nicht mit Mehrheitswillen herrschen können. Das *Prinzip der repräsentativen Volksherrschaft* kann verletzt sein, wenn im grundgesetzlichen Organgefüge die Rechte des Bundestages wesentlich geschmälert werden und damit ein Substanzverlust demokratischer Gestaltungsmacht für dasjenige Verfassungsorgan eintritt, das unmittelbar nach den Grundsätzen freier und gleicher Wahl zustande gekommen ist (vgl. BVerfGE 89, 155 <171 f.>).“[38]

Speziell die Bezugnahme auf das Prinzip der repräsentativen Volksherrschaft offenbart, dass es dem Bundesverfassungsgericht im *Lissabon*-Urteil im Kern darum geht, ungeachtet der Einbindung Deutschlands in den europäischen Integrationsprozess an den in Art. 20 Abs. 2 S. 2 GG i. V. m. Art. 38 Abs. 1 GG normierten Anforderungen betreffend die Art und Weise der *Ausübung* institutionalisierter politischer Macht festzuhalten. Dagegen adressiert die Fundamentalentscheidung für demokratische Konstitutionalität die logisch vorgeordnete Frage nach der *Herleitung* jener Rechtsmacht und trifft Maßgaben hinsichtlich des Subjekts, gegenüber dem ihr Gebrauch im Letzten zu verantworten ist. Stehen unter dem Gesichtspunkt „Bewahrung der demokratischen Selbstgestaltungsfähigkeit“ die Möglichkeiten des Volkes, Einfluss auf den laufenden politischen Prozess zu nehmen, im Mittelpunkt, so ist es unter dem Gesichtspunkt „Bewahrung demokratischer Konstitutionalität“ die Stellung des Volkes als diejenige Autorität, von der alle in der Bundesrepublik wirkende öffentliche Gewalt ausgeht und vor deren betätigtem Normwillen sämtliche Herrschaftsakte zu rechtfertigen sind. Während das Postulat von der demokratischen Selbstgestaltungsfähigkeit thematisch im Bereich der Herrschaftsorganisation angesiedelt ist, hat die Fundamentalentscheidung für demokratische Konstitutionalität die Begründung und Begrenzung von Herrschaft zum Gegenstand. Im erstgenannten Fall geht es um Demokratie als spezifische Form des Regierens (Herrschaft als „self-government“), im letztgenannten Fall um Demokratie als spezifische Variante des Konstitutionalismus (Herrschaft als Auftrag). Diese unterschiedlichen Stoßrichtungen können und müssen auch insoweit Beachtung finden, als es darum geht, die grundgesetzliche Verfassungsidentität in ihrer Funktion als Grenze der Integrationsgewalt der deutschen Staatsorgane näher zu konturieren.

Damit wird – darauf sei ausdrücklich hingewiesen – nicht in Abrede gestellt, dass zwischen den beiden vorstehend in Bezug genommenen Ausprägungen des demokratischen Dogmas enge faktisch-inhaltliche Verbindungen existieren: Ist Herrschaft als Auftrag der zum Volk geeinten Herrschaftsunterworfenen konzipiert, so

[38] BVerfGE 123, S. 267 (340 f.) – Lissabon (Hervorhebung hinzugefügt).

wird dieser Auftrag in aller Regel so gestaltet sein, dass seine Ausführung sich bei wertender Betrachtung als Selbstregierung darstellt.[39] Denn wenn das Volk in seiner Eigenschaft als Souverän Herrschaft nach Art eines Auftraggebers begründet und begrenzt, liegt es nahe, dass es sich in Form von Wahlen und Abstimmungen substanzielle Einwirkungsmöglichkeiten auf die Ausübung der im Wege der Verfassunggebung eingerichteten politischen Macht sichert, mithin auch als verfassungsetablierte Größe (und insofern als „Beauftragter“) in Erscheinung tritt.[40] Beredtes Zeugnis hierfür legt Art. 20 Abs. 2 GG ab, der in seinem ersten Satz die Souveränität des Volkes proklamiert und in seinem zweiten Satz sogleich festlegt, „daß und wie das Volk die von ihm ausgehende Staatsgewalt auch selbst ausübt“.[41] Diese Zusammenhänge ändern indes nichts an der Tatsache, dass das bundesverfassungsgerichtliche Postulat von der demokratischen Selbstgestaltungsfähigkeit der Bundesrepublik einerseits und die Fundamentalentscheidung des Grundgesetzes für demokratische Konstitutionalität andererseits als Elemente der Verfassungsbestandsgarantie des Art. 23 Abs. 1 S. 3 GG i. V. m. Art. 79 Abs. 3 GG die Integrationsgewalt der deutschen Staatsorgane auf je unterschiedliche Weise einhegen. So wäre beispielsweise die umfängliche Überantwortung der Strafrechtspflege an Kompetenzträger der Europäischen Union aus der Warte der Fundamentalentscheidung des Grundgesetzes für demokratische Konstitutionalität nicht zu beanstanden, solange nur gewährleistet bleibt, dass die einschlägigen Herrschaftsakte der Union seitens der deutschen Staatsgewalt am Maßstab der von Art. 79 Abs. 3 GG in Bezug genommenen Grundsätze verantwortet werden, wobei im Falle der Strafrechtspflege die Menschenwürdegarantie (Art. 79 Abs. 3 GG i. V. m. Art. 1 Abs. 1 GG) als grundgesetzlicher Rechtmäßigkeitsmaßstab im Vordergrund stünde.[42] Da es sich bei der Strafrechtspflege jedoch um eine der vom Bundesverfas-

[39] Dass dies aber keineswegs zwingend der Fall sein muss, bemerkt mit Recht *Ernst-Wolfgang Böckenförde*, Demokratie als Verfassungsprinzip, in: HStR, Band II, 3. Auflage 2004, § 24 Rn. 5: „Das Prinzip der Volkssouveränität ist [...] primär auf die Trägerschaft der Staatsgewalt gerichtet. Es besagt, daß (zumindest) die Errichtung und Organisation der politischen Herrschaftsgewalt auf das Volk selbst, d. h. eine von ihm ausgehende Legitimation und Entscheidung rückführbar sein muß. Das bedeutet nicht notwendig, daß das Volk – unmittelbar oder mittels demokratisch-repräsentativer Institutionen – auch aktuell regieren muß; jedenfalls aber muß das Volk Inhaber der verfassunggebenden Gewalt (pouvoir constituant) sein und bleiben. In Ausübung dieser verfassunggebenden Gewalt kann es dann auch die Regierungsgewalt in mehr oder weniger weitem Umfang einem Monarchen oder regierenden Haus, sei es auf Zeit, sei es auf Dauer, übertragen. Sofern diese Übertragung rechtlich rücknehmbar bleibt, nicht eine unwiderrufliche Entäußerung darstellt, wird das Prinzip der Volkssouveränität dadurch nicht aufgehoben.“

[40] Im Anschluss an *Udo Di Fabio*, Das Recht offener Staaten: Grundlinien einer Staats- und Rechtstheorie, 1998, S. 33 kann insoweit von „pragmatische[r], d. h. verstetigte[r] und veralltäglichte[r] Inklusion“ des Volkes als Korrelat der sich in der Verfassunggebung vollziehenden „genetische[n] Inklusion“ gesprochen werden.

[41] *Ernst-Wolfgang Böckenförde*, Demokratie als Verfassungsprinzip, in: HStR, Band II, 3. Auflage 2004, § 24 Rn. 8.

[42] Zur Operationalisierung der Menschenwürdegarantie als Rechtmäßigkeitsmaßstab unionaler Hoheitsakte im Bereich der Strafrechtspflege jüngst BVerfGE 140, S. 317 (335) – Identitätskontrolle.

sungsgericht aufgrund ihrer Wesentlichkeit als Vorbehaltsbereiche identifizierten Angelegenheiten handelt,[43] stünde der Ausübung umfänglicher Kompetenzen durch Einrichtungen der Europäischen Union das im *Lissabon*-Urteil aufgestellte Postulat der Unverfügbarkeit der demokratischen Selbstgestaltungsfähigkeit der Bundesrepublik entgegen (Art. 23 Abs. 1 S. 3 i. V. m. Art. 79 Abs. 3, Art. 20 Abs. 2 S. 2 und Art. 38 Abs. 1 GG).[44] Umgekehrt gilt: Unionales Hoheitshandeln in einem Sachbereich, der weder die Schwelle zur Wesentlichkeit überschreitet noch in besonderem Maße auf kulturelle, historische und sprachliche Vorverständnisse angewiesen ist, bleibt von vornherein unter dem Radar der Vorbehaltsbereich-Rechtsprechung des Bundesverfassungsgerichts. Jedoch konfligiert das jeweilige Unionshandeln mit der Fundamentalentscheidung für demokratische Konstitutionalität, wenn und soweit nicht sichergestellt ist, dass es von der bundesrepublikanischen Staatsgewalt am Maßstab der verfassungsidentitätsrelevanten Bestimmungen des Grundgesetzes vor dem Volkssouverän verantwortet wird (Art. 23 Abs. 1 S. 3 i. V. m. Art. 79 Abs. 3, Art. 20 Abs. 2 und 3 GG).

C. Der präskriptive Gehalt der spezifischen Integrationsschranke „Bewahrung demokratischer Konstitutionalität"

Jener spezifische Verantwortungszusammenhang, welchen das Grundgesetz in Umsetzung des demokratischen und konstitutionalistischen Imperativs der bürgerlichen Revolutionen etabliert, erweist sich nach alledem als zentral für die Bestimmung des präskriptiven Gehalts der Fundamentalentscheidung für demokratische Konstitutionalität. Nur im Blick auf eben diesen Verantwortungszusammenhang kann der Nexus zwischen der aus Art. 79 Abs. 3 GG i. V. m. Art. 20 Abs. 2 und 3 GG abzuleitenden Garantie demokratischer Konstitutionalität einerseits und der souveränen Staatlichkeit Deutschlands andererseits zutreffend erfasst werden. Eine nähere Betrachtung des Begriffs der Verantwortung ist daher unerlässlich.[45] Da allerdings auch das Bundesverfassungsgericht im Rahmen seiner Rechtsprechung zu den grundgesetzlichen Integrationsgrenzen auf den Topos der souveränen Staat-

---

[43] BVerfGE 123, S. 267 (358 ff.) – Lissabon.

[44] Insoweit ist einschränkend anzumerken, dass die Übertragung von Hoheitsrechten auf die Europäische Union in den als (relativ) integrationsfest ausgewiesenen Sachbereichen nach Maßgabe des *Lissabon*-Urteils in gewissem Umfang zulässig ist, namentlich dort, „wo die Koordinierung grenzüberschreitender Sachverhalte sachlich notwendig ist"; BVerfGE 123, S. 267 (359) – Lissabon. Näher zu diesem Aspekt *Bernd Grzeszick*, Die Europäisierung des Rechts und die Demokratisierung Europas: Zu den genuin demokratischen Grenzen der Integration nach dem BVerfG-Urteil über den Vertrag von Lissabon, in: Peter Axer u. a. (Hrsg.), Das Europäische Verwaltungsrecht in der Konsolidierungsphase: Systembildung – Disziplinierung – Internationalisierung, 2010, S. 95 (112 f.).

[45] Umfassend zum Begriff der Verantwortung im Gesamtzusammenhang des Öffentlichen Rechts *Jan Henrik Klement*, Verantwortung: Funktion und Legitimation eines Begriffs im Öffentlichen Recht, 2006. Allgemein zum Begriff *Janina Sombetzki*, Verantwortung als Begriff, Fähigkeit, Aufgabe, 2014, S. 33 ff.

lichkeit Deutschlands rekurriert, erscheint es zwecks Vermeidung von Missverständnissen angezeigt, vorab die einschlägigen Ausführungen des Gerichts zu würdigen.

Als gedanklicher Ausgangspunkt kann insoweit die vom Bundesverfassungsgericht im *Lissabon*-Urteil getroffene Feststellung fruchtbar gemacht werden, wonach „[d]as Demokratieprinzip [ ] der Übertragung von Hoheitsrechten inhaltliche Grenzen setzt, die nicht bereits aus der Unverfügbarkeit der verfassungsgebenden Gewalt und der staatlichen Souveränität folgen"[46]. Dieser Feststellung ist zweierlei zu entnehmen: Zum einen impliziert sie, dass die Integrationsgewalt der deutschen Staatsorgane auch unter dem Gesichtspunkt der staatlichen Souveränität (bzw. der souveränen Staatlichkeit)[47] Einschränkungen unterliegt, letztere also ebenfalls von der Verfassungsbestandsgarantie gemäß Art. 23 Abs. 1 S. 3 GG i. V. m. Art. 79 Abs. 3 GG umfasst ist. Zum anderen geht aus ihr hervor, dass sich die im Blick auf die staatliche Souveränität ergebenden Integrationsgrenzen von jenen Integrationsgrenzen unterscheiden, die aus dem Demokratieprinzip folgen. Wer hinsichtlich dieser folgenreichen Feststellungen die Erwartung hegt, das Urteil stütze sie mit einer ausführlichen argumentativen Erklärung ab, wird jedoch enttäuscht. In den Ausführungen des Gerichts zur Begründetheit der entscheidungsgegenständlichen Verfassungsbeschwerden findet sich nämlich lediglich folgende knappe Bemerkung zur souveränen Staatlichkeit als Teil der Verfassungsidentitätsgarantie:

> „Eine Änderung des Grundgesetzes, durch welche die in Art. 1 und Art. 20 GG niedergelegten Grundsätze berührt werden, ist unzulässig (Art. 79 Abs. 3 GG). Mit der sogenannten Ewigkeitsgarantie wird die Verfügung über die Identität der freiheitlichen Verfassungsordnung selbst dem verfassungsändernden Gesetzgeber aus der Hand genommen. Das Grundgesetz setzt damit die souveräne Staatlichkeit Deutschlands nicht nur voraus, sondern garantiert sie auch."[48]

Das Bundesverfassungsgericht schlägt die Brücke von der Identität der freiheitlichen Verfassungsordnung zur souveränen Staatlichkeit also mit einem knappen „damit". Indes wirft dieses „damit" mehr Fragen auf als es beantwortet.[49] Jedenfalls liegt auf der Hand, dass souveräne Staatlichkeit auch ohne eine freiheitliche Verfassungsordnung denkbar ist. Die Vergangenheit wie auch die Gegenwart halten zahlreiche Beispiele hierfür bereit. Sofern das Bundesverfassungsgericht in der zitierten Urteilspassage zum Ausdruck hat bringen wollen, dass – umgekehrt – eine freiheitliche Verfassungsordnung nach Art des Grundgesetzes nicht ohne souveräne Staatlichkeit denkbar ist, so hätte diese These dringend der argumentativen Substantiie-

---

46 BVerfGE 123, S. 267 (357) – Lissabon.

47 Das Bundesverfassungsgericht gebraucht die Begriffe „Souveränität" und „Staatlichkeit" bzw. ihre Verbindung zur „souveränen Staatlichkeit" oder „staatlichen Souveränität" in seinem *Lissabon*-Urteil – soweit ersichtlich – synonym.

48 BVerfGE 123, S. 267 (343) – Lissabon.

49 Dies kritisiert auch *Dieter Grimm*, Das Grundgesetz als Riegel vor einer Verstaatlichung der Europäischen Union: Zum Lissabon-Urteil des Bundesverfassungsgerichts, in: ders., Die Zukunft der Verfassung II, 2012, S. 153 (171).

rung bedurft. Denn es kann keineswegs als gesichert gelten, dass ein die Autonomie des Individuums in den Mittelpunkt rückendes Herrschaftssystem schlechterdings nur in der Organisationsform des souveränen Staates errichtet werden kann. Zumindest wäre zu explizieren gewesen, welches die konstitutiven Merkmale souveräner Staatlichkeit sind und inwiefern sie sich zu unabdingbaren Voraussetzungen einer freiheitlichen Verfassungsordnung qualifizieren. Danach aber sucht man in den Entscheidungsgründen des *Lissabon*-Urteils vergeblich. Aus diesem Umstand sowie der Tatsache, dass das Bundesverfassungsgericht die verfassungsprozessuale Rügefähigkeit der „Entstaatlichung" ausdrücklich unter Verweis auf das grundrechtsgleiche Recht aus Art. 38 Abs. 1 S. 1 GG bejaht,[50] ist im wissenschaftlichen Schrifttum verschiedentlich gefolgert worden, das Bundesverfassungsgericht definiere die souveräne Staatlichkeit negativ, namentlich in der Weise, dass es die Verlagerung von Aufgabenerledigungszuständigkeiten in den von ihm als für die demokratische Selbstgestaltungsfähigkeit der Bundesrepublik besonders sensibel gekennzeichneten Sachbereichen auf supranationale Kompetenzträger als Ausschlusskriterium für souveräne Staatlichkeit betrachte.[51] Jedoch steht diese Einschätzung ersichtlich in Widerspruch zu der Bekundung des Gerichts, wonach „Wahrung der Souveränität im vom Grundgesetz angeordneten integrationsoffenen und völkerrechtsfreundlichen Sinne [ ] für sich genommen nicht [bedeutet], dass eine von vornherein bestimmbare Summe oder bestimmte Arten von Hoheitsrechten in der Hand des Staates bleiben müssten"[52].[53] Letztlich lässt das *Lissabon*-Urteil damit im Unklaren, was das Bundesverfassungsgericht unter souveräner Staatlichkeit genau versteht; vollends bleibt im Dunkeln, welche Direktiven dem Integrationsgesetzgeber aus dem Verbot der Preisgabe der souveränen Staatlichkeit erwachsen.

Dies gibt Anlass, sich jenem schillernden Topos von der im Fokus der vorliegenden Arbeit stehenden Fundamentalentscheidung des Grundgesetzes für demokratische Konstitutionalität her zu nähern. In den Mittelpunkt der Betrachtung rückt damit unweigerlich der für die moderne Verfassungsidee zentrale Aspekt der Verantwortlichkeit politischer Macht: Als Synthese des demokratischen und konstitutionalistischen Imperativs der bürgerlichen Revolutionen verlangt der demokratische Konstitutionalismus, dass die Ausübung institutionalisierter politischer Macht durchgängig am Maßstab eines auf dem Willen des Volkes beruhenden Normeninbegriffs verantwortet wird. Der Grund liegt darin, dass es eines solchen Verantwortungszusammenhangs zwingend bedarf, um Herrschaft den intendierten

---

[50] BVerfGE 123, S. 267 (331 f.) – Lissabon.

[51] In diese Richtung *Martin Nettesheim*, Ein Individualrecht auf Staatlichkeit? Die Lissabon-Entscheidung des BVerfG, NJW 2009, S. 2867 ff.; *Daniel Halberstam/Christoph Möllers*, The German Constitutional Court says „Ja zu Deutschland!", German Law Journal 10 (2009), S. 1241 (1249 ff.); *Dieter Grimm*, Das Grundgesetz als Riegel vor einer Verstaatlichung der Europäischen Union: Zum Lissabon-Urteil des Bundesverfassungsgerichts, in: ders., Die Zukunft der Verfassung II, 2012, S. 153 (168 ff.).

[52] BVerfGE 123, S. 267 (357) – Lissabon.

[53] Dazu bereits oben Zweites Kapitel C. II. 2. b).

Auftragscharakter zu verleihen. Da das EU-Primärrecht jedoch nicht auf dem Normwillen des Volkes, sondern dem – kategorial differenten – Normwillen der zum Vertragsurheber zusammengeschlossenen Staatsgewalten beruht,[54] vermag für das Gebiet der Bundesrepublik bis auf weiteres allein das Grundgesetz den Auftragscharakter von Herrschaft zu gewährleisten. Dies allerdings nur unter der Voraussetzung, dass sämtliche in Deutschland wirkenden Herrschaftsakte und mithin auch jene, die von Organen und Einrichtungen der Union herrühren, am Maßstab der vom Grundgesetz statuierten Sollenssätze verantwortet werden. Unter „Verantwortung" ist in diesem Zusammenhang im Anschluss an *Dirk Ehlers* Folgendes zu verstehen:

> „In dem Wort Verantwortung ist das Wort Antwort enthalten. Dies deutet darauf hin, dass derjenige verantwortlich sein soll, von dem man erwartet, dass er eine Antwort gibt. Eine Antwort muss geben, wer eine Antwort schuldet. Dies setzt zum ersten ein Verantwortungssubjekt, zum zweiten eine Inpflichtnahme und zum dritten einen Anfragenden oder jedenfalls eine Instanz bzw. ein Gegenüber […] voraus, dem man rechenschaftspflichtig ist. In dem Terminus Verantwortung schwingt indessen noch mehr mit. Um einer Verantwortung gerecht zu werden, reicht es nicht aus, irgendwelche Antworten parat zu haben. Der anfragende principal möchte vom agent wissen, ob das, was er sich vorgestellt hat, eingelöst worden ist. Er formuliert also Sollensanforderungen und fragt nach deren Verwirklichung. Dementsprechend soll Verantwortung hier definiert werden als das Einstehenmüssen für das Erreichen von Sollensanforderungen."[55]

Wenn im Kontext der Fundamentalentscheidung des Grundgesetzes, die Bundesrepublik Deutschland in Gemäßheit des Verfassungsbegriffs des demokratischen Konstitutionalismus zu verfassen, der Begriff der Verantwortung bemüht wird, bedürfen demnach folgende vier Punkte der Klärung: Erstens ist das Subjekt der Verantwortlichkeit zu identifizieren, auf welche die Fundamentalentscheidung des Grundgesetzes für demokratische Konstitutionalität verweist sowie – zweitens – die Instanz zu bennen, der jenes Subjekt Rechenschaft schuldet.[56] Sodann ist – drittens – darzutun, welche Sollensanforderungen den Bezugspunkt der Rechenschaftspflicht bilden,[57] um schließlich – viertens – die Bedingungen des „Einstehenmüssens" herauszuarbeiten.

Was die drei erstgenannten Gesichtspunkte anbetrifft, kann umstandslos auf die im Verlaufe dieser Studie zu Tage beförderten Erkenntnisse verwiesen werden: Im Paradigma des demokratischen Konstitutionalismus nimmt das Volk in seiner Eigenschaft als Souverän und Inhaber der verfassunggebenden Gewalt die Rolle des

---

[54] Vgl. oben Drittes Kapitel C. II. 1. sowie Drittes Kapitel C. II. 2. b).

[55] *Dirk Ehlers*, Verantwortung im Öffentlichen Recht, Die Verwaltung 46 (2013), S. 467 (468).

[56] So auch *Peter Saladin*, Verantwortung als Staatsprinzip: Ein neuer Schlüssel zur Lehre vom modernen Rechtsstaat, 1984, S. 31: „‚Verantwortung' ist ein ‚Kommunikationsbegriff'. Sie ist auf mindestens ein ‚Du' bezogen, sie ist ‚Antwort' auf einen Anruf des Du. ‚Verantwortung' verbindet verschiedene Personen oder ‚Instanzen' durch Sollenssätze."

[57] Instruktiv zur Rechenschaftspflicht als Element von Verantwortung *Peter Saladin*, Verantwortung als Staatsprinzip: Ein neuer Schlüssel zur Lehre vom modernen Rechtsstaat, 1984, S. 34 ff.

Auftraggebers ein, bildet also diejenige Instanz, vor der Rechenschaft abzulegen ist. Ihm rechenschaftspflichtig, d.h. „Verantwortungssubjekt" bzw. „Verantwortungsträger"[58], sind die *qua* Verfassunggebung eingerichteten Staatsorgane als verfasste (Staats-)Gewalt[59].[60] Zum Bezugspunkt der Inpflichtnahme der deutschen Staatsgewalt qualifiziert sich der in den Bestimmungen des Grundgesetzes kondensierte, die Modalitäten der Ausübung institutionalisierter politischer Macht adressierende (Norm-)Wille des deutschen Volkes. Die Verwirklichung eben dieses Willens bildet den Gegenstand der Verantwortung, ist also dasjenige, worüber Rechenschaft abzulegen ist. Probleme bereitet der Verantwortungsbegriff im hier diskutierten Kontext somit allein im Blick auf das Begriffselement „Einstehenmüssen". Dies namentlich insofern, als im „Einstehenmüssen" das „Einstehen*können*" gedanklich vorausgesetzt ist:[61] Verantwortlichkeit in dem von *Ehlers* beschriebenen Sinne kann nur Platz greifen, soweit der potenzielle Verantwortungsträger in der Lage ist, Abhilfe zu schaffen, wenn jene Sollensanforderungen, auf deren Verwirklichung die zu besorgende Inpflichtnahme gerichtet ist, im konkreten Fall verfehlt werden.[62] In den Worten *Peter Saladins*: „Für das, was meiner ‚Macht' – hier im schlichten Sinne von Wirkungsvermögen – entzogen ist, kann ich nicht Verantwortung tragen. Verantwortung ist logisch gebunden an Macht."[63] Gewendet auf den vorliegend erörterten Verantwortungszusammenhang bedeutet dies, dass die deutsche Staatsgewalt in der Lage sein müsste, Abhilfe zu schaffen, wann immer in Bezug auf den räumlichen Geltungsbereich des Grundgesetzes ein Herrschaftsakt Geltung für sich reklamiert, der den Maßstäblichkeit beanspruchenden Sollensanforderungen des Grundgesetzes nicht entspricht.[64] Vermöchte die deutsche Staats-

---

58 Zur Terminologie vgl. *Jan Henrik Klement*, Verantwortung: Funktion und Legitimation eines Begriffs im Öffentlichen Recht, 2006, S. 50.

59 Auf die Verantwortlichkeit der Staatsorgane gegenüber dem Volkssouverän verweist auch *Paul Kirchhof*, Der deutsche Staat im Prozeß der europäischen Integration, in: HStR, Band X, 3. Auflage 2012, § 214 Rn. 106.

60 Demgegenüber sind die Organe und Einrichtungen der Union dem nationalen Volkssouverän *nicht* rechenschaftspflichtig, da sie sich als supranationale Kompetenzträger der Inpflichtnahme durch einen einzelnen nationalen Souverän von vornherein entziehen.

61 Eingehend zu der Frage, inwiefern Verantwortung ein tatsächliches Bewirkungsvermögen im Hinblick auf bestimmte Zwecke voraussetzt *Jan Henrik Klement*, Verantwortung: Funktion und Legitimation eines Begriffs im Öffentlichen Recht, 2006, S. 76 ff.

62 Siehe dazu *Ernst-Wolfgang Böckenförde*, Demokratie als Verfassungsprinzip, in: HStR, Band II, 3. Auflage 2004, § 24 Rn. 10: „Verantwortung setzt aber gerade die eigene, nicht vorab determinierte Entscheidungsmacht voraus, die so oder anders ausgeübt werden kann". Ähnlich *Peter Saladin*, Verantwortung als Staatsprinzip: Ein neuer Schlüssel zur Lehre vom modernen Rechtsstaat, 1984, S. 31: „Gegenstände der Verantwortung können freilich Geschehnisse nicht sein, welche irgendwie ‚naturnotwendig' ablaufen, auf die der Mensch – sei es durch Handeln verschiedenster Art, sei es durch Nicht-Handeln – keinen Einfluß nehmen kann." Vgl. ferner *Gunnar Folke Schuppert*, Staatswissenschaft, 2003, S. 332: „Der Staat kann seiner Gewährleistungsverantwortung nur gerecht werden, wenn er über ein gewisses Mindestmaß an Ereignisbeherrschung verfügt […]".

63 *Peter Saladin*, Verantwortung als Staatsprinzip: Ein neuer Schlüssel zur Lehre vom modernen Rechtsstaat, 1984, S. 89.

64 Gegenüber unionalem Hoheitshandeln schränkt das Grundgesetz seinen Maßstäblichkeits-

gewalt dies nicht, so würde die aus der Fundamentalentscheidung für demokratische Konstitutionalität resultierende Direktive, wonach die Ausübung politischer Macht um der Selbstbestimmung der Freien und Gleichen willen *durchgängig* am Maßstab eines auf dem Willen des Volkes beruhenden Normeninbegriffs zu verantworten ist, zwangsläufig verfehlt. Denn die Fähigkeit, ein Geschehen zu verantworten, ist begrenzt durch die Fähigkeit des potenziell in Pflicht zu nehmenden Subjekts, das betreffende Geschehen tatsächlich zu beherrschen.[65]

Soweit sich die oben beschriebene Inpflichtnahme der deutschen Staatsgewalt durch den deutschen Volkssouverän auf die unmittelbar von ihr selbst ausgeübte Herrschaftsgewalt bezieht, bestehen hinsichtlich des Einstehenkönnens keine prinzipiellen Bedenken. Denn das eigene Verhalten vermag der Verantwortungsträger gemeinhin zu beherrschen. Sofern sein Tun oder Unterlassen dem Verantwortungsgegenstand abträglich ist, kann er Abhilfe schaffen, indem er die betreffende Maßnahme zurücknimmt oder jedenfalls künftighin ein Verhalten an den Tag legt, das den verantwortungsgegenständlichen Sollensanforderungen entspricht.[66] Anders liegen die Dinge aber, sofern der Verantwortungsträger auch in Bezug auf das Verhalten Dritter für die Verwirklichung bestimmter Sollensanforderungen einstehen soll. So verhält es sich namentlich im Verhältnis der Staatsgewalt zur Unionsgewalt: Da zum einen die EU-primärrechtlich statuierten Sollensanforderungen nicht auf dem Willen der Herrschaftsunterworfenen beruhen, zum anderen die Sollensanforderungen des Grundgesetzes zwar Ausfluss der verfassunggebenden Gewalt des deutschen Volkes sind, eine diesbezügliche Inpflichtnahme der Unionsorgane aber von vornherein ausgeschlossen ist, muss die Staatsgewalt der Bundesrepublik über das Vermögen verfügen, für die Verwirklichung des in den Sollensanforderungen des Grundgesetzes kondensierten (Norm-)Willens der Herrschaftsunterworfenen auch mit Blick auf das Hoheitshandeln der Union einzustehen, sofern nicht der Auftragscharakter von Herrschaft partiell in Fortfall geraten soll. Nur wenn sie dieses Vermögen besitzt, ist gewährleistet, dass die gesamte im Gebiet der Bundesrepublik obwaltende politische Macht am Maßstab eines auf dem Willen der Herrschaftsunterworfenen beruhenden Normeninbegriffs verantwortet und dergestalt zum Individuum hin vermittelt wird.[67] In

anspruch um der Integrationsoffenheit und Europarechtsfreundlichkeit willen in quantitativer Hinsicht ein, reduziert ihn namentlich auf die verfassungsidentitätsrelevanten Sollensanforderungen des Grundgesetzes. Siehe dazu oben Drittes Kapitel D. III.

[65] Vgl. *Peter Saladin*, Verantwortung als Staatsprinzip: Ein neuer Schlüssel zur Lehre vom modernen Rechtsstaat, 1984, S. 32 und 89; *Jan Henrik Klement*, Verantwortung: Funktion und Legitimation eines Begriffs im Öffentlichen Recht, 2006, S. 52 f.

[66] Vgl. in diesem Zusammenhang die von *Jan Henrik Klement*, Verantwortung: Funktion und Legitimation eines Begriffs im Öffentlichen Recht, 2006, S. 50 ff. ins Licht gehobene Unterscheidung zwischen „Ex-ante-Verantwortung" und „Ex-post-Verantwortung".

[67] Der Umstand, dass die Organe und Einrichtungen der Union ihr Verhalten zwar nicht am Maßstab des Grundgesetzes, wohl aber am Maßstab der EU-primärrechtlichen Sollensanforderungen rechtfertigen müssen, vermag die deutsche Staatsgewalt in diesem Zusammenhang nicht zu entlasten. Der Grund – darauf sei nochmals hingewiesen – liegt darin, dass es sich beim EU-Primärrecht um ein auf dem Normwillen von Herrschaftsträgern beruhendes Normen-

anderen Worten: Solange die rechtliche Grundordnung der Union nicht als Manifestation des Normwillens der der Unionsgewalt unterworfenen Individuen angesehen werden kann, lässt sich die Fundamentalentscheidung des Grundgesetzes für demokratische Konstitutionalität nur unter der Bedingung durchhalten, dass die deutsche Staatsgewalt in der Lage bleibt, die durch die Verfassungsidentitätsgarantie des Grundgesetzes unantastbar gestellten Sollensanforderungen nötigenfalls auch wider den Willen der Union durchzusetzen.

An diesem Punkt tritt nun die souveräne Staatlichkeit auf den Plan. Denn wider den Willen der Union kann die deutsche Staatsgewalt vorbezeichnete Sollensanforderungen nur dann verwirklichen, wenn sie im Besitz der Rechtsmacht bleibt, den Geltungsbereich des Grundgesetzes gegen das Hoheitshandeln all jener Autoritäten abzuschirmen, die – wie die Organe und Einrichtungen der Union – selbst nicht unmittelbar vom normativen Anspruch des Grundgesetzes erreicht werden. Diese besondere Rechtsmacht ist aber nichts anderes als das Korrelat der potenziellen Allzuständigkeit, jene wiederum dasjenige Moment, welches oben als Konstitutive der souveränen Staatlichkeit identifiziert worden ist.[68] Es zeigt sich: Solange das Rechtserzeugungsrecht der Europäischen Union nicht seinerseits als Manifestation der verfassunggebenden Gewalt des (gesamteuropäischen) Volkes gedeutet werden kann, bedingt die integrationsfeste Fundamentalentscheidung des Grundgesetzes für demokratische Konstitutionalität den Fortbestand der souveränen Staatlichkeit Deutschlands, letztere verstanden als die Fähigkeit der durch das Grundgesetz eingerichteten und an seine Sollenssätze gebundenen Staatsgewalt, sich in Bezug auf das Territorium der Bundesrepublik als exklusive Trägerin institutionalisierter politischer Macht zu re-etablieren.

Unbeschadet weiterer grundgesetzlich dekretierter Integrationsschranken[69] folgt daraus, dass es den deutschen Staatsorganen gemäß Art. 23 Abs. 1 S. 3 GG i. V. m. Art. 79 Abs. 3 GG untersagt ist, im Zusammenhang mit der Ausführung des in Art. 23 Abs. 1 S. 1 GG positivierten Verfassungsauftrags zur Fortentwicklung der Europäischen Union das Recht der Bundesrepublik preiszugeben, sich kraft einseitiger Entscheidung aus der Union zu lösen.[70] Solange dieses – gegenwärtig in Art. 50 EUV verankerte – Recht fortbesteht, bleibt die Bundesrepublik Deutschland ein souveräner Staat und bewahrt politische Herrschaft den vom Grundgesetz eingeforderten Auftragscharakter auch insoweit, als Organe und Einrichtungen der Europäischen Union Entscheidungen von kollektiver Verbindlichkeit mit Wir-

ensemble handelt, die Grundentscheidung für demokratische Konstitutionalität aber das „Verantwortet-Werden" aller politischen Herrschaftsakte am Maßstab eines *volksgegebenen* Normenensembles verlangt.

[68] Vgl. oben Zweites Kapitel C. II. 2. c).

[69] Einen an der Rechtsprechung des Bundesverfassungsgerichts orientierten Überblick über die grundgesetzlichen Integrationsschranken gibt *Hans-Georg Dederer*, Die Grenzen des Vorrangs des Unionsrechts – Zur Vereinheitlichung von Grundrechts-, Ultra-vires- und Identitätskontrolle, JZ 2014, S. 313 (314 ff.).

[70] Im Ergebnis ebenso, allerdings mit anderslautender Begründung BVerfGE 123, S. 267 (350) – Lissabon.

kung im Geltungsbereich des Grundgesetzes treffen. Damit soll freilich nicht behauptet sein, dass in dem Moment, in dem das Recht der Bundesrepublik zum einseitigen Austritt entfällt, die unionsseitig ausgeübte politische Macht augenblicklich aus jedweder Verantwortlichkeit gehoben wird. So verhielte es sich keineswegs, bliebe die durch das EU-Primärrecht begründete Verantwortlichkeit der unionalen politischen Macht von einer solchen Entwicklung doch gänzlich unberührt. Indes handelt es sich hierbei eben nicht um jene spezifische, auf den Autonomieanspruch des gemeinschaftsgebundenen Individuums hingeordnete Art von Verantwortlichkeit, die zu etablieren das Kernanliegen der modernen Verfassungsidee bildet und auf deren Bewahrung die deutschen Staatsorgane kraft der Verfassungsidentitätsgarantie des Art. 79 Abs. 3 GG unhintergehbar verpflichtet sind.

Fünftes Kapitel

Zusammenfassung der wesentlichen Erkenntnisse

1. Die aufklärerische Freiheits- und Gleichheitsprämisse setzt Herrschaft unter Erklärungs- und Rechtfertigungsdruck: Sind alle Menschen im Status gleich und von Natur aus in gleicher Weise frei, so ist keiner unter ihnen *a priori* dazu berufen, über die jeweils anderen zu herrschen. Und doch ist der Zustand völliger Herrschaftsfreiheit in der Geschichte der Menschheit noch nicht beobachtet worden. Der tiefere Grund liegt in der bereits von *Aristoteles* ins Licht gehobenen Hinordnung des Menschen auf die Gemeinschaft.[1] Als „zoon politikon" ist der einzelne Mensch sich selbst nicht genug, vielmehr angewiesen auf andere und sieht sich infolge dieser Angewiesenheit zwangsläufig mit menschlichem Machtstreben konfrontiert.[2] Wiewohl sittlich problematisch, ist Herrschaft als eine in der *conditio humana* wurzelnde soziale Erscheinung somit unvermeidlich. Angesichts dessen erhebt sich mit Blick auf die sozialphilosophische Leitidee von der Freiheit und Gleichheit aller in der Gemeinschaft miteinander verbundenen Individuen die Frage, wie Herrschaft zu konzeptualisieren ist, auf dass sie dem Autonomieanspruch des Einzelnen bestmöglich korrespondiert.

2. Unter dem Eindruck der durch die Glaubensspaltung ausgelösten, verheerenden Bürgerkriege setzt die neuzeitliche Antwort auf diese Frage bei der Einsicht an, dass die Selbstentfaltung des gemeinschaftsgebundenen Individuums dessen Schutz vor dem Übergriff der übrigen Gemeinschaftsglieder bedingt. Um die Freiheitssphären der Einzelnen gleichheitsgerecht gegeneinander abzugrenzen, bedarf es einer allen gesellschaftlichen Gruppen überlegenen Kraft, die imstande ist, die Überwältigung des Schwachen durch den Starken zu verunmöglichen.

3. Dieser Einsicht folgend setzt mit Beginn der Frühneuzeit überall in Europa ein mehrere Jahrhunderte währender Prozess der Konzentration politischer Macht ein. Im Gefolge des Westfälischen Friedens bilden sich auch in Deutschland nach und nach Höchstgewalten aus, die allein räumlichen Grenzen unterworfen und zudem in der Lage sind, innerhalb des von ihnen beherrschten Gebiets mittels eines um-

---

[1] Das Bundesverfassungsgericht – BVerfGE 4, S. 7 (15 f.) – Investitionshilfe – stellt das Menschenbild des Grundgesetzes in die aristotelische Tradition, wenn es konstatiert: „Das Menschenbild des Grundgesetzes ist nicht das eines isolierten souveränen Individuums; das Grundgesetz hat vielmehr die Spannung Individuum – Gemeinschaft im Sinn der Gemeinschaftsbezogenheit und Gemeinschaftsgebundenheit der Person entschieden, ohne dabei deren Eigenwert anzutasten."

[2] Instruktiv zur aristotelischen Anthropologie im Allgemeinen und der *Polis*-Natur des Menschen im Besonderen *Otfried Höffe*, Wofür braucht das positive Recht ein Naturrecht?, Der Staat 58 (2019), S. 275 (277 ff.).

fänglichen Machtapparats auf sämtliche Lebensbereiche zuzugreifen, die hoheitlicher Regelung zugänglich sind. Am Ende dieses Prozesses, der letztlich bis zur Auflösung des Heiligen Römischen Reiches Anfang des 19. Jahrhunderts fortdauert, steht der durch potenzielle Allgewalt und potenzielle Allzuständigkeit gekennzeichnete souveräne Territorialstaat.

4. Indes erwies sich die unangefochtene Überlegenheit des souveränen Staates gegenüber allen gesellschaftlichen Akteuren mit Blick auf den Autonomieanspruch des vernunftbegabten Individuums schon bald als ambivalent. Von der bei ihm konzentrierten politischen Macht konnte der souveräne Staat Gebrauch machen, „[u]m Schutz gegen auswärtige und innere Feinde zu gewähren und um die Menschen den Ertrag ihres Fleißes und die Früchte der Erde in Frieden genießen zu lassen“[3], jedoch auch, um den Einzelnen zu bevormunden und ihn zum bloßen Werkzeug hoheitlichen Handelns zu degradieren. Im Erfahrungshorizont des fürstlichen Absolutismus tritt daher mehr und mehr das Bedürfnis der Herrschaftsunterworfenen nach Verteidigung ihrer vorstaatlichen Autonomie gegen den Zugriff der institutionalisierten politischen Macht in den Vordergrund.

5. In Nordamerika und Frankreich bricht sich dieses Bedürfnis gegen Ende des 18. Jahrhunderts in epochemachenden Revolutionen Bahn. Die Lehren des *John Locke*, *Montesquieu*, *Jean-Jacques Rousseau* und *Immanuel Kant* leiten das Handeln der Revolutionäre bei dem Vorhaben, die politische Gemeinschaft nach ihrem Bauplan neu zu schaffen. Im Zentrum dieses Bauplans steht der Selbstentfaltungsanspruch des gemeinschaftsgebundenen Individuums: Künftighin soll der Einzelne nur noch solcher Herrschaft unterworfen sein, an deren Erzeugung und Einrichtung er gleichen Anteil hat und die um ihrer Berechenbarkeit willen in eine verlässliche Ordnung hineingestellt ist.

6. Das Postulat von der Inklusion des Individuums im Zusammenhang mit der Erzeugung und Einrichtung der sich über den Einzelnen und die Gesellschaft erhebenden politischen Herrschaft ist als „demokratischer Imperativ“ zu bezeichnen, das Postulat von der begrenzenden Ordnung dieser Herrschaft als „konstitutionalistischer Imperativ“. Der demokratische Imperativ bezieht seine Emphase aus der Teilhabe des Einzelnen bei der Ausbildung institutionalisierter politischer Macht und der Festlegung der Bedingungen, zu denen sie auszuüben ist, der konstitutionalistische Imperativ aus dem Schutz des Einzelnen vor dem willkürlichen Zugriff der mit politischer Macht ausgestatteten Institutionen.

7. Sowohl der demokratische als auch der konstitutionalistische Imperativ drängten auf eine Indienstnahme des Rechts. Der demokratische Imperativ aus dem Grund, weil nur das Recht jenen Konsens der Herrschaftsunterworfenen, der die Grundlage aller institutionalisierten politischen Macht bilden sollte, vom historischen Moment ablösen und ihm zeitliche Dauer verleihen konnte; der konstitutionalistische Imperativ deshalb, weil sich das Recht gerade im Bewirken einer Ordnung, in der Organisation und Grenzziehung, als äußerst effektiv erweist. Für

[3] *Reinhold Zippelius*, Allgemeine Staatslehre, 17. Auflage 2017, S. 110.

Normeninbegriffe, die Herrschaft in Gemäßheit des demokratischen Imperativs *begründen* (d.h. hervorbringen und einrichten) und in Gemäßheit des konstitutionalistischen Imperativs *begrenzen* (d.h. ordnen und mäßigen), bürgerte sich alsbald die Bezeichnung „moderne Verfassung" ein. Prototypisch realisiert wurde sie in Gestalt der US-amerikanischen Bundesverfassung von 1787 und der französischen Revolutionsverfassung von 1791.

8. Mit dem Ziel, Herrschaft in einer Weise zu konzeptualisieren, die den Anforderungen des demokratischen und konstitutionalistischen Imperativs genügt, entwickelten die Verfassungstheoretiker der nordamerikanischen und französischen Revolution drei rechtskonstruktive Innovationen, die in ihrer Kombination den Verfassungsbegriff des demokratischen Konstitutionalismus gleichsam definieren und von allen sonstigen Erscheinungsformen der Herrschaftsverrechtlichung abheben.

9. Eine erste rechtskonstruktive Herausforderung bestand darin, den als Grundlage aller institutionalisierten politischen Macht ausersehenen Konsens der Freien und Gleichen über Inhalt und Form ihrer politischen Einheit dem Recht anzuverwandeln. Insoweit galt es, die Brücke von der Faktizität zur Normativität zu schlagen. Seine Lösung fand dieses Problem in der *Lehre von der verfassunggebenden Gewalt des Volkes* als einer Rechtsfigur, die Herrschaftslegitimation und Rechtsgeltung am Ursprung miteinander verbindet: Gemäß der Lehre von der verfassunggebenden Gewalt des Volkes kann legitime Herrschaft nur durch einen die Bedingungen der Rechtserzeugung festlegenden Normeninbegriff hervorgebracht werden, wobei dieser Normeninbegriff dem Willen der zur politischen Aktionseinheit verbundenen Freien und Gleichen entspringen muss. Im Paradigma des demokratischen Konstitutionalismus besitzt allein dieser Wille, d.h. der Normwille der zur politischen Aktionseinheit verbundenen Freien und Gleichen, das Potenzial, anerkennungswürdige Legalität zu stiften.

10. Da die Idee der rechtsförmigen Stiftung von Legalität auf der Annahme basiert, das Recht sei geeignet, seine eigene Erzeugung zu regeln, rückt im Zusammenhang mit der Lehre von der verfassunggebenden Gewalt des Volkes unweigerlich der Aspekt der Reflexivität des Rechts ins Blickfeld und in seinem Gefolge eine weitere rechtskonstruktive Herausforderung, die zu bewältigen den Verfassungstheoretikern der bürgerlichen Revolutionen gleichfalls aufgegeben war. Jene weitere rechtskonstruktive Herausforderung ergab sich aus dem Umstand, dass das Recht, welches man ehedem als Ausfluss der göttlichen Wahrheit aufgefasst hatte, infolge des Siegeszugs des *Bodin*'schen Souveränitätsdogmas in die Verfügungsgewalt der (irdischen) Träger politischer Macht übergegangen war. Die „pouvoir de donner loy à tous en general, & à chacun en particulier" qualifizierte ihren Inhaber zum Souverän und bildete die entscheidende Voraussetzung dafür, dass sich die politische Gemeinschaft im Wege der Erzeugung allseits verbindlichen, auf menschlicher Willensbetätigung beruhenden Rechts zur organisierten Entscheidungs- und Wirkungseinheit verdichten konnte. Wie aber sollte die institutionalisierte politische Macht durch das Recht gebunden und eingehegt werden, wenn

dasselbe doch zu ihrem eigenen Produkt geworden war? Die Rechtsfigur, die zur Lösung dieses Problems ersonnen wurde, firmiert heute unter der Bezeichnung *Vorrang der Verfassung*. Der Sache nach verweist diese Rechtsfigur auf eine Aufspaltung des positiven Rechts in zwei Normengruppen und deren Hierarchisierung. Bewirkt wurde die Aufspaltung des positiven Rechts, indem man die institutionalisierte politische Macht auf der einen und den ihr zugrunde liegende Konsens der Herrschaftsunterworfenen auf der anderen Seite einander als kategorial differente Rechtsquellen gegenüberstellte: Die auf dem Konsens der Herrschaftsunterworfenen beruhenden Normen (Rechtserzeugungsrecht) wurden dem Zugriff der institutionalisierten politischen Macht prinzipiell entzogen und den von ihr erzeugten Normen (einfaches (Gesetzes-)Recht) übergeordnet. Kraft eben dieser Suprematie konnte die erstgenannte Normengruppe jene Statik erlangen, derer es bedurfte, um die Ausübung von Herrschaft verlässlich zu ordnen und zu mäßigen.

11. Um Herrschaft unter Rückgriff auf das Recht so gut als irgend möglich mit dem Autonomieanspruch des gemeinschaftsgebundenen Individuums in Einklang zu bringen, mussten die Lehre von der verfassunggebenden Gewalt des Volkes und der Vorrang der Verfassung um ein drittes Verfassungsstrukturelement ergänzt werden. Dieses dritte Verfassungsstrukturelement betrifft die Abgrenzung des in der Verfassung kondensierten Herrschaftsanspruchs von konkurrierenden Herrschaftsansprüchen: Da gemäß dem demokratischen und konstitutionalistischen Imperativ der bürgerlichen Revolutionen allein solche Herrschaft Legitimität besitzt, die kraft des Normwillens der zur politischen Aktionseinheit verbundenen Freien und Gleichen begründet und begrenzt worden ist, muss die Verfassung sämtliche Herrschaftsansprüche, die diesen Anforderungen nicht genügen, als illegitim zurückweisen. Die moderne Verfassung darf, mit anderen Worten, in ihrem räumlichen Geltungsbereich keine politische Macht tolerieren, die nicht Ausdruck des betätigten Normwillens der Machtunterworfenen ist. Kurzum: Im Paradigma des demokratischen Konstitutionalismus sind *nicht-verfasste Machtreservate kategorisch ausgeschlossenen*.

12. Finden alle drei Verfassungsstrukturelemente zusammen, namentlich die Lehre von der verfassunggebenden Gewalt des Volkes, der Vorrang der Verfassung und der Ausschluss nicht-verfasster Machtreservate, so befindet sich die politische Gemeinschaft in einem Zustand, in dem sämtliche Entscheidungen von kollektiver Verbindlichkeit am Maßstab eines Normeninbegriffs verantwortet werden, als dessen Quelle die zur politischen Aktionseinheit zusammengeschlossenen Freien und Gleichen figurieren. Auf diese spezifische Weise verrechtlicht, gleicht Herrschaft nunmehr einem *Auftragsverhältnis*, in dem die Herrschaftsunterworfenen die Rolle des Auftraggebers, die Herrschenden die Rolle des Beauftragten einnehmen.

13. Obschon die bürgerlichen Revolutionen in Nordamerika und Frankreich hierzulande aufmerksam beobachtet und intensiv diskutiert worden waren, vermochte sich der im Zuge jener epochalen Umbrüche entwickelte Konstitutionalisierungsstandard in Deutschland während des gesamten folgenden Jahrhunderts nicht durchzusetzen. Der *demokratische Imperativ*, dem zufolge allein das Volk

dazu berufen ist, Herrschaft einzurichten und die Bedingungen ihrer Ausübung festzulegen, gelangte in deutschen Landen nirgends zum Durchbruch. Auch der vielversprechendste Versuch, Herrschaft exklusiv im Normwillen der Herrschaftsunterworfenen zu fundieren, namentlich das zur Jahrhundertmitte in die Wege geleitete Verfassungsprojekt der Frankfurter Paulskirche (1848/49), scheiterte letztlich. Der im sog. „monarchischen Prinzip" zum Ausdruck gelangende Anspruch der deutschen Fürsten, aufgrund einer verfassungsvorgängigen, vom Willen des Volkes gänzlich unabhängigen Herrschaftsposition zu regieren, vermochte sich bis zum Ende des Ersten Weltkriegs zu behaupten.

14. Allein das vom *konstitutionalistischen* Imperativ adressierte Anliegen, Herrschaft um ihrer Berechenbarkeit willen auf der Ausübungsebene rechtsförmig zu ordnen und (dergestalt) zu begrenzen, fand auch in den deutschen Monarchien des 19. Jahrhunderts nach und nach Eingang in die politische Praxis. Allerdings blieben wichtige Bereiche der öffentlichen Gewalt vom Regelungszugriff der deutschen Konstitutionen, die zu Beginn des 19. Jahrhunderts noch vornehmlich als Akt fürstlicher Machtvollkommenheit, später dann als Pakt zwischen dem Landesherrn und der Volksvertretung Geltung erlangten, ausgespart. Insbesondere das Militärwesen bildete bis zum Ende des Deutschen Kaiserreichs eine extrakonstitutionelle Domäne der Krone und sicherte den Fürsten eine Machtfülle, die genügend Substanz aufwies, um das konstitutionalisierte Staatsleben im „Bedarfsfall" aus den Angeln zu heben.

15. Die durch die deutschen Konstitutionen des 19. Jahrhunderts bewirkte Herrschaftsverrechtlichung blieb aber nicht nur in quantitativer, sondern auch in qualitativer Hinsicht hinter den Anforderungen des in Nordamerika und Frankreich verwirklichten Verfassungsmodells zurück. Der (Haupt-)Grund lag darin, dass die vom demokratischen Konstitutionalismus proklamierte Untergliederung der öffentlichen Gewalt in einen *pouvoir constituant*, dem die Erzeugung und Einrichtung von Herrschaft vorbehalten ist, und verschiedene *pouvoirs constitués*, die (ausschließlich) zur Herrschaftsausübung berufen sind, im Kern abgelehnt wurde.

16. Zwar unterschied man auch im Deutschland des 19. Jahrhunderts zwischen Normen, die die Einrichtung und Ausübung der Staatsgewalt zum Gegenstand haben, und Normen, die das Verhalten und die Beziehungen der einzelnen Gesellschaftsglieder regeln. Doch interpretierte der monarchische Konstitutionalismus diese Unterscheidung rein funktional, wies also die Vorstellung zurück, dass es sich beim Rechtserzeugungsrecht einerseits und dem auf seiner Grundlage erzeugten Recht andererseits um kategorial differente Rechtsquellen handelt. Als Folge dessen hatten diejenigen Träger institutionalisierter politischer Macht, denen kraft der Konstitution die Befugnis zukam, über das den Einzelnen bindende Recht zu disponieren, auch auf die Konstitution selbst uneingeschränkten Zugriff.

17. Die Vorstellung, in einer staatlichen Gemeinschaft könne und dürfe es keinerlei Rechtssätze geben, die der Verfügungsmacht der zur Herrschaftsausübung berufenen Institutionen entzogen sind, war in Deutschland derart tief verwurzelt, dass sie sogar den Untergang der konstitutionellen Monarchie überdauerte und bis

in die letzten Tage der Weimarer Republik wirkmächtig blieb. So vertraten einflussreiche Protagonisten der Weimarer Staatsrechtswissenschaft, allen voran *Gerhard Anschütz*, noch im Jahr 1933 die Auffassung, dass das Konzept einer von der gesetzgebenden Gewalt verschiedenen und ihr übergeordneten verfassunggebenden Gewalt dem deutschen Staatsrecht fremd sei. Die normative Kraft der Verfassung, d. h. ihr Selbstand gegenüber der Staatspraxis und ihre Fähigkeit, diese effektiv anzuleiten, war entsprechend schwach ausgeprägt.

18. Erst mit dem Inkrafttreten des Bonner Grundgesetzes im Jahr 1949 wurde auch in Deutschland der Konstitutionalisierungsstandard der nordamerikanischen und französischen Revolution erreicht. Der Parlamentarische Rat stellte die Verfassung für die Bundesrepublik Deutschland in die Tradition des demokratischen Konstitutionalismus und vollzog damit – entschiedener noch als ehedem die Weimarer Constituante – den Anschluss an die Verfassungsfamilie des Westens. Den Anspruch, Herrschaft in Gemäßheit des demokratischen und konstitutionalistischen Imperativs zu begründen und zu begrenzen, bringt das Grundgesetz dadurch zum Ausdruck, dass es jene drei Verfassungsstrukturelemente kombiniert, die für den Verfassungsbegriff des demokratischen Konstiutionalismus konstitutiv sind.

19. So bekennt sich das Grundgesetz in seiner Präambel wie auch in seiner Schlussvorschrift explizit zur *Lehre von der verfassunggebenden Gewalt des Volkes*. Ein implizites Bekenntnis zu dieser Lehre ist der Bestimmung des Art. 20 Abs. 2 S. 1 GG zu entnehmen, tritt die dort proklamierte Volkssouveränität unter den Auspizien normativer Verfasstheit doch notwendig als verfassunggebende Gewalt des Volkes in Erscheinung.

20. Die Bestimmung des Art. 20 Abs. 2 S. 1 GG lässt weiterhin erkennen, dass das Grundgesetz in seinem räumlichen Geltungsbereich – dem Postulat vom *Ausschluss nicht-verfasster Machtreservate* entsprechend – keine Herrschaft toleriert, die der Fundierung im Normwillen der Herrschaftsunterworfenen entbehrt. Denn im Zuge einer historisch-genetischen Auslegung tritt klar zu Tage, dass die Formulierung „alle Staatsgewalt geht vom Volke aus“ weit zu interpretieren ist. Ausweislich der Protokolle über die Verhandlungen des Parlamentarischen Rats war es allein das Anliegen, auf religiöse Überzeugungen Rücksicht zu nehmen, welches die Autoren des Grundgesetzes dazu bewog, den zunächst vorgeschlagenen, (noch) globaleren Terminus „alle Gewalt“ durch den Terminus „alle Staatsgewalt“ zu ersetzen. Die Formulierung des Art. 20 Abs. 2 S. 1 GG indiziert mithin einen Vorbehalt zugunsten überirdischer Macht. Irdische Herrschaftsmacht, die nicht in einem zu Rechtsnormen geronnenen Konsens der ihr unterworfenen Individuen wurzelt, weist Art. 20 Abs. 2 S. 1 GG für das Territorium der Bundesrepublik hingegen entschieden zurück.

21. Des Weiteren ist auch das Konzept vom *Vorrang der Verfassung* im Grundgesetz konsequent umgesetzt worden. Seinem Anspruch auf Suprematie verleiht das Grundgesetz insbesondere dadurch Ausdruck, dass es der *gesamten* verfassten Gewalt normative Bindungen auferlegt. So bestimmt Art. 1 Abs. 3 GG, dass die

„nachfolgenden Grundrechte“ nicht nur die Verwaltung und die Rechtsprechung, sondern auch die Gesetzgebung „als unmittelbar geltendes Recht“ binden. Art. 20 Abs. 3 GG erstreckt die Verfassungsbindung der Legislative über den Begriff „verfassungsmäßige Ordnung“, die Verfassungsbindung der Exekutive und der Judikative über den Begriff „Gesetz und Recht“ auf den gesamten Normenbestand des Grundgesetzes. Zugleich ergibt sich aus Art. 79 Abs. 2 GG, dass weder die vollziehende oder die rechtsprechende Gewalt noch die (einfache) gesetzgebende Gewalt Zugriff auf das Verfassungsrecht haben.

22. Kombiniert das Grundgesetz mithin die drei Verfassungsstrukturelemente „verfassunggebende Gewalt des Volkes“, „Ausschluss nicht-verfasster Machtreservate“ und „Vorrang der Verfassung“, so besteht kein Zweifel, dass der Verfassunggeber des Jahres 1949 die Bundesrepublik Deutschland in Gemäßheit des Verfassungsbegriffs des demokratischen Konstitutionalismus konstituierte. Kennzeichnend für diese „Fundamentalentscheidung für demokratische Konstitutionalität“ ist der Anspruch, die politische Gemeinschaft in einen Zustand zu versetzen, in dem sämtliche Entscheidungen von kollektiver Verbindlichkeit am Maßstab eines Normeninbegriffs verantwortet werden, als dessen Urheber die zur politischen Aktionseinheit zusammengeschlossenen Freien und Gleichen figurieren.

23. Dabei ist zu beachten, dass sämtliche vorbezeichneten Verfassungsstrukturelemente zu den in Art. 20 GG niedergelegten Grundsätzen gehören und dementsprechend von den Inbezugnahmen des Art. 79 Abs. 3 GG umfasst sind. Die Fundamentalentscheidung des Grundgesetzes für demokratische Konstitutionalität ist somit Teil der grundgesetzlichen Verfassungsidentität. Als solcher ist sie der Verfügungsmacht der verfassten Gewalt vorbehaltlos entzogen, steht also auch insoweit nicht zur Disposition der bundesrepublikanischen Staatsorgane, als diese – in Ausführung des einschlägigen Verfassungsauftrags (Präambel, Art. 23 Abs. 1 S. 1 GG) – am europäischen Integrationsprozess mitwirken. Das Anliegen „europäische Einigung“ darf daher nicht gegen die Fundamentalentscheidung für demokratische Konstitutionalität ausgespielt werden, jenes von Verfassungs wegen nur im Einklang mit dieser verwirklicht werden.

24. Dem entspricht, dass der verfassungsändernde Gesetzgeber, als er die Integrationsarchitektur des Grundgesetzes anlässlich der bevorstehenden Gründung der Europäischen Union im Jahr 1992 grundlegend reformierte, die Fundamentalentscheidung für demokratische Konstitutionalität, wie sie in den Verfassungsstrukturelementen „verfassunggebende Gewalt des Volkes“, „Ausschluss nicht-verfasster Machtreservate“ und „Vorrang der Verfassung“ zum Ausdruck gelangt, unangetastet ließ.

25. Genau besehen waren die „Aussonderung“ des europäischen Integrationsprozesses aus dem Anwendungsbereich des Art. 24 Abs. 1 GG und seine Überführung in das Regime des neuen Europa-Artikels (Art. 23 GG n. F.) sogar mit einer Akzentuierung des Nachrangs des einfachen Gesetzes gegenüber der mit Vorrang ausgestatteten Verfassung verbunden. Denn während der Gestaltungsraum des einfachen Gesetzgebers im Zusammenhang mit der Mitwirkung Deutschlands am

europäischen Einigungsprozess vormals erst dort an verfassungsrechtliche Grenzen stieß, wo Integrationsmaßnahmen einen Einbruch in die konstituierenden Strukturen des Grundgesetzes bedeuteten, wird die EU-Integrationsgewalt des einfachen Gesetzgebers seit der Einfügung des Art. 23 GG n. F. durch die gesamte Verfassungsordnung beschränkt. Unter dem Regime des Europa-Artikels ist materiell verfassungsmodifizierende Integrationsgesetzgebung (insbesondere: Hoheitsrechtsübertragungen im klassischen Sinne) nunmehr exklusiv dem verfassungsändernden Gesetzgeber vorbehalten (vgl. Art. 23 Abs. 1 S. 3 GG). Die damit einhergehende Verbreiterung und Verdichtung der rechtlichen Gebundenheit des einfachen Gesetzgebers erweist sich in verfassungstheoretischer Perspektive als dezidiertes Bekenntnis zum Institut des *Vorrangs und der Maßstäblichkeit der Verfassung.*

26. Darüber hinaus enthält der Europa-Artikel ein implizites Bekenntnis zur *Lehre von der verfassunggebenden Gewalt des Volkes.* Dieses ergibt sich namentlich aus dem in Art. 23 Abs. 1 S. 3 GG normierten Verweis auf Art. 79 Abs. 3 GG. Denn jener Verweis lässt klar erkennen, dass Integrationsakte, die in den vom Verfassunggeber des Jahres 1949 unantastbar gestellten Verfassungskern übergreifen, der verfassten Gewalt unter keinen Umständen zu Gebote stehen, also sogar dem verfassungsändernden (Integrations-)Gesetzgeber verwehrt sind. Die dergestalt bekräftigte kategoriale Differenz zwischen dem *pouvoir constituant* und den verfassungsgebundenen *pouvoirs constitués* stellt sich in verfassungstheoretischer Perspektive als unmittelbarer Ausfluss der Lehre von der verfassunggebenden Gewalt des Volkes dar.

27. Neben dem Rechtsinstitut des Verfassungsvorrangs und der Lehre von der verfassunggebenden Gewalt des Volkes findet schließlich auch das Verfassungsstrukturelement *„Ausschluss nicht-verfasster Machtreservate"* Niederschlag im Europa-Artikel: Indem Art. 23 Abs. 1 S. 1 GG (sog. „Struktursicherungsklausel") die Mitwirkung der Bundesrepublik an der (Fort-)Entwicklung der Europäischen Union unter die Bedingung stellt, dass diese demokratischen und rechtsstaatlichen Grundsätzen genügt, versucht das Grundgesetz, der Ausbildung eines vom betätigten Normwillen der Herrschaftsunterworfenen losgelösten Hoheitsrechtebestands in der Hand der Union entgegenzuwirken. Dem liegt zugrunde, dass nur solche Herrschaft, die auf dem zu Rechtsnormen geronnenen Konsens der Herrschaftsunterworfenen über Inhalt und Form ihrer politischen Gemeinschaft gründet und kraft dieses Konsenses in eine gesetzliche Ordnung hineingestellt ist, demokratischen und rechtsstaatlichen Grundsätzen zu genügen vermag.

28. Will das Grundgesetz nach alledem, dass sich die Bundesrepublik Deutschland supranational integriert, dabei aber den Zustand demokratischer Konstitutionalität bewahrt, so rückt unweigerlich die Frage in den Vordergrund, wie das Neben- und Ineinander der Herrschaftsorganisationen „Staat" und „Europäische Union" rechtlich so konfiguriert werden kann, dass beiden Anliegen zugleich Rechnung getragen wird.

29. In diesem Zusammenhang ist zunächst festzuhalten, dass die *idée directrice* des europäischen Integrationsprozesses – d. h. die Überwindung des europäischen

Staatenantagonismus im Wege der Vergemeinschaftung hoheitlicher Aufgabenerledigung (Integrationsprinzip) – und die *idée directrice* des demokratischen Konstitutionalismus – d.h. die Versöhnung von Herrschaft mit dem Autonomieanspruch der Herrschaftsunterworfenen – einander *in abstracto* keineswegs widersprechen. Weder der demokratische noch der konstitutionalistische Imperativ der bürgerlichen Revolutionen schließen die Überwindung des europäischen Staatenantagonismus aus.

30. Nichtsdestotrotz besteht *in praxi* ein Spannungsverhältnis. Der Grund liegt darin, dass sich der europäische Integrationsprozess in erster Linie in Form von Hoheitsrechtsübertragungen auf die Europäische Union vollzieht und somit auf die Fortentwicklung einer Herrschaftsorganisation abzielt, deren Organe weder durch die mitgliedstaatlichen Verfassungen eingerichtet wurden noch an deren herrschaftsbegrenzende Maßgaben gebunden sind, dennoch aber über die Fähigkeit verfügen, in den Territorien der EU-Mitgliedstaaten unmittelbar wirksam werdende Hoheitsgewalt auszuüben. Die Rechtswissenschaft sieht sich daher mit der Herausforderung konfrontiert, Wege aufzuzeigen, wie politische Macht auch unter den Bedingungen des Herrschafts-Dualismus von Europäischer Union und EU-Mitgliedstaat dem gesamten Umfang nach in jenem spezifischen Verrechtlichungszustand gehalten werden kann, den der demokratische Konstitutionalismus kategorisch einfordert.

31. Die Theorie vom europäischen Verfassungspluralismus begegnet der Herausforderung mit einem heterarchisch angelegten Verbundkonzept. Demnach kann die politischen Einigung Europas unter Bewahrung des hergebrachten Herrschaftsverrechtlichungsstandards vertieft werden, indem man auch dem EU-Primärrecht Verfassungsqualität beimisst, also der Vorstellung Raum gibt, dass im Europa der Gegenwart Herrschaftsbegründung und Herrschaftsbegrenzung sowohl durch die rechtliche Grundordnung des einzelnen Mitgliedstaats als auch durch die rechtliche Grundordnung der Europäischen Union bewirkt werden, wobei diese und jene zueinander in einem Verhältnis nicht-hierarchischer Komplementarität stehen.

32. Als gedanklicher Ausgangspunkt der Theorie vom europäischen Verfassungspluralismus fungiert demgemäß die Annahme, neben den nationalen Verfassungen sei auch das EU-Primärrecht in der Lage, Herrschaft in der vom demokratischen und konstitutionalistischen Imperativ geforderten Weise zum herrschaftsunterworfenen Individuum hin zu vermitteln.

33. Was den konstitutionalistischen Imperativ anbetrifft, erweist sich diese Annahme als zutreffend: Das EU-Primärrecht bindet die auf der Unionsebene angesiedelte politische Macht in Gänze an rechtlich festgelegte Formen und Verfahren, stellt ihre Ausübung also in eine gesetzliche Ordnung hinein und wirkt dergestalt herrschaftsbegrenzend. In rechtskonstruktiver Hinsicht greift das EU-Primärrecht zu diesem Zweck auf denselben Mechanismus zurück wie die mitgliedstaatlichen Verfassungen. Indem es seine Rechtssätze der Verfügungsgewalt der Organe und Einrichtungen der Union entzieht, gewinnt es erhöhte formelle Geltungskraft

und damit zugleich Distanz zum sekundären und tertiären Unionsrecht. Infolgedessen erlangt es jene Statik, derer es bedarf, um sich gegenüber dem Rechtshandeln der unionalen Kompetenzträger als Rechtmäßigkeits- und Gültigkeitsmaßstab zu behaupten. Die Durchschlagskraft des darin zum Ausdruck gelangenden, im staatsverfassungsrechtlichen Kontext unter der Bezeichnung „Vorrang der Verfassung" firmierenden Supremtieanspruchs wird durch einschlägige Rechtsprechungskompetenzen des Gerichtshofs der Europäischen Union zusätzlich abgestützt (justizielle Bewehrung des Vorranganspruchs). Entsprechend dem konstitutionalistischen Ordnungs- und Mäßigungsanliegen unterbindet das EU-Primärrecht somit die Ausbildung rechtsbindungsfreier Herrschaft auf Ebene der Europäischen Union.

34. Indes ist die Abwesenheit rechtsbindungsfreier politischer Macht zwar notwendige, nicht aber hinreichende Bedingung demokratischer Konstitutionalität. Die bloße rechtliche Gebundenheit als solche vermag Herrschaft nicht mit dem Autonomieanspruch der Herrschaftsunterworfenen zu versöhnen. Dazu bedarf es vielmehr einer besonders qualifizierten Form von rechtlicher Gebundenheit, namentlich einer solchen, die neben dem konstitutionalistischen Ordnungs- und Mäßigungsanliegen auch dem demokratischen Selbstbestimmungsanliegen Rechnung trägt. Beiden Imperativen – dem konstitutionalistischen wie auch dem demokratischen – ist Genüge getan, wenn die Rechtsbindung von Herrschaft auf einem Normsetzungsakt beruht, der die Bedingungen der Herrschaftsausübung festlegt und als dessen Quelle die Gesamtheit der herrschaftsunterworfenen Individuen figuriert.

35. Ein Teil des wissenschaftlichen Schrifttums vertritt die Auffassung, dass die Rechtssätze des EU-Primärrechts in der Tat als Manifestation des auf Herrschaftsbegründung gerichteten (Norm-)Willens der Bürger der Europäischen Union zu verstehen sind. Demnach hat das Individuum in zwei Rollen teil an der – ihrerseits zwiegespaltenen – verfassunggebenden Gewalt des Volkes, nämlich zum einen als Angehöriger des jeweiligen Staatsvolks und zum anderen als Unionsbürger. In verfassungstheoretischer Perspektive erscheint diese These ebenso reizvoll wie problematisch. Reizvoll, weil sie das Potenzial besitzt, pluralistische Herrschaftsmodelle mit dem demokratischen Imperativ in Einklang zu bringen; problematisch, weil es sich bei der verfassunggebenden Gewalt des Volkes ideengeschichtlich betrachtet um eine Erscheinungsform der Volkssouveränität handelt, sodass sich die Frage erhebt, ob das der Souveränität inhärente Einzigkeitsdogma eine Zweiteilung der verfassunggebenden Gewalt nicht denknotwendig ausschließt.

36. Gleichviel ob die verfassunggebende Gewalt des Volkes einer Aufspaltung konstruktiv zugänglich ist oder nicht – fest steht, dass es jedenfalls in der politischen Praxis bisher nicht zu einer solchen Aufspaltung gekommen ist. Insbesondere kann die Integrationsgesetzgebung der dafür zuständigen mitgliedstaatlichen Kompetenzträger nicht als Modus der Verfassunggebung durch die Gesamtheit der der Unionsgewalt unterworfenen Individuen gedeutet werden. Der Grund liegt darin, dass es sich bei der Verfassunggebung um einen die Inanspruchnahme souverä-

ner Kompetenzhoheit bedingenden und mithin zwangsläufig außerlegalen Vorgang handelt, mitgliedstaatliche Integrationsgesetzgebung sich aber auf der Grundlage und im Rahmen des jeweiligen nationalen Verfassungsrechts vollzieht. Da die Gesetzgebungskörperschaften der EU-Mitgliedstaaten bei der Übertragung von Hoheitsrechten auf die Europäische Union als *pouvoirs constitués* agieren, besitzt die Annahme, sie artikulierten in diesem Zusammenhang den auf Herrschaftsbegründung gerichteten Normwillen des gemeineuropäischen Volkssouveräns, keine Plausibilität. Denn im Paradigma des demokratischen Konstitutionalismus ist den *pouvoirs constitués* jene Art von Höchstgewalt, derer es bedarf, um Herrschaft zu begründen, kategorisch verwehrt. Eben darin, d.h. in der konsequenten Verbannung jeglicher (Erscheinungs-)Form von Höchstgewalt von der Herrschaftsausübungsebene, liegt die eigentliche Stoßrichtung der Grunddistinktion zwischen dem *pouvoir constituant* und den von ihm eingesetzten *pouvoirs constitués*, welch letztere funktional auf Herrschaftsausübung in den Grenzen der ihnen durch die Verfassung zugewiesenen Befugnisse beschränkt sind. Aus alledem erhellt, dass das EU-Primärrecht nicht als Produkt der verfassunggebenden Gewalt des Volkes angesehen werden kann.

37. Alternative Modelle zur Legitimation eines Herrschaftsbegründungsanspruchs der Europäischen Union, die dem demokratischen und konstitutionalistischen Imperativ der bürgerlichen Revolutionen in demselben Maße Rechnung tragen wie die Legitimationsfigur „verfassunggebende Gewalt des Volkes", stehen nicht zur Verfügung.

38. Die insoweit naheliegende Überlegung, den Konsens der Herrschaftsunterworfenen in seiner Funktion als Legitimität stiftendes Moment kurzerhand durch den Konsens der vertragsschließenden Staatsgewalten zu ersetzen, überzeugt nicht, denn dies hieße, den Normwillen von Herrschaftsträgern kurzerhand mit dem Normwillen der zur politischen Gemeinschaft zusammengeschlossenen Herrschaftsunterworfenen gleichzusetzen. Die moderne Verfassungsidee beruht jedoch auf der Prämisse, dass institutionalisierte politische Macht – als eine wesensbedingt überindividuelle Erscheinung – dem einzelnen Menschen zwangsläufig heteronom ist, d.h. in niemals vollends überwindbarer Spannung zur frei-verantwortlichen Individualität der Person steht. Hält man an dieser Prämisse fest, so erweist sich die Unterscheidung zwischen Herrschaftsträgern und Herrschaftsunterworfenen als kategorial, sodass eine Gleichsetzung des Willens ersterer mit dem Willen letzterer im Kontext der Erzeugung und Einrichtung institutionalisierter politischer Macht gedanklich-konstruktiv ausgeschlossen ist.

39. Auch die Legitimitätsbetrachtungen *Niklas Luhmanns* können nicht fruchtbar gemacht werden, da die Frage nach dem „Warum" der Rechtsverbindlichkeit eines final auf Herrschaftserzeugung gerichteten Normeninbegriffs von der Systemtheorie nicht eigentlich beantwortet, sondern als im Grunde obsolet deklariert wird.

40. Im Anschluss an *Max Weber*, dem zufolge Legitimität aus faktischer Akzeptanz resultiert, ließe sich erwägen, die rechtliche Verbindlichkeit des EU-Primär-

rechts (ausschließlich) auf die tatsächliche Anerkennung abzustützen, die selbiges in der Rechtsgemeinschaft erfährt. Doch vermag auch diese Lösungshypothese einer genaueren Prüfung nicht standzuhalten. Als problematisch erweist sich vor allem, dass die Annahme, die Verfassung beziehe ihre rechtliche Verbindlichkeit allein aus dem Umstand, dass ihre Anordnungen von der Rechtsgemeinschaft akzeptiert werden, das „Soll" zu nah an das „Sein" heranrückt und damit das Ordnungsvermögen der Verfassung in einem mit dem konstitutionalistischen Imperativ unvereinbaren Maße schmälert.

41. Schließlich steht auch das von *Anne Peters* entwickelte Modell der Legitimation durch Bewährung, wonach eine Verfassung anerkennungswürdig ist, wenn sie durch ihre Leistungen („*Output*") das Wohlergehen der Bürger fördert, in Spannung zum demokratischen und konstitutionalistischen Imperativ der bürgerlichen Revolutionen. Der Grund liegt darin, dass die Bewährungsmaxime, oder genauer: das ihr innewohnende Moment der Ergebnisorientierung, mit dem Prinzip der (kollektiven) Selbstbestimmung schwerlich in Einklang gebracht werden kann, setzt letzteres doch Ergebnis*offenheit* voraus und dies gerade auch im Zusammenhang mit der Festlegung der Bedingungen, zu denen institutionalisierte politische Macht auszuüben ist. Strukturell unvereinbar ist die Bewährungsmaxime darüber hinaus auch mit dem konstitutionalistischen Imperativ: Da die „Bewährung" von Verfassungsvorschriften nicht empirisch validiert werden kann, unterminiert die Bewährungsmaxime das Verfassungsversprechen, den politischen Prozess verlässlich zu ordnen, denn in dem Maße, in dem das „Ob" der Bewährung im Unklaren bleibt, bleibt auch die Rechtsverbindlichkeit jener Normen zweifelhaft, die zur Ordnung des politischen Prozesses bestimmt sind.

42. Nach alledem ist klar, dass an der Annahme, das EU-Primärrecht sei den mitgliedstaatlichen Verfassungen funktional gleichwertig, wirke also nicht nur herrschaftsformend und -begrenzend, sondern darüber hinaus auch herrschaftsbegründend, nur festhalten kann, wer bereit ist, den Herrschaftsanspruch der Union in einer Weise zu konstruieren, die die unionsseitige Ausübung politischer Macht in Distanz treten lässt zur Leitidee von der rechtlich geordneten Selbstbestimmung der Freien und Gleichen. Denn auf die Lehre von der verfassunggebenden Gewalt des Volkes kann der Herrschaftsanspruch der Union nach Lage der Dinge nicht gestützt werden und ein alternatives Legitimationsmuster, das ebenfalls mit dem demokratischen und konstitutionalistischen Imperativ der nordamerikanischen und französischen Revolution korrespondiert, steht nicht zur Verfügung.

43. Die These, der zufolge das europäische Mehrebenensystem als eine spezifische Erscheinungsform des *constitutional pluralism* verstanden werden muss, entpuppt sich vor diesem Hintergrund als nicht stichhaltig. Selbst wenn man davon ausginge, dass es sich beim EU-Primärrecht um die Manifestation eines gemeineuropäischen *constitutional claim* handelt, so wäre es jedenfalls nicht möglich, diesen *constitutional claim* und den *constitutional claim* der mitgliedstaatlichen Verfassung horizontal zu koppeln. Denn ein gemeineuropäischer *constitutional claim*, der (supranationale) Herrschaft in Spannung zu den zentralen Imperativen des

Konstitutionalismus der nordamerikanischen und französischen Revolution konstruiert, könnte von den mitgliedstaatlichen Verfassungen schlechterdings nicht als legitim anerkannt werden. Es zeigt sich: In dem Augenblick, in dem man dem EU-Primärrecht herrschaftsbegründenden Charakter und mithin rechtliche Unabgeleitetheit attribuiert, ohne den darin liegenden *constitutional claim* auf die (Legitimations-)Figur „verfassunggebende Gewalt des Volkes" abstützen zu können, tut sich zwischen der mitgliedstaatlichen Verfassung einerseits und dem EU-Primärrecht andererseits ein fundamentaler Widerspruch auf, der die im Konzept des *constitutional pluralism* vorausgesetzte wechselseitige Anerkennung als gleichwertig ausschließt. Die Vorstellung, das Konzept vom *constitutional pluralism* biete ungeachtet der Tatsache, dass sich auf der Unionsebene bis dato kein Volk im Sinne der demokratischen Verfassungstheorie herausgebildet hat, den adäquaten theoretischen Unterbau für die Entwicklung eines konsistenten europäischen Gesamtrechtsrahmens, erweist sich somit als Trugbild.

44. Zudem findet die Annahme, das EU-Primärrecht erhebe den Anspruch, die unionsseitig ausgeübte öffentliche Gewalt selbst begründet zu haben, auch keine Stütze im positiven Recht. Der in Art. 5 Abs. 1 S. 1 und Abs. 2 EUV verankerte Grundsatz der begrenzten Einzelermächtigung sowie die in Art. 4 Abs. 2 S. 1 EUV normierte Verpflichtung der Union, die nationale Identität der Mitgliedstaaten zu achten, wie sie in ihren grundlegenden politischen und verfassungsmäßigen Strukturen zum Ausdruck gelangt, weisen vielmehr in die entgegengesetzte Richtung. Beide vorbezeichneten Bestimmungen indizieren, dass der Herrschaftsanspruch der Union von den Mitgliedstaaten abgeleitet und national-verfassungsrechtlich konditioniert ist.

45. Nach alledem sprechen die besseren Argumente dafür, dass die vormals zur Gänze beim Staat konzentrierte öffentliche Gewalt im Zuge der Übertragung von Hoheitsrechten auf die Europäische Union keine Teilung auf der Herrschaftsbegründungsebene erfahren hat, sondern eine Ausdifferenzierung auf der Herrschaftsausübungsebene. Demnach besteht die Funktion des EU-Primärrechts nicht darin, neue Herrschaft hervorzubringen und im gleichen Atemzug (erstmalig) zu konstitutionalisieren, sondern darin, bereits vorhandene und konstitutionalisierte Herrschaft ausschnittweise zu reorganisieren (Ausreichung einzelner Hoheitsrechte an supranationale Kompetenzträger) und im Umfang der Reorganisation zu rekonstitutionalisieren (Bindung der supranationalen Kompetenzträger an das EU-Primärrecht). Kurzum: Das EU-Primärrecht begründet keine Herrschaft gemeineuropäischer Provenienz, sondern es modifiziert Herrschaft staatlicher Provenienz.

46. Indes erfordert das „bloße" Modifizieren bereits vorhandener Herrschaft durch Übertragung von Hoheitsrechten auf einen staatenintegrierenden Verband nicht jenes Höchstmaß an Autonomie, über das allein der Souverän als Inhaber der sog. Kompetenzhoheit verfügt. Hierfür genügt vielmehr die Kompetenz-Kompetenz, d. h. die Befugnis, über das in der (Staats-)Verfassung festgelegte Kompetenzgefüge zu disponieren. Da es sich dabei um eine rechtlich begründete und umgrenzte Position handelt, ist die Kompetenz-Kompetenz – im Gegensatz zur Kom-

petenzhoheit – nicht exklusiv dem Souverän vorbehalten, sondern als ein spezifisches Derivat der Souveränität der Ausübung durch *pouvoirs constitués* zugänglich. Auf eben dieses Derivat der Souveränität greifen die jeweils zuständigen Organe der EU-Mitgliedstaaten zurück, insofern sie in ihrer Verbundenheit zum Vertragsurheber über das EU-Primärrecht disponieren.

47. Die Erkenntnis, dass das EU-Primärrecht nicht das Produkt der Inanspruchnahme von Kompetenzhoheit ist, sondern das Produkt der (staatenübergreifend koordinierten) Ausübung der national-verfassungsrechtlich etablierten und konditionierten Kompetenz-Kompetenz, untermauert die hier vertretene Auffassung, dass die Herrschaftsform „supranational integrierte Verfassungsstaatlichkeit" fehlinterpretiert würde, wenn man die Herrschaftsansprüche von Union und Mitgliedstaat als gleichermaßen „originär" und „horizontal gekoppelt" deutete. Denn der Umstand, dass das Verhältnis von Kompetenzhoheit und Kompetenz-Kompetenz nicht eines der Gleichordnung, sondern der Ableitung und Stufung ist, legt nahe, dass auch das Verhältnis der – kraft Kompetenzhoheit erzeugten – Staatsverfassung zu dem – in Wahrnehmung von Kompetenz-Kompetenz erzeugten – EU-Primärrecht nicht eines der Gleichordnung, sondern der Ableitung und Stufung ist.

48. Die Funktionslogik des supranational integrierten Verfassungsstaats lässt sich demnach wie folgt beschreiben: In Betätigung seiner Kompetenzhoheit beauftragt der nationale Volkssouverän die Staatsgewalt mit der Ausübung von Herrschaft unter Beachtung der in der Staatsverfassung niedergelegten Direktiven. In Betätigung der ihr durch die Staatsverfassung eingeräumten Kompetenz-Kompetenz beauftragt sodann die Staatsgewalt einen Dritten, namentlich die Unionsgewalt, mit der teilweisen Besorgung des ursprünglich ihr – der Staatsgewalt – übertragenen Geschäfts „Ausübung von Herrschaft" und zwar unter Beachtung der im EU-Primärrecht niedergelegten Direktiven.

49. Allerdings kann sich die Staatsgewalt mit der Erteilung eines Unterauftrags, in dem sie die Rolle des Auftraggebers einnimmt, nicht selbst aus jenem vorgeordneten Auftragsverhältnis entlassen, in dem ihr die Rolle des Beauftragten zufällt. Die Herrschaftsakte der Union müssen deshalb gestuft verantwortet werden: Zum einen seitens der Unionsgewalt gegenüber den zum Vertragsurheber zusammengeschlossenen europäischen Staatsgewalten am Maßstab des auf deren Normwillen basierenden EU-Primärrechts, zum anderen seitens der Staatsgewalt gegenüber dem nationalen Volkssouverän am Maßstab jener Direktiven der jeweiligen Staatsverfassung, die der Verfügungsgewalt des (verfassungsändernden) Integrationsgesetzgebers entzogen und somit nicht durch die EU-primärrechtlich bewirkte Herrschaftsreorganisation dispensiert sind.

50. Solange sich kein Unionsvolk herausgebildet und den Herrschaftsanspruch der Union durch Betätigung seiner verfassunggebenden Gewalt dem eigenen (Norm-)Willen anverwandelt hat, ist die gestufte Verantwortung unionaler Herrschaftsakte unerlässlich, um auch unter den Bedingungen supranationaler Integration den Konstitutionalisierungsstandard der nordamerikanischen und französischen Revolution zu wahren. Würden Herrschaftsakte der Union ausschließlich

am Maßstab des EU-Primärrechts verantwortet, dann misslänge insoweit die vom demokratischen Konstitutionalismus kategorisch eingeforderte Anbindung aller politischen Macht an den (Norm-)Willen der Herrschaftsunterworfenen. Denn das EU-Primärrecht ist eindeutig eine Schöpfung von (staatlichen) *pouvoirs constitués* und mithin auf den Willen von Herrschaftsträgern zurückzuführen, nicht hingegen – auch nicht theoretisch-konstruktiv – auf den Willen der Herrschaftsunterworfenen.

51. Für die bundesrepublikanische Staatsgewalt bedeutet dies, dass sie kraft der vom Bonner Verfassunggeber unabänderlich gestellten Fundamentalentscheidung für demokratische Konstitutionalität gehalten ist, sämtliche Herrschaftsakte der Union gegenüber dem deutschen Volk zu verantworten; dies namentlich am Maßstab des von Art. 23 Abs. 1 S. 3 GG i. V. m. Art. 79 Abs. 3 GG integrationsfest gestellten Verfassungskerns.

52. Doch kann die Fähigkeit, ein Geschehen zu verantworten, nicht weiter reichen als das Wirkungsvermögen des in die Pflicht genommenen Subjekts. Infolge ihrer Bindung an die Fundamentalentscheidung für demokratische Konstitutionalität ist es der deutschen Staatsgewalt daher aufgegeben, jenes Maß an Wirkungsvermögen zu konservieren, dessen es bedarf, um sicherzustellen, dass die *gesamte* im Geltungsbereich des Grundgesetzes wirkende politische Macht mit den von Art. 79 Abs. 3 GG in Bezug genommenen Sollenssätzen in Einklang steht.

53. An diesem Punkt tritt das Kriterium der potenziellen Allzuständigkeit und mit ihm die souveräne Staatlichkeit auf den Plan. Denn die Integrität des in Art. 79 Abs. 3 GG bezeichneten „Katalogs von Unantastbarkeiten" vermag die deutsche Staatsgewalt nur zu gewährleisten, wenn sie im Besitz der Rechtsmacht bleibt, den Geltungsbereich des Grundgesetzes nötigenfalls gegen das Hoheitshandeln all jener Autoritäten abzuschirmen, die – wie die Organe und Einrichtungen der Union – selbst nicht unmittelbar an den im Grundgesetz kondensierten (Norm-)Willen des deutschen Volkes gebunden sind und ihr Hoheitshandeln deshalb nicht von sich aus am Maßstab grundgesetzlicher Bestimmungen verantworten. Jene besondere Rechtsmacht ist aber nichts anderes als ein Korrelat der potenziellen Allzuständigkeit, diese wiederum dasjenige Moment, welches sich zum zentralen Kriterium souveräner Staatlichkeit qualifiziert.

54. Es zeigt sich: Solange das EU-Primärrecht nicht seinerseits als Manifestation der verfassunggebenden Gewalt des (gemeineuropäischen) Volkes gedeutet werden kann, sind die grundgesetzlichen *pouvoirs constitués* verpflichtet, für den Fortbestand der souveränen Staatlichkeit Deutschlands Sorge zu tragen, letztere verstanden als die (bloße) Fähigkeit der deutschen Staatsgewalt, sich in Bezug auf das Territorium der Bundesrepublik als exklusive Trägerin institutionalisierter politischer Macht zu re-etablieren. EU-primärrechtlich korrespondiert dieser Verpflichtung das in Art. 50 EUV normierte Recht zum Austritt aus der Union.

55. Allerdings rechtfertigt die grundgesetzliche Pflicht zur Bewahrung der potenziellen Allzuständigkeit mitnichten einen selbstzentrierten Gebrauch der im Akt der Verfassunggebung hervorgebrachten Herrschaftsmacht, ist diese doch –

daran lässt bereits die Präambel des Grundgesetzes keinen Zweifel – von vornherein auf supranationale Integration angelegt: Das Grundgesetz will, wie das Bundesverfassungsgericht zutreffend feststellt, „die Mitwirkung Deutschlands an internationalen Organisationen, eine zwischen den Staaten hergestellte Ordnung des wechselseitigen friedlichen Interessensausgleichs und ein organisiertes Miteinander in Europa“[4]. Da eine gemeinsame, kooperativ organisierte Erledigung öffentlicher Aufgaben unter dem Dach der Europäischen Union Perspektiven der persönlichen Freiheit, der Sicherheit und des Wohlstands eröffnet, wie sie der einzelne Staat aus eigener Kraft niemals zu eröffnen vermöchte, drängt die Gemeinwohlprogrammierung der Bundesrepublik entschieden auf die politische Einigung Europas unter Beteiligung Deutschlands. Dem entspricht, dass Art. 23 Abs. 1 S. 1 GG einen an die gesamte deutsche Staatsgewalt gerichteten, rechtsverbindlichen (Verfassungs-)Auftrag zur Mitwirkung bei der Entwicklung der Europäischen Union dekretiert.

56. Indes bleibt Herrschaft auch in einer Lage, in der die Überhöhung des autarken Staates zum Zweck an sich überwunden und die Ausübung institutionalisierter politischer Macht in staatenübergreifende Strukturen eingebettet ist, eine überindividuelle Erscheinung, die dem Einzelnen als etwas Förmliches, Zwingendes und Funktionalistisches gegenübertritt. Ebenso wie die von staatlich-nationalen Instanzen ausgeübte Herrschaft ist deshalb auch die von europäisch-supranationalen Instanzen ausgeübte Herrschaft kein letzter Wert, gehört auch sie nur subsidiär zum Leben der Menschen, ist auch sie nur Instrument des Gemeinwohls, sodass auch sie sich vor dem Autonomieanspruch der Herrschaftsunterworfenen rechtfertigen muss.

57. In der Perspektive des demokratischen Konstitutionalismus, in dessen Tradition der Grundgesetzgeber die Bundesrepublik unverrückbar gestellt hat, gelingt die gebotene Rechtfertigung aber nur dann, wenn die auf den Einzelnen einwirkende institutionalisierte politische Macht durchgängig an den Normwillen der Herrschaftsunterworfenen angebunden ist: Allein die kraft des Normwillens der zum Volk geeinten Herrschaftsunterworfenen ins Werk gesetzte und in Verantwortlichkeit hineingestellte politische Macht ist der Gemeinschaft der zur Freiheit und Selbstbestimmung berufenen Individuen adäquat.

58. Über das Vermögen, auch die unionsseitig ausgeübte politische Macht an den in der Staatsverfassung kondensierten Normwillen der Herrschaftsunterworfenen anzubinden, verfügen die Staatsgewalten aber nur unter der Voraussetzung, dass sie *in potentia* allzuständig sind. Denn nur derjenige Staat, der den hoheitlichen Zugriff supranationaler Kompetenzträger auf seine Staatsbürger weder rechtlich noch faktisch hinnehmen muss, sondern nötigenfalls abwehren könnte, vermag das Primat der Staatsverfassung und damit das Primat des Normwillens der Herrschaftsunterworfenen effektiv zu behaupten.

---

[4] BVerfGE 123, S. 267 (346) – Lissabon.

59. Aus alledem erhellt, dass die Bedeutung der grundgesetzlichen Pflicht zur Bewahrung der potenziellen Allzuständigkeit grob verzeichnet würde, wenn man sie als Signum eines introvertierten Staatlichkeitskonzepts oder gar als Selbstzweck interpretierte. Tatsächlich ist diese Pflicht Ausdruck des Bestrebens des Grundgesetzgebers, politische Macht um der Autonomie des gemeinschaftsgebundenen Individuums willen dergestalt zu konzeptualisieren, dass sie auch unter den Bedingungen eines Neben- und Ineinanders von Staat und staatenintegrierendem Verband vollumfänglich den Anforderungen des demokratischen und konstitutionalistischen Imperativs der modernen Verfassungsidee genügt: Herrschaft als Auftrag.

Literaturverzeichnis

Ackerman, Bruce: We the People, Band 1: Foundations, Cambridge (Massachusetts) 1991.

Albrecht, Wilhelm Eduard: Rezension über Maurenbrechers Grundsätze des heutigen Staatsrechts, Göttingische gelehrte Anzeigen 1837, S. 1489–1504 und 1508–1515.

Alexy, Robert: Begriff und Geltung des Rechts, 3. Auflage der Studienausgabe, Freiburg/München 2011.

Anderheiden, Michael: Gemeinwohl in Republik und Union, Tübingen 2006.

Angermann, Erich: Der Deutsche Frühkonstitutionalismus und das amerikanische Vorbild, HZ 219 (1974), S. 1–32.

Anschütz, Gerhard: Lücken in den Verfassungs- und Verwaltungsgesetzen, Verwaltungsarchiv 14 (1906), S. 315–340.

–: Die Verfassung des Deutschen Reichs vom 11. August 1919, 14. Auflage, Heidelberg 1933.

Apelt, Willibalt: Betrachtungen zum Bonner Grundgesetz, NJW 1949, S. 481–485.

–: Geschichte der Weimarer Verfassung, 2. Auflage, München 1964.

Augustin, Angela: Das Volk der Europäischen Union: Zu Inhalt und Kritik eines normativen Begriffs, Berlin 2000.

Augustinus: De civitate Dei (Vom Gottesstaat), übersetzt von Wilhelm Timme, Vollständige Ausgabe in einem Band, München 2007.

Badura, Peter: Die Methoden der neueren Allgemeinen Staatslehre, 1. Auflage, Erlangen 1959.

–: Verfassung und Verfassungsgesetz, in: Ehmke, Horst (Hrsg.), Festschrift für Ulrich Scheuner zum 70. Geburtstag, Berlin 1973, S. 19–39.

–: Richterliches Prüfungsrecht und Wirtschaftspolitik, in: Oberndorfer, Peter/Schambeck, Herbert (Hrsg.), Verwaltung im Dienste von Wirtschaft und Gesellschaft, Festschrift für Ludwig Fröhler zum 60. Geburtstag, Berlin 1980, S. 321–347.

–: Artikel „Verfassung", in: Evangelisches Staatslexikon, Band II, 3. Auflage, Stuttgart 1987, Spalte 3737–3760.

–: Das Staatsziel „Europäische Integration" im Grundgesetz, in: Hengstschläger, Johannes u. a. (Hrsg.), Für Staat und Recht, Festschrift für Herbert Schambeck, Berlin 1994, S. 887–906.

–: Die parlamentarische Demokratie, in: Isensee, Josef/Kirchhof, Paul (Hrsg.), Handbuch des Staatsrechts, Band II: Verfassungsstaat, 3. Auflage, Heidelberg 2004, § 25, S. 497–540.

–: Staatsrecht: Systematische Erläuterungen des Grundgesetzes, 7. Auflage, München 2018.

Baldus, Manfred: Zur Relevanz des Souveränitätsproblems für die Wissenschaft vom öffentlichen Recht, Der Staat 36 (1997), S. 381–391.

Barber, Nicholas W.: Legal Pluralism and the European Union, ELJ 12 (2006), S. 306–329.

Beaud, Olivier: Föderalismus und Souveränität: Bausteine zu einer verfassungsrechtlichen Lehre der Föderation, Der Staat 35 (1996), S. 45–66.

Berber, Friedrich: Lehrbuch des Völkerrechts, Band I, 2. Auflage, München 1975.

Besier, Gerhard: Die Vereinigten Staaten und Deutschland: Über den „Zauber der Freiheit" und die Ambiguitäten der amerikanischen Freiheits-Mission, in: ders./Stoklosa, Katarzyna (Hrsg.), Lasten diktatorischer Vergangenheit – Herausforderungen demokratischer Gegenwart, Berlin 2006, S. 159–174.

Beyme, Klaus von: Die verfassunggebende Gewalt des Volkes: Demokratische Doktrin und politische Wirklichkeit, Tübingen 1968.

Bieber, Roland: Stellungnahme für die Gemeinsame Verfassungskommission zu der Anhörung „Grundgesetz und Europa" am 22. Mai 1992 in Berlin, abgedruckt in: Deutscher Bundestag (Hrsg.), Materialien zur Verfassungsdiskussion und zur Grundgesetzänderung in der Folge der deutschen Einigung, Band 3, Bonn 1996, S. 250–258.

Bilfinger, Carl: Verfassungsumgehung: Betrachtungen zur Auslegung der Weimarer Verfassung, AöR 50 (1926), S. 163–191.

Binding, Karl: Die Gründung des Norddeutschen Bunds: Ein Beitrag zur Lehre von der Staatenschöpfung, Leipzig 1889.

Bismarck, Otto von: Fürst Bismarck's gesammelte Reden, Band I, Berlin 1894.

Bleckmann, Albert: Begriff und Kriterien der innerstaatlichen Anwendbarkeit völkerrechtlicher Verträge: Versuch einer allgemeinen Theorie des self-executing treaty auf rechtsvergleichender Grundlage, Berlin 1970.

–: Grundgesetz und Völkerrecht, Berlin 1975.

Bluntschli, Johann Caspar: Allgemeines Staatsrecht, Erster Band, 3. Auflage, München 1863.

–: Allgemeines Staatsrecht, Zweiter Band, 4. Auflage, München 1868.

Böckenförde, Ernst-Wolfgang: Geschichtliche Entwicklung und Bedeutungswandel der Verfassung, in: ders., Staat, Verfassung, Demokratie, Frankfurt am Main 1991, S. 29–52.

–: Welchen Weg geht Europa?, München 1997.

–: Begriff und Probleme des Verfassungsstaates, in: ders., Staat, Nation, Europa, Frankfurt am Main 1999, S. 127–140.

–: Demokratie als Verfassungsprinzip, in: Isensee, Josef/Kirchhof, Paul (Hrsg.), Handbuch des Staatsrechts, Band II: Verfassungsstaat, 3. Auflage, Heidelberg 2004, § 24, S. 429–496.

–: Die Entstehung des Staates als Vorgang der Säkularisation, in: ders., Recht, Staat, Freiheit, Frankfurt am Main 2006 (erweiterte Ausgabe), S. 92–114.

–: Verfassungsprobleme und Verfassungsbewegung des 19. Jahrhunderts, in: ders., Recht, Staat, Freiheit, Frankfurt am Main 2006 (erweiterte Ausgabe), S. 244–262.

–: Der Staat als Organismus – Zur staatstheoretisch-verfassungspolitischen Diskussion im frühen Konstitutionalismus, in: ders., Recht, Staat, Freiheit, Frankfurt am Main 2006 (erweiterte Ausgabe), S. 263–272.

–: Der deutsche Typ der konstitutionellen Monarchie im 19. Jahrhundert, in: ders., Recht, Staat, Freiheit, Frankfurt am Main 2006 (erweiterte Ausgabe), S. 273–305.

–: Der Zusammenbruch der Monarchie und die Entstehung der Weimarer Republik, in: ders., Recht, Staat, Freiheit, Frankfurt am Main 2006 (erweiterte Ausgabe), S. 306–343.

–: Geschichte der Rechts- und Staatsphilosophie, 2. Auflage, Tübingen 2006.

–: Die verfassunggebende Gewalt des Volkes – Ein Grenzbegriff des Verfassungsrechts, in: ders., Wissenschaft, Politik, Verfassungsgericht, Berlin 2011, S. 97–119.

Bodin, Jean: Les six Livres de la République, 1576, zitiert nach der Ausgabe von 1577, Jacques du Puys, Paris.

Boehl, Henner Jörg: Landesverfassunggebung im Bundesstaat: Zur Neukonstituierung der Länder im beigetretenen Teil Deutschlands, Der Staat 30 (1991), S. 572–593.

–: Verfassunggebung im Bundesstaat: Ein Beitrag zur Verfassungslehre des Bundesstaates und der konstitutionellen Demokratie, Berlin 1997.

Bogdandy, Armin von: Die Verfassung der europäischen Integrationsgemeinschaft als supranationale Union, in: ders. (Hrsg.), Die Europäische Option: Eine interdisziplinäre Analyse über Herkunft, Stand und Perspektiven der europäischen Integration, Baden-Baden 1993, S. 97–127.

–: Supranationaler Föderalismus als Wirklichkeit und Idee einer neuen Herrschaftsform, Baden-Baden 1999.

–: Zweierlei Verfassungsrecht: Europäisierung als Gefährdung des gesellschaftlichen Grundkonsenses?, Der Staat 39 (2000), S. 163–184.
–: Prinzipien von Staat, supranationalen und internationalen Organisationen, in: Isensee, Josef/Kirchhof, Paul (Hrsg.), Handbuch des Staatsrechts, Band XI: Internationale Bezüge, 3. Auflage, Heidelberg 2013, § 232, S. 275–304.
Böhlau, Hugo: Competenz-Competenz? Erörterungen zu Artikel 78 des Norddeutschen Bundes, Leipzig 1869.
Boldt, Hans: Verfassungskonflikt und Verfassungshistorie, Der Staat Beiheft 1 (1975), S. 75–102.
Bonavides, Paulo: Die Entpolitisierung der Legitimität, Der Staat 35 (1996), S. 581–598.
Bornhak, Conrad: Wandlungen der Reichsverfassung, AöR 26 (1910), S. 373–400.
Borowski, Martin: Die Glaubens- und Gewissensfreiheit des Grundgesetzes, Tübingen 2006.
Bouquet, Pierre: Lettres Provinciales ou Examen Impartial De l'Origine, de la constitution, et des Révolutions de la Monarchie Française, Paris 1772.
Brandt, Hartwig: Landständische Repräsentation im deutschen Vormärz, Neuwied 1968.
Bredin, Jean-Denis: Sieyès: La clé de la Révolution française, Paris 1988.
Brunner, Otto: Land und Herrschaft: Grundfragen der territorialen Verfassungsgeschichte Österreichs im Mittelalter, 5. Auflage, Wien 1965.
–: Bemerkungen zu den Begriffen „Herrschaft" und „Legitimität", in: ders., Neue Wege der Verfassungs- und Sozialgeschichte, 2. Auflage, Göttingen 1968, S. 64–79.
–: Vom Gottesgnadentum zum monarchischen Prinzip, in: ders., Neue Wege der Verfassungs- und Sozialgeschichte, 2. Auflage, Göttingen 1968, S. 160–186.
Bryde, Brun-Otto: Verfassungsentwicklung: Stabilität und Dynamik im Verfassungsrecht der Bundesrepublik Deutschland, Baden-Baden 1982.
Bühler, Ottmar: Sind die ordentlichen Gerichte verpflichtet, verfassungswidrige Gesetze anzuwenden?, Deutsche Juristen-Zeitung 1921, Spalte 580–583.
Bünten, Wilfried: Staatsgewalt und Gemeinschaftshoheit bei der innerstaatlichen Durchführung des Rechts der Europäischen Gemeinschaften durch die Mitgliedstaaten, Berlin 1977.
Burchardt, Dana: Die Rangfrage im europäischen Normenverbund, Tübingen 2015.
Burckhardt, Jacob: Weltgeschichtliche Betrachtungen, 2. Auflage (hrsg. von Oeri, Jakob), Berlin 1910.
Burdeau, Georges: Traité de Science Politique, Band VI: La démocratie gouvernante, son assise sociale et sa philosophie politique, Paris 1956.
–: Zur Auflösung des Verfassungsbegriffs, Der Staat 1 (1962), S. 389–404.
–: Traité de Science Politique, Band IV: Le statut du pouvoir dans l'État, 2. Auflage, Paris 1969.
Buschmann, Arno: Kaiser, Reich und Landesherren – Reichsrecht und Landesherrschaft im Heiligen Römischen Reich, in: Murswiek, Dietrich/Storost, Ulrich/Wolff, Heinrich A. (Hrsg.), Staat – Souveränität – Verfassung, Festschrift für Helmut Quaritsch zum 70. Geburtstag, Berlin 2000, S. 449–474.
Caldwell, Peter C.: Popular Sovereignty and the Crisis of German Constitutional Law – The Theory & Practice of Weimar Constitutionalism, Durham und London 1997.
Calliess, Christian: Art. 5 EUV, in: ders./Ruffert, Matthias (Hrsg.), EUV/AEUV, 5. Auflage, München 2016.
–: Art. 24 GG, in: Maunz, Theodor/Dürig, Günter (Begr.), Grundgesetz-Kommentar, Band IV, Loseblattsammlung, München, Werkstand: 86. EL Januar 2019.
Coelln, Christian von: Mitwirkung des Verfassungsstaates an Rechtsakten anderer Staaten, in: Isensee, Josef/Kirchhof, Paul (Hrsg.), Handbuch des Staatsrechts, Band XI: Internationale Bezüge, 3. Auflage, Heidelberg 2013, § 239, S. 475–512.

Coing, Helmut: Grundzüge der Rechtsphilosophie, 4. Auflage, Berlin 1985.
Conze, Werner: Das Spannungsfeld von Staat und Gesellschaft im Vormärz, in: ders. (Hrsg.), Staat und Gesellschaft im deutschen Vormärz 1815–1848, Stuttgart 1962, S. 207–269.
Craig, Paul: Integration, Democracy, and Legitimacy, in: ders./Gráinne de Búrca (Hrsg.), The Evolution of EU Law, 2. Auflage, Oxford 2011, S. 13–40.
Cremer, Hans-Joachim: Das Demokratieprinzip auf nationaler und europäischer Ebene im Lichte des Maastricht-Urteils des Bundesverfassungsgerichts, EuR 1995, S. 21–45.
–: Das Verhältnis von Gesetzgeber und Regierung im Bereich der auswärtigen Gewalt in der Rechtsprechung des Bundesverfassungsgerichts: eine kritische Bestandsaufnahme, in: Geiger, Rudolf (Hrsg.), Neuere Probleme der parlamentarischen Legitimation im Bereich der auswärtigen Gewalt, Baden-Baden 2003, S. 11–32.
–: Art. 48 EUV, in: Calliess, Christian/Ruffert, Matthias (Hrsg.), EUV/AEUV, 5. Auflage, München 2016.
Dederer, Hans-Georg: Korporative Staatsgewalt: Integration privat organisierter Interessen in die Ausübung von Staatsfunktionen, Tübingen 2004.
–: Die Grenzen des Vorrangs des Unionsrechts – Zur Vereinheitlichung von Grundrechts-, Ultra-vires- und Identitätskontrolle, JZ 2014, S. 313–322.
Denninger, Erhard: Vom Ende nationalstaatlicher Souveränität in Europa, JZ 2000, S. 1121–1126.
Dietlein, Johannes: Art. 79 GG, in: Epping, Volker/Hillgruber, Christian (Hrsg.), BeckOK Grundgesetz, 41. Edition, München 2019.
Di Fabio, Udo: Der neue Art. 23 des Grundgesetzes, Der Staat 32 (1993), S. 191–217.
–: Das Recht offener Staaten: Grundlinien einer Staats- und Rechtstheorie, Tübingen 1998.
–: Der Verfassungsstaat in der Weltgesellschaft, Tübingen 2001.
–: Der Auftrag zur europäischen Integration und seine Grenzen, in: Ruffert, Matthias (Hrsg.), Dynamik und Nachhaltigkeit des Öffentlichen Rechts, Festschrift für Meinhard Schröder zum 70. Geburtstag, Berlin 2012, S. 169–179.
Doehring, Karl: Staat und Verfassung in einem zusammenwachsenden Europa, ZRP 1993, S. 98–103.
Dörr, Oliver: Der europäisierte Rechtsschutzauftrag deutscher Gerichte: Artikel 19 Abs. 4 GG unter dem Einfluß des europäischen Unionsrechts, Tübingen 2003.
–; Art. 51 EUV, in: Grabitz, Eberhard (Begr.)/Hilf, Meinhard (Hrsg.)/Nettesheim, Martin (Hrsg.), Das Recht der Europäischen Union, Loseblattsammlung, München, Werkstand: 66. EL Februar 2019.
–: Art. 263 AEUV, in: Grabitz, Eberhard (Begr.)/Hilf, Meinhard (Hrsg.)/Nettesheim, Martin (Hrsg.), Das Recht der Europäischen Union, Loseblattsammlung, München, Werkstand: 66. EL Februar 2019.
–: Art. 265 AEUV, in: Grabitz, Eberhard (Begr.) /Hilf, Meinhard (Hrsg.)/Nettesheim, Martin (Hrsg.), Das Recht der Europäischen Union, Loseblattsammlung, München, Werkstand: 66. EL Februar 2019.
Doyé, Sabine: Absolutismus und Emanzipation: Christian Thomasius, ein vergessener Autor der Frühaufklärung, in: Cosmus, Oliver/Kurbacher, Frauke Annegret (Hrsg.), Denkspuren: Festschrift für Heinrich Hüni, Würzburg 2008, S. 105–124.
Dreier, Horst: Erosionsprozesse des Verfassungsstaates, in: Gestrich, Christof (Hrsg.), Die herausgeforderte Demokratie, Beiheft 2003 zur Berliner Theologischen Zeitschrift, Berlin 2003, S. 54–73.
–: Verfassung, in: ders., Idee und Gestalt des freiheitlichen Verfassungsstaates, Tübingen 2014, S. 4–22.
–: Grenzen demokratischer Freiheit im Verfassungsstaat, in: ders., Idee und Gestalt des freiheitlichen Verfassungsstaates, Tübingen 2014, S. 249–285.

Droz, Jacques: Liberale Anschauungen zur Wahlrechtfrage und das preußische Dreiklassenwahlrecht, in: Böckenförde, Ernst-Wolfgang (Hrsg.), Moderne deutsche Verfassungsgeschichte (1815–1914), 2. Auflage, Königstein/Ts. 1981, S. 232–251.
Duguit, Léon: Traité de Droit Constitutionnel, Band I: La Règle de Droit – Le Problème de l'Etat, 3. Auflage, Paris 1927.
Dürig, Günter: Zur Bedeutung und Tragweite des Art. 79 Abs. III des Grundgesetzes, in: Spanner, Hans u. a. (Hrsg.), Festgabe für Theodor Maunz zum 70. Geburtstag, München 1971, S. 41–53.
Durner, Wolfgang: Verfassungsbindung deutscher Europapolitik, in: Isensee, Josef/Kirchhof, Paul (Hrsg.), Handbuch des Staatsrechts, Band X: Deutschland in der Staatengemeinschaft, 3. Auflage, Heidelberg 2012, § 216, S. 433–459.
Ehlers, Dirk: Verantwortung im Öffentlichen Recht, Die Verwaltung 46 (2013), S. 467–491.
Ehmke, Horst: Prinzipien der Verfassungsinterpretation, VVDStRL 20 (1963), S. 53–102.
Ehricke, Ulrich: Art. 267 AEUV, in: Streinz, Rudolf (Hrsg.), EUV/AEUV, 3. Auflage, München 2018.
Elster, Jon: Deliberation and Constitution Making, in: ders. (Hrsg.), Deliberative Democracy, Cambridge 1998, S. 97–122.
Everling, Ulrich: Zurück zum Staatenverein, in: Frankfurter Allgemeine Zeitung vom 15.10.1992, S. 7–8.
–: Überlegungen zur Struktur der Europäischen Union und zum neuen Europa-Artikel des Grundgesetzes, DVBl. 1993, S. 936–947.
Eyck, Erich: Das Persönliche Regiment Wilhelms II.: Politische Geschichte des Deutschen Kaiserreichs von 1890 bis 1914, Erlenbach-Zürich 1948.
Fastenrath, Ulrich: Kompetenzverteilung im Bereich der auswärtigen Gewalt, München 1986.
Fenwick, Charles Ghequiere: International Law, 3. Auflage, New York 1952.
Ferrero, Guglielmo: Macht, Bern 1944.
Finer, Samuel Edward: The History of Government From the Earliest Times, Band III: Empires, Monarchies, and the Modern State, Oxford 1997.
Fink, Udo: Garantiert das Grundgesetz die Staatlichkeit der Bundesrepublik Deutschland?, DÖV 1998, S. 133–141.
Flint, Thomas: Die Übertragung von Hoheitsrechten: Zur Auslegung des Art. 23 Abs. 1 Satz 2 und Art. 24 Abs. 1 GG, Berlin 1998.
Folz, Robert: L'idée d'empire en occident du Ve au XIVe siècle, Paris 1953.
Forsthoff, Ernst: Deutsche Verfassungsgeschichte der Neuzeit, 4. Auflage, Stuttgart 1972.
–: Lehrbuch des Verwaltungsrechts, Band I: Allgemeiner Teil, 10. Auflage, München 1973.
Frankenberg, Gunter: The Return of the Contract: Problems and Pitfalls of European Constitutionalism, ELJ 6 (2000), S. 257–276.
Franzius, Claudio: Europäisches Verfassungsrechtsdenken, Tübingen 2010.
Friauf, Karl Heinrich: Der Staatshaushaltsplan im Spannungsfeld zwischen Parlament und Regierung: Verfassungsgeschichtliche Untersuchungen über den Haushaltsplan im deutschen Frühkonstitutionalismus, Bad Homburg vor der Höhe 1968.
Frotscher, Werner: Direkte Demokratie in der Weimarer Verfassung, DVBl. 1989, S. 541–549.
Frotscher, Werner/Pieroth, Bodo: Verfassungsgeschichte, 17. Auflage, München 2018.
Frowein, Jochen Abraham: Verfassungsperspektiven der Europäischen Gemeinschaft, EuR 1992 Beiheft 1, S. 63–77.
–: Das *Maastricht*-Urteil und die Grenzen der Verfassungsgerichtsbarkeit, ZaöRV 54 (1994), S. 1–16.
Furet, François/Richet, Denis: La Révolution, Band I, Paris 1965.

Fürnkranz, Wolfgang: Autopoiesis – Der Deus ex Machina der Systemtheorie, in: Hörmann, Georg (Hrsg.), Im System gefangen: Zur Kritik systemischer Konzepte in den Sozialwissenschaften, 2. Auflage, Eschborn 1997, S. 140–159.
Gaitanidis, Charlotte: Art. 265 AEUV, in: von der Groeben, Hans/Schwarze, Jürgen/Hatje, Armin (Hrsg.), Europäisches Unionsrecht, 7. Auflage, Baden-Baden 2015.
–: Art. 267 AEUV, in: von der Groeben, Hans/Schwarze, Jürgen/Hatje, Armin (Hrsg.), Europäisches Unionsrecht, 7. Auflage, Baden-Baden 2015.
Geiger, Rudolf: Die Mitwirkung des deutschen Gesetzgebers an der Entwicklung der Europäischen Union, JZ 1996, S. 1093–1098.
–: Staatsrecht III: Bezüge des Grundgesetzes zum Völker- und Europarecht, 7. Auflage, München 2018.
Geiger, Willi: Zur Genesis der Präambel des Grundgesetzes, EuGRZ 1986, S. 121–126.
Gentz, Friedrich: Briefwechsel zwischen Friedrich Gentz und Adam Heinrich Müller 1800–1829, Stuttgart 1857.
Gerber, Carl Friedrich Wilhelm von: Ueber öffentliche Rechte, Tübingen 1852.
–: Grundzüge eines Systems des deutschen Staatsrechts, 1. Auflage, Leipzig 1865.
Gierke, Otto Friedrich von: Das deutsche Genossenschaftsrecht, Band I: Rechtsgeschichte der deutschen Genossenschaft, Berlin 1868.
Goodrich, Peter: Reading the Law: A Critical Introduction to Legal Method and Techniques, Oxford 1986.
Götz, Volkmar: Das Maastricht-Urteil des Bundesverfassungsgerichts, JZ 1993, S. 1081–1086.
Grau, Richard: Aus der Praxis des Staatsrechts: Zum Gesetzentwurf über die Prüfung der Verfassungsmäßigkeit von Reichsgesetzen u. Reichsverordnungen, AöR 50 (1926), S. 287–334.
–: Die Diktaturgewalt des Reichspräsidenten, in: Anschütz, Gerhard/Thoma, Richard (Hrsg.), Handbuch des Deutschen Staatsrechts, Zweiter Band, Tübingen 1932, S. 274–295.
Grawert, Rolf: Artikel „Gesetz“, in: Brunner, Otto/Conze, Werner/Koselleck, Reinhart (Hrsg.), Geschichtliche Grundbegriffe, Band 2, Stuttgart 1975, S. 863–922.
–: Reich und Republik – Die Form des Staates von Weimar, Der Staat 28 (1989), S. 481–504.
Grewe, Wilhelm: Die verfassungsrechtlichen Grundlagen der Bundesrepublik Deutschland – Teil II: Das Grundgesetz, DRZ 1949, S. 313–317.
–: Die auswärtige Gewalt der Bundesrepublik, VVDStRL 12 (1954), S. 129–178.
Griewank, Karl: Ursachen und Folgen des Scheiterns der deutschen Revolution von 1848, in: Langewiesche, Dieter (Hrsg.), Die deutsche Revolution von 1848/49, Darmstadt 1983, S. 59–90.
Grimm, Dieter: Deutsche Verfassungsgeschichte 1776–1866, Frankfurt am Main 1988.
–: Die Bedeutung der Weimarer Verfassung in der deutschen Verfassungsgeschichte, Heidelberg 1990.
–: Der Wandel der Staatsaufgaben und die Zukunft der Verfassung, in: ders. (Hrsg.), Staatsaufgaben, Baden-Baden 1994, S. 613–646.
–: Braucht Europa eine Verfassung?, JZ 1995, S. 581–591.
–: Konstitution, Grundgesetz(e) von der Aufklärung bis zur Gegenwart, in: Mohnhaupt, Heinz/Grimm, Dieter (Hrsg.), Verfassung: Zur Geschichte des Begriffs von der Antike bis zur Gegenwart, 2. Auflage, Berlin 2002, S. 100–144.
–: Souveränität – Herkunft und Zukunft eines Schlüsselbegriffs, Berlin 2009.
–: Ursprung und Wandel der Verfassung, in: ders., Die Zukunft der Verfassung II, Berlin 2012, S. 11–64.
–: Die Verfassung im Prozess der Entstaatlichung, in: ders., Die Zukunft der Verfassung II, Berlin 2012, S. 67–91.

–: Das Grundgesetz als Riegel vor einer Verstaatlichung der Europäischen Union: Zum Lissabon-Urteil des Bundesverfassungsgerichts, in: ders., Die Zukunft der Verfassung II, Berlin 2012, S. 153–177.
–: Entwicklung und Funktion des Verfassungsbegriffs, in: ders., Die Zukunft der Verfassung II, Berlin 2012, S. 203–211.
–: Wer ist souverän in der Europäischen Union?, in: ders., Die Zukunft der Verfassung II, Berlin 2012, S. 275–292.
–: Die Errungenschaft des Konstitutionalismus und ihre Aussichten in einer veränderten Welt, in: ders., Die Zukunft der Verfassung II, Berlin 2012, S. 315–344.
Grussmann, Wolf-Dietrich: Grundnorm und Supranationalität: Rechtsstrukturelle Sichtweisen der europäischen Integration, in: Danwitz, Thomas von u. a. (Hrsg.), 33. ATÖR – Auf dem Wege zu einer Europäischen Staatlichkeit, Stuttgart 1993, S. 47–64.
Grzeszick, Bernd: Hoheitskonzept – Wettbewerbskonzept, in: Isensee, Josef/Kirchhof, Paul (Hrsg.), Handbuch des Staatsrechts, Band IV: Aufgaben des Staates, 3. Auflage, Heidelberg 2006, § 78, S. 367–394.
–: Die Europäisierung des Rechts und die Demokratisierung Europas: Zu den genuin demokratischen Grenzen der Integration nach dem BVerfG-Urteil über den Vertrag von Lissabon, in: Axer, Peter u. a. (Hrsg.), Das Europäische Verwaltungsrecht in der Konsolidierungsphase: Systembildung – Disziplinierung – Internationalisierung, Heidelberg 2010, S. 95–119.
–: Art. 20 GG, in: Maunz, Theodor/Dürig, Günter (Begr.), Grundgesetz-Kommentar, Band III, Loseblattsammlung, München, Werkstand: 86. EL Januar 2019.
Gusy, Christoph: Staatsrechtlicher Positivismus, JZ 1989, S. 505–517.
–: Die Grundrechte in der Weimarer Republik, ZNR 3 (1993), S. 163–183.
–: Die Weimarer Reichsverfassung, Tübingen 1997.
Häberle, Peter: Zur gegenwärtigen Diskussion um das Problem der Souveränität, AöR 92 (1967), S. 259–287.
–: Europa – eine Verfassungsgemeinschaft?, in: ders., Europäische Verfassungslehre in Einzelstudien, 1999, S. 84–112.
–: Europa als werdende Verfassungsgemeinschaft, DVBl. 2000, S. 840–847.
Habermas, Jürgen: Theorie der Gesellschaft oder Sozialtechnologie? Eine Auseinandersetzung mit Niklas Luhmann, in: ders./Luhmann, Niklas, Theorie der Gesellschaft oder Sozialtechnologie – Was leistet die Systemforschung?, Frankfurt am Main 1971, S. 142–290.
–: Die postnationale Konstellation, 1998.
–: Die Krise der Europäischen Union im Lichte einer Konstitutionalisierung des Völkerrechts – Ein Essay zur Verfassung Europas, in: ders., Zur Verfassung Europas – Ein Essay, Berlin 2011, S. 39–96.
Haenel, Albert: Deutsches Staatsrecht, Band I: Die Grundlagen des deutschen Staates und die Reichsgewalt, Leipzig 1892.
Hain, Karl-Eberhard: Die Grundsätze des Grundgesetzes: Eine Untersuchung zu Art. 79 Abs. 3 GG, Baden-Baden 1999.
Halberstam, Daniel/Möllers, Christoph: The German Constitutional Court says „Ja zu Deutschland!“, German Law Journal 10 (2009), S. 1241–1257.
Hallstein, Walter: Die Europäische Gemeinschaft, 1. Auflage, Düsseldorf 1973.
Hamerow, Theodore: Die Wahlen zum Frankfurter Parlament, in: Böckenförde, Ernst-Wolfgang (Hrsg.), Moderne deutsche Verfassungsgeschichte (1815–1914), 2. Auflage, Königstein/Ts. 1981, S. 252–273.
Hamilton, Alexander: Federalist No. 78 (1788), abgedruckt in: Shapiro, Ian (Hrsg.), The Federalist Papers: Alexander Hamilton, James Madison, John Jay, New Haven (Connecticut) 2009, S. 391–397.

Hart, Herbert Lionel Adolphus: The Concept of Law, Oxford 1961.
Hartmann, Bernd: Das richterliche Prüfungsrecht unter der Weimarer Reichsverfassung, Jahrbuch der Juristischen Zeitgeschichte 8 (2006/2007), S. 154–173.
Hartung, Fritz: Das persönliche Regiment Kaiser Wilhelms II., Berlin 1952.
–: Deutsche Verfassungsgeschichte – vom 15. Jahrhundert bis zur Gegenwart, 9. Auflage, Stuttgart 1969.
Hatschek, Julius: Deutsches und preußisches Staatsrecht, Band I, 1. Auflage, Berlin 1922.
Haug, Hans: Die Schranken der Verfassungsrevision – Das Postulat der richtigen Verfassung als normative Schranke der souveränen verfassunggebenden Gewalt, Zürich 1947.
Haverkate, Görg: Verfassungslehre: Verfassung als Gegenseitigkeitsordnung, München 1992.
Heckel, Martin: Die Legitimation des Grundgesetzes durch das deutsche Volk, in: Isensee, Josef/Kirchhof, Paul (Hrsg.), Handbuch des Staatsrechts, Band VIII: Die Einheit Deutschlands – Entwicklung und Grundlagen –, 1. Auflage, Heidelberg 1995, § 197, S. 489–555.
–: Die deutsche Einheit als Verfassungsfrage: Wo war das Volk?, Heidelberg 1995.
Hegel, Georg Wilhelm Friedrich: Grundlinien der Philosophie des Rechts, Berlin 1821.
–: Grundlinien der Philosophie des Rechts (1821), 2. Auflage (hrsg. von Gans, Eduard), Berlin 1840.
Heinig, Hans Michael: Europäisches Verfassungsrecht ohne Verfassung(svertrag)?, JZ 2007, S. 905–909.
–: Verfassung im Nationalstaat: Von der Gesamtordnung zur europäischen Teilordnung?, VVDStRL 75 (2016), S. 65–104.
Heintschel von Heinegg, Wolff: Art. 24 GG, in: Epping, Volker/Hillgruber, Christian (Hrsg.), BeckOK Grundgesetz, 41. Edition, München 2019.
Heintzen, Markus: Die „Herrschaft" über die Europäischen Gemeinschaftsverträge – Bundesverfassungsgericht und Europäischer Gerichtshof auf Konfliktkurs?, AöR 119 (1994), S. 564–589.
–: Gemeineuropäisches Verfassungsrecht in der Europäischen Union, EuR 1997, S. 1–16.
Held, Joseph: System des Verfassungsrechts der monarchischen Staaten Deutschlands mit besonderer Rücksicht auf den Constitutionalismus, Band I, Würzburg 1856.
Heller, Hermann: Die Souveränität: Ein Beitrag zur Theorie des Staats- und Völkerrechts, Berlin 1927.
–: Bemerkungen zur staats- und rechtstheoretischen Problematik der Gegenwart, AöR 55 (1929), S. 321–354.
–: Staatslehre, Leiden 1934.
Hellermann, Johannes: Art. 30 GG, in: Epping, Volker/Hillgruber, Christian (Hrsg.), BeckOK Grundgesetz, 41. Edition, München 2019.
Hellwig, Hans-Jürgen: Die Autorität des Unionsrechts – Glauben wir noch daran?, EuZW 2018, S. 222–228.
Henke, Wilhelm: Verfassung, Gesetz und Richter, Der Staat 3 (1964), S. 433–454.
–: Die verfassunggebende Gewalt des Volkes in Lehre und Wirklichkeit, Der Staat 7 (1968), S. 165–182.
–: Staatsrecht, Politik und verfassunggebende Gewalt, Der Staat 19 (1980), S. 181–211.
Hensel, Albert: Die Rangordnung der Rechtsquellen insbesondere das Verhältnis von Reichs- und Landesgesetzgebung, in: Anschütz, Gerhard/Thoma, Richard (Hrsg.), Handbuch des Deutschen Staatsrechts, Zweiter Band, Tübingen 1932, S. 313–329.
Herbst, Tobias: Legitimation durch Verfassunggebung: Ein Prinzipienmodell der Legitimität staatlicher und supranationaler Hoheitsgewalt, Baden-Baden 2003.
Herdegen, Matthias: Grenzen der Verfassunggebung, in: Depenheuer, Otto/Grabenwarter, Christoph (Hrsg.), Verfassungstheorie, Tübingen 2010, § 9, S. 349–371.

–: Art. 79 GG, in: Maunz, Theodor/Dürig, Günter (Begr.), Grundgesetz-Kommentar, Band V, Loseblattsammlung, München, Werkstand: 86. EL Januar 2019.
–: Art. 146 GG, in: Maunz, Theodor/Dürig, Günter (Begr.), Grundgesetz-Kommentar, Band VII, Loseblattsammlung, München, Werkstand: 86. EL Januar 2019.
Hertel, Wolfram: Supranationalität als Verfassungsprinzip: Normativität und Legitimation als Elemente des Europäischen Verfassungsrechts, Berlin 1999.
Herzog, Roman: Allgemeine Staatslehre, Frankfurt am Main 1971.
–: Ziele, Vorbehalte und Grenzen der Staatstätigkeit, in: Isensee, Josef/Kirchhof, Paul (Hrsg.), Handbuch des Staatsrechts, Band IV: Aufgaben des Staates, 3. Auflage, Heidelberg 2006, S. 81–116.
Hesse, Konrad: Die normative Kraft der Verfassung (1959), in: Friedrich, Manfred (Hrsg.), Verfassung: Beiträge zur Verfassungstheorie, Darmstadt 1978, S. 77–99.
–: Verfassung und Verfassungsrecht, in: Benda, Ernst/Maihofer, Werner/Vogel, Hans-Jochen (Hrsg.), Handbuch des Verfassungsrechts der Bundesrepublik Deutschland, 2. Auflage, Berlin 1994, § 1, S. 3–17.
Heun, Werner: Die Verfassungsordnung der Bundesrepublik Deutschland, Tübingen 2012.
Hillgruber, Christian: Der Nationalstaat in der überstaatlichen Verflechtung, in: Isensee, Josef/Kirchhof, Paul (Hrsg.), Handbuch des Staatsrechts, Band II: Verfassungsstaat, 3. Auflage, Heidelberg 2004, § 32, S. 929–992.
–: Art. 23 GG, in: Schmidt-Bleibtreu, Bruno (Begr.)/Hofmann, Hans (Hrsg.)/Henneke, Hans-Günter (Hrsg.), Grundgesetz-Kommentar, 14. Auflage, Köln 2018.
Hippel, Ernst von: Das richterliche Prüfungsrecht, in: Anschütz, Gerhard/Thoma, Richard (Hrsg.), Handbuch des Deutschen Staatsrechts, Zweiter Band, Tübingen 1932, S. 546–563.
Hobbes, Thomas: Leviathan, sive De Materia, Forma, & Potestate Civitatis Ecclesiasticæ et civilis, Amsterdam 1668.
Hobe, Stephan: Der offene Verfassungsstaat zwischen Souveränität und Interdependenz, Berlin 1998.
–: Der kooperationsoffene Verfassungsstaat, Der Staat 37 (1998), S. 521–546.
Höffe, Otfried: Wofür braucht das positive Recht ein Naturrecht?, Der Staat 58 (2019), S. 275–291.
Hofmann, Hasso: Zur Idee des Staatsgrundgesetzes, in: ders., Recht – Politik – Verfassung, Frankfurt am Main 1986, S. 261–295.
–: Zu Entstehung, Entwicklung und Krise des Verfassungsbegriffs, in: Blankenagel, Alexander/Pernice, Ingolf/Schulze-Fielitz, Helmuth (Hrsg.) in Verbindung mit Kotzur, Markus/Michael, Lothar/Morlok, Martin/Stettner, Rupert, Verfassung im Diskurs der Welt, Liber Amoricum für Peter Häberle zum 70. Geburtstag, Tübingen 2004, S. 157–171.
–: „Souverän ist, wer über den Ausnahmezustand entscheidet", Der Staat 44 (2005), S. 171–186.
Hoke, Rudolf: Österreichische und Deutsche Rechtsgeschichte, 2. Auflage, Wien 1996.
Hölzer, Bernd: Der Vertrag über die Europäische Union vom 7. Februar 1992 in Maastricht und das Grundgesetz für die Bundesrepublik Deutschland (Anhörung vor der Gemeinsamen Verfassungskommission am 22. Mai 1992 in Berlin), abgedruckt in: Deutscher Bundestag (Hrsg.), Materialien zur Verfassungsdiskussion und zur Grundgesetzänderung in der Folge der deutschen Einigung, Band 3, Bonn 1996, S. 217–220.
Höner, Martin: Die Diskussion um das richterliche Prüfungsrecht und das monarchische Verordnungsrecht als Beitrag zur Entwicklung der Rechtsstaatlichkeit im zweiten deutschen Kaiserreich, Münster 2001.
Hornauer, Alexandra Maria: Das Reichsgericht zur Frage des richterlichen Prüfungsrechts (1919–1933), Frankfurt am Main 2009.

Hrbek, Rudolf: Die deutschen Länder vor den Herausforderungen der EG-Integration, in: Vogel, Bernhard/Oettinger, Günther (Hrsg.), Föderalismus in der Bewährung, Köln 1992, S. 9–33.
Huber, Ernst Rudolf: Nationalstaat und Verfassungsstaat, Stuttgart 1965.
–: Deutsche Verfassungsgeschichte seit 1789, Band I, 2. Auflage 1967, Nachdruck, Stuttgart 1975.
–: Die Bismarcksche Reichsverfassung im Zusammenhang der deutschen Verfassungsgeschichte, in: Böckenförde, Ernst-Wolfgang (Hrsg.), Moderne deutsche Verfassungsgeschichte (1815–1914), 2. Auflage, Königstein/Ts. 1981, S. 171–207.
–: Deutsche Verfassungsgeschichte seit 1789, Band VI: Die Weimarer Reichsverfassung, Stuttgart 1981.
–: Deutsche Verfassungsgeschichte seit 1789, Band IV: Struktur und Krisen des Kaiserreichs, 2. Auflage, Stuttgart 1982.
–: Deutsche Verfassungsgeschichte seit 1789, Band II: Der Kampf um Einheit und Freiheit, 3. Auflage, Stuttgart 1988.
–: Deutsche Verfassungsgeschichte seit 1789, Band III: Bismarck und das Reich, 3. Auflage, Stuttgart 1988.
–: Das Kaiserreich als Epoche verfassungsstaatlicher Entwicklung, in: Isensee, Josef/Kirchhof, Paul (Hrsg.), Handbuch des Staatsrechts, Band I: Historische Grundlagen, 3. Auflage, Heidelberg 2003, § 4, S. 129–176.
Huber, Peter Michael: Europäisches und nationales Verfassungsrecht, VVDStRL 60 (2001), S. 194–245.
–: Offene Staatlichkeit: Vergleich, in: Bogdandy, Armin von/Cruz Villalón, Pedro/Huber, Peter Michael (Hrsg.), Ius Publicum Europaeum, Band II, Heidelberg 2008, § 26.
–: Art. 10 EUV, in: Streinz, Rudolf (Hrsg.), EUV/AEUV, 3. Auflage, München 2018.
Hufeld, Ulrich: Die Verfassungsdurchbrechung: Rechtsproblem der Deutschen Einheit und der europäischen Einigung, Berlin 1997.
–: Anwendung des europäischen Rechts in Grenzen des Verfassungsrechts, in: Isensee, Josef/Kirchhof, Paul (Hrsg.), Handbuch des Staatsrechts, Band X: Deutschland in der Staatengemeinschaft, 3. Auflage, Heidelberg 2012, § 215, S. 383–431.
Ipsen, Hans Peter: Über das Grundgesetz, Hamburg 1950.
–: Europäisches Gemeinschaftsrecht, Tübingen 1972.
–: Die Bundesrepublik Deutschland in den Europäischen Gemeinschaften, in: Isensee, Josef/Kirchhof, Paul (Hrsg.), Handbuch des Staatsrechts, Band VII: Normativität und Schutz der Verfassung – Internationale Beziehungen, 1. Auflage, Heidelberg 1992, § 181, S. 767–815.
Ipsen, Jörn: Rechtsfolgen der Verfassungswidrigkeit von Norm und Einzelakt, Baden-Baden 1980.
Isensee, Josef: Nachwort: Europa – die politische Erfindung eines Erdteils, in: ders. (Hrsg.), Europa als politische Idee und als rechtliche Form, Berlin 1993, S. 103–138.
–: Das Volk als Grund der Verfassung – Mythos und Relevanz der Lehre von der verfassunggebenden Gewalt –, Opladen 1995.
–: Integrationsziel Europastaat?, in: Due, Ole/Lutter, Marcus/Schwarze, Jürgen (Hrsg.), Festschrift für Ulrich Everling, Baden-Baden 1995, S. 567–592.
–: Die alte Frage nach der Rechtfertigung des Staates, JZ 1999, S. 265–278.
–: Staat und Verfassung, in: ders./Kirchhof, Paul (Hrsg.), Handbuch des Staatsrechts, Band II: Verfassungsstaat, 3. Auflage, Heidelberg 2004, § 15, S. 3–106.
–: Gemeinwohl im Verfassungsstaat, in: ders./Kirchhof, Paul (Hrsg.), Handbuch des Staatsrechts, Band IV: Aufgaben des Staates, 3. Auflage, Heidelberg 2006, § 71, S. 3–80.

–: Staatsaufgaben, in: ders./Kirchhof, Paul (Hrsg.), Handbuch des Staatsrechts, Band IV: Aufgaben des Staates, 3. Auflage, Heidelberg 2006, § 73, S. 117–160.
–: Die Staatlichkeit der Verfassung, in: Depenheuer, Otto/ Grabenwarter, Christoph (Hrsg.), Verfassungstheorie, Tübingen 2010, § 6, S. 199–270.
–: Der Selbststand der Verfassung in ihren Verweisungen und Öffnungen, AöR 138 (2013), S. 325–362.
–: Legitimation des Grundgesetzes, in: ders./Kirchhof, Paul (Hrsg.), Handbuch des Staatsrechts, Band XII: Normativität und Schutz der Verfassung, 3. Auflage, Heidelberg 2014, § 254, S. 3–52.
–: Schlußbestimmung des Grundgesetzes: Artikel 146, in: ders./Kirchhof, Paul (Hrsg.), Handbuch des Staatsrechts, Band XII: Normativität und Schutz der Verfassung, 3. Auflage, Heidelberg 2014, § 258, S. 131–186.
–: Verfassungsrecht als „politisches Recht“, in: ders./Kirchhof, Paul (Hrsg.), Handbuch des Staatsrechts, Band XII: Normativität und Schutz der Verfassung, 3. Auflage, Heidelberg 2014, § 268, S. 483–556.
Jacobi, Erwin: Reichsverfassungsänderung, in: Schreiber, Otto (Hrsg.), Die Reichsgerichtspraxis im deutschen Rechtsleben, Festgabe der juristischen Fakultäten zum 50jährigen Bestehen des Reichsgerichts, Band I, Berlin und Leipzig 1929, S. 233–277.
Jahrreiß, Hermann: Mensch und Staat: Rechtsphilosophische, staatsrechtliche und völkerrechtliche Grundlagen in unserer Zeit, Köln 1957.
Jaklic, Klemen: Constitutional Pluralism in the EU, Oxford 2014.
Jarass, Hans Dieter: Art. 23 GG, in: ders./Pieroth, Bodo, Grundgesetz-Kommentar, 15. Auflage, München 2018.
–: Art. 24 GG, in: ders./Pieroth, Bodo, Grundgesetz-Kommentar, 15. Auflage, München 2018.
–: Art. 32 GG, in: ders./Pieroth, Bodo, Grundgesetz-Kommentar, 15. Auflage, München 2018.
–: Art. 59 GG, in: ders./Pieroth, Bodo, Grundgesetz-Kommentar, 15. Auflage, München 2018.
Jellinek, Georg: Gesetz und Verordnung. Staatsrechtliche Untersuchungen auf rechtsgeschichtlicher und rechtsvergleichender Grundlage, Freiburg 1887.
–: Allgemeine Staatslehre, 3. Auflage 1913, Nachdruck des 5. Neudrucks, Bad Homburg vor der Höhe 1966.
Jellinek, Walter: Die Weimarer Reichsverfassung verglichen mit der Verfassung Nordamerikas und der Schweizerischen Eidgenossenschaft, in: Anschütz, Gerhard u.a. (Hrsg.), Handbuch der Politik, Band III, 3. Auflage, Berlin und Leipzig 1921, S. 10–16.
–: Verfassung und Verwaltung des Reichs und der Länder, 3. durchgesehener Abdruck, Leipzig und Berlin 1927.
–: Das einfache Reichsgesetz, in: Anschütz, Gerhard/Thoma, Richard (Hrsg.), Handbuch des Deutschen Staatsrechts, Zweiter Band, Tübingen 1932, S. 160–182.
Jestaedt Matthias: Der Europäische Verfassungsverbund: Verfassungstheoretischer Charme und rechtstheoretische Insuffizienz einer Unschärferelation, in: Calliess, Christian (Hrsg.), Verfassungswandel im europäischen Staaten- und Verfassungsverbund, Tübingen 2007, S. 93–127.
–: Warum in die Ferne schweifen, wenn der Maßstab liegt so nah? Verfassungshandwerkliche Anfragen an das Lissabon-Urteil des BVerfG, Der Staat 48 (2009), S. 497–516.
–: Selbstand und Offenheit der Verfassung gegenüber nationalem, supranationalem und internationalem Recht, in: Isensee, Josef/Kirchhof, Paul (Hrsg.), Handbuch des Staatsrechts, Band XII: Normativität und Schutz der Verfassung, 3. Auflage, Heidelberg 2014, § 264, S. 327–381.

Kadelbach, Stefan: Art. 5 EUV, in: von der Groeben, Hans/Schwarze, Jürgen/Hatje, Armin (Hrsg.), Europäisches Unionsrecht, 7. Auflage, Baden-Baden 2015.

Kägi, Werner: Die Verfassung als rechtliche Grundordnung des Staates: Untersuchungen über die Entwicklungstendenzen im modernen Verfassungsrecht (1945), Darmstadt 1971.

Kainer, Friedemann: Aus der nationalen Brille: Das PSPP-Urteil des BVerfG, EuZW 2020, S. 533–536.

Kakouris, Constantinos: La relation de l'ordre juridique communautaire avec les ordres juridiques des Etats membres, in: Capotorti, Francesco u. a. (Hrsg.), Du droit international au droit de l'intégration: Liber Amoricum Pierre Pescatore, Baden-Baden 1987, S. 319–345.

Kämmerer, Jörn Axel: Verfassung im Nationalstaat: Von der Gesamtordnung zur europäischen Teilordnung?, NVwZ 2015, S. 1321–1327.

Kant, Immanuel: Grundlegung zur Metaphysik der Sitten (1785), abgedruckt in: Kants Werke – Akademie-Textausgabe, Band IV: Kritik der reinen Vernunft (1. Auflage 1781), Prolegomena, Grundlegung zur Metaphysik der Sitten, Metaphysische Anfangsgründe der Naturwissenschaften, Berlin 1978, S. 385–463.

–: Die Metaphysik der Sitten – Erster Theil: Metaphysische Anfangsgründe der Rechtslehre (1797), abgedruckt in: Kirchmann, Julius Hermann von (Hrsg.), Sammlung der Hauptwerke der Philosophie alter und neuer Zeit, 28. Band: Kant's Grundlegung zur Metaphysik der Sitten, Berlin 1870.

Kantorowicz, Ernst Hartwig: The King's Two Bodies: A Study in Mediaeval Political Theology, Princeton (New Jersey) 1957.

Karpen, Ulrich: Die verfassungsrechtliche Grundordnung des Staates – Grundzüge der Verfassungstheorie und Politischen Philosophie, JZ 1987, S. 431–442.

Karpenstein, Ulrich: Art. 267 AEUV, in: Grabitz, Eberhard (Begr.) /Hilf, Meinhard (Hrsg.)/ Nettesheim, Martin (Hrsg.) , Das Recht der Europäischen Union, Loseblattsammlung, München, Werkstand: 66. EL Februar 2019.

Kaufmann, Erich: Studien zur Staatslehre des monarchischen Prinzips, Leipzig 1906.

Kaufmann, Marcel: Europäische Integration und Demokratieprinzip, Baden-Baden 1997.

–: Integrierte Staatlichkeit als Staatsstrukturprinzip, JZ 1999, S. 814–822.

Kelsen, Hans: Hauptprobleme der Staatsrechtslehre, 2. Auflage, Tübingen 1923.

–: Allgemeine Staatslehre, 1925, Nachdruck, Bad Homburg vor der Höhe 1966.

–: Wesen und Entwicklung der Staatsgerichtsbarkeit, VVDStRL 5 (1929), S. 30–88.

–: Die Funktion der Verfassung, in: Verhandlungen des Zweiten Österreichischen Juristentages 1964, Band II, 7. Teil, Wien 1965, S. 65–76.

Kempen, Bernhard: Grundgesetz oder neue deutsche Verfassung?, NJW 1991, S. 964–967.

–: Einige Bemerkungen zum völkerrechtlichen Begriff der Souveränität, in: Dörr, Dieter u. a. (Hrsg.), Die Macht des Geistes: Festschrift für Hartmut Schiedermair, Heidelberg 2001, S. 783–801.

–: Verfassung und Politik, in: Depenheuer, Otto/Grabenwarter, Christoph (Hrsg.), Verfassungstheorie, Tübingen 2010, § 19, S. 929–951.

Kerstin, Wolfgang: Die politische Philosophie des Gesellschaftsvertrags, Darmstadt 1994.

Ketterer, Lena: Zustimmungserfordernis beim Europäischen Stabilitätsmechanismus, Tübingen 2016.

Graf Kielmansegg, Peter: Volkssouveränität: Eine Untersuchung der Bedingungen demokratischer Legitimität, Stuttgart 1977.

Kingreen Thorsten: Vorrang und Vorbehalt der Verfassung, in: Isensee, Josef/Kirchhof, Paul (Hrsg.), Handbuch des Staatsrechts, Band XII: Normativität und Schutz der Verfassung, 3. Auflage, Heidelberg 2014, § 263, S. 293–326.

–: Art. 6 EUV, in: Calliess, Christian/Ruffert, Matthias (Hrsg.), EUV/AEUV, 5. Auflage, München 2016.

Kirchhof, Paul: Deutsches Verfassungsrecht und Europäisches Gemeinschaftsrecht, EuR 1991 Beiheft 1, S. 11–25.
–: Der Staat als Organisationsform politischer Herrschaft und rechtlicher Bindung, DVBl. 1999, S. 637–657.
–: Die Identität der Verfassung, in: Isensee, Josef/Kirchhof, Paul (Hrsg.), Handbuch des Staatsrechts, Band II: Verfassungsstaat, 3. Auflage, Heidelberg 2004, § 21, S. 261–316.
–: Der deutsche Staat im Prozeß der europäischen Integration, in: Isensee, Josef/Kirchhof, Paul (Hrsg.), Handbuch des Staatsrechts, Band X: Deutschland in der Staatengemeinschaft, 3. Auflage, Heidelberg 2012, § 214, S. 299–382.
–: Entstehungsgrund des Verfassungsstaates, in: Sachs, Michael/Siekmann, Helmut (Hrsg.), Der grundrechtsgeprägte Verfassungsstaat, Festschrift für Klaus Stern zum 80. Geburtstag, Berlin 2012, S. 43–58.
Klein, Eckart: Staatliches Gewaltmonopol, in: Depenheuer, Otto/Grabenwarter, Christoph (Hrsg.), Verfassungstheorie, Tübingen 2010, § 19, S. 635–656.
Klein, Friedrich: Rechtsgutachten im Auftrage der Niedersächsischen Landesregierung vom 31. Oktober 1952: Erfordert der Beschluß der Vertragsgesetze, mit denen die Gesetzgebungsorgane der Bundesrepublik Deutschland dem Vertrag über die Gründung der Europäischen Verteidigungsgemeinschaft vom 27. Mai 1952 zustimmen müssen, die Aufnahme von Bestimmungen einer Wehrverfassung in das Grundgesetz?, in: Institut für Staatslehre und Politik e.V. in Mainz (Hrsg.), Der Kampf um den Wehrbeitrag, Band II/2, München 1953, S. 456–516.
Klein, Hans Hugo: Verfassungsgerichtsbarkeit und Verfassungsstruktur: Vom Rechtsstaat zum Verfassungsstaat, in: Kirchhof, Paul/Offerhaus, Klaus/Schöberle, Horst (Hrsg.), Steuerrecht – Verfassungsrecht – Finanzpolitik, Festschrift für Franz Klein, Köln 1994, S. 511–526.
Klement, Jan Henrik: Verantwortung: Funktion und Legitimation eines Begriffs im Öffentlichen Recht, Tübingen 2006.
Klüber, Johann Ludwig: Öffentliches Recht des teutschen Bundes und der Bundesstaaten, 1. Auflage, Frankfurt am Main 1817.
Knop, Daniel: Völker- und Europarechtsfreundlichkeit als Verfassungsgrundsätze, Tübingen 2013.
Köck, Heribert Franz: Der Gesamtakt in der deutschen Integrationslehre: Eine Untersuchung aus dem Grenzbereich von staatlichem Recht und Völkerrecht, Berlin 1978.
Koller, Peter: Grundlagen der Legitimation und Kritik staatlicher Herrschaft, in: Grimm, Dieter (Hrsg.), Staatsaufgaben, Baden-Baden 1994, S. 739–769.
König, Christian: Ist die Europäische Union verfassungsfähig?, DÖV 1998, S. 268–275.
König, Doris: Die Übertragung von Hoheitsrechten im Rahmen des europäischen Integrationsprozesses, Berlin 2000.
Koselleck, Reinhart: Die Auflösung der ständischen Gesellschaft und das Aufkommen neuer Klassen im preußischen Vormärz, in: Böckenförde, Ernst-Wolfgang (Hrsg.), Moderne deutsche Verfassungsgeschichte (1815–1914), 2. Auflage, Königstein/Ts. 1981, S. 419–443.
–: Einleitung zum Artikel „Herrschaft“, in: Brunner, Otto/Conze, Werner/Koselleck, Reinhart (Hrsg.), Geschichtliche Grundbegriffe: Historisches Lexikon zur politisch-sozialen Sprache in Deutschland, Band 3, Stuttgart 1982, S. 1–4.
Kotulla, Michael: Das konstitutionelle Verfassungswerk Preußens (1848–1918), Berlin 2003.
Krabbe, Hugo: Die Lehre der Rechtssouveränität, Groningen 1906.
Krauss, Günther: Die Verfassung Deutschlands 1945–1954, DÖV 1954, S. 579–583.
Kriele Martin: Das demokratische Prinzip im Grundgesetz, VVDStRL 29 (1970), S. 46–84.
–: Einführung in die Staatslehre, 1. Auflage, Reinbek bei Hamburg 1975.
–: Einführung in die Staatslehre, 6. Auflage, Stuttgart 2003.

Krisch, Nico: The case for pluralism in postnational law, in: Búrca, Gráinne de/Weiler, Joseph H.H. (Hrsg.), The Worlds of European Constitutionalism, Cambridge 2012, S. 203–261.

Krüger, Herbert: Die Einschränkung von Grundrechten nach dem Grundgesetz, DVBl. 1950, S. 625–629.

–: Allgemeine Staatslehre, 2. Auflage, Stuttgart 1966.

Kube, Hanno: Finanzgewalt in der Kompetenzordnung, Tübingen 2004.

Kühne, Jörg-Detlef: Die Reichsverfassung der Paulskirche: Vorbild und Verwirklichung im späteren deutschen Rechtsleben, Frankfurt am Main 1985.

–: Zum Neuerungsgehalt der Weimarer Grundrechte – Genetische Aspekte zur ihrer Platzierung und Textgestalt, in: Sachs, Michael/Siekmann, Helmut (Hrsg.), Der grundrechtsgeprägte Verfassungsstaat, Festschrift für Klaus Stern zum 80. Geburtstag, Berlin 2012, S. 59–80.

Kunisch, Johannes: Staatsbildung als Gesetzgebungsproblem – Zum Verfassungscharakter frühneuzeitlicher Sukzessionsordnungen, in: Der Staat Beiheft 7 (1984), S. 63–88.

Kuntze, Johannes Emil: Der Gesammtakt – ein neuer Rechtsbegriff, in: Festgabe der Leipziger Juristenfakultät für Otto Müller zum 14. Mai 1892, Leipzig 1892, S. 27–87.

Laband, Paul: Das Staatsrecht des Deutschen Reiches, Band I, 1. Auflage, Tübingen 1876.

–: Das Staatsrecht des Deutschen Reiches, Band I, 5. Auflage, Tübingen 1911.

–: Das Staatsrecht des Deutschen Reiches, Band II, 5. Auflage, Tübingen 1911.

Langewiesche, Dieter: Republik, konstitutionelle Monarchie und „soziale Frage", in: ders. (Hrsg.), Die deutsche Revolution von 1848/49, Darmstadt 1983, S. 341–361.

Laun, Rudolf: Das Grundgesetz Westdeutschlands, 2. Auflage, Hamburg 1951.

Lenaerts, Koen: How the ECJ thinks: A study on Judicial Legitimacy, Fordham International Law Journal 36 (2013), S. 1302–1371.

Lepsius, Mario Rainer: Stellungnahme zur Anhörung der Gemeinsamen Verfassungskommission zum Thema „Grundgesetz und Europa" am 22. Mai 1992, abgedruckt in: Deutscher Bundestag (Hrsg.), Materialien zur Verfassungsdiskussion und zur Grundgesetzänderung in der Folge der deutschen Einigung, Band 3, Bonn 1996, S. 264–267.

Lepsius, Oliver: Steuerungsdiskussion, Systemtheorie und Parlamentarismuskritik, Tübingen 1999.

Lerche, Peter: „Kompetenz-Kompetenz" und das Maastricht-Urteil des Bundesverfassungsgerichts, in: Ipsen, Jörn/Rengeling, Hans-Werner/Mössner, Jörg Manfred/Weber, Albrecht (Hrsg.), Verfassungsrecht im Wandel, Festschrift zum 180jährigen Bestehen der Carl Heymanns Verlag KG, Köln 1995, S. 409–424.

–: Stellungnahme zur Vorbereitung der Anhörung in der Gemeinsamen Verfassungskommission am 22. Mai 1992, abgedruckt in: Deutscher Bundestag (Hrsg.), Materialien zur Verfassungsdiskussion und zur Grundgesetzänderung in der Folge der deutschen Einigung, Band 3, Bonn 1996, S. 211–216.

Lesser, Horst: Das zeitliche Verhältnis von Ursache und Wirkung, Deutsche Zeitschrift für Philosophie 1965, S. 321–335.

Loewenstein, Karl: Verfassungslehre, 2. Auflage, Tübingen 1969.

Lübbe-Wolff, Gertrude: Volk, Demokratie, Verfassung – Die „Verfassung für Europa" als Herausforderung an die Verfassungstheorie, in: Kluth, Winfried (Hrsg.), Europäische Integration und nationales Verfassungsrecht, Baden-Baden 2007, S. 47–64.

Luhmann, Niklas: Rechtssoziologie, Band II, Reinbek bei Hamburg 1972.

–: Ausdifferenzierung des Rechts: Beiträge zur Rechtssoziologie und Rechtstheorie, Frankfurt am Main 1981.

–: Selbstlegitimation des Staates, in: Achterberg, Norbert/Krawietz, Werner (Hrsg.), Legitimation des Modernen Staates, ARSP-Beiheft 15, Wiesbaden 1981, S. 65–83.

–: Die soziologische Beobachtung des Rechts, Frankfurt am Main 1986.
–: Verfassung als evolutionäre Errungenschaft, Rechtshistorisches Journal 9 (1990), S. 176–220.
MacCormick, Neil: Das Maastricht-Urteil: Souveränität heute, JZ 1995, S. 797–800.
–: Juridical Pluralism and the Risk of Constitutional Conflict, in: ders., Questioning Sovereignty: Law, State and Nation in the European Commonwealth, 1999, S. 97–121.
–: On Sovereignty and Post-Sovereignty, in: ders., Questioning Sovereignty: Law, State and Nation in the European Commonwealth, Oxford 1999, S. 123–136.
MacIver, Robert M.: The Modern State, Oxford 1926.
Madison, James: Federalist No. 40 (1788), abgedruckt in: Shapiro, Ian (Hrsg.), The Federalist Papers: Alexander Hamilton, James Madison, John Jay, New Haven (Connecticut) 2009, S. 198–205.
–: Federalist No. 53 (1788), abgedruckt in: Shapiro, Ian (Hrsg.), The Federalist Papers: Alexander Hamilton, James Madison, John Jay, New Haven (Connecticut) 2009, S. 272–276.
Mager, Wolfgang: Das Problem der Landständischen Verfassungen auf dem Wiener Kongress 1814/1815, HZ 217 (1973), S. 296–346.
Maher, Imelda: Community Law in the National Legal Order: A Systems Analysis, JCMS 36 (1998), S. 237–254.
Maihofer, Werner: Prinzipien freiheitlicher Demokratie, in: Benda, Ernst/Maihofer, Werner/Vogel, Hans-Jochen (Hrsg.), Handbuch des Verfassungsrechts der Bundesrepublik Deutschland, 2. Auflage, Berlin 1994, § 12, S. 427–536.
Mak, Elaine: Judicial Decision-Making in a Globalised World, Oxford 2013.
Maluschke, Günther: Philosophische Grundlagen des demokratischen Verfassungsstaates, Freiburg 1982.
Mann, Golo: Deutsche Geschichte des 19. und 20. Jahrhunderts, Frankfurt am Main 1958.
Maunz, Theodor: Die verfassunggebende Gewalt im Grundgesetz, DÖV 1953, S. 645–648.
Maurer, Hartmut: Das richterliche Prüfungsrecht zur Zeit der Weimarer Verfassung, DÖV 1963, S. 683–688.
–: Entstehung und Grundlagen der Reichsverfassung von 1871, in: Burmeister, Joachim (Hrsg.), Verfassungsstaatlichkeit, Festschrift für Klaus Stern zum 65. Geburtstag, München 1997, S. 29–48.
Mayer, Franz Christian: Kompetenzüberschreitung und Letztentscheidung, München 2000.
–: Europa als Rechtsgemeinschaft, in: Schuppert, Gunnar Folke/Pernice, Ingolf/Haltern, Ulrich (Hrsg.), Europawissenschaft, 2005, S. 429–488.
–: Verfassungsgerichtsbarkeit, in: Bogdandy, Armin von/Bast, Jürgen, Europäisches Verfassungsrecht, 2. Auflage, Berlin 2009, S. 559–607.
–: Verfassung im Nationalstaat: Von der Gesamtordnung zur europäischen Teilordnung?, VVDStRL 75 (2016), S. 7–63.
Mayer, Otto: Republikanischer und monarchischer Bundesstaat, AöR 18 (1903), S. 337–372.
Meinecke, Friedrich: Die Revolution. Ursachen und Tatsachen, in: Anschütz, Gerhard/Thoma, Richard (Hrsg.), Handbuch des Deutschen Staatsrechts, Erster Band, S. 95–119, Tübingen 1930.
Meisner, Heinrich Otto: Bundesrat, Bundeskanzler und Bundeskanzleramt (1867–1871), in: Böckenförde, Ernst-Wolfgang (Hrsg.), Moderne deutsche Verfassungsgeschichte (1815–1914), 2. Auflage, Königstein/Ts. 1981, S. 76–94.
Menéndez, José Augustín/Fossum, John Erik (Hrsg.): Law and Democracy in Neil MacCormick's Legal and Political Theory: The Post-Sovereign Constellation, Dordrecht 2011.
Menger, Christian-Friedrich: Deutsche Verfassungsgeschichte der Neuzeit, 8. Auflage, Heidelberg 1993.

Menon, Anan/Weatherhill, Stephen: Democratic Politics in a Globalising World: Supranationalism and Legitimacy in the European Union, LSE Law, Society and Economy Working Papers 13/2007.

Menzel, Eberhard: Gutachten über die Notwendigkeit eines verfassungsändernden Gesetzes zur Errichtung deutscher bewaffneter Streitkräfte im Rahmen der Europäischen Verteidigungsgemeinschaft, in: Institut für Staatslehre und Politik e.V. in Mainz (Hrsg.), Der Kampf um den Wehrbeitrag, Band II/1, München 1952, S. 280–322.

–: Die auswärtige Gewalt der Bundesrepublik, VVDStRL 12 (1954), S. 179–220.

Merkl, Adolf: Prolegomena einer Theorie des rechtlichen Stufenbaues, in: Verdross, Alfred (Hrsg.), Gesellschaft, Staat und Recht: Untersuchungen zur reinen Rechtslehre, Festschrift für Hans Kelsen zum 50. Geburtstag, Wien 1931, S. 252–294.

Messner, Johannes: Das Naturrecht, 7. Auflage, Berlin 1984.

Meyer, Georg: Lehrbuch des deutschen Staatsrechts, 1. Auflage, Leipzig 1878.

ders./Anschütz, Gerhard: Lehrbuch des deutschen Staatsrechts, 7. Auflage, München 1919.

Meyer, Stephan: Juristische Geltung als Verbindlichkeit, Tübingen 2011.

Michl, Fabian: Unionsgrundrechte aus der Hand des Gesetzgebers, Tübingen 2018.

Miethke, Jürgen: Die Anfänge des säkularisierten Staates in der politischen Theorie des späteren Mittelalters, Der Staat Beiheft 11 (1996), S. 7–43.

Mohl, Robert von: Das Staatsrecht des Königreichs Württemberg, Band I: Das Verfassungsrecht, Tübingen 1829.

–: Encyklopädie der Staatswissenschaften, 1. Auflage, Tübingen 1859.

–: Staatsrecht, Völkerrecht und Politik, Band I: Staatsrecht und Völkerrecht, Tübingen 1860.

Möllers, Christoph: Staat als Argument, München 2000.

–: Staat und Verfassung im Kontext der Europäisierung, in: Calliess, Christian (Hrsg.), Verfassungswandel im europäischen Staaten- und Verfassungsverbund, Tübingen 2007, S. 9–20.

–: Verfassunggebende Gewalt – Verfassung – Konstitutionalisierung, in: Bogdandy, Armin von/Bast, Jürgen (Hrsg.), Europäisches Verfassungsrecht, 2. Auflage, Berlin 2009, S. 227–277.

Mommsen, Wolfgang Justin: Das Deutsche Kaiserreich als System umgangener Entscheidungen, in: Berding, Wolfgang u.a. (Hrsg.), Vom Staat des Ancien régime zum modernen Parteienstaat, Festschrift für Theodor Schieder zu seinem 70. Geburtstag, München 1978, S. 239–265.

Morlok, Martin: Grundfragen einer Verfassung auf europäischer Ebene, in: Häberle, Peter/Morlok, Martin/Skouris, Wassilios (Hrsg.), Staat und Verfassung in Europa, Baden-Baden 2000, S. 73–90.

Morgan, Edmund Sears: Inventing the People – The Rise of Popular Sovereignty in England and America, New York und London 1988.

Morstein Marx, Fritz: Art. 13 Abs. 2 der Reichsverfassung und der Streit um die richterliche Prüfungszuständigkeit, AöR 45 (1924), S. 218–225.

Murswiek, Dietrich: Die verfassunggebende Gewalt nach dem Grundgesetz für die Bundesrepublik Deutschland, Berlin 1978.

–: Maastricht und der Pouvoir Constituant – Zur Bedeutung der verfassunggebenden Gewalt im Prozeß der europäischen Integration, Der Staat 32 (1992), S. 161–190.

–: Der Grundsatz der souveränen Staatlichkeit als unabänderliches Verfassungsprinzip, in: Kraus, Hans-Christof/Wolff, Heinrich Amadeus (Hrsg.), Souveränitätsprobleme der Neuzeit: Freundesgabe für Helmut Quaritsch anlässlich seines 80. Geburtstages, Berlin 2010, S. 95–148.

Mußgnug, Reinhard: Der Haushaltsplan als Gesetz, Göttingen 1976.

–: Zustandekommen des Grundgesetzes und Entstehen der Bundesrepublik Deutschland, in: Isensee, Josef/Kirchhof, Paul (Hrsg.), Handbuch des Staatsrechts, Band I: Historische Grundlagen, 3. Auflage, Heidelberg 2003, § 8, S. 315–354.

Näf, Werner: Staatsverfassungen und Staatstypen 1830/31, in: Böckenförde, Ernst-Wolfgang (Hrsg.), Moderne deutsche Verfassungsgeschichte (1815–1914), 2. Auflage, Königstein/Ts. 1981, S. 127–145.

Nawiasky, Hans: Die Grundgedanken des Grundgesetzes für die Bundesrepublik Deutschland, Stuttgart und Köln 1950.

Nettesheim, Martin: Europäischer Verfassungsverbund? – Zwischen Selbststand und Amalgamierung der verfassungsrechtlichen Grundordnungen in Europa, in: Depenheuer, Otto u. a. (Hrsg.), Staat im Wort, Festschrift für Josef Isensee, Heidelberg 2007, S. 733–753.

–: Ein Individualrecht auf Staatlichkeit? Die Lissabon-Entscheidung des BVerfG, NJW 2009, S. 2867–2869.

–: „Integrationsverantwortung" – Verfassungsrechtliche Verklammerung politischer Räume, in: Pechstein, Matthias (Hrsg.), Integrationsverantwortung, 2012, S. 11–52.

–: Art. 59 GG, in: Maunz, Theodor/Dürig, Günter (Begr.), Grundgesetz-Kommentar, Band V, Loseblattsammlung, München, Werkstand: 86. EL Januar 2019.

Nipperdey, Thomas: Deutsche Geschichte 1866–1918, Band II: Machtstaat vor der Demokratie, 2. Auflage, München 1993.

Obenaus, Herbert: Finanzkrise und Verfassunggebung, in: Vogel, Barbara (Hrsg.), Preußische Reformen 1807–1820, Königstein/Ts. 1980, S. 244–265.

Obwexer, Walter: Art. 4 EUV, in: von der Groeben, Hans/Schwarze, Jürgen/Hatje, Armin (Hrsg.), Europäisches Unionsrecht, 7. Auflage, Baden-Baden 2015.

Oestreich, Gerhard: Die Entwicklung der Menschenrechte und Grundfreiheiten, in: Bettermann, Karl August/Neumann, Franz Leopold/Nipperdey, Hans Carl (Hrsg.), Die Grundrechte: Handbuch der Theorie und Praxis der Grundrechte, Band I (1. Halbband), Berlin 1966, S. 1–123.

–: Vom Herrschaftsvertrag zur Verfassungsurkunde – Die „Regierungsformen" des 17. Jahrhunderts als konstitutionelle Instrumente, in: Vierhaus, Rudolf (Hrsg.), Herrschaftsverträge, Wahlkapitulationen, Fundamentalgesetze, Göttingen 1977, S. 45–67.

Oeter, Stefan: Souveränität und Demokratie als Probleme in der „Verfassungsentwicklung" der Europäischen Union: Fragen aus Verfassungstheorie und Verfassungsgeschichte an die deutsche Debatte um Souveränität, Demokratie und die Verteilung politischer Verantwortung im geeinten Europa, ZaöRV 55 (1995), S. 659–712.

–: Europäische Integration als Konstitutionalisierungsprozeß, ZaöRV 59 (1999), S. 901–917.

–: Souveränität – ein überholtes Konzept?, in: Cremer, Hans-Joachim/Giegerich, Thomas/Richter, Dagmar/Zimmermann, Andreas (Hrsg.), Tradition und Weltoffenheit des Rechts, Festschrift für Helmut Steinberger, Berlin 2002, S. 259–290.

Ophüls, Carl Friedrich: Staatshoheit und Gemeinschaftshoheit – Wandlungen des Souveränitätsbegriffs, in: Ule, Carl Hermann u. a. (Hrsg.), Recht im Wandel: Beiträge zu Strömungen und Fragen im heutigen Recht, Festschrift 150 Jahre Carl Heymanns Verlag KG, Köln 1965, S. 519–590.

Oppermann, Thomas: Zur Eigenart der Europäischen Union, in: Hommelhoff, Peter/Kirchhof, Paul (Hrsg.), Der Staatenverbund der Europäischen Union, Heidelberg 1994, S. 87–98.

ders./Classen, Claus Dieter: Die EG vor der Europäischen Union, NJW 1993, S. 5–12.

Ossenbühl, Fritz: Maastricht und das Grundgesetz – eine verfassungsrechtliche Wende?, DVBl. 1993, S. 629–637.

Paine, Thomas: The Rights of Man (1792), Neuausgabe, London 1795.

Pechstein, Matthias: Art. 48 EUV, in: Streinz, Rudolf (Hrsg.), EUV/AEUV, 3. Auflage, München 2018.
Peine, Franz-Joseph: Normenkontrolle und konstitutionelles System, Der Staat 22 (1983), S. 521–549.
Pernice, Ingolf: Deutschland in der Europäischen Union, in: Isensee, Josef/Kirchhof, Paul (Hrsg.), Handbuch des Staatsrechts, Band VIII: Die Einheit Deutschlands – Entwicklung und Grundlagen –, 1. Auflage, Heidelberg 1995, § 191, S. 225–280.
–: Kompetenzabgrenzung im Europäischen Verfassungsverbund, JZ 2000, S. 866–876.
–: Der Europäische Verfassungsverbund auf dem Wege der Konsolidierung, JöR N.F. 48 (2000), S. 205–232.
–: Europäisches und nationales Verfassungsrecht, VVDStRL 60 (2001), S. 148–193.
–: Theorie und Praxis des Europäischen Verfassungsverbundes, in: Calliess, Christian (Hrsg.), Verfassungswandel im europäischen Staaten- und Verfassungsverbund, Tübingen 2007, S. 61–92.
Peters, Anne: Elemente einer Theorie der Verfassung Europas, Berlin 2001.
Petersen, Niels: Europäische Verfassung und europäische Legitimität: Ein Beitrag zum kontraktualistischen Argument in der Verfassungstheorie, ZaöRV 64 (2004), S. 429–466.
Petschow, Annabelle, Zwei Seiten einer Medaille? Europäische und nationale Identität in Deutschland, Marburg 2013.
Pieroth, Bodo: Art. 79 GG, in: Jarass, Hans Dieter/Pieroth, Bodo, Grundgesetz-Kommentar, 15. Auflage, München 2018.
Pohl, Heinrich: Die Zuständigkeiten des Reichspräsidenten, in: Anschütz, Gerhard/Thoma, Richard (Hrsg.), Handbuch des Deutschen Staatsrechts, Erster Band, S. 482–502, Tübingen 1930.
Poiares Maduro, Miguel: Der Kontrapunkt im Dienste eines europäischen Verfassungspluralismus, EuR 2007, S. 3–32.
Poli, Maria Daniela: Der Justizielle Pluralismus der Europäischen Verfassungsgemeinschaft: „Babylonische Gerichte“ oder „Gerichte für Babylon“?, Der Staat 55 (2016), S. 373–391.
Polzin, Monika: Verfassungsidentität: Ein normatives Konzept des Grundgesetzes?, Tübingen 2018.
Preuß, Hugo: Verfassungsändernde Gesetze und Verfassungsurkunde, Deutsche Juristen-Zeitung 1924, Spalte 649–654.
Preuß, Ulrich Klaus: Einleitung: Der Begriff der Verfassung und ihre Beziehung zur Politik, in: ders. (Hrsg.), Zum Begriff der Verfassung: Die Ordnung des Politischen, 1994, S. 7–33.
Puttler, Adelheid: Art. 4 EUV, in: Calliess, Christian/Ruffert, Matthias (Hrsg.), EUV/AEUV, 5. Auflage, München 2016.
Quaritsch, Helmut: Kirchen und Staat: Verfassungs- und staatstheoretische Probleme der staatskirchenrechtlichen Lehre der Gegenwart, Der Staat 1962, S. 175–197 und 289–320.
–: Staat und Souveränität, Frankfurt am Main 1970.
–: Souveränität – Entstehung und Entwicklung des Begriffs in Frankreich und Deutschland vom 13. Jh. bis 1806, Berlin 1986.
–: Souveränität im Ausnahmezustand: Zum Souveränitätsbegriff im Werk Carl Schmitts, Der Staat 35 (1996), S. 1–30.
Randelzhofer, Albrecht: Stellungnahme in der 1. Öffentlichen Anhörung der Gemeinsamen Verfassungskommission zum Thema „Grundgesetz und Europa“ am 22. Mai 1992 in Bonn, abgedruckt in: Deutscher Bundestag (Hrsg.), Materialien zur Verfassungsdiskussion und zur Grundgesetzänderung in der Folge der deutschen Einigung, Band 2, Bonn 1996, S. 17–20.
–: Fragenkatalog (Anhörung zum Thema Grundgesetz und Europa), abgedruckt in: Deutscher Bundestag (Hrsg.), Materialien zur Verfassungsdiskussion und zur Grundgesetzänderung in der Folge der deutschen Einigung, Band 3, Bonn 1996, S. 259–261.

–: Staatsgewalt und Souveränität, in: Isensee, Josef/Kirchhof, Paul (Hrsg.), Handbuch des Staatsrechts, Band II: Verfassungsstaat, 3. Auflage, Heidelberg 2004, § 17, S. 143–162.

Ranke, Leopold von: Aus dem Briefwechsel Friedrich Wilhelms IV. mit Bunsen, Leipzig 1873.

Raz, Joseph: The Authority of Law: Essays on Law and Morality, Oxford 1979.

Réal Curban, Gaspard de: La Science du gouvernement, Band 4, Paris 1765.

Rehm, Hermann: Allgemeine Staatslehre, Freiburg im Breisgau 1899.

Reimer, Ekkehart: Verfassungspluralität als Verfassungsvoraussetzung, in: Anderheiden, Michael/Keil, Rainer/Kirste, Stephan/Schaefer, Jan Philipp (Hrsg.), Verfassungsvoraussetzungen, Gedächtnisschrift für Winfried Brugger, Tübingen 2013, S. 483–497.

Richmond, Catherine: Preserving the Identity Crisis – Autonomy, System and Sovereignty in European Law, Law and Philosophy 16 (1997), S. 377–420.

Robbers, Gerhard: Die Staatslehre der Weimarer Republik: Eine Einführung, Jura 1993, S. 69–73.

Rode, Karlheinz: Die Ausfertigung der Bundesgesetze, Berlin 1968.

Roellecke, Gerd: Verfassungsgebende Gewalt als Ideologie, JZ 1992, S. 929–934.

–: Konstruktionsfehler der Weimarer Verfassung, Der Staat 35 (1996), S. 599–613.

–: Die Legitimation des Grundgesetzes in der Sicht der Systemtheorie, in: Brugger, Winfried (Hrsg.), Legitimation des Grundgesetzes aus Sicht von Rechtsphilosophie und Gesellschaftstheorie, Baden-Baden 1996, S. 419–434.

–: Souveränität, Staatssouveränität, Volkssouveränität, in: Murswiek, Dietrich/Storost, Ulrich/Wolff, Heinrich A. (Hrsg.), Staat – Souveränität – Verfassung, Festschrift für Helmut Quaritsch zum 70. Geburtstag, Berlin 2000, S. 15–30.

Rogister, John M. J.: The crisis of 1753–4 in France and the Debate on the Nature of the Monarchy and of the Fundamental Laws, in: Vierhaus, Rudolf (Hrsg.), Herrschaftsverträge, Wahlkapitulationen, Fundamentalgesetze, Göttingen 1977, S. 105–120.

Röhl, John: Kaiser, Hof und Staat: Wilhelm II. und die deutsche Politik, 4. Auflage, München 1995.

Rojahn, Ondolf: Art. 24 GG, in: Münch, Ingo von/Kunig, Philip (Begr./Hrsg.), Grundgesetz-Kommentar, Band 1, 6. Auflage, München 2012.

–: Art. 59 GG, in: Münch, Ingo von/Kunig, Philip (Begr./Hrsg.), Grundgesetz-Kommentar, Band 1, 6. Auflage, München 2012.

Rossi, Matthias: Art. 352 AEUV, in: Calliess, Christian/Ruffert, Matthias (Hrsg.), EUV/AEUV, 5. Auflage, München 2016.

Rubenfeld, Jed: Unilateralism and Constitutionalism, N.Y.U. Law Review 79 (2004), S. 1971–2028.

Ruffert, Matthias: Vorrang der Verfassung und Eigenständigkeit des Privatrechts: Eine verfassungsrechtliche Untersuchung zur Privatrechtswirkung des Grundgesetzes, Tübingen 2001.

–: An den Grenzen des Integrationsverfassungsrechts: Das Urteil des Bundesverfassungsgerichts zum Vertrag von Lissabon, DVBl. 2009, S. 1197–1208.

–: Art. 9 EUV, in: Calliess, Christian/Ruffert, Matthias (Hrsg.), EUV/AEUV, 5. Auflage, München 2016.

Saladin, Peter: Verantwortung als Staatsprinzip: Ein neuer Schlüssel zur Lehre vom modernen Rechtsstaat, Bern 1984.

Sauer, Heiko: Art. 24 GG, in: Kahl, Wolfgang/Waldhoff, Christian/Walter, Christian (Hrsg.), Bonner Kommentar zum Grundgesetz, Loseblattsammlung, Heidelberg, Werkstand: 198. EL Mai 2019.

Sauerwein, Herbert: Die „Omnipotenz" des pouvoir constituant: Ein Beitrag zur Staats- und Verfassungstheorie, Frankfurt am Main 1960.

Schachtschneider, Karl Albrecht/Emmerich-Fritsche, Angelika/Beyer, Thomas C. W.: Der Vertrag über die Europäische Union und das Grundgesetz, JZ 1993, S. 751–760.
Schefold, Dian: Verfassung als Kompromiß?, ZNR 3 (1981), S. 137–157.
Scheuner, Ulrich: Art. 146 GG und das Problem der verfassunggebenden Gewalt, DÖV 1953, S. 581–585.
–: Die Überlieferung der deutschen Staatsgerichtsbarkeit im 19. und 20. Jahrhundert, in: Starck, Christian (Hrsg.), Bundesverfassungsgericht und Grundgesetz: Festgabe aus Anlaß des 25jährigen Bestehens des Bundesverfassungsgerichts, Band 1: Verfassungsgerichtsbarkeit, 1976, S. 1–62.
–: Verfassung (1963), in: Listl, Joseph/Rüfner, Wolfgang (Hrsg.), Ulrich Scheuner: Staatstheorie und Staatsrecht – Gesammelte Schriften, Berlin 1978, S. 171–184.
–: Die rechtliche Tragweite der Grundrechte in der deutschen Verfassungsentwicklung des 19. Jahrhunderts, in: Böckenförde, Ernst-Wolfgang (Hrsg.), Moderne deutsche Verfassungsgeschichte (1815–1914), 2. Auflage, Königstein/Ts. 1981, S. 319–345.
Scheyhing, Robert: Deutsche Verfassungsgeschichte der Neuzeit, Tübingen 1968.
Schill, Stephan/Krenn, Christoph: Art. 4 EUV, in: Grabitz, Eberhard (Begr.)/Hilf, Meinhard (Hrsg.)/Nettesheim, Martin (Hrsg.) , Das Recht der Europäischen Union, Loseblattsammlung, München, Werkstand: 66. EL Februar 2019.
Schilling, Theodor: Die deutsche Verfassung und die europäische Einigung, AöR 116 (1991), S. 32–71.
–: On the Value of a Pluralistic Concept of Legal Orders for the Understanding of the Relation Between the Legal Orders of the European Union and its Member States, ARSP 83 (1997), S. 568–581.
Schliesky, Utz: Souveränität und Legitimität von Herrschaftsgewalt, Tübingen 2004.
Schmalenbach, Kirsten: Der neue Europaartikel 23 des Grundgesetzes im Lichte der Arbeit der Gemeinsamen Verfassungskommission, Berlin 1996.
–: Art. 51 EUV, in: Calliess, Christian/Ruffert, Matthias (Hrsg.), EUV/AEUV, 5. Auflage, München 2016.
Schmitt, Carl: Politische Theologie: Vier Kapitel zur Lehre von der Souveränität, München und Leipzig 1922.
–: Verfassungslehre (1928), 9. Auflage, Berlin 2003.
–: Inhalt und Bedeutung des zweiten Hauptteils der Reichsverfassung, in: Anschütz, Gerhard/Thoma, Richard (Hrsg.), Handbuch des Deutschen Staatsrechts, Zweiter Band, Tübingen 1932, S. 572–605.
–: Die legale Weltrevolution – Politischer Mehrwert als Prämie auf juristische Legalität und Superlegalität, Der Staat 17 (1978), S. 321–339.
Schmitt, Eberhard: Repräsentation und Revolution: Eine Untersuchung zur Genesis der kontinentalen Theorie und Praxis parlamentarischer Repräsentation aus der Herrschaftspraxis des Ancien régime in Frankreich (1760–1789), München 1969.
Schmitt Glaeser, Alexander: Grundgesetz und Europarecht als Elemente Europäischen Verfassungsrechts, Berlin 1996.
Schneider, Hans: Fünf Jahre Grundgesetz, NJW 1954, S. 937–941.
–: Die Reichsverfassung vom 11. August 1919, in: Isensee, Josef/Kirchhof, Paul (Hrsg.), Handbuch des Staatsrechts, Band I: Historische Grundlagen, 3. Auflage, Heidelberg 2003, § 5, S. 177–234.
Schneider, Hans-Peter: Verfassunggebende Gewalt, in: Isensee, Josef/Kirchhof, Paul (Hrsg.), Handbuch des Staatsrechts, Band XII: Normativität und Schutz der Verfassung, 3. Auflage, Heidelberg 2014, § 255, S. 53–84.
Schneider, Karsten: Der Ultra-vires-Maßstab im Außenverfassungsrecht, AöR 139 (2014) S. 197–256.

Schnur, Roman: Die normative Kraft der Verfassung, in: Friedrich, Manfred (Hrsg.), Verfassung: Beiträge zur Verfassungstheorie, Darmstadt 1978, S. 100–116.
Scholz, Rupert: Grundgesetz und europäische Einigung – Zu den reformpolitischen Empfehlungen der Gemeinsamen Verfassungskommission, NJW 1992, S. 2593–2601.
–: Europäische Union und Verfassungsreform, NJW 1993, S. 1690–1692.
–: Europäische Union und deutscher Bundesstaat, NVwZ 1993, S. 817–824.
–: Art. 23 GG, in: Maunz, Theodor/Dürig, Günter (Begr.), Grundgesetz-Kommentar, Band IV, Loseblattsammlung, München, Werkstand: 86. EL Januar 2019.
Schönberger, Christoph: Die Europäische Union als Bund: Zugleich ein Beitrag zur Verabschiedung des Staatenbund-Bundesstaat-Schemas, AöR 129 (2004), S. 81–120.
–: Die Europäische Union zwischen „Demokratiedefizit" und Bundesstaatsverbot: Anmerkungen zum Lissabon-Urteil des Bundesverfassungsgerichts, Der Staat 48 (2009), S. 535–558.
Schorkopf, Frank: Grundgesetz und Überstaatlichkeit, Tübingen 2007.
–: Art. 23 GG, in: Kahl, Wolfgang/Waldhoff, Christian/Walter, Christian (Hrsg.), Bonner Kommentar zum Grundgesetz, Loseblattsammlung, Heidelberg, Werkstand: 198. EL Mai 2019.
Schotten, Thomas: Das Grundgesetz nach Maastricht, Verwaltungsrundschau 1993, S. 89–94.
Schrijver, Nico: The Changing Nature of State Sovereignty, The British Yearbook of International Law 1999, S. 65–98.
Schroeder, Werner: Das Gemeinschaftsrechtssystem: Eine Untersuchung zu den rechtsdogmatischen, rechtstheoretischen und verfassungsrechtlichen Grundlagen des Systemdenkens im Europäischen Gemeinschaftsrecht, Tübingen 2002.
–: Art. 288 AEUV, in: Streinz, Rudolf (Hrsg.), EUV/AEUV, 3. Auflage, München 2018.
Schulze-Gävernitz, Herrmann von: Einleitung in das deutsche Staatsrecht, Leipzig 1865.
–: Lehrbuch des deutschen Staatsrechts, 2. Buch: Das deutsche Reichsstaatsrecht, Leipzig 1886.
Schuppert, Gunnar Folke: Rigidität und Flexibilität von Verfassungsrecht: Überlegungen zur Steuerungsfunktion von Verfassungsrecht in normalen wie in „schwierigen Zeiten", AöR 120 (1995), S. 32–99.
–: Staatswissenschaft, Baden-Baden 2003.
Schwarze, Jürgen: Das Staatsrecht in Europa, JZ 1993, S. 585– 594.
Schwarzenberger, Georg: The Forms of Sovereignty, Current Legal Problems 10 (1957), S. 264–295.
Scupin, Hans-Ulrich: Der Begriff der Souveränität bei Johannes Althusius und bei Jean Bodin, Der Staat 4 (1965), S. 1–26.
Seiler, Christian: Der souveräne Verfassungsstaat zwischen demokratischer Rückbindung und überstaatlicher Einbindung, Tübingen 2005.
Seydel, Max von: Commentar zur Verfassungs-Urkunde für das Deutsche Reich, 2. Auflage, Freiburg 1897.
Siemann, Wolfram: Die deutsche Revolution von 1848/49, Frankfurt am Main 1985.
Sieyès, Emmanuel Joseph: Qu'est-ce que le Tiers-Etat?, 3. Auflage, (sine loco) 1789.
–: Opinion sur les attributions et l'organisation du jury constitutionnaire, 1795, abgedruckt in: Réimpression de l'ancien Moniteur (1789–1799), Band 25, S. 442–446, Paris 1862.
Simon, Sven: Grenzen des Bundesverfassungsgerichts im europäischen Integrationsprozess, Tübingen 2016.
Simson, Werner von: Die Souveränität im rechtlichen Verständnis der Gegenwart, Berlin 1965.
Skinner, Quentin: The Foundations of Modern Political Thought, Band II: The Age of Reformation, Cambridge 1978.

Smend, Rudolf: Verfassung und Verfassungsrecht (1928), in: ders., Staatsrechtliche Abhandlungen, 2. Auflage, Berlin 1968, S. 119–276.
–: Integration (1956), in: ders., Staatsrechtliche Abhandlungen, 2. Auflage, Berlin 1968, S. 482–486.
Sombetzki, Janina: Verantwortung als Begriff, Fähigkeit, Aufgabe: Eine Drei-Ebenen-Analyse, Wiesbaden 2014.
Sontheimer, Kurt: Antidemokratisches Denken in der Weimarer Republik, Vierteljahresschrift für Zeitgeschichte 1957, S. 42–62.
Stahl, Friedrich Julius: Das monarchische Prinzip, Heidelberg 1845.
–: Die Philosophie des Rechts, Zweiter Band: Rechts- und Staatslehre auf der Grundlage christlicher Weltanschauung, 4. Auflage, Heidelberg 1870.
Starck, Christian: Vorrang der Verfassung und Verfassungsgerichtsbarkeit, in: ders., Der demokratische Verfassungsstaat: Gestalt, Grundlagen, Gefährdungen, Tübingen 1995, S. 33–57.
–: Die Französische Revolution und das deutsche Staatsrecht, in: ders., Der demokratische Verfassungsstaat: Gestalt, Grundlagen, Gefährdungen, Tübingen 1995, S. 380–402.
–: Maximen der Verfassungsauslegung, in: Isensee, Josef/Kirchhof, Paul (Hrsg.), Handbuch des Staatsrechts, Band XII: Normativität und Schutz der Verfassung, 3. Auflage, Heidelberg 2014, § 271, S. 613–657.
Steiger, Heinhard: Staatlichkeit und Überstaatlichkeit: Eine Untersuchung zur rechtlichen und politischen Stellung der Europäischen Gemeinschaften, Berlin 1966.
–: Geht das Zeitalter des souveränen Staates zu Ende?, Der Staat 41 (2002), S. 331–357.
Stein, Torsten: Europäische Integration und nationale Reservate, in: Merten, Detlef (Hrsg.), Föderalismus und Europäische Gemeinschaften, Berlin 1990, S. 91–107.
Steinberger, Helmut: Aspekte der Rechtsprechung des Bundesverfassungsgerichts zum Verhältnis zwischen Europäischem Gemeinschaftsrecht und deutschem Recht, in: Hailbronner, Kay/Ress, Georg/Stein, Torsten (Hrsg.), Staat und Völkerrechtsordnung: Festschrift für Karl Doehring, Berlin 1989, S. 951–968.
Steindorff, Ernst: Verfassungsänderung durch die EG?, AöR 116 (1991), S. 460–466.
Steiner, Udo: Verfassunggebung und verfassunggebende Gewalt des Volkes, Berlin 1966.
Stern, Klaus: Das Staatsrecht der Bundesrepublik Deutschland, Band I: Grundbegriffe und Grundlagen des Staatsrechts, Strukturprinzipien der Verfassung, 2. Auflage, München 1984.
–: Stellungnahme für die Anhörung zum Thema „Grundgesetz und Europa, insbesondere Art. 24, 28, 32, 88 GG", in der Gemeinsamen Verfassungskommission in Berlin am 22. Mai 1992, abgedruckt in: Deutscher Bundestag (Hrsg.), Materialien zur Verfassungsdiskussion und zur Grundgesetzänderung in der Folge der deutschen Einigung, Band 3, Bonn 1996, S. 227–233.
–: Das Staatsrecht der Bundesrepublik Deutschland, Band V: Die geschichtlichen Grundlagen des deutschen Staatsrechts, München 2000.
Stettner Rupert: Grundfragen einer Kompetenzlehre, Berlin 1983.
Stier-Somlo, Fritz: Deutsches Reichs- und Landesstaatsrecht, Berlin 1924.
Stolleis, Michael: Geschichte des öffentlichen Rechts in Deutschland, Band II: Staatsrechtslehre und Verwaltungswissenschaft 1800–1914, München 1992.
–: Die Idee des souveränen Staates, Der Staat Beiheft 11 (1996), S. 63–85.
–: Staatsrechtslehre und Politik, Heidelberg 1996.
Stourzh, Gerald: Vom Widerstandsrecht zur Verfassungsgerichtsbarkeit: Zum Problem der Verfassungswidrigkeit im 18. Jahrhundert, Graz 1974.
–: Staatsformenlehre und Fundamentalgesetze in England und Nordamerika im 17. und 18. Jahrhundert – Zur Genese des modernen Verfassungsbegriffs, in: Vierhaus, Rudolf

(Hrsg.), Herrschaftsverträge, Wahlkapitulationen, Fundamentalgesetze, Göttingen 1977, S. 294–327.

Streinz, Rudolf: Art. 4 EUV, in: ders. (Hrsg.), EUV/AEUV, 3. Auflage, München 2018.

Suerbaum, Joachim: Die Kompetenzverteilung beim Verwaltungsvollzug des Europäischen Gemeinschaftsrechts in Deutschland, Berlin 1998.

Terhechte, Jörg Philipp: Elemente und Wandlungen der Mitgliedschaftsverfassung der EU – Beitritt, flexible Integration, Austritt, Ausschluss, JZ 2019, S. 105–114.

Teubner, Gunther: Recht als autopoietisches System, 1989.

–: Verfassungsfragmente: Gesellschaftlicher Konstitutionalismus in der Globalisierung, Berlin 2012.

Thoma, Richard: Das richterliche Prüfungsrecht, AöR 43 (1922), S. 267–286.

–: Grundrechte und Polizeigewalt, in: Triepel, Heinrich (Hrsg.), Verwaltungsrechtliche Abhandlungen, Festgabe zur Feier des fünfzigjährigen Bestehens des Preußischen Oberverwaltungsgerichts, Berlin 1925,S. 183–223.

–: Die juristische Bedeutung der grundrechtlichen Sätze der deutschen Reichsverfassung im allgemeinen, in: Nipperdey, Carl Hans (Hrsg.), Die Grundrechte und Grundpflichten der Reichsverfassung, Erster Band, Berlin 1929, S. 1–53.

–: Das Reich als Bundesstaat, in: Anschütz, Gerhard/Thoma, Richard (Hrsg.), Handbuch des Deutschen Staatsrechts, Erster Band, S. 169–186, Tübingen 1930.

Thomas von Aquin: Summa Theologiae, Prima Pars Secundae Partis, Quaestio 95f.; abgedruckt in: Die deutsche Thomas-Ausgabe, Band XIII: Das Gesetz, Graz und Heidelberg 1977.

Tocqueville, Alexis de: De la Démocratie en Amérique, Band I, Brüssel 1835.

Tomuschat, Christian: Fragenkatalog betr. die Anhörung zum Thema Grundgesetz und Europa, Berlin, 22. Mai 1992, abgedruckt in: Deutscher Bundestag (Hrsg.), Materialien zur Verfassungsdiskussion und zur Grundgesetzänderung in der Folge der deutschen Einigung, Band 3, Bonn 1996, S. 234–241.

Tosch, Erich: Die Bindung des verfassungsändernden Gesetzgebers an den Willen des historischen Verfassunggebers, Berlin 1979.

Triepel, Heinrich: Völkerrecht und Landesrecht, Leipzig 1899.

–: Die Entwürfe zur neuen Reichsverfassung, Schmollers Jahrbuch 43 (1919), S. 459–510.

–: Der Weg der Gesetzgebung nach der neuen Reichsverfassung, AöR 39 (1920), S. 456–546.

–: Zulässigkeit und Form von Verfassungsänderungen ohne Änderung der Verfassungsurkunde, in: Verhandlungen des 33. Deutschen Juristentags (Heidelberg), Berlin 1925, S. 45–65.

–: Wesen und Entwicklung der Staatsgerichtsbarkeit, VVDStRL 5 (1929), S. 2–29.

Unger, Sebastian: Das Verfassungsprinzip der Demokratie: Normstruktur und Norminhalt des grundgesetzlichen Demokratieprinzips, Tübingen 2008.

–: Verfassung im Nationalstaat: Von der Gesamtordnung zur europäischen Teilordnung, DVBl. 2015, S. 1069–1076.

Unruh, Peter: Der Verfassungsbegriff des Grundgesetzes, Tübingen 2002.

Vattel, Emer de: Le droit des gens ou principes de la loi naturelle appliqués à la conduite & aux affaires des Nations et des Souverains, Band I, Leiden 1758. Übersetzt von *Euler, Wilhelm*: Emer de Vattel: Das Völkerrecht oder Grundsätze des Naturrechts angewandt auf das Verhalten und die Angelegenheiten der Staaten und Staatsoberhäupter (1758), in: Schätzel, Walter (Hrsg.), Die Klassiker des Völkerrechts in modernen deutschen Übersetzungen, Band III, Tübingen 1959.

Viellechner, Lars: Verfassung als Chiffre: Zur Konvergenz von konstitutionalistischen und pluralistischen Perspektiven auf die Globalisierung des Rechts, in: ZaöRV 75 (2015), S. 231–258.

Vogel, Klaus: Die Verfassungsentscheidung des Grundgesetzes für eine internationale Zusammenarbeit, Tübingen 1964.
–: Gesetzesvorbehalt, Parlamentsvorbehalt und völkerrechtliche Verträge, in: Badura, Peter/Scholz, Rupert (Hrsg.), Wege und Verfahren des Verfassungslebens: Festschrift für Peter Lerche zum 65. Geburtstag, München 1993, S. 95–105.
Volkmann, Uwe: Grundzüge einer Verfassungslehre der Bundesrepublik Deutschland, Tübingen 2013.
–: Geltungsanspruch und Wirksamkeit des Grundgesetzes, in: Isensee, Josef/Kirchhof, Paul (Hrsg.), Handbuch des Staatsrechts, Band XII: Normativität und Schutz der Verfassung, 3. Auflage, Heidelberg 2014, § 256, S. 85–105.
Vöneky, Silja: Verfassungsrecht und völkerrechtliche Verträge, in: Isensee, Josef/Kirchhof, Paul (Hrsg.), Handbuch des Staatsrechts, Band XI: Internationale Bezüge, 3. Auflage, Heidelberg 2013,§ 271, S. 413–428.
Voßkuhle, Andreas: Der europäische Verfassungsgerichtsverbund, NVwZ 2010, S. 1–8.
–: Verfassungsgerichtsbarkeit und europäische Integration, NVwZ-Beilage 2013, S. 27–31.
Wagner, Heinz: Grundbegriffe des Beschlußrechts der Europäischen Gemeinschaften, Köln 1965.
Wahl, Rainer: Der preußische Verfassungskonflikt und das konstitutionelle System des Kaiserreichs, in: Böckenförde, Ernst-Wolfgang (Hrsg.), Moderne deutsche Verfassungsgeschichte (1815–1914), 2. Auflage, Königstein/Ts. 1981, S. 208–231.
–: Rechtliche Wirkungen und Funktionen der Grundrechte im deutschen Konstitutionalismus des 19. Jahrhunderts, in: Böckenförde, Ernst-Wolfgang (Hrsg.), Moderne deutsche Verfassungsgeschichte (1815–1914), 2. Auflage, Königstein/Ts. 1981, S. 346–371.
–: Der Vorrang der Verfassung, Der Staat 20 (1981), S. 485–516.
–: Die deutsche Einigung im Spiegel historischer Parallelen, Der Staat 30 (1991), S. 181–208.
–: Die zweite Phase des Öffentlichen Rechts in Deutschland: Die Europäisierung des Öffentlichen Rechts, Der Staat 38 (1999), S. 495–518.
–: Internationalisierung des Staates, in: ders., Verfassungsstaat, Europäisierung, Internationalisierung, Frankfurt am Main 2003, S. 17–52.
–: Die Entwicklung des deutschen Verfassungsstaates bis 1866, in: ders., Verfassungsstaat, Europäisierung, Internationalisierung, Frankfurt am Main 2003, S. 277–319.
–: Verfassungsstaatlichkeit im Konstitutionalismus und in der Weimarer Zeit, in: ders., Verfassungsstaat, Europäisierung, Internationalisierung, Frankfurt am Main 2003, S. 320–340.
–: Die Schwebelage im Verhältnis von Europäischer Union und Mitgliedstaaten, Der Staat 48 (2009), S. 587–614.
ders./Rottmann, Frank: Die Bedeutung der Verfassung und der Verfassungsgerichtsbarkeit in der Bundesrepublik – im Vergleich zum 19. Jahrhundert und zu Weimar; in: Conze, Werner/Lepsius, Mario Rainer (Hrsg.), Sozialgeschichte der Bundesrepublik Deutschland, Stuttgart 1983, S. 339–386.
Waitz, Hans-Wolrad: Die Entwicklung des Begriffs der Regalien unter besonderer Berücksichtigung des Postregals vom Ende des 16. bis zur ersten Hälfte des 19. Jahrhunderts, Frankfurt am Main 1939.
Wakelyn, Jon L. (Hrsg.): America's Founding Charters: Primary Documents of Colonial and Revolutionary Era Governance, Band 1, Westport (Connecticut) 2006.
Waldhoff, Christian: Entstehung des Verfassungsgesetzes, in: Depenheuer, Otto/Grabenwarter, Christoph (Hrsg.), Verfassungstheorie, Tübingen 2010, § 8, S. 289–348.
Walker, Neil: The Idea of Constitutional Pluralism, MLR 65 (2002), S. 317–359.
–: Postnational Constitutionalism and the Problem of Translation, in: Weiler, Joseph H. H./Wind, Marlene (Hrsg.), European Constitutionalism Beyond the State, Cambridge 2003, S. 27–54.

Walter, Christian: Die Folgen der Globalisierung für die europäische Verfassungsdiskussion, DVBl. 2000, S. 1–13.

Weber, Albrecht: Europäische Verfassungsvergleichung, München 2010.

Weber, Max: Wirtschaft und Gesellschaft: Grundriß der verstehenden Soziologie (1921/22), Halbband I, 5. rev. Auflage (hrsg. von Winckelmann, Johannes), Tübingen 1976.

Wegener, Bernhard: Art. 19 EUV, in: Calliess, Christian/Ruffert, Matthias (Hrsg.), EUV/AEUV, 5. Auflage, München 2016.

–: Art. 257 AEUV, in: Calliess, Christian/Ruffert, Matthias (Hrsg.), EUV/AEUV, 5. Auflage, München 2016.

–: Art. 267 AEUV, in: Calliess, Christian/Ruffert, Matthias (Hrsg.), EUV/AEUV, 5. Auflage, München 2016.

Weiler, Joseph H.H.: The Reformation of European Constitutionalism, JCMS 35 (1997), S. 97–131.

Wendel, Mattias: Permeabilität im europäischen Verfassungsrecht, Tübingen 2011.

Westerkamp, Justus Bernhard: Ueber die Reichsverfassung, Hannover 1873.

Wiederin, Ewald: Die Verfassunggebung im wiedervereinigten Deutschland: Versuch einer dogmatischen Zwischenbilanz zu Art. 146 GG n.F., AöR 117 (1992), S. 410–448.

Wilson, James: Rede auf der „Convention of the State of Pennsylvania on the Adoption of the Federal Constitution" (gehalten am 26. November 1787); abgedruckt in: Moore, Frank (Hrsg.), American Eloquence: A Collection of Speeches and Addresses by the most eminent Orators of America, Band 1, New York und London 1858, S. 74–81.

Winterhoff, Christian: Verfassung – Verfassunggebung – Verfassungsänderung: Zur Theorie der Verfassung und der Verfassungsrechtserzeugung, Tübingen 2007.

Witte, Bruno de: Direct Effect, Primacy, and the Nature of the Legal Order, in: Craig, Paul/Búrca, Gráinne de (Hrsg.), The Evolution of EU Law, 2. Auflage, Oxford 2011, S. 323–362.

Wolfrum, Rüdiger: Kontrolle der auswärtigen Gewalt, VVDStRL 56 (1997), S. 38–66.

Wollenschläger, Ferdinand: Art. 24 GG, in: Dreier, Horst (Hrsg.), Grundgesetz-Kommentar, Band II: Artikel 20–82, 3. Auflage, Tübingen 2015.

Wood, Gordon Stewart: The Creation of the American Republic 1776–1787, Chapel Hill (North Carolina) 1969.

Würtenberger, Thomas: Legitimationsmuster von Herrschaft im Laufe der Geschichte, JuS 1986, S. 344–349.

Zachariä, Heinrich Albert: Deutsches Staats- und Bundesrecht, Band I: Allgemeine Lehren und Verfassungsrecht der Bundesstaaten, 3. Auflage, Göttingen 1865.

Zehnpfennig, Barbara: Einleitung, in: dies. (Hrsg.), Alexander Hamilton/James Madison/John Jay: Die Federalist Papers, Darmstadt 1993, S. 1–44.

Zippelius, Karl: Verfassungsrechtliche Stellung und Entwicklung der Rechtsprechung des Staatsgerichtshofs für das Deutsche Reich, Karlsruhe 1973.

Zippelius, Reinhold: Allgemeine Staatslehre, 17. Auflage, München 2017.

Zuleeg, Manfred: Die Stellung der Länder im europäischen Integrationsprozeß, DVBl. 1992, S. 1329–1337.

–: Die Europäische Gemeinschaft als Rechtgemeinschaft, NJW 1994, S. 545–549.

Zweig, Egon: Die Lehre vom Pouvoir Constituant: Ein Beitrag zum Staatsrecht der französischen Revolution, Tübingen 1909.

Sachverzeichnis

Jus Publicum

Beiträge zum Öffentlichen Recht

Die Schriftenreihe *Jus Publicum. Beiträge zum öffentlichen Recht* (JusPubl) soll den öffentlichrechtlichen Habilitationsschriften, aber auch Monographien der Ordinarien, eine ansprechende Heimstatt geben. Die Reihe deckt die „klassischen" Felder des öffentlichen Rechts ab, insbesondere also das Verfassungsrecht (einschließlich Grundrechtstheorie, Methodenlehre und Allgemeiner Staatslehre) und das Verwaltungsrecht. Das schließt fächerübergreifende, aber auch fachgebietsübergreifende Themenstellungen nicht aus, solange der Schwerpunkt der Arbeit im Öffentlichen Recht zu finden ist. Kaum eine Arbeit beschränkt sich auf das deutsche Recht, denn die Fragestellungen sind oft vom Europarecht beeinflusst und auch der rechtsvergleichende Blick in fremde Rechtsordnungen gewinnt zunehmend an Bedeutung; dies gilt auch für das Völkerrecht. Die anspruchsvolle und auch äußerlich ansprechende Reihe bietet mehr als nur einen zufälligen Ausschnitt gegenwärtiger Forschung im öffentlichen Recht: Sie spiegelt auch den Standard dessen wider, was (öffentlichrechtliche) Rechtswissenschaft gegenwärtig in Deutschland bedeutet und ist deshalb schon in kurzer Zeit im In- und Ausland zu einem Begriff geworden.

ISSN: 0941-0503
Zitiervorschlag: JusPubl

Alle lieferbaren Bände finden Sie unter *www.mohrsiebeck.com/juspubl*

Mohr Siebeck
www.mohrsiebeck.com